Urs Fuhrer
Lehrbuch – Erziehungspsychologie

Aus dem Programm Verlag Hans Huber
Psychologie Lehrbuch

Wissenschaftlicher Beirat:
Prof. Dr. Dieter Frey, München
Prof. Dr. Lutz Jäncke, Zürich
Prof. Dr. Meinrad Perrez, Freiburg (CH)
Prof. Dr. Franz Petermann, Bremen
Prof. Dr. Hans Spada, Freiburg i. Br.

Von Urs Fuhrer ist im Verlag Hans Huber außerdem erschienen:

Erziehungskompetenz
Was Eltern und Familien stark macht
ISBN 978-3-456-84370-4

Weitere Bücher zum Thema «Erziehung» – eine Auswahl:

Françoise D. Alsaker
Quälgeister und ihre Opfer
Mobbing unter Kindern – und wie man damit umgeht
ISBN 3-456-83920-0

Jürg Frick
Die Droge Verwöhnung
Beispiele, Folgen, Alternativen
ISBN 978-3-456-84171-7

Jürg Frick
Ich mag dich – du nervst mich!
Geschwister und ihre Bedeutung für das Leben
ISBN 978-3-456-84704-7

Monika Löhle
Wie Kinder ticken
Vom Verstehen zum Erziehen
ISBN 978-3-456-84496-1

Dan Olweus
Gewalt in der Schule
Was Lehrer und Eltern wissen sollten – und tun können
ISBN 978-3-456-84390-2

Klaus A. Schneewind/Beate Böhmert
«Freiheit in Grenzen»-Set
Der interaktive Elterncoach: Kinder im Vorschulalter kompetent erziehen,
Kinder im Grundschulalter kompetent erziehen, Jugendliche kompetent erziehen
ISBN 978-3-456-84725-2

Margrit Stamm
Die Psychologie des Schuleschwänzens
Rat für Eltern, Lehrer und Bildungspolitiker
ISBN 978-3-456-84609-5

Informationen über unsere Neuerscheinungen finden Sie im Internet unter:
www.verlag-hanshuber.com

Urs Fuhrer

Lehrbuch Erziehungspsychologie

2., überarbeitete Auflage

Verlag Hans Huber

Adresse des Autors:

Prof. Dr. Urs Fuhrer
Otto-von-Guericke-Universität Magdeburg
Institut für Psychologie
Postfach 4120
D-39016 Magdeburg
E-Mail: urs.fuhrer@ovgu.de

Lektorat: Monika Eginger
Herstellung: Daniel Berger
Umschlag: Atelier Mühlberg, Basel
Druckvorstufe: Köselbuch, Krugzell
Druck und buchbinderische Verarbeitung: Novoprint, Barcelona
Printed in Spain

Bibliografische Information der Deutschen Nationalbibliothek
Die Deutsche Nationalbibliothek verzeichnet diese Publikation in der Deutschen Nationalbibliografie; detaillierte bibliografische Daten sind im Internet über http://dnb.d-nb.de abrufbar.

Dieses Werk, einschließlich aller seiner Teile, ist urheberrechtlich geschützt. Jede Verwertung außerhalb der engen Grenzen des Urheberrechtes ist ohne Zustimmung des Verlages unzulässig und strafbar. Das gilt insbesondere für Vervielfältigungen, Übersetzungen, Mikroverfilmungen sowie die Einspeicherung und Verarbeitung in elektronischen Systemen.

Anregungen und Zuschriften bitte an:
Verlag Hans Huber
Hogrefe AG
Länggass-Strasse 76
CH-3000 Bern 9
Tel: 0041 (0)313004500
Fax: 0041 (0)313004593

2., überarbeitete Auflage 2009
© 2005/2009 by Verlag Hans Huber, Hogrefe AG, Bern
ISBN 978-3-456-84360-5

*Zwei Dinge sollen Kinder
von ihren Eltern bekommen:
Wurzeln und Flügel*

Johann Wolfgang von Goethe (1749–1832)

Inhalt

Vorwort zur 2. Auflage 11

1. Einleitung 15

1.1 Ambivalenz als zentrales Lebensparadigma postmoderner Gesellschaft 15
1.2 Elterliche Erziehungspflicht und Gesellschaftsstruktur 19
1.3 Erziehungsalltag, elterliche Verunsicherungen und Erziehungsfolgen 21
1.4 Ziele und Organisation des Lehrbuches 24

2. Gegenstandsbereich einer Erziehungspsychologie 29

2.1 Warum ist der Mensch auf Erziehung angewiesen? 29
2.2 Was ist Erziehung? 30
2.2.1 Begriffe und Bilder von Erziehung 30
2.2.2 Entwicklung als Ziel und Ergebnis von Erziehung 33
2.2.3 Ein Strukturmodell von Erziehung 35
2.3 Erziehungspsychologische Konzepte von Veränderung 37
2.3.1 Lernen 37
2.3.2 Entwicklung 39
2.3.3 Sozialisation 41
2.3.4 Enkulturation und Akkulturation 44
2.3.5 Kultivation 46
2.3.6 Beziehungen zwischen erziehungspsychologischen Konzepten von Veränderung ... 51
2.4 Entwicklungs- und Erziehungsprozesse im Beziehungskontext 54

3. Entwicklungspsychologische Grundlagen von Erziehung 57

3.1 Entwicklungsbezogener Kontextualismus als Theorierahmen 57
3.1.1 Entwicklung unter ökopsychologischer und systemischer Perspektive 58
3.1.2 Probabilistische Epigenese und transaktionale Prozesse 62
3.1.3 Kinder und Jugendliche als Gestalter ihrer Entwicklung 64
3.2 Spielräume und Grenzen für Veränderung durch Erziehung 66
3.2.1 Wechselwirkung von Anlage und Umwelt 66
3.2.2 Die Bedeutung nicht-gemeinsamer Umwelten 70
3.2.3 Reifung und Reifestand 74
3.2.4 Prägung und sensible Phasen 76
3.2.5 Sukzessive Konstruktion 78
3.2.6 Zone der nächsten Entwicklung 81
3.3 Individuelle Entwicklungsaufgaben und kritische Lebensereignisse 85
3.4 Familienentwicklungsaufgaben 92
3.5 Entwicklungsprobleme als Passungsprobleme 94

4. Aufwachsen in der Postmoderne: Chancen und Risiken ... 97

4.1 Kindheit im Umbruch ... 97
4.1.1 Veränderungen in den Lebenswelten von Kindern ... 97
4.1.2 Zum Wandel der Kinderkultur ... 103
4.1.3 Widersprüchlichkeiten und Belastungen im heutigen Kinderleben ... 105
4.2 Lebenslage, Wohlbefinden und Problemlagen heutiger Kinder ... 107
4.2.1 Die soziale Lage der Kinder ... 108
4.2.2 Deprivation, Familienbeziehungen und kindliche Entwicklung ... 110
4.2.3 Lebensqualität und Wohlbefinden von Kindern ... 116
4.2.4 Epidemiologie und Ursachen kindlicher Problemlagen ... 118

5. Familie und Wechselbeziehungen in der Familie ... 125

5.1 Merkmale familiärer Beziehungssysteme ... 125
5.2 Entwicklung im familiären Bezugssystem ... 127
5.3 Wechselbeziehungen in der Familie ... 127
5.3.1 Die Eltern-Kind-Beziehungen ... 129
5.3.2 Geschwisterbeziehungen ... 133
5.3.3 Die elterliche Paarbeziehung ... 134
5.3.4 Die Eltern-Enkel-Großeltern-Beziehung ... 136

6. Veränderte Rahmenbedingungen familiärer Erziehung ... 141

6.1 Strukturelle Veränderungen in den Haushaltsformen ... 141
6.2 Prekäre Bedingungen der familiären Beziehungsgestaltung ... 144
6.3 Mütterliche Erwerbstätigkeit und Folgen für die Kinder ... 147
6.4 Außerfamiliäre Vorschulerziehung und kindliche Sozialkompetenz ... 152
6.5 Die «neuen» Väter ... 154
6.6 Veränderungen in den familiären Interaktionsbeziehungen ... 156
6.7 Veränderungen in den Erziehungszielen und im Erziehungsverhalten ... 158
6.8 Neue Anforderungen und Konflikte in der Kindererziehung ... 159

7. Nicht traditionelle Familienformen und Folgen für die Erziehung ... 163

7.1 Alleinerziehende Eltern ... 163
7.2 Mutterfamilien aufgrund lediger Mutterschaft ... 165
7.3 Mutterfamilien aufgrund von Scheidung/Trennung ... 165
7.4 Vaterfamilien ... 170
7.5 Stieffamilien ... 171

8. Erziehung in Familien ausländischer Herkunft ... 175

8.1 Die Lebenssituation von Familien ausländischer Herkunft ... 175
8.2 Akkulturation und Strukturwandel der Familie ... 178
8.3 Familie als Ort bi-kulturaler Konflikte und kulturellen Lernens ... 181
8.4 Die Erziehungssituation in Familien ausländischer Herkunft ... 183
8.5 Ist autoritative Erziehung in Familien ausländischer Herkunft funktional? ... 186
8.6 Erziehung zur multikulturellen Akkulturation (in) der Familie ... 187

9. Was Kinder für ihre psychische Entwicklung brauchen ... 191

9.1 Die fünf Grundbedürfnisse von Kindern ... 191
9.1.1 Das Bedürfnis nach Geborgenheit und beständigen liebevollen Beziehungen ... 192
9.1.2 Das Bedürfnis nach Unversehrtheit, Sicherheit und Regulation ... 196
9.1.3 Das Bedürfnis nach individuell zugeschnittenen Erfahrungen ... 198
9.1.4 Das Bedürfnis nach entwicklungsgerechten Erfahrungen ... 200
9.1.5 Das Bedürfnis nach Grenzen und Strukturen ... 204
9.2 Bindungsbeziehungen und Bindungsverhalten ... 207
9.2.1 Bindung an die Bezugsperson ... 208
9.2.2 Grundlagen von Bindungssicherheit und Elternverhalten ... 211
9.2.3 Bindungsbeziehungen von der frühen Kindheit bis zum Jugendalter ... 212

10. Elterliche Erziehung und Eltern-Kind-Beziehungen ... 217

10.1 Funktionen elterlicher Erziehung ... 217
10.1.1 Eltern als Interaktionspartner ... 218
10.1.2 Eltern als Erzieher ... 220
10.1.3 Eltern als Arrangeure von Entwicklungsangeboten ... 223
10.2 Erzieherisches Handeln ... 224
10.2.1 Erziehungsstilforschung ... 225
10.2.2 Systemisch-kontextualistische Erziehungsforschung ... 234

11. Erziehungspraktiken und -probleme in unterschiedlichen familiären Beziehungskontexten ... 241

11.1 Erziehung in Ein-Eltern- und in Zwei-Eltern-Familien ... 241
11.2 Partnerschaftsqualität und Erziehung ... 243
11.3 Verwandte, Freunde und Erziehung ... 246
11.4 Geschlechtsdifferenzierende Erziehung in der Familie ... 247
11.5 Problematische elterliche Erziehungspraktiken ... 249
11.5.1 Überbehütung und Verwöhnung von Kindern ... 250
11.5.2 Bestrafung von Kindern ... 253
11.5.3 Vernachlässigung von Kindern ... 255
11.5.4 Physische und psychische Misshandlung von Kindern ... 257

12. Familie, Schule und Entwicklung ... 265

12.1 Schule als Belastung für Kinder und Familien ... 265
12.2 Schulversagen und -abbruch ... 269
12.3 Familie und Schule: Zusammenhänge und Beziehungen ... 271
12.4 Einflüsse von Familie und Erziehung auf die schulische Entwicklung ... 273
12.5 Kooperation zwischen Schule und Elternhaus ... 278

13. Familie, Gleichaltrige und Entwicklung ... 283

13.1 Gleichaltrige und Freunde in der Kindheit ... 283
13.2 Das Verhältnis der Eltern-Kind- und der Kind-Peer-Beziehung ... 291
13.3 Eltern mit jugendlichen Kindern: der Umbau der Eltern-Kind-Beziehung ... 293
13.4 Die Bedeutung Gleichaltriger für die Entwicklung Jugendlicher ... 295
13.5 Stören oder fördern sich die Beziehungen zu Eltern und Freunden? ... 301

14. Kinder und Jugendliche vor dem Fernseher ... 309

14.1 Entwicklungspsychologische Voraussetzungen konzentrierten Fernsehens ... 309
14.2 Wann Fernsehen bei Kindern positiv wirkt ... 311
14.3 Macht Fernsehkonsum Kinder aggressiv? ... 312
14.4 Familiäre Bedingungen und kindlicher Fernsehkonsum ... 316
14.5 Förderung kindlicher Medienkompetenz: Was Eltern tun können ... 319

15. Entwicklung durch Intervention im Erziehungsbereich ... 323

15.1 Der familiäre Kontext aus entwicklungspsychopathologischer Sicht ... 323
15.1.1 Risiko- und Schutzfaktoren bei der Entwicklung von Störungen (in) der Familie ... 324
15.1.2 Familiäre Resilienz: Erziehung als Schutzfaktor ... 330
15.2 Entwicklungspsychopathologie aggressiver Kinder ... 333
15.2.1 Familiäre Risikokonstellationen aggressiven Verhaltens ... 334
15.2.2 Schutzfaktoren für die Entwicklung aggressiven Verhaltens ... 337
15.2.3 Wie erzieht man aggressive Kinder? ... 337
15.3 Entwicklung durch Optimierung und Prävention im Erziehungsbereich ... 338
15.3.1 Systematisierung der psychologischen Intervention im Erziehungsbereich ... 340
15.3.2 Entwicklungsförderliche Stärkung elterlicher Paarbeziehungen ... 341
15.3.3 Entwicklungsförderliche Intervention im Erziehungsbereich ... 342
15.3.4 Interventionsprogramme zur Verbesserung der Eltern-Kind-Beziehung und -Interaktion ... 345
15.3.5 Interventionsprogramme auf neueren Medien ... 350
15.4 Erziehungsoptimierung und -prävention als familien- und gesundheitspolitische Aufgabe ... 354

Literaturverzeichnis ... 359
Autorenregister ... 397
Sachregister ... 411

Vorwort zur 2. Auflage

Seit dem «Klassiker» zur Erziehungspsychologie von Reinhard und Annemarie Tausch von 1963, der 1998 in seiner 11. Auflage erschienen ist, gibt es im deutschen Sprachraum keinen Versuch mehr, sich umfassender den psychologischen Grundlagen von Erziehung zu widmen. Es waren vor allem Tausch und Tausch, die in den 1960er- und 1970er-Jahren als Erste in Deutschland Konzepte für Erziehungsstildimensionen entwickelt und in Trainingsprogramme zur Förderung der sozialen Kompetenz umgesetzt haben. Erstaunlicherweise fehlte es aber im deutschen Sprachraum lange Zeit an einem Versuch, das breite, recht unverbunden nebeneinander stehende Wissen um die psychologischen Grundlagen von Erziehung in systematischer und integrativer Weise auf den neuesten Stand der Forschung zu bringen.

Mit dieser *Erziehungspsychologie*, die 2005 in der ersten Auflage erschienen ist, wurde diese Lücke geschlossen. Bereits vier Jahre nach Erscheinen der ersten Auflage erscheint hiermit die zweite, korrigierte Auflage dieses Lehrbuches. Es wurde mittlerweile zu einem Standardwerk, das den heutigen Stand der Wissenschaft auf dem Gebiet der Erziehungspsychologie so aktuell wie möglich wiedergibt. Das Lehrbuch will Grundkenntnisse vermitteln, zum Weiterstudium anregen und ist hauptsächlich für all jene gedacht, die in der professionellen Beschäftigung mit Kindern, Jugendlichen und Familien als Lehrer oder Erzieher ihren aktuellen oder zukünftigen Berufs- und Lebensmittelpunkt haben.

Jedoch muss vorausgeschickt werden, dass es ein Mythos wäre, zu glauben, dass in der Erziehung alles glatt laufen kann. Bereits Sigmund Freud (1937) zählte die Erziehung von Kindern zu den «unmöglichen Berufen», da man sich «des ungenügenden Erfolges von vornherein sicher sein kann» (S. 94). Ungeachtet dessen ist hier zu fragen, ob Erziehung überhaupt eine langfristige und nachhaltige Wirkung auf die kindliche Persönlichkeitsentwicklung hat. Die Antwort wird lauten: Sie ist bei weitem größer, als das heute von manchen populären Autoren behauptet wird; aber es ist ebenso unbestritten, dass es nicht nur die erzieherischen Bemühungen sind, die auf die Persönlichkeitsentwicklung von Kindern einwirken. Erzieher, Lehrer, aber ebenso Eltern sind weder machtlos noch sind sie an allem Schuld, wenn in der Entwicklung ihrer Kinder etwas schief läuft.

Trotzdem fühlen sich heutzutage viele, die in der Verantwortung für die Erziehung von Kindern stehen, in ihrem Spagat zwischen überholten Modellen von autoritärer Erziehung und Laisser-faire-Erziehung verunsichert. Früher hatte noch die Oma ein wichtiges Wörtchen bei der Erziehung der Enkel mitzureden und die Cousine gab vielleicht mit ihren Kindern ein brauchbares Vorbild ab. Zudem stand die Schwiegermutter zur Verfügung, wenn Not am Mann war. Heute müssen junge Familien häufig allein zurechtkommen, denn die Familie lebt in alle Winde zerstreut oder Vater und Mutter haben sich getrennt. Zudem galten früher für Kinder in einer Gesellschaft ähnliche Normen und Regeln, in der Schule übten Lehrer dieselben Erziehungspraktiken aus (auch wenn das nicht unbedingt die sinnvollsten waren) wie die Eltern zu Hause.

Das ist heute anders: Elternhaus und Schule ziehen häufig nicht mehr an demselben Strang. Selbst zwischen Familien sind sehr unterschiedliche Erziehungshaltungen zu beobachten. So dürfen die Kinder bei Familie Meier bis spätabends noch fernsehen, wohingegen die von Familie Müller täglich nur eine halbe Stunde fernsehen dürfen. Gemeinsame Mahlzeiten sind bei Familie Müller Pflicht, die Kinder der Meiers dagegen bedienen sich selbst aus dem Kühlschrank, wenn sie Hunger haben. Auch verfügt bei Meiers die zehnjährige Tochter bereits über ihr eigenes Handy, während Müllers ihrem 14-jährigen Sohn den Handy-Besitz noch nicht erlauben. Derart müssen Mütter und Väter heute vieles nach eigenem Gutdünken entscheiden. Jeder scheint seine eigenen Regeln zu machen, und nicht selten fehlt es an gemeinschaftlich akzeptierten Orientierungshilfen. Deshalb kann es für Eltern, aber ebenso für Erzieherinnen in Kitas oder für Lehrer im Schulalltag ganz schön anstrengend sein, mit Kindern (und ihren Eltern) gut über die Runden zu kommen. Manche fühlen sich ratlos, allein gelassen, ängstlich und ohnmächtig. Und weil jeder versucht, sein eigenes Wertesystem zu definieren und seine persönlichen Erziehungspraktiken zu suchen, sind viele verunsichert, häufig auch überfordert. Nicht wenige scheinen sich in der Folge in ihrem Erziehungsalltag durchzuwursteln oder gar aus der Erziehung zurückzuziehen.

In der Psychologie erkennen wir eine lange Tradition in der Beschäftigung mit erzieherischem Handeln. In der Pädagogischen Psychologie wurden vor allem zwei Themen ausführlich untersucht: Erziehungsstile und erziehungsrelevante Überzeugungen. Zusammen mit den Erziehungszielen könnte man sie als Bestandteile subjektiver Erziehungstheorien interpretieren. In dieser Tradition hat sich über die Jahrzehnte ein beträchtliches Forschungsvolumen angesammelt, und manche dieser Erkenntnisse wurden in den letzten Jahren für Eltern- und Erziehungstrainings fruchtbar gemacht. Allerdings sind diese Forschungsansätze in mindestens zweierlei Hinsicht problematisch: Zum einen legen sie nahe, dass sich Erziehung auf den Erziehungsstil reduzieren lässt, und es wird oft eine direkte Wirkung dieses Erziehungsstils auf das kindliche Verhalten unterstellt. Zum anderen fehlt es der älteren psychologischen wie der pädagogischen Erziehungsforschung an einer Entwicklungsperspektive. Zu sehen, dass die Entwicklung von Kindern und Jugendlichen einerseits eine sowohl genetisch als auch durch die Umwelt mitbestimmte Systematik erkennen lässt und sich andererseits immer in Beziehungskontexten abspielt, Eltern nicht nur ihre Kinder, sondern Kinder auch ihre Eltern erziehen oder Eltern auf die Altersgenossen ihrer Kinder, Schule auf das Elternhaus (und umgekehrt) Einfluss ausüben. Diese *Beziehungen zwischen Beziehungen* herauszuarbeiten, ist so wichtig, dass sich eine darauf ausgerichtete *Erziehungspsychologie* lohnen sollte.

Vor diesem Hintergrund wird versucht, ein Lehrbuch vorzulegen, das mir wissenschaftlich zur Zeit die aussichtsreichste und tragfähigste zu sein scheint. Sie wurzelt in der *Perspektive der Entwicklung*, nimmt die Postulate der modernen Entwicklungspsychologie auf, die sich besonders einer ökologisch-systemtheoretischen Tradition in der Beschäftigung mit menschlichen Entwicklungsprozessen verpflichtet weiß. Eine in dieser Weise gerahmte Theoriekonzeption bietet sich deshalb an, weil eine Erziehungspsychologie voraussetzt, dass wir (als Erzieher) letztendlich den Entwicklungsprozess von Kindern mehr oder weniger intentional anregen, unterstützen und begleiten. Folglich soll erzieherisches Handeln entwicklungspsychologisch begründbar sein, denn das Ziel einer bewussten Erziehung liegt in einer positiv geförderten Entwicklung; gleichzeitig ist Entwicklung auch wiederum die Voraussetzung für Erziehung: Erziehung soll der kindlichen Entwicklung angemessen und -förderlich sein. Ich verstehe deshalb Erziehungspsychologie als eine Disziplin der angewandten Entwicklungspsychologie.

Doch trotz aller Bemühungen und Fortschritte bleibt ein grundlegendes Problem stets aktuell, welches vor allem erfahrene Erzieher und Eltern gut nachvollziehen können: Erziehung lässt sich zwar wissenschaftlich auf vielfältige Weise fundieren, aber ohne gesunden Menschenverstand, praktische Vernunft und plausible Erfahrungsgeneralisierung können wissenschaftlich begründete Prinzipien in der Erziehungspraxis kaum nutzbar gemacht werden. Erziehung ist eine hohe Kunst, in der psychologische Erkenntnisse einige Hilfe leisten können. Das Entscheidende muss aber vom Erzieher in der konkreten Situation erspürt werden.

Selbstverständlich ist die Anschlussfähigkeit einer wissenschaftlich begründeten Erziehungspsychologie an die alltägliche Erziehungspraxis auf mehr angewiesen als auf ein Lehrbuch. Für mich gehören dazu meine fast zehnjährigen Erfahrungen als praktizierender Lehrer in unterschiedlichsten Schul- und Altersstufen, in denen ich gelernt habe, Kinder in ihren je unterschiedlichen Entwicklungsvoraussetzungen und -möglichkeiten vorbehaltlos zu akzeptieren und ihren Fähigkeiten zu vertrauen. Hierbei lehrten mich die Kinder, dass sich nur durch Liebe pädagogische Sensibilität erhalten lässt und gleichzeitig pädagogische Autorität von den Kindern akzeptiert wird.

Während meines Studiums bei Hans Aebli an der Universität Bern hatte ich dann die Möglichkeit, mein erziehungspraktisches Wissen im Lichte wissenschaftlicher – während der 1970er-Jahre vor allem durch kognitionswissenschaftliche – Konzepte und Theorieansätze zu reflektieren. Die Verbindung von kognitiver Entwicklungstheorie – in der Tradition von Jean Piaget – und einer Motivationstheorie, die im Menschen ein aktives Prinzip am Werke sieht, wie ich es Jahre später im Kultivationskonzept von Georg Simmel wiedergefunden habe, brachte mir die Erkenntnis, dass auch in der Erziehung das Zusammenspiel von Kognition und intrinsischer (d.h. einer nicht von außen induzierten, sondern um ihrer selbst willen veranlassten) Motivation eine wichtige Rolle spielt. Kognitionen bahnen dabei die Kanäle, auf denen die Aktivierung von intrinsisch motivierten Zielen und den dafür notwendigen Mittelhandlungen erfolgen kann. Das Kind, das intrinsisch motiviert ist, ebenso so geschickt mit dem Skateboard zu fahren wie sein Kumpel, und das eingesehen hat, dass diese Geschicklichkeit nur derjenige erreicht, der die dafür notwendigen Fahr- und Sprungtechniken beherrscht, wird sich bemühen, diese zu erlernen und richtig auszuführen. Der Zweck, so könnte man in Modifikation des bekannten Dictums sagen, aktiviert die Mittel.

Eine solche Deutung ist auch pädagogisch sinnvoll. Sie entspricht der allgemeinen Beobachtung, dass Kinder die Bereitschaft mitbringen, sich zu aktivieren, das heißt, sich zu interessieren und zu begeistern. Die Aufgabe von Erziehung besteht demnach wesentlich darin, diese Kräfte auf die richtigen Inhalte, Gegenstände und Tätigkeiten zu richten. Kinder (auch meine späteren Studenten), so habe ich immer wieder erfahren dürfen, lassen sich von einem Menschen interessieren, wenn er selbst von einer Sache begeistert ist. Gleichzeitig ist es aber vielleicht eine der schwersten Aufgaben, Kindern bei der Entdeckung ihrer Potenziale, Chancen und Entwicklungswege derart behilflich zu sein, dass wir ihnen als Erzieher immer wieder helfen, sich selbst zu helfen. Denn nur wer sich selbst zu helfen weiß, wird sich auch selbst akzeptieren, gewinnt Vertrauen in seine Person und wird in seiner Persönlichkeit wachsen. Auf diesem grundlegenden Mechanismus beruht, das ist meine tiefe Überzeugung, ein großer Teil aller Erziehung.

In den 1980er-Jahren habe ich dann durch meinen Tübinger Doktorvater, Gerhard Kaminski, meinen Berner Mentor Alfred Lang, der mir – bereits als junger Student – das Werk von Kurt Lewin nähergebracht hat sowie durch meine amerikanischen Mentoren Roger G. Barker, Allan Wicker, Dan Stokols und Michael Cole gelernt, dass die Quelle unseres Handelns und menschlicher Entwicklung in der Kultur liegt und auch Kinder in eine bestimmte räumlich-physische, soziale und letztendlich kulturelle Entwicklungsumwelt hineingeboren werden und ihre Entwicklung – die genetischen Grundlagen eingeschlossen – durch ihr Handeln *mit* ihrer Kultur erfolgt. In der Weise konvergierten Mitte der 1980er-Jahre die akademischen Forschungslinien einer kognitiv-handlungstheoretischen Entwicklungspsychologie mit den ökologisch-systemtheoretischen Theorieansätzen, wie sie nicht nur in der Umwelt- und Kulturpsychologie, sondern auch in einer kontextualistisch und kulturbezogenen Entwicklungspsychologie ihren Durchbruch schafften.

Es war eine glückliche Fügung meines akademischen Werdegangs, dass ich zu Beginn der 1990er-Jahre an der Universität Bern und letztendlich ab 1994 als Ordinarius an der Otto-von-Guericke-Universität Magdeburg den Fragen der erzieherischen Förderung kindlicher Entwicklung in Richtung einer kulturpsychologischen Entwicklungspsychologie wissenschaftlich weiter nachgehen konnte. Dabei wurde für mich Georg Simmels Kultivationskonzept, das in einer langen philosophischen Tradition steht, als paradigmatischer Rahmen zentral. Überall dort, wo Menschen ein aktives Prinzip, nennt man es nun Entelechie (Aristoteles), Monade (Leibniz), Natur (Rousseau) oder einfach Leben (Dilthey, Bergson, Dewey) unterstellt wird, steht man der Annahme des Kultivationsprinzips nahe. Kultivation ist nämlich jene psychische Aktivität, die nur aufgrund der menschlichen Fähigkeit zur intentionalen Selbst-Entwicklung vermittelt über die Kultur möglich ist. Die pädagogische Bedeutung dieses Konzepts liegt darin, dass Erziehung der kindlichen Kultivation die notwendige Hilfe geben soll, aber wiederum jene Art von Hilfe, Unterstützung oder Ermutigung, die dem Kind hilft, sich selbst zu helfen.

Ein Lehrbuch mit diesem Anspruch und in diesem Umfang wäre jedoch nicht erfolgreich zu Ende zu führen, ohne diejenigen, die mir in vielen anregenden Gesprächen als kritische Diskussionspartner zur Verfügung standen und denen ich herzlich danke. Dazu zählt mein Schweizer Kollege Meinrad Perrez, der mich einerseits in der Verlegung der Erstauflage meines Lehrbuches ermutigt und unterstützt hat, dem ich aber auch wertvolle Hinweise hinsichtlich der Prävention im erzieherischen Bereich zu verdanken habe. Für die Erstauflage war mir auch mein zweites Forschungsfreisemester von besonderem Wert, weil es mir sowohl die notwendige zeitliche Freistellung von meinen universitären Verpflichtungen als auch den räumlich nahen Zugang zu den ausgezeichneten Bibliotheken an der FU Berlin ermöglicht hatte. In die zweite, korrigierte Auflage sind auch die Ergebnisse zahlreicher anregender Diskussionen eingegangen, die ich mit den Studierenden meiner Seminare zur Erziehungspsychologie in den letzten vier Jahren führen konnte. Sie haben mich gelehrt, welch hohe Ansprüche Studierende heute an wissenschaftliche Lehrbücher stellen. Auch wenn ich sie nicht alle erfüllen konnte, so meine ich, dass ich von diesen kritischen Anregungen sehr profitieren konnte. Schließlich war mir die verlegerische Supervision durch Monika Eginger immer wieder eine wertvolle Hilfe.

Magdeburg, im Frühjahr 2009   *Urs Fuhrer*

1 Einleitung

Wären alle Kinder gleich, wäre Erziehung nicht gerade ein Kinderspiel, aber doch sehr viel einfacher. Auch gäbe es weniger Erziehungsprobleme, und dieses Lehrbuch wäre wohl nie geschrieben worden. Kinder sind jedoch sehr unterschiedlich. Und nicht nur Kinder sind verschieden, die Eltern sind es auch. Sie haben unterschiedliche Vorstellungen darüber, was Kinder brauchen, und gehen mit ihren Kindern ganz verschieden um. Viele Eltern halten sich an überlieferte Konzepte und erziehen ihre Kinder so, wie sie selbst erzogen worden sind. Manche wollen es anders und vor allem besser machen als ihre eigenen Eltern. So versuchen sie etwa, die Prinzipien der antiautoritären Erziehung bei ihren Kindern umzusetzen. Oder sie orientieren sich an den autoritären Erziehungspraktiken ihrer Eltern. Dabei ist die Vielfalt bei Kindern so groß, dass es keine allgemeingültigen Erziehungsregeln geben kann. Ungeachtet dessen lautet die wichtigste Botschaft dieses Lehrbuches: Kinder brauchen Autonomie (Freiheit) und Grenzen! Je angemessener es Eltern und Erziehern gelingt, die Balance zwischen Freiheit geben und Grenzen setzen zu finden, je besser sie es schaffen, sich auf die individuellen Bedürfnisse und die Entwicklungsvoraussetzungen der Kinder einzustellen, desto besser werden sie sich entwickeln und desto geringer wird der erzieherische Aufwand sein. Allerdings sind Eltern heutzutage unter postmodernen Sozialisationsbedingungen oft mit Herausforderungen konfrontiert, die zu bewältigen vielfach ihre Kompetenzen überfordern. Die daraus resultierenden Verunsicherungen der Eltern im erzieherischen Umgang mit ihren Kindern wurzeln in den Ambivalenzen individualisierter Gesellschaftsstrukturen mit ihrem sozialen Gestaltungsprinzip «Freiheit des Einzelnen», die auf der einen Seite aus dem Zuwachs immer neuer Handlungsmöglichkeiten bestehen und auf der anderen Seite durch die immer komplexer und unberechenbarer werdenden Lebensaufgaben (ohne den Rückhalt stabiler Gemeinschaften) gekennzeichnet sind. Was die Implikationen sind, die sich für die elterliche Erziehungspflicht ergeben, wenn die «Freiheiten des Einzelnen» mit all ihren Ambivalenzen als gesellschaftliches Organisationsprinzip fungiert, darüber handelt dieses erste Kapitel.

1.1 Ambivalenz als zentrales Lebensparadigma postmoderner Gesellschaft

Kindheit in Deutschland ist, so lautet die einhellige Meinung der Kindheitsforschung, im Umbruch. Dabei wird hinter den massiven Umwälzungen heutiger Kindheit die Modernisierung der Gesellschaft vermutet. Deren wichtigste Teilprozesse sind der Wohlfahrtsschub, die Demokratisierung und die Ausdehnung der gesellschaftlichen Partizipationschancen und -rechte auf alle Bevölkerungsgruppen. Wohlstandsentwicklung, Leistungsansprüche und allgemeiner Wertewandel markieren seit dem Ende der 1960er-Jahre eine Zäsur, die bis in die allerjüngste Gegenwart das Aufwachsen von Kindern prägt. Dabei hat eine angemessene Schilderung des Übergangs von der traditionalen Gesellschaft von den Chancen und Risiken des Aufwachsens in der Postmoderne auszugehen. Sie hat in einem ersten Schritt zur Kenntnis zu nehmen, dass wir tatsächlich einen Übergang von homogenen zu pluralen weltanschaulichen Kontexten und Sichtweisen beobachten können. Die Postmoderne hat in einem mühsamen Prozess den Weg zur Toleranz eines pluralen Weltverständnisses gefunden. Damit wird dem Mensch ein größerer Horizont eröffnet, der als solcher zu begrüßen ist. Diese Errungenschaft der westlichen Industriegesellschaft, die durch enorme Veränderungsprozesse gekennzeichnet ist, wird in der Soziologie als *gesellschaftliche Pluralisierungs- und Individualisierungsprozesse* beschrieben (vgl. Kippele, 1998).

Dabei hat diese Entwicklung der Industriegesellschaft zu einer Vielzahl von sozialen Institutionen, zu konkurrierenden Organisationen und Interessenverbänden sowie zu einer Vielfalt von Werteorientierungen und Lebensstilen geführt (Pluralismus) und damit auch zu einer Vielgestaltigkeit und Offenheit der persönlichen Biographien, der familiären Lebensformen, der Eltern-Kind-Beziehungen und der Kindheit als Lebensphase.

Auf der *Gewinnseite* dieser Entwicklung eröffnen sich Eltern und Kindern Selbstbestimmungs- und Selbstverwirklichungsoptionen für ihre Lebensgestaltung in einem bislang unbekannten Ausmaß. Auf ihrer *Risikoseite* wächst der individuelle Entscheidungs- und Handlungsdruck bei gleichzeitigem Brüchigwerden der traditionellen Sozialisationssysteme wie Familie, Schule oder Kirche sowie dem allgemeinen Verlust an sozial einbindenden Institutionen. Damit geht ein Verlust an Gemeinschaftserfahrung einher. Der Zuwachs an Individualisierungschancen wird demnach durch Prozesse der Entindividualisierung, durch die Verbreitung subjektiver Gefühle individueller Ersetzbarkeit und Austauschbarkeit begleitet und konterkariert. Zusammengenommen bedeutet das, dass mit dem Gewinn an Handlungsspielräumen und -optionen gleichzeitig ein tendenzieller Geltungsverlust an Sicherheit und Handlungswissen durch garantierte soziale Normen einhergeht.

> **Kasten 1-1**
>
> ## Gesellschaftliche Individualisierung
>
> Der populärste Erklärungsansatz für die in den 1960er-Jahren in der Bundesrepublik einsetzende Pluralisierung der Lebensformen und für die Deinstitutionalisierung des bürgerlichen Ehe- und Familienmusters, die Individualisierungsthese des Münchner Soziologen Ulrich Beck, knüpft an Aussagen der Klassiker gesellschaftstheoretischen Denkens (Emile Durkheim, Ferdinand Tönnies, Georg Simmel, Max Weber) an, die den Übergang in die Moderne als Prozess der Freisetzung des Menschen aus ständischen Bindungen und als Zunahme des Entscheidungsspielraums beschreiben. Gesellschaftliche Individualisierung bedeutet demnach, Biographien aus vorgegebenen Fixierungen herauszulösen, offen und entscheidungsabhängig zu machen sowie dem Individuum die Aufgabe der Konstruktion seiner Biographie selbst zu überantworten. Gleichzeitig nehmen die Anteile der prinzipiell entscheidungsverschlossenen Lebensmöglichkeiten ab, und die Anteile der entscheidungsoffenen, selbst herzustellenden Biographien nehmen zu, wodurch sich der Einzelne gegenüber sozialen Gemeinschaften zunehmend verselbstständigt. Individualisierung von Lebensläufen meint also, dass sozial vorgegebene Normalbiographien in selbst hergestellte und herzustellende Wahlbiographien transformiert werden, und zwar so, dass der Einzelne selbst zum Gestalter seines eigenen Lebens wird, aber damit auch zunehmend selber die Verantwortung für sein Leben trägt.
>
> Quelle: Beck (1986)

Gesellschaftliche Individualisierung wird deshalb als *ambivalenter Prozess* oder auch als *Modernisierungsfalle* begriffen, weil die Pluralisierung individueller Lebenschancen und Entwicklungsmuster ihre Entsprechung in beschleunigten Individualisierungsprozessen mit ihren hohen Ansprüchen an eigenverantwortlichem Handeln und Entscheiden der Personen findet. Das bedeutet, dass sich die Ambivalenz aus dem Zuwachs an vermehrten Handlungsmöglichkeiten auf der einen Seite und gleichzeitig einsetzenden Gefährdungslagen und Risiken durch den Zwang zu einer Bewältigung von immer komplexeren Lebensaufgaben ohne den Rückhalt stabiler Vergemeinschaftungsformen auf der anderen Seite ergibt.

Für Eltern gilt: Sie müssen wissen, dass sich Kindheit unter Bedingungen gesellschaftlicher Pluralisierung und Individualisierung durch eine gewachsene Autonomie auszeichnet sowie größer werdende Aushandlungsspielräume für eigene Interessen und eine Erweiterung individueller Möglichkeiten für die Gestaltung des Lebens bietet. Darüber hinaus unterliegt auch die Beziehung der Eltern zu den Kindern einschneidenden Umgestaltungen, die Vorstellungen über die *richtige* Erziehung ändern sich von konservativen, streng auf Gehorsam und Unterordnung abzielenden Leitideen über liberale Modelle hin zu einer am Beginn des 21. Jahrhunderts vorhandenen pragmatischen Pluralität der Erziehungsziele. Gleichzeitig stellen die Ambivalenzen erhöhte Anforderungen an Kinder und Jugendliche, aber ebenso an ihre Eltern, weil das Herstellen von persönlicher Identität und das Finden der eigenen Biographie – also zu wissen, wer man ist, was man sein könnte und wie man leben möchte – heutzutage erhöhte Anforderungen stellt, um in der Bearbeitung von Ambivalenzen handlungsfähig zu bleiben.

Die *Schattenseiten der Individualisierung* treten dadurch deutlich hervor. Familienstrukturen werden zunehmend labiler. Kinder und Jugendliche, aber auch die Eltern müssen mehr und mehr damit fertig werden, dass die Ehe immer stärker zu einer Verbindung auf Zeit anstatt auf Dauer wird. Zu der klassischen Kleinfamilie gesellen sich davon abweichende Familienformen, in denen Erziehung stattfindet: Wohngemeinschaften, Alleinerziehende, nicht-eheliche Lebensgemeinschaften usw. Gleichzeitig verlieren verwandtschaftliche Bezüge und traditionelle soziale Einbindungen wie Nachbarschaft oder Kirche immer stärker an Bedeutung. Außerdem werden Großeltern, Eltern und Verwandte

Kasten 1-2

Das Desintegrations-Desorganisations-Theorem

Um ein tieferes Verständnis gesellschaftlicher Individualisierung und ihrer Ambivalenzen oder «riskanten Chancen» (Keupp, 1994) zu gewinnen, verwendet der bekannte Bielefelder Jugend- und Gewaltforscher Wilhelm Heitmeyer das Konzept der *Desintegration*. Dabei verweist Desintegration auf zwei Subkategorien: Dies ist zum einen *Desorientierung* auf der kulturellen Seite. Darin sind kognitive Irritationen, emotionale Verunsicherungen und Handlungsunsicherheiten darüber enthalten, wie Entscheidungen bei Werten, Normverstößen oder in Fragen des jeweils angemessenen Erziehungshandelns zu fällen sind. Zum zweiten ist die *Desorganisation* auf der strukturellen Seite zu nennen. Darin sind die potenziellen Folgen der Differenzierung aufzuführen, die im Hinblick auf soziale Beziehungen u.a. zu isolierten und anonymisierten Lebensformen führen können oder die Partizipation an gesellschaftlichen Institutionen überflüssig werden lassen.   Quelle: Heitmeyer (1997)

als Vorbilder oder soziale Sicherungsgruppe zunehmend irrelevant. Die Gestaltung des eigenen Lebensentwurfs und die sozialen Kontakte werden immer mehr abhängig von Eigenaktivität und Mobilität. Dadurch wiederum verstärken sich Probleme der Verunsicherung, der Vereinsamung, der Marginalisierung, der Vereinzelung, der Privatisierung von Lebensräumen oder gar des sozialen Abstiegs. Dennoch ist ein Weg zurück zu einer homogenen Welt weder möglich noch wünschenswert.

In dieser Weise ist die Verunsicherung vieler Eltern und Erzieher strukturell an Individualisierung gebunden. Derart entsteht über Individualisierung, aufgrund emotionaler Verunsicherung und Handlungsunsicherheit, heutzutage ein steigender Handlungsdruck für die am Erziehungsprozess Beteiligten, da neue Muster der Lebensgestaltung notwendig werden, die aber oft nicht erprobt und in ihren Konsequenzen dem Einzelnen auch nicht bekannt sind. Deshalb scheint mit dem gestiegenen Individualisierungsdruck ein steigendes Sicherheitsbedürfnis einherzugehen (Heitmeyer u.a., 1995). Was die Erziehung betrifft, so gibt es immerhin Konsens darüber, dass es für unsere wertpluralistische und demokratische Gesellschaft richtig ist, irgendwie die Grundbedürfnisse der jungen Menschen mit den Menschenrechten und dem Grundgesetz in Einklang zu bringen, damit der junge Mensch selbstständig wird sowie Wertentscheidungen treffen kann und eigenverantwortlich seinen Lebensentwurf zu gestalten vermag.

Hingegen bedeutet die «Freiheit des Einzelnen» in einer individualistischen Gesellschaft für viele eben nicht zuletzt auch Freiheit von sozial einbindenden Gemeinschaften, Freiheit von emotionaler Geborgenheit, Freiheit von vorgefundenen Sinnbezügen und Interpretationsangeboten, z.B. durch Religion oder Glauben. Dadurch ist der Einzelne auf das Vorhandensein eines Lebensbereiches angewiesen, der es ihm ermöglicht, dieses hohe Maß an ständiger Selbstdisziplinierung zu kompensieren. Dieser Ort bildet in unserer Gesellschaft die Familie, die Partnerbeziehung, für die Kinder die Beziehung und die Kontinuität der Bindungen zu ihren Eltern.

Allerdings werden heutzutage elterliche Partnerbeziehungen Belastungen ausgesetzt, die zu schweren Beziehungskrisen führen und leider immer häufiger ihr Zerbrechen zur Folge haben. Für die vielen davon Betroffenen bedeutet dieses Scheitern, dass der einzige emotionale Halt, den sie in der Gesellschaft haben, verloren gehen kann. Für die aus solchen gescheiterten Beziehungen hervorgegangenen Kinder hat das gravierende Konsequenzen. Sie werden Belastungen ausgesetzt, die ihre Entwicklung zu autonomiefähigen Persönlichkeiten erheblich behindern kann. Das schwerwiegendste Problem für die Kinder ist es, dass ein großer Teil der davon betroffenen Eltern massive Schwierigkeiten hat, mit diesen Krisen so umzugehen, dass sie in der Lage sind, auch unter diesen Bedingungen die Interessen ihrer Kinder wahrzunehmen.

So sind sich Pädagogen, Psychologen und Mediziner heute über die tieferen Ursachen der Zunahme kindlicher Verhaltensstörungen einig. Sie werden hauptsächlich im Fehlen elterlicher Verantwortung für die Entwicklung der Kinder und in Erziehungsfehlern der Eltern vermutet. Immer mehr deutsche Kinder haben, wie der Erziehungswissenschaftler Peter Struck (1997) vermutet, de facto kein erzieherisch günstiges Familienleben mehr; sie werden gar nicht, falsch, inkonsequent oder schlichtweg zu selten erzogen. Sie sind dann mit sechs Jahren nicht schulreif, nicht gruppenfähig und nicht lernbereit; sie bringen vielfach derart gravierende Erziehungsdefizite in die Schule mit, dass die Bildungsbemühungen der Schule ihnen gegenüber fruchtlos bleiben müssen; gleichzeitig beeinträchtigen sie mit ihrem Stören und ihren bremsenden Effekten auch das Lernen ihrer Mitschüler, so dass die Schule zum erzieherischen Handeln ihnen gegenüber gezwungen ist. In dem Maße, wie Familien erzieherisch versagen, werden der Schule Erziehungsfunktionen übertragen, die sie entweder mit Appellen an die Familien zurückgeben will oder als Zumutungen mit dem Hinweis ablehnt, dass sie nicht ihrem eigentlichen Auftrag entsprechen würden, oder sie an die Sozialen Dienste weiterleitet, oder aber sie nimmt sie an, womit sich Schule und Lehrer häufig überfordern. So gehören heute 50 % der Lehrer in Deutschland einer Risikogruppe an. Sie leiden entweder an Selbstüberforderung oder zeigen Burnout-Symptome; das heißt, sie haben resigniert und sind kaum noch erholungsfähig (Barth, 1992).

Seit langem warnen Pädagogen davor, dass die postmodernen gesellschaftlichen Bedingungen für Familien (mit Kindern) schlechter werden. In welchem Verhältnis aber stehen die elterliche Erziehungspflicht und das postmoderne gesellschaftliche Organisationsprinzip «Freiheit des Einzelnen» zueinander? Was bedeutet elterliche Erziehungspflicht, wenn einerseits die Autonomie der Kinder und die Ausweitung ihrer individuellen Möglichkeiten für die Entwicklungs- und Lebensgestaltung wächst, Kinder aber andererseits Grenzen brauchen, um nicht an ihren Autonomieansprüchen und den vielen Wahlfreiheiten, über die sie heute verfügen, und die mehrheitlich weder alters- noch entwicklungsgerecht sind, zu scheitern? Diesen Fragen widmet sich das nächste Kapitel.

1.2
Elterliche Erziehungspflicht und Gesellschaftsstruktur

Wenn man sich mit den Erziehungspflichten der Eltern beschäftigt, so versteht es sich von selbst, dass es nicht darum gehen kann, sich auf die juristischen Grundlagen zu beschränken. Vielmehr gilt es, sich in einer Zeit, die durch Desintegration und Desorientierung gekennzeichnet ist, in der der Funktionsverlust der Familie zum Standardrepertoire familiensoziologischer Rhetorik geworden ist, aufzuzeigen, unter welchen Bedingungen Eltern heutzutage diese Pflicht erfüllen müssen. So ist das *Elternrecht* nämlich das einzige Grundrecht bundesdeutscher Verfassung, das zugleich als *Grundpflicht* ausgestaltet ist. Daran wird bereits offenbar, welch eine existenzielle Bedeutung die Wahrnehmung dieses Rechts durch die Eltern für unsere Gesellschaft hat. Bei allen anderen Grundrechten stellt es die Verfassung in das Belieben ihrer Inhaber, von ihnen Gebrauch zu machen – oder eben nicht. Das Elternrecht hingegen muss durch die Erfüllung der damit verbundenen Pflicht wahrgenommen werden.

Inhalt dieser Pflicht ist die «Pflege» und «Erziehung» der eigenen Kinder, wozu das Grundgesetz durch Art. 6 Abs. 2 Satz 1 die Eltern «zuvörderst» berechtigt, aber eben auch verpflichtet. Bei der Pflege handelt es sich um die Fürsorge für das körperliche Befinden. Welches Ziel aber Eltern mit der «Erziehung» zu verfolgen haben, lässt sich unmittelbar nicht aus diesem Begriff ableiten; auch darin gründet ein Teil der Verunsicherung und Orientierungslosigkeit vieler Eltern.

Immerhin stellt in unserer postmodernen Gesellschaft die freie Entfaltung des Einzelnen nicht nur den Mittelpunkt der in den Grundrechten verankerten Werteordnung dar, sondern zugleich auch ein übergreifendes soziales Organisations- bzw. Strukturmerkmal. Dabei stehen diese beiden Aspekte in einem Wechselverhältnis zum Elternrecht und den daraus für die Eltern erwachsenden Pflichten. Wenn nämlich unsere Gesellschaft wesentlich durch dieses Prinzip strukturiert ist, stellt sich die Frage, was Kinder benötigen, um als zukünftige Erwachsene an dieser Gesellschaft kompetent und in Würde teilhaben zu können.

Dafür bedarf es all jener Kompetenzen, die Kinder in die Lage versetzen, als *eigenverantwortliche Persönlichkeiten* ihre Interessen zu entfalten und sich unter Anerkennung der Rechte und Interessen anderer auf die Gemeinschaft zu beziehen. Das Kind soll spätestens mit dem Übergang zum Erwachsenen fähig sein, auf sich allein gestellt seinen Weg durchs Leben entsprechend seiner Anlagen und Möglichkeiten zu finden und zu beschreiben. Dabei hat der ständige Wandel der Lebensbedingungen zur Folge, dass Erziehende ihre Schützlinge nicht mehr – wie noch in traditionellen Gesellschaften – durch die Vermittlung von Wissen auf die Zukunft vorbereiten können, da ihnen diese Zukunft selbst nicht bekannt ist.

Folgerichtig bedeutet *Erziehung unter postmodernen Gesellschaftsbedingungen,* junge Menschen mit der Fähigkeit auszustatten, zukünftig mit vollkommen unvorhersehbaren Lebensbedingungen und Herausforderungen fertig zu werden (Rummel, 2001). Dazu bedarf es eines in der Geschichte zuvor kaum gekannten Maßes an *Kompetenz zur Selbststeuerung.* Um diese Fähigkeit entwickeln zu können, bedarf das Kind bzw. der junge Mensch der Bindungen, die ihm hierfür den notwendigen Rückhalt geben. Es ist gerade diese Kontinuität der Bindungen, besonders der Bindungen an die Eltern, die die wichtigsten Grundlagen zur Entwicklung einer zur Freiheit und zur Autonomie fähigen Persönlichkeit darstellen.

Selbstständigkeit als Erziehungsziel wird heute von der Mehrheit der Eltern anerkannt (vgl. Bertram & Henning, 1995). Deshalb setzt Erziehung heute weniger als früher auf Gehorsam gegenüber Geboten und Verboten, dafür ist mehr selbstständige Orientierung und eigenverantwortliches Handeln gefordert. So führen Kinder heute in vielen Bereichen ein Leben wie Erwachsene; sie leben wie kleine Erwachsene, und sie werden gefordert wie Erwachsene. Derart sind sie den gleichen Belastungen ausgesetzt wie ihre Eltern, und sie reagieren darauf mit erwachsenenähnlichen psychischen Störungen, Verhaltensauffälligkeiten und gesundheitlichen Beeinträchtigungen. Kinderpsychologen und Kinderärzte haben schon lange Alarm geschlagen.

Zweifellos ist Erziehung angesichts der Ambivalenzen, Chancen und Risiken postmoderner Gesellschaftsstrukturen anstrengender, weil schwieriger geworden. Trotzdem sind die jungen Menschen darauf angewiesen, dass ihre Eltern auch unter diesen Bedingungen zu ihnen stehen, ihnen Rückhalt geben, aber auch Grenzen setzen. Das wiederum setzt aber voraus, dass Eltern während der Erziehung aus innerer, ureigenster Überzeugung handeln und argumentieren können. Kinder kommen eben nicht einfach zur Welt; sie werden von ihren Eltern in das große Räderwerk einer ich-bezogenen Gesellschaft eingebaut, deren Mitglieder nach ihrer persönlichen Selbstverwirklichung, nach ihrer «Freiheit des Einzelnen» streben. Kinder werden so für viele Eltern ein Hemmnis oder gar ein Ärgernis, denn Kinder brauchen Zeit, Zeit von ihren Eltern, weil Kinder sich nur durch Anstrengung positiv entwickeln werden. Ihre wichtigsten Mitspieler sind die Eltern. Sie haben die Aufgabe Grenzen zu setzen, konsequent zu sein, «Nein» zu sagen. Derart wird Erziehung heute von vielen Eltern zunehmend als belastend und stressig empfunden.

Zudem scheinen Kinder heutzutage ihre Eltern mehr denn je herauszufordern. Ob es die pubertierende Tochter ist, die sich lieber mit ihren gleichaltrigen Punks auf der Straße herumtreiben will, als die Zeit bei der klammernden Mutter im Eigenheim zu verbringen oder das Kind in der Kita, das ständig um sich schlägt. Ob es der Sohn ist, der von seiner allein erziehenden Mutter mit einer Art von «Partnerrolle» überfordert wird und dagegen rebelliert oder die jugendliche Tochter, die von den Argumenten ihres Vaters nicht mehr erreicht wird. Die Probleme sind vielfältig und ziehen sich durch alle Gesellschaftsschichten. Kinder wollen ihre eigene Macht austesten und ihre Grenzen tagtäglich prüfen, wollen die Nachgiebigkeit ihrer Eltern herausfinden. Wenn diese jedoch ihre Erziehungsverantwortung aus der Hand geben, verlieren Kinder die Orientierung und die Eltern werden zu Opfern ihrer Kinder; es beginnt ein unheilvoller Teufelskreis, aus dem viele Eltern mit ihren Kindern nur noch durch professionelle Hilfe herausfinden können.

Vor diesem Hintergrund geht es darum, Eltern und Erzieher für die Grundbedürfnisse von Kindern und für die Voraussetzungen ihres Bindungsverhaltens zu sensibilisieren. Denn kontinuierliche Bindungen, insbesondere die Bindungen zu den Eltern, stellen nach wie vor die wichtigste Grundlage zur Entwicklung einer autonomiefähigen Persönlichkeit dar. Gleichzeitig soll verdeutlicht werden, was es bedeutet, als Eltern innerhalb einer Familie, in der die gesellschaftlichen Bedingungen für die Beziehungsgestaltung in den letzten Jahrzehnten prekärer geworden sind, gleichzeitig Sozialpartner, Arrangeur von Entwicklungsangeboten und Erzieher zu sein. Derart soll in diesem Lehrbuch dargelegt werden, welche Konsequenzen sich aus den kindlichen Entwicklungsbedürfnissen für die Erziehung in der Familie ergeben.

Um auf diese Frage eine wissenschaftlich fundierte Antwort zu geben, will das vorliegende Lehrbuch genau das tun, was vor über hundert Jahren Lee Hopkins (1886) im ersten Lehrbuch zur Pädagogischen Psychologie gefordert hatte, nämlich dass es absurd sei, Maßnahmen zur Erziehung junger Menschen zu ergreifen, ohne über psychologisches Wissen zu verfügen. Im deutschen Sprachraum hatte Aloys Fischer bereits 1917 gesagt, dass es Aufgabe der Pädagogischen Psychologie sei, sich mit der psychischen Seite von Erziehung zu beschäftigen. Dabei schwebte ihm vor, Erziehung sowohl wissenschaftlich zu untersuchen als auch praxisrelevantes Wissen anzubieten, um die Arbeit von Erziehern, Eltern und Lehrern zu fördern. Entlang solcher Leitlinien ist auch das vorliegende Lehrbuch angelegt.

Konsequenterweise folgt die Gliederung dieses Buches der Vorstellung, aus unterschiedlichen Forschungstraditionen immer wieder die elementaren Grundvoraussetzungen kindlicher Entwicklung, wie sie sowohl in Handlungserfahrungen als auch in bestimmten Formen der erzieherischen Fürsorge und Betreuung wurzeln, als argumentative Richtschnur ins Blickfeld des Lesers zu rücken. Dabei zeigt sich in dem akkumulierten psychologischen Wissen zur Erziehung eine seltene Konvergenz der Forschungsbefunde, die sich in Anlehnung an den Münchner Familienpsychologen Klaus Schneewind (1999) auf einen Nenner bringen lässt: Kompetente Eltern haben kompetente Kinder. Was diese elterliche Kompetenz ausmacht, das soll in diesem Lehrbuch darlegt werden.

1.3 Erziehungsalltag, elterliche Verunsicherungen und Erziehungsfolgen

Die Erziehung von Kindern ist anstrengender, weil schwieriger und riskanter geworden. Das ist deshalb so, was schon mehrfach hervorgehoben worden ist, weil es heute an kohärenten, stabilen Werten und verlässlichen normativen Orientierungsmustern mangelt und weil die traditionellen sozial einbindenden Kulturen gefährdet und im Schwinden begriffen sind. Unter solchen Bedingungen erweisen sich all jene Erziehungskonzepte als untauglich, die sowohl ein Gleichmaß von Entwicklung als auch eine gewisse Konservativität der Erziehungsumwelten annehmen. Die Idyllen der Erziehung, vom Landschaftsgarten in Rousseaus *Émile* bis Skinners *Walden Two*, sind nicht zufällig immer konservative Räume, die laufende Neuanpassungen an grundsätzlich sich verändernde Situationen und Kontexte nicht vorgesehen haben (vgl. Oelkers, 2001).

Leider sehen nicht wenige Eltern, die sich verunsichert und überfordert oder gar machtlos fühlen, in strengen Strafen oder umgekehrt in ihrer Nachgiebigkeit bis hin zu Formen der Vernachlässigung ihrer Erziehungsverantwortung vielleicht die einzige und einfachste Lösung, ihre Kinder zu erziehen; und dies geschieht besonders dann, wenn sie auf einer tiefen Ebene Schuldgefühle empfinden, weil sie ihren Kindern nicht genügend Liebe, Fürsorge und emotionale Unterstützung zu geben vermögen. In der Konsequenz erleben heutige Eltern ihre Erziehungsbemühungen nicht selten als Tag-zu-Tag-Ereignis. Oft genug stellen sich keine sichtbaren Fortschritte, sondern bloß Widersprüche zu eigenen Erwartungen sowie Enttäuschung und Frustration ein. Erziehungszeit zerfällt in Episoden oder fragmentierte Ereignisse, und die Ergebnisse folgen nicht geordnet aufeinander; Erziehung stellt keinen linearen Prozess dar. Oder Kinder entziehen sich sogar ganz der elterlichen Erziehung in der Familie.

Wie aber soll die Erziehung von Kindern in Zeiten scheinbar grenzenloser Freiheiten, Ambivalenzen und Verunsicherungen aussehen, wo sich um die Kinder (und ihre Eltern) herum, so vieles so dramatisch verändert? Woran sollen sich Eltern in ihrer Erziehungsarbeit orientieren, wenn sich die Lebensläufe nicht mehr mit Bezug auf geltende gesellschaftliche Erwartungen definieren lassen, sondern immer stärker individuell gestaltbar werden? Wie sollen Eltern heutzutage ihre Kinder erziehen, wenn die Wahl des richtigen Lebensentwurfs – für Kinder und ihre Eltern – immer schwerer wird, weil die gesellschaftlichen Veränderungen immer unvorhersehbarer und unsicherer werden?

Dabei haben viele Eltern und Lehrer als die früheren Begleiter auf dem Weg zum Erwachsensein ihre Autorität für Kinder oft eingebüßt oder sie sind selbst verunsichert, nicht selten selber orientierungslos; und sie haben nicht selten ihre Perspektiven verloren. Deshalb ist es verständlich, dass sich ein erheblicher Prozentsatz von Eltern mit ihren Erziehungsaufgaben unsicher fühlt und zweifelt, ob sie sich richtig verhalten, wo doch in einer pluralen Gesellschaft sowieso keiner genau sagen kann, was eigentlich noch richtig ist.

Dabei sind die Grundbedürfnisse unserer heutigen Kinder immer noch die gleichen, weil sich genetisch fast nichts verändert hat, jedenfalls nicht in den letzten 5000 Jahren. Kinder möchten auch weiterhin gut und tüchtig sein, sie wollen lernen, sie streben danach, die Welt zu entdecken und zu verstehen, sie wollen gebraucht werden, wünschen sich Liebe, Zeit des Zusammenseins mit ihren Bezugspersonen, Akzeptanz, Verlässlichkeit, Bewegung, Spiel, Körperkontakt und Muße. Was also können Eltern und Erzieher heute tun, wenn die Autonomie für Kinder und Jugendliche und die Ausweitung der individuellen Möglichkeiten für die Entwicklungs- und Lebensgestaltung von Kindern wächst, bei gleichzeitigem Schwinden traditioneller sozialer Einbindungen, die mit einem Verlust an Geborgenheit und Gemeinschaftserfahrungen einhergeht?

So geht zunehmend die Sorge um, dass immer mehr Eltern sich in eine postmoderne Pädagogik des Alles-gelten-lassens und des gleichgültigen bzw. unentschlossenen oder resignativen Umgangs mit den Herausforderungen pluralistischer Werte- und Normensysteme flüchten. Susanne Gaschke (2001) meint in Deutschland sogar eine richtig gehende «Erziehungskatastrophe» auszumachen, weil dieser Gesellschaft die Fähigkeit zur Erziehung abhanden gekommen sei und sie den Respekt vor der Kindheit verloren hätte. Viele Eltern, so vermutet sie, seien kaum noch in der Lage, ihre Kinder zu erziehen und seien dabei, sich aus ihrer Erziehungsverantwortung zu verabschieden. Auch Kindergärten und Schulen seien in der Folge mit schwierigen Kindern überfordert; und sie ortet diese Erziehungskatastrophe in der Erziehungsverweigerung der Eltern, die Lebensqualität, Glück und Bildungschancen ihrer Kinder untergraben würden.

Leider erhalten diese Eltern und Erzieher sogar Unterstützung von einigen Vertretern der Erziehungswissenschaft, die angesichts einer von der Pädagogik kaum mehr zu bewältigenden Rasanz gesellschaftlicher Veränderungen die Möglichkeiten einer sich an Werten orientierenden Erziehung in Frage stellen (vgl. Wünsche, 1985). Demgegenüber meinen andere, dass eine derartige Kapitulation vor den Aufgaben der Erziehung zu einer unverantwortlichen Grenzenlosigkeit der Kinder und direkt in jene Problemverhaltensweisen (z. B. Drogenabhängigkeit, Aggression, Gewalt) von Kindern und Jugendlichen münden, mit denen sich unsere heutige Gesellschaft auseinander zu setzen hat (Zeltner, 1995). So fordert eine besorgte Öffentlichkeit, spätestens nach dem Massaker von Erfurt, wieder eine intensivere Erziehung unserer Kinder: Erziehung ist grundsätzlich notwendig, weil Kinder sie brauchen und weil sie auch erzogen werden wollen; deshalb ist Erziehung ein Thema mit Konjunktur. Allerdings wird heutzutage eine andere Erziehung gebraucht.

Dabei handeln viele Eltern und Erzieher aus Angst, alles falsch und verkehrt zu machen, entweder gar nicht oder sie flüchten sich in überholte und fragwürdige Erziehungsmythen. Andere wiederum betreiben eine eigentliche «Wankelpädagogik» (Zeltner, 1995, S. 195), indem sie einmal so und einmal anders reagieren. Das ist genau das, was in Bezug auf elterliche Erziehungsauffassungen immer wieder zu beobachten ist (vgl. Zumkley-Münkel, 1996): die Tendenz zur Extremisierung, der Hang, entweder einer autoritären oder freizügigen Erziehung den Vorrang zu geben bzw. je nach Zeitgeist oder eigenen Erziehungserfahrungen von einer dieser Positionen zur anderen überzuwechseln. Für genau die Eltern sind dann auch jene Erziehungsstrategien und -regeln gedacht, die man in der wachsenden Fülle von Erziehungsratgebern findet und die als eiserne Ration an Orientierungshilfen für Eltern im Umgang mit ihren Kindern und Jugendlichen gedacht sind, um Reibungsflächen in der Eltern-Kind-Beziehung zu reduzieren (vgl. Zeltner, 1995).

Kaum dass Eltern auf diese Weise Hoffnung auf Erfolg und Wiedergewinnung erzieherischer Kompetenz gemacht wird, verkündeten jene Repräsentanten der Psychologie, die sich auf die verhaltensgenetische Forschung stützen, dass die Effekte familiärer Erziehung bestenfalls marginal seien (vgl. Rowe, 1997). Rasch wurden derartige Behauptungen in populärwissenschaftlichen Journalen unter Titeln wie «Biologie ist Schicksal», «Ausschlaggebend sind allein die Gene», «Eltern sind austauschbar» oder «Der Mythos von der Macht der Eltern» entsprechend vermarktet. Vermutlich haben derartige Beiträge in ihrer verführerischen Einfachheit die ohnehin beunruhigten Eltern noch intensiver verunsichert, bei ihnen das Gefühl erzieherischer Ohnmacht weiter verstärkt, vielleicht gar schlechten Lösungen Vorschub geleistet und damit die Probleme im Umgang mit ihren Kindern noch verschärft.

Diese Entwicklung ist deshalb bedauerlich, weil zum einen heutzutage niemand mehr ernsthaft bestreitet, dass die inter- und intraindividuelle Variabilität menschlicher Entwicklung auch auf genetischem Wege beeinflusst wird, zum anderen aber auch die moderne entwicklungsgenetische Forschung selbst eindrücklich belegt, dass es keine Einbahnstraße vom Genom zur Persönlichkeit gibt, sondern über verschiedene Formen von Genotyp-Umwelt-Wechselwirkungen ein erheblicher umweltabhängiger und damit auch erzieherischer Spielraum für die Entwicklung der individuellen Persönlichkeit besteht (vgl. Plomin, McClearn, DeFries & Rutter, 1999).

Sieht man sich dabei die umweltseitigen Einflussfaktoren an, so dominiert auch nicht mehr, wie das noch bis in die 1970er-Jahre der Fall war, die Vorstellung, dass Kinder unidirektional durch ihre Eltern, vornehmlich durch ihre Erziehungsvorstellungen und die damit korrespondierenden Erziehungspraktiken, beeinflusst werden. Vielmehr wird in der modernen Entwicklungspsychologie die Auffassung vertreten, dass einerseits das Kind und seine Umwelt in einer ständigen Wechselbeziehung stehen und dass andererseits das sich entwickelnde Kind in diesem Prozess aktiv mitwirkt.

Wenn der kindliche Entwicklungsverlauf in diesem Sinne sowohl von personalen als auch von kontextuellen Voraussetzungen abhängig ist, auf die das Kind selbstaktiv einzuwirken vermag, dann kann das Kind auch nicht passiv durch ein biologisches (endogenes) Entwicklungsprogramm und damit rein epigenetisch bestimmt sein; genauso wenig kann die Entwicklung von Kindern das einfache Ergebnis kontextueller (exogener) Einflüsse sein. Damit hat die Entwicklungspsychologie zu einer genialen Einsicht und Formulierung von Pestalozzi zurückgefunden, die er in seinen *Nachforschungen* in folgende Worte gefasst hat: «Der Mensch ist ein Produkt aus der Natur, der Gesellschaft und seiner selbst» (Pestalozzi, 1938, S. 13).

Die Forschungskonsequenz dieser handlungstheoretischen Orientierung sind einerseits der *epigenetische Probabilismus,* worin Entwicklung in seiner – teils durchaus epigenetischen – Grundlage durch die Veränderlichkeit der Kontexte, auf die das Kind im Laufe seiner Entwicklung trifft, unvorhersehbarer wird. Andererseits ist sie in der Ausrichtung auf die Untersuchung *entwicklungsbezogenen Handelns von Kindern und Jugendlichen im Kontext* ihrer Entwicklungsumwelten begründet. Diese Sichtweise impliziert, dass Kinder sich ihre Umwelten aktiv, je nach Maßgabe ihres eigenen Entwicklungsstandes, aneignen und in vielfachen dynamischen Interaktionen bzw. Transaktionen mit ihrer Umwelt eine eigene Persönlichkeit und Identität ausbilden.

Deshalb wird in diesem Lehrbuch weder jener «Zurück-zur-Disziplin-Praktik» bzw. jener falsch verstandenen autoritären Erziehung, die sich über alles hinwegsetzt, was wir über Kinder wissen, noch jener Besorgnis erregenden Leichtfertigkeit der bereits von Lewin, Lippitt und White (1939) als Laisser-faire bezeichneten Erziehung das Wort geredet. Solche überholten Ansätze rächen sich in aller Regel auf diese oder jene Weise – entweder durch Verweigerung und Rebellion oder durch Furcht, Angst und Passivität des Kindes.

Dieses Lehrbuch tritt solchen Tendenzen in der elterlichen Erziehung entgegen und schafft auf der Basis entwicklungspsychologischer Erkenntnisse eine Grundlage für eine positive Erziehungsmethodik. Dabei scheint die Modellvorstellung einer wechselseitigen Beeinflussung von Person und Umwelt, worin Erziehungs- und Entwicklungsprozesse gemeinsame Leistungen der Kinder zusammen mit ihren Eltern, Geschwistern und vielen anderen sozialen Bezugspersonen sind, die ihr Leben anteilnehmend, erziehend, lehrend und beratend begleiten, der komplexen Erziehungs- und Alltagspraxis am nächsten zu kommen.

Allerdings geht es in diesem Lehrbuch nicht darum, Eltern und Erziehern Techniken und Rezepte darzulegen, wie sie sich in alltäglichen Konflikt- und Problemsituationen mit ihren Kindern am besten verhalten sollen. Vermitteln möchte dieses Lehrbuch vielmehr das, was Kindsein heißt und was Elternsein als Erziehersein ausmacht. Eltern und Kinder sind nämlich Partner, nicht Gegner. Aber Partnerschaft hat nichts mit Freundschaft zu tun. Damit ist auch nicht eine Erziehung gemeint, die Kinder ständig an sich bindet. Eltern müssen akzeptieren, dass Kinder auch für sich sein wollen: Unbeaufsichtigte Aktivitäten, bei denen sie Grenzen auch unabhängig von Erwachsenen austesten können, sind von entscheidender Bedeutung für ihre Entwicklung. Kinder blühen auf, wenn sie die Freiheit haben, die Welt mit ihren Freunden zu erkunden. Sie müssen dabei auch Fehler machen können und daraus ihre Konsequenzen ziehen dürfen; das ist etwas, was sie unter Aufsicht von Erwachsenen meist nicht tun können. Kinder ständig zu überwachen und sie «in Watte zu packen», sie zu bevormunden, behindert sie nicht nur in der Entwicklung ihres kindlichen Potenzials; Eltern entwickeln selbst immer mehr Ängste und hemmen damit ihre eigene Entwicklung – und eben auch massiv die ihrer Kinder.

1.4
Ziele und Organisation des Lehrbuches

Im Unterschied zu den bekannten Übersichtswerken Pädagogischer Psychologie, wie sie uns als Enzyklopädien (Weinert, 1996a; Weinert, 1997; Weinert & Mandl, 1997; Schneewind, 1994) oder in Lehrbuchform (Krapp & Weidenmann, 2001) verfügbar sind, liegt in diesem Lehrbuch der Fokus auf den *entwicklungspsychologischen Grundlagen von Erziehungsprozessen in der Familie*. Die Darstellung basiert auf der konzeptuellen Annahme, dass das Ziel von Erziehung Entwicklung ist und Erziehung deshalb entwicklungsangemessen zu sein hat. Nicht zufällig gehen Begriffe von Entwicklung, Entfaltung, Prägung oder Selbstgestaltung in die Sprache der Erziehung ein. Dabei hat gerade die entwicklungspsychologische Forschung bislang in der Beschäftigung mit dem Thema Erziehung noch viel zu wenig Berücksichtigung gefunden.

Ein weiteres Charakteristikum dieser *Erziehungspsychologie* ist es, dass sie sich nicht nur grundlagen- und anwendungswissenschaftlich mit Erziehungsprozessen befasst, sondern auch für ein aktives, interventives Eingreifen in Erziehungsprozesse sensibilisiert, wie das beispielsweise durch Beratung oder die Entwicklung von Beziehungs- und Erziehungs-Kompetenztrainings geschieht. Derart ist eine Erziehungspsychologie immer als Wissenschafts- und Interventionshandeln zu verstehen. Im Falle der Erziehungspsychologie umfasst erzieherische Intervention, wie das Wolfgang Brezinka (1981) prägnant formuliert hat, in aller Regel jene Handlungen, «durch die Menschen versuchen, die Persönlichkeit anderer Menschen in irgendeiner Hinsicht zu fördern» (S. 13). In diesem Lehrbuch liegt der Schwerpunkt auf der elterlichen Erziehung in der Familie, auf dem Verständnis der Familie zur Schule, der Bedeutung der Gleichaltrigen sowie auf dem Zusammenhang von Familie und Fernsehen.

Vor diesem Hintergrund hat eine Erziehungspsychologie mindestens zwei Aufgaben zu erfüllen und miteinander zu verbinden. Die eine Aufgabe besteht darin, das grundlagenorientierte Wissen zu ihrem Gegenstandsbereich zu erweitern und zu systematisieren; zum anderen widmet sie sich der Bereitstellung praxisrelevanten Wissens, das zur Verbesserung bzw. Optimierung erziehungspraktischen Handelns verwendet werden kann. Folgerichtig ist es das Ziel dieses Lehrbuches, das entwicklungspsychologische Wissen, soweit es durch Theorien begründet und durch empirische Daten belegt ist, in systematischer Weise darzulegen und in Anregungen für die Gestaltung von Erziehungsprozessen, besonders für Praktiken elterlicher Erziehung umzusetzen.

Mit diesem ersten Lehrbuch zur Erziehungspsychologie sollen Studierende der Psychologie und des Lehramts, aber ebenso Psychologen, Pädagogen und Soziologen, die in pädagogischen Berufen tätig sind, an den modernen Stand des Wissens zur Erziehung in der Familie herangeführt werden. Darüber hinaus geht es darum, Eltern und Erzieher für Spielräume und Grenzen ihres erzieherischen Handelns zu sensibilisieren, damit sie diese angemessener auf die jeweilige Situation, auf die individuellen Entwicklungsvoraussetzungen und auf die persönlichen Bedürfnisse des Kindes abstimmen können. Auch sollen aktuelle Fragen und Befunde zum Zusammenspiel von Entwicklungsprozessen von Kindern in Familien und weiteren Entwicklungskontexten sichtbar gemacht werden. Familiäre und extrafamiliäre Kontexte in ihren erzieherischen Bemühungen und in ihren Wirkungen auf individuelle Entwicklung zu betrachten, ist der Kern einer dynamisch-systemtheoretischen Erziehungsforschung und charakterisiert eine entwicklungspsychologische Sicht auf die sozial-ökologischen Entwicklungskontexte von Kindern, wie z. B. auf die Familie, die Schule, die Gleichaltrigen und die modernen Medien. Allerdings ist zu beachten, dass sich auch diese Kontexte sowohl als Ergebnis entwicklungsbezogenen Handelns von Kindern (und Eltern) als auch in Abhängigkeit von Einflüssen des gesellschaftlichen Wandels verändern. Beide Perspektiven sind hier vertreten.

Konsequenterweise intendiert dieses Lehrbuch, bislang recht unverbunden nebeneinander stehendes psychologisches, erziehungswissenschaftliches und kindersoziologisches Wissen für das Verständnis postmoderner Kindheit und für die Gestaltung von Erziehung systematisch aufzubereiten. Dieses Vorhaben beruht auf einem Orientierungsrahmen, der Erziehung mit Lernen, Sozialisation, Kultivation und Entwicklung und deren psychologischen Grundlagen konzeptuell zusammenführt. Mit diesem integrativen Ansatz verbindet sich das Bemühen, theoretische wie empirische Verbindungslinien zwischen den unterschiedlichen Disziplinen herzustellen. Damit löst man sich auch teilweise von den begrifflichen Kategorien Erziehung, Sozialisation und Entwicklung als organisierende Konzepte.

Derart soll in diesem Lehrbuch ein beträchtlicher Teil des Voraussetzungsrahmens an Erziehungsumwelten beleuchtet werden, in denen die Potenziale, Chancen, aber auch die Risiken und Gefährdungen für die kindliche Entwicklung und für die Erziehung von Kindern liegen. Allerdings soll gezeigt werden, dass elterliche Erziehung Kinder nicht direkt glücklich und deren Entwicklung gelingend machen kann; Eltern und Erzieher können Handlungsangebote und -möglichkeiten bereitstellen, die Kinder – teils unter Anleitung, teils selbstaktiv erschließend und gestaltend – zum beglückenden Tun sowie zur Herausbildung ihrer Persönlichkeit anregen, aber niemals determinieren können.

Das Lehrbuch gliedert sich in fünfzehn Kapitel. Im Anschluss an das **Einleitungskapitel**, das sich im Wesentlichen mit den postmodernen gesellschaftlichen Voraussetzungen befasst, unter denen Kinder mit ihren Eltern aufwachsen und mit denen sich Erziehung konfrontiert sieht, widmet sich das **zweite Kapitel** dem Gegenstandsbereich einer Erziehungspsychologie. Durch die zahlreichen Querbezüge der Erziehungspsychologie zu den Erziehungswissenschaften und zur Soziologie sowie zu verschiedenen psychologischen Forschungsrichtungen (wie z. B. Lernpsychologie, Sozialpsychologie und Entwicklungspsychologie) stellt sich immer wieder die Frage, in welchem Verhältnis die Erziehungspsychologie zu diesen Nachbardisziplinen und -wissenschaften steht. Dabei wird zu zeigen sein, dass der Weg, dieses Verhältnis zu bestimmen, über eine pädagogisch-psychologische Präzisierung des Erziehungsbegriffs führt.

Im **dritten Kapitel** wird der entwicklungspsychologische Theorierahmen entfaltet. Dabei wird zu zeigen sein, dass die Architektonik der Konzepte zur Beschreibung des Einflusses der individuellen genetischen Ausstattung des Kindes auf dessen Entwicklung, seiner aktiven Beiträge zur Konstituierung seiner Lebenswelt und seiner Persönlichkeit sowie der Interaktionen mit den Eltern und anderen Bezugspersonen komplexer geworden ist. Gleichzeitig wird Entwicklung als ein Prozess begriffen, an dem das Kind aktiven Anteil hat, und zwar vom frühesten Alter an. Folgerichtig wird ein Theorierahmen erforderlich, der ein systemisches Denken und Konzepte wie dynamische Interaktion und Transaktion favorisiert. Dieser Theorierahmen ist der des entwicklungsbezogenen Kontextualismus. Vor diesem Hintergrund lassen sich einerseits die Konzepte einordnen, mit denen im Allgemeinen psychische Veränderungen erklärt werden, andererseits lassen sich Möglichkeiten und Grenzen erzieherischer Einflussnahme abschätzen.

Das **vierte Kapitel** widmet sich den veränderten Rahmenbedingungen kindlicher Lebenswelten im Zeitalter der Postmoderne, besonders dem Wandel der kindlichen Lebenswelten sowie den Widersprüchlichkeiten und Belastungen unserer Kinder. Pluralisierung und Individualisierung als die beiden Zentralmerkmale postmoderner Gesellschaften haben auch die Kinder erreicht. Sie bieten Chancen, aber sie sind auch mit Risiken für das Aufwachsen verbunden. Vor diesem Hintergrund will ich die aktuelle soziale Lebenslage der heutigen Kinder beleuchten, wobei besonders nach ihrem Wohlbefinden, ihren spezifischen Problemlagen und nach den Folgen familiärer Deprivation und Verarmung – als Folge postmoderner Gesellschaftsentwicklung – auf die kindliche Entwicklung gefragt wird.

Die Kapitel fünf bis acht richten ihre Aufmerksamkeit auf jenes Mikrosystem, welches das Aufwachsen von Kindern vielleicht am unmittelbarsten und zeitlich am dauerhaftesten beeinflusst – die Familie. Im **fünften Kapitel** werden die Definitionsmerkmale des Familienkonzepts und die unterschiedlichen sozialen Beziehungskonstellationen innerhalb von Familien herausgearbeitet. Das **sechste Kapitel** widmet sich den veränderten Familienstrukturen und ihren Folgen für die elterliche Erziehung. Gesellschaftliche Wohlstandsentwicklung, strukturelle Veränderungen der Familienformen, prekärer gewordene Bedingungen der innerfamiliären Beziehungsgestaltung sowie allgemeiner Wandel von Werten und Erziehungsmustern markieren seit dem Ende der 1960er-Jahre eine Zäsur, die bis in die Gegenwart das Leben und Aufwachsen von Kindern maßgeblich beeinflusst. Im **siebten Kapitel** richtet sich der Blick auf alternative Familienformen, die sich als Folge des zunehmenden familiären Wandels verstärkt herausgebildet haben. Dabei werden auch die unterschiedlichen Folgen dieser Formen familiären Zusammenlebens für die Erziehung der Kinder beleuchtet. Das **achte Kapitel** widmet sich den spezifischen Problemen, mit denen Familien ausländischer Herkunft, die sich in ihrer Aufnahmekultur zu akkulturieren versuchen, in der Erziehung konfrontiert sind.

Im **neunten Kapitel** wird genauer nachgefragt, was Kinder eigentlich brauchen, um gesund aufzuwachsen, gut zu lernen und glücklich zu sein. Dabei wird auf jene Grundbedürfnisse von Kindern Bezug genommen, wie sie jüngst Terry Brazelton und Stanley Greenspan aufgrund ihrer langjährigen klinischen und wissenschaftlichen Erfahrungen dargelegt haben. Dabei wird zu zeigen sein, dass diese kindlichen Grundbedürfnisse immer wieder mit bestimmten Erfahrungen als auch bestimmten Formen der Fürsorge zu tun haben, wodurch die engen und vielfältigen Konvergenzen zur psychologischen Bindungsforschung deutlich werden.

Im **zehnten Kapitel** sollen die umfangreichen Erkenntnisse der psychologischen Erziehungsforschung dargelegt werden. Einerseits werden die psychologischen Grundlagen der Entwicklung der Eltern-Kind-Beziehung dargestellt, wie sie ihre Wurzeln wesentlich in der Bindungsforschung haben. Andererseits wird die Wende von der traditionellen und bis heute sehr einflussreichen Erziehungsstilforschung hin zu einer systemisch-kontextuellen Erziehungsforschung dargelegt, in der die elterliche Erziehung im Kontext eines sozialen Systems, nämlich dem der Familie, betrachtet wird.

Im **elften Kapitel** werden bestimmte Strukturen familiären Zusammenlebens im Zusammenhang mit der Erziehung von Kindern betrachtet. Besonderes Augenmerk wird auf die Frage nach Erziehungsunterschieden und deren Folgen zwischen Ein-Eltern- und Zwei-Eltern-Familien gelegt, auf die Wichtigkeit einer guten elterlichen Partnerbeziehung für eine positive Erziehung der Kinder sowie auf die Frage, ob Mädchen und Jungen von ihren Eltern unterschiedlich erzogen werden. Abgerundet wird das Kapitel durch das Aufzeigen einiger häufiger problematischer Erziehungspraktiken, die Behandlung von physischer wie psychischer Misshandlung in der Familie sowie deren Folgen für die Entwicklung von Kindern.

Im **zwölften Kapitel** will ich auf das wichtige, aber leider in der erziehungspsychologischen Literatur häufig vernachlässigte Verhältnis von Familie und Schule eingehen, weil das Elternhaus und die Institution Schule gemeinsame Aufgaben der Erziehung haben. Dabei bringen die unterschiedlichen Interessen zwischen diesen beiden Institutionen eine Menge von Konfliktstoff mit sich, die das Verhältnis zwischen Elternhaus und Schule häufig stark belasten. Welche Bedeutung die Familie für die Schulleistungen der Kinder hat, welche Wichtigkeit einer Kooperation zwischen Schule und Elternhaus zukommt und welche Möglichkeiten der Kooperation denkbar sind, darauf will dieses Kapitel eingehen.

Im **dreizehnten Kapitel** soll die Bedeutung der Altersgenossen für die Entwicklung von Kindern und Jugendlichen aufgezeigt werden. Herausgearbeitet werden die besonderen Lernpotenziale in Gleichaltrigen- und Freundschaftsbeziehungen für Kinder und Jugendliche. Auch sind es die Altersgleichen, die besonders mit dem Übergang vom Kindes- ins Jugendalter, worin die Eltern-Kind-Beziehungen reorganisiert werden, an Wichtigkeit zunehmen und Jugendlichen Orientierung und Geborgenheit, aber ebenso ein gemeinsames Lern- und Interessenfeld sowie Möglichkeiten für das Experimentieren mit der eigenen Identität bieten. Dabei zeigt sich, wie sich die kindliche und jugendliche Persönlichkeit in Transaktionen und vielfachen sozialen Ko-Konstruktionen abspielt und wie bedeutsam dabei Familien- und Freundschaftsbeziehungen, Beziehungsqualität und Reziprozität dieser Prozesse sind.

Im **vierzehnten Kapitel** wird der Blick auf jenes Medium gerichtet, das in heutigen Familien nach wie vor eine zentrale Rolle spielt und das Zusammenleben in Familien mehr oder weniger wirksam mitbestimmt: das Fernsehen. Ich frage nach den positiven und den negativen Wirkungen des Fernsehens für die Entwicklung von Kindern, aber vor allem auch danach, wie Familien mit dem Fernsehen ihrer Kinder umgehen sollen, wie wahr es ist, dass der massiv gestiegene Fernsehkonsum von Kindern die Schuld an kindlicher und jugendlicher Aggression trägt, über die heute in den öffentlichen Medien so zahlreich berichtet wird.

Im **fünfzehnten Kapitel** schließlich sollen auf der Basis des wissenschaftlich fundierten erziehungspsychologischen Erklärungs- und Änderungswissens – ergänzt durch Erkenntnisse aus der Entwicklungspsychopathologie – Interventionen, soweit sie wissenschaftlich evaluiert sind, vorgestellt und bewertet werden. Dabei soll zunächst gefragt werden, welche Stärken und Kompetenzen Kindern am besten helfen, die Risikolagen ihrer Entwicklung zu meistern. Exemplarisch wird auf das Problem aggressiver Kinder und familiärer Risikokonstellationen aggressiven Verhaltens genauer einzugehen sein. Darüber hinaus konzentriere ich mich auf Interventionen, die einerseits von Familien zur Veränderung oder Stabilisierung ihrer Beziehungen, andererseits zur Verbesserung ihrer erzieherischen Kompetenzen genutzt werden können.

Zweifellos tragen Eltern die Hauptverantwortung für die Erziehung ihrer Kinder, aber die Gene und weitere Entwicklungskontexte wie Schule, Gleichaltrigengruppe und Medien erziehen und sozialisieren die Kinder mit; vor allem je älter die Kinder werden, desto mehr findet ihre Entwicklung in extrafamiliären Umwelten statt. Trotzdem haben immer noch die Eltern die Erziehungspflicht, ihren Kindern die Grundeigenschaften des menschlichen Miteinanders vorbildhaft zu vermitteln, zumal sie bis weit ins Jugendalter hinein und teils darüber hinaus jenes Urvertrauen und damit jenen «emotionalen Airbag» bieten können, der Kinder davor bewahrt, mit den immer wieder auftretenden Schwächen, Konflikten und Enttäuschungen des Lebens besser zurechtzukommen und an ihnen zu wachsen. Folglich geht es in diesem Lehrbuch darum, Eltern, Lehrer und Erzieher zu stärken, ihnen Mut zu machen – Mut zur Erziehung; denn Kinder brauchen Erziehung, sie benötigen starke Erzieher – und sie wünschen sich auch starke und mutige Erzieher, die für sie einstehen.

Weiterführende Literatur

Baumann, Z. (1995). *Moderne und Ambivalenz.* Frankfurt a. M.: Fischer.
Beck, U. (1986). *Risikogesellschaft. Auf dem Weg in eine andere Moderne.* Frankfurt a. M.: Suhrkamp.
Heitmeyer, W. (Hrsg.) (1997). *Was treibt die Gesellschaft auseinander?* Frankfurt a. M.: Suhrkamp.
Lange, A. & Lauterbach, W. (Hrsg.) (2000). *Kinder in Familie und Gesellschaft zu Beginn des 21sten Jahrhunderts.* Stuttgart: Lucius & Lucius.

2 Gegenstandsbereich einer Erziehungspsychologie

Ähnlich wie der Vorgang der Entwicklung gehört auch der der Erziehung zum Erfahrungsbereich aller Kulturvölker und besitzt in der Wissenschaft eine weit zurückreichende Tradition. Zumindest im populären Diskurs besteht einigermaßen Konsens darüber, dass es bei der Erziehung im Prinzip um eine bestimmte gezielte Einflussnahme geht. Trotzdem ist der Erziehungsbegriff ein sehr offener Begriff, denn er impliziert, dass es ganz verschiedene Erziehungsziele und -praktiken gibt, was das konkrete Erziehungsverhalten für Eltern und Erzieher nicht leichter macht. Als Gegenstand einer Erziehungspsychologie hat der Begriff Erziehung leider keine Begrenzungen, wohl aber eine hohe und stark streuende Verwendungsdichte. Dennoch ist der Begriff nicht beliebig, besteht doch eine konsensuale Grundassoziation von *Einwirken auf* oder *Entwickeln von,* ohne damit bestimmte Praktiken zu verbinden. Es liegt daher nahe, sich genauer mit dem Begriff zu beschäftigen und herauszuarbeiten, wie er zum Sozialisationsbegriff und zu den Konzepten Entwicklung, Enkulturation, Akkulturation, Kultivation und Lernen steht, die üblicherweise Verwendung finden, um psychische Veränderungen zu beschreiben. Dabei treten auch jene Nachbarwissenschaften in den Blick, die sich den Gegenstandsbereich der Erziehung mit der Erziehungspsychologie teilen: die Erziehungswissenschaft und die Soziologie. Derart verdichten sich die begrifflichen Klärungen zu einer interdisziplinären Sicht erziehungspsychologischer Wissenschaft und psychologisch begründeter Erziehungspraxis.

2.1 Warum ist der Mensch auf Erziehung angewiesen?

Wer pädagogisch handelt, hat ein (mehr oder weniger bewusstes) Menschenbild. Derart beruht Pädagogik in Theorie und Praxis auf einer zumindest impliziten Anthropologie, wie Heinrich Roth (1971) in seinem zweibändigen Grundlagenwerk herausgearbeitet hat. Derart beschäftigt sich die Anthropologie (anthropos = der Mensch, logos = Lehre oder Wissenschaft) mit der uralten Frage: Was ist der Mensch? Vor diesem Hintergrund entwickelte sich besonders die historisch-pädagogische Anthropologie zu einem zentralen Arbeitsfeld der Allgemeinen Erziehungswissenschaft (vgl. zur Einführung in die Anthropologie der Erziehung Wulf, 2001). In diesem Zusammenhang fragt spätestens seit der 1628 in tschechischer und 1637 in lateinischer Fassung erschienenen «didacta magna» des Pädagogen Amos Comenius die *pädagogische Anthropologie* nach der Begründung und Rechtfertigung von Erziehung und Bildung.

Dabei zählt zu den bedeutendsten Befunden die Auffassung des Aachener Kultursoziologen Arnold Gehlen (1971): Der Mensch ist – im Vergleich zum Tier – ein *Mängelwesen.* Ihm fehlt weitgehend die verhaltensleitende Instinktausstattung der Tiere. Der Basler Zoologe Adolf

Portmann (1951) sprach sogar von der physiologischen Frühgeburt des Menschen, die es notwendig macht, in der nachgeburtlichen Entwicklung jene Fähigkeiten zu erwerben, über die Tiere meist schon mit der Geburt verfügen. Trotzdem überlebt der Mensch, am Nordpol wie in der Sahara – warum? Statt instinktgeleitet lebt er handelnd in der Welt; er schafft sich – gleichsam als zweite Natur – eine künstlich bearbeitete und passend gemachte Ersatzwelt, eben die Kultur. Der Mensch verfügt kompensatorisch über eine hochgradige Lernfähigkeit, lebt von den Resultaten seiner voraussehenden und gemeinsamen Tätigkeit; er ist ein Kulturwesen.

Die immense pädagogische Bedeutung der Annahme menschlicher *Lernfähigkeit* liegt auf der Hand: Der Mensch muss um des Überlebens willen zur Kultur erzogen werden. Der Mensch ist zwar hochgradig lernfähig, aber unabdingbar auf die Förderung durch Erwachsene angewiesen, was man vorläufig weitgefasst auch Erziehung nennen kann. Der Mensch ist für Portmann – im Gegensatz zum umweltgebundenen und instinktgesicherten Tier – umweltungebunden, weltoffen und entscheidungsfrei. Menschen sind plastisch, flexibel und äußerst anpassungsfähig, sodass sie unter den verschiedensten Bedingungen überleben, aber sich auch positiv entwickeln können. Es soll dabei nicht unerwähnt bleiben, dass die alte These vom ausschließlich instinktorientierten Verhalten der Tiere heute erweitert wird durch die Einsicht, dass auch Tiere lernfähig sind (vgl. Miller-Kipp, 1995).

Für die Erziehungswissenschaft rückt damit ins Bewusstsein: Die Natur des Menschen ist das tragende Fundament jeder kulturellen Überformung, also auch der Erziehung. Man sollte deshalb diese natürlichen Grundlagen und ihre entsprechenden Möglichkeitsräume und Grenzen kennen, um abschätzen zu können, wie effektiv pädagogische Maßnahmen überhaupt sein können. Unbestritten ist, dass der Mensch sich mittels Erziehung den Erfahrungsschatz seiner Kultur zu Nutze machen kann: Ohne Kultur kein menschliches Überleben, so könnte man zusammenfassen. Derart erweitert der Mensch seine individuellen Kompetenzen in einem ontogenetischen Lernprozess und verschafft sich dadurch einen erheblichen Selektionsvorteil (Treml, 2000). Aus der Erziehungsbedürftigkeit des Menschen folgt die Notwendigkeit der Erziehung als Praxis. Der Mensch ist zur Menschwerdung der Erziehung bedürftig, aber auch fähig. Er gewinnt seine substanzielle Bestimmung erst durch diese Praxis.

2.2 Was ist Erziehung?

Was heißt Erziehen? Was ist Erziehung? Zu dieser Frage sind schon unzählige Bücher geschrieben und veröffentlicht worden. «Was man im Allgemeinen unter Erziehung versteht, ist als bekannt vorausgesetzt», so begann Schleiermacher 1826 seine pädagogischen Vorlesungen. Das stimmt heute noch, wenn man an das alltägliche Erziehungsverständnis breiter Bevölkerungskreise denkt. Allerdings stimmt es überhaupt nicht mehr, wenn man sich die Situation in der Erziehungswissenschaft ansieht.

2.2.1 Begriffe und Bilder von Erziehung

Im Prinzip kann man sich als minimalste pädagogische Leitlinie für die Kindererziehung das Verständnis zu eigen machen, das die italienische Reformpädagogin Maria Montessori bereits in den 1930er-Jahren so knapp, aber feinsinnig beschrieben hat:

> «Wir müssen zu dieser Entwicklung, zu dieser wunderbaren Kraft die notwendige Hilfe geben. Sie verlangt Herzenswärme, sie verlangt Verstehen. Lasst uns diese Hilfe Erziehung nennen» (Montessori, 1992, S. 84).

Im Unterschied zu diesem Erziehungsverständnis existiert in den an Erziehung beteiligten Wissenschaften, vornehmlich der Erziehungswissenschaft, und in den eng mit dieser zusammenwirkenden Disziplinen Erziehungsphilosophie, Erziehungssoziologie und Erziehungspsychologie, kein anerkannter Erziehungsbegriff. Antworten sind auch deshalb schwierig, weil die einfache Frage: «Worauf bezieht sich der Begriff Erziehung?», überhaupt selten gestellt wird (Oelkers, 2001). Und wenn die

Frage dennoch beantwortet wird, dann fällt sie je nach persönlichem, zeitgeschichtlichem und fachlichem Hintergrund entsprechend unterschiedlich aus (vgl. Lenzen, 2002). Dabei bewegen sich die meisten Erziehungsbegriffe zwischen zwei allgemeinen Grundverständnissen (vgl. Oelkers, 2001; Treml, 1991):

- Erziehung als ein herstellendes, *kultürliches Machen*, analog der handwerklichen Produktion eines Gegenstandes; der Erzieher gleicht dem Handwerker, der einen angestrebten Zweck mit Hilfe bestimmter Mittel und Methoden handelnd anstrebt.
- Das Kind entfaltet sich auf eine mehr oder weniger *natürliche* Art selbst, analog dem organischen Wachstum, wie ein Pflanze; Erziehen heißt hier *begleitendes Wachsenlassen*.

Naturalismus und Technizismus bauen beide auf ein allgemeines Gesetz der Notwendigkeit. Erstere auf die Notwendigkeit des endogenen Entwicklungsprozesses, letzterer auf die Regelhaftigkeit von Eingreifen und Wirkung. Insofern sind Naturalismus und Technizismus funktional äquivalente Theorieofferten und haben als Paradigmen hauptsächlich die Geschichte des Erziehungsbegriffs bestimmt. Die eine Linie führt von John Lockes *Essay Concerning Human Understanding* (1693) mit seinem Sensualismus (alles dringt von außen über die Sinne in den Menschen) über die utilitaristische Pädagogik des 18. Jahrhunderts bis Montessori und die lernpsychologischen Konzepte von Erziehung im 20. Jahrhundert. Die andere Linie geht von Jean-Jacques Rousseaus *Émile* (1762) mit seinem Konzept der natürlichen Entwicklung über die Romantik und Reformpädagogik bis auf heutige Konzepte von antiautoritärer Erziehung und Nicht-Erziehung.

Eine Chance zur Verbindung beider Konzepte liegt in der berühmten Arbeit von Theodor Litt (1927) über *Führen und Wachsenlassen*. Litts dialektische Verschränkung dieses Gegensatzpaars betont die grundsätzliche Antinomie dieses Prozesses. Sein sorgfältiges Abwägen des Für und Wider, das schließlich in einem sorgfältig begründeten «Sowohl – als auch» resultierte, hat die pädagogische Diskussion bis in die allerjüngste Zeit nachhaltig beeinflusst (vgl. Gudjons, 2001). Erziehung allein als Wachsenlassen hebt sich selber auf; Erziehung allein als Führen schafft keine Mündigkeit und wird autoritär oder gar totalitär. Folgerichtig hat Oelkers (2001) in seiner Untersuchung des Erziehungsbegriffs aus der Sicht der analytischen Philosophie überzeugend herausgearbeitet, dass sich Erziehung als Begriff auf kein einheitliches Sein bezieht und der Begriff keine eindeutige Referenz aufweist. Wegen dieser fehlenden Referenz muss man im Falle des Erziehungsbegriffs auf die Umgangssprache reflektieren. Erziehungstheorien sind in diesem Sinne «Mischtheorien». So bezieht sich der Erziehungsbegriff prinzipiell auch nicht eindeutig auf einen Gegenstand; vielmehr ist er eine Bezeichnung der Kommunikation, über den sehr unterschiedlich theoretisiert werden kann.

Eine Auflistung der in pädagogischen Werken gebrauchten Erziehungsbegriffe würde ein eigenes Buch füllen. Eine Übersicht über die unterschiedlichen Begriffsverwendungen in der wissenschaftlichen Diskussion der letzten Jahrzehnte findet sich bei Wolfgang Brezinka (1990). Eine wesentliche Ursache für diesen mangelnden Konsens im Verständnis um den Erziehungsbegriff ist üblicherweise in dem Gegensatz zwischen normativer Erziehungswissenschaft einerseits und empirischer Erziehungswissenschaft andererseits zu sehen. Während die *normative Erziehungswissenschaft* die Reflexion über die Erziehbarkeit und Erziehungsbedürftigkeit des Menschen sowie über die Zielsetzungen und Rechtfertigungen erzieherischer Interventionen als vorrangige Aufgabe betrachtet, orientiert sich die *empirische Erziehungswissenschaft* an der sich darbietenden Erziehungswirklichkeit und versucht, die Handlungen zu analysieren, die beim Erziehungsprozess zwischen den beteiligten Personen stattfinden (vgl. Brezinka, 1990; Klafki, 1971).

Vergleichbares gilt für die Erziehungspsychologie (Nickel, 1992) sowie für die Erziehungssoziologie und Sozialisationsforschung (Hurrelmann, 2002 b). Entsprechend diesen verschiedenen, teils sogar gegensätzlichen wissenschaftstheoretischen Standpunkten, lassen sich mindestens vier Arten von Erziehungsbegriffen unterscheiden:

- **Normative Erziehungsbegriffe** definieren Erziehung über die Angabe eines angestrebten Zieles.
- **Präskriptive Erziehungsbegriffe** enthalten Handlungsanweisungen und Handlungsempfehlungen für den Erzieher als Mittel zur Erreichung bestimmter Ziele.
- **Deskriptive Erziehungsbegriffe** bemühen sich um betonte Wertfreiheit und zielen darauf ab, die Möglichkeiten, Bedingungen und Ergebnisse erzieherischen Handelns empirisch zu erforschen.
- **Prozessuale Erziehungsbegriffe** definieren Erziehung durch den Vorgang selbst. Dieser wird entweder ganz allgemein als Verhaltensänderung durch erzieherische Interaktion beschrieben oder spezieller als Sozialisation und/oder als Enkulturation im Sinne einer Aneignung von Inhalten und Lebensformen einer Kultur.

Während die beiden ersten Erziehungsbegriffe für den normativ-philosophischen Ansatz stehen, beziehen sich die beiden anderen eher auf ein erfahrungswissenschaftlich orientiertes Verständnis. Gegenüber einem rein deskriptiven Erziehungsbegriff wurde zu Recht eingewendet, dass sich Erziehung implizit immer an bestimmten Zielvorgaben oder Intentionen orientiert und dass es in einen reinen Empirismus hineinführen würde, wenn man diese nicht von vornherein mitreflektiert. Außerdem müsste sich eine Vernachlässigung normativer Aspekte wiederum nachteilig auf die zu Erziehenden auswirken. Eine in diesem Sinne vermittelnde Position nimmt Brezinka (1990) ein.

Die Begriffsdefinition von Brezinka enthält mindestens fünf Bestimmungsmerkmale: (1) Erziehende sind Menschen, (2) die versuchen, dazu beizutragen, dass der Lerner selbst seine psychischen Dispositionen weiterentwickeln kann. (3) Soziale Handlungen setzen ein zielgerichtetes, zweckbestimmtes Verhalten voraus, dessen man sich subjektiv bewusst ist, wobei sozial meint, dass diese Handlungen auf andere bezogen sind. (4) Mit psychischen Dispositionen sind nicht flüchtiges Erleben und Verhalten gemeint, sondern relativ dauerhafte Bereitschaften zum Erleben und Verhalten. (5) Verbessern oder erhalten (oder neue schaffen bzw. als schädlich bewertete beseitigen) meint, dass einem vorgestellten Soll-Zustand vom erzieherisch Handelnden Wert zugeschrieben wird (den die Wissenschaft allerdings nicht bestimmen kann). Brezinka weist selber auf den hohen Allgemeinheitsgrad und die hohe Generalisierungsstufe seines Erziehungsbegriffs hin. Allerdings wäre der Vorteil der Präzision nur mit dem Nachteil einer erheblichen Reduktion zu erkaufen.

Wenn es die Absicht ist, nicht nur das äußere Verhalten, sondern auch die dafür verantwortlichen psychischen Dispositionen zu verändern, dann ist es notwendig, zunächst diese psychischen Dispositionen eines Kindes aufzudecken und Möglichkeiten einer dauerhaften Modifikation zu analysieren. Damit stellt sich die Frage nach den jeweiligen Entwicklungsvoraussetzungen eines Kindes, nach seinem bisherigen Entwicklungsverlauf und den vermutlichen Entwicklungsaussichten. Vor diesem Hintergrund wäre dann von einer *Erziehungspsychologie* zu erwarten, dass sie

(1) wissenschaftlich begründetes und praktisch verwertbares Wissen an Erziehungsexperten unterschiedlicher Provenienz vermitteln kann,

---

Kasten 2-1

Erziehung – eine Begriffsdefinition

Erziehung besteht in sozialen Handlungen zwischen Personen, die sich aber von anderen Handlungen bzw. Interaktionen dadurch unterscheidet, dass sie eine bestimmte Richtung implizieren, nämlich die Absicht, bestimmte Erziehungsziele zu erreichen. Genauer: Der Begriff Erziehung bezeichnet speziell solche menschlichen Handlungen, die darauf ausgerichtet sind, die *psychischen Dispositionen* und die *psychische Entwicklung* anderer Menschen *dauerhaft zu fördern*. Damit verbindet sich der normative mit dem empirischen Erziehungsbegriff.

Quelle: Brezinka (1990)

(2) erziehungsrelevante Einflussfaktoren analysieren bzw. diagnostizieren und Wirkungen erzieherischer Maßnahmen bzw. Ursachen möglicher Störungen und Fehlentwicklungen feststellen und unter Umständen Prognosen machen kann, um individuelle und/oder institutionelle Entscheidungen zu verbessern,
(3) Beratungsprozesse und Interventionen professioneller Psychologen unterstützen und
(4) nach Abschluss der pädagogischen Maßnahmen diese evaluieren kann, um festzustellen, ob die erwünschten Effekte eingetreten sind und unerwünschte Nebenwirkungen vermieden werden konnten.

Entwicklung und Erziehung werden damit zu Prozessen, die sich notwendigerweise wechselseitig ergänzen und bedingen. Wird jedoch der Erziehungsbegriff allzu eng gefasst, müssten weitere erziehungsrelevante Verhaltensweisen, Ereignisse und Situationen unterschieden und in Forschung und Anwendung berücksichtigt werden, um nützliches Erklärungs-, Veränderungs- und Handlungswissen gewinnen und daraus für die erzieherische Intervention ableiten zu können.

Teilweise kontrovers geblieben ist die Abgrenzung der Erziehungspsychologie von der Pädagogischen Psychologie. Während einige Autoren beide Begriffe synonym verwenden oder gar dem Begriff Erziehungspsychologie die weitere Bedeutung zusprechen (Tausch & Tausch, 1998), hat sich überwiegend ein Verständnis herausgebildet, das die Erziehungspsychologie als einen Teilaspekt der Pädagogischen Psychologie begreift und zwar denjenigen, der sich insbesondere mit der in pädagogischen Prozessen stattfindenden zwischenmenschlichen Interaktionen beschäftigt (vgl. Nickel, 1992).

> **Kasten 2-2**
>
> **Aufgaben einer Erziehungspsychologie**
>
> Die Aufgaben einer Erziehungspsychologie bestehen (1) in einer möglichst umfassenden Erhebung und Beschreibung unterschiedlicher Formen des Erziehungsverhaltens, und zwar sowohl der realisierten Erziehungspraktiken als auch der ihnen zugrunde liegenden Erziehungsziele und -einstellungen; (2) in einer Bedingungsanalyse und Erklärung der beobachteten unterschiedlichen Ausprägungsgrade; (3) in einer Überprüfung der Auswirkungen auf das Verhalten der Erzogenen; (4) in der Erarbeitung umfassender theoretischer Erklärungsansätze und Modelle zum Verständnis der erzieherischen Interaktion einschließlich der Prognose künftigen Verhaltens; und (5) in der Erarbeitung von Voraussetzungen und Verfahren für eine systematische Modifikation des Erziehungsverhaltens auf den verschiedenen Ebenen (Ziele, Einstellungen, Praktiken) und bei unterschiedlichen Erziehergruppen wie Eltern, Vorschulerzieher, Lehrer, Jugendarbeiter usw.
>
> Quelle: Nickel (1992)

2.2.2
Entwicklung als Ziel und Ergebnis von Erziehung

Jede Erziehung ist angewiesen auf die Beantwortung der Frage, wozu denn das instinktunsichere, weltoffene, entscheidungsfreie, hochgradig lernfähige und formbare Wesen Mensch erzogen werden soll. Jede Generation nimmt dabei die in der Kultur entwickelten und überlieferten Ziele, Normen und Werte auf. Dabei dienen *Ziele* im engeren Sinne konkreten Zwecken und beschreiben praktische Handlungsintentionen (z.B. die Erziehung zur Gewaltlosigkeit oder Friedfertigkeit). *Normen* sind die hinter den Zielen liegenden Überzeugungen oder Soll-Vorstellungen, die sich über längere Zeitabschnitte entwickelt haben und für einen größeren Kulturkreis gelten (z.B. «Du sollst nicht töten»). Von Normen kann man schließlich Werte unterscheiden, die ihnen zugrunde liegen, wie z.B. «Ehrfurcht vor dem Leben» oder das «Prinzip Verantwortung» (Hans Jonas), die für das Überleben der Menschheit zentral sind. Entscheidendes Merkmal für einen

Wert ist eben dieser Akt des Bewertens, der letztlich über die Annahme eines Zieles oder einer Norm durch ein Individuum entscheidet. Auch deshalb bleiben Werte in der Erziehung kontrovers.

Prinzipiell ist Handeln nicht ohne Ziele möglich. Entscheidungen in der Erziehungspraxis werden denn auch mit Blick auf bestimmte Ziele – und dahinter liegende Normen und Werte – getroffen: So streben Eltern danach, dass ihr Kind eine hohe Bildung erreicht (Ziel), damit es später einmal einen zukunftsreichen Beruf ergreifen kann (Norm), denn viel Geld zu verdienen und dabei noch zufrieden zu sein, ist für sie das Wichtigste im Leben (Wert). Derart orientieren Erziehungsziele also das pädagogische Handeln. Unbestritten ist jedoch, dass in einer demokratischen und pluralistischen Gesellschaft Zielvorstellungen über Erziehung notwendigerweise kontrovers sind. Vor allem ist wichtig festzuhalten, dass eine Erziehung zur Mündigkeit ohne die schrittweise zunehmende aktive Beteiligung der zu Erziehenden an diesem Prozess nicht denkbar ist, aber ebenso die Auseinandersetzung der Erzieher mit den Zielvorstellungen und Werten der Kinder und Jugendlichen selbst bedeutsam ist.

Eines der am meistverwendeten Erziehungsmodelle ist das der intentionalen Erziehung. Auch Krapp, Prenzel und Weidenmann (2001) gebrauchen in ihrem Standardlehrbuch zur Pädagogischen Psychologie das intentionale Erziehungsmodell.

Erziehung als Beziehung und als intentionale Einflussnahme. Aus einer pädagogisch-psychologischen Sicht deuten Krapp, Prenzel und Weidenmann (2001) Erziehung als eine Beziehung zwischen einem Erzieher, der auch medial präsent sein kann, und einem zu Erziehenden, Auszubildenden oder Lernenden. Im traditionellen Standardmodell erziehen Erwachsene Kinder, nicht umgekehrt. Erzieher geben sich als kompetent, Kinder erscheinen bedürftig. Diese Asymmetrie erscheint funktional und notwendig. Erziehung hat in aller Regel Defizite zur Voraussetzung, die ausgeglichen werden sollen. Die eine Person liefert, was die andere nicht hat, aber haben muss, wenn sie in irgendeiner Hinsicht vollkommener sein will. Allerdings wissen wir, dass sich dieses Standardmodell in bestimmten Hinsichten auch umkehren lässt; so gelten Kinder nicht mehr als passive Adressaten von Erziehung: Kinder erziehen auch ihre Eltern mit. Die dem Erziehungsprozess unterstellte intentionale Einflussnahme ist eine der Bidirektionalität. Dabei können diese Einflussnahmen durch Aktivitäten erfolgen, die entweder direkt auf eine betroffene Person gerichtet sind (z. B. jemandem etwas erklären, begründen); sie kann auch indirekt erfolgen, indem Situationen bewusst hergestellt werden (z. B. durch Gestaltung von Lernumwelten, Bereitstellung von Lernmaterialien). Genauer betrachtet bezieht sich der *intentionale Erziehungsbegriff* auf Vorgänge, die aus Sicht des zu Erziehenden als Fremderziehung angesehen werden können. Da jedoch der Heranwachsende mit zunehmender Entwicklung zu einer selbstverantwortlich und autonom handlungsfähigen Person werden soll, kann er sich im Prinzip die Ziele, die er verfolgen möchte, zunehmend selber setzen und die mutmaßlich zielführenden Handlungen selbst aktivieren. Individuelle, selbstverantwortliche und autonome Handlungsfähigkeit impliziert daher auch die Möglichkeit der Selbsterziehung, die wiederum zur selbstgesteuerten Entwicklung beitragen kann. *Entwicklung wird damit sowohl zum Ziel als auch zum Ergebnis von Erziehung.* In der Folge wird die Frage nach Intentionalität und Wirkung von Erziehung durch die Unterscheidung von drei Aspekten der Einflussnahme getragen (nach Krapp, Prenzel & Weidenmann, 2001):

Intentionalität. Für eine Erziehungspsychologie relevant sind erzieherische Einflussnahmen, die erstens auf eine *Veränderung* abzielen, und diese zumindest teilweise *erreichen*. Dabei kann offen bleiben, wie weit diese Einflussnahme für die erreichte Veränderung (in einem kausalen Sinne) verantwortlich ist. Dass die Dinge nicht immer so klar liegen, zeigt das folgende Beispiel: Der Drogenkonsum eines Jugendlichen kann mit falscher oder fehlender Erziehung erklärt werden, aber Drogenprävention ist gleichzeitig auch Erziehung. Im ersten Fall hat Erziehung stattgefunden, aber die falschen Ergebnisse gezeigt, im zweiten soll in der Erwartung günstiger Resultate Erziehung stattfinden. Es sind also immer Gewinne und Verluste möglich, die mit Erziehung in Verbindung gebracht werden können, ohne dass Generalisierungen wirklich kontrolliert werden können. Ebenso relevant sind zweitens erzieherische Einflussnahmen, die *Veränderung* beabsichtigen, jedoch diese *nicht erreichen*. Dabei muss offen bleiben, ob diese Wirkungen eintreten und wann sie gegebenenfalls eintreten. Schließlich sind drittens jene erzieherischen Einflussnahmen für eine Erziehungspsychologie relevant, die *nicht mit expliziter Veränderungsabsicht* erfolgen, aber dennoch *Veränderungen bewirken*. Gewöhnlich wird dann nicht von Erziehung gesprochen, sondern eher von Sozialisation; letzteres ist besonders dann der Fall, wenn die Einflüsse und deren Veränderungen nicht von Personen, sondern von kulturellen Artefakten (z. B. Institutionen, Medien) ausgehen.

Nachhaltige Veränderungen. Ein zweites Kriterium für den Erziehungsbegriff ist, wenn ich Krapp, Prenzel und Weidenmann (2001) weiter folge, die Stabilität und Dauerhaftigkeit der Veränderung. Erziehung zielt in aller Regel nicht bloß auf kurzzeitige und situativ spezifisch relevante, sondern auf dauerhafte und übersituativ stabile Verhaltensänderungen ab. Dabei gilt es zu beachten, dass es in der Erziehung nicht nur um die Aneignung von Handlungsmöglichkeiten im Sinne von Fähigkeiten und dispositionellen Persönlichkeitseigenschaften geht, sondern auch um die Entwicklung von Zielen, Motiven und Interessen, worunter die Bereitschaft fällt, in bestimmten Situationen initiativ zu werden, sich für bestimmte Prinzipien einzusetzen, die eigene Hilfsbereitschaft zu aktivieren oder sich für bestimmte Themen zu interessieren. Fasst man Erziehung als langfristiges Geschehen auf, das sich über die gesamte Lebensspanne erstrecken kann, dann kann die Stabilität einer jemals erreichten Veränderung nicht das letztendliche Erziehungsziel sein. So werden mit den jeweils erzielten Veränderungen nicht Endpunkte von Entwicklung, sondern nur Zwischenstufen angepeilt und erreicht. Das heißt, dass in Gang gesetzte Veränderungen in nachfolgende Veränderungen eingehen können, bei denen diese möglicherweise erweitert, korrigiert oder überformt werden. Deshalb ziehen die Autoren den meist verwendeten Begriffen der dauerhaften oder stabilen Veränderung den Begriff der nachhaltigen Veränderung vor.

Erziehung und Moral. Drittens konzentriert sich Erziehung auf die Wünschbarkeit von Veränderungen, d.h. auf Moral, wobei Moral keine einheitliche Größe ist. Für erzieherisch intendierte Veränderungen gilt in aller Regel, dass sie aus der Sicht der erziehenden Person, nicht notwendigerweise für den zu Erziehenden, wünschenswert erscheinen müssen. In diesem Sinne liegt das Ziel von Erziehung (auch in vielen Erziehungstheorien) nach wie vor in Sittlichkeit oder Moralität. Erziehungsexperten definieren dieses moralisch Gute in der Erziehung, folgt man Oelkers (2001), etwa als ein dialogisches Verhältnis, echte Kommunikation, hohes und ungetrübtes Verständnis, unbedingtes Vertrauen und Offenheit, Nachsicht und Fehlertoleranz oder als das Ausschöpfen aller Entwicklungspotenziale. In diesem Zusammenhang sollte allerdings die hartnäckige Idee beseitigt werden, Erziehung sei das dauerhafte Anfüllen der Seele mit Moral. Vielmehr unterstellen moderne erziehungstheoretische Vorstellungen, dass alle Erzieher letztlich ein Ziel verfolgen, nämlich das Kind zu dem zu machen, was es werden kann.

2.2.3
Ein Strukturmodell von Erziehung

Um die psychische Seite von Erziehung wie z. B. die Folgen bestimmter elterlicher Erziehungspraktiken auf die psychische Entwicklung der Kinder zu untersuchen, ist zu beachten, dass stets viele Faktoren beteiligt sind. Um mögliche Forschungsthemen und Analyseperspektiven voneinander abzugrenzen und zu beschreiben, orientiere ich mich an einem Strukturmodell von Erziehung, wie es Gudjons (2001) vorgeschlagen hat. Dieses Modell von Erziehung will weder festlegen, was «gute» oder «schlechte» Erziehung ist, noch welche Normen und Ziele gelten sollen. Ein solches Modell will nicht das Wesen der Erziehung (im phänomenologischen

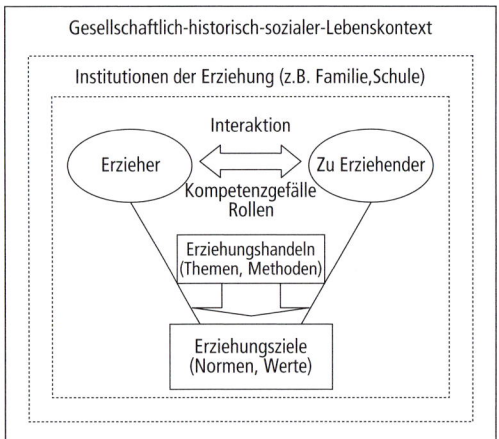

Abbildung 2.1: Strukturmodell von Erziehung (nach Gudjons, 2001, S. 199)

Sinn) erfassen, sondern Elemente einer möglichen Begriffsklärung anbieten.

Dabei lassen sich, wie in Abbildung 2.1 dargestellt, die folgenden Bestimmungsmerkmale erzieherischen Handelns unterscheiden:

Erstens ist *Erziehung intentional;* sie sucht Ziele, Normen und Werte zu verwirklichen. Das Erziehungsgeschehen ist von seiner intentionalen Struktur her letztlich darauf ausgerichtet, sich selbst aufzuheben. Erziehung ohne Ziel gibt es nicht. Zweitens ist das Erziehungsgeschehen ein *Interaktionsprozess* (auch in vermittelter, indirekter Form), in dem sich Sinndeutungen und Handlungen des einen am Tun des anderen ausrichten. Erzieher und zu Erziehender treten sich in Rollen gegenüber, deren Charakter von der gesellschaftlichen Art und Weise der Institutionalisierung von Erziehung in Familie, Schule usw. abhängt. In der Regel impliziert dies ein Kompetenzgefälle, das zur Symmetrisierung auffordert; aber Erziehung ohne wechselseitige Beeinflussung gibt es nicht. Drittens sind die dabei auftretenden Prozesse *methodisch vielfältig organisiert* und auf die Erziehungs- und Lernbedingungen des zu Erziehenden ausgerichtet, der aber letztendlich zur Selbst-Tätigkeit aufgefordert bleibt. Erziehung als «Machen» gibt es nicht. Viertens ist Erziehung – einschließlich der Ziele und Interaktionsprozesse – eingebunden in einen umfassenden *historisch-gesellschaftlichen und kulturellen Kontext,* der Wandlungsprozessen unterliegt. Deshalb gibt es auch nicht *die* Erziehung. Fünftens erfolgt Erziehung in Auseinandersetzung mit *Inhalten, Gegenständen und Themen,* welche die kognitive Ebene (z. B. Wissen, Einstellungen, Einsichten), die affektive Ebene (z. B. Gefühle) oder die Handlungsebene (z. B. Fertigkeiten) betreffen. Erziehung im inhaltsfreien Raum gibt es nicht.

Aus diesem Verständnis über die erzieherische Grundstruktur wurde immer wieder die Komplexität im interaktiven Zusammenspiel zwischen Individuum und Umwelt, Erzieher und Kind sowie zwischen den verschiedenen Erziehungsumwelten angesprochen. Entwicklung vollzieht sich stets in Auseinandersetzung mit Gegebenheiten und Anforderungen der personalen, sozialen und kulturellen Umwelt. Deshalb ist auch diese Interaktion zentraler Bestandteil einer Erziehungssituation. Vor dem Hintergrund dieses Strukturmodells von Erziehung können Merkmale erziehungspsychologischer Forschung nach diesen Bestimmungsmerkmalen klassifiziert werden. Aber auch für den Praktiker sind sie von Bedeutung, denn dieser kann sein erzieherisches Handeln auf diese Bezugsebenen hin einordnen und reflektieren. Naheliegenderweise folgt daraus, dass sich die Erziehungspsychologie die wissenschaftliche Beschäftigung mit Erziehung mit einer Reihe anderer Disziplinen teilt. Hervorzuheben sind besonders die Erziehungswissenschaft und die Soziologie. Auch die Psychologie widmet erziehungsrelevanten Themen in vielen ihrer Teildisziplinen Forschungsaktivitäten. Zu nennen sind vor allem die Entwicklungspsychologie, die Sozialpsychologie und die Persönlichkeitsforschung sowie eine Reihe neuerer Teildisziplinen wie Familien-, Gesundheits-, Medien- und Umweltpsychologie.

Folgerichtig erfordert die Auseinandersetzung mit dem Problemfeld der Erziehung und, wie es der Zielsetzung dieses Lehrbuchs entspricht, mit den psychologischen Grundlagen von Erziehung die *Integration* mehrerer Fach- bzw. psychologischer Teildisziplinen, die mit ihren erziehungsrelevanten Erkenntnissen bislang relativ unverbunden nebeneinander stehen; Erkenntnisse aus diesen Disziplinen sollen in ihrer Konvergenz betrachtet werden. Erziehung wird in diesem

Lehrbuch zwar durchgehend unter einem entwicklungspsychologischen Theorierahmen betrachtet, weil Erziehung Entwicklung intendiert; dennoch wird eine Erziehungspsychologie als *interdisziplinäres* Problem- und Anwendungsfeld und somit als Querschnittsdisziplin sozialwissenschaftlicher Forschung verstanden.

2.3
Erziehungspsychologische Konzepte von Veränderung

Ziel einer Erziehungspsychologie ist die Bereitstellung von Wissen zur Gestaltung von pädagogisch erwünschten, nachhaltigen psychischen Veränderungen durch Erziehung. Dazu werden einige Grundkonzepte von Veränderung dargestellt, die für die Erziehungspsychologie besonders bedeutsam sind. Zu diesen Konzepten zählen Lernen, Entwicklung, Sozialisation und Kultivation sowie Enkulturation und Akkulturation als Spezialformen der Sozialisation.

2.3.1
Lernen

Lernen ist ein Sammelbegriff für eine Vielzahl von Prozessen, durch die es zu Verhaltensänderungen kommt. Dabei kann es nicht Ziel dieses Lehrbuches sein, dem Leser aufzuzeigen, wie außerordentlich komplex die alltäglichen Lernprozesse sind, und dass es kaum möglich ist, Lernen mit Hilfe einer einzigen Lerntheorie zu erklären (vgl. die Übersicht bei Edelmann, 2000). Um die Erkenntnisse der lernpsychologischen Forschung anhand konkreter, nachvollziehbarer Alltagsfälle exemplarisch kennen zu lernen, ist auch auf die Übersichtsdarstellung von Gerhard Steiner (2001a) zu verweisen.

Folgt man dieser Definition, so wird Lernen vom Ergebnis her definiert. Man erfährt über die Voraussetzungen des Lernens nur so viel, als wiederholte Erfahrung, Übung oder Beobachtung notwendig sind, um zu lernen. Ebenso bezieht sich das Verhaltenspotenzial auf die Ausführungsphase und sagt wenig über die Lernphase. Ungeachtet dessen, liegt die Quelle der Veränderung beim Lernen in der Umwelt (exogene Steuerung der Entwicklung), wes-

Kasten 2-3

Lernen – eine Begriffsdefinition

Lernen bezieht sich auf Veränderungen im Verhalten und auf das Verhaltenspotenzial eines Individuums hinsichtlich einer bestimmten Situation, die auf wiederholten Erfahrungen eines Individuums in dieser Situation beruhen. Dabei wird vorausgesetzt, dass diese Veränderungen nicht auf angeborenen Reaktionstendenzen, Reifungsprozessen und vorübergehenden Zuständen wie Ermüdung, Trunkenheit usw. zurückgeführt werden können.

Quelle: Bower & Hilgard (2000)

halb Lernen der klassische Gegenbegriff zu Reifung (endogene Steuerung der Entwicklung) bildet.

Trotz der Vielfalt an Erklärungsansätzen hat sich in der Lernpsychologie über die letzten vier Jahrzehnte eine gewisse Konvergenz des Theoretisierens in Richtung einer kognitiven Sicht des Lernens ergeben. Was verstehen wir aber genau unter Kognition, und: Was heißt «kognitiv»? Die Antwort ist nicht einfach, weil der Begriff so fundamental ist, dass seine Zurückführung auf einfachere, erklärende Begriffe nicht leicht fällt. Der Begriff der Informationsverarbeitung hilft weiter. In kognitiven Prozessen wird Information verarbeitet. Information, das sind Gegebenheiten oder Daten. Spuren im Sand sind für Indianer Information; Worte und Schaubilder in einer Betriebsanleitung sind es für den Fahrer eines neuen Autos. Diese Gegebenheiten zu verarbeiten heißt, unter ihnen die geeigneten auszuwählen, sie zu vergleichen, zu ordnen, zu verknüpfen oder sie in andere Systeme zu übersetzen. In solchen Prozessen entstehen Einsichten, Urteile oder Schlussfolgerungen.

Kognitive Prozesse sind dem Handeln und Erkennen des Menschen verwandt; in jedem Fall ist Kognition eine Aktivität oder Tätigkeit (vgl. Aebli, 1993). Dabei ist die Grundfrage, was diese Aktivität letztlich ausmacht, noch nicht beantwortet. Hans Aebli hat vorgeschlagen, dort von Aktivität und folgerichtig von *kognitivem Lernen* zu sprechen, wo Strukturen oder Wissen gebildet und umgebildet werden, wo bisher unverbundenes Wissen in Beziehung zu anderem Wissen gesetzt und Verknüpftes wiederum aufbauend oder differenzierend in neue Zusammenhänge gebracht wird.

In kognitiven Lerntheorien, wie sie von Aebli (1993) oder später von Mayer, R. E. (1998) vorgelegt worden sind, wird Lernen erstens als Aneignung von Wissen durch aktive Konstruktion von Wissen durch die lernende Person begriffen. Dieses Verständnis von Lernen knüpft an ältere, pädagogisch orientierte Theorien an, wie sie uns von Dewey (1938) oder Piaget (1947) bekannt sind. Wenn darin vom Erwerb kognitiver Strukturen gesprochen wird, sind damit umfassende Repräsentationen von Erfahrungen in Form kognitiver Schemata gemeint. Sie enthalten Faktenwissen («Wissen, was»), Handlungswissen («Wissen, wie») und Wissen über das Wissen und das eigene Lernen, das als Meta-Wissen bezeichnet wird. Aebli (1993) hat – wie viele andere – in ungezählten Lernversuchen auf der Basis von Piagets kognitiver Entwicklungstheorie den Nachweis der Elaboration kognitiver Strukturen erbringen können.

Zweitens kann *kognitives Lernen* auch in Form *«operativen Übens oder Durcharbeitens»* verstanden werden (vgl. Aebli, 1993). Dabei handelt es sich um ein Üben, das starre, schematische Lösungsfindungen ausschließt. Dies geschieht nicht durch Wiederholung des zu Übenden, sondern durch das Erfassen der logischen Struktur, d. h. durch das Erfassen von assoziativen und reversiblen Beziehungen innerhalb des betreffenden Aufgaben- und Problembereichs. Praktisch heißt, dass eine Übungsaufgabe variiert wird und zwar sowohl hinsichtlich des Weges (z. B. durch Umkehr der Operation, durch Umwege und Kontrollwege) als auch der Reihenfolge, in der die Elemente der Operation aneinandergereiht bzw. verknüpft sind.

Folgt man drittens Jerome Bruners Lerntheorie, dann bedeutet *kognitives Lernen* das *Üben der Darstellungsformen*, vor allem der symbolischen Repräsentation und das Üben des Wechsels von einem Medium (bildhaft, sprachlich-symbolisch, motorisch) in ein anderes je nach Situation (vgl. Bruner, Olver & Greenfield, 1971). So bewirkt beispielsweise das verbale Bezeichnen, was nichts anderes als die symbolische Repräsentation ist, kombiniert mit anderen Medien wie der bildhaften Darstellung eines Problems, eine wesentliche qualitative Veränderung des Übens. Dieser Übergang von der motorischen, zur bildhaften und hin zur symbolischen Darstellung wird von Bruner und Mitarbeitern immer wieder besonders betont, wobei dieser Wechsel des Repräsentationsmediums beweglich vollzogen werden soll.

Kognitives Lernen ereignet sich, wenn Zustände des Ungleichgewichts im Verhalten auftreten, das Kind in seinem Handeln nicht mehr weiterkommt, weil es ein Problem hat. Aebli

Kasten 2-4

Implikationen für die Erziehungspraxis

Das Kind als aktiver Lerner

Die in kognitiven Ansätzen vertretene Auffassung eines aktiven Lernens ist für die Erziehungspsychologie von mehrfacher Bedeutung. So wird offensichtlich, dass Veränderungen im Verstehen, aber ebenso in Fertigkeiten, persönlichen Meinungen, Einstellungen oder Werten, nicht einfach von außen durch Erziehungsmaßnahmen ausgelöst oder gar determiniert werden können. Vielmehr kann Erziehung Möglichkeiten für Erfahrungen herstellen, kann zur geistigen und sozialen Auseinandersetzung mit Problemen und Handlungsfeldern anregen, kann Anleitung, Unterstützung, Rückmeldung und Anstöße zur kritischen Reflexion vermitteln. Außerdem liegt das Interpretieren von Situationen, das Explorieren von Bedeutungen, das Auswählen und teils das sich Entscheiden für Handlungsoptionen sowie das Organisieren von Information in den Händen der lernenden Person. Deshalb werden kognitive und motivationale Bedingungen zu wichtigen Voraussetzungen für den Lerner, den Lernprozess und das Lernergebnis.

(1993) hat mit seiner psychologisch fundierten Didaktik für den schulischen Unterricht gezeigt, wie Lehr- und Lernsituationen zu gestalten sind, um Kindern auf diese Weise kognitive Strukturen beizubringen.

Wesentlich ist schließlich, dass die zeitliche Dauer, die Lernprozessen unterstellt wird und innerhalb derer sie untersucht werden, meist kurz ist. Dagegen bezeichnet *Entwicklung* langfristige Veränderungen, die meist mehrere Funktionsbereiche gleichzeitig umfassen und teils mit dem Lebensalter kovariieren. Allerdings deuten sich in Lernprozessen immer auch schon Entwicklungsveränderungen an. Lernen ist deshalb ein wichtiger Prozess, auf dem Entwicklung basiert. Zudem ist es jener Prozess, über den Entwicklung erzieherisch angeregt, gesteuert und begleitet werden kann.

2.3.2 Entwicklung

Menschliche Entwicklungsprozesse gehören zu den komplexesten Phänomenen überhaupt. Entsprechend sind sowohl die Breite der Untersuchungsinhalte als auch die Vielfalt theoretischer Ansätze und methodischer Vorgehensweisen der Entwicklungspsychologie enorm. Zudem macht es die immer stärker werdende wechselseitige Durchdringung von Entwicklungspsychologie und anderen psychologischen Disziplinen, aber auch Disziplinen außerhalb der Psychologie (z. B. Genetik, Biologie, Physiologie, Soziologie) zunehmend schwieriger, die Entwicklungspsychologie von anderen Forschungsgebieten eindeutig abzugrenzen. Es kann selbstverständlich nicht Aufgabe dieses Lehrbuches sein, die Vielfalt der Fragestellungen, Theorien, Methoden und Befunde dieser Disziplin systematisch herauszuarbeiten (vgl. hierfür Oerter und Montada, 2002).

In älteren Entwicklungstheorien wird von Entwicklung gesprochen, wenn eine Veränderungsreihe mit mehreren Schritten (z. B. in Stadien, Phasen) vorliegt, die sich auf einen Endzustand ausrichten, der gegenüber dem Ausgangszustand höherwertig ist, wenn die Abfolge der Schritte unumkehrbar ist und Veränderungen

Kasten 2-5

Entwicklung – eine Begriffsdefinition

Auf der allgemeinsten Ebene beschreibt die *Entwicklungspsychologie* die zeitabhängigen Veränderungen des Verhaltens und Erlebens und untersucht diese hinsichtlich ihrer Bedingungen, Ursachen und Gesetzmäßigkeiten. Dabei bildet weniger die funktionelle Abhängigkeit von der Zeit den Gegenstand der Entwicklungspsychologie als vielmehr die beobachteten Veränderungen im Verhalten und Erleben, die sich in bestimmten, in aller Regel längerfristigen Zeiträumen vollziehen. Entsprechend beziehen sich Beschreibung, Erklärung, Vorhersage und Beeinflussung von Entwicklungsveränderungen einerseits auf *intraindividuelle Veränderungen* (Die Frage ist hier: Wie unterscheiden sich Personen zu unterschiedlichen Zeitpunkten ihrer Entwicklung von sich selbst?), andererseits auf *interindividuelle (differenzielle) Unterschiede in intraindividuellen Veränderungen* (Die Frage ist hier: Wie unterscheiden sich in einer vergleichenden Analyse die Veränderungen bei einzelnen Individuen?).

sich als qualitative, strukturelle Transformationen im Unterschied zu quantitativen Wachstumskurven beschreiben lassen (vgl. Montada, 2002a). Weiter wird angenommen, dass die Strukturen dieser Veränderungsreihe auseinander hervorgehen, d. h. dass frühere Strukturen, wie das klassischerweise in Stufentheorien à la Piaget angenommen wird, Voraussetzung für später gebildete Strukturen sind. Zudem wird vermutet, dass diese Veränderungen einerseits mit dem Lebensalter korreliert und andererseits universell, d. h. kulturunabhängig sind.

Im Unterschied zu älteren Entwicklungskonzeptionen thematisiert der *moderne Entwicklungsbegriff* nicht nur Veränderungen und Stabilitäten über die gesamte Lebensspanne, sondern sowohl intraindividuelle Veränderungen als auch interindividuelle Unterschiede und Stabilitäten in intraindividuellen Veränderungen *(differenzielle Perspektive)* sowie Entwicklungsveränderungen in Abhängigkeit von bzw. im Wechselspiel mit Umweltbedingungen bzw. Kontextfaktoren *(ökologische Perspektive)*. Umwelt- und kulturabhängige Entwicklungsveränderungen sowie interindividuelle Unterschiede in diesen Veränderungen sind sowohl für die Forschung als auch für die Praxis von besonderem Interesse. Beispielsweise geben Unterschiede in Erziehungs- und Interaktionspraktiken zwischen Familien und innerhalb derselben Familien Hinweise auf Einflussfaktoren, die in der genetischen Ausstattung, der familiären Entwicklungsumwelt, in spezifischen Erfahrungen oder in bereits herausgebildeten Verhaltensmerkmalen der Person selbst liegen können. Dabei können die entwicklungsregulativen Einflüsse drei unterschiedlichen Zeitebenen zugeordnet werden (vgl. Brandstädter & Greve, 1994):

Ontogenetische und lebenszyklische Bedingungen. Eine erste Ebene umfasst ontogenetische und lebenszyklische Bedingungen, die aufgrund biologischer (genetischer) oder kultureller Normierungen und Verhaltenstandards eine systematische Bindung an die individuelle Lebenszeit aufweisen. Diese altersgradierten Einflussfaktoren gelten universell, wirken in die gleiche Richtung und bringen hochgradig vorhersehbare Veränderungen und alterszeitlich strukturierte Entwicklungsabläufe hervor. Typische altersgradierte normative Einflüsse sind biologische Reifung und altersabhängige Sozialisationseinflüsse (z. B. Schuleintritt, Verrentung), wie sie meist zu bestimmten Lebensaltern an eine Person bestimmte Entwicklungsaufgaben stellen.

Historische und zeitgebundene Bedingungen. Davon abzuheben sind auf einer zweiten Einflussebene allgemeine historische und zeitgebundene Bedingungen, wie sie sich aus geschichtlichen Zuständen (z. B. Industriezeitalter, Postmoderne), Ereignissen (z. B. Krieg, Wirtschaftskrise) und Umwälzungen (z. B. Wiedervereinigung Deutschlands) ergeben können und zu einem bestimmten historischen Zeitpunkt alle Lebenden treffen. Allerdings sind davon meist nicht alle gleichermaßen betroffen, sondern der Einfluss des historischen Kontextes hängt wesentlich davon ab, wie alt die jeweils Betroffenen zum Zeitpunkt des Ereignisses sind. Das heißt, hier treten altersabhängige und historisch-zeitgebundene Einflussfaktoren in eine Interaktion. Diese beiden Einflüsse brechen sich in der individuellen Lebensgeschichte und können in ihren Wirkungen auf den Entwicklungsverlauf interagierend Einfluss nehmen. Beispielsweise konnten Elder (1974) und Elder und Caspi (1990) anhand ihrer 1930 begonnenen Oakland Growth Längsschnittstudie zeigen, dass die individuellen Auswirkungen der Weltwirtschaftskrise davon abhängig sind, welche Lebens- und Entwicklungsabschnitte beim Einzelnen betroffen sind. So wirken sich Einkommensverluste (bedingt durch Erwerbsverlust) auf das Familienklima, die familiären Rollen, das elterliche Erziehungsverhalten und darüber auf die späteren beruflichen Entscheidungen und Erziehungshaltungen der Kinder aus, die in derart ökonomisch deprivierten Familien aufgewachsen sind.

Nicht-normative Lebensereignisse. Nicht-normative Ereignisse bilden eine dritte Einflussebene. Das sind Ereignisse, die weder eine systematische Bindung an die Altersvariable noch an die historische Zeitdimension aufweisen. Das bedeutet, dass sich Menschen nicht darauf vorbereiten können und dass häufig keine sozialen Vorbilder zur Bewältigung dieser Anforderungen verfügbar sind. Als typische nicht-normative Einflussfaktoren gelten einschneidende Umstellungs-, Übergangs- und Verlustsituationen wie Berufswechsel, Scheidung, Tod eines Familienmitgliedes, Erwerbslosigkeit, schwere Erkrankung, aber ebenso der Sechser im Lotto. Zu «kritischen Lebensereignissen» werden solche Ereignisse besonders dann, wenn ihre Folgen mit den verfügbaren Handlungsressourcen nicht bewältigt werden können (Filipp, 1990). Unter entwicklungstheoretischen Aspekten sind solche Ereignisse insofern von Interesse, als sie selbst Entwicklungsprozesse in Gang setzen können, indem z. B. bisherige Denk-, Handlungs- und Lebensmuster hinterfragt und revidiert werden.

Nun kann man sich fragen, wie stark der Einfluss der drei Kontextfaktoren zu den verschiedenen Zeiten im Lebenslauf ist. Folgt man den hypothetisch formulierten Lebenslaufkurven von Baltes, Cornelius und Nesselroade (1979), sind altersgradiert normative Einflüsse in der Kindheit besonders stark, im Erwachsenenalter eher schwach und im höheren Lebensalter wieder stärker. Nicht-normative Einflüsse nehmen im Verlauf des Lebens mit der zunehmenden Ausdifferenzierung individueller Lebensverläufe zu. Geschichtsbedingte Einflüsse schließlich sollten sich vor allem im Jugendalter besonders stark auswirken, weil sich in dieser Lebensphase altersnormierte Veränderungen als besonders störanfällig erweisen. Auf die sich daran anschließende Frage nach der Kontrolle, die Menschen im Laufe ihres Lebenslaufs über ihre Entwicklung haben, kann aus Platzgründen nicht eingegangen werden (vgl. Heckhausen & Mayr, 1998).

Insgesamt stellt sich Entwicklung somit aus der Sicht der handelnden Person als eine Abfolge von teils erwarteten, teils unerwarteten Veränderungen dar, die vor dem Hintergrund persönlicher Ziele und Lebenspläne eine Bilanz von *Gewinnen* und *Verlusten* bildet. Der Versuch, diese Bilanz über die Lebensspanne positiv zu gestalten, stellt einen wesentlichen Aspekt entwicklungsbezogenen Handelns über die gesamte Humanontogenese dar (vgl. Baltes & Baltes, 1989). Dabei sind die diesbezüglich wahrgenommenen Handlungspotenziale für die emotionale Befindlichkeit und die subjektive Lebensqualität von zentraler Bedeutung (Brandstädter & Grewe, 1994).

Darüber hinaus geht die Entwicklungspsychologie noch einen Schritt weiter, indem sie erkannt hat, dass Individuen nicht nur durch ihre Entwicklungsumwelt beeinflusst werden, sondern ihrerseits Einfluss auf ihre Umwelt nehmen bzw. sich die passende Umwelt für ihre Entwicklung aussuchen und sich somit ihre Entwicklungsmöglichkeiten teilweise selbst schaffen oder selbst auswählen. Bereits in der älteren, geisteswissenschaftlichen Entwicklungspsychologie wurde Entwicklung im Sinne von Selbstbildung und Selbstgestaltung verstanden (vgl. Spranger, 1914; Stern, 1935). Die Vorstellungen, wonach das Kind mit seiner gesamten Umwelt in einer laufenden wechselseitigen Beeinflussung steht und in eben diesen Prozess aktiv einwirken kann, bilden die beiden essenziellen Grundannahmen einer kontextualistischen Entwicklungspsychologie.

2.3.3
Sozialisation

Die Sozialisationsforschung, in dem engeren Sinne einer erfahrungswissenschaftlichen Analyse der gesellschaftlichen Bedingungen in der Entwicklung des Menschen zu einem sozial handlungsfähigen Subjekt, ist zwar erst seit etwa 70 Jahren in Gang gekommen, jedoch reichen ihre Wurzeln weit in die abendländische Philosophie zurück (vgl. Geulen, 1991). Von nachhaltiger Bedeutung war der französische Soziologe und Pädagoge Émile Durkheim, weil er das Sozialisationsproblem in einer Weise gefasst hat, wie es für die nachfolgende Entwicklung der soziologischen Theorie von bestimmendem Einfluss war. Durkheim (1995) konzipierte Sozialisation als Übernahme gesellschaftlicher Normen durch den Sozialisanden. Seine Lösung, die in der Folge durch Talcott Parsons' (1952) Rezeption zu einem äußerst einflussreichen Paradigma, wenn nicht gar zur Begründung der Sozialisationstheorie in einem engeren Sinne wurde, ist es, dass Individuen die Solidarität stiftende und Gesellschaft ermöglichende Zwangsinstanz, als «conscience collective», verinnerlichen. Parsons bestimmte in der Folge Sozialisation als den Prozess, durch den Individuen die Dispositionen erwerben, um die in der Gesellschaft vorgegebenen Rollen als Akteure zu spielen; derart gewährleistet Sozialisation funktionierende Interaktion zwischen gesellschaftlichen Akteuren, wenn sie sich konform mit den entsprechenden Normen verhalten. Dieser *struktur-funktionalistische Sozialisationsbegriff* steht dem deutschen Erziehungsbegriff nahe (vgl. Krappmann, 2002).

Zahllose empirische Studien aus etwa 70 Jahren Forschungstätigkeit dokumentieren eindrucksvoll, dass und wie stark gesellschaftliche Instanzen während der Ontogenese von der frühen Kindheit bis ins Erwachsenenalter die Persönlichkeitsentwicklung in zentralen Aspekten wie Motivation, Moral, Sprache oder Kognition bestimmen (Geulen, 2002). Dennoch hat sich die heutige Begriffsverwendung weit vom struktur-funktionalen Sozialisationsverständnis entfernt, weil letztendlich dem Sozialisanden kein aktiver Beitrag an seiner Sozialisation zuerkannt worden ist. So führte die in den 1960er-Jahren einsetzende Kritik am funktionalistischen Sozialisationskonzept zu einer Wende im theoretischen Verständnis von Sozialisation, worin die freie Subjektivität und Autonomie des Individuums akzentuiert und komplexere Modelle der sozialisatorischen Kausalität angenommen wurden (vgl. Habermas, 1973). Maßgeblichen Anteil an dieser Neuorientierung hatten vor allem die Entstehung der systemischen Familienforschung, die ökologische Sozialisationsforschung und Entwicklungspsychologie und nicht zuletzt die intensiver rezipierte kognitiv-konstruktivistische Entwicklungspsychologie Jean Piagets. Mitte der 1970er-Jahre konvergierten die neuen Argumente in eine Richtung, die zu Ansätzen einer sozialökologischen Sozialisationsforschung führten (Bronfenbrenner, 1976; Nickel, 1980; Walter, 1975; Walter & Oerter, 1979).

Darin erfährt die Eigenaktivität des Individuums einen systematischen Stellenwert und gleichzeitig leitet sich daraus die theoretische Einsicht ab, die Prozesse an der Subjekt-Umwelt-Schnittstelle als Interaktion zu begreifen. Die zentrale These dieses *interaktionistisch-konstruktivistischen Sozialisationsbegriffs* ist die Interdependenz der sozialen Wirklichkeit mit einem sinnstiftenden, konstruktiv tätigen Subjekt.

In dieses Modell gehen sowohl die traditionellen Annahmen einer Übernahme von Normen als auch die Weiterentwicklung dieser Normen durch das Subjekt ein. In das Subjekt wird derart ein Spannungsverhältnis implementiert, das zwischen den Polen der Autonomie und der Anbindung an bereits etablierte Strukturen oszilliert. Der unbezweifelbare Vorteil dieser Bestimmung liegt in der dadurch ermöglichten kritischen Sicht auf den Sozialisationsprozess aus der Perspektive des autonom handelnden Individuums. Jene Strukturen, die dem Subjekt entgegentreten, ohne dem Subjekt oder einer intersubjektiven Verständigung entsprungen zu sein, können als Sozialisationsagenturen identifiziert werden, die dem Subjekt Restriktionen auferlegen.

Das neue Verständnis von Sozialisation entwickelte sich parallel mit einem Wandel vom eher mechanistischen über ein organismisches bis hin zum kontextualistischen Paradigma der Humanontogenese. So hat die ökologische Perspektive zahlreiche neue Untersuchungen zur Sozialisation in der Familie und in der für kleine Kinder bedeutsamen Umwelt angeregt und zu umfassenderen sowie genaueren Beschreibungen dieser Umwelten und teils auch zur Erkenntnis neuer Zusammenhänge mit der Persönlichkeitsentwicklung geführt (vgl. Bronfenbrenner & Morris, 2000; Dippelhofer-Stiem, 1995; Hurrelmann, 1991; Nickel & Schmidt-Denter, 1995; Schmidt-Denter, 1988). Innerhalb der Entwicklungspsychologie bezeichnen retroaktive Sozialisation (Klewes, 1983), bilaterale Sozialisation (Bengtson & Troll, 1978), intergenerationale Sozialisation (Hagestad, 1984) oder

Kasten 2-6

Sozialisation – eine Begriffsdefinition

Im deutschen Sprachraum kommt zweifellos dem Bielefelder Jugendforscher Klaus Hurrelmann das Verdienst zu, dieses neue Subjektverständnis für den *Sozialisationsbegriff* auf die Formel des «produktiv realitätsverarbeitenden Subjekts» gebracht zu haben. Postuliert wird «ein Modell der dialektischen Beziehungen zwischen Subjekt und gesellschaftlich vermittelter Realität, eines interdependenten Zusammenhanges von individueller und gesellschaftlicher Veränderung und Entwicklung. Dieses Modell stellt das menschliche Subjekt in einen sozialen und ökologischen Kontext, der subjektiv aufgenommen und verarbeitet wird, der in diesem Sinne also auf das Subjekt einwirkt, aber zugleich immer auch durch das Individuum beeinflusst, verändert und gestaltet wird». Quelle: Hurrelmann (2002b, S. 93) umgekehrte Sozialisation (Brim, 1968) diesen Perspektivenwechsel. Dabei vertritt die amerikanische Kinderpsychologin Rheingold (1969) die Auffassung, dass ein Kind die Personen seiner Umgebung stärker sozialisiert, als dass es selbst durch seine Eltern sozialisiert werde. Derart beeinflussen Kinder nicht nur den Tagesablauf ihrer Eltern und die Gestaltung der äußeren Situation (z.B. Einrichtung der Wohnung), sondern sie lösen nachhaltige Umstrukturierungen des sozial-emotionalen Verhaltens der Eltern aus, etwa dadurch, dass sie bestimmte Zielvorstellungen, Wünsche und Befürchtungen hervorrufen. Neuere Studien bestätigen darüber hinaus, dass die partnerschaftliche Zufriedenheit zwischen den Eltern durch die Geburt eines Kindes beeinflusst werden kann, und zwar je nach soziokulturellem Umfeld in unterschiedlicher Weise (vgl. Nickel, Quaiser-Pohl, Rollett, Vetter & Werneck, 1995).

Im Kindes- und Jugendalter verlangen dann Freizeitinteressen, Moden, Freunde und vielerlei Autonomieansprüche der Kinder Anpassungsleistungen der Eltern. Kinder vermitteln ihren Eltern häufig Fertigkeiten, schulisches und außerschulisches Wissen, aber auch Einstellungen, Wertungen und Normen; und Kinder konfrontieren ihre Eltern nicht selten mit abweichenden Ansichten und Werten. Die Methoden, mit denen Kinder ihre Eltern beeinflussen, haben Pauls und Johann (1984) zusammengetragen:

- konstruktiv-aktive Steuerung durch z.B. logisches Argumentieren und Aushandeln von Kompromissen,
- oppositionelle Steuerung durch z.B. Drohen, Trotzen, Fordern oder Erpressen,
- Steuerung durch Bestrafung wie z.B. durch Schreien oder Nerven der Eltern,
- Steuerung durch Ignorieren elterlicher Normen z.B. durch demonstrative Hilflosigkeit und Passivität,
- Steuerung durch Einschmeicheln und
- Einfordern von Begründungen, Vorschriften und Verboten, was Eltern zur Reflexion ihrer Anordnungen und Urteile zwingt und nicht selten zu einer Revision ihrer Anordnungen oder Einstellungen führt.

In einer 1997 bei 371 Kindern zwischen acht und zwölf Jahren von Hermens und Tismer (2000) durchgeführten Replikationsstudie einer von Pauls und Johann 1984 durchgeführten Befragungsstudie mittels des von Pauls und Reicherts (1991) entwickelten «Fragebogens zur Erfassung kindlicher Steuerung» (FEKS) wurde im Vergleich zu den Ergebnissen der Erhebung von 1982 im Jahre 1997, d.h. nach 15 Jahren, eine deutliche Zunahme problematischen kindlichen Steuerungsverhaltens gegenüber den Eltern wie Ignorieren, Bestrafen oder Opponieren sowie eine Abnahme aktiv-konstruktiver Formen der kindlichen Einflussnahme auf ihre Eltern registriert.

Die Annahme einer aktiven Beteiligung des Subjekts führte dazu, dass der Subjektbegriff in der Theorie sowohl als Explanans als auch als Explanandum auftritt: Die Bildung des Subjekts soll aus der Interaktion eben dieses Subjekts mit der Umwelt erklärt werden. Damit besteht diese Art der Subjektbestimmung theoretisch in einem Zirkel (oder in einem infiniten Regress), der die Grenzen zwischen dem Subjektiven und dem Gesellschaftlichen und damit eine Subjektbestimmung verwischt. Um diesem Problem zu entgehen, sind erheblich komplexere Theoriemodelle notwendig. Folgt man beispielsweise dem *radikal konstruktivistischen Sozialisationsbegriff*, dann ist das Subjekt nicht nur produktiv realitätsverarbeitend, sondern es ist auch produktiv realitätserzeugend (vgl. Beer, 2002). Wenn in dem Sinne das Alter Ego als Konstrukt in der Lebenswelt eines Subjekts konstruiert ist, ist es als ein bezüglich der Erkenntnismöglichkeiten und -unmöglichkeiten gleichberechtigtes Subjekt etabliert, das über die gleichen Autonomiepotenziale verfügt. Die je individuellen Konstruktionen mögen dann, wie im Diskurs des Sozialen Konstruktivismus beschrieben, in einen intersubjektiven Kontext eingebettet werden, sodass Gemeinschaften entstehen, die sich z.B. über die Sprache und im Kontext sozialer Ko-Konstruktionen sozial geteilte Weltsichten schaffen und damit nach innen integrieren (vgl. Youniss, 1994).

Weil Sozialisation heute im Modus der biographischen Selbstkonstruktion erfahren wird, lässt sich Persönlichkeitsentwicklung, wie es manchen Autoren erscheint, nicht mehr als fortschreitende Individualisierung durch Vergesellschaftung konzipieren, sondern unter genau umgekehrten Vorzeichen nur über die subjektive Wahrnehmung von individuell sich bietenden Vergesellschaftungsoptionen als Lebensführung durch Selbstregulation und -kontrolle. In diesem Zusammenhang wird das *Konzept der Selbstsozialisation* seit einiger Zeit diskutiert (Bauer, 2002; Dollase, 2000; Zinnecker, 2000). Dieses Modell steht nicht im Gegensatz zum Modell des «produktiv realitätsverarbeitenden Subjekts», sondern argumentiert im Wesentlichen gegen das Modell der Fremdsozialisation und begreift den Prozess des Heranwachsens als Selbstkontrolle des Subjektes jenseits von Fremdeinflüssen. Derart ergeben sich vielfache Querbeziehungen zu Begriffen wie Autogenese und Selbstbildung. Dabei begründet sich das Modell der Selbstsozialisation durch die Beobachtung, dass Individuen, quer durch alle Sozialisationsinstanzen hindurch, immer früher in ihrer Entwicklung lebensperspektivisch relevante Entscheidungen selbst mitverantwortlich tragen, während gleichzeitig die individualisierte Biographisierung des Lebenslaufs immer weiter fortschreitet (vgl. Hurrelmann & Bründel, 2003; Veith, 2002). Hervorgehoben wird die Eigenleistung des Individuums im Rahmen des Sozialisationsprozesses, und zwar nicht allein in der Verarbeitung, sondern vor allem auch bei der Herstellung von symbolischer wie auch materieller Realität. Genau diese beiden Teilprozesse der Selbstsozialisation, die Selbstkultivierung und die Selbsterschaffung von Entwicklungsumwelten gingen auch bereits – unter zusätzlicher Anerkennung einer «objektiven Kultur» – in Georg Simmels Kultivationsbegriff ein (vgl. Fuhrer, 2004 und Kap. 2.3.5 in diesem Lehrbuch).

Kritisch gegenüber dem Selbstsozialisationskonzept ist weiterhin anzumerken, wie Krappmann (2002) jüngst warnend dargelegt hat, dass nur eine Seite des für Sozialisation konstitutiven Verhältnisses von Selbst und sozialisatorischer Interaktion berücksichtigt wird. Es wird nämlich übersehen, dass die Leistung des Selbst aus dem Erfordernis hervorgeht, sich auf die bestehende Sozialität einzulassen. Gänzlich verfehlt wäre die Vorstellung, wenn, wie der Begriff Selbstsozialisation es möglicherweise unterstellt, der Selbstsozialisation die Fremdsozialisation gegenüber gestellt wird. Auch Sozialisationsagenturen wie Eltern, Lehrer oder Familie treten dem Kind nicht als «fremd» gegenüber, sondern sind Elemente eines sozialen Prozesses, welche die Handlungskompetenz des Kindes generieren (Krappmann, 2002). Der soziale Prozess fordert demnach vom Kind die rekonstruktive und generative Selbst-Bildungsfähigkeit. Um als Mitglied in Sozialisationssystemen aufgenommen zu werden, muss das Kind interpretieren, es ist gefordert, seine biographischen und durch seine Entwicklung gemachten Erfahrungen anzuwenden, um auf dieser Basis seinen Anteil sinnvoll, und das heißt sowohl erkennbar als auch angepasst, einzunehmen.

Mit der Verwendung des Begriffs der Selbstsozialisation entsteht deshalb die Gefahr, die dialektisch-wechselseitige Konstitution von Selbst und anderem zu verkennen. Wenn mit diesem Begriff (nochmals) verstärkt auf die aktive Mitwirkung und den Eigenbeitrag des Sozialisanden in seiner Interaktion mit Eltern, Lehrern, Schule und Ausbildung hingewiesen werden soll, dann käme dieses Konzept einem Rückschritt hinter all die transaktionalen Person-Umwelt-Prozessmodelle gleich, die in den letzten drei Jahrzehnten erarbeitet worden sind. Die entwicklungspsychologischen Forschungen, die in dieser kontextualistischen Tradition stehen, belegen den hohen Anteil, den das Subjekt an seiner Entwicklung und Sozialisation hat (vgl. Ford & Lerner, 1992; Silbereisen, 1996). Nur derart vollständige Modelle führen die Sozialisationsforschung weiter, und nicht «Begriffe, die den Selbst-Anteil hervorheben, aber dieses Selbst aus seinen konstitutiven Zusammenhängen herauslösen» (Krappmann, 2002, S. 185).

2.3.4
Enkulturation und Akkulturation

Kultur ist in den letzten drei Jahrzehnten zu einem zentralen Begriff sowohl in der Sozialisationsforschung als auch in der Entwicklungspsychologie geworden (vgl. Cole, 1996; Keller & Eckensberger, 1998; Oerter, 2002; Valsiner, 1997;

Fuhrer, 2004). Versucht man neuere kulturpsychologische Ansätze, wie sie mehrheitlich von Entwicklungspsychologen erarbeitet und vertreten werden, synoptisch zu charakterisieren, so ist diesen die Annahme gemeinsam, dass sie Kultur nicht als unabhängig vom Individuum existierend auffassen. Das heißt, es wird angenommen, dass sich Person und Kultur gemeinsam konstituieren, sodass das eine nicht ohne das andere definiert werden kann. Auch besteht Konsens darüber, dass Kultur nicht unabhängig vom Individuum gesehen werden kann, weil sonst ihre Weitergabe nicht gesichert wäre. Dabei umfasst Kultur nicht bloß all das, was Menschen von anderen Menschen (z. B. an Werten, Bedeutungen, sozialem Verständnis) lernen, sondern ebenso den von Menschen geschaffenen Anteil der Umwelt, wie z. B. Sprache, Gebautes, Konsumgüter oder Kunst. Kultur wiederum ist eingebettet in die natürliche Umwelt und bildet mit dieser zusammen ein Ökosystem (vgl. Cole, 1996).

Fragt man sich, wie Kultur z. B. in Form kulturellen Wissens an die nachfolgende Generation weitergegeben wird, so schlagen Berry, Poortinga, Segall und Dasen (1992) drei Formen kultureller Transmission (Übertragung) vor. *Vertikale Transmission* von den Eltern auf die Kinder geschieht durch Enkulturation, aber ebenso durch spezifische Sozialisation, die von den Autoren als intentionale Einwirkung verstanden wird, während Enkulturation immer und überall stattfindet. Eine *diagonale Transmission* hingegen erfolgt durch andere Erwachsene, wie z. B. Lehrer/-innen oder Horterzieher/-innen. Sofern diese der eigenen Kultur angehören, handelt es sich weiterhin um Enkulturation und Sozialisation. Stammen sie hingegen aus einer anderen Kultur und vermitteln sie deren Inhalte, sprechen die Autoren von Akkulturation. Beispielhaft wären Migrantenkinder, denen durch Lehrer das kulturelle Wissen der Aufnahmekultur gelehrt wird. Schließlich gibt es die *horizontale Transmission* bei der kulturellen Weitergabe. Darunter fällt z. B. die Enkulturation durch Gleichaltrige und subkulturelle Gruppen von Gleichaltrigen. In dem Sinne werden etwa Migrantenkinder durch Gleichaltrige aus der Aufnahmekultur enkultu-

Kasten 2-7

Enkulturation und Akkulturation – zwei Begriffsdefinitionen

Mit *Enkulturation* wird ein Entwicklungsprozess der Aneignung von Handlungskompetenzen bezeichnet, der für das Zusammenleben in menschlichen Ökosystemen notwendig ist. Es bedeutet die Aneignung von Erfahrungen, Wertvorstellungen und Symbolen einer Kultur durch Personen mit dem Zweck der Erhaltung, Weiterentwicklung und Sinndeutung der eigenen Existenz. Damit ist also ein Prozess gemeint, bei dem etwa ein Kind schrittweise in eine kulturelle oder auch in eine subkulturelle Gemeinschaft aufgenommen wird. Hier stehen Enkulturation und biologische Entwicklung nicht in Widerspruch zueinander; denn Kulturfähigkeit als die Fähigkeit, sich die Inhalte einer Kultur zu erwerben, ist selbst wieder ein biologisches Merkmal des Menschen, das sich im Laufe seiner Evolution herausgebildet hat.

Demgegenüber umfasst *Akkulturation* Phänomene, die sich aus dem direkten und dauerhaften Kontakt von Individuen verschiedener kultureller Gruppen ergeben und deren Folge ein allmählicher Wandel des ursprünglichen kulturellen Musters entweder einer oder beider Gruppen ist. Im Verständnis eines psychologischen Akkulturationsbegriffs bezieht sich Akkulturation auf Prozesse individueller Veränderungen, die sowohl durch den Kontakt mit einer anderen, fremden Kultur als auch durch die Teilnahme an kulturellen Veränderungen in der eigenen Kultur bedingt sein können. Diese Veränderungen beziehen sich einerseits auf den Prozess, andererseits auf das Ergebnis dieses Prozesses; beides wird heute in der psychologischen Forschung als Akkulturation begriffen. Quelle: Oerter (2002) riert, was auf Seiten der Immigrantenkinder zu akkulturativen Veränderungsprozessen führen kann. Akkulturationsergebnisse werden in der Folge häufig als Veränderungen der psychischen Gesundheit, von Schulleistungen oder sozialer Funktionstüchtigkeit erfasst.

Noch mangelt es an konzeptuellen Ansätzen, die den Zusammenhang zwischen ontogenetischer Entwicklung und Akkulturation thematisieren. Jüngst sind es Sam und Oppedal (2002), die einige erste Vorschläge darlegen, inwiefern Akkulturation als ein integrativer Bestandteil von Entwicklung verstanden werden kann, indem sie zeigen, wie Kinder und Jugendliche mit Immigrationshintergrund Kompetenzen entwickeln, um in zwei unterschiedlichen kulturellen Kontexten angemessen zu funktionieren. Sie sprechen dabei von einer bi-kulturellen Entwicklung, die einen möglichen Entwicklungspfad für Immigrantenkinder und Kinder, die in multikulturellen Gesellschaften aufwachsen, darstellen kann. Noch hat sich die psychologische Entwicklungsforschung nur zögerlich diesem Schnittfeld von Akkulturation und Entwicklung angenommen (vgl. Booth, Crouter & Landale, 1997 und Kap. 8 in diesem Lehrbuch).

2.3.5
Kultivation

Das Individuum, so war bereits verschiedentlich zu betonen, wird in eine bestimmte Kultur hineingeboren, und seine Entwicklung – die biologischen Grundlagen eingeschlossen – vollzieht sich in und mit ihr. Kinder könnten sich nicht entwickeln, wenn sie nicht bereits in ihrer frühesten Lebensphase ein besonderes Arrangement von Umweltbedingungen, Familienangehörige, weitere Bezugspersonen und damit eine Kultur vorfinden würden (vgl. die so genannten Wolfskinder in Kap. 3.2.3 in diesem Lehrbuch). Dabei umfasst ein weiter *Kulturbegriff* alles, was nicht von Natur aus gegeben ist, sondern was Menschen durch und für ihre Tätigkeit geschaffen haben; das sind Gebrauchsgegenstände, Werkzeuge, Wissen und Können, Sprache und Schrift, Organisationsformen und -strukturen, Verhaltensnormen und Werte, Kunst und Wissenschaft usw. Kultur ist Ergebnis menschlicher Tätigkeit und zugleich Voraussetzung und Bedingung. Zudem ist sie ständiger Entwicklung und Veränderung unterworfen.

Ohne die intentionale Schaffung förderlicher und die Ausschließung schädlicher kultureller Lebens- und Entwicklungsbedingungen wäre ein Neugeborenes nicht lebensfähig. Gelingende Entwicklung setzt nämlich für das biologische Überleben die Feinabstimmung mit der sozialen und kulturellen Umwelt voraus, die regulierend und interaktiv auf den Prozess der Ontogenese einwirkt (vgl. Fuhrer, 2004). Folgerichtig kann auch die Humanontogenese als Kulturprodukt aufgefasst werden (Brandstädter & Greve, 1994; Brandstädter, 2001).

Das wiederum bedeutet, dass der Mensch von Natur aus auf Kultur (und damit auf Erziehung) angewiesen ist. Diese These steht bekanntlich im Zentrum der Anthropologie von Gehlen (1971), dessen Kennzeichnung des Menschen als «Mängelwesen» insofern missverständlich ist, als durch die Kulturierung von Entwicklungsprozessen die dazu biologisch angelegten kognitiven und kommunikativen Potenziale eine enorme Steigerung der adaptiven Flexibilität erfahren. Wo demnach Kinder Vorgefertigtes antreffen, das ihnen als Handlungsangebot einer Kultur entgegentritt, muss es persönlich überformbar sein, damit es gleichzeitig auch Ausdruck ihrer Identität sein kann und damit in eine gelingende Entwicklung überführt werden kann (vgl. Fuhrer, 2004).

Wenn dem so ist, dann müssen wir nach den personenspezifischen und kontextuellen Voraussetzungen fragen, die es dem Kind ermöglichen oder es daran hindern, seine Entwicklungsinteressen und -potenziale kompetent zu erkennen und seine Lebensführung und Entwicklung entsprechend zu gestalten. Mit der theoretischen Ausführung eines solchen Ansatzes rücken Themen wie Selbstoptimierung, personale Entwicklungsregulation und Entwicklung als intentionale Selbstgestaltung (Brandstädter & Greve, 1994) oder Kultivation (Fuhrer, 2004) heutzutage verstärkt in den Blick innovativer entwicklungspsychologischer Forschungsprogramme (vgl. den Überblick bei Brandstädter, 2001). Für dieses Lehrbuch wird auf kulturtheoretische Überlegungen Georg Simmels zurückgegriffen, wie sie jüngst für eine kulturbezogene Entwicklungspsychologie fruchtbar gemacht worden sind (vgl. Fuhrer, 2004).

Simmel (1987) machte deutlich, dass Kultivation in der zweckmäßigen, willentlichen Einflussnahme auf die eigene Entwicklung besteht. Eine Anforderung, die nur der Mensch erfüllt, da nur er die eigenen Entwicklungspotenziale intentional verwirklichen kann. Derart kam Simmel zu seinem allgemeinen Begriff der Kultur als eines «Umwegs der Seele über das Außerhalb ihrer» zu sich selbst. Das bedeutet, dass Entwicklung nur in diesem «Umweg» über Kultur, und das bedeutet, über Lernen, Erziehung und Sozialisation geschehen kann. Wir treffen damit wieder auf jene bekannte Grundvorstellung, wie sie William Stern (1935) Jahre später (und in Kenntnis der Simmelschen Arbeiten) formuliert hat: Entwicklung bedeutet, die eigene Persönlichkeit und Identität durch intensive «Weltaneignung» zu finden.

Sehen wir uns den Kultivationsprozess etwas präziser an, dann lassen sich bei Simmel *zwei Modi von Kultivation* erkennen, die sich wechselseitig ergänzen und komplementär sind. Erstens beinhaltet Kultivation Formung oder Produktion. Demzufolge ist Kultivation *Objektivation* innerer, mentaler Fähigkeiten von Menschen und die Wiederaneignung des Objektivierten im Prozess der Re-Subjektivierung oder *Aneignung*. Dieser zweckgerichtete Prozess bestehend aus Objektivation und Aneignung ist vollendet, wenn er in das ihn hervorbringende Subjekt zurückkehrt. Es ist dieser Modus von Objektivation und Aneignung, wie er in der Tradition der kulturhistorischen Schule vielfach in ökologisch entwicklungstheoretische Untersuchungen eingegangen ist (vgl. Oerter, 2002). Kultivation beinhaltet demnach einen vielschichtigen Prozess der aktiven Auseinandersetzung, in deren Verlauf man sich etwas zu eigen macht und zugleich etwas Eigenes daraus macht.

Kasten 2-8

Kultivation – eine Begriffsdefinition

Der englische Begriff *cultivation* impliziert die Bedeutungsfelder von (1) betreuen, besorgen, sich kümmern um, mit anderen Worten *pflegen;* und (2) ausgerichtet sein auf etwas oder etwas verfolgen, allgemeiner *streben*. Kultivation ist demnach dem Begriff Entwicklung verwandt. Kultivation ist ein *selbstaktiver* Prozess, in dessen Verlauf Ziele entwickelt, differenziert und wiederum andere Ziele verworfen werden, weshalb das *Selbst* zum Inbegriff von Kultivation wird. Ähnlich der Aristotelischen Entelechie ist Kultivation eine *psychische Aktivität*, die nur aufgrund der menschlichen Fähigkeit zur *intentionalen Selbst-Entwicklung* möglich ist. Dabei erhält das Selbst seine Struktur in der *Transaktion* mit den Gegenständen der Kultur, die ihre Bedeutung im Kontext der Transaktion zwischen Person und Objekt erhalten. Im Prozess der *Kultivation* bilden somit *Weltaneignung* und *Persönlichkeitsentwicklung* keine Gegensätze; sie sind komplementär.

In dem Sinne gilt es immer wieder von neuem – bereits als Kind, später als Jugendlicher und schließlich als Erwachsener – selber herauszufinden, wer man sein möchte. Das kann jedoch nicht derart geschehen, dass man sich gleichsam auf sich selbst konzentriert, sondern indem man Kultur intensiv in sich aufnimmt. Dabei realisiert die Person sich und ihre Entwicklungspotenziale durch Handlungen, *Kultivation* genannt, die sie in Aneignungen und Formungen ihres jeweiligen Kontextes teils selbsttätig, teils unter Anleitung initiiert. Diese Grundannahme verträgt sich gut mit der modernen Vorstellung von Persönlichkeitsentwicklung als Selbstentwicklung durch Handeln im Kontext (vgl. Silbereisen, Noack & Eyferth, 1986) und einer Entwicklungsförderung durch Interaktion und Kooperation mit anderen in einer Zone der nächsten Entwicklung (vgl. Vygotsky, 1987 und Kap. 3.2.6 in diesem Lehrbuch).

Quelle: Fuhrer (2004)

Derart stellen etwa kindliche Handlungsweisen mittels derer sich ihre Umwelten formen lassen, welche hinterher vom Kind selbst wieder angeeignet werden können, die eigentlichen Prozesse aneignender Kultivation dar. Selbst die einfachsten Gegenstände und Räumlichkeiten des Alltags, denen ein Kind begegnet, müssen von ihm in ihrer spezifischen Qualität erschlossen werden. Es muss an ihnen eine praktische oder kognitive Handlung vollziehen, die diesen Artefakten angemessen ist. Wie weit sich ihm dabei tatsächlich die Bedeutung des gegebenen Gegenstandes oder Raumes erschließt, ist ein anderes Problem; es muss jedoch stets diese eine Handlung vollziehen. Wo ein solcher Kultivationsmodus durch räumlich-physische oder normative Regeln beschränkt oder gar behindert wird, stellen sich für das Kind Entfremdungen ein, die deshalb tragisch sind, weil sie Selbstentfremdung beinhalten.

Der zweite Modus von Kultivation, der bei Simmel (1992) implizit bleibt, ist der des *Sich-ausdrücken-könnens*. So gewinnt eine Person in ihren Ausdrucksweisen einen Eindruck von sich, den sie aber nur über die Rückmeldungen anderer Personen als einen für sich selbst verständlichen verstehen kann. Folgt man darin James Youniss' (1994) konstruktivistischer Position, so würde sich Simmels These so deuten lassen, dass Konstruktionen nicht direkt in den Geist des Akteurs verlegt werden, der die aktualisierten Strukturen hervorgebracht hat; vielmehr erfolgt die Konstruktion im zweiten Kultivationsmodus in sozialen Aushandlungen mit anderen. Weil demnach die Formen des Sich-ausdrücken-könnens nicht vorgegeben sind, werden sie in einem Prozess experimenteller Selbstkreation sozial ko-konstruiert. Dabei sind solche Selbst-Aktualisierungen und ihre teils ko-konstruierten Bedeutungen miteinander gekoppelt. Über den Prozess der Sinnstiftung gibt es einen Rückverweis auf sich selbst, in der die Person sich – im Unterschied zum ersten Kultivationsmodus – als etwas Neues, Verändertes erfahren kann (vgl. Fuhrer, 2004).

Weil Personen versuchen, aus diesem Kultivationsmodus ihr Selbstwertgefühl zu schöpfen, werden sie, so postulierte Simmel (1903), zu den «tendenziösesten Wunderlichkeiten verführt, zu den (…) Extravaganzen des Apartseins und des Kaprizierens, deren Sinn gar nicht mehr in den Inhalten solchen Benehmens, sondern nur in seiner Form des Andersseins, des Sich-Heraushebens und dadurch Bemerklich-Werdens liegt» (S. 128). Mit Bezug auf heutige Jugendliche beschreibt etwa Friedrich (1998), wie diese sich die Straße zurückerobern mit neuen Bewegungsgeräten wie Mountainbike, Skateboards und Inlinern, ausgestattet mit neuen Kleidungsformen und medialen Begleitaccessoires. Die Jugendlichen formulieren einen hedonistischen Körperentwurf als Gegenstück zu den Sportprogrammen in den Vereinen. Der Körper wird als Instrument sensibler Selbst-Erfahrungen und zum Mittelpunkt einer neuen Lebensperspektive stilisiert. Dabei müssen diese Jugendlichen, damit sie wiederum von anderen wie von sich selbst «gehört» werden, übertreiben, um sich selbst und anderen verständlich zu machen, wer sie sind und was sie gerne sein möchten. Im Rahmen selbstaktualisierender-sinnstiftender Kultivation treten Jugendliche als Kreateure ihrer eigenen Selbstentwicklung derart auf, dass sie versuchen, sich in ihrer Besonderheit auszudrücken und sich in ihr zu erfahren. Ein Scheitern der kulturellen Selbstaktualisierung würde, und das wäre eine empirische Frage, vermutlich in Depression, Aggression gegen andere oder in Aggression gegen sich selbst münden. Insgesamt ist heutzutage zu beobachten, dass die kulturellen Praktiken der Identitätsinszenierung von Kindern und Jugendlichen immer auch spezifisch körperbezogene Praktiken einbezieht, ob man nun an Konflikte zwischen Kindergartenkindern, an Popgruppen-Fans oder an die Snowboarder-Kultur denkt (vgl. Hengst & Kelle, 2003).

Beispiele gelungener kindlicher Kultivation finden sich in den Aufzeichnungen von Martha Muchow (Muchow & Muchow, 1935). In ihrem Werk «Der Lebensraum des Großstadtkindes» schilderte sie, in welcher Weise Kinder weitgehend unabhängig von der funktionalen Festlegung, die Gebäude, Straßen, Plätze und Viertel für Jugendliche und Erwachsene haben, diese Räume zu «ihrem» Territorium, zu «Spielräumen» und «Streifräumen» umformten. Der Kerngedanke der «Hamburger Entwicklungstheorie» bestand darin (Stern, 1918), Mensch und Umwelt als eine dialektische Einheit zu fassen. William Stern fasste dabei die einem Individuum zugeordnete Welt unter den Begriff «personale Welt». Vor diesem Hintergrund stellte sich Muchow die Frage nicht mehr, wie eine Stadt ihre Kinder beeinflusst. Ihr stellte sich vielmehr die Frage, wie sich die objektive Welt in der personalen Welt des Kindes darstellt. Hinter dieser Zentralfrage stand das grundlegende Interesse am Strukturzusammenhang «Kind – Welt» und daran, wie dieser Zusammenhang sich im Laufe der Entwicklung verändert. Empirisch unterlegt hatte Muchow ihre Annahmen durch Verhaltensbeobachtungen an drei ausgewählten Handlungsorten, die Hamburger Kinder in ihrer Freizeit bevorzugt aufsuchten:

Der Löschplatz am Osterbeckkanal. Er diente vor seiner Stilllegung als Umschlagplatz für Kanalschiffe. Als Handlungsraum hat er für Erwachsene seither keinerlei Bedeutung mehr. Er gehört zwar zu ihrer Welt, aber nicht mehr zu ihrer gelebten Welt und bildet für sie eine Ansammlung von Gefahrenmomenten. In der «Welt der Kinder» hingegen nimmt er eine wichtige Bedeutung ein. Die einen benutzen ihn als Durchgang, die anderen nutzen ihn als Spielplatz. Die Kinder kamen teils von weit her, um sich hier aufzuhalten, denn sie erkennen in diesem Ort eine Menge von Handlungsmöglichkeiten: Zunächst muss man ein Gitter überqueren, kann aber oben auch sitzen bleiben, ausruhen oder, und das wird zunehmend schwieriger, dabei Bilder tauschen oder gar darauf balancieren. Auch die Steinböschung hinter dem Gitter, die für die Kindergartenkinder noch ein Tabu war, bot für die Älteren vielfältige Handlungsmöglichkeiten: Sechsjährige rutschten auf dem Hosenboden runter und probierten die verschiedensten Rutschtechniken aus; Achtjährige schafften es schon, in einem Zug von unten nach oben zu gehen. Es zeigt sich an diesem beispielhaften Ort die Umstrukturierung der Erwachsenenwelt in die Lebenswelt der Kinder.

Ein unbebauter Platz. Man konnte sich hier richtig austoben, weil keine Regeln und keine Überwachung durch Erwachsene bestanden. Der «Platz» stellte so etwas wie ein soziales Rückzugsgebiet dar, worin man Geheimnisse austauschte oder zwanglos spielen konnte. Gegen Abend bildete er eine Vorstufe zum Heimgehen. In der Welt des Erwachsenen bildete er eine Baulücke und war ein Schandfleck im Stadtbild. Für ältere Kinder und Jugendliche bildete er jedoch einen idealen Spielplatz. Man war im Freien, nicht gehemmt durch die Enge der Straßen, nicht gefährdet durch Verkehr und nicht verpflichtet zur Rücksichtnahme auf die besonderen Regeln, die auf den offiziellen Spiel- und Sportplätzen galten. Kinder konnten sich ausdrücken, vermochten hier ihr Eigenleben zu leben.

Das Kaufhaus Karstadt. In der Welt der Erwachsenen hatte das Kaufhaus die Bedeutung einer Ausstellung moderner Bedürfnisartikel. Kindern war ohne Begleitung Erwachsener das Betreten des Warenhauses nur gestattet, wenn sie Besorgungen machen sollten und sich darüber ausweisen konnten. Die Pförtner übten eine strenge Kontrolle aus. Genau diese Schranke, die der kontrollierende Pförtner bildete, machte das Ganze für die Kinder so reizvoll. So verbrachten Kinder viel Zeit damit, sich Verhaltensweisen anzueignen, um diese Schranke zu passieren. Je gleichgültiger man tat, umso besser. Eine zweite Strategie war die, dass man einen mütterlichen Auftrag vorschwindelte, den man zu erfüllen hatte. Eine dritte Strategie solcher «Grenzübertritts-Spiele» bot sich dadurch, dass man sich Erwachsenen angeschlossen hatte. Aber das eigentlich erstrebte Ziel, bot der Aufenthalt drinnen. Allerdings mussten die Kinder auch hier stets auf der Hut sein, um nicht wieder hinausgesetzt zu werden. Man musste sich also auf «Schleichpfaden» oder in der Nähe Erwachsener bewegen. Das Warenhaus war für Kinder also ein Trainingsgelände für verschiedenste Tätigkeiten. Es war aber auch ein Schau-Platz zur Befriedigung von Neugierde und Wissbegierde. Und schließlich bot es einem die Möglichkeit, so zu tun, als ob man erwachsen sei.

Die Muchowsche Lebensraumstudie dokumentiert, wie Kinder und Jugendliche den durch Erwachsene definierten Zweck eines Ortes kultivierten, d.h. umdefinierten (Löschplatz), neu-

Kasten 2-9

Implikationen für die Erziehungspraxis
Kinder wollen Räume aneignen und darin Sich-ausdrücken-können

- Erstens lassen sich Umwelten von Kindern nur aneignen, wenn Kinder diese Räume als «ihre» Räume *überformen* können. Umwelten dürfen deshalb nie als etwas Fertiges betrachtet werden, sonst riskiert man, dass derart fertige Umwelten die meisten Kinder fertig machen. Da Menschen wie soziale Gemeinschaften sich verändern, müssen sich auch die Umwelten, die sie bewohnen, zusammen mit den Menschen verändern können. Nur eine gestaltbare, überformbare und damit eine personalisierbare Umwelt lässt sich von Kindern aneignen und trägt damit zu ihrer Kultivierung und letztlich zu ihrem Wohlbefinden bei. Aneignung heißt hier nicht nur Bedeutungsverleihung und gegebenenfalls Mitgestaltung von Umwelten zwecks Identifikation, sondern immer auch soziale Regulation von Beziehungen im Sinne sozialer Differenzierung und Markierung gegenüber anderen.

- Zweitens versuchen bereits Kinder, gegen einschränkende Umwelten, aber vor allem Jugendliche immerfort, *Spuren* ihrer Aneignungsversuche von sich zu hinterlassen. Unter Kindern und Jugendlichen haben sich dabei besonders zwei Formen einer gleichsam symbolischen und in aller Regel sozial auffälligen Aneignung herausgebildet: Graffiti und Vandalismus. Beide Kultivationsformen sind Versuche, im öffentlichen Raum symbolisch Identität zu gewinnen und zu behaupten. Von den Wänden der U-Bahn griffen sie auf die Wände der Häuser über, und diese Wände wurden für Kinder und Jugendliche eine einzige große Projektionsfläche ihrer Selbst-Aktualisierung. Die Graffiti-Maler wiederholen ihr «Ich»; sie bekräftigen «ihr» Zeichen und experimentieren mit ihrer Umgebung, wie der amerikanische Sozialwissenschaftler Richard Sennett (1991) die Motivlage der Akteure aus der Graffiti-Kultur feinsinnig beschrieben hatte.

- Orientiert man sich am Kultivationsmodus des Sich-ausdrücken-könnens, sollten Erzieher drittens Spiel- und Erfahrungsräume ermöglichen, in denen sich Kinder *selbst darstellen* und – teils in sozialer Kooperation – mit anderen Sinn für sich selbst und ihre Identitätsbildung daraus ableiten können. So zeigt sich das allein schon daran, dass kindliche Verhaltensweisen und der Bewegungsdrang von Kindern in Wohnquartieren ein Stein des Anstoßes sind. Es fehlt an Räumen und Nischen, die der kindlichen Selbst-Aktualisierung dienlich und gleichzeitig weit genug vom Einflussbereich Erwachsener entfernt sind, dass Kinder ungestört bleiben. Kinder brauchen Orte, an denen sie sich mit ihresgleichen treffen können, weil sie nur im sozialen Kontakt mit anderen ihre Identität zu finden und zu kultivieren vermögen. Wird Kultivation blockiert, dann weichen die Betroffenen nicht selten auf normabweichendes Verhalten aus. So stellt gerade Graffiti ein jugendtypisches Medium der symbolischen Selbst-Aktualisierung dar.

- Viertens werden Kinder durch die Möglichkeit der intentionalen Selbstgestaltung mittels kultureller Artefakte als Handlungsmöglichkeiten, vielleicht sogar jene Motivation erleben, die Csikszentmihalyi (1985) in seinem Konzept des «*flow*» beschrieben hat. Das ist ein Zustand des Fließens, Flutens und Schwebens, der sich dann einstellt, wenn Menschen Tätigkeiten nicht im Hinblick auf ihr Produkt, sondern um ihrer selbst willen ausüben. Derart können auch Kinder einen «flow» erfahren; das geschieht vor allem im Spiel, sofern ihre Spontanität nicht beeinträchtigt wird. Deshalb ist Kindern eine Umgebung zu wünschen, die zu vielfältigen Tätigkeiten anregt, die reagibel und überformbar ist.

Quellen: Fuhrer (2004)

definierten (Baulücke) oder «gegen den Strich» nutzten (Kaufhaus). Silbereisen (1996) spricht in diesem Zusammenhang von der Reagibilität einer Umwelt und meint damit das Handeln eines Akteurs, das, wie Muchow zeigen konnte, zu mehr oder weniger unmittelbaren Konsequenzen führt, die als selbst verursacht und relevant wahrgenommen werden. Dabei wird klar, wie ein objektiv für Kinder, Jugendliche und Erwachsene gleicher Weltausschnitt in der Welt des Erwachsenen etwas völlig anderes bedeutet als in der Welt der Kinder. Als engagierte Pädagogin wies Muchow auf die Gefahr hin, dass bei Nichtbeachtung dieser Differenz auch wohlgemeinte sozialpädagogische Hilfe in ihr Gegenteil umschlagen kann. Je deutlicher nämlich die Diskrepanz ist zwischen den nach den Vorstellungen der Erwachsenenwelt gestalteten Umwelten und den Vorstellungen der sie benutzenden Kinder und Jugendlichen, mit desto höherer Wahrscheinlichkeit kommt es zu deviantem Verhalten. Derart werden Vandalismus und Gewalt zum Ausdruck eines hilflosen Protestes gegen die Verhinderung einer Kultivierung von Erwachsenenwelten durch Kinder und Jugendliche zwecks Kultivierung ihrer selbst (vgl. Fuhrer & Marx, 1998).

Ein Beispiel gescheiterter kindlicher Kultivation wird in einem Buch geschildert, worin eine 15-Jährige ihren Weg in die Drogenszene und Kinderprostitution nachzeichnete. Aus den Tonbandprotokollen dieser Gespräche entstand das Buch (später auch ein Film) mit dem Titel: «Wir Kinder vom Bahnhof Zoo». Die Autorin, Christiane F. (1997), beschreibt darin Wohn- und Lebensstrukturen, durch die sich Kinder ausgegrenzt, beschränkt und unterdrückt fühlten.

> «In kleinen Ausflügen, die auch wir jüngeren Kinder schon alleine machen konnten, erreichte man richtig paradiesische Spielplätze. Der schönste war an der Mauer, die ja nicht weit von Gropiusstadt ist. Da gab es einen Streifen, den nannten wir «Wäldchen von Niemandsland. Der war kaum 20 Meter breit und wenigstens anderthalb Kilometer lang. Bäume, Büsche, Gras so hoch wie wir, alte Bretter, Wasserlöcher. Da kletterten wir, spielten Verstecken, fühlten uns wie Forscher, die jeden Tag wieder einen uns bis dahin unbekannten Teil des Urwäldchens entdeckten. Wir konnten da sogar Lagerfeuer machen und Kartoffeln braten und Rauchzeichen geben. Irgendwann haben sie dann gemerkt, dass da Kinder aus Gropiusstadt spielten und Spass hatten. Da sind wieder die Trupps angerückt und haben Ordnung gemacht. Dann haben sie Verbotsschilder aufgestellt. Nichts durfte man mehr, wirklich alles war verboten» (Christiane F., 1997, S. 33).

Vor diesem Hintergrund lässt sich festhalten, dass sich Umwelten durch Kinder und Jugendliche aneignen lassen müssen. Sie sollen individuell und sozial definiert werden können. Gleichzeitig müssen Nischen vorhanden sein, in denen sich Kinder – teils in sozialer Kooperation mit anderen – selbst ausdrücken und an ihrer Identität basteln können. Kindern zu erlauben, allein für sich oder mit Ihresgleichen zu spielen, ist von grundlegender Bedeutung für die persönliche Entwicklung. Kinder blühen auf, wenn sie die Freiheit haben, die Welt zusammen mit ihren Freunden zu erkunden. In die kindliche Wohn- und Lebensumwelt hinein gehört deshalb alles das, so meint Eckhard Schiffer (1993) in seinem Buch «Warum Huckleberry Finn nicht süchtig wurde», und bestätigt damit die aus dem Kultivationsmodell abgeleiteten pädagogischen Forderungen, «worüber sich Kinder ausdrücken können und was auf sie selber und die anderen wieder rückwirkend Eindruck macht. Alles, worin und womit sie sich fühlen und wodurch sie in ihrem Tun sich wiederfinden» (S.101).

2.3.6
Beziehungen zwischen erziehungspsychologischen Konzepten von Veränderung

Im Hinblick auf das Verhältnis von *Lernen* und *Entwicklung* interessiert nicht so sehr die Abgrenzung zwischen diesen beiden Konzepten: Vielmehr ist es so, dass Lernprozesse Entwicklung auslösen können; die Kumulation von Lernprozessen kann als Entwicklung aufgefasst werden. Andererseits ermöglicht Entwicklung neuartige Lernprozesse oder erklärt Einbußen an Lernfähigkeiten (vgl. Aebli, 1993). Über das Zusammenwirken von *Entwicklungs-* und *Erziehungsprozessen* haben die beteiligten Wissenschaftsdisziplinen, vor allem die Entwicklungspsychologie und die Erziehungswissenschaft, in den letzten Jahrzehnten sehr unterschiedliche Konzepte vorgelegt (vgl. Lompscher, Schulz, Ries & Nickel, 1997).

Vergleicht man die Begriffe *Entwicklung* und *Sozialisation* miteinander, so zeigen sich wesentliche Gemeinsamkeiten (vgl. Seiler, 1991). Wie viele andere psychologische Begriffe haben beide mit Veränderung zu tun, genauer: mit Veränderungen der menschlichen Persönlichkeit. Dabei untersuchen Entwicklungs- und Sozialisationstheorien Veränderungen über größere Zeiträume oder sogar lebensspannenumgreifend. Damit versuchen sie, die längerfristige Entstehung und Veränderung der menschlichen Persönlichkeit und ihrer Subsysteme beschreibend zu erfassen und anhand von Modellvorstellungen theoretisch zu rekonstruieren. Auch wenn in diesem Sinne beide Begriffe denselben Gegenstand haben und dieselbe Zielsetzung verfolgen, so unterscheiden sie sich doch gerade dadurch, dass sie unterschiedliche Bedingungskomplexe akzentuieren. Werden zur Erklärung ontogenetischer Veränderungen vorrangig äußere Bedingungen herangezogen, spricht man eher von Sozialisationstheorien. Entwicklungstheorien betonen dagegen eher die inneren, individuumsimmanenten Voraussetzungen der sich verändernden Person. Das ist natürlich eine ganz und gar grobe Vereinfachung. Denn es ist absolut unsinnig, diese Bedingungen zu trennen und eine Theorie auf den einen oder anderen allein aufbauen zu wollen. Vielmehr ist es die zentrale Aufgabe einer Entwicklungs- und Sozialisationstheorie, das Zusammenspiel dieser äußeren und inneren Bedingungen zu erklären. Dazu ist jener Typ von Entwicklungstheorie erforderlich, wie er sich in den letzten zwei Jahrzehnten im Rahmen des – von Ford und Lerner (1992) so bezeichneten – entwicklungsbezogenen Kontextualismus durchgesetzt hat (siehe dazu Kap. 3.1 in diesem Lehrbuch).

Weiterhin wird in erziehungswissenschaftlichen Theorien zwischen *Sozialisationsvorgängen* (als Gesamtheit der Lernvorgänge beim Hineinwachsen eines Kindes in eine bestimmte Gesellschaft) und *Erziehungsprozessen* im engeren Sinne (Beeinflussung der kindlichen Entwicklung durch das Schaffen von Bedingungen, durch Handlungen und spezielle Maßnahmen, die in erzieherischer oder unterrichtlicher Absicht unternommen werden) unterschieden. Die in Sozialisations- und Erziehungsprozessen wirksamen Lernvorgänge unterscheiden sich psychologisch, wie Weinert (1998) annimmt, nicht prinzipiell voneinander. Es handelt sich stets um Verhaltensveränderungen als Folge von sozialem Lernen (Beobachtung, Nachahmung), Gewohnheitsbildungen, Reaktionsanpassungen, Einsichten und Partizipationseffekten.

Stellt man den Begriff *Sozialisation* dem der *Erziehung* in der Weise gegenüber, dann zeigt sich, dass der Sozialisationsbegriff, besonders in seinem struktur-funktionalen Verständnis, eine historisch entstandene Mehrdeutigkeit enthält, die einer Konfundierung mit dem Begriff Erziehung leicht Vorschub leisten kann (Geulen, 2002). Zwar besteht heute Konsens darüber, dass Erziehung die intendierte, d.h. bewusste und zielgerichtete Einflussnahme auf die jüngere Generation meint – mit dem Ziel, diese in definierter Weise zu entwickeln. Psychologisch gesehen, bedeutet Erziehung das Vorhandensein und/oder das Schaffen eines den individuellen Entwicklungsvoraussetzungen angemessenen Lern- und Lebensraums, eines konfliktfreien und emotional unterstützenden Schul- und Familienklimas, förderlicher sozialer Beziehungen und vielfältiger Anregungen, um erwünschte Lernprozesse anzustoßen und unerwünschte zu vermeiden (Weinert, 1996b). Unter dieses weite Erziehungskonzept fallen die körperliche Pflege des Kindes, die Befriedigung seiner physischen, psychischen und sozialen Bedürfnisse, die Respektierung und Achtung seiner Individualität sowie die Gewährung und Förderung zunehmender Selbstständigkeit und Eigenverantwortlichkeit.

Allerdings sind die Bedingungen menschlicher Entwicklung nicht auf die Reichweite eines intentional handelnden Erziehers beschränkt. Erstens hängt die Tätigkeit des Erziehers von systemischen, institutionellen, gesellschaftlichen und kulturellen Bedingungen ab, denen er nicht entgehen kann, die ihm aber in der pädagogischen Alltagssituation häufig nicht bewusst werden. Für die Sozialisationsforschung sind genau diese Bedingungen integraler Bestandteil ihres Forschungsprogramms und sie liefern uns eine Fülle von Einsichten über die gesellschaftlichen Faktoren – auch von Erziehung, die häufig in den Erziehungswissenschaften ausgeblendet werden. Zweitens sind es die im zu Erziehenden ablaufenden Prozesse, die im Rahmen einer erziehungswissenschaftlichen Forschung meist nicht hinreichend beschrieben werden und die es notwendig machen, auf die entwicklungspsychologische Forschung zurückzugreifen. Drittens entgehen häufig der erziehungswissenschaftlichen Untersuchung von Erziehung all jene Veränderungsprozesse, die auf individuellen und/oder kollektiv eingebundenen Eigenaktivitäten in sozialen Ko-Konstruktionen der Kinder beruhen; das ist ein Feld, das in den letzten Jahrzehnten zunehmend in den Blick sowohl der Sozialisationsforschung (Krappmann & Oswald, 1995) als auch der Entwicklungspsychologie (Youniss, 1994) gerückt ist. Derartige Prozesse mögen vielleicht nicht mehr unter einen eng gefassten Erziehungsbegriff von Pädagogen fallen, jedoch sind sie heute genuiner Bestandteil des Sozialisations- und Entwicklungsbegriffs, und zumindest auch eines weiter gefassten Erziehungsbegriffs, wie er in der Pädagogischen Psychologie Verwendung findet (vgl. dazu Kap. 2.2.2 in diesem Lehrbuch).

Erzieher wirken jedoch nicht nur durch das, was sie objektiv sind oder intentional anstreben wollen, sondern ebenso durch die Art und Weise, wie sie von Kindern wahrgenommen, erlebt, akzeptiert, verstanden und interpretiert werden. Leider beschränken sich viele Theorieansätze auf die Betrachtung nur jeweils eines Erziehungs- oder Sozialisationssystems (z. B. Familie oder Schule) als Voraussetzungsbereich, weshalb es an setting-übergreifenden Konzeptionen mangelt, wie Schneewind und Pekrun (1994) richtigerweise feststellen. Es sind also Theorien zu entwickeln, die sich auf mehr als ein Erziehungs- und Sozialisationssystem beziehen, und es folgerichtig ermöglichen, Fragen des Zusammenwirkens der Einflüsse unterschiedlicher Systeme zu analysieren. Erste Ansätze dieser Art finden sich zur Wechselwirkung von Familie und Schule (z. B. Booth & Dunn, 1996; Pekrun, 2001) oder Familie und Freizeitumwelten (z. B. Silbereisen & Todt, 1994). Zusätzlich wäre es wünschenswert, die Erklärungstiefe von Erziehungs- und Sozialisationstheorien zu steigern, wie das mit Mehr-Ebenen-Modellen (z. B. Bronfenbrenner, 1981; Ford & Lerner, 1992; Schneewind & Pekrun, 1994) oder mit dem Kultivationsmodell (Fuhrer, 2004) angestrebt wird.

Setzt man den *Kultivationsbegriff* neben den *Entwicklungsbegriff*, dann erkennt man, dass Kultivation als dynamisch interaktives Konzept jenem modernen Entwicklungsverständnis entspricht, das sowohl dem Entwicklungssubjekt als auch dem Entwicklungskontext einen gestaltenden Einfluss zuschreibt. Mensch und Umwelt bilden ein Gesamtsystem, in dem die Aktivitäten (im Sinne subjektivierender und objektivierender Handlungen) und Veränderungen beider Systemteile miteinander verschränkt sind. Die Veränderungen des einen Teils führen zu Veränderungen des jeweils anderen Teils und/oder des Gesamtsystems und wirken wieder zurück. Kultur wird als Bedingung der Möglichkeit von Entwicklung aufgefasst. Insofern kann die Humanontogenese teils auch als Kulturprodukt begriffen werden. Gelingende Kultivation entspricht auch jenem Konzept von optimaler Entwicklung, wie dies Brandstädter und Greve (1994) beschreiben. Im Unterschied zu den beiden Autoren impliziert aber Kultivation nicht bloß eine Konzeption des Normalen und Wünschenswerten, sondern schließt auch das normabweichende und deviante Verhalten mit ein, wie es Fuhrer (2004) ausführlich am Beispiel der Graffitiszene beschrieben hat.

Und genau darin geht das *Kultivationskonzept* über das *Konzept der Sozialisation* hinaus. Letzteres orientiert sich, auch in seiner interaktionischen Auffassung, immer an einem Rahmen, innerhalb dessen Konzeptionen des «Normalen» und «Wünschenswerten» ausgehandelt werden. Sozialisationsprozesse intendieren letztendlich immer auf die Erfüllung spezifischer gemeinschaftlicher Rollen und Entwicklungsaufgaben. Das Kultivationskonzept hingegen ist offener und schließt nicht nur das Konforme und Wünschbare, sondern auch das Normabweichende und Unkonventionelle mit ein. Kultivation findet auch *jenseits* der Normen statt. Die Beispiele, wie sie Muchow beschrieben hatte, verdeutlichen, dass Kinder und Jugendliche häufig «alternative Skripts» benutzen, Räume und Gegenstände «gegen den Strich» formen bzw. umformen. Zur Frage schließlich, wie das

Verhältnis zwischen *Sozialisation, Lernen* und *Entwicklung* theoretisch zu bestimmen ist, gibt es innerhalb und außerhalb der Psychologie viele kontroverse Auffassungen, auf die hier nicht eingegangen werden kann (vgl. Schneewind & Pekrun, 1994; Weinert, 1996b).

2.4
Entwicklungs- und Erziehungsprozesse im Beziehungskontext

Das Zusammenwirken von Entwicklungs- und Erziehungsprozessen wird uns in diesem Lehrbuch ständig begleiten und beschäftigen. Dabei lassen die bisherigen Darlegungen vermuten, dass das Verständnis um dieses Zusammenwirken wiederum das Verstehen sowohl um das Aufwachsen von Kindern als auch um die Erziehungsaufgaben von Eltern, Lehrern und Erziehern erleichtert. Allerdings kann ich aus Platzgründen nicht auf all die unterschiedlichen Konzepte eingehen, die in Entwicklungspsychologie und Erziehungswissenschaft im Verlaufe der letzten Jahrzehnte über dieses Zusammenwirken erarbeitet worden sind (vgl. Lompscher & Nickel, 1997). Unbestritten geblieben ist, dass es in der *Erziehung* idealerweise immer wieder darum gegangen ist, Fähigkeiten und Entwicklungspotenziale der Kinder zu stärken und die Faktoren und Prozesse, die Verhalten und Entwicklung gefährden, zu vermeiden oder zu kompensieren. Eine Erziehungspsychologie auf eine entwicklungspsychologische Grundlage zu stellen impliziert mindestens fünferlei:

- Wenn man es genauer betrachtet, wird die Perspektive auf Erziehung erstens dann entwicklungspsychologisch, wenn Auswirkungen von Erziehungseinflüssen in verschiedenen Altersgruppen vergleichend untersucht werden, wobei eine Wechselwirkung zwischen Erziehungseinflüssen und Entwicklungsstand immer als Hypothese in Betracht zu ziehen ist. Wir wissen z. B. aus der Moralerziehung, dass mit zunehmendem Alter argumentative Begründungen von Verboten und Geboten wichtiger werden und eine über Strafe und Strafandrohungen angestrebte Kontrolle immer unwirksamer wird (Parke, 1974).
- Zweitens gewinnt die Erziehungspsychologie eine Entwicklungsperspektive, wenn sie neben generellen altersgebundenen Entwicklungstrends auch differenzielle und individuelle Entwicklungsverläufe beachtet.
- Drittens wird Erziehungspsychologie entwicklungspsychologisch, wenn sie die Folgen von Erziehungseinflüssen langfristig untersucht, wobei hier typische Fragen die Stabilität oder Variabilität von Erziehungserfahrungen betreffen.
- Viertens geht es unter einer Entwicklungsperspektive darum, dass erzieherische Intervention auf den Prognosen, den entwicklungspsychologischen Bedingungsanalysen und Zielentscheidungen aufbaut. Was ist die *richtige* oder *passende* Erziehung? Gibt es für gegebene Entwicklungsvoraussetzungen von Kindern optimale Erziehungsstile und passende Erziehungspraktiken? In Beantwortung derartiger Fragen lehrt uns die Entwicklungspsychologie, dass erzieherische Einflussfaktoren förderlich sein mögen, wenn sie zur rechten Zeit kommen, sie mögen Fehlentwicklungen auslösen, wenn sie zu früh kommen, und sie mögen unwirksam bleiben, wenn sie zu spät erfolgen. Derart zeigte beispielsweise Hoffman (1963), dass Mütter mit ausgeprägter Machtausübung ihre Erziehungsziele verfehlen, wogegen Mütter, die auf Machtausübung verzichten, erfolgreich sind.
- Fünftens geht es unter einer Entwicklungsperspektive auch um die Behebung von Erziehungsproblemen durch die Intervention in Paar- und Familiensystemen, etwa durch ein Kommunikationstraining für Paare oder durch eine entwicklungsförderliche Stärkung elterlicher Erziehungskompetenzen.

Diese fünf entwicklungspsychologischen Perspektiven in Anwendung auf Erziehung sind in diesem Lehrbuch versammelt. Sie sollen aber nicht additiv nebeneinander stehen, sondern bei Bewahrung der konzeptuellen Klarheit der verschiedenen Forschungstraditionen auch in ihrer jeweiligen Ergänzungsbedürftigkeit sichtbar gemacht werden. In besonderer Weise besteht die Kernidee, um die herum die Inhalte dieses Lehrbuches gestaltet sind, in der Berücksichtigung systemischer Entwicklungsmodelle, die das Kind in seiner dynamisch-interaktiven Wechselbeziehung mit seiner Umwelt, mit seiner Familie und mit seinen sozialen Bezugspersonen verstehen, und worin das Kind als aktiver Gestalter seiner eigenen Entwicklung gesehen wird, und zwar vom frühesten Alter an. Es liegen heute detaillierte Erkenntnisse darüber vor, dass es nicht nur Vater und Mutter als Einzelpersonen sind, die die Entwicklung der Erlebens- und Verhaltensweisen ihrer Kinder beeinflussen, sondern die gesamte Familie als System.

Dabei will ich nicht behaupten, dass die Erziehung, die das Kind in der Familie erfährt, von geradezu schicksalhafter Bedeutung für sein psychisches, soziales sowie intellektuelles Wachstum ist. Ich will auch nicht Eltern in ihrem Glauben bestärken, dass praktisch nur sie alleine dafür verantwortlich sind, was aus ihrem Kind auf Dauer wird. Neben dem Einfluss der Gene, die das Verhalten und die Entwicklung von Kindern mitbestimmen, und einer beliebigen Gestalt- und Erziehbarkeit von Kindern Begrenzungen setzen, ist zweifellos die elterliche Erziehung in der Familie eine der wesentlichsten Grundvoraussetzungen für eine gesunde kindliche Persönlichkeitsentwicklung. Von ihren Eltern lernen Kinder die Grundeigenschaften des menschlichen Zusammenlebens, erfahren jenes «Urvertrauen», das sie wiederum befähigt, ihre Welt zunehmend eigenaktiv und selbstständig zu erkunden. Zugleich müssen Eltern aber auch wissen, dass ihre Kinder mit zunehmendem Alter ihre Erfahrungen oft besser und nachhaltiger bei ihren Altersgleichen machen; eben in den Peergruppen der Kindertagesstätten, Horte, Schulen, Freizeitinstitutionen oder in ihrem Quartier und auf der Straße. Nur unter Kindern können Kinder oft wirklich Kinder sein. Schließlich darf nicht vergessen werden, dass auch die Medien wie Fernsehen, Video oder der Computer das Aufwachsen von Kindern und kinderkulturelle Aktivitäten beeinflussen. Auch diese Fragen, wie sich der Kontakt zu Gleichaltrigen und die Fernsehkultur auf die psychosoziale Entwicklung der Kinder auswirkt und wie in der Familie mit diesen Entwicklungs- und Sozialisationskontexten umgegangen wird, werden in diesem Lehrbuch thematisiert. Letztendlich spielen alle diese Kontexte – die Familie, die Schule, die Gleichaltrigen und die Medien – zusammen mit den Genen, die ausschlaggebende Rolle dafür, wie und auf welchen Wegen Kinder ihre Erfahrungen persönlich erwerben und im Alltag für die Gestaltung ihres Lebensentwurfs umsetzen.

Weiterführende Literatur

Fuhrer, U. (2004). *Cultivating minds: Identity as meaning-making practice.* London, New York: Routledge.

Hurrelmann, K. (2002). *Einführung in die Sozialisationstheorie.* Weinheim: Beltz.

Krapp, A. & Weidenmann, B. (Hrsg.) (2001). *Pädagogische Psychologie. Ein Lehrbuch.* Weinheim: Beltz-PVU.

Lenzen, D. (2002). *Orientierung Erziehungswissenschaft. Was sie kann, was sie will.* Reinbek bei Hamburg: Rowohlt.

Oerter, R. & Montada, L. (Hrsg.) (2008). *Entwicklungspsychologie.* Weinheim: Beltz-PVU.

Winkler, M. (2004). *Kritik der Erziehung. Über Pädagogik in modernen Gesellschaften.* Stuttgart: Kohlhammer.

Wulf, C. (2001). *Einführung in die Anthropologie der Erziehung.* Weinheim: Beltz.

Zirfas, J. (2004). *Pädagogik und Anthropologie.* Stuttgart: Kohlhammer.

3 Entwicklungspsychologische Grundlagen von Erziehung

Entwicklungsfragen stellen sich für Eltern als Erzieher etwa danach, was sie von ihrem dreijährigen Kind, von ihrer neunjährigen Tochter oder von ihrem dreizehnjährigen Sohn erwarten können. Welche Kompetenzen, Einstellungen, Interessen dürfen sie voraussetzen, welche Art von Entwicklungsaufgaben sind von den Kindern zu lösen? Wie ist erzieherisch Einfluss zu nehmen, um Fähigkeiten und Entwicklungspotenziale der Kinder zu stärken oder sie vor Fehlentwicklungen zu schützen? Im Bereich der Erziehung wird solches Wissen über die Grundlagen menschlicher Entwicklung benötigt. Die Entwicklungspsychologie stellt solches Wissen bereit. Dabei lehrt uns die Entwicklungspsychologie der Lebensspanne, dass Entwicklung (ebenso wie Sozialisation und Lernen) nie zu Ende ist, nicht zuletzt, weil Gesellschaften und Kulturen mit ihren Entwicklungskontexten ständig im Wandel begriffen sind. Deshalb erscheint es nahe liegend, eine Erziehungspsychologie durch einen entwicklungspsychologischen Theorierahmen zu begründen. Folgerichtig kann Erziehung auch als eine Form der Entwicklungsintervention betrachtet werden, worin Erziehung die Bedeutung einer Entwicklungshilfe für Kinder, Jugendliche und ihre Eltern annimmt, etwa im Sinne einer Stärkung elterlicher Erziehungskompetenz oder der Behandlung von Erziehungsproblemen. Die moderne Entwicklungspsychologie orientiert sich hierbei an der Prämisse, dass Kinder und Jugendliche nicht nur durch die von ihren Eltern arrangierten Entwicklungsangebote und Erziehungspraktiken beeinflusst werden, sondern ihrerseits Einfluss auf die für sie arrangierten Angebote und Erziehungsbemühungen nehmen. Derart bilden Eltern und ihre Kinder ein Gesamtsystem, in dem die Aktivitäten und Veränderungen beider Systemteile miteinander verschränkt sind. Dieser als entwicklungsbezogener Kontextualismus bezeichneten Sichtweise widmet sich dieses Kapitel.

3.1 Entwicklungsbezogener Kontextualismus als Theorierahmen

In erster Linie vollziehen sich Steuerung und Kontrolle von Entwicklung, basierend auf genetischen Strukturen, im Rahmen von Lernen, Erziehung, Sozialisation und Kultivation. Außerdem ist der Mensch nicht nur im Hinblick auf den vitalen Aspekt der Lebenssicherung, sondern hinsichtlich der Entfaltung seiner Entwicklungspotenziale von Natur aus auf Kultur angewiesen. Hierbei dient die kulturelle Steuerung, wie sie exemplarisch über Erziehung ausgeübt wird, keineswegs nur dazu, ein Individuum auf die Erfüllung spezifischer gemeinschaftlicher Rollen und Entwicklungsaufgaben vorzubereiten. Vielmehr treten kulturelle Steuerungen in vielen Bereichen kompensierend an die Stelle spezialisierter, biologischer Anpassungsmechanismen, womit Kultur, und zwar über die ge-

Kasten 3-1

Entwicklungsbezogener Kontextualismus – eine Begriffsdefinition

Im Paradigma des entwicklungsbezogenen Kontextualismus werden *Plastizität* und *Modifizierbarkeit* von Entwicklungsmustern über die *gesamte Lebensspanne* akzentuiert. Gleichwohl ist anzunehmen, dass Entwicklungsverläufe stets nur kontingente Realisationen innerhalb eines sowohl *genetisch* vorgegebenen als auch *kulturell* vorfindbaren, aber veränderbaren Möglichkeitsspielraumes sind. Dabei wird einerseits sowohl dem Entwicklungssubjekt als auch dem *Entwicklungskontext* ein gestaltender Einfluss zugeschrieben. Andererseits bilden Mensch und Umwelt ein *ökologisches Gesamtsystem,* in dem die Aktivitäten und die Veränderungen beider Systemteile miteinander in einer dynamischen, interaktiven Beziehung stehen. Kontextualistische Entwicklungskonzepte berücksichtigen demnach nicht nur Veränderungen in dem sich entwickelnden Individuum, sondern auch diejenigen, die gleichzeitig in seinem sozialen, kulturellen und räumlich-physischen Umfeld stattfinden und die nach dieser Auffassung in *wechselseitiger Abhängigkeit* stehen.

Quelle: Ford & Lerner (1992)

---

samte Ontogenese, zu einem lebensnotwendigen Anpassungsmedium wird. Nicht zuletzt sind es die Symbol- und Wertsysteme einer Kultur, innerhalb derer das Individuum seine Entwicklung und Lebensplanung organisiert und sinngebende Orientierungen für die persönliche Entwicklung und seine Kultivation findet. Dabei unterliegen Ziele und Formen der personalen und kulturalen Entwicklungskontrolle einem historischen Wandel. Das erklärt teilweise die große Variabilität und Spezifität von Entwicklungsmustern im Vergleich unterschiedlicher Zeitepochen und zwischen Kulturen, wie sie etwa für die Intelligenzentwicklung oder die Entwicklung von Bindungsbeziehungen vermutet werden (vgl. Keller & Eckensberger, 1998).

Durch diese Grundannahmen, auf die im Folgenden ausführlicher eingegangen wird, kennzeichnet sich jener entwicklungsbezogene Kontextualismus als Paradigma einer modernen Entwicklungspsychologie, wie wir ihn bei Ford und Lerner (1992) ausführlich beschrieben finden und wie er seine Vorläufer u.a. in Kurt Lewins Psychologischer Ökologie, in Roger Barkers Ecological Psychology und in Urie Bronfenbrenners Ökologie der menschlichen Entwicklung hat (vgl. Lerner, 1986).

3.1.1
Entwicklung unter ökopsychologischer und systemischer Perspektive

Im Verlaufe der letzten drei Jahrzehnte hat sich in der Psychologie, in der Erziehungswissenschaft und in der soziologischen Sozialisationsforschung mehr und mehr eine ökologisch orientierte Sichtweise durchgesetzt, die den Gegensatz zwischen inneren (genetisch-biologischen) und äußeren (umweltbedingten) Ursachen menschlicher Entwicklung differenzierter beschrieben und in komplexere Erklärungsmodelle überführt hat (vgl. Nickel, 1980; Lompscher & Nickel, 1997; Oerter, 2002).

Erste ökologisch orientierte Entwicklungskonzepte ließen sich bereits in einer Zeit finden, in der endogenistische und exogenistische Vorstellungen noch weithin dominierten. So entwarf Kurt Lewin (1935) in seiner Feldtheorie ein Mensch-Umwelt-Modell im Sinne eines Ökosystems, worin Person und Umwelt in einer untrennbaren Ganzheit wechselseitig zusammenwirken. In Anlehnung an Lewins (1963) «Psychologische Ökologie», nach dem Vorbild einer Biologischen Ökologie sowie in Anlehnung an die Sozialökologie der Chicagoer Schule begründete Roger G. Barker in den 1950er-Jahren seine «Ecological Psychology» (vgl. Barker, 1968). Zusammen mit Herbert F.

Wright beobachtete er Verhaltensströme von Kindern über Tage in deren natürlicher Umwelt (Barker & Wright, 1954). Dabei zeigten sich die bedeutsamsten Verhaltensunterschiede beim Wechsel der Kinder von einem Kontext in den anderen. Derart verhält sich ein Kind im Einkaufsshop anders, als während einer Mathematiklektion in der Schule. Intra- und interindividuelle Verhaltensvariabilität scheint weniger durch Motive, Ziele und Pläne als vielmehr durch die Eigenschaften derartiger überindividuell-systemischer Kontexte beeinflusst zu sein, für die Barker den Begriff «Behavior Setting» geprägt hat (vgl. für umfassende Darstellungen der Barkerschen «Ecological Psychology» Fuhrer, 1990; Schoggen, 1989; Wicker, 1987). Dieses Konzept weist eine enge Verwandtschaft zum Lewins'schen Lebensraumkonzept auf, bezeichnet aber nicht so sehr die psychologische sondern vielmehr die objektive Umwelt von Kindern. Dabei lässt sich nicht nur der gesamte individuelle Tageslauf (vgl. Barker & Wright, 1954), sondern der menschliche Lebenslauf insgesamt als eine Abfolge unterschiedlicher Behavior Settings beschreiben (vgl. Barker, 1979).

Obwohl sich in den 1970er-Jahren die «ökologische Perspektive» gleichsam epidemisch auszubreiten begann, spielte das Behavior-Settings-Konzept und Barkers «Ecological Psychology» mehr und mehr eine relativ geringe Rolle. Vermutlich erschien sein Theorieansatz und seine Untersuchungsmethodik zu komplex und psychologisch-methodisch allzu aufwändig (vgl. Kaminski, 1983). Allerdings wurde der Behavior-Setting-Ansatz in seiner Relevanz für die Entwicklungspsychologie häufig unterschätzt oder gar fehlinterpretiert (vgl. Fuhrer, 1990). Die einflussreichste konzeptuelle Modifikation des Behavior-Setting-Ansatzes wurde durch Urie Bronfenbrenner vorgelegt, der sich leider nur minimal auf Barkers Vorarbeiten berufen hat. Seine 1976 publizierte «Ökologische Sozialisationsforschung» und vor allem sein 1981 (in deutscher Übersetzung) erschienenes Hauptwerk «Ökologie der menschlichen Entwicklung» verhalfen einer ökologischen Sichtweise auf Entwicklungsprozesse – auch im deutschen Sprachraum (z.B. Nickel, 1976; Oerter, 1978) – zum Durchbruch. Mit der Unterscheidung mehrerer Systeme, die auf verschiedenen Ebenen ineinander verschachtelt sind und in wechselseitigem Austausch stehen – eine Konzeption, die sich bereits in Barkers (1968) Behavior Setting-Ansatz ausgearbeitet findet – greift Bronfenbrenner Vorstellungen auf, die sich als *systemische Orientierung* auch in der Psychologie zunehmend durchsetzten.

Ähnlich der ökologischen Orientierung entstanden systemische Theorieansätze zuerst in den Naturwissenschaften und fanden erst später Einzug in die Sozial- und Humanwissenschaften. Ihr besonderes Anliegen ist es, die bis dahin vorherrschenden monokausalen Denkgewohnheiten zu überwinden und stattdessen vielfältig vernetzte und ganzheitliche Beziehungsgeflechte mit wechselseitiger Rückkopplung zum Gegenstand wissenschaftlicher Untersuchungen und somit Person-Umwelt-Systeme zur Analyseeinheit zu machen (vgl. Lompscher & Nickel, 1997 oder Schneewind, 1999). Der substanzielle Beitrag eines Denkens in Systemen besteht darin, dass entsprechende Theorieansätze eine Dezentrierung des Denkens auslösen, weg von der einseitigen Ausrichtung auf das sich entwickelnde Individuum hin auf die Mensch-Umwelt-Beziehung im Sinne eines sich über die Zeit verändernden Ökosystems. Dabei hat Bronfenbrenner mit seinem ökologisch-systemischen Entwicklungsmodell vorgeschlagen, Entwicklungskontexte als in sich verschachtelte Kontexte zu begreifen, die sich wechselseitig beeinflussen, wobei sich sowohl diese Kontexte als auch ihre jeweiligen Beziehungen zueinander über die Zeit verändern können. Zu ihrer Beschreibung dienen ihm fünf Systeme, die er im Sinne der Systemtheorie als Subsysteme begreift.

- **Mikrosysteme** umfassen die Gesamtheit der psychischen und physischen Aktivitäten einer Person in der unmittelbaren, *proximalen Umwelt*, in der eine Person lebt. Die Kleinfamilie mit ihren dyadischen bzw. triadischen Beziehungsstrukturen gilt als ein solch typisches Mikrosystem. Dabei umfasst das Mikrosystem nicht nur die sozialen Beziehungsaspekte, sondern ebenfalls räumlich-physische Merk-

male, wie z. B. Wohnverhältnisse oder Konsumgüter.
- **Mesosysteme** bilden ein umfassenderes System und beinhalten die Wechselbeziehungen zwischen zwei oder mehr Mikrosystemen, an denen ein Individuum gleichzeitig beteiligt ist. Ihre Anzahl steigt, wie Studien von Barker (1968) dokumentierten, vom Kleinkind- bis zum Erwachsenenalter an, wobei Unterschiede zwischen verschiedenen Kulturen bestehen können. Das Mesosystem eines Grundschulkindes besteht in aller Regel aus den Mikrosystemen Familie, Nachbarschaftsbeziehungen, Schulklasse, Hortgruppe, informelle Spiel- und Freundesgruppen usw. Es verändert sich immer dann, wenn das Kind ein bestimmtes Mikrosystem verlässt und/oder sich ein neues erschließt, was Bronfenbrenner als ökologischen Übergang bezeichnet hat.
- **Exosysteme** bestehen aus zwei oder mehr Mikro- bzw. Mesosystemen, an denen sich das Individuum selbst nicht aktiv beteiligt, die aber indirekt mit dem Individuum in Wechselwirkung stehen. Für das Grundschulkind gehören dazu vor allem die Medien, besonders das Fernsehen, ferner die Berufs- und Arbeitswelt der Eltern, die Schule oder die Clique der älteren Geschwister usw.
- Das **Makrosystem** umfasst die gesamtgesellschaftlichen, kulturellen Zusammenhänge, wie z. B. die Rahmenbedingungen für Bildung und Erziehung von Kindern, die Möglichkeiten familienergänzender Betreuungsformen oder Regelungen von beruflicher Arbeitszeit. Außerdem zählen allgemein gesellschaftlich geteilte Rollenerwartungen, wie z. B. der Vater «verdient die Brötchen» und Mutter kümmert sich um Haushalt und Kindererziehung, zum Makrosystem.
- Mit dem **Chronosystem,** wie es Bronfenbrenner 1986 ergänzend eingeführt hat, wird die Zeitdimension berücksichtigt, da diese für das Verständnis von Entwicklungspro-

---

Kasten 3-2

Ökologische (Entwicklungs-)Übergänge – eine Begriffsdefinition

Formal sind *ökologische Übergänge* gekennzeichnet durch Erweiterung oder Ersetzung einzelner Mikrosysteme oder durch deren Reduzierung. Für Kinder stellen etwa der Eintritt in eine Spielgruppe, in den Kindergarten, in die Schule, aber ebenso die Scheidung der Eltern und später vielleicht der Eintritt eines neuen (Stief-)Elternteils derartige ökologische Übergänge dar. Sie stellen besondere *Anforderungen* an die Fähigkeit zur Bewältigung neuer Gegebenheiten und markieren in der Regel typische Abschnitte oder gar Meilensteine im Entwicklungsverlauf einer Person. Sie können die Entwicklung *fördernd* beeinflussen, sie können sie aber auch *krisenhaft* verlaufen lassen, wenn die Bewältigung misslingt.

Wichtig ist, dass solche Übergänge stattfinden, aber dass sie gleichzeitig auch vorbereitet und begleitet werden, weil sie eben nicht automatisch entwicklungsförderlich sind. Auch Bronfenbrenner formulierte: «Findet ein doppelter Übergang statt, kann unmittelbar bei Eintritt in den neuen Lebensbereich ein Dreipersonensystem mit seinem ganzen Potenzial an Effekten zweiter Ordnung [d.h. Stützung einer Dyade durch eine Drittperson; U. F.] gebildet werden; der Dritte kann als Rückhalt dienen, ein Vorbild für soziale Interaktion abgeben, die Initiative der in Entwicklung begriffenen Person bestärken und so weiter. Das Ausmaß dieser katalytischen Kapazität des Vermittlers hängt sowohl von seinen Beziehungen zu der sich entwickelnden Person als auch von der Art der im neuen Lebensbereich gebildeten Dyaden ab, das heißt davon, ob reine Beobachtungsdyaden (die Mutter ist nur zu Besuch), Dyaden gemeinsamer Tätigkeit (die Mutter spricht mit der Lehrerin) oder Primärdyaden entstehen (die Mutter und die Lehrerin werden Freundinnen)».

Quelle: Bronfenbrenner (1981, S. 201)

zessen unabdingbar ist. In diesem Zusammenhang haben Bronfenbrenner und Morris (2000) kürzlich die Zeitdimension nochmals ausdifferenziert in *Mikrozeit* (Kontinuität vs. Diskontinuität von proximalen Prozessen), *Mesozeit* (Periodizität von proximalen Prozessen) und *Makrozeit* (Ereignisse in der Gesellschaft). Damit wird die Entwicklung familiärer Zusammenhänge, familienzyklischer und generationenübergreifender Entwicklungsübergänge wie z.B. der Übergang zur Elternschaft oder das Verlassen des elterlichen Heimes («leere Nest»-Situation), beschreibbar.

Mit diesen fünf Systemkontexten erfasst Bronfenbrenner die wesentlichen Lebensumwelten eines Individuums. Dabei laufen systemische Prozesse in Familien nicht nebeneinander her, sondern beziehen sich sowohl auf die Entwicklung des Kindes als auch auf die der Erwachsenen und stehen in mehrfachen wechselseitigen Beziehungen zueinander; sie können deshalb als transaktionale Prozesse bezeichnet werden. Das in Familien zu beobachtende Interaktionsgeschehen und die daraus folgenden Interaktionsmuster weisen die Kennzeichen der *zirkulären Kausalität* auf. Damit ist der wechselseitige Beeinflussungsprozess zweier oder mehrerer Personen gemeint, der sich über eine bestimmte Zeitspanne hinweg analysieren lässt.

Zusammengenommen ist es Bronfenbrenners (1989) zentrale Annahme, dass Entwicklung über den gesamten Lebenslauf auf Prozessen der immer komplexeren wechselseitigen Interaktion zwischen einem aktiven, sich entwickelnden bio-psychischen menschlichen Organismus und den Personen, Objekten und Symbolen in seiner unmittelbaren äußeren Umwelt (worunter im wesentlichen Mikro- und Mesosystem fallen) beruht. Damit die Interaktion wirksam sein kann, muss sie auf einer relativ regelmäßigen Basis über ausgedehnte Zeiträume stattfinden.

Kasten 3-3

Proximale Prozesse – eine Begriffsdefinition

Proximale Prozesse bezeichnen zunehmend komplexer werdende Interaktionsprozesse zwischen einem aktiven sich entfaltenden Organismus und Personen, Objekten und Symbolen in ihrer unmittelbaren Umwelt. Dabei wird unterstellt, dass proximale Prozesse mit einer gewissen Dauerhaftigkeit und Regelmäßigkeit erfolgen müssen, um nachhaltige Entwicklungseffekte auszulösen. Beispiele für solche anhaltenden Muster der proximalen Prozesse sind das Füttern oder Besänftigen eines Babys, das Spielen mit einem Kind, Aktivitäten zwischen Kindern, Gruppen- oder Alleinspiele, sportliche Aktivitäten, Lesen oder die Pflege von Freundschaften. Proximale Prozesse werden als «*primäre Kraftwerke der Entwicklung*» betrachtet. Dabei variieren sie systematisch als gemeinsame Funktion der Eigenschaften der sich entwickelnden Person, der Umwelt, in der die Prozesse stattfinden, der Natur der jeweils untersuchten Entwicklungsbereiche und der sozialen Kontinuität vs. Diskontinuität über die Zeit während des Lebenslaufs und der historischen Zeit, während der die Person gelebt hat. Zu beachten gilt es hier, dass die Eigenschaften der Person im biopsychologischen Modell zweimal erscheinen; zum einen gehen sie als eines der vier Elemente (Form, Kraft, Inhalt und Richtung), wie sie proximale Prozesse beeinflussen, ein, zum anderen nochmals als Entwicklungsbereiche, d.h. als Eigenschaften der sich entwickelnden Person, die als Resultat der gemeinsamen, interaktiven, sich gegenseitig stärkenden Wirkungen der vier prinzipiell vorgesehenen Modellkomponenten entstehen. Zusammengefasst fungieren diese Personeigenschaften sowohl als indirekter Produzent als auch als Produkt der Entwicklung.

Quelle: Bronfenbrenner & Morris (2000, S. 31)

Schließlich beruht das Bronfenbrenner'sche Entwicklungsmodell auf der Annahme, dass biologische Faktoren der menschlichen Entwicklung nicht nur Grenzen setzen, sondern auch Anforderungen an die Umweltkontexte und -erfahrungen nahe legen, die für die Herausbildung von menschlichen Entwicklungspotenzialen notwendig sind. Dabei wird vermutet, dass in dem Ausmaß, indem die notwendigen Bedingungen und Erfahrungen nicht bereitgestellt werden, die Entwicklungspotenziale nicht realisiert werden können (Bronfenbrenner & Ceci, 1994).

3.1.2
Probabilistische Epigenese und transaktionale Prozesse

Trotz des biologischen Ursprungs des Entwicklungskonzepts haben sich im Laufe der Jahrzehnte weitgehend unterschiedliche Entwicklungsmodelle herausgebildet, wie das organismisch-strukturelle Modell von Jean Piaget, das organismisch-dynamische Modell von Sigmund Freud oder das mechanistisch-behavioristische Modell lerntheoretisch orientierter Entwicklungs- und Sozialisationsforscher. Trotz der vielen unterschiedlichen Interpretationen des Beitrages der Biologie zur psychologischen Entwicklung waren die organismischen Konzeptionen von Veränderung vorherrschend. Diese werden auch als «starke» Entwicklungsmodelle bezeichnet; daher werden die organismischen Theorien von Freud, Erikson oder Piaget meist für die klassischen, weil prototypischen entwicklungspsychologischen Theorien gehalten (vgl. Lerner, 1986). Die organismischen Theorien, besonders jene von Freud oder Erikson, wurden auch *epigenetisch* prädeterminiert genannt (Gottlieb, 1996). In solchen Theorien wird die Biologie als die primäre Triebkraft der Entwicklung gesehen. Es wird angenommen, dass sich im Wesentlichen reifungsbedingte Änderungen entfalten. Obwohl Umweltmanipulationen diese Fortschritte zu beschleunigen oder zu verlangsamen vermögen, können sie Abfolge und Struktur dieser ererbten, prädeterminierten Veränderungen nicht beeinflussen.

Es existiert jedoch noch eine andere Sichtweise biologischer Faktoren. Diese sieht biologische und kontextuelle Faktoren als reziprok interaktiv an; als solche sind entwicklungsbedingte Änderungen probabilistischer Natur, und zwar wegen der Variation im Timing der biologischen, psychologischen und kulturellen Faktoren, die eine interaktive Basis für ontogenetische Veränderungen darstellen. Diese probabilistisch epigenetische Sichtweise der Entwicklung, wie sie vom Entwicklungsbiologen Gilbert Gottlieb (2003) formuliert wurde, stellt den theoretischen Hintergrund eines kontextualistischen Life-Span-Ansatzes der Humanentwicklung dar, wie ihn Ford und Lerner (1992) detailliert ausformuliert haben.

Demnach verläuft Entwicklung nicht deterministisch: Folgerichtig müssen Eltern wissen, dass sich in der kindlichen Entwicklung nicht allein ihr Erziehungsstil ausdrückt, sondern dass Kinder Entwicklungsphasen durchlaufen, in denen sich ihr Temperament, ihre geistige Kompetenz und ihre Individualität ausdrückt. Kinder kommen nicht als unbeschriebene Blätter

---

Kasten 3-4

Probabilistische Epigenese – eine Begriffsdefinition

Im Kern betont eine *probabilistisch epigenetische Entwicklungskonzeption* nicht die biologisch prädeterminierten oder unabänderlichen Zeitläufe und Ergebnisse von Entwicklung; stattdessen betont sie, dass der Einfluss eines veränderlichen Kontexts auf die Entwicklung den Verlauf dieser Entwicklung weniger vorhersehbar werden lässt; dies gilt z. B. für die Gültigkeit von Altersnormen für das Individuum. Ein solcher Ansatz betont den probabilistischen Charakter von Entwicklung und lässt Raum für mehr Plastizität und interindividuelle Unterschiede in intraindividuellen Entwicklungsverläufen als das rein epigenetisch, prädeterministische Ansätze tun.

Quelle: Gottlieb (2003)

zur Welt; sie sind (genetisch) beschriebene Blätter oder eher Texte, ohne dass sie aber in ihrer Einzigartigkeit festgelegt sind. Elterliche Erziehung ist auch nicht überflüssig, sondern sie schreiben zusammen mit ihren Kindern gemeinsam an diesen beschriebenen Blättern bzw. Texten weiter. Und dabei verläuft dieser Entwicklungsprozess nicht nur geradlinig, ohne Reibung und ohne Widersprüche.

Weiter zeichnet sich der entwicklungsbezogene Kontextualismus durch die Vorstellung eines ständigen wechselseitigen Beeinflussungsprozesses zwischen Person und Umwelt aus, was als Transaktion (Sameroff, 1983), dynamische Interaktion (Lerner, 1989) oder als kontinuierlich reziproke Interaktion (Magnusson, 1995) bezeichnet wird.

Wegen der wechselseitigen Beeinflussung von Person und Kontext kann ein vorhandenes Personenmerkmal im Milieu verschiedener kontextueller Bedingungen unterschiedliche Implikationen für den Entwicklungsprozess haben; dies ist der Fall, weil die funktionelle Bedeutung eines Personenmerkmals nur durch seine Beziehung zu einem spezifischen Kontext gegeben ist. Verändert sich dieser Kontext, wie das mit der Zeit geschehen kann, wird dasselbe Personenmerkmal eine eventuell andere Bedeutung für die Entwicklung einer Person haben. Beispielsweise wird sich der Selbstwert eines Kindes durch eine Veränderung seines familiären Kontextes, wie er z. B. durch eine Trennung der Eltern verursacht werden kann, d.h. durch die Veränderung der vollständigen Kernfamilie in eine Mutterfamilie, vermutlich reduzieren. Ebenso wird dasselbe kontextuelle Merkmal zu alternativen Entwicklungen führen, wenn verschiedene Personen mit ihr interagieren. Diese zentrale Rolle des Timings von Person-Kontext-Transaktionen für Entwicklungsprozesse ist die eben dargelegte probabilistische Komponente der probabilistischen Epigenese. Aber was bedeutet dieser transaktionale Probabilismus für das empirische Studium der Humanentwicklung?

Um diese *Transaktionen* zu verstehen, muss mehr als nur ein Konzept von psychischen Eigenschaften und Prozessen eines Individuums vorhanden sein. Wir brauchen mehr als bloße

Kasten 3-5

Transaktion – eine Begriffsdefinition

Gemeinsam ist entwicklungsbezogen-kontextualistischen Ansätzen, dass sie das Konzept der Interaktion als Transaktion begreifen. Damit wird betont, dass Person und Kontext immer ineinander eingebettet sind, dass sich der Kontext aus mehreren, sich zeitlich unabhängig voneinander verändernden Systemen zusammensetzt, und dass Personen wegen ihrer wechselseitigen Beeinflussbarkeit durch Kontexte eine aktive Rolle in ihrer eigenen Entwicklung spielen. Somit ist die Person nicht lediglich Gastgeber für Merkmale aus der Umwelt; stattdessen ist sie selbst ein qualitativ eigenständiges System, das den Entwicklungsprozess formt. Kurzum: Unter *Transaktion* versteht man, dass sich alle an einer Interaktion beteiligten Faktoren gegenseitig beeinflussen und dadurch in qualitativ andere Faktoren transformiert werden.

Folgerichtig beinhaltet Transaktion eine Analyse von Entwicklungsprozessen, die sich dem systemischen Denken und dem Prinzip der zirkulären Kausalität verpflichtet fühlt. Beispielsweise wird im Rahmen der Analyse elterlicher Erziehung nicht mehr allein danach gefragt, wie Eltern die Entwicklung ihrer Kinder beeinflussen, sondern umgekehrt auch, welche Wirkungen Kinder auf das Erleben und Verhalten ihrer Eltern haben. In dem Sinne lassen sich Familien als mehr oder minder komplexe Beziehungssysteme begreifen, in denen alle Beteiligten agierend und reagierend sich selbst in das Beziehungssystem einbringen und dadurch zu ihrer eigenen Entwicklung sowie zur Entwicklung der anderen Beziehungspartner und des gesamten Familiensystems im Sinne von Prozessen der sozialen Ko-Konstruktion, die als zirkuläre oder spiralförmige Transaktionen begriffen werden können, beitragen.

Quellen: Sameroff (1983) und Schneewind (1999)

Personenmerkmale. Zusätzlich benötigen wir Merkmale des Kontexts bzw. der Ökologie, in der sich bedeutsame Transaktionen abspielen, konzeptualisieren und operationalisieren. Des Weiteren macht dieser Ansatz ein interaktives Modell notwendig, das Personenmerkmale und Kontextmerkmale integrieren kann. Und dann muss schließlich dieser ganze Ansatz in eine methodologisch saubere Forschung übertragen werden. Innerhalb der ökologischen und der Life-Span-Entwicklungspsychologie existieren eine Reihe von Modellen, wie beispielsweise das dynamisch-systemische Modell von Bronfenbrenner, die diesem komplexen Anliegen gerecht zu werden versuchen (vgl. Bronfenbrenner & Morris, 2000; Friedman & Wachs, 1999; Moen, Elder & Lüscher, 1995). Dabei wird Entwicklung als eine fortgesetzte qualitative Neuorganisation kontextueller, psychisch-verhaltensbezogener und biologischer Systeme aufgefasst (vgl. Fuhrer, 2004; Gottlieb, Wahlsten & Lickliter, 1998).

3.1.3
Kinder und Jugendliche als Gestalter ihrer Entwicklung

Die Idee von Entwicklung als «aktiver Gestaltung» (Höhn, 1958) ist, wie schon verschiedentlich betont wurde, kein neuartiger theoretischer Gedanke. Schon bei Aristoteles wird der Begriff des Handelns mit Begriffen der Entwicklung und Selbstgestaltung verbunden. Später kam die Idee in der Renaissance zu großer Blüte und wurde schließlich auch in der frühen deutschen Entwicklungspsychologie theoretisch bedeutsam (vgl. zur Handlungspsychologie der Ontogenese Brandstädter, 2001).

Wie aber, so ist zu fragen, gewinnt die Person im Laufe ihrer Entwicklung ihre Gestalt? Sucht man nach Antworten auf diese recht einfach gestellte Frage, so nimmt deren Beantwortung ihren Ausgangspunkt bei William Stern, der die deutschsprachige Persönlichkeits- und Entwicklungspsychologie, besonders der Kindheit und Adoleszenz, maßgeblich geprägt hat. Stern (1918) postulierte, dass sich die Person gleichsam selbst entwirft, sich durch zielgerichtete Eigentätigkeit entwickelt und das Produkt ihrer selbst ist. Folgerichtig bedeutet Entwicklung für ihn, die eigene Form durch intensive «Weltaneignung» zu finden. Sich auf die Welt einzulassen und sich persönlich zu verwirklichen, bilden bei ihm keine Gegensätze; vielmehr sind sie komplementär: Selbstgestaltung erfolgt durch Weltgestaltung. Mit dieser Vorstellung hatte Stern eine Entwicklungstheorie der menschlichen Persönlichkeit vorgelegt, die sich sehr gut sowohl mit der modernen Vorstellung von Persönlichkeitsentwicklung als Selbstentwicklung durch Handeln im jeweiligen Kontext (vgl. Silbereisen, Noack & Eyferth, 1986; Silbereisen, 1996) als auch mit einer transaktionalen Konzeption von Interaktion im entwicklungsbezogenen Kontextualismus verträgt (vgl. Lerner & Busch-Rossnagel, 1981).

Im Übrigen ist die Entwicklungspsychologie schon lange von der Vorstellung abgekommen, dass Kinder und Jugendliche lediglich passiv und rezeptiv auf Einflüsse der Umwelt reagieren. Seit Piaget (1947) ist immer wieder überzeugend dafür argumentiert worden, dass Kinder aktiv ihre Umwelten subjektiv deuten und ihre eigenen Umwelten erschaffen, indem sie bestimmte Umwelten auswählen oder sogar neu entstehen lassen, indem sie den Einfluss der Umwelt modifizieren. Wie Menschen Einfluss auf ihre Entwicklung nehmen, das kann auf mindestens dreierlei Weise geschehen (vgl. Lerner & Busch-Rossnagel, 1981):

- **Selektive Wahlen und Entscheidungen.** Von früher Kindheit an gibt es Wahlmöglichkeiten und Vorlieben bezüglich der sozialen und räumlich-physischen Umwelt. Umwelten mit entsprechenden Handlungsangeboten werden selektiv ausgewählt auf der Basis von Motiven, Emotionen und Wertorientierungen. Dabei ist nicht nur an wohlüberlegte Entscheidungen zu denken, sondern auch an spontane Vorlieben und Abneigungen oder Neugierde und Ängste. Derart suchen sich Kinder ihre Umwelten und wählen sie teils selbstaktiv aus. Bevorzugungen von Kontakten zu Familienmitgliedern und zu Spielgefährten, die spätere Wahl der ersten Freundin bzw. des ersten Freundes oder die Wahl von Freizeitsettings, alles das hat Folgen für die weitere Entwicklung. Umwelten, wie z.B. Freizeitsettings, werden von Jugendlichen, wie die Daten aus dem Berliner Jugendlängsschnitt von Silbereisen, Noack und Eyferth (1986) dokumentieren, entwicklungsbezogen ausgewählt und entwicklungsdienlich angeeignet. Hierbei hat sich immer wieder bestätigt, dass die von den Jugendlichen ausgewählten Freizeitsettings und die Art, wie sie von ihnen genutzt werden, mit der Bewältigung alterstypischer Entwicklungsaufgaben zusammenhängt, wie es die Integration in die Gruppe Gleichaltriger oder der Aufbau erster romantischer Beziehungen ist. Handlungs- und Entscheidungsoptionen sowie die damit verbundenen Selbstgestaltungsmöglichkeiten bedeuten eine gewisse Freiheit und Kontrolle über die eigenen Entwicklungsprozesse. Gleichzeitig lassen sie eine grundsätzliche Offenheit der Entwicklung erwarten und erklären beobachtete Diskontinuitäten und interindividuelle Unterschiede im Entwicklungsverlauf von Kindern und Jugendlichen.

- **Wahlen und Entscheidungen aufgrund subjektiver Deutungen und Kodierungen der Umwelt.** Weiter geschieht Selbstgestaltung über die unterschiedlichen subjektiven Deutungen und Kodierungen der Umwelt durch die Kinder und Jugendlichen. Das Kind entscheidet, was ihm wichtig ist und was nicht und was es ihm bedeutet z.B. mit jenem Spielgefährten oder eben mit einem anderen zusammenzusein. Oder für gute Schüler ist die Lehrerin vermutlich eine anregende und unterstützende Partnerin, mit der sie gerne zusammen sind, für schlechte Schüler hingegen ist sie eher eine gefürchtete Kritikerin, der man nach Möglichkeit aus dem Wege geht. Erfahrung ist demnach Umwelt, so wie sie subjektiv wahrgenommen, erlebt und gedeutet wird. Genauso ist für das eine Kind der Museumsbesuch eine Belohnung, während es für ein anderes Kind eine Strafe bedeutet; und selbstverständlich haben diese Bedeutungen Folgen für die Entwicklung eines Kindes.
- **Modifikation und Gestaltung der eigenen Umwelt.** Kinder und Jugendliche verfügen über Möglichkeiten, ihre eigene Entwicklung derart zu beeinflussen, dass sie ihre Umwelt teilweise direkt modifizieren, gestalten oder umgestalten können. Derart können nicht nur räumlich-physische Umwelten wie z.B. der Sandkasten, das eigene Zimmer oder der Spielplatz im Wohnquartier, sondern auch Einstellungen, Meinungen und Werte anderer Sozialpartner beeinflusst, modifiziert und geformt werden. Beispielsweise nutzen Jugendliche bestimmte Verhaltensorte «gegen den Strich», in dem sie, wie Silbereisen, Noack und Eyferth (1986) an ihren Berliner Jugendlichen beobachtet hatten, den offiziellen Zweck z.B. einer Rolltreppe im Kaufhaus derart umdefinierten, dass sie über die rollende Treppe aufwärts gingen. Damit versuchten diese Jugendlichen ihre eigene Reputation zu steigern, was mit alterstypischen Entwicklungsaufgaben zusammenhing. Indem männliche Jugendliche auf den Rolltreppen entgegen ihrer Laufrichtung rannten, erregten sie mit dieser Mischung aus kalkuliertem Normverstoß und Mutprobe die Aufmerksamkeit (nicht nur des Aufsichtspersonals), sondern besonders auch die potenzieller Freundinnen. Diese wiederum nutzten im Kaufhaus den Rundgang um die Rolltreppen, um sich selbst für die auf der Rolltreppe agierenden männlichen Jugendlichen ins rechte Licht zu setzen.

Schließlich ergibt sich die Relevanz eines Modells selbstgestalteter Entwicklung aus den ursprünglich von Havighurst (1948) postulierten Entwicklungsaufgaben, deren Bewältigung Kindern und Jugendlichen aufgegeben ist. Vor diesem Hintergrund gingen Silbereisen, Noack und Eyferth (1986) davon aus, dass Jugendliche die Bewältigung derartiger Entwicklungsaufgaben, wie die Übernahme der männlichen und weiblichen Geschlechtsrolle, das Akzeptieren der eigenen körperlichen Erscheinung oder das Gewinnen emotionaler Unabhängigkeit von den Eltern als persönliche Entwicklungsorientierungen und Ziele nutzen, die als Bezugsrahmen für das weitere Handeln dienen. Nimmt die Person Abweichungen zwischen ihren Orientierungen und dem gegenwärtigen Stand ihrer Entwicklung wahr, so werden die inneren, psychischen Bedingungen und/oder die äußeren Umweltkontexte verändert, um die Diskrepanz zu reduzieren.

Dabei können Möglichkeiten, die Gestaltung der Entwicklung zu fördern oder – umgekehrt – vor Gefahren zu schützen, im Prinzip sowohl an der Umwelt als auch an der Person ansetzen. Die Untersuchungen zu latenten Entwicklungspotenzialen in der Freizeit und die in solchen Forschungen entwickelten Dimensionierungen geben vielfältige Anregungen (vgl. Larson & Kleiber, 1993; Noack, 1990; Fuhrer, 2005; Zeiher & Zeiher, 1994). Wer Kindern und Jugendlichen Umwelten vorenthält, die sie zu ihrer Selbstgestaltung benötigen, darf sich über die blinde Übernahme gleichsam konfektionierter Vorbilder aus dem Kommerz- und Showgeschäft nicht wundern, wie Ewert (1983) die Folgen elterlicher Entmutigung zu eigenen Lösungen beschreibt.

Der andere Ansatzpunkt ist die Person. Ihre aktive Rolle lässt verstehen, warum so unterschiedliche Umwelten, seien es die besondere Erziehung in der Familie oder die Werte in einer Gleichaltrigengruppe, in vielen Fällen zu vergleichbaren Entwicklungsergebnissen, im Guten wie im Schlechten, führen können. Das ist deshalb so, weil Kinder in vielen Umwelten funktionell vergleichbare Anregungen zur Bearbeitung einer jeweiligen Entwicklungsaufgabe vorfinden. Andererseits verdeutlicht eine differenzielle Betrachtung, dass die Wirkungen bestimmter Umwelten im Einzelfall stark variieren können, weil eben Kinder ihre Umwelten teils selbst erschaffen oder selbst auswählen können.

3.2
Spielräume und Grenzen für Veränderung durch Erziehung

Die Entwicklungspsychologie will erklären, warum es zu Veränderungen kommt, wodurch Stabilitäten bedingt sind und warum diesbezüglich im Laufe der Zeit sowohl innerhalb derselben Person (intraindividuell) als auch zwischen verschiedenen Personen (interindividuell) Unterschiede auftreten. Diese Ursachen können innerhalb der Person oder außerhalb dieser in ihrer Umwelt liegen. Dabei fand innerhalb der Entwicklungspsychologie während der letzten drei Jahrzehnte zunehmend eine Abkehr von theoretischen Ansätzen statt, die Kontinuität und geordneten Wandel betonen, wie das noch in Stufen- oder Phasenmodellen der Entwicklung à la Piaget angenommen wird. Verstärkt werden deshalb in der modernen Entwicklungspsychologie Plastizität, Modifizierbarkeit und Diskontinuität von Entwicklungsmustern über die gesamte Lebensspanne betont (vgl. Baltes, 1990; 1997; Baltes & Baltes, 1989; Ford & Lerner, 1992). Das impliziert jedoch nicht, dass die Spielräume menschlicher Entwicklung unbegrenzt sind (Brandstädter & Greve, 1994). Vielmehr bedeutet das, dass von allen theoretisch denkbaren Entwicklungsverläufen nur ein Teil mit dem humangenetischen Potenzial verträglich ist; von diesen wiederum ist nur ein Teil mit den in einem kulturellen Kontext verfügbaren Handlungsmöglichkeiten bzw. -ressourcen tatsächlich realisierbar; und schließlich ist wiederum nur ein Teil der verbleibenden Optionen angesichts gesellschaftlich geltender Normen und Werte zulässig oder erwünscht. Dabei kann ein so definierter Zielkorridor von Entwicklungsprozessen durch nicht beabsichtigte, deviante oder gar pathologische Entwicklungsmuster verlassen werden. Folglich ist es ein wesentliches Ziel einer Erziehungspsychologie, Wissen bereitzustellen zur Gestaltung einer in diesem Sinne optimalen Entwicklung. Dies wiederum setzt voraus, dass Erzieher Spielräume und Grenzen kennen, um psychische Veränderungen in angemessener Weise herbeiführen und gestalten zu können.

3.2.1
Wechselwirkung von Anlage und Umwelt

Es zählt zum traditionellen Bestandteil der Auseinandersetzung mit Fragen nach Möglichkeiten und Grenzen der Entwicklung von Kindern, dass die Erkenntnisse der Entwicklungsgenetik in diesen Diskurs eingehen. Dabei ist der Forschungsstand in den letzten zehn Jahren enorm angewachsen (vgl. Asendorpf, 1994; 2002; Dunn & Plomin, 1996; Plomin, McClearn, DeFries & Rutter, 1999). Ungeachtet dessen vertrat bereits James Mark Baldwin (1895), im Unterschied zu den meisten seiner Zeitgenossen, die Ansicht, dass die Frage nach Anlage und Umwelt von Grund auf falsch gestellt sei. Vielmehr drücken menschliche Fähigkeiten das Zusammenwirken beider Aspekte aus.

Ähnlich wie Baldwin ging auch William Stern (1908) von einem Zusammenwirken beider Komponenten aus. Bei ihm ist die entwickelte Person das Ergebnis der *Konvergenz* von Anlage und Umwelt. Persönliche Dispositionen sind bei ihm Potenzialitäten, die immer der Auseinandersetzung mit der Umwelt bedürfen. Unter dieser Annahme formuliert Stern dieses Zusammengehen von Anlage und Umwelt in der folgenden Weise: «Um ein Bild zu brauchen: Das Psychische ist nicht ein Stück Wachs, das sich beliebig kneten lässt, aber auch nicht ein Diamant, an dessen Härte sich jeder Einfluss bricht; es ist ein Same, in dem zwar ‹angelegt› ist, was daraus werden soll, bei dem aber das Wie, Wann und Wie sehr dieses Werdens von Sonne und Wasser, Luft und Erde, von der Behandlung des Gärtners und der Nachbarschaft hemmender und fördernder Gewächse usw. abhängt» (Stern, 1908, S. 29).

In der Tradition dieser Denkweise lassen sich auch die neueren empirischen Befunde der Entwicklungsgenetik, die aus aufwändigen Zwillings-, Adoptions- und entsprechenden Kombinationsstudien gewonnen werden, weder als Beleg für eine vollständige genetische Programmierung durch die elterlichen Gene noch als Beleg für eine vollständige Umweltdeterminiertheit der kindlichen Entwicklung deuten. Vielmehr hat sich im Laufe der Jahrzehnte ausreichend empirische Evidenz angesammelt, wonach Gene – vermittelt über die Proteinbiosynthese der Zellen – für den Aufbau des Nervensystem erforderlich sind, offensichtlich nicht direkt auf Verhalten und Entwicklung einwirken. Es existiert folglich, wie **Abbildung 3.1** schematisch illustriert, keine Einbahnstraße vom Genom zur Persönlichkeit, sondern ein viele Aktivitätsebenen umspannendes Wirkungsnetz.

Die genetische Aktivität beeinflusst demnach, folgt man der Schematik in Abbildung 3.1, die neuronale Aktivität, welche Grundlage von Erleben und Verhalten ist; durch Verhalten können Umwelten aktiv ausgewählt oder gar verändert werden. Aber ebenso können auch umgekehrt Umweltbedingungen das Verhalten beeinflus-

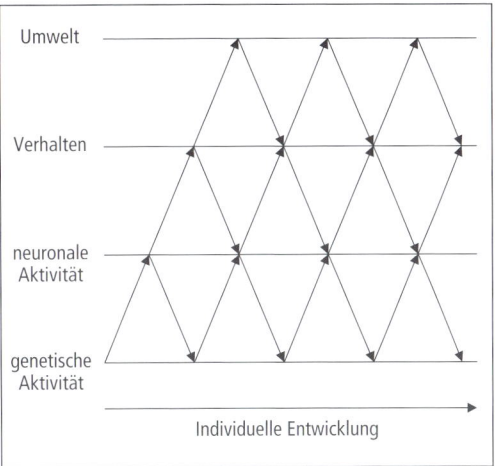

Abbildung 3.1: Modell der Genom-Umwelt-Wechselwirkung (Gottlieb, 1996, S. 64)

sen, wodurch sich neuronale Aktivität und genetische Wirkungen, vermutlich auch die genetische Aktivität selbst verändern. Deshalb ist auch die Vorstellung falsch, das Genom bewirke Entwicklung oder enthalte das Programm, das die Entwicklung eines Kindes steuert. Jüngst hat Gottlieb (2003) sein psychobiologisches Modell der Verhaltensentwicklung mit all seinen Koaktions-Faktoren, beginnend von der genetischen Aktivität über die neuronalen und nicht-neuronalen Prozesse bis hin zum manifesten Verhalten in differenzierter Form dargestellt.

Angemessener ist der Vergleich des Genoms mit einem Text (vgl. Asendorpf, 2002). Dieser Text begrenzt das, was gelesen werden kann, legt aber weder von vornherein fest, was überhaupt, noch was zu einem bestimmten Zeitpunkt gelesen werden kann. Zudem hängt letzteres davon ab, was zeitlich vorher gelesen wurde und welche Wirkungen das hatte, einschließlich der Rückkoppelungseffekte auf das Leseverhalten. Darüber hinaus variiert die Genaktivität im Verlauf der Entwicklung, Gene können «angeschaltet» oder «abgeschaltet» werden, sie können sich stabilisierend, aber auch destabilisierend auswirken. Dies kann etwa durch vermehrte Ausschüttung von Botenstoffen, durch erhöhte neuronale Aktivität aufgrund von Umweltereignissen, Emotionen, Gedanken oder Verhaltensweisen geschehen (vgl. McEwen, 1998).

Demnach entzieht der aktuelle Forschungsstand der lange verbittert geführten Anlage-Umwelt-Kontroverse den Boden; denn die Frage, ob Genetik oder Erfahrung für die Entwicklung wichtiger ist, kann so nicht mehr gestellt werden. Kein Entwicklungsaspekt lässt sich nur aufgrund des einen (Genotyp) oder des anderen Faktors (Umwelt) erklären. Biologie oder Umwelt können für sich allein genommen nie Ursache für irgendetwas in der Entwicklung eines Individuums sein. Eine Trennung von genetischen und umweltlichen Einflüssen kann daher nicht gelingen. Vielmehr ist heutzutage die moderne Entwicklungsgenetik der Persönlichkeit bestrebt, die Wechselwirkungen zwischen genetischen, psychischen und umweltlichen Faktoren bei der Entwicklung der Persönlichkeit zu verstehen (vgl. Plomin, deFries, McClearn & Rutter, 1999).

Deshalb ist eine der zentralen Hypothesen moderner Entwicklungsgenetik die, dass Gene und Umwelt nicht unabhängig voneinander sind, sondern bei der Entstehung von Persönlichkeitsunterschieden zusammenwirken (Plomin et al., 1999). Zum einen kann es Genom-Umwelt-Interaktionen geben, bei denen die genetischen Wirkungen von Umwelteinflüssen abhängen und umgekehrt. Als Beispiel kann die Entwicklung antisozialen Verhaltens angeführt werden. So belegen etwa Adoptionsstudien, dass Adoptivkinder, deren biologischen Eltern selbst antisozial auffällig sind, oder Adoptivkinder, die in Problemfamilien aufwachsen, nur ein geringfügig erhöhtes Risiko für antisoziales Verhalten aufweisen. Kommen jedoch biologische und soziale Risiken zusammen, ist ihr Risiko für antisoziales Verhalten viermal höher, als wenn sie keinen der beiden Risikofaktoren aufweisen (Cadoret, Cain & Crowe, 1983).

Dieser Befund lässt sich zum einen so deuten, dass diese Jugendlichen anscheinend von ihren leiblichen Eltern nur eine erhöhte Verletzbarkeit oder Vulnerabilität durch belastende Umweltbedingungen erben. Allerdings könnte diese Verletzlichkeit auch durch Umweltbedingungen vor der Adoption (z.B. durch Drogenkonsum der biologischen Mutter während der Schwangerschaft) verursacht worden sein. Zum anderen können sich bestimmte Genome in bestimmten Umwelten häufen. Beispielsweise können aggressionsförderliche Genome in aggressionsanregenden Umwelten, wie sie sich etwa in «sozial toxischen» Umwelten häufen (vgl. Garbarino, 1995), die sich durch Merkmale wie Vaterabwesenheit, Armut, Familiengewalt oder elterliche Vernachlässigung von Erziehungsaufgaben auszeichnen, aggressives Verhalten aktivieren. Derart fördern familiäres und soziales Umfeld aggressives Verhalten, und aggressive Jugendliche tendieren wiederum dazu, solche Umwelten z.B. in Form devianter oder gar krimineller Peergruppen aufzusuchen oder gar neue kriminelle Gangs zu bilden. Diese Form der Wechselseitigkeit wird als Genom-Umwelt-Kovarianz bezeichnet (vgl. Plomin et al., 1999). Dabei werden diese drei Kovarianztypen an einem einfachen Modell der Persönlichkeitsentwicklung am Beispiel sportlicher Begabung erläutert (vgl. Abb. 3.2).

Die sportliche Begabung eines Kindes steht in ständiger Transaktion mit einem Teil seiner Umwelt, die als die proximale Umwelt des Kindes (im Sinne von Bronfenbrenner & Morris, 2000) bezeichnet wird. Das ist derjenige Umweltanteil, der die Persönlichkeit des Kindes unmittelbar beeinflusst oder von der Persönlichkeit des Kindes direkt beeinflusst wird.

■ **Passive-Genom-Umwelt-Kovarianz.** Wenn ein substanzieller genetischer Einfluss auf Unterschiede in der sportlichen Begabung besteht, sollte eine passive Genom-Umwelt-Ko-

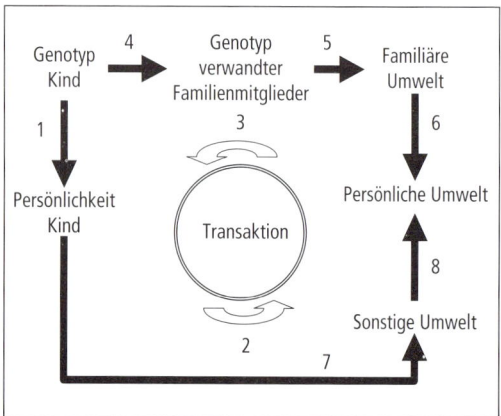

Abbildung 3.2: Modell der Genom-Umwelt-Kovarianz (nach Asendorpf (1994, S. 115)

varianz dadurch zustande kommen, dass ein genetisch für hohe sportliche Begabung prädisponiertes Kind aus genetischen Gründen auch eher sportlich begabte Eltern und Geschwister hat (Pfad 4 in Abb. 3.2). Diese wiederum sorgen für eine sportlich familiäre Umwelt (Pfad 5 in Abb. 3.2) und schaffen dadurch auch eine proximale sportliche Umwelt für das Kind (Pfad 6 in Abb. 3.2), indem sie das Kind zu sportlichen Aktivitäten mitnehmen oder anregen, das Kind bereits zu Hause Sportgeräte vorfindet, an denen es sich üben kann. Diese passive Genom-Umwelt-Kovarianz dürfte mit zunehmendem Alter abnehmen, weil sich das Kind im Jugend- und frühen Erwachsenenalter mehr und mehr von seinen Eltern und genetisch Verwandten loslöst; hat das Kind einmal das Elternhaus verlassen, ist der elterliche Einfluss nur noch minimal.

- **Reaktive Genom-Umwelt-Kovarianz.** Relativ altersunabhängig dürfte dagegen die reaktive Genom-Umwelt-Kovarianz sein, die eine Reaktion der proximalen Umwelt auf den Genotyp des Kindes darstellt. Ein genetisch zu hoher sportlicher Begabung prädisponiertes Kind fällt durch seine manifeste sportliche Begabung bei seinen Familienmitgliedern auf und übt dadurch Wirkungen auf diese aus. Beispielsweise werden die Eltern dem Kind ein paar Skier kaufen (Pfad 7 und 6 in Abb. 3.2); dasselbe gilt für die weitere Umwelt, indem etwa der Sportlehrer das Kind im Sportunterricht besonders fördert oder für die Aufnahme ins Sportgymnasium empfiehlt (Pfad 7 und 8 in Abb. 3.2).
- **Aktive Genom-Umwelt-Kovarianz.** Eine dritte Form der Genom-Umwelt-Kovarianz sollte mit dem Alter stark zunehmen; das ist die aktive Genom-Umwelt-Kovarianz. Ein genetisch zu hoher sportlicher Begabung prädisponiertes Kind wird sich eher Skier, Schlittschuhe oder ein Tennisracket wünschen, gerne zu Sportanlässen gehen, eher in einen Sportverein eintreten wollen und sich eher mit sportlichen Gleichaltrigen befreunden (Pfad 1 und 2 in Abb. 3.2). Dabei ist anzunehmen, dass mit zunehmendem Alter (z.B. aufgrund der wachsenden Autonomie und der damit ansteigenden Handlungs- und Entscheidungsspielräume des jugendlichen Kindes) der Einfluss von Genotypen auf ihre proximale Umwelt ansteigt, indem der Träger des Genotyps (das Kind) seine Umwelten selbstaktiv auswählen oder gestalten kann.

Damit finden wir wiederum den Anschluss zur oben skizzierten Prämisse von Stern (1918) oder Lerner und Busch-Rossnagel (1981), wonach Kinder und Jugendliche ihre Entwicklung teilweise selber gestalten bzw. produzieren. Dabei ist diese Vorstellung, wonach sich Genome ihre proximalen Umwelten teils selbst durch aktive Genom-Umwelt-Kovarianz schaffen, natürlich als Metapher zu verstehen. Einfluss auf die Umwelten üben Personen über ihr Verhalten aus, aber sofern sie dies aufgrund ihrer genetischen Anlage tun, beeinflusst tatsächlich das Genom die Umwelt. Entsprechendes gilt für die reaktive Form der Kovarianz; Mitmenschen reagieren auf sportlich überdurchschnittliches Verhalten, nicht auf Gene, die diese sportlichen Verhaltensweisen mitbedingen, aber eben wegen dieses genetischen Einflusses auf das sportliche Verhalten reagieren sie letztendlich auch auf das Genom des sportbegabten Kindes.

Dabei nimmt man an, dass der Zuwachs an aktiver Genom-Umwelt-Kovarianz für viele Persönlichkeitsmerkmale stärker ist als die Abnahme der passiven Genotyp-Umwelt-Kovarianz. Das wiederum bedeutet, dass bei gleich bleibender reaktiver Genom-Umwelt-Kovarianz der genetische Einfluss auf diese Persönlichkeitsmerkmale mit dem Alter steigt, da Umweltunterschiede durch das stets stärkere Dominieren der aktiven Genom-Umwelt-Kovarianz immer mehr von genetischen Unterschieden kontrolliert werden. Derart stabilisiert sich gleichzeitig die individuelle Verhaltensorganisation mit wachsendem Alter, obgleich eine gewisse Plastizität über die gesamte Lebensspanne erhalten bleibt (vgl. Ford & Lerner, 1992). Differenziell betrachtet, verfestigt sich damit die Persönlichkeit zunehmend mit höherem Alter, was sich im «differenziellen Altern» ausdrückt (vgl. Lindenberger, 2002); Veränderungen sind aber im Einzelfall in jedem Alter noch möglich.

So lässt sich zusammenfassend festhalten, dass der Mensch weder als Opfer seiner Gene noch seiner Umwelt, in die er hineingeboren wird, betrachtet werden kann, da Umwelten teilweise in Abhängigkeit von der Persönlichkeit ausgewählt, modifiziert oder hergestellt und genetische Wirkungen hierbei durch gezielte Umweltveränderungen modifiziert werden können. Menschen können also – auch aus der Sicht der Entwicklungsgenetik – ihre eigene Entwicklung teilweise selbst mitbestimmen.

3.2.2
Die Bedeutung nicht-gemeinsamer Umwelten

Aus entwicklungsgenetischen Interaktions- und Kovarianzmodellen lässt sich ableiten, dass die Einflüsse familiärer Erziehung auf die individuelle Entwicklung von Kindern ausreichend Spielräume bereithalten für die Wirkungen von *gemeinsamen* und *nicht-gemeinsamen Umwelten*. Erstere sind genau diejenigen Umweltkonstellationen, auf die sich die klassische Sozialisationsforschung lange Zeit konzentriert hat. Diese ging von der Annahme aus, dass die für die individuelle Entwicklung wichtigen Umgebungseinflüsse diejenigen sind, die sich zwischen einzelnen Familien unterscheiden. Das sind Merkmale, wie z. B. der sozio-ökonomische Status oder das Bildungsniveau der Eltern, die auf alle Kinder einer Familie gleichartig wirken. Demgegenüber legt die entwicklungsgenetische Geschwisterforschung eine andere Sicht nahe und das ist die, wonach die für die individuelle Entwicklung wichtigen Umwelteinflüsse diejenigen sein müssen, die die Unterschiede zwischen Kindern innerhalb derselben Familie herbeiführen (vgl. Dunn & Plomin, 1996).

Das ist eine revolutionäre These, weil sie vielen althergebrachten Annahmen über den Einfluss der Umwelt auf die Entwicklung widerspricht. Seit Freuds Theorien über den Einfluss der Familie auf die Persönlichkeitsentwicklung von Kindern haben Psychologen und Sozialisationsforscher im Allgemeinen angenommen, dass die Kindheitserfahrungen der Mutter ihre eigene Mutterschaft beeinflussen, und zwar – und das ist das Entscheidende – gegenüber *allen* ihren Kindern. Und wenn der Vater eine gespannte Beziehung zu seiner Partnerin (die Mutter) hat, dann, so war die verbreitete Annahme, wird sich auch das auf seine eigene Vaterschaft, auf seine väterliche Erziehung und auch in diesem Fall gegenüber *allen* seinen Kindern auswirken.

In dieser Denktradition haben Psychologen, die den Einfluss der Umwelt auf die Persönlichkeitsentwicklung von Kindern erfassen wollten, Vergleiche *zwischen* Familien angestellt. Implizit ist in diesem Ansatz die Annahme enthalten, dass Kinder in derselben Familie dieselbe familiäre Umgebung, wie z. B. dieselben Interaktionsmuster oder dieselben elterlichen Erziehungspraktiken erleben. Weil diese Vermutung so vernünftig klingt, wurde sie auch lange Zeit nicht hinterfragt, bis sich herausstellte, dass die auf ihr basierenden Forschungen zu keinem klaren Ergebnis führten und sich letztendlich die Annahme als falsch erwies.

In dem Maße, wie nämlich ein bestimmter familiärer Umweltfaktor, wie z. B. elterliche Fürsorglichkeit, elterliche Toleranz oder elterliche Nachgiebigkeit, auf die Kinder in einer Familie denselben Einfluss hat, kann er für deren Entwicklung (und für die Erklärung von Persönlichkeitsunterschieden zwischen Geschwistern) nicht bedeutsam sein. Für Dunn und Plomin (1996) liegt die Begründung dafür, dass ein auf alle Geschwisterkinder gleichermaßen wirkender Umweltfaktor nicht von Bedeutung sein kann, darin, dass ein solcher Faktor, wenn er denn wichtig wäre, Geschwister innerhalb einer Familie einander im Vergleich zu Geschwistern in anderen Familien ähnlich machen müsste.

Das Thema der Unterschiede im elterlichen Verhalten gegenüber den eigenen Kindern ist keineswegs ein außergewöhnliches Thema; wir finden es in vielen Biographien und Autobiographien immer wieder. Beispielsweise ist die elterliche Vorliebe für ein bestimmtes Kind von Biographen oft als der wesentliche Einflussfaktor für die intellektuelle Entwicklung und die Persönlichkeit hervorgehoben worden.

In den 1950er-Jahren führte Helen Koch (1960) eine der ersten größeren und bahnbrechenden Geschwisteruntersuchungen durch. Sie interviewte eine Anzahl von fünf- und sechsjäh-

Kasten 3-6

Das Konzept nicht-gemeinsamer Umwelten – eine Begriffsdefinition

Die Entdeckung *nicht-gemeinsamer Umwelterfahrungen* ist von weitreichender Bedeutung für die Art und Weise, in der Umweltfaktoren auf die kindliche Entwicklung wirken. Zwar mögen Faktoren, in denen sich Familien unterscheiden, und das sind z. B. der sozio-ökonomische Status und der Bildungsgrad der Eltern oder die Qualität der elterlichen Beziehung, für die kindliche Entwicklung von hoher Bedeutung sein. Sofern sie jedoch in derselben Familie aufwachsende Kinder *gleichermaßen* beeinflussen, haben sie nur wenig bis gar keinen Einfluss auf die Entwicklung ihres Verhaltens. Diese allen Kindern gemeinsamen Umwelterfahrungen mögen wichtig sein, aber sie sind es nur insoweit, als ihr Einfluss von den Kindern innerhalb derselben Familie nicht in gleicher Weise erfahren wird. Diese Sichtweise ist revolutionär, denn sie impliziert eine völlig andere Betrachtung der Art und Weise, in der Eltern etwa über ihre Erziehungspraktiken die kindliche Entwicklung beeinflussen können. Aber worin genau bestehen diese nicht-gemeinsamen Umwelten? Zum einen fallen darunter die durch selektive Reaktionen des Kindes gegenüber seinen Betreuungspersonen hervorgerufenen Reaktionen. Zum anderen sind es die in einer Familie durch die jeweilige Geburtsposition mitbedingten Entwicklungsmöglichkeiten.

Quelle: Dunn & Plomin (1996)

rigen Kindern und fragte auch nach dem Verhalten der Eltern gegenüber ihnen und ihren Geschwistern. Die Antworten – besonders der Erstgeborenen – zeigten deutlich, wie sehr ihnen das Thema der unterschiedlichen Behandlung durch die Eltern bewusst war. So gaben zwei Drittel der 360 befragten Kinder an, dass ihre Mutter entweder sie oder ihr Geschwister bevorzugt hatte; lediglich ein Drittel beschrieb eine gerechtere Behandlung durch die Eltern. «Ja, ich würde gerne mit meinem kleinen Bruder tauschen. Dann könnte ich herumbrüllen, so viel ich will, und meine Mami würde sich nur um mich kümmern» (Koch, 1960, zit. nach Dunn & Plomin, 1996, S. 84).

Die Sensibilität von Kindern für das unterschiedliche Verhalten ihrer Eltern zeigte sich nicht nur in ihren Kommentaren über das Muster der familiären Beziehungen; sie zeigte sich auch in ihren Handlungen. So berichten Dunn und Plomin (1996) über eigene längsschnittliche Studien, bei denen sie Beobachtungsverfahren mit möglichst geringer Beeinträchtigung der alltäglichen familiären Interaktionen eingesetzt haben, und fanden dabei heraus, dass Kinder schon sehr früh unmittelbar und direkt auf den Umgang der Eltern mit ihren Geschwistern reagieren. Zum Beispiel beobachteten sie, dass mehrere Kinder in ihrer Studie das «unartige» Verhalten ihrer jüngeren Geschwister durch Imitation «spiegelten», wenn dieses die Aufmerksamkeit der Mutter hervorgerufen hatte. Interessant sind weiterhin auch die Reaktionen der Kinder auf Auseinandersetzungen; manchmal versuchten sie, eine der beiden Parteien zu unterstützen. Insgesamt belegen diese Beobachtungen, dass Kinder bereits sehr früh schnell und nachdrücklich auf die Interaktionen zwischen ihren Geschwistern und ihren Eltern reagieren. Kinder nehmen dabei Unterschiede in der Art wahr, wie sie behandelt werden und zeigen, dass ihnen diese Unterschiede häufig sehr viel ausmachen.

Aber nicht nur die Kinder, sondern auch deren Eltern nehmen deutliche Unterschiede in ihrem Verhalten gegenüber zusammen aufwachsenden Geschwistern wahr. So verhalten sich beispielsweise Mütter, die zu Hause mit einem Dreijährigen und mit einem relativ fortgeschrittenen Neunjährigen umgehen, gegenüber diesen beiden Kindern recht unterschiedlich. Es erscheint auch völlig plausibel, dass mit einem Dreijährigen nicht so gesprochen werden kann wie mit einem Neunjährigen.

Darüber hinaus muss die Beziehung zwischen dem Verhalten der Eltern und den Erfahrungen der Kinder zu einem bestimmten und vergleichbaren Alterszeitpunkt berücksichtigt werden. Hier stellt sich die Frage, ob jedes Kind im Säuglings- oder frühen Kindesalter vergleichbare Interaktionserfahrungen mit seinen Eltern macht. Dunn und Plomin (1996) fanden, entgegen ihren Erwartungen, dass sich Mütter gegenüber ihren Kindern zum gleichen Zeitpunkt durchaus ähnlich verhielten, obwohl sich ihr Verhalten gegenüber einem Kind im Laufe der Zeit veränderte. Das bedeutet, bei einer Mutter, die gegenüber ihrem zwölf Monate alten Kind besonders viel Zuwendung und Aufgeschlossenheit zeigte, fand sich gegenüber demselben Kind ein Jahr später (im Vergleich mit anderen Müttern) keine besonders ausgeprägte Zuwendung. Doch diese intensive Zuwendung zeigte sich erneut, als ihr nächstes Kind zwölf Monate alt war. Der jeweilige Entwicklungsstand der Kinder hatte also überraschend starke Auswirkungen auf das Verhalten der Mütter.

Wesentlich für unser Interesse an unterschiedlichem Elternverhalten ist deshalb die folgende Implikation: Zu jedem Zeitpunkt sind die Geschwister innerhalb einer Familie verschieden alt und zeichnen sich durch unterschiedliche Entwicklungsvoraussetzungen aus. Dabei verhalten sich Mütter – selbst gegenüber *demselben* Kind – sehr unterschiedlich, je nachdem, in welcher Entwicklungsphase sich das Kind gerade befindet. Nehmen wir eine Familie, in der sich die Mutter gegenüber ihren beiden Kindern besonders liebevoll verhält, wenn sie 12 Monate alt sind, und weniger liebevoll, wenn sie 36 Monate alt sind. Ein Kind in dieser späteren Phase, das relativ wenig Zuwendung erhält, wird täglich Zeuge der besonders intensiven Zuwendung, die seinem 12 Monate alten Geschwister zuteil wird.

Diese Belege für konsistentes Verhalten gegenüber Geschwistern desselben Alters haben eine wichtige Implikation für die Beantwortung der Frage, warum Geschwister sich so unterschiedlich entwickeln können. Sie legen die Annahme nahe, dass diese durchaus vergleichbaren Erfahrungen der beiden Kinder im Umgang mit ihren Müttern zu jeweils gleichen Alterszeitpunkten dennoch *per se* keinen Einfluss auf das unterschiedliche Entwicklungsergebnis der Kinder haben. Demgegenüber könnte das Erleben unterschiedlichen Verhaltens gegenüber sich selbst und den anderen Kindern bedeutsamer sein als vergleichbare Erfahrungen im direkten Umgang mit den Eltern. Oder noch anders formuliert, würde das heißen: Die Beobachtung der offensichtlichen Zuwendung der Mutter für das Geschwister kann alle Zuneigung bedeutungslos werden lassen, die man selbst erfahren hat. Diese Annahme steht in direktem Widerspruch zu den verbreiteten Annahmen darüber, was bei der elterlichen Erziehung in der Familie wichtig ist; es ist eine Annahme, die mit den gegenwärtigen psychologischen Theorien nicht übereinstimmt, die es aber wert ist, dass man ihr weiter nachgeht.

So ist es die gängige Vermutung, dass der direkte Einfluss des Umgangs der Eltern mit dem Kind die Entwicklung dieses Kindes beeinflusst (Baumrind, 1991a). Dunn und Plomin (1996) argumentieren dagegen, dass Kinder nicht nur feinfühlig auf den Umgang der Eltern mit ihnen selbst reagieren, sondern auch auf den Umgang der Eltern mit ihren Geschwistern, und dass Kinder diese Beziehungen genauso beobachten und auf sie reagieren wie auf die Beziehung zwischen den Eltern. Dazu legen Dunn und Plomin empirische Belege aus Längsschnittstudien vor, die bedeutsame Zusammenhänge zwischen unterschiedlichen kindlichen Erfahrungen mit den Eltern und ihrer Entwicklung zeigen. Beispielsweise gehen unterschiedliche mütterliche Zuwendung und Kontrolle mit Sich-Sorgen-machen, Ängstlichkeit und Depressivität auf Seiten der Kinder einher. Kinder, die stärkere mütterliche Kontrolle erfuhren, waren mit höherer Wahrscheinlichkeit ängstlich oder depressiv. Unterschiedliches mütterliches Verhalten hing auch mit antisozialem Verhalten der Kinder wie mit Ungehorsam, streitlustigem oder hyperaktivem Verhalten zusammen. Das heißt, in Familien, in denen die Mutter das ältere Geschwister sehr viel mehr als das jüngere kontrollierte, zeigte das ältere Kind häufig einen relativ hohen Grad an problematischem Verhalten. Selbstverständlich ist es auch möglich, dass die Mütter in diesen Familien die älteren Geschwister zu kontrollieren versuchten, *weil* diese so schwierig waren. Schließlich wird die Frage, inwieweit Unterschiede im Verhalten der Eltern eine Reaktion auf Unterschiede in den Persönlichkeiten der Kinder und in deren Verhalten sind, von Dunn und Plomin (1996) negativ beantwortet. Es zeigte sich, dass die Unterschiede im elterlichen Verhalten einen unabhängigen, zusätzlichen Beitrag zu den Unterschieden in der Entwicklung der Kinder leisten.

Aufgrund solcher Befunde verändert sich die Perspektive von der Analyse des Kindes als Kinder-Eltern zu der des Kindes-als-Familienmitglied; und damit verschiebt sich letztendlich die Sicht von einer dyadischen Betrachtung der Eltern-Kind-Interaktion hin zu einer *systemischen* Betrachtung der gesamten Familie, wie sie wiederum mit dem dargelegten Theorierahmen des entwicklungsbezogenen Kontextualismus vereinbar ist. Dabei sind die Konsequenzen für das Verständnis des Entwicklungsprozesses unmittelbar einleuchtend: Zum einen kann eine systemische Sichtweise der Forschung zu Umwelteinflüssen (z. B. durch die Erziehung in der Familie) auf die kindliche Entwicklung neue Impulse geben. Zum anderen kann ein klareres Verständnis der Art und Weise, wie Umwelteinflüsse auf Kinder wirken, dazu beitragen, eine ausgewogenere Balance zwischen umweltorien-

---

Kasten 3-7

Implikationen für die Erziehungspraxis

Eltern sollten die unterschiedliche Behandlung ihrer Kinder minimieren

- Elterliche Verhaltensweisen, die gleichermaßen für beide Kinder gelten, und das sind gerade jene Maßnahmen, die in vielen Erziehungs- und Elternratgebern empfohlen werden, können langfristig für die Entwicklung der kindlichen Persönlichkeit oder für die Genese kindlicher Problemverhaltensweisen nicht von Bedeutung sein.

- Vielmehr liegen die Auswirkungen elterlichen Verhaltens auf die Kinder in der *unterschiedlichen* Art und Weise, in der sich ihre Interaktionen, ihre Einstellungen zu jedem einzelnen Kind entwickeln.

Daraus lassen sich für Eltern vor allem zwei Konsequenzen ableiten:

- Einerseits sind Kinder für tatsächliche oder eingebildete Unterschiede zwischen ihren eigenen Beziehungen zu den Eltern und denen ihrer Geschwister hochgradig sensibel; und das ist der Fall sowohl bezüglich der Unterschiede in der elterlichen Zuwendung, dem elterlichen Interesse, den elterlichen Erwartungen als auch gegenüber dem Umgang mit den einzelnen Kindern innerhalb derselben Familie.

- Andererseits sind es diese Unterschiede, von denen die wesentlichen Auswirkungen auf die Entwicklung der Kinder ausgehen, und nicht so sehr von der kindlichen Persönlichkeit oder von den Einstellungen der Eltern.

Die Forschungsergebnisse, wie sie Dunn und Plomin berichten, implizieren als solche nicht, dass Eltern ihre Kinder gleich oder auch unterschiedlich behandeln sollten. Trotzdem erscheint es sinnvoll, wenn Eltern um diese Überempfindlichkeiten ihrer Kinder für mögliche Ungerechtigkeiten wissen und einsehen, dass *differenzielle* (unterschiedliche) Anerkennung ihren Kindern eher helfen wird als bevorzugende Behandlung. Folglich sollten sich Eltern zum Ziel setzen, die Unterschiede in den Beziehungen zu ihren verschiedenen Kindern so weit wie möglich zu *reduzieren* und für die Genauigkeit, mit der Kinder die Beziehungen innerhalb der Familie beobachten, eine besondere *Sensibilität* zu entwickeln.

Quelle: Dunn & Plomin (1996)

tierter und genetisch orientierter Forschung herzustellen. Der Schlüssel zum besseren Verständnis liegt darin, mehr als ein Kind in derselben Familie und – wenn irgendwie möglich – alle Familienmitglieder in ihrem wechselseitigen Zusammenwirken einzubeziehen.

In der Weise dokumentieren die entwicklungsgenetischen Forschungen, wie sie die Forschungsgruppe um Judy Dunn und Robert Plomin in den letzten Jahren vorgestellt haben, dass familiäre Erfahrungen nicht zu größerer Ähnlichkeit zwischen Geschwistern führen; vielmehr sind die einzigen für die kindliche Entwicklung wichtigen Umweltfaktoren diejenigen, die von den Kindern innerhalb ihrer Familie unterschiedlich erlebt werden. Damit werden jene Umwelterfahrungen wichtig, die Kinder innerhalb derselben Familie nicht miteinander teilen, und das sind die *nicht-gemeinsamen Umwelten*, weil diese für Kinder innerhalb derselben Familie sehr unterschiedlich ausfallen können und letztendlich auch zu einem nicht unbeträchtlichen Teil erklären, warum Geschwister so unterschiedlich sein können. In einer neueren Metaanalyse, in der 43 Studien eingegangen sind, lassen sich bedeutsame Zusammenhänge zwischen nicht-gemeinsamen Umwelterfahrungen und differenziellen Entwicklungsverläufen von Geschwisterkindern nachweisen (vgl. Turkheimer & Waldron, 2000). Allerdings beträgt die aufgeklärte Varianz durch die aggregrierten Werte für nicht-gemeinsame Umwelterfahrungen (z. B. Unterschiede in der Familienstruktur, in der elterlichen Erziehung, in der Interaktion mit Geschwistern und Lehrern) in den kognitiven und persönlichkeitspsychologischen Outcome-Variablen (auch bei großen Stichproben) nur 13 %, wobei die Effekte in Hochrisiko-Familien größer ausfallen, wie Asbury, Dunn, Pike und Plomin (2003) vermuten.

Eltern sollten damit durch die Minimierung unterschiedlicher Behandlung ihrer Kinder gerade den größten und positivsten Effekt nutzen, den sie auf ihre Kinder haben können. Deshalb ist die Aussage, dass Kinder für ihre Stellung im familiären Beziehungsgefüge hochgradig sensibel sind, für alle Eltern wichtig.

3.2.3
Reifung und Reifestand

Endogenistische Entwicklungstheorien sind Theorien, die Entwicklung vor allem als Reifung verstehen, als einen Entfaltungsprozess, der aus dem Inneren des Organismus gesteuert wird (analog dem Begriff ent-wickeln = auswickeln, was drinnen ist).

Aus diesem Definitionsrahmen folgt, dass Reifungsprozesse im Normalfall immer ausgebildet werden. Außerdem erscheint der Zeitpunkt der Entwicklung eines reifungsbedingten Merkmals in biologischen Steuerungsprozessen festgelegt. Beispielsweise können alle gesunden Kinder um den 12./13. Lebensmonat herum laufen, um den 18. Lebensmonat herum bilden sie Zwei-Wort-Sätze oder um etwa das 12./13. Lebensjahr herum tritt bei Kindern die Geschlechtsreife und damit die Pubertät ein.

Kasten 3-8

Reifung – eine Begriffsdefinition

In der Verhaltensbiologie wird unter *Reifung* die durch Gene gesteuerte Entfaltung der biologischen Strukturen und Funktionen verstanden, was auch als *Epigenese* bezeichnet wird. Im Allgemeinen wird der Reifungsbegriff für das allmähliche Auftreten bestimmter Verhaltensweisen während der Ontogenese verwendet, die das artspezifische Verhaltensrepertoire eines Artvertreters ausmachen. Weiterhin werden in der Entwicklungspsychologie beobachtete Veränderungen dann auf Reifung zurückgeführt, wenn sie universell (d.h. umwelt- und kulturunabhängig) in einer Altersperiode und ohne Lernen auftreten. Oder anders formuliert: Auf Reifung lassen sich demnach Veränderungen immer dann zurückführen, wenn Erfahrungs-, Übungs- und Lernmöglichkeiten nachweislich fehlen oder ausgeschaltet sind. Folgerichtig lassen sich weder kulturspezifische noch interindividuelle Unterschiede in Verhaltensweisen durch Reifung erklären.

Quelle: Grossmann (1981)

Vor diesem Hintergrund ist es weder erforderlich noch sinnvoll, durch pädagogische Maßnahmen Veränderungen herbeiführen oder beschleunigen zu wollen, für die die notwendigen biologischen Voraussetzungen noch nicht gegeben sind und die sich aufgrund artspezifischer Reifungsprogramme wie von allein entwickeln. Etwas konkreter formuliert: Wir kennen bis heute noch keinen Weg, den Erwerb bestimmter Kompetenzen, wie eben z.B. Laufen lernen, Sprechen lernen oder auch geschlechtsreif zu werden, deutlich vorzuverlegen; jede für ein Kind normale, also nicht deprivierte, Umwelt reicht für ihre Entwicklung aus.

Unbestritten ist auf der anderen Seite, dass Veränderungen durch Reifung, wie sie im Wesentlichen durch ein genetisches Programm gesteuert werden, nicht ganz unabhängig von Umweltbedingungen erfolgen, so wie eben auch Birnen, Brombeeren oder Rosen Licht, Wärme und Dünger zum guten Gedeihen benötigen. Jedoch beeinflussen diese Umweltfaktoren nicht die Abfolge des Veränderungsprozesses. Zwar ist es nicht immer leicht zu erkennen, ob beobachtete Veränderungen auf Reifung oder aber auf äußere Einflüsse zurückzuführen sind. Trotzdem liefert uns die Entwicklungspsychobiologie ausreichend empirische Belege dafür, dass etwa die kognitive Entwicklung, von der wiederum die Entwicklung motorischer Fertigkeiten, der sensomotorischen Intelligenz oder der Sprachentwicklung abhängig ist, zumindest in der frühen Entwicklung auch von Reifungsprozessen bestimmt wird (vgl. Michel & Moore, 1995).

Allerdings ist es beim heutigen Wissensstand nicht möglich, die Anteile von Reifung und Lernen zu verschiedenen Entwicklungszeitpunkten jeweils genau anzugeben. Die Wirkung der Reifung würde sich noch am ehesten durch Experimente dann abmessen lassen, wenn man äußere Einflüsse entweder gar nicht oder nur in einem bestimmten Ausmaß zulassen würde. Da jedoch einem Kind durch eine solch künstliche Beschränkung oder Isolierung, was man auch als Deprivationsexperimente bezeichnet, großer Schaden zugefügt werden würde, verbieten sich derartige Versuche.

So wird beispielsweise von dem Hohenstaufenkaiser Friedrich II. ein solches Experiment berichtet. Danach gab er 200 Neugeborene in die Obhut von Ammen, denen er verbot, in Hörweite der Säuglinge auch nur ein einziges Wort zu sprechen. Dadurch wollte er feststellen, ob die Ursprache des Menschen tatsächlich hebräisch ist, wie es überliefert worden war. Das überraschende und zugleich fatale Ergebnis war, dass alle Kinder starben. An diesem Beispiel wird deutlich, dass der Entzug von Umweltreizen von einem bestimmten Ausmaß an tödlich wirken kann. Ähnliche Beobachtungen verdanken wir Berichten über Kinder, die außerhalb der menschlichen Gesellschaft aufgewachsen sind.

Die zuverlässigsten Quellen über sog. *Wolfskinder* sind die Aufzeichnungen des französischen Erziehers und Arztes J. Itard (1774–1838) über den «Wilden von Aveyron» (Malson, Itard & Mannoni, 1990). Es handelte sich dabei um einen Jungen, der im Alter von etwa neun Jahren von Jägern eingefangen wurde. Er war völlig unbekleidet und lebte wie ein Waldtier. Seine Ernährung und Fortbewegungsweise ähnelte stark den Hasen und Kaninchen. So schnupperte er herum, kratzte und reagierte äußerst hellhörig und flink auf Geräusche, die im Wald Gefahr bedeuteten. Er aß nichts außer Wurzeln, konnte nicht lachen oder weinen, reagierte nicht auf Musik und verstand natürlich auch keinerlei menschliche Sprachäußerungen. Es zeigte sich also ganz deutlich, dass sein Verhalten nicht durch eine humane Kultur, sondern durch das tierähnliche Leben in der Natur, die für ihn seine Umwelt bildete, beeinflusst worden war.

Sieht man sich systematisch gewonnene Untersuchungsbefunde an, so zeigen etwa Untersuchungen an blindgeborenen Kindern, die erst in späteren Jahren am grauen Star operiert wurden, wie stark die Entwicklung der Wahrnehmungsfähigkeit von frühesten Umwelterfahrungen abhängig ist. Die Kinder hatten auch nach Jahren noch erhebliche Schwierigkeiten bei der Formunterscheidung und bei der Beurteilung der räumlichen Lage; diese kognitiven Defizite konnten teilweise nie ganz überwunden werden. Noch überraschender waren die Ergebnisse einer amerikanischen Forschergruppe, die feststellen konnte, dass bereits Säuglinge, die während des ersten Lebenshalbjahres in einer Umgebung mit vielfältigen und abwechslungsreichen Anregungen für Auge und Ohr aufwuchsen, insgesamt einen deutlichen Entwicklungsfortschritt zeigten (Haynes, White & Held, 1965).

Verschiedenste Befunde weisen darauf hin, wie dringend notwendig es für die Entwicklung eines Kindes ist, dass es wechselnden und anregungsreichen Umwelten ausgesetzt ist. Es bedarf einer *vielfältigen Anregung* durch Eltern und Erzieher. Das gilt sogar für Kinder mit angeborenen Entwicklungsstörungen – selbst dann, wenn diese teilweise durch Erbfaktoren verursacht sind. Erfahrung, Lernen und Übung spielen von den allerersten Lebenstagen an, und sogar für Ungeborene in den letzten Monaten der pränatalen Entwicklung, eine außerordentlich wichtige Rolle für eine ungestörte, normale Entwicklung (Chamberlain, 1994).

3.2.4
Prägung und sensible Phasen

Das Konzept der sensiblen Phase unterstellt, dass alle Kompetenzen auf ihre Art sowohl zu hundert Prozent anlagebedingt als auch zu hundert Prozent umweltbedingt sind, dass sie aber nur entstehen, wenn die Umweltanregungen zur richtigen Zeit erfolgen. Diese Vorstellung stammt aus der Embryologie und der Ethnologie.

Allerdings erscheint der empirische Nachweis sensibler Phasen in der menschlichen Entwicklung bis heute schwierig, weil die Variabilität und Kompensierbarkeit von Einflüssen groß ist. Deshalb ist die empirische Basis für die Annahme sensibler Phasen für verschiedenste Entwicklungsphänomene unsicher oder wenig

---

Kasten 3-9

Implikationen für die Erziehungspraxis

Anregungsmöglichkeiten und dosierte Diskrepanzen schaffen

Pädagogische Maßnahmen gewinnen, ungeachtet der genetischen Steuerung von Reifungsprozessen, an Effektivität, wenn sie im richtigen Zeitpunkt ansetzen: Endpunkte in Reifungsprozessen können solche Zeitpunkte sein. Daraus folgt wiederum, dass ein bestimmter *Reifestand* oder Entwicklungsstand beim Kind gegeben sein muss, damit Erfahrung, Übung, Lernen oder Erziehung auf fruchtbaren Boden fallen und damit effizient sein können. Zum Beispiel können alle Eltern beobachten, dass einem Kind, wenn man zum richtigen Zeitpunkt damit beginnt, mit wenig Aufwand das selbstständige Gehen oder das Fahrradfahren beigebracht werden kann. Leitet man aber als Eltern solche Maßnahmen zu früh ein, dann sind derartige Bemühungen nicht nur langwierig; vielfach werden solche verfrühten Hilfestellungen sogar scheitern. Ähnliches kennen wir aus der sprachlichen Entwicklung oder aus der Entwicklung grundlegender mathematischer Operationen. Die Voraussetzungen für den Erwerb scheinen erst mit einem bestimmten Entwicklungs- oder Reifestand gegeben. Deshalb sollte auch die Umwelt Anregungen in Form von «dosierten Diskrepanzerlebnissen» anbieten. Ist der Unterschied zwischen umweltlichen Handlungsanregungen und den reifebedingten Fähigkeiten des Kindes zu gering, kommt Langeweile auf; fällt die Diskrepanz dagegen zu stark aus, fühlt sich das Kind überfordert.

In diesem Zusammenhang stellt sich *öffentlichen Betreuungs- und Erziehungseinrichtungen* die Frage, inwieweit Entwicklungsrückstände, die durch ungünstige Umwelteinflüsse bedingt sind, über pädagogische Maßnahmen kompensiert werden können. Entwicklungsförderung ist nämlich eine entscheidende Aufgabe für die *vorschulische Erziehung*. Versäumnisse in dieser Zeit lassen sich in der Schule schwer wieder aufholen (vgl. Nickel & Schmidt-Denter, 1995 zur Effizienz von Förderprogrammen im Kleinkind- und Vorschulalter).   Quellen: Nickel & Schmidt-Denter (1995); Schmidt-Denter (2002)

Kasten 3-10

Prägung und sensible Phasen – die Begriffsdefinitionen

Konrad Lorenz definierte *Prägung* als ein verhaltensmäßiges Analogon. Damit ist der einmalige, irreversible und artspezifische Vorgang der Verschränkung von genetisch angelegten Reaktionsmustern mit Reizgegebenheiten der Umwelt gemeint, der nur während einer kurzen, genetisch determinierten Zeitspanne – einer kritischen oder *sensiblen Periode* – stattfinden kann. In der Entwicklungspsychologie werden sensible Phasen als Entwicklungsabschnitte verstanden, in denen – im Vergleich zu vorangehenden und nachfolgenden Phasen – spezifische Erfahrungen maximale positive oder negative Wirkungen haben. Folgerichtig spricht man im Allgemeinen dann von sensiblen Phasen, wenn ein genetisch fixiertes Steuerungsprogramm angenommen wird, das bestimmte Entwicklungsphasen für Umwelteinflüsse besonders empfänglich macht. Es handelt sich um Phasen erhöhter Plastizität unter dem Einfluss von Bedingungen, die nach Art, Intensität, Dauer und weiteren personalen und kontextuellen Faktoren zu spezifizieren sind. Dabei zeigte Lorenz, wie Graugänse, die in einer bestimmten Entwicklungsphase (aufgrund ihrer Anlage) auf die Muttergans oder in deren Abwesenheit auf ein anderes sich bewegendes Surrogat (die Umweltanregung), wie etwa einen Menschen, geprägt wurden, ihrer Muttergans bzw. dem Surrogat nachfolgten.

Quelle: Lorenz (1935)

überzeugend (Montada, 2002a). Zudem bedürfen empirische Hinweise einer überzeugenden Erklärung. Trotzdem wäre es ebenso vermessen, aus dem Mangel an überzeugenden empirischen Belegen für eine sensible Phase, z.B. der geistigen Entwicklung in der frühen Kindheit, die Folgerung abzuleiten, Bemühungen um eine angemessene Förderung könnten auf eine spätere Lebensphase verschoben werden (Montada, 2002a). Erstens können sich bei lang andauernder Deprivation kumulative Defizite ergeben, die immer schwieriger durch *kompensatorische Frühförderung* behoben werden können. Zweitens ist Entwicklung auch als eine Abfolge gesellschaftlicher Weichenstellungen zu beschreiben, in denen die Kontexte für die jeweils folgenden Lebensabschnitte individuell festgelegt werden. Chancengleichheit bedeutet, wie Montada (2002a) zu bedenken gibt, die Sicherung der Chancen für alle, an jedem Scheideweg im Ausbildungs- und Berufsweg die für die individuell vorhandenen Entwicklungspotenziale bestmögliche Entscheidung zu treffen. Wer als Kleinkind im Vorschulalter von seiner Familie nicht gefördert wird bzw. nicht gefördert werden kann, wird in der Grundschule Mühe haben, die geforderten Leistungen zu erbringen und wird damit eine geringere Chance haben, jene Schulabschlüsse zu erreichen, die anspruchsvollere Berufsausbildungen und Berufswege möglich machen. Das ist ein Problem, von dem besonders Kinder nichtdeutscher Herkunft in starkem Maße betroffen sind (vgl. Deutscher Kinderschutzbund & Volkswagen AG, 1998).

Derart erweisen sich bei Vorschulkindern mangelnde Lernanregungen und reduzierte Umweltreize als Hemmnisse für die intellektuelle Entwicklung (vgl. Nickel & Schmidt-Denter, 1995). Beispielsweise sinkt der Intelligenzquotient von Kindern aus sozial benachteiligten Familien immer mehr ab, je länger sie in einer anregungsarmen Umwelt leben. Er steigt dagegen an, wenn Kindern etwa in vorschulischen Erziehungseinrichtungen eine Intelligenzförderung zuteil wird. Hierbei dreht sich bei der Diskussion um die Wirksamkeit der Entwicklungsförderung alles um die Frage, ob soziokulturell bedingte Defizite abgebaut werden können (kompensatorische Erziehung).

Deshalb bleibt Entwicklungsförderung, auch über kompensatorische Förderprogramme eine

Kasten 3-11

Implikationen für die Erziehungspraxis

Wer früh gefördert wird, hat lange Vorteile

Die amerikanischen Untersuchungen zum Head-Start-Programm erbrachten gegenüber den hohen Erwartungen eine Ernüchterung. Zwar erzielten die früh geförderten Kinder im ersten Schuljahr häufig bessere Leistungen als jene in einer Kontrollgruppe, die nicht an dem Programm teilgenommen hatten; aber dieser Vorsprung ließ ab dem 2. Schuljahr nach. Die Wirkung der Förderung vor Schulbeginn war nicht stark genug gewesen, um sich längerfristig durchzusetzen. Dieser Befund bedeutet jedoch keineswegs, dass Entwicklungsförderung nicht wirkt, sondern er weist darauf hin, dass hemmende Einflüsse die Wirkung beeinträchtigen können. Als solch hemmende Einflüsse gelten die Qualität des Schulunterrichts, aber auch die familiären Anregungsbedingungen.

Viel Aufmerksamkeit haben die langfristigen Effekte des High/Scope Perry Preschool Programms gefunden (Weikart & Schweinhart, 1997). Die geförderten Kinder erzielten im Vergleich zu einer Kontrollgruppe kurzfristig bedeutsam höhere Intelligenzwerte. Bis zum Ende des zweiten Schuljahres glichen sich die Leistungen an. Allerdings blieben günstige Wirkungen auf den Schulerfolg weiterhin nachweisbar. Noch mit 27 Jahren ließen sich Langzeiteffekte nachweisen: Diese jungen Erwachsenen erzielten höhere Einkommen und einen besseren sozialen Status, nur ein kleiner Teil war auf Sozialhilfe angewiesen, die Ehestabilität war höher und die Delinquenzrate niedriger. Die beiden Autoren berechneten, dass für jeden in das Frühförderprogramm investierten Dollar 7,16 Dollar an eingesparten Sozialkosten sowie höhere Steuereinnahmen in die Staatskassen zurückgeflossen sind.

Grundsätzlich meint der Kölner Entwicklungspsychologe Ulrich Schmidt-Denter, bezüglich der Bedingungen für die Wirksamkeit der Frühförderung, dass dies umso besser möglich ist, je früher und je länger eine Förderung erfolgt. In späteren Jahren, etwa nach dem Schuleintritt, ist es weit schwieriger, einen Ausgleich zu erzielen. Der normale Schulunterricht ist dazu auch gar nicht in der Lage.

Quelle: Schmidt-Denter (2002)

---

entscheidende Aufgabe insbesondere der vorschulischen Erziehung. Versäumnisse in dieser Zeit lassen sich in der Schule schwer wieder aufholen. Für eine ausführlichere Diskussion der Förderung im Kleinkind- und Vorschulalter, zur Effizienz von Förderprogrammen sowie den Möglichkeiten und Grenzen der Entwicklungsförderung sei auf die Ausführungen von Nickel und Schmidt-Denter (1995) oder Schmidt-Denter (2002) verwiesen.

3.2.5
Sukzessive Konstruktion

Jean Piaget hat vielleicht wie kein anderer die Theoriebildung über die Entwicklung von Kindern beeinflusst. Mit dem Schwerpunkt auf der mentalen (kognitiven) Entwicklung, d.h. auf die Entwicklung von Wahrnehmung, Denken und Sprechen, hat er eine Theorie vorgelegt, die – trotz zahlreicher Veränderungen im Laufe ihres langen Entstehens – in konsistenter Weise den Aspekt der *Konstruktion* geistiger Konzepte von Wirklichkeit mit der Annahme einer invariant ablaufenden *Sequenz von Entwicklungsstufen* verbindet (vgl. Piaget, 1947).

Dabei ist Piagtets *erste Grundannahme*, dass das sich entwickelnde Kind aktiv seine Umwelt erkundet und strukturiert, dass es nach Informationen sucht und diese verarbeitet und dass es – nach Maßgabe seiner Entwicklungsvoraussetzungen – Fragen stellt. Dabei drängen die Erkenntnismöglichkeiten des Kindes förmlich nach Exploration, Erprobung und Anwendung. So erkundet ein einjähriges Kind alles, was ihm in die Hände kommt; es tastet mit Fingern und Mund alles ab, was es er-greifen und damit begreifen kann. Ein vierjähriges Kind wird mit seinen ständigen Warum-Fragen seine Eltern strapazieren. Ein Zwölfjähriger, der sich den Umgang mit dem Internet aneignet, denkt sich mit seinen gleichaltrigen Freunden Suchmöglichkeiten aus, mit denen die neue Kompetenz erprobt werden kann.

Piagets *zweite Grundannahme* ist, dass der Fortschritt der kindlichen Erkenntnisfähigkeiten in Sequenzen von einfachen zu komplexen, leistungsfähigeren mentalen Strukturen erfolgt. Dabei bilden Probleme und Widersprüche, die sich aus der Anwendung der einfacheren Strukturen ergeben, die Motoren der kognitiven Entwicklung. In dem Sinne bedeutet die Lösung eines Problems oder die Auflösung eines Widerspruchs den Aufbau einer komplexeren kognitiven Struktur; die Erkenntnisfähigkeit ist differenzierter geworden.

Zentral für den sukzessiven Aufbau mentaler Strukturen zunehmender Komplexität, und das ist eine *dritte Grundannahme* Piagets, ist der fortlaufende Prozess der Auseinandersetzung der Person mit ihrer Umwelt in Form der komplementären Mechanismen Assimilation und Akkommodation. Assimilation bedeutet das Anpassen der Umweltgegebenheiten an die Handlungs- und Vorstellungswelt des Kindes entsprechend seiner entwicklungsbedingten Möglichkeiten; Akkommodation beschreibt den entgegengesetzten Mechanismus, nämlich die Anpassung der Handlungs- und Vorstellungswelt an die Gegebenheiten der Umwelt.

Die *vierte Grundannahme* Piagets ist die, wonach der Aufbau immer komplexerer, damit differenzierterer und flexiblerer mentaler Erkenntnisstrukturen nicht eine beliebige, sondern eine sachlich wie logisch geordnete Abfolge von Konstruktionsschritten bildet (Aebli, 1981; Edelstein & Hoppe-Graf, 1993), die sich in vier Stadien der kognitiven Entwicklung beschreiben lässt (vgl. Montada, 2002b für eine ausführliche Darstellung der geistigen Entwicklung aus der Sicht Jean Piagets).

Jean Piaget wendet den *Konstruktivismus* als eine epistemologische Kategorie aus der Erkenntnisphilosophie auf den Menschen an. Derart baut der Mensch dauernd neue Erkenntnis- oder Wissens-Schemata auf bzw. differenziert alte und integriert sie in neue. Diese *kognitiven Schemata* sind nicht Abbilder der dargestellten Welt, sondern aus den verfügbaren Erkenntnismitteln aufgebaute oder eben geistig konstruierte kognitive Strukturen, mit deren Hilfe die Welt erkenntnismäßig und handelnd bewältigt werden soll. Piaget sieht den Menschen als einen, der in *Austauschprozessen* mit seiner Welt steht. Die Basisfunktion dieses Austausches sind die funktionellen Invarianten der Adaptation (d.h. Assimilation und Akkommodation) und die Strukturbildung. Damit sind es hauptsächlich innerorganismische Aktivitäten, die diesen Austausch leiten. Deshalb kann Piagets Theorie organismisch genannt werden. Aber sie ist deshalb nicht endogenistisch, da der Entwicklung konstituierende Austausch reziprok ist. Die kognitiven Erkenntnisschemata entwickeln sich nur in Auseinandersetzung mit Weltgegebenheiten und in gegenseitiger Abstimmung. Deshalb auch versteht sich Piaget als Interaktionist und Konstruktivist. Bekanntlich sieht Piaget *das Kind* als *aktiven Organismus*, der bei seinen Versuchen, die Welt kennen zu lernen, Fragen und Probleme stellt. Der Fortschritt besteht dann für das Kind darin, neue Formen zu erfinden, die Welt zu befragen und neue Welteigenschaften zu erkennen.

Diese in Piagets Ansatz (wie in aktuellen kognitiven Theorien) vertretene Auffassung eines aktiven Lernens hat mehrfache Bedeutung für die Erziehungspsychologie. Es wird offensichtlich, dass Veränderungen im Verständnis, aber auch in Fertigkeiten oder persönlichen Überzeugungen, nicht einfach von außen durch Erziehungsmaßnahmen hervorgerufen oder gar determiniert werden können. Erziehung kann Möglichkeiten für Erfahrungen schaffen, kann zu einer geistigen und handelnden Auseinandersetzung mit Dingen oder Problemen und zur Erprobung persönlicher Fähigkeiten anregen; sie kann Hilfestellungen und Rückmeldungen geben. Aber das Deuten von Situationen, das Suchen nach Bedeutung, das Auswählen, Organisieren und Abstimmen von Information, all dies liegt letztendlich in den Händen der handelnden und sich entwickelnden Person.

In seinen empirischen Untersuchungen mit Vorschul- und Schulkindern stützte sich Piaget gewöhnlich auf das *klinische Gespräch*. Dieses impliziert eine kettenartige verbale Interaktion zwischen Versuchsleiter und Kind. Den Anfang macht dabei der Versuchsleiter, indem er eine Aufgabe oder eine Frage stellt, jedoch in seinen nachfolgenden Fragen nimmt er sich zurück, und er lässt sich von den Antworten des Kindes leiten. Das folgende Gespräch zwischen Piaget (P) und einem fünfjährigen Kind (K) illustriert die klinische Methode (vgl. Piaget, 1926; nach Miller, 1993, S. 55):

P: Woher kommt der Traum?
K: Ich glaube, man schläft so gut, dass man träumt.
P: Kommt er aus uns oder von außen?
K: Von außen.
P: Womit träumt man?
K: Ich weiß nicht.
P: Mit den Händen? Mit nichts?
K: Ja, mit nichts.
P: Wenn du im Bett bist und träumst, wo ist dann der Traum?
K: In meinem Bett, in der Decke. Ich weiß nicht. Wenn sie in meinem Bauch wären, dann wären Knochen da, und man würde es nicht sehen.
P: Ist der Traum da, wenn du schläfst?
K: Ja, er ist in meinem Bett neben mir.
usw.

In seinen späteren Arbeiten kombinierte Piaget diese Gespräche oft mit der Manipulation von Gegenständen durch einen Versuchsleiter oder das Kind, und zwar vor allem, als er numerische und physikalische Konzepte und die Entwicklung im Bereich der Wahrnehmung untersuchte. Piaget breitete dann beispielsweise eine Reihe von Gegenständen vor dem Kind aus und fragte es bei einem zweiten Durchgang, ob sich die Anzahl der Gegenstände verändert habe.

Dabei entdecken Kinder kreativ und selbstständig oder durch Nachahmung; es ist immer handelnde und denkende Aktivität erforderlich, weshalb es zutreffend ist, von Konstruktivismus zu sprechen (vgl. Edelstein & Hoppe-Graf, 1993). In aktiver Auseinandersetzung mit Gegebenheiten, mit eigenen oder vorgegebenen Fragen und Problemen schafft sich das Kind – teils unter Anleitung – seine Strukturen des Handelns und Erkennens. Aus dieser Haltung heraus erklärt sich Piagets Favorisierung der selbsttätigen Entdeckung, der klinischen und genetischen Methode, auch der Bedeutung der Interaktion der Kinder mit Gleichaltrigen für die kognitive Entwicklung, da gerade hier weniger die Gefahr besteht, dass sich eine übermächtige Autorität unverstanden und an den kindlichen Interessen vorbei durchsetzt.

Im Lichte dieser Überlegungen bildet Piagets *klinische Methode* der Befragung von Kindern zu Phänomenen und Problemen bereits die ideale Methode des Unterrichtens und Lehrens: Probleme werden gestellt, aber keine Lösungen durchgesetzt. Der Erwachsene beginnt mit einer Frage zu einem Phänomen oder Problem, die zu Lösungen oder Lösungsversuchen führt. Diese wiederum geben Anlass, die Lernenden mit Alternativen oder gegenteiligen Meinungen zu konfrontieren, Antworten und Implikationen aufzuzeigen und zu erfragen, Begründungen herauszulocken und damit die Problemlage und den Lösungsversuch zu klären. Dies wiederum vermittelt Anstöße zur Elaboration einer Lösung (vgl. Aebli, 1993) und damit zur Reorganisation des kognitiven Systems.

An dieser Stelle schneiden sich Piagets Überlegungen und die Postulate seiner konstruktivistischen Entwicklungs- und Lerntheorie mit einem höchst bedeutungsvollen Aspekt der Pädagogik Maria Montessoris. Auch sie vertrat den Gedanken, dass sich das Kind durch die *aktive*, produktive Beziehung seiner Potenzialitäten zu seiner Umwelt entwickelt und dass sich ihm dabei immer neue Bereiche und Strukturen der Wirklichkeit eröffnen. Aufgabe ihrer *indirekten Erziehung* ist (ganz ähnlich wie bei Piaget), diese Umwelt so auszugestalten, dass von ihr – entsprechend der Entwicklungsvoraussetzungen des Kindes – optimale Lern- und Entwicklungsanreize ausgehen. Montessori bezeichnet dies als die «*vorbereitete Umgebung*». Ihre Bereitstellung zählt sie zur Grundaufgabe indirekter Erziehung. Die vorbereitete Umgebung (bei Piaget sind es Aufgaben und Probleme) soll das Kind anregen und in den Stand versetzen, seinen eigenen Lerninteressen nachzugehen. Das bedeutet, die vorbereitete Umgebung muss so gestaltet sein, dass sie vielfältige Anregungen zu verschiedensten Tätigkeiten bietet. Montessori sagte einmal, die Gegenstände in der vorbereiteten Umgebung hätten «Stimmen», welche die Aufmerksamkeit des Kindes auf sich ziehen und es zum Handeln anregen (vgl. Montessori, 1992; nach Berg, 2002, S. 29). Daraus den Schluss zu ziehen, es genüge, Kinder in Ruhe zu lassen und sie sich selbst zu überlassen, wäre ein grobes Missverständnis. Zweifellos muss auch dem Kind über *direkte Erziehung* in der vorbereiteten Umgebung geholfen werden, aber nur dann, wenn das Bedürfnis für Hilfe da ist: Hilf mir, es selbst zu tun! Schon ein Zuviel dieser Hilfe stört das Kind! Lernen ist, so würde Piaget es bezeichnen, eine *selbstkonstruktive Aktivität*, die das lernende und entdeckende Kind begleitet, ihm aber keine Lösungen vorgibt.

Trotz vieler Versuche, die Theorie Piagets zu widerlegen, haben sich seine Ideen von den Stufen der Entwicklung auch infolge zahlloser empirischer Untersuchungen grundsätzlich erhalten und weitgehend etablieren können. Ungeachtet seiner großen Verdienste zum Verständnis der Genese der kognitiven Entwicklung gibt es auch zahllose Kritiker, auf die im Rahmen dieses Lehrbuches nicht eingegangen werden kann (vgl. zur Piaget Kritik Lourenço & Machado, 1996). Zweifellos ist es so, wie Hans Aebli (1980; 1981) zutreffend geschrieben hat, dass auch ein überragender Forscher wie Piaget in seinem Forscherleben nicht alle Fragen hat beantworten können. Aber mit den Erkenntnissen, die er auf seine Fragen geliefert hat, muss man sich kritisch auseinandersetzen. Piaget hat zwar den Strukturalismus und Konstruktivismus in die Entwicklungspsychologie eingeführt, aber, wie Aebli zu bedenken gibt, nur einen kleinen Ausschnitt aus dem Reichtum der sich entwickelnden kindlichen Strukturen beschrieben.

3.2.6
Zone der nächsten Entwicklung

Den Begriff der Zone der nächsten Entwicklung (ZNE) hat Lev Vygotsky in den 1920er-Jahren in die Psychologie eingeführt. Mit Beginn der 1980er-Jahre wurde das Konzept erneut aufgegriffen und erlebt seitdem in der Entwicklungspsychologie sowie in der Lehr-/Lernpsychologie eine eigentliche Renaissance (vgl. Forman, Minick & Addison Stone, 1993; Oerter, 2002). Folgt man Vygotsky (1987), so liegt die ursprüngliche Quelle für die Entwicklung der intellektuellen Fähigkeiten von Kindern in der gemeinsamen und kooperativen Zusammenarbeit mit anderen Menschen. Ihr kommt deshalb auch für die Entwicklung selbstständigen Handelns eine besondere Bedeutung zu. Lernen initiiert eine Vielzahl innerer Entwicklungsprozesse, die nur dann ablaufen können, wenn das Kind mit Menschen in seiner Umgebung kooperieren und interagieren kann. Der kompetentere Andere baut auf die Fähigkeiten auf, über die das Kind bereits verfügt, und konfrontiert es mit Aktivitäten, die ein Kompetenzniveau erfordern, das etwas über dem aktuellen Fähigkeitsniveau des Kindes liegt.

Kasten 3-12

Das Konzept der Zone der nächsten Entwicklung – eine Begriffsdefinition

Die *Zone der nächsten Entwicklung* ist die Distanz zwischen dem aktuellen Entwicklungsniveau eines Kindes – bestimmt durch seine Fähigkeit, Probleme ohne externe Hilfe zu meistern – und der nächst höheren (potenziell möglichen) Entwicklungsebene, die sich durch seine Fähigkeit bestimmt, Probleme unter Anleitung kompetenterer Anderer zu lösen.

Mit Unterstützung eines kompetenteren Anderen baut das Kind aktiv neues Wissen und neue Fertigkeiten auf. Dabei kann das Kind einen höheren Entwicklungsstand erreichen, als dies nach seinem aktuellen Entwicklungsniveau zu erwarten wäre (vgl. die schematisierte Darstellung in Abb. 3.3). Kinder beteiligen sich insofern aktiv, als sie durch ihre Motivation zum Lernen den kompetenteren Anderen, der nicht ein Erwachsener zu sein braucht, sondern auch ein Gleichaltriger oder Jüngerer sein kann, auffordern, sich zu beteiligen. Das Verhalten des Kindes beeinflusst den Anderen ebenso sehr wie dieser das Kind. Dabei führt der Weg von der Bewältigung einer Aufgabe durch Belehrung zu ihrer selbstständigen Meisterung.

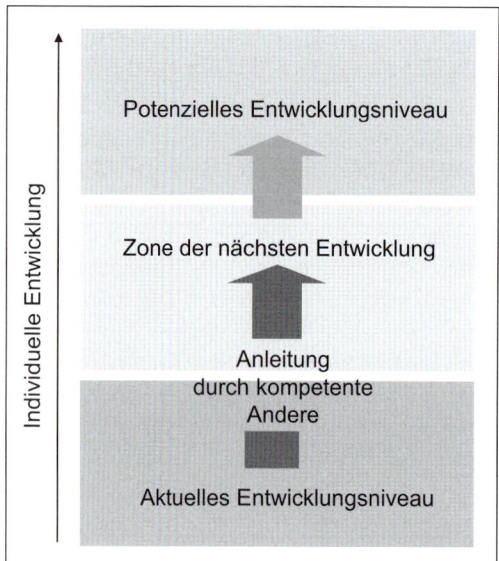

Abbildung 3.3: Das Konzept der nächsten Entwicklung

In diesem Zusammenhang unterscheidet Oerter (2002) drei Typen von Zonen der nächsten Entwicklung:

Intentionale Instruktion. Der erste Typus umfasst alle Formen intentionaler Belehrung, sowohl informelle als auch formelle Lehre und Erziehung. Wenn der Vater seinem Kind bei einem Vorhaben hilft, findet Entwicklung innerhalb der ZNE ebenso statt wie im schulischen Unterricht, wenn der Lehrer mit seinen Hinweisen dem Schüler beim Lösen einer mathematischen Aufgabe hilft, deren Schwierigkeitsgrad etwas über dem Entwicklungsniveau des Schülers liegt.

Stimulierende Umgebung. Der zweite Typus stellt eine Form der Entwicklungsförderung dar, durch die eine anregungsreiche und stimulierende Umgebung hergestellt wird. Darunter fallen stimulierende Objekte wie Bücher, Konstruktionsspielzeug oder Malutensilien.

Das Spiel. Der dritte Typus der ZNE ist das Spiel selbst. Idealerweise schafft das Spiel die ZNE, weil sich Kinder im Spiel laufend auf das Niveau oberhalb des aktuellen Entwicklungsstandes begeben können. Allerdings muss einschränkend gesagt werden, dass das Spiel oft auf einem niedrigeren Niveau als dem bereits erreichten stattfindet.

Die Kinder greifen dabei auf Muster zurück, die in Form von soziokulturellen Elementen vorgegeben und bereits zusammengefügt sind. Beispielsweise legen Kinder im gemeinsamen Spiel mit Vater und Mutter keineswegs irgendein beliebiges Verhalten an den Tag, sondern müssen den Regeln mütterlichen und väterlichen Verhaltens folgen. Damit bildet, analog zu Montessoris «vorbereiteter Umgebung», die sozial und kulturell vorgestaltete Umwelt den Rahmen, worin sich das Kind seine Realität aneignen, aber selbst auch aktiv umgestalten oder sogar neu schaffen kann. Demnach teilt der theoretische Ansatz der Zone der nächsten Entwicklung die wesentlichen Grundmerkmale mit dem entwicklungsbezogenen Kontextualismus.

Jaan Valsiner (1997) hat später das Konzept der ZNE um zwei Begriffe erweitert, um es für Erziehung und Sozialisation noch fruchtbarer zu machen. Er schlägt vor, die *ZNE* als Bindeglied zwischen einer Zone der freien Bewegung und einer Zone der geförderten Handlung zu verstehen (vgl. **Abb. 3.4**).

Dabei bezeichnet die *Zone der freien Bewegung (ZFB)* das, was für ein Kind zu einer bestimmten Zeit seiner Entwicklung erreichbar ist.

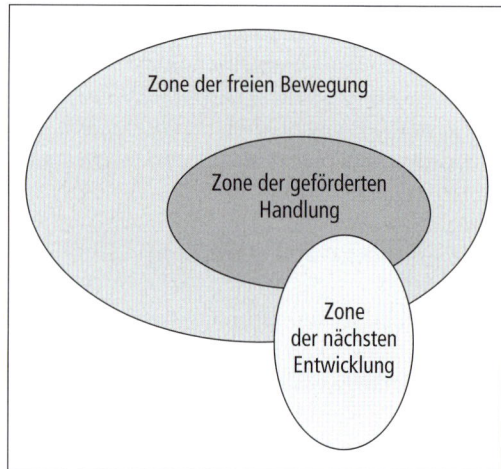

Abbildung 3.4: Die Zone der nächsten Entwicklung (ZNE) und ihr Verhältnis zur Zone der freien Bewegung (ZFB) und zur Zone der geförderten Handlung (ZGH)

Die Grenzen der ZFB werden ständig neu festgelegt. Dabei existieren für ein Kind auch immer Gegenstände, die es nicht erreichen kann; so ist es auch einem Neunjährigen noch untersagt, dass er sich im Kino bestimmte Filme ansehen oder sich am Kiosk alle gewünschten Zeitschriften kaufen darf. Auch Jugendlichen sind solche Einschränkungen auferlegt, indem sie mit 14 Jahren abends weder beliebig lange wegbleiben dürfen noch Rauchen oder Alkohol konsumieren sollten.

Die *Zone der geförderten Handlung (ZGH)* wird durch eine Gruppe von Aktivitäten, Gegenständen oder räumlich-physischen Umwelten gebildet, die den kulturell gewünschten Entwicklungszielen förderlich sind. Beispielsweise manifestiert sich die ZGH als Curriculum in den Schulen, aber ebenso in den Erziehungsvorstellungen der Eltern, wobei diese kulturell wie familiär stark variieren können.

Abbildung 3.4 illustriert schematisch das Ineinandergreifen der drei Zonen. Dabei ist einerseits die ZFB größer als die ZGH, da dem Kind in aller Regel mehr Möglichkeiten zur Exploration, Interessenbildung und des Lernens zur Verfügung stehen, als intentional, also etwa über Erziehung, von der sozialen, familiären Umgebung gefördert werden. Andererseits wird die ZFB für bestimmte Erziehungsabsichten beschränkt und schrumpft dann bis zum Rand der ZNE zurück.

Weiter weist die Abbildung 3.4 noch auf einen anderen Sachverhalt hin: Die ZNE ist größer als das, was aktuell gefördert wird (ZGH), und als das, was für ein Kind erreichbar wäre (ZFB). Das bedeutet, dass in jeder Kultur, aber ebenso in jeder Familie die Zone der nächsten Entwicklung mehr oder weniger eingeschränkt werden kann. In dem Sinne kann man zeigen, dass eine sukzessive Ausweitung der ZFB etwa für die Übernahme von mehr Verantwortung und letztendlich für die Moral- und Persönlichkeitsentwicklung Heranwachsender wichtig ist (vgl. Oerter, 1992).

Von daher wird unmittelbar deutlich, dass der Bereich der nächsten oder nächst höheren Entwicklung nicht nur als Konzept sowohl für die kindliche Erziehung und Bildung als auch für das sich am Prinzip der Kooperation orientierte Lernen eine zentrale Rolle spielt, sondern auch für das Verstehen von Entwicklungsprozessen bedeutsam ist (vgl. Forman, Minick & Addison

Kasten 3-13

Das Prinzip der gelenkten Teilnahme – eine Begriffsdefinition

Lernen und Erziehung sind, folgt man dem *Konzept der gelenkten Teilnahme* (guided participation), dann besonders erfolgreich, wenn der Lernende oder zu Erziehende, angeleitet und unterstützt von kompetenten und von ihm anerkannten Sozialpartnern, aktiv und eigenverantwortlich an der Bewältigung von zunehmend komplexeren Aufgaben teilnimmt. Derart erwerben sich Kinder im Austausch mit anderen Kindern oder Erwachsenen, durch gelenkte Teilnahme und Aneignung mittels soziokultureller Praktiken, Fähigkeiten und Fertigkeiten. Experten unterstützen dabei Novizen in der Strukturierung der Aufgabe in zu bewältigende Zwischenschritte, wobei die Novizen selbst in diesem Prozess in immer verantwortlichere Rollen hineinwachsen.

Derart wird Lernen zum reziproken, bidirektionalen oder transaktionalen Lernprozess, in dem sowohl der Novize vom Experten als auch der Experte vom Novizen lernen kann. Alltagsprobleme unter Gleichaltrigen oder in der Familie ebenso wie schulische Lernprobleme können in Dyaden oder Kleingruppen gelöst werden, in dem die jeweils kompetenteren Anderen für ihre etwas weniger kompetenten Partner eine ZNE schaffen und ihnen damit ermöglichen, sie über ihren derzeitigen Entwicklungsstand hinauszuführen. Lernende und Lehrende tauschen zeitweilig ihre Funktionen und lernen voneinander: Es ist *Lernen durch Lehren*.

Quelle: Rogoff, Mistry, Göncü & Mosier (1993)

Stone, 1993). Beispielsweise integrierten Rogoff, Mistry, Göncü und Mosier (1993) die theoretische Konzeption Vygotskys mit jener von Gibson, Dewey und Piaget, wenn sie die kognitive Entwicklung grundsätzlich als Lehrlingszeit in einem soziokulturellen Kontext beschreiben.

Dabei sind es nicht nur die direkten erzieherischen Einwirkungen, die erzieherisches Handeln und in der Folge Persönlichkeitsentwicklung oder Leistungsmotivation eines Kindes günstig beeinflussen. Zusätzlich sind es auch die Anregungen durch die Umwelt, wozu Spielmaterialien, Mal- und Bastelgeräte sowie Möglichkeiten der Exploration von neuen Umwelten wie Tierparks, Museen oder Naturlandschaften gehören. Die Diskrepanz, in Form der ZNE, muss genau dosiert sein, indem das Kind den unmittelbar nächsten Entwicklungsschritt sich eben gerade noch aneignen kann. Folgerichtig führt Erziehung grundsätzlich immer von der Bewältigung der Aufgabe durch dosierte Anleitung und der gerade noch notwendigen Unterstützung (innerhalb der ZNE) zu ihrer selbstständigen Meisterung.

Allerdings impliziert die Zone der nächsten Entwicklung, dass es keine allgemeingültigen Aussagen über den Entwicklungsstand einer bestimmten Altersgruppe geben kann; vielmehr kann die *Zone der aktuellen Leistung* und damit auch die *Zone der nächsten Entwicklung* von Kind zu Kind mehr oder weniger variieren. Auch bedeutet es, dass die Entwicklung als ständiges Wechselspiel zwischen bereits Erreichtem und darüber hinausgehend Möglichem (und damit als Zunahme an Selbstständigkeit) zu verstehen ist. Damit werden nicht Überforde-

---

Kasten 3-14

Implikationen für die Erziehungspraxis

Hilf mir, mir selbst zu helfen!

Erziehung hat die Aufgabe, sich auf das jeweils erreichte Entwicklungsniveau eines Kindes einzustellen. Das heißt vor allem, die jeweilige *Zone der nächsten Entwicklung* aufzudecken und entwicklungsförderliche Inhalte, Mittel und Bedingungen der gemeinsamen und individuellen Tätigkeit zu schaffen, anzubieten und anzuregen. Dabei ist eine entwicklungsförderliche Erziehung diejenige, die der Entwicklung des Kindes etwas vorauseilt. Damit ergibt sich kein Widerspruch zur bekannten Forderung, Kinder dort abzuholen, wo sie sich in ihrer Entwicklung gerade befinden. Der Entwicklungsprozess selbst wird differenziert und dynamisch gesehen. So erweist sich die *Zone der nächsten Entwicklung* als förderlich für eine Erziehung zur kindzentrierten Selbstständigkeit (Oerter, 1992). Das, durch *dosierte Anleitung* durch einen kompetenten Sozialpartner unterstützte, Selber-machen-Wollen des Kindes ist der entscheidende Ansatzpunkt für die Schaffung einer *Zone der nächsten Ent-* *wicklung.* Wer demnach für Kinder etwas tut, was diese selbst tun können oder lernen sollten, behindert ihre Entwicklung. Deshalb sollten die kompetenteren Anderen unnötige Hilfe vermeiden. *Man hilft nämlich Kindern nicht, wenn man etwas für sie tut, was sie selbst tun können.* Folgerichtig sollte man sich von der Idee leiten lassen: Hilf mir, es allein zu tun! In einer anderen Version lautet dieser Satz vielleicht noch treffender: *Hilf mir, mir selbst zu helfen.* Dieser Satz weist darauf hin, dass die Zurücknahme der Aktivität des Erziehers keineswegs ein passives Verhalten meint. Zugespitzt formuliert, und unter Anknüpfung an die von Montessori in den 1930er-Jahren formulierten Ideen, heißt das, dass der Erzieher die Rolle eines Helfers annehmen soll. Kindern helfen, bedeutet aber nicht, sie zu bedienen oder gar zu entmündigen. Wer nämlich bedient wird, statt dass man ihm hilft, nimmt in gewissem Sinne an seiner Unabhängigkeit Schaden.

rung und ungestümes Vorwärtsstürmen propagiert. Die Realisierung von Entwicklungskompetenzen zielt auf das Erreichen weiterer Zonen der aktuellen Leistung, die stabilisiert werden müssen, um als Basis für neue Zonen der nächsten Entwicklung zu dienen. Übung, Festigung und Ruhen, stehen einer kultur-historischen Entwicklungs- und Erziehungskonzeption keineswegs entgegen.

3.3
Individuelle Entwicklungsaufgaben und kritische Lebensereignisse

Um ontogenetische Veränderungen über die gesamte Lebensspanne beschreibend zu gliedern, wird immer wieder Robert Havighursts (1948) Konzept der Entwicklungsaufgaben aufgegriffen. Er übernahm von Erik Erikson (1976) die Idee, den Lebenslauf als eine Folge von Lernaufgaben zu strukturieren, die er Entwicklungsaufgaben nannte.

Dabei stellen sich Entwicklungsaufgaben erstens aufgrund *biologischer Prozesse der physischen Reifung*, wie z. B. Laufen oder Sprechen lernen oder die durch die Geschlechtsreife in der Pubertät bedingten körperlichen Veränderungen, das Akzeptieren der Geschlechtsrolle oder die Anpassung an die Menopause für Erwachsene in der Lebensmitte. Dann gibt es zweitens Aufgaben, die einer Person durch *gesellschaftliche Erwartungen* erwachsen, worin sich wiederum ihre kulturelle und historische Relativität begründet, wie z. B. Lesen lernen, eine Familie gründen oder bürgerliche Pflichten und Verantwortlichkeiten übernehmen. Zu diesen gesellschaftlich und kulturell vermittelten Strukturierungen des Lebenslaufs und lebenslanger Entwicklung gehören auch die normativen Vorstellungen über die Entwicklung in den verschiedenen Lebensphasen während des Lebenslaufs. Schließlich wurzeln die Entwicklungsaufgaben in den *individuellen Zielsetzungen und Werten* einer Person, die einen Teil ihres Selbst ausmachen, wie etwa sich einer Clique anschließen oder eine berufliche Karriere anstreben. Hierbei führt die erfolgreiche Bewältigung von Entwicklungsaufgaben zu persönlicher Zufriedenheit und Glück, die nicht erfolgreiche zu Unzufriedenheit und sozialem Druck. Dabei bestimmt die Art der Bewältigung früherer Aufgaben die der folgenden. So sind Entwicklungsaufgaben für Jugendliche zwischen den vorausgehenden Aufgaben der mittleren Kindheit und nachfolgenden des frühen Erwachsenenalters eingebettet (vgl. Abb. 3.5).

Die in Abbildung 3.5 eingetragenen Verbindungslinien verweisen auf die Interdependenz zwischen den verschiedenen Aufgaben. Dabei fällt auf, dass keine der Entwicklungsaufgaben im Jugendalter eine isolierte Thematik darstellt. Einige stellen eine Weiterführung von Aufgaben aus der Kindheit dar, andere beginnen zwar im Jugendalter, setzen sich aber im frühen Erwachsenenalter fort. Diese Vernetzung von Entwicklungsanforderungen kann als ein Spezifikum der Entwicklungslage Jugendlicher interpretiert werden. Insofern verdeutlicht das Entwicklungsaufgabenkonzept, dass es sich beim Jugendalter

Kasten 3-15

Das Konzept der Entwicklungsaufgabe – eine Begriffsdefinition

Unter einer *Entwicklungsaufgabe* werden prototypische Anforderungen oder Lernaufgaben verstanden, die im Verlaufe bestimmter Lebensphasen zu bewältigen sind. So sind zahlreiche Entwicklungsaufgaben für jede Lebensperiode spezifiziert worden, deren Bewältigung Entwicklung erfordern. Darunter fallen die Kontrolle der Ausscheidungsfunktion im frühen Kindesalter ebenso wie die Anpassung an schulische Anforderungen in der Kindheit oder die Gewinnung eines neuen Verhältnisses zu den Gleichaltrigen oder das Erreichen emotionaler Unabhängigkeit von den Eltern und anderen Erwachsenen im Jugendalter bis hin zur Familiengründung oder der Bewältigung des Verlustes sozialer Rollen im höheren Alter. Derart gliedern Entwicklungsaufgaben den Lebenslauf.

Quelle: Oerter & Dreher (2002)

Erziehungspsychologie

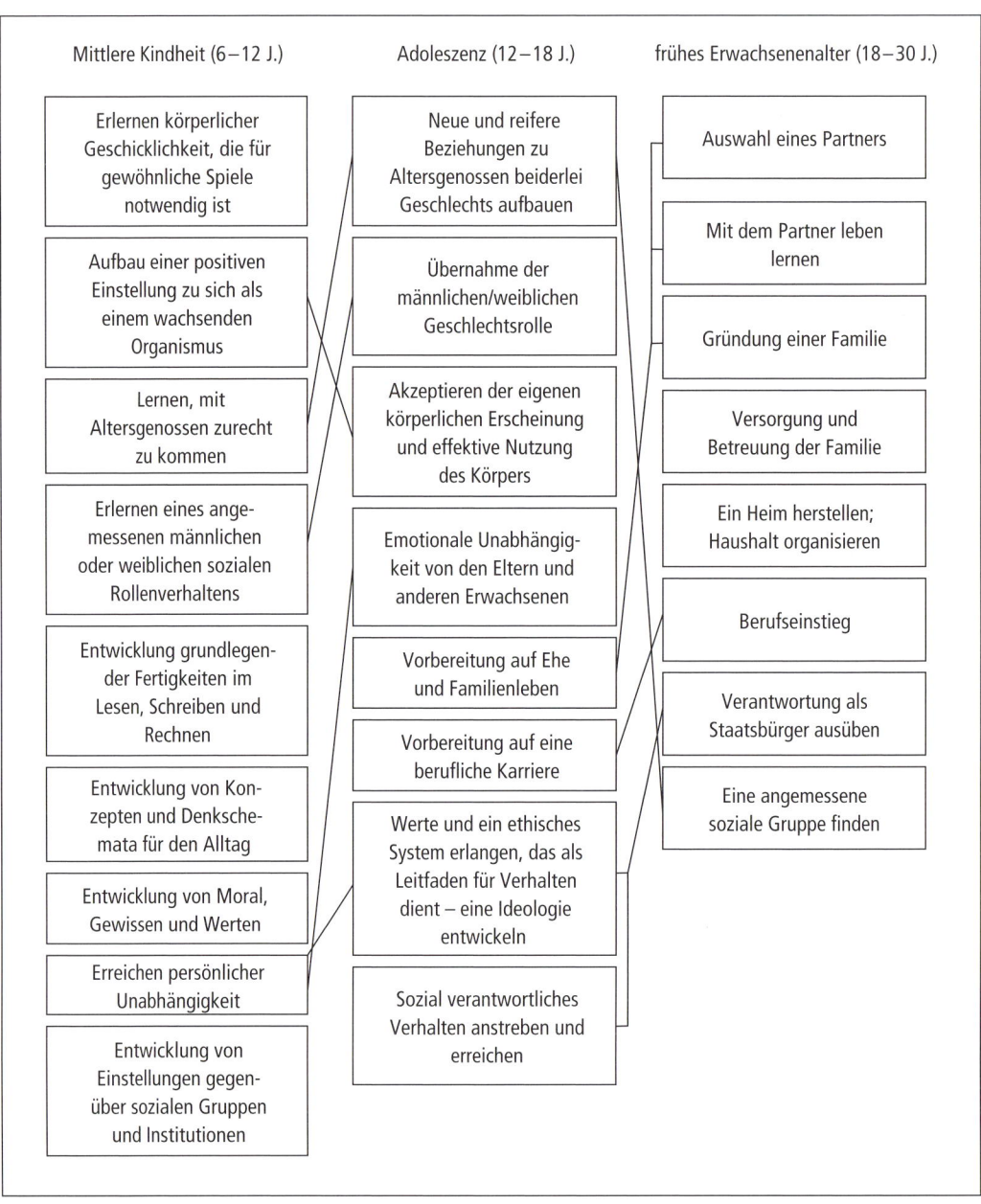

Abbildung 3.5: Entwicklungsaufgaben des Jugendlichen nach Havighurst – dargestellt unter der Perspektive des Übergangs zwischen Kindheit und frühem Erwachsenenalter (nach Oerter & Dreher, 2002, S. 270)

um eine recht konzentrierte Phase multipler Bewältigungen handelt, die sowohl auf Ergebnissen früherer Aufgaben beruhen als auch bestimmend sind für die Anforderungen des Erwachsenenalters.

Aus den Studien zur Frage nach der Gültigkeit von Entwicklungsaufgaben im Jugendalter ergeben sich folgende Revisionen (vgl. Dreher & Dreher, 1985; Oerter & Dreher, 2002): Die Thematiken sieben und acht (Werte/sozial verantwortliches Verhalten) werden interessanterweise nicht als getrennte, sondern gemeinsame Ent-

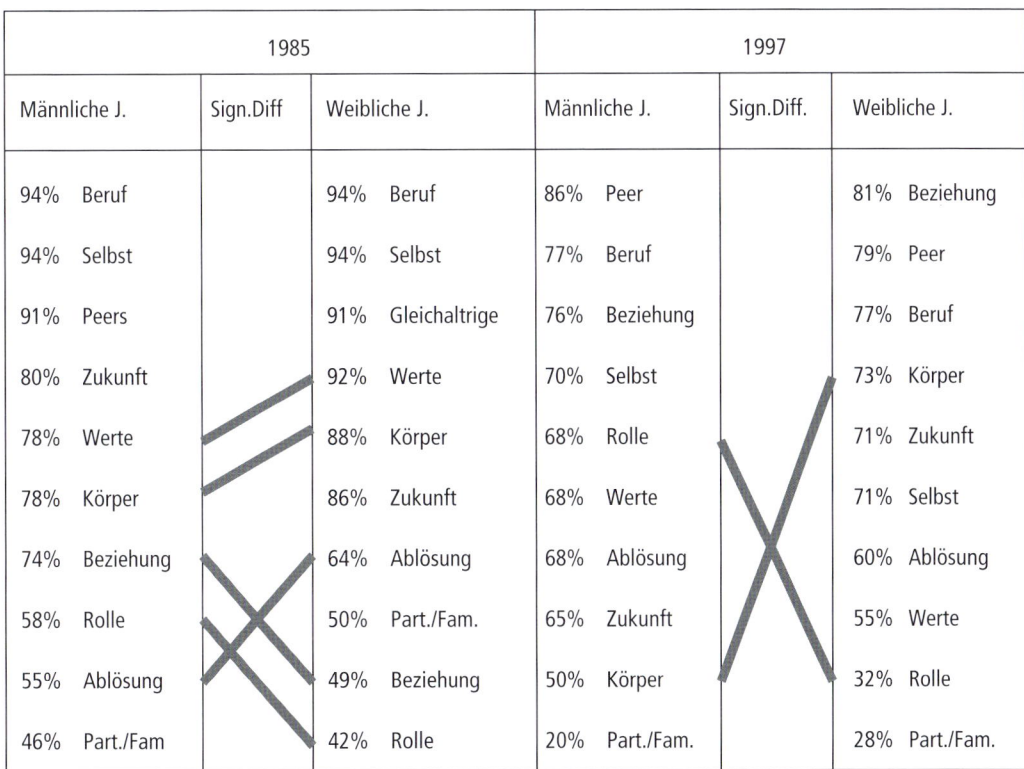

Abbildung 3.6: Bedeutsamkeitseinschätzungen der Entwicklungsaufgaben von männlichen und weiblichen Jugendlichen im Vergleich 1985 und 1997. Die Prozentangaben beziehen sich auf die Zustimmung zu den Kategorien «sehr wichtig» und «wichtig». Verbindungslinien geben signifikante Differenzen an (nach Oerter & Dreher, 2002, S. 272)

wicklungsaufgaben betrachtet. Ergänzend werden die Thematiken der Partnerbeziehung, Selbsterkenntnis und Zukunftsplanung als Entwicklungsaufgaben festgelegt. Außerdem zeigen die Befunde aus zeitlich ca. zehn Jahren auseinander liegenden Untersuchungen, sowohl für geschlechtsspezifische Unterschiede als auch im zeitbezogenen Vergleich, für einige der Entwicklungsaufgaben eine konstante Bedeutsamkeit, für andere aber treten unterschiedliche Bedeutsamkeitstendenzen auf (vgl. Abb. 3.6).

Im Vergleich der Rangplätze fällt auf, dass die Entwicklungsaufgaben «Beruf» und «Peergruppe» zeit- und geschlechtsbezogen gleich bedeutsam sind. Ein gegenläufiger Trend zeigt sich für die Position der Entwicklungsaufgabe «Selbst» und «Beziehung»: Männliche wie weibliche Jugendliche zählen diese Thematik der Freundschaftsbeziehungen zur Spitzengruppe; 1985 lag sie bei Jungen auf Rang sieben, bei Mädchen auf Rang neun. Schaut man sich die geschlechtsspezifischen Unterschiede an, die sich noch 1985 in der Bedeutsamkeitseinschätzung der Entwicklungsaufgaben Werte, Körper, Ablösung, Beziehung und Rolle zeigten, sind zwei Thematiken sowohl über die Zeit als auch in der geschlechtsspezifischen Bewertung konstant geblieben: Akzeptanz des Aussehens und körperliche Veränderungen haben für Mädchen eine höhere Bedeutung als für Jungen, wogegen für Jungen die Aneignung der geschlechtsspezifischen Rolle bedeutsamer bleibt als für Mädchen. Zudem zeigt sich, dass die Ablösung vom Elternhaus im Vergleich der Geschlechter eine etwa gleichrangige Bedeutung aufweist.

Darüber hinaus müssen für Jugendliche einer bestimmten Altersstufe die verschiedenen Entwicklungsaufgaben nicht alle gleich bedeutsam sein. Auch Coleman und Hendry (1990) betonen, dass Jugendliche die einzelnen Themen, wenn möglich nicht gleichzeitig, sondern nacheinander bearbeiten, um sich auf diese Weise vor Überforderungen zu schützen. Reihenfolge und Intensität, mit der Jugendliche sich den verschiedenen Aufgaben widmen, variiert in Abhängigkeit von ihren individuellen Vorerfahrungen und ihrer aktuellen Lebenssituation. Deshalb können die einzelnen Aufgaben auch bei Gleichaltrigen zu einem bestimmten Zeitpunkt unterschiedlich bedeutsam sein. Entscheidend für die Attraktivität eines Umfelds sollte demnach die von den Jugendlichen erlebte Passung zwischen ihren Wünschen und Zielen und den in einem Umfeld vorgegebenen Opportunitätsstrukturen für diese Wünsche sein. Unterschiedliche Umwelten bieten somit unterschiedliche Anreize und Entwicklungsmöglichkeiten.

Die *Entwicklungsaufgabe der Ablösung im Jugendalter* kann an dieser Stelle als ein exemplarisches Beispiel dienen (vgl. Papastefanou, 1997): Eine entwicklungspsychologische Perspektive impliziert die Gewinnung von Autonomie gegenüber den eigenen Eltern als zentrale Entwicklungsaufgabe im Jugendalter, die mit anderen Entwicklungsaufgaben zusammenhängt, vor allem mit der Erweiterung von Kontakten zu Gleichaltrigen, dem Aufbau intimer Beziehungen, der Findung persönlicher Identität und der Bemühungen um Ausbildung und berufliche Orientierung. Die *Interdependenz* von Entwicklungsthematiken bildet das Netz fördernder und hemmender Bedingungen für weitere Entwicklungsschritte. *Ablösung* bedeutet in keinster Weise «Bruch mit den Eltern» oder «Ende der Beziehung» und auch nicht «Auszug von zu Hause». Zwar mag sich in der räumlichen Distanz das Faktum der Trennung konkretisieren, als zentral für die Veränderung der Beziehung zu den Eltern wird im subjektiven Erleben junger Erwachsener aber vor allem das Gefühl der *Selbstbestimmung* und der *Wegfall elterlicher Kontrolle,* jedoch nicht so sehr die eigene Wohnung und schon gar nicht die emotionale Unabhängigkeit gesehen. Letztendlich misst sich das Gelingen in der Bewältigung dieser Entwicklungsaufgabe darin, autonom zu sein, aber doch mit den Eltern *verbunden* zu bleiben (vgl. dazu die Übersicht bei Hofer, Youniss & Noack, 1998).

Während mit dem *Nichtgelingen der Ablösung* das Risiko psychischer Störungen steigt, korrespondiert eine *gelingende Ablösung* mit dem Aufbau von Kompetenzen, die Selbstregulation, Autonomie und Verantwortungsübernahme ermöglichen. Ablösung und Erwachsenwerden sind kaum voneinander zu trennen; beide Prozesse implizieren eine Zunahme psychosozialer Reife, die Fähigkeit, selbstständig zu entscheiden und dafür Verantwortung zu tragen sowie ganz allgemein die Erweiterung von Kompetenzen zur Bewältigung der Lebenspraxis. Dabei ist die *Einstellung der Eltern zum Erwachsenwerden ihrer Kinder* von großer Bedeutung für eine gelingende Ablösung. Eltern können Rahmenbedingungen für Selbstständigkeit schaffen, Verantwortung übertragen, zum Ausdruck bringen, dass sie zunehmende Eigenständigkeit fördern und erwarten sowie Ablösungsschritte positiv (oder negativ) gegenüberstehen (siehe auch Tab. 3.1).

Im Rahmen einer Konzeption von präventiven Maßnahmen, die Eltern von Jugendlichen Hilfestellungen zur Förderung von Selbstständigkeit bieten, wurde von Dreher und Dreher (2002) eine Fragebogenerhebung bei 12- bis 16-Jährigen durchgeführt. Dabei wurde u.a. auch nach den zentralen Einflüssen und möglichen Unterstützungen im Prozess des Erwachsenwerdens gefragt. Besonders interessant ist unter erziehungspsychologischen Aspekten die Frage, wie sich (in der Retrospektive der Jugendlichen) die Eltern verhalten haben, als sie eigene Wege gingen (vgl. Tab. 3.1).

Die Ergebnisse in Tabelle 3.1 zeigen die elterlichen Reaktionen, die den klassischen und konträren Beziehungsmodi «Festhalten und Loslassen» entsprechen. Aber auch innerhalb der ambivalenten Verhaltensmuster zeigen sich Tendenzen in Richtung Abwehr oder Akzeptanz ab, was auf Verarbeitungsstrategien der emotionalen Betroffenheit ebenfalls zutrifft. Wo Eltern emotional mit Ärger und Streit reagieren, dürfte die Beziehungsqualität im Ablöseprozess eine Form der «Distanzierung ohne Erlaubnis» sein, was eine zunehmende, gegenseitige Entfremdung zur Folge haben kann; wenn hingegen Eltern Warnungen aussprechen, Sorgen äußern und Erfahrungen mitteilen, signalisieren sie eine

Tabelle 3.1: «Eigene Wege gehen» – Reaktionen der Eltern (nach Dreher & Dreher, 2002, S. 199)

«Festhalten»	Ambivalente Verhaltensmuster			«Loslassen»
	Konflikthafte Abwehr	**Kritische Reaktionen**	**Bedingtes Zugeständnis**	
Strikte Verbote ohne Erklärung	Vorwürfe	Unbehagen, Missfallen äussern	Pflichterfüllung fordern	Verständnis für eigene Wege
	Beschwerde			
Misstrauen		keine Verbote, keine Erlaubnis	Erlaubnis in Abhängigkeit von erbrachten Leistungen	Informationsaustausch
	Streit ohne Lösung / ohne Versöhnung			
mit Kontaktabbruch drohen		Beharren auf «Status quo»		Vertrauen auf Gelingen

Distanzierung mit «Erlaubnis», was ein zunehmendes, gegenseitiges Vertrauen schaffen kann. Zusammengenommen weisen diese elterlichen Reaktionen auf Ablösungsschritte der Kinder – auf der Verhaltens- wie auf der Emotionsebene – auf Beziehungsqualitäten hin, die zumindest den elterlichen Beitrag zum Ablösungsstil innerhalb des Familiensystems ausweisen (vgl. ausführlich zu Beziehungsmythen und Ablösungstabus Dreher & Dreher, 2002).

In dieser allgemeinen Beschreibung der *normativen Entwicklungsphase der Ablösung* von den Eltern und ihrer *Bewältigung* soll aber nicht vernachlässigt werden, dass bei dieser Betrachtung einer einzelnen *Familie* die Bewältigungsstrategien zur Erfüllung der Entwicklungsaufgaben immer auch in ihrer Einbettung in die jeweils familientypischen Lösungshorizonte zu sehen sind. Bei allen normativen Veränderungen in der Familie bleibt die Besonderheit ihrer Dynamik mit ihren wiederkehrenden Mustern der Kommunikation ebenso erhalten wie die allgemeine Tendenz einer Familie, entweder flexibel auf Abweichungen zu reagieren oder aber sich nur schwer von einmal eingependelten Verhaltensformen zu lösen. Unter einer entwicklungsspezifischen Perspektive erscheint es deshalb sinnvoll, Familien danach zu unterscheiden, wieweit sie die Fähigkeit besitzen, mit derartigen *Entwicklungsveränderungen* bei ihren Kindern *erzieherisch kompetent* umzugehen.

Insgesamt belegt die gegenwärtige jugendpsychologische Forschung die Relevanz des Konzepts der Entwicklungsaufgabe (vgl. Fend, 2000; Oerter & Dreher, 2002). Vielfache empirische Belege dokumentieren, dass zur Erfüllung jugendlicher Entwicklungsaufgaben die individuellen Potenziale sowie individuelle und soziale Ressourcen und Gelegenheiten von Bedeutung sind. Derart betreiben Jugendliche ihre Entwicklung selbst, indem sie jene Umwelten aufsuchen oder auch selbst schaffen, die ihnen die alters- und entwicklungsgerechten Anregungen und Herausforderungen zur Bewältigung solcher Entwicklungsaufgaben geben (Lerner & Busch-Rossnagel, 1981; Silbereisen, Noack & Eyferth, 1986). Dies darf nicht so verstanden werden, dass hinter einer solchen Person-Kontext-Interaktion jedes Mal ein gewollter Plan steht. Vielmehr ist es so, wie uns die Entwicklungsgenetik lehrt, dass über die Kindheit und Jugend bis hin zum Erwachsensein der Anteil einer von der Person selbst ausgehenden aktiven Wahl von umweltlichen Anregungsmöglichkeiten zunimmt (vgl. Plomin et al., 1999 und Kap. 3.2.1 in diesem Lehrbuch).

Derart setzen sich Jugendliche beispielsweise den Verlockungen einer bestimmten Clique aus, weil sie damit ihren sozialen Status und letztendlich vielleicht ihren Selbstwert absichern können. Dabei hängt die Bewältigung von Entwicklungsaufgaben wie etwa das Streben nach beruflicher Karriere von biologischen Faktoren wie geistiger und physischer Gesundheit ab, aber ebenso von sozialen Kontextfaktoren wie Bildungsaspirationen im Elternhaus und beim eigenen Partner, von psychologischen Faktoren wie Leistungsmotivation und intellektuellen Fähigkeiten, von gesellschaftlichen Bedingungen wie dem Arbeits- und Stellenmarkt, sozialer

Diskriminierungen und Privilegierungen von Bevölkerungsgruppen und von kulturellen Faktoren wie der allgemeinen Wertschätzung von Arbeit und beruflichem Status. In der Weise können die Chancen für eine optimale Entwicklung zwischen Geburtskohorten, zwischen Familien, zwischen ethnischen Gruppen und zwischen Individuen beträchtlich variieren.

Allerdings zeigen neuere Befragungen von *Eltern mit jugendlichen Kindern* Abweichungen

Kasten 3-16

Implikationen für die Erziehungspraxis

Förderung des Erwerbs altersangemessener Kompetenzen

Die Relevanz des Entwicklungsaufgabenkonzepts für die Erziehung besteht in der Unterstützung von Kindern und Jugendlichen in der Bewältigung ihrer alterstypischen Anforderungen. Denn die erfolgreiche Bewältigung von Entwicklungsaufgaben und der daraus resultierenden alltäglichen Aufgaben und Probleme steht in einem Zusammenhang zum psychischen Wohlbefinden und zu einem angepassten Entwicklungsverlauf. Werden Entwicklungsaufgaben vom Kind erfolgreich bewältigt, so erwirbt es Fähigkeiten oder *Kompetenzen,* die für die Bewältigung zukünftiger Entwicklungsaufgaben und damit für eine erfolgreiche Entwicklung benötigt werden (vgl. Rutter, 1990; Wyman, Cowen, Work, Hoyt-Meyers, Magnus & Fagan, 1999). Insofern kann die elterliche Orientierung an diesen zentralen Aufgaben und den damit häufig verbundenen Konflikten erzieherisch hilfreich sein.

Bei der Bewältigung von Entwicklungsaufgaben wird auf verfügbare *internale* und *externale Ressourcen* zurückgegriffen; werden Anforderungen in Form von Entwicklungsaufgaben nicht bewältigt, kommt es zu Fehlanpassungen in der Entwicklung. Um alters- und entwicklungsspezifische Entwicklungsaufgaben bewältigen zu können, müssen sich die Ressourcen des Kindes über die Zeit verändern und den Aufgaben anpassen (vgl. Wyman et al., 1999). Für junge Kinder stellt etwa die Fähigkeit, auf Anweisungen der Eltern zu hören, eine bedeutsame Entwicklungsaufgabe dar (z. B. zu warten, zu gehorchen, ein Verhalten zu beenden). Diese Fähigkeit variiert mit dem Entwicklungsstand des Kindes und hängt von der Kompetenz des Kindes ab, seine Emotionen regulieren zu können (vgl. Stifter, Spinrad & Braungart-Rieker, 1999).

Dabei werden *Erziehungseinflüsse* über Kanäle der vorgelebten und ausgesprochenen Werte, über Anforderungen, Erleichterungen und Unterstützungen in der Auseinandersetzung mit den Entwicklungsaufgaben und -konflikten sowie über die angebotenen Gelegenheiten zu bewältigbaren Lösung realisiert. Zudem wird das Erwerben entwicklungsangemessener Kompetenzen stark durch Freude und Verlangen motiviert, Probleme lösen zu können und zu wollen. Diese Motivation wiederum kann wesentlich durch das *familiäre Umfeld* gefördert werden. Damit einher gehen Erfahrungen der Selbstwirksamkeit und der Kontrolle über Ereignisse, Dinge und über den eigenen Entwicklungsverlauf (vgl. Masten & Coatsworth, 1998). Lernt beispielsweise ein Kind bereits im ersten Vierteljahr seines Lebens, ob enge soziale Kommunikation mit seinen Eltern Belohnungswert hat oder nicht, dann bestimmt sich darüber, ob das Kind seine sozialen Entwicklungsaufgaben zu bewältigen vermag; es wird darin vermutlich scheitern, wenn die Eltern dem Kind nicht mit emotionaler Wärme und Responsivität begegnen (Keller, 1997). Es ist weiterhin damit zu rechnen, dass dieses Kind auch bei der Bewältigung von Entwicklungsaufgaben im Jugendalter, wie beispielsweise bei der Aufnahme von sozialen Kontakten zum anderen Geschlecht und beim Aufbau von intimen Beziehungen Probleme zeigen wird, wie Längsschnittstudien aus der Bindungsforschung belegen (vgl. Grossmann, Grossmann, Winter & Zimmermann, 2002).

dahingehend, was die Eltern und was ihre Kinder für die wichtigen Entwicklungsaufgaben halten (vgl. Flammer, 2003). Gewichten Jugendliche eher Aufgaben wie die Aufnahme und den Aufbau intimer Beziehungen, legen die Eltern mehr Gewicht auf Werte, Zukunft und Ablösung. Solche Divergenzen, die sowohl eine besondere Entwicklungs- als auch Beziehungsdynamik in der Familie anzeigen, sind typisch für die Beziehung zwischen Eltern und ihren jugendlichen Kindern. Außerdem zeigen sich auch regionale Unterschiede darin, dass Stadteltern von sich meinen, mehr Kontrolle über die Entwicklung ihrer Kinder zu besitzen als Eltern vom Land. Auch darin kann in Stadtfamilien eine Quelle von Spannung liegen, die sich im familiären Beziehungsgefüge manifestieren kann. Ungeachtet dessen, soll aber nochmals betont werden, dass es nicht nur eine Chance, sondern auch eine Aufgabe ist, dass Kinder und Jugendliche mit zunehmendem Alter selbst aktiv auf ihre eigene Entwicklung und auf die Bewältigung ihrer Entwicklungsaufgaben Einfluss nehmen (vgl. Silbereisen, 1996).

Mit dieser Integration des Entwicklungsaufgabenkonzepts in den theoretischen Rahmen des entwicklungsbezogenen Kontextualismus akzentuiert sich dessen Bedeutsamkeit als Konstrukt für Veränderung und gleichzeitig als Analyseeinheit, die eine inhaltliche Bestimmung von Prozess- und Zielkomponenten der Entwicklung zulässt. Der Umstand, dass Entwicklungsaufgaben nicht von normativen Strukturen individueller und sozialer Art loszulösen sind, begründet aber auch eine gewisse Skepsis gegenüber diesem Konzept. Entwicklungsaufgaben geben Entwicklungsziele und Lernaufgaben vor und sie gelten jeweils für mehr oder weniger enge Altersperioden. Einige der Entwicklungsaufgaben sind langfristig vorhersehbar und planbar, so dass eine angemessene Vorbereitung möglich ist. Auf den Schuleintritt, die Pubertät, den Berufsbeginn, die Elternschaft, den Auszug des letzten Kindes aus der Familie oder die Pensionierung kann man sich vorbereiten. Andere Entwicklungsaufgaben sind nicht in dieser Weise vorgegeben.

Kritische Lebensereignisse können ganz unterschiedlich bewältigt werden. Manchmal führen sie zu Kontrollverlust oder gar zu Des-

Kasten 3-17

Kritisches Lebensereignis – eine Begriffsdefinition

Ein Gewinn im Lotto, ein Todesfall in der Familie, die Scheidung der Eltern, der Verlust des väterlichen Arbeitsplatzes oder eine schwere Krankheit sind Ereignisse, die nicht vorhersehbar sind und eine Person jederzeit im Laufe ihres Lebens treffen können. Sie erfordern oft eine Änderung in der bisherigen Lebensführung und werden *kritische Lebensereignisse* genannt. Es sind in aller Regel nicht-normative Einschnitte in den Lebenslauf, die als kritisch erlebt werden können. Unter entwicklungstheoretischen Aspekten sind solche Ereignisse insofern von Interesse, als sie selbst Entwicklungsprozesse in Gang setzen können, indem z. B. bisherige Denk-, Handlungs- und Lebensmuster in Frage gestellt und revidiert werden. Sie erzeugen oft multiple Probleme und Verluste, die in der subjektiven Interpretation entweder als Herausforderung und Chance für eine veränderte, positive Entwicklung wahrgenommen werden oder aber als Risiken gedeutet werden und Fehlanpassungen und Störungen bewirken können. Zu kritischen Lebensereignissen werden nicht-normative Lebensereignisse besonders dann, wenn ihre Folgen mit den unmittelbar verfügbaren Handlungsressourcen nicht bewältigt werden können.

Quelle: Filipp (1990)

organisation, Resignation, Unterschätzung der eigenen Kompetenzen, Selbstvernachlässigung, wenn nicht sogar zu Depression. Dabei ist die Entwicklungspsychologie an aufgaben-, kultur- und altersspezifischen Strategien zur Bewältigung kritischer Lebensereignisse interessiert (vgl. Heckhausen & Schulz, 1995; Seiffge-Krenke, 1995). So werden etwa folgende Bewältigungsstrategien aufgeführt: aktives Problemlösen, genaues Analysieren der Situation oder Distanzierung von Problemen, Verleugnung und Verharmlosung, aber auch Rat suchen bei

Mitmenschen. Eine bewährte Klassifikation derartiger Bewältigungsstrategien unterscheidet problemzentrierte von emotionszentrierter Bewältigung (Lazarus & Folkman, 1984).

Für Eltern und Erzieher sollte die Priorität immer jenen Maßnahmen gelten, durch die Kindern Gelegenheit gegeben wird, Kompetenzen, protektive Eigenschaften und Überzeugungen zu entwickeln, die ihnen helfen, künftige Probleme und Krisen besser zu bewältigen. So ist es gerade die Erfahrung, eine Krise selbst gemeistert zu haben, was Selbstvertrauen in die eigene Handlungswirksamkeit vermittelt. Weil das Leben als eine Sequenz von Anforderungen, Problemen (oder gar Krisen) verstanden werden kann, ist es auch für Eltern und Erzieher angezeigt, ihren Kindern zu vermitteln, dass jedes Problem und jede Krise, von den alltäglichen bis hin zu den das Leben umstrukturierenden Veränderungen eine Herausforderung zu lernen ist sowie eine Chance darstellt, neue Einsichten und neue Kompetenzen zu entwickeln (vgl. dazu die Kap. 15.1.1 und 15.1.2 in diesem Lehrbuch).

3.4
Familienentwicklungsaufgaben

Ähnlich den individuellen Entwicklungsaufgaben lassen sich auch im Prozess der Familienentwicklung, welche sich über viele Jahrzehnte erstrecken kann, Entwicklungsaufgaben identifizieren. Dadurch ist es möglich, die Entwicklung von Familien in einzelne Phasen oder Stadien zu unterteilen, innerhalb derer sich bestimmte Anforderungen beschreiben lassen, die Familien typischerweise zu bewältigen haben. Entsprechende wissenschaftliche, mehrheitlich familiensoziologische Konzeptionen, die sich in der Weise mit der Beschreibung des Familienlebenszyklus beschäftigen, werden als Familienentwicklungstheorien bezeichnet, wobei es sich weniger um elaborierte Theorien als vielmehr um einen begrifflich-deskriptiven Bezugsrahmen handelt.

Folgt man Aldous (1996), so beruht der familienentwicklungstheoretische Ansatz auf folgenden *drei Grundannahmen:* (1) Familiäres Verhalten im «Hier und Jetzt» hängt von den vorangegangenen Erfahrungen der einzelnen Familienmitglieder ab und bestimmt deren Zukunftserwartungen mit; (2) ungeachtet einer steigenden Pluralisierung familiärer Lebensformen zeigen diejenigen Familien, die sich in derselben Lebensphase befinden, vergleichbare Verhaltensmuster; und (3) Familien und ihre Mitglieder werden im Laufe ihres Zusammenlebens mit bestimmten Aufgaben konfrontiert, die sie sich entweder selbst stellen oder die von außen an sie herangetragen werden.

Dabei besteht der Kerngedanke der Familienentwicklungstheorie darin, die Familie als ein System von Rollenträgern zu betrachten. Hierbei können sich die Rollen aufgrund normativer oder nicht-normativer Veränderungen im Familienzyklus wandeln. Beispielsweise besteht die Position eines Familienmitglieds aus mehreren Rollen, die zusammen ein Rollenmuster ausmachen. Unter einer Entwicklungsperspektive betrachtet unterliegt, dieses Rollenmuster im Laufe der Zeit Veränderungen, die sich als Rollensequenz bzw. positionelle Karriere manifestieren. Ausgelöst werden können solche Rollenveränderungen durch Übergänge zwischen verschiedenen Phasen im Familienlebenszyklus; das ist beispielsweise dann der Fall, wenn mit der Geburt des ersten Kindes der Mann in die Vater- und die Frau in die Mutterrolle eintritt.

In ähnlicher Weise wie sich die positionelle Karriere einer Einzelperson in ihrem individuellen Lebenszyklus verändert, wandelt sich auch über die verschiedenen Phasen des Familienlebenszyklus hinweg der gesamte familiäre Rollenkomplex, d.h. die aufeinander bezogene Struktur von individuellen Rollenmustern. In der Folge münden diese Veränderungen in eine jeweils typische Familienkarriere, was sich darin manifestiert, dass sich die Machtstruktur, die Affektstruktur und die Kommunikationsstruktur innerhalb des Familiensystems erkennbar verändert (vgl. Aldous, 1996).

In Analogie zu den individuumsbezogenen Entwicklungsaufgaben nach Havighurst (1948) wurde das Konzept der Familienentwicklungsaufgaben zur Beschreibung der verschiedenen Phasen des Familienzyklus entworfen. Dabei waren es Carter und McGoldrick (1988), die für die verschiedenen Familienformen und für unterschiedliche *Stadien der normativen Familienentwicklung* Kriterien für eine jeweils erfolgreiche Reorganisation der familiären Beziehungsgestaltung formuliert haben. In der Tabelle 3.2 sind zunächst die in sechs Abschnitte gegliederten normativen Phasen im Familienlebenszyklus und die zugehörigen Familienentwicklungsaufgaben aufgeführt.

In Anbetracht der zunehmenden Pluralisierung familiärer Lebensverläufe haben Carter und McGoldrick (1988) auch für nicht-normative Veränderungen im Familienlebenszyklus, d.h. für Alleinerziehende oder allein lebende Eltern in der Nachscheidungsphase sowie für den Fall der Wiederverheiratung entsprechende Familienentwicklungsaufgaben zusammengestellt (vgl. Tab. 3.3). Diese geben zusätzlich Hinweise für geeignete Ansatzpunkte zur präventiven bzw. therapeutischen Unterstützung von Familien, die in solch kritischen Entwicklungsübergängen einer professionellen Begleitung bedürfen (vgl. Hahlweg, Schröder & Lübke,

Tabelle 3.2: Normative Veränderungen im Familienlebenszyklus und Familienentwicklungsaufgaben (nach Carter & McGoldrick, 1988, S. 13)

Normative Übergänge und Phasen im Lebenszyklus	Für die weitere Entwicklung erforderliche Veränderungen im Familienstatus
Verlassen des Elternhauses: Alleinstehende junge Erwachsene	■ Selbstdifferenzierung in den Beziehungen zur Herkunftsfamilie ■ Entwicklung intimer Beziehungen zu Gleichaltrigen ■ Eingehen eines neuen Arbeitsverhältnisses und finanzielle Unabhängigkeit
Die Verbindung von Familien durch Heirat	■ Bildung eines Ehesystems ■ Neuorientierung der Beziehungen mit den erweiterten Familien und Freunden, um den Partner einzubeziehen
Familien mit jungen Kindern	■ Anpassung des Ehesystems, um Raum für ein Kind bzw. Kinder zu schaffen ■ Koordinierung von Aufgaben der Kindererziehung, des Umgangs mit Geld und Haushaltsführung ■ Neuorientierung der Beziehungen mit der erweiterten Familie, um Eltern- und Großelternrolle mit einzubeziehen
Familien mit Jugendlichen	■ Veränderungen der Eltern-Kind-Beziehung, um Jugendlichen zu ermöglichen, sich innerhalb und außerhalb des Familiensystems zu bewegen ■ Neue Fokussierung auf die ehelichen und beruflichen Themen der mittleren Lebensspanne
Entlassen der Kinder und nacheheliche Phase	■ Neuaushandeln des Ehesystems als Zweierbeziehung ■ Entwicklung von Beziehungen mit Erwachsenenqualität zwischen Kindern und Eltern ■ Neuorientierung der Beziehungen, um Schwiegersöhne/-töchter und Enkelkinder einzubeziehen ■ Auseinandersetzung mit Behinderungen und Tod von Eltern (Großeltern)
Familien im letzten Lebensabschnitt	■ Aufrechterhaltung des Funktionierens als Person/Paar angesichts körperlichen Zerfalls ■ Unterstützung einer zentralen Rolle der mittleren Generation ■ Im System Raum schaffen für Weisheit und Erfahrung der Alten; Unterstützung der älteren Generation ■ Auseinandersetzung mit dem Tod des Partners, dem Tod von Geschwistern und anderen Gleichaltrigen sowie die Vorbereitung auf den eigenen Tod; Lebensrückschau und Integration

Tabelle 3.3: Nicht normative Veränderungen im Familienlebenszyklus und Familienentwicklungsaufgaben (nach Carter & McGoldrick, 1988, S. 22)

Nicht normative Übergänge und Phasen im Familienzyklus	Für die weitere Entwicklung erforderliche Veränderungen im Familienstatus
Nachscheidungsphase:	
A. Alleinerziehende Eltern	▪ Einrichten flexibler Besuchsregelungen mit dem Expartner ▪ Umgestalten des eigenen Netzwerks an sozialen Beziehungen
B. Alleinlebende (nicht sorgeberechtigte Eltern)	▪ Ausfindigmachen von Wegen, um eine effektive elterliche Beziehung zu den eigenen Kindern aufrechtzuerhalten ▪ Umgestalten des eigenen Netzwerks an Sozialbeziehungen
Wiederverheiratung und Rekonstituierung der Familie	▪ Umstrukturierung der Familiengrenzen, um die Einbeziehung des neuen Partners – Stiefelternteils zu ermöglichen ▪ Neuordnung der Beziehungen zwischen den Subsystemen, damit eine Vernetzung der verschiedenen Systeme möglich wird ▪ Bereitstellen von Beziehungsmöglichkeiten für alle Kinder mit ihren biologischen (nicht-sorgeberechtigten) Eltern, Großeltern und anderen Mitgliedern der erweiterten Familie ▪ Austausch von Vergangenheit und Geschichte, um die Integration der Stieffamilie zu verbessern

2000; Reichle, 2002 und Kap. 15 in diesem Lehrbuch).

Eine der wesentlichen Schwächen der Familienentwicklungstheorie ist, dass sie nicht im engeren Sinne des Wortes eine Theorie, sondern eher eine Beschreibung von aufeinanderfolgenden Phasen darstellt. Dabei besteht weder Einigkeit darüber, wie viele Phasen den Familienentwicklungszyklus ausmachen noch besteht Konsens darin, durch welche Ereignisse Wandlungsprozesse im Familienlebenszyklus ausgelöst werden (Schneewind, 1999). Klein und Whight (1996), die die Familienentwicklung als Prozess betrachten, meinen, dass Übergänge zwischen einer Entwicklungsphase und einer anderen (z.B. vom Paar- zum Eltern-Kind-System) durch die Wahrscheinlichkeit erkennbar werden, mit der bestimmte gesellschaftliche Erwartungen unterschiedlicher gesellschaftlicher Institutionen verletzt werden (z.B. wenn von jung verheirateten Paaren eine baldige Familiengründung und gleichzeitig eine möglichst lang andauernde berufliche Qualifizierung oder berufliche Karriere erwartet wird). Andere Autoren vertreten die Auffassung, dass besonders normative und nicht-normative Übergangskrisen die wesentlichen Motoren für den Familienentwicklungsprozess darstellen (vgl. Cowan, 1991).

3.5
Entwicklungsprobleme als Passungsprobleme

Über Jahrzehnte ist die Entwicklungspsychologie von normalen bzw. gelingenden Entwicklungsprozessen ausgegangen. Entwicklung war lange Zeit gleichbedeutend mit Wachstum, Höherentwicklung und Fortschritt. Inzwischen gehören unter einem entwicklungsbezogenen Kontextualismus sowohl altersspezifische Gewinne und Verluste als auch normale und gestörte Entwicklungsprozesse zum Gegenstand entwicklungspsychologischen Denkens und Forschens (vgl. Baltes, 1990). Dabei ist die Untersuchung von Entwicklungsstörungen zu einem wichtigen interdisziplinären Schnittfeld innerhalb der Psychologie und zwischen Psychologie und anderen Disziplinen geworden.

Neben der Kinder- und Jugendpsychiatrie hat sich in den letzten Jahren vor allem die *Entwicklungspsychopathologie* als relativ neues Fach herausgebildet. Entwicklungspsychopathologen untersuchen Entwicklungsabweichungen, die als Folge genetischer und Umweltbedingungen und der in diesem Kontext auftretenden komplexen Wechselwirkungen verstanden werden. Dabei widmen sie sich besonders der Entwicklung von Störungen sowie der Identifikation von Risikofaktoren und versuchen bewusst, die Entwicklungsperspektive bei der Diagnose und Erklärung von Störungen sowie bei späteren Entwicklungsinterventionen zu betonen (vgl. das Übersichtswerk von Resch, 1996 und Kap. 15 in diesem Lehrbuch).

Als exemplarisches Beispiel für die *Entwicklungsförderlichkeit einer positiven Mutter-Kind-Interaktion* können Befunde aus der Mannheimer Risikostudie dienen (vgl. Esser, Laucht & Schmidt, 1995). Diese Studie zeigt, dass ein gestörtes Interaktionsverhalten (im Alter von drei Monaten) am deutlichsten daran zu erkennen ist, dass Mütter ihr Kind selten anlächeln und die «Ammensprache» nicht verwenden. Dabei zeigen die Probleme eines Kindes im Alter von drei Monaten einen deutlichen Zusammenhang zu negativem elterlichem Erziehungsverhalten, wenn die Kinder zwei Jahre alt sind, was in der Folge wiederum Verhaltensprobleme mit viereinhalb Jahren verstärkt. Damit ist längsschnittlich belegt, dass das *Erziehungsverhalten* zwar die *zentrale Vorhersagevariable* bildet, dieses aber durch sozial-emotionale Störungen der Säuglinge negativ beeinflusst wird. Eine positive Mutter-Kind-Interaktion vermittelt einem Kind Selbstvertrauen und Selbstwirksamkeit und kann bei vorliegenden biologischen und psychosozialen Risiken kompensierend wirken: Eine positive Mutter-Kind-Beziehung bildet demnach eine grundlegende Voraussetzung für gelingende Erziehungsmaßnahmen.

Im Rahmen der entwicklungspsychopathologischen Perspektive von Cicchetti, Rogosch und Toth (1994) nimmt die Bewältigung von Entwicklungsaufgaben eine zentrale Bedeutung ein. Dabei wird Entwicklung als ein Fortschreiten qualitativer Reorganisation zwischen und innerhalb biologischer, affektiver, kognitiver und sozialer Systeme eines Individuums begriffen. Auf jeder Stufe der Reorganisation werden vorherige Strukturen nicht völlig ersetzt, sondern in spätere integriert. Frühere Verletzlichkeiten (Vulnerabilitäten) oder auch Stärken können weiterhin wirksam bleiben, wenn sie auch gegenwärtig nicht erkennbar sind. So können Vulnerabilitäten zu Krisen- oder Stresssituationen führen. Die sich im Laufe der Entwicklung fortwährend neu stellenden Entwicklungsaufgaben machen jeweils neue qualitative Reorganisationen notwendig.

Wie bereits Havighurst (1948) vermutete, sind auch Cicchetti, Rogosch und Toth (1994) der Meinung, dass eine ungünstige Bewältigung von Entwicklungsaufgaben in einer bestimmten Altersstufe für eine spätere dysfunktionale Bewältigung prädisponiert. Beispielsweise geben die Autoren einen Überblick über die wichtigsten Entwicklungsaufgaben in Abhängigkeit des

Kasten 3-18

Entwicklungsprobleme als Passungsprobleme – eine Begriffsdefinition

Brandstädter beschreibt *Entwicklungsprobleme als Passungsprobleme*. In Anknüpfung an das Konzept der Entwicklungsaufgabe spricht er dann von Entwicklungsproblemen, wenn bestimmte Entwicklungsstandards nicht erreicht sind oder wenn Entwicklungsaufgaben nicht bewältigt werden. Das wäre etwa dann der Fall, wenn ein Kind im Alter von zehn Jahren noch nicht mit Altersgenossen zurechtkommt oder nicht über die grundlegenden Fertigkeiten im Lesen, Schreiben und Rechnen verfügt oder wenn etwa ein Jugendlicher mit 18 Jahren noch keine reifen Beziehungen zu Altersgleichen beiderlei Geschlechts aufzubauen vermag oder die emotionale Unabhängigkeit von den Eltern noch nicht erreicht hat oder noch nicht in der Lage ist, sozial verantwortlich zu handeln.

Quelle: Brandstädter (1985)

Alters und stellen einen Zusammenhang zwischen mangelhafter Bewältigung und Depression her (siehe dazu auch die Mannheimer Längsschnittstudien von Esser & Gerhold, 1998).

Genau genommen, versteht Brandstädter (1985) Entwicklungsprobleme als eine Diskrepanz bzw. fehlende Passung zwischen (a) den Entwicklungszielen eines Individuums selbst, (b) seinen Entwicklungspotenzialen (Dispositionen, Kompetenzen usw.), (c) den Entwicklungsanforderungen im familiären, schulischen und subkulturellen Umfeld des Individuums (d.h. der dort existierenden alters-, funktions- oder bereichsspezifischen Standards) sowie (d) den Entwicklungsangeboten (Lern- und Hilfsangebote, Ressourcen, Anregungen usw.) in der Umwelt des Individuums.

Konkret manifestieren sich Entwicklungsprobleme bei Kindern und Jugendlichen etwa als Selbstwertprobleme, Schulschwierigkeiten, Statusprobleme, Essstörungen oder als Interaktionsprobleme mit den Eltern. Dabei können sich solche Passungsprobleme phänotypisch ganz unterschiedlich manifestieren, z. B. in Form neurotischer Störungen, psychopathologischer Symptomatik, als aversive Emotionen bis hin zu Delinquenz und Kriminalität. Derart kann etwa Delinquenz als Versuch begriffen werden, ein Akzeptanz-, Status- oder Selbstwertproblem zu bewältigen (vgl. Hurrelmann, 1994).

Weiterführende Literatur

Ford, D. H. & Lerner, R. M. (1992). *Developmental systems theory.* Newbury Park: Sage.

Hurrelmann, K., Grundmann, M. & Walper, S. (Hrsg.) (2008). *Handbuch der Sozialisationsforschung (7. Auflage).* Weinheim: Beltz.

Oerter, R. & Montada, L. (Hrsg.) (2008). *Entwicklungspsychologie.* Weinheim: Beltz-PVU.

Petermann, F., Niebank, K. & Scheithauer, W. (2004). *Entwicklungswissenschaft. Entwicklungspsychologie – Genetik – Neuropsychologie.* Berlin: Springer.

Plomin, R., McClearn, G. E., DeFries, J. C. & Rutter, M. (1999). *Gene, Umwelt und Verhalten.* Bern: Huber.

4 Aufwachsen in der Postmoderne: Chancen und Risiken

Unbestritten ist heute in der Kindheitsforschung, dass sich die Rahmenbedingungen des Aufwachsens für Kinder massiv gewandelt haben (vgl. Hurrelmann & Bründel, 2003). Bekanntlich ist das Aufwachsen in der Postmoderne hauptsächlich geprägt durch den Übergang von homogenen zu pluralen weltanschaulichen Kontexten, aber ebenso durch Ambivalenzen, Desintegration und Zukunftsunsicherheiten. Diese Veränderungen werden vielfach negativ bewertet, und – angereichert mit «Katastrophensemantik» (Oelkers, 1996) – dafür verantwortlich gemacht, dass Kinder unglücklich, Eltern gestresst und verunsichert sind. In diesem Kapitel sollen die unterschiedlichen Aspekte, die diesen Wandel ausmachen, herausarbeitet und beschrieben werden. Dabei werden die Darlegungen nuancierter ausfallen, als das gewöhnlich in populären Journalen der Fall ist, worin in Negativberichten immer wieder die schwieriger gewordene und tendenziell unglückliche postmoderne Kindheit beklagt wird. Es wird zu zeigen sein, dass populärer Kindheitsdiskurs und Empirie in vielem weit auseinander klaffen. Kindheit heute ist viel besser als ihr Ruf. Dennoch ist nicht zu übersehen, dass sich etwa die Prävalenzrate für psychische Störungen bei Kindern und Jugendlichen heute um die 20% herum bewegt. Wo also liegen für unsere Kinder heutzutage die Chancen, aber auch die Risiken des Aufwachsen in der Postmoderne?

4.1 Kindheit im Umbruch

Die Schlagworte «Wandel» und «Veränderung» beherrschen heute den aktuellen Kindheitsdiskurs (vgl. Fölling-Albers, 2001; Mansel, 1996; Rolff & Zimmermann, 1997). Vielfach wird dieser Wandel durch eine «skandalisierende Kindheitsrhetorik» (Lange 1996) charakterisiert und dafür verantwortlich gemacht, dass Kinder weniger glücklich seien. Demgegenüber beurteilen zahlreiche Kindheitsforscher die lebensweltlichen Transformationsprozesse differenzierter (vgl. Bertram, 1996; Bucher, 2001; Hurrelmann & Bründel, 2003), indem sie auch auf die damit verbundenen Chancen für Kinder hinweisen (Bründel & Hurrelmann, 1996).

4.1.1 Veränderungen der Lebenswelten von Kindern

Folgt man demographischen Grunddaten als Bestandteil einer Sozialberichterstattung zur Beschreibung des Wandels der strukturellen Lebensverhältnisse von Kindern, lassen sich folgende Entwicklungen daran ablesen (vgl. Herden & Münz, 1998): Die deutsche Bevölkerung befindet sich in einem Prozess der demographischen Veralterung. Der Rückgang der Geburtenzahlen einerseits und die gestiegene Lebenserwartung andererseits wirken sich insbesondere seit den 1950er-Jahren auf den Altersaufbau der

Bevölkerung aus, so dass der Anteil der Kinder und Jugendlichen an der Gesamtbevölkerung kontinuierlich sinkt, während der Anteil der Personen im Rentenalter stetig ansteigt. Bei einer Projektion der bisherigen Bevölkerungsentwicklung auf die Zukunft ergibt sich eine weitere Reduzierung des Anteils der Kinder und Jugendlichen unter 18 Jahren auf ca. 14% im Jahre 2040, was bedeutet, dass Kinder dann lediglich noch ein Siebtel der Gesamtbevölkerung in Deutschland ausmachen (Baureiss, Bayer & Bien, 1997). Aus diesen demographischen Veränderungen der Altersstruktur ergeben sich mindestens fünf Konsequenzen für die Lebensverhältnisse und das Aufwachsen von Kindern heute:

- Durch die Veralterung der Bevölkerung verändern sich die *Generationenbeziehungen*, Kinder heute haben viel eher die Chance, ihre Groß- oder gar ihre Urgroßeltern zu erleben (vgl. Lüscher, 1997).
- Demgegenüber hat der Rückgang der *Geschwisterzahlen* (bereits bei der Elterngeneration) bzw. das Fehlen von Geschwistern für die zweite Generation zur Folge, dass immer mehr Kinder keine Seitenverwandten besitzen (Tanten, Onkel, Cousin, Cousine). Diese Abnahme der horizontalen und die Zunahme der vertikalen Verwandtschaftslinien, was eine zunehmende Bedeutung der intergenerativen Beziehungen impliziert, wird als eine historisch völlig neue Erscheinung bewertet (vgl. Nave-Herz, 1998).
- Bedingt durch den demographischen Wandel, der sich in einem Rückgang der *Kinderzahl* pro Familie zeigt, sinkt für Kinder die Wahrscheinlichkeit, mit vielen Geschwistern aufzuwachsen. Dadurch verändert sich ihr familiärer Erfahrungsraum. Gelegenheiten, in altersgemischten Geschwistergruppen aufzuwachsen und dabei in ihrer familiären Umwelt Aushandlungs- und Durchsetzungsprozesse zu erlernen, ist im Zeitverlauf erheblich gesunken, was einen Mangel an spezifischen Entwicklungs- und Sozialisationserfahrungen bedeutet.
- Gleichzeitig werden für die wenigen Kinder pro Familie heute wesentlich mehr Leistungen seitens der Mütter mobilisiert als früher, was sowohl die Intensität der emotionalen Beziehungen als auch die ökonomischen Aufwendungen und den zeitlichen Umfang für die *Kinderbetreuung* betrifft, wie Nave-Herz (2002) mit sozialhistorischen Daten dokumentiert.
- Demgegenüber spricht vieles für die Annahme, dass *Kinder* in einer zunehmend von Erwachsenen dominierten Welt *marginalisiert* oder gar ausgegrenzt und in spezifische «Sonderumwelten» gedrängt werden (Zeiher, 1996). Eine auf diese Weise «kinderentwöhnte» Gesellschaft muss zwar nicht kinderfeindlich sein, dennoch wird das Leben und der Lebensraum von Kindern möglicherweise zunehmend ohne Rücksicht auf Kinder gestaltet und organisiert (vgl. Kaufmann, 1995; BMFSFJ, 1998).

Im Folgenden wird auf die Veränderungen in den Bereichen Zeiterleben, Raumerleben, Mediennutzung, Schule und Bildung einzugehen sein; darüber hinaus sollen die Veränderungen in den ökonomischen Voraussetzungen genauer inspiziert werden. Der Wandel in den Familienstrukturen, in den Erziehungszielen und im -verhalten wird in Kapitel 6 näher beleuchtet.

Zeiterleben. Manche Kindheitsforscher behaupten, dass die Spiel- und Freizeit von Kindern zu Ende ist (Grefe, 1997). Kinder, so ist eine verbreitete Meinung, leben «nach einem gefüllten Terminkalender, der sie ebenso stresst wie die Erwachsenen» (Ernst & Stampfel, 1991, S. 40). Derart würden Kinder verplant, fänden keine Zeit mehr für das Spiel und fühlten sich demnach unglücklich. Es ist zweifellos richtig, dass sich der Umgang heutiger Kinder mit der Ressource Zeit verändert hat. Ihre erste Uhr erhalten Kinder nicht mehr, wie noch vor 50 Jahren, zur Konfirmation, sondern bereits im Kindergarten (Flitner, 1990); eine ähnliche Entwicklung wird es mit dem Handy nehmen, das einige Eltern heute bereits ihren Grundschulkindern schenken. Das freie Spiel von Kindern würde deshalb nur noch in zeitlich vorab fixierten Grenzen erfolgen (Zeiher, 1983). Trotz dieser beunruhigenden Sicht verfügen Kinder heute offensichtlich über mehr Freizeit als frühere Generationen (Rückriem, 1996). Und fragt man Kinder, wie viele Termine sie haben, geben sie weniger an, als oft behauptet wird: 22% weniger als einen pro Woche, 47% einen bis zwei, 31% drei und mehr (Nissen, 1992). Die Kinder selbst haben auch mehrheitlich den Eindruck, genug Zeit für ihre Lieblingsbeschäftigung zu haben (Bründel & Hurrelmann, 1996), und sie scheinen subjektiv unter ihrer Zeitplanung weniger zu leiden, als es eine kindersoziologisch kritische Sicht auf die Verplanung der Zeit vermuten lässt (Krappmann, 1995).

Raumerleben. Hingewiesen wird in der soziologischen Kindheitsforschung auf den Wandel des einheitlichen Lebensraumes, aus dem heraus sich Kinder wie in konzentrischen Kreisen hinausbewegt hätten, zum verinselten Lebensraum (vgl. Zeiher & Zeiher, 1994). Demnach würde der Lebensraum der Kinder aus einzelnen separaten Stücken bestehen, die wie Inseln verstreut in einem größer gewordenen Gesamtraum liegen, der als ganzer unbekannt oder zumindest bedeutungslos sei und zumeist schnell durchquert werden muss. Diese Verinselung, eines der wohl am meisten beachteten Konzepte des Kindheitsdiskurses (vgl. Preuss-Lausitz, 1993), führe zur Mobilitätssteigerung und Transportbedürftigkeit der Kinder, ihrer stärkeren Trennung von der Familie, aber auch zu Gefährdungen in den anonymen Übergangsräumen, zu einer Reduktion von Sozialkontakten, die zumeist nur von kurzer Dauer und – im Extremfall – «Wegwerfbeziehungen» seien (Büchner, 1990, S. 87). In der Weise sei der kindliche Lebensraum nicht mehr multifunktional nutzbar, worin alles kindliche Tun seine einheitliche Verortung, meist im wohnungsnahen Raum findet, sondern der Lebensraum besteht aus verstreuten Orten, die immer weiter auseinander liegen und von Kindern nicht mehr als sinnhafte Einheit erfahren werden können. Verinselte Lebensräume verlangen nicht bloß Mobilität, die Kinder entweder in die Abhängigkeit zu Erwachsenen, meist zu ihren Eltern bringt, sondern sie erfordern von ihnen auch erwachsenenähnliche Planungsaufgaben, was Mobilitätsorganisation und Zeitregelungen betrifft, wodurch wiederum die individuelle Autonomie der Kinder beschränkt wird. Diese Einschätzungen stimmen nur teilweise. Entgegen der Verinselungsthese von Helga Zeiher (1983) zeigen empirische Befunde aus Studien zum Freizeitverhalten und Aktionsraum von Kindern, dass die Mehrzahl der Kinder ihre Lieblingsspielplätze zu Fuß oder mit dem Fahrrad aufsuchen, beliebte Spielorte von 10-Jährigen sich in unmittelbarer Nähe des Hauses befinden, sodass auch die Zwischenräume von Kindern noch erlebt werden können (z. B. Hitzler, 1995; Nissen, 1992). Kinder gestalten zwar ihre Freizeit häufig per Verabredung und folgen damit Mustern rationaler Zeitplanung, aber sie scheinen weniger darunter zu leiden, als viele Erwachsene vermuten. Neueste Befunde sprechen eher für ein *kombiniertes Modell der Raumaneignung*, worin einheitliche und verinselte Raumaneignung gleichwertige Facetten kindlichen Raumerlebens geworden sind (vgl. Kleine, 1999). Auch scheint trotz einer Tendenz zur «Verhäuslichung der Kindheit» (Behnken & Zinnecker, 1987; Zinnecker, 1990), worunter verstanden wird, dass Kinder in den Wohnungen über mehr Raum verfügen, mehrheitlich ein eigenes Zimmer besitzen, das Ende der Straßenkindheit noch nicht gekommen zu sein (Fuhs, 1996). Nach wie vor werden eine Vielzahl von Aktivitäten außerhalb des Hauses ausgeübt, und das findet auch in urbanisierten Räumen statt (Fuhrer & Quaiser-Pohl, 1999). In dem Sinne scheinen sich Innen- und Außentätigkeiten von Kindern die Waage zu halten (Ledig, 1992).

Mediennutzung. Seit von Hentig (1975, S. 33) wird Kindheit als «Medienkindheit», speziell als «Fernsehkindheit» bezeichnet. Mit diesen Schlagwörtern wird ein wesentliches Merkmal kindlicher Sozialisation am Beginn des 21sten Jahrhunderts beschrieben. Kinder, die heute aufwachsen, unterscheiden sich von Kindern, die vor den 1960er-Jahren aufgewachsen sind darin, dass zu ihren Alltagsbeschäftigungen ganz selbstverständlich die Nutzung elektronischer Medien gehört, wobei der Fernseher das mit Abstand wichtigste Medium ist. Nimmt man die im Jahr 2003 realisierte face-to-face Stichtagsbefragung von ARD und ZDF als empirische Grundlage (verfügbar unter: www.mdr.de/presse/fernsehen/126986.pdf), in deren Rahmen bundesweit 2103 Kinder im Alter von 6 bis 13 Jahren (alte BL: 1392; neue BL: 721) und jeweils 243 Erziehungsberechtigte von Kindern im Alter von 2 bis 5 Jahren befragt worden sind, zeigen sich die folgenden Ergebnisse: 83 % der 6- bis 13-Jährigen sehen jeden Tag oder fast jeden Tag fern. Mit 39 % hat sich der Anteil der Kinder, die über ein eigenes Gerät verfügen, seit 1990 mehr als verdoppelt. Bei den 2- bis 5-Jährigen bleibt das Fernsehen mit einem Anteil von 64 % deutlich hinter dem «Spielen drinnen» (72 %) zurück. Gleichzeitig sorgt dieses seit immerhin mehr als 50 Jahre existierende Medium weiterhin für große und kontroverse gesellschaftliche Diskussionen. So gibt es die in regelmäßigen Abständen wiederkehrenden Debatten über dessen Wirkungen auf die kindliche und jugendliche Gewalt oder, darüber klagen besonders Lehrer, über die geringe Konzentrationsfähigkeit vielsehender Kinder. Dieses Problem, speziell auch die Frage nach den Konsequenzen für die Erziehung in der Familie, wird im Kapitel 14 ausführlich aufgegriffen werden. An dieser Stelle interessieren allein die empirischen Fakten zum Fernsehkonsum (vgl. Feierabend & Windgasse, 1997; Willhelm, Myrtek & Brügner, 1997). Die durchschnittliche tägliche Sehdauer der Kinder zwischen 6 und 13 Jahren lag in Kabel- und Satellitenhaushalten 1992, 1993 und 1994 bei 107, 109 und 105 Minuten. Allerdings unterliegt die Fernsehnutzung zyklischen Veränderungen. So gibt es im Tagesverlauf typische Zeiten, zu denen Kinder fernsehen. Bezogen auf das Jahr 1996 lag die Hauptnutzungszeit der 3- bis 13-jährigen Kinder am Abend zwischen 18 Uhr und 21 Uhr. 17 % aller Kinder waren zu dieser Zeit vor dem Fernseher anzutreffen. Von 21 Uhr bis 24 Uhr schauten immerhin noch 7 % aller Kinder und sogar noch 3 % aller 3- bis 5-Jährigen fern. Bemerkenswert ist, dass selbst zwischen 24 Uhr und 6 Uhr morgens noch Kinder vor dem Fernseher anzutreffen sind. In absoluten Zahlen ausgedrückt sind das für Deutschland Nacht für Nacht zwischen 24 Uhr und 3 Uhr etwa 45 000 fernsehende Kinder, darunter sind etwa 20 000 Kinder im Alter zwischen 10 und 13 Jahren, etwa 10 000 Kinder in der Altersgruppe der 6- bis 9-Jährigen und sogar 10 000 Vorschulkinder zwischen 3 und 5 Jahren. Fernsehen gehört neben dem Anfertigen der Hausaufgaben bzw. Lernen und Spielen im Freien zu den Tätigkeiten, die von 6- bis 13-jährigen Kindern jeden oder fast jeden Tag ausgeführt werden (77 % in den alten, 93 % in den neuen Bundesländern). All diese Fakten belegen eindrucksvoll, wie viel Raum im alltäglichen Leben von Kindern Fernsehkonsum einnimmt. Dennoch kann nur jedes sechste Kind, folgt man den Daten von Gunz und Ortmair (1994), als Vielseher (mehr als drei Stunden Fernsehen/pro Tag) gelten. Mit täglich gut eineinhalb Stunden (Peek & Tietze, 1994) ist die Fernsehdauer deutscher Kinder auch wesentlich kürzer als die amerikanischer Kinder (Bründel & Hurrelmann, 1996). Zudem ist das Kinderbuch dem elektronischen Familienmitglied noch nicht ganz zum Opfer gefallen; Harry Potter ist ein Beleg dafür.

Schule und Bildung. Immer mehr Kinder besuchen in einem immer früheren Alter Institutionen der öffentlichen Erziehung, Bildung und Beratung. Kinder verbringen heute zunehmend ihre Lebenszeit in Institutionen und an Orten, die mehr oder weniger nach pädagogischen Prinzipien und bürokratisch organisiert sind (vgl. Forum Bildung, 2001). Zusätzlich zu dieser als Pädagogisierung von Kindheit bezeichneten Entwicklung findet sich eine «Umbaustrategie» von Kindheit derart, dass sich vorschulische Betreuungsinstitutionen mehr und mehr in Bildungsinstitutionen wandeln, wie die aktuelle Debatte um den Kindergarten zeigt (vgl. Joos, 2002). Die Ursachen dieser Tendenz zur «Defamiliarisierung», womit gemeint ist, dass Mütter wie Kinder immer weniger Zeit in der Familie verbringen (Ostner, 2002), liegt u. a. in Verschiebungen im Verhältnis zwischen privater und öffentlicher Zuständigkeit für Kinder und in einer mangelhaften Work-Life-Balance (vgl. Jürgens, 2003 und Kap. 6.3 in diesem Lehrbuch). Unbestritten ist daneben, dass sich durch die gestiegene Bedeutung der Schulbildung die Bedingungen des Aufwachsens von Kindern und Jugendlichen verändert haben (vgl. Gukenbiehl, 1998). Mindestens drei Aspekte kennzeichnen diese Bildungsexpansion: Erstens kann auf einer individuellen Ebene ein langfristiger und kontinuierlicher Anstieg der Bildungsaspiration beobachtet werden, der sich darin manifestiert, dass heute die mittlere Reife zur erwarteten Mindestqualifikation wird (Hurrelmann, 1994). Büchner und Krüger (1996) kommen gar zu dem Ergebnis, dass 42% der ostdeutschen und sogar über 60% der befragten westdeutschen Heranwachsenden als Ziel ihrer schulischen Bildungslaufbahn das Abitur angeben, wobei die Bildungsaspiration bei den Mädchen noch höher ausfällt als bei den Jungen (Ost-Mädchen: 45%; Ost-Jungen: 39%; West-Mädchen: 62,4%; West-Jungen: 58%). Diese Tendenz wird nochmals deutlicher, wenn man die Schulabschlusswünsche in Abhängigkeit vom sozialen Status der Herkunftsfamilie betrachtet: Knapp 90% der Kinder aus Familien mit hohem sozialem Status und immerhin 30% der westdeutschen und 18% der ostdeutschen Kinder aus Familien mit niedrigem sozialem Status streben das Abitur als gewünschten Schulabschluss an. Zweitens ist kennzeichnend, dass einerseits eine zunehmende Vorverlagerung institutionalisierter Bildungs- und Erziehungsprozesse in immer frühere Abschnitte des kindlichen Lebensverlaufs und andererseits eine Verlängerung bzw. Ausweitung der Bildungspartizipation bis weit ins dritte Lebensjahrzehnt zu einer wachsenden Zahl von Personen mit höheren Bildungsabschlüssen führt und diesen Effekt dadurch intergenerativ verstärkt. Diesem Prozess der Bildungsexpansion sind Erosionsprozesse inhärent, die darin bestehen, dass die Gefahr des Scheiterns – angesichts der gestiegenen elterlichen Bildungsaspirationen – ein biographisches Risiko besonders für jene Kinder darstellen kann, die im Bildungssystem nicht erfolgreich sind. In der Folge kann ihr weiterer Lebensverlauf und ihre soziale Platzierung in der Leistungsgesellschaft massiv beeinträchtigt werden. Als dritten Aspekt macht Gukenbiehl (1998) die wachsende Bildungsbeteiligung und berufliche Qualifikation der Mädchen und Frauen aus. Die Verlierer dieser Bildungsexpansion sind jene jährlich etwa 9% der 15- bis 17-Jährigen, die ohne Abschluss aus dem Bildungswesen ausscheiden. Die gestiegene Bedeutung von Bildung, die damit einhergehende Bildungsexpansion und deren Konsequenzen stellen für den Lebensverlauf und die Lebenschancen von Kindern und Jugendlichen die Grundlage für die Produktion und Reproduktion sozialer Ungleichheit dar, wie uns die PISA-Studie jüngst wieder dramatisch vor Augen geführt hat (vgl. Deutsches PISA-Konsortium, 2002). So stellen sowohl die relativ ungleich verteilten Bildungschancen als auch die unbefriedigenden Leistungsergebnisse den Kern des «PISA-Schocks» in Deutschland dar (vgl. Baumert & Schümer, 2002). Nimmt man die drei Aspekte zusammen, so ist kennzeichnend für die heutige Kindheit, dass Kinder einen Großteil ihrer Tageszeit in der Schule und mit Hausaufgaben verbringen. Ovortrup (1991) hat den immensen Zeitaufwand von Schule im Kinderleben im internationalen Vergleich dargestellt. Er konnte belegen, dass eine «Arbeitswoche» von Kindern einer Arbeitswoche von Erwachsenen im Hinblick auf den zeitlichen Umfang in nichts nachsteht. Das bedeutet, dass die Zeiträume, die Kinder heute in pädagogisch institutionalisierten Umwelten verbringen, die kindlichen Tagesläufe nahezu vollständig füllen (Nauck, Joos & Meyer, 1998). Vor diesem Hintergrund ist zu vermuten, dass die Bedeutung der Schule für das individuelle kindliche Wohlbefinden zunimmt. Gesundheits- und psychosomatische Belastungsindikatoren, Verhaltensauffälligkeiten sowie die subjektiven Einschätzungen von Schule durch Kinder können schulische Überforderungen, Leistungsdruck, Schul- und Versagensängste sowie Schulunlust sichtbar machen (Bucher, 2001; Hurrelmann, 1994 und Kap. 12.1 in diesem Lehrbuch).

Ökonomische Voraussetzungen. Materiell sind heute nahezu alle Kinder besser gestellt als die überwiegende Mehrheit der früheren Kindergenerationen. So verfügen heute Kinder im Allgemeinen in Deutschland über so viel Geld wie nie zuvor und das Markenbewusstsein der Sechs- bis Dreizehnjährigen ist stark ausgeprägt, wie die «Kids-Verbraucher-Analyse 2002» belegt (www.mediapilot.de und www.bauer-media.com). Dabei zählt der Prozess der Kommerzialisierung zu den Charakteristika des Wandels der Kindheit in unserer Gesellschaft.

Viele Eltern wollen mit dem Taschengeld, das sie als ein «*pädagogisches Geld*» betrachten, erreichen, dass ihr Kind lernt, das Geld einzuteilen. Empirische Materialien aus der Markt- und Sozialforschung zum Taschengeld und zur Kaufkraft von Kindern sowie zur ökonomischen Rolle der Kinder in der Familie finden sich bei Christine Feil (2003; 2004).

Orientiert man sich an den aktuellen empirischen Studien zum Taschengeldbezug von Kindern, so zeichnen sich relativ übereinstimmende Tendenzen ab (vgl. IJF Institut für Jugendforschung, 2000; 2002). Nach den jüngsten Daten des Instituts für Jugendforschung in München ist der Anteil der Taschengeldempfänger unter den 6- bis 12-Jährigen auf 81% gestiegen. Dabei variiert das Alter des Kindes, in dem Eltern damit beginnen, das erste Taschengeld auszuhändigen, erheblich. Die Daten aus der Mütterbefragung im Kinderpanel des Deutschen Jugendinstituts (2003) zeigen, dass etwa die Hälfte der Mütter im Vorschulalter des Kindes mit der Gelderziehung beginnt. Aber die Verbreitung des Taschengeldes variiert auch noch im Grundschulalter deutlich mit der sozioökonomischen Schicht. Die Häufigkeit der Taschengeldzahlung an 8- bis 9-Jährige beträgt in der Unterschicht 44%, in der Oberschicht 61%. Dieser Unterschied wird als ein Indiz dafür gewertet, dass die Gewährung von Taschengeld immer auch von der beruflichen und schulischen Qualifikation der Eltern abhängt. Sieht man sich die durchschnittlichen Taschengeldhöhen an, so liegen diese nach der IJF-Studie (2002) für Kinder zwischen 6 und 9 Jahren bei 2,20 Euro pro Woche, für Kinder zwischen 10 und 12 Jahren bei 3,10 Euro pro Woche. Die größten Zuwächse bei den Taschengeldhöhen gibt es beim Übergang von der Kindheit ins Jugendalter, bei Kindern also etwa ab dem 12. Lebensjahr. Im späteren Jugendalter nehmen die elterlichen Taschengeldzuwendungen – entgegen der verbreiteten Meinung – relativ und absolut ab (Feil, 2003). Das Taschengeld wird tendenziell durch Einnahmen aus Ausbildungsverhältnissen und Jobs ersetzt. Derart kommen 15- bis 17-jährige Schüler unterschiedlicher Schulstufen, wie Wahler und Tully (2004) belegen können, auf durchschnittliche monatliche Einkünfte (Nebenjobs, Taschengeld, Geburtstagsgeld u.a.m.) von 50 Euro (41% der Jugendlichen), 50 bis 100 Euro (26% der Jugendlichen) und gar auf Summen zwischen 100 und 300 Euro (33% der Jugendlichen). Dabei scheint die elterliche Kontrolle über das Geldausgeben selbst im Jugendalter noch in erheblichem Umfang ausgeübt zu werden (vgl. Feil, 2004). Wie aber sollen Eltern sich beim Thema Taschengeld gegenüber ihren Kindern verhalten?

- Wenn ein Kind vernünftige Maßstäbe für den Umgang mit Geld erwerben soll, dann ist es wichtig, dass die Eltern es nach und nach an ihren Geldangelegenheiten beteiligen. Das beginnt beim Einkauf: Was kosten Brot, Wurst und Milch? Wie teuer sind ein paar Sportschuhe? Was kostet der neue Harry Potter Band? Und wie viel muss man für eine Wohnung oder ein Auto bezahlen?
- Taschengeld soll zu einem festen Termin ausbezahlt werden, ohne dass das Kind daran erinnern muss. Ist dem Kind schon vorher das Geld ausgegangen, sollte es weder einen Nachschlag bekommen noch einen Vorschuss. Nur so lernt es dann auch tatsächlich nach und nach, mit dem Geld umzugehen.
- Tägliche Pflichten im Haushalt, wie Blumen gießen oder abwaschen, sollten nicht extra bezahlt werden.
- Ein eigenes Bankkonto ermutigt Kinder zum Sparen. Doch dafür sollten die Kinder schon etwas älter sein. Allerdings kann manches sechs- oder siebenjährige Kind daran bereits seinen Spaß haben.

Angesichts ihrer derzeitigen Kaufkraft sind Kinder zu einer bedeutenden Konsumentengruppe geworden. Gleichzeitig sind sie als Berater bei der Einkaufsplanung ihrer Eltern tätig, vor allem wenn es um Güter der Unterhaltungselektronik geht. Die Beratungs- und Beeinflussungsversuche erstrecken sich aber auch auf andere alltägliche Güter, wie Nahrungsmittel und Bekleidung. In Deutschland setzen sechs von zehn Kindern ihre Markenwünsche als Kaufentscheidungen durch. Das bedeutet, dass Kinder einen wachsenden Einfluss darauf haben, wie Eltern ihr Geld ausgeben, und das nicht nur, wenn es um Spielzeug und Süßigkeiten geht (Mayer, 1998). Trotzdem existiert auch eine neue Armut (vgl. Mansel & Neubauer, 1998). Beispielsweise unterliegen Kinder außerhalb von «Normkindschaftsverhältnissen» einem hohen Risiko, im Verlauf ihres Kinderlebens in kurz- oder langfristig prekäre Einkommensepisoden und Armutsphasen zu geraten (Bäcker, 2000 und Kap. 4.2.1 in diesem Lehrbuch).

Was sind die Folgen dieser zahlreichen Veränderungen im Aufwachsen von Kindern heute? Zur Beantwortung dieser Frage ist es immer wieder lohnend, in dem Buch von Philippe Ariès (1978) zur «Geschichte der Kindheit» nachzulesen, dass es Jahrhunderte gedauert hat, ehe sich die Vorstellung von Persönlichkeit, Erziehung und Bedeutung des Kindes, so wie sie heute besteht, durchgesetzt hat. So ist man im 21. Jahrhundert von der Einmaligkeit und der unverwechselbaren Persönlichkeit eines Kindes überzeugt. Kinder besitzen zudem für Eltern einen hohen emotionalen Wert. Viele Eltern sehen in ihren Kindern oftmals die Sinnerfüllung ihres eigenen Lebens. Historisch gesehen, erscheinen Kinder demnach als die Gewinner des gesellschaftlichen Modernisierungsprozesses (Hengst, 1985).

Aber ist diese Aussage tatsächlich berechtigt? Können wir, auch angesichts der dargelegten Veränderungen im Leben postmoderner Kindheit, bei einer positiven Bilanz stehen bleiben? Vermutlich können wir das nicht. Seit den zaghaften Versuchen zu einer Zeitdiagnose von Kindheit untersucht die deutschsprachige Kindheitsforschung die Folgen des gesellschaftlichen Wandels auf die Lebenswelten von Kindern (vgl. Deutsches Kinderhilfswerk, 2002; Lange & Lauterbach, 2000; Preuss-Lausitz u.a., 1983). Dabei scheint heute, wie Hurrelmann (2002a) vermutet, für immer mehr Kinder eine gesonderte Lebensphase «Kindheit» als Raum für eine entwicklungs- und altersgemäße Entfaltung gefährdet. Das ist so, weil viele Kinder heute einerseits unter dem Druck einer leistungsorientierten Früherziehung stehen und bereits im Grundschulalter einen erbarmungslosen Wettbewerb um günstige Ausgangspositionen für ihre Schul- und Bildungskarriere erleben. Anderseits stehen auch die Massenmedien mit ihren Angeboten mehr und mehr Erwachsenen und Kindern gleichermaßen zur Verfügung, sodass alle Geheimnisse öffentlich und damit auch den Kindern zugänglich sind. Als Konsequenz wird weder im Leistungsbereich noch in anderen Lebens- und Freizeitbereichen zwischen Kindern, Jugendlichen und Erwachsenen unterschieden. Derart schwindet die Kluft zwischen den Generationen, wie viele Kindheitsforscher vermuten (vgl. Büchner, Krüger & Chisholm, 1990; Hengst, 2002; Hurrelmann, 2002a).

Angesichts solcher Veränderungen im Kinderleben vertrat David Elkind (1991) bereits vor über zehn Jahren die These, dass Kinder heute nicht mehr entwicklungsgemäß Kinder sein können, weil Eltern die Anforderungen, die sie selbst in Partnerschaft und Beruf erfahren, unmittelbar an ihre Kinder weitergeben. Kinder seien als Statussymbol, als Partnerersatz, als Vertraute und als Ersatz-Ich gefragt, womit sie in ihren Entwicklungsvoraussetzungen überfordert würden. Durch ihre starke emotionale Belastung, so fährt Elkind fort, hätten sie keine Zeit mehr, abhängig, unselbstständig und verspielt zu sein. Für immer mehr Kinder scheint Kindheit heute deswegen zu einer Ernstphase des Lebens, ohne jeden Schonraum und mit nur begrenzten Möglichkeiten für die eigene Selbstentfaltung geworden zu sein (vgl. Hurrelmann, 2002a; Ovortrup, 1991). Folgerichtig forderte auch bereits Elkind (1991) das Recht der Kinder, wieder Kinder sein zu dürfen, womit er sich am Ideal der «Schonphase» Kindheit im Lebenslauf orientiert.

4.1.2
Zum Wandel der Kinderkultur

Der Ausgangspunkt für die folgenden Überlegungen ist, und damit werden unmittelbar die Darlegungen zu den veränderten kindlichen Lebenswelten und die Diskussion um das Aufwachsen von Kindern in der Postmoderne fortgesetzt, dass Kinder heute bei ihren Bedeutungskonstruktionen nicht mehr in der traditionellen Manier auf das Wissen und die Erfahrungen Erwachsener zurückgreifen können. Sie müssen sich von sehr vielen sozialen und kulturellen Erscheinungen selbst ein Bild machen. In der

Kinderforschung ist entsprechend die Rede von der kulturellen Freisetzung heutiger Kindheit. Dabei liegt vermutlich für Kinder und Jugendliche die Herausforderung darin, dass sie heutzutage ihr Leben ohne «route map» führen müssen, weil die Konturen der neuen sozialen, ökonomischen und kulturellen Bedingungen vielfältig und relativ diffus sind, wie der amerikanische Sozialtheoretiker Manuel Castells (1998) feststellt.

Eine der Konsequenzen, die eine solche Analyse nahe legt, sollte die sein, in Kindern keine «kleinen Erwachsenen» oder «Noch-nicht-Erwachsenen» zu sehen, wie Kindheitsforscher über Jahrzehnte immer wieder kritisch angemahnt haben (vgl. Elkind, 1991; Hurrelmann, 2002a). Vielmehr sollten Kinder als Neulinge bzw. Neuankömmlinge in unserer Gesellschaft und Kultur betrachtet werden, in denen auch viele Erwachsene sich (noch) nicht wirklich zu Hause fühlen (Hengst, 2002). Auch wenn sich die Erfahrungen von Kindern als kulturelle Akteure nicht so sehr von denen Erwachsener unterscheiden, so bedingt nicht zuletzt die Erfahrung des Abhängigseins von diesen Erwachsenen, dass Kinder vehement danach streben, ihre Handlungsspielräume zu erweitern. In der Weise lässt sich *kulturelle Freisetzung* im Rahmen von Kinderkultur als Analyse der Veränderungen der Autonomiespielräume von Kindern und Jugendlichen bei ihren Bedeutungskonstruktionen oder «Kultivationen» verstehen (vgl. Fuhrer, 2004). Kinderkulturelle Aktivitäten sind, im Sinne solcher Bedeutungskonstruktionen, Prozesse des informellen Lernens, eines Lernens unter vergleichsweise wenig kontrollierten Bedingungen. Untersucht man den Wandel der Kinderkultur, dann lassen sich mindestens die folgenden vier Tendenzen ausmachen (vgl. Hengst, 2002):

Kommerzielle Kontrolle kindlicher Autonomiespielräume.
Erstens hängen die Veränderungen mit einem Wechsel der Vorgaben zusammen, die die Erwachsenenwelt den Kindern macht. Dabei operieren die einflussreichsten kollektiven Konstrukteure aus der Erwachsenengesellschaft nicht mehr primär im Dienste des bürgerlichen Bildungs- und Erziehungsprojektes, sondern sie orientieren sich an den *Profitinteressen des Konsummarktes*. Die Kindheitsbilder, die heute in der Medien- und Konsumindustrie gepflegt werden, haben die Vorstellung von Kindern als inkompetente, erziehungsbedürftige Wesen aufgegeben und sie durch die von entscheidungsfähigen, medien- und konsumerfahrenen Konsumenten/-innen ersetzt; die traditionelle hierarchische Differenz zwischen Kindern und Erwachsenen wurde weitgehend aufgegeben. Dieser Wandel impliziert eine Entwicklung weg vom Primat einer pädagogischen hin zum *Primat der kommerziellen Kontrolle kindlicher Autonomiespielräume*. Kulturelle Freisetzung meint die Freisetzung aus dem Kindheitsprojekt der Postmoderne als einem Erziehungs- und Bildungsprojekt.

Veränderung der Codierung kultureller Angebote.
Zweitens betrifft eine wichtige Veränderung die Codierung der kulturellen Angebote, auf die Kinder ihre Bedeutungskonstruktionen beziehen. Hier ist die zunehmende Bedeutung nicht-diskursiver Elemente, vor allem die Visualisierung, zu erwähnen. Sie eröffnet Kindern den Zugang zu Themen, die ihnen in verschrifteter Form ohne die Hilfe von Erwachsenen nur schwer zugänglich wären. Ähnlich autonomisierend wirken viele der technologischen Veränderungen, z. B. auf dem Gebiet der Speichermedien, der neuen interaktiven Medien-, Spiel- und Sportgeräte. Zusammengenommen haben sie die Spielräume von Kindern erheblich erweitert und gleichzeitig zum Zusammenbruch des elterlichen Kontrollmonopols geführt.

Die Generationenunterschiede verschwimmen.
Drittens korrespondieren die dargelegten Entwicklungen mit einer augenfälligen *Verjüngung* (oder «Verjugendlichung»; Hengst, 2002) *der involvierten Kinder*. Damit ist gemeint, dass die Konsumlaufbahn heutiger Kinder bereits im Babyalter beginnt. Sie umfasst Fastfood und Girokonto ebenso wie Handy und Computer oder Markenkleidung, Taschengeld, Werbung und Shopping. Die heutigen Kinder sind Käufer, Multiplikatoren für die Werbung, Sparer, manchmal schon Schuldner. Fakt ist, dass die Kinder der Gegenwart zunehmend Medienan-

gebote, Musikgruppen, Kleidermoden usw. favorisieren, die man noch vor wenigen Jahrzehnten mit den Interessen von Jugendlichen in Verbindung gebracht hat. Nicht mehr so sehr die Differenz zwischen den Generationen als vielmehr jene zwischen den Geschlechtern tritt in den Vordergrund. Dabei sind Kinder mit der Notwendigkeit konfrontiert, sich außerhalb der traditionellen Erziehungs- und elterlichen Ratgebern Modelle für diesen Übergang von einer Welt, die primär auf Generationendifferenzen basiert, zu einer, in der die Differenzen des Geschlechts im Vordergrund stehen, zu suchen. Kinder finden sie in den realen oder in virtuellen Peer-Gruppen, wie sie die Medien – etwa in der Musikkultur der Girl- und Boy-Groups – scheinbar sehr erfolgreich vermitteln. Derart findet Kinderkultur zunehmend unter Bedingungen einer «adoleszenten Gesellschaft» statt (Hengst, 2002, S. 150); das ist eine Gesellschaft, in der Normen und Konsumstile Jugendlicher und junger Erwachsener dominieren.

Verwischung der Grenzen zwischen Technik, Werbung, Konsum und Erziehung. Viertens zeichnet sich die Veränderung der Kinderkultur durch die Verwischung der Grenzen von Unterhaltung, Werbung, Konsum, Technik und (mittlerweile) auch Erziehung aus. Beispielsweise werden neue Technologien und der kompetente Umgang mit Computer und Internet von Erwachsenen als genuin wertvoll für Bildung und Erziehung betrachtet. In der Weise sind die neuen Medien positiv besetzt, weil sie in aller Regel Zugang zu prestigeträchtigen Arbeitsplätzen in der Hochtechnologie versprechen. Dabei tut sich im Zugang zu diesen neuen Technologien eine zunehmende Kluft zwischen Arm und Reich auf, weil die Zugangschancen sozial ungleich verteilt sind. Dadurch sind mittlerweile viele Eltern sogar überzeugt, dass das, was in den Schulen gelernt wird, für die Kinder heute nicht mehr gut genug ist.

Aufgrund solcher Veränderungen kann vermutet werden, dass sich Bildungsbiographien von Kindern zunehmend von Schule und schulischem Lernen ablösen. Immer stärker scheint es der außerschulische Bereich zu sein, der Kindern und Jugendlichen Lernmöglichkeiten mit Zukunftsbezug eröffnet. Gleichzeitig wird Schule von Kindern mehr und mehr als Ort entfremdeten Lernens wahrgenommen (Hengst, 2002). Als eine der Ursachen erkennt Brüggelmann (2002), der sich auf eine Befragungsstudie mit 6392 Kindern und Jugendlichen zwischen 10 und 18 Jahren stützt, ein Fehlen an Lernkultur. Lernen in der Schule ist nicht beliebt, die Lernfreude lässt, wie auch die Surveydaten von Bucher (2001) belegen, besonders beim Übergang in die Jugendjahre erheblich nach; aber auch das Lernen außerhalb der Schule gehört nicht zum Favoritenkreis beliebter Beschäftigungen bei Kindern und Jugendlichen. In diesem Zusammenhang macht Brüggelmann auf einen interessanten, strukturellen Widerspruch aufmerksam: Einerseits nimmt die Bedeutung von (beruflicher) Bildung und Ausbildung einen hohen Stellenwert ein, andererseits widmen sich die meisten Kinder und Jugendlichen nur ungern dem Lernen und damit den Voraussetzungen zur Erlangung der gesetzten Berufs- und Bildungsziele. Bildung ja, Lernen nein, so Brüggelmanns etwas verkürztes Fazit. Die Chancen und Risiken, die sich aus diesen kulturellen Freisetzungen zusammen für die Entwicklung von Kindern und ihr Verhältnis zu Erwachsenen und Schule ergeben, sind bislang noch kaum in längsschnittlich angelegten Forschungsprogrammen untersucht worden (vgl. Livingstone & Bovill, 2001).

4.1.3
Widersprüchlichkeiten und Belastungen im heutigen Kinderleben

Durch die veränderte gesellschaftliche Wahrnehmung von Kindern und Kindheit rückt diese Bevölkerungsgruppe als eigenständiger Bestandteil im Verhältnis der Generationen und als soziale Akteure mehr und mehr in den Fokus öffentlichen und wissenschaftlichen Interesses. Die Besonderheit von Kindern und die Unterschiedlichkeiten von Kindern und Erwachsenen bilden verstärkt den Bezugspunkt für wissenschaftliche und sozialpolitische Auseinandersetzungen mit dem Gegenstand Kinder und Kindheit (z.B. Alanen, 1997; Corsaro, 1997; Zeiher, 1996; Zinnecker, 1996; Zinnecker & Silbereisen,

1996). Die Diskussionen gehen von der These aus, dass sich Kindheit in der Postmoderne als Schutz- und Vorbereitungsraum konstituiert, der durch die gesellschaftlichen Veränderungen in Richtung Individualisierung und Pluralisierung einerseits expandiert, andererseits brüchiger wird. Das heißt, dass dieses Kindheitsmodell durch Expansions- und Erosionsprozesse gekennzeichnet ist (Honig, 1999; Zeiher, 1996), was aus Sicht eines «Umbaus» von Kindheit einer genaueren Prüfung bedarf.

Die Konsequenz, die aus der gesellschaftlichen Pluralisierung und Individualisierung für Kinder resultiert, ist die, dass die soziale Rolle «Kind» nicht mehr durch soziale Herkunft und Religion festgelegt ist, sondern zunehmend frei gestaltbar wird. Schon Kinder verfügen mehr denn je über die Chance und die Verpflichtung, ihre Entwicklung eigenständig zu gestalten und ihren Lebensalltag selbstständig zu bewältigen. Dabei führt die den Kindern heute zugestandene hohe Eigen- und Selbstständigkeit in einer individualisierten Gesellschaft unvermeidlich zu einem Individualitätsanspruch und dem damit verbundenen Bestreben nach einer unverwechselbaren Persönlichkeit. Vermutlich zählt es deshalb zur wichtigsten Aufgabe von Eltern, Eigen- und Selbstständigkeit der Kinder zu fördern, ihnen ausreichende Anregungen und Unterstützungen für ihre Persönlichkeitsentwicklung zu geben, ohne sie zu bevormunden. Diese Aufgabe, Kindern Anleitung und Unterstützung auf der einen und Ablösung und Freisetzung auf der anderen Seite zu ermöglichen, ist allerdings für Eltern eine äußerst schwierige Gratwanderung (Krappmann & Oswald, 1990). Derart ist die Lebenssituation von Kindern in unserer postmodernen Gesellschaft durch eine eigentümliche Spannung gekennzeichnet. Zum einen sind die Freiheitsgrade für die selbstaktive und eigenverantwortliche Gestaltung der eigenen Lebensweise und des persönlichen Lebensentwurfs für Kinder sehr hoch; zum anderen werden jedoch diese Chancen durch Lockerung von sozialen und kulturellen Einbindungen erkauft, die Kindheit und Kinderleben riskanter machen und der Entwicklung von Kindern vermutlich abträglich und wenig förderlich sind (vgl. Hurrelmann, 1993).

Die Ambivalenz in der postmodernen Lebenssituation vieler Kinder drückt sich heutzutage in einem widersprüchlichen Zusammenspiel von individueller Optionserweiterung und mangelnder erzieherischer Unterstützung aus (vgl. Lange & Lüscher, 1996): Auf der einen Seite versuchen heute Erwachsene sehr viel mehr als früher, die Grundbedürfnisse von Kindern zu berücksichtigen und ihre neuen persönlichen Gestaltungspotenziale anzuerkennen. Deshalb wird eine Form der Erziehung gesucht, die fördert und fordert, aber nicht diszipliniert und reglementiert. Kindern wird genauso wie Jugendlichen und Erwachsenen zugetraut, dass sie ihre *Entwicklung selber gestalten* können. Kinder werden nicht mehr als unfertige Wesen, sondern als kindliche Persönlichkeiten betrachtet und behandelt. Sie werden als Akteure verstanden, die selbstständig handeln und sich nicht erst in der Zukunft, sondern in ihrem gegenwärtigen Kinderleben verwirklichen wollen (Fend, 1988). Auf der anderen Seite werden viele Kinder in ihrer eigenaktiven Selbstentwicklung, in der Aneignung und Verarbeitung ihrer Lebenswelt völlig allein gelassen. Es fehlt an *einfühlsamer Unterstützung und erzieherischer Anleitung*. Sie laufen gleichsam «neben» den Erwachsenen her und finden kaum soziale und räumliche Umwelten vor, die sie selbst altersgerecht gestalten und kultivieren können, weil Erwachsene schon viele Handlungs- und Spielräume für ihre Zwecke definiert und besetzt haben. So sind alltägliche Verkehrsräume, Wohnung, Straße und Quartier meist alles andere als kinderfreundlich gestaltet. Gerade im öffentlichen Verkehrsbereich sind die Handlungsmöglichkeiten für Kinder katastrophal. Verkehrsunfälle sind nicht zufällig die Todesursache Nummer 1 im Kindesalter (Hurrelmann, 2002a). Kinder leben nicht selten in einer zugebauten und versiegelten Umwelt, die jegliche Möglichkeiten zur Kultivation für Kinder vermissen lässt. Gleichzeitig erleben sie durch Fernsehen, Video und Computer eine Überstimulierung ihrer Sinne und erfahren demgegenüber im emotionalen, haptischen und motorischen Bereich eine drastische Verarmung (vgl. Baacke, 1993).

Derart bringen zweifellos die postmodernen Lebensbedingungen für Kinder sehr viele Entwicklungs- und Kreativitätschancen mit sich, die Kindern mehr Selbstständigkeit und Persönlichkeitsentfaltung ermöglichen als das in früheren Generationen möglich war. Lebensführung wird zum Leitkonzept und verleiht dem alltäglichen Tun von Kindern ein eigenständiges Gewicht und verweist auf die stetige Arbeit, die von Kindern, aber auch von ihren Bezugspersonen geleistet werden muss, um den Alltag in einer postmodernen Gesellschaft mit all seinen Ambivalenzen zu bewältigen. Aber zugleich bringen sie eben auch neue Formen von Belastungen mit sich, die teilweise die Bewältigungskapazität von Kindern überfordern, weil diese häufiger werdenden Handlungs- und Autonomieoptionen meist weder alters- noch entwicklungsgerecht sind, und Risiken des Scheiterns, des Leidens, des Unbehagens und der Unsicherheit, auch für die Eltern und deren Umgang mit ihren Kindern, in sich bergen. Deshalb sind Eltern, Erzieher oder Lehrer gut beraten, wenn sie sich der Komplexität und den Widersprüchlichkeiten im Aufwachsen heutiger Kinder stellen, die Lebensentwürfe der Kinder ernst nehmen und sie darin erzieherisch angemessen begleiten und unterstützen.

Die hier vertretene Position ist demnach die, dass die Postmoderne neue Chancen, aber auch neue Risiken enthält, denen standzuhalten und die zu nutzen durch Erziehung gefördert werden soll. Wie genau das geschehen kann, darauf wird in Kapitel 10 ausführlich einzugehen sein.

4.2
Lebenslage, Wohlbefinden und Problemlagen heutiger Kinder

Es sind mindestens drei gesellschaftliche Entwicklungen, die, folgt man der Analyse von Lange und Lauterbach (2002), in den letzten beiden Jahrzehnten die Lebenssituation von Kindern in Deutschland stark in das öffentliche Bewusstsein gebracht haben. Erstens ist es die «amtliche» Feststellung, dass viele Kinder in pre-

---

Kasten 4-1

Implikationen für die Erziehungspraxis

Kinder befähigen, sich zu selbst steuernden Lebensbewältigern zu entwickeln

Das Aufwachsen in der Postmoderne impliziert, dass von Heranwachsenden größere Fähigkeiten der freiheitlichen Selbstentscheidung abgefordert werden. Das postmoderne Kind ist stärker auf sich gestellt, auf seine inneren Möglichkeiten, Entwicklungskompetenzen und Kapazitäten. Es muss heute aus inneren Plänen und Konzepten leben, es muss diese entwickeln und im Laufe seines Kinder- und Jugendlichenlebens aufbauen.

Die *pädagogische Konsequenz* zielt auf die Stärkung der Person, damit sie postmodernen Lebensbedingungen bestmöglich standhalten kann. Dazu bedarf sie auch externer Hilfen, die Möglichkeiten bereitstellen und arrangieren, um zur Selbststeuerung befähigt zu werden und zur selbstverantworteten Lebensgestaltung zu kommen. Dies wiederum können Eltern, Lehrer und Erzieher nur dann, wenn sie sich auf die Individualität wie auf die lebensweltlichen Kontexte der Kinder einlassen. Derart wird es vermutlich auch überzeugender gelingen, Kindern grundlegende Kompetenzen zur Selbstgestaltung ihres eigenen Lebens zu vermitteln, damit diese im Idealfall zu *Regisseuren ihrer eigenen Entwicklung,* ihrer persönlichen Biographie sowie ihrer Identität werden können. In der Weise werden kindliche Subjektivität, Persönlichkeit und Eigenständigkeit immer häufiger nicht nur anerkannt, sondern erzieherisch begleitet, angeleitet und unterstützt.

Quelle: Winkler (2004)

kären Einkommensverhältnissen aufwachsen, wodurch sie kurzfristig eine beträchtliche Einschränkung ihrer Lebenssituation erfahren und langfristig vermutlich in ihrer kognitiven, sozialen und psychischen Entwicklung beeinträchtigt werden. Zweitens wird aufgrund der Individualisierung von Lebensläufen und Familienkarrieren und der Pluralisierung von Lebensformen Erwachsener befürchtet, dass das «soziale Kapital» von Familien geschwächt wird und Kinder somit zunehmend in instabilen Verhältnissen aufwachsen. Drittens werden Kinder aufgrund der Veralterung der Bevölkerung zunehmend als Ressource für die Leistungs- und Funktionsfähigkeit der Gesellschaft angesehen.

4.2.1
Die soziale Lage der Kinder

Es sind diese drei Entwicklungen und deren Folgen, die Lebenslage, Wohlbefinden und Problemlagen von Kindern zusehends in den Mittelpunkt der Kindheitsforschung, der klinischen Entwicklungspsychologie und des öffentlichen Interessens rücken.

Als nächstes werde ich, einerseits mit Hilfe des Ressourcenansatzes, die familiäre Situation von Kindern analysieren, anderseits mit dem Konzept der Kindschaftsverhältnisse die Dauerhaftigkeit der Beziehungen zu den Eltern beschreiben. Theoretisch erlangen Kindschaftsverhältnisse dadurch an Bedeutung, weil sie wiederum als Ressource für die Entwicklung von Kindern betrachtet werden können. Im Umkehrschluss bedeutet das, dass instabile oder unvollständige Kindschaftsverhältnisse negative Konsequenzen für die psychische, soziale und kognitive Entwicklung der Kinder haben können (McLanahan & Sandefur, 1994), wobei das Ausmaß dieser negativen Konsequenzen mit den sozial staatlichen Rahmenbedingungen variiert (Bohrhardt, 2000).

Die Kindschaftsverhältnisse. Bei der Betrachtung der empirischen Analysen der Kindschaftsverhältnisse in ihrer Verteilung von der Geburt bis zum 18. Lebensjahr müssen die bedeutsamen Unterschiede zwischen Ost- und Westdeutschland beachtet werden (vgl. **Tab. 4.1**).

Kasten 4-2

Der Begriff der sozialen Lebenslage – eine Begriffsdefinition

Der Begriff der *Lebenslage* bezeichnet «den Spielraum, den die äußeren Umstände dem Menschen für die Erfüllung der Grundlagen bieten, die ihn bei der Gestaltung seines Lebens leiten oder bei möglichst freier und tiefer Selbstbesinnung zu konsequentem Verhalten hinreichender Willensstärke leiten würde» (Weisser, 1978, S. 275). Dabei definieren *Ressourcen* den Handlungsspielraum von Menschen; es sind vor allem ökonomische, kulturelle und in jüngster Zeit auch soziale Ressourcen. In der Tradition der soziologischen Lebenslaufforschung wurde in zahlreichen Studien belegt, dass es eine enge Verknüpfung zwischen der Verfügbarkeit von Ressourcen und den Lebenschancen von Menschen gibt. Die Ressourcen von Kindern sind meist über erwachsene Personen vermittelt, in der Regel sind das die Eltern; darunter fallen Einkommen, Bildungsstatus und soziale Netzwerkbeziehungen. Derart verweist das *Konzept der sozialen Lage* auf Dimensionen der sozialen Benachteiligung oder Privilegierung.

Quelle: Lauterbach & Lange (2002)

Folgt man den aufgelisteten Daten in Tabelle 4.1, dann zeigt sich, dass Kinder, die in westlichen Bundesländern aufwachsen, zum überwiegenden Teil bis zum 18. Lebensjahr in stabilen Lebensverhältnissen leben. So erleben 82,4 % aller Erstgeborenen der ältesten Kohorte bis zur Vollendung der Volljährigkeit nie eine Veränderung der Lebensform ihrer Eltern. Selbst in der jüngsten Kohorte trifft dies noch für 79,2 % der Kinder zu. Der Umstand aber, dass die Kinder der jüngsten Kohorte erst zehn Jahre alt sind, lässt erwarten, dass diese Kohorte noch weit mehr Veränderungen erleben wird. Zur empirischen Absicherung dieser Annahme können die Daten der 1974 bis 1980 geborenen Kinder hinzugezogen werden. Nur mehr 75,5 %

Tabelle 4.1: Anzahl der Veränderungen in den Lebensverhältnissen von Kindern unter 18 Jahren in den östlichen und westlichen Bundesländern (nach Alt, 2001)

		Keine Wechsel	Ein Wechsel	Zwei Wechsel	Drei Wechsel	Vier u. mehr Wechsel
1954–1960 geborene Kinder	West	82,4	9,9	2,6	1,8	3,3
	Ost	48,8	30,9	3,3	6,5	10,6
1964–1970 geborene Kinder	West	80,9	5,6	3,1	3,8	6,6
	Ost	63,9	13,7	8,4	6,3	7,8
1974–1980 geborene Kinder	West	75,5	7,5	4,3	3,7	9,0
	Ost	55,9	12,8	9,1	9,4	12,9
1984–1990 geborene Kinder	West	79,2	6,3	5,0	3,8	5,8
	Ost	52,2	24,2	9,7	6,5	7,3

dieser Kinder können auf stabile Lebensverhältnisse zurückblicken. Diese Kohorte bildet derzeit den Endpunkt einer Entwicklung, der uns die Zunahme der Veränderungen der kindlichen Lebensverhältnisse vor Augen führt. Selbst dieser Wert wird noch sinken, da noch nicht alle Kinder volljährig sind. Des Weiteren finden sich in den neuen Bundesländern wesentlich andere Verteilungen, wie wiederum Tabelle 4.1 dokumentiert. So haben schon 48,8 % der Kinder aus der ältesten Kohorte bis zu ihrer Volljährigkeit mindestens eine Veränderung ihrer familiären Lebensverhältnisse erlebt. Jedes dritte Kind erfährt eine, jedes fünfte sogar mehr als vier Veränderungen. Nur eine knappe Minderheit der Kinder aus der jüngsten Kohorte hat noch keine Veränderung der familiären Lebensform in ihrem bisherigen Leben erfahren. Zusammengenommen findet sich für Gesamtdeutschland im Zeitvergleich eine zunehmende Instabilität der Bedingungen des Aufwachsens, wobei die Veränderungen in den neuen Bundesländern drastischer ausfallen. Diese Veränderungen wiederum ziehen direkte Konsequenzen für die materielle Lage nach sich, wie gleich zu zeigen sein wird.

Die Ressourcen des Elternhauses. Im Zeitraum 1963 bis 1998 schwankte die Armutsquote für alle Privathaushalte in Deutschland zwischen 9 % und 11 % (siehe **Tab. 4.2**). Vor allem in den östlichen Bundesländern scheint es eine synchrone Entwicklung von Wirtschaftswachstum, Arbeitslosigkeit, Einkommensarmut und Überschuldung zu geben (Korczak, 2001). Ende der 1990er-Jahre war jede vierte kinderreiche Familie arm. Dieses Ausmaß wird nur von der Wohlfahrtsposition der Alleinerziehenden übertroffen: In den 1990er-Jahren lebte fast jeder dritte allein erziehende Haushalt in Einkommensarmut. So hatten ebenso wie die kinderreichen Paarhaushalte vor allem Alleinerziehende mit mehreren Kindern ein überproportional hohes Armutsrisiko. Allerdings zeigt der Vergleich zwischen beiden Teilen Deutschlands, dass die Armutsrisiken von Familien in Westdeutschland deutlich höher sind als im Osten Deutschlands (vgl. Hanesch, Krause & Bäcker, 2000). Auch

Tabelle 4.2: Familien in Armut – Quoten relativer Einkommensarmut in Deutschland 1963–1998 (nach Hanesch, Krause & Bäcker, 2000; Hauser & Semrau, 1990)

	1990	1991	1992	1993	1994	1995	1996	1997	1998
Alle Haushalte	9,1	8,8	8,5	10,1	9,4	11,2	9,5	9,1	9,5
Paar-Haushalte mit 1 Kind	7,9	9,4	8,8	7,5	8,9	10,2	6,4	7,5	7,8
Paar-Haushalte mit 3 und mehr Kindern	19,7	20,9	19,8	24,5	25,7	23,2	21,5	21,6	24,7
Ein-Eltern-Haushalte	29,1	35,3	29,3	26,4	28,2	40,4	33,3	29,5	30,1

werden Alleinerziehende in Ostdeutschland deutlich seltener arm als westdeutsche Alleinerziehende. Dass die Wohlfahrtsposition ostdeutscher Alleinerziehender günstiger ist als die westdeutscher Alleinerziehender oder gar der kinderreichen Familien in beiden Teilen Deutschlands, dürfte an der ausgeprägten Erwerbsorientierung und -beteiligung der vergleichsweise jungen ostdeutschen Mütter liegen. Demgegenüber wurden die Mütter in Westdeutschland bei einem Partnerverlust durch Scheidung, Trennung oder Verwitwung wegen ihrer Nichterwerbstätigkeit arm.

4.2.2
Deprivation, Familienbeziehungen und kindliche Entwicklung

Mit dem Anwachsen von in Armut lebenden Familien sind unter anderem Fragen bedeutsam, wieweit einerseits die Benachteiligung der Eltern auf die Kinder übertragen wird und wie andererseits ökonomische Armut oder Deprivation auf die Entwicklung von Kindern wirkt. Zur Beantwortung dieser Fragen stehen uns etwa die Befunde aus den berühmt gewordenen Studien von Glen Elder und Mitarbeitern zur Verfügung, die Lebensläufe von Familien und Kindern in Kalifornien sowie deren individuelle Entwicklung als Folge sozialen Wandels und ökonomischer Depression seit den 1930er-Jahren längsschnittlich erfasst haben (vgl. Elder, 1974; Elder, Van Nguyen & Caspi, 1985; Elder & Caspi, 1990).

Anfang der 1920er-Jahre begann Glen Elder mit seinen Mitarbeitern (siehe Elder, 1974) im Rahmen seines großen «ökologischen Experiments» Kinder aus Oakland (Jahrgang 1920–21) und ihre Eltern zu untersuchen und startete eines der größten ökologischen Experimente, das je in den Sozialwissenschaften realisiert worden ist. 1929 kam es zum wirtschaftlichen Zusammenbruch in den USA, was gemeinhin als *große Depression* bezeichnet wird. Elder nahm die forschungsgeschichtlich einmalige Chance wahr und analysierte aus den Längsschnittdaten der frühen dreißiger Jahre die Auswirkungen dieses «natürlichen» historischen Ereignisses auf die betroffenen Familien. Dabei standen ihm und seinen Mitarbeitern Interviewdaten der Eltern, Lehrer und Kinder sowie Beobachtungsdaten und psychiatrische Gutachten zur Verfügung. Elder trennte seine Probanden in zwei Gruppen, wobei die erste einen Einkommensverlust von 35 % und mehr erlitten hatte gegenüber der zweiten mit geringerem oder keinem Einkommensverlust. Später bezog er noch eine andere Kohorte aus Berkeley mit ein, bei der die Kinder acht Jahre jünger waren (Jahrgang 1928–29). Dabei sind Elders Erkenntnisse durch die Besonderheiten seiner Forschungsmethodologie geprägt, die sie zu einem besonders hervorragenden Exemplar einer ökologisch-psychologischen Entwicklungsforschung machen. Die folgenden Aspekte sind dafür methodisch bedeutsam:

- Das *ganze ökologische System* wurde untersucht (z. B. in neueren Arbeiten die Wirkung der Großeltern auf die Kindheit der damaligen Eltern; vgl. Elder, Liker & Cross, 1984).
- Es handelte sich um *jahrzehntelange Längsschnittstudien*, und zwar an Stichproben, deren unschätzbarer Vorteil es war, dass die Teilnehmer gerade nicht ihrer ökonomischen Schwäche wegen ausgesucht wurden, sondern Normalbürger einer Kommune repräsentierten.
- Zudem war von zentraler Bedeutung, dass die Möglichkeit zum *Vergleich verschiedener Kohorten* bestand, nämlich einer älteren (Oakland-Kohorte) und einer jüngeren Kohorte (Berkeley-Kohorte), wodurch die Wirkung eines kritischen Ereignisses (im Exosystem) zu unterschiedlichen Zeitpunkten im Lebenslauf kontrolliert werden konnte; erst dadurch ließen sich die Folgen örtlich und zeit-historisch unterschiedlicher Effekte auf die individuelle und familiäre Entwicklung untersuchen.
- Darüber hinaus ließen sich die *Auswirkungen über eine größere Lebensspanne* hinweg, nämlich von Einflüssen während der Kindheit auf spätere Lebensphasen (für die Berkeley-Kohorte im Jugendalter, mit 30 Jahren und mit 40 Jahren) untersuchen.
- Schließlich liegt eine seltene Kombination von ursprünglich qualitativen Daten und einer Überprüfung von Hypothesen mittels komplexer statistischer Kausalmodelle vor.

Elder (1974) war ein gewichtiger Protagonist dieser für die Verhaltens- und Sozialwissenschaften noch immer recht wenig verbreiteten Methodologie der Lebenslaufforschung.

Ökonomische Deprivation, Familienbeziehungen und elterliches Erziehungsverhalten. Kinder werden von eingeschränkten ökonomischen Ressourcen des Elternhauses indirekt auch noch in anderer Weise betroffen, wenn Anpassungsreaktionen der Eltern an die veränderte Einkommenssituation stattfinden (Elder & Caspi, 1990). So werden Bedürfnisse und Ausgaben an die reduzierten finanziellen Ressourcen angepasst, und häufig ändern sich bei einer darauf folgenden Deprivation Familienklima und elterlicher Erziehungsstil (vgl. Elder & Caspi, 1990; Ulbricht, Schmidt & Friebe, 1995; Nietfeld & Becker, 1999). Kinder können davon kurz- und langfristig betroffen sein. Basierend auf den Ergebnissen von Elder (1974) und Elder, Van Nyguen und Caspi (1985) sind drei Arten der Veränderung zwischen deprivierten Familien und nicht deprivierten Familien zu unterscheiden: Veränderungen in der Haushaltsökonomie, psychische Belastungen, Veränderungen in den Familienbeziehungen und in der erzieherischen Unterstützung der Kinder durch die Eltern sowie als Folge emotionale Belastungen und Problemverhalten der Kinder. Walper (1997) veranschaulicht die Auswirkungen der finanziellen Knappheit und das Zusammenwirken der verschiedenen involvierten Faktoren im folgenden Schema (vgl. **Abb. 4.1**), dessen Wirkungsrichtungen teilweise auch als Wechselwirkungen konzipiert sind (vgl. Weiss, 2000).

Des Weiteren zeigten Elder, Likert und Cross (1984), dass drastische Einkommenseinbußen eine arbeitsintensivere Haushaltsführung aufgrund zunehmender Verschuldung nach Verbrauch der Ersparnisse, Kürzungen und Aufschub von Ausgaben, Rückgriff auf Einkünfte der Frauen und der älteren Kinder und Kompensation von Ausgaben für Güter und Dienst-

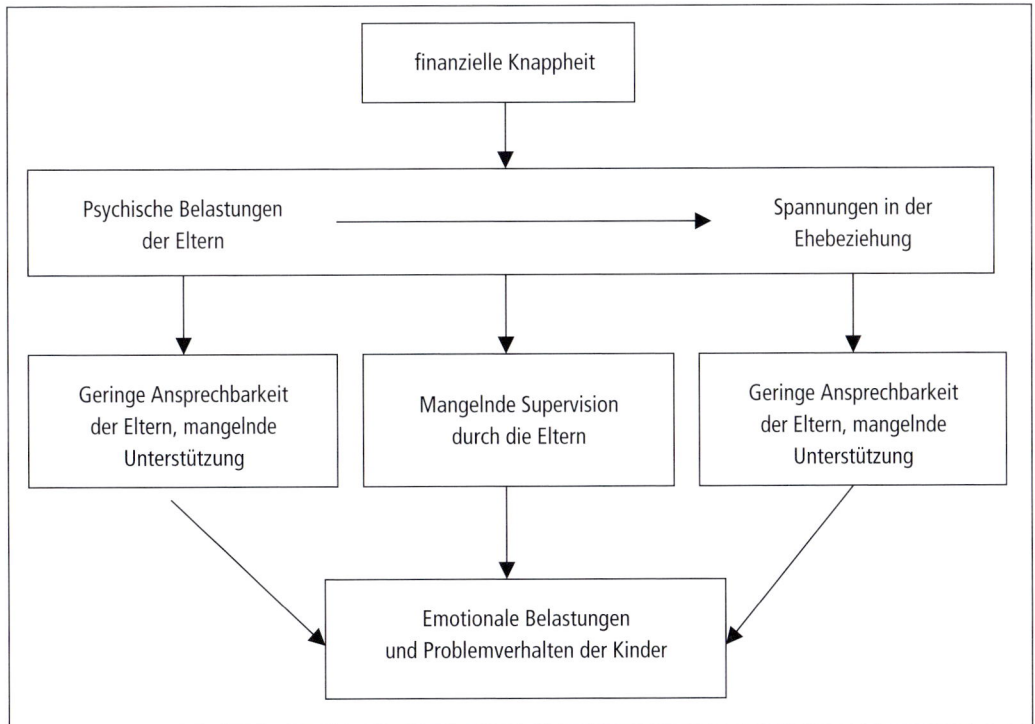

Abbildung 4.1: Zusammenhänge zwischen elterlichen Reaktionen auf finanzielle Restriktionen und Reaktionen der Kinder (nach Walper, 1997, S. 276)

leistungen durch Familienarbeit erforderlich machen. All das wiederum erforderte im familiären Haushalt ein neues System von Verhaltensregeln. Beispielsweise führte der Verlust von Einkommen und Arbeit seitens der Männer zu Veränderungen in den familiären Beziehungen. In deren Verlauf verringerte sich erstens die Effektivität der väterlichen Kontrolle und die Attraktivität des väterlichen Rollenmodells. Umgekehrt nahmen zweitens die Mütter eine immer zentralere Stellung in der Familie ein, wobei dies sowohl in emotionaler Hinsicht als auch bezüglich ihrer Autorität beobachtet wurde. Die dritte Art der Veränderung beruhte auf größeren Spannungen, Konflikten und Gewalt innerhalb der Familie. Finanzielle Verknappung steigerte die problematischen Verhaltensweisen der Väter in Form erhöhten Alkoholkonsums, depressiver Verstimmungen und gesundheitlicher Beeinträchtigungen sowie willkürlichem und inkonsistentem Erziehungsverhalten gegenüber den Kindern, was wiederum die Wahrscheinlichkeit erhöhte, dass Kinder emotional belastet wurden und Problemverhaltensweisen entwickelten.

Wenn man die Ursachenkette zwischen *ökonomischer Deprivation* (d.h. schweren Einkommensverlusten) und *kindlichem Problemverhalten* detaillierter zerlegt, dann lässt sich der Zusammenhang wie folgt beschreiben (vgl. Elder & Caspi, 1990): Kinder werden unter Bedingungen familiärer ökonomischer Deprivation schlechter behandelt, wenn *Väter* explosiver, gespannter und *emotional labiler* werden. Familien, die schwere Verluste erlitten, gerieten wegen des steigenden finanziellen Drucks und des launischen Zustandes der Väter vermehrt in *Konflikte*. Je irritierbarer und explosiver die Männer unter diesem Druck wurden, umso mehr neigten sie zu einem strafenden und willkürlichen *Erziehungsverhalten* gegenüber ihren Kindern. Dieses Verhalten der Väter steigerte wiederum das Risiko für den Ungehorsam, die Wutanfälle und die Irritierbarkeit der Kinder. Dabei entpuppte sich diese Ursachen-Wirkungs-Sequenz als besonders ausgeprägt, wenn Väter schon vor dem finanziellen Einbruch labil und irritierbar waren. Zusätzlich wurden diese Zusammenhänge stärker, wenn die *Familienbeziehungen* ursprünglich bereits feindselig, kühl oder schlecht waren, sei es zwischen Vater und Kind, Mutter und Kind oder zwischen den Eltern. Am deutlichsten war diese kausale Abfolge, wenn die *Mutter* dem Kind schon vor dem Einbruch der Wirtschaftskrise *wenig emotionale Unterstützung* gegeben hatte. Das bedeutet, dass sich die Verwundbarkeit der Kinder mit der Abnahme der emotionalen Unterstützung durch die Mutter in gleichem Maße erhöhte. Umgekehrt reduzierte die Verfügbarkeit mütterlicher Unterstützung (als Schutzfaktor) deutlich die Wirksamkeit jener Risikofaktoren, die das Problemverhalten der Kinder in stressreichen Zeiten auslösten und aufrechterhielten.

Die Befunde aus deutschsprachigen Studien von Walper (1988) oder Walper, Gerhard, Schwarz und Gödde (2001) bestätigen dieses Modell. Ebenso findet sich der negative Zusammenhang zwischen Armut und strafendem, wenig feinfühligem Erziehungsverhalten durch die jüngste Metaanalyse von Grant, Compas, Stuhlmacher, Thurm, McMahon und Halpert (2003) bestätigt ($d \pm = .48, .55$, für Querschnitts- und Längsschnittstudien). Sie können zeigen, dass Einkommensverluste mittelbar die Bereitschaft beeinflussen, Normen zu übertreten; Jugendliche stimmen etwa stärker der Aussage zu, dass die Regeln und Gesetze der Erwachsenen oft schlecht sind und sie diesen nicht folgen wollen. Die Vermittlung erfolgt – analog zu Elders Befunden – über eine Beeinträchtigung des von den Eltern berichteten Zusammenhalts in der Familie. Derart geben Familien, die von Verlusten betroffen sind, häufiger an, dass es viele Spannungen gebe. Dabei hat auch der familiäre Zusammenhalt – zumindest teilweise – einen direkten Einfluss auf die Bereitschaft der Jugendlichen zu Normverstößen. Zusätzlich findet sich auch noch ein indirekter Zusammenhang: Die Spannungen in der Familie erhöhen nämlich die Aufmerksamkeit gegenüber den Beurteilungen durch Gleichaltrige; diese wiederum schlagen sich in einem verminderten Selbstwertgefühl nieder, welches dann die Bereitschaft erhöht, gegen Normen zu verstoßen. Letztendlich scheint dieses Verhalten wiederum den Zusammenhalt in der Familie zu beeinträchtigen. Dabei ist das normverletzende Verhalten von großer Bedeutung für die künftige Entwicklung (vgl. Silbereisen, 1991). Außerdem wirkt *Bildung als Schutzfaktor*. So ist der Einfluss ökonomischer Veränderungen auf den Zusammenhalt der Familie und das Selbstwertgefühl Jugendlicher weniger negativ, wenn die Eltern über eine bessere Schulbildung verfügen. Der Vorteil dieser Familien scheint aber nur gradueller Art zu sein (Silbereisen, 1991).

Ökonomische Deprivation und kindliche Entwicklung. Abschließend soll noch genauer auf die Folgen ökonomischer Deprivation auf den Entwicklungsverlauf von Kindern und Jugendlichen eingegangen werden. **Tabelle 4.3** macht deutlich, dass bei deprivierten Kindern eine ganze Reihe von Beeinträchtigungen nachgewiesen werden.

Ersichtlich wird, dass häufiger die Gesundheit leidet, ebenso wie die kognitiven Fähigkeiten – wenngleich nur schwach – und die Schulleistung negativ beeinflusst wird. Des Weiteren legen die Befunde aus den Kohorten-Sequenz-Studien von Elder und Mitarbeitern nahe, dass, obwohl ökonomische Deprivation ähnliche Veränderungen in Familien unterschiedlicher Kohorten bewirkt, sich die Entwicklungskonsequenzen entsprechend der jeweiligen Lebens- bzw. Altersphase der Kinder unterscheiden (vgl. Elder, Van Nguyen & Caspi, 1985; Elder & Caspi, 1991). Die Mitglieder der älteren Oakland-Kohorte (Geburtsjahrgänge 1920–1921) waren in Kalifornien während der Wohlstandsentwicklung der 1920er-Jahre kleine Kinder. Die stabile Kindheit garantierte ihnen ein gewisses Maß an Sicherheit und Kontinuität in der Entwicklung, als 1929 die Wirtschaftskrise ausbrach. Demgegenüber erlebten die Mitglieder der jüngeren Berkeley-Kohorte (Geburtsjahrgänge 1929–1929) während ihrer verletzlichsten Jahre

Tabelle 4.3: Indikatoren des Wohlergehens deprivierter und nicht-deprivierter Kinder und Jugendlicher (Brooks-Gunn & Duncan, 1997, zit. nach Lauterbach & Lange, 2002, S. 74)

Indikatoren	Deprivierte	Nicht-deprivierte
Gesundheit		
Sehr gute Gesundheit	37,4	55,2
Mäßige Gesundheit	11,4	6,5
Bleivergiftung	16,3	4,7
Säuglingssterblichkeit	1,4	0,8
Wachstumsstörungen	10	5
Kurzzeitkrankenhausaufenth.	81,3 Tage	41,2 Tage
Kognitive Fähigkeiten		
Entwicklungsstörungen	5	3,8
Lernstörungen	8,3	6,1
Schulleistungen		
Sitzen bleiben	28,8	14,1
Schulverweis	11,9	6,1
Schulabbruch	21	9,6
Emotionen und Verhalten		
Psychische Probleme (länger als 3 Mon.)	16,4	12,7
Sonstiges		
Uneheliches Kind	11	3,6
Arbeitslos	15,9	8,3
Unterernährung	15,9	1,6
Vernachlässigung + Vergewaltigung	5,4	0,8
Angst, auf die Straße zu gehen	19,5	8,7

familiäre Not und später die Entwicklungsschwierigkeiten des Jugendalters während der Massenmobilisierung für den 2. Weltkrieg. Die Ergebnisse, die hier nur zusammenfassend wiedergegeben werden können (vgl. dazu ausführlicher Elder & Caspi, 1990; 1991), sind forschungsmethodisch vor allem deshalb für eine kontextualistisch orientierte Entwicklungspsychologie exemplarisch, weil sie die kohortenspezifischen Wirkungen eines kritischen Lebensereignisses, wie es damals die große Depression darstellte, dokumentiert. Die folgenden Befunde erscheinen mir besonders bedeutsam:

- Als Jugendliche entgingen die *Jungen der älteren Kohorte* dem Problem, von ihrer schwer belasteten Familie noch völlig abhängig zu sein. Familiäre Härten bedeuteten für sie, erwachsenen-ähnliche Verantwortung übernehmen zu müssen. Sie strebten frühzeitig in Erwachsenen-Rollen in Ehe und Beruf. Bis ins Erwachsenenalter hinein zeigen sie kaum dauerhafte Nachteile oder Beeinträchtigungen in ihrer Entwicklung. Außerdem führte der Militärdienst (fast alle Männer aus der älteren Kohorte standen 1944 unter Waffen) sie aus ihrer unmittelbaren Umgebung heraus und ermöglichte ihnen den Übergang von familiärer Abhängigkeit in eine größere Autonomie.
- Eine völlig andere Bedeutung hatte das Jugendalter für die *Mädchen aus der älteren Kohorte.* Die höhere psychische Verwundbarkeit von jugendlichen Mädchen für Selbstwertbeeinträchtigungen bei sozialem Druck durch Gleichaltrige und im Kontext der Schule dürfte hierbei entscheidenden Einfluss haben. Diese Mädchen waren sozial benachteiligt und fühlten sich aus der Gruppe der Gleichaltrigen ausgeschlossen. Sie fühlten sich stärker verunsichert, empfindlicher in ihren Gefühlen verletzt und erlebten starke Stimmungsschwankungen. Dabei dürften die familiären Beziehungsschwierigkeiten als Reaktion auf die drastischen Einkommenseinbußen diese altersspezifischen Entwicklungsschwierigkeiten jugendlicher Mädchen noch gesteigert haben. Mit der vermehrten Erwerbsbeteiligung ihrer Mütter mussten sie häufig die Verantwortung für den Haushalt übernehmen, sodass sie auch stärker den Spannungen und Konflikten – besonders mit dem Vater – ausgesetzt waren. Zudem übernahmen sie Erwachsenenrollen, die der Hausfrauenkarriere in Ehe und Elternschaft eindeutig Priorität einräumten. So überrascht es nicht, dass die jugendlichen Töchter deprivierter Familien in Lebensverlauf und Werthaltungen am ehesten dem «Hausfrauen-Dasein» der Nachkriegsjahre entsprachen.
- Die *Jungen der jüngeren Kohorte,* die in deprivierten Familien aufgewachsen sind, zeigten sich seltener optimistisch, selbstbewusst und zuversichtlich als Gleichaltrige, denen solche Härten erspart blieben. Dieses negative Selbstbild wurde erst im Jugendalter wirklich sichtbar, indem diese Jungen Minderwertigkeitsgefühle, Passivität auf Anforderungen des Lebens, Selbstmitleid und autoaggressives Verhalten zeigten. Jungen aus deprivierten Familien zeigten während ihrer Jugendjahre geringere Bildungsaspirationen als ihre gleichaltrigen Geschlechtsgenossen aus nicht deprivierten Familien, obwohl sich beide Gruppen in der Intelligenz nicht unterschieden.
- Ein anderes Bild ergab sich für die *Mädchen der jüngeren Kohorte.* Sie durchstanden die familiären Belastungen weitaus besser als die gleichaltrigen Jungen. Die Deprivierten zeigten sich keineswegs weniger zielgerichtet, kompetent und selbstsicher als die Nicht-Deprivierten. Aufgrund einer guten Mutter-Tochter-Beziehung, die noch durch die Gefährdung der väterlichen Unterstützungsfunktion verstärkt wurde, bot eine verarmte Familie in harten Zeiten für jüngere Mädchen mehr Sicherheit. Derart durchstanden die Mädchen aus der jüngeren Kohorte die familiären Belastungen weitaus besser als die Jungen.

Die dargelegten *Geschlechtsunterschiede* im Hinblick auf die Bewältigung von Belastungen und Entwicklungsabweichungen entsprechen auch den Daten aus anderen Untersuchungen (vgl. Rutter, 1980; Silbereisen & von Eye, 1999). Dabei wurden verschiedene Erklärungen angeboten, um den konsistenten Befund zu erklären, wonach Jungen im ersten Lebensjahrzehnt auf riskante Umwelteinflüsse empfindlicher reagieren als Mädchen. Erstens scheinen Jungen im Allgemeinen anfälliger gegenüber physischen Risiken und möglicherweise existiert eine parallele biologisch bestimmte Anfälligkeit gegenüber psychosozialen Stressoren. Zweitens ist auch denkbar, dass die größere Verletzlichkeit der Jungen durch familiären Stress darauf beruht, dass sie häufiger mit familiären Konflikten konfrontiert werden oder dass die Eltern auf das Problemverhalten von Jungen und Mädchen (z.B. Jungen zeigen bei familiären Belastungen häufiger aggressives Verhalten als Mädchen) unterschiedlich reagieren. Drittens mag das Aufwachsen in disharmonischen Familien für kleine Jungen belastender sein als für Mädchen, da es für sie wichtiger scheint, ihre Umwelt zu kontrollieren. Viertens gibt es empirische Belege dafür, dass die Bedeutung beider Eltern für Jungen und Mädchen unterschiedlich sein kann (Block, Block & Morrison, 1981): So könnten für Mädchen die Effekte familiärer Spannungen durch die geringere Attraktivität des väterlichen Rollenmodells und durch den gleichzeitig gewachsenen mütterlichen Einfluss abgemildert werden.

Zusammengenommen entscheiden die *Beziehungen in den Familien*, die je nach Ausgangslage leichter oder schwerer zu erschüttern sind, über das Entwicklungsschicksal der Kinder. Wer die Nachwirkungen sozialen Wandels auf die nachwachsende Generation abschätzen will, sollte demnach sein Augenmerk vor allem auf die *Beziehungen innerhalb der Familie* richten; das ist eine Erkenntnis, die gerade heutzutage wiederum wichtig ist. Unter welchen Umständen sich Verhaltensmuster eines Kindes als Folge gesellschaftlicher Ereignisse langzeitlich bis ins Erwachsenenalter und über Generationen fortsetzen kann, ist eine Frage, deren empirische Untersuchung erst in jüngerer Zeit angelaufen ist (vgl. Silbereisen & von Eye, 1999).

Intergenerationale Weitergabe des Armutsrisikos. Auf die Beantwortung der Frage der Weitergabe der elterlichen Armut an die Kinder und nach der Bedeutung der Verfestigung von Armut in der intergenerationalen Weitergabe der Armutsrisiken wird nur relativ kurz einzugehen sein. Dazu wird auf Daten aus dem sozioökonomischen Panel (DIW Berlin) Bezug genommen (vgl. Lauterbach & Lange, 1998; 1999). Betrachtet man den Übertritt von der Grundschule in den Sekundarbereich, weil diese Schnittstelle, an der individuelle biographische Verläufe und soziale Strukturen zusammentreffen, den weiteren Bildungsverlauf und in der Folge die langfristige Platzierung in der Gesellschaft präformiert, zeigen sozioökonomische Panel-Daten aus Westdeutschland für die Jahre 1984 bis 1995, dass sich Armut markant auf die Bildungschancen der Schulkinder auswirkt (vgl. Lange & Lauterbach, 1998). Vor allem beim Übergang in den Sekundarbereich I entscheiden sich Eltern häufig gegen die länger andauernde und damit teurere Bildungslaufbahn ihres Kindes und zugunsten eines niedrigeren Bildungsabschlusses. Auch für Ostdeutschland sind, unter Zuhilfenahme der Daten von 1991 bis 1995 aus dem sozioökonomischen Panel, deutliche Auswirkungen von Armut oder prekärem Wohlstand auf die elterlichen Bildungsentscheidungen, auf die schulischen Leistungen und damit auf ihre Bildungschancen nachzuweisen (vgl. Lauterbach & Lange, 2002). Zwar suchen arme Eltern hauptsächlich für ihr Kind die Hauptschule aus dem Bildungsangebot aus, aber im Unterschied zu Westdeutschland verbleiben vornehmlich die Jungen in der untersten Schullaufbahn, während die Mädchen eher auf die Realschule wechseln. Geschlechtsspezifisch betrachtet, sind insbesondere die ostdeutschen Jungen stärker benachteiligt als die ostdeutschen Mädchen, wohingegen sich in Westdeutschland der Geschlechtseffekt in die andere Richtung bewegt. Insgesamt werden die Einkommenschancen dieser Kinder, auf die sich über die reduzierten Bildungschancen das Armutsrisiko ihrer Eltern weiter übertragen hat, im späteren Leben und während ihrer gesamten Erwerbsphase merklich schlechter sein als bei denjenigen, die eine qualifizierte Ausbildung oder ein Studium absolvieren. Besonders Hauptschüler sind stark benachteiligt, weil sie den niedrigsten Schulabschluss erwerben und in der Folge mit hoher Wahrscheinlichkeit ohne berufliche Ausbildung als Ungelernte in den Arbeitsmarkt eintreten werden.

4.2.3
Lebensqualität und Wohlbefinden von Kindern

Angesichts der veränderten gesellschaftlichen Bedingungen von Kindheit stellt sich die Frage nach dem Wohlbefinden heutiger Kinder, scheinen sie doch im Prozess der Pluralisierung und Individualisierung der Gesellschaft mit den prekärer werdenden Bedingungen familiärer Beziehungsgestaltung eine besonders vulnerable Altersgruppe darzustellen. Dass das in der Öffentlichkeit gezeichnete Bild moderner Kindheit häufig der Lebenswirklichkeit der Kinder nicht oder nur teilweise gerecht wird, zeigen Vergleiche mit der Selbstbeschreibung von Kindern (z. B. Zinnecker, Behnken, Maschke & Stecher, 2002). Um die Frage nach Wohlbefinden und Befindlichkeit heutiger Kinder genauer zu beantworten, sollen Daten aus neueren Kindersurveys herangezogen werden. Vor allem stützen sich die weiteren Darlegungen auf die allerjüngsten Ergebnisse aus dem Salzburger Kindersurvey, wie sie uns von Anton Bucher (2001) zur Verfügung stehen.

Die Daten dieses umfangreichen Surveys aus dem Bundesland Salzburg basieren auf Daten von 1319 befragten Kindern (Durchschnittsalter 11,2 Jahre, Standardabweichung 0,98). Davon waren 53,5% Mädchen und 46,5% Jungen. 27% besuchten eine Volksschule, 41% eine Hauptschule und 32% ein Gymnasium, was einigermaßen den Populationswerten der 10- bis 13-jährigen Salzburger/-innen entspricht. Von den Kindern leben 40% in urbanisierten Milieus, jedes zehnte lebt auf einem Bauernhof. Mit 83% der Befragten wächst nach wie vor die überwiegende Mehrheit bei Mutter und Vater auf. Diese Quote entspricht weitgehend jener in Deutschland (vgl. Zinnecker & Silbereisen, 1996). Weiterhin wachsen die befragten Kinder durchschnittlich mit 1,54 Geschwistern auf. Die Quote der Einzelkinder beträgt 12,7%. Mehrheitlich wachsen die Kinder mit einem Geschwister auf (42%), 31,1% haben zwei und 14,2% haben drei oder mehr. Die Mütter der Befragten arbeiten zu 48% halbtags und zu 11% ganztags und weitere 41% sind den ganzen Tag zu Hause. Das Befragungsinstrument bestand aus 158 Items. Die Fragen bezogen sich auf die Häufigkeit von Freizeittätigkeiten, das Glücksempfinden bei verschiedenen Tätigkeiten, Personen und Örtlichkeiten sowie auf die subjektive Wahrnehmung der Wohnumgebung. Im Hinblick auf die zentrale Frage nach dem Kindheitsglück zeigen die Ergebnisse, dass sich die befragten Kinder im Allgemeinen sehr glücklich fühlen (sehr glücklich: 54%; glücklich: 39,3%, nicht so glücklich: 5,6%, eher traurig: 1%, traurig: 0%). Selbst jene 20% der Kinder, die angeben, jeden Tag traurig zu sein und jene 31%, die sich mehrmals pro Woche bedrückt fühlen, schätzen ihre Kindheit als «sehr glücklich» ein.

Sieht man sich das *Glücksbefinden in verschiedenen Bereichen* an, so zeigen die Salzburger Befunde, dass sich die Kinder in den Ferien, sodann an Weihnachten und bei Freunden und Freundinnen am glücklichsten fühlen, wohingegen sie sich beim Zahnarzt und bei schulischen Tätigkeiten am wenigsten glücklich erleben. Mit steigendem Alter sinkt zudem, wie das schon Fend (1990) beobachtet hatte, das Wohlbefinden in der Schule. Fernseher und Computer werden als Freizeitbeschäftigungen deutlich weniger glücksrelevant eingestuft als Spielen, Radeln oder Musik hören. Im Weiteren korreliert Kindheitsglück, wie schon Lang (1985) oder Brake und Büchner (1996) in ihren Surveys festgestellt hatten, am stärksten mit dem Glückserleben in der Familie, sodann mit der Befindlichkeit in der Schule, bei Freizeitaktivitäten und schließlich mit der Mitarbeit zu Hause.

Außerdem wurde danach gefragt, wovon Kindheitsglück und Traurigkeit abhängen. Dabei konnten keine Geschlechtsunterschiede nachgewiesen werden. Jedoch bestehen *Altersunterschiede* derart, dass jüngere Kinder glücklicher als ältere sind, wobei der Einbruch vor allem bei den 13-Jährigen, also an der Schwelle zur Adoleszenz beobachtet wird. Weiterhin fühlen sich Kinder, deren Eltern sich trennen, etwas weniger glücklich und etwas öfters traurig als Kinder, deren Eltern zusammen sind. Unterschiede im Kindheitsglück in Abhängigkeit von der Geschwisterzahl finden sich keine. Ebenso wenig ergeben sich Unterschiede in Abhängigkeit von der Berufstätigkeit der Mutter. Insgesamt erklären die meisten klassischen soziodemographischen Variablen hinsichtlich Kindheitsglück und Traurigkeit kaum Varianz auf.

Demgegenüber erklärt die Variable «*Freizeit/Freiraum/Freunde*» mehr Varianz des Kindheitsglücks auf als alle gängigen soziodemographischen Variablen, einschließlich dem Umstand, ob die Eltern getrennt sind oder nicht. Das heißt, über je mehr Freizeit, Freiraum und Freunde Kinder verfügen, desto höher ist das subjektiv eingeschätzte Kindheitsglück, desto weniger Traurigkeit und desto mehr bereichsspezifisches Glück erleben die befragten Kinder. Demgegenüber reduziert Langeweile das Glück der Kinder und steigert ihre Traurigkeit, dies jedoch nicht zwingend und bei allen Kindern gleich; immerhin bilanzieren 36 % jener, denen es täglich langweilig ist, ihre Kindheit als «sehr glücklich»; allerdings fühlen sich jene, denen es «fast nie» langweilig ist, mit 63 % wesentlich glücklicher.

Der *Einfluss der Schule* auf das Wohlbefinden der Kinder ist, folgt man den Befunden aus dem Salzburger Kindersurvey, stark. Die Befindlichkeit in der Schule färbt auf die ganze Kindheit ab. Das Alter, obschon es für sich betrachtet Kindheitsglück reduziert, wirkt sich im Gesamtkontext der anderen Prädiktoren nicht signifikant aus; ebenso wenig zeigen Wohnumgebung, religiöse Praxis der Eltern oder Fernsehdauer bedeutsame Wirkungen. Insgesamt zeichnet sich ein *glückliches Schulkind* dadurch aus, dass es

- in seiner vollständigen Familie häufig gelobt wird,
- Anerkennung erfährt und
- mit seinen Eltern in der Freizeit viel unternimmt, was aber gleichzeitig
- häufiges Zusammensein mit Freunden und Freundinnen nicht ausschließt.
- Es wird nicht streng, sondern vielmehr
- mit Argumenten erzogen und
- nimmt die elterliche Wohnung als nicht beengt wahr.
- Ferner hat es Erfolge in der Schule und
- erlebt Lehrerinnen und Lehrer als freundliche Personen und
- einen spannenden Unterricht, sodass es sich
- vor Schularbeiten nicht fürchtet.

Ob Junge oder Mädchen, ob auf dem Lande oder in der Stadt wohnend, ob es Geschwister hat oder nicht, häufig fernsieht oder nicht, in die Kirche geht oder nicht, sich mit Haustieren oder Fußball beschäftigt oder nicht, ist für sein globales Kindheitsglück zweitrangig. Umgekehrt kennzeichnet sich ein *unglückliches oder trauriges Schulkind* dadurch, dass es

- sich häufig langweilt,
- sich vor Schularbeiten fürchtet und
- überdurchschnittlich lange an den Hausaufgaben sitzt,
- von seinen Eltern streng, d. h. oft mit Schimpfen erzogen wird und

---

Kasten 4-3

Implikationen für die Erziehungspraxis

Die Familie ist der wichtigste Faktor für Kindheitsglück!

Wichtig für das Kindheitsglück sind gemeinsame Familienaktivitäten: Je mehr gemeinsames Tun in der Familie stattfindet, umso höher das subjektiv beurteilte Kindheitsglück, desto seltener die Traurigkeit und desto extensiver das Glückserleben in der Familie. Auch der Faktor «Gutes Familienklima, Anerkennung, Lob» erklärt doppelt so viel Varianz des globalen Kindheitsglücks wie neun soziodemographische Variablen zusammen. Konsistent damit ist der Befund, dass elterliche Strenge und Schimpfen das Kindheitsglück in dem Maße reduziert, wie es von lieben und netten Worten erhöht wird. Ob also Kinder ihr bisheriges Leben als glücklich bilanzieren, hängt entscheidend vom *familiären Binnengeschehen* ab, primär vom Klima, von Lob, Anerkennung und Ernstgenommenwerden, und sekundär von der Häufigkeit gemeinsamer familiärer Aktivitäten. Quelle: Bucher (2001)

- selten lobende und nette Worte zu hören bekommt;
- es hat wenig Freizeit und
- unternimmt wenig mit Freunden und Freundinnen und
- fühlt sich in seiner Wohnung beengt.

Ob Junge oder Mädchen, Einzel- oder Geschwisterkind, auf dem Land oder in der Stadt lebend, häufig oder selten Computer spielend, erhöht die Traurigkeit ebenso wenig wie das Kindheitsglück. Insgesamt belegt somit der allerjüngste Kindersurvey, dass sich Schulkinder (zumindest im Bundesland Salzburg) mehrheitlich glücklich fühlen. Dabei ermöglicht der Faktor «Gutes Familienklima, Annerkennung und Lob» die beste, das positive Erleben der Schule die zweitbeste und «Freizeit, Freiraum und Freunde» die drittbeste Prognose für die Einschätzung des Kindheitsglücks.

Um die Allgemeingültigkeit dieser sich doch sehr positiv darstellenden Lebenswirklichkeit von Kindern aus dem Salzburger Land einzuschätzen, werden Daten aus dem LBS-Kinderbarometer herangezogen. In diesem Rahmen wird vom Pro-Kids-Institut seit 1997 jährlich eine für das Bundesland Nordrhein-Westfalen repräsentative Stichprobe von mehr als 2000 9- bis 14-jährigen Kindern zu den Lebensbereichen Familie, Schule, Freizeit, Freundeskreis sowie zu ihrem Wohnumfeld befragt (vgl. die jüngste Studie in LBS-Initiative «Junge Familie», 2003). Ziel des LBS-Kinderbarometers ist es, sehr aktuelle und zeitnahe Stimmungen in der Generation der Heranwachsenden zu dokumentieren, um derart die «Stimme der Kinder» in der politischen und gesellschaftlichen Diskussion vernehmbarer zu vertreten.

Dabei beschreiben die im Bundesland NRW befragten Kinder – ähnlich wie die Kinder aus dem Salzburger Land – ihr Wohlbefinden in überwiegendem Maße als positiv. Jeweils ein Drittel der Kinder fühlt sich im Allgemeinen «sehr gut» oder «gut». 20% fühlen sich «eher gut». Dennoch beschreiben 15% der Kinder ihr allgemeines Wohlbefinden als «mittelmäßig» bis «sehr schlecht». Das bedeutet, dass für einen doch nicht unerheblichen Anteil der Kinder das allgemeine Wohlbefinden in hohem Maße beeinträchtigt ist. In ähnlicher Weise wie bei den Kindern aus dem Salzburger Land verschlechtert sich das Wohlbefinden mit zunehmendem Alter leicht. Diese sich parallel zur einsetzenden Pubertät vollziehende Entwicklung beruht vor allem auf Verschlechterungen des Wohlbefindens in den Lebensbereichen Familie und Schule, in denen vor allem die 13- und 14-Jährigen zunehmend Konflikte austragen, welche sich negativ auf ihr Wohlbefinden auswirken. Gleichzeitig sind die beiden Lebensbereiche Familie und Schule jene Bereiche, die den deutlichsten Zusammenhang mit dem kindlichen Wohlbefinden zeigen, wohingegen das Wohlbefinden im Freundeskreis und in der Wohnumgebung schwächer mit dem gesamtheitlichen Wohlbefinden korreliert. Am besten fühlen sich die Kinder erwartungsgemäß im Freundeskreis, dem Lebensbereich, den die Kinder selbst am stärksten kontrollieren können. Das andere Extrem bildet die Schule, in der sich die Kinder deutlich schlechter fühlen, wenngleich die Werte durchschnittlich immer noch gegen den positiven Pol der Antwortskala tendieren. Wohnumfeld und Familie belegen mittlere Plätze. Auffällig sind vor allem die mit 11% relativ hohen Anteile von Kindern, die sich in der Schule schlecht fühlen.

4.2.4
Epidemiologie und Ursachen kindlicher Problemlagen

Ungeachtet der positiven Botschaft, die uns verschiedene Kindersurveys vermitteln, relativieren epidemiologische Studien mit Kindern und Jugendlichen dieses Bild.

Folgt man dem allerjüngsten Überblick über den Forschungsstand zur Entwicklungsepidemiologie psychischer Störungen im Kindes- und Jugendalter von Ihle und Esser (2002), dann lässt sich der Wissensstand folgendermaßen zusammenfassen: Orientiert man sich am Konzept der *Periodenprävalenz* als Kriterium, d.h. die Zahl der an einem bestimmten Stichtag vorhandenen und in einem bestimmten Zeitabschnitt aufgetretenen Krankheitsfälle bezogen auf die Gesamtpopulation, beträgt der *Median der Periodenprävalenzrate* der wichtigsten Studien 18%, wobei ca. $3/4$ der Prävalenzraten *zwischen 15%*

Kasten 4-4

Womit befasst sich die Epidemiologie?

Die Epidemiologie befasst sich an erster Stelle mit der Erfassung der Häufigkeitsverteilung von Krankheiten und Krankheitsfolgen in der Bevölkerung (deskriptive Epidemiologie) sowie mit den Faktoren, die diese Verteilung beeinflussen (analytische Epidemiologie). Ihr kommt deshalb ein besonderer Stellenwert für den Bedarf von Behandlungseinrichtungen, die Ätiologie-, Präventions- und Evaluationsforschung sowie Gesundheitsförderung und Public Health zu.

Quelle: Häfner & Weyerer (1998)

---

und 22 % liegen. Damit sind psychische Störungen bei Kindern und Jugendlichen in etwa gleich häufig wie bei Erwachsenen. Als häufigste Störungen zeigen sich Angststörungen mit einer durchschnittlichen Prävalenz von 10,4 %, gefolgt von dissozialen Störungen mit 7,5 %. Zudem ergeben sich konsistent hohe Persistenzraten der Störungen von ca. 50 %, wobei dissoziale Störungen die ungünstigsten Verläufe aufweisen. Die häufigsten *komorbiden Störungen* (d.h. auf eine primäre, folgt eine zweite, sekundäre Störung) waren dissoziale Störungen bei Vorliegen einer hyperkinetischen Störung und Angststörung bei Vorliegen einer depressiven Störung. Bis zum Alter von 13 Jahren werden durchgehend höhere Gesamtprävalenzen psychischer Störungen bei Jungen gefunden, wohingegen während der Adoleszenz eine Angleichung der Raten erfolgt. Dabei finden sich bei Jungen höhere Raten an externalisierenden Störungen, während Mädchen höhere Raten von Essstörungen und psychosomatischen Störungen aufweisen. Ein differenziertes Bild zeigt sich für internalisierende Störungen. Bei Mädchen kommen depressive Störungen ab dem späten Jugendalter doppelt so häufig vor, bei Jungen treten diese im Schulalter häufiger auf.

In ähnlicher Weise bestätigen andere Sammelbeiträge, dass im Allgemeinen die Prävalenzraten für psychische Störungen und bedeutsame Verhaltensauffälligkeiten bei Kindern und Jugendlichen nach verschiedenen Literaturübersichten zwischen 18 % und 27 % liegen (vgl. Anderson & Werry, 1994; Petermann, Döpfner, Lehmkuhl & Scheithauer, 2000). Auch hier fallen unter die Störungsbilder meist schwierige, chronische und kostenintensive Verhaltens- und emotionale Störungen, die auch mit deutlichen Beeinträchtigungen einhergehen. In Studien, die nach 1985 publiziert wurden, lagen die Prävalenzraten von Störungen des Sozialverhaltens (z.B. oppositionelles Verhalten, aggressives Verhalten) zwischen 6 % und 12 %; ähnlich häufig waren Angststörungen (z.B. Trennungsängste, Phobien und soziale Ängste). Die Raten für hyperkinetische Störungen lagen zwischen 2 % und 10 %. Für die Variation hinsichtlich der Prävalenzraten werden vor allem methodische Inkonsistenzen verantwortlich gemacht (Petermann u.a., 2000). Die Kormorbiditätsrate liegt je nach Primärstörung zwischen 16 % und 50 %; das heißt, liegt bereits eine Störung vor, ist das Risiko einer zweiten deutlich erhöht.

Abhängig ist die Auftretenshäufigkeit psychischer Störungen vom Alter und Geschlecht der Kinder (Petermann u.a., 2000). *Externalisierende Störungen* wie aggressives oder anti-soziales Verhalten sind häufiger bei Jungen, *internalisierende Störungen* wie sozialer Rückzug, depressive Befindlichkeit und körperliche Beschwerden sowie Essstörungen sind bei Mädchen häufiger. Die Störungsbelastung nimmt dabei mit steigendem Alter bis zum Erwachsenenalter zu. Gleichzeitig ist in den letzten Jahrzehnten eine generelle Zunahme psychischer Störungen bei Kindern und Jugendlichen zu verzeichnen, wobei diese Befunde sowohl auf Normal- als auch auf klinische Stichproben zutreffen. Ungeachtet dessen, wird immer wieder eindringlich auf die Bedeutung des Einbezugs des Geschlechts in die analytische epidemiologische Forschung hingewiesen (Ihle & Esser, 2002).

Orientiert man sich weiter an einer repräsentativen deutschen Prävalenzstudie (Döpfner u.a., 1997), dann zeigt sich, dass ausgeprägte Formen *aggressiven Verhaltens* nach Einschätzung der Eltern bei rund 6 % aller Jungen und bei etwa 3 % aller Mädchen auftreten. Im internationalen Vergleich ist aggressives Verhalten bei deutschen Kindern und Jugendlichen etwas geringer ausgeprägt als in den USA; im Vergleich zu den Niederlanden bestehen nur geringfügige Unterschiede. Dabei scheint aggressives Verhalten über den Entwicklungsverlauf relativ stabil zu sein. Das bedeutet, dass viele der betroffenen Kinder dieses Verhalten von der Kindheit bis in die Jugend beibehalten (Kazdin, 1995). Belege für diese Stabilität aggressiven Verhaltens liegen nicht nur für kurze Zeiträume vor, sondern sie wurden auch in prospektiven Längsschnittstudien gefunden (vgl. Farrington, 1991). Dabei erweisen sich die folgenden Merkmale als prädiktiv für die Verlaufsstabilität aggressiven Verhaltens: Je früher und je häufiger das problematische Verhalten auftritt, je ausgeprägter und vielfältiger es sich äußert und je unabhängiger es vom jeweiligen Kontext auftritt, desto stabiler ist auch der Verlauf (vgl. Loeber, 1990).

Die Fragebogenerhebung, die 1998 von Hahlweg und Mitarbeitern in allen städtischen Kindertagesstätten in Braunschweig durchgeführt wurde, dokumentiert (Hahlweg, Kuschel, Köppe, Lübke & Miller, 1999), dass nach Einschätzung der Eltern bei den 3- bis 6-Jährigen die folgenden klinisch bedeutsamen Verhaltensprobleme am häufigsten sind: aggressives Verhalten (Jungen: 5%; Mädchen: 3%), Aufmerksamkeitsprobleme (Jungen: 4%; Mädchen: 2%), soziale Probleme (Jungen: 4%; Mädchen: 3%) sowie ängstlich-depressives Verhalten (Jungen: 2%; Mädchen: 3%). Insgesamt wurden 19% der Jungen und 16% der Mädchen von ihren Eltern als klinisch auffällig eingeschätzt.

Die Daten aus dem Jahr 2002 aus dem LBS-Kinderbarometer zeigen, dass Kinder häufig über bestimmte chronische Erkrankungen oder wiederkehrende Symptome berichten (vgl. LBS-Initiative «Junge Familie», 2003). Fast die Hälfte der Kinder hat eine Allergie und andere geben an, bei Stress mit Bauch- oder Kopfschmerzen zu reagieren. Besonders bei stressbedingten Schmerzsymptomen leiden Mädchen häufiger als Jungen, weil letztere häufiger Formen des Stressabbaus finden. Folgt man weiter den Daten aus dem LBS-Kinderbarometer, so stehen die Versagensängste der Kinder in der Schule mit 39% in der Häufigkeit kindlicher Ängste ganz oben, wobei Kinder mit Migrationshintergrund in besonderer Weise von Versagensängsten in der Schule betroffen sind. Das bedeutet, dass heutzutage bereits Kinder und Jugendliche an den so genannten Zivilisationskrankheiten leiden; Stress ist kein Phänomen, das sich nur auf die Erwachsenen beschränkt. Diese Befunde decken sich mit den Ergebnissen aus nationalen wie aus internationalen Studien, wobei im Vergleich zum Jugendgesundheitssurvey der Weltgesundheitsorganisation WHO auffällt, dass viele der erhobenen Belastungsmerkmale, wie sie Jugendliche aufweisen, bereits im Kindesalter auftreten (vgl. Hurrelmann, Klocke, Melzer & Ravens-Sieberer, 2003).

Schließlich belegen Suizide in verschiedenen Todesursachenstatistiken für Jugendliche nach Unfällen mit letalem Ausgang häufig den zweiten Rang. In anderen Quellen liegt Selbstmord als Todesursache von jungen Menschen sogar auf dem ersten Platz der Rangliste (Müller, 1991). Unabhängig von der Platzierung innerhalb solcher Listen gilt das 20. Jahrhundert als das Jahrhundert mit der höchsten Selbstmordrate bei Kindern und Jugendlichen (vgl. Günther, 2002). Heutzutage schätzt man, dass sich jährlich in Deutschland 50 bis 60 Kinder im Alter von 10 bis 15 Jahren das Leben nehmen. Bei depressiven Jugendlichen und Erwachsenen bis 25 Jahren steigt die Zahl auf 1500 Suizid-Opfer, wobei so genannte «parasuizidale Handlungen» häufig übersehen werden. Das bedeutet, dass die latente Absicht eines Jugendlichen, sich zu töten, für andere häufig nicht ersichtlich ist (vgl. Petermann, 2002). Ein Junge sitzt zum Beispiel auf einer Fensterbank im Hochhaus und schaukelt; ein Mädchen geht nachts im See schwimmen und wagt sich ganz weit hinaus. Unbewusst kaschieren diese Kinder den vorhandenen Wunsch nach einem Ende vor Außenstehenden. Bemerken Eltern solche Symptome (vgl. die Übersicht bei Kerns, 1997), sollten sie das Kind sorgsam beobachten und den Kontakt zu ihm suchen. Bleibt der Verdacht bestehen, ist der Gang zu einem Kinder- und Jugendpsychiater oder -psychologen ratsam.

Betrachtet man schließlich beispielhaft die aktuelle *Studie über Verhaltensauffälligkeiten bei Berliner Grundschülern* von Berg, Seifried und

Winkelmann (2001), dann belegen auch ihre für die Sozialstruktur Berlins und die besonderen Aspekte von Ost und West einigermaßen repräsentativen Daten, die im Jahr 1999 an 9580 Schülerinnen und Schülern der 1. bis 6. Klassenstufen (das entspricht 30 % der Berliner Grundschüler) erhoben wurden, dass lediglich 25 % der Kinder von ihren Klassenlehrern/-innen als unauffällig, aber 75 % der Schülerinnen und Schüler in mindestens einem der folgenden Bereiche mäßige bis starke Auffälligkeiten zeigen:

- **Emotionaler Bereich:** mangelndes Selbstvertrauen, depressive Verstimmungen, Wutausbrüche, Ängstlichkeit, Stimmungslabilität, Überempfindlichkeit
- **Sozialer Bereich:** Ungehorsam, Täuschen, Kontaktprobleme, Beschädigungen eigener und fremder Sachen, Aggression gegenüber Mitschülern, Opfer aggressiven Verhaltens
- **Körperlicher Bereich:** Motorische Unruhe, psychosomatische Störungen
- **Sprach- und Sprechstörungen**
- **Arbeits- und Lernbereich:** Unkonzentriertheit, Ungenauigkeit, Leistungsstörungen, mangelnde Leistungsmotivation

Im klinischen Sinne besteht nach Remschmidt und Walter (1990) Therapiebedarf, wenn Kinder in mindestens zwei psychiatrisch relevanten Kategorien auffällig sind.

- 22 % der untersuchten Kinder aus der Berliner Stichprobe wurden in mindestens zwei dieser Kategorien als stark auffällig eingestuft. Das heißt, hier besteht schulpsychologischer Handlungsbedarf.
- Lediglich in 7 % der Klassen befindet sich kein auffälliges Kind.
- In 93 % der Klassen findet sich mindestens ein Kind, das im Minimum zweimal als stark auffällig eingestuft wurde.
- In 79 % der Klassen sind ein oder mehrere Schüler, die in mindestens vier Bereichen als stark auffällig beschrieben werden.

Weiterhin belegen die Berliner Untersuchungsbefunde signifikante Geschlechtsunterschiede: 14 % der Mädchen und 29 % der Jungen wurden mindestens zweimal als stark auffällig eingestuft. Erhöht man das Kriterium der Auffälligkeit auf mindestens vier Verhaltensbereiche, so ist der *Anteil der Jungen* mit 17 % sogar fast dreimal so hoch wie derjenige der *Mädchen*, der 6 % beträgt. Besondere *Auffälligkeiten bei Jungen* sind expansives, aktiv störendes oder aggressives Verhalten, Fordern von Aufmerksamkeit oder motorische Unruhe. Dieses Verhalten zeigen Jungen durchschnittlich 3- bis 4-mal häufiger als Mädchen. *Auffällige Mädchen* zeigen eher introvertiertes Verhalten wie depressive Verstimmung, übertriebene Anpassung, mangelndes Selbstvertrauen oder psychosomatische Störungen. Allerdings wurden diese Auffälligkeiten bei Jungen und Mädchen in gleicher Häufigkeit beobachtet. Schließlich sind Auffälligkeiten im Lern- und Arbeitsverhalten bei Jungen wiederum zweimal häufiger als bei Mädchen.

Alarmierend an diesen Ergebnissen ist der Umstand, dass es sich bei den häufigsten Verhaltensauffälligkeiten um solche handelt, die mit dem Arbeits- und Lernverhalten der Schülerinnen und Schüler zu tun haben. Interessant ist auch, wie Berg, Seifried und Winkelmann (2001) hervorheben, dass sich diese Auffälligkeiten bereits ab der 1. Klasse zeigen. Das heißt, viele Kinder werden eingeschult, ohne über ein ausreichendes Arbeits-, Sozial- und Lernverhalten zu verfügen. Aufgrund der festgestellten Häufigkeitsraten kann die schulpsychologische Einzelfallhilfe durch Diagnostik und Beratung alleine keine ausreichenden Hilfen bieten. Es bedarf zusätzlich präventiver Maßnahmen, die den Unterricht und die Schulorganisation einbeziehen (eine Übersicht über Präventionsmaßnahmen findet sich bei Berg, Seifried und Winkelmann, 2001, S. 308 ff.).

Die frühe Ausprägung von Gesundheitsbeeinträchtigungen, gesundheitsgefährdenden Verhaltensweisen, psychosomatischen Störungen und Verhaltensauffälligkeiten im Kindesalter sind ein Indiz dafür, wie ähnlich Kinder, Jugendliche und Erwachsene heute mit Problemsituationen in ihrem Alltag umgehen. Hurrelmann (2002a) vermutet, dass die kindlichen Problemlagen etwas mit Überbeanspruchung zu tun haben. Es handelt sich um stressartige Reaktionen, die meist in einem bio-psycho-sozialen Spannungszustand wurzeln, der sich aus dauerhaften Überforderungen der Anpassungskapazitäten im körperlichen, psychischen und sozialen Bereich ergibt. All die kindlichen Problemlagen sind letztendlich Signale dafür, dass die Kinder mit einer für sie belastenden Situation in Familie, Schule, Freizeit und sonstigem Alltag nicht (mehr) zurechtkommen.

Des Weiteren wird vermutet, dass die kindlichen Krisen- und Störungssymptome direkt oder indirekt auf eine mangelhafte *elterliche Erziehung* zurückzuführen sind (Hahlweg u.a., 2001). Empirisch hat sich über die Jahre ausreichend Evidenz dafür angesammelt, dass besonders familiäre Risikofaktoren wie schlechtes Erziehungsverhalten, Konflikte innerhalb der Familie und das Scheitern im Aufbau einer gelungenen Eltern-Kind-Beziehung das Verhalten des Kindes und seine Entwicklung in starkem Maße beeinflussen können (Grych & Fincham, 1990; Spence, 1998). Im Bild gesprochen: Die «soziale Ozonschicht» (Hurrelmann, 2002a, S. 54) für Kinder, die ihnen einen Schutz für eine ungestörte Persönlichkeitsentwicklung sichern könnte, hat erhebliche Löcher und Ausdünnungen erhalten. Die gefährlichen Strahlen der gesamtgesellschaftlichen Entwicklung treffen immer direkter auch schon Kinder, die sich noch im Aufbau ihrer Persönlichkeit befinden. Folgende Risikofaktoren sind besonders hervorzuheben (vgl. Farrington, 1991; Loeber, 1990; Zinnecker & Silbereisen, 1996):

- Die *Auflösung sozialer Bindungen im Familienleben,* die Erwachsenen freie und lockere Formen von Partnerschaft ermöglicht, aber auch viele Bedürfnisse nach stabiler Gemeinschaft und Zugehörigkeit verletzt. So liegt in Europa inzwischen die Scheidungsrate bei über 35% der Ehebeziehungen. Kinder werden von dieser Unsicherheit und Unbeständigkeit getroffen.
- Die *wachsende Bedeutung der Freizeit,* die zugleich die Erwartung an Erlebnis und Erfahrung steigert, hat das Bedürfnis nach körperlichen und geistigen Grenzüberschreitungen erhöht. Kinder und Jugendliche sind davon besonders stark betroffen.
- Das *Vordringen der Medien* mit ihren Informationsmöglichkeiten, aber auch mit ihrem Informationsüberschuss, ihrer Förderung von passiven und rezeptiven Verhaltensweisen, gesteigerter Sensationserwartung und ihrer Betonung des Anormalen, das Kindern eine realistische Einordnung und Erprobung eines Weltbildes erschwert.
- Die *Intensivierung und Verdichtung der Leistungsanforderungen, Qualifikations- und Selektionsprozesse,* die sich in einer Verlängerung der schulischen und beruflichen Ausbildung und einer Steigerung von Abschlusserwartungen bzw. in einem Aufschaukeln der elterlichen Bildungsaspirationen ausdrückt. Schon sehr früh fühlen sich Kinder heute durch eine lange Abfolge von Qualifikationsanforderungen innerlich bedroht, und auf sie strahlt die Unsicherheit zurück, später vielleicht keinen Arbeitsplatz zu erhalten oder unzureichend qualifiziert zu sein – bei 15% struktureller Arbeitslosigkeit eine sehr reale Furcht.
- Die *Zunahme von kulturellen und sozialen Spannungsfeldern,* die sich durch das Öffnen der Schere zwischen Arm und Reich ebenso ausdrückt wie durch die Entfremdung zwischen Menschen unterschiedlicher Religionen und unterschiedlicher Kulturen. Die alltägliche soziale Orientierung ist schwieriger geworden. Weil gerade Kinder und Jugendliche Sinn, Perspektiven und Orientierungssicherheiten suchen, verarbeiten sie diese Entwicklung intensiv.

Um zu unserem bekannten Bild zurückzukehren: Viele Kinder sind durch diese Strahlen überfordert, sie reagieren mit Allergien, Übergewicht, mit psychosomatischen Beschwerden, mit Aggression gegen andere oder gegen sich selber und mit der Flucht in die Droge. Dabei scheinen besonders jene Kinder einem erhöhten Risiko ausgesetzt zu sein, um Verhaltens- und Emotionsprobleme zu entwickeln, die keine enge, positive Beziehung zu ihren Eltern aufbauen können, strengen, strafenden, inkonsequenten und inkonsistenten Erziehungsmaßnahmen unterworfen sind oder deren Eltern selbst psychische Störungen aufweisen. Kommen noch ungünstige Wohn- und Schulbedingungen dazu, steigt die Wahrscheinlichkeit, dass Kinder unter der Kumulation derartiger Risiken unglücklich werden und klinisch bedeutsame Verhaltensauffälligkeiten entwickeln.

Vor diesem Hintergrund gilt es nach Ihle und Esser (2002) abschließend zu bedenken, dass psychische Störungen heute 15% des Global Burden of Disease verursachen, der als verlorene Jahre gesunden Lebens (vorzeitiger Tod vs. Behinderung) operationalisiert wird; damit liegen psychische Störungen hinter den kardiovaskulären Erkrankungen noch vor den Krebserkrankungen an zweiter Stelle der kostenintensivsten Krankheitsgruppen. Aktuelle Studien aus den Niederlanden oder Großbritannien belegen, dass psychische Störungen mittlerweile für $1/5$ der Gesamtkosten des Gesundheitsetats dieser Länder verantwortlich sind; das liegt unter anderem daran, dass nur ein relativ kleiner Teil von Menschen, besonders auch von Kindern und Jugendlichen mit psychischen Störungen eine angemessene Behandlung erfährt. So liegt die Behandlungsquote von Kindern und Jugendlichen bei lediglich 17% der Erkrankten, wovon wiederum nur 17% adäquat behandelt werden (vgl. Wittchen, 2000). Dieser Zustand ist auch deshalb mehr als alarmierend, weil die meisten psychischen Störungen des Erwachsenenalters ihren Ursprung in Störungen des Kindes- und Jugendalters haben und damit diesem Lebensabschnitt die größte Bedeutung für Prävention und Intervention und damit auch für die Ersparnis von Folgekosten im Gesundheitswesen zukommen sollte (vgl. den Sammelbeitrag zur Prävention kindlicher Verhaltensstörungen von Heinrichs, Saßmann, Hahlweg & Perrez, 2002 und Kap. 15 in diesem Lehrbuch).

Letztendlich sind Kinder, so folgert Hurrelmann (2002a), soziale, kulturelle und gesundheitliche Seismografen, die Erwachsene in aller Deutlichkeit auf die Unzulänglichkeiten der gesellschaftlichen und familiären Lebensorganisation hinweisen. Kinder sind zwar heute oft in alle Alltagsvollzüge der Erwachsenenwelt mit einbezogen, aber Erwachsene vergessen dabei, dass es noch Kinder sind. Sie verfügen noch nicht über die Bewältigungskapazitäten, mit denen die Älteren sich ihre Welt erträglich machen. Sie leiden stärker als Erwachsene, weil es sie unvorbereiteter trifft.

Weiterführende Literatur

Bois-Reymond, du M., Büchner, P., Krüger, H.-H., Ecarius, J. & Fuhs, B. (1994). *Kinderleben. Modernisierung von Kindheit im interkulturellen Vergleich*. Opladen: Leske & Budrich.

Deutsches Kinderhilfswerk e.V. (Hrsg.) (2002). *Kinderreport Deutschland: Daten, Fakten, Hintergründe*. München: kopaed.

Hurrelmann, K. (1997). *Lebensphase Jugend. Eine Einführung in die sozialwissenschaftliche Jugendforschung*. Weinheim: Juventa.

Hurrelmann, K. & Bründel, H. (2003). *Einführung in die Kindheitsforschung*. Weinheim: Beltz.

Rolff, M. & Zimmermann, P. (1997). *Kindheit im Wandel. Eine Einführung in die Sozialisation im Kindesalter*. Weinheim: Beltz.

Zinnecker, J. (2001). *Stadtkids. Kinderleben zwischen Straße und Schule*. Weinheim: Juventa.

Zinnecker, J. & Silbereisen, R.K. (Hrsg.) (1996). *Kindheit in Deutschland: Aktueller Survey über Kinder und ihre Eltern*. Weinheim: Juventa.

5 Familie und Wechselbeziehungen in der Familie

Es ist mittlerweile unbestritten, dass die Frage, ob und wie Erziehung entwicklungsförderlich oder hinderlich wirksam wird, nur befriedigend beantwortet werden kann, wenn der Beziehungskontext und die Interaktionen aller am Erziehungsprozess Beteiligten berücksichtigt werden. Derart lassen sich gelingende und misslingende Entwicklungsprozesse immer nur vor dem konkreten Hintergrund der unmittelbaren Verhältnisse, in denen ein Kind aufwächst, darstellen und verstehen. Gleichzeitig sind Entwicklungsprozesse auch von den aktuell zu durchlaufenden Entwicklungsstadien abhängig. Seit Clarke-Stewart (1978) und Belsky (1984) ist in der Entwicklungspsychologie die besondere Relevanz der gesamten Familie mit all ihren Beziehungen für den kindlichen Entwicklungsverlauf betont worden. Allerdings hat es lange gedauert, bis detaillierte und relevante Studien über konkretes Interaktions- und Kommunikationsverhalten – auch der Eltern untereinander – und mögliche Auswirkungen auf die Persönlichkeitsentwicklung der Kinder vorgelegen haben. Für die Familienpsychologie in Deutschland hat es Klaus Schneewind (1997; 1999) unternommen, den aktuellen Wissensstand zusammenzufassen. In diesem Kapitel sollen die psychologischen Merkmale von Familie und die binnenfamiliären Beziehungsstrukturen herausgearbeitet werden.

5.1 Merkmale familiärer Beziehungssysteme

Es wäre vermessen, in einem einführenden Lehrbuch zur Erziehungspsychologie einen umfassenden und gleichermaßen in sich differenzierten Überblick über das sozialwissenschaftliche Wissen zu Familien zu geben. Ebenso wenig kann hier auf die unterschiedlichen Definitionen von Familie noch auf die Definitionsgeschichte eingegangen werden (vgl. dazu die Übersichten bei Lenz & Böhnisch, 1997; Petzold, 1999; Schneewind, 1999; 2001 sowie Schneewind, Walper & Graf, 2000). Die weiteren Darlegungen beschränken sich auf den psychologischen Familienbegriff und das Verständnis, das heute allgemein Konsens gefunden hat.

Folgt man der soziologischen Sicht, nimmt Familie eine vermittelnde Stellung zwischen umfassenderen gesellschaftlichen Sozialgebilden und dem Individuum ein. Familie wird auch häufig mit Ehe gleichgesetzt, obwohl es sich um zwei unterschiedliche Gebilde handelt. So entspricht die Reduktion der Familie auf die Ehe mit Kindern einer konservativen Rechtsauffassung. Zudem gibt es Familien heute nicht nur als Vater-Mutter-Kind-Familien, sondern auch als Ein-Eltern-Familien, Fortsetzungsfamilien oder Mehrgenerationenfamilien und andere mehr (vgl. Petzold, 1999). Deshalb bietet es sich auf der Suche nach psychologischen Zugängen an, von der intimen Paarbeziehung auszugehen, wobei aus psychologischer Sicht unwichtig ist, ob es sich um eine Ehe oder um eine nicht-eheliche Zweierbeziehung handelt.

In diesem Sinne versteht Voss (1989) die Familie als eine Sonderform einer engen sozialen Beziehung zweier Menschen, die sich durch eine spezifische Bindungsqualität von anderen Beziehungen unterscheidet. In einer beziehungsorientierten Sicht qualifizieren sich Familien als *Primärgruppen* besonderer Art, da sie zwecks ihrer Daseinssicherung und -erweiterung als Ganzes und ebenso ihrer Mitglieder eine Reihe von Funktionen zu erfüllen haben, die von der Reproduktion bis hin zur Regeneration reichen. Die Erfüllung dieser Funktionen bringt es mit sich, dass sich zwischen den Mitgliedern solcher Gruppen enge persönliche Beziehungen entwickeln.

Noch weitergehend hat Hinde (1997) *familiäre Beziehungssysteme* durch sieben Merkmale beschrieben. Erstens besteht eine Symmetrie und Komplementarität in dem Ausmaß an Geben und Nehmen. Zweitens bestehen Ähnlichkeiten bzw. Unähnlichkeiten in beziehungsrelevanten Merkmalen wie Persönlichkeit, Interessen und Lebensstile der Beziehungspartner. Drittens beobachtet man in intimen Beziehungssystemen unterschiedliche Formen der Machtausübung und der Konfliktregulation. Viertens zeichnen sich diese Beziehungssysteme durch eine ausgeprägte Selbstöffnung, Selbstoffenbarung und Privatheit aus. Fünftens bestehen spezifische Besonderheiten der Selbst- und Fremdwahrnehmung im interpersonalen Geschehen. Sechstens ist ein bestimmtes Ausmaß an Vertrauen und siebtens eine bestimmte Intensität der erlebten Verpflichtung bezüglich der Aufrechterhaltung der Beziehung kennzeichnend.

Bedingt durch die *intergenerationalen Beziehungen,* d. h. durch das Aufeinandertreffen verschiedener Generationen, die zusammen mit der Intimität sozialer Beziehungen eine Familie ausmachen, zählt auch das psychische Span-

Kasten 5-1

Familie als intimes Beziehungssystem – eine Begriffsdefinition

Für die besondere Bindung in der Paar- und Gruppenbeziehung benutzt der bekannte Münchner Familienpsychologe Klaus Schneewind den psychologischen Begriff der Intimität, und er begreift die Familie als einen Prototypen für ein enges oder intimes, intergenerationales und relativ zeitstabiles soziales Beziehungssystem. Primärgruppen wie die Familie weisen in der Regel durch die spezifische Art ihres gemeinschaftlichen Lebensvollzugs einen relativ hohen Grad an interpersonaler Involviertheit auf. Derart unterscheiden sich *intime Beziehungssysteme* von anderen sozialen Beziehungssystemen durch die folgenden vier Kriterien:

- **Abgrenzung.** Zwei oder mehr Personen gestalten ihr Zusammenleben in raumzeitlicher Abgrenzung von anderen Personen oder -gruppen nach bestimmten expliziten oder impliziten Regeln in wechselseitiger Bezogenheit. Diese raum-zeitliche Abgrenzung impliziert einerseits

- **Privatheit,** worunter das Bestehen eines umgrenzten Lebensraumes, wie etwa eine Wohnung, gemeint ist, in dem ein wechselseitiger Verhaltensaustausch möglich ist, und andererseits

- **Dauerhaftigkeit,** was zeitlich längerfristig angelegtes Zusammenleben meint, das sich durch die wechselseitige Bindung, Verpflichtung und Zielorientierung ergibt. Daraus wiederum ergibt sich als viertes Kriterium die

- **Nähe,** d. h. die Realisierung von physischer, geistiger und emotionaler Intimität im Prozess interpersonaler Beziehungen.

Quelle: Schneewind (1999)

nungsfeld zwischen den Generationen zur Familie. Darin eingeschlossen sind nicht nur die Beziehungen zwischen Eltern und Kindern, sondern auch zwischen den Eltern und ihren eigenen Eltern oder zwischen den Kindern und ihren Großeltern. Innerhalb eines solchen Definitionsrahmens sind vielfältige Familienformen möglich – von der traditionellen Klein- oder Kernfamilie bis hin zu Mutter-Familien oder Single-Haushalten (vgl. die Übersicht bei Petzold, 2002).

Dabei beschränken sich die Beziehungen innerhalb der Familie nicht nur auf dyadische Beziehungen. So lassen sich in einer traditionellen Kleinfamilie, bestehend aus Mutter, Vater, Tochter und Sohn, neben sechs Dyaden (z. B. Vater-Mutter, Mutter-Tochter, Vater-Sohn, Sohn-Tochter), vier Triaden (z. B. Mutter-Vater-Tochter) und eine Tetrade, d. h. die gesamte Familie, als Beziehungseinheiten unterscheiden (vgl. von Eye & Kreppner, 1989). Hierbei sind die Kontakte, die zwischen diesen Beziehungseinheiten bestehen, ebenso wenig berücksichtigt wie die intra- und intergenerationalen Zusammenhänge, die die einzelnen Familienmitglieder zu Mitgliedern der erweiterten Familie (z. B. zu Tanten, Onkel, Schwager, Großeltern) unterhalten, ganz zu schweigen von den Beziehungen, die sich wiederum im erweiterten Familienkreis zwischen bestimmten Personengruppierungen ergeben können. Derart wird deutlich, wie komplex familiäre Beziehungskonstellationen und die sich wechselseitig beeinflussenden Beziehungseinheiten sein können. Deshalb soll im nächsten Kapitel das ökologisch-systemische Modell von Bronfenbrenner auf die Familie angewendet werden.

5.2
Entwicklung im familiären Beziehungskontext

Die Entwicklungs- und Familienpsychologie hat in den letzten Jahren das ökologisch-systemische Modell von Bronfenbrenner (1986) mit großer Zustimmung in die Theoriebildung integriert (vgl. Kap. 3.1.1 in diesem Lehrbuch). Für die familienpsychologische Forschung haben im deutschen Sprachraum vor allem Schneewind, Beckmann und Engfer (1983), Petzold und Nickel (1989) oder Petzold (1997) einschlägige Theorieanwendungen oder empirische Studien auf der Grundlage dieses Modells durchgeführt.

Aus dieser ökologisch-systemischen Perspektive heraus kann Familie als eine sich ständig verändernde Beziehung zwischen verschiedenen Einzelsystemen verstanden werden (vgl. **Abb. 5.1**). Im Laufe der Entwicklung verändern sich sowohl für die Kinder als auch für die Eltern die jeweiligen Lebensbereiche; das gilt sowohl für das Kernfamiliensystem als auch für Systeme, denen Eltern und Kinder neben der Familie angehören. Diese Veränderungen der Beziehungen zwischen den Subsystemen lassen sich recht anschaulich an folgendem Beispiel illustrieren: So gehört die Berufswelt für den Vater zum Mesosystem, für die Kinder dagegen stellt die Arbeit des Vaters zunächst ein Exosystem dar. Nach dem Berufseintritt der Kinder kann dieses System zeitweilig für Vater und Kind zum Mesosystem werden; nach der Verrentung des Vaters und seinem Austritt aus der Berufswelt wird die berufliche Arbeit für ihn zum Exosystem. Trotz dieser Veränderungen in den Systembeziehungen bleibt die Familie das übergreifende Bezugssystem, obschon auch die kernfamiliären Beziehungen einem ständigen Wandel unterliegen.

In nächsten Kapitel sollen einige dieser binnenfamiliären Wechselbeziehungen genauer betrachtet werden, in denen sich der Umgang der einzelnen Familienmitglieder untereinander und mit Mitgliedern aus der erweiterten Familie manifestieren kann. Dabei beschränken sich die folgenden Ausführungen auf die erziehungspsychologisch besonders relevanten Beziehungskonstellationen.

5.3
Wechselbeziehungen in der Familie

Erst seit den 1990er-Jahren wurden für die verschiedenen Entwicklungsphasen Studien durchgeführt, die versuchen, die Qualität der Beziehung zwischen allen Familienmitgliedern zu erfassen und bei der Interpretation von kindlichen Entwicklungsverläufen zu berücksichtigen. So konnten in zahlreichen Studien Zusammen-

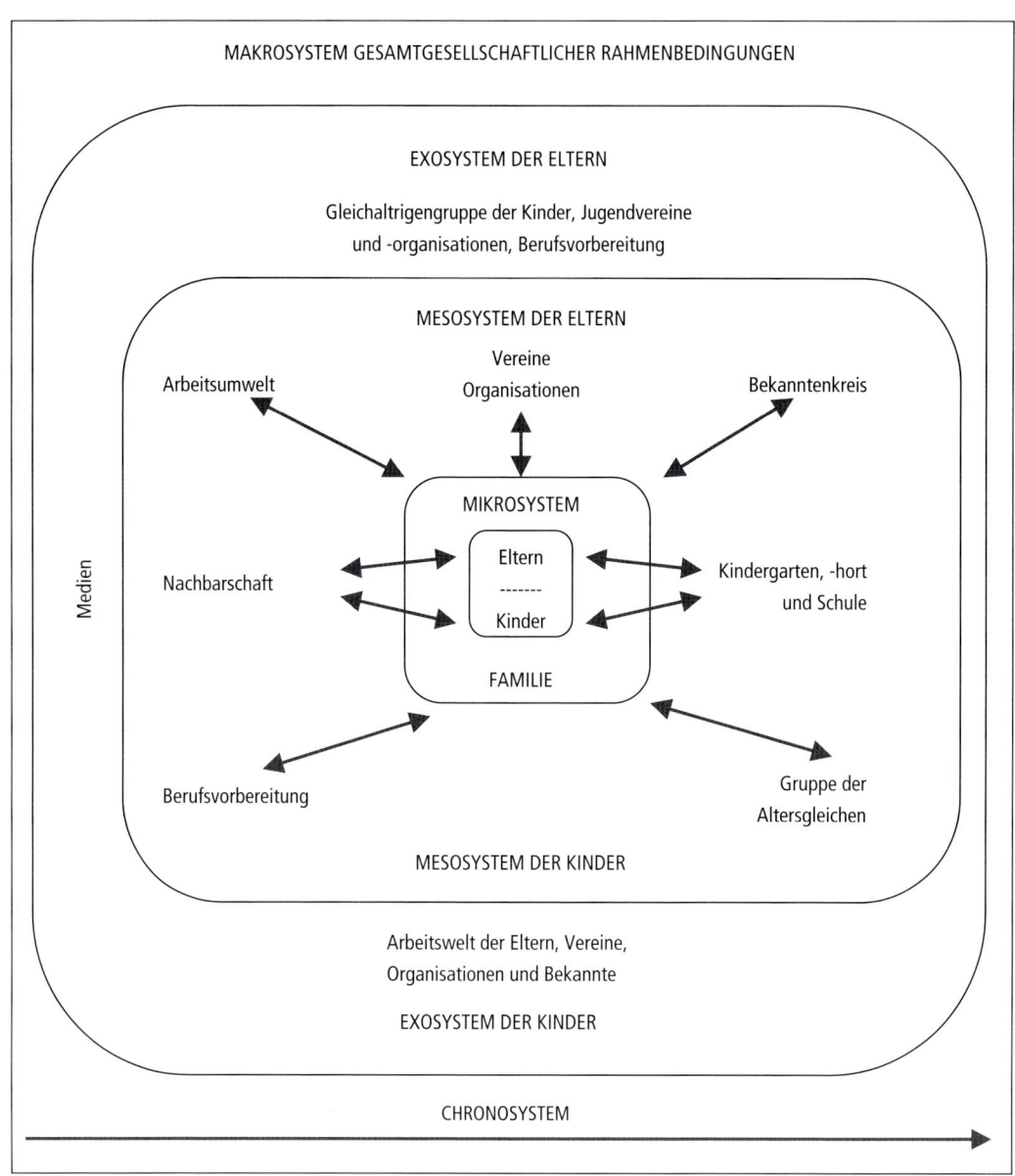

Abbildung 5.1: Das ökologisch-systemische Modell der Familie (nach Petzold & Nickel, 1989; siehe Petzold, 1999, S. 83)

hänge zwischen Kommunikationsformen der Eltern untereinander und Entwicklungsstörungen der Kinder, wie z. B. Essstörungen, Depressivität (Conger & Chao, 1996; Ratti, Humphrey & Lyons, 1996) oder Aggressivität beim Umgang mit Gleichaltrigen (Boyum & Parke, 1995), gefunden werden. Außerdem hat sich die Regulation von Emotionen und das allgemeine harmonische oder disharmonische Klima in der Elternbeziehung als außerordentlich wichtige Einflussgröße für das Wohlbefinden von Kleinkindern erwiesen (Belsky, Crnic & Gable, 1995; McHale & Cowan, 1996); in neuen Längsschnittuntersuchungen – als Prädiktor, gemessen im ersten Lebensjahr der Kinder – sogar für Aggression und Ängstlichkeit dieser Kinder in ihrem vierten Lebensjahr (Belsky, Hsieh & Crnic, 1998; McHale & Rasmussen, 1998). Derart sind die unterschiedlichen dyadischen Beziehungen zwischen den Familienmitgliedern während der letzten Jahrzehnte in vielfachen entwicklungs- und pädagogisch-psychologischen Studien untersucht worden. Hierbei stand viele Jahre die Mutter-Kind-Beziehung im Zentrum des Forschungsinteresses, später traten die Beziehungen zwischen Kind und Vater sowie den Geschwistern in den Blickpunkt der Forschung. Noch relativ wenig Forschungsaktivitäten wurden den Beziehungen zwischen den Eltern, Kindern bzw. Enkeln und ihren Großeltern gewidmet (vgl. die Übersichten bei Schneewind, 1999 oder Hofer, Wild & Noack, 2002).

5.3.1
Die Eltern-Kind-Beziehungen

Auch wenn in unserer postmodernen Gesellschaft vielfältige Muster von Elternschaft auftreten, bleibt im Bereich der Leitbilder, die sich auf Elternschaft beziehen, die Koppelung von biologischer, rechtlicher und sozialer Elternschaft aufrecht. Zudem hat die normative Verbindlichkeit von umfassender Elternschaft in den letzten Jahrzehnten sogar eher zu- als abgenommen (vgl. Nave-Herz, 2002; Wilk, 1999). Elternschaft ist zur einzigen lebenslang unkündbaren Verpflichtung in postmodernen Gesellschaften geworden und die Eltern-Kind-Beziehung zur einzig unkündbaren Primärbeziehung. Derart stellt die Entscheidung zur leiblichen Elternschaft heutzutage eine der wenigen, im gesamten Lebensverlauf nicht mehr rückgängig zu machenden Entscheidungen dar.

Hinsichtlich der Eltern-Kind-Beziehung gilt gemeinhin die Mutter-Kind-Beziehung als die ursprüngliche Dyade und steht traditionellerweise seit Sigmund Freuds psychoanalytischen Forschungen im Zentrum psychologischer Studien zur kindlichen Entwicklung in der Familie. Während sich bis vor wenigen Jahrzehnten die mütterliche Aufgabe auf die Sicherstellung einer guten Ernährung des Kleinkindes beschränkte, hat die Entwicklung sozialer Beziehungen mittlerweile eine ebenso große Bedeutung gewonnen (Schmidt-Denter, 1988). Dadurch ist der öffentliche Anspruch an die Mutter, in der frühen Entwicklung des Kindes «alles richtig zu machen», stark angestiegen. Ausdruck dieses gestiegenen Interesses an der Sozialentwicklung im frühen Kindesalter sind die Forschungsaktivitäten im Bereich der psychologischen Bindungsforschung, die dokumentieren, welche elterlichen Verhaltensweisen zu einem sicheren Bindungsmodus führen (vgl. dazu Kap. 9.2.2 in diesem Lehrbuch).

Demgegenüber blieb die Vater-Kind-Beziehung bis in die jüngere Vergangenheit hinein ein wissenschaftlich recht unterbelichtetes Thema. Immerhin geriet der Vater aufgrund der sich wandelnden Vater-Rolle etwas stärker ins Blickfeld der Forschung (vgl. Fthenakis, 1988; Camus, 2000; Fthenakis & Textor, 2002; Kindler, 2002). Die empirischen Befunde belegen, dass auch die Rolle des Vaters einschneidenden Veränderungen unterworfen ist, dass Väter und Mütter sich in gleichem Maße für die Pflege ihres Kindes eignen und dass Väter sich in solchen Fähigkeiten engagieren, wenn ihnen hinreichend Gelegenheit dazu gegeben wird. Außerdem ist belegt, dass es zwischen Vätern und Müttern mehr Ähnlichkeiten im elterlichen Umgang mit Kindern als Unterschiede gibt. Allerdings zeigt die Erziehungsrealität auch, dass die große Mehrzahl der Väter, auch die «neuen» Väter, sich nicht so sehr vom traditionellen Rollentyp unterscheiden, Mütter weiterhin für die alltägliche Versorgung der Kinder und Väter für die ökonomische Absicherung der Familie zuständig sind. Väter beginnen sich erst dann mehr zu engagieren, wenn es um die Schullaufbahn der Kinder geht, obgleich sie auch zunehmend bereits bei Kindergarten- und Grundschulelternabenden anwesend sind, was auf eine tendenzielle Verschiebung zugunsten eines leicht wachsenden Engagements der Väter hindeutet (vgl. Petzold, 2002).

Wenn auch nicht in einer naiv-deterministischen Weise, so doch im Sinne einer transaktionalen Beziehung oder eines «reziproken Determinismus» (Bandura, 1986) entscheidet letztendlich die Qualität der frühen Eltern-Kind-Beziehung über den Fortgang der weiteren Beziehungsgestaltung. Allerdings darf nicht vergessen werden, dass diese Qualität von Eltern-

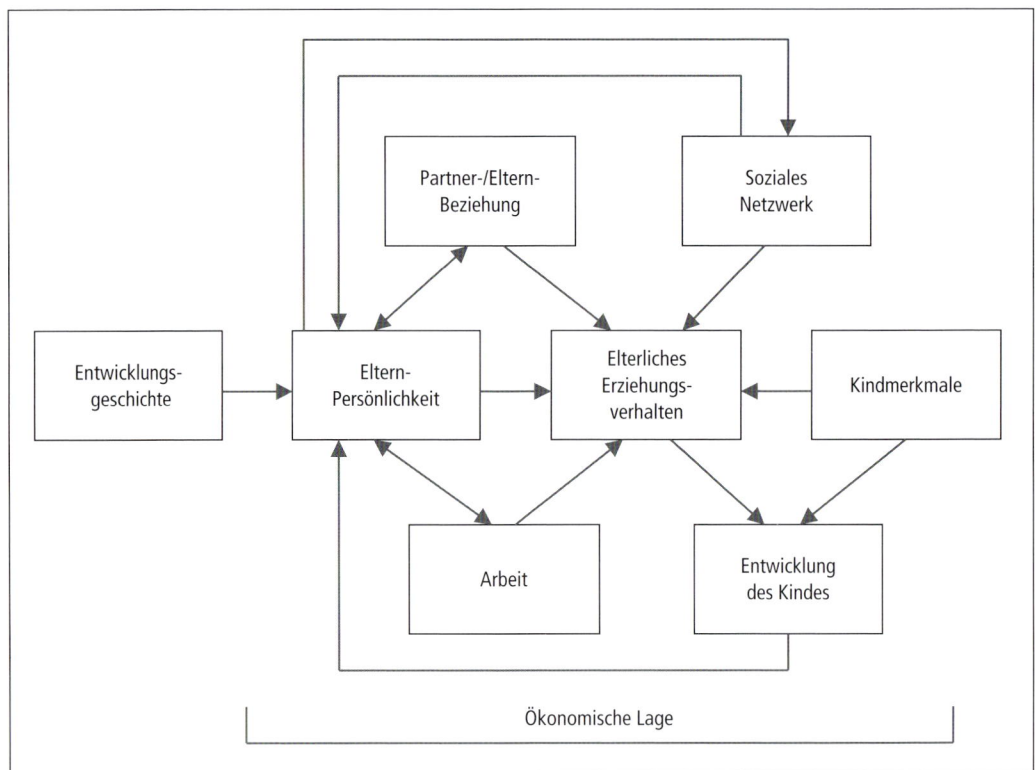

Abbildung 5.2: Ein Modell der Einflussgrößen und Effekte von Eltern-Kind-Beziehungen (in Anlehnung an Belsky, 1984)

Kind-Beziehungen von einer Reihe von Einflussgrößen moderiert und teilweise unterminiert wird. Darauf hat besonders Jay Belsky (1984) mit seinem systemischen Prozessmodell des elterlichen Erziehungsverhaltens hingewiesen, das in leicht abgewandelter Form in **Abbildung 5.2** wiedergegeben ist. Auch wenn für derartig komplexe kontextualistische Prozessmodelle nur vereinzelt querschnittliche oder gar längsschnittliche Belege vorliegen, so haben sich doch für die Beziehungen zwischen den einzelnen Prozesskomponenten klare Hinweise ergeben, dass dieses Modell hinsichtlich seiner forschungsorientierten als auch anwendungspraktischen Implikationen hilfreich und heuristisch wertvoll ist (vgl. Schneewind, 1994).

Entwicklungsgeschichte. Als Erstes gilt es, auf die Beziehungsgeschichte in der eigenen Herkunftsfamilie hinzuweisen. Negative Beziehungserfahrungen mit den eigenen Eltern, sei es in der direkten Interaktion mit ihnen oder auch nur durch die Beobachtung einer konflikthaften Beziehung, schwächen die elterliche Erziehungskompetenz bei der nachwachsenden Generation. Umgekehrt tragen positive Erfahrungen und Vorbilder in der Ursprungsfamilie zu einem kompetenten Umgang mit den eigenen Kindern bei (z. B. Cummings & Davies, 1994).

Persönlichkeitsmerkmale der Eltern. Depressivität der Mutter sagt Störungen des Sozialverhaltens bei 6-jährigen Kindern voraus (Campbell, 1997). Gut belegt ist auch, dass bei anhaltender mütterlicher Depression die emotionale und kognitive Entwicklung von Kindern beeinträchtigt ist (Herpertz-Dahlmann & Remschmidt, 2000). Darüber hinaus gehen Eltern mit geringer Ich-Stärke, mangelndem Selbstvertrauen, geringem erziehungsrelevantem Wissen und einer niedrigen Einschätzung ihrer erzieherischen Kompetenzen weniger einfühlsam und feinfühlig mit ihren Kindern um als Eltern, die selbstbewusst, empathiefähig und warmherzig sind. Letztere verfügen über ein differenziertes Erziehungs- und Entwicklungswissen und erklären sich die Entwicklungsfortschritte ihrer Kinder durch ihre eigenen Erziehungs- und Interaktionsbemühungen. Außerdem verstehen sie es, mit den sich ändernden Entwicklungsanforderungen ihrer Kinder flexibel umzugehen (z. B. Okagaki & Johnson-Divacha, 1993).

Ehebeziehung und Elternallianz. Eine belastete Partnerbeziehung und eine mangelnde Übereinstimmung in der elterlichen Koordination der Kindererziehung und -betreuung steigern die Wahrscheinlichkeit für eine Beeinträchtigung des Erziehungsverhaltens. Empirisch mehrfach belegt sind die kausalen Zusammenhänge von Ehezufriedenheit in Richtung elterlicher Erziehungskooperation und in der Folge auf die kindliche Entwicklung (vgl. die Übersicht bei McHale, Kuerstens & Lauretti, 1996). Des Weiteren wirken sich eheliche Spannungen, zusammen mit kritischen Lebensereignissen und psychischer Belastung der Mutter, aktuell negativ sowohl auf die Responsivität und Aufmerksamkeit der Mutter als auch längerfristig auf das kindliche Problemverhalten aus. Man spricht in diesem Zusammenhang von einem sog. «Sleeper-Effekt», wenn eine schlechte psychosoziale Befindlichkeit der Eltern erst Jahre später im Verhalten eines Kindes manifest wird (Campbell, 1997; Loeber, 1990); hierbei sind die Folgen für das Kind umso gravierender, je länger die familiäre Belastung anhält (Blanz, Schmidt & Esser, 1991). Darüber hinaus wird auch das Erziehungsverhalten beeinflusst und dem Kind werden weniger Modelle für positive soziale Interaktionen geboten (vgl. Campbell, 1997; Patterson, Capaldi & Bank, 1991). Demgegenüber tragen die Zufriedenheit mit der Paarbeziehung und eine wechselseitige Abstimmung der Erziehungsbemühungen zwischen den Eltern – eine sog. «Elternallianz» (Schneewind, 1994, S. 142) – zu einer positiven Gestaltung der Eltern-Kind-Beziehung bei.

Arbeitsplatzerfahrungen. Belastende, energieabsorbierende und unbefriedigende Arbeitsbedingungen reduzieren die Fähigkeit von Eltern, sich mit ungeteilter Aufmerksamkeit auf die Bedürfnisse ihrer Kinder einstellen zu können. Umgekehrt sind Eltern für ihre Kinder leichter erreichbar, wenn sie frei von belastenden Erfahrungen am Arbeitsplatz sind (vgl. Crouter & McHale, 1993).

Soziales Netzwerk. Eltern, die in ihrem sozialen Umfeld wenig auf formelle und informelle Unterstützungsmöglichkeiten etwa durch Nachbarn oder Bekannte zurückgreifen können oder in Wohnvierteln mit geringer Kindorientierung leben, neigen dazu, im Kontakt mit ihren Kindern weniger sensibel und geduldig sowie weniger überzeugt von ihren Einwirkungsmöglichkeiten auf die Entwicklung ihrer Kinder zu sein. Demgegenüber findet sich bei Eltern, die über ein engmaschiges Netzwerk sozialer Unterstützung verfügen und vielfältige Kontakte zu Familien in einer vergleichbaren familiären Lebenssituation pflegen, häufiger ein gelassener und sicherer Umgang mit ihren Kindern (z. B. Crockenberg & McCluskey, 1986).

Kindmerkmale. Ein schwieriges Temperament erschwert den Eltern ihre Pflege- und Erziehungsaufgaben, während «pflegeleichte» Kinder den Erziehungsalltag von Eltern erleichtern (z. B. Lerner, 1993). Dabei belegen aktuelle Studienbefunde aus der Kindertemperamentsforschung die Komplexität der Wirkmechanismen. Beispielsweise zeigt das Genfer Projekt zur Temperaments-Umwelt-Passung (vgl. Zentner, 2000), dass sich die Wirkung des kindlichen Temperaments nur in der Interaktion mit seiner Umwelt entfaltet; konkret bedeutet das, dass ein erhöhtes Risiko für negative Eltern-Kind-Interaktionen und eine fehlangepasste Entwicklung des Kindes, z. B. in Form von Verhaltensstörungen, dann besteht, wenn die Wünsche und Wertungen der Eltern vor der Geburt ihres Kindes mit den tatsächlichen kindlichen Temperamentseigenschaften nicht übereinstimmen.

Ökonomische Lage. Armut, Einkommenseinbußen und Erwerbslosigkeit – bisweilen auch materieller Überfluss – wirken sich abträglich auf ein unterstützendes, einfühlsames und entwicklungsförderliches Elternverhalten aus. Demgegenüber stellt eine gesicherte ökonomische Situation, in der Kinder die Erfahrung machen können, dass in ihrer Familie behutsam mit den vorhandenen Ressourcen umgegangen wird, die Basis für eine positive Eltern-Kind-Beziehung dar (vgl. Walper, 1997; Walper, Gerhard, Schwarz & Gödde, 2001).

Alle diese Einflussgrößen auf die Eltern-Kind-Beziehung sind nicht als unabhängige Determinanten zu verstehen. Vielmehr wirken sie in einer komplexen, interaktiven Weise zusammen und führen somit zu einer kumulativen Beeinträchtigung oder aber im günstigen Fall auch zu einer wechselseitigen Kompensation der elterlichen Erziehungskompetenz.

Ein empirisches Beispiel für eine pfadanalytische Prüfung des ökologischen Modells von Belsky (1984) bildet die Studie von van Bakel und Riksen-Walraven (2002). Die beiden Autorinnen untersuchten in den Niederlanden 129 Eltern und ihre 15 Monate alten Kinder im Hinblick auf den Einfluss von elterlichen Merkmalen und Merkmalen der Eltern-Kind-Interaktion auf sowohl die kognitive Entwicklung als auch das kindliche Bindungsverhalten. In der **Abbildung 5.3** finden sich exemplarisch die Pfadkoeffizienten für die Zusammenhänge zwischen den einzelnen Modellvariablen mit dem kognitiven Entwicklungsniveau als kindlicher Entwicklungsvariable (siehe van Bakel & Riksen-Walraven, 2002 für die Operationalisierung der Modellvariablen).

Als Beispiel für eine *kumulative Beeinträchtigung der elterlichen Erziehungskompetenz* sei die Studie von Hannan und Luster (1991) erwähnt. Darin untersuchten die beiden Autoren den Einfluss von Risikofaktoren auf die *Qualität der häuslichen Umwelt*. Dazu verwendeten sie das *Home Observation for Measurement of the Environment (HOME)* Inventar von Caldwell und Bradley (1984), das sich bereits in vielen Studien als ein guter Indikator für das häusliche Anregungspotenzial zur kindlichen Entwicklung bewährt hat. An der Studie nahmen 602 Mütter mit Kindern im Alter zwischen ein und zwei Jahren teil. In Anlehnung an das dargelegte Modell von Belsky (1984; siehe Abb. 5.2) wurden folgende *acht Risikofaktoren* untersucht:

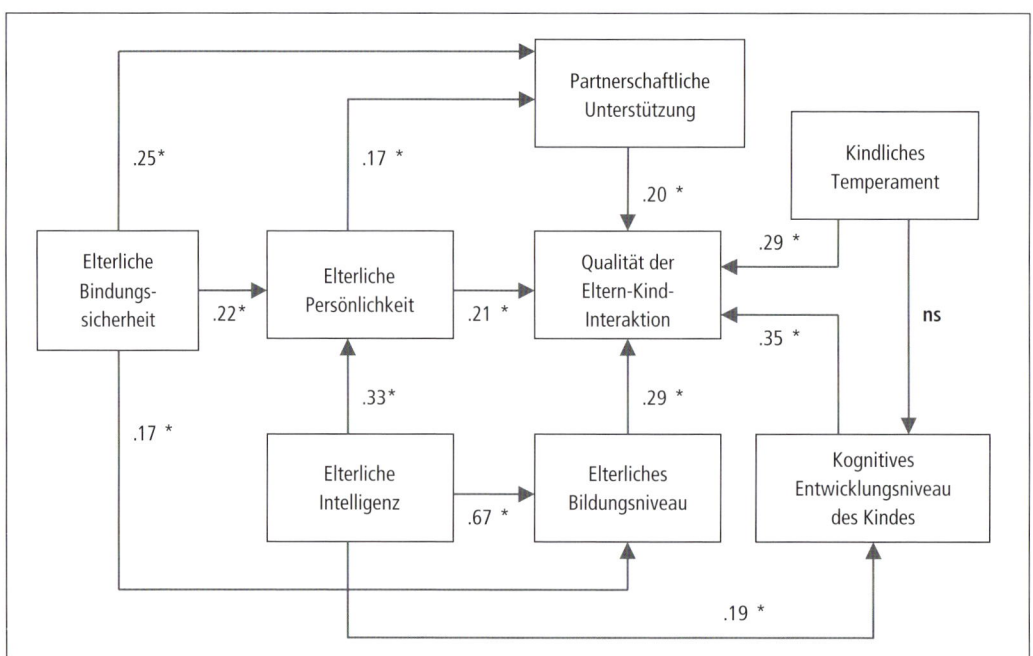

Abbildung 5.3: LISREL-Modell mit der kindlichen kognitiven Entwicklung. Die standardisierten Pfadkoeffizienten sind auf dem 5%-Niveau signifikant (nach van Bakel & Riksen-Walraven, 2002, S. 265)

- frühes Alter der Mutter bei Geburt des ersten Kindes
- niedriges Bildungsniveau
- geringes Selbstwertgefühl
- niedrige Intelligenz
- niedriges Einkommen
- fehlender Partner
- große Kinderzahl
- schwieriges kindliches Temperament.

Die Ergebnisse von Hannan und Luster (1991) belegen eindrucksvoll, dass die Wahrscheinlichkeit, mit der Mütter, bei denen eine unterschiedliche Anzahl von Risikofaktoren zu finden ist, zur Gruppe derjenigen zählen, bei denen eine geringe Qualität der häuslichen Umwelt beobachtet wird. Zudem dokumentiert die Studie deutlich die kumulative Wirkung von Risikofaktoren für die Gestaltung der häuslichen Entwicklungsumwelt von Kleinkindern. Lässt sich keiner der Risikofaktoren nachweisen, beträgt die Wahrscheinlichkeit, dass die Mütter ihr Kind in einer wenig anregenden häuslichen Umwelt aufziehen, 11%, bei einem Risikofaktor sind es 22%, bei zwei Risikofaktoren bereits 31%, bei drei Risikofaktoren steigt die Wahrscheinlichkeit auf 40% und bei gleichzeitigem Vorhandensein von sechs Risikofaktoren ist die Wahrscheinlichkeit um genau das achtfache angestiegen, nämlich auf nunmehr 88%.

Zusammenfassend legen diese Befunde nahe, dass *Familien mit multiplen Risikofaktoren* besonders gefährdet und damit in ihrer Erziehungskompetenz bedeutsam beeinträchtigt sind (vgl. auch die Übersicht bei Evans, 2004). Es sind genau diese Familien, die einer speziellen Beachtung bedürfen. Dabei müssen präventive Maßnahmen an unterschiedlichen Punkten ansetzen, wobei neben einer Stärkung der Erziehungskompetenz auch kommunale und familienpolitische Hilfen erforderlich sind (vgl. Rollet & Werneck, 2002 und Kap. 15 in diesem Lehrbuch).

5.3.2 Geschwisterbeziehungen

Wachsen Kinder in einer Familie mit Geschwistern auf, dann kommt ohne Zweifel der zeitlichen Dauer der Geschwisterbeziehung große Bedeutung zu. Dabei hat die Zahl der Veröffentlichungen, die sich mit Fragen der Geschwisterbeziehung beschäftigen, in den letzten Jahren deutlich zugenommen (vgl. Kasten, 1994; Papastefanou, 2002). Hierbei wird in älteren Lehrbüchern häufig der Standpunkt vertreten, dass Erstgeborene die besten Entwicklungsbedingungen hätten, weil sie wesentlich mehr Zeit der Zuwendung als zweite und dritte Kinder erhalten; zudem sehen sich Erstgeborene in der Rolle des Lehrenden gegenüber ihren jüngeren, lernenden Geschwistern (vgl. Toman, 1974).

Alle diese Behauptungen sind jedoch nur begrenzt gültig, weil sie einen einzelnen Aspekt zu sehr verallgemeinern (vgl. Kasten, 1994). So kann auch das genaue Gegenteil behauptet werden: Weil Erstgeborene noch unter der mangelnden Erziehungspraxis ihrer Eltern zu leiden haben, könnten sie genauso gut schlechter wegkommen als ihre jüngeren Geschwister. Umstritten bleibt auch, wie bei vielen Kindern der dann größere Einfluss durch die Geschwister zu bewerten ist. Unbestritten ist allerdings, dass Geschwister in vielen Fällen eine wichtige Ressource bilden und sich wechselseitig unterstützen können. Beispielsweise konnten Beelmann und Schmidt-Denter (1991) zeigen, dass Geschwisterkinder die Auswirkungen einer Scheidung ihrer Eltern besser bewältigen als Einzelkinder. Mittlerweile existieren auch Studien, die belegen, dass sich durch das Hinzukommen weiterer Kinder zur Familie nicht nur die Paarbeziehung der Eltern und die Gestaltung der weiteren Eltern-Kind-Beziehung verändert, sondern sich auch das Familienklima insgesamt wandelt (vgl. Schneewind, 1999).

Des Weiteren ist es aus entwicklungspsychologischer Sicht wichtig, dass nicht nur unterschiedliche Typen von Geschwisterbeziehungen existieren, sondern dass es ebenso Veränderungen in der Qualität der Beziehungen im geschwisterlichen Lebenszyklus gibt (vgl. Cicirelli, 1994). Trotz erheblicher Unterschiede zwischen einzelnen Geschwisterpaaren reduziert sich der Kontakt zwischen Geschwistern bis zur mittleren Lebensphase, um dann im späten Erwachsenenalter wieder an Nähe zu gewinnen (vgl. Bedford, 1993). Beispielsweise hat Goetting (1986) für den Lebenszyklus von Geschwistern altersspezifische Entwicklungsaufgaben zusammengestellt. Dabei postuliert er im späteren Lebensabschnitt eine zunehmende Solidarität unter Geschwistern. Diese ist zum einen bedingt durch die Herausforderungen, die sich im Zusammenhang mit der Regelung der Betreuung und Pflege der alten Eltern ergeben, zum anderen geht es um die wechselseitige Unterstützung der Geschwister selbst, wenn sie im Alter auf finanzielle Unterstützung und Betreuung bei Gesundheitsproblemen angewiesen sind. Aber auch eine verstärkte psychologische Unterstützung kennzeichnet Geschwisterbeziehungen im Alter, wenn es darum geht, Rat einzuholen oder sich über Sichtweisen bei der Lösung von Alltagsproblemen auszutauschen (vgl. Cicirelli, 1994).

Wenn man allerdings bedenkt, dass Kinder auch als Einzelkinder aufwachsen, dann wundert es nicht, wenn befürchtet wird, dass Einzelkinder von den Erwachsenen verhätschelt werden, da ihnen die gesamte Aufmerksamkeit von zwei Erwachsenen zuteil wird. Wenn zu dieser Doppelversorgung dann Geschenke und Anteilnahme von gleich vier oder mehr Großelternteilen hinzukommen, dann habe, so wird vielfach behauptet, das Kind keine Chance mehr, sich dieser Verwöhnung zu entziehen (Wunsch, 2001 und Kap. 11.5.1 in diesem Lehrbuch).

Jedoch wird in solch populären Behauptungen oft übersehen, dass Kinder heute durch zahllose institutionelle Angebote von der Spielgruppe, über den Kindergarten, den Hort, die Schule und Freizeitgruppen schon stark durch ein Netzwerk aus Kontakten zu anderen Kindern gefordert, nicht selten überfordert werden. Je mehr deshalb in der Kindheit und Jugend der Einfluss der Gleichaltrigen wächst, desto unerheblicher wird es, ob ein Kind als Einzelkind oder mit Geschwistern zusammen aufwächst. Allerdings hat sich bislang weder die Entwicklungspsychologie noch die Sozialisationsforschung ernsthaft diesem Thema angenommen. Dennoch kommt Rollin (1993) zum Schluss, dass Einzelkinder bei all ihren positiven und schwierigen Erfahrungen ebenso glücklich oder verzweifelt, kontaktfähig oder einsam seien, wie Kinder, die mit Geschwistern aufwachsen. Empirisch ist sogar belegt, dass Einzelkinder später in ihren kognitiven Leistungen weiter entwickelt sind als Kinder aus Mehrkind-Familien und keineswegs in ihrer Persönlichkeitsentwicklung gestört sind (vgl. Kasten, 1995). Eine Reanalyse derartiger empirischer Studien hat aber auch gezeigt, dass hier die ökologischen und sozialdemographischen Rahmenbedingungen, besonders der Faktor der sozialen Schicht, häufig nicht kontrolliert worden sind. Da nämlich Mehrkind-Familien häufig aus sozial benachteiligten Schichten stammen und in solchen Familien die für eine leistungsorientierte Entwicklung förderlichen Bedingungen häufig nicht vorhanden sind, kann man leicht dem Fehler aufliegen, Einzelkinder als klüger einzuschätzen.

Mit Blick auf das Erziehungsverhalten der Eltern, so war bereits im Kapitel 3.2.2 darzulegen, verhält es sich so, dass sich der Konflikt zwischen Geschwistern besonders dann erhöht, wenn Eltern ihre Kinder unterschiedlich behandeln; das wiederum führt dazu, dass Geschwister als Jugendliche größere Probleme miteinander haben (vgl. Stoneman & Brody, 1993). Dennoch scheint eine enge Geschwisterbeziehung, vor allem wenn es sich um den Kontakt zwischen Schwestern handelt, das Wohlbefinden zu stärken (vgl. Cicirelli, 1989).

5.3.3
Die elterliche Paarbeziehung

Es waren Bradbury und Fincham (1991), die ein Modell zum Verhalten und Erleben in Partnerschaften entwickelt haben. Sie unterscheiden dabei zwischen einem proximalen und einem distalen Kontext. *Proximale Merkmale* beinhalten die situationsimmanenten Auslösebedingungen in der partnerschaftlichen Interaktion. Dazu zählen (1) effektive (vs. ineffektive) Kommunikations-, Konfliktregulations- und Problemlösefertigkeiten, (2) ein allgemein reduziertes (vs. erhöhtes) Ausmaß an positiven Beziehungserfahrungen im alltäglichen Kontakt der beiden Partner, (3) eine wechselseitig vornehmlich stabile (vs. instabile), internale (vs. externale) und globale (vs. spezifische) Zuschreibung von negativen Absichten und Eigenschaften der Partner, die vor allem im Falle der Konfliktregulation aktiviert werden, und (4) ein Vorherrschen (vs. Fehlen) von ungünstigen Beziehungserinnerungen bei der Rekonstruktion der gemeinsamen Beziehungsgeschichte. *Distale Merkmale* sind Persönlichkeitsfaktoren einzelner Partner, wobei sich zeigt, dass ein positives Selbstwertgefühl, prosoziale Orientierung, emotionale Stabilität oder das Bedürfnis nach Intimität zu einer günstigen Prognose für die künftige Partnerschaftsentwicklung beitragen.

Zentral für die *eheliche Zufriedenheit* sind außerdem die übereinstimmenden Rollenerwartungen der Partner. Dabei setzt eine aktive Auseinandersetzung mit der ehelichen Rollendefinition meist erst mit der Geburt eines Kindes ein. Je besser Partner zudem die Diskrepanzen zwischen idealem und realem Bild von sich selbst und vom Partner in Bezug auf Wertschätzung und Macht, Geben und Nehmen von Sympathie und der Tendenz, die Verantwortlichkeit für bestimmte Probleme zuzuschieben, in Übereinstimmung bringen können, desto größer ist der Eheerfolg (vgl. Schneewind, 1999).

Dennoch nimmt die Zufriedenheit mit der Partnerschaft im Allgemeinen mit dem Verlauf der Partner- oder Ehebeziehung ab. Besonders nach der Geburt eines Kindes sinkt die eheliche Zufriedenheit bedeutsam ab, und das ist besonders ausgeprägt bei Paaren der Fall, deren Beziehungsqualität bereits vor der Geburt des Kindes relativ schlecht war (vgl. Schneewind, 1999). Zudem konnte Petzold (1999) längsschnittlich belegen, dass ehelich zufriedene Mütter besonders diejenigen sind, die selbst erwerbstätig sind und einen Partner in einer höheren als der eigenen sozialen Position haben. Demgegenüber scheint die eheliche Zufriedenheit der Väter von der der Partnerin und einem hohen Sozialstatus der Frau abzuhängen. Auf die Frage, welche Ehen in Scheidung enden bzw. was Ehen zusammenhält, kann hier aus Platzgründen nicht eingegangen werden (vgl. dazu Kurdek, 1993; Wallerstein & Blackeslee, 1996).

Besonders groß ist die Gefahr einer derartigen Triangulation der Kinder bei Trennung und Scheidung der Eltern. Jedoch reduziert sich dieses Risiko, wenn beide Partner wieder eine befriedigende neue Paarbeziehung eingegangen sind, die es ihnen erlaubt, die Verletzungen und Kränkungen aus der früheren Partnerschaft in einem anderen oder einem weniger negativen Licht zu sehen (vgl. Schneewind, 1999 und Kap. 7.3 in diesem Lehrbuch).

Kasten 5-2

Implikationen für die Erziehungspraxis

Die Bedeutung einer Elternallianz für die Kindererziehung

Um die Anforderungen des Erziehungsalltags angemessen zu meistern, ist es erforderlich, dass Eltern als «*Erziehungsteam*» oder als «*Elternallianz*» (Schneewind, 1999, S. 138) gut funktionieren. Damit ist die Fähigkeit von Eltern gemeint, eine Erziehungspartnerschaft einzugehen. Das wiederum beinhaltet, dass die beiden Elternteile die erzieherischen Aktivitäten des jeweils anderen Elternteils akzeptieren bzw. respektieren und sich gleichzeitig als wechselseitiges Unterstützungs- und Kooperationsteam bei der Bewältigung des Erziehungsalltags begreifen. So hat sich in empirischen Studien gezeigt, dass Unstimmigkeiten auf der Elternebene nachweislich mit einer geringeren Selbstkontrolle, geringerer Belastbarkeit und einer größeren Verhaltensauffälligkeit auf der Seite der Kinder einhergeht (vgl. Block, Block & Morrison, 1981). Zudem können Konflikte zwischen den Eltern zu einer Erosion der Partnerbeziehung führen, in der Folge die Elternallianz aufweichen und zu Eltern-Kind-Koalitionen führen. Dabei verschlechtert sich beim Zerfall der Elternallianz die Vater-Kind-Beziehung, während Mutter und Kind enger zusammenrücken (Belsky, Steinberg & Draper, 1991).

Eine der Stärken der Familienpsychologie ist es, dass sie sich nicht nur für Beziehungen innerhalb von Beziehungen, sondern auch für *Beziehungen zwischen Beziehungen* interessiert (Schneewind, 2002). Deshalb gehört es zum Kerngeschäft einer Familienpsychologie, die Entwicklung von Paarbeziehungen einerseits und von Eltern-Kind-Beziehungen andererseits zu studieren. Beispielhaft sei hier auf die Befunde aus der Metaanalyse von Krishnakumar und Buehler (2000) verwiesen, die 39 kontrollierte Studien zum Zusammenhang zwischen dysfunktionalen interparentalen Konflikten und der Qualität der Eltern-Kind-Beziehung berücksichtigt haben (vgl. **Abb. 5.4**).

Dabei berechneten die beiden Autoren für diesen Zusammenhang eine Effektstärke von d = 0,62, was einem mittleren Effekt entspricht. Weniger stark ausgeprägt ist mit d = 0,32 der direkte Zusammenhang zwischen interparentalen Konflikten und kindlichen Verhaltensauffälligkeiten in der Metaanalyse von Buehler, Anthony, Krishnakumar, Stone, Gerard und Pemberton (1997), die 68 Studien berücksichtigt haben. Schließlich beschäftigte sich Gershoff (2002) mit einem bestimmten Elternverhalten, nämlich dem der körperlichen Bestrafung, und dem Zusammenhang zu kindlichen Verhaltensauffälligkeiten. Die Ergebnisse bestätigen mit einer mittleren Effektstärke von d = 0,46 den Zusammenhang zwischen körperlicher Bestrafung und externalisierenden bzw. internalisierenden Verhaltensauffälligkeiten. Selbstverständlich sind Meta-Analysen nicht das alleinige Maß der Dinge, weil potenzielle Moderator- und Prozessvariablen zur Klärung der Wirkzusammenhänge unberücksichtigt bleiben (vgl. die «spill-over»-Hypothese in Kap. 11.2 in diesem Lehrbuch).

5.3.4
Die Eltern-Enkel-Großeltern-Beziehung

Während die Wahrscheinlichkeit, mit Geschwistern aufzuwachsen, aufgrund des Geburtenrückgangs und des Schrumpfens der Kernfamilie geringer geworden ist, hat sich wegen der zunehmenden Lebenserwartung die Chance erhöht, dass drei oder gar vier Generationen des erweiterten Familiensystems gleichzeitig leben.

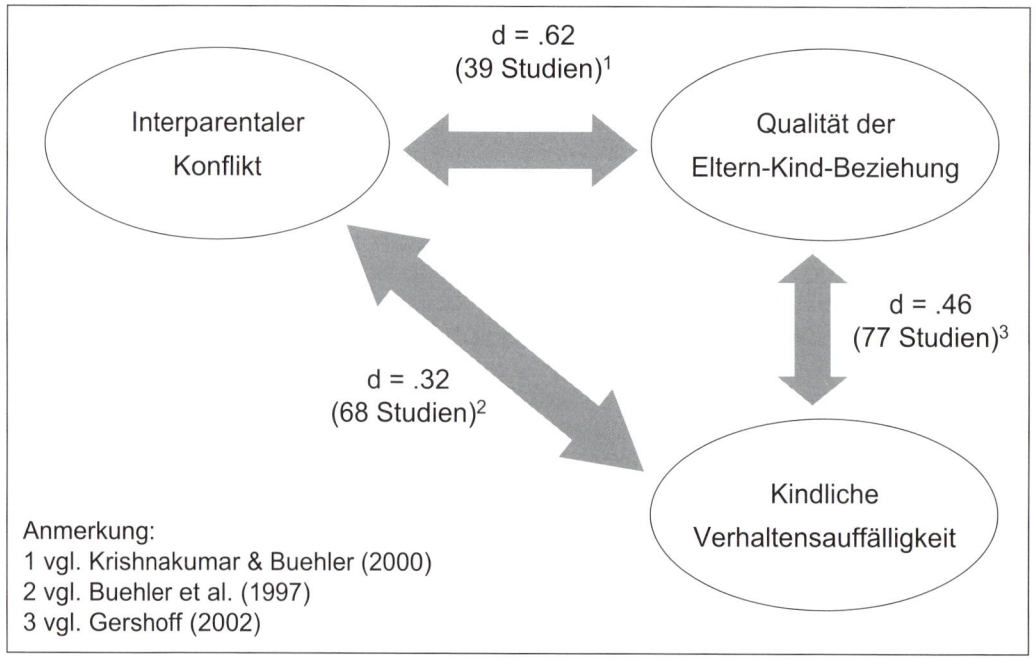

Abbildung 5.4: Zusammenfassung meta-analytischer Befunde zum Zusammenhang der elterlichen Paarbeziehung, der Qualität der Eltern-Kind-Beziehung und kindlichen Verhaltensauffälligkeiten

So hat sich die gemeinsame Lebenszeit von Großeltern und Enkelkindern im 20. Jahrhundert gegenüber früheren Zeiten deutlich verlängert (vgl. Lange & Lauterbach, 1998). Allerdings hat sich aufgrund des Wandels der Familie ergeben, dass Großeltern nicht mehr so häufig mit ihren Kindern und Enkeln unter einem Dach leben. Dies entspricht den Wünschen sowohl der älteren Generation nach eigener Selbstständigkeit als auch der jüngeren Generation nach einer harmonisch geschlossenen Kleinfamilie. Zudem haben sich auch die Rollen der Großeltern selbst in unserer Gesellschaft verändert und sind nicht mehr so klar definiert.

Ungeachtet dessen ist es aber eine relativ junge gesellschaftliche Erscheinung, dass Großeltern und Enkelkinder eine längere gemeinsame Lebenszeit miteinander teilen bei gleichzeitigem Rückgang der Anzahl von Verwandten der gleichen Generation, also Geschwistern, Cousins und Cousinen. Bengston, Rosenthal und Burton (1990) führten dafür das Bild einer «Bohnenstange» ein, womit sie ausdrücken wollten, dass sich die Familienstuktur immer mehr vertikalisiert und die Horizontale, also die Verwandtschaft der gleichen Generation, zumindest der Anzahl nach, an Bedeutung verliert. Diese gesellschaftlichen Entwicklungen, die sich in den nächsten Jahrzehnten, legt man bevölkerungsstatistische Prognosen zugrunde (Münz, 1997), noch verstärken, werden auch die inhaltliche Gestaltung und die Entwicklungsaufgaben von Großelternschaft nicht unberührt lassen.

Die Geschichte der Forschung zum Thema *Großelternschaft und Enkelkinder* zeigt, dass sich die Sicht von einer – bis in die Mitte des 20. Jahrhunderts dominierenden – eher negativen hin zu einer positiven Einschätzung gewandelt hat (vgl. Smith, 1995; Szinovacs, 1998), indem heutzutage eindeutig die positiven Aspekte und vor allem die Unterstützung betont wird, die Großeltern ihren Kindern und Enkeln zukommen lassen. Großeltern werden generell als Bereicherung für die Kernfamilie betrachtet (vgl. dazu Uhlendorff, 2003).

Empirisch ist belegt, dass in aller Regel der Kontakt zu den eigenen Eltern nach der Geburt eigener Kinder wieder zunimmt, selbst wenn größere räumliche Distanzen dazwischen liegen. Dabei hilft den Müttern oft der neue Kontakt zu ihrer eigenen Mutter bei der Selbstfindung ihrer eigenen Mutterrolle. Aus der Sicht der Kinder wiederum ist nachweislich die Beziehung zu den Großeltern, besonders zur Großmutter sehr wichtig. Das hängt mit der wichtigen Bedeutung zusammen, die die Großmutterschaft für Großmütter hat. So haben beispielsweise ein Viertel der Großmütter mehrmals in der Woche Kontakt mit einem ihrer Enkelkinder (Herlyn, Kistner, Langer-Schulz, Lehrmann & Wächter, 1998). Jedoch nimmt die Kontakthäufigkeit mit steigendem Alter der Enkel ab.

Nach den Ergebnissen der groß angelegten Studie von Herlyn und Mitarbeitern (1998) empfinden ca. 90% der Großmütter durch Enkelkinder Freude, Stolz und Bereicherung in ihrem Leben. Etwa 80% meinen, dass ihnen die Enkel das Gefühl vermitteln, jung zu bleiben und gebraucht zu werden, und 73% der Befragten empfinden das Großmuttersein schöner als das Muttersein. Dabei scheint für die Zufriedenheit der Großeltern nicht so sehr die Kontakthäufigkeit als vielmehr die Art der Kontakte entscheidend zu sein (Sticker, 1987). Herlyn u.a. (1998) fragten auch direkt nach den Motiven der Großmütter, ihre Enkel zu betreuen. Dabei gab jede zweite Großmutter (55%) an, ihre Enkel zu betreuen, um intensiven Kontakt zu ihnen zu halten. Damit betonten sie wiederum die Bereicherung, die die Enkel für ihr Leben hatten. Weitere wichtige Beweggründe für die Betreuung waren, der Mutter zu ermöglichen, erwerbstätig zu sein (44%) oder Besorgungen zu machen (45%). Interessant ist, dass 42% der Großmütter ihren Kindern durch Enkelbetreuung Freiräume für die Partnerbeziehung verschaffen wollten. Derart können Großeltern manchmal die elterliche Partnerschaft stützen.

Fragt man nach der *Involviertheit von Großeltern* in die Betreuung ihrer Enkel, dann zeigen neuere empirische Ergebnisse, dass sich am meisten die Großmütter mütterlicherseits engagieren (Uhlendorff, 1995). Etwa 72% von ihnen kümmerten sich häufig oder manchmal um die Enkelkinder. Am wenigsten involviert waren die Großväter väterlicherseits. Nur etwa 46% kümmerten sich um ihre Enkel. Auch Herlyn u.a. (1998) bestätigten, dass die Enkelbetreuung vor allem für Großmütter mit jüngeren Enkeln ein wichtiges Thema ist.

Im Übrigen messen Kinder ihren Großeltern oft eine größere Bedeutung bei, als es viele Eltern vermuten (vgl. Ulich, Oberhuemer & Soltendieck, 1992). Großeltern sind häufig auch deshalb wichtige Bezugspersonen für ihre Enkel, weil sie distanzierter und gelassener, damit vermutlich auch verständnisvoller als die Eltern, auf kinder- und jugendtypische Konflikte reagieren können. Mitunter vermögen Großeltern ihren Enkeln auch eine andere Sicht der Eltern zu vermitteln, was das wechselseitige Verständnis erhöhen kann. Dabei sind es nicht nur die jungen Großeltern, die eine wichtige Funktion für ihre Enkel haben. Auch hilfs- und pflegebedürftige Großeltern mit psychischen oder physischen Defiziten können ihren Enkeln die wichtige Erfahrung von Verlusten und Grenzen des menschlichen Daseins vermitteln (Krappmann, 1997a).

Auch wenn es plausibel erscheint, *direkte Einflüsse* von Großeltern auf Enkelkinder anzunehmen, gibt es bis heute nur wenige empirische Studien, die meist aus Nordamerika stammen, die tatsächlich Auswirkungen auf Enkelkinder belegen. Immerhin deutet sich darin an, dass sich die direkte Interaktion zwischen Großeltern und Enkelkindern günstig auf die Enkel auswirkt (Uhlendorff, 2003). Leider sind die Forschungsergebnisse zur Rolle der Großväter bislang widersprüchlich und kaum interpretierbar geblieben (vgl. Lehr, 2000; Uhlendorff, 2003).

Allerdings entwickelt sich eine emotionale Bindung zwischen Großeltern und Enkeln nicht zwangsläufig, sondern sie muss erarbeitet werden und hängt wesentlich von der mittleren Generation ab. Damit ist gemeint, dass bei der Frage nach dem *indirekten* (d.h. über die Eltern vermittelten) *Einfluss* von Großeltern auf Enkelkinder zusätzlich die Beziehung zwischen Großeltern und Eltern betrachtet werden muss, die sich dann weiter auf die Kinder auswirkt. Auch dazu muss vor allem auf nordamerikanische Studien zurückgegriffen werden (Tomlin, 1998). Wenn die Beziehung zwischen Großeltern und Eltern gut ist, Großeltern ihren Kindern als Gesprächspartner bei Erziehungsfragen oder durch emotionale und materielle Unterstützung beistehen, dann entwickeln sich in aller Regel auch nahe Beziehungen zwischen Großeltern und Enkeln. Daneben betrifft ein weiterer indirekter Einfluss von Großeltern auf Enkelkinder die intergenerationale Weitergabe von Erziehungs- und Bindungsstilen (z.B. Schneewind & Ruppert, 1995). Hier werden die Kindheitserfahrungen, die die Eltern mit den Großeltern sammelten, als wegweisend für das Verhältnis der Eltern zu ihren Kindern angesehen. Allerdings ist die Forschungslage zu solch indirekten Effekten insgesamt ziemlich unbefriedigend (vgl. Lamb, Hwang, Bookstein, Broberg, Hult & Frodi, 1988). Hier könnten Längsschnittstudien mehr Klarheit schaffen. Zumindest bislang sind indirekte Einflüsse von Großeltern auf Enkelkinder nicht überzeugend belegt, wie Uhlendorff (2003) zu bedenken gibt.

Eine besondere Rolle spielen Großeltern vor allem im Falle einer Trennung und Scheidung ihrer erwachsenen Kinder. Es spricht einiges dafür, dass Großeltern nicht nur eine finanzielle und emotionale Auffangstation für die geschiedenen Kinder sind, sondern sich auch stärker um ihre Enkel kümmern; allerdings gibt es auch Belege dafür, dass sich die Kontaktintensität einige Zeit nach der Scheidung wieder auf das ursprüngliche Ausmaß, wie es vor der Scheidung bestanden hat, reduziert (vgl. Johnson, 1988). Dabei können Großeltern auch unerwartete Rollenverluste erleiden, weil der weitere Kontakt zu den Enkeln von der Sorgerechtsregelung abhängig ist. Noch wenig weiß man dagegen über Stiefgroßelternschaft (Smith, 1995).

Trotzdem scheint die Beziehung zwischen Großeltern, Eltern und Enkeln nicht immer unkompliziert zu sein; die Beziehung macht häufig eine delikate Balance von Engagement und Gewährenlassen erforderlich (Schneewind, 1999). Zwar kann es vorkommen, dass beim Übergang zur Elternschaft aus der Sicht der jungen Eltern oder eben bei einer Scheidung von Seiten der nun allein erziehenden Mutter die Unterstützung durch ihre eigenen Eltern durchaus willkommen ist. Ein Zuviel davon wird aber schnell als «Einmischung» in die Angelegenheiten der jungen bzw. geschiedenen Familie interpretiert, zumal der neu erworbene Status der Elternschaft (durch die Geburt des ersten

Kindes) oder auch der neue Status der Stieffamilie (durch den neuen Partner der geschiedenen Mutter) zu einer klareren Abgrenzung von der Herkunftsfamilie führt (Schneewind et al., 1992) oder gar führen muss (Wallerstein & Blackeslee, 1989).

Dennoch beginnt unsere Gesellschaft die Ressourcen der Großeltern anzuerkennen. Großeltern können eine Quelle der Stabilität, Unterstützung und Steuerung in einer sich verändernden Welt und in Zeiten prekärer gewordener Bedingungen der familiären Beziehungsgestaltung sein. Allerdings bleiben viele Fragen offen, was die intergenerationalen Einflüsse auf die Entwicklung von Kindern betreffen. Ist es etwa möglich, dass Großeltern eine unzulängliche elterliche Erziehung kompensieren können? Was macht die einen Großeltern wichtiger gegenüber anderen Großeltern? Sind Kinder mit «wichtigen» Großeltern im Vorteil gegenüber Kindern, die keine bedeutsamen Großeltern haben? In Zukunft werden wir hoffentlich imstande sein, diese und ähnliche Fragen empiriebasiert beantworten zu können.

Weiterführende Literatur

Barabas, F. K. & Erler, M. (2002). *Die Familie. Lehr- und Arbeitsbuch für Familiensoziologie und Familienrecht.* Weinheim: Juventa.

Hofer, M. (2003). *Selbständig werden im Gespräch. Wie Jugendliche und ihre Eltern ihre Beziehung verändern.* Bern, Göttingen: Huber.

Hofer, M., Wild, E. & Noack, P. (Hrsg.) (2002). *Familienbeziehungen. Eltern und ihre Kinder in der Entwicklung.* Göttingen: Hogrefe.

Petzold, M. (1999). *Entwicklung und Erziehung in der Familie.* Hohengehren: Schneider.

Schneewind, K. (1999). *Familienpsychologie.* Stuttgart: Kohlhammer.

6 Veränderte Rahmenbedingungen familiärer Erziehung

Die Familie als Lebensform und Entwicklungsumwelt von Kindern ist einem ständigen Wandel unterworfen (vgl. Barabas & Erler, 2002; Peukert, 2002). Aus der Perspektive der empirischen Familienforschung wurde in den letzten etwa 30 bis 40 Jahren ein beschleunigter familiärer Wandel festgestellt. Die wesentlichen Indikatoren für diesen Wandel werden in den strukturellen Veränderungen der Haushaltsformen, in den prekärer gewordenen Bedingungen der Beziehungsgestaltung in der Familie und in den veränderten Rollen-, Wert- und Erziehungsmustern erkannt. Fälschlicherweise wird diese Entwicklung immer wieder als Indiz dafür angesehen, dass Familie in der Gesellschaft eine abnehmende Wertschätzung genießt. Die soziologische Familienforschung zeigt das Gegenteil (vgl. Nave-Herz, 2002). Das Elend der Kinder liegt nämlich nicht darin, dass die Gesellschaft familienmüde geworden ist, oder Eltern sich nicht unter großen Entbehrungen für ihre Kinder einsetzen würden, sondern vielmehr darin, dass es ihnen angesichts der Freiheiten, die sie sich unter den Bedingungen einer individualisierten Gesellschaft in ihren Partnerbeziehungen nehmen, an der notwendigen Orientierung im Umgang mit den Entwicklungsbedürfnissen ihrer Kinder fehlt. In diesem Kapitel soll auf die wesentlichen Indikatoren für den familiären Wandel eingegangen werden, soweit sie bedeutsame Folgen für die Erziehung in der Familie haben. Zusätzlich wird auch nach den Beziehungen zwischen der erzieherischen Qualität des Elternhauses sowie zwischen der Qualität früher außerfamiliärer Betreuung (z. B. im Kinderhort, in der Krippe, im Kindergarten) und der Schulleistungsfähigkeit und Sozialkompetenz von Kindern in den ersten Schuljahren gefragt.

6.1 Strukturelle Veränderungen in den Haushaltsformen

Für Deutschland lassen sich anhand von Familiensurveys die strukturellen Veränderungen familiären Zusammenlebens an folgenden Einzelphänomenen festmachen (vgl. Bertram, 1991; 1992):

- ein zunehmender Anteil an Ein-Personen-Haushalten und Ledigen
- eine Zunahme an Ein-Eltern-Familien
- steigende Kinderlosigkeit
- eine steigende Scheidungsrate bei (noch) steigender Wiederverheiratungsquote
- ein steigender Anteil von nicht-ehelichen Lebensgemeinschaften
- sowie ein höheres Heiratsalter.

Zunächst wird auf die strukturellen Veränderungen in den familiären Haushaltsformen ausführlicher einzugehen sein. Folgt man dazu der amtlichen Statistik, so ist festzustellen, dass *Ein-Personen-Haushalte* im Jahr 2000 mit 37 % erstmalig den bis dahin zahlenmäßig am häufigsten vertretenen Haushaltstyp «Eltern mit ledigen Kindern» (33%) übertroffen haben (vgl. Engstler & Menning, 2003). Dabei haben sich Haushalte mit ledigen Kindern zwischen 1961 und 2000 um rund 20% verringert.

Hinzu kommt, dass sich die *Geburtenrate* seit 1960 nahezu halbiert hat (Engstler, 1998). 1996 lag die Geburtenziffer bei 1,4. Das bedeutet, dass 100 Frauen 140 Kinder zur Welt gebracht haben (zur Bestandserhaltung wären weit über 200 Geburten notwendig). In der DDR lag die Geburtenrate bis 1989 bei 1,6 und halbierte sich danach innerhalb von zwei Jahren auf 0,8 und stieg bis ins Jahr 2000 wieder auf 1,22 Kinder je Frau Engstler & Menning, 2003). Neben den sozialen Verwerfungen, die im Zuge des innerdeutschen Einigungsprozesses den drastischen Geburtenrückgang in Ostdeutschland erklären, lässt sich der generelle Geburtenrückgang in westlichen Gesellschaften seit Ende des 2. Weltkrieges auf veränderte Einstellungen zu Kindern zurückführen (Barabas & Erler, 2002). Hatten Kinder in vorindustrieller Zeit noch eine ökonomische Bedeutung im Sinne der Mitarbeit und späteren Altersversorgung, sind heute meist andere Motivationen in den Vordergrund gerückt. Kinder werden als ökonomische Belastung und als Hindernis im Individualisierungsprozess empfunden und Kindern wird ein «Wert» zugeschrieben, d.h. mit ihnen wird eine Sinnstiftung für das eigene Leben und die Erfüllung persönlicher Glückserwartungen verbunden. In der Konsequenz ergibt sich aus dieser Entwicklung, dass es in der Bundesrepublik immer weniger Familien gibt, die aus einem verheirateten Paar und mindestens zwei leiblichen Kindern bestehen. Nur noch ungefähr 25% aller Haushalte sind Familien mit Kindern (Barabas & Erler, 2002). In diesen Familien wuchsen Mitte der 90er-Jahre ungefähr 25% der Kinder unter 15 Jahren als Einzelkinder auf. Auf Grundlage der Zahlen des LBS-Kinderbarometers von 2002, worin 1000 9- bis 14-jährige Kinder und Jugendliche aus dem Bundesland Nordrhein-Westfalen befragt wurden, sind es nur 11% der Kinder, die keine Geschwister haben (vgl. LBS-Initiative «Junge Familie», 2003).

Neben den bereits erwähnten Ursachen für den Geburtenrückgang muss als eine weitere Ursache die sich verstärkende *Berufsorientierung von Frauen* genannt werden, die dazu führt, dass die Entscheidung für ein Kind auf spätere Zeit «verschoben» wird. Je später aber das erste Kind geboren wird, umso weniger Zeit bleibt für weitere Kinder. Bedingt durch die geringe Kinderzahl pro Familie hat sich die Zeit der Pflege und Versorgung von Kindern zeitlich verkürzt. Die Abnahme der Kinderzahl in den Familien hat weiterhin zur Konsequenz, dass die Zeit, die Eltern mit ihren Kindern verbringen, auf weniger Kinder verteilt wird. Derartige Ausgangsbedingungen gestalten das Verhältnis zwischen Eltern und Kindern aber radikal um, indem dem einzelnen Kind immer mehr Aufmerksamkeit zuteil wird. Kinder nehmen für immer mehr Eltern eine veränderte Rolle ein und das Eltern-Kind-Verhältnis wird zunehmend partnerschaftlicher, worauf in Kapitel 6.6 ausführlicher einzugehen sein wird.

Es stellt sich die Frage: Wie häufig ist für Kinder heutzutage überhaupt der Familienhaushalt? Von allen bestehenden Haushalten in der Bundesrepublik Deutschland machen Familienhaushalte nur ca. $1/3$ aller Haushalte aus (Nave-Herz, 2002). Dennoch darf nicht übersehen werden, dass in den alten Bundesländern 86% der minderjährigen Kinder nach wie vor in Zwei-Eltern-Familien (einschließlich Stieffamilien) aufwachsen, während es in den neuen Bundesländern aufgrund der höheren Scheidungsrate in DDR-Zeiten lediglich 75% sind. Diese Zahlen belegen zumindest eine gewisse Stabilität der Personenzusammensetzung von Zwei-Generationen-Familien (vgl. Engstler, 1998). Darüber hinaus ergaben Befragungen Erwachsener im Rahmen von Wohlfahrtssurveys zur Lebensqualität in Deutschland, dass die Familie – im Vergleich zu anderen Lebensbereichen – mit der höchsten Zufriedenheit bedacht wurde (z.B. Statistisches Bundesamt, 2000). Auch in der Konstituierung von Wohlfahrt und Wohlbefinden von Kindern wird weiterhin von einer überragenden Bedeutung der Familie ausgegangen (z.B. BMFSJ, 1998). Derart bestätigen bekanntlich auch die Ergebnisse verschiedener Kindersurveys die hohe Bedeutung familialer Faktoren für das allgemeine subjektive Wohlbefinden von Kindern (z.B. Bucher, 2001; Zinnecker, 1997).

Aufgrund der bisherigen Darstellung könnte der Eindruck entstanden sein, dass die meisten Kinder in Kernfamilien- bzw. Normkindschaftsverhältnissen aufwachsen. Wird jedoch das Aufwachsen von Kindern aus einer Lebenslaufperspektive betrachtet, reduzieren sich die quantitativen Anteile der Normkindschaftsverhältnisse, weil ein erheblicher und zunehmender Teil der Kinder im Lebenslauf eine Reorganisation der Familie erlebt. Beispielsweise zeigt Nauck (1993), dass in Westdeutschland der Anteil der Kinder, die bei ihren verheirateten leiblichen Eltern leben, im Alter unter zwei Jahren bei 91,3% liegt und sich bis zum Alter von 18 Jahren auf 80,8% reduziert. Für Ostdeutschland war es durch diese Datenanalyse möglich zu belegen, dass ein erheblicher Teil der außerhalb der Ehe geborenen Kinder eine Familienbildung erlebt. Lediglich 74,0% der ostdeutschen Kinder unter zwei Jahren bilden mit ihren verheirateten Eltern eine Haushaltsgemeinschaft, von den Kindern unter vier Jahren sind es dagegen 86,8%. Mit zunehmendem Alter der Kinder reduziert sich jedoch diese Normkindschaftsquote (bei Kindern unter 18 Jahren) auf 64,6%. Meyer (1996) wiederum zeigt, dass 1994 von den ostdeutschen Kindern unter zwei Jahren lediglich 62,0% in einem Normkindschaftsverhältnis lebten, was bedeutet, dass sich diese Quote in den vier Jahren nach der Wende für diese Altersgruppe um 12% verringert hat. Für die alten Bundesländer kommen Alt und Weidacher (1996) für Kinder derselben Altersgruppe auf eine Quote von 78% ehelich geborener Kinder und 10% vorehelich geborener Kinder. Im Vergleich zu 1988 ist der Anteil dieser Altersgruppe in Normkindschaftsverhältnissen um massive 13,3% zurückgegangen.

Die jüngsten Zahlen, wie wir sie bei Engstler und Menning (2003) finden, zeigen, dass knapp die Hälfte (48,8%) der im Jahr 2000 geschiedenen Ehen zum Zeitpunkt der Scheidung minderjährige Kinder hatte. So wurden von den bis 20 Jahre nach der Heirat geborenen Kindern des westdeutschen Heiratsjahrgangs 1980 ca. 16% als Minderjährige mit der elterlichen Scheidung konfrontiert; aber diese Quote steigt. So rechnen die beiden Autoren damit, dass rund ein Fünftel der in den 1990er-Jahren geborenen Kinder von Ehepaaren (einschließlich vorehelich geborener Kinder) im Laufe der ersten beiden Lebensjahrzehnte mit der Scheidung der Eltern konfrontiert wird. Derartige *Veränderungen im Familienbildungsprozess* und damit in den Familienkonstellationen in den neuen und alten Bundesländern sind im Rahmen einer kindbezogenen Lebensqualitäts- und Wohlbefindensforschung deshalb von Interesse, weil zu erwarten ist, dass die Familienform mit Lebensqualität und Wohlbefinden von Kindern zusammenhängt. Dabei gewinnt dieser Zusammenhang besonders in den neuen Bundesländern an Bedeutung, weil aufgrund der Übertragung der bundesrepublikanischen Institutionen und sozialpolitischen Regelungen auf das Gebiet der ehemaligen DDR Kinder außerhalb von Ehen durch das sozialpolitische System weniger gestützt werden.

Orientiert man sich an Coleman (1991), so bildet die Familie den entscheidenden Lebensbereich, an dem *soziales Kapital* durch Eingehen sozialer Beziehungen und wechselseitiger Verpflichtungen, Erwartungen und Vertrauen von einer Generation zur nächsten übertragen wird. Dabei meint Coleman (1991, S. 389) mit sozialem Kapital die Menge der Ressourcen, «die in Familienbeziehungen und in sozialen Organisationen der Gemeinschaft enthalten sind und die die kognitive und soziale Entwicklung eines Kindes oder Jugendlichen fördern». Daraus leitet Nauck (1999) wiederum die Annahme ab, dass mit zunehmender Intensität der wechselseitigen Beziehungen zwischen Eltern und ihren Kindern der Bildungserfolg steigt. Außerdem erhöht sich die Wahrscheinlichkeit des Bildungserfolgs, folgt man Nauck weiter, je höher die Investitionen in gemeinsam verbrachte Zeit und gemeinsame Aktivitäten mit Kindern und je höher Hilfe und Kontrolle bei schulischen Aufgaben sind (vgl. dazu auch die Kap. 12.3 und 12.4 in diesem Lehrbuch). Wesentliche Voraussetzung der Kapitalübertragung auf die nachwachsende Generation ist demnach die Qualität und Quantität sinnhafter und reziproker Kontakte zwischen Eltern und Kindern (Youniss, 1994). Diesen intergenerativen Beziehungen kommt deshalb im Hinblick auf die kognitive und soziale Entwicklung von Kindern eine zentrale Bedeutung zu.

Sucht man nach neueren empirischen Befunden zur Bedeutung, die der Familie als soziales Kapital für Kinder zukommt, so kann auf den kombinierten Kinder- und Eltern-Survey von Zinnecker und Silbereisen (1996) Bezug genommen werden. Darin wird eine Verbindung von Fragestellungen der Sozialberichterstattung über Kinder mit solchen der Familien- und Entwicklungspsychologie hergestellt. Die getrennte Befragung von 10- bis 13-jährigen Kindern und ihren Eltern ermöglicht es, die Wirksamkeit der Qualität der väterlichen als auch der mütterlichen Beziehungen auf die Entwicklung des Kindes zu untersuchen. Die Befunde belegen enge Zusammenhänge zwischen elterlichen Ressourcen (Berufsstatus, Bildungsniveau und Haushaltseinkommen), gemeinsamer hochkultureller Praxis (gemeinsames Lesen und Musizieren von Eltern und Kindern), elterlichem Kontrollverhalten (Achten auf Schulleistung und Noten) sowie elterlicher Empathie (Wissen um den Gemütszustand des Kindes), einer positiven Einstellung des Kindes zur Schule und dessen Schulerfolg (vgl. dazu auch Nauck, 1998). Dabei zeigt sich, dass elterliche Verhaltenskontrolle (Monitoring) und Empathie weitgehend unabhängig von ökonomischen und kulturellen Faktoren wirken und deshalb eine eigenständige Ressource von Kindern für die Entwicklung einer positiven Einstellung zu schulischen Aufgaben und demnach für Schulerfolg und damit verbundenem Statuserwerb bilden. Weder das Bildungsniveau von Mutter und Vater noch deren Berufsstatus oder die Einkommenssituation des Haushaltes haben einen statistisch nachweisbaren Einfluss auf das Familienklima. Soziales Kapital bildet also eine von sozio-ökonomischen Ressourcen der Eltern unabhängige Ressource für den Bildungserfolg von Kindern (Stecher, 1996).

Weitergehende Analysen der im Rahmen dieses kombinierten Kinder- und Eltern-Surveys erhobenen Daten belegen, dass unterschiedliche familiensystemische Kontexte, wie etwa die Qualität der ehelichen Beziehungen oder strukturelle und situative Belastungen der Familie, mit der Persönlichkeitsentwicklung und der Lebensbewältigung von Kindern zusammenhängen (Zinnecker, 1997). Hierbei differenziert Zinnecker mittels Clusteranalysen, die wiederum auf Daten der subjektiv wahrgenommenen Eltern-Umwelt basieren, zwischen vier Gruppen von Kindern: Kinder mit *Konflikt-Eltern*, Kinder mit *Kontroll-Eltern*, Kinder mit *Partner-Eltern* und *Kinder mit lockeren Eltern*. Dabei erweisen sich Konflikt-Eltern und Partner-Eltern als kontrastive sozialisatorische und erzieherische Umwelten. Während Kinder im ersten Fall unter Stressbedingungen und mit weniger positiven Entwicklungsbefunden aufwachsen, kumulieren sich im zweiten Fall die begünstigenden Bedingungen für Sozialisation und Entwicklung. Weiter zeigt sich, dass sich Kinder von Konflikt-Eltern weniger mit ihren Eltern identifizieren als Kinder von *Partner-Eltern*, was die intergenerationale Transmission bei ersteren hemmt, bei letzteren fördern dürfte. Außerdem erfahren und geben Kinder von *Konflikt-Eltern* weniger Unterstützung bei der Bewältigung persönlicher Problemlagen und geben bzw. erhalten weniger Anregungen für die Gestaltung ihres Lebens; dies steht ganz im Gegenteil zu Kindern mit *Partner-Eltern*, wo entsprechende Hilfeleistungen zwischen Eltern und Kindern zahlreich ausgetauscht werden. Je nach Elterntyp kann sich dabei das familiäre System als soziales Unterstützungssystem für Kinder oder aber als ein Risikofaktor für die kindliche Entwicklung erweisen. Insgesamt scheint die Reziprozität in Eltern-Kind-Beziehungen vermutlich das wesentliche Medium postmoderner familialer Sozialisation und entsprechend positiver kindlicher Entwicklung zu sein (vgl. Gerris & Grundmann, 2002 und Kap. 10 in diesem Lehrbuch).

6.2
Prekäre Bedingungen der familiären Beziehungsgestaltung

Ein weiterer Indikator für familiären Wandel besteht darin, dass die Familienformen des Zusammenlebens brüchiger geworden sind. Dafür sprechen zum einen der deutliche Anstieg von Trennungen und Scheidungen, zum anderen die abnehmende Heiratsneigung sowie die steigende Singularisierungstendenz (Schneewind, 2000). So hat seit 1965 die Zahl der *Eheschließungen* in den alten Ländern der Bundesrepublik, abgesehen von einem kurzfristigen Anstieg zwischen 1985 und 1995, weiter abgenommen. In den neuen Bundesländern stagnieren die Eheschließungen seit Beginn der 1970er-Jahre und sinken seit 1990 ab. Die wichtigste Ursache für den Rückgang der Eheschließungen erkennen Barabas und Erler (2002) im Anstieg des durchschnittlichen Erstheiratsalters. So beträgt heute das Durchschnittsalter der Männer bei ihrer ersten Heirat 30 Jahre und das der Frauen 28 Jahre. Eine ähnliche Entwicklung zeigt sich auch in Ostdeutschland, obwohl dort in aller Regel immer noch früher geheiratet wird als in Westdeutschland. 1996 waren ostdeutsche Männer zum Zeitpunkt ihrer ersten Heirat durchschnittlich 29 Jahre, Frauen 26,5 Jahre alt. Im Altersabstand zwischen den Geschlechtern hat sich über die Jahre weder in West- noch in Ostdeutschland etwas verändert. Dabei hat das Partnerschaftsmodell der nichtehelichen Lebensgemeinschaft diesen Trend nur teilweise kompensiert (vgl. Schwarz, 1996). Gleichzeitig haben die Ein-Personen-Haushalte, besonders für die Altersgruppe der 25- bis 45-Jährigen überproportional zugenommen, wobei es sehr unterschiedliche Typen des Singledaseins gibt (vgl. Schneewind, 1999).

Weiterhin haben die Ehescheidungen seit 1960 stetig zugenommen. Seit 1970 haben sich die Scheidungsraten sowohl in den alten als auch in den neuen Bundesländern bzw. der ehemaligen DDR nahezu verdoppelt. Seit 1989 wurden von 100 Ehen in den alten Bundesländern 32, in den neuen Bundesländern 38 geschieden. Auf Abweichungen und Anomalien in diesem generellen Entwicklungstrend kann nicht eingegangen werden (vgl. Barabas & Erler, 2002; Wagner, 1997). Die insgesamt relativ hohe Zahl der Ehescheidungen wird teils dadurch kompensiert, dass auch die Zahl der Wiederverheiratungen deutlich angestiegen ist. Während 1960 nur 8% der eheschließenden Männer und nur 7% der Frauen geschieden waren, sind es heute etwa 21% der Männer und 24% der Frauen; der Scheidung folgt bei ca. 66% der Geschiedenen die erneute Bindung durch Wiederheirat (BMFSFJ, 1999). Die Konsequenzen, die aus den steigenden Scheidungsraten für das familiäre Aufwachsen von Kindern resultieren, sind in mindestens dreierlei Punkten zu sehen:

Erstens ist ein *Anstieg von alleinerziehenden Eltern,* besonders von alleinerziehenden Müttern zu verzeichnen. Knapp zwei Drittel aller Alleinerziehenden-Familien entstehen als Folge einer vorangegangenen Trennung. Die Zahl der Ein-Eltern-Familien beträgt in Deutschland nunmehr 23% an allen Familienformen (Statistisches Bundesamt 4/2001; nach Nave-Herz, 2002). Zu den Folgen von Scheidung und Ein-Elternteil-Familien für die Kinder ist auf Schwarz und Noack (2002), Walper (2002a) und Kapitel 7 in diesem Lehrbuch zu verweisen.

Zweitens wird ein *Anstieg der Kinder mit Stiefeltern* registriert. So lebten in der Bundesrepublik 1996 noch 86%, laut Statistischem Bundesamt (2001; nach Nave-Herz, 2002) noch 82% aller minderjährigen Kinder (unter 18 Jahren) bei Ehepaaren mit formaler Eheschließung (BMFSFJ, 1999). Was die Stieffamilien anbelangt, so zeigt sich, dass nur 6% aller Kinder in dieser Lebensform aufwachsen (Nave-Herz, 2002). Dabei enthält der Mikrozensus keine differenzierten Angaben zum Elternstatus. Ungeachtet dessen wird geschätzt, dass zukünftig 40 bis 50% aller Kinder, die gegenwärtig geboren werden, von der Scheidung ihrer Eltern betroffen sein werden (Barabas & Erler, 2002).

Drittens finden sich als *Stieffamilien* immer häufiger Frauen und Männer zusammen, die Kinder mit in die neue Partnerschaft bringen. Mehrheitlich als Folge einer Scheidung entsteht aus ‹Familien-Resten› eine neue Familie, eine Art von *Patchwork-Familie.* Sie ähnelt einem Flickenteppich, die nicht selten enorme Belastungsproben für alle Beteiligten bedeutet, aber auch Chancen mit sich bringt. Wiederverheiratete scheinen häufiger unter einem konfliktbelasteten Familienklima und Schwierigkeiten im Umgang mit den (Stief-)Kindern zu leiden als an Partnerschaftsproblemen. Dabei fragt sich, ob (Stief-)Kinder im Gegensatz zu leiblichen Kindern eine eher ehestabilisierende oder eine eher -destabilisierende Wirkung entfalten (vgl. Walper & Wild, 2002). Die Ehestabilität scheint in zusammengesetzten Stiefvaterfamilien, in denen beide Partner Kinder aus einer früheren Beziehung besitzen, geringer als in einfach strukturierten Familien, in denen nur die Mutter Kinder in die Ehe einbrachte. Dabei dürfte die Ehestabilität von der Komplexität der familiären Strukturen abhängen. Wenn hoch komplexe Familienstrukturen mehr Konflikte bergen, dann ist verständlich, warum von der Anwesenheit von Stiefkindern insgesamt kein durchgängig starker Einfluss auf die Qualität der Folgeehen ausgeht, und warum kein genereller Destabilisierungseffekt von Stiefkindern belegt ist (vgl. Walper & Wild, 2002).

Bei all diesen Phänomenen familiären Wandels darf, wie mehrfach hervorgehoben wurde, nicht vergessen werden, dass die große Mehrheit der minderjährigen Kinder mit beiden leiblichen Eltern zusammenlebt; diese Eltern sind in neun von zehn Fällen verheiratet (Nave-Herz, 2002). Fragt sich, wie dieser Befund des hohen Anteils von Kindern, die mit ihren leiblichen Eltern zusammen aufwachsen, zu erklären ist, wo doch bereits jede dritte Ehe geschieden wird? Zum einen erklärt es sich durch die Ehescheidungsquoten bei den kinderlosen Paaren, die bei diesen am höchsten und bei den kinderreichen am geringsten ist; zum anderen werden auch relativ viele Ehen in der nachelterlichen Phase geschieden – ein Phänomen, dem noch relativ wenig Forschungsaktivität gewidmet worden ist (vgl. die Übersicht bei Lind, 2001). Deshalb bildet die *Eltern-Familie* (mit formaler Eheschließung) auch weiterhin statistisch die dominante Familienform und ihr wird weiterhin eine hohe subjektive Bedeutung zugeschrieben (Nave-Herz, 2002). Auch die PISA-Daten tragen dazu bei, das verbreitete Stereotyp vom «Zerfall der Familie» zurechtzurücken (vgl. Tillmann & Meier, 2001). Mehr als drei Viertel aller 15-Jährigen wachsen in ihrer biologischen Herkunftsfamilie auf.

Die demographischen Entwicklungen wurden in den letzten Jahren aus unterschiedlichen mehr oder weniger theoretischen Perspektiven gedeutet. Von Beck-Gernsheim (1994) wird der Wandel familiärer Lebensformen mit dem langfristigen Trend zur *Individualisierung* erklärt. Dabei sind es im Wesentlichen zwei Kräfte, die diesen Struktur- und Funktionswandel bewirkten: Einerseits sind es die emanzipatorischen Bemühungen der Frauenbewegung, die zu einer Auflösung der traditionellen Rollenzuweisungen führen mussten; andererseits stehe das zu Ende gedachte Marktmodell der Moderne der Familie mit ihrer differenzierten Rollenstruktur entgegen, weil dieses Individuen nur als Rollenträger in Güter- und Arbeitsmärkten kennt. Die Familie der Zukunft, so wird geweissagt, könnte dann nur noch als ein Paar bestehen, das beruflich flexibel ist und einen individualisierten Lebensentwurf pflegt, worin das Paar «getrennt zusammen lebt» (living apart together; Hoffmann-Nowotny, 1995) und sich im «timesharing» ein mobiles Kind hält (Strohmeier, 1995).

Durch die Pluralisierung der Familienformen gerieten einige wichtige Merkmale des traditionellen Familienverständnisses, wie gemeinsame Haushaltsführung, Elternschaft und komplementäre Biographieplanung, ins Wanken, wogegen die Bedeutung der Gefühle für den Systemerhalt der Kleingruppe eher zugenommen hat (Beck-Gernsheim, 1994). Derart wird als Strukturmuster der Kommunikation in der Familie eine starke Personenorientierung angenommen, worin die permanenten Begründungs- und Verhandlungsprozesse auf eine wenig differenzierte und spezialisierte Rollendefinition verweisen. Gleichzeitig macht die abnehmende Dauerhaftigkeit, was als «Verhandlungsfamilie auf Zeit» bezeichnet wird, die *postmoderne Familie* anderen sozialen Gruppierungen ähnlicher (Tegethoff, 2001). Selbst wenn lebenslange Elternschaft erhalten bleibt, muss Elternschaft mit wechselnden Partnern für die Eltern-Kind-Beziehung eine neue Qualität bedeuten. Darauf weisen Studien zu Scheidungsfolgen und Fortsetzungsfamilien hin (Beck-Gernsheim, 1994; Walper, 1998; 2002a). Es bleibt also abzuwarten, inwieweit sich zum einen die durch den beruflichen Kontext geforderte hohe Flexibilität und Mobilität und zum anderen das gestiegene Bewusstsein um die Risiken des Scheiterns von Beziehungen, die relative ökonomische Deprivation von Familien sowie die gesellschaftlich bedingte Rücksichtslosigkeit gegenüber Familien auf lange Frist der Entwicklung verlässlicher Beziehungen als einer zentralen Voraussetzung für die Gründung einer Familie entgegenstellen (vgl. BMFSJ, 1994).

6.3
Mütterliche Erwerbstätigkeit und Folgen für die Kinder

Traditionellerweise ist der Mann in seiner Vater-Rolle zuständig für den familiären Außenbereich und die Aufgabe der ökonomischen Sicherstellung der Familie; den Frauen in ihrer Mutter-Rolle wird die Verantwortung für den familiären Innenbereich und somit für die Pflege und Erziehung der Kinder zugeschrieben. Dieses strukturelle Tauschverhältnis zwischen den Eltern hat seit den 1970er-Jahren immer mehr an Akzeptanz verloren (vgl. Nave-Herz, 2002). Vor allem während der letzten 30 Jahre ist die Zahl der erwerbstätigen Mütter ständig gestiegen. War in den alten Bundesländern 1950 erst jede vierte Mutter mit Kindern unter 18 Jahren erwerbstätig, so war es 1961 jede dritte, im Jahr 2000 nunmehr 57,9 % aller Mütter mit Kindern unter 15 Jahren, die erwerbstätig waren. Demgegenüber lag in den neuen Bundesländern zum gleichen Zeitpunkt die Erwerbstätigkeitsquote von Müttern mit 72 % weit höher als in den alten Bundesländern (vgl. Nave-Herz, 2002). Dabei sind in der Fachliteratur die Vorzüge mehrfach empirisch belegt, die sich aus dem Umstand ergeben, dass berufstätige Mütter (ebenso wie Väter) durch die Ausübung multipler Rollen über ein umfangreicheres soziales Netzwerk verfügen, auf das sie in Belastungssituationen zurückgreifen können, vielfältigere Optionen haben, um sich selbst zu bestätigen oder auch aufgrund der Tatsache, dass beide Eltern berufstätig sind, verschiedenste Erfahrungen miteinander teilen können, was sich insgesamt positiv auf das psychische Wohlbefinden und die Gesundheit auswirken kann (vgl. Barnett & Hyde, 2001).

Dennoch führte die zunehmende *Doppelorientierung der Mütter* zu einer besonderen Problematik im Lebenszusammenhang von Frauen: Weder Arbeitswelt noch Familie nehmen ausreichend Rücksicht auf den jeweils anderen Bereich. Der Beruf fordert ganzen Einsatz und die erwerbstätige Mutter muss sich zu Hause regenerieren. Allerdings ist diese Möglichkeit den Frauen verwehrt, da sie angesichts fortbestehender geschlechtsspezifischer Arbeitsteilung auch heutzutage noch überwiegend für den häuslichen Bereich zuständig sind; beides zu vereinigen ist zu viel, aber nur auf einen Bereich verwiesen zu sein, ist zu wenig (Becker-Schmidt, 1980). Selbst unter den völlig andersartigen gesellschaftlichen Strukturbedingungen in der ehemaligen DDR konnten die geschlechtsspezifischen Rollenmuster im familiären Bereich nicht aufgehoben werden; für DDR-Mütter war – bedingt durch die sehr viel höhere Erwerbstätigkeitsquote – die Doppelbelastung im Allgemeinen noch wesentlich höher als für westdeutsche Mütter (Bertram, 1992). Auch wenn sich junge Väter heute an der Erziehung ihrer Kinder eher beteiligen, so ist der zeitliche Umfang immer noch sehr begrenzt. Auch die Mithilfe von Kindern an Haushaltsarbeiten nimmt bislang einen ganz geringen Anteil innerhalb ihrer gesamten Zeitverwendung ein (vgl. Büchner, Fuhs & Krüger, 1996). Zudem haben die entsprechenden Arbeiten nicht so sehr die Funktion der Arbeitsentlastung der Mutter, sondern dienen eher der Beschäftigung und damit rein erzieherischen Zwecken.

Arlie Russel Hochschild (2002) verfolgte in ihrer erstmals 1997 in den USA erschienenen Studie «Die Zeitfalle» die Frage, wie das von ihr beobachtete Missverhältnis zwischen betrieblichen familienfreundlichen Maßnahmen im Rahmen so genannter «*Work-Life-Balance Programmen*» und der tatsächlichen äußerst geringen Inanspruchnahme von Teilzeitarbeit, Arbeitszeitverkürzungen und Elternurlaub nach der Geburt eines Kindes entstehen kann (vgl. dazu auch das Sonderheft der Zeitschrift für Soziologie der Erziehung und Sozialisation, 23. Jg., Heft 3). Ausgangspunkt ihrer Argumentation ist die *These,* dass der Betrieb von immer mehr Beschäftigten als Zuhause und das Zuhause als Arbeit empfunden werden, wodurch die klassischen soziologischen Zuschreibungen an die beiden Bereiche an Gültigkeit verloren haben. Die Familie verkörpert bei den 130 befragten Betriebsangehörigen eines großen US-amerikanischen Konzerns und deren teils nicht betriebszugehörigen Partnern immer weniger Zuflucht, Sicherheit, Gemeinschaft, Flexibilität und Erholung; demgegenüber werden dem Bereich der Erwerbsarbeit, der traditionell mit

Effizienz, Fremdbestimmtheit und Zwang verbunden ist, von den Befragten Werte wie Solidarität, Erholung und Austausch zugeschrieben. Dadurch entwickelt sich heutzutage ein Teufelskreis zwischen brüchiger werdenden Binnenstrukturen in der Familie, einer Flucht aus der Familie in die Arbeit, einer Verstärkung der Probleme durch betrieblichen Zeitentzug und einem Management, das die Zeitressourcen der Beschäftigten durch eine aggressive Unternehmenskultur immer stärker auspresst.

Die Ursachen dieser Entwicklung sieht Hochschild (2002) in der fehlenden positiven Anerkennung von Haus- und Familienarbeit, im Fehlen brauchbarer Muster der Organisation prekär gewordener Familien und in einem Mangel an eingespielten Hilfs- und Unterstützungsangeboten. Zwar habe sich das Ausmaß an mütterlicher Erwerbstätigkeit verändert, zum einen hat sich aber weder das Verhalten der Männer in den Familien verändert noch das der Vorgesetzten in den Betrieben, die weiterhin ein *männliches Erwerbsarbeitsmodell* favorisieren, das keinen Raum für die Zeitlogiken von Familien und Kindern lässt. Derart wird die *Balance von Familie und Arbeit*, das wird aus der Studie sehr deutlich, faktisch nicht herstellbar, wenn Familie aus der Sicht der Erwerbsarbeit gedacht wird. Vielmehr würde man sich wünschen, dass die Logik des Kinderlebens zum Orientierungsmaßstab solcher Veränderungen wird.

In der Folge der zunehmenden beruflichen Erwerbstätigkeit von Frauen wurde immer wieder – teils auch sehr polemisch – auf die negativen Konsequenzen für die Familie und das Aufwachsen von Kindern hingewiesen. Inzwischen liegen zahlreiche empirische Studien über die *Folgen der mütterlichen Erwerbstätigkeit für ihre Kinder* vor (vgl. Gottfried & Gottfried, 1988; Lerner & Galambos, 1986; Schütze, 1988). Die Befunde zeigen, dass die pauschale Abwertung weder der mütterlichen Erwerbstätigkeit noch der institutionellen Kinderbetreuung haltbar sind. Über die Ergebnisse kann wegen ihrer Vielzahl im Folgenden nur zusammenfassend berichtet werden.

Vielfach wird behauptet, dass eine gesunde psychische Entwicklung von Kleinkindern nur dann gewährleistet ist, wenn das Kind in den ersten drei Jahren unter ausschließlicher Pflege und Obhut der Mutter heranwachsen kann, weil nur diese Form des Aufwachsens die Entwicklung einer sicheren Bindungsfähigkeit gewährleistet. Allerdings zeigt bereits ein Blick zurück in die Historie der Familienentwicklung, dass die heute praktizierte exklusive Mutter- (oder gegebenenfalls Vater-)Kind-Beziehung und damit die primäre Bindung an eine Person eine neuartige Erscheinung ist (Ariès, 1978). Weder bringt das Zusammenleben mit den leiblichen Eltern *per se* Vorteile, noch sind Kinder auf eine einzige Beziehung fixiert (vgl. Schaffer, 1992). Ewert (1991) betont, dass zwar die Mutter im Laufe des ersten Lebensjahres in unserer heutigen Gesellschaft eine sehr wichtige Position einnimmt, dass sie deshalb aber noch keinen Alleinvertretungsanspruch besitzen würde und dass gerade dann, wenn die ersten verlässlichen Bindungen geknüpft sind, der Säugling und erst recht das Kleinkind seine soziale Umwelt schon erkundet und eine Hierarchie von Bezugspersonen aufbaut, mit denen es in Kontakt tritt und von denen es sich trösten lässt. Bindung, so betont Ewert, verweist auf Ablösung. Beide sind für eine gesunde psychische Entwicklung wichtige Prozesse.

Das bedeutet, dass sich die Ausschließlichkeit und Einzigartigkeit der Mutter- (oder Vater)-Kind-Beziehung empirisch nicht bestätigen lässt. Bereits in der frühen Kindheit scheinen mehrfache Bindungen die Regel zu sein, wobei bemerkenswert ist, dass für die meisten Kleinkinder ihre Bezugspersonen nicht austauschbar sind und sie einer von ihnen den deutlichen Vorzug geben. Das kann die Mutter sein, muss es aber nicht, und ein gewisses Maß an Austauschbarkeit ist durchaus üblich. Da bereits kleine Kinder spontan Beziehungen zu mehreren Menschen entwickeln können, handelt man nicht gegen ihre Natur, wenn man sie mit mehr als einer Bezugsperson konfrontiert. Im Gegenteil: Eine solche Regelung kann große Vorteile mit sich bringen: Sie funktioniert wie eine Art Versicherungspolice für den Fall, dass mit einer Beziehung etwas schief geht, weil dann das Kind auf alternative Quellen der Sicherheit und Geborgenheit zurückgreifen kann. Außerdem bietet sich dem Kind die Chance, Erfahrungen mit dem Verhalten und den Erwartungen anderer Menschen zu sammeln; so erlernt das Kind eine größere Bandbreite sozialer Fertigkeiten. Außerdem wird die Mutter entlastet, was wiederum eine harmonischere Beziehung zwischen Mutter und Kind ermöglicht. In allen Untersuchungen hat sich immer wieder bestätigt, dass die *Qualität der Interaktion* mit dem Kind zählt (vgl. Schaffer, 1992 und Kap. 9.2.1 in diesem Lehrbuch).

Die Frage ist, ob Mütter kleiner Kinder bzw. beide Eltern unbesorgt erwerbstätig sein können? Als Antwort auf diese brisante Frage existiert eine beeindruckende Fülle wissenschaftlicher Belege, die eindeutig darauf hinweisen, dass Kinder, die das erste Lebensjahr abgeschlossen haben, durch die Erwerbstätigkeit ihrer Mütter bzw. durch die Erwerbstätigkeit beider Eltern keinen Schaden nehmen (vgl. Gottfried & Gottfried, 1988). Dabei wird dieses Problemfeld unter zwei Aspekten behandelt: Es sind dies die Fragen nach den Auswirkungen der elterlichen Abwesenheit einerseits und die nach der Bedeutung der Betreuung der Kinder durch Dritte andererseits (vgl. dazu auch Kap. 6.4 in diesem Lehrbuch).

Mütterliche, elterliche Abwesenheit und kindliche Entwicklung. Selbst in jungen Jahren kommen Kinder ganz gut ohne die ständige Anwesenheit der Mutter zurecht, jedoch immer vorausgesetzt, die gewählte Form der Betreuung erfüllt die kindlichen Grundbedürfnisse nach Sicherheit und Verlässlichkeit. Dazu müssen bestimmte Voraussetzungen erfüllt sein. So lässt sich der aktuelle Forschungsstand auf einen knappen Nenner bringen: *Zufriedene Mütter haben zufriedene Kinder* – und zwar unabhängig davon, wie viele Stunden sie täglich zusammen verbringen. Nur für Kinder im ersten Lebensjahr konnte die Möglichkeit negativer Auswirkungen nicht ausgeschlossen werden. Ehe man jedoch aus diesen Ergebnissen voreilige Schlüsse zieht, sollte man die folgenden Tatsachen in die Überlegungen einbeziehen (vgl. Gottfried & Gottfried, 1988): Erstens weisen die Autoren der relevanten Forschungen mit Nachdruck darauf hin, dass keinesfalls alle Kleinkinder ungünstig beeinflusst werden; im Gegenteil, ein relativ konstanter Anteil von 50% entwickelt sichere Bindungen. Zweitens wurden die negativen Auswirkungen vor allem bei Kleinkindern beobachtet, deren Mütter ganztags arbeiteten; bei einer Halbtagsbeschäftigung im ersten Lebensjahr konnten keine Störungen nachgewiesen werden. Drittens gibt es deutliche Hinweise darauf, dass Jungen von diesen Störungen stärker betroffen sind als Mädchen. Viertens besteht kein Konsens in den Befunden der verschiedenen Studien, wenn man sich das Bindungsverhalten einjähriger Kinder von berufstätigen und nichtberufstätigen Müttern betrachtet. Letztendlich wird ein einfaches Ursache-Wirkungs-Modell, in dem die mütterliche Berufstätigkeit als Ursache und die kindliche Entwicklung als Wirkung erscheint, als zu vereinfachend abgelehnt.

Trotzdem scheint es kritisch zu sein, in welchem Umfang Mütter arbeiten. Parcel und Menaghan (1994) untersuchten in ihrer Längsschnittstudie besonders die Umstände der Berufstätigkeit beider Eltern. Dabei zeigte sich, dass Familien, in denen Mütter bis zu 20 Stunden in der Woche arbeiteten, und in denen die Väter einer Vollzeitbeschäftigung nachgingen, eher ein entwicklungsförderliches Umfeld, wie z. B. eine angemessene kognitive Stimulierung, mütterliche Wärme, Sicherheit und Sauberkeit des Haushalts, schafften, als Familien, in denen beide Eltern Vollzeit oder beide Teilzeit arbeiteten. Die Kombination von Teilzeit- und Vollzeitarbeit in einer Familie scheint demnach zu befriedigenderen Interaktionen zwischen den Eltern (vor allem Müttern) und Kindern zu führen, als wenn beide Eltern voll erwerbstätig und die Interaktionsmöglichkeiten eingeschränkt sind. Machten beide Eltern in ihrer Vollzeitbeschäftigung Überstunden und verbrachten somit nur wenig Zeit zu Hause, traten gehäuft Verhaltensprobleme bei den Kindern auf. Wenn beide Eltern Teilzeit arbeiten, scheinen die materiellen Voraussetzungen für die Bereitstellung eines anregenden Umfeldes zu fehlen, was durch ein größeres Zeitbudget der Eltern nicht kompensiert werden kann.

Schon 1956 betonten Myrdal und Klein (in deutscher Übersetzung 1962 erschienen), zwei anerkannte Experten in Bezug auf die Auswirkungen der mütterlichen Erwerbstätigkeit, dass gar nicht genug betont werden kann, «dass der allerwichtigste Faktor bei der Erziehung des Kleinkindes die Einstellung und Persönlichkeit der Mutter ist und nicht etwa die Länge der Zeit, die sie mit ihrem Kind verbringt» (1962, S. 166). Selbstverständlich ist einer Übergangs- und Eingewöhnungszeit in eine neue Umgebung für das Kleinkind Aufmerksamkeit zu widmen und ein dauernder Wechsel von neu hinzukommenden Betreuungspersonen zu vermeiden. Unabhängig davon, ob die Mutter erwerbstätig ist oder nicht, ist eine gesunde Entwicklung der Kinder von bestimmten Bedingungen abhängig, wie z.B. ein bestimmtes Anregungspotenzial, das Gefühl des Angenommenseins, die richtige Balance zwischen Freiheit und Grenzziehung in der Erziehung und die Qualität der Ersatzerziehung muss gewährleistet sein.

Auch Befunde aus der Bindungsforschung belegen, dass sich die Berufstätigkeit der Mutter nicht *per se* auf die kindliche Entwicklung auswirkt, sondern durch «spill-over»-Prozesse wirkt. Danach beeinflusst die Einstellung der Mutter zu ihrem Beruf ihr Wohlbefinden, damit ihr Erziehungs- und Interaktionsverhalten mit dem Kind und letztlich dessen Entwicklung. In dieselbe Richtung weisen Studien, die sich mit der mütterlichen Berufstätigkeit und der Entwicklung von Kindern im Jugendalter beschäftigten. Danach ist die immer wieder geäußerte Annahme, wonach die Berufstätigkeit der Mutter und die daraus resultierende Doppelbelastung es ihr nicht ermöglichen, sich dem heranwachsenden Kind in ausreichendem Maße zu widmen, wissenschaftlich nicht haltbar ist (Oerter & Dreher, 2002). Geradezu konträr zu diesen Befürchtungen zeigte sich, dass sich Jugendliche berufstätiger Mütter als glücklicher bezeichnen und über mehr Selbstvertrauen berichten als gleichaltrige Kinder nicht erwerbstätiger Mütter. Dabei werden die positiven Effekte vor allem bei den Töchtern beobachtet.

Letztendlich kommt es darauf an, so stellt Nave-Herz (2002) fest, ob die betreffende Mutter freiwillig oder unfreiwillig zu Hause bleibt, ob sie den Wunsch hat, arbeiten zu gehen oder lieber bei ihren Kindern zu bleiben. Im Falle eines unfreiwilligen Verzichts kann es zu starken Vorwurfshaltungen gegenüber dem Kind kommen; im zweiten Fall könnte die Mutter-Kind-Beziehung mit Schuldgefühlen belastet werden. Später kommt die Einstellung der jugendlichen Kinder zur Erwerbstätigkeit der Mutter hinzu, wobei Jugendliche diese heute zunehmend bejahen und in den neuen Bundesländern noch stärker positiv sehen als in den alten.

Vor dem Hintergrund solcher Ergebnisse kann man festhalten, dass die mütterliche Berufstätigkeit in eine Vielzahl kontextueller Faktoren eingebettet ist, die im interaktiven Gesamtprozess eine wichtige Rolle spielen. Dazu zählen (1) die Gründe der Berufstätigkeit der Mutter, (2) ihre Einstellung zur Berufsarbeit, (3) die Arbeitsbedingungen und -zeiten sowie (4) ihre Belastung infolge der Doppelrolle, (5) die Einstellung des Vaters zur Berufstätigkeit der Mutter und (6) seine Bereitschaft, sich an der Betreuung und Versorgung des Kindes zu beteiligen, (7) die Persönlichkeit des Kindes sowie (8) die Qualität der Ersatzbetreuung bzw. der institutionellen Betreuung (vgl. Nave-Herz, 2002; Schaffer, 1992). Gleiches gilt auch für Mütter, die «Ganztags-Hausfrauen» sind. Auch hier gilt es, nach der mütterlichen Zufriedenheit und der Einstellung der Mutter zu ihrer Hausfrauenrolle, nach der Einstellung des Mannes zur Nichterwerbstätigkeit seiner Frau, nach den ökonomischen Belastungen, usw. zu fragen (vgl. Lehr, 1974). Die Erwerbstätigkeit der Mutter sagt also *per se* weder etwas über die Risiken noch über die Chancen für den kindlichen Entwicklungsprozess aus.

Die Bedeutung der Betreuung durch Dritte für die kindliche Entwicklung.

Das Argument der verminderten mütterlichen Beschäftigung mit dem Kind kann aufgrund der Erwerbstätigkeit nicht von der Frage losgelöst gesehen werden, wie die Betreuung des Kindes während der elterlichen Abwesenheit betrachtet wird. Gehen beide Eltern einer Erwerbsarbeit nach, bedeutet das für Familien mit kleinen Kindern, dass die Kinder in die Obhut anderer Menschen gegeben werden müssen. Hierbei spielt neben der institutionellen Betreuung auch die Hilfe von Großeltern und anderen Verwandten eine wichtige Rolle (vgl. Nauck, 1993). In diesem Zusammenhang ist besonders die Forschungsliteratur zu den Auswirkungen von Tagesstätten im Säuglings- und Kleinkindalter sehr umfangreich (vgl. Ahnert, 1998). Allerdings sind Vergleiche zwischen Kindern in Tagesstätten mit Kindern, die daheim aufwachsen, schwer interpretierbar, weil sich Eltern, die ihre Kindes in Tagesstätten geben von denen unterscheiden, die dies nicht tun. Deshalb müssen bei einem solchen Vergleich Merkmale der Eltern mitberücksichtigt werden.

Effekte der Krippenerziehung. Untersuchungen zu Krippenkindern berichten meist positive Auswirkungen der Krippenerfahrung auf die kognitive Entwicklung der Kinder. Im sozialen Bereich entwickeln sie Kompetenzen wie Selbstständigkeit, Selbstbehauptung, Kooperationsfähigkeit und soziales Regelwissen, die sie noch in der Schule nutzen können (vgl. Ahnert, 1998; Beller, 1995; Lamb & Sternberg, 1989). So sind Kinder, die im Alter von drei bis vier Jahren in Tagesstätten kommen, im Durchschnitt jenen Altersgleichen in der sozialen Kompetenz und Kooperationsfähigkeit überlegen, die ausschließlich zu Hause erzogen und aufgewachsen sind. Die Vorteile in der kognitiven und sozialen Kompetenz zeigen sich auch noch in den ersten Schuljahren und bis zum Alter von 16 Jahren (vgl. Beller, 1995). Demgegenüber wurden in emotionalen Variablen und kindlicher Angst keine Unterschiede gefunden. Über eine größere Aggressivität und geringere Kooperationsbereitschaft wird dann berichtet, wenn in der Tagesstätte ein nachgiebiger Erziehungsstil herrscht.

Voraussetzungen für positive Effekte der Krippenbetreuung. Für eine gesunde und problemlose Entwicklung der Kinder sollten eine Reihe von Voraussetzungen für Kinderkrippen und Horte gegeben sein (vgl. Kracke & Hofer, 2002; National Association for the Education of Young Children, 1986). Dazu zählen:

- eine sowohl gute Führung der Institution als auch materielle Ausstattung nach pädagogischen Standards,
- eine gute Kooperation zwischen Institution und Familie,
- eine nicht zu lange tägliche Aufenthaltsdauer,
- die Einhaltung eines regelmäßigen Zeitrhythmus',
- eine sanfte Eingewöhnung,
- die Stabilität der Bezugsperson und schließlich
- eine angemessene Betreuungsrelation.

Als optimale Kind-Betreuer-Relationen finden sich folgende Angaben (vgl. National Association for the Education of Young Children, 1986):

Tabelle 6.1: Betreuer-Kind-Relationen für unterschiedliche Altersbereiche

Alter der Kinder	Erwachsenen : Kind Relation
0–1 Jahr	1:3
1–2 Jahre	1:5
2–3 Jahre	1:6
3–4 Jahre	1:8
4–5 Jahre	1:10

Auch bei Schulkindern und Jugendlichen finden sich keine negativen Einflüsse doppelter elterlicher Erwerbstätigkeit auf deren Entwicklung. Probleme können dann entstehen, wenn Kinder, etwa als so genannte Schlüsselkinder, zu wenig Beaufsichtigung – besonders nach der Schule – erfahren (vgl. Galambos & Maggs, 1991). Eine reduzierte Aufsicht durch Erwachsene kann nämlich dazu führen, dass jugendliche Kinder eher bereit sind, dem Druck Altersgleicher zu antisozialem Verhalten und anderen Problemverhaltensweisen nachzugeben. Zudem besteht die verstärkte Gefahr, dass sie sich devianten Gruppen Gleichaltriger anschließen. Besonders gefährdet sind Kinder in Familien, in denen Väter durch zu lange Arbeitszeiten und große Arbeitsanforderungen belastet sind, und in denen Eltern über eine schlechte Ehebeziehung berichten. In solchen Konstellationen wussten beide Eltern wenig über die Befindlichkeiten ihrer Kinder und deren Verbleib in der Freizeit (Crouter, Bumpus, Maguire & McHale, 1999).

Die *Gefahr einer beschränkten Beaufsichtigung* kann von den Eltern reduziert werden, wenn sich die Eltern über Zeit, Ort, Umgang und Tätigkeiten ihrer Kinder, besonders in den Zeiten, in denen sie außer Haus sind, informieren. Rein technisch kann die Überwachung durch Information, Anweisung, Telefon oder Mobiltelefon erfolgen (vgl. Logemann & Feldhaus, 2002).

Allerdings stellt sich vor dem Hintergrund der rasanten Verbreitung des Mobiltelefons im Familienbereich die Frage, inwieweit das *Handy von Eltern zur Erziehung ihrer Kinder* eingesetzt wird. Um diese Frage zu beantworten, hat Feldhaus (2003) mittels leitfadengestützter Interviews 30 Familien (20 Zwei-Eltern-Familien, 10 Familien mit allein erziehenden Müttern) und ihre jugendlichen Kindern (im Alter zwischen 14 und 18 Jahren) befragt. Die Auswertungen des qualitativen Materials zeigen, dass das Mobiltelefon mit seiner jederzeit möglichen Erreichbarkeit zur sozialen Kontrolle der Jugendlichen benutzt wird. Die Eltern erklären sich ihr soziales Kontrollverhalten zum einen durch das mangelnde Vertrauensverhältnis zu ihren jugendlichen Kindern im Hinblick auf deren Ausgehverhalten; zum anderen berufen sie sich auf ihre internalisierte Norm einer verantworteten Elternschaft. Das Wissen um die Möglichkeit des Einsatzes von mobiler Kommunikation im Rahmen der Erziehung kann für die Eltern zu der Verpflichtung führen, diese Technik auch zur Unterstützung der Erziehung einzusetzen. Die kontrollierten Kinder, so belegen die Daten von Feldhaus (2003), lehnen dieses Verhalten elterlicher Erziehung in dieser Art und Weise jedoch ab. Genau in dem Moment, wo Jugendliche durch den Ablöseprozess vom Elternhaus den Aktivitäten der Peer-Gruppe eine hohe Bedeutung für ihre Autonomiesuche einräumen, greift die «mobile elterliche Nabelschnur» (Feldhaus, 2003, S. 429). In der Familienpsychologie wird im Rahmen elterlicher sozialer Kontrolle bekanntlich betont, dass das Zugestehen eines höheren Ausmaßes an Autonomie für die Jugendlichen eine zu bewältigende Entwicklungsaufgabe der gesamten Familie sei (vgl. Hofer, 2003). Soziale Kontrolle mittels mobiler Kommunikation kann deshalb dieser familialen Entwicklungsaufgabe entgegen stehen.

In diesem Zusammenhang scheint psychologisch auch die Art und Weise relevant zu sein, wie Eltern von ihren Kindern die nötigen Informationen erhalten. So zeigten Kerr und Stattin (2000) an einer Stichprobe schwedischer 14-Jähriger, deren Eltern beide zu 80 % erwerbstätig sind, dass das Ausmaß, in dem Eltern über die Aktivitäten und den Aufenthaltsort ihrer Kinder Bescheid wissen, was in der Fachliteratur als *Monitoring* bezeichnet wird (Steinberg, Elmen & Mounts, 1989 und Kap. 10.2.1 in diesem Lehrbuch), stärker von der Bereitschaft der Kinder, Auskunft zu geben, beeinflusst wird als von den elterlichen Bemühungen um Überwachung. Das heißt, die Entwicklung einer vertrauensvollen Eltern-Kind-Beziehung, in der man sich gegenseitig austauscht und jugendliche Kinder nicht das Gefühl bekommen, ausgeforscht zu werden, scheint der entscheidende Faktor zu sein.

6.4
Außerfamiliäre Vorschulerziehung und kindliche Sozialkompetenz

Im Zusammenhang mit der außerfamiliären Erziehung von Kindern erregte jüngst eine groß angelegte *Studie des amerikanischen National Institute for Child Health and Human Development (NICHD)* Aufsehen. Das NICHD-Netzwerk hat das Ziel, die relative Bedeutung von familiären Einflüssen, außerfamiliärer Kinderbetreuung und Schulerfahrungen für das soziale Handeln von Kindern in den ersten Schuljahren genauer abzuschätzen. Entwicklungspsychologen an zehn Universitäten verfolgen seit 1991 die Entwicklung von ca. 1000 Kindern in zehn städtischen und ländlichen Gemeinden von Geburt bis zur Pubertät. Dabei wussten die Studienleiter nicht im Voraus, welche Betreuungsform die Familien später für ihre Kinder wählen würden, als sie sie in den Krankenhäusern rekrutierten. Die Stichprobe der Familien kann als repräsentativ bezeichnet werden, d. h. sie spiegelt die Bevölkerung der USA. Alle möglichen nichtmütterlichen Betreuungspersonen (Väter, Großeltern, Tagesmütter, Krippenpersonal, Lehrer) wurden im Abstand von drei Monaten befragt. Wenn das Kind mindestens zehn Stunden pro Woche eine Tagesstätte besuchte, wurde die Einrichtung hinsichtlich ihrer Qualität beurteilt: Gruppengröße, Qualifikation des Personals oder Betreuungsrelation zwischen Betreuerinnen zu Kindern.

In den letzten Jahren wartete das NICHD-Netzwerk mehrfach mit seinen Ergebnissen auf (vgl. National Institute of Child Health and

Human Development Early Child Care Research Network, 2003). Die Studie steht in der Tradition einer Forschungslinie, die sich bereits seit Jahren für das Zusammenwirken früher kindlicher Betreuung und Erziehung, besonders für die Einflüsse der Fremdbetreuung und -erziehung auf die (Schul-)Entwicklung von Kindern interessierte (vgl. Belsky, 2001; Lamb, 1998; Rutter & Maughan, 2002). Die Ergebnisse lassen sich in mindestens drei Punkten zusammenfassen (vgl. Belsky, 2001):

- *Außerfamiläre (Fremd-)Betreuung* hat im Allgemeinen keinen Einfluss auf die *Mutter-Kind-Beziehung*. Aber: Je schlechter eine Mutter mit ihrem Kind umgeht, desto höher ist das Risiko, dass ihm eine qualitativ schlechte Kinderbetreuungseinrichtung schadet.
- Die *Qualität der Fremdbetreuung* stellt die Weichen für das spätere Verhalten des Kindes im Schulalter: Je «minderwertiger» eine Kinderkrippe ist, desto eher legt das Kind Verhaltensprobleme an den Tag. Mit steigender Qualität der Betreuungsinstitution sind Kinder kooperativer und haben weniger Verhaltensprobleme.
- Hinsichtlich der *kognitiven und sprachlichen Fähigkeiten* unterscheiden sich ausschließlich mutterbetreute Kinder kaum von fremdbetreuten Kindern. Allerdings spielt wiederum die Qualität der Betreuung die entscheidende Rolle: Kinder in guter Fremdbetreuung schneiden in den Studien besser ab, solche aus qualitativ minderwertigen Betreuungseinrichtungen schneiden schlechter ab als ausschließlich von der Mutter betreute Kinder. Jedoch spielt auch die Mutterbetreuung eine nicht unwesentliche Rolle: So zeigten Kinder mit schlechter Mutterbetreuung noch schlechtere Ergebnisse als Kinder aus der schlechten Fremdbetreuung.

Unbestritten ist in der einschlägigen Fachliteratur, dass eine qualitativ gute kindliche Fremdbetreuung außerhalb der Familie die schulische Leistungsentwicklung positiv beeinflussen kann (vgl. Brooks-Gunn, Han & Waldfogel, 2002; Lamb, 1998; NICHD Early Child Care Research Network, 2000). Gleichzeitig wurde im Rahmen des Forschungsprogramms des NICHD-Netzwerks aber auch festgestellt, dass frühe und zeitlich sehr extensive Fremdbetreuung bei den Kindern mit erhöhter Verhaltensauffälligkeit (vgl. Belsky, 1999; NICHD Early Child Care Research Network, 1998) sowie mit reduzierten kognitiven Fertigkeiten in den Vorschuljahren einhergeht (Brooks-Gunn et al., 2002). Derartige Befunde wurden immer wieder herangezogen, um während der letzten Jahre die Qualität außerfamiliärer Betreuungsinstitutionen zu verbessern (z. B. Burchinal, Roberts, Riggins, Zeisel, Neebe & Bryant, 2000).

Die in der Kinderbetreuungseinrichtung verbrachte Zeit spielt also eine wichtige Rolle für das soziale Verhalten eines Kindes. Sie ist aber nicht der stärkste Einflussfaktor; viel wichtiger ist einmal mehr die *Qualität der Mutter-Kind-Beziehung:* Je feinfühliger und gefestigter diese Mutter(Vater)-Kind-Interaktion ist, desto geringer scheint das Risiko, dass das Kind später Verhaltensprobleme zeigt. Hinsichtlich der familiären Einflüsse auf die soziale Kompetenz und die schulische Leistungsfähigkeit in den ersten Schuljahren erwiesen sich über die Jahre wiederholt der Bildungsstand der Mutter und das familiäre Einkommen als die beiden wichtigen Prädiktoren (NICHD Early Child Care Research Network, 2002). Darüber hinaus zeigte sich aber die mütterliche Feinfühligkeit in der Interaktion mit ihrem Kind als einer der stärksten und konsistentesten Prädiktoren für die kindliche Sozialkompetenz in den ersten Schuljahren. Solche empirischen Ergebnisse lassen demnach den Schluss zu, dass sowohl die Qualität der Mutter-Kind-Interaktion in der Familie als auch die Betreuungsqualität in außerfamiliären Institutionen vor dem Schuleintritt die Sozialkompetenz von Kindern in den ersten Schuljahren bedeutsam beeinflussen. Allerdings blieb dabei die relative Bedeutung der Qualität des schulischen Unterrichts weitgehend unbeachtet.

Mit der jüngsten Studie des NICHD-Netzwerks sollte diese Forschungslücke geschlossen werden (NICHD Early Child Care Research Network, 2003). Die Studie kann belegen, dass individuelle Unterschiede zwischen Kindern in ihrer Sozialkompetenz, ihrer Verhaltensauffälligkeit und ihrer Beziehung zur Lehrperson in der Schule bedeutsam durch das Geschlecht, die

Feinfühligkeit der elterlichen Erziehung, die Zeit, in der sie sich in einer außerfamiliären Betreuungseinrichtung aufhielten und die Qualität des Schulunterrichts erklärt werden kann. Der konsistenteste Erklärungsfaktor für die kindliche Sozialkompetenz in den ersten Schuljahren bildete wiederum die *Feinfühligkeit des mütterlichen Interaktionsverhaltens* im Umgang mit dem Kind. Feinfühlig erzogene Kinder zeigen weniger externalisierende Verhaltensauffälligkeiten und höhere soziale Fähigkeiten als Schulanfänger; gleichzeitig zeigen sie ein höheres Selbstbewusstsein und engagieren sich mehr im Unterricht als Kinder von wenig feinfühligen Müttern. Diese Befunde bestätigen die vielen entwicklungspsychologischen Untersuchungen, wonach «distale» Prädiktoren wie das familiäre Einkommen, der Bildungsstand der Mutter oder die Familienstruktur (Ein- vs. Zwei-Eltern-Familie) kindliche Entwicklungsprozesse über «*proximale Prozesse*» der Eltern-Kind-Interaktion beeinflussen (vgl. Bronfenbrenner & Morris, 2000 und Kap. 3.1.1 in diesem Lehrbuch).

Des Weiteren scheint sich die Qualität der Fremdbetreuung, folgt man den Ergebnissen aus der jüngsten Studie des NICHD-Netzwerks weiter, stärker positiv auf die Schulleistungsfähigkeit als auf die Sozialkompetenz auszuwirken, wohingegen die Zeit, die Kinder in außerfamiliären Institutionen verbringen, negativer mit der Sozialkompetenz in Beziehung zu stehen scheint. Mit Bezug auf die *schulische Unterrichtsqualität* erwiesen sich sowohl die Qualität der Lehrerinstruktion als auch die Qualität der emotionalen Unterstützung als positive Prädiktoren für die Sozialkompetenz sowie die Leistungsmotivation der Schulkinder. Umgekehrt lösen ein stark kontrollierendes und ausgeprägt lehrerzentriertes Lehrerverhalten bei den Kindern eher Ängste und Schulverdruss aus.

Zusammengefasst belegt die NICHD-Studie nicht, dass familienergänzende Kinderbetreuung bzw. Fremdbetreuung für Kinder *per se* schlecht sei. Sie weist aber nach, dass es bedeutsam ist, wie viel Zeit Kleinkinder in Krippen und wie viel Zeit sie mit ihren Eltern verbringen. Es scheint, und diesen Schluss kann man auch auf der Grundlage der jüngsten Studie des NICHD-Netzwerks ziehen, dass viele Eltern die Zeit, die das Kind in der Krippe verbringt, mit «*quality time*» zu Hause kompensieren, indem sie sich intensiv und feinfühlig mit ihren Kindern abgeben (vgl. Ahnert, 1998). Hauptverantwortlich für eine gesunde Entwicklung von Kindern bleibt also auch weiterhin die Sensitivität der Eltern im Umgang mit ihren Kindern (vgl. dazu die Kap. 9.2. und 10.1.1 in diesem Lehrbuch).

Hinzuweisen ist in diesem Zusammenhang auf eine vom Deutschen Jugendinstitut e.V. mit Förderung des Bundesministeriums für Familie, Senioren, Frauen und Jugend (BMFSFJ) eingerichtete Internetdatenbank über Forschungsprojekte und wissenschaftlich begleitete Modellprojekte in den Bereichen Kindertagesstätten und Tagespflege. Die Datenbank (www.dji.de/dbprokita) erfasst Projekte, die seit Januar 1998 im deutschsprachigen Raum durchgeführt wurden bzw. werden. Die Datenbank wurde bis Mai 2004 fortgeführt.

6.5
Die «neuen» Väter

Viel war in den vergangenen Jahren die Rede von den «neuen» Vätern, die in Deutschlands Kinderzimmern jetzt das Mitspracherecht einfordern. Doch wie neu sind eigentlich diese Männer mit Kindern im Kleinkind- und Schulalter? Mit den gewandelten Geschlechtsrollen gehen Veränderungen der Eltern- und der Kinderrollen einher; gleichzeitig korrespondieren mit diesen Veränderungen wichtige Reformen im Familien- und Jugendrecht. Beispielsweise ist das Familienrecht tiefgreifend reformiert, modernisiert und das Kindschaftsrecht ist fast revolutionär verändert worden. Des Weiteren haben Kinder jüngst durch das Gesetz der Ächtung der Gewalt in der Erziehung ein Recht auf gewaltfreie Erziehung bekommen. Auf all diese juristischen Reformen kann hier nicht eingegangen werden (vgl. Dettenborn & Walter, 2002). Zumindest bezogen auf die Vater-Rolle bedeuten die neuen Rechtsvorschriften, dass der Vater in den letzten 40 Jahren vor allem im Hinblick auf den Beziehungsaspekt zu seinem Kind, auch zu seinem Kleinkind, eine gesellschaftliche Aufwertung und öffentliche Anerkennung erfahren hat (vgl. Matzner, 1998; Nave-Herz, 2002). Derart dürfte auch die Rolle des Vaters einem bedeutsamen Wandel unterworfen sein (vgl. dazu Camus, 2000; Fthenakis & Textor, 2002; Kindler, 2002; Walter, 2003).

Dabei haben sich im Zuge des Wandels der familiären Strukturen für die Väter zwei Entwicklungen ergeben: Zum einen verliert der Mann seine dominante Stellung in der Familie, die sich auf seine überlegene Bildung, seine Rolle als Ernährer der Familie und seine öffentliche Funktion stützt. Damit wird zugleich seine Neuorientierung in Richtung auf eine durch Partnerschaft mit Frau und Kindern bestimmte «neue» Väterlichkeit möglich (Fthenakis, 1988). Zum anderen wird die Rolle der Frau durch gleiche Bildungschancen, steigende Berufstätigkeit, gerade auch von Müttern, und durch die erweiterte Teilnahme am öffentlichen Leben verändert (vgl. Barabas & Erler, 2002). Eine Folge dieser Rollenveränderungen ist, dass die Aufgaben von Mann und Frau sowie Vater und Mutter in der Familie nicht mehr eindeutig vorgegeben sind, sondern zum Gegenstand des Aushandelns erklärt werden. Allerdings ist das Aushandeln dadurch begrenzt, dass nahezu alle gesellschaftlichen Rahmenbedingungen an den traditionellen Rollenmustern orientiert sind, was zu tiefgreifenden Widersprüchen führen kann (vgl. Schneewind, 1999).

Erstaunlicherweise existieren im deutschen Sprachraum bislang nur wenige Untersuchungen über Väter, besonders über die Bedeutung der Väter für die Erziehung und das Aufwachsen der Kinder in der Familie. Ungeachtet dessen zeigen die wenigen empirischen Studien, wie stark sich «werdende» Väter in ihrem Verhalten während der letzten 40 Jahre verändert haben (vgl. Schütze, 2002; Fthenakis & Textor, 2002). «Werdende» Väter begleiten heute – im Unterschied zu früheren Vätergenerationen – häufiger ihre Partnerinnen zu den Vorsorgeuntersuchungen, Vorbereitungskursen usw., und sie sind bei der Geburt anwesend. Der Vater ist nicht mehr nur Beobachter von Veränderungen und Empfänger von Nachrichten, sondern wird in den Veränderungsprozess mit einbezogen. Derart erfahren junge Väter gar die Geburt ihres Kindes als eine persönlichkeitsbereichernde Erfahrung; sie erleben sich als Folge ihrer Elternschaft als reifer und verantwortlicher; sie meinen gar, erst jetzt richtig «erwachsen» zu sein (Nave-Herz, 2002). Auch während der Säuglings- und Kleinkindphase beteiligen sich Väter stärker an der Betreuung ihrer Kinder als die Väter vor 40 Jahren in diesem Alter. Zudem zeigen Väter gegenüber ihren Kindern in diesem Alter ein expressives Verhalten (Fthenakis & Minsel, 2001), was ihre Väter und Großväter weit von sich gewiesen und als unmännlich bezeichnet hätten.

Dabei ist allerdings nicht zu vergessen, dass sich Väter – entgegen der These über das Nicht-Vorhandensein der Väter – immer schon aktiv an der Erziehung ihrer Kinder beteiligt haben. Aber die *Intensität* und die *Art des väterlichen Verhaltens* haben sich verändert. Oder anders formuliert: Mit der Mutter-Rolle verbindet sich heutzutage nicht mehr das alleinige Monopol auf expressives Verhalten in Pflege- und Betreuungssituationen in der Familie mit Kindern. Außerdem wissen wir heute, dass es sich auch bei der Behauptung, Frauen seien aufgrund ihrer Geschlechtszugehörigkeit «bessere» Eltern, nur um eine oberflächliche Verallgemeinerung handelt. So eignen sich Mütter und Väter in gleichem Maße für die Pflege ihres Kindes, wenn ihnen ausreichend Gelegenheit geboten wird (Fthenakis, 1988). Beispielsweise kann Heinz Kindler (2002) auf der Basis seiner Längsschnittstudie zeigen, dass das väterliche Fürsorgeverhalten, vor allem die väterliche Explorationsförderung oder -behinderung im frühen Kindesalter, in einem systematischen Zusammenhang mit der berichteten sozialen Kompetenz des Kindes im Jugendalter steht.

Kann man aber aus diesen Darlegungen bereits von einer gewandelten Vater-Rolle sprechen? Leider sind Veränderungen im faktischen Rollenverhalten nicht gleichzusetzen mit einem Rollenwandel. Beispielsweise stößt das Verhalten der «neuen» Väter auch heutzutage noch immer auf Erstaunen seitens der Umwelt, was fehlende Selbstverständlichkeit signalisiert. Noch seltener ist der Wandel der Vater-Rolle bezüglich der typischen Rollenerwartungen zu beobachten. Weiterhin steht an erster Stelle die Verpflichtung des Vaters, für die materielle Absicherung der Familie zu sorgen (vgl. Nave-Herz, 2002). Gleichzeitig zeigen aber Fthenakis und Minsel

(2001), dass auch immer mehr die Erzieherrolle des Vaters betont wird. So sehen heute rund 70% der von Fthenakis und Minsel befragten Familienmitglieder den Vater eher als Erzieher denn als Ernährer. Auch gehen Männer nicht mehr nur von der traditionellen Rollenteilung aus, sofern die Frau auch berufstätig ist. Fthenakis und Minsel sprechen deshalb von einer «sanften Revolution» im bundesweiten Vaterschaftskonzept.

Allerdings darf vom Vater nicht erwartet werden, dass er auf seine berufliche Kariere verzichtet. Derart besteht in unserer Gesellschaft weiterhin die Erwartung, dass Väter ihre Berufsrolle mit ihrer Vater-Rolle verbinden. Zudem erscheint auch die Option «Hausmann» für Männer keine Alternative zu sein, weil sie einerseits auch heute noch mit negativen Sanktionen von Seiten der Gesellschaft rechnen müssen und sich andererseits auch belegen lässt, dass das Dasein als Hausmann auf Dauer unbefriedigend ist; deshalb lehnen die meisten Männer diese Alternative für sich ab (vgl. Nave-Herz, 2002).

Anders als noch vor der Geburt gewünscht, übernehmen die Mütter weitaus mehr als 50% der Aufgaben im Haus und mit dem Kind. Das bedeutet, dass nach der Geburt des ersten Kindes eine *Traditionalisierung der Rollenteilung in der Familie* stattfindet. Spätestens nach der Geburt des zweiten Kindes scheint sich das traditionelle Rollenmodell noch stärker durchzusetzen, obschon es für viele ein Rollenmodell ist, das eigentlich nicht in Einklang mit ihren Konzepten zu bringen ist. Gerade dieses Auseinanderdriften von Wunsch und Realität führt oft dazu, dass die Partnerschaft schlechter wird; viele Paare erholen sich auch nicht mehr restlos davon. Das ist deshalb bedauerlich, weil die Ergebnisse von Fthenakis und Minsel (2001) nahe legen, dass sich die Ehe umso besser entwickelt, je mehr sich die Partner die familiären Aufgaben teilen, ganz so wie es ihrem Ideal (vor der Geburt des ersten Kindes) entspricht.

Folgt man weiter Fthenakis und Minsel (2002), so zeigen deren empirischen Befunde, dass Frauen, wenn das erste Kind im Vorschulalter ist, einen Großteil der Hausarbeiten und 44% der Aufgaben rund um das Kind übernehmen, obschon 30% von ihnen berufstätig sind. Nur 11% dieser Aufgaben erledigen die Väter, den Rest übernehmen beide gemeinsam. Je mehr Kinder ein Vater jedoch hat, desto mehr kümmert er sich auch um sie. Außerdem übernehmen auch diejenigen Väter mehr Aufgaben, die sich selbst eher als Erzieher denn als Brötchenverdiener sehen. Zeigen lässt sich auch, dass Paare, die beide beruflich stark belastet sind, eher dazu neigen, sich gegenseitig zu entlasten. In den Fällen, in denen auch die Mutter erwerbstätig ist, versuchen ihre Männer eher, Familie und Beruf miteinander zu verbinden. Je schlechter allerdings die Ehe ist, desto mehr zieht sich der Mann auf seine Rolle als Geldverdiener zurück.

Insgesamt ist festzuhalten, dass die konventionelle Vater-Rolle am Erodieren ist. Von einer vaterlosen Gesellschaft zu sprechen, ist definitiv überholt. Dennoch erscheint die tradierte Vater-Rolle auch in unserer postmodernen Gesellschaft weiterhin normativ abgesichert, sodass es verfrüht erscheint, von einem Wandel dieser familiären Rollen zu sprechen. Trotzdem hat ein Bewusstseinswandel stattgefunden. Aber die Umsetzung der «neuen» Vater-Rolle erscheint im Alltag schwer umsetzbar und viele Eltern, Mütter wie Väter, fühlen sich in ihrem neuen Rollenmodell als «moderne Eltern» überfordert. Es scheint, dass der Individualisierungsprozess in Bezug auf Elternschaft neue Probleme gebracht hat: Die Auflösung der traditionellen Sinnzusammenhänge und konventionellen Rollenmodelle hat die Unsicherheit und die Ambivalenz in der Elternrolle gesteigert, aber gleichzeitig auch den Leistungsdruck durch selbst gewählte Leistungsanforderungen und das neue Rollenverständnis erhöht (vgl. Nave-Herz, 2002). Um diese Situation zu verbessern, brauchen Familien ausreichende Betreuung, aber auch mehr Hilfsangebote für den Alltag wie Elternzimmer oder Ansprechpartner in Betrieben.

6.6
Veränderung der familiären Interaktionsbeziehungen

Mit der Emotionalisierung des familiären Binnenverhältnisses wurden Liebe und Zuneigung zu den wichtigsten sinnstiftenden Elementen für Partnerschaft und Eheschließung. Damit wurde auch das Eltern-Kind-Verhältnis grundlegend umgestaltet: Erziehung wurde zu einer zentralen Lebensaufgabe der Eltern. Dabei spiegeln sich in diesem veränderten Verhältnis zwischen Eltern und Kindern die dargelegten Veränderungen in den sozialen Lebenslagen von Kindern wider. Kindliche Subjektivität, Persönlichkeit und Eigenständigkeit werden immer häufiger nicht nur anerkannt, sondern auch gewünscht und gefördert (vgl. Preuss-Lausitz, 1995). Als Folge dieser Veränderungen haben sich nicht bloß die Bedeutung von Kindern für ihre Eltern, sondern auch Elternrolle und elterliches Erziehungsverhalten verändert. Je höher nämlich der Industrialisierungs- und Individualisierungsgrad einer Gesellschaft ist, umso weniger werden mit Kindern materielle und sozialnormative Werte, sondern immaterielle Werte verbunden, wie etwa die Befriedigung emotionaler Bedürfnisse, die Freude am Aufwachsen von Kindern oder der Austausch von Zärtlichkeiten.

Im gewandelten Eltern-Kind-Verhältnis gehen für Ulrich Beck (1986) der innerfamiliale Individualisierungsprozess und die Wandlung der sozialen Beziehungen und Bindungsqualitäten zum Kind zusammen. Das Kind wird zum Hindernis im Individualisierungsprozess, worin die persönliche Selbstverwirklichung zum Primat geworden ist. Kinder kosten Arbeit und Geld, sind unberechenbar, binden Zeit und Energie, und sie würfeln die sorgfältig geplanten Tages- und Lebenspläne ihrer Eltern häufig durcheinander. Dennoch wird das Kind gerade dadurch, wie Beck meint, zur letzten verbliebenen, unaufkündbaren, unaustauschbaren Primärbeziehung. Partner kommen und gehen; Kinder aber bleiben.

Das bedeutet, und diese Überlegung ist wichtig zur Einschätzung etwa des Geburtenrückgangs und der Verminderung der Geschwisterzahl, dass Eltern in der Beziehung zum Kind ihre Bedürfnisse nach Zärtlichkeit, Wärme und Spontanität realisieren können, so wie dies in der Partnerschaft nur eingeschränkt möglich erscheint: Kindern wird demnach ein «Wert» zugeschrieben (Beck-Gernsheim, 1984), der primär mit Lebenserfüllung, mit Sinnstiftung, mit persönlichen Glückserwartungen, mit Generativität, aber auch mit der symbolischen Verlängerung der eigenen Existenz verbunden wird. Ein Kind zu haben und es aufwachsen zu sehen, bedeutet für viele Eltern eine Erfahrung, die existenziell zum menschlichen Leben hinzugehört, ohne die ihr Leben also ärmer wäre. Kinder haben daher heute große Chancen, auf für sie offene, zur Empathie fähige Eltern zu stoßen. Zum ersten Mal in der Geschichte der Kindheit ist der Kinderwunsch auf das Kind «um seiner selbst willen» gerichtet (Elschenroich & Pagenstecher, 1993).

Dennoch zeigen Wallerstein und Blakeslee (1989), wie wenig im Falle einer Trennung und Scheidung der Eltern plötzlich diese sinnstiftende Funktion des Kindes zählt. Die geringe institutionelle Festlegung der Familie, die auch den Kindern weit über die traditionelle Kinderrolle hinaus neue Spielräume eröffnet, bedeutet zugleich eine tief greifende Unsicherheit. Diese betrifft nicht nur Kinder, deren Eltern gerade den Prozess der Trennung durchmachen, sondern prinzipiell auch die anderen, die bei ihren Spielkameraden und Freunden das Auseinanderbrechen von Familien erleben. Darüber hinaus gestaltet sich das Verhältnis zwischen Kindern und Eltern durch den Rückgang der Geschwisterkinder derart, dass die Zeit, die Eltern mit ihren Kindern verbringen, auf immer weniger Kinder verteilt wird. In der Konsequenz wird einerseits immer weniger Kindern immer mehr Aufmerksamkeit geschenkt, andererseits wächst das gesellschaftliche Interesse an der Situation von Kindern. Kinder spielen für ihre Eltern eine veränderte Rolle. Für viele wird immer mehr das Modell einer «verantworteten Elternschaft» (Kaufmann, 1995) wichtig und das Verhältnis zwischen Eltern und ihren Kindern wandelt sich von einem autoritären zu einem partnerschaftlichen.

Bereits 1982 hatte de Swaan diese Entwicklung prägnant als Wandel vom *Befehls- zum Verhandlungshaushalt* beschrieben. Diese vor allem während der letzten 30 Jahre erfolgte Veränderung hat zur Folge, dass Verhandeln als kommunikativ-reflexiver Prozess betont wird, der wiederum den Spracherwerb fördert und Sprachkompetenz voraussetzt. Gleichzeitig wurde es möglich, seine eigenen Bedürfnisse und Emotionen zu artikulieren und entsprechende Ansprüche zu begründen. In diesem Zusammenhang scheint auch das Bemühen vieler Eltern zu stehen, die Individualität ihrer Kinder unabhängig von ihrem Alter ernst zu nehmen. Darin manifestiert sich eine neue Gleichwertigkeit von Kindern. In der Konsequenz kann das Kind in seiner Familie zur Autorität werden, weshalb auch von einer Autoritätsbeziehung gesprochen wird, die auf Gegenseitigkeit beruht (Sünker, 1993). Die Unmittelbarkeit des Autoritäts-Gehorsam-Verhältnisses zwischen Eltern und Kindern wird also durch ein stärker diskursives Verhalten abgelöst. Damit sind die Umgangsformen zwischen Eltern und Kindern weitgehend von Formalitäten befreit und «kumpelhaft» geworden.

Kinder werden darüber hinaus zu Partnern im elterlichen Planungs- und Entscheidungsprozess. Das Eltern-Kind-Verhältnis wird mehr und mehr kommunikativ und symmetrisch. In den elterlichen Kommunikationsstrategien tritt daher an die Stelle des «Tue, was man Dir sagt», das «Komm lass uns miteinander reden» und das «Sei doch vernünftig». Aus der Perspektive des Kindes wiederum ist dieses elterliche Verhalten ambivalent: Einerseits räumt es dem Kind Spielräume des Mitredens ein und entlastet es von der Angst vor elterlichen Handgreiflichkeiten. Auf der anderen Seite kann der elterliche Appell an die Vernunft des Kindes, auch eine subtilere Form der Autoritätsausübung sein, einer Autorität, gegen die man sich nicht wehren kann, weil sie so «vernünftig» ist.

Mit dem gewandelten Eltern-Kind-Verhältnis werden auch die Gleichaltrigen – speziell für die jugendlichen Kinder – immer wichtiger (vgl. Jugendwerk der Deutschen Shell, 2000 und Kap. 13 in diesem Lehrbuch). Dabei werden von der Mehrheit der Jugendlichen die Gleichaltrigenbeziehungen keineswegs in Konkurrenz zu den Eltern gesehen, obgleich die Altersgleichen in den sozialen Beziehungen zwischen Kindern und Eltern symbolisch ständig gegenwärtig sind (z. B. beim Taschengeld, bei den Kleidermoden, bei Freizeitaktivitäten).

Schließlich wird mit der Entstehung und Erweiterung schulisch-erzieherisch-helfender Institutionen, die vielfach sanktionsbesetzt sind, der Privatraum der Familie nicht nur durch die Gleichaltrigen, sondern vor allem auch durch Bildungs- und Betreuungsinstitutionen aufgebrochen. Die Schule, wie in Kapitel 12 ausführlich dargelegt werden soll, entwickelt sich zunehmend zu einer Kontroll- und Konkurrenzinstanz zur Familie und nimmt Kinder und ihre Eltern durch die gesteigerten Bildungs- und Leistungsansprüche in einem Maße in die Pflicht, die neu, ungewohnt und für viele Eltern überfordernd und dauerhaft belastend sind.

Potenziert treten die Momente einer durch die Gruppe der Gleichaltrigen und schulisch-erzieherische Institutionen «geöffneten» Familie bei den verschiedenen Spielarten von Stieffamilien auf, in denen biologische und soziale Eltern- bzw. Kindschaften sich überschneiden oder parallel vorhanden sind. Hier spielen das gewandelte Eltern-Kind-Verhältnis, die Erfahrung von Wahl und Kündbarkeit sozialer Beziehungen bis zu den Varianten von Stieffamilien und den Patchworkfamilien, eine verstärkte Rolle (Barabas & Erler, 2002; Nauck & Joos, 1996; Schneewind, 1999).

6.7
Veränderungen in den Erziehungszielen und im Erziehungsverhalten

Während der letzten Jahrzehnte sind Erziehungsziele in der psychologischen Forschung wiederholt untersucht worden. Sie sind sowohl im Kulturvergleich als auch in ihrem Zusammenhang zum Erziehungshandeln und zur kindlichen Entwicklung von Interesse (vgl. Tarnai, 1998). Dabei weisen die meisten Studien über elterliche Erziehungsziele in dieselbe Richtung: Während der letzten 40 Jahre ist ein Wandel von traditionellen Zielen wie Ehrlichkeit, Sauberkeit und Gehorsam hin zu einer stärkeren Betonung von Selbstständigkeit erfolgt (vgl. Hofer, Wild & Noack, 2002). Der Wertewandel in der Gesellschaft wird deutlich, wenn man sich zum Vergleich die Erziehungsziele ansieht, die Kemmler und Heckhausen (1959) bei Müttern von 6-jährigen Jungen erhoben hatten. Dabei rangierten auf den ersten zehn Plätzen Ziele wie Gehorsam, Ehrlichkeit, gutes Lernen und gute

Schularbeit, Ordnung, Hilfsbereitschaft, Reinlichkeit, Verträglichkeit, gute Manieren, Höflichkeit und Fehlen von Oppositionsgeist. Selbstständigkeit landete damals auf Platz 21. Fast 20 Jahre später haben Hoff und Grüneisen (1978) 255 Eltern verschiedene Konfliktsituationen mit dem Kind vorgelegt und fragten nach den Zielen der Eltern in diesen Situationen. Auch hier nannten die Eltern immer noch Ziele aus dem Bereich der sozialen Konformität wie ordentlich sein, gehorchen, sich selbst beherrschen usw. als die für sie wichtigsten Erziehungsziele.

Im Jahre 1994 weisen Sturzbecher und Waltz (1998) aufgrund einer Befragung von Eltern und Erzieherinnen in mehreren Bundesländern vier Erziehungszielcluster nach: *Individualität* (z.B. kritisch, selbstständig, zuverlässig sein), *Kreativität* (z.B. Fantasie haben), *soziale Kompetenz* (z.B. hilfsbereit sein) und *soziale Konformität* (z.B. ordentlich sein, sich beherrschen können). In der Gewichtung der vier Erziehungszielgruppen zeigt sich, dass die meisten Eltern Mitte der 1990er-Jahre Ziele aus dem Bereich Individualität und soziale Kompetenz für besonders wichtig hielten. Sie möchten also, dass ihr Kind vor allem selbstbewusst und selbstständig sein soll und dass es sich gegenüber anderen angemessen verhält, dass es hilfsbereit, rücksichtsvoll und liebevoll ist. Eher abgelehnt wurde soziale Konformität wie «still sein» oder «bei Erwachsenen beliebt sein». Dabei fiel die Ablehnung umso ausgeprägter aus, je höher das Bildungsniveau der Eltern war, und dies war sowohl in den alten als auch in den neuen Bundesländern so. In ähnlicher Weise belegen Büchner, Fuhs und Krüger (1996), dass sich eine *Erziehung zur Selbstständigkeit* als dominantes Muster für moderne Eltern-Kind-Beziehungen in über zwei Dritteln der Familien vor allem aus höheren sozialen Statusgruppen durchgesetzt hat.

Mehrheitlich werden Kindern heutzutage bereits im frühen Alter größere Handlungsspielräume ermöglicht und mehr Entscheidungsmacht über ihre eigenen Lebensverhältnisse zugemutet (Preuss-Lausitz, 1995). Zudem sind Eltern heute stärker um ein kindgerechtes und kindzentriertes Verhalten bemüht (Schütze, 2002), wobei offen bleibt, ob sie ihre Ansprüche tatsächlich einlösen können. Gleichzeitig zeigen Büchner, Fuhs und Krüger (1996), dass das Miteinander-Reden, um eine gemeinsame Lösung zu finden, und das Erklären von Entscheidungen seitens der Eltern wichtige Grundpfeiler für eine zeitgemäße Eltern-Kind-Beziehung geworden sind. Diese kindorientierte Erziehung setzt, wie im nächsten Kapitel ausführlicher darzulegen sein wird, eher auf Erklärung und Diskussion statt auf Gebote und Verbote.

6.8
Neue Anforderungen und Konflikte in der Kindererziehung

Wie bereits verschiedentlich ausgeführt worden ist, sind die Umgangsformen zwischen Eltern und Kindern in den letzten Jahrzehnten *egalitärer* und damit die Elternrolle anspruchsvoller und schwieriger geworden (vgl. Herlth u.a., 2000). Bei allen Variationen in der sozialen Schichtzugehörigkeit und im Bildungsstand der Eltern äußert sich dies in einer generellen Zurücknahme elterlicher Strafpraktiken, einer geringeren Aufsicht der Kinder und Jugendlichen sowie in einem steigenden Einfluss der Jugendlichen auf innerfamiliäre Entscheidungsprozesse (vgl. Fend, 1988). Entsprechende zeitgeschichtliche Unterschiede sind auch bei den Erziehungspraktiken festgestellt worden, wo sich liberalere Umgangsformen kontinuierlich durchgesetzt haben. Das fängt bei der Reinlichkeitserziehung an und setzt sich bis zur Ablehnung der Prügelstrafe als Erziehungsmittel fort. Dennoch belegt Engfer (1991), dass noch 10% der befragten Mütter und 8% der Väter angeben, ihre Kinder unter Zuhilfenahme von Gegenständen schwer gezüchtigt zu haben (vgl. dazu ausführlicher Kap. 11.5.4 in diesem Lehrbuch).

Diese «*Emanzipation des Kindes*» (v. Trotha, 1990) lässt sich bereits deutlich im Wandel der elterlichen Erziehungsleitbilder ablesen. Erziehungsziele, die Anpassung implizieren (z.B. Gehorsam, gute Umgangsformen, Sauberkeit und Ordnung) haben seit den 1950er-Jahren an Bedeutung eingebüßt zugunsten von Erziehungszielen, die Selbstbestimmung ausdrücken (z.B. Selbstständigkeit, Selbstverantwortlichkeit). Das traditionell autoritäre Erziehungsleitbild «Gehorsam und Unterordnung», zwischen 1951 und 1964 von 25% der westdeutschen Befragten angegeben, wird 1995 nur noch von 9% genannt; «Selbstständigkeit und freier Wille» haben dagegen immer mehr an Bedeutung gewonnen (Gensicke, 1996). 1951 gaben noch 28% diese Werte als wichtigste Erziehungsleitbilder an, 1995 hingegen bereits 65%. Demgegenüber unterlagen die klassischen bürgerlichen Erziehungsideale «Ordnungsliebe und Fleiß», die nicht direkt das Eltern-Kind-Verhältnis betreffen, nur geringen Schwankungen (1951: 41%; 1995: 33%). Als Ursachen für diesen Wertewandel werden von Gensicke (1996) hauptsächlich die Wohlstandssteigerung, die bessere soziale Absicherung und die Bildungsexpansion genannt.

Allerdings zeigen Sturzbecher und Kalb (1993, S. 146) in ihrer Ost-West-Vergleichsstudie, dass die familiäre Erziehung bei DDR-Eltern geringer als bei Eltern aus den alten Bundesländern auf selbstbestimmte Entwicklung, Individualisierung und den Eigenwert von Kindheit, aber stärker auf eine «kindliche Miniatur» des Erwachsenen, auf Konformität mit gesellschaftlichen Anforderungen ausgerichtet gewesen ist. Das «Wunschkind» in der DDR war im Unterschied zu seinen westdeutschen Altersgenossen eher höflich, sauber, ordentlich, hilfsbereit, verantwortungsbewusst, gehorsam und ehrgeizig. Die elterlichen Erwartungen an das Selbstbewusstsein der Kinder, an ihre Selbstständigkeit, Aufgeschlossenheit und ihre Bereitschaft und Fähigkeit zur Kritik waren hingegen signifikant geringer ausgeprägt als in Westdeutschland. Schmidtchen (1997) hingegen zeigt, dass nach der Wende 41% der ostdeutschen Jugendlichen und nur 32% der westdeutschen Altersgenossen einen Erziehungsstil erfahren, der sich durch normative Anforderungen und eine hohe emotionale Unterstützung auszeichnet; Schmidtchen spricht von *reifer Erziehung*. Umgekehrt erfahren 49% der westdeutschen und nur 43% der ostdeutschen Jugendlichen einen Erziehungsstil, der sich durch einen bedingungslosen emotionalen Rückhalt ohne Forderungen auszeichnet. Eltern, die eine solch *naive Erziehung* praktizieren, haben vermutlich ein Orientierungsproblem; sie sind verunsichert, welche Normen heute noch sinnvoll sind.

Diese veränderten Erziehungsleitbilder spiegeln sich auch im tatsächlichen Umgang von Eltern und Kindern wider (vgl. Fend, 1988). Dabei hat der Wandel von autoritärer, auf Anpassung gerichtete Erziehung, zu einer *Erziehung in Richtung partnerschaftlicher Umgangsformen* stattgefunden. Elterliche Strafpraktiken, vor allem die Prügelstrafe, haben zugunsten mündlicher Ermahnungen und vernunftbetonter Kommunikationsformen an Bedeutung eingebüßt (Reuband, 1988). So genügt es heute nicht mehr, Forderungen an das Kind zu stellen und diese durchzusetzen; vielmehr verlangt Erziehung heute ein differenziertes Austarieren von Forderung und Gewährenlassen, von Unterstützung und Ermunterung zur Eigenaktivität, von Schutz und Risiko (Kaufmann, 1995). Kinder sind heute eher gleichberechtigte Partner ihrer Eltern, was ihre Rechte, nicht aber was mögliche Pflichten betrifft, von denen sie weitgehend freigestellt sind.

Die veränderte Stellung des Kindes zeigt sich auch an der veränderten Funktion, die Kinder heute für ihre Eltern erfüllen, am *gestiegenen Eigenwert des Kindes*. So dienen heute Kinder stärker als Sinnstifter und Quelle emotionaler Bedürfnisbefriedigung (Schütze, 1988). Da gleichzeitig von den Eltern, besonders von Müttern, ständig Zuwendung und kindgerechte Umgangsformen erwartet werden und der Druck auf die Eltern gestiegen ist, die Entwicklung des Kindes und seine Eigenständigkeit optimal zu fördern und für möglichst gute Ausbildungschancen zu sorgen, ist die Ehe – vor allem in höheren sozialen Bildungsschichten – zu einem primär «kindorientierten Privatheitstyp» geworden (Meyer, 1992); gleichzeitig ist der Eigenwert der Paarbeziehung in den Hintergrund getreten.

Du Bois-Reymond (1994) spricht von einem historisch-kulturellen Übergang von streng hierarchisch strukturierten Beziehungen zwischen Eltern und Kindern im Sinne eines «*Befehlshaushalts*» zu einer ausgewogenen Machtbalance als einem «*Verhandlungshaushalt*». Letzterer zeichnet sich dadurch aus, dass Kinder als gleichberechtigte Partner am Familiengeschehen teilnehmen und Eltern sich im Konfliktfall nicht mit Strafen durchsetzen, sondern beide

Kasten 6-1

Implikationen für die Erziehungspraxis

Eltern und Kinder sind nicht gleichrangig, aber gleichwertig

Eltern und Kinder sind nicht *gleichrangig*, die Beziehung ist nicht symmetrisch. Eltern sind meist eine Generation älter als ihre Kinder; sie haben Lebenserfahrungen gemacht, verfügen über Erfahrungsvorsprünge, auf die sich Kinder in Zeiten verlassen wollen, in denen sie selbst wichtige Entwicklungsaufgaben, -übergänge und -krisen zu bewältigen haben. Erfahrungsvorsprünge sind dann kontraproduktiv, wenn Eltern sie als Grundlage von Bevormundungen, Bewahrung und Behütung missverstehen und damit Kindern wertvolle Eigenerfahrungen vorenthalten.

Aber Eltern und Kinder sind *gleichwertig*. Nicht nur Eltern sind Erzieher, auch Kinder erziehen ihre Eltern. Kinder ernst nehmen bedeutet eben auch, sie als Erzieher zu begreifen, von denen man viel erfahren kann. Mit Kindern zu leben heißt nicht, für sie zu leben, sondern gemeinsam mit ihnen zu lernen und zu leben. Es ist liebevolles Mitgefühl, Fürsorglichkeit und emotionale Unterstützung, die Kindern hilft, ihre Erziehungspersonen und Autoritätsfiguren, die sie lieben und bewundern, nachzuahmen und ihnen Freude zu bereiten; kindliche Freiheiten innerhalb klarer Grenzen und verlässlicher Strukturen nutzen zu können, erleichtert es ihnen, sich angesichts starker Versuchungen zurückzuhalten.

Parteien miteinander reden, nach Kompromissen suchen und sich für das Gelingen eines angenehmen Familienlebens mitverantwortlich fühlen. Auflagen und Verhaltenserwartungen an Kinder (und erst recht an Jugendliche) müssen heutzutage begründet und gerechtfertigt werden. Da Verhandeln ein kommunikativ-reflexiver Prozess ist, ist hiermit eine «Versprachlichung von Emotionen» (Gerhards, 1989) verbunden. Dieses moderne Eltern-Kind-Verhältnis ist gekennzeichnet durch eine *familiäre Verhandlungskultur*, bei der *situativ begründete* Prozesse des Aushandelns zwischen Eltern und Kindern bestimmend sind und die früher prinzipielle und auf Traditionen beruhende Erziehungshaltung der Eltern ersetzen.

Allerdings verlangen die neuen Erziehungspraktiken viel Zeit, Energie und Anstrengung sowie kognitive Kompetenz (Teichert, 1990). Zugleich stehen die Eltern unter einem hohen kulturellen Druck, wenn sie gegenüber ihren Kindern verhandlungsbereit, vernünftig, liberal, tolerant und offen sein und ihr Erziehungsverhalten entsprechend gestalten wollen. Jüngere Kinder reagieren nicht selten auf die elterlichen Verhandlungsangebote mit Abwehr, weil sie sich damit möglicherweise überfordert fühlen (vgl. Du Bois-Reymond, 1991). Demgegenüber zeigen Jugendliche eine hohe Zufriedenheit mit ihren Eltern als Erziehungspersonen (Shell-Studie, 2000), wenn diese bemüht sind, ihnen mit Verständnis und eher als Freunde, denn als Autoritätspersonen zu begegnen. Leider existieren bislang keine empirischen Studien zur Frage, ob die Eltern der Jugendlichen diese positiv erlebte Beziehung durch ihre jugendlichen Kinder ebenso erleben. Des Weiteren sollte man beachten, dass Eltern-Kind-Beziehungen sich nicht nur im Prozess des sozialen Wandels verändern, sondern auch kulturspezifisch unterscheiden (vgl. Trommsdorff, 2001).

Trotzdem tritt in der *modernen kindzentrierten Familie* ein strukturelles und schwer lösbares Problem auf. Die Eltern sind um der individuellen Entfaltung ihres Kindes, um seiner Zukunft im allgemeinen Wettbewerb willen, sehr darum bemüht, seine Selbstständigkeit zu fördern. Und gerade die weit verbreitete Meinung, dass das Kind zu fördern sei, ebenso in seiner Selbstständigkeit wie in seiner kognitiven und sozioemotionalen Entwicklung, bewirkt tendenziell das genaue Gegenteil: Kinder können sich kaum noch allein beschäftigen, da sie seit ihrer Säuglingszeit daran gewöhnt sind, dass ständig jemand zur Verfügung steht, um sich ihnen zu widmen (Schütze, 1988). Die erzieherischen Praktiken der Eltern manifestieren sich dann nicht selten in Verwöhnung und Überbehütung sowie einer überzogenen sozialen Kontrolle (teils mittels Mobiltelefon; vgl. Feldhaus, 2003), mit all ihren negativen Folgen für die kindliche Entwicklung. Ein derartiges elterliches Behütungsverhalten wirkt sich vor allem negativ auf die wachsenden Autonomiebedürfnisse der Kinder und Jugendlichen aus, aus denen heraus sie selbstreguliertes und -verantwortetes Handeln sowie einen sozial verantwortlichen Gebrauch persönlicher Freiheiten erlernen sollten (vgl. dazu ausführlich Kap. 11.5.1 in diesem Lehrbuch).

Auch in diesem Sinne ist die Kindererziehung heutzutage anspruchsvoller, anstrengender, konfliktreicher und schwieriger geworden. Der neu entstandene *Normkomplex einer verantworteten Elternschaft* (Kaufmann, 1995) verlangt, dass man keine Kinder in die Welt setzen soll, für die man nicht die Erziehungsverantwortung übernehmen kann. Dies verlangt also von Eltern die bestmögliche Förderung der kindlichen Entwicklung unter Respektierung der kindlichen Bedürfnisse und Wünsche. Derart wird das Kind zum Zielpunkt vielfältiger Bemühungen (Beck-Gernsheim, 1994). Darüber hinaus müssen aufgeklärte Eltern als Folge einer Verwissenschaftlichung der Erziehung erhebliche Informationsarbeit leisten, sich mit möglichen Risiken, Schäden und Entwicklungsproblemen des Kindes und den jeweils angemessenen Erziehungsmethoden auseinander setzen; allein die stetig wachsende Ratgeberliteratur ist eine Folge (teils vielleicht auch die Ursache) dieser Entwicklung. Da weiterhin – auch trotz der «neuen Väter» – die Hauptverantwortlichkeit in der Kindererziehung und der Familienarbeit bei der Frau liegt, stellt sich die Frage, welchen Preis die modernen Mütter durch die Emanzipation des Kindes zu zahlen bereit sind, wo sie sich doch gerade im Verlauf eines mühsamen historischen Prozesses schrittweise aus der traditionellen Frauenrolle befreit haben (vgl. dazu Schütze, 2000).

Weiterführende Literatur

Barabas, F. K. & Erler, M. (2002). *Die Familie. Lehr- und Arbeitsbuch für Familiensoziologie und Familienrecht.* Weinheim: Juventa.

Nave-Herz, R. (2002). *Familie heute. Wandel der Familienstrukturen und Folgen für die Erziehung.* Darmstadt: Primus.

Nave-Herz, R. (Hrsg.) (2003). *Wandel und Kontinuität der Familie in Deutschland – Eine zeitgeschichtliche Analyse.* Stuttgart: Kohlhammer.

Peuckert, R. (2002). *Familienformen im sozialen Wandel.* Opladen: Leske und Budrich.

7 Nicht-traditionelle Familienformen und Folgen für die Erziehung

Familienformen, die nicht dem Normalmodell der Zwei-Eltern-Familie entsprechen, sollen in Anlehnung an Lamb (1982) als nicht-tradionelle Familienformen bezeichnet werden. Darunter fallen jene Familien, die in den letzten Jahrzehnten zahlenmäßig stark zugenommen haben: Das sind die Ein-Eltern-Familien, die mehrheitlich durch allein erziehende Mütter, und zwar vor allem von geschiedenen bzw. getrennt lebenden, aber auch von ledigen Müttern, gebildet werden. So gab es in Deutschland im Jahr 2000 1,77 Mio. Alleinerziehende mit Kindern unter 27 Jahren und ohne weitere Personen im Haushalt; davon waren 85,5 % allein erziehende Mütter und 14,5 % allein erziehende Väter (Engstler & Menning, 2003). Des Weiteren sind es Stieffamilien, wobei 1999 in Deutschland etwa 850 000 Stiefkinder, d. h. Kinder, die mit einem leiblichen und einem Stiefelternteil zusammenleben, betroffen waren (vgl. Teubner, 2002); das sind 5,5 % aller Kinder unter 18 Jahren. Es liegt auf der Hand anzunehmen, dass sich in derartigen Familienformen besondere Konfliktkonstellationen ergeben können, auf die in diesem Kapitel genauer eingegangen werden soll.

7.1
Allein erziehende Eltern

Mit allein erziehender Elternschaft ist gemeint, dass nur ein Elternteil die alleinige Erziehungsverantwortung für ein Kind (bzw. mehrere Kinder) besitzt, mit dem es in der Haushaltsgemeinschaft wohnt. Dieser Familientyp beinhaltet alle allein erziehenden Mütter und Väter mit (noch) ledigen Kindern unter 27 Jahren ohne weitere Personen im Haushalt (Engstler & Menning, 2003). Das ist eine Familienform, die in der Familiensoziologie lange Zeit als «unvollständige Familie» bezeichnet worden ist; das ist eine Wertung, die heute kritisch gesehen und eher vermieden wird (Nave-Herz, 2002).

Dabei ist Alleinerziehung in den letzten Jahrzehnten zu einer verbreiteten Lebensform geworden. So ist die Zahl der Alleinerziehenden seit 1975 nach Ergebnissen des Mikrozensus in Westdeutschland um etwa 50 % gestiegen. In den letzten Jahren ist der Anteil an Ein-Eltern-Familien in Deutschland auf 23 % gestiegen. Allerdings wachsen nur 17 % aller Kinder unter 18 Jahren in dieser Lebensform auf (Alt, 2001). In den neuen Bundesländern scheint die Lebensform des Alleinerziehens stärker verbreitet zu sein. Engstler und Menning (2003) berichten von Zahlen, die belegen, dass 45 % der zwischen 1953 und 1972 geborenen ostdeutschen Frauen mindestens einmal allein erziehend waren oder sind. In den alten Bundesländern beträgt dieser Anteil nur etwa 20 %.

Zudem haben sich die Gründe des Alleinerziehens in den letzten Jahrzehnten verändert, wie eine Studie von Schneider, Krüger, Lasch, Limmer und Matthias-Bleck (2001) zeigt. Des Weiteren ist der überwiegende Teil der Alleinerziehenden (63,1 %) geschieden, etwa ein Viertel der Alleinerziehenden (23,1%) ist ledig. Während im Westen Deutschlands fast zwei Drittel aller Alleinerziehenden (65,2%) geschieden sind, sind es im Osten Deutschlands nur 56,4%, weil dort die ledige Mutterschaft mit 35,7% eine stärkere Bedeutung hat als im Westen (22,2%). Die Gründe dafür sind u.a. in einer geringeren Heiratsneigung in den neuen Ländern sowie in einer geringeren normativen Kraft der Institution Ehe zu suchen (Schneider u.a., 2001).

Aus dieser statistischen Randstellung der Ein-Eltern-Familie darf jedoch nicht geschlossen werden, dass diese wissenschaftlich nicht zu beachten sind. Immerhin ist zu vermuten, dass es gerade in Ein-Eltern-Familien eher Erziehungsprobleme gibt als in anderen Familien; zumindest suchen allein erziehende Mütter und Väter eher, schneller und öfter eine Erziehungsberatungsstelle auf (Ewert, 1988), wobei die Gründe nicht unbedingt nur in Erziehungsproblemen begründet sein müssen. Selbst in wissenschaftlichen Veröffentlichungen dominierte lange Zeit eine defizitäre Vorstellung von der Ein-Eltern-Familie. Behauptet wurden Zusammenhänge zwischen Vater- bzw. Mutter-Verlust und der Geschlechtsrollenübernahme, Verhaltensschwierigkeiten im Kindesalter, soziale Anpassungsprobleme, Beeinträchtigungen im Selbstkonzept, schlechte Schulleistungen usw. Die Fülle der Literatur kann hier nicht im Einzelnen behandelt werden (vgl. die Übersicht bei Clason, 1989). Immerhin kann festgehalten werden, dass die Defizitperspektive durch differenziertere Sichtweisen abgelöst worden ist.

In diesem Sinne zeigen die empirischen Studien trotz ihrer Verschiedenartigkeit übereinstimmend, dass bei vater- bzw. mutterlos aufgewachsenen Kindern mit spezifischen Entwicklungs- und Persönlichkeitsstörungen gerechnet werden *kann*, aber nicht *muss* (vgl. Walper & Schwarz, 1999). Dabei scheint offenkundig die Art und der Hintergrund des Elternverlusts eine besonders relevante Rolle zu spielen (Hetherington, 1972), wobei vor allem das Ereignis der elterlichen Trennung in den Mittelpunkt des Forschungsinteresses gelangte. Zudem nimmt eine systemische Perspektive an, dass der Bruch in einem Subsystem der Familie, nämlich in der Partnerbeziehung, auch parallele Veränderungen in einem anderen Subsystem, wie z.B. dem der Eltern-Kind-Beziehung, nach sich ziehen muss (vgl. Hetherington & Kelly, 2003). Außerdem ist nach der Länge der Mutter- bzw. Vaterabwesenheit zu differenzieren, dem Alter sowie dem Geschlecht des Kindes, nach der Zahl und dem Geschlecht der Geschwister, nach der eigenen Stellung in der Geschwisterreihe, nach dem Vorhandensein von Großeltern und ihrem Verhältnis zu den Kindern usw. Besonders gravierend kann die Verschlechterung der sozio-ökonomischen Lage der Ein-Eltern-Familie sein, weil diese problemverstärkend wirken kann. Vor allem bei Frauen fällt häufig nach der Trennung die psychische Stresssituation mit einer aktuellen finanziellen Notlage zusammen, was den Kindern nicht verborgen bleibt und zuweilen zu Verhaltensauffälligkeiten in einer frühen Phase der Alleinerziehung führen kann.

Kann eine solche erste Belastungsphase bewältigt werden, dann können sich auch Chancen eröffnen. So weisen Gräbe und Lüscher (1984) darauf hin, dass allein erziehende Mütter nicht weniger, sondern mehr soziale Kontakte und mehr Ansprechpartner bei Problemen und Konflikten haben als vergleichbare Mütter in Zwei-Eltern-Familien. Diese stärkere Außenorientierung Alleinerziehender wirkt sich auch positiv auf die Kontakterfahrungen ihrer Kinder aus.

Ausschlaggebend für die Entwicklung der Kinder sind ferner die häusliche Atmosphäre, der Lebensstil und die Einstellung der allein erziehenden Mutter bzw. des Vaters zu dieser Lebensform. Darüber hinaus lehrt uns die Scheidungs-Folgeforschung, dass die gemeinsame elterliche Sorge für das Kindeswohl am günstigsten ist, wenn die motivationalen Voraussetzungen bei den Eltern vorhanden sind; umgekehrt erschwert eine belastete Partnerbeziehung der getrennten Eltern Kindern erheblich, zu neuen sicheren Bindungen zu gelangen (vgl. Schmidt-Denter & Schmitz, 1999). Zusammenfassend ist also festzuhalten: Vater- bzw. Mutterabwesenheit *per se* sagt nichts über die zu erwartende Richtung des Entwicklungsprozesses der Kinder aus.

In den folgenden Kapiteln soll auf die verschiedenen Ein-Eltern-Familien, gesondert nach ihrer Entstehungsursache eingegangen werden, da sich deren sozialen Lagen stark voneinander unterscheiden können.

7.2 Mutterfamilien aufgrund lediger Mutterschaft

In den letzten Jahren hat die Zahl der Familien aufgrund lediger Mutterschaft sowohl in den neuen als auch in den alten Bundesländern zugenommen. Das ist ablesbar an der steigenden Zahl nichtehelicher Geburten (vgl. Nave-Herz, 2002). Sozioökonomische Erhebungen weisen nach, dass ledige Mütter zu den gesellschaftlich Unterprivilegierten zählen und dass das Armutsrisiko für sie am höchsten ist; sie weisen auch den höchsten Anteil an Sozialhilfeempfängerinnen auf (Becker & Lauterbach, 2002). Es ist jedoch zu beachten, dass ledige Mutterschaft auch eine bewusste Entscheidung sein kann (vgl. Nave-Herz, 2002). Die Ehe bildet für diese Gruppe von ledigen Müttern nicht mehr unbedingt ein kulturelles Selbstverständnis bei der Familiengründung. Allerdings muss betont werden, dass es sich dabei um eine Minorität von Frauen handelt. Hierbei ist anzunehmen, dass eine bewusste Entscheidung zum Kind bei lediger Mutterschaft, die heute ohne öffentliche negative Sanktionen möglich ist, auch positive Wirkungen auf den Entwicklungsprozess des Kindes haben kann. Aufgrund von Fallstudien betonen Meyer und Schulze (1989), dass in Ein-Eltern-Familien mit ledigen Müttern die Vorteile gegenüber den Nachteilen im Hinblick auf die Kinder überwiegen würden. Die Kinder, so wird behauptet, seien eher selbstständig, selbstbewusster, würden mehr Eigenverantwortung und mehr Verantwortung für andere übernehmen und blieben von der Austragung elterlicher Konflikte und/oder Trennung der Eltern verschont.

Insgesamt kann die vielfach vertretene Defizit-Hypothese, wonach vor allem kleine Kinder lediger Mütter sozial benachteiligt sind, in ihrer monokausalen Formulierung nicht aufrecht erhalten werden. Die Zweifel an der Gültigkeit der *Strukturdefizit-Hypothese* sind vor dem Hintergrund der gesellschaftlichen Veränderungen der letzten 20 bis 30 Jahre zu sehen. Diese haben einerseits zum Abbau der Diskriminierung der nicht-kernfamilialen Lebensformen beigetragen und damit die Rahmenbedingungen zur Gestaltung familialen Lebens in diesen Familienformen verbessert. Zum anderen aber sind auch eine Reihe von Ambivalenzen dadurch begründet, dass die Kernfamilie als Ideal- und Leitbild weiterhin dominiert (vgl. Nave-Herz, 2002; LBS-Initiative «Junge Familie», 2003) Gleichzeitig hat die Kernfamilie im Vergleich zu den 1960er-Jahren in industrialisierten Gesellschaften ihre Modellstellung verloren (vgl. Bacher, Beham & Wilk, 1996). Vielmehr muss von einer *Differenzierungs-Hypothese* ausgegangen werden und es bedarf im Rahmen von (prospektiven) Längsschnittstudien der Untersuchung interindividueller Entwicklungsverläufe bis ins Jugendalter hinein.

7.3 Mutterfamilien aufgrund von Scheidung/Trennung

Stellt man die Frage, ob sich in den letzten Jahren neue Probleme für die Entwicklung von Kindern in Mutter-Familien durch Scheidung beobachten lassen, so ist erstmal die rechtliche Veränderung hin zum gemeinsamen Sorgerecht zu beachten. In der Praxis stellt sich jedoch heraus, dass die Verantwortung für beide Kinder letztendlich doch auf der Mutter lastet, sie alles entscheiden muss und sich belastet fühlt (Nave-Herz, 2002). In diesem Kapitel interessiert vor allem das psychosoziale Befinden und die Entwicklung von Scheidungskindern. Dabei beschränken sich die Darlegungen auf die Frage nach den Bedingungen, die in Scheidungsfamilien zu problematischen Entwicklungen führen können (vgl. die Übersichten bei Amato, 2000; Hetherington, Bridges & Insabella, 1998; Walper, 2002a; Walper & Schwarz, 1999).

Wie für viele Eltern, beginnt für fast drei Viertel aller Kinder das Leben in der Ein-Eltern-Familie mit dem Verlust einer ihnen nahe stehenden Person; eine krisenhafte Erfahrung, die es zu bewältigen gilt und die häufig mit weiteren einschneidenden Veränderungen wie ökonomischen Einbußen, Umzug und Schulwechsel einhergeht. Dennoch wird kein spezielles Syndrom für Scheidungskinder beobachtet; Probleme können in jedem Entwicklungsbereich auftreten. Zwar zeigen Metaanalysen, dass Scheidungskinder in allen untersuchten Bereichen (z. B. Schulleistungen, Verhaltensprobleme, psychische und soziale Anpassung, Eltern-Kind-Beziehungen) schlechter abschneiden als Kinder, die mit beiden leiblichen Eltern aufwachsen, aber die Unterschiede sind moderat (vgl. Amato, 2000). Zudem fallen die Unterschiede in neueren Studien gegenüber älteren kleiner aus. Dennoch dominiert der Eindruck, dass die Unterschiedlichkeit gegenüber der Gleichheit in den Reaktionen und Bewältigungen überwiegt, oder, wie es Hetherington (1989) ausdrückt: Es gibt Gewinner, Verlierer und Überlebende einer Scheidung, wobei eine Mehrheit langfristig eine gute Bewältigung zeigt.

Kinder geschiedener und lediger Eltern scheinen sich nicht wesentlich zu unterscheiden (vgl. Everett & Volgy-Everett, 2000; Fine, 2000). Allerdings scheinen die Unterschiede, die sich finden lassen, eher zugunsten von Kindern mit ledigen Müttern (Demo & Acock, 1996) sowie zugunsten von Halbwaisenkindern auszufallen (Biblarz & Gottainer, 2000), woraus sich schließen lässt, dass die Unterschiede nicht allein der Abwesenheit eines Elternteils zuzuschreiben sind. Orientiert man sich an Längsschnittstudien, die sich mit Scheidungsfamilien befasst haben, dann sind besonders die ersten zwei Jahre nach der Trennung der Eltern problematisch; danach zeigen sich Verbesserungen im Befinden und Verhalten der Kinder (vgl. Schmidt-Denter & Beelmann, 1997). Zwar stützen diese Befunde ein Modell der kurzfristigen Krise, dennoch lassen sich auch Belege für das chronische Stressmodell finden (vgl. Amato, 2000), wobei die Folgen einer elterlichen Scheidung oder des Aufwachsens in einer Scheidungsfamilie bis in das Erwachsenenalter reichen können. So scheint beispielsweise der kurzfristige starke Einbruch des Selbstwertgefühls bei Scheidungen zwischen 10 und 14 Jahren auch noch mit 20 Jahren nachzuwirken, was ein Beleg für die Vulnerabilität im Jugendalter ist (Bergman & Wangby, 1989). Außerdem ergeben sich konsistente Befunde für eine *Transmission des Scheidungsrisikos*, wonach Scheidungskinder ein leicht erhöhtes Risiko tragen, selbst geschieden zu werden (vgl. Walper & Schwarz, 1999).

Dabei spielt das *Alter der Kinder*, in dem sich die Eltern trennten, eine Rolle. Je jünger die Kinder bei der Trennung sind, desto weniger sind sie aufgrund ihres kognitiven Entwicklungsstandes in der Lage, die Motive und Gefühle der Eltern sowie ihre eigene Rolle bei der Scheidung zu verstehen und desto gefährdeter ist ihre Entwicklung (vgl. Hetherington, 1991).

Auch die Reaktionsweisen der *Geschlechter* ist unterschiedlich. Unmittelbar nach der Scheidung erweisen sich die beobachteten Störungen bei Jungen anhaltender als bei Mädchen. Letztere leiden nicht weniger als Erstere, doch neigen sie dazu, ihr Konflikterleben eher zu internalisieren, während Jungen, zumindest im vorpubertären Alter, dies eher ausagieren und dadurch auffällig werden (vgl. Hetherington, 1991). Allerdings hängen die geschlechtsspezifischen Unterschiede wiederum vom *Alter der Kinder* bei der Untersuchung ab. So treten bei Mädchen aus Scheidungsfamilien im Alter von 15 Jahren wieder psychische Probleme auf, die zwischenzeitlich nicht beobachtet worden sind (Hetherington, 1993). Ebenso zeigen sich bei Mädchen viele Jahre nach der elterlichen Scheidung Probleme bei der Partnerwahl und beim Aufbau dauerhafter Beziehungen (Wallerstein, 1985). Weiterhin hängen die geschlechtsspezifischen Anpassungsprobleme auch davon ab, bei welchem *Elternteil* ein Junge oder ein Mädchen aufwächst. Kinder, die bei einem gleichgeschlechtlichen Elternteil aufwachsen, haben größere Chancen, eine psychisch ungestörte Entwicklung zu nehmen; möglicherweise weil ein Kind, das bei einem gegengeschlechtlichen Elternteil aufwächst, leichter in die für seine Entwicklung ungünstige Rolle eines Partnerersatzes gedrängt wird (vgl. Hetherington, 1993).

Schließlich stehen die nach der Scheidung zu beobachtenden Verhaltensauffälligkeiten auch mit Persönlichkeitsmerkmalen und Verhaltensweisen in Beziehung, die schon *vor der Scheidung* zu erkennen waren. Kinder, deren Temperament schon vor der Scheidung als «schwierig» beschrieben wird, reagieren auf Stresssituationen verletzlicher und weniger anpassungsfähig als Kinder, die als «unkompliziert» gelten (vgl. Hetherington, Cox & Cox, 1982). Ebenso konnten Block, Block und Gjerde (1986) in ihrer über elf Jahre hinweg angelegten prospektiven Längsschnittstudie zeigen, dass ein andauernder Konflikt der Eltern stärkere Verhaltensauffälligkeiten bei Kindern auslöst als das Scheidungsereignis selbst.

Was aber sind die Faktoren, die diese Anpassungsprobleme von Kindern aus Ein-Eltern-Familien erklären können? Es sind im Wesentlichen zwei Bereiche, die in allen Ein-Eltern-Familien eine Rolle spielen: Zum einen sind es Probleme der Erziehung bzw. Probleme in der Beziehung zwischen allein erziehendem Elternteil und Kind und zum anderen ökonomische Schwierigkeiten Alleinerziehender (vgl. Hetherington, Bridges & Insabella, 1998). Weitere Faktoren, besonders in Scheidungsfamilien, betreffen die Konflikte der Eltern und den Kontakt zum nicht sorgeberechtigten oder außerhalb der Familie lebenden Elternteil, meist der Vater. Zweifellos sind diese Faktoren im Prozess der Scheidungsbewältigung durch Wechselwirkungen verbunden.

Erziehung der Kinder. Eine Reihe von Untersuchungen machen auf die Bedeutung des Erziehungsverhaltens speziell für die kindliche Entwicklung nach einer Ehescheidung aufmerksam (Bartz & Witcher, 1978; Weiss, 1979 und Kap. 11.1 in diesem Lehrbuch). Die mannigfachen Belastungen Alleinerziehender können Zeit und Energie reduzieren, die diese für die Erziehung ihrer Kinder aufbringen können. Zudem kommen in akuten Krisen nach dem familiären Umbruch die emotionalen Belastungen der Betroffenen hinzu. Es fehlt eine zweite Person, die komplementäre Aufgaben der Erziehung übernehmen kann, mit der man sich in Erziehungsfragen abstimmen und im Sinne einer Eltern-Allianz kooperieren kann, weshalb viele Studien ein inkompetentes Erziehungsverhalten belegen (vgl. Hetherington, 1999). So konnte Huss (1995) zeigen, dass ein stabiles stützendes Familienklima in Zusammenhang mit problemlösendem Coping bei Kindern steht, ein belastendes Klima dagegen in Zusammenhang mit vermeidendem Coping. Unmittelbar nach der Scheidung wird die Erziehung der Kinder meist als chaotisch und inkonsistent beschrieben, verbessert sich aber nach ein bis zwei Jahren (Hetherington, Cox & Cox, 1982). Ungeachtet dessen, zeigen sich überdauernd weiterhin Tendenzen zu verminderter mütterlicher Autorität bei Alleinerziehenden. Sie üben weniger Kontrolle aus (Demo & Acock, 1996), lassen ihre Kinder eher alleine Entscheidungen treffen und sind weniger an Regeln orientiert (Steinberg, 1989). Die Unterschiede in der Erziehung gelten als eine wesentliche Erklärung für die Unterschiede im Verhalten zwischen Scheidungskindern und Gleichaltrigen in Zwei-Eltern-Familien (Amato, 1993; Simons, Lin, Gordon, Conger & Lorenz, 1999), denn mangelhafte Verhaltenskontrolle (Monitoring) gilt als ein Risiko für Problemverhaltensweisen im Jugendalter (Patterson, DeBaryshe & Ramsey, 1989).

Finanzielle Schwierigkeiten Alleinerziehender. Finanzielle Einbußen haben in allen Familienformen ungünstige Effekte auf die Entwicklung von Kindern (vgl. Walper, 1999). Dabei tragen Alleinerziehende ein noch höheres Risiko. Die Wirkung ökonomischer Probleme auf die Entwicklung der Kinder ist hierbei nur zu einem geringen Teil eine direkte, sondern wird über Verschlechterungen in der Erziehungsleistung, den innerfamiliären Beziehungen und dem Zugang zu Freizeit- und Kontaktmöglichkeiten vermittelt. Allerdings finden sich auch Untersuchungen, die weder einen Effekt des Einkommens auf internalisierende Probleme, wie z.B. Ängstlichkeit oder Depression oder externalisierende Probleme, wie z.B. Aggressivität (Simons et al., 1999) noch auf die psycho-soziale Anpassung, die schulischen Leistungen oder das Wohlbefinden von Jugendlichen finden (Demo & Acock, 1996), weshalb die Anpassungsprobleme von Kindern Alleinerziehender sich nicht über Einkommensunterschiede erklären lassen.

Elterliche Konflikte. Es besteht in der Forschungsliteratur Konsens darüber, dass nicht die elterliche Scheidung, sondern vielmehr die elterlichen Konflikte lange vor der Scheidung, im Zuge und nach der Trennung wesentlich sind (vgl. Amato, 1993; Schmidt-Denter, Beelmann &

Hauschild, 1997; Walper & Gerhard, 1999). Eine Metaanalyse zu den Auswirkungen von elterlichen Konflikten auf die Kinder über verschiedene Familienformen hinweg weist konsistente, aber nur moderate Effekte nach (Reid & Crisafulli, 1990). Das bedeutet zweierlei: Zum einen haben elterliche Konflikte auch in vollständigen und «intakten» Familien negative Konsequenzen für die Kinder, zum anderen wird deutlich, dass Konflikte keine sehr starken Auswirkungen haben, wenn man sie undifferenziert betrachtet (vgl. Walper & Gerhard, 1999). Es sind vor allem die von den Kindern wahrgenommenen Konflikte sowie häufige, intensive und ungelöste wie auch das Kind einbeziehende Streitereien der Eltern, die besonders schädlich sind (Hetherington et al., 1982). Dabei entfalten elterliche Konflikte ihre beeinträchtigenden Wirkungen auf Befinden und Verhalten von Kindern nicht direkt, sondern über die Erziehung (Fauber, Forehand, Thomas & Wierson, 1990) und das erhöhte Risiko der Kinder, in Loyalitätskonflikte zu geraten oder mit Koalitionsforderungen eines Elternteils (oder beider) konfrontiert zu werden (vgl. Walper & Schwarz, 1999). Außerdem ist auch die emotionale Bindung an die Eltern durch Konflikte gefährdet (Walper, 1998). Eine Scheidung kann jedoch auch eine Erlösung für die Kinder von hoch konflikthaften Eltern sein, sodass sie im Vergleich zu Kindern, deren Eltern trotz hoher Konflikte zusammenbleiben, Verbesserungen im Befinden erfahren (Booth & Amato, 2001). Das wiederum impliziert, dass es unklug wäre, eine Ehe um der Kinder willen zu erhalten, weil andauernde elterliche Konflikte unabhängig von der Familienform entwicklungsgefährdend sein können.

Kontakt zum außerhalb der Familie lebenden Vater.

Lange Zeit wurde die Frage, ob der Kontakt zum abwesenden Elternteil, meist ist es der Vater, gut oder schlecht für die Kinder sei, kontrovers diskutiert (vgl. Amato, 1993). Die neueren Studien zeichnen eher ein optimistisches Bild, wonach der Kontakt zum abwesenden Vater positive Auswirkungen auf die Kinder hat (vgl. Amato, 2000; Schmidt-Denter & Beelmann, 1997). In der *Kölner Längsschnittstudie* von Schmidt-Denter und Mitarbeitern (Schmidt-Denter & Beelmann, 1997) ließen sich kindliche Typen von Scheidungsbewältigung nachweisen. Dabei wird die Entwicklung der familiären Beziehungen nun schon über sechs Jahre verfolgt. Die Studie geht im Rahmen eines systemtheoretischen Ansatzes davon aus, dass sich durch eine Trennung der Eltern die familiären Beziehungen *umstrukturieren* und neu balanciert werden müssen. Da erwartet wurde, dass der Veränderungs- und Bewältigungsprozess von den betroffenen Familienmitgliedern unterschiedlich erlebt wird, sollten deren Perspektiven getrennt erfasst und miteinander verglichen werden. Untersucht wurden zum ersten Messzeitpunkt 60 Familien, die sich in Trennung befanden, wobei die erste Erhebungswelle durchschnittlich 10 Monate nach der Trennung stattfand und die zweite bzw. dritte im Abstand von jeweils 15 Monaten folgten. Die Kinder waren bei der ersten Untersuchung zwischen vier und zehn Jahre alt. Erwartungsgemäß zeigten sich erhebliche Veränderungen in den familiären Beziehungen bezüglich der elterlichen Paarbeziehung, der Kontakte der Kinder zum nicht sorgeberechtigten Vater, der Qualität der Mutter-Kind-Beziehung, des Familienklimas und neuer Partnerschaften. 30 Monate nach der Trennung hatte sich zwar die Symptombelastung bei den Kindern sukzessive vermindert, doch verlief die Entwicklung sehr unterschiedlich. Es wurde eine Gruppe «*Hochbelasteter*» identifiziert, die über den gesamten Untersuchungszeitraum starke Verhaltensauffälligkeiten zeigte, eine Gruppe «*Belastungsbewältiger*», bei denen eine starke Abnahme der Verhaltensauffälligkeit zu beobachten war und eine dritte Gruppe «*Geringbelasteter*», die von Beginn an nur geringe Symptome aufwiesen und scheinbar unverwundbar waren. Diese *differenziellen Entwicklungsverläufe* legen nahe, dass eine monokausale Betrachtung der Auswirkungen von Ehescheidung unangebracht ist. Als bedeutendste *Risikofaktoren* erwiesen sich eine vom Kind als negativ erlebte Beziehung zum getrennt lebenden Vater, eine Verschlechterung des mütterlichen Erziehungsstils und ungelöste Konflikte zwischen den (getrennten) Eltern (Schmidt-Denter, Beelmann & Hauschild, 1997). Als *günstig* erwiesen sich demnach Familienkonstellationen, in denen die Eltern in gemeinsamer elterlicher Sorge in der Kindererziehung kooperieren oder eine parallele Elternschaft ausüben, wobei sie untereinander zwar keinen oder nur geringen Kontakt haben, zum Kind aber geregelte elterliche Beziehungen unterhalten. *Ungünstig* sind Einelternfamilien, in denen die Mutter die Trennung vom Ex-Partner emotional noch nicht verarbeitet hat, sich ihm gegenüber hilflos fühlt und der Vater selbstsicher und autoritär in das Erziehungsgeschehen eingreift; ebenso dysfunktional ist ein Familientyp, bei dem ein noch hohes Konfliktniveau zwischen den Eltern und wechselseitige Ablehnung besteht und deshalb die Kontaktwünsche und -bedürfnisse der Kinder nicht erfüllt werden (Schmidt-Denter & Schmitz, 1999).

Insgesamt scheint die gemeinsame elterliche Sorge für Kinder am günstigsten zu sein, sofern bei den Eltern Kommunikations- und Kooperationsbereitschaft zum Wohle ihrer Kinder vorhanden sind (vgl. Schmidt-Denter, Beelmann & Hauschild, 1997). Besonders diese Einsicht und der unübersehbare Leidensdruck der Kinder sollte die Eltern veranlassen, sich miteinander zum Wohle der Kinder zu arrangieren. Allerdings stellt die Aufrechterhaltung der Beziehungen des Kindes zu dem Elternteil, mit dem es nicht mehr unter einem Dach lebt, eine nicht geringe Anforderung an beide Eltern dar. Die Erfüllung dieser Aufgabe stellt immer ein Durchbrechen jener für die Familie notwendigen und selbstverständlichen Innen-/Außengrenzen und damit ein Durchbrechen des Privaten dar. Das erfordert von allen Beteiligten, auch von den neuen Partnern der nunmehr getrennten Eltern, sehr differenzierte und sensible Balanceakte.

Zusammenfassend zeigt sich, dass langfristige Scheidungsfolgen für Kinder eher gering sind. Das hat auch Walper (2002b) in ihrer jüngsten Studie wiederum empirisch bestätigen können. Dennoch dokumentiert die Scheidungsforschung, dass der kumulative Stress, der mit dem kritischen Lebensereignis der Scheidung verbunden ist, nicht spurlos an den Kindern vorbeigeht. Das wichtigste Ergebnis der Scheidungsforschung dürfte darin zu sehen sein, dass die familiären Beziehungen sowohl vor als auch während und nach der Scheidung, und hier besonders die Qualität der umstrukturierten familiären Beziehungen nach der Scheidung, ausschlaggebend sind und nicht das Trennungsereignis selbst. Zudem kann eine konflikthafte Beziehung der Eltern in einer vermeintlich «intakten» Familie weitaus nachteiliger für die kindliche Entwicklung sein, als wenn sich die Eltern trennen. Die Kinder dieser äußerlich «intakten» Familien fallen zwar als Risikogruppe weit weniger auf, was ihnen einerseits negative Vorurteile erspart, andererseits aber auch hilfreiche Unterstützung durch aufmerksame Außenstehende erschweren dürfte (Walper & Gerhard, 1999).

Deshalb scheint es mehr als überfällig, die öffentliche Aufmerksamkeit weniger auf die Vorteile der juristischen Intaktheit der elterlichen Beziehung als vielmehr auf die psychosoziale Qualität dieser Beziehung zu konzentrieren. Wollen Eltern – trotz der Freiheiten, die sie sich als Erwachsene heute im Umgang mit Partnerbeziehungen nehmen – die in Kindern entstandenen Bindungen schützen, so gilt es, ein Bewusstsein für neue Formen familienübergreifender Verantwortung für Kinder in unserer Gesellschaft zu verankern. Folgerichtig ist das Familienkonzept um den Aspekt *der elterlichen Verantwortungsgemeinschaft* zu erweitern (vgl. Rummel, 2001). Mit so einer Beschreibung eines Systems wird es möglich, die Struktur der Verantwortung und die Differenzierung der Pflichten gegenüber einem Kind, dessen Eltern zwei unterschiedlichen Familien angehören, abzubilden.

Darauf, was Eltern wissen sollten, damit Kinder aufgrund einer Scheidung keine bleibenden Schäden davontragen und wie eine positive Entwicklung der Nachscheidungsfamilie möglich ist, kann hier nicht weiter eingegangen werden (vgl. dazu die Übersicht bei Balloff, 2004 und Klosinski, 2004). Zwar hat die Mehrheit der Eltern eine Vorstellung von den kindlichen Grundbedürfnissen. In der schwierigen Situation der Umstrukturierung von Familien und den danach entstehenden Familienkonstellationen (etwa als «Patchwork»-Familien) geht aber leider der Blick für diese Grundbedürfnisse von Kindern verloren; das geschieht oft auch deshalb, weil die Mehrheit der betroffenen Eltern völlig unvorbereitet und ohne Orientierung in

Kasten 7-1

Implikationen für die Erziehungspraxis

Die elterliche Verantwortungsgemeinschaft nach Trennung/Scheidung

Zur elterlichen Verantwortungsgemeinschaft zählt, über die Grenzen der neu entstandenen Familien hinaus weiterhin gemeinsam für das Kind zu kooperieren. Das setzt wiederum voraus, dass beide Eltern Respekt vor der Eigenständigkeit und der notwendigen Intimität der jeweils anderen Familie entwickeln und zu erkennen geben. Die für die Praktizierung eines derartigen Verantwortungsbegriffs notwendige Orientierung lässt sich weder aus den individuellen Eigenschaften der Eltern ableiten noch aus einem irgendwie gearteten Familienbegriff, sondern allein aus den Entwicklungsbedürfnissen des Kindes selbst.

Dieses *Modell elterlicher Verantwortungsbereitschaft* stellt jedoch große Anforderungen: Heißt es doch für Eltern, mit dem jeweiligen Ex-Partner in Kontakt zu bleiben, um Angelegenheiten, die das gemeinsame Kind betreffen, zu besprechen. Jede Begegnung lässt aber vermutlich unverarbeitete Gefühle von Hass, Demütigung, Ohnmacht und Eifersucht aufkommen, was Kommunikation und Kooperation erschweren kann. Niemand wird deshalb bezweifeln, dass eine so verstandene verantwortete Elternschaft oft ein schmerzhafter Balanceakt und damit eine große Herausforderung für die Eltern darstellt. Allein um das Elend der Kinder zu mindern, ist es wert, sich der Aufgabe zu stellen und der Entwicklungsbedürfnisse der Kinder wegen elterliche Verantwortungsbereitschaft auch in nicht-traditionellen Eltern-Kind-Verhältnissen zu etablieren und aufrechtzuerhalten.

Quelle: Rummel (2001)

---

diese Krisen bzw. neuen Lebenssituationen gerät. Dadurch bedürfen sie zu deren Bewältigung Dritter, nämlich professioneller Experten, wodurch allerdings höchst Privates zum Gegenstand der Arbeit professioneller Helfer wird.

7.4 Vaterfamilien

Alleinerziehende Väter hat es schon immer gegeben; was sich verändert hat, ist besonders die Ursache der Mutterlosigkeit. Der Anteil allein erziehender Väter aufgrund von Verwitwung ist heutzutage gering. Jedoch übernehmen immer häufiger Väter nach der Scheidung die Versorgung ihrer Kinder (vgl. Nave-Herz, 2002), was u. a. damit zusammenhängt, dass das Sorgerecht für Kinder nicht mehr automatisch der Mutter übertragen wird. Zudem kommt es immer häufiger vor, dass Frauen ihre Familien verlassen. Schließlich können auch die Geschlechtsrollen heutzutage flexibler gestaltet werden.

Empirische Daten zeigen allerdings, dass Väter häufig nicht freiwillig die Alleinerziehung übernehmen, sondern sich eher gezwungenermaßen um ihre Kinder sorgen (Nave-Herz & Krüger, 1992). Weniger eindeutig sind die Befunde von Schneider, Krüger, Lasch, Limmer und Matthias-Bleck (2001), die beobachtet haben, dass zwar durchaus auch Väter Pflege und Erziehung ihrer Kinder unfreiwillig übernehmen, aber andere sich auch durchaus aktiv für die Übernahme der Alleinerziehung ihrer Kinder entschieden haben (vgl. Stiehler, 2000 zur Sozialisation und Lebensführung allein erziehender Väter). Im Allgemeinen widmen Väter ihren Kindern auch mehr Zeit, als sie das noch in der Zwei-Eltern-Familie getan haben.

Sehr unterschiedlich ist die Situation in Deutschland zwischen Mutter- und Vater-Familien. Und dies ist nicht nur im Hinblick auf die Häufigkeit der jeweiligen einelterlichen Familienform (83% Mutter- zu 17% Vater-Familien) und das Alter der Kinder (Kleinstkinder wachsen nur in Mutter-Familien auf) der Fall, sondern auch bezüglich der finanziellen Situation. Vater-Familien sind mehrheitlich in den höheren sozialen Schichten zu finden, wogegen der große Anteil der Mutter-Familien in ökonomisch schlechten, deprivierten und häufig unsicheren Verhältnissen lebt.

Zudem haben auch Kinder unterschiedliche Erwartungen an die allein erziehende Mutter und an den allein erziehenden Vater (Ambert, 1982). So erwarten Kinder aus Mutter-Familien von ihrer Mutter, dass sie für sie da ist. Sind sie mit ihrer Situation unzufrieden, machen sie die Mutter dafür verantwortlich. Demgegenüber sind sich Kinder aus Vater-Familien bewusst, dass der Vater sich freiwillig für eine Übernahme der Erziehungsverantwortung und Versorgung entschieden hat, und sie sind ihm für alles, was er macht und für sie tut, dankbar (vgl. Clason, 1989). Ungeachtet dessen, sind die Einstellungen in der Öffentlichkeit gegenüber allein erziehenden Vätern immer noch ambivalent (Nave-Herz, 2002). Sie schwanken zwischen Bewunderung, Sympathie und Ablehnung, was auf das Fehlen klarer und sozial akzeptierter Verhaltensmuster und eindeutiger Rollendefinitionen zurückzuführen ist (vgl. Kap. 6.4 in diesem Lehrbuch).

7.5
Stieffamilien

Die Verwirklichung von Elternschaft, so wie sie auch heutzutage noch normativ festgelegt ist, vollzieht sich im Alltag vorwiegend in der Kernfamilie. Sie stellt auch weiterhin das Ideal- und Leitbild dar, wie Elternschaft in unserer Gesellschaft gelebt werden soll und sie bildet auch heute für um die 80% aller Kinder den primären Entwicklungs- und Sozialisationsrahmen für ihr Aufwachsen. Stieffamilien entsprechen in mehrfacher Hinsicht nicht diesem Modell. Partnerschaft und leibliche Elternschaft stimmen nicht überein, eine gemeinsame Verantwortung beider Partner ist häufig nicht gegeben, für die ökonomische Versorgung ist zumindest teilweise ein außerhalb lebender Elternteil, für Erziehung und Befriedigung der emotionalen Bedürfnisse des Kindes rein rechtlich vorwiegend nur einer der Partner, nämlich der leibliche Elternteil, in der Familie zuständig.

Stieffamilien sind kein neues Phänomen in der Familienentwicklung. Schon immer gab es Kinder, die nicht bei ihren Eltern aufwuchsen. Dabei ist die Familienform «Stieffamilie» bislang nicht durch Daten der amtlichen Statistik abzubilden, da im Mikrozensus die genauen Kind- und Elternschaftsverhältnisse zwischen den Haushaltsmitgliedern nicht differenziert genug erfasst werden. Eine Studie des Deutschen Jugendinstituts kommt auf der Basis von hochgerechneten Daten des Familiensurveys zu folgenden Schätzungen über die Verbreitung von Stieffamilien in Deutschland (vgl. Teubner, 2002; Bien, Hartl & Teubner, 2002). 1999 waren es in Deutschland 5,5% aller Kinder unter 18 Jahren, die in Paar- oder allein erziehenden Familien lebten. Dabei lag der Anteil mit 10% in Ostdeutschland etwa doppelt so hoch wie in Westdeutschland. Etwa 60% der Stiefkinder wachsen bei verheirateten Eltern auf, bei 40% der Stiefkinder lebten der leibliche und der Stiefelternteil unverheiratet in einem Haushalt zusammen.

Umgerechnet auf alle Kinder bedeutet das: Etwa 4% aller Kinder in Ehen (West-D: 3%; Ost-D: 9%) sind Stiefkinder. Dieser Anteil liegt bei den Kindern in nichtehelichen Lebensgemeinschaften deutlich höher (West-D: 47%; Ost-D: 35%). Dabei lebt der weit überwiegende Teil aller Stiefkinder (etwa 90%) mit der leiblichen Mutter und einem Stiefvater zusammen. Nur etwa 10% leben in einer Stiefmutterfamilie (West-D: 11%; Ost-D: 6%). Des Weiteren steigt der Anteil der Stiefkinder an allen Kindern mit dem Alter der Kinder – von einem Prozent bei den unter 3-jährigen Kindern bis auf 7% bei den 15- bis unter 18-Jährigen. Schließlich kann man festhalten, dass gut jede zweite «eheliche Stieffamilie» eine «komplexe Stieffamilie» (etwa als Patchwork-Familie) ist, in der neben den Stiefkindern auch gemeinsame leibliche Kinder leben.

Hinsichtlich der Struktur einer Stieffamilie stellt deren Bildung keine Systemneubildung, sondern eine *Systemerweiterung* dar; das bedeutet, dass die Geschichte der «alten» Familie in die gegenwärtigen Beziehungen der neuen Partner zueinander und zum Kind hineinwirkt (vgl. Nave-Herz, 2002). Einerseits tragen Kinder mehr oder weniger lange Zeit die Hoffnung mit sich, dass der abwesende Elternteil eines Tages zurückkehren könnte, die dann meist durch die neue Partnerschaft der Mutter zunichte gemacht wird. Andererseits können Loyalitätskonflikte des Kindes zum biologischen Elternteil auftreten und sie befürchten, dass sie mit dem neuen Partner der Mutter diese enge Vater- oder Mutter-Beziehung verlieren bzw. nicht neu aufbauen können (Nave-Herz & Krüger, 1992).

All dies zusammengenommen bedeutet für Stieffamilien, dass sie mangels bewährter gesellschaftlicher Modelle individuell selbst auf die Suche gehen müssen, wie sie multiple Elternschaft und damit ihre Beziehungen und ihr Familienleben so gestalten können, dass den Kindern möglichst gute Chancen zu ihrer Persönlichkeitsentwicklung und zum psychosozialen Wohlbefinden gegeben sind. Dabei ist die am häufigsten anzutreffende Form jene der *multiplen Vaterschaft*, bei der das Kind in einer primären Stiefvaterfamilie lebt (und nur zeitweise mit seinem nichtsorgeberechtigten, meist väterlichen Elternteil zusammenlebt). Deshalb beschränken sich die folgenden Darlegungen vorwiegend auf diese Stieffamilien-Form. Dabei befassten sich die bisherigen empirischen und klinischen Studien mit Stieffamilien vor allem mit der Stiefvater-Kind-Beziehung sowie mit der Gestaltung der neuen Familie als Beziehungssystem.

Merkmale der Stiefvater-Kind-Beziehung. Aufgrund der Tatsache, dass einer Stiefvaterschaft meist eine Scheidung oder Trennung der leiblichen Eltern vorausgeht und gleichzeitig auch die Vaterrolle in den letzten Jahrzehnten einem massiven Wandel unterworfen war, ist die Rolle des Stiefvaters extrem unbestimmt und unscharf definiert (vgl. Wilk, 1999). So existieren keine allgemein gültigen oder institutionalisierten Rollenerwartungen an einen Stiefvater. Er besitzt auch keinerlei Rechte und Pflichten gegenüber seinen Stiefkindern; er ist nicht mit ihnen verwandt. Unklar ist weiterhin, wie er den außerhalb lebenden Vater ersetzen soll, ob er Erzieher, Freizeitkamerad, ein guter Freund oder nur der Partner der Mutter sein soll. Meist wird von ihm erwartet, gleichzeitig Elternteil und «Nicht-Elternteil» zu sein. Die Mütter erwarten, dass sich der Stiefvater in die Familie integriert, die Aufgaben eines Vaters übernimmt und sie in der Erziehung und Betreuung der Kinder entlastet. Zugleich reagieren sie aber auch widersprüchlich, wenn sich ihr Partner genau so verhält, wie sie es eigentlich von ihm erwarten. So wollen viele Mütter zwar Unterstützung und Entlastung bezüglich der Kinder, sind aber nicht bereit, einen Teil ihrer Erziehungsverantwortung abzugeben. Dennoch erwarten sie von ihrem Partner, dass er dem Kind emotionale Zuwendung entgegenbringt und dessen Nähe sucht. Deshalb sind sich auch viele Stiefväter unsicher in ihrer Rolle, weil die Erwartungen und das Verhalten ihrer Partnerin so widersprüchlich sein können. Zusätzlich sind auch noch die Erwartungen und Wünsche der Kinder an den «neuen» Mann in der Familie sehr unterschiedlich, mitunter widersprüchlich. Sie können von der Hoffnung, wieder einen «richtigen» Vater zu bekommen, über die Erwartung, einen Freizeitkameraden, Kumpel oder Freund gewonnen zu haben, bis zum Wunsch reichen, dass dieser Mann sich nicht in ihr Leben einmischt und seinen Platz an der Seite der Mutter rasch möglichst räumt. Deshalb ist es verständlich, wenn sich Stiefväter in ihrer Rolle noch schlechter einschätzen können als leibliche Väter und dass sie vermehrt Selbstzweifel hegen und ihre eigene Rolle selbstkritisch reflektieren (vgl. Friedl & Maier-Aichen, 1991).

Klinische Studien verweisen besonders auf den Prozess des Aufbaus der Stiefvater-Kind-Beziehung. Dazu stehen allerdings immer noch sehr wenige, fast nur amerikanische Arbeiten zur Verfügung (vgl. Ganong & Coleman, 1994). Sie unterstützen im Wesentlichen das Modell von Papernow (1984), wonach in einer ersten Phase der Stiefelternschaft unrealistisch hohe Erwartungen dominieren, der eine zweite Phase der Auseinandersetzung mit der Realität folgt, häufig verbunden mit der Enttäuschung darüber, dass das Kind die Bemühungen des Stiefvaters nicht akzeptiert und nicht erwartungsgemäß positiv reagiert. Gelingt es dem Stiefvater nicht, sich dem Kind langsam und behutsam anzunähern, so dass es ihn nicht als Bedrohung erlebt, ist eine Verschlechterung der Beziehung die Folge (Bray, 1992). Dabei ist die Ablehnung des Kindes umso ausgeprägter, je länger Mutter und Kind in einer Ein-Eltern-Familie zusammengelebt haben und je mehr sich in dieser bestimmte Rollen- und Aufgabenverteilungen verfestigt haben (Krehan-Riemer & Krehan, 1993). Im Allgemeinen müssen aber auch in der Entwicklung der Stiefvater-Kind-Beziehung differenzielle Entwicklungsmuster angenommen werden.

Dazu beschreiben Acock und Demo (1994) vier mögliche Entwicklungsmuster der Stiefvater-Kind-Beziehung im Hinblick auf die Reaktionsweisen des Kindes: Die erste Form kennzeichnet sich dadurch, dass das Kind den Stiefvater völlig ablehnt, sei es, dass es ihn als Person nicht mag, sei es, dass es eine sehr enge Beziehung zu seinem leiblichen Vater hat oder dass es gar fürchtet, der Stiefvater nehme ihm die Aufmerksamkeit und Liebe der Mutter weg. Im zweiten Fall distanziert sich das Kind zu Beginn von seinem Stiefvater, ist aber bis zu einem gewissen Grad bereit, mit ihm zu interagieren und, falls er den Erwartungen des Kindes entspricht, ihn letztlich zu akzeptieren. Die dritte Möglichkeit ist die, dass das Kind den Stiefvater als Vater akzeptiert. Schließlich besteht eine vierte Reaktionsform, die besonders bei schon älteren Kindern beobachtet wird, darin, dass der Stiefvater als Partner der Mutter und weniger als Stiefvater gesehen wird.

Wie sich letztendlich die Beziehung entwickelt, hängt auch davon ab, ob der Stiefvater selbst leibliche Kinder hat oder nicht. Stiefväter mit leiblichen Kindern erleben, folgt man Ganong und Coleman (1994), mehr Gemeinschaftlichkeit mit ihren Stiefkindern, empfinden weniger negative Gefühle gegenüber diesen und gleichzeitig fühlen sie sich weniger stark herausgefordert dazu, in ihrer neuen Familie eine umfassende Vater-Rolle einzunehmen. Das heißt, sie investieren weniger Emotionen in ihre Stiefkinder und geben diesen mehr Zeit, die Beziehung allmählich zu entwickeln. Einen Nachteil für Stiefväter ohne leibliche Kinder erkennen Ganong und Coleman darin, dass diese Männer über keine Erfahrungen in der Erziehung und Betreuung von Kindern verfügen, wodurch sie sich ihre Vater- und Erzieherrolle eher durch die Mutter definieren lassen, als das Stiefväter mit der Erfahrung eigener leiblicher Kinder tun.

Demgegenüber sehen Visher und Visher (1995) die Stiefväter ohne leibliche Kinder eher im Vorteil, weil sie die größeren Chancen haben, eine befriedigende Beziehung zu ihren Stiefkindern aufzubauen, wogegen Stiefväter mit leiblichen Kindern intensivere Schuldgefühle gegenüber ihren leiblichen Kindern empfinden und in der Folge Gefühle von Hilflosigkeit und Aggressionen gegenüber den Stiefkindern entwickeln könnten (Krehan-Riemer & Krehan, 1993).

In der Forschungsliteratur besteht Konsens darüber, dass der Aufbau der Stiefvater-Kind-Beziehung langsam und behutsam erfolgen muss, wenn eine tragfähige und für beide Beziehungspartner befriedigende Beziehung entstehen soll. Von Kind und Stiefvater wird deshalb ein hohes Maß an Anpassungsfähigkeit, Zeit und Geduld gefordert. Besonders wird darauf hingewiesen, dass zuerst eine emotionale Beziehung der Zuneigung und des gegenseitigen Verständnisses aufgebaut werden muss, bevor der Stiefelternteil, meist ein Stiefvater, Erziehungs- und Disziplinierungsaufgaben übernimmt (vgl. Wilk, 1999). Wird diese Reihenfolge nicht beachtet, kann die Stiefvater-Kind-Beziehung scheitern (Visher & Visher, 1995). Gelingt es dem Stiefvater, seine Vater-Rolle für die Stiefkinder zu bejahen, und gibt er auch den Kindern den Freiraum, zu allen Familienmitgliedern, einschließlich dem außerhalb der Familie lebenden leiblichen Vater, eine Beziehung zu pflegen, wie sie den kindlichen Wünschen und Bedürfnissen entspricht, dann können mit zunehmender Dauer der Stiefelternschaft die Probleme in aller Regel positiv bewältigt werden; diese Anpassungs- oder Übergangsphase wird aber häufig zwei bis vier Jahre dauern (Hetherington, 1991).

Stiefvater-Kind-Beziehung und Vater-Kind-Beziehung im Vergleich. Im Hinblick auf Unterschiede zwischen einer Stiefvater-Kind-Beziehung und einer Beziehung zwischen leiblichem Vater und Kind in einer Kernfamilie wurden Erziehungsstil und emotionale Verbundenheit als differenzierende Dimensionen erkannt. Anfänglich erleben Stiefkinder ihre neuen Väter weniger unterstützend, kontrollierend und strafend als Kinder ihre leiblichen Väter erfahren, wobei sich aber das Verhalten der Stiefväter mit zunehmender Dauer der Stieffamilie jenem der Väter in Kernfamilien angleicht (Amato, 1987). Im Allgemeinen besteht aber noch kein Konsens darüber, ob eher die Unterschiede oder eher die Gemeinsamkeiten zwischen Stiefvater-Kind und Vater-Kind-Beziehung in der Kernfamilie dominieren. Allerdings weisen die neueren Studien in die Richtung, dass die Stiefvater-Kind-Beziehung als eine sich von der Vater-Kind-Beziehung unterscheidende, durch weniger emotionale Nähe, Gemeinsamkeit und Unterstützung gekennzeichnete Beziehung ist (vgl. Wilk, 1999).

Leider erlaubt es der Forschungsstand nicht, gesicherte Aussagen darüber zu machen, wie eine Stieffamiliengründung die Beziehung zwischen dem leiblichen Vater und seinen nicht mit ihm zusammenlebenden Kindern beeinflusst und worin sich diese Beziehung, wie sie in Stieffamilien und Einelternfamilien gelebt wird, unterscheidet. Fest steht, dass eine Trennung der Eltern eine Reduktion der Zeit bedeutet, die der nichtsorgeberechtigte Elternteil, im Allgemeinen also der Vater, für seine Kinder investiert. Furstenberg und Cherlin (1993) weisen nach, dass 40% bis 60% der Väter die Kontakte zu ihren Kindern nach der Scheidung reduzieren oder sie sogar ganz einstellen. Studien aus dem deutschen Sprachraum bestätigen diese Tendenz (vgl. Nave-Herz, 2002). In der Zeit, die die Väter mit ihren Kindern verbringen, versuchen sie, mit Freizeitaktivitäten die Beziehung so attraktiv wie möglich zu gestalten. Dennoch scheint die Herstellung einer «sozialen Elternschaft auf Abstand» schwer zu leisten, da es mangels alltäglicher Erfahrung und Vertraulichkeit zu Defiziten in der Kommunikation kommen kann. Ungeachtet dessen weisen mehrere Studien darauf hin, dass der leibliche, nicht sorgeberechtigte Elternteil ein bedeutender Faktor im Leben der Kinder bleibt, selbst wenn nur seltene Kontakte bestehen (Wallerstein & Kelly, 1980). Daran ändert auch eine Wiederheirat der Mutter und der hinzutretende Stiefvater nichts. Allerdings existieren bis heute kaum empirische Studien, die sich explizit der Veränderung der Vater-Kind-Beziehung nach der Wiederheirat der Mutter widmen (vgl. Ganong & Coleman, 1994).

Zusammenfassend kann man feststellen, dass multiple Vaterschaft unterschiedlich gelebt werden kann. Kinder scheinen durchaus bereit und fähig zu sein, unter bestimmten Voraussetzungen mehreren Personen, biologischen und sozialen Eltern, elterliche Rollen zuzuschreiben, ihnen elterliche Funktionen der Betreuung und Erziehung zuzugestehen und zu ihnen eine emotionale Beziehung aufzubauen. Zudem bedeuten mehrere Elternpersonen für das Kind vielfältigere Anregungen und neue Erfahrungen. Zum Gelingen multipler Vaterschaft tragen gegenseitige Achtung aller Elternpersonen, Fähigkeit der leiblichen Elternteile, konstruktiv miteinander zu kommunizieren, Berücksichtigung des Kindeswohls bei der Wahl des zweiten Partners sowie die Bereitschaft bei, die neuen Beziehungen langsam zu entwickeln (Wilk, 1999). Derart können Stieffamilien, wie das Stich (1993) formuliert hat, ganz normal anders sein. Denn je mehr sie sich erlauben können, ihren eigenen Lebensstil zu entwickeln, der ihren vielfältigen Beziehungen gerecht wird, und je weniger ihre Umwelt sie ständig am Modell der «intakten» Kernfamilie beurteilt, umso größer sind ihre Chancen.

Weiterführende Literatur

Balloff, R. (2004). *Kinder vor dem Familiengericht*. München: Reinhardt.

Dettenborn, H. (2001). *Kindeswohl und Kindeswille. Psychologische und rechtliche Aspekte*. München: Reinhardt.

Dettenborn, H. & Walter, E. (2002). *Familienrechtspsychologie*. München: Reinhardt/UTB.

Hetherington, E.M. (Ed.) (1999). *Coping with divorce, single parenting, and remarriage. A risk and resilience perspective*. Mahwah, NJ: Erlbaum.

Hetherington, E.M. & Kelly, J. (2003). *Scheidung. Die Perspektiven der Kinder*. Weinheim: Beltz.

Hofer, M., Wild, E. & Noack, P. (Hrsg.) (2002). *Familienbeziehungen. Eltern und ihre Kinder in der Entwicklung*. Göttingen: Hogrefe.

Klosinski, G. (2004). *Scheidung – Wie helfen wir den Kindern?* Düsseldorf: Patmos.

Walper, S. & Schwarz, B. (Hrsg.) (1999). *Was wird aus den Kindern? Chancen und Risiken für die Entwicklung von Kindern aus Trennungs- und Stieffamilien*. Weinheim: Juventa.

8 Erziehung in Familien ausländischer Herkunft

Es gibt kaum mehr ein Land, das nicht von Arbeitswanderung oder Flüchtlingsbewegung betroffen ist. Migration ist im Zuge der europäischen Vereinigung, der Globalisierung der Märkte und der Wanderungs- und Flüchtlingsbewegungen zur großen Herausforderung für moderne Nationalstaaten geworden (vgl. Hoffmann-Nowotny, 1993). So lebten 1999 bereits 7,3 Mio. ausländische Männer und Frauen in Deutschland; ihr Bevölkerungsanteil betrug 8,9 % (Engstler & Menning, 2003). Dabei hat die Migrationsforschung weitgehend übersehen, dass Migration ein «Familienprojekt» ist. Zudem kann sich Migration über mehrere Generationen erstrecken und der Generationenabstand wird immer wieder durch transnationale Heiraten erzeugt (Straßburger, 1998). Schließlich unterscheiden sich Familien ausländischer Herkunft nach ihrem kulturellen Hintergrund, ihren Migrationserfahrungen, ihrem aufenthaltsrechtlichen Status und ihrer Integration in der jeweiligen Aufnahmegesellschaft (Booth, Crouter & Landale, 1997). Daraus ergeben sich differenzierte Prozesse der familiären Akkulturation und entsprechend vielschichtige Erziehungsrealitäten. Was die Besonderheiten der Familie ausländischer Herkunft, wie sie in Deutschland leben, kennzeichnet, mit welchen spezifischen Problemlagen Kinder und Jugendliche ausländischer Eltern in Deutschland aufwachsen und welche Herausforderungen sich der elterlichen Erziehung stellen, mit diesen Themen wird sich dieses Kapitel beschäftigen.

8.1 Die Lebenssituation von Familien ausländischer Herkunft

Orientiert man sich an den Lebensformen der Bevölkerung ausländischer Herkunft, dann ist festzuhalten, dass im Jahr 2000 fast drei Viertel aller Ausländer/-innen in Deutschland (71,6 %) *Familienhaushalte mit Kindern* waren (Engstler & Menning, 2003). Dieser Wert liegt viel höher als bei den Deutschen, von denen nur etwa die Hälfte (53,3 %) in einem Haushalt mit Kind(ern) lebte. Die stärkere Verbreitung des Lebens in einem Haushalt mit Kindern bei Ausländern wird zum einen durch die jüngere Altersstruktur der ausländischen Bevölkerung, zum anderen durch eine höhere Geburtenhäufigkeit ausländischer Frauen verursacht. Des Weiteren liegt der Anteil von Familien, in denen nur ein Kind im Haushalt lebt, bei Ausländern mit 43,4 % aller Familien mit Kindern deutlich niedriger als bei deutschen Familien (51,2 %). Dafür haben Familien ausländischer Herkunft häufiger große Familien mit drei und mehr Kindern (19,7 %) als deutsche Familien (11,7 %). Sodann sind 86,1 % aller ausländischen Familien mit Kind(ern) Ehepaar-Familien, wogegen das bei den deutschen Familien mit Kind(ern) nur 78,4 % sind. In nichtehelicher Lebensgemeinschaft leben ca. 15 % der ausländischen Eltern (gegenüber 6,2 % der deutschen Eltern). 11,9 % der ausländischen Familien sind Alleinerziehende; auch dieser Wert liegt unter dem der deutschen Gesamtbevölkerung von 15,4%. Außerdem bestanden im Jahr 2000 je 2% aller Ehen in Deutschland aus einer ausländischen Ehefrau und einem deutschen Ehemann bzw. einem ausländischen Ehemann und einer deutschen Ehefrau. Während der Anteil der Ehepaare mit Kind(ern) bei deutschen Ehepaaren nur bei 48,6% lag, war dieser Wert für die *binationalen Ehepaare* mit 58,4% (Ehefrau Ausländerin) bzw. 61,3% (Ehemann Ausländer) deutlich höher. Er lag jedoch unter dem Wert für Ehepaare, bei denen beide Partner eine ausländische Staatsangehörigkeit haben (72,8%).

Wie der 6. Familienbericht des BMFSFJ (2000) zeigt, ist in Familien ausländischer Herkunft – zusätzlich zur Gestaltung des alltäglichen Familienlebens – die Aufgabe zu lösen, sich in einer anderen Kultur zurechtzufinden, und eine Balance zwischen Assimilation und Ethnizität zu erreichen (Gemende, 1997). Dabei wird unter *Assimilation* der Prozess der einseitigen und graduellen Angleichung der Zuwanderer an die Aufnahmegesellschaft verstanden, wogegen *Ethnizität* als die gefühlsmäßige Zugehörigkeit, verbunden mit einem bestimmten Identitäts- und Solidarbewusstsein zu einer bestimmten ethnischen Gruppe von Menschen verstanden wird. Derart müssen Familien ausländischer Herkunft – unter den jeweiligen gesellschaftlichen Bedingungen – diese Balancierung bewältigen.

Zu diesen Bedingungen zählt die kulturelle Distanz zwischen Herkunfts- und Aufnahmegesellschaft, worunter die strukturelle Gleichheit versus Ungleichheit zwischen den ökonomischen, sozialen und demographischen Merkmalen der beiden Gesellschaften fällt. Dabei steigt im Allgemeinen die Motivation der Menschen, ihr Land zu verlassen, in dem Maße, in dem sich Menschen an Lebenswerten des modernen westlichen Kapitalismus Europas und Nordamerikas orientieren und diese Werte in ihren Ländern nicht erfüllt oder erfüllbar sehen (Hoffmann-Nowotny, 1993).

In der Migrationsforschung werden entsprechende Faktoren als Pull-Push-Faktoren, die die Menschen aus den Herkunftsländern «herausdrücken» und in den Zielländern «anziehend» wirken, bezeichnet. Dazu zählen ebenso die Entfernungen zwischen den Ländern und Regionen, wie auch die Möglichkeiten, diese zu überwinden, sowie die Einwanderungspolitik und das Einwanderungsrecht im Zielland. Außerdem können materieller Wohlstand, soziale Sicherheit und politische Freiheit Motive sein, das eigene Land zu verlassen bzw. in ein anderes zu immigrieren.

Innerhalb der Aufnahmekultur tragen Pluralisierungs- und Individualisierungstendenzen postmoderner Einwanderungsgesellschaften zur spezifischen Differenzierung der Ausländer bei, sodass die Gruppe der Ausländer keineswegs eine homogene soziale Gruppe darstellt. Zeitreihenvergleiche aus der Statistik der ausländischen Bevölkerung in den alten Bundesländern lassen vermuten, dass Einwanderer die Merkmale der Postmoderne wie den «Kult der Jugendlichkeit» ebenso pflegen wie den Individualismus, die Familie mit geringer Kinderzahl oder das Tempo der großstädtischen Metropolen. Derart macht sich der differenzierende Einfluss postmoderner Gesellschaften bei der sozialen Schichtung der Einwanderer bemerkbar, bei der Berufstätigkeit der ausländischen Frau, im Verhältnis der Generationen und Geschlechter zueinander, in den Eltern-Kind-Beziehungen, im elterlichen Erziehungsverhalten und im Heirats- und Trennungsverhalten der Partner (vgl. BMFSFJ, 2000).

Dabei ist der Bedeutung der Ehefrauen und Mütter für den Verlauf und das Gelingen der Akkulturation von Familien ausländischer Herkunft in der familien- und migrationspolitischen Diskussion noch zu wenig Rechnung getragen worden (vgl. BMFSFJ, 2000). So gestalten Frauen und Mütter den Eingliederungsprozess aktiv mit, und von ihren Ressourcen hängt es letztlich ab, in welche Richtung sich der Eingliederungsprozess der gesamten Familie entwickelt und wie nachhaltig die Anpassung der Familie in ihre Aufnahmekultur erfolgt. Entsprechend zeigen projektbezogene Erfahrungen bedeutend höhere Erfolge dort, wo Mütter und Kinder parallel lernen (Süssmuth, 2001). Eine einseitige Ausrichtung von Integrations- und entsprechenden Bildungsbemühungen auf die Bereiche Kindergarten, Vorschule und Schule reicht nicht aus. Wenn Mütter aus fremdkulturellen Kontexten zeitlich parallel zu den Angeboten für ihre Kinder in Sprachangebote einbezogen werden, entspannen sich auch Belastungen bei Kindern und Eltern sowie zwischen ihnen; entsprechend sollte die Sprachkompetenz der Mütter nachdrücklich gefördert werden (Süssmuth, 2001). Deshalb sind aus familienpolitischer Sicht alle Maßnahmen, die zur Stärkung der Fähigkeiten von Frauen und Müttern beitragen, zugleich ein wirksames Mittel zur Bewältigung familiärer Integration. Folgerichtig machen Integrationsmaßnahmen einen *familiensystemischen* Ansatz notwendig.

Im Übrigen sind auch die intergenerativen Beziehungen in Familien ausländischer Herkunft aus mindestens zweierlei Gründen für das Verständnis der Familien ausländischer Herkunft von besonderer Bedeutung (vgl. BMFSFJ, 2000). Zum einen stammen die meisten Familien ausländischer Herkunft aus Gesellschaften ohne ausgebautes staatliches System sozialer Sicherheiten. Deshalb werden alle Sozialleistungen und alle Absicherungen gegen die Risiken des Lebens unmittelbar zwischen den Generationen und durch Generationenbeziehungen erbracht. Zum anderen hat die Migrationssituation selbst unmittelbare Auswirkungen auf die Generationenbeziehungen.

Im Kulturvergleich wird in Bezug auf kulturelle Unterschiede in den Generationenbeziehungen immer wieder als zentrale Dimension der Ausgestaltung eine ökonomisch-utilitaristische gegenüber einer psychologisch-emotionalen Erwartungshaltung betont (Nauck & Schönpflug, 1997). Ökonomisch-utilitaristische Erwartungen gegenüber Kindern beinhalten etwa die frühe Mithilfe im Familienhaushalt, die spätere Hilfe, Sorge und Unterstützung im Alter und die finanzielle Unterstützung nach Beendigung der Arbeitstätigkeit oder im Falle von Krankheit, Not und Arbeitslosigkeit. Demgegenüber betonen psychologisch-emotionale Erwartungen an Kinder die Bereicherung des eigenen Lebens durch Kinder, die Selbsterfahrung in der Elternrolle oder den Aufbau einer Lebensspannenübergreifenden emotionalen Beziehung.

Zwar finden sich in allen Gesellschaften immer beide Dimensionen in der Eltern-Kind-Beziehung, jedoch ergeben sich im Vergleich der Kulturen enorme Unterschiede in der Wertigkeit. In Wohlstandsgesellschaften mit hohen Sozialleistungen ist denkbar, dass mehrheitlich psychologisch-emotionale Erwartungen bei der Entscheidung für die Übernahme elterlicher Verantwortung relevant sind. Demgegenüber werden in Armutsgesellschaften ohne sozialstaatliche Leistungen immer wieder Nützlichkeitserwägungen bei der Entscheidung zur Elternschaft vordergründig sein.

In diesem Zusammenhang existiert mit dem *Values of Children-Ansatz* (das ist der Wert, den Eltern ihren Kindern zuschreiben) ein Erklärungsrahmen für das Verständnis interkultureller Unterschiede, z.B. im intergenerativen Verhalten oder in der Ausgestaltung der Eltern-Kind-Beziehung (vgl. Nauck & Kohlmann, 1998). Solche Unterschiede reflektieren in besonderer Weise, inwiefern in den jeweiligen Kulturen Kinder bedeutsame «Zwischengüter» für die Erlangung von materieller Sicherheit und sozialer Anerkennung darstellen. Beispielsweise finden in Deutschland Kinder die stärkste Zustimmung zu psychologisch-emotionalen Werten bei Eltern türkischer Herkunft (bei den Vätern 99%, bei den Müttern 96% volle Zustimmung); bei deutschen Vätern geben 82% und bei den deutschen Müttern 86% ihre volle Zustimmung ab (BMFSFJ, 2000). Wesentlich stärker unterscheiden sich die Herkunftsnationalitäten danach, ob Kinder als Hilfe im Alter wahrgenommen werden. Die geringsten diesbezüglichen Erwartungen haben die deutschen Väter mit 9% Zustimmung, gefolgt von den deutschen Müttern mit 11% Zustimmung. Türkische Väter stimmen demgegenüber zu 73%, türkische Mütter zu 68% zu.

Daraus lässt sich ableiten, dass sich Familien türkischer Herkunft dadurch kennzeichnen lassen, dass ökonomisch-utilitaristische Erwartungen an intergenerative Beziehungen eine deutlich größere Bedeutung besitzen als in deutschen Familien; allerdings zeigen sich im innerdeutschen Ost-West-Vergleich Unterschiede in den generationenspezifischen Werthaltungen. Gleichzeitig geht diese Erwartung nicht mit einer verminderten Bedeutung der psychologisch-emotionalen Werte einher. Vielmehr scheinen in Familien türkischer Herkunft, und ähnliches lässt sich in vietnamesischen Familien beobachten, die Generationenbeziehungen eine multifunktionale Bedeutung zu haben, statt, wie in deutschen Familien, auf ihre emotionale Dimension reduziert zu sein (vgl. Nauck & Schönpflug, 1997).

8.2
Akkulturation und Strukturwandel der Familie

In modernisierungstheoretisch orientierten Ansätzen zur Untersuchung von Veränderungen der Strukturen von Familien ausländischer Herkunft wird der Migration eine katalysatorische Funktion zugemessen (Hoffmann-Nowotny, 1993). Hierbei liegt die Annahme zugrunde, dass zum einen zwischen Herkunfts- und Aufnahmegesellschaft ein Modernisierungsgefälle besteht, so dass Migration für die betroffenen Familien die Entwicklungsaufgabe der Bewältigung dieses Modernisierungsrückstandes beinhaltet; zum anderen wird wegen des unterschiedlichen biographischen Zeitpunktes der Migration eine unterschiedliche Intensität des sozialisatorischen Einflusses von Herkunfts- und Aufnahmegesellschaft auf die Wanderungs- und Folgegeneration als bedeutsame Erklärung von Einstellungs- und Verhaltensunterschieden zwischen beiden angenommen. Um die Bewältigung der Migrationsanforderungen zu verstehen, die Familien zu leisten haben, ist immer noch das Fünf-Phasen-Modell von Sluzki (1979) gültig.

Vorbereitungsphase. In der Vorbereitungsphase trägt sich die Familie im Herkunftsland mit dem Gedanken, ihr Heimatland zu verlassen. Dabei kann ein großer Druck innerhalb der Familie entstehen, um diese Entscheidung gemeinschaftlich zu treffen. Die Gefühle können zwischen Euphorie und Angst vor der Zukunft schwanken.

Durchführung der Migration. Eine Familie wandert in aller Regel nicht geschlossen aus, sondern der Vater wandert meist (mitunter zusammen mit dem ältesten Kind) als Erster aus. Danach werden die Frau und andere Kinder nachgeholt. Nicht ausgeschlossen ist auch der Nachzug anderer Familienangehöriger und Bekannter. In der Migrationsforschung bezeichnet man dieses Phänomen als Kettenwanderung (Gemende, 1997). Hilfreich in dieser Phase sind bereits im Aufnahmeland sich befindliche Verwandte, Freunde und/oder Angehörige aus derselben ethnischen Gruppe.

Phase der Überkompensation. Migranten versuchen auftretende Defizite und Spannungen über eine gewisse Zeit auszugleichen oder abzuwehren. Sie erleben sehr intensiv die Konfrontation ihrer eigenkulturellen Interaktions- und Kommunikationsstrukturen mit den für sie ungewohnten Strukturen des Aufnahmelandes. Dazu zählen Erfahrungen mit Ausländerfeindlichkeit, Diskriminierungen und Benachteiligungen im Umgang mit Ämtern, Schulen usw. Zur Konfliktabwehr ziehen sich die Familien häufig in die eigene ethnische Gruppe zurück und akzentuieren ethnische Verhaltensmuster, die sie in ihren Herkunftsländern nicht mehr so intensiv praktiziert haben (z. B. Tragen des Kopftuches). In aller Regel wird trotz Zweifel, Unsicherheit und Angst an der Überzeugung festgehalten, das Leben in der Migration nicht zu gefährden. Ethnische oder generationale familiale Bindungen können hierbei stabilisierend wirken. Umgekehrt können generationale Unterschiede etwa zwischen Eltern und ihren Kindern die Spannungen innerhalb der Familie verstärken.

Phase der Dekomposition. Konflikte und Spannungen können in dieser Phase offen ausbrechen. Im Prozess der Migration können sich die kulturellen und traditionellen Machtverhältnisse in Familien ausländischer Herkunft auf den Kopf stellen. Die Rollen in der Familie müssen neu definiert, durchgesetzt und eingeübt werden, und es muss längerfristig eine Balance zwischen Assimilation und Ethnizität gefunden werden.

In diesem Zusammenhang unterscheidet die kulturvergleichende Forschung zwischen einer Individual- und einer Gruppenebene der Akkulturation (vgl. Schönpflug, 2003). In diesem Kapitel beschränke ich mich auf die *psychologische*

Akkulturation, ein Begriff, der von Graves (1967) eingeführt worden ist. Er versteht darunter die psychologischen Veränderungen von Individuen durch die Kulturkontaktsituation. Dazu zählen vor allem die Veränderungen der persönlichen Ressourcen durch den Kulturkontakt, die bei der Bewältigung von Anforderungen hilfreich und nützlich sind (z.B. Bildung, Intelligenz, Gesundheit). In diesem Zusammenhang nimmt Berry (1997) an, dass Individuen (oder Gruppen) Orientierungen darüber haben, in welcher Beziehung sie zu anderen Gruppen oder deren Mitglieder stehen wollen. Diese *Akkulturationsorientierungen* ergeben sich aus der Perspektive der jeweiligen Gruppenmitglieder bezüglich zweier Fragestellungen: Erstens der Überzeugung, ob ethnische oder kulturelle Unterschiede zwischen Gruppen, d.h. ihre kulturelle Identität, in einer Gesellschaft bewahrt oder aufgegeben werden sollten. Zweitens dem Wunsch nach Kontakt mit der jeweils anderen Gruppe oder nach Abgrenzung von dieser.

Berry, Poortinga, Segall und Dasen (1992) gehen davon aus, dass beide Fragen auf kontinuierlichen Skalen beantwortet werden können. Zur Vereinfachung nehmen sie an, dass man die Antworten auf die Fragen, ob die jeweils eigene kulturelle Identität bewahrt werden soll und ob Kontakt mit der anderen Gruppe erwünscht ist, dichotomisieren kann. Daraus ergeben sich die in **Abbildung 8.1** dargestellten Akkulturationstypen.

Dabei bezeichnet *Assimilation* einen Akkulturationsprozess, in dessen Verlauf eine Minderheit die eigene Kultur vollständig zugunsten der fremden Mehrheitskultur aufgibt. *Integration* bedeutet die Beibehaltung eines bestimmten Maßes kultureller Integrität beider Gruppen, gleichzeitig aber auch Bewegung hin zur jeweils anderen Kultur mit dem Ergebnis eines gemeinsamen kulturellen Rahmens. Vertreten alle beteiligten ethnischen Gruppen eine solche Akkulturationsorientierung, entsteht eine multikulturelle Gesellschaft (Berry, 1997). Multikulturalismus antizipiert demnach ein neues gesellschaftliches Bewusstsein, das die Integration von Migranten nicht als weitestgehende Assimilation einfordert, sondern den Migranten einen Spielraum der kulturellen Identitätswahrung insoweit eröffnet, als auch die Aufnahmegesellschaft in einer interkulturellen Auseinandersetzung ihre Kulturidentität einer gemeinsamen neuen Identitätsfindung aussetzt. Demgegenüber liegt eine *Segregation oder Separation* vor, wenn die Gruppenmitglieder die Beibehaltung der eigenen kulturellen Identität anstreben und kein Verlangen nach substanzieller Interaktion mit der anderen Kultur zeigen. Geht dieser Wunsch nach kultureller Abgeschiedenheit von der dominanten Gruppe aus

		Aneignung der Kultur der Aufnahmegesellschaft	
		wichtig	unwichtig
Beibehaltung der eigenen Kultur	wichtig	Integration	Separation
	unwichtig	Assimilation	Marginalisierung

Abbildung 8.1: Haupttypen der Akkulturation (nach Berry, 1997)

und hält sie die andere Gruppe auf Distanz, ist dies ein Fall von Segregation. Wird das Ziel dagegen von der Minderheit verfolgt, so spricht man von Separation, was in Ausgrenzungen, ethnischen Cliquen- und Ghetto-Bildungen mündet. *Marginalisierung* schließlich bedeutet die Aufgabe der Herkunftskultur ohne Annahme einer neuen. Es wird wenig Interesse gezeigt, die Ursprungskultur beizubehalten, gleichzeitig besteht auch kein Interesse an der anderen Kultur. Vermutlich wird Marginalisierung als Akkulturationsorientierung relativ selten vorzufinden sein, wie Berry (1997) vermutet. Auch scheint für das Zusammenleben der verschiedenen größeren ethnischen Gruppen in Deutschland Marginalisierung als Zielvorstellung keine wesentliche Rolle zu spielen (Van Dick, Petzel & Wagner, 1997). Des Weiteren können diese Akkulturationsorientierungen bereichsspezifisch variieren und bringen nicht nur Unterschiede in personenbezogenen Präferenzen zum Ausdruck, sondern hängen von den Erfahrungen mit Handlungsopportunitäten und -barrieren in der Aufnahmegesellschaft zusammen (vgl. Schönpflug, 2003).

Empirische Befunde sprechen im Allgemeinen dafür, dass Marginalisierung und Separation mit höheren Belastungen verbunden sind als Integration und Assimilation (z. B. Berry & Kim, 1988; Morgenroth & Merkens, 1997). Dabei geht eine Migration im Familienverband mit geringeren Belastungen einher als eine Migration als Einzelperson, da sich Familien in dieser Situation unterstützen können (vgl. Booth, Crouter & Landale, 1997). Trotzdem besteht das Risiko, dass Familien bzw. einzelne Familienmitglieder, die den Prozess der Akkulturation nicht bewältigen, zerfallen, in die Kriminalität abrutschen oder krank werden (vgl. Koch, Özek & Pfeiffer, 1995; Schmitt-Rodermund & Silbereisen, 2002). Des Weiteren wird angenommen, dass Wohlbefinden und gelingende Entwicklung generell am besten durch Integration gefördert werden (z. B. Berry & Kim, 1988; Bourhis, Moise, Perreault & Senécal, 1997).

Allerdings existieren auch Befunde, wonach eine integrative Akkulturation mit einem höheren Ausmaß an jugendlichem Problemverhalten einhergeht (z. B. Buriel, Calazada & Vasquez, 1982; Chun, Balls Organista & Marin, 2003; Samaniego & Gonzales, 1999; Wall, Power & Arbona, 1993). Besonders *dysfunktional* sind die durch die jugendlichen Autonomiebestrebungen motivierten Integrationsbemühungen, wenn sie mit einer Abwendung von einer Herkunftsfamilie einhergehen, die den familiären Zusammenhalt betont. McQueen, Getz und Bray (2003) belegen in ihrer Längsschnittstudie, dass Separation (von der Familie) und familiäre Konflikte den Zusammenhang zwischen Akkulturation und Problemverhaltensweisen (z. B. Alkohol-, Tabak- Marijuanakonsum und deviantes Verhalten) vermitteln. Dabei steigt das familiäre Konfliktniveau mit der Diskrepanz zwischen dem Akkulturationsniveau der Eltern und jenem ihrer jugendlichen Kinder. Für die Prävention bedeuten solche Befunde, dass mit Eltern ausländischer Herkunft und Schulen die Bestrebungen jugendlicher Autonomie thematisiert werden müssen. Dabei soll aufgezeigt werden, wie gleichzeitig die emotionale Verbundenheit mit den Eltern, die nicht selten an der familiären Einbindung ihrer jugendlichen Kinder interessiert sind, gesichert werden kann (z. B. Noack & Puschner, 1999).

Folgt man Zimmer (1986) weiter, so gibt es wiederum historische und internationale Belege dafür, dass nach einer verunsicherten ersten Generation von Zuwanderern die zweite Generation zu (Über-)Anpassung bzw. Assimilation an die Maßstäbe des Aufnahmelandes neigt und erst die dritte Generation sich bewusst auf eigene ethnische Werte besinnt und für deren Erhalt eintritt. Ob diese Besinnung auf die eigene ethnische Herkunftsidentität die Form eines «Rückwendungs»-Effekts (Isajiw & Makabe, 1997) bzw. einer «reaktiven Ethnizität» (Nieke, 2000) oder gar einer assimilativen Resistenz annimmt oder aber Teil einer multikulturellen Identität werden kann, ob also Jugendliche aus Migrantenfamilien der dritten Generation, die vielfach genauso behandelt werden möchten wie ihre Gleichaltrigen aus der Majoritätskultur (Uslucan, 2000), auch tatsächlich genauso behandelt werden, wird in hohem Maße von den gesellschaftlichen Rahmenbedingungen abhängen, die diese Generation im Aufnahmeland vorfindet, in das sie bereits hineingeboren sind (vgl. Ward, 1996).

8.3
Familie als Ort bi-kultureller Konflikte und kulturellen Lernens

Migration ist in aller Regel ein «Familienprojekt», das nicht mit einer Generation abgeschlossen ist. Zudem funktionieren Familiennetzwerke in Migrationsfamilien transnational; sie bilden die wichtigsten Anknüpfungspunkte für soziale Beziehungen und müssen, weil sie zur Akkulturation in der Aufnahmegesellschaft beitragen, gepflegt werden. Deshalb ist anzunehmen, dass sich der mit der Migration verbundene «ökologische Übergang» (Bronfenbrenner, 1986) von einer Herkunfts- in eine Aufnahmegesellschaft als nicht-normativer Einschnitt in den Lebenslauf auffassen lässt, der Neuorientierung und Bewältigung von Verlusten sowie neuen Herausforderungen verlangt. Aufgrund der neuen kulturellen Gegebenheiten ist deshalb eine Reorganisation des Familiensystems zu erwarten (vgl. Booth, Crouter & Landale, 1997; Nauck & Schönpflug, 1997).

Dabei bewegen sich die Kinder immigrierter Familien im Prozess der Akkulturation in aller Regel zwischen zwei Kulturen: in der Herkunftskultur ihrer Eltern und in der Mehrheits-Kultur des Aufnahmelandes, das sich im Leben der Immigrantenkinder hauptsächlich über die Schule und die Gruppe der Gleichaltrigen manifestiert. Dort werden die Kinder mit Inhalten, Wertvorstellungen und Rollenverständnissen der für sie neuen Kultur konfrontiert und erleben das, was als *«bi-kulturelle Probleme»* bezeichnet wird (García Coll & Magnuson, 1997). Auch den Eltern wird häufig erst durch die Kinder so richtig bewusst, dass sie im Prozess der Akkulturation bestimmte Entscheidungen zwischen Assimilation und Ethnizität treffen müssen. Nicht selten stehen die von den Eltern auf die Kinder ausgehenden Einflüsse in wesentlichen lebensthematischen Bereichen (mit jedoch erheblichen ethnischen Differenzen) im Widerspruch zu den außerfamiliären Einflüssen (z. B. Sexualität, Geschlechtsrolle, Autonomie). Daraus können sich erhebliche Konflikte zwischen den Generationen ergeben, weil Eltern und Kinder in teils unterschiedlichen Kulturen sozialisiert werden bzw. wurden.

Beispielsweise tendieren türkische Eltern, wie Schiffauer (2001) in seinen Fallanalysen zeigt, schnell dazu, unliebsame Aktivitäten ihrer Kinder als «Verdeutschung» zu interpretieren, wogegen dasselbe Verhalten von Lehrern als Verhaftetsein in der türkischen und islamischen Kultur gedeutet wird. Dabei ist entscheidend, dass solche Einschätzungen mit Wertungen und Ablehnungen verbunden sind. Die komplexe bi-kulturelle Situation besonders jugendlicher Türken aus Einwandererfamilien wird nicht nur nicht wahrgenommen; die Kompromisse, die sie erzwingt, werden auch problematisiert und abgewertet. Viele türkische Kinder sehen sich in dieser Situation gezwungen, im Elternhaus «die Deutschen» und in der Schule den Islam bzw. die «türkische Kultur» zu verteidigen. Da aber die Kenntnisse beider Seiten übereinander rudimentär und stereotyp sind, müssen sie das häufig mit den falschen Argumenten tun. Nicht selten finden sie sich in der Lage, in der sie zur Unwahrheit greifen müssen, um die Wahrheit zu sagen. Dies ist eine sehr schmerzhafte Situation. Obgleich sie linguistisch in zwei Sprachen kompetent sind, können sie nicht von einem Kulturkontext in den anderen übersetzen, weil alles auf der falschen Interpretationsfolie gedeutet wird (Schiffauer, 2001). Sie finden sich dann, wie es der Titel eines der besten Beschreibungen der Sprachlosigkeit bei Eingewanderten fasst, «lost in translation» (Hoffmann, 1993). In der Folge erfahren viele Türken, die im Jugendalter zunehmend ihre relativ geschützte Sphäre von Familie und Elternhaus verlassen, eine gesellschaftliche Zurückweisung. Sie werden von jener Gesellschaft abgelehnt, der man zugehören möchte und wird auf jene Kultur zurückgewiesen, aus der man ausbrechen wollte. Der daraus resultierende Konflikt kann, wie Schiffauer (2001) vermutet, zahlreiche Formen annehmen: Rückzug und Depression, Aggression oder auch Identifikation mit radikalen Oppositionsgruppen.

Kinder sind demnach nie lediglich passive Empfänger kultureller Werte und Normen, sondern in jeder Kultur aktive Lerner, die nicht selten auf ihre (familiäre) Umwelt und somit auf die jeweiligen kulturellen Kontexte einwirken (Super & Harkness, 1997). Derart kann manchmal auch die jüngere Generation ihr Wissen an die ältere weitergeben. In solchen «präfigurativen» Kulturen (Mead, 1974) machen Kinder und Jugendliche viele neuartigen Erfahrungen. Sie erwerben eine bi- oder interkulturelle Kompetenz und können so zu Vermittlern zwischen dem Neuen und der alten Kultur ihrer Eltern werden. Die Erfahrungen der Eltern können in diesem Fall für die Entscheidungen der nachfolgenden Generation häufig nicht mehr handlungsleitend sein. Dabei wachsen Kinder in ihren Familien in neue Rollen hinein. Kinder haben mehr und mehr das Privileg, an Informationen heranzukommen, die für sie sonst nicht zugänglich wären.

Derart können Kinder mehr und mehr in die Rolle von «Brückenbauern» für ihre Eltern hineinwachsen, übernehmen sogar aufgrund ihrer gegenüber den Eltern höheren bi-kulturellen, besonders auch sprachlichen Kompetenzen, elterliche Aufgaben im Umgang etwa mit Institutionen, Behörden usw. Zusätzliche Probleme können sich für Kinder daraus ergeben, dass sie sich – aufgrund ihrer schulischen Sozialisation im Einwanderungsland – vermutlich rascher als ihre Eltern mit einem «bi-kulturellen Konflikt» auseinandersetzen müssen (García Coll & Magnuson, 1997). Kinder sehen sich unter dem Druck, sich in der schulischen Sozialisation rasch an die Kultur des Einwanderungslandes zu akkulturieren, verlieren aber gleichzeitig ihre sozialisatorischen Bindungen an ihre Herkunftskultur. Folglich bilden (Schul-)Kinder für ihre Eltern ein Medium der Vermittlung zwischen der Kultur des Herkunfts- und des Einwanderungslandes und vermögen derart die Eltern in ihrer Akkulturation zu unterstützen.

Allerdings kann sich innerhalb der Familie eine *Inkonsistenz im Status* ergeben, die darin begründet ist, dass Kinder eine Position einnehmen, die den üblichen Rollenerwartungen entgegengesetzt ist, weshalb elterliche Autorität reduziert werden kann (vgl. García Coll & Magnuson, 1997). In der Folge können sich Eltern ausländischer Herkunft in der Erziehung überfordert fühlen. Vor allem ältere Kinder und Jugendliche erleben Konflikte ihrer Eltern als Schwächen und beginnen damit, die elterliche, besonders die väterliche Autorität aufzuweichen. Autoritäre Erziehungspraktiken der Eltern mögen in der Herkunftsgesellschaft tradierte und damit funktionale Erziehungspraktiken (gewesen) sein, erweisen sich aber in der Aufnahmekultur häufig als dysfunktional und für eine gelingende Akkulturation der Familie hinderlich (BMFSFJ, 2000).

Die Konsequenz ist, dass derartige Familienkonstellationen, in denen Kinder die Autorität über ihre Eltern haben, für die Familienmitglieder sehr belastend sein können. Entsprechende bi-kulturelle Konflikte können sich besonders in den Bereichen Sexualität, Identität, Engagement für Bildung, Autonomie und gegengeschlechtliche Freundschaften manifestieren (vgl. García Coll & Magnuson, 1997). Demgegenüber meint Nauck (1998), dass Konflikte zwischen Eltern und Kindern in Migrationsfamilien nicht häufiger vorkommen als in Familien, die nicht ausgewandert sind. Zwar haben Eltern und Kinder aus Migrantenfamilien im Hinblick auf jugendrelevante Fragen wie Fernsehen, Sexualität oder Rauchen durchaus unterschiedliche Auffassungen; dennoch sind Konflikte selten (Fuligni, 1998).

Wenn, wie Nauck (1998) vermutet, Konflikte trotz unterschiedlicher Meinungen zwischen eingewanderten Jugendlichen und ihren Eltern eher selten sind, könnte das daran liegen, dass der Einfluss der Eltern schwindet. Interethnische Beziehungen sind bei der Elterngeneration kaum vorhanden, wohingegen sie unter türkischstämmigen Jugendlichen einen großen Anteil aller Freunde ausmachen (Nauck & Kohlmann, 1998). Beispielsweise finden sich auch bei jüngeren Aussiedlern mit längerem Aufenthalt und unabhängig vom Lebensalter zunehmend mehr Aktivitäten außerhalb der Familie, weshalb die Schnittmenge gemeinsam verbrachter Zeit und gemeinsamer Erfahrungsbereiche zwischen zugewanderten Eltern und Kindern kleiner wird (Schmitt-Rodermund & Silbereisen, 2002). Dabei dürften die interethnischen Kontakte die Integration bzw. ein Fehlen entsprechender Kontakte die Marginalisierung in der Aufnahmekultur für Jugendliche, wie Kecskes (2003) an türkischstämmigen Jugendlichen zeigen kann, fördern. Obgleich die elterliche Autorität mehrheitlich als unumstößlich betrachtet wird, scheint der Einfluss der Väter insgesamt geringer und Jugendliche gewinnen Macht und Einfluss in ihren Familien (vgl. Schmitt-Rodermund & Silbereisen, 2002).

Umgekehrt lässt der Befund von Pfeiffer und Wetzels (2000) aufhorchen, dass in allen Formen der *innerfamiliären Gewalt* Familien ausländischer Herkunft in Deutschland im Unterschied zu deutschen Vergleichsgruppen höhere Werte zeigen. Besonders fällt auf, dass im innerethnischen Vergleich in Deutschland die innerfamiliäre Gewalt in Familien türkischer Herkunft deutlich höher ist als in allen anderen Gruppen. Außerdem sind Jugendliche aus Familien türkischer Herkunft auch bei kriminellen Mehrfachdelikten am höchsten belastet (Pfeiffer, 2001). Trotzdem scheinen Migrantenkinder und -jugendliche weniger unter ihren Eltern zu leiden, als vielmehr unter der Schwierigkeit, die Widersprüche zwischen familiären Anforderungen und Ansprüchen ihrer Umwelt zu bewältigen; viele Jugendliche fühlen sich ihren Familien verbunden und gleichzeitig von ihnen unverstanden. Sie leiden unter den sozialen Konflikten, die sich aus ihrer Unterschichtung in der deutschen Gesellschaft und im Vergleich ihrer sozialen Lebenslage mit jener der altersgleichen Deutschen aus der Mittelschicht ergeben (Pfeiffer, 2001; Schiffauer, 2002). Allerdings entwickeln Kinder (vor allem Mädchen) selbst Strategien, um ihre Interessen durchzusetzen (Boos-Nünning, 1994). Zusammenfassend kann festgehalten werden, dass die empirische Erkenntnislage zur Frage bi-kultureller Konflikte in Familien nicht konsistent ist. Ebenso ungeklärt ist die Frage, wie genau Kinder und deren Eltern intraindividuelle und intrafamiliäre bi-kulturelle Konflikte aushandeln und konstruktiv bewältigen.

8.4
Die Erziehungssituation in Familien ausländischer Herkunft

Für Deutschland liegen Analysen des Erziehungs- und Sozialisationsmilieus in Familien türkischer Herkunft sowie für das Bemühen, die Wirkungen dieser Milieus auf Kinder und Jugendliche abzuschätzen, vor (vgl. Koch, Özek & Pfeiffer, 1995; Merkens, 1997; Merkens & Nauck, 1993; Morgenroth & Merkens, 1997; Nauck & Alamdar-Niemann, 1999). Während deutsche Familien ein partnerschaftlich kooperatives Verhältnis zwischen den Ehegatten bevorzugen (Schneewind & Ruppert, 1995), wird Familien türkischer Herkunft häufig eine stark geschlechtsspezifisch organisierte familiale Rollendifferenzierung mit entsprechend definierter Entscheidungs- und Handlungsmacht zugeschrieben. Orientiert man sich an den Forschungen zur Familiensozialisation in der Türkei, so zeigen sich eine Reihe von typischen Merkmalen (vgl. Kagitcibasi & Sunar, 1997): Ein türkisches Kind wird in aller Regel in vorgeformte Werte- und Erwartungsstrukturen hineingeboren und unterliegt sowohl unterschwelligem als auch offenkundigem Druck, sich in seine durch die Gesellschaft definierte geschlechtsspezifische Rolle einzufügen.

Wie sich aus der Literatur über Sozialisation der Geschlechtsrollen für die westlichen Länder ergibt, gewähren türkische Eltern ihren Söhnen mehr Unabhängigkeit und erlauben diesen mehr Aggressivität, während sie von ihren Töchtern eher Abhängigkeit und Ergebenheit erwarten. Dabei nehmen die den Mädchen auferlegten Einschränkungen mit zunehmendem Alter des Kindes zu. Auch im Bildungsbereich beginnt die Trennung der Geschlechter – zu Ungunsten der Mädchen – bereits in den ersten Schuljahren. Darüber hinaus führen die Sorge um Moral und Ehre im Allgemeinen zur Trennung unverheirateter junger Menschen unterschiedlichen Geschlechts. In der Türkei setzt sich diese «duo-fokale» *Familienstruktur* fast in vollem Umfang auch nach der Eheschließung fort. Mit zunehmendem Bildungsstatus und mit der Häufigkeit zu urbaner beruflicher Beschäftigung und einem entsprechenden Lebensstil verbessert sich der gesellschaftliche Stellenwert der Frauen. Ungeachtet dessen, halten Kagitcibasi und Sunar (1997) fest, dass die scharfe Unterscheidung zwischen den Geschlechtsrollen weiterhin als für die türkische Gesellschaft geltende Norm betrachtet werden kann.

Des Weiteren kennzeichnet sich die traditionelle türkische Familie durch enge interpersonale Beziehungen, wie sie sich auch in anderen kollektivistischen Gesellschaften mit ihrer «Kultur der Verwandtschaften» findet. Kagitcibasi und Sunar (1997) legen jedoch dar, dass Modernisierung, Mobilität, Berufstätigkeit von Frauen und andere Faktoren die Bedeutung und den Einfluss dieser und ähnlicher Normen geschwächt haben, sodass besonders die türkischen Frauen in den Städten mehr Freiheiten genießen und stärker an der Entscheidungsfindung in der Familie beteiligt sind. Folgerichtig bringen die Sozialisations- und Erziehungspraktiken in türkischen Familien im Allgemeinen das ehrerbietige, loyale und gehorsame Familienmitglied hervor. Das Kind wird ermuntert, seinen Eltern zu gehorchen. Ebenso erwarten die anderen erwachsenen Verwandten und Mitglieder der Gemeinschaft Respekt und Folgsamkeit (vgl. Kagitcibasi & Sunar, 1997). Diese an das Kind gestellten Anforderungen stellen zusammen mit der vom heranwachsenden Nachwuchs erwarteten Loyalität und der Unterstützung der Familie eine schwer auf Kindern lastende Bürde dar. Wie in kollektivistischen Kulturen zu beobachten, ist die Loyalität der Familie gegenüber oft wichtiger als das individualistische Eigeninteresse. Herrscht also in der türkischen Familie auf der einen Seite ein hohes Maß an emotionaler Verbundenheit und kann sich der Einzelne auf die Unterstützung durch die Familie verlassen, so ist auf der anderen Seite Kontrolle und Disziplin ebenfalls charakteristisch, was fortwährend durch die elterliche Erziehungsarbeit austariert werden muss, sollen sich nicht Konflikte mit den Kindern ergeben.

Vor dem Hintergrund solcher Ergebnisse wird oft das «defizitäre» Erziehungsklima in Familien ausländischer Herkunft beklagt, was sich weder für türkische (Merkens, 1997; Nauck & Alamdar-Niemann, 1999) noch für Aussiedlerfamilien (Schmidt-Rodermund & Silbereisen, 2002) in dieser generellen Weise empirisch belegen lässt. Beispielsweise kann Merkens (1997) zeigen, dass für die Erziehung in Familien türkischer Herkunft die rigide Durchsetzung elterlicher Forderungen nicht charakteristisch ist. Des Weiteren werden die hohe Einfühlsamkeit in den Eltern-Kind-Beziehungen türkischer Familien ebenso hervorgehoben wie die Dominanz eines ängstlich-behütenden Erziehungsstils gegenüber autoritärer Rigidität (Nauck & Özel, 1986; Nauck, 1994). Allerdings macht der Vergleich mit anderen Herkunftsnationalitäten deutlich, dass in türkischen Familien die engen emotionalen Bindungen zwischen den Generationen verknüpft sind mit ebenso hohen elterlichen Leistungserwartungen, die wiederum als Hinweise auf eine «Modernisierung» utilitaristischer Erwartungen in dem Sinne zu deuten sind, dass intergenerative Mobilitätsaspirationen hauptsächlich durch den Schul- und Bildungserfolg gesichert werden sollen. Derart bestätigt sich auch durch die Studie von Nauck (1994), der seit den 1970er-Jahren mehrfach replizierte Befund, dass türkische Migranteneltern außerordentlich hohe Bildungsaspirationen für ihre Kinder besitzen (Boos-Nünning, 1994).

Darüber hinaus stimmt, wie die von Nauck und Alamdar-Niemann (1999) berichteten Befunde zeigen, die Assimilationserwartung, d.h. das Ausmaß der erwarteten kulturellen und sozialen Angleichung von Jugendlichen an die Aufnahmegesellschaft, in türkischen Migrantenfamilien hochgradig überein. Dabei gehen die jugendlichen Mädchen am stärksten von einer zukünftigen Angleichung aus, während ihre Mütter dies am wenigsten tun; das bedeutet, dass türkische Mütter die Gruppe sind, die am wenigsten erwarten, dass sich ihre Kinder sozial und kulturell assimilieren werden. Ebenso ist auch bei Nützlichkeitserwartungen an die Kindgeneration eine deutliche Transmission zu erkennen, wobei diese wiederum in der weiblichen Dyade stärker ist als in der männlichen. Im Ergebnis heißt das, dass türkische Migrantensöhne höhere ökonomisch-utilitaristische Erwartungen an sich stellen, als sie von ihren Eltern geäußert werden.

Interessant ist ebenfalls, dass männliche Jugendliche mit Abstand am stärksten normative Geschlechtsrollenorientierungen zeigen und am ehesten dazu neigen, externale Kontrollüberzeugungen zu äußern. Derart akzentuierte Einstellungen bringen die männlichen türkischen Jugendlichen in einen normativen Konflikt nicht nur zu ihren Familien, sondern ebenso zur Aufnahmegesellschaft, in der weder utilitaristische Erwartungen an Kinder noch ausgeprägte normative Geschlechtsrollenorientierungen oder externale Kontrollüberzeugungen positiv bewertet werden. Daraus folgt, dass es besonders die männlichen Jugendlichen sind, die in der Migrationssituation häufig «strukturell» überfordert sind (Nauck, 1990). Gestützt wird diese Interpretation auch dadurch, dass die intergenerative Transmission dieser Einstellungen in den weiblichen Dyaden jeweils höher ist und deshalb vermutet werden kann, dass die Migrantentöchter stärker in ihre Familien integriert sind als die Söhne. Letztendlich wird jedoch eine höhere kollektivistische Orientierung gegenüber der Familie bei der Elterngeneration als bei der Kindergeneration beobachtet; umgekehrt zeigt die Kindgeneration einen höheren Kollektivismus gegenüber Freunden als ihre Eltern (vgl. Nauck & Alamdar-Niemann, 1999).

Betrachtet man nochmals die Daten von Pfeiffer und Wetzels (2000), so zeigt sich ein etwas weniger positives Bild, als uns dies die von Nauck (1994) berichteten Daten nahe legen: Fast 25 % der eingebürgerten türkischen Jugendlichen berichten, dass sie in der Kindheit misshandelt wurden; bei den deutschen Befragten waren es 7,1 %. Bei Misshandlungen jenseits des 12. Lebensjahres sind ebenfalls deutliche Unterschiede zwischen deutschen (5,5 %) und türkischen Jugendlichen (18,8 %) erkennbar. In dieselbe Richtung gehen die jüngsten Befragungsergebnisse aus dem IKG-Jugendpanel von 2001 (von Gostomski, 2003). So fallen einige Unterschiede zwischen türkischen sowie Aussiedler-Jugendlichen einerseits und deutschen Jugendlichen andererseits auf. Von einem schroffen und inkonsistenten Erziehungsstil sind eher türkische und Aussiedler-Jugendliche betroffen als deutsche Jugendliche. Des Weiteren erleben Türken häufiger als die anderen beiden Gruppen Benachteiligungen gegenüber anderen Jugendlichen im Alltag. Ebenso weisen sie ein höheres Ausmaß an vergeltungsorientierten Konfliktlösungsstrategien auf als deutsche Jugendliche. Dabei beschreiben gerade jene türkischen Jugendlichen ihre elterliche Erziehung als besonders schroff und inkonsistent, die sich mit deutschen Jugendlichen prügeln. Es scheint so, dass diejenigen, die in ihrer Kindheit und Jugend Gewalt erfahren, gefährdet sind, selbst Gewalt anzuwenden (vgl. Uslucan, Fuhrer & Rademacher, 2003; Wetzels, 1997). Fragt man nach möglichen Ursachen sowohl der hohen innerfamiliären Gewalt in Familien türkischer Herkunft in Deutschland, lassen sich mindestens drei Ursachen vermuten.

Erstens entwickeln Familien türkischer Herkunft in der Aufnahmegesellschaft einen stärker *behütenden und kontrollierenden Erziehungsstil* als Familien in der Türkei. Entsprechend sehen sich diese Eltern dazu aufgerufen, Behütung und Kontrolle ihrer Kinder (noch weiter) zu steigern. Geht man davon aus, dass sich intergenerative Beziehungen und Transmissionen in einer Migrations- und Minoritätssituation nicht schwächen, sondern in der Mehrzahl der Fälle stärken, ist anzunehmen, dass auch die 2. Generation mit ihren Bildungsaspirationen die Kinder zu überfordern droht.

Betrachtet man zweitens als Hauptquelle innerfamiliärer Konflikte *enttäuschte elterliche Erwartungen*, so könnte vermutet werden, dass Erwartungen an Söhne sehr viel häufiger, lang anhaltender und tief greifender enttäuscht werden als solche, die an Töchter gerichtet werden. Das Konfliktpotenzial liegt besonders bei Söhnen also nicht nur darin, dass die sozialen Mobilitätsaspirationen in aller Regel nicht erfüllt werden, sondern darüber hinaus der «individuelle Generationenvertrag» zwischen Eltern und ihren Kindern bezüglich lebenslanger Loyalität und Unterstützung von letzteren (unter den Lebensbedingungen der Aufnahmegesellschaft) einseitig aufgekündigt zu werden droht. Die Eltern werden hinsichtlich der intergenerativ zu erbringenden Leistungen unvermittelt zu einer «lost generation», die einerseits den Loyalitätsverpflichtungen zur Herkunftsfamilie weiterhin nachkommen, andererseits durch Bedingungen in der Aufnahmegesellschaft solche Leistungen von den eigenen Kindern nicht mehr erwarten kann (Nauck, 1998).

Dagegen spielen sich drittens *Konflikte zwischen Eltern und Töchtern* eher in vordergründig sichtbarer Weise ab. Sie sind häufig von situativen Normverletzungen verursacht. Elterliche Erwartungen an die Töchter sind eher kurzfristig angelegt und von Töchtern prinzipiell erfüllbar. Gleichwohl dürften solche Erwartungen (z. B. Mithilfe im Haushalt, Versorgung der Geschwister) dann zu situativen Zielkonflikten bei den Mädchen führen, wenn sie mit Ausbildungsaspirationen und an Deutschen orientierten Autonomiebestrebungen und Bezugsgruppenbindungen konkurrieren.

Diese Vermutungen werden durch einen weiteren von Pfeiffer und Wetzels (2000) berichteten Forschungsbefund gestützt, der überrascht. Sowohl die Gewalt gegen Kinder, Jugendliche und Frauen als auch die Häufigkeit von Gewalt unter den Eltern steigt, je länger die Migranten in Deutschland leben. Auch Daten aus der Schweiz von Eisner, Manzoni und Ribeaud (2000) belegen, dass sich die Wahrscheinlichkeit von aktivem Gewalthandeln bei immigrierten Jugendlichen in Abhängigkeit von der Dauer des Aufenthalts in der Schweiz verändert. Dabei liegt die Gewaltwahrscheinlichkeit bei Jugendlichen, die seit etwa 10 Jahren in der Schweiz leben, am höchsten. Mit zunehmender Aufenthaltsdauer sinkt das Gewaltrisiko wieder und nähert sich demjenigen der Schweizer Jugendlichen.

Vermutlich weisen traditionell strukturierte Familien türkischer Herkunft in den ersten Jahren nach ihrer Ankunft in Deutschland noch einen starken Zusammenhalt auf, weil der Migrationsprozess die familiäre Kohäsion stärkt. Zudem scheint die Dominanz des Vaters noch ungebrochen. Mit wachsender Aufenthaltsdauer können Probleme auftreten, wobei die Gründe vielfältig sein können. Möglicherweise kommt es deshalb zu häufigeren Konflikten und Gewalt, weil sich die Kinder nach einigen Jahren besser in der Aufnahmegesellschaft zurechtfinden als ihre Eltern. In hierarchisch strukturierten Familien könnten daraus Spannungen erwachsen, wenn sich besonders der Vater damit schwer tut, dass die Kinder vieles besser wissen und sie ihm in der sozialen Kompetenz überlegen sind. Eine weitere denkbare Interpretation ist die, dass zwar die jugendlichen Türken teils perfekt deutsch sprechen, aber aufgrund ihres Aussehens ausgegrenzt werden; dadurch versuchen sie, eine eigene Identität zu finden. Besonders Kinder der dritten Generation stellen in der Pubertät fest, dass sie nicht anerkannt werden (Schiffauer, 2000); solche Jugendliche versuchen, den Teufelskreis der Ausgrenzung zu verlassen und in der Aufnahmegesellschaft aufzusteigen. Diesem optimistischen Szenario steht ein pessimistisches entgegen, wonach eine ethnische Cliquenbildung stattfindet, die sich durch Assimilations-Resistenz auszeichnet.

8.5
Ist autoritative Erziehung in Familien ausländischer Herkunft funktional?

Neben den vielen konzeptionellen Vorschlägen für eine interkulturelle Erziehung in der Schule (vgl. Nieke, 2000) bleibt die familiäre Erziehung in der Diskussion um interkulturelle Erziehung meist relativ unbeachtet. Im Hinblick auf positive Entwicklungs- und Sozialisationseffekte, die vor allem in westlich-individualisierten Gesellschaften als erwünscht gelten, schneidet ein *autoritatives Elternverhalten,* das sich durch emotionale Wertschätzung und flexible Kontrolle auszeichnet, worin Eltern ihren Kindern Forderungen stellen und Grenzen setzen, aber ebenso Eigenständigkeit gewähren, am besten ab (vgl. Schneewind, 2000 und Kap. 10 in diesem Lehrbuch). Autoritativ erzogene Kinder verfügen im Vergleich zu Kindern, deren Eltern eine autoritäre oder nachgiebige Erziehung ausüben, über das höchste Maß an kognitiven sowie sozialen Kompetenzen und zeigen das geringste Problemverhalten. Wenn diese Kinder ins Jugendalter kommen, demonstrieren sie im Durchschnitt ein hohes Selbstwertgefühl, zeigen vielfältige soziale Fertigkeiten, besitzen eine ausgeprägte moralische sowie prosoziale Haltung und bewegen sich auf einem hohen schulischen Leistungsniveau (vgl. Baumrind, 1991a; Steinberg, Darling & Fletcher, 1995).

Die meisten Untersuchungen zu autoritativem Elternverhalten wurden in den USA durchgeführt (vgl. Darling & Steinberg, 1993). Sowohl die Studie von Juang und Silbereisen (1999) als auch von Chen, Dong und Zhou (1997) in China belegen, dass die positiven Effekte autoritativer Erziehung einen proximalen Prozess darstellen, der in einer Vielzahl von Kulturen funktioniert. In der Weise belegen viele Studien – trotz unterschiedlicher Operationalisierungen der Erziehungsstile – eine deutliche differenzielle Wirkung von Erziehung (vgl. Avenevoli, Sessa & Steinberg, 1999; Gray & Steinberg, 1999). Dass der Wert autoritativer Erziehungsmethoden, wenn auch nicht konsistent in starkem Maße, belegt ist, bedeutet allerdings noch nicht, dass sie bei allen Kindern mit Erfolg eingesetzt werden können. Dabei ist auch immer wieder eine Wechselwirkung zwischen Erziehungseinflüssen und dem Entwicklungsstand des Kindes als Hypothese in Betracht zu ziehen. Beispielsweise ist aus der Moralforschung bekannt, dass mit zunehmendem Alter und damit mit wachsender kognitiver Entwicklung (z. B. in Richtung des formal-operatorischen Denkens) argumentative Begründungen von Erziehungsmaßnahmen, z. B. durch Gebote oder gar Verbote, wichtiger, wohingegen Strafe und Strafandrohungen immer unwirksamer werden (Parke, 1974).

Vor dem Hintergrund solcher Befunde haben Darling und Steinberg (1993) ein kontextualistisches Modell elterlicher Erziehungsstile entwickelt, wonach elterliche Ziele und Werte gleichermaßen ihren Erziehungsstil wie ihre konkreten Erziehungspraktiken beeinflussen und im Zusammenspiel mit einer wichtigen weiteren Variable, nämlich der Bereitschaft des Kindes, sich in kooperativer Weise mit elterlichen Erziehungsbemühungen auseinander zu setzen, letztlich die Entwicklungseffekte auf Seiten des Kindes bzw. Jugendlichen mitbestimmen. Noch fehlt es an empirischen Studien, die dieses kontextuelle Erziehungsmodell auf Effekte elterlicher Erziehung in Familien ausländischer Herkunft, vor allem auch im innerethnischen Vergleich in Deutschland anwenden. Mit solchen Studien könnte einerseits die möglicherweise kulturell differenzierende Wirksamkeit elterlicher Erziehungsstile unter – jeweils für die unterschiedlichen Ethnien variierenden – Akkulturationsbedingungen geprüft und andererseits könnte die inkonsistente Befundlage bezüglich der (Dys-)Funktionalität des Erziehungsverhaltens von Eltern ausländischer Herkunft geklärt werden.

8.6
Erziehung zur multikulturellen Akkulturation (in) der Familie

Folgt man der familienpsychologischen Literatur, so lässt sich jede Familie durch Ressourcen und Vulnerabilitäten kennzeichnen (Schneewind, 1999), die auf ihre Akkulturation einwirken. Dabei werden bei Migranten drei Arten von Ressourcen unterschieden: Sozialstatus (z. B. finanzielle Mittel), politischer Status (z. B. Aufenthaltsstatus) und soziale Ressourcen wie soziales Netzwerk und Familienkohäsion (Rumbaut, 1997). Derart bildet beispielsweise die familiäre Kohäsion eine wichtige protektive Ressource, wenn die Familie finanziell schlecht gestellt ist sowie intensive Diskriminierungen oder extreme soziale Benachteiligungen erfährt. Außerdem lassen Forschungserfahrungen vermuten, dass kohäsive Familien mit weniger Eltern-Kind-Konflikten in familiären Outcome-Variablen wie Wohlbefinden, Schulleistung der Kinder, soziale Unterstützung, Bildungsaspiration usw. konfliktreichen Familien überlegen sind (vgl. de Leon Siantz, 1997; García Coll & Magnuson, 1997).

Aus mindestens drei Forschungsrichtungen lassen sich einige Implikationen für die Förderung jener integrativen oder multikulturellen Akkulturationsorientierung ableiten, wie sie Berry (1997) beschrieben hat, worin u. a. Traditionen, Werte und Gewohnheiten aus der Herkunfts- wie aus der Aufnahmekultur in einer Art multikultureller Identität verknüpft sind:

Interkulturelles Lernen zum Aufbau interkultureller Kompetenz. Innerhalb der Migrationsforschung sind noch viel zu selten die Möglichkeiten diskutiert worden, die sich aus der Psychologie des interkulturellen Lernens für die Akkulturation gewinnen lassen. Wenn man sich fragt, wie interkulturelles Lernen gefördert werden kann, dann kann man sich von einigen Grundprinzipien leiten lassen. So befasst sich interkulturelles Lernen und Handeln mit den psychischen Bedingungen, Verlaufsprozessen und Wirkungen menschlichen Verhaltens in kulturellen Überschneidungssituationen (vgl. Thomas, 2003). Auch ein unter Akkulturationsbedingungen stattfindendes funktionierendes Familienleben zwischen den kulturell verschieden sozialisierten Generationen der Eltern und ihrer Kinder erfordert ein gewisses Maß an Fähigkeit und Bereitschaft, fremde Kulturstandards in die eigenen Wahrnehmungs-, Denk-, Bewertungs- und Handlungsmuster zu integrieren. Derart findet interkulturelles Lernen in der

Familie statt, wenn z. B. Vater und/oder Mutter bestrebt sind, im Umgang mit ihren durch Schule, Medien und Peer-Gruppe(n) bi-kulturell sozialisierten Kindern, deren spezifisches Orientierungssystem der Wahrnehmung, des Denkens, Wertens und Handelns zu verstehen, in das eigenkulturelle Orientierungssystem zu integrieren und auf ihr Denken und Handeln im fremdkulturellen Handlungsfeld anzuwenden. Interkulturelles Lernen ist dann erfolgreich, wenn eine handlungswirksame Synthese zwischen kulturdivergenten Orientierungssystemen – interkulturelle Kompetenz – erreicht ist, die erfolgreiches Handeln in der eigenen und in der fremden Kultur erlaubt. Dazu müsste die Perspektive der Betroffenen ermittelt und berücksichtigt werden. Hierfür reicht die einfache Einbeziehung von Professionellen aus der jeweiligen Minorität in der interkulturellen Familienarbeit nicht aus; denn gerade mit Blick auf den Alters- bzw. Generationenunterschied ist zu vermuten, dass erwachsene Experten (der 2. Generation) aus den Minoritäten andere Perspektiven vertreten als die betroffenen Jugendlichen (der 3. Generation). Des Weiteren müssen Differenzen in den Lebenswelten von Professionellen innerhalb der Minoritäten einerseits und den Lebenswelten der Jugendlichen innerhalb der Minorität berücksichtigt werden. Betroffenheit und Engagement allein machen noch nicht kompetent. Über grundlagenorientierte psychologische und pädagogische Forschungen zum interkulturellen Lernen, Verstehen und Handeln – zwecks Aufbau einer interkulturellen Kompetenz – informiert Thomas (2003).

Interkulturelle Erziehung. In der interkulturellen Erziehung wird immer wieder auf die Ich-Stärke als eine Bedingung multikultureller Identität hingewiesen, deren Merkmale Flexibilität und Zukunftsoffenheit sind (Bliesener, 1997). Fragt man differenzierter nach identitätsstiftenden Fähigkeiten, dann erwähnt Krappmann (1997b) neben Empathie noch Rollendistanz und Ambiguitätstoleranz. Diese Fähigkeiten versteht er nicht als stabile, sondern als sich in vielfachen sozialen Interaktionen fortentwickelnde Persönlichkeitsmerkmale. Neben bestimmten gesellschaftlichen Bedingungen wie Flexibilität der Normensysteme oder Abbau gesellschaftlicher Repressionen bildet auf Seiten des Individuums die Fähigkeit zur *Rollendistanz* eine erste psychologische Voraussetzung für die Formierung einer Identität. Im Sinne von Goffman (1967) meint Rollendistanz die Fähigkeit, sich über die Anforderungen von Rollen zu erheben, um auswählen, negieren, modifizieren und interpretieren zu können. Identität bildet sich derart durch die Herstellung von Distanz oder Differenz (Fuhrer, 2004). *Empathie* wiederum meint in der Meadschen Tradition die kognitive oder, wie Krappmann (1997b) erweiternd darlegte, die affektiv-motivationale Fähigkeit einer Person, die Erwartungen von Interaktionspartnern zu übernehmen, die Reaktionen eines anderen zu antizipieren, was die Fähigkeit zur Perspektivenübernahme voraussetzt. Schließlich ist mit *Ambiguitätstoleranz* das Ertragen von Ambivalenzen innerhalb von Sozial- und Rollenbeziehungen gemeint. Zur Toleranz zählt die Akzeptanz und nicht nur die Duldung des Fremden ebenso wie eine Emanzipation vom Traditionalismus (Hoff, 1988) sowie die Fähigkeit zur *Multiperspektivität* als einer Art von Schlüsselkompetenz beim Umgang mit dem Fremden (Fritzsche, 1997). Toleranz für Ambiguität (z.B. gegenüber fremder Ethnizität) ist umso wichtiger, je weniger repressiv die Rollen sind, in denen eine Person agiert. In der interkulturellen Erziehung ist diese Ambiguitätstoleranz für Kinder und Jugendliche der Zuwanderungsminorität als die Fähigkeit beschrieben worden, mit den widersprüchlichen Anforderungen der zwei (oder mehr) Kulturen dauerhaft und produktiv umzugehen, denen sie täglich ausgesetzt sind (vgl. Nieke, 2000 für ein integriertes Konzept interkultureller Erziehung). Allerdings sind diese Fähigkeiten zu einem offenen, toleranten und achtungsvollen Umgang mit Menschen aus anderen Kulturen ebenso wie die Kompetenz zur Multiperspektivität für die Angehörigen der Majoritätskultur nicht weniger wichtig als das Bewältigen der Widersprüche aus dem täglichen Wechsel der Kulturen für die Angehörigen der Zuwanderungsminoritäten. Derart enthält etwa für die Angehörigen der Majorität die Zielvorstellung einer interkulturellen Kompetenz die Anforderung, achtungsvoll, einfühlsam, kundig und tolerant auf kulturelle Differenzen Fremder einzugehen. Deshalb ist es verständlich, dass immer wieder (Bildungs-)Angebote zur Förderung interkultureller Kompetenz für Kindergärten, Kindertagesstätten, Schulen oder gar für die Erwachsenenbildung und die berufliche Weiterbildung gefordert werden; dabei sollten keine getrennten Maßnahmen für deutsche und nichtdeutsche Kinder und Jugendliche (und deren Eltern und Lehrer), sondern *gemeinsame* geschaffen werden (Süssmuth, 2001).

Reziprozität. Für Sozialbeziehungen ist die Reziprozität (definiert als sinnhaftes, aufeinander bezogenes Handeln von Akteuren) konstitutiv, da sie den sozialen Austausch als auch das Aushandeln individueller Interessen und die Verständigung über das Gemeinsame ermöglicht (vgl. dazu Kap. 10 in diesem Lehrbuch). Daher lassen sich die basalen Erfahrungen des Aufeinander-Bezogen-Seins in dyadischen bis hin zu komplexeren Beziehungen im Familiensystem als eine Art von kognitivem Arbeitsmodell für alle weiteren Beziehungen interpretieren. Derart sind Eltern und Kinder in jeder Phase des Familienzyklus anders aufeinander bezogen, lenken mal die Eltern mal die Kinder das Maß der Reziprozität, werden Anerkennung oder Abwehr persönlicher Interessen und Werthaltungen anders gewichtet. Kurzum: Die konkreten Reziprozitäts-, Interaktions- und Beziehungserfahrungen in der Familie stellen gleichsam ein idealtypisches Beziehungskonzept bereit, das auf alle weiteren Beziehungen übertragen wird und sich im Laufe des Lebens zu einem allgemeinen Beziehungsverständnis verfestigt (vgl. Gerris & Grundmann, 2001). Derart ist die emotionale Qualität von Eltern-Kind-Bindungen – unabhängig von der psychologischen Bindungsforschung – auch in der neueren Erziehungsstilforschung erkannt worden. Dabei wird herausgearbeitet, dass der emotionalen Qualität der Eltern-Kind-Beziehung ein besonderes Gewicht zukommt, vor allem um Internalisierungsprozesse in der Entwicklung zu fördern (vgl. Grusec & Goodnow, 1994). So gilt etwa die Akzeptanz der elterlichen Erwartungen und Erziehungsziele durch Kinder als ein Merkmal der Qualität von Eltern-Kind-Beziehungen und als

eine wesentliche Voraussetzung für die Bereitschaft der Kinder, elterliche Werte zu übernehmen bzw. zu internalisieren. Mit Akzeptanz ist nicht nur die kognitive Übereinstimmung zwischen Einstellungen des Kindes und der Eltern gemeint, sondern darüber hinaus eine emotionale Qualität der Beziehung. Diese Qualität basiert wiederum auf der Reziprozität der interaktiven Beziehungen zwischen Eltern und Kind(ern), d.h. auf dem wechselseitigen Verstehen und Aushandeln gemeinsamer und differenter Handlungsbezüge und -interessen. Deshalb sollten sich Eltern darum bemühen, das Kind Schritt für Schritt in die Lage zu versetzen, die Führung in der Gestaltung von Reziprozität in der Beziehung zu übernehmen bzw. mithin die ursprünglich asymmetrische Beziehung in eine Beziehung unter Gleichen bzw. Gleichwertigen zu transformieren.

In diesem Sinne ist auch *familiäre Akkulturation* immer als ein *reziproker* Prozess zu verstehen, worin Eltern und Kinder wechselseitig voneinander lernen können. Wenn die Kinder – aus der Majoritäts- wie aus der Minoritätskultur – rechtzeitig erfahren, dass die gesellschaftliche Wirklichkeit, in der sie gemeinsam leben, multikulturell geworden ist, wenn man sie gleichsam in eine Art multiperspektivischer Wahrnehmung der Gesellschaft einübt, dann werden die anderen, die Minderheit (oder aus der Sicht der Minderheit die Mehrheit), erst gar nicht zu Fremden, zumindest erhalten sie dann vermutlich keine Qualität des Bedrohlichen. Deshalb ist das Erlernen von Empathie und Konfliktfähigkeit, aber ebenso von Toleranz und Offenheit gefordert.

Weiterführende Literatur

Booth, A., Crouter, A. C. & Landale, N. (Eds.) (1997). *Immigration and the family.* Mahwah, NJ: Erlbaum.

Diehm, I. & Radtke, F.-O. (1999). *Erziehung und Migration.* Stuttgart: Kohlhammer.

Fuhrer, U. & Uslucan, H.-H. (Hrsg.) (2005). *Familie, Akkulturation und Erziehung.* Stuttgart: Kohlhammer.

Nauck, B. & Schönpflug, U. (Hrsg.) (1997). *Familien in verschiedenen Kulturen.* Stuttgart: Enke.

Silbereisen, R. K., Lantermann, E.-D. & Schmitt-Rodermund, F. (Hrsg.) (1999). *Aussiedler in Deutschland. Akkulturation von Persönlichkeit und Verhalten.* Opladen: Leske & Budrich.

9 Was Kinder für ihre psychische Entwicklung brauchen

Auch zu Beginn des 21. Jahrhunderts werden noch Millionen von Kindern auf der ganzen Welt vernachlässigt. Dabei ist nicht nur an die dramatischen Auswirkungen einer hochgradigen körperlichen und psychischen Vernachlässigung zu denken, wie sie aus den rumänischen Waisenhäusern nach dem Zusammenbruch des Ceausescu-Regimes bekannt geworden sind. Sichtbares Zeichen kindlicher Vernachlässigung sind bei uns die Kinder, die als Straßenkinder, Bahnhofskinder, minderjährige Obdachlose, Ausreißer oder Aussteiger bezeichnet werden, und die von zu Hause ausgerissen sind. Laut dem Deutschen Kinderschutzbund laufen jährlich in Deutschland etwa 50000 Kinder von zu Hause weg. Davon kehren 6000 bis 7000 nicht mehr in ihre Familien zurück; sie leben dauerhaft auf der Straße. Die Zahlen sind allerdings ungenau, da nur diejenigen statistisch erfasst sind, die in Kinder- und Jugendnotdiensten auftauchen. Gemeinsam ist diesen Kindern, dass der erzieherische Kontakt zu den Familien äußerst gering ist. Die Kinder kommen nicht nur aus zerrütteten, sondern auch aus intakten Familien und aus allen gesellschaftlichen Schichten (Whitbeck & Hoyt, 1999). Was diesen Kindern in ihren Familien fehlt, ist das, worüber dieses Kapitel handelt. Dazu sollen die fünf elementaren Grundbedürfnisse von Kindern dargestellt werden, wie sie Terry Brazelton und Stanley Greenspan (2002) kürzlich beschrieben haben. Danach wird auf die psychologischen Grundlagen von Bindungssicherheit und -qualität einzugehen sein.

9.1 Die fünf Grundbedürfnisse von Kindern

Die elementaren Grundbedürfnisse von Kindern betreffen sowohl Erfahrungen als auch bestimmte Formen der Fürsorge und Betreuung, auf die jedes Kind ein Recht hat. Dabei ist zu vermuten, dass nicht wenige Kinder in ihren Familien und von ihren Eltern genau das nicht bekommen. Die Straßenkinder sind nur ein – wenn auch ein sehr betrüblicher Indikator – für das elterliche Versagen hinsichtlich ihrer Fürsorge- und Betreuungsfunktionen. Nach dem Zweiten Weltkrieg nahmen sich hauptsächlich Kinderärzte, Psychiater und Psychologen Kindern in Waisenhäusern und Heimen an (vgl. die kritische Würdigung dieser Arbeiten bei Ernst & Luckner, 1985). Wie wichtig für Kinder liebevolle Fürsorge und beständige soziale Beziehungen zu anderen Menschen sind, und welch schreckliche Folgen etwa eine Heimunterbringung für Kinder nach sich ziehen, haben vor allem René Spitz (1945) und John Bowlby (1969) in ihren bahnbrechenden Arbeiten eindrücklich dokumentiert. Sie stellten fest, dass Kinder bei ungenügender Betreuung nicht nur an Krankheit, Mangel- und Fehlernährung litten, sondern auch in ihrer psychischen Entwicklung beeinträchtigt waren. Vernachlässigte Kinder fingen später zu Greifen und zu Gehen an, aber auch ihre Sprachentwicklung war verzögert und ihr Spielverhalten wenig differenziert. Zudem waren die Kinder kontaktscheu oder gar beziehungsunfähig und litten an depressiven Verstimmungen. Der Befriedigung der elementaren Grundbedürfnisse des Kindes und dem Aufbau emotionaler Bindungen an die Bezugsperson(en) sollten daher im Rahmen einer Erziehungspsychologie größte Aufmerksamkeit geschenkt werden. Kinder möchten umsorgt sein, sie wünschen sich Geborgenheit, möchten sich angenommen und akzeptiert fühlen. Wer diese elementaren Grundvoraussetzungen kennt, hat es leichter, Erziehungspraktiken und -interventionen zu entwickeln und sie auf ihre Wirksamkeit hin zu prüfen.

9.1.1
Das Bedürfnis nach Geborgenheit und beständigen liebevollen Beziehungen

Nicht nur René Spitz und John Bowlby, auch andere Pioniere, wie zum Beispiel Erik Erikson oder Anna Freud, haben uns vor Augen geführt, dass es nicht reicht, Kinder lediglich nicht zu vernachlässigen, damit sie die frühen Lebensphasen erfolgreich bewältigen können; um Vertrauen, Empathie und Mitgefühl entwickeln zu können, sind sie auf sensible, fürsorgliche Betreuung angewiesen. Zwar haben Menschen, und vor allem Mütter, zu allen Zeiten schon gespürt, dass körperliches Wohlbefinden, Geborgenheit und Zuwendung für die Entwicklung ihrer Kinder unentbehrlich sind. Was es genau mit der Geborgenheit und Zuwendung auf sich hat, wurde aber erst durch die systematischen Forschungen zur frühkindlichen Deprivation (Mangel) erkannt und in das öffentliche Bewusstsein gerückt.

Aber welches Verhalten vermittelt Kindern (oder auch Tierkindern) Geborgenheit? Folgt man der psychoanalytischen Theorie, dann werden den Ereignissen rund um das Füttern und Versorgtwerden die wichtigste Bedeutung zugewiesen. Auch die Behavioristen erkannten in Hunger, Durst und Schmerz die Grundtriebe, die ein Kind befriedigt haben möchte. Die Abhängigkeit eines Kindes von seiner Mutter ergibt sich daraus, wie oft die Mutter mit der Befriedigung dieser Grundtriebe assoziiert wird. Diese Annahme, wonach Geborgenheit auf der Befriedigung biologisch angelegter Triebe basiert, hat die amerikanische Entwicklungspsychologie vom Ersten Weltkrieg bis in die frühen 1960er-Jahre stark geprägt (vgl. die Übersicht bei Mussen, Conger, Kagan & Huston, 1993a).

Der Nahrungsaufnahme wurde in diesem Zusammenhang eine zentrale Bedeutung beigemessen, weshalb sich Wissenschaftler und Eltern ausführlich mit der Frage beschäftigten, ob es besser sei, ein Kind zu stillen oder mit der Flasche zu ernähren, ob man es zu regelmäßigen Zeiten oder eher nach seinen Bedürfnissen – und d.h. unregelmäßig – füttern und ab wann man von der Brust auf die Flasche und später auf die Tasse umstellen soll. Die vielen Untersuchungen zu dieser Frage konnten jedoch keine konsistente Beziehung zwischen den Mustern der Nahrungsaufnahme und der anschließenden sozialen und emotionalen Entwicklung feststellen. Neuere Untersuchungen haben dann gezeigt, dass die Mechanismen zum Aufbau emotionaler und sozialer Beziehungen an die Eltern komplizierter sind als die Häufigkeit, mit der Mütter bzw. Väter das Kind füttern, wickeln und versorgen (vgl. Ainsworth, Blehar, Waters & Wall, 1978).

Die entscheidende Widerlegung der Theorie der biologischen Triebbefriedigung leisteten die Ergebnisse einer Reihe von Experimenten von Harry Harlow und Mitarbeitern (Harlow & Harlow, 1966). Er lieferte auch eine Antwort auf die Frage, welches das entscheidende Element sei, das Geborgenheit ausmacht, indem er das *Wesen der Mutterliebe* aufklären wollte. Dazu hatte er junge Rhesusäffchen mit zwei Mutterattrappen aufgezogen. Die eine Attrappe bestand aus Draht, und die Äffchen konnten bei ihrer «Draht-Mutter» aus einer Flasche Milch trinken. Die andere Attrappe war mit einem Frotteetuch überzogen; diese «Stoff-Mutter» strahlte Wärme ab und führte Schaukelbewegungen aus, lieferte aber keine Nahrung.

Die **Abbildung 9.1** zeigt, dass die Äffchen die meiste Zeit auf der Stoffattrappe verbrachten. Sie vermittelte ihnen mit der weichen, angenehmen Oberfläche, der Wärme und den Schaukelbewegungen Geborgenheit. Die Drahtattrappe suchten die Äffchen nur auf, wenn sie hungrig waren. Außerdem zeigte sich, dass ein Äffchen,

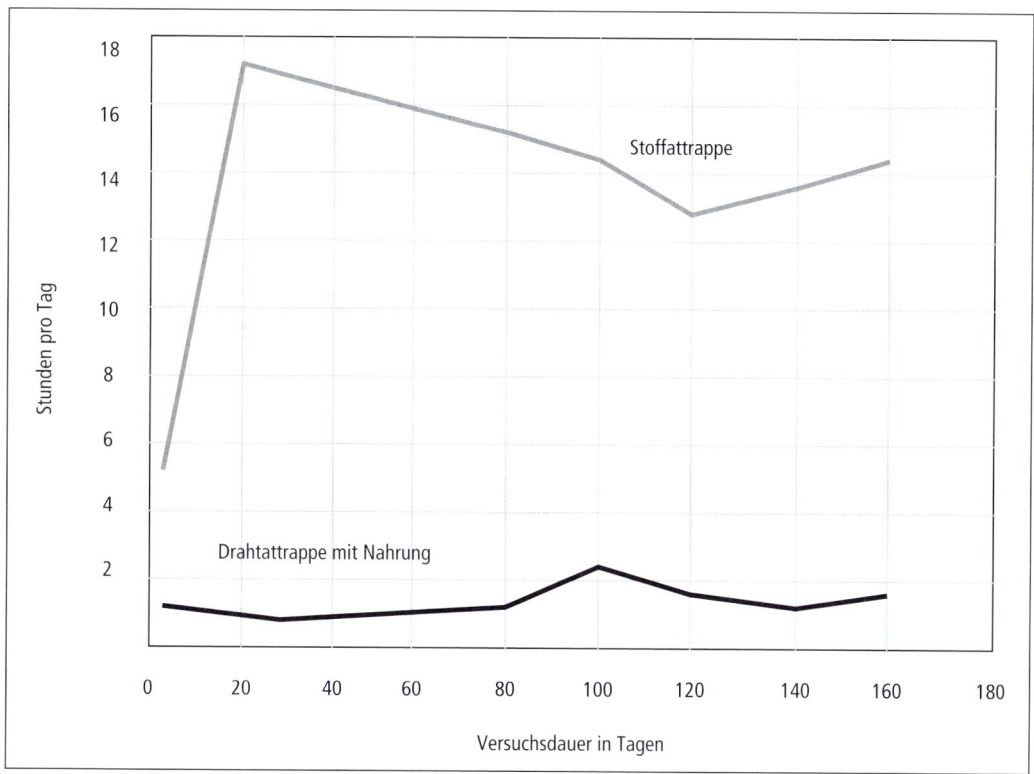

Abbildung 9.1: Harlows Ersatzmütter: Die Äffchen hielten sich überwiegend auf der Stoffattrappe auf. Die Drahtattrappe diente lediglich als Nahrungsquelle

das von einem fremden Gegenstand wie etwa einer großen Spinne aus Holz erschreckt wurde, zur Stoffattrappe lief und sich an sie klammerte, als ob es sich dort sicherer fühlte als bei der Drahtattrappe.

Derart fanden Harlow und Mitarbeiter heraus, welche mütterlichen Verhaltensweisen für das psychische Wohlbefinden eines Jungtieres von Bedeutung sind. Die wichtigsten Elemente waren das, was Harlow als *Kontakt-Trost* bezeichnete: Körperkontakt, rhythmische Bewegungen, Berührung, Wärme und Körpergeruch. Wesentliche Verhaltenszüge der Mutter waren ihre Verfügbarkeit, wenn das Junge Zuwendung verlangte und ihre Bereitschaft, als Zufluchtsort zu dienen, wenn sich das Junge bedroht fühlte. Als relativ unbedeutend für das psychische Wohlbefinden stellte sich ihre Funktion als Nahrungsspenderin heraus. Harlow schlussfolgerte, dass *Mutterliebe* sich aus der Kombination der jederzeitigen Verfügbarkeit von Milchspenden und Kuschelmöglichkeit, ergibt. Diese Schlussfolgerung musste er wenige Jahre später revidieren, weil sich nämlich seine mutterlos aufgewachsenen Rhesusaffenkinder als junge Erwachsene sozial inkompetent, aber auch unfähig zeigten, sich sexuell mit einem Partner zu verbinden. Die weiblichen Tiere, die künstlich befruchtet werden konnten, erwiesen sich als rabiate Mütter (Harlow, Harlow, Dodsworth & Arling, 1966). Demnach scheint, zumindest bei Rhesusaffen, selbst eine optimal konstruierte und völlig frustrationsfreie Mutterattrappe eine echte Mutter nicht ersetzen zu können.

Manches gilt wohl auch für Menschenkinder. Es ist eben nicht ausschließlich die mütterliche Brust, wie aus psychoanalytischer und lerntheoretischer Sicht angenommen wurde, die dem Kind ein *Gefühl der Geborgenheit* und Zuwendung gibt. Dieses Gefühl vermitteln vielmehr Körperkontakt, Streicheln, Körperwärme und Körpergeruch sowie die Verfügbarkeit und Verlässlichkeit der Bezugsperson, wenn das Kind ein Bedürfnis befriedigt haben möchte und nach Zuwendung und Schutz verlangt. Ein Mangel an Geborgenheit und Zuwendung wirkt sich nicht nur nachteilig auf das psychische Wohlbefinden der Kinder aus, sondern auch auf ihr Erkundungs-, Sozial- und Lernverhalten und damit auf ihre gesamte Entwicklung. Tierexperimentelle Studien haben gezeigt, dass vernachlässigte Jungtiere nicht nur in ihrem sozioemotionalen Verhalten gestört sind; sie entwickeln sich auch langsamer, sitzen lustlos in einer Ecke und zeigen keinen Spiel- und Entdeckungsdrang. Derart sammeln sie auch keine Erfahrungen. Diese Beobachtungen entsprechen genau denjenigen von Kindern, die in Institutionen vernachlässigt worden sind (vgl. Spitz, 1945).

Das zweite wesentliche Element, das zur Geborgenheit beiträgt, ist die *Nähe vertrauter Personen* und die *Beständigkeit liebevoller Beziehungen*. Grundsätzlich bilden soziale Beziehungen und Interaktionen für das Kind die Basis für seine kognitive, emotionale und moralische Entwicklung. Menschen vermögen kaum, Gefühle zu empfinden, die sie selber nie erfahren hatten, und wir können die Verlässlichkeit und Intimität beständiger Liebe nicht erleben, wenn uns diese Liebe nicht selbst zuteil geworden ist – sei es durch Mutter und Vater oder auch durch die Großmutter, eine Tante oder eine Nachbarin (Brazelton & Greenspan, 2002). Eine konstante, emotionale, fürsorgliche Beziehung zu einem Kind gibt auch uns Älteren die Chance, aktiv an Interaktionen teilzunehmen, in denen wir die Signale des Kindes lesen und auf sie reagieren können. Dabei verfügen in aller Regel Eltern über eine intuitive Fähigkeit, ihre Gefühle und kommunikativen Verhaltensweisen gegenüber dem Kind, speziell auch schon gegenüber Säuglingen angemessen zu regulieren.

Durch derart gemeinsame *reziproke Interaktionen* lernt das Kleinkind, selbst die Initiative zu ergreifen: Es macht etwas und bewirkt, dass daraufhin etwas passiert. Dabei beginnt es, zielgerichtet und kausal zu denken, wie uns Piaget (1947) auf eindrückliche Weise demonstriert hatte. Selbstgefühl, eigener Wille, Zielgerichtetheit, Selbstbehauptung und die Anfänge des logischen Denkens – all dies ist in vielfache *reziproke* Interaktionen eingebettet.

Darüber hinaus lernt das Kind, in solchen Interaktionen sein Verhalten und seine Gefühle zu kontrollieren und zu modulieren. Wenn ein Kind nicht lernt, solche fein abgestimmten Interaktionen mitzugestalten, kann es auch

Kasten 9-1

Intuitive elterliche Didaktik – eine Begriffsdefinition

In Verhaltensanalysen konnten Papousek und Papousek (1987) nachweisen, dass es im elterlichen Kommunikationsverhalten eine Reihe von Anpassungen an das Kommunikationsniveau eines Säuglings gibt, die intuitiv gesteuert sind. Sie haben diese eher unbewussten Anpassungsleistungen der Bezugsperson als «intuitive elterliche Didaktik» bezeichnet. Dazu zählen:

- Den Ausdruck des Säuglings als authentisches Zeichen einer Emotion zu interpretieren, ihn zu spiegeln, um Kontingenzen zwischen Ausdruck und Erleben herzustellen;

- kontingent und angemessen auf das Verhalten des Säuglings einzugehen, um ihm das Gefühl eigener Wirksamkeit zu vermitteln;

- ihm gegenüber prägnante Ausdruckssymbole zu verwenden wie die Ammensprache oder die übersteigerte Mimik und Intonation, um damit eine intentionale Kommunikation zu fördern und

- den Säugling durch Anregung oder Beruhigung auf einem optimalen Erregungsniveau zu halten. Derart sind Säugling und Bezugsperson optimal an eine *inter*psychische emotionale Regulation präadaptiert.

nicht die Erwartung entwickeln, dass seine Gefühle in seiner Umwelt eine angemessene Reaktion auslösen. Derart bleiben sie in einer Weise isoliert und sie sind gezwungen, sich in globalen Reaktionen wie Wut, Zorn, Angst oder Vermeidung und Rückzug zu äußern. Kinder, die diese interaktiven Fähigkeiten nicht erworben haben, empfinden bereits kleine Frustrationen als Katastrophe oder reagieren grundsätzlich extrem; sie brechen leicht in Tränen aus, steigern sich in Wutanfälle hinein oder sind ihrer Erregung und Freude, ihrem Zorn oder ihrer Traurigkeit oder sogar depressiven Stimmungen ausgeliefert. Das bedeutet, dass bereits in den frühesten Interaktionen zwischen Kind und Bezugsperson die Grundlage dafür geschaffen wird, wie konstruktiv und kompetent das Kind späterhin als Interaktionspartner agieren kann.

Kasten 9-2

Implikationen für die Erziehungspraxis

Wie können beständige Beziehungen gewährleistet werden?

■ In den ersten drei Lebensjahren braucht jedes Kind eine oder zwei Bezugspersonen, die eine kontinuierliche, intime Beziehung zu ihm gewährleisten.

■ In der Säuglingszeit, als Kleinkinder und im Kindergartenalter sollten sich die Kinder in Sichtweite ihrer Bezugspersonen aufhalten. Abgesehen von der Schlafenszeit sollte die Betreuungsperson sie jederzeit im Blick haben können.

■ Säuglinge und Kindergartenkinder sollten grundsätzlich nicht mehr als ein Drittel ihrer Wachzeit vollständig sich selbst überlassen sein.

■ Die übrigen zwei Drittel der Zeit sollten zwischen zwei Aktivitätsformen aufgeteilt werden: die durch eine Bezugsperson unterstützte Interaktion mit der Umwelt und die direkte Interaktion wie Schmusen, Umhertragen, gemeinsames Spielen, Fragen beantworten, Aktivitäten kommentieren usw. Dabei können sich in einer Familie Vater und Mutter diese Aktivitäten teilen.

■ Betrachten wir die während der Grundschuljahre verfügbare Freizeit (abzüglich der Zeit, die das Kind mit Gleichaltrigen verbringt), sollte das Kind zwei Drittel dieser Zeit in Anwesenheit einer Bezugsperson verbringen, die das Kind teils in seinen Aktivitäten unterstützt, teils direkt mit ihm interagiert.

■ Berufstätigen Eltern ist zu empfehlen, dass sie etwa zwei Drittel der Abendstunden zwischen 17 Uhr oder 18 Uhr bis 21 Uhr für das Kind verfügbar sind und zumindest ein Elternteil auch zusätzlich außerhalb dieser Zeit verfügbar ist, wenn das Kind mit Gleichaltrigen zusammen ist oder anderen Nachmittagsbeschäftigungen nachgeht.

■ Zudem ist einem Elternteil zu empfehlen, den größten Teil des ersten Lebensjahres beim Kind zu verbringen.

■ Treten Kinder später in *Krippen und Krabbelgruppen* ein, sollten sie sich dort nicht 30 oder mehr Stunden pro Woche aufhalten, wenn die Eltern in der Lage sind, sich selbst optimal um das Kind zu kümmern. Außerdem sollte das Kleinkind in den ersten drei Lebensjahren eine primäre Bezugsperson haben, von der es während der Jahre, in denen es die Einrichtung besucht, betreut wird. Schließlich sollte eine Betreuerin nicht für mehr als vier Kleinkinder, später nicht für mehr als fünf bis acht 3- bis 4-jährige Kinder zuständig sein.

Quelle: Brazelton & Greenspan (2002)

Zweifellos ist es für Kinder wichtig, dass Eltern ausreichend Zeit für sie haben. Es wäre aber viel zu einfach, dies nur auf die Menge an Zeit zu beziehen. Die Bedürfnisse und Wünsche der Kinder selbst an die *elterliche Zeit* sind differenzierter. In aller Regel ist es so, dass Kinder sich erstens elterliche Zeit wünschen, die ausdrücklich ihnen gewidmet ist, zweitens möchten sie auch elterliche Anwesenheit im Hintergrund sowie drittens elternfreie Zeit (Christensen, James & Jenks, 2000). Derart wünschen sich Kinder verlässliche Familienzeiten genauso wie Freiheiten, flexibel gemäß ihren jeweiligen Bedürfnissen über ihre Zeit frei zu verfügen (vgl. zur Elternzeit für Kinder, Zeiher, 2003).

9.1.2
Das Bedürfnis nach Unversehrtheit, Sicherheit und Regulation

Die meisten Eltern, Lehrer, Erzieher wie Politiker betrachten das Grundbedürfnis der Kinder nach körperlicher Unversehrtheit und Sicherheit als Selbstverständlichkeit; leider ist dem nicht so. Viel zu viele Kinder sind vielfachen und unnötigen Risiken ausgesetzt, deren Folgen uns aus der Entwicklungsepidemiologie gesundheitlicher und psychischer Störungen im Kindes- und Jugendalter bekannt sind (vgl. Ihle & Esser, 2002; Petermann, Niebank & Scheithauer, 2000 und Kap. 4.2.4 in diesem Lehrbuch). Kinder kommen untergewichtig zur Welt, weisen körperliche Beeinträchtigungen, Lernschwierigkeiten und emotionale sowie soziale Probleme auf, die hätten vermieden werden können. Besonders gravierend sind auch pränatale und postnatale Beeinträchtigungen durch Alkohol, Tabak, Drogen und andere Giftstoffe sowie Drogenmissbrauch im Kindes- und Jugendalter, die sich schädlich auf die gesunde Entwicklung des zentralen Nervensystems auswirken (vgl. Petermann, Niebank & Scheithauer, 2000; Sarimski, 2000). Ein weiteres Risiko für die Gesundheit der Kinder sind der emotionale und soziale Stress, wie er etwa durch Armut und ökonomische Deprivation, schulischen Leistungsdruck oder familiäre Konflikte bedingt sein kann (vgl. Hurrelmann, 2002; Rollett & Werneck, 2002).

Sofern empirische Daten gesammelt werden, wie das im Rahmen der Entwicklungsepidemiologie gesundheitlicher und psychischer Störungen im Kindes- und Jugendalter geschieht (vgl. Ihle & Esser, 2002), zeigen diese, dass mittlerweile erschreckend viele Kinder wegen massiver Entwicklungsprobleme untersucht und behandelt werden müssen. Exemplarisch sei ein Beispiel aus Kalifornien erwähnt: Hier ist die Zahl der Kinder, bei denen eine autistische Störung diagnostiziert wurde, in den letzten 10 Jahren um 270 % gestiegen (Brazelton & Greenspan, 2002). Die Häufigkeit von Störungen, die dem autistischen Spektrum zugeordnet werden, ist gar um 1000 % gestiegen, wobei diese Zahlen teils auch durch die verbesserte Diagnostik bedingt sein können. Unter dieses Störungsbild fallen soziale Schwierigkeiten sowie Denk- und Kommunikationsstörungen. Im Folgenden soll auf einige ausgewählte Risikobedingungen eingegangen werden, wie sie besonders in der frühkindlichen Entwicklung, das heißt im Säuglings-, Kleinkind- und frühen Kindesalter, bestehen (vgl. die Übersicht bei Scheithauer, Niebank & Petermann, 2000).

Chronische Belastungen / Lebensereignisse. Anhaltende Belastungen während der Schwangerschaft können intrauterin über eine erhöhte Aktivität der Hypothalamus-Hypophysen-Nebennierenrinden- und Nebennierenmark-Achse zu einer vermehrten oder dauerhaften Cortisolausschüttung führen. Eine anhaltende Ausschüttung dieses Hormons wird mit immunsuppressiven Effekten in Verbindung gebracht, sodass sich beispielsweise die Wahrscheinlichkeit für eine Plazentainfektion erhöht. *Chronische Belastungen der Mutter,* die sich etwa in vermehrter Adrenalinausschüttung ängstlicher oder gestresster Mütter während der Schwangerschaft beobachten lässt, können unter anderem auch verknüpft sein mit einer erhöhten motorischen Aktivität des Fetus, mit dem Risiko von Sauerstoffmangel und in der Folge mit einem intrauterinen Wachstumsrückstand. Eine Diskontinuität in der fetalen Entwicklung zwischen der 28. und 32. Woche kann mit einer Verlangsamung etwa des Aktivitätsgrades des Fetus oder der Variabilität der Herzrate einhergehen, die bis zur Geburt anhalten kann. Derart scheinen Kinder in dieser Periode neurologischer Reifung einem besonders hohen Risiko für eine fehlangepasste Entwicklung zu unterliegen. Neben chronischen Belastungen können *belastende Lebensereignisse der Mutter* während kritischer Wachstumsperioden in der Entwicklung des Fetus über die verstärkte Einwirkung von Cortisol auf das sich entwickelnde Zentralnervensystem (ZNS) negative Auswirkungen haben und verknüpft sein mit einer Frühgeburt oder einem niedrigen Geburtsgewicht des Kindes (vgl. die Übersichten bei Krens & Krens, 2004 und Sarimski, 2000). Beispielsweise untersuchten Flinn und England (1995) in ihrer Längsschnittstudie an 250 Kindern den Zusammenhang zwischen täglichen Aktivitäten, emotionalen Zuständen, Interaktionen mit den Eltern, Verhaltensproblemen und der Aktivität der Hypothalamus-Hypophysen-Nebennierenachse. Sie fanden, dass traumatische familiäre Ereignisse wie chronische Konflikte oder Gewalt in der Familie in besonderem Maße mit erhöhten Cortisolausschüttungen der Kinder über alle Altersstufen (2 Monate bis 17 Jahre) hinweg verknüpft sind. Kinder mit ernsthaften familiären Problemen dieser Art im Säuglings- und Kleinkindalter wiesen entweder einen chronisch erhöhten Cortisol-Spiegel oder aber einen ungewöhnlich niedrigen Cortisol-Grundspiegel mit zeitweilig erhöhten Spitzen auf. Während das erste Cortisolprofil mit Angst und sozialem Rückzug verknüpft war, stand das letztere Profil in einem Zusammenhang mit dissozialem und delinquentem Verhalten. Darüber hinaus deuten eine ganze Reihe von Studien darauf hin, dass frühe, negative Erfahrungen wie etwa Misshandlungen oder Vernachlässigungen einen Einfluss auf die Struktur, Funktion und Organisation des Gehirns haben (Cicchetti & Cannon, 1999).

Depression der Mutter. Depression ist eine psychische Störung, die bei der betreffenden Person – neben den Merkmalen der depressiven Verstimmung und Interessenlosigkeit – Auswirkungen auf allen Ebenen der psychischen Verarbeitung zeigt. Depressive Personen sind reizbar, weinerlich, unentschlossen, antriebsschwach, emotional zurückgezogen und in ihrer Leistungsfähigkeit reduziert. Weil eine depressive Störung nicht bloß die betroffene Person selbst, sondern in besonderem Maße auch die nähere soziale Umgebung betrifft, wurde wegen der hohen Prävalenz dieser Störung über Jahre intensiv nach den Auswirkungen der mütterlichen Depression, insbesondere der postnatalen Depression auf die Entwicklung des Kindes geforscht. Dabei zeigten sich die folgenden wesentlichen empirischen Befunde (vgl. die Übersicht bei Wolke & Kurstjens, 2002).

- Depression bei Müttern tritt vor allem bei Frauen auf, die vulnerabel sind, bereits im Jugendalter depressiv erkrankten und besondere Lebensbelastungen erfahren haben.
- Mütterliche Depression ist mit häufigeren Verhaltensproblemen bei den Kindern assoziiert. Allerdings finden sich konsistente Befunde nur in Selbstberichten von Müttern.
- Chronische Depression, die in aller Regel klinischer Behandlung bedarf und mit weiteren sozial nachteiligen Bedingungen assoziiert ist, führt bei den Kindern und hier besonders bei den Töchtern häufig zu emotionalen Störungen, besonders im Jugendalter und jungen Erwachsenenalter. Die transgenerationale Transmission ist sowohl genetisch wie über das Aufwachsen mit einer depressiven Mutter bedingt.
- Langfristig nachteilige Auswirkungen auf die kognitive Entwicklung sind bisher nur von einer Forschergruppe in England, jedoch nicht in anderen Studien berichtet worden. Ansonsten scheinen die Auswirkungen wahrscheinlich nur im Säuglingsalter transient aufzufinden und sind etwas häufiger bei Jungen.

Vor dem Hintergrund solcher Erkenntnisse sollten Frauen, die etwa in der Erziehungs- und Familienberatung mit Erziehungsproblemen ihrer Kinder vorstellig werden, routinemäßig untersucht werden. Da depressive Mütter häufig über Erziehungs- und Verhaltensprobleme bei ihren Kindern berichten, sollten diese Angaben ernst genommen werden, da Kinder – besonders Töchter – einem hohen Risiko für spätere emotionale Störungen unterliegen. Den Müttern sollten Erziehungshilfestellungen sowie gegebenenfalls Behandlung für die eigenen depressiven Symptome angeboten werden. Da sich depressive Mütter auch häufiger von ihrem Partner trennen, sollte der Partner frühzeitig in therapeutische und beraterische Maßnahmen einbezogen werden, um den Zusammenbruch des Familiensystems zu vermeiden.

Teratogene und Umweltgifte. Eine Entwicklungsgefährdung bereits des Fetus ist durch eine Reihe von Substanzen, wie z. B. Medikamente, Alkohol, Tabak oder illegale Drogen, aufgrund ihrer teratogenen Wirkung gegeben (vgl. die Übersicht bei Steinhausen, 2000). Besonders bei sehr jungen Müttern ist das Risiko hoch, dass eine Schwangerschaft erst spät erkannt wird und sich Teratogene auf die fetale Entwicklung auswirken können. Auch können Teratogene über die Spermatogenese des Mannes Einfluss nehmen. Verschiedene Studien konnten ermitteln, dass etwa das Rauchen der Mutter während der Schwangerschaft spezifisch mit Störungen des Sozialverhaltens ihres Kindes sowie mit Alkohol-, Drogenmissbrauch und -abhängigkeit im Jugend- und Erwachsenenalter verknüpft ist. Bisher existieren nur Vermutungen darüber, wie eine solche Verknüpfung zustande kommen kann. Ein häufig untersuchtes Beispiel für die teratogene Wirkung von Drogen stellt der Kokainkonsum der (werdenden) Mutter dar. Einerseits besteht pränatal durch den intrauterinen Einfluss des Kokains auf die fetale neuronale Entwicklung ein erhöhtes Risiko für ein geringes Geburtsgewicht, einen kleineren Kopfumfang, eine Frühgeburt oder emotionale Regulationsstörungen. Andererseits besteht postnatal ein erhöhtes Risiko für die kindliche (neuronale) Entwicklung durch die Kumulation und Interaktion von Risikofaktoren wie etwa die kontinuierliche passive Exposition durch den inhalativen Kokainkonsum der Eltern, mangelhafte Ernährung, psychische Störungen der Eltern oder negatives Erziehungsverhalten. Als Folge zeigen sich bei Kindern Aufmerksamkeitsstörungen und Defizite in der Aufmerksamkeitssteuerung und Informationsverarbeitung; im Kleinkindalter weisen derart vorbelastete Kinder in Spielsituationen verstärkt ein nicht-altersangemessenes, impulsives Verhalten auf und verschiedene Autoren konnten für mehr als die Hälfte dieser Kinder im Alter von 7 bis 17 Jahren mindestens eine psychische Störung ermitteln.

Dabei reicht die Identifikation kausaler Risikofaktoren nicht aus; vielmehr sind risikoerhöhende Mechanismen über die Zeit von Bedeutung (vgl. Rutter, 1996). Ziel müsste es sein, physiologisch-neurologische Schädigungen frühzeitig zu diagnostizieren (vgl. entsprechende Diagnostiken bei Brazelton & Greenspan, 2002) sowie das familiäre Umfeld und die äußere Umwelt, in der Kinder aufwachsen, zu verbessern. Denn für die körperliche Unversehrtheit und Sicherheit zumindest sehr kleiner Kinder sind allein die Eltern verantwortlich.

9.1.3
Das Bedürfnis nach individuell zugeschnittenen Erfahrungen

Immer noch tun sich viele Eltern und Erzieher schwer, die individuellen Besonderheiten ihrer Kinder anzuerkennen. Früher hielt man es für selbstverständlich, dass sich Kinder den Erwartungen ihrer Eltern und der Gesellschaft fügen (vgl. Ariès, 1978). Bis zu einem gewissen Grade ist das auch heute noch immer richtig. Kinder sollen gesellschaftsfähig gemacht werden; derart sollen sie lernen, ihre Aggressionen zu zügeln oder sich anderen Menschen gegenüber freundlich und einfühlsam zu verhalten. Allerdings haben wir in den letzten 50 Jahren auch gelernt, dass Kinder solchen Erwartungen dann am ehesten gerecht werden können, wenn wir uns bewusst sind, dass dieser Sozialisationsprozess reziprok verläuft, da bekanntlich Kinder auch ihre Eltern steuern. Je besser es uns gelingt, unseren Kindern Erfahrungen zu vermitteln, die ihren spezifischen Eigenschaften entgegenkommen, desto höher ist die Wahrscheinlichkeit, so meinen Brazelton und Greenspan (2002), dass sie sich positiv entwickeln und gleichzeitig auch den Vorstellungen ihrer Eltern entsprechen.

In der Vergangenheit schwankten die Erziehungsmaximen zwischen dem Wunsch, Kinder nach den Vorstellungen Erwachsener zu formen, und dem Versuch, unsere Zuwendung auf die individuellen kindlichen Bedürfnisse abzustimmen. Diese individuellen Besonderheiten bilden zweifelsohne einen wichtigen Bestandteil einer gesunden, normalen Entwicklung, aber auch von kognitiven, emotionalen und sozialen Schwierigkeiten, die sich während der gesamten Kindheit und darüber hinaus bemerkbar machen können. In diesem Zusammenhang haben Greenspan und Salmon (1995) spezifische Diagnostiken und Interventionsmethoden entwickelt, die auf solche individuellen Besonderheiten zugeschnitten sind und sowohl präventiv als auch zur Behandlung von Entwicklungsstörungen eingesetzt werden können.

Die Einsicht, mit diesen individuellen Besonderheiten arbeiten zu können, hatte auch zur Folge, dass sich das Verständnis über das Zusammenspiel von biologischen Anlagen und Umwelteinflüssen grundlegend veränderte. Wie an früherer Stelle ausführlich dargelegt worden ist, wissen wir mittlerweile, dass die Gene auch in der spezifischen Art und Weise Ausdruck finden, wie das Kind Umweltreize verarbeitet, wie es seine Handlungen plant, wie es sich für bestimmte Umwelten entscheidet und wie es sie gegebenenfalls eigenaktiv verändert (vgl. dazu Kap. 3.2.1 in diesem Lehrbuch). Die erzieherischen Interaktionen, die Eltern und Erzieher ihren Kindern anbieten, verschränken sich dann gleichsam mit der Natur wie ein Schlüssel mit einem Schloss. Die richtigen Erfahrungen können das Schloss der Natur öffnen, das heißt einen bestimmten Genotyp aktivieren und damit dem Kind helfen, sein Entwicklungspotenzial zu verwirklichen.

Terry Brazelton hatte 1969 mit seinem Buch *Infant and Mothers* (deutsch: Babys erste Lebensjahre, 1982) Eltern zum ersten Mal ein Verständnis für die individuellen Unterschiede und für die Beteiligung der Babys an der Gestaltung ihrer Welt vermittelt. Darüber hinaus beschreibt er, wie unterschiedlich Mütter und Väter auf bestimmte Verhaltensweisen reagieren. So neigen manche Eltern dazu, ihr Kind zu Interaktionen zu animieren, wohingegen andere sich lieber abwartend verhalten. Wieder andere Eltern sprechen sehr viel mit ihrem Kleinkind, während andere sich hauptsächlich mimisch verständigen. Manche Mütter sind fröhlich, andere ernsthaft, manche sind zurückhaltend, andere wiederum aufdringlich. All diese unterschiedlichen elterlichen Verhaltensweisen beeinflussen das Baby. Derart können solche Verhaltensmuster, wie sie durch die Bezugspersonen hergestellt werden, die kindliche Tendenz zu bestimmten Verhaltensweisen dramatisch verändern. Beispielsweise können sich stille Säuglinge im Laufe von zwei Jahren zu kecken Kleinkindern entwickeln, ängstliche und vorsichtige Babys zu tollkühnen Krabbelkindern. In der Wechselwirkung zwischen individuellen Besonderheiten des Kindes und dem Verhalten seiner Eltern bilden sich derart die kindlichen Persönlichkeitsmerkmale aus.

Außerdem lassen sich aus der Temperamentsforschung empirische Belege dafür anführen, dass gleiches Erziehungsverhalten bei Kindern mit unterschiedlicher Temperamentsstruktur unterschiedliche Entwicklungen zur Folge haben kann (vgl. die Übersicht zum Forschungsstand bei Werneck & Rollett, 2002). Bei zunächst als schwierig klassifizierten Schreikindern konnte in mehreren Studien ein Zusammenhang mit späterer Zurückgezogenheit und Ängstlichkeit nachgewiesen werden. Das ist ein Phänomen, das auch als *longitudinale Umkehrung des Aktivitätsniveaus* von Neugeborenen bezeichnet wird. Allerdings trifft dies nicht auf alle Kinder zu. So fanden Arcus, Gardner und Anderson (1992; zit. nach Werneck & Rollett, 2002) bei der Suche nach den Gründen für die unterschiedlichen Entwicklungen von «Schreibabys» mit Hilfe mehrfacher Videoanalysen der Mutter-Kind-Interaktionen (im Alter von 5 bis 13 Monaten), dass sich bei den hochreaktiven («schwierigen») Kindern durch einen relativ strengen Erziehungsstil der Mutter die – ansonsten für diese Kinder typische – erhöhte Ängstlichkeit im zweiten Lebensjahr weitgehend unterdrücken lässt. Hochreaktive Babys mit erzieherisch nachgiebigen Müttern, die weniger klare Grenzen setzen, Grenzüberschreitungen eher tolerieren und auf das Schreien ihrer Babys eher mit verstärkter Zuwendung reagierten, erwiesen sich mit 14 Monaten deutlich ängstlicher. Während diese differenziellen Entwicklungsverläufe von hochreaktiven Säuglingen in Abhängigkeit vom elterlichen Erziehungsverhalten relativ gut belegt sind (vgl. Park, Belsky, Putnam & Crnic, 1997), ist interessant, dass sich bei niedrigreaktiven Säuglingen keine Unterschiede bezüglich der Entwicklung ängstlicher Verhaltensweisen in Abhängigkeit vom Erziehungsstil der Mutter feststellen lässt. Diese Kinder entwickelten durchgehend ein überwiegend exploratives, nichtängstliches Kleinkindverhalten.

Familiale Wechselwirkungseffekte im Sinne unterschiedlicher Konsequenzen trotz gleichen Erziehungsverhaltens der Eltern in Abhängigkeit vom Temperament der Kinder machte die Studie von Bates, Dodge, Pettit und Ridge (1998) deutlich. Deren Befunde zeigen, dass restriktives Kontrollverhalten von Müttern bei impulsiven und unnachgiebigen Kindern mittelfristig aggressionshemmend wirkt, bei wenig impulsiven Kindern aber genau den gegenteiligen Effekt, nämlich verstärkt dissoziales Verhalten im Schulalter zur Folge hat. Der gleiche Erziehungsstil kann also bei Kindern mit unterschiedlichem Temperament unterschiedliche, ja sogar entgegengesetzte Entwicklungen begünstigen.

In diesem Zusammenhang ist nochmals darauf hinzuweisen, dass das familiäre Umfeld, besonders das elterliche Erziehungsverhalten, einen bedeutsamen Einfluss auf die Entwicklung der Kinder ausübt, dass aber umgekehrt auch die Bezugspersonen bzw. die Familie als Ganzes vom Kind und seinem charakteristischen Verhalten im Sinne *retroaktiver Sozialisation* beeinflusst werden. In dem Sinne fanden beispielsweise Watson und Kowalski (1999) in einer australischen Studie, dass temperamentsmäßig besonders auffällige 2- bis 3-jährigen Kinder das Erziehungsverhalten ihrer Bezugspersonen signifikant beeinflussten, sodass Ausmaß und Art der Interaktion gar als Funktion des kindlichen Temperaments bestimmt werden konnten. Dabei ist die Diagnose solcher Wechselwirkungsmechanismen zwischen kindlichem temperamentsbezogenem Verhalten und elterlichem Erziehungsverhalten für die Prognose der weiteren Familienentwicklung von zentraler Bedeutung (vgl. dazu auch Kap. 2.3.3 in diesem Lehrbuch). Modifikationen temperamentsbedingter Verhaltensdispositionen können derart den Ansatzpunkt für präventive Interventionsmaßnahmen zur Vermeidung bzw. Behandlung gestörter Entwicklung bilden.

Zusammenfassend kann man festhalten, dass jeder einzelne kindliche Verhaltenstyp, sei das Kind nun aktiv, aggressiv, hochsensibel, in sich gekehrt, eigenwillig oder in sich zurückgezogen, auf Betreuungs- und Erziehungsformen angewiesen ist, die sich an seinen spezifischen Neigungen und Verhaltensmustern orientieren. Nur auf diese Weise kann das Kind seine individuellen Stärken entwickeln, und nicht indem ein einziger pädagogischer Ansatz pauschal auf alle Kinder angewendet wird.

9.1.4
Das Bedürfnis nach entwicklungsgerechten Erfahrungen

Aus der Vielzahl psychologischer Entwicklungstheorien wissen wir, dass Kinder im Laufe ihrer Entwicklung eine Reihe von Entwicklungsaufgaben zu bewältigen haben. Viele Eltern spüren intuitiv, auf welche grundlegenden Erfahrungen es ankommt. Sie spüren, welche Erfahrungen das Kind bewältigt hat und welche stärker betont oder eingeübt werden müssen. Dabei meistern Kinder diese Entwicklungsaufgaben allerdings in sehr unterschiedlichem Tempo, weshalb interindividuell mehr oder weniger große Entwicklungsunterschiede zu beobachten sind. Ein Kind anzutreiben, Entwicklungsaufgaben schneller zu schaffen, kann die Entwicklung hemmen; der Preis, den ungeduldige Eltern zahlen, ist hoch, denn die Grundlagen bleiben instabil, ganz so, als wenn das Fundament eines Hauses in aller Eile hingebaut wird – und das Gebäude dann bereits den ersten Orkan kaum übersteht.

Die meisten professionellen *Frühförderprogramme* betonen, dass die Aufgaben, die wir Kindern stellen, ihrer Entwicklung angemessen sein müssen (vgl. dazu Schmidt-Denter, 2002). Derart scheint es für die Wirksamkeit jedes Trainingsverfahrens ein Altersoptimum zu geben. *Verfrühungen* oder auch *Verspätungen* schwächen die Effekte ab. Auch die Art des Effekts kann sich mit dem Lebensalter ändern. Da das Alter nur einen Indikator für einen bestimmten Leistungs- und Entwicklungsstand darstellt, ist man sich heute einig, dass erfolgreiche Förderprogramme entwicklungsangemessen konstruiert und durchgeführt werden müssen. Das bedeutet, dass man zuerst herausfinden muss, wie die individuellen Entwicklungsvoraussetzungen und -möglichkeiten des Kindes beschaffen sind, wozu es eine Vielfalt von diagnostischen Instrumenten gibt, auf die hier nicht eingegangen werden kann (vgl. Ettrich, 2000).

Des Weiteren erweisen sich die Erzieher-Kind-Beziehung und die kompetente Umsetzung des Förderprogramms durch die Erzieherinnen als bedeutsam. Kamenz und Klapproth (1984) vertreten gar die Auffassung, dass es zweifelhaft sei, ob ohne eine positive Bindung überhaupt nennenswerte Entwicklungsfortschritte erzielt werden können. Dabei kann der Grund für die leistungsorientierte Wirkung der sozial-emotionalen Zuwendung darin gesehen werden, dass die Motivation des Kindes gestärkt wird. Zudem gehören die günstigen Effekte hinsichtlich der Lernmotivation zu den langfristig nachweisbaren Auswirkungen speziell vorschulischer Förderung. Zu den am besten dokumentierten Bedingungsfaktoren zählt die Einbeziehung der Eltern in das Förderprogramm sowie die dadurch erreichte Veränderung der familiären Situation (Schmidt-Denter, 2002). Die in den Förderprogrammen eingesetzten Methoden bei der Elternbeteiligung in Form von Hospitation in der Einrichtung bestehen im Vermitteln didaktischer Fähigkeiten, im Erläutern des Handhabens der Fördermaterialien sowie im Modell-Lernen durch Beobachtung der Erzieher-Kind-Interaktion. Letzteres kann den Eltern neue Einsichten in die Entwicklung ihres Kindes vermitteln.

Um nochmals zu den *Entwicklungsaufgaben* zurückzukommen, die ein Kind im Laufe seiner Entwicklung zu meistern hat, und wozu es die entsprechenden Erfahrungen machen muss, so ist zu fragen, wie sich diese Aufgaben beschreiben lassen. Dazu kann man sich an der Beschreibung jener Entwicklungsaufgaben orientieren, die Brazelton und Greenspan (2002) als Grundfähigkeiten für das Kindesalter postulieren, weil diese auch für die elterliche Erziehung relevant sein können:

Sich konzentriert der eigenen Umgebung widmen können. Eine der allerersten Kompetenzen, die alle Kinder, besonders Schulkinder benötigen, ist ruhig und reguliert zu bleiben und sich gleichzeitig auf das Geschehen in ihrer Umgebung zu konzentrieren und an ihm teilzunehmen. Normalerweise beginnen Kinder, diese Fähigkeit in den ersten Lebensmonaten zu erlernen. Im Alter von drei bis vier Monaten sollten sich dann Säuglinge auf das, was sie berühren, sehen und hören, konzentrieren können, ohne aus der Fassung zu geraten. Ist ein Kind nicht in der Lage, einen Zustand der ruhigen, wachen Aufmerksamkeit aufrechtzuerhalten, müssen Eltern mit ihm arbeiten, gleichgültig, wie alt es ist.

Beziehungen zu anderen Menschen aufnehmen können. Die Fähigkeit, aufmerksam zu sein, vermittelt dem Kind auch die Möglichkeit, warmherzige, vertrauensvolle Beziehungen zu erwachsenen Menschen und später zu Gleichaltrigen zu knüpfen. Dabei erreicht normalerweise ein Säugling im Alter zwischen vier und sechs Monaten die Voraussetzungen, das Gesicht seiner Mutter zu erforschen, mit ihr zu gurren und sie anzulächeln. Analoge Prozesse beobachten wir später bei einem Vierzehnjährigen, der sich in der Unterrichtspause zu seiner Schulfreundin gesellt, mit ihr herumturtelt und ihr den Arm über die Schultern legt. Kinder, die nicht in der Lage sind, anderen Menschen gegenüber warmherzig und vertrauensvoll zu begegnen, die sich distanzieren, zurückziehen und misstrauisch sind, isolieren sich und nehmen das, was andere tun, unter Umständen nicht wahr. Sie entscheiden sich dann dafür, das es für sie das Beste ist, für sich zu bleiben; sie verletzen andere, weil sie nicht damit rechnen, dass sie das bekommen, was sie sich wünschen. Solche Kinder müssen sich, falls sie das noch vermögen, gewaltig anstrengen, um die weiteren Entwicklungsaufgaben zu bewältigen, weil sie es in ihren frühesten sozialen Beziehungen und Interaktionserfahrungen nicht gelernt haben.

Zielgerichtet und wechselseitig kommunizieren können. Die dritte Grundfähigkeit baut auf den ersten beiden auf. Kinder kommunizieren zuallererst nonverbal und sie begreifen die Grundlagen der menschlichen Interaktion und

Verständigung auf diese Weise besser, als jene, denen das nicht gelingt.

Ein Selbstgefühl entwickeln können. Kleinkinder lernen, wie die Welt «funktioniert» (vgl. Piaget, 1947). Sie vermögen Muster zu erkennen und sich diese bei der Lösung von Problemen zunutze zu machen. Sobald sie begriffen haben, welches Verhalten ihre Eltern zu welchen Reaktionen veranlasst, kommen komplexe, reziproke Interaktionen in Gang. In der an James Mark Baldwin und George Herbert Mead anschließenden soziogenetischen Theorietradition findet sich in diesem Zusammenhang auch die zentrale Annahme, dass sich das Selbst in diesen ersten vertrauten Sozialbeziehungen herausbildet (vgl. Case, 1991; Stern, 1992). Dabei wird die Auffassung vertreten, dass die Entwicklung des Selbst die ontogenetische Entwicklungsgeschichte interpersonaler Beziehungen widerspiegelt. Konsequenterweise postulieren Kleinkindforscher, dass der Schlüssel zum Verständnis kindlicher Selbstentwicklung in den Interaktionsmustern zwischen Kleinkind und Pflegeperson liegt.

Wünsche, Bedürfnisse und Gefühle artikulieren können. Diese Fähigkeit ist zu beobachten, wenn Kinder ihre ersten Forderungen stellen oder wenn sie ihre Gefühle in Worte zu fassen versuchen oder eine konkrete Handlung in Gedanken fassen können. Derart benutzen sie eine in Worte gefasste Vorstellung, um über das, was sie wollen, was sie fühlen oder was sie tun möchten, zu kommunizieren. Damit eröffnet sich dem Kind eine neue Welt voller Herausforderungen. Kinder, die ihre Absichten und Gefühle nicht identifizieren und artikulieren können und ihr Handeln nur agierend erfahren, neigen verstärkt dazu, so meinen Brazelton und Greenspan (2002), sich in schwierigen Situationen aggressiv zu verhalten.

Emotionales Denken. Als Folge vermögen sich Kinder die Fähigkeit anzueignen, über die Bennennung eines Gefühl hinauszugehen; etwa zwischen zweieinhalb und dreieinhalb Jahren lernen sie, mit ihren inneren Konzepten zu denken. «Ich bin wütend, weil du heute nicht kommst und mit mir spielst». Man erkennt in dieser Verbindung einen differenzierten Blickwinkel, weil das Kind nun in der Lage ist, Gefühle miteinander zu verknüpfen, die es zu unterschiedlichen Zeitpunkten empfindet, und es realisiert, dass das eine durch das andere verursacht wird. Das Kind beginnt logisch zu denken.

Realitätssinn. Auf dieser Fähigkeit aufbauend erwerben sich Kinder einen Sinn für ihre Realität, auch wenn sie weiterhin eine lebhafte Fantasie haben. Sie beginnen, im Alter von viereinhalb Jahren kompliziertere Beziehungen zu begreifen und werden auf diese Weise auch emotional stabiler. Nach und nach erwerben sie die Fähigkeit, Schuldgefühle oder Empathie zu empfinden, sie erleben eine größere Bandbreite von Gefühlen in der Auseinandersetzung mit Abhängigkeit, Rivalität, Wut und Liebe. All diese Fähigkeiten sind Voraussetzung dafür, dass das Kind langsam in der Lage ist, aus seiner Familie herauszutreten.

Die Gruppe der Gleichaltrigen. Mit dem siebten und achten Lebensjahr erweitert sich das kindliche Weltbild und sein Aktionsradius. Kinder beginnen, sich häufiger über ihre Beziehungen zu Klassenkameraden und Schulfreundinnen wahrzunehmen (vgl. dazu Kap. 13 in diesem Lehrbuch). Derart wird auch ihr Selbstbild teilweise durch die Rangordnung auf dem Spielplatz, in der Clique oder in der Schulklasse definiert. Gleichaltrige setzen nun von sportlichen Fähigkeiten über Beliebtheit, Aussehen und Intelligenz bis hin zur Kleidung und Frisur den Maßstab. Ungeachtet dessen tut es Kindern diesen Alters ausgesprochen gut, sich als Mitglieder einer Gruppe fühlen zu können. Sie lernen, gruppendynamische Prozesse zu diagnostizieren, was den Kindern wiederum hilft, kognitive und soziale Fertigkeiten zu erwerben, die sich in der Schule und weit darüber hinaus als ungemein hilfreich erweisen. Dabei werden auch Rivalitätsgefühle, Neid und Eifersucht sehr intensiv erlebt und Kinder fühlen sich, wenn sie in die Kritik anderer geraten, tief gekränkt. Demütigung, Respektverlust, Ausgrenzung oder Missbilligung rufen tiefe Ängste hervor (vgl. Brazelton & Greenspan, 2002).

Das Selbstgefühl. Kinder können mit beginnendem Schulalter bereits eine aktive Bewertung anderer Personen vornehmen, die ihrerseits als eine Art «self-guide» fungieren. Bandura (1996) beschreibt diesen Prozess als Genese der Selbst-Regulation. Während in der frühen Kindheit das Verhalten in Form von positiver oder negativer Verstärkung, direkter Instruktion und Modell-Lernen external kontrolliert wird, sind ältere Kinder bereits in der Lage, Reaktionen anderer zu antizipieren und die Rollen ihres eigenen Verhaltens und die anderer zu internalisieren. Daraus entwickeln sich persönliche Standards als erste Form der bewertenden Selbstregulation, und damit können Kinder Verhaltensweisen ausführen, die eine positive Selbstbewertung fördern (vgl. Fuhrer, Marx, Holländer & Möbes, 2000). Noch sind Kinder nicht in der Lage, ihre eigene Psyche zu bewerten. Der größte Fortschritt in dieser Altersperiode besteht in der Fähigkeit, Selbstbilder miteinander zu koordinieren (Case, 1991). Widersprechende Merkmale vermag das Kind nun zu synthetisieren, was ihm erlaubt, sowohl positive als auch negative Selbst-Bewertungen vorzunehmen. Gleichzeitig nutzt das Kind im mittleren Kindesalter zunehmend den sozialen Vergleich mit anderen, um sein eigenes Selbst zu evaluieren (Damon & Hart, 1992). Dabei wird das eigene Selbstbild verletzlich gegenüber all jenen Handlungsbereichen, die gesellschaftlich bedeutsam sind (z. B. Schulkompetenz, Peerakzeptanz, Sportkompetenz). Schließlich ist das Kind in der Lage, Meinungen bedeutsamer Anderer zu internalisieren, was ihm wiederum ermöglicht, mittels des «Ich-Selbst» das «Mich-Selbst» direkt zu bewerten (Selman, 1984).

Im *frühen Jugendalter* entwickelt sich das abstrakte Denken. Diese kognitive Fähigkeit kann auf unbelebte Objekte, auf das eigene Selbst, aber ebenso auf andere Personen angewendet werden. Damit wird der Jugendliche fähig, unterschiedliche abstrakte Merkmale seines Selbst, wie z. B. intelligent, kreativ oder gewitzt, miteinander zu integrieren. Allerdings erschweren zunehmende Differenzierungen im Selbstbild eine angemessene Integration, was im frühen Jugendalter im Sinne einer «kognitiven Schranke» wirken kann, wodurch negative Aspekte nicht auf Merkmale anderer Bereiche abfärben können. Trotzdem beginnen Jugendliche stärker zu differenzieren, was sie innerlich sind und wie sie nach außen hin erscheinen, und sie können klarer zwischen dem, was sie sind und dem, was sie sein möchten, unterscheiden (Fend, 1994).

Im *mittleren Jugendalter* wächst das Bewusstsein um die Gegensätzlichkeit unterschiedlicher Merkmale im Selbstbild, sodass intrapsychische Konflikte daraus resultieren können (Harter & Monsour, 1992). Jugendliche in dieser Altersperiode zeichnen sich durch instabile Selbstbilder aus und schwanken von einem Extrem ins andere. Dabei wird diese Instabilität gefördert, wenn sie aufgrund von Sozialisationsnormen unterschiedliche Selbstbilder in verschiedenen Rollen oder unterschiedlichen Beziehungsstrukturen entwickeln. Folglich nimmt die Diversifikation der Selbstbilder nach sozialen Kontexten zu. Die «multiplen Selbste» (mit Eltern, Freunden, Liebespartnern) differenzieren sich aus und müssen gleichzeitig wieder integriert werden. Dies gelingt jedoch – und hier werden interindividuelle Unterschiede sichtbar – nicht in allen Abschnitten der Adoleszenz und nicht allen Personen gleich gut. Derart entstehen Konflikte zwischen den verschiedenen «Mich-Selbsten». Schwierig zu bewältigen sind derartige Diskrepanzen, wenn sich etwa die Erwartungen von Eltern und Gleichaltrigen widersprechen, weshalb Jugendliche zunehmend dazu tendieren, sich selbst zu reflektieren (vgl. Fend, 1994). Dabei reflektieren Mädchen sehr viel intensiver über sich selber und konzentrieren sich insgesamt stärker auf ihr Innenleben als Jungen; letztere zeigen lediglich vom 15. zum 16. Lebensjahr einen markanten Anstieg größerer Selbstreflexion.

Im *späten Jugendalter* schaffen Jugendliche es, eine kohärente «Theorie» ihres Selbst zu entwickeln. Gleichzeitig zeigen sie sich flexibel in der Definition ihres Selbst in unterschiedlichen sozialen Situationen. Inkonsistenzen zwischen verschiedenen Selbstbildern können ausgeglichen werden (Harter & Monsour, 1992).

Kasten 9-3

Implikationen für die Erziehungspraxis

Förderung entwicklungsgerechter Erfahrungen

■ **Familie.** Die Familie sollte den Kindern die ganze Bandbreite an entwicklungsgerechten Erfahrungen ermöglichen. Das setzt voraus, dass Kinder nicht mehr als ein Drittel ihrer Wachzeit völlig sich selbst überlassen sein sollten. Das Familienleben soll genutzt werden, um Kindern entsprechend ihrer Entwicklungsvoraussetzungen zu helfen, ihre Welt zu verstehen und zu meistern. Dabei ist es für Eltern wichtig, dass sie sich bemühen, den Blickwinkel ihrer Kinder einzunehmen, auch wenn sie selbst eine andere Sichtweise vertreten.

■ **Spiel mit Gleichaltrigen.** Kinder brauchen darüber hinaus Zeit, um sich außerhalb von Schule und unabhängig von festen Freizeitterminen mindestens viermal wöchentlich mit Gleichaltrigen zu treffen. In diesen Beziehungen machen sie sich mit komplexen Denk- und Sozialisationsprozessen vertraut, die sie nur im freien Spiel üben und erfahren können. Jedes Kind braucht unverplante Zeit, in der es mit Gleichaltrigen explorieren und spielen kann.

■ **Schule.** Die Chance, entwicklungsgerechte Erfahrungen sammeln zu können, übt einen substanziellen Einfluss auf die schulische Leistungsfähigkeit der Kinder aus. Denn in intensiven, reziproken Interaktionen mit Eltern und Gleichaltrigen erwirbt das Kind die Fähigkeit, wie man über die Welt nachdenken und sie verstehen kann.

■ **Fernseh- und Computerzeit.** Entwicklungsgerechte Erfahrungen setzen auch voraus, dass dem Fernsehkonsum oder dem Spielen am Computer Grenzen gesetzt werden, was Aufgabe der Eltern ist. Dabei sollten Fernsehen und Computerspiel erst nach den Schulaufgaben, nach dem Spiel mit Freunden und nach Aktivitäten innerhalb der Familie stattfinden. Quelle: Brazelton & Greenspan (2002)

9.1.5
Das Bedürfnis nach Grenzen und Strukturen

Kinder brauchen Grenzen. Diese Forderung hört man heutzutage wieder verstärkt, und der Grund dafür ist, dass sich eine «grenzenlose» Erziehung nicht bewährt hat. Folgerichtig seien «starke Eltern» jene, die ihren Kindern strukturierte, weil geregelte Rahmenbedingungen schaffen und Grenzen setzen, behaupten viele populäre Elternratgeber (z.B. Träbert, 2003). Auch wenn im Großen und Ganzen Einigkeit darüber besteht, dass Kinder Grenzen, Struktur und Anleitung brauchen, beantworten viele Fachleute die Frage, wie diesem Bedürfnis am besten nachzukommen sei, doch höchst unterschiedlich. Manche Erzieher glauben an pädagogisch motivierte Methoden und treten dafür ein, Kindern immer ganz genau zu erklären, «warum» dieses oder jenes von ihnen verlangt wird; andere sind der Meinung, dass bereits von der allerfrühesten Kindheit an, Kinder sich an unverrückbare Normen und Regeln zu halten haben, Disziplin, Struktur und Respekt im Vordergrund stehen müssten. Uns begegnet hier wiederum jene *Antinomie von «Führen oder Wachsenlassen»*, die bereits an früherer Stelle beschrieben worden ist. Grenzen setzen bedeutet nicht zwangsläufig gängeln. Grenzen haben grundsätzlich auch nichts mit autoritärem Verhalten und der früher üblichen Befehls- und Gehorsamkeit-Mentalität zu tun. Zumindest nicht dann, wenn Eltern Grenzen richtig und liebevoll gestalten.

Unbestritten ist, dass man sich über die Gründe, weshalb Kinder lernen müssen, Grenzen zu respektieren, einig ist. Das ist nämlich deshalb

Kasten 9-4

Implikationen für die Erziehungspraxis

Grenzen: Warum sind sie für Kinder wichtig?

■ **Grenzen schützen vor Gefahren** ... und nicht nur vor körperlichen, sondern auch vor anderen Lebensrisiken, mit denen das Kind nicht allein zurechtkommen könnte. So ist es selbstverständlich, Kinder mit Verkehrsregeln vertraut zu machen und ihnen Ge- und Verbote für Fußgänger und Fahrradfahrer beizubringen oder ihnen zu zeigen, wie sie mit einem scharfen Messer umzugehen haben, wenn sie ein Stück Wurst schneiden wollen. Selbst ältere Kinder brauchen oft einen schützenden «Zaun», nicht um sie einzusperren, sondern um ihnen zu sagen: Diese Grenze überschreitest du (jetzt noch) nicht. Das ist etwa der Fall, wenn bestimmte Filme erst ab 16 oder 18 Jahren freigegeben sind. Dabei gilt: Je verantwortungsbewusster und selbstständiger die Kinder sind, desto weiter und offener können diese Grenzen sein. Doch wo genau die Grenzen jeweils gezogen werden, müssen die Eltern für sich allein entscheiden. Sie kennen ihr Kind sowie seine Umwelt am besten und können am besten einschätzen, wie sie ihr Kind schützen können und ab wann es diesen Schutz nicht mehr braucht.

■ **Grenzen geben Halt und Orientierung.** Bestimmte Grenzen sorgen dafür, dass das Zusammenleben im Alltag problemlos klappt, zum Wohle aller. Keine Familie, keine Schulklasse, keine Fußballmannschaft kann ohne Regeln miteinander auskommen. Erst wenn gewisse Grenzen abgesteckt sind, weiß jeder genau, woran er ist und was von ihm erwartet wird. Derart bekommen Kinder einen sicheren Orientierungsrahmen für ihr eigenes Verhalten. Zudem sind Eltern, die klipp und klar sagen, wo es lang geht, berechenbar. Auf sie können sich die Kinder verlassen. Kinder, die zu früh zu viele Freiheiten haben, irren orientierungslos durch die große weite Welt.

■ **Grenzen bewahren Würde** ... die eigene ebenso wie die der anderen Menschen. Eltern haben ein Recht darauf, mit Respekt behandelt zu werden. Kinder, die ihre Eltern herumkommandieren, sollten schleunigst in die Schranken gewiesen werden. Das sind sie ihrer eigenen Selbstachtung schuldig. Aber ebenso haben Kinder ein Recht, dass sie geachtet werden. Klare Grenzen machen Fehltritte überflüssig.

■ **Grenzen sind Reibungsflächen auf dem Weg ins Erwachsenenleben.** Wenn Eltern Grenzen setzen, müssen sie wissen, dass es früher oder später zu Grenzverletzungen und -streitigkeiten kommen kann. Hier brauchen Eltern Gelassenheit und natürlich eine konsequente Haltung. Denn Grenzen sind Zäune, an dem sich Kinder reiben und gegen die sie anrennen können. Hier können sie sich von ihren Eltern abgrenzen, in Opposition zu ihnen gehen, um so ihre eigenen Fähigkeiten und einen persönlichen Standpunkt zu entwickeln. Durch Grenzen lernen Kinder, eigenverantwortlich Entscheidungen für sich zu treffen. Das fördert die Selbstständigkeit und das Selbstbewusstsein. Derart helfen Eltern den Kindern, sich weiterzuentwickeln und erwachsen zu werden.

Quelle: Murphy-Witt (2003)

---

so wichtig, weil die zu Hause erlernten Regeln verallgemeinert auch in anderen Umwelten befolgt werden müssen, etwa in der Schule, im Freundeskreis oder in der sozialen Gruppe. Je älter das Kind wird, umso zahlreicher werden die Versuchungen, mit denen es konfrontiert wird, Grenzen zu umgehen. Wie aber lernen Kinder Grenzen zu akzeptieren und einzuhalten?

Ich gehe die Beantwortung dieser Frage so an, indem zu zeigen sein wird, unter welchen Bedingungen Eltern und Erzieher, die Grenzen setzen, bei den Kindern damit wenig erfolgreich sind. Zumkley-Münkel (1996) folgend scheitern Eltern dann, wenn sie an die «Vernunft» des Kindes appellieren bzw. Kindern durch Belehrung jenes Wissen vermitteln, dass sie noch unvernünftig handeln lässt. Dieses erzieherische Vorgehen hat gleich mehrere Schwachstellen: Zunächst erkennen Eltern viel zu wenig, dass «vernünftiges» Handeln ganz konkret bedeutet, dass ein Kind auf ein momentanes Bedürfnis verzichten muss, und dass die Bereitschaft dazu sich nicht unbedingt einstellt, wenn dem Kind nur die möglichen, für es selbst unangenehmen Folgen seines Handelns aufgezeigt werden. Derartige Appelle an die Vernunft sind bei Kindern ebenso wenig wirksam, wie sie es bei Aufklärungskampagnen über die gesundheitsschädlichen Wirkungen des Rauchens sind. Warum sollte es beim Kind anders sein?

Noch realitätsblinder ist die Erwartung, dass Vernunftsappelle für Gehorsam aus Einsicht genügen, wenn die von Eltern und Erziehern vorgebrachten Begründungen letztlich nur die Interessen und Wertschätzungen des oder der Erziehenden widerspiegeln, die das Kind (noch) gar nicht teilen kann. Darunter fällt ein Großteil der im Erziehungsalltag abgegebenen «Erklärungen». Man denke dabei an Aussagen wie «Das geht kaputt, das ist zu teuer, das ist nicht schön,» usw. Es ist erstaunlich, wie wenig erkannt wird, dass für ein Kind, dem solche Informationen und Wertschätzungen nichts bedeuten, Gehorsam schlicht sinnlos sein muss. Deshalb ist zu fragen: Wann sind Vernunftappelle geeignet, Gehorsam zu fördern?

Klar ist, dass Informiertsein an sich nicht genügt: Hinzukommen muss, dass das Kind von einer Information, einem Appell auch *affektiv berührt* sein muss, wie Zumkley-Münkel (1996) meint. Das bedeutet: Es genügt eben nicht, dem Kind nur zu sagen, «bitte fahre mit dem Fahrrad nicht über die Bordsteinkante, ansonsten geht der Reifen kaputt». Das Kind antwortet darauf vielleicht mit, «dann kann man ja einen neuen kaufen oder man kann das Rad in die Reparatur bringen». Wenn es jedoch um sein Fahrrad geht, das es heiß und innig liebt, dürfte ihm alles weh tun, was dieses beschädigen oder gar zerstören kann. Derartige, die Gefühle einbeziehenden Appelle überzeugen und sind eine Alternative nicht nur zu elterlichen Erklärungen, die dem Kind relativ wenig bedeuten, sondern auch zu einem autoritären erzieherischen Vorgehen.

Damit ist allerdings der Spielraum, der zwecks freiwilligen Gehorsams erzieherisch genutzt werden kann, wenn man weiter Zumkley-Münkel (1996) folgt, noch nicht ausgeschöpft. So gibt es noch andere Interessen, die, falls sie aufgebaut sind, ein Kind dazu motivieren, sich zu überwinden oder zu verzichten. Es ist das Interesse an der Erfüllung einer – auch von den anderen – gestellten Anforderung, eine Herausforderung zu erkennen und Stolz zu empfinden, wenn man sie bestanden hat; es ist das Interesse, dem anderen eine Freude zu machen, weil man ihn mag; es ist das Bedürfnis, dem anderen zu helfen, weil man ihn nicht verletzen oder sich ihm gegenüber gerecht verhalten will.

Viele Eltern können diese *Quellen zum freiwilligen Gehorsam* nicht nutzen, weil wichtige Vorbedingungen nicht erfüllt sind. Dazu zählt etwa die, dass einem Kind die mütterlichen Interessen etwas bedeuten und nicht gleichgültig sind. Andere Mütter wiederum betrachten emotional unterlegte, besonders beziehungsmotivierte Formen des Gehorsams als «unvernünftig». Aber selbst wenn eine Mutter darin nicht so eng festgelegt ist und es dem Kind erleichtert, freiwillig zu gehorchen, kann auch für sie der Punkt kommen, an dem ein Kind nicht von seinen momentanen Bedürfnissen abrücken will, aber auch die Mutter nicht bereit ist, von ihren Forderungen abzusehen. Das ist der Punkt, an dem sie eine Grenze zieht. Ist unter diesen Umständen das Erzwingen von Gehorsam die letzte Möglichkeit?

Die Antwortet lautet «ja», wenn man eine bestimmte Grenzerfahrung für die einzig mögliche hält. Diese Grenze entspringt einer momentanen Laune der Erziehungsperson; so gesehen erscheint sie willkürlich und dient nur ihrem eigenen Vorteil. Der Eindruck der Willkür verstärkt sich, wenn ein Kind erfährt, dass es auch möglich wäre, die Aufhebung dieser Grenze zu erzwingen. Folge ist, dass sich das Kind als fremdbestimmter Verlierer fühlt und zu fügen hat. Ein dazu alternatives Grenzerleben ist gekennzeichnet durch ein Abrücken von dem Bedürfnis, als Erziehungsperson alles erklären zu müssen, was in aller Regel als eine Vermittlung oder gar Durchsetzung eigener Werte interpretiert wird und dem Kind das Gefühl der Fremdbestimmung gibt. Vielmehr sollte es das Ziel sein, alles zu tun, um dem Kind den Eindruck der Fremdbestimmung zu nehmen, wenn ihm eine Option einfach nicht zugestanden werden soll oder kann.

Derart bildet sich beim Kind das Gefühl aus, geborgen zu sein, unterstützt und geliebt zu werden; all das zusammen schafft die Grundlage für das Gefühl, respektiert zu werden, und dies wiederum ist Voraussetzung dafür, dass das Kind ein gesundes Selbstwertgefühl entwickelt, andere Menschen selbst achten und respektieren lernt und sein Verhalten an internalisierten Normen selbstgesteuert orientieren kann. Kurz: Wenn wir Grenzen und Erwartungen mit umsichtiger Fürsorge verbinden, kindliche Autonomie in bestimmten Grenzen respektieren, so fördern wir unsere Kinder auf liebevolle Weise.

9.2
Bindungsbeziehungen und Bindungsverhalten

Kinder bringen eine angeborene Bereitschaft mit, sich an Personen zu binden, die ihnen vertraut sind. Durch die Art und Weise, wie Eltern auf ihre Kinder eingehen und mit ihnen umgehen, nehmen sie schon sehr früh Einfluss auf die Qualität kindlicher Bindungserfahrungen. Diese emotionale Bindung entsteht aus den Interaktionserfahrungen, die das Kind mit Personen macht, wenn sie seine Bedürfnisse befriedigen, mit ihm zusammen sind und sich ihm zuwenden. Bei der «Bindung» (attachment) handelt es sich um das von John Bowlby (1969) entwickelte Konzept der personenbezogenen tiefen emotio-

---

Kasten 9-5

Implikationen für die Erziehungspraxis

Wie setze ich dem Kind sinnvoll Grenzen?

- Ein ganz entscheidendes Mittel, um beim Kind dem Eindruck von Willkür und Fremdbestimmung entgegenzuwirken, ist, wenn möglichst viele der aufgestellten Regeln für Kinder *und* Erwachsene gleichermaßen gelten. Das ist natürlich nur in bestimmten Bereichen möglich.

- Das Kind soll wissen und erfahren, dass die Erziehungsperson selbst, wenn sie eine Grenze setzt, *keinen Vorteil* daraus zieht, wenn sich das Kind den gestellten Anforderungen fügt.

- Weiterhin ist es wichtig, durch *Konsequenz* im Erziehungsverhalten nicht von den gesetzten Grenzen abzurücken. Das soll auch dann nicht geschehen, wenn es für die Erziehungsperson bequemer wäre, nachzugeben. Auf genau diese Weise wird dem Eindruck entgegengewirkt, dass die Anforderungen willkürlich oder zum Vorteil der Erziehungsperson sind. Denn eine willkürliche Grenze ist eben keine wirkliche Grenze; Inkonsequenz begünstigt zudem Interessenkonflikte und kann in einen Machtkampf zwischen Kind und Erziehungsperson ausarten, bei dem die Beteiligten nur noch gewinnen und verlieren können.

- Schließlich sollte sich die Erziehungsperson dem Kind nicht als Kumpel anbieten, sondern als Kompetenzautorität, die zu überzeugen vermag, die ihren Lebenserfahrungsvorsprung nicht zu ihrem Vorteil ausnutzt, sondern kraft dieses vom Kind anerkannten Expertentums den Eindruck vermitteln kann, dass das Befolgen ihrer Anforderungen auch dann, wenn das Kind (noch) nicht alles versteht, einen Sinn hat.

Quelle: Zumkley-Münkel (1996)

nalen Beziehung des Kleinkindes zu (zunächst) der Mutter bzw. Hauptpflegeperson. Sie bildet eine wesentliche Voraussetzung für die weitere Persönlichkeitsentwicklung. Da die Eltern für das Kind erstmal die wichtigsten Interaktionspartner sind, nehmen Eltern durch die Art, wie sie auf ihre Kinder eingehen und mit ihnen umgehen, schon früh Einfluss auf die Qualität der kindlichen Bindungserfahrungen, in denen die reziproken Interaktions- und Beziehungsmuster zwischen Eltern und Kind und damit auch elterliches Erziehungshandeln erkennbar werden. Deshalb kommt der Entwicklung der Eltern-Kind-Beziehung, die durch erzieherisches Handeln gestaltet wird, für die Persönlichkeitsentwicklung des Kindes eine eminent wichtige Bedeutung zu.

9.2.1
Bindung an die Bezugsperson

Wie kleine Kinder von ihrer frühesten Entwicklung an eine Beziehung zu ihren Fürsorgepersonen aufbauen, über diese Beziehung die Welt begreifen und später Kontakte zu anderen Menschen gestalten, hat die Entwicklungspsychologie schon immer beschäftigt. Es war besonders die psychologische Bindungsforschung, die dazu fundamentale Beiträge lieferte (vgl. Spangler & Zimmermann, 1995). Dabei entstand das Konzept der Bindung aus den Erfahrungen mit elternlosen Kleinkindern in Heimen und dem Hospitalismusphänomen (Spitz, 1945) sowie den Trennungsreaktionen von Kleinkindern, die entweder selbst ins Krankenhaus mussten oder deren Mütter ins Krankenhaus kamen (Robertson, 1953), aber auch aus Diskussionen mit dem Verhaltensforscher Tinbergen (1952) über das instinktive Brut- und Pflegeverhalten bei Nesthockern im Unterschied zu Nestflüchtern und dem entsprechenden Bindungsverhalten bei Jungtieren, wenn sie sich verlassen wähnten.

Die intensive Bindung an die Eltern stellt nach Bowlby (1969) für das Kleinkind eine Überlebensnotwendigkeit dar. Dabei unterscheidet er zwischen Bindung und Bindungsverhalten. *Bindungsverhalten* zeigt ein Baby schon von den allerersten Lebenstagen bei Hunger, körperlichem Unwohlsein oder Langeweile; derart lenkt es die Aufmerksamkeit Erwachsener oder älterer Kinder auf sich.

Kasten 9-6

Bindung – eine Begriffsdefinition

Der Begriff Bindungssystem bezieht sich auf das hypothetische Regulationssystem einer Person. Es zielt darauf ab, ein Verhalten zu regulieren, das Nähe und Kontakt zu einer ausgewählten, schützenden Person garantiert, die als Bindungsperson bezeichnet wird. Vom psychischen Standpunkt aus betrachtet, ist das Ziel dieses Systems die empfundene Sicherheit.

Quelle: Mussen, Conger, Kagan & Huston (1993a, S. 176)

Dabei gibt es drei wesentliche *Anzeichen für eine sozial-emotionale Bindung* eines Säuglings an eine Bindungs- oder Bezugsperson: Erstens kann die Bezugsperson das Baby besser beruhigen und zufrieden stellen als andere. Zweitens wenden sich Säuglinge der Bezugsperson häufiger zu als anderen, wenn sie spielen oder getröstet werden wollen. Drittens sind Säuglinge in Anwesenheit der Bezugsperson seltener ängstlich als in ihrer Abwesenheit. So stellt sich dann die Frage, welche Anforderungen eine Bezugsperson für das Kind erfüllen soll. Eine Bezugsperson …

- befriedigt die körperlichen Bedürfnisse des Kindes (körperliches Wohlbefinden),
- gibt ihm Geborgenheit und Zuwendung (psychisches Wohlbefinden),
- gestaltet seine Umgebung so, dass sich das Kind Fähigkeiten und Wissen aneignen kann (Entwicklung).

Für ein Kind ist es vorteilhaft, wenn es von mehreren Bezugspersonen, meist Mutter und Vater, betreut wird. Seine Fähigkeiten, Beziehungen aufzubauen, werden größer, wenn es von verschiedenen Bezugspersonen lernt und dadurch vielfältigere Erfahrungen machen kann. Zwar nehmen die Eltern unter den Bezugspersonen eine Sonderstellung ein, dennoch ist es so, dass sich diese Bindungen im Jugendalter aufzulösen beginnen, weil sich die jugendlichen Kinder verstärkt Gleichaltrigen zuwenden.

Des Weiteren wird das Bindungssystem mit seinen spezifischen Reaktionen durch unvertraute Situationen, Gefahr oder Leid aktiviert; es wird beendet, sobald das Kind Sicherheit spürt. Derart hat das Bindungsverhalten den Zweck, unangenehme Gefühle durch Interaktion mit der Bezugsperson zu reduzieren. Auch nimmt man an, dass Kinder nach dem ersten Geburtstag ein Schema oder ein *inneres Arbeitsmodell von Bindung* – die so genannte Bindungsrepräsentation – konstruieren. Dieses enthält Erwartungen hinsichtlich der emotionalen Verfügbarkeit der Bezugspersonen und dient der Interpretation sowie Vorhersage elterlichen Verhaltens. Dieses Schema gibt den Kindern größere Sicherheit, weil sie wissen, dass die Bezugsperson auch dann potenziell verfügbar ist, wenn sie nicht anwesend ist. Allerdings sind diese Erwartungen bezüglich der Verfügbarkeit der Eltern vermutlich erst ab ca. dem 5. Lebensjahr überdauernder, und das Wissen der Kinder um die potenzielle Verfügbarkeit ihrer Bezugspersonen hilft ihnen bei der Regulierung negativer Gefühle (Bowlby, 1969). Umgekehrt zeigt das Kind, wenn es sich sicher fühlt, *Erkundungsverhalten*. Es wagt sich in den Raum und erkundet Gegenstände und Personen; das geschieht meist in einer Weise, in der sich das Kind mit Rückversicherungsblicken zu seiner Bindungsperson absichert.

Es war Mary Ainsworth (1973), die Bowlbys Bindungskonzept in zweierlei Weise empirisch umgesetzt hat: Zum einen hat sie unterschiedliche Stile des sensitiven Umgangs von Müttern mit ihren Babys beobachtet und sie mit entsprechenden Reaktionen der Kinder in alltäglichen Trennungssituationen in Beziehung gesetzt. Zum anderen hat sie, angeregt durch die Studien zum «Wesen der Mutterliebe» von Harlow und Harlow (1966), ein diagnostisch-experimentelles Verfahren, die «Fremde-Situation», entwickelt, mit dessen Hilfe es möglich ist, bei zwar schon mobilen, aber noch vorsprachlichen Kindern die von Bowlby beschriebene Explorations-Bindungs-Balance und die Stile des Balanceverhaltens zu beobachten (vgl. Ainsworth, Blehar, Waters & Wall, 1978). Für eine ausführ-

Kasten 9-7

Die Fremde Situation – eine Begriffsdefinition

In einem durch Einwegscheiben beobachtbaren Raum mit Spielzeug auf einer Matte im Zentrum und zwei Stühlen an der Seite finden nacheinander die folgenden acht Episoden statt:

Episode	Ereignis, das die Episode einleitet	Anwesende Personen
1	Elter und Kind betreten den Raum	Elter und Kind
2	Elter und Kind sind allein	Elter und Kind
3	Fremde Person gesellt sich dazu	Elter, Kind, fremde Person
4	Elter verlässt den Raum	Kind und fremde Person
5	Elter kommt zurück; fremde Person geht	Elter und Kind
6	Elter geht	Kind allein
7	Fremde Person kommt zurück	Kind und fremde Person
8	Elter kommt zurück; fremde Person geht	Elter und Kind

liche Darstellung der Episoden im Test der Fremden Situation und die Grenzen dieses Tests sei auf Rauh (2002) verwiesen.

Die validesten Informationen über die Qualität der Bindungsbeziehung ließen sich aus der Art ermitteln, wie das Kind die Mutter nach den Trennungen empfängt (Szenen 5 und 8). Die Kinder zeigen Strategien der Nähe-Distanz- und Emotionsregulation: Nähe suchen, Kontakthalten, Widerstand gegen Körperkontakt und Vermeidungsverhalten.

Mit Hilfe dieses Tests können im Wesentlichen vier Bindungsmuster bzw. -stile beobachtet werden. Kinder, die sich ihrer Bindungsperson (Vater oder Mutter) bei deren Rückkehr zuwenden und sich von ihr leicht trösten lassen, werden als Kinder mit *sicherer Bindung* bezeichnet. Typisch dafür ist leichter Protest, wenn die Bezugsperson den Raum verlässt. Kinder, die die Eltern bei der Rückkehr ignorieren und zufrieden weiterspielen, werden als Kinder mit *unsicher-vermeidender Bindung* klassifiziert. Sie protestieren meist nicht, wenn die Bezugsperson den Raum verlässt. Dann gibt es die Gruppe der Kinder mit *ambivalent-unsicherer Bindung*. Sie klammern sich nach der Rückkehr abwechselnd an die Bezugsperson und stoßen sie weg. Diese Kinder sind sehr verstört, wenn die Bezugsperson den Raum verlässt. Schließlich finden sich Kinder mit einem *desorganisierten und desorientierten Bindungsstil*. Das sind Kinder, die sich nicht eindeutig in einen der drei erwähnten Bindungsstile klassifizieren lassen. Main und Solomon (1990) beschreiben das Verhalten dieser Kinder als bizarr, seltsam, die Kinder grimassieren oder erstarren gar, wenn sich die Mutter ihnen annähert. Offensichtlich scheinen sich diese Kinder in einem Konflikt zwischen Annäherung und Angst zu befinden und besitzen kein Verhaltensprogramm, um diese Spannung auszubalancieren. Die Autoren beobachteten dieses Verhalten besonders bei Kindern mit Missbrauchserfahrung. Es kann aber auch andere Ursachen haben. Beispielsweise beobachteten Ahnert und Lamb (2001) einen Anstieg an D-Kindern bei Berliner Kindern aus dem Ostteil der Stadt, die in den Jahren der Wende (1989 bis 1990) geboren wurden. Gleichzeitig identifizierten Rauh, Ziegenhain, Müller und Wijnroks (2000) auch einen erhöhten Anteil an D-klassifizierten Kindern im Westteil Berlins bei Krippenkindern derselben Geburtsjahrgänge aus der eher unteren Mittelschicht. Die Autoren vermuten, dass D-Verhaltensweisen auf überdauernden Schwierigkeiten der Verhaltensregulation, auf vorübergehenden Beunruhigungen und auf Übergänge in neue Strategien oder auf anhaltende ängstigende Erfahrungen hinweisen. Jedenfalls scheinen diese Kinder besonders gefährdet zu sein, Verhaltensprobleme zu entwickeln (Carlson, 1998).

In den Veröffentlichungen von van Ijzendoorn und Kroonenberg (1988) waren als Standardverteilungen für die USA 70% sicher gebundene, 20% unsicher-vermeidende und 10% unsicher-ambivalente Kinder klassifiziert worden. In neueren Reviews mit mehr Studien gibt van Ijzendoorn (1992) als Standardverteilung der Mutter-Kind-Bindungen 67% sicher gebundene, 21% unsicher-vermeidende und 12% unsicher-ambivalente Kinder an. Von dieser Verteilung weichen eine Anzahl von Studien aus deutschsprachigen Ländern deutlich ab (vgl. Gloger-Tippelt, Vetter & Rauh, 2000). Mit 58,8% sicherer Bindungsklassifikation ist dieses Bindungsmuster zwar auch in den deutschsprachigen Studien das häufigst beobachtete Muster, jedoch seltener als in den Referenzstudien aus den USA. Demgegenüber waren unsicher-vermeidende mit 29,2% in den hiesigen Studien etwas häufiger zu finden. Diese Unterschiede werden als durchaus plausible kulturelle Verschiebungen betrachtet. Dabei fällt die Heterogenität der Verteilungen der Bindungsklassifikationen zwischen den deutschsprachigen Studien auf (vgl. die Diskussion dazu bei Gloger-Tippelt, Vetter & Rauh, 2000). Berücksichtigt man die Kategorie der Desorganisation/Desorientiertheit, dann reduziert sich der Anteil sicher gebundener Kinder auf 44,9%. Main (1995) vermutet bei normalen Stichproben einen Anteil von etwa 15 bis 25% desorganisierter/desorientierter Kinder (vgl. die jüngste Metaanalyse von van Ijzendoorn, Schuengel & Bakersmanns-Kranenburg, 1999).

Wichtig ist, darauf hinzuweisen, dass das Bindungskonzept sich nicht auf die Mutter als Bezugsperson beschränkt, sondern ebenso gut auf die Beziehung zu den Vätern (oder Geschwistern, Erzieherinnen, Großeltern) anwenden lässt. Derart zeigen Grossmann, Grossmann, Huber und Wartner (1981), dass sich dieselben Bindungsmuster in Bezug auf Väter unterscheiden lassen. Allerdings kann das Kind zu Vätern und Müttern Bindungen unterschiedlicher Qualität aufbauen. Das bedeutet, dass der Bindungstyp keine Persönlichkeitseigenschaft des Kindes, sondern das Charakteristikum einer spezifischen personbezogenen Bindung des Kindes ist.

9.2.2
Grundlagen von Bindungssicherheit und Elternverhalten

Säuglinge neigen vermutlich bereits von der Geburt an dazu, Bindungen herzustellen. Welche Bezugsperson sie auswählen und welche Qualität die Bindung bekommt, das hängt auch vom Verhalten der Eltern ab. Aber welches sind die Eigenschaften von Eltern, die für die Bindung wichtig sind? Die Ergebnisse der zu dieser Frage durchgeführten empirischen Studien haben gezeigt, dass die Qualität der Bindung nicht allein von den elterlichen Verhaltensweisen abhängt, welche die Bedürfnisse des Kindes nach Nahrung, Getränken, Wärme und Befreiung von Schmerz befriedigen. Es hängt nicht einmal davon ab, mit wem das Kind die meiste Zeit verbringt (vgl. Lamb, Hwang, Frodi & Frodi, 1982). Nicht die Quantität, sondern die *Qualität der Versorgung* scheint für die Bindungsentwicklung und -qualität entscheidend zu sein.

Nach Mary Ainsworth (Ainsworth, Blehar & Stayton, 1974) besteht ein zentrales Element der elterlichen Fähigkeit, ihre Kleinkinder aus einem Zustand der Sprachlosigkeit heraus- und in den der Sprachfertigkeit hineinzuführen darin, dass sie die Dinge aus der Perspektive ihres Kleinkindes sehen, seine Intentionen richtig erkennen und beachten. Elizabeth Meins (1999) übernahm das *Konzept der Feinfühligkeit* gegenüber den Signalen des Kindes von Ainsworth (1973) und prägte den Begriff «mind-mindedness». Der Begriff weist darauf hin, dass fähige Mütter (und Väter) ihre Kinder als Personen mit eigenen Gefühlen und Gedanken wahrnehmen und auch dementsprechend als fühlende, denkende, wollende Wesen behandeln. *Mind-mindedness* ist ein wesentlicher Teil mütterlicher und väterlicher Feinfühligkeit gegenüber ihren Kindern vom Beginn des Lebens an bis hin zu den Repräsentationen eigener partnerschaftlicher Erfahrungen als junge Erwachsene (Grossmann, Grossmann, Winter & Zimmermann, 2002). In der Studie von Meins (1999) verdoppelte sich beispielsweise die statistische Vorhersagekraft mütterlicher Feinfühligkeit auf die Bindungsqualität ihres Kindes zu ihr, wenn die Mutter im ersten Lebensjahr eine gute Fähigkeit zur mind-mindedness hatte. Auch in der Untersuchung von Grossmann und Grossmann (1985) korrelierte der mütterliche Sprechstil im Kontext kindlicher Bindungsgefühle hoch mit mütterlichem feinfühligem Verhalten gegenüber dem Ausdruck von Emotionen des Säuglings. Auch die weitere Entwicklung kognitiver und sprachlicher Repräsentationen bei den Kindern lassen deutliche Einflüsse der Art und Weise erkennen, wie Mütter über Ereignisse, Gefühle und Erfahrungen mit ihren Kindern in interaktiven Situationen sprechen. Vertraute Erwachsene üben so bereits vor der Entwicklung des semantischen Wortverständnisses einen wichtigen Einfluss auf die Interpretation von Ereignissen und Erfahrungen aus.

Es sind dies die Qualitäten, die in der frühen Entwicklung des Kindes zu engen affektiven Bindungen zwischen Elternperson und Kind führen und höchstwahrscheinlich dazu beitragen, dass Kinder eine sichere Bindung entwickeln. Bei Säuglingen und Kleinkindern, deren Interaktionen mit Erwachsenen unregelmäßig, unberechenbar oder unbefriedigend sind, dürften sich unsichere Bindungen entwickeln und vermutlich auch im Jugend- und Erwachsenenalter noch Anzeichen von Angst, Symptome von Furcht und asoziales Verhalten zeigen.

Affektive Bindungen entwickeln die meisten Säuglinge nicht nur erkennbar an die Mutter, sondern auch an den Vater. Folgerichtig halten es manche Forscher auch für vorteilhaft, wenn Säuglinge häufig von beiden Elternteilen versorgt werden. Dabei begegnen Väter ihren Kindern genauso sensibel und feinfühlig, mit genauso großer Zuneigung und Unterstützung wie

Kasten 9-8

Implikationen für die Erziehungspraxis

Bindungsförderndes Elternverhalten

Zur Etablierung einer sicheren Bindung an seine primären Bezugspersonen, in den meisten Fällen sind es die Eltern, lassen sich aus bindungstheoretischer Sicht mindestens sechs Merkmale des elterlichen Interaktionsverhaltens empirisch belegen. Zu diesen sechs Merkmalen zählen

- die *Sensitivität* für kindliche Signale, d.h. das prompte und angemessene Reagieren auf kindliche Äußerungen, also auf Schreien, Blicke, Lächeln usw.,

- eine *positive, akzeptierende Haltung* gegenüber dem Kind, d.h. die Äußerung von positiven Gefühlen und Zuneigung gegenüber dem Kind,

- die *Synchronisation* (Gleichzeitigkeit), d.h. die sanfte Abstimmung reziproker Interaktionen mit dem Kind,

- die *Wechselseitigkeit* (Reziprozität), d.h. die Gestaltung von Interaktionen, in denen sich Elternperson und Kind auf denselben Gegenstand beziehen,

- *Unterstützung*, d.h. eine aufmerksame Zuwendung und emotionale Hilfestellung bei kindlichen Aktivitäten und

- *Stimulation*, d.h. eine häufige Interaktionsaufnahme mit dem Kind.

Quelle: de Wolff & van Ijzendoorn (1997)

---

die Mütter (Parke & Tinsley, 1981). Daraus folgt, dass Väter mit bestimmten Neigungen und entsprechender Persönlichkeit bei der Entscheidung über das Sorgerecht der Kinder im Falle einer Scheidung ebenso ernsthaft in die Überlegungen einbezogen werden sollten wie die Mütter, weil auch Väter ausgezeichnete Eltern sein können (vgl. Schaffer, 1992).

9.2.3
Bindungsbeziehungen von der frühen Kindheit bis zum Jugendalter

Das Kind entwickelt in den ersten beiden Lebensjahren, die sich in drei Phasen gliedern (Ainsworth, Blehar, Waters & Wall, 1978), eine personenspezifische affektive Bindung. In einer *ersten Phase* ist das Kind noch nicht an eine spezifische Person gebunden, sondern spricht ohne Unterschied auf Personen an bzw. richtet seine Signale an seine Umwelt, ohne zwischen Personen zu unterscheiden. In einer *zweiten Phase* lernt das Kind, seine Sozialpartner zu unterscheiden, sodass es ab etwa drei Monaten seine Signale und Bindungsverhaltensweisen bevorzugt einer oder einigen spezifischen Personen zuwendet. Die *dritte Phase* wird mit dem motorischen Entwicklungsschritt der Lokomotion (ab etwa 7 bis 8 Monaten) und dem kognitiven Entwicklungsschritt der Objekt- und Personpermanenz eingeleitet. Nun ist das Kind kognitiv in der Lage, eine spezifische Person, sei es Vater oder Mutter, bei deren Abwesenheit zu vermissen; gleichzeitig kann es aktiv Nähe und Entfernung regulieren. Zwischen 12 und 18 Monaten erreicht diese Entwicklung noch vor dem eigentlichen Sprechen ihren vorläufigen Abschluss. Die *vierte Phase*, die der zielkorrigierten Partnerschaft, erreicht das Kind erst nach etwa drei Jahren, wenn es das Verhalten des Anderen – je nach situativen Gegebenheiten – zu beeinflussen beginnt.

Allerdings ist das Entwicklungsmodell der Bindungstheorie kein Modell der frühen Prägung, sondern ein Modell einer von der frühen Kindheit bis zum Jugendalter abnehmenden Sensitivität gegenüber Erfahrungen mit den Bezugspersonen. Diese sich reduzierende Sensitivität wird auf den Aufbau und die Stabilisierung internaler Arbeitsmodelle von sich und den Bezugspersonen zurückgeführt, die anfangs Bindungsverhalten gegenüber den Bezugspersonen und in zunehmendem Maße auch die autonome Selbstregulation im Verhalten steuern. Allerdings sind, wie an früherer Stelle dargelegt worden ist, diese Erwartungen bezüglich der Verfügbarkeit der Eltern erst ab ca. dem 5. Lebensjahr überdauernder, und das Wissen der Kinder um die potenzielle Verfügbarkeit ihrer Bezugspersonen hilft ihnen bei der Regulierung negativer Gefühle (Bowlby, 1969). Ab diesem Zeitpunkt bis etwa zum Jugendalter nimmt die Veränderbarkeit internaler Arbeitsmodelle durch neue Fürsorgeerfahrungen ab. Bis dahin sind jedoch Erfahrungen elterlicher emotionaler Verfügbarkeit noch wesentliche Einflussfaktoren auf die Bindungsorganisation der Kinder.

Dabei hat die Bindungsforschung längsschnittlich in zweierlei Hinsichten den Einfluss der frühen Bindungsorganisation für die spätere Entwicklung untersucht (vgl. Brisch, Grossmann, Grossmann & Köhler, 2002): zum einen in der Frage nach der Kontinuität oder Diskontinuität von Bindungsmustern, zum anderen in ihrem Einfluss auf die Entwicklung sozialer Kompetenz, dem Umgang mit Anforderungen und der Entwicklung des Selbstkonzepts. Fasst man die entsprechenden Studienergebnisse zusammen, dann lässt sich feststellen, dass sich ein hohes Maß an Kontinuität der Bindungsorganisation in der Kindheit mit einem Jahr bis zum Alter von zehn Jahren in der Organisation von Bindungsverhaltensweisen zeigt, sofern die familiäre Umwelt konstant bleibt. Ergebnisse der Bielefelder und Regensburger Längsschnittstudien (Zimmermann, Becker-Stoll, Grossmann, Grossmann, Scheurer-Englisch & Wartner, 2000) zeigen, wie andere Studien auch,

- keine *Kontinuität der Bindungsklassifikation* aufgrund des Verhaltens der Kinder in der Fremden Situation im zweiten Lebensjahr und ihrer Bindungsrepräsentation im Jugend- und Erwachsenenalter.
- Jedoch belegen die Ergebnisse, dass die Bindungsrepräsentation im Jugendalter nur unter Berücksichtigung weiterer Einfluss- und Risikofaktoren im Lebenslauf durch die Bindungsqualität in der frühen Kindheit vorhergesagt werden kann.
- *Veränderungen der emotionalen Verfügbarkeit der Bezugspersonen* durch Scheidung/Trennung der Eltern, Tod, schwerer Erkrankung oder Unfall eines Elternteils können auch zu Veränderungen internaler Arbeitsmodelle von Bindung führen. *Auftretende Diskontinuität* kann somit als Resultat systematischer Veränderungen in der Eltern-Kind-Interaktion erklärt werden.
- Schließlich zeigt sich, dass das Auftreten von Risikofaktoren in manchen Studien nicht nur zur erwarteten Veränderung der Bindungsorganisation von sicher nach unsicher, sondern auch von unsicher nach sicher führen kann. Trennung oder Scheidung verändern schon im Vorfeld die Familieninteraktionen und können die emotionale Verfügbarkeit der Eltern einschränken, sodass die Kontinuität in der Bindungsorganisation beeinflusst wird.

Demzufolge erweisen sich die konkreten Interaktionserfahrungen mit den Eltern als wichtige Prädiktoren für die Bindungsorganisation im Jugendalter. Darüber hinaus konnte von Zimmermann u. a. (2000) eine *Tradierung der Bindungsrepräsentation* von der Mutter zum Jugendlichen festgestellt werden. Beispielsweise sagt die Bindungsqualität zur Mutter in der Fremden Situation das Bindungsverhalten (selbstberichtet) mit zehn Jahren vorher (nicht jedoch, ob man die Eltern zu diesem Zeitpunkt als verfügbar repräsentiert). Dieses Bindungsverhalten (im Selbstbericht) der Zehnjährigen sagt wiederum enge wechselseitige Vertrauensbeziehungen zu Freunden bzw. in der ersten Liebesbeziehung mit 16 Jahren voraus. Darüber hinaus zeigte sich in der Regensburger Studie, dass frühe Bindungsqualität auch mit 16 Jahren mit kooperativerer und weniger destruktiver Kommunikation in der Interaktion mit der Mutter in Zusammenhang stand. Schließlich lassen sich auch Einflüsse der Bindungsqualität im Kleinkindalter auf das Bewältigungsverhalten mit 16 Jahren, aber auch auf die Informationsverarbeitung mit 22 Jahren nachweisen (vgl. Zimmermann u. a., 2000).

Kontinuität zeigt sich demnach auf der Verhaltensebene, nicht jedoch beim Wechsel von der Verhaltensebene zur Repräsentationsebene, auf der explizit die Bewertung der Verfügbarkeit der Bindungsperson erfasst wird. Folglich kann die frühe Bindungsqualität als Organisation des Bindungsverhaltenssystems und somit als Verhaltensorganisation eines Kindes bei der Regulierung negativer Gefühle im Kontakt zu einer spezifischen Bezugsperson auch noch im Jugendalter in Interaktion mit dieser Bezugsperson von Einfluss sein. Dabei zeigen Weinfield, Sroufe und Egeland (2000), dass die *Stabilität unsicherer Bindungsorganisation,* im Vergleich zu Probanden, die die Qualität der Bindungsorganisation wechselten, mit mehr Misshandlung einhergeht. Zweifellos bleibt die Frage nach der Stabilität des Bindungsverhaltens des Kleinkindes in der Fremden Situation bis zum Jugendalter ein kontroverses Thema (vgl. Thompson, 2000). Insgesamt zeigen die Befunde, dass eine Diskussion um Kontinuität und Variabilität der Bindungsorganisation im Lebenslauf differenziert daraufhin geprüft werden muss, welche Art von Kontinuität gemeint ist, d. h. ob es sich um Bindungsverhalten oder Bindungsrepräsentation handelt. Für eine weitergehende Diskussion von Stabilität und Veränderung in der Bindungsorganisation ist auf Sroufe, Egeland und Kreutzer (1990) zu verweisen, die sich mit den Auswirkungen früher Erfahrungen bei entwicklungsbedingter Veränderung befassten.

Mit Blick auf den *Einfluss von Müttern und Vätern* auf die Bindungsentwicklung (letztere wurden in der Bindungsforschung arg vernachlässigt) belegen Grossmann und Grossmann, Winter und Zimmermann (2002) durch ihre über 22 Jahre hinweg dauernde Längsschnittstudie, dass die Sicherheit in der Partnerschaftsrepräsentation sowie die Klarheit in Partnerschaft und Diskurs im Alter von 22 Jahren ihre unmittelbaren Ursprünge in der mütterlichen, aber ebenso in der väterlichen Feinfühligkeit im Spiel mit dem Kleinkind haben. Zudem sagt die väterliche Feinfühligkeit im Spiel, nicht jedoch die mütterliche Feinfühligkeit, die Bindungsrepräsentation der 16-jährigen Jugendlichen voraus. Grossmann und seine Mitarbeiter interpretieren diese Befunde derart, dass feinfühlige Väter die kindliche kognitive und soziale Kompetenz während des gemeinsamen Spiels herausfordern. Gleichzeitig sind sie gegenüber den kindlichen Äußerungen des Bedürfnisses nach Beruhigung und Sympathie aufmerksam. Auf diese Weise kann die väterliche Rolle darin bestehen, die Entwicklung von Selbstbestimmung und Autonomie innerhalb von sicheren Beziehungen zu fördern. Demgegenüber meinen Grossmann u. a. (2002), dass die mütterliche Feinfühligkeit vor allem in der unmittelbaren Beantwortung der kindlichen Bindungsbedürfnisse durch liebevolle Nähe und tröstenden Zuspruch zu sehen ist, wodurch psychische Sicherheit beim Kind geschaffen wird.

Daraus schließen die Autoren, dass die Rolle des Vaters in der kindlichen Bindungsentwicklung nicht schwächer ist als jene der Mutter, aber vermutlich ist sie eine qualitativ andere. Väter fördern ihre Kinder anders als Mütter; sie trauen ihnen mehr zu und betreuen ihr Erkundungsverhalten durch Ermutigung und Hilfestellung. Eine sichere Bindung an die Mutter und eine feinfühlige Herausforderung – nicht Überforderung – durch den Vater sind die besten Bedingungen für ein Kind, Selbstvertrauen in die eigene Leistung zu entwickeln. Allein erziehende Mütter können vieles kompensieren, aber wenn das Kind laufen lernt, wird der Vater immer wichtiger. Deshalb sind auch mehr männliche Erzieher im Kindergarten, im Kinderhort und in der Grundschule gefragt, aber leider sind sie dort noch immer die Ausnahme.

Derart leisten Mutter wie Vater nachweislich einen entscheidenden Beitrag zur Entwicklung kindlicher Bindungsrepräsentation. Beide Elternteile legen gemeinsam das Fundament für eine sichere Bindungsentwicklung ihres Kindes. Beide investieren in das Bedürfnis ihrer Kinder nach Sicherheit und Schutz, indem sie auf deren Bedürfnis nach Nähe, nach einer sicheren Basis und nach Exploration im psychisch entspannten Raum angemessen und prompt reagieren. Ohne Verfügbarkeit, richtige Interpretation, Unterstützung und Kooperation der Bindungsperson ist die kindliche Exploration weniger differenziert und konzentriert. Zudem legen die längsschnittlichen Befunde von Grossmann u. a. (2002) nahe, dass sogar die Entwicklung einer

Kasten 9-9

Implikationen für die Erziehungspraxis
Gestaltung eines entwicklungsförderlichen Kontexts

In der frühen Kindheit bildet bekanntlich die Mutter/Vater(Pflegeperson)-Kind-Interaktion den bedeutsamsten Teil des ökologischen Entwicklungssystems. Die folgenden sechs unterstützenden Bedingungen für die kognitive und emotionale (Bindungs-)Entwicklung des Kindes lassen sich identifizieren:

- **Aufmerksame Zuwendung.** Allein die Zeit, die eine Pflegeperson verbringt, um das Kind anzuschauen, ist bereits ein Prädiktor für intellektuelle Leistungen ein Jahr später. Auch sagt die Beschäftigung mit dem Kind im Alter von fünf Monaten das spätere Erkundungsverhalten voraus. Aufmerksamkeit und Zuwendung im ersten Lebensjahr sind generell positiv verbunden mit der späteren Sprachentwicklung und der intellektuellen Entwicklung. Hinter dieser aufmerksamen Zuwendung steckt das Verständnis für und das Eingehen auf die kindlichen Äußerungen.

- **Körperkontakt.** Dieser hat insofern eine positive Auswirkung auf die kognitive Entwicklung, als durch Körperkontakt beim Kind Aktivität und Bewegung ausgelöst wird. Das Kind wird durch Bewegung in einen optimalen Erregungszustand versetzt, der wiederum notwendige Voraussetzung für eine Auseinandersetzung mit der Umwelt ist.

- **Verbale Stimulierung.** Lange bevor das Kind sprechen kann, redet die Pflegeperson mit dem Kind, achtet auf dessen Vokalisation und antwortet darauf. Diese inzwischen recht gut untersuchte Zwiesprache zwischen Erwachsenen und Kind bedeutet eine weitere Anreicherung der Interaktion.

- **Materialanregung.** Wenn das Kind Gelegenheit erhält, sich frühzeitig in Exploration und Spiel mit Materialien auseinanderzusetzen, so wirkt sich dies positiv auf die spätere Schulleistungsentwicklung aus. Die Erklärung für diesen Zusammenhang ist darin sehen, dass Kinder, die in den Gegenständen steckenden Informationen selbst (d.h. auch ohne aktive Unterstützung der Pflegeperson) erforschen und damit ihre Welt entdecken können. Beispiele für das häusliche Niveau an soziomaterieller Stimulation zur Förderung der intellektuellen Entwicklung und der Leistungsmotivation finden sich bei Trudewind (1975) oder bei Bradley u.a. (1989).

- **Responsivität.** Eltern antworten in unterschiedlicher Weise auf das Verhalten des Säuglings. Das kann ein Lächeln, ein Aufnehmen und Halten des Kindes oder das Reichen eines Gegenstandes sein. Sensible Bezugspersonen modifizieren ihre Interaktion mit fortschreitender Entwicklung, sodass sie immer differenzierter wird und höheren «Ansprüchen» genügt.

- **Wärme.** Als ein genereller Faktor, der die sozial-emotionale Entwicklung in unserer Kultur fördert, gilt Wärme. Diese Dimension umfasst nicht nur die frühe Form der Interaktion zwischen Pflegeperson und Kind, sondern auch die spätere positive Beziehung zwischen Eltern und Jugendlichen. Wärme wirkt regelrecht als Puffer gegenüber ungünstigen Einflüssen und scheint bis mindestens ins Jugendalter hinein kontrollierende und disziplinierende Maßnahmen der Eltern akzeptabel zu machen.

Quellen: Belsky, Lerner & Spanier (1984); Bornstein (2002)

---

sicheren Partnerschaftsrepräsentation im frühen Erwachsenenalter auf diesen beiden Einflüssen basiert und dass Mütter und Väter auf unterschiedliche Weise erzieherisch und sozial-interaktiv, aber gleichgewichtig zu einer solchen Entwicklung beitragen (vgl. Tamis-LeMonda & Cabrera, 2002).

Interessant ist darüber hinaus, dass enge Zusammenhänge zwischen der elterlichen Bindungsorganisation und ihrem Erziehungsverhalten bestehen. So konnten Cohn, Cowan, Cowan und Pearson (1992) belegen, dass Eltern mit einer unsicheren Bindungsorganisation für die Eltern-Kind-Beziehung einen Risikofaktor darstellen. Unsicher gebundene Eltern engagieren sich in weniger positiver und strukturierter Weise mit ihren Kindern als Eltern, die als sicher gebunden klassifiziert werden. Und zwar gilt dieser Zusammenhang für Mütter und Väter, wenngleich der Zusammenhang bei den Müttern stärker ausfällt. In Zwei-Eltern-Familien ist zudem das Risiko für eine ungünstige Gestaltung der Eltern-Kind-Beziehung bei jenen Eltern am höchsten, die beide eine unsichere Bindungsorganisation aufweisen, wogegen bei jenen Elternpaaren, in denen nur einer der Eltern als unsicher gebunden, der andere aber als sicher gebunden klassifiziert wird, das Risiko durch den sicher gebundenen Elternteil gepuffert werden kann.

Zusammenfassend ist festzuhalten, dass der Umgang von Eltern, Pflegepersonen und Erziehern mit dem Kind seine Erwartungen bestimmen, die es in zukünftige Beziehungen setzen wird. Wie wir als Eltern, Pflegepersonen und Erzieher mit dem Kind umgehen, wirkt sich letztendlich auch auf seine zukünftige Bindungsbereitschaft, sein Sozialverhalten, sein intellektuelles Vermögen und sein Selbstwertgefühl aus. Vor allem in den ersten eineinhalb Jahren wird durch bindungsförderndes Elternverhalten eine positive emotionale Beziehungsgrundlage für die weitere Entwicklung gelegt. Allerdings sind selbst ältere Kinder, die z. B. zur Adoption freigegeben werden, in der Lage, eine erste emotionale Bindung aufzubauen (vgl. die Übersicht bei Schaffer, 1992). Die Vorstellung, dass es eine begrenzte Phase gibt, nach deren Ende (etwa in der Mitte des 3. Lebensjahres) Kinder nicht mehr in der Lage sind, erste emotionale Bindungen zu entwickeln, kann durch die Bindungsforschung nicht bestätigt werden. Trotzdem gilt das Motto: Je früher, desto besser!

Ungeachtet dessen, ist zu beachten, dass auf die Qualität des elterlichen Interaktionsverhaltens eine Fülle moderierender Einflüsse einwirken, zu denen neben kindlichen Temperamentsmerkmalen auch Kontextfaktoren wie die Qualität der elterlichen Paarbeziehung, kritische Lebensereignisse, Scheidung der Eltern, Armut usw. zählen. Trotzdem sind frühe Eltern-Kind-Beziehungen, die auf eine sichere Bindung hinweisen, auch wenn sie erstmal Basis einer positiven Entwicklung darstellen, noch lange kein Garant für eine lebenslang anhaltende sichere Bindungsorientierung und eine positiv verlaufende Persönlichkeitsentwicklung des Kindes (vgl. dazu die Übersicht bei Grossmann & Grossmann, 2001).

Schließlich wird die Vorhersagequalität früherer Bedingungen der Eltern-Kind-Beziehung für die langfristige Entwicklung des Kindes inzwischen heftig kritisiert (vgl. Lewis, 1997). Die Einwände sind insofern teilweise berechtigt, als die Familie zwar ein wichtiger, aber eben nicht der einzige Entwicklungskontext ist, in dem Kinder heranwachsen. Insbesondere, wenn die Entwicklung des Kindes und Jugendlichen theoretisch in das systemisch-ökologische Entwicklungsmodell von Bronfenbrenner eingebettet begriffen, und Entwicklung somit als Prozess verstanden wird, der sich im Umfeld weiterer systemisch strukturierter Sozialbeziehungen vollzieht (z. B. in der Interaktion mit Gleichaltrigen), wird die relative Bedeutung von Eltern-Kind-Beziehungen deutlich (vgl. Kap. 13 in diesem Lehrbuch).

Weiterführende Literatur

Ahnert, L. (Hrsg.) (1998). *Tagesbetreuung für Kinder unter drei Jahren. Theorien und Tatsachen.* Bern: Huber.

Bowlby, J. (1995). *Mutterliebe und kindliche Entwicklung.* München: Reinhardt.

Brisch, K.-H., Grossmann, K. E., Grossmann, K. & Köhler, L. (Hrsg.) (2002). *Bindung und seelische Entwicklungswege. Grundlagen, Prävention und klinische Praxis.* Stuttgart: Klett-Cotta.

Holms, J. (2002). *John Bowlby und die Bindungstheorie.* München: Reinhardt.

Schaffer, H. R. (1992). *... und was geschieht mit den Kindern? Psychologische Entscheidungshilfen in schwierigen familiären Situationen.* Bern: Huber.

Spangler, G. & Zimmermann, P. (1995). *Die Bindungstheorie. Grundlagen, Forschung und Anwendung.* Stuttgart: Klett-Cotta.

Tamis-LeMonda, C. S. & Cabrera, N. (Eds.) (2002). *Handbook of father involvement: Multidisciplinary perspectives.* New Jersey: LEA.

10 Elterliche Erziehung und Eltern-Kind-Beziehungen

Neben ihrer Rolle als Interaktionspartner sind Eltern vor allem Erzieher. Dabei war für sie in den 1950er- und 60er-Jahren noch vieles klarer: Kinder hatten ihren Eltern zu gehorchen, und zwar nach Regeln, wie sie Brauch und Recht waren. In vielen Haushalten gab es den *Struwelpeter* und, als Mahnmal elterlicher Autorität, einen Klopfer aus Weidenruten. Die sprichwörtlichen «paar auf den Hintern» wurden damals kaum in Frage gestellt. Heutzutage ist die Situation völlig anders. Eltern können nicht mehr mit Hilfe von Methoden aus der Vergangenheit erziehen. Allerdings herrscht Unsicherheit und Uneinigkeit darüber, wie genau Kinder erzogen werden sollen. Streng? Liberal? Partnerschaftlich? Autoritär? Eltern fragen zu Recht: Wie viel Kontrolle ist notwendig und wie viel Freiheiten dürfen dem Kind gewährt werden? Selbst ein Blick in die Geschichte der Erziehungskonzepte zeigt, wie sich im Laufe der Jahrzehnte die Theorieansätze von konservativ bis progressiv verändert haben. Wie sollen Eltern und andere Erziehungspersonen bei einem solchen Konglomerat von Auffassungen zu einer handlungsfähigen eigenen Position gelangen? Glücklicherweise bietet die moderne psychologische Erziehungsforschung durch ein differenziertes Abwägen des Für und Wider im Spannungsfeld zwischen «Kontrolle ausüben» und «Freiheit gewähren», das in einem begründeten «Sowohl als auch» resultiert, einen brauchbaren Orientierungsrahmen an. Dabei lässt sich eine deutliche Konvergenz der Forschungsbefunde erkennen. Schneewind (1999) fasste diesen Forschungsstand mit den Worten zusammen: «Kompetente Eltern haben kompetente Kinder» (S. 139). Was diese elterliche Erziehungskompetenz ausmacht, darüber handelt dieses Kapitel.

10.1 Funktionen elterlicher Erziehung

Immer wieder wurde der Familie, und hier vor allem den Eltern, insbesondere von der Familiensoziologie die zentrale Aufgabe der Erziehung und Sozialisation zugeschrieben (Schäfers, 1990). Dabei gehen mit zunehmendem Erfahrungserwerb und gewachsener Handlungskompetenz die von außen an das Kind herangetragenen Erziehungsbemühungen, seine Persönlichkeitsentwicklung zu beeinflussen, zunehmend in einen Prozess der Selbsterziehung über. Das bedeutet, dass der Anteil der Fremderziehung abnimmt und die Selbststeuerung bzw. -regulation des Kindes im Laufe seiner Entwicklung immer weiter zunimmt (Schneewind, 2000). Vor diesem Hintergrund ergeben sich drei zentrale Funktionen von Eltern im Umgang mit ihren Kindern. Es handelt sich um eine konzeptuelle Differenzierung, die von Parke und Buriel (1997) vorgeschlagen und von Schneewind (2000) als Strukturrahmen übernommen worden ist (vgl. **Abb. 10.1**).

Hierbei weisen die in Abbildung 10.1 aufgeführten elterlichen Funktionen die Eltern in

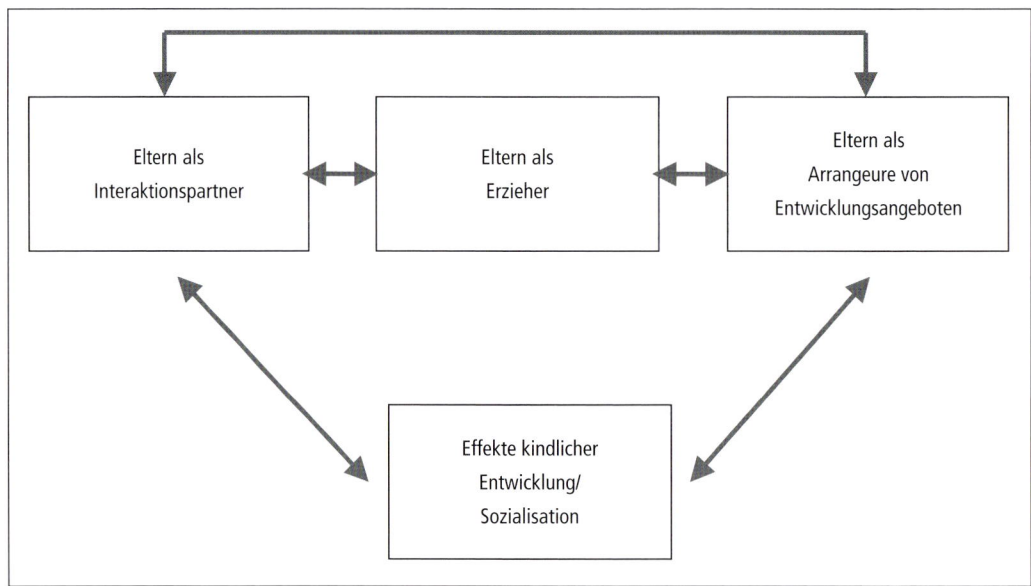

Abbildung 10.1: Elterliche Funktionen und ihre Effekte auf die kindliche Sozialisation und Entwicklung (nach Parke & Buriel, 1997, S. 468)

dreifacher Hinsicht als relevante Bezugspersonen für ihre Kinder aus. Darüber hinaus bestehen zwischen den drei Elternfunktionen als auch hinsichtlich der Effekte, die sie bei ihren Kindern erzeugen, Wechselbeziehungen, die grundsätzlich als zirkuläre Kausalitäten im Sinne der systemischen Familientheorie interpretiert werden können (vgl. Schneewind, 1999 und Kap. 5.2 in diesem Lehrbuch).

10.1.1
Eltern als Interaktionspartner

Innerhalb von Eltern-Kind-Beziehungen im Familienkontext fungieren Eltern zuallererst als Interaktionspartner.

In diesem Sinne sind die Eltern-Kind-Beziehungen Teil familiärer Sozialisation mit Folgen für die Entwicklung der Kinder. Dabei ist die für

Kasten 10-1

Reziprozität – eine Begriffsdefinition

Für Sozialbeziehungen ist die Reziprozität (definiert als sinnhaftes, aufeinander bezogenes Handeln von Akteuren) konstitutiv, da sie den sozialen Austausch als auch das Aushandeln der individuellen Interessen und die Verständigung über das Gemeinsame ermöglicht. Daher lassen sich die basalen Erfahrungen des Aufeinander-Bezogen-Seins in dyadischen bis hin zu komplexeren Beziehungen im Familiensystem als eine Art von kognitivem Arbeitsmodell für alle weiteren Beziehungen interpretieren. Derart sind Eltern und Kinder in jeder Phase des Familienzyklus anders aufeinander bezogen, lenken mal die Eltern, mal die Kinder das Maß der Reziprozität, werden Anerkennung oder Abwehr persönlicher Interessen und Werthaltungen anders gewichtet. Kurzum: Die konkreten Reziprozitätserfahrungen in der Familie stellen ein idealtypisches Beziehungskonzept bereit, das auf alle weiteren Beziehungen übertragen wird und sich im Laufe des Lebens zu einem allgemeinen Beziehungsverständnis verfestigt.

Quelle: Gerris & Grundmann (2002)

die Persönlichkeitsentwicklung wichtige Erfahrung von Autonomie und Verbundenheit der Person (Leu & Krappmann, 1999) bereits in den primären Sozialbeziehungen angelegt. Die konkrete Ausgestaltung dieses Entwicklungspotenzials hängt jedoch maßgeblich vom Verlauf der Familienbeziehungen ab, wobei emotionale Bindungen und Kommunikationsmuster die entscheidende Rolle spielen, da sie für das Erleben von Gemeinsamkeit versus Differenz bedeutsam sind (Schneewind, 1999). Verweigert sich beispielsweise ein Familienmitglied der Kommunikation und Interaktion, entsteht zwangsläufig ein negatives, einseitiges Beziehungsmuster, in dem Konflikte, Streit oder sogar Gewalt wahrscheinlicher sind als in kommunikativen Beziehungen, in denen immer wieder Gemeinsamkeiten sowie Differenzen ausgehandelt und ausbalanciert werden. In der Literatur wird diese *Qualität der Eltern-Kind-Beziehung* durch verschiedene objektive und subjektive Merkmale empirisch erfasst. Dazu zählen etwa

- die Partizipation von Kindern an Entscheidungen in der Familie,
- das Ausmaß an Selbstständigkeit, das Eltern ihren Kinder gewähren,
- das Vertrauen von Kindern in ihre Eltern (z. B. wenn sie Trost suchen),
- Art und Häufigkeit von Interaktionen (z. B. gemeinsame Tätigkeiten, Konflikte) oder
- die gegenseitige subjektive Bewertung der Beziehungsqualität.

Derartige Indikatoren werden gemeinhin über Befragungen von Eltern (beider Eltern oder nur eines Elternteils), von Kindern und/oder von Dritten (Erzieher, Lehrer) und seltener durch Beobachtungen von Eltern-Kind-Interaktionen im realen familiären Alltagskontext erhoben (vgl. Schneewind, 1999). Dabei ergeben Befragungs- und Beobachtungsdaten keineswegs übereinstimmende Ergebnisse, wie etwa die Metaanalyse zu Studien über Mutter-Kind-Beziehungen von Rothbaum und Weisz (1994) nachweisen kann. Allerdings scheinen diese Indikatoren, ohne dass eine theoretische Einbettung gegeben ist, relativ beliebig. Schließlich sind die Wirkungen von Eltern-Kind-Beziehungen auch nicht die einzig relevanten Bedingungen für die Entwicklung von Kindern und Jugendlichen, und das ist schon gar nicht der Fall, wenn man die Entwicklung über die gesamte Lebensspanne betrachtet.

Die Suche nach Merkmalen der Qualität von Eltern-Kind-Beziehungen wird erleichtert, wenn man sich der Frage nach der Funktion von Eltern-Kind-Beziehungen für die Entwicklung von Kindern und Jugendlichen widmet. Trommsdorff (2001) verweist erstens auf *universelle Merkmale von Eltern-Kind-Beziehungen*, wie dies die Bedürfnisse Neugeborener nach physischem Wohlbefinden, Sicherheit, Geborgenheit und Nähe sind. In der *Bindungsqualität* kann ein zweites, biologisch begründetes und somit wohl auch universelles und für die Entwicklung wesentliches funktionales Merkmal von Eltern-Kind-Beziehungen gesehen werden. Darüber liefert die zurzeit sehr aktive Bindungsforschung die wesentlichen Erkenntnisse (vgl. Grossmann & Grossmann, 2001 und Kap. 9.2 in diesem Lehrbuch). In der Abbildung 10.1 wird diese Reziprozität mit einem Doppelpfeil symbolisiert.

Die emotionale Qualität von Mutter-Kind-Bindungen ist unabhängig von der Bindungsforschung auch in der neueren Erziehungsstilforschung erkannt worden. Dabei deutet sich in jüngster Zeit die längst notwendige Integration der psychologischen Bindungs- mit der psychologischen Erziehungs(-stil)forschung an (vgl. Cummings & Cummings, 2002). Beispielsweise belegen Karavasilis, Doyle und Markiewicz (2003), dass sich Eltern mit sicherer Bindung dadurch auszeichnen, dass sie erzieherisch ihre Kinder emotional unterstützen, deren Autonomie fördern und über die außerhäuslichen Tätigkeiten ihrer Kinder informiert sind. Demgegenüber verhalten sich Eltern mit einem vermeidenden Bindungsmuster gegenüber ihren Kindern abweisend, wenig unterstützend und übermäßig kontrollierend. Allerdings deuten die jüngsten Ergebnisse von Adam, Gunnar und Tanaka (2004) daraufhin, dass der Zusammenhang zwischen elterlichem Bindungsmuster und Erziehungsverhalten durch Variablen wie Depression oder kritische Lebensereignisse moderiert wird. Zudem lassen die metaanalytischen

Ergebnisse von van Ijzendoorn (1995), die zeigen, dass nur 12 % der elterlichen Feinfühligkeit durch das elterliche Bindungsmuster erklärt wird, vermuten, dass die elterliche Erziehung noch durch weitere Faktoren beeinflusst ist.

Des Weiteren wurde wiederholt herausgearbeitet, dass der emotionalen Qualität der Eltern-Kind-Beziehung ein besonderes Gewicht zukommt, um Internalisierungsprozesse in der Entwicklung zu erklären (vgl. Grusec & Goodnow, 1994). So gilt etwa die Akzeptanz der elterlichen Erwartungen und Erziehungsziele durch Kinder als ein Merkmal der Qualität von Eltern-Kind-Beziehungen und als eine wesentliche Voraussetzung für die Bereitschaft der Kinder, elterliche Werte zu übernehmen bzw. zu internalisieren. Mit Akzeptanz ist nicht nur die kognitive Übereinstimmung zwischen Einstellungen des Kindes und der Eltern gemeint, sondern darüber hinaus eine emotionale Qualität der Beziehung. Diese Qualität basiert wiederum auf der *Reziprozität* der interaktiven Beziehungen zwischen Eltern und Kind(ern), d. h. auf dem wechselseitigen Verstehen und Aushandeln gemeinsamer und differenter Handlungsbezüge und -interessen. Deshalb sollten sich Eltern darum bemühen, das Kind Schritt für Schritt in die Lage zu versetzen, die Führung in der Gestaltung von Reziprozität in der Beziehung zu übernehmen bzw. mithin die ursprünglich asymmetrische Beziehung in eine Beziehung unter Gleichwertigen zu transformieren.

Derart wird es dem Kind erleichtert, auch solche Erwartungen zu akzeptieren und in das eigene Verhaltensrepertoire aufzunehmen, die der unmittelbaren Bedürfnisbefriedigung entgegenstehen und vom Kind somit Belohnungsaufschub, Emotionskontrolle (z. B. die Unterdrückung von Ärger oder Enttäuschung) und andere Arten der Handlungsregulation abfordern. Die Akzeptanz elterlicher Erwartungen umfasst u. a. die positive Bewertung der elterlichen Erwartungen sowie die Motivation, sich die Erwartungen zu eigen zu machen. Insofern weist Akzeptanz auf einen spezifischen Aspekt der Qualität der Eltern-Kind-Beziehung hin, der für die Weiterentwicklung und Internalisierung von Erwartungen von besonderer Bedeutung ist.

Weitere Bereiche von Eltern-Kind-Beziehungen, die der Sicherung einer emotionalen Bindung dienen, sind in der *Regulation von Autonomie und Verbundenheit* (Leu & Krappmann, 1999) zwischen Eltern und Kindern über die gesamte Lebensspanne hinweg zu sehen. Dabei besteht ein Aspekt von Verbundenheit in der Bereitschaft von Eltern, in ihre Kinder zu investieren und umgekehrt in der Bereitschaft von Kindern, über die weitere Lebensspanne hinweg ihren Eltern Unterstützung zu geben. Diese Sicht impliziert, dass es später zu einer Rollenumkehr kommen kann, womit gemeint ist, dass die erwachsenen Kinder, wenn die Eltern gebrechlich werden, die Verantwortung für deren Pflege und Betreuung übernehmen. Derart verändern sich in den einzelnen Phasen des Familienlebenszyklus die Eltern-Kind-Beziehungen, wie Cusinato (1994) in Anlehnung an Tseng und Hsu (1991) dargelegt hat. In **Tabelle 10.1** sind diese Phasen zusammen mit einigen wichtigen funktionalen Verhaltensmustern der Eltern und ihrer Kinder zusammengestellt. Mit einer solchen Sichtweise auf die Eltern-Kind-Interaktion ergibt sich folgerichtig ein lebensspannenübergreifender Zugang zur Eltern-Kind-Beziehung.

Betrachtet man schließlich Eltern-Kind-Beziehungen als Teil der Familie, die durch das elterliche Erziehungsverhalten, die elterlichen Erziehungsvorstellungen sowie die kulturellen Werte strukturiert sind, würde man auch zu kurz greifen, wenn das weitere Umfeld der Familie unberücksichtigt bliebe. Um die Wirkungen dieser kulturspezifisch strukturierten Kontexte auf die Gestaltung der Eltern-Kind-Beziehungen abzuschätzen, sind kulturvergleichende Studien erforderlich (vgl. dazu Trommsdorff, 2001).

10.1.2
Eltern als Erzieher

Während sich die Eltern als Interaktionspartner im Umgang mit ihren Kindern in aller Regel nicht immer irgendwie absichtlich so oder anders verhalten, d. h. keine ausdrücklichen erzieherischen Absichten mit ihrem Verhalten verfolgen, ist dies anders, wenn sie gegenüber dem

Tabelle 10.1: Phasen von Eltern-Kind-Beziehungen und zugehörige funktionale Verhaltensmuster (nach Cusinato, 1994, S. 94)

Phasen	Funktionale Verhaltensmuster	
	Eltern	Kind
Eltern mit Säuglingen und Kleinkindern	▪ Pflege, Schutz und Fürsorge für das Kind	▪ Totale Abhängigkeit von den Eltern
Eltern mit jüngeren Kindern	▪ Anpassung an eine triadische Beziehung mit dem Kind ▪ Verfügbarkeit als Verhaltensmodell für kindliche Imitation ▪ Einführung angemessener Beschränkungen und Grenzen	▪ Psychologische Trennung von den Eltern ▪ Streben nach Autonomie ▪ Spiegeln und Imitieren elterlichen Verhaltens ▪ Bewältigung von Allmachtsphantasien
Eltern mit älteren Kindern	▪ Sensibilität für die kindlichen Entwicklungsbedürfnisse ▪ Bereitstellung von Gelegenheiten für die Eigenaktivität des Kindes entsprechend seinen Fähigkeiten ▪ Kind gehen und wachsen lassen ▪ Lebensfreude vermitteln durch die Erfahrungen des Kindes	▪ Suche nach Individualität
Eltern mit Jugendlichen	▪ Unterstützung bei der Rollen- und Identitätsentwicklung ▪ Toleranz und Kompromissbildung bei generationsspezifischen Unterschieden	▪ Entwicklung eines Selbstbildes und einer eigenen Identität
Erwachsene Kinder mit Eltern	▪ Erwachsenes Kind gehen und unabhängig sein lassen ▪ Akzeptieren einer Erwachsenenbeziehung mit dem Kind ▪ Mit Ermutigung, Bestätigung und Wertschätzung zur Seite stehen	▪ Relative Unabhängigkeit von den Eltern ▪ Entwicklung einer Erwachsenenbeziehung mit den Eltern ▪ Suche nach Orientierung und Unterstützung durch die Eltern, wenn dies erforderlich wird
Erwachsene Kinder mit älteren Eltern	▪ Rollenumkehr bezüglich der Betreuung durch das Kind	▪ Rollenumkehr, um die Betreuung von gealterten und gebrechlichen Eltern zu übernehmen

Kind explizit die Erzieherrolle und -funktion einnehmen. Sie setzen dann ganz bestimmte instrumentelle Handlungen ein, von denen sie mehr oder weniger überzeugt sind, dass sie im Hinblick auf ihre erzieherischen Absichten zielführend sind. Derart können sich elterliche Absichten auf bestimmte kindliche Verhaltensweisen beziehen, dass Kinder gebeten werden, bestimmtes Verhalten zu äußern oder aber zu unterlassen (z. B. wenn es um Tischmanieren, die Ordnung im Kinderzimmer oder um körperliche Aggressionen geht).

Eltern können auch die Ausbildung erwünschter bzw. die Vermeidung unerwünschter Fähigkeiten und Eigenschaften zum Gegenstand haben (z. B. die Kultivierung von Intelligenz, Eigenverantwortlichkeit und Kreativität oder das Nicht-Zulassen von Arroganz und sozialer Gleichgültigkeit). Und schließlich können sie die Verinnerlichung bestimmter Normen und Werte beinhalten (z. B. die Orientierung an demokratischen Regeln des Miteinander-Umgehens oder die Befolgung von moralischen Prinzipien wie Toleranz und Nächstenliebe).

Zu diesen Zwecken benutzen Eltern eine Vielfalt von Methoden, um ihre Vorstellungen im Hinblick darauf, was sie für die Persönlichkeitsentwicklung ihres Kindes als günstig erachten, zu erzielen. So reichen diese vom Initiieren bestimmter Handlungen (z. B. durch Anregen, Zeigen, Überzeugen, Überreden oder Vormachen) über Aktivitäten, die diese Prozesse begleiten (z. B. durch Unterstützen, Mitmachen, Erklären, In-Gang-Halten, Beraten oder Betreuen) bis hin zu Verhaltensweisen, die erwünschte Effekte kindlicher Aneignungen in ihrer Kontinuität festigen sollen (z. B. durch Loben, Wertschätzen, Kommentieren, Belohnen, Sich-Freuen, Stolz zeigen).

Woher beziehen Eltern ihr Erziehungswissen? Vieles hinsichtlich des elterlichen Wissens um Erziehung ist sicher «Allgemeingut». Die Erziehungsziele scheinen durch den «Zeitgeist» beeinflusst und dem allgemeinen gesellschaftlichen Wertewandel zu unterliegen. Gleichzeitig werden Erziehungseinstellungen und -praktiken auch von den eigenen Eltern übernommen, wobei dies wiederum davon abhängt, wie gut die Beziehung zu den eigenen Eltern war.

Da sich gegenwärtig auch mehr und mehr Väter mit der Erziehung ihrer Kinder beschäftigen, stellte Parke (1995) zwei alternative Hypothesen auf. Die eine lautet, dass sich Väter gegenüber ihren Kindern eher ähnlich verhalten, wie sie als Kinder von ihren Vätern behandelt worden sind *(Modellierungs-Hypothese)*. Es könnte jedoch auch so sein, dass Väter, die als Kinder mit ihren Eltern schlechte Erfahrungen gemacht haben, es mit ihren eigenen Kinder besser machen wollen *(Kompensationshypothese)*. Die Forschungslage zu diesem Problem ist widersprüchlich. Fthenakis und Minsel (2000) konnten anhand einer repräsentativen Studie mit 333 deutschen Vätern feststellen, dass Väter mit eigenen schlechten Kindheitserfahrungen es «besser machen wollen» (Einstellung), aber oft auf der handlungspraktischen Ebene (Verhalten) scheitern. Dass die Kindheitserfahrungen auch auf die Mütter gravierende Auswirkungen haben, wurde schon verschiedentlich empirisch belegt (vgl. Sigel, McGillicuddy-DeLisi & Goodnow, 1992). Gegenwärtig scheint es jedoch so, dass immer mehr Eltern ihr Wissen aus populärwissenschaftlichen Büchern und Zeitschriften beziehen.

Die dargestellten Beispiele betonen vornehmlich die Situation, in der die Eltern und nicht die Kinder ihre Ziele bei den Kindern zu erreichen versuchen. Derart hoffen sie, dass ihre Kinder diese Ziele irgendwie im Laufe der Zeit verinnerlichen und zu ihren eigenen machen. Damit wäre dann auch für die Eltern der Übergang von der anstrengenden Fremderziehung zur für die Eltern entlastenden Selbsterziehung erreicht (vgl. dazu die Studien zur Effektivität elterlicher Strategien im Zusammenhang mit der kindlichen Gewissens- und Moralerziehung von Grusec & Kuczinski, 1997).

Neben dieser erzieherischen Standardsituation gibt es freilich noch Situationen, in denen Kinder von sich aus rudimentäre Formen der Selbsterziehung zu erkennen geben, initiieren und erproben. Das ist etwa dann der Fall, wenn Kinder bei bestimmten Tätigkeiten Hilfestellungen von ihren Eltern anfordern, oder wenn sie sich Neues, Unvertrautes oder Unverständliches aneignen wollen. Auch hier können Eltern als Erzieher tätig werden, indem sie ihre Kinder etwa durch Informieren, Erklären, Deuten, Gemeinsam-Machen oder Helfen in ihren Aktivitäten und damit in ihrer Entwicklung unterstützen. Dabei schaffen sich dann nicht nur Erwachsene, sondern auch schon Kinder mehr oder weniger selbstständig ihre jeweiligen «Zonen der nächsten Entwicklung» (vgl. dazu Kap. 3.2.6 in diesem Lehrbuch). Derart bildet dieses Selber-machen-Wollen des Kindes den entscheidenden Ansatzpunkt für die Schaffung einer *Zone der nächsten Entwicklung*. Eltern nehmen die Rolle eines Helfers ein. Kindern helfen, bedeutet aber nicht, sie zu bedienen oder gar zu entmündigen – im Gegenteil.

Es liegt nahe, dass Eltern sich dieser «gelenkten Partizipation», wie bekanntlich Rogoff und Mitarbeiter (1993) diese Unterstützungsmethode nennen, umso bereitwilliger bedienen, je mehr sie kindliche Aktivitäten als zielführend für ihre eigenen Erziehungsziele halten und je mehr sie davon überzeugt sind, dass sie durch ihr Erziehungsverhalten die beabsichtigten Entwicklungseffekte bei ihren Kindern beeinflussen können (Schneewind, 1995). Ganz unabhängig davon scheint es – wiederum aus Sicht der Eltern – leichter zu sein, die kindliche Selbsterziehung zu unterstützen, wenn die Kinder von sich aus Impulse zeigen, die geeignet sind, diesen Prozess voranzutreiben.

10.1.3
Eltern als Arrangeure von Entwicklungsangeboten

Bekanntlich basiert die Pädagogik Maria Montessoris auf dem Gedanken, dass sich das Kind durch die aktive, produktive Beziehung seiner Entwicklungspotenziale zu seiner Umwelt entwickelt und dass sich ihm dabei immer neue Bereiche und Strukturen der Wirklichkeit eröffnen. Aufgabe der Erziehung und von Eltern als Erzieher im Speziellen ist es, diese Umwelt so auszugestalten, dass von ihr – entsprechend den Entwicklungsvoraussetzungen des Kindes – optimale Lern- und Wachstumsreize ausgehen können (vgl. Montessori, 1934).

Damit steht diese dritte Funktion elterlicher Erziehung zwar häufig im Dienste der beiden zuvor erwähnten Funktionen, aber hier geht es nun weniger um eine *direkte,* als – wie auch Montessori meinte – eine *indirekte Erziehung.* Auf diese Weise können Eltern, aber ebenso Erzieher im Kindergarten oder Hort sowie Lehrer in Schule und Unterricht, Kindern Erfahrungs- und Entwicklungsangebote schaffen, die sie eigenständig nutzen können, womit auf diesem indirekten Weg die intendierten Entwicklungseffekte gefördert werden können. Ebenso wie direkte Erziehung erfordert auch diese indirekte Erziehung über das Arrangieren von Entwicklungsangeboten in nicht geringem Maße pädagogische Kompetenz. Denn für Eltern geht es erstens darum, Entwicklungsangebote zu schaffen, die den jeweiligen *Entwicklungsvoraussetzungen* des Kindes angemessen und zugleich für die Entwicklungsfortschritte des Kindes förderlich sind. Dabei geht es darum, beim jeweiligen Kind dessen «Zone der nächsten Entwicklung» aufzudecken und ihr angemessene, tatsächlich auch entwicklungsförderliche Inhalte, Mittel und Bedingungen der gemeinsamen und individuellen Tätigkeit anzubieten und anzuregen. Es liegt am pädagogischen Geschick des Erziehers, der kindlichen Entwicklung «vorauseilende» Entwicklungsangebote zu schaffen, weil genau das einer entwicklungsförderlichen Erziehung entspricht. Derart lernt das Kind zunächst in der gemeinsamen Tätigkeit mit anderen, bevor es mehr und mehr zum selbstständigen Handeln fähig ist.

Es geht aber zweitens nicht nur um die Auswahl von Entwicklungsumwelten, die Eltern ihren Kindern anbieten, sondern ebenso um das Ausklammern von potenziell schädlichen und entwicklungsgefährdenden Umwelten. Darunter fällt einerseits etwa die Ermöglichung von Gelegenheiten, die es Kindern erleichtern, Kontakte zu Gleichaltrigen zu pflegen, Freundschaften zu knüpfen und weiterzuentwickeln. Bemühen sich Eltern aktiv um die Sozialkontakte ihrer Kinder zu Gleichaltrigen, dann haben diese Kinder nicht nur mehr Freundschaften und Spielkameraden, sondern sind durchschnittlich auch beliebter als Kinder, die von ihren Eltern nur mäßig unterstützt werden (Ladd, LeSieur & Profilet, 1993). Andererseits geht es auch darum, dass Eltern ihre Kinder vor entwicklungsgefährdenden Beziehungen zu Gleichaltrigen abschirmen, um etwa Kontakte mit delinquenten oder drogenkonsumierenden Kindern und Jugendlichen oder Gewalt ausübenden Cliquen zu verhindern. Dazu überwachen Eltern die kindlichen Aktivitäten und messen der Einhaltung von Vereinbarungen im Umgang mit Freunden eine hohe Bedeutung bei. Derart konnten Steinberg, Darling und Fletcher (1995) belegen, dass delinquente Kinder und Jugendliche häufiger aus Elternhäusern stammen, in denen die Eltern ein geringes Monitoring zeigen, was bedeutet, dass sie wenig darüber wissen, mit wem ihre Kinder sich wie lange an welchen Orten aufhalten und was sie dort genau tun. In dem Sinne hat eine positive, unterstützende, aber ebenso strukturgebende und Grenzen setzende elterliche Erziehung eine wichtige Schutzfunktion gegenüber verschiedenen Gefährdungen und Störungen. Dabei werden sich Eltern immer wieder aufs Neue bewusst, wie schwierig es für sie ist, die jeweils situativ richtige oder optimale Balance im Spannungsfeld von wohl überlegtem, risikohaftem Gewährenlassen und schmerzhaftem, nicht selten konfliktreichem Einschränken und Grenzen setzen kindlichen Tuns zu finden (vgl. dazu ausführlich Kap. 9.1.5 in diesem Lehrbuch).

Drittens können Eltern als Arrangeure von Entwicklungsangeboten auch ihren Beitrag dazu leisten, indem sie negative Voraussetzungen des Aufwachsens vermeiden oder entschärfen

(Domke, 1997). An allererster Stelle steht gleichsam als Einflussfaktor die Qualität der elterlichen Paarbeziehung. Die empirische Evidenz – etwa im Sinne der Spill-Over-Hypothese (vgl. dazu Kap. 11.1 in diesem Lehrbuch) – dafür, dass Eltern mit konflikthaften Partnerbeziehungen in beträchtlichem Maße die Entwicklung von Kindern im Rahmen des Familiensystems belasten, ist unbestritten (vgl. Cummings & Davies, 1994). Dabei handelt es sich zum einen um direkte Effekte, die bei den Kindern aufgrund ihrer Beobachtung häufiger, intensiver, ungelöster Konflikte und Streitereien zwischen den Eltern zu einer beeinträchtigenden Emotionsregulierung führen und in der Folge von den Kindern als Angst, Depression erlebt und durch externalisierende Verhaltensstörungen wie Aggression und Gewalt ausagiert werden (vgl. Davies & Cummings, 1998). Zum anderen tragen elterliche Konflikte auf indirektem Wege zu unerwünschten Entwicklungseffekten der Kinder bei, indem sie die elterliche Sensitivität, Feinfühligkeit und Kompetenz im Umgang mit den Kindern untergraben (Erel & Burman, 1995). Deshalb sind solche Eltern weder ideale Interaktionspartner und kompetente Erzieher noch hilfreiche Arrangeure kindlicher Entwicklungsangebote; solche Eltern vernachlässigen nicht nur ihre Entwicklungsaufgaben, die sie gegenüber ihren Kindern leisten müssten, sondern, wenn man es familiensystemisch betrachtet, fördern sie auch Allianzen zwischen Vater bzw. Mutter und Kindern gegenüber dem jeweils anderen Partner, wodurch sie wiederum die Individuation der Kinder beeinträchtigen (Walper, 1998).

Eltern sind zwar für eine belastete Partnerbeziehung und die daraus sich ergebenden Entwicklungsgefährdungen ihrer Kinder in vielen Fällen selbst verantwortlich. Nicht selten jedoch können aber auch familienextern verursachte Belastungen wie Armut, Arbeitslosigkeit oder Krankheit auf indirektem Wege über gehäufte Partnerschaftskonflikte ein wenig unterstützendes Erziehungsverhalten verstärken. Über transaktionale Prozesse der zirkulären Kausalität kann sich dann – im Sinne eines Teufelskreises der Eltern-Kind-Interaktion – die Wahrscheinlichkeit erhöhen, dass gehäuft externalisierende und/oder internalisierende Verhaltensstörungen bei den Kindern beobachtet werden (vgl. Rollet & Werneck, 2002). Vor diesem Hintergrund ist es auch im Hinblick auf die Entwicklungsintervention immer wieder wichtig, sich in Erinnerung zu rufen, was Hildegard Hetzer bereits 1937 in ihrem Buch «Kindheit und Armut» gesagt hat; es ist – auch in einer unter chaotischen Bedingungen lebenden Familie – eine einzige strukturierende, Sicherheit und Zuwendung gebende Person notwendig, um ein Kind vor einer Fehlentwicklung bewahren zu können (vgl. die ausführliche Diskussion der Schutzfaktoren kindlicher Entwicklung in Kap. 15.1.1 in diesem Lehrbuch).

10.2
Erzieherisches Handeln

Im Spannungsfeld von Entwicklungspsychologie und Erziehungswissenschaft haben sich in den letzten Jahren eine Reihe neuer Fragestellungen ergeben, die sowohl von theoretischer als auch von praktischer Relevanz sind. Es handelt sich um die Integration entwicklungspsychologischer Erkenntnisse in den Kontext erzieherischer Bemühungen, wie sie durch den entwicklungsbezogenen Kontextualismus und die ökologische Perspektive möglich werden. Dabei sind Eltern und andere Erziehungspersonen vor allem an Fragen interessiert, die sich mit der «richtigen» Erziehungskonzeption befassen. Eher kindzentrierte Ansätze, die vom Grundsatz der Förderung und Bereitstellung von Entwicklungsangeboten zur Selbstentwicklung und -verwirklichung geleitet sind, werden durch Positionen kontrastiert, die vom Gedanken einer straffen Erziehung nach bestimmten, vorgegebenen Erziehungszielen und -vorstellungen ausgehen. Bekanntlich stehen Eltern immer wieder vor der Aufgabe, Freiheit und Einschränkung von Freiheiten gegenüber ihren Kindern in angemessener Weise auszubalancieren. Eltern müssen dabei Alter, Fähigkeiten und Bedürfnisse ihrer Kinder beachten, weshalb dieses erzieherische Ausbalancieren, und damit die von den Eltern ausgeübte Kontrolle vielgestaltig und differenziert betrachtet werden muss. Dabei hat sich im Laufe der letzten Jahrzehnte in der

Untersuchung elterlicher Erziehung und ihrer Wirkungen auf die kindliche Entwicklung ein Perspektivenwechsel vollzogen, den Schneewind (2000) als Wandel von der traditionellen Erziehungsstilforschung hin zur systemisch-kontextualistischen Erziehungsforschung erkennt. Komplexere Analysen der erzieherischen Eltern-Kind-Interaktionen und ihrer langfristigen Folgen auf die Persönlichkeitsentwicklung der Kinder im Sinne einer systemischen Familien- und Erziehungs-Forschung sind deshalb notwendige Voraussetzung, um eine theoriegeleitete Basis für interventionsorientierte Ansätze schaffen zu können (vgl. dazu Kap. 15 in diesem Lehrbuch).

10.2.1 Erziehungsstilforschung

Die erziehungspsychologischen Forschungen beschäftigen sich vor allem mit der Untersuchung des Erziehungsverhaltens, besonders von den Eltern und seiner Auswirkungen auf die Entwicklung von Kindern. Dabei hat sich zur Analyse der elterlichen Erziehung das Konzept des elterlichen Erziehungsstils als besonders nützlich erwiesen.

Die Erziehungsstil-Forschung begann in den 1930er-Jahren in den USA, und zwar zunächst nicht an Eltern, sondern an Jugendleitern. Es waren Kurt Lewin und seine Mitarbeiter, die sich in ihrer einflussreichen Studie dafür interessierten, unter welchen Erziehungsbedingungen

> **Kasten 10-2**
>
> ### Erziehungsstil – eine Begriffsdefinition
>
> Erziehungsstil bezeichnet eine Klasse theoretischer Konstruktionen, mit denen interindividuell variable, aber intraindividuell vergleichsweise stabile Tendenzen von Eltern beschrieben werden, in erziehungsthematischen Situationen mit spezifischen kindbezogenen Verhaltensweisen (als Erziehungspraktiken) zu reagieren.
>
> Quelle: Krohne & Hock (1994)

Jugendliche sich untereinander mehr oder weniger aggressiv verhalten und – wenn sie gemeinschaftlich eine Aufgabe lösen sollen – unter welchen Bedingungen sie dazu motiviert sind, und wie das Ergebnis ihrer Gruppenarbeit ausfällt (vgl. Lewin, Lippitt & White, 1939).

Die Autoren unterschieden *drei Führungsstile*, einen autoritären, einen demokratischen und einen Laisser-faire Stil. In der *autoritär geleiteten Gruppe* trafen die erwachsenen Gruppenleiter die wesentlichen Entscheidungen; Kontrolle wurde somit in sehr direktiver Weise ausgeübt. Demgegenüber wurden der *Laisser-Faire-Gruppe* sehr viele Freiheiten gelassen; die Gruppenleiter lobten und übten nur dann Kritik, wenn sie ausdrücklich darum gebeten wurden. Zudem übten sie kaum Kontrolle aus. In der *demokratisch geleiteten Gruppe* wurden die Entscheidungen von den Kindergruppen getroffen. Die Gruppenleiter wirkten motivierend und unterstützend auf die Kinder ein, die Verantwortung für die Entscheidungen lag aber bei der Gruppe. Zwar übten die Gruppenleiter durch Ermutigung, Lob und Tadel Kontrolle aus, dennoch verblieb viel Verantwortung bei den Kindergruppen.

Diese drei Führungsstile hatten unterschiedliche Wirkungen auf die Ausgestaltung der Beziehungen der Kinder untereinander. Feindselig-aggressive Handlungen unter Kindern traten in den demokratisch geführten Gruppen seltener auf als in den Laisser-faire-Gruppen. Bei den autoritär geführten Gruppen wiederum fanden sich neben einer gegenüber den demokratischen Gruppen gesteigerten Aggression auch Hinweise auf Hemmungen des aggressiven Verhaltens. Sobald aber jeweils der Gruppenleiter den Raum verließ oder die Kinder mit einem nicht autoritären Gruppenleiter zusammen waren, war diese Hemmschwelle verschwunden und die Aggressionen stiegen stark an. Man sieht also an dieser Untersuchung, dass die Art der Kontrolle, die von den Gruppenleitern ausgeübt wurde, das Verhalten der Kinder untereinander bestimmte.

In der Folge dieser «klassischen» Studie wurden die drei Erziehungsstil-Typen auch bei Lehrern und Eltern untersucht. Dabei rückte die Forschung von den Typen-Konzepten ab und favorisierte Erziehungsstil-Dimensionen, die als unabhängig voneinander betrachtet wurden. Zudem hatten diese den Vorteil, dass zwischen Erziehern analytisch feinkörniger differenziert werden kann, denn eine Erziehungsstil-Dimension stellt eine kontinuierliche Variable dar, auf der jeder Erzieher einen Wert bekommen kann (z. B. auf der Dimension «Kontrolle» einen Wert zwischen −3, d. h. überhaupt nicht kontrollierend, bis +3, d. h. sehr stark kontrollierend). Auf diese Weise können Veränderungen im Erziehungsverhalten (z. B. nach einem Elterntraining) oder spezifische Veränderungen im mütterlichen Erziehungsverhalten (z. B. nach der Trennung/Scheidung vom Vater der Kinder) genauer dargestellt werden.

In Deutschland waren es vor allem Reinhard und Annemarie Tausch, die in den 1960er- und 70er-Jahren – basierend auf dem humanistischen Theorieansatz von Carl Rogers – Erziehungsstil-Dimensionen entwickelt und operationalisiert haben (Tausch & Tausch, 1998). Dabei sah die Operationalisierung so aus, dass ein Beobachter das Verhalten einer Mutter oder eines Vaters anhand einer Rating-Skala beurteilte. Oder die wörtlichen Äußerungen der Eltern gegenüber dem Kind wurden einzeln – im Hinblick auf die Erziehungsstil-Dimensionen – eingeschätzt und anschließend wurden Mittelwerte über alle erfassten Äußerungen einer Person gebildet.

Im Weiteren hat der vor über 25 Jahren durch das Braunschweiger Symposium (Hermann, 1966) gesetzte Initialimpuls im deutschsprachigen Raum zahlreiche Untersuchungen zum Erziehungsstil angeregt (vgl. die Dokumentationen z. B. bei Lukesch, 1975; Lukesch, Perrez & Schneewind, 1980). Mehrere kritische Bestandsaufnahmen (vgl. Schneewind & Hermann, 1980) haben allerdings eine Reihe von Problemen herausgearbeitet, die den Fortschritt der Erziehungsstilforschung behinderten. Die drei zentralen Probleme haben Krohne und Hock (1998) zusammenfassend vorgebracht: Das ist erstens der zu große Erklärungsabstand zwischen theoretischen Grundannahmen, Hypothesen und Interpretationen erhobener Befunde, womit der Mangel an theoretischer Fundierung einerseits und die zu abstrakten Theoriekonstrukte andererseits moniert werden; zweitens ist es die beschränkte, meist unidirektionale (statt bi-direktionale oder dynamisch-interaktive) Determinationsrichtung bei der Erforschung des Zusammenhangs zwischen Erziehungsverhalten und Merkmalsentwicklung beim Erzogenen; und drittens wird das häufig nur über subjektive Daten erfasste Erziehungsverhalten durch Kinder, Eltern oder Dritte (z. B. Lehrer, Großeltern) kritisch gesehen und es wird ein verstärkter Einsatz von Beobachtungsverfahren gefordert.

Berühmt geworden sind in der Erziehungsstil-Forschung die Längsschnittuntersuchungen, die Diana Baumrind an der Universität von Kalifornien in Berkeley ab den 1960er-Jahren durchgeführt hat (vgl. Baumrind, 1966; 1989; 1991a; b). Die Studien beschäftigten sich mit den Zusammenhängen zwischen den Verhaltensmustern von Eltern und Kindern. In ihrer ersten Studie hatte sie Eltern von drei nach Persönlichkeitsmerkmalen und Sozialverhalten stark unterschiedliche Gruppen von Vorschulkindern verglichen. In die erste Gruppe wurden die kompetenten Kinder eingeordnet, die bei Beobachtungen und Interviews hohe Werte in den Bereichen Selbstständigkeit, Reife, Selbstvertrauen, Exploration, Freundlichkeit und Leistungsorientierung erreicht hatten (Muster I). Mäßig selbstbewusste, aber unzufriedene, zurückgezogene und misstrauische Kinder (Muster II) bildeten die zweite Gruppe und Kinder mit geringen Werten für Selbstbewusstsein, Neugier und Selbstbeherrschung (Muster III) die dritte Gruppe.

Das Elternverhalten wurde mit verschiedenen Verfahren beurteilt, zu denen unter anderem Hausbesuche, Beobachtungen in vorstrukturierten Situationen und Interviews gehörten. Bewertet wurden vier Aspekte des elterlichen Verhaltens:

- **Kontrolle.** Darunter fielen die elterlichen Bemühungen, das kindliche Handeln zu beeinflussen, Äußerungen abhängigen, aggressiven und spielerischen Handelns zu modifizieren und die Internalisierung elterlicher Standards zu fördern.
- **Anforderungen an die Reife.** Vom Kind wird ein hohes intellektuelles, soziales oder emotionales Leistungsniveau erwartet.

- **Klarheit der Eltern-Kind-Kommunikation.** Die Eltern wollen ihr Kind mit Argumenten zum Gehorsam erziehen und berücksichtigen in kooperativer und partnerschaftlicher Weise seine Meinungen und Gefühle.
- **Zuwendung.** Darunter fallen elterliche Verhaltensweisen, die sich durch Wärme (Liebe, Fürsorge und Mitgefühl) und Anteilnahme (Lob und Freude über die Leistungen des Kindes) auszeichnen.

Die **Abbildung 10.2** zeigt, welche Werte die Eltern der drei Gruppen von Kindern in den vier Dimensionen der Kindererziehung erzielt hatten.

Eltern von reifen und kompetenten Kindern (Muster I) hatten in allen vier Dimensionen hohe Werte. Sie waren im Vergleich zu den anderen Eltern warmherziger, liebevoller, unterstützender, gewissenhafter und stärker auf ihre Elternrolle verpflichtet. Sie kannten die Persönlichkeitsmerkmale, Perspektiven, Interessen und Motive ihrer Kinder; es gab keine Unklarheiten in der Eltern-Kind-Kommunikation, und sie förderten offene Gespräche über ihre Entscheidungen. Gleichzeitig kontrollierten sie die Kinder und steuerten konsequent ihre Aktivitäten, forderten reifes Verhalten und Unterstützung im Haushalt. Sie respektierten die Unabhängigkeit und die Meinung ihrer Kinder, blieben in der Regel konsequent bei ihrem Standpunkt, den sie klar begründen konnten. Diese Kombination von Kontrolle, induktiver Disziplin und positiver Förderung kindlicher Autonomie wird als *autoritativer Erziehungsstil* bezeichnet.

Bei *Eltern von mäßig selbstbewussten und zurückgezogenen Kindern* (Muster II) war die rationale Kontrolle weniger ausgeprägt. Sie stützten sich stärker auf ihre Machtposition und setzten Disziplin mit Zwang durch. Ihr Verhalten gegenüber den Kindern war nicht so stark von Wärme, Unterstützung, Liebe und Mitgefühl geprägt; Diskussionen über Entscheidungen und Vorschriften wurden nicht gerne akzeptiert. Dieser Erziehungsstil, der von Kontrolle und Macht geprägt ist und den Schwerpunkt auf Werte wie Respekt vor Autorität, Fleiß, Gesetz und Ordnung legte, wurde als *autoritärer Erziehungsstil* bezeichnet.

Die *Eltern der am wenigsten reifen Kinder* (Muster III) waren warmherzig, permissiv (nachgiebig) und kontrollierten ihre Kinder kaum. Sie gingen nachlässig mit Strafen und Belohnungen um, stellten kaum Anforderungen an reifes Verhalten, erlaubten den Kindern, ihre eigenen Aktivitäten so weit wie möglich selbst zu regulieren, vermieden es, Macht auszuüben und bestanden nicht auf Gehorsam. Dieses Elternverhalten wird als *permissiver Erziehungsstil* bezeichnet und erinnert an den Laisser-faire-Führungsstil von Lewin.

Bei zwei anschließenden Untersuchungen hatte Baumrind (1971) den umgekehrten Ansatz gewählt. Sie untersuchte zunächst den Erziehungsstil von Eltern mit Kindern im Vorschulalter und ordnete sie entsprechend den autoritativen, autoritären und permissiven Mustern einzelnen Gruppen zu. Anschließend bewertete sie die persönlichen und sozialen Merkmale ihrer Kinder. Wiederum zeigte sich, dass *Kinder autoritativer Eltern* nachweislich und signifikant kompetenter waren als Kinder autoritärer Eltern. Verglichen mit Mädchen aus autoritären Familien waren Töchter autoritativer Eltern unabhängiger, zielgerichteter, dominanter und leistungsorientierter, die Söhne sozial verantwortlicher, freundlicher und kooperativer, während *Söhne autoritärer Eltern* feindseliger und trotziger waren. In *permissiven Familien* war die Leistungsmotivation bei Mädchen und Jungen relativ gering; die Mädchen konnten sich im

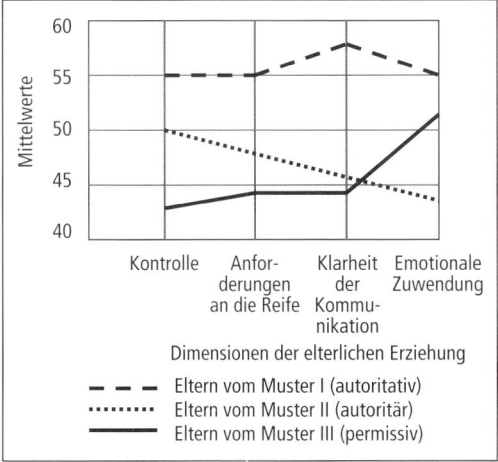

Abbildung 10.2: Die Werte für Eltern in vier Bereichen der Kindererziehung

sozialen Bereich nicht so gut durchsetzen wie Mädchen aus autoritativen Familien.

Als diese Kinder neun Jahre alt waren, wurde eine Nachfolgeuntersuchung durchgeführt (Baumrind, 1989). Wie in den früheren Untersuchungen wurden auch hier wieder zahlreiche Variablen bei Eltern und Kindern (z. B. mittels Interviews, Fragebögen, psychologischen Tests, Beobachtungen in natürlichen und experimentellen Situationen) erhoben. Im Zentrum des Interesses standen die verschiedenen Kombinationen von grundlegenden Parametern elterlichen Erziehungsverhaltens, die sich auf zwei Dimensionen anordnen ließen: Forderung und emotionale Unterstützung. Aus diesen Kombinationen wurden vier prototypische Erziehungsstile abgeleitet: autoritativ, autoritär, permissiv-verwöhnend und ablehnend-vernachlässigend (vgl. **Abb. 10.3**).

Die Konsequenzen der unterschiedlichen elterlichen Erziehungsstile für die 9-Jährigen waren im Wesentlichen dieselben wie in der Vorschulzeit. Die positivsten Auswirkungen hatte der autoritative Erziehungsstil. Die *autoritativ* erzogenen Kinder schnitten in den Bereichen soziale Kompetenz, Reaktionsbereitschaft und intellektuelle Leistungsfähigkeit am besten ab und waren darüber hinaus leistungsorientierter und zielgerichteter als die Kinder aus den anderen Gruppen. Die Töchter *autoritärer* Eltern mit sehr hohen Anforderungen und geringer emotionaler Unterstützung konnten sich zwar sozial durchsetzen, wogegen sich bei den Töchtern *permissiver* und *ablehnend vernachlässigender* Eltern ein Mangel an sozialer Kompetenz zeigte, und bei den Söhnen ablehnender Eltern eine Tendenz zur Dominanz bei geringen Führungsqualitäten und sozialen Kompetenzen. Fragen wir nochmals genauer nach, was die *vier elterlichen Erziehungsmuster* kennzeichnet (vgl. Maccoby & Martin, 1983):

■ **Autoritäre Eltern** möchten, dass ihre Kinder gehorchen. Wenn Verhalten und Einstellung der Kinder nicht mit dem übereinstimmen, was die Eltern für richtig halten, dann werden die Kinder bestraft, um so ihren Willen zu beeinflussen (oder gar zu brechen). Diesen Eltern ist wichtig, Kinder in ihrer Autonomie einzuschränken, weshalb die Eltern-Kind-Beziehung asymmetrisch (zu Ungunsten der Kinder) bleibt. Autoritäre Eltern ermutigen nicht zum verbalen Austausch, weil sie glauben, dass Kinder die elterlichen Anweisungen zu akzeptieren haben. Autoritäre Eltern können sehr besorgt und deshalb äußerst behütend, aber auch vernachlässigend sein.

■ **Permissive Eltern** verhalten sich gegenüber ihren Kindern akzeptierend, was deren Verhaltensweisen betrifft. Sie definieren sich selbst als Ressource für ihre Kinder, was sie nach ihren Wünschen nutzen (oder gar missbrauchen) können. Die Eltern sehen sich nicht als aktive Eltern, die für die Rahmenbedingungen und für Veränderungen des kindlichen Verhaltens verantwortlich sind. Vielmehr ist es Ziel permissiver Eltern, Kinder soweit wie möglich von Zwängen zu befreien. Die Eltern-Kind-Beziehung ist insofern asymmetrisch, als die Kinder ihre Eltern dominieren. Einige dieser Eltern sind sehr behütend und liebevoll, während andere mit sich selbst beschäftigt sind und dem Kind Freiheiten anbieten, um sich ihrer erzieherischen Verantwortung zu entledigen.

■ **Autoritative Eltern** begründen ihre Entscheidungen gegenüber Kindern und thematisieren ihren Widerstand, wenn sich die Kinder den Entscheidungen der Eltern widersetzen. Diese Eltern schätzen sowohl Autonomie und Wille der Kinder, erwarten aber auch Gehorsam und setzen entsprechende Grenzen. Aus diesem Grunde üben diese Eltern eine strenge, weil kon-

		Reaktionsbereitschaft	
		akzeptierend, sensibel, kindzentriert	ablehnend, wenig sensibel, elternzentriert
Forderungen/Kontrolle	fordernd kontrollierend	autoritativ kommunikativ	autoritär machtbetont
	keine Anforderungen geringe Kontrolle	permissiv nachgiebig	vernachlässigend gleichgültig unbeteiligt

Abbildung 10.3: Zweidimensionale Klassifizierung von Erziehungsstilen

sequente Kontrolle aus, wenn die Kinder nicht gehorchen, aber hemmen umgekehrt das Autonomiebestreben ihrer Kinder nicht durch Restriktionen. Autoritative Eltern setzen elterliche Sichtweisen durch, aber nehmen ebenfalls die individuellen Interessen der Kinder sowie ihre Entwicklungsvoraussetzungen ernst. Sie setzen Standards für die künftige Entwicklung der Kinder. Dabei nutzen sie sowohl Argumente als auch ihre elterliche Macht, um Ziele zu erreichen.

■ **Vernachlässigende Eltern** nehmen ihre Erziehungsverantwortung nicht wahr. Die Kinder sind ihnen egal. Sie werden von ihren Eltern unzureichend ernährt, gepflegt, gefördert, gesundheitlich versorgt und beaufsichtigt. Zudem werden sie auch unzureichend vor Gefahren geschützt. Vernachlässigende Eltern stammen meist aus sehr armen und sozial randständigen Milieus, aber auch geistige Behinderung, Alkohol- und Drogenprobleme und psychische Erkrankungen der Eltern sind häufig kennzeichnend für diese Kontexte kindlichen Aufwachsens (vgl. dazu Kap. 11.5.3 in diesem Lehrbuch).

Grundsätzlich werden mit dieser zweidimensionalen Klassifikation *vier Arten elterlicher Kontrolle* erfasst. Während permissive Eltern ihren Kindern zu viele Freiheiten geben, fordern sie zu wenig und überlassen dem Kind zu viele Entscheidungen. *Autoritäre Eltern* gewähren zu wenig Freiheiten, fordern zu viel und überlassen dem Kind zu wenig Entscheidungen. In fast allen Bereichen sind autoritative Eltern besser und ablehnend-vernachlässigende schlechter als die meisten anderen Eltern. *Autoritativen Eltern* gelingt es offensichtlich am besten, Freiheiten und Grenzen durch Regeln auszubalancieren, wobei die Regeln deutlich stärker betont werden als die Freiheiten. Hinsichtlich elterlicher Zuneigung und Wärme lassen sich jedoch die Erziehungsstile nicht ganz so eindeutig unterscheiden. Die Prozesse, die diese Erziehungseffekte begünstigen bzw. beeinträchtigen, sind in einer Reihe von Publikationen zusammenfassend dargestellt worden (vgl. Ambert, 1997; Holden, 1997; Patterson & Fisher, 2002; Schneewind, Walper & Graf, 2002).

Wie genau, so ist des Weiteren zu fragen, sind die Folgen eines *Macht ausübenden Erziehungsstils* für die Kinder? Die Erziehungsforschung kann klar belegen, dass Macht ausübendes Erziehungsverhalten eine Internalisation von Normen eher verhindert als fördert (Hoffman, 1970). Negative Zusammenhänge zwischen einem harschen, feindseligen Erziehungsstil und unterschiedlichen Aspekten moralischen Handelns sind ebenfalls mehrfach empirisch belegt. Dieser Zusammenhang wird noch erhärtet durch die Delinquenzforschung: Macht ausübende Erziehung, insbesondere in Verbindung mit inkonsistenter Aufsicht und erlebter Feindseligkeit der Eltern, gilt als einer der stärksten Prädiktoren für antisoziale Verhaltensprobleme in der Kindheit und Delinquenz im Jugendalter (vgl. Loeber, 1990). Durch mindestens zwei Hypothesen können diese Befunde interpretiert werden:

■ Die Ausübung von Macht ist gepaart mit einer feindseligen Grundhaltung gegenüber dem Kind, zumindest mit einem Fehlen von Akzeptanz und liebevoller Zuneigung und Wärme. In einem solchen Klima ist eine Identifikation mit den Erziehern und ihren Zielen nicht zu erwarten. Im Gegenteil werden Rügen und hartes Strafen eher als ungerecht abgelehnt wie auch die entsprechenden Regeln und Normen.
■ Eine Internalisation der Norm ist zu erwarten, wenn entsprechendes Verhalten nicht erzwungen oder durch externale Belohnungen «erkauft» wird. Zur Verinnerlichung kommt es, wenn eine Person eine Handlung internal erklärt, d.h. auf eigene Motive und Überzeugungen zurückführt. Harsche Forderungen und Strafandrohungen ebenso wie auch überschwängliche Versprechungen verhindern dieses. Erstere erzeugen meist Reaktanz (d.h. den Erwartungen entgegensetztes Verhalten), und dieses fällt umso stärker aus, je mehr die Freiheit der eigenen Entscheidung eingeschränkt wird (Brehm, 1966).

Eine einfacher erscheinende Alternative vermuten viele Eltern im *Strafen*. Lerntheoretisch führt eine Strafe zur künftigen Unterlassung des bestraften Verhaltens, weil Furcht vor Strafe an propriozeptive Handlungsreize bzw. an mentale Repräsentationen der Handlung geknüpft ist und die Anreize überlagert. Obwohl es für eine abschreckende Wirkung der Strafe sowohl in der Moralerziehung von Kindern (Bandura, 1979) als auch in der Resozialisierung von jugendlichen und erwachsenen Delinquenten (Murray & Cox, 1979) Belege gibt, ist Strafe als Erziehungsmaßnahme zu Recht umstritten (vgl. zum Problem des Strafens ausführlich Kap. 11.5.2 in diesem Band).

An dieser Stelle soll nicht unerwähnt bleiben, dass ein *autoritatives Erziehungsmuster* in den von Baumrind untersuchten Stichproben nur bei etwa 10 % der Familien beobachtet werden konnte. Dennoch waren die von Baumrind unterschiedenen Erziehungsstile sehr anregend für weitere Forschungsarbeiten und lösten intensive Diskussionen aus. Beispielsweise kritisierte Lewis (1981) Baumrinds Annahme, dass autoritative Erziehung eine strenge Kontrolle impliziert. Er zog in Zweifel, dass strenge Kontrolle günstige Auswirkungen auf Kinder habe. In Reanalysen versuchte sie zu belegen, dass strenge Kontrolle innerhalb des autoritativen Erziehungsstils nicht unbedingt notwendig sei, um erzieherisch erfolgreich auf Kinder einzuwirken. Des Weiteren fördert ein autoritativer Erziehungsstil vermutlich eher den *Gehorsam*, aber weniger die Fähigkeit zur *Selbstregulation*, was wiederum ein wichtiges Ziel elterlicher Erziehung ist (vgl. Grolnick & Farkas, 2002). In den neueren Arbeiten von Weiss und Schwarz (1996) lassen sich gar keine Belege mehr für die besonders positiven Wirkungen des autoritativen Erziehungsstils finden. Eine Replikation der Ergebnisse von Baumrind ist nicht gelungen. Deshalb bemängeln die Autoren, dass bei einer typologisch orientierten Erziehungsstilforschung grundsätzlich unklar bleibt, auf welche Dimension die Wirkungen zurückgeführt werden können.

Im Rahmen großer faktorenanalytischer Studien wurde der Versuch unternommen, einzelne Erziehungsdimensionen bzw. -faktoren herauszuarbeiten. Dabei ist es auch gelungen, die elterliche Kontrolle weiter zu differenzieren, sodass sich statt einer Zwei-Faktor- (mit nur einer Kontrolldimension) eine *Drei-Faktor-Lösung* ergab. Über die Identifizierung dreier globaler, relativ unabhängiger Dimensionen elterlichen Erziehungsverhaltens besteht mittlerweile in der psychologischen Erziehungsforschung Konsens (vgl. die Übersicht bei Barber, 1996):

- **emotionale Unterstützung** (Feinfühligkeit, Reziprozität),
- **Verhaltenskontrolle** (Regulation des kindlichen Verhaltens durch konsistente Disziplinierung) und
- **psychologische Kontrolle** (Regulation des kindlichen Verhaltens durch psychologische Mittel wie Liebesentzug oder Auslösung von Schuldgefühlen).

Psychologische Kontrolle – als Gegenpol zur Verhaltenskontrolle – ist nötig, um Kinder zu befähigen, sich in sozialen Interaktionen als selbstwirksam und kompetent zu erleben und eine klarere Vorstellung ihrer persönlichen Identität zu gewinnen (vgl. Herman, Dornbusch, Herron & Herring, 1997). Dabei hat sich um die konzeptuelle Differenzierung der beiden Kontrollformen Steinberg (1990) bemüht. Er beschreibt die *psychologischen Formen von Kontrolle* als jene elterlichen Verhaltensweisen, die die Entwicklung von Autonomie und Selbstregulation hemmen, indem Eltern zu ihren Kindern emotionale Abhängigkeiten fördern, wogegen *Verhaltenskontrolle* eine positive Sozialisierung fördern will, indem Kindern Anleitung und Führung gegeben wird, ihnen Grenzen gesetzt werden sowie Eltern über das Tun ihrer Kinder informiert sind (vgl. Pettit, Laird, Dodge, Bates & Criss, 2001).

Vor diesem Hintergrund hat sich die neuere erziehungspsychologische Forschung hauptsächlich der Aufklärung der Mechanismen gewidmet, die durch diese drei Erziehungsdimensionen auf die Entwicklung von Kindern und Jugendlichen wirken. Derart wollte man letztendlich die Wirkungen autoritativer Erziehung besser verstehen. In der Weise hat man die drei Dimensionen als voneinander unabhängige Prädiktoren kindlicher und jugendlicher Outcome-Variablen untersucht und ist zu folgenden Ergebnissen gekommen: Zunächst zeigt sich, dass die drei Dimensionen elterlichen Erziehungsverhaltens die Outcome-Variablen je unterschiedlich beeinflussen (vgl. Barber, 1997). Vergleicht man beispielsweise Verhaltenskontrolle mit psychologischer Kontrolle oder Unterstützung, dann steht eine hohe Verhaltenskontrolle mit einem geringeren Grad an externalisierenden Problemverhalten (z. B. Drogenkonsum, Delinquenz) in Zusammenhang. Demgegenüber besteht ein bedeutsamer positiver Zusammenhang zwischen psychologischer Kontrolle und internalisiertem Problemverhalten (z. B. Angst, Depression). Des Weiteren wächst die Evidenz dafür, dass psychologische Kontrolle auch in einem positiven Zusammenhang zu externalisierendem Problemverhalten steht. Wiederum andere Studien belegen, dass eine hohe elterliche Unterstützung, hohe Verhaltenskontrolle und eine geringe psychologische Kontrolle bedeutsam mit hoher Schulleistungsfähigkeit zusammenhängen (Gray & Steinberg, 1999), wohingegen geringe Unterstützung und hohe psychologische Kontrolle mit depressivem Verhalten verknüpft sind (Garber, Robinson & Valentiner, 1997).

Werden die drei Erziehungsdimensionen gleichzeitig untersucht, dann zeigt sich, dass Unterstützung – in Relation zu den beiden Kontrolldimensionen – den erklärungskräftigsten Prädiktor darstellt (vgl. Gray & Steinberg, 1999). Allerdings existieren bislang nur wenige empirische Studien, in denen die drei Erziehungsdimensionen gleichzeitig untersucht worden sind. Dabei zeigten sich nicht selten inkonsistente Ergebnisse, wenn es beispielsweise darum ging, zu prüfen, ob eine mittlere Ausprägung von Verhaltens- und psychologischer Kontrolle tatsächlich, wie manche Autoren vermuten, die bestmöglichen Outcomes bewirkt (vgl. Barber, 1996). Für die Inkonsistenz in der Befundlage dürften aber neben konzeptuellen, vor allem auch methodische Probleme verantwortlich sein, indem man das elterliche Erziehungsverhalten mehrheitlich über Selbstauskünfte der jugendlichen Probanden gewonnen hat; stattdessen müssten etwa getrennte Einschätzungen des elterlichen Erziehungsverhalten durch Vater und Mutter erfasst werden. Schließlich liegen kaum längsschnittliche Studien vor, die über mehr als zwei Messzeitpunkten sowie über mehrere Jahre angelegt sind, wodurch weitergehende Analysen differenzieller Entwicklungsverläufe in den Outcome-Variablen möglich wären (siehe für Ausnahmen die Längsschnittstudien von Barnes, Reifman, Farrell & Dintcheff, 2000 und Simons, Chao, Conger & Elder, 2001).

In dieser beispielhaften Weise haben jüngst Galambos, Barker und Almeida (2003) alle drei elterlichen Erziehungsdimensionen als Prädiktoren externalisierenden und internalisierenden Verhaltens 11-jähriger Jugendlicher über einen Zeitraum von dreieinhalb Jahren (mit fünf Messzeitpunkten) untersucht. Dabei zeigte sich, dass die *elterliche Verhaltenskontrolle* der einzig bedeutsame Prädiktor ist, der Veränderungen in externalisierenden Problemverhaltensweisen vorhersagte. Damit bestätigten sich Befunde, die belegen, dass ein elterliches Erziehungsverhalten, das den jugendlichen Kindern konsequent und beständig klare Grenzen setzt, ein Schlüsselfaktor ist, um Jugendliche vor der Ausübung von riskanten, aggressiven und normverletzenden Verhaltensweisen zu bewahren. Des Weiteren zeigte sich, dass Kinder, deren Eltern eine hohe *psychologische Kontrolle* ausübten, ein hohes Maß an externalisierenden Problemverhaltensweisen berichteten, wobei dieser Zusammenhang nur bedeutsam ist, wenn gleichzeitig auch die *elterliche Verhaltenskontrolle* hoch ist. Das ist eine ausgesprochen interessante Interaktion, weil in aller Regel zwischen Verhaltenskontrolle und psychologischer Kontrolle eine inverse Beziehung angenommen wird (Barber, 1996). Die Interaktion wird so interpretiert, dass Eltern, wenn das Problemverhalten ihrer Kinder im Laufe der Jahre zunimmt, sich gezwungen sehen, mit all den ihnen verfügbaren Kontrollmöglichkeiten – wie z. B. durch die Kombination hoher Verhaltenskontrolle und hoher psychologischer Kontrolle – erzieherisch zu reagieren. Pettit, Laird, Dodge, Bates und Criss (2001) bezeichnen diese Form elterlichen Erziehungsverhaltens mit dem Begriff «*Overmanagement*». In der Weise belegen die Ergebnisse von Galambos, Barker und Almeida (2003), dass ein die jugendlichen Kinder überkontrollierendes Elternverhalten, für deren Entwicklung unangemessen ist. Bemerkenswert ist der interaktive Effekt zwischen den beiden Kontrolldimensionen auch deshalb, weil dieser zeigt, dass eine hohe Verhaltenskontrolle, die an sich ein positives Elternverhalten darstellt, in der Kombination mit hoher psychologischer Kontrolle negativ wirken kann.

Aber ist Verhaltenskontrolle ein eindimensionales Konzept? Steinberg, Elmen und Mounts (1989) greifen diese Frage auf, indem sie ihr Konzept der Verhaltenskontrolle um eine weitere Facette ergänzen, die sie als *Monitoring* bezeichnen. Dabei wird in der Fachliteratur (vgl. Stattin und Kerr, 2000) auf die Probleme der Operationalisierung des elterlichen Monitorings hingewiesen. So kann zum einen unter Monitoring das Ausmaß verstanden werden, mit dem Eltern über die Aktivitäten und den Aufenthaltsort ihrer Kinder wissen; zum anderen kann Monitoring – im etymologischen Sinne des Begriffs – aufgefasst werden, als all jene elterlichen Verhaltensweisen, die dazu dienen, die kindlichen Aktivitäten aufmerksam zu verfolgen bzw. zu überwachen (Dishion & McMahon, 1998). Dabei scheint Verhaltenskontrolle erzieherisch grundsätzlich notwendig, um Kindern überhaupt zu ermöglichen, Regeln sozialer Interaktion zu verstehen (Herman, Dornbusch, Herron & Herring, 1997).

Allerdings zeigt sich in den empirische Studien, dass sich nur ein *informierendes Monitoring* (d.h. ein Elternwissen darum, wo und mit wem sich ihre Kinder treffen und was sie dort tun) positiv auf die kindliche Entwicklung auswirkt (z.B. Crouter, MacDermid, McHale & Perry-Jenkins, 1990; Laird, Pettit, Bates & Dodge, 2003), wohingegen ein die kindliche Autonomie stark beschränkendes, *überwachendes Monitoring* einer positiven Entwicklung, besonders hinsichtlich der Förderung der kindlichen Selbstregulationsfähigkeit, wenig förderlich ist (vgl. Grolnick & Farkas, 2002).

In der Weise erweist sich auch bei Kerr und Stattin (2000), die als eine der wenigen beide Varianten des elterlichen Monitoring gleichzeitig untersucht haben, dass sich die positiven Effekte elterlicher Verhaltenskontrolle nur dann belegen lassen, wenn gleichzeitig die kindliche Überzeugung, von den Eltern überwacht zu werden, als Variable auspartialisiert worden ist. Soll informierendes Monitoring seine positiven Effekte entfalten können, müssen sich Eltern im Umgang mit ihren Kindern sehr genau beobachten, um nicht durch ungeschickte Handlungen Kinder zu entmutigen, offen zu sein und ehrlich zu berichten, mit wem sie sich an welchen Orten treffen und was sie dort unternehmen; das bedeutet, erfolgreiches Monitoring will gelernt sein und dafür stehen Eltern verschiedene Quellen zur Verfügung, wie z.B. Informationen, die Eltern aus gemeinsamen Tätigkeiten mit ihren Kindern erfahren oder Informationen, die sie von Lehrern, Nachbarn oder anderen Eltern gewinnen (vgl. Crouter, Helms-Erikson, Updegraff & McHale, 1999).

In jüngster Zeit wird genau diese durch die Eltern unterstützte Autonomie, die sich dadurch auszeichnet, dass sich Jugendliche durch ihre Eltern nicht zu sehr kontrolliert fühlen, sofern sie über die Abwesenheit von psychischer Kontrolle (im Sinne von Strafandrohung, Konformitätsdruck, Liebesentzug und anderen autoritären Disziplinierungsstrategien) erfasst wurde, in ihrer Wirkung differenzierter behandelt. Dabei zeigt sich, dass eine autonomieunterstützende Verhaltenskontrolle wiederum keine ein-, sondern eine zweidimensionale Variable ist, die je unterschiedlich mit Outcome-Variablen zusammenhängt (vgl. Grolnick & Farkas, 2002). In Anlehnung an die Selbstbestimmungstheorie von Deci und Ryan (2000), wonach das natürliche Streben nach aktiver Auseinandersetzung mit der Umwelt an die Befriedigung des Bedürfnisses nach Autonomie, nach Kompetenzerleben und nach sozialer Einbindung gebunden ist, konnte gezeigt werden, dass *elterliche Autonomieunterstützung* mit einer stark ausgeprägten intrinsischen Lernmotivation assoziiert ist, während *elterliche Verhaltenskontrolle* eine instrumentelle, extrinsische Lernmotivation fördert und die Lernfreude von Kindern und Jugendlichen vermutlich negativ beeinflusst (vgl. Grolnick & Farkas, 2002). Noch unklar ist, ob eine vom Aspekt des Vertrauens entkleidete Form der Verhaltenskontrolle nicht oder nur insofern bedeutsam ist, als sie zwar eine Verhaltensanpassung des Jugendlichen, aber keine Internalisierung der elterlichen Normen fördert. Es wird der zukünftigen Forschung vorbehalten sein, diese Zusammenhänge präziser zu klären.

Insgesamt hat sich das Konzept einer autoritativen Erziehung als heuristisch sehr wertvoll erwiesen, weil es zu einer differenzierten Sicht elterlichen Erziehungsverhaltens geführt und das Augenmerk auf die elterliche Kontrolle als zentrales Thema der Erziehungsforschung gelenkt hat. Im deutschen Sprachraum hat sich zwar die Erziehungsstilforschung immer wieder am Vorbild der Forschungen aus den USA orientiert, gleichzeitig entwickelte sich aber auch eine eigenständige Forschungslinie (vgl. die Kritik bei Krohne & Hock, 1998), die aber eher unbefriedigend verlaufen ist, sodass seit den 1990er-Jahren nur noch wenige Arbeiten entstanden sind. Erst in den allerletzten Jahren ist das Interesse an dieser Forschung in Deutschland wieder geweckt worden (z. B. Juang & Silbereisen, 1999; Uhlendorff, 2001; Zinnecker & Silbereisen, 1996), wobei Längsschnittstudien besonders aufschlussreich sind (Kruse, 2001).

Ziel einer Studie von Juang und Silbereisen (1999) war es, die *Effekte konsistent und nicht-konsistent anhaltender autoritativer Erziehung* anhand eines längsschnittlichen Datensatzes über drei Jahre hinweg zu untersuchen. Bei der Stichprobe handelte es sich um 283 deutsche Jugendliche (Ost-D: 97, West-D: 186), die bei der ersten Erhebungswelle 1993 zehn bis 13 Jahre alt waren. Die weiteren Erhebungswellen waren 1994 und 1995. 60 % der Stichprobe waren weiblich. Erhoben wurden die folgenden Variablen: Depressivität, Delinquenz, Schulnoten, schulspezifische Selbstwirksamkeit und autoritative Erziehung. Zu letzterem wurden die Jugendlichen zu drei Bereichen der Erziehung befragt: Sensitivität, Konsistenz und Schulengagement der Eltern. Konsistent-autoritative und nicht-konsistent autoritative Familien verteilten sich auf Ost und West in nahezu gleicher Weise: konsistent autoritativ (Ost: 21,6 %; West: 21,0 %), nicht-konsistent autoritativ (Ost: 78,4 %; West: 79,0 %). Die bedeutsamsten Ergebnisse waren:

- Jugendliche aus konsistent autoritativen Familien berichteten gegenüber Jugendlichen aus nicht-konsistent autoritativen Familien vergleichsweise geringere durchschnittliche Depressivitätswerte.
- Jugendliche von konsistent autoritativen Eltern berichteten über alle drei Messzeitpunkte hinweg eine signifikant höhere Selbstwirksamkeit und bessere Schulnoten als Jugendliche von nicht-konsistent autoritativen Eltern.
- Im Vergleich zu Jugendlichen aus konsistent autoritativen Elternhäusern berichteten mehr Jugendliche mit nicht-konsistent autoritativen Eltern zu Messzeitpunkt 1 und 2, nicht aber zu Messzeitpunkt 3, im letzten Jahr eine delinquente Handlung (z. B. Benutzung einer Waffe, die nicht erlaubt ist) begangen zu haben.

Zwischen autoritativer Erziehung und Herkunftsregion (Ost-D vs. West-D) bestanden hinsichtlich keiner der Messvariablen Interaktionen, was nahe legt, dass autoritative Erziehung ungeachtet der Region ähnliche Einflüsse auf Jugendliche ausübt. Insgesamt bestätigt die Studie, dass sensitive, konsistent und in Schulangelegenheiten über die Zeit stabil unterstützende Erziehung durch die Eltern, mit mehr positiver Anpassung der Jugendlichen verknüpft ist.

Die meisten Untersuchungen zu autoritativem Elternverhalten wurden in den USA durchgeführt (vgl. Darling & Steinberg, 1993). Sowohl die Studie von Juang und Silbereisen (1999) als auch von Chen, Dong und Zhou (1997) in China belegen, dass die positiven Effekte autoritativer Erziehung einen proximalen Prozess darstellen, der in einer Vielzahl von Kulturen funktioniert. Derart belegen viele Studien – trotz unterschiedlicher Operationalisierungen der Erziehungsstile – eine deutliche differenzielle Wirkung von Erziehung (vgl. Avenevoli, Sessa & Steinberg, 1999; Gray & Steinberg, 1999). Dass der Wert autoritativer Erziehungsmethoden, wenn auch nicht konsistent in starkem Maße, belegt ist, bedeutet allerdings noch nicht, dass sie bei allen Kindern mit Erfolg eingesetzt werden können. Dabei ist auch immer wieder eine Wechselwirkung zwischen Erziehungseinflüssen und dem Entwicklungsstand des Kindes als Hypothese in Betracht zu ziehen. Beispielsweise ist aus der Moralforschung bekannt, dass mit zunehmendem Alter und damit mit wachsender kognitiver Entwicklung (z. B. in Richtung des formal-operatorischen Denkens) argumentative Begründungen von Erziehungsmaßnahmen,

z. B. durch Gebote oder gar Verbote, wichtiger bzw. Strafe und Strafandrohungen immer unwirksamer werden (Parke, 1974).

Weiterhin wurde immer wieder die *Universalität* der positiven Effekte des autoritativen Erziehungsstils in Zweifel gezogen. So gilt es etwa zu berücksichtigen, dass Erziehung immer in einem spezifischen Kontext stattfindet. Das bedeutet konkret, dass ein im Mittelschichtmilieu praktizierter autoritativer Erziehungsstil mit seinen überwiegend positiv bewerteten Entwicklungseffekten in bestimmten sozialen Umwelten (wie in einem delinquenzbelasteten, gefährlichen Familienmilieu) ein stärker lenkendes und einschränkendes Elternverhalten im Sinne eines eher autoritären Erziehungsstils erfordert, um eine längerfristig positive Entwicklung der Kinder zu ermöglichen (z.B. Magnus, Cowen, Wyman, Fagan & Work, 1999; Walker-Barnes & Mason 2001).

In ähnlicher Weise können je nach kulturellem Kontext elterliche Erziehungsziele und darauf bezogenes Elternverhalten unterschiedlich wirksam sein, wie kulturvergleichende Studien zur subjektiven Einschätzung elterlichen Erziehungsverhaltens durch Jugendliche belegen (Trommsdorff, 1995 und Kap. 8.5 in diesem Lehrbuch). Derart spiegeln sich die unterschiedlichen Erziehungshaltungen sowohl in den kognitiven wie in den emotionalen Orientierungen als auch im Verhalten der Eltern wider. So wurde ein bestimmtes Fehlverhalten im individualistischen Kontext von deutschen Müttern eher als böswilliges Handeln des Kindes bewertet, während dieses in kollektivistischen Kulturen von japanischen Müttern eher über Selbstwert schonende Attribuierungen gedeutet wurde (wie z.B. «das Kind ist nur ein Kind», oder «es hat nicht anders gekonnt»; Kornadt & Trommsdorff, 1997). Während in individualistischen Kulturen eine Unabhängigkeit und individuelle Selbsterfüllung anstrebende Erziehung erfolgt, wobei das Erziehungsverhalten – dem autoritativen Muster folgend – durch partnerschaftlichen Diskurs, Aushandeln von Rollen und Akzeptanz von Konflikten gekennzeichnet ist, bestehen in kollektivistisch orientierten Kulturen eher interdependente Eltern-Kind-Beziehungen. Dabei sind die Übernahme von vorgegebenen Rollen und Pflichten bei gleichzeitiger Akzeptanz von Autoritäten selbstverständlich (vgl. Trommsdorff, 1999).

Vor diesem Hintergrund soll auf den Vorschlag von Borba (1999) hingewiesen werden, der eine Liste elterlicher Erziehungsmaßnahmen vorgestellt hat, die abgestimmt auf die unterschiedlichen Entwicklungsvoraussetzungen von Kindern für die Förderung bestimmter Persönlichkeitsmerkmale günstig sind (vgl. **Tab. 10.2**).

Für jede dieser acht Fertigkeiten kann Borba ausführlich zeigen, welche Erziehungsmittel Eltern zur Verfügung stehen, um die angestrebten Entwicklungsziele derart zu erreichen, dass sie von den Kindern erfolgreich in ihr Persönlichkeitssystem integriert und die damit einhergehenden Erfahrungen und Verhaltensweisen zwecks autonomer Gewohnheiten zu ihren eigenen machen können.

Als Fazit lässt sich feststellen, dass der Prozess der Erziehung, man orientiere sich etwa am Modell von Jay Belsky (1984), wie es in Abbildung 5.2 dargestellt ist, komplex ist und seine einzelnen Bestandteile miteinander vernetzt sind. Zudem müsste im Hinblick auf eine differenziertere Analyse des Zusammenhangs zwischen Erziehungsstilen und ihren Wirkungen auf die kindliche Entwicklung stärker zwischen Müttern und Vätern sowie zwischen Jungen und Mädchen unterschieden werden. So beziehen sich die meisten Untersuchungen auf den mütterlichen Erziehungsstil. Zudem erfordert auch die Variable der elterlichen Persönlichkeit, wie Kruse (2001) verdeutlicht, neben dem elterlichen Erziehungsverhalten eine stärkere Beachtung, wenn es darum geht, die Varianz im kindlichen Verhalten differenziert aufzuklären. Angesichts dieser Tatsache haben Darling und Steinberg bereits 1993 ein kontextualistisches Modell elterlicher Erziehungsstile entwickelt, worauf im nächsten Kapitel näher eingegangen wird.

10.2.2
Systemisch-kontextualistische Erziehungsforschung

Während der letzten 35 Jahre hat die Erziehungsforschung in der Tradition von Baumrinds (1991b) Konzeption elterlicher Erzie-

Kasten 10-3

Implikationen für die Erziehungspraxis
Wie kann die Selbstregulationsfähigkeit von Kindern gefördert werden?

Es geht um Bedingungen, die dafür sorgen, dass ein Kind seine Handlungsmotivation *intrinsisch* reguliert (vgl. die Theorie der Selbstbestimmung von Deci & Ryan, 2000).

- Erstens wird vorhandene intrinsische Motivation durch Bedingungen reduziert, die eine Person in ihrem Empfinden beeinträchtigen, *selbstbestimmt* zu handeln. Dies geschieht etwa durch Einengen von Spielräumen oder Freiheitsgraden, durch Vorschreiben und massives Kontrollieren, aber auch durch zusätzliche Belohnungen.

- Zweitens wird vorhandene intrinsische Motivation durch Bedingungen reduziert, welche die Person in ihrem Empfinden beeinträchtigen, *kompetent* und *wirksam* zu sein. Dies geschieht durch Eingriffe oder bestimmte Formen der Rückmeldung, die Kompetenz oder Handlungsmöglichkeiten einer Person in Frage stellen.

Voraussetzungen für ein selbstbestimmtes und damit auch selbstregulierendes Handeln sind mindestens drei Bedingungen, die durch die elterliche Erziehung gefördert werden sollen:

- Das Ausmaß, mit dem sich ein Kind in seinem *Bestreben nach Autonomie* unterstützt erlebt. Erziehungsbedingungen, die Aktivitäten bis ins kleinste Detail vorschreiben und einem Kind keine Möglichkeit lassen, etwas auf eigene Weise auszuprobieren, beeinträchtigen das Empfinden, selbstbestimmt zu handeln. Dagegen wird das Erleben von Autonomie durch Bedingungen unterstützt, die dem Kind Wahlmöglichkeiten anbieten oder auf Spielräume hinweisen.

- Das Ausmaß, mit dem sich ein Kind in seinem *Bestreben nach Kompetenz* unterstützt erlebt. Erziehungsbedingungen, die einem Kind über abwertende und pauschale Rückmeldungen den Eindruck vermitteln, seine Anstrengungen seien vergeblich und sein Tun ohne Wirkungen, reduzieren sein Erleben von Kompetenz. Im Gegensatz dazu zeigen informierende Rückmeldungen dem Kind, was es kann und was nicht; sie unterstützen das Gefühl, durch eigenes Tun etwas bewirken zu können.

- Das Ausmaß, mit dem sich ein Kind als *sozial eingebunden* erlebt. Erziehungsbedingungen, unter denen ein Kind den Eindruck gewinnt, nicht ernst genommen zu werden, führen dazu, dass ein Kind sich nicht als akzeptierte Person erlebt. Ein auf Reziprozität Wert legendes elterliches Erziehungsverhalten unterstützt das Empfinden, in die soziale Bezugsgruppe (z. B. Familie, Peergruppe) einbezogen zu sein. Quelle: Grolnick & Farkas (2002)

---

hungsmuster eine bemerkenswerte Konsistenz gezeigt, was eine erfolgreiche elterliche Erziehung – innerhalb einer westlich-industrialisierten Kultur – ausmacht. Es ist jener autoritative Erziehungsstil, der sich durch ein hohes Maß an emotionaler Unterstützung, hohen Anforderungen, entwicklungsangemessener Gewährung von Autonomie und das Setzen klarer Grenzen auszeichnet. Eine Vielzahl von Publikationen widmeten sich den Prozessen, durch die der jeweilige elterliche Erziehungsstil die kindliche Entwicklung beeinflusst (vgl. die exzellenten Übersichten bei Baumrind, 1983 oder Lewis, 1981).

Ungeachtet der beeindruckenden Fülle an konsistenten Forschungsbefunden, blieben ei-

Tabelle 10.2: Kindliche Entwicklungsziele, Erfolgsfertigkeiten und elterliche Unterstützungsmaßnahmen (nach Borba, 1999, S. 5)

Erfolgskriterien	Elterliche Unterstützungsmaßnahmen	Entwicklungsziele
Persönliche Fertigkeiten		
Positives Selbstwertgefühl	Dem Kind helfen, solide, positive Selbstüberzeugungen und eine Haltung des «Ich kann's schaffen» vermitteln, sodass es sich erfolgszuversichtlich fühlt	Selbstvertrauen
Kultivierung von Stärken	Sensibilisierung der Achtsamkeit des Kindes für seine speziellen Talente und Stärken, sodass es auf seine Individualität stolz sein und sein persönliches Potenzial erweitern kann	Selbstbewusstsein
Emotionale Fertigkeiten		
Kommunizieren	Das Kind unterstützen, aufmerksam zuzuhören, für sich selbst zu sprechen und das, was es sagen will, mitzuteilen, um das eigene Wissen zu vergrößern und Missverständnisse zu reduzieren	Verstehen
Problemlösen	Dem Kind beibringen, wie es in Ruhe die besten Lösungen findet und verantwortliche Entscheidungen treffen kann	Selbstverantwortlichkeit
Soziale Fertigkeiten		
Mit anderen auskommen	Unterstützung des Kindes bei der Entwicklung seiner Fähigkeiten, Freundschaften zu schließen und mit schwierigen Beziehungen zurechtzukommen	Kooperation
Motivationale Fertigkeiten		
Ziele setzen	Dem Kind helfen, wie es lernen kann, die Ziele zu bestimmen, die es erreichen möchte, und die Schritte für eine erfolgreiche Zielerreichung festzulegen	Selbstmotivation
Nicht aufgeben	Dem Kind zeigen, wie es etwas, das es begonnen hat, zu Ende bringen kann, auch wenn sich Schwierigkeiten auftun	Beharrlichkeit
Moralische Fertigkeiten		
Sich kümmern	Stärkung des kindlichen Mitgefühls und seiner Sensibilität für die Gefühle und Bedürfnisse anderer	Empathie

nige wichtige Fragen unbeantwortet. Darunter fallen jene empirischen Befunde, die zeigen, dass die Effektivität eines bestimmten Erziehungsstils vom familiären und kulturellen Kontext abhängig ist, d.h. der autoritative Erziehungsstil nicht unter allen kontextuellen und kulturellen Bedingungen des Aufwachsens die positivsten Wirkungen auf Verhalten und Entwicklung von Kindern zeigt. Oder anders formuliert: Es existiert bislang relativ wenig empirische Evidenz zur Erklärung, warum ein und derselbe Erziehungsstil Kinder in ihrer Entwicklung unterschiedlich beeinflussen kann. Außerdem ist auch noch relativ wenig geklärt, welcher Erziehungsstil den jeweiligen Entwicklungsvoraussetzungen eines Kindes am besten angemessen ist.

Um diese offenen Fragen zu beantworten, haben Darling und Steinberg (1993) vorgeschlagen, dass drei Merkmale elterlichen Erziehungsverhalten genauer betrachtet werden müssen: die elterlichen Erziehungsziele, die elterlichen Erziehungspraktiken und der elterliche Erziehungsstil. Die beiden Autoren schlagen ein systemisch-kontextualistisches Modell von Erziehung vor, wie es in **Abbildung 10.4** dargestellt ist, um zu erklären, warum ein bestimmter Erziehungsstil diese oder jene Wirkung beim Kind entfaltet. Dabei fokussiert das Modell auf Merkmale innerhalb der Familie, wobei unterstellt

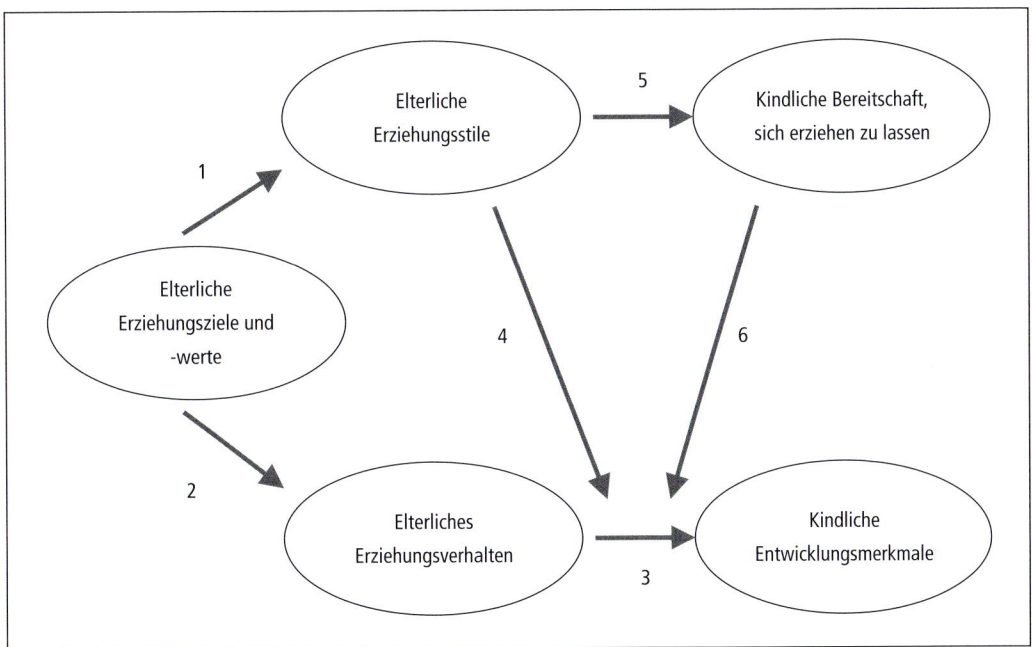

Abbildung 10.4: Systemisch-kontextualistisches Modell des elterlichen Erziehungsverhaltens (nach Darling & Steinberg, 1993, S. 493)

wird, dass diese Familienvariablen mit extrafamiliären Merkmalen, wie z. B. Kultur oder soziale Klasse, variieren.

In diesem Sinne richtet das Modell von Darling und Steinberg das Augenmerk auf jene proximalen Merkmale, wie sie bereits Bronfenbrenner und Morris (2000) in ihrem systemischökologischen Modell als die eigentlichen Entwicklungsmotoren bezeichnet haben (vgl. dazu Kap. 3.1.1 in diesem Lehrbuch). Dabei können *elterliche Erziehungsprozesse* als ein *Prototyp solcher proximaler Prozesse* aufgefasst werden. Die Aktualisierung des elterlichen Erziehungsverhaltens hängt dann von den jeweils herrschenden Kontextbedingungen, persönlichen Voraussetzungen von Elternperson und Kind sowie inner- und außerfamiliären Gegebenheiten ab, wie sie im Modell von Darling und Steinberg berücksichtigt sind. Derart verbindet sich mit dem Modell die Annahme, dass die Elternmerkmale die kindliche Entwicklung über unterschiedliche Prozesse beeinflussen können.

Wenn wir uns die Modellannahmen in Abbildung 10.4 etwas genauer betrachten, dann erkennen wir, dass Erziehungsstil und Erziehungsverhalten der Eltern teils durch die elterlichen Erziehungsziele und teils durch die elterlichen Wertvorstellungen beeinflusst werden (vgl. Abb. 10.4: Pfeile 1 und 2). Dabei wird vermutet, dass diese beiden Elternvariablen über unterschiedliche Pfade auf die kindliche Entwicklung wirken. Weiterhin unterstellt das Modell für die elterlichen Erziehungspraktiken einen direkten Einfluss (vgl. Abb. 10.4: Pfeil 3) auf die kindliche Entwicklung. Das bedeutet, dass es die konkreten erzieherischen Verhaltensweisen der Eltern sind, über die Kinder in ihrer Entwicklung direkt beeinflusst werden. Im Unterschied zu vielen anderen Autoren, messen Darling und Steinberg dem elterlichen Erziehungsstil bloß eine indirekte Wirkung auf die Entwicklung des Kindes zu. Genauer: Der Erziehungsstil beeinflusst das elterliche Vermögen, ihre Kinder zu erziehen, was wiederum die Effektivität ihres Erziehungsverhaltens bestimmt. Demnach hat der elterliche Erziehungsstil den Status einer Moderatorvariable, was bedeutet, dass die Stärke des Zusammenhangs zwischen elterlichem Erziehungsverhalten und kindlicher Entwicklung durch den Erziehungsstil beeinflusst wird. Dieser Moderatoreinfluss kann auf zweierlei Weise geschehen: Zum einen kann durch den elterlichen Erziehungsstil die Eltern-Kind-Interaktion verändert werden, was sich wiederum in einem veränderten Erziehungsverhalten niederschlägt (vgl. Abb. 10.4: Pfeil 4). Zum anderen können kindliche Persönlichkeitsmerkmale, wie z. B. die Bereitschaft oder Offenheit, sich durch die Eltern erziehen zu lassen, beeinflusst werden (vgl. Abb. 10.4: Pfeil 5). Diese Offenheit moderiert ihrerseits den Zusammenhang zwischen Erziehungsverhalten und kindlicher Entwicklung (vgl. Abb. 10.4: Pfeil 6).

Vor diesem konzeptuellen Hintergrund ist empirisch wiederholt nachgewiesen worden, dass die Schulleistungen Jugendlicher durch die Involviertheit der Eltern in die Angelegenheiten der Schule positiv beeinflusst werden (z. B. Stevenson & Baker, 1987). Dieses elterliche Engagement für schulische Belange ihrer Kinder zwecks Förderung ihrer Leistungsfähigkeit wiederum ist bei autoritativ erziehenden Eltern größer als bei nichtautoritativen Eltern (Steinberg, Lamborn, Dornbusch & Darling, 1992). Das heißt, dass der Zusammenhang zwischen elterlicher Schul-Involviertheit und schulischer Leistungsfähigkeit der Kinder in Abhängigkeit vom Ausmaß an elterlicher Autorativität variiert (vgl. Abb. 10.4: Pfeil 4). Autoritative Eltern, so ist zu vermuten, unterstützen und motivieren ihr Kind stärker im Hinblick auf die Bewältigung schulischer Anforderungen, sie diskutieren häufiger mit ihren Kindern über Schule, Schulaufgaben und -leistungsanforderungen, weshalb diese Kinder intelligentere Entscheidungen treffen (vgl. dazu Kap. 12 in diesem Lehrbuch).

Außerdem dürfte ein autoritativer Erziehungsstil auch deshalb effektiver sein, weil er die Offenheit eines Kindes für die elterlichen Erziehungsbemühungen erhöht. Das könnte konkret so aussehen, dass sich Kinder durch ihre Eltern besonders motiviert fühlen, sich in Bereichen (wie z. B. Schule, Sport, Musik) anzustrengen, von denen sie wissen, dass die Eltern auf entsprechende Leistungen besonders stolz sind (vgl. Abb. 10.4: Pfeil 5). Umgekehrt dürften autoritäre Eltern die Widerständigkeit ihrer Kinder gegenüber elterlichen Anordnungen erhöhen, wodurch sich die positiven Einflüsse elterlichen Engagements für schulische Belange ihrer Kinder reduzieren dürften.

Diese beiden Prozesse – die Erhöhung der Effektivität der Eltern, auf ihre Kinder einzuwirken und die Steigerung der kindlichen Offenheit für erzieherische Führung – sind immer wieder mit Bezug auf die elterlichen Erziehungsstile diskutiert worden (z. B. Baumrind, 1966). Allerdings ist es älteren Theoriemodellen nicht gelungen, zwischen elterlichem Erziehungsstil, Erziehungszielen und Erziehungsverhalten analytisch zu unterscheiden. Eine Konfundierung der drei Einflussvariablen ist besonders problematisch, weil die Ergebnisse zum Einfluss des Erziehungsstils auf die kindliche Entwicklung nicht befriedigend interpretiert und erklärt werden können. Deshalb postulieren Darling und Steinberg (1993) mit ihrem systemisch-kontextualistischen Theoriemodell, dass Verhalten und Entwicklung von Kindern als eine interaktive Funktion aus elterlichem Erziehungsverhalten und dem Ausmaß, mit dem der elterliche Erziehungsstil im Hinblick auf eine Beeinflussung der kindlichen Persönlichkeit effektiv ist (wie z. B. seiner Offenheit gegenüber den Erziehungsbemühungen seiner Eltern), zu begreifen ist.

Derart weisen Steinberg, Lamborn und Darling (1994) in ihrer Längsschnittstudie nach, dass ein autoritatives Erziehungsmuster (gemessen über Akzeptanz und Unterstützung, Aushandeln von Interessen und Entfaltungsmöglichkeiten der Person) einen positiven Einfluss auf den Lernerfolg und die Schulorientierung sowie negative Auswirkungen auf Delinquenz hat. Ein autoritäres Erziehungsmuster dagegen führt zu schlechteren Schulergebnissen und einer höheren Delinquenzrate. Auch für die Persönlichkeitsentwicklung lassen sich deutliche Zusammenhänge mit der Erziehungspraxis nachweisen (Steinberg, Mounts, Lamborn & Dornbush, 1991). Besonders das Ausmaß eigenen Kontrollerlebens, der Bewertung der eigenen Handlungsmächtigkeit, der Beziehungsangst und der sozialen Isolation als Indikatoren für eine reziproke Eltern-Kind-Interaktion sind im Falle einer autoritativen Erziehung nachweislich höher als im Falle einer autoritären Erziehung (vgl. Gerris & Grundmann, 2002).

Besonders aufschlussreich ist der Einfluss der elterlichen Erziehung auf Heranwachsende auch in Phasen ökologischer Übergänge. In derartigen kritischen Übergangsphasen reagieren Heranwachsende besonders sensibel auf die elterlichen Handlungsvorgaben. So haben Bornstein und Mitarbeiter (1996) die Reziprozität elterlicher Erziehungskompetenz im Umgang mit ihren jugendlichen Kindern, d.h. das Ausmaß an elterlicher Unterstützung (Wärme, Akzeptanz), elterliche Aufmerksamkeit (richtig zuhören, über eigene Gefühle und Gedanken reden, Fragen stellen, die ein echtes Interesse andeuten), Anteilnahme (auf die Bedürfnisse der Jugendlichen aktiv eingehen), Anleitung (Regeln, Grenzen, Werte und Normen aushandeln) und die Reziprozität von Emotionen (Offensein für Gefühlsäußerungen) längsschnittlich untersucht. Dabei zeigte sich, dass eine Kombination von Unterstützung und Anleitung einen positiven Einfluss auf den Schulerfolg, das Selbstkonzept, die Popularität unter Gleichaltrigen und einen negativen Einfluss auf problematisches Sozialverhalten der Heranwachsenden hat. Zudem belegen die Daten, dass diese Effekte sich über zwei Jahre verstärken, wodurch sich die Entwicklungsrisiken dieser Jugendlichen verringerten. Mit anderen Worten: Ein auf *Reziprozität* Wert legender elterlicher Erziehungsstil bildet einen wichtigen Schutzfaktor für die Persönlichkeitsentwicklung (Dodge, Pettit & Bates, 1994). Das heißt, wenn ein hohes Maß an Reziprozität in der Eltern-Kind-Beziehung vorherrscht, dann befähigt das Heranwachsende eher, die persönliche Lebenssituation eigenaktiv zu gestalten und soziale Anerkennung in der Schule und im Freundeskreis zu erhalten sowie risikoreiche Verhaltensweisen wie Drogenkonsum, Aggressivität usw. zu unterlassen.

Die Befunde über die Bedeutung unterstützender, autoritativer Erziehung sprechen insgesamt deutlich für einen *Reziprozitätsmechanismus,* der darin besteht, dass Eltern und Kinder in der jeweiligen Entwicklungsphase des Kindes die Reziprozität in ihrer Beziehung immer wieder neu aushandeln müssen. Konkret bedeutet das, dass Eltern ihre Unterstützung – abgestimmt auf die jeweiligen Kompetenzen und Bedürfnisse nach Autonomie, Selbstverantwortlichkeit und -entfaltung – und das Maß an Aufsicht und Kontrolle kindlicher Aktivität durch das elterliche Monitoring laufend neu abwägen, aushandeln und austarieren müssen. Folglich gibt es auch nicht *die* angemessene oder unangemessene Kontrolle, sondern es gibt viele verschiedene Weisen, Kontrolle auszuüben und Grenzen zu setzen. Immer gilt es für Eltern, entsprechend der jeweiligen Kontexte und abgestimmt auf die Entwicklungsvoraussetzungen des Kindes, die richtigen Balancen zwischen dem Gewähren von Freiheit und dem Setzen von Grenzen zu finden, wenn Erziehung funktional sein soll. Erziehung kann demnach nicht generell richtig oder falsch, sondern sie kann mehr oder weniger *optimal passend* sein.

Von dieser *Passung* zwischen elterlichen Handlungsvorgaben und kindlichen Bedürfnissen und Entwicklungsvoraussetzungen, die in vielfachen reziproken Interaktionen zwischen Eltern und Kind immer wieder ausgehandelt werden, hängt auch maßgeblich die Beziehungskompetenz der Heranwachsenden ab (Patterson, de Baryshe & Ramsey, 1989). Darüber hinaus kommt die Längsschnittstudie von Janssens (1997; siehe Gerris & Grundmann, 2002, S. 12) zum Schluss, dass erst eine kontinuierliche autoritär-restriktive Erziehung deutlich mit aggressivem Verhalten korrespondierte, wobei die kindlichen Aggressionen gleichzeitig auch das autoritäre Verhalten der Eltern verstärkten. Solche Befunde belegen die Verfestigung von Reziprozitätserfahrungen mit entsprechenden Handlungsmodellen. Es sind genau diese negativen Interaktions- und Kommunikationsketten, die signifikant öfter in Konflikt- und Problemfamilien vorkommen.

Empirische Belege für eine *intergenerationale Transmission von Erziehungsverhalten* finden sich in einer Zwei-Generationen-Studie von Schneewind (2001). Darin kann er belegen, dass die Erziehungsstile der Kinder deutlich mit den Erziehungsstilen des gleichgeschlechtlichen Elternteils zusammenhängen und zwar ungeachtet der allgemeinen Liberalisierung der Erziehungsvorstellungen in den letzten drei Jahrzehnten. Gleichzeitig wird deutlich, dass die erinnerte Qualität der Eltern-Kind-Beziehung in der Kindheit auch die Beziehung zu den Eltern im Er-

> **Kasten 10-5**
>
> ## Implikationen für die Erziehungspraxis
>
> ### Was kennzeichnet Eltern, die Reziprozität mit ihren Kindern fördern?
>
> In empirischen Untersuchungen, die am Institut für Familienstudien der Universität Nijmegen durchgeführt wurden, sind die folgenden fünf Merkmale identifiziert worden, die förderlich sind für Reziprozitätserfahrungen in der Eltern-Kind-Beziehung (vgl. Gerris, Dekovic & Janssens, 1997):
>
> - die elterliche Sensibilität für die Kindperspektive
> - die elterliche Einsicht in Anregungspotenziale von Kindern
> - ein unterstützender Erziehungsstil
> - Erfahrungen von Autonomie und Unterstützung in der Erziehung durch die eigenen Eltern (intergenerationale Transmission von Erziehungserfahrungen)
> - eine hohe Zufriedenheit mit der Ehebeziehung
>
> Eine konflikthafte Beziehung zwischen den Eltern und eine damit einhergehende negative Ehezufriedenheit reduziert die Aufmerksamkeit und Responsivität der Eltern für ihre Kinder. Dieser Zusammenhang ist ausführlich in der Scheidungsforschung (Schneewind, 1995) und in Studien über Fortsetzungsfamilien (Walper & Schwarz, 1999) dokumentiert.

wachsenenalter, ja sogar die Sensibilität für die eigene Partnerbeziehung beeinflusst. Leider liegen bis heute noch keine weitergehenden Mehrgenerationenstudien vor, in denen explizit das gesamte triadische Beziehungsgefüge in den unterschiedlichen Phasen des Familienzyklus erfasst wurde. Derart könnten Reziprozitätserfahrungen und deren Transmission auf verschiedenen Ebenen der Sozialökologie der Familie und ihrer Entwicklung über die Generationen analysiert werden.

Es ist deshalb eine der wichtigsten Aufgaben der Familien- und Erziehungsforschung, die intergenerationalen Zusammenhänge und Transmissionsmechanismen zu untersuchen, um den Kontinuitäten und Diskontinuitäten entwicklungsförderlicher bzw. -hinderlicher Erziehungsbedingungen in der Familie auf die Spur zu kommen. Erst aufgrund dieser Erkenntnisse ist eine angemessene Intervention etwa im Falle risikoreicher familiärer Bedingungen sinnvoll möglich (Belsky, Steinberg & Draper, 1991; Schneewind, 1999). Ungeachtet der fehlenden empirischen Erkenntnisse, ist zu vermuten, dass es gilt, jene Bindungs- und Beziehungsqualitäten zu fördern, die für den Aufbau und die Aufrechterhaltung dauerhafter Sozialbeziehungen (z.B. in der Partner- und Elternschaft) bedeutsam sind. Dabei dürfte die Förderung nicht nur der elterlichen Erziehungs- und Beziehungskompetenz, sondern vor allem auch der Förderung und Stärkung der elterlichen Paarbeziehung, die ebenso wie die Eltern-Kind-Beziehung auf Reziprozität beruhen sollte, ein hoher Stellenwert zukommen (vgl. Schneewind, 2002 und Kap. 15.3 in diesem Lehrbuch).

Weiterführende Literatur

Ahrbeck, B. (2003). *Kinder brauchen Erziehung.* Stuttgart: Kohlhammer.

Barber, B.K. (Ed.) (2002). *Intrusive parenting. How psychological control affects children and adolescents.* Washington, D.C.: American Psychological Association.

Bornstein, M.H. (Ed.) (2002). *Handbook of parenting (2nd edition, Volumes 1–5).* Mahwah, NJ: Erlbaum.

Grolnick, W.S. (2003). *The psychology of parental control.* Mahwah, NJ: Erlbaum.

11 Erziehungspraktiken und -probleme in unterschiedlichen familiären Beziehungskontexten

Die Erkenntnis, dass die Art der Erziehung die Entwicklung eines Kindes beeinflussen kann, zählt inzwischen zum Gemeingut junger Eltern. Mit Informationen aus Elternratgebern und -zeitschriften gut versorgt, wissen sie, dass etwa Strafen nicht notwendigerweise dazu führen, dass das unerwünschte Verhalten des Kindes aufhört. Vielmehr können es gerade Strafen sein, die das Kind immer wieder herausfordern, unerwünschtes Verhalten zu zeigen. Aber nicht nur elterliche Erziehungsvorstellungen, auch der Erziehungsstil der Eltern kann den Zusammenhang zwischen Elternverhalten und kindlicher Entwicklung beeinflussen. Dabei wirken Wechselwirkungs- oder Reziprozitätsprozesse zwischen elterlichem Erziehungsverhalten und der Entwicklung des Kindes – im Sinne transaktionaler Prozesse – in beiden Richtungen: vom Elter zum Kind und vom Kind in umgekehrter Richtung zum Elter. Die Berücksichtigung solch transaktionaler Prozesse und systemischer Beziehungen haben für die Erziehungsforschung vor allem Belsky (1984), später Darling und Steinberg (1993), Schneewind (2000a) oder Patterson und Fisher (2002) betont. In diesem Kapitel soll dargelegt werden, in welcher Weise Erziehung in unterschiedlichen familiären Beziehungskontexten ausgeübt wird, welche Unterschiede etwa zwischen ost- und westdeutschen Eltern bezüglich ihres Erziehungsstils bestehen und was es mit der intergenerationalen Weitergabe von Erziehungseinstellungen auf sich hat. Abschließend werden einige ausgewählte Erziehungsprobleme bzw. -fehler behandelt und diskutiert.

11.1 Erziehung in Ein-Eltern- und in Zwei-Eltern-Familien

Allein erziehende Eltern sehen sich auch heutzutage – ungeachtet der Normalisierung dieser Familienform – immer noch manchen Voreingenommenheiten und Belastungen ausgesetzt (Krüger & Micus, 1999). Nicht selten ergeben sich nach Ehescheidungen Disziplin- und Kontrollprobleme bei der Kindererziehung (Hetherington, 1991). Ungeachtet dessen, halten etwa zwei Jahre nach der Scheidung 75% der allein erziehenden Mütter die Erziehung ihrer Kinder für weniger schwierig als die Erziehung mit einem nicht engagierten oder feindselig gestimmten Ehemann als Vater der Kinder (Hetherington & Stanley-Hagan, 1995; Schmidt-Denter & Beelmann, 1997). Zudem belegen auch im Allgemeinen empirische Studien nicht durchgängig Erziehungsschwierigkeiten oder auffällige Entwicklungen von Kindern Alleinerziehender (vgl. Hetherington, 1991; Reis & Meyer-Probst, 1999; Sander, 1993).

Ausführlich werden die Unterschiede in der Kindererziehung zwischen Ein- und Zwei-Eltern-Familien von Barber (1997) diskutiert. Der Autor hebt hervor, dass nach einer Scheidung oder Trennung häufig, wenn man es familiensystemisch betrachtet, eine Veränderung der innerfamiliären Wechselbeziehungen, besonders der Autoritätsverhältnisse beobachtet wird. Dabei müssen sich allein erziehende Mütter auf die Kooperation mit ihren Kindern verlassen können. Mit einer allein erziehenden Mutter aufzuwachsen eröffnet ihnen die Möglichkeit, neue Kompetenzen und mehr Unabhängigkeit zu erwerben. Diese verstärkte Verantwortlichkeit der Kinder kann dazu führen, dass die Kinder stärker an innerfamiliären Entscheidungen teilhaben. Diese höhere Verantwortlichkeit kann es mit sich bringen, dass die Kinder stärker an der Aushandlung von Regeln in der Familie beteiligt sind. Dieses Entwicklungsmuster beschrieb Weiss (1979) als «schnelleres Aufwachsen» der Kinder in Ein-Eltern-Familien. Allerdings können Kinder dieses schnellere Aufwachsen nicht nur als Herausforderung, sondern auch als Überforderung erleben, in dem sie an Selbstvertrauen verlieren und in der Entwicklung stehen bleiben (Hetherington, 1991). Umgekehrt wachsen Kinder in Zwei-Eltern-Familien grundsätzlich langsamer auf, da zwei Eltern sich absprechen und erzieherisch unterstützen können, weshalb sie im Familienalltag weniger auf die Beteiligung der Kinder angewiesen sind. Weil zwei Eltern im Allgemeinen ihren Erziehungsbemühungen mehr Nachdruck zu verleihen vermögen, können sie ihren Kindern vermutlich auch mehr Rückhalt etwa bei Entwicklungs- und Lernproblemen bieten.

Allerdings betont Barber (1997), dass die größere Verantwortlichkeit und Einbindung in familiäre Entscheidungen – in Abhängigkeit vom Alter der Kinder, vom Ausmaß an Verantwortlichkeit, das ihnen vom Elter zugemutet wird, und von der Qualität der Mutter-Kind-Beziehung – unterschiedliche Folgen für die Entwicklung der Kinder haben kann. Denn Kooperation, Verantwortlichkeit und Einbindung in Entscheidungen setzen eine hohe Einsichtsfähigkeit bei den Kindern voraus. Deshalb ist eine reduzierte erzieherische Kontrolle, die den Kindern eine hohe Eigenverantwortlichkeit zubilligt, am ehesten im Jugendalter, vielleicht gar schon im späten Kindesalter, aber sicherlich nicht schon im Vorschulalter angemessen.

Die Studien von Weinraub und Wolf (1983) sowie Acock und Demo (1994) sprechen dafür, dass allein erziehende Mütter ihre Kinder im Vorschulalter genauso kontrollieren wie Mütter aus Zwei-Eltern-Familien. Bezüglich der mittleren Kindheit ist die Forschungslage weniger klar. Während wiederum Acock und Demo (1994) und ebenso Gringlas und Weinraub (1995) kaum Unterschiede in der elterlichen Kontrolle zwischen Ein-Eltern- und Zwei-Eltern-Familien finden, ergeben sich in anderen Studien deutliche Hinweise dafür, dass Kinder aus Ein-Eltern-Familien vergleichsweise stärker an Familienentscheidungen beteiligt und von ihren Müttern als selbstständiger und autonomer betrachtet werden (Santrock, Warshak, Lindbergh & Meadows, 1982; Hetherington, 1991). In diesem Zusammenhang wurde auch danach gefragt, inwieweit sich allein erziehende Mütter von Müttern in Zwei-Eltern-Familien in *Ost- und Westdeutschland* hinsichtlich ihrer Erziehungseinstellungen und der Förderung der Selbstständigkeit der Kinder unterscheiden. Zur Beantwortung dieser Frage hatten Uhlendorff, Artelt und Krappmann (2002) 1991 und 1993 in Ost- und West-Berlin 283 Zweit- bis Fünftklässler im Alter zwischen 6 und 12 Jahren zu ihren Entscheidungsspielräumen in Alltagssituationen befragt. Gleichzeitig wurden die Mütter dieser Kinder, die durchschnittlich 35-jährig waren, zu ihren Erziehungshaltungen interviewt. 72 Mütter (25%; davon Ost: 44%; West: 28%) waren für die Erziehung ihrer Kinder allein verantwortlich. Um trennungsbedingte Erziehungsprobleme auszuschließen, wurden nur jene allein erziehenden Mütter einbezogen, deren Trennung mehr als zwei Jahre zurücklag. Was waren die wesentlichen Ergebnisse?

- Allein erziehende Mütter (in Ost- wie in West-Berlin) berichteten, dass sie ihre Kinder deutlich weniger behüteten als Mütter, die ihre Kinder gemeinsam mit einem Partner erzogen.
- Ost-Berliner Mütter neigten deutlicher zu einer behütenden Erziehungshaltung als West-Berliner Mütter.

- Mütter mit höherer Schulbildung vertraten weniger autoritäre Haltungen als Mütter mit niedriger Schulbildung. Dabei nahmen vor allem allein erziehende Mütter mit hoher Schulbildung besonders selten autoritäre Erziehungshaltungen ein.
- Allein erziehende Mütter von Mädchen waren deutlich weniger autoritär als nicht allein erziehende Mütter von Mädchen. Für Mütter von Jungen zeigte sich dieser Unterschied nicht.
- Mütter mit niedriger Schulbildung waren deutlich permissiver als Mütter mit höherer Schulbildung und West-Berliner Mütter deutlich permissiver als Ost-Berliner Mütter. Zudem verhielten sich Mütter umso permissiver, je älter die Kinder waren.
- Mütter mit Hochschulreife orientierten sich stärker an ihrer eigenen Erziehung als Mütter ohne Hochschulreife. Zudem orientierten sich allein erziehende Mütter von Jungen weniger am selbst erfahrenen Erziehungsstil als nicht allein erziehende Mütter von Jungen. Ein vergleichbarer Effekt für Mütter von Mädchen zeigte sich nicht.
- Kinder allein erziehender Mütter gaben häufiger an, Alltagsentscheidungen allein zu treffen, aber auch, dass sie häufiger gemeinsam mit ihren Müttern entschieden als Kinder nicht allein erziehender Mütter. Demgegenüber wurden Alltagsentscheidungen bei Kindern aus Zwei-Eltern-Familien häufiger durch die Eltern gefällt, ohne dass die Kinder daran beteiligt waren.
- Dabei hat die Altersvariable einen deutlichen Einfluss: Je älter die Kinder waren, umso häufiger entschieden sie allein bzw. gemeinsam mit den Eltern und desto seltener nahmen sie Entscheidungen der Eltern ungefragt hin. Ost-West-Unterschiede zeigten sich keine.

Zusammengenommen machen diese Ergebnisse deutlich, dass Kinder allein erziehender Mütter in der mittleren und späten Kindheit zu mehr Selbstständigkeit herausgefordert werden als andere Kinder. Dennoch unterstützen die Ergebnisse, wenn man sie gemeinsam betrachtet, nicht die Vermutung, dass dieses «schnellere Aufwachsen» (Weiss, 1979) als ein «übereiltes» Aufwachsen (Elkind, 1991) betrachtet werden kann. Denn die allein erziehenden Mütter reagierten beim Setzen von Grenzen, im Ausmaß der Nachgiebigkeit und in ihrem Aushandlungsverhalten in nachvollziehbarer Weise auf die Lebensbedingungen, unter denen sie erziehen müssen. Zudem wirkte die Familienstruktur in Ost- und West-Berlin in gleicher Weise auf die Erziehungseinstellungen der Mütter und auf die Selbstverantwortung. Außerdem zeigte sich bei ostdeutschen Vätern und Müttern eine kontrollierendere Erziehung, was teils auf die stärkere Familienorientierung in Ostdeutschland zurückgeführt werden kann.

Damit lassen die Ergebnisse nicht den Schluss zu, *Ein-Eltern-Familien* als eine Familienform anzusehen, die der Entwicklung von Kindern und Jugendlichen aufgrund ihrer strukturellen Merkmale schadet (vgl. Uhlendorff, 2001). Ob die Balance zwischen Autonomie und Verbundenheit in der Beziehungsgestaltung zwischen Kindern und Elter(n) gelingt, wird demnach nicht durch die Familienstruktur bestimmt, sondern durch die komplexe Konstellation von Lebensbedingungen, zu denen die Qualität der innerfamiliären Beziehungen (z. B. das Ausmaß an Reziprozität, der Zugang zu unterstützenden Netzwerken oder die ökonomische Situation) zählt.

Ein eindeutigeres Ergebnisbild zeigt sich für Kinder im Jugendalter: So sind sie in Zwei-Eltern-Familien stärker mit elterlicher Kontrolle konfrontiert als Jugendliche in Ein-Eltern-Familien (Acock & Demo, 1994; Butz & Boehnke, 1999; Walper, 1995). Das bedeutet, dass allein erziehende Eltern ihren jugendlichen Kindern ausgeprägtere autoritative Erziehungshaltungen entgegenbringen und ihnen mehr Freiheiten zubilligen als andere Eltern. Das sehen sowohl Eltern als auch Jugendliche in dieser Weise (vgl. Walper, 1995).

11.2
Partnerschaftsqualität und Erziehung

Die wachsende Zahl der Ehescheidungen und die Berichte über die Kinder dieser sich scheidenden Eltern haben deutlich gezeigt, dass Kinder darunter leiden (Fthenakis, 1993). Weniger bekannt ist, dass es nicht so sehr das Ereignis der Trennung selbst oder die sich danach verschlechternden Lebensbedingungen sind, die die Entwicklung des Kindes beeinträchtigen. Vielmehr scheinen, wie prospektive Längsschnittstudien belegen, die heftigen Auseinandersetzungen vor der Trennung der Eltern das größte Risiko darzustellen (Block, Block & Gjerde, 1986). Mit der Verschlechterung der Partnerbeziehung wird auch die Erziehung der Kinder in Mitleidenschaft gezogen. Probleme mit der Erziehung der Kinder wirken sich – im Sinne transaktionaler Prozesse – wiederum auf die Partnerbeziehung aus und so fort. Ein Paar, das sich bis vor der Geburt gut verstanden hat, merkt, dass beide in Fragen der Erziehung ihres Kindes unterschiedliche, vielleicht gar konträre Auffassungen haben. Das gefährdet die Beziehungsqualität und die Elternallianz gegenüber dem Kind; letzteres wird diese Schwäche seiner Eltern ausnutzen und sich vielleicht mit dem einen Elternteil solidarisieren, was die Partnerbeziehung auf Dauer fundamental gefährden kann.

Gerade in den letzten Jahren wird die Frage nach dem Zusammenhang zwischen der Qualität der Partnerbeziehung und der Erziehung der Kinder öfter gestellt (Harold & Conger, 1997). Grundlage bildet dabei die Annahme, dass die elterliche Erziehung den Zusammenhang zwischen der Beziehungsqualität der Partner und der Kindesentwicklung vermittelt. In der Literatur finden sich dazu zwei unterschiedliche Erklärungsmodelle, was den Einfluss der elterlichen Partnerschaft auf die Erziehung betrifft. Zum einen ist es die «spill-over-Hypothese». Diese fomuliert einen positiven Zusammenhang zwischen der Qualität der Ehebeziehung und der Eltern-Kind-Beziehung (Erel & Burman, 1995).

Der spill-over-Hypothese steht die sog. *Kompensationshypothese* gegenüber. Im Rahmen dieser wird vermutet, dass Eltern, die ihre Bedürfnisse nach Zuwendung nicht in der Partnerschaft erfüllen können, versuchen, diese Bedürfnisse in der Eltern-Kind-Beziehung zu verwirklichen. Derart sagt diese Hypothese bei niedriger Ehequalität eine besonders intensive Eltern-Kind-Beziehung voraus.

Erel und Burman (1995) haben die beiden Hypothesen anhand einer Metaanalyse über 68 Studien geprüft. Im Ergebnis muss die Kompensationshypothese klar verworfen werden. So besteht insgesamt ein positiver Zusammenhang zwischen der Qualität der Ehebeziehung und der Beziehung der Eltern zu ihren Kindern. Das bedeutet: Mit hoher Partnerschaftsqualität stehen Wärme und Nähe (Feldman, Fisher & Seitel, 1997) sowie positive Haltungen zwischen Eltern und Kindern im Zusammenhang (Russel, 1997). Demgegenüber gehen eine niedrige Ehequalität mit Feindseligkeit, Zurückweisung und Aggression einher (Harold & Conger, 1997; Katz & Gottman, 1996). Deshalb halten Davies und Cummings (1998) die emotionale Sicherheit von Kindern in konflikthaften Elternbeziehungen für gefährdet.

Das bedeutet, dass sich dauernde Konflikte zwischen den Eltern auf das Verhalten der Kinder auswirken. Derart sprechen die empirischen Befunde klar dagegen, dass Eltern ihr Zuwendungsverhalten binnenfamiliär adressatenspezifisch kontrollieren können. Ebenso bestätigen die Meta-Analysen von Krishnakumar und Buehler (2000) auf der Grundlage von 39 Studien die bereits von Erel und Burman (1995) belegte *Spill-Over-Hypothese*. Die Spannungen der Eltern strahlen auf das Eltern-Kind-Verhalten ab. Elterliche Konfliktintensität ist mit negativem Erziehungsverhalten (besonders Strenge und geringe Akzeptanz) mit einer mittleren Effektstärke von d = −.62 verbunden. Zudem ist für das Elternverhalten den Mädchen gegenüber der Zusammenhang etwas stärker als den Jungen gegenüber.

Weiterhin stellen Eltern, die eine hohe Partnerschaftsqualität aufweisen, mehr Anforderungen an ihre Kinder (z.B. anderen zu helfen, Selbstkontrolle zu zeigen, selbstständig zu sein) als andere Eltern (Goldberg, 1990). Diese erhöhten Anforderungen können als eine verstärkte Kontrolle gegenüber Kindern verstanden werden. Umgekehrt scheint mit niedriger Partnerschaftsqualität eine einengende Kontrolle bei der Kindererziehung einherzugehen. Folgt man weiter der Längsschnittstudie von Belsky, Youngblade, Rovine und Volling (1991), dann zeigte sich, dass das väterliche Verhalten gegenüber

Kasten 11-1

Die Spill-Over-Hypothese – eine Begriffsdefinition

Im Sinne der «*Spill-Over-Hypothese*» (Engfer, 2002) ist anzunehmen, dass Konflikte in der elterlichen Partnerbeziehung auch in das Subsystem der Eltern-Kind-Beziehung hineinüberschwappen und damit ihre Wirkungen entfalten können. Dabei können der Spill-over-Hypothese mindestens vier unterschiedliche Prozesse zugrunde liegen.

- **Umlenkung des Partnerkonflikts auf die Eltern-Kind-Beziehung.** Aus einer familiensystemischen Sicht kommt dieser Prozess vor allem bei latenten Partnerkonflikten vor. Die Umlenkung besteht darin, dass das Kind zum «Problemkind» gestempelt wird, damit die Eltern sich nicht mit ihren eigenen Konflikten auseinandersetzen müssen.

- **Konflikthafte Elternbeziehungen als Verhaltensmodell für die Kinder.** Durch Modell-Lernen übernehmen Kinder die von den Eltern vorgelebten Formen verbaler oder körperlicher Auseinandersetzungen in ihr eigenes Verhaltensrepertoire und werden damit zu «schwierigen» Kindern.

- **Partnerkonflikte als Auslöser inter- und intraparentaler Inkonsistenz.** Zum einen kommt es zu Differenzen im Erziehungsverhalten zwischen den Eltern und im Gefolge davon nicht selten zu einer Koalitionsbildung eines Elternteils mit dem Kind. Zum anderen können Partnerkonflikte bei jedem Elternteil das persönliche Belastungs- bzw. Stressniveau erhöhen, was zu einem widersprüchlichen Erziehungsverhalten beiträgt.

- **Familienstress und Rollenbelastungen durch externe und interne Stressoren.** Externe Stressoren (wie z.B. Arbeitslosigkeit, -überlastung, Mobbing, Armut) oder interne Stressoren (wie z.B. Krankheit, soziale Vereinsamung) wirken sich auf die Eltern-Kind-Beziehung aus.

Zusammengenommen ist zu vermuten, dass mit zunehmender Konfliktintensität der elterlichen Partnerbeziehung, Kinder darauf umso stärker mit Auffälligkeiten und Gewalt reagieren. Derartige kindliche Reaktionen wirken in der Folge wiederum belastend auf die elterliche Partnerbeziehung, weshalb sich deren weitere Konflikthaftigkeit erhöht (vgl. Straus, 1994). Gleichzeitig werden damit die Ressourcen und Fähigkeiten der Eltern verringert, einfühlsam die kindlichen Bedürfnisse wahrzunehmen und angemessen sowie konsistent darauf einzugehen. Dadurch wird das Kind zum einen zunehmend als familiärer Störfaktor wahrgenommen, zum anderen sind die Eltern auch in ihren eigenen Konflikten gefangen und weniger befähigt, auf andere Familienmitglieder feinfühlig zu reagieren. Derart werden die familiären Interaktionssequenzen im gesamten Familiensystem zunehmend aversiver. So kommt es in gewaltbelasteten Familien zu sich wechselseitig beeinflussenden Aggressionen in den familiären Subsystemen. Empirisch findet diese Hypothese ihre Bestätigung.

Quelle: Schneewind (2002)

Kleinkindern bei Spiel- und Lehrsituationen umso intrusiver, d.h. unangemessen eindringlich wird, je ungünstiger sich die Ehebeziehung entwickelte. Herlth, Böker und Ossyssek (1995) wiederum belegen, dass die Zuwendung und Wertschätzung in Partnerschaften negativ mit elterlicher Machtanwendung, d.h. mit Druck, Strenge und Zwang gegenüber Kindern in der mittleren Kindheit einherging.

In der deutschen Studie von Uhlendorff (2001) zeigten die empirischen Daten den folgenden Zusammenhang zwischen Partnerschaftsqualität und Erziehung: Je glücklicher die Mütter als auch die Väter ihre Partnerschaft einschätzten, umso behütender erzogen sie ihre Kinder. Dabei kennzeichnet Behütung die emotionale Bedeutung des Kindes für die Eltern. Hohe Werte deuten daraufhin, dass sich die Eltern um ihre Kinder sorgen, an ihnen hängen, sie schützen und sehr entlasten, wohingegen niedrige Werte auf eine distanzierte, eher gleichgültige und lieblose Haltung gegenüber den Kindern hindeuten. Zusätzlich besteht ein Zusammenhang zwischen partnerschaftlicher Verbundenheit und den Entscheidungsfreiheiten für Kinder. Je verbundener sich Mütter mit ihrem Partner fühlen, desto weniger Entscheidungsspielräume werden den Kindern eingeräumt. Erneut zeigt sich hier der Zusammenhang zwischen partnerschaftlicher Verbundenheit und elterlicher Kontrolle, nun allerdings nicht als Behütung, sondern als Einschränkung von Entscheidungsspielräumen für Kinder.

«Spill-over»-Effekte müssen nicht immer negativ, sondern können auch positiv sein. Im Rahmen ihrer Theorie der emotionalen Sicherheit konnten Cummings und Wilson (1999) nachweisen, dass Meinungsverschiedenheiten zwischen Eltern, sofern sie konstruktiv ausgetragen werden, einerseits die emotionale Sicherheit des Kindes in seine Beziehungen zu den Eltern stärken. Andererseits modellieren Eltern effektive Problemlösestrategien, die das Kind auf andere Beziehungen, wie z. B. den Umgang mit Geschwistern oder Freunden, übertragen kann. Derart schwappen positive oder auch negative Gefühle, wie sie in der Partnerschaft bestehen, auf die Eltern-Kind-Beziehung über.

In Anlehnung an das Modell von Belsky (1984; vgl. Abb. 5.2) kann deshalb der folgende theoretische Zusammenhang vermutet werden: Elterliches Erziehungsverhalten beeinflusst die eheliche Interaktion, diese wiederum die Art der Erziehung des Kindes, die dann auch die Entwicklung des Kindes beeinflusst; schließlich wirkt dies wiederum auf das Verhältnis der beiden Elternteile zueinander zurück. Noch ist die Forschung, was die empirische Untersuchung dieser komplexen, systemischen Zusammenhänge betrifft, verschieden weit fortgeschritten (vgl. Patterson & Fisher, 2002; Schneewind, Walper & Graf, 2000).

11.3
Verwandte, Freunde und Erziehung

Familien sind in unterschiedlicher Weise in extrafamiliäre Systeme und soziale Netzwerke eingebunden. Diese bieten vielen Familien soziale Verbundenheit, Geborgenheit, Rückhalt und Unterstützung, z. B. in ökonomischen Krisen- und Notsituationen. Wie steht es um den Zusammenhang zwischen sozialen Netzwerken und Erziehung? Die einschlägige Forschung hat sich besonders auf ökonomisch benachteiligte Familien konzentriert. Dabei zeigt sich, dass bei Familien mit geringem Einkommen ein positiver Zusammenhang zwischen sozialer Unterstützung aus dem extrafamiliären Umfeld und der Angemessenheit der mütterlichen Erziehungshaltungen besteht (Burchinal, Follmer & Bryant, 1996). Wirtschaftlich schwach gestellte Mütter verhalten sich im gemeinsamen Spiel gegenüber ihren Kindern umso wärmer, je mehr Unterstützung diese Mütter von Freunden und Verwandten erhalten (Feiring, Fox, Jaskir & Lewis, 1987). Für Familien mit Kindern im Jugendalter zeigen sich ähnliche Zusammenhangsmuster. So berichten Taylor, Casten und Flickinger (1993), dass allein erziehende, finanziell belastete Eltern eher autoritative Erziehungshaltungen gegenüber ihren jugendlichen Kindern einnehmen, wenn sie Unterstützung von ihrer Verwandtschaft bekommen.

In vergleichbarer Weise wie ökonomisch benachteiligte Familien profitieren auch jugendliche Mütter von sozialer Unterstützung. Colletta (1981) zeigte für Teenagermütter einen negativen Zusammenhang zwischen mütterlicher Zurückweisung gegenüber ihren etwa zwei Jahre alten Kindern und emotionaler Unterstützung durch Verwandte und Freunde. Dabei scheinen die eigenen Eltern als Unterstützungspartner einflussreicher zu sein als Freunde. Sieht man sich ökonomisch weniger benachteiligte Gruppen an, sind diese Zusammenhänge zwischen sozialer Unterstützung und Erziehung nicht mehr ganz so deutlich (vgl. Simons, Chao, Conger & Elder, 2001). Leider wird auch in vielen Studien nicht unterschieden, welcher Art die soziale Unterstützung ist und ob diese Unterstützung von Freunden und/oder Verwandten ausgeht.

Betrachtet man die Befunde von Uhlendorff (2001) zum Einfluss der Verwandtschaftsbeziehungen auf die Erziehung, dann finden sich Hinweise darauf, dass sowohl eine große Anzahl von unterstützend erlebten Verwandten im sozialen Netzwerk als auch eine intensive Beziehung der Eltern zu den Großeltern mit kontrollierender – insbesondere behütend-traditioneller Erziehung – im Zusammenhang steht. Dabei hängt die Intensität der Eltern-Großeltern-Beziehung im Vergleich zur Anzahl elterlicher Verwandtschaftskontakte deutlicher und stabiler mit kontrollierender Erziehung zusammen. Wenn Eltern großen Wert auf intensive Verwandtschaftsbeziehungen legen, so gibt Uhlendorff zu bedenken, wollen sie vielleicht auch ihre Kinder über eine kontrollierende Erziehung eng in das familiäre Netzwerk einbinden. Sieht man sich, auch wieder durch die Befunde aus der Studie von Uhlendorff (2001) betrachtet, den Zusammenhang zwischen persönlichen Freundschaften und elterlicher Erziehung an, dann zeigt sich, dass Eltern ihren Kindern umso mehr Freiräume für ihre Freundschaften mit Gleichaltrigen gestatten, je mehr Freunde die Eltern selbst haben; darüber hinaus vertreten die Eltern umso permissivere Erziehungshaltungen, je mehr Freunde sie haben.

Interessant sind abschließend die Ergebnisse darüber, wie sich Eltern in ihren Erziehungshaltungen unterscheiden, wenn sie eher freundschafts- oder eher verwandtschaftsorientiert sind. Im Zusammenhang mit kontrollierender Erziehung ergeben sich die folgenden Befunde (vgl. Uhlendorff, 2001): Je freundschaftsorientierter die Eltern sind, desto mehr Freiräume gewähren sie ihren Kindern für Freundschaften mit Gleichaltrigen und desto permissiver beschreiben sich die befragten Mütter. Das sind also Mütter, die Vertrauen in die Autonomie des Kindes haben und deshalb diese kaum durch Gebote zu steuern versuchen; die Kinder verfügen über viel Freiraum zum Austesten eigener Pläne und Bedürfnisse. Je verwandtschaftsorientierter die Väter sind, desto behütender und desto autoritärer beschreiben sie sich. Das sind Väter, die wenig kindzentriert sind, Normen durchsetzen, die kindliche Selbstständigkeit beschränken und ein überangepasstes Bravheitsverhalten bei den Kindern fördern. Zusammengenommen sprechen auch diese Ergebnisse wiederum dafür, dass verwandtschaftsorientierte elterliche Netzwerke eher mit kontrollierender Erziehung, freundschaftsorientierte elterliche Netzwerke eher mit weniger kontrollierender Erziehung einhergehen.

11.4
Geschlechtsdifferenzierende Erziehung in der Familie

In jeder Gesellschaft ist die vorgenommene Einordnung nach männlichem und weiblichem Geschlecht mit vielen verschiedenen Rollenerwartungen und Umgangsweisen verknüpft (vgl. Trautner, 1994). Meist schon bevor das Kind sich selbst als Junge oder Mädchen einordnen und erleben kann, wird es von seiner Umwelt als Junge oder als Mädchen behandelt. Derart machen Mädchen und Jungen bereits im Säuglingsalter unterschiedliche Erfahrungen. So scheinen Mütter ihre neugeborenen Mädchen häufiger anzulächeln als ihre altersgleichen Söhne, während letztere mehr berührt und auf den Arm genommen werden (Keller, 1979). Im Kindergarten setzt sich die unterschiedliche Behandlung von Mädchen und Jungen im Sinne einer geschlechtsstereotypen Erziehung fort. Neben dem Verhalten der Erzieherinnen vermitteln Bücher und Spiele ein geschlechtsstereotypes Weltbild; und in der Schule intensiviert sich schließlich die geschlechtsspezifische Ungleichbehandlung von Jungen und Mädchen (vgl. Faulstich-Wieland, 1995). Beispielsweise werden Jungen, die allgemein als «schwierig» gelten, stärker einbezogen, während Mädchen keine besondere Zuwendung erfahren, da sie als «pflegeleicht» gelten.

Ebenso erfahren Jungen und Mädchen zu Hause eine unterschiedliche Behandlung (vgl. Fuhs, 1996; Trautner, 1994). Mädchen helfen mehr im Haushalt und stehen mehr unter der Aufsicht der Eltern als Jungen. Aus einer besonderen Sorge um ihre körperliche und sexuelle Unversehrtheit werden Mädchen stärker als Jungen in der Wohnung, im wohnungsnahen Raum und unter Aufsicht gehalten (Gildemeister, 1988). Des Weiteren zeigte sich in verschiedenen

Studien, dass Kinder für ihr geschlechtstypisches Verhalten häufig belohnt werden, während geschlechtsuntypisches Verhalten unbeachtet bleibt oder bestraft wird (Lytton & Romney, 1991).

Solche und ähnliche Befunde aus der Sozialisationsforschung verstärken die Vermutung, dass Eltern und Erzieher sich auch heutzutage geschlechterdifferent verhalten und dass dies eher im Sinn einer Bekräftigung tradierter Muster sozialer Geschlechtlichkeit geschieht als im Hinblick auf modernisierte Umgangs- und Deutungsmuster. Allerdings muss aus einer unterschiedlichen Erziehung von Jungen und Mädchen nicht zwingend ein geschlechtstypisches Verhalten resultieren. Dafür sorgen sowohl die Eigenaktivitäten des Kindes, aber ebenso die unterschiedliche Verarbeitung der sozialen Umwelten und die sozialisatorischen Einflüsse jenseits institutioneller Umwelten (vgl. Trautner, 1994).

Trotzdem nehmen eine wachsende Anzahl von Eltern für sich in Anspruch, für ihre Söhne und Töchter die gleichen Erziehungsziele zu haben. Obgleich die vertrauten Geschlechtsstereotype zwar bekannt sind, werden sie nicht als erstrebenswertes Erziehungsziel für das eigene Kind betrachtet (Trautner, 1994). Im Widerspruch dazu stehen die empirischen Ergebnisse von Faulstich-Wieland (1995), die zeigten, dass trotz der Tendenz, für Jungen und Mädchen gleiche Erziehungsziele zu postulieren, sehr wohl geschlechtsspezifisch unterschiedliche Akzente gesetzt werden. Vergleicht man zudem die Angaben von Frauen mit denen von Männern, dann zeigt sich, dass sich letztere häufig als diejenigen erweisen, die geschlechtsstereotyper erziehen (Gildemeister, 1988; Keller, 1979). Die Männer erweisen sich, was Emanzipation und Gleichberechtigung angeht, offensichtlich als sehr viel konservativer als die Frauen.

In jüngerer Zeit haben sich Eickhoff, Hasenberg und Zinnecker (1999) in einer Befragungsstudie der Verbreitung *geschlechtsdifferenzierender Erziehung in der Familie* gewidmet. Als Grundlage für ihre Auswertungen dienten identische Datensätze von ost- und westdeutschen Elternpaaren (692 Mütter und 611 Väter), die sich jeweils auf einen Sohn oder eine Tochter als zu erziehendes Kind beziehen. In den Daten zeigten sich die folgenden Ergebnisse: Bei der geschlechtsdifferenzierenden Interessenförderung zeigten sich vor allem auf Seiten der Eltern bedeutsame Unterschiede. Mütter lesen und musizieren mit ihren Kindern, während Väter für den Sportbereich zuständig sind. Zudem zeigte sich beim Sport, dass dieser bevorzugt mit dem gleichgeschlechtlichen Kind betrieben wird. Mütter verhalten sich genauso geschlechtskonform wie Väter. Jedes Elternteil überträgt sozusagen die eigenen Interessen, die geschlechtsspezifisch sind, auf das (beim Sport gleichgeschlechtliche) Kind. Dabei spielt weder das Alter des Kindes eine Rolle noch seine regionale Herkunft. Geschlechtstypische Unterschiede fanden sich ebenso bei Hausarbeiten. Hier bewegen sich die Unterschiede entlang der klassischen Vorstellung, dass die Frauen für die Hausarbeit zuständig sind, obschon die gängigen Geschlechtsstereotype nicht als erstrebenswerte Erziehungsziele anerkannt werden. Demgegenüber wird Freiheit für Mädchen und Jungen jeden Alters gleichermaßen gewährt, wobei Kindern im Osten generell weniger Freiheit zugestanden wird als den Kindern im Westen. Allerdings muss die Meinung der Eltern, den Kindern gleich viel Freiheit zuzugestehen, nicht mit dem tatsächlichen Verhalten übereinstimmen. Außerdem ist «Freiheit geben» ein sehr relativer Begriff und kann für Mädchen und Jungen unterschiedlich definiert werden (z. B. «Dafür, dass mein Kind ein Mädchen ist, gebe ich ihm verhältnismäßig viel Freiheit»). Deshalb können die Befunde von Eickhoff, Hasenberg und Zinnecker möglicherweise auch verzerrt sein. Beim «informiert sein» erzielen die Mütter erwartungsgemäß höhere Werte als die Väter, da sie üblicherweise die Erzieherinnenrolle in der Familie einnehmen. Im Speziellen zeigen sich Mütter von Töchtern besser informiert über ihre Kinder als Mütter von Söhnen. Versteht man aber «informiert sein» im Sinne von Beaufsichtigung, dann verhalten sich Mütter entsprechend der in der Literatur vorfindbaren Ergebnisse. Sie beaufsichtigen ihre Töchter stärker als ihre Söhne. Für Väter lässt sich eine entsprechende Aussage nicht machen. Derart könnte vermutet werden, dass die Zügel für Söhne lockerer gelassen werden als für die Töchter. Dies deckt sich mit der Aussage von Gildemeister (1988), wonach Mädchen mit Beginn der Pubertät stärker beaufsichtigt werden als Jungen. Insgesamt zeigen sich aber nur in wenigen Bereichen geschlechtsspezifische Erziehungsmerkmale. Das wiederum würde bedeuten, dass die geschlechtsspezifische Erziehung auf einer sehr viel subtileren Ebene stattfindet, als es die Befragungsdaten von Eickhoff, Hasenberg und Zinnecker abzubilden vermögen. Ebenso wenig lässt sich die Annahme einer konservativeren bzw. geschlechtsstereotyperen Haltung des Vaters im Vergleich zur Mutter aufrechterhalten; tendenziell scheint eher die Mutter geschlechterstereotyper zu erziehen, weil sie selber (noch) die klassische Frauenrolle lebt. Ungeachtet dessen, machen die Ergebnisse Hoffnung, dass Eltern in Deutschland ihren Kindern unabhängig vom Geschlecht in etwa die gleiche Behandlung zukommen lassen.

Abschließend ist allerdings festzuhalten, dass der Zusammenhang zwischen elterlichen Überzeugungen und tatsächlichem Erziehungsverhalten ziemlich schwach ist (vgl. Sigel, McGillicuddy-DeLisi & Goodnow, 1992). Das bedeutet, auch wenn man elterliche Überzeugungen verlässlich messen kann, so lassen sich daraus kaum Vorhersagen für das Verhalten ableiten. Das liegt daran, dass die Erziehungsziele in relativ abstrakter Form erfragt werden, während das Erziehungsverhalten für jeweils konkrete Situationen abgefragt wird. Zudem wird jedes Kind auch weiterhin in einer Welt aufwachsen, die mehr oder weniger ausgeprägt nach «männlich» versus «weiblich» unterscheidet. Beispielsweise nimmt auch im Laufe der Entwicklung die Geschlechtersegregation zu (Maccoby, 1980). So gibt es zahlreiche Hinweise, dass die in reinen Mädchen- und Jungengruppen sich entwickelnden Interaktionsstile wesentlich zur Entstehung und Aufrechterhaltung einer Geschlechterdifferenzierung beitragen. Dabei ist zu vermuten, dass sich die Tendenz zur Abgrenzung vom anderen Geschlecht und die Ausbildung geschlechtsspezifischer Interaktionsstile wechselseitig verstärken. Trautner (1994) schließt daraus, dass wir von der Idealvorstellung einer vom Geschlecht unabhängigen und von individuellen Neigungen geleiteten Erziehung und Sozialisation noch weit entfernt sind. Zwar setzt sich in den Erziehungszielen die Idealvorstellung mehr und mehr durch; in der Erziehungspraxis und in den Erfahrungen, die Kinder und Jugendliche machen, dominieren aber weiterhin die bekannten geschlechtsspezifischen Erziehungs- und Sozialisationseinflüsse. Zudem zeigt sich im interkulturellen Vergleich, dass sich die Geschlechtsspezifität in der Erziehung von Töchtern und Söhnen auch von Kultur zu Kultur unterscheidet (vgl. dazu Nauck, 1998; Trommsdorff, 2001).

11.5
Problematische elterliche Erziehungspraktiken

Es gibt keine Eltern, die ein Kind erziehen, ohne Fehler zu machen. Verlangen Eltern im Umgang mit Kindern von sich zu viel Vollkommenheit, dann werden sie vermutlich noch mehr entmutigt und in der Folge vielleicht noch öfter versagen. Das bedeutet, dass wir nicht nur unsere Kinder, sondern auch uns selber als Erzieher so nehmen müssen, wie wir sind, auch in der unvermeidlichen Unvollkommenheit. Das zu akzeptieren, ist eine wichtige Voraussetzung für eine positive Erziehung. Zudem macht es das Elternsein in einer individualisierten und pluralisierten Gesellschaft fast unmöglich, eine befriedigende Lösung für die erzieherische Aufgabe zu finden. Darauf hinzuweisen, wo Eltern irren, ist keine Anklage und sollte nicht als Kritik verstanden werden, sondern als nützliche Information. Denn ein guter Weg, ‹richtig› zu handeln, ist, das ‹unrichtige› Handeln zu vermeiden. Dabei entspringen die häufigsten Fehler im Erziehungsverhalten immer wieder den gleichen drei Quellen (vgl. Dreikurs & Blumentahl, 2001): (1) Das Fehlen bzw. inkonsequente Durchsetzen von Ordnung und Grenzen; (2) das elterliche Einlassen auf einen Streit mit dem Kind; und (3) die Entmutigung des Kindes. Dabei kann die Vielfalt und Verschiedenheit erzieherischer Fehler in den meisten Fällen entweder auf die Vernachlässigung der Würde des Kindes durch die Eltern oder auf die Missachtung ihrer eigenen Würde als Eltern (oder Erzieher) zurückgeführt werden. Das Hin- und Herschwanken zwischen einer autoritären und einer freizügigen bzw. laschen Erziehung, zwischen Gewalt, Gängelei, Überbehütung, Verwöhnung und Vernachlässigung ist das Ergebnis dieser Missachtung. In den folgenden Kapiteln sollen vier konkrete Probleme elterlichen Erziehungsverhaltens beleuchtet und diskutiert werden.

11.5.1
Überbehütung und Verwöhnung von Kindern

Wer nach dem sichersten Mittel fragt, um Kinder unglücklich und lebensuntüchtig zu machen, bekommt in der Erziehungsliteratur eine eindeutige Antwort: Gewöhnt das Kind daran, alles zu bekommen! Die Wünsche des Kindes wachsen unaufhaltsam mit der Leichtigkeit ihrer Erfüllung. Erst möchte das Kind den Ball haben, später den Gameboy, dann den Walkman, die Markenjeans, das Mountainbike – eben alles, was es sieht. Ein Kind derart zu verwöhnen, so meint ein chinesisches Sprichwort, heißt es zu töten. Bereits Alfred Adler (1933) bezeichnete die Verwöhnung als einen der schwersten und folgenreichsten Erziehungsfehler. Ähnlich beschreibt Frick (2001) Verwöhnung als eine subtile Form der Kindesmisshandlung. Leider wird weder in der pädagogischen noch in der erziehungspsychologischen Fachliteratur dieses Problem behandelt.

Leider fehlt es bis heute weitgehend an einer systematischen und empirisch fundierten Behandlung von Verwöhnung als Erziehungsfehler und ihren Folgen für die Entwicklung des Kindes. In der Erziehungsstil-Forschung wird weder der Begriff der Verwöhnung explizit erwähnt, noch lassen die Erziehungsmodelle Praktiken erkennen, die verwöhnende Aspekte enthalten. Das mag auch damit zusammenhängen, dass Verwöhnung Verhaltenselemente beinhaltet, die sich aufgrund ihrer eher ungewöhnlichen Kombination nicht in die bekannten zwei- oder dreidimensionalen Erziehungs(-stil)modelle einordnen lassen. Verwöhnung hat nämlich viele Gesichter und tritt in unterschiedlichen Ausprägungsgraden auf.

Kasten 11-2

Overprotection – eine Begriffsdefinition

Der Begriff *overprotection* deckt nur ungenau und partiell das Verwöhnungsproblem ab. Er meint eine übertriebene beschützende Erziehungshaltung. Durch diese Überliebe und Überbemutterung wird dem Kind die Möglichkeit genommen, sich zu individuieren bzw. selbstständig zu werden. Sie tritt häufig bei Eltern auf, die überängstlich sind und aus dieser Angst heraus die Kinder weder fordern noch loslassen. Unmittelbare Folge ist, dass die Kinder fremdmotiviert und unselbstständig bleiben. Sie schaffen es nicht, die Hausaufgaben selbst zu machen und Klassenarbeiten allein vorzubereiten, obwohl sie es intellektuell könnten. Daraus entsteht eine chronische Unselbstständigkeit, die in der Pubertät zum großen Problem werden kann. Dann nämlich lehnen sich diese Kinder gegen die Überbetreuung auf und wollen nun endlich für sich selbst verantwortlich sein, schaffen dies aber oft nicht, weil sie selbstständiges Lernen nie gelernt haben.

In der Fachliteratur werden zwei verschiedene Formen der Verwöhnung unterschieden: Das eine ist die *Anstrengungsverwöhnung*, worin der Weg zur Reizbefriedigung kurz gehalten wird. Statt das Kind seine Schuhe selber schnüren zu lassen, nimmt ihm die Mutter diese Aufgabe gleich ab. Die andere Form ist die *Anspruchsverwöhnung*, indem der Reiz des Angebots erhöht wird. Das ist dann der Fall, wenn die Mutter ständig darum besorgt ist, dass der Kühlschrank für die ältere Tochter gefüllt ist. Richtig erziehen heißt dann eben auch, die Fähigkeit zum Verzicht durch Vermeidung von Anstrengungsverwöhnung zu stärken, oder ganz einfach, den bequemeren Weg zu verstellen. Kinder sollten befähigt werden, notwendige Enttäuschungen auszuhalten und Rückschläge hinzunehmen. Dies versetzt Kinder in die Lage, es noch einmal zu versuchen, neue Wege auszuprobieren und

Kasten 11-3

Verwöhnung – eine Begriffsdefinition

Verwöhnung ist:

- das Übermaß an Zärtlichkeit
- das Übermaß an Besorgnis
- das Übermaß an Hilfsbereitschaft
- das Übermaß an Entlastung
- das Übermaß an Geschenken
- der Mangel an Zutrauen und Ermutigung
- der Mangel an Zuversicht
- der Mangel an Forderung, Anstrengung, Ausprobieren und Ausdauer
- der Mangel an entwicklungsgerechter Autonomieunterstützung und Grenzsetzung

Zusammengenommen bedeutet Verwöhnung psychologisch sowohl ein *Zuviel* (z. B. an Sorge, Entlastung) als auch ein *Zuwenig* (z. B. an Zutrauen, Forderung).

Quelle: Frick (2001, S. 28)

---

eigene Möglichkeiten zu entwickeln. Das kann durch das Prinzip der *dosierten Anleitung* durch einen kompetenten Sozialpartner unterstützt werden, wie es im Kapitel 3.2.6 ausführlich beschrieben worden ist. Der kompetente Andere soll unnötige Hilfe vermeiden. Vielmehr gilt wiederum jenes wichtige Erziehungsprinzip: Hilf mir, es selbst zu tun. Das ist der Knackpunkt von Erziehung überhaupt: Anforderungen stellen und konsequent auf ihre Erfüllung bestehen, aber gleichzeitig Hilfe zur Selbsthilfe leisten, den Kindern unsere Liebe zeigen sowie die Entfaltung ihrer Autonomie und ihrer Interessen zu ermöglichen.

Leider existieren bislang keine empirischen Längsschnittuntersuchungen, um die Folgen einer verwöhnenden Erziehung auf die Entwicklung von Kindern und Jugendlichen abzuschätzen. Frick (2001) beschreibt – basierend auf seiner langjährigen klinischen Beratungs- und Therapietätigkeit – in 23 Punkten häufige Auswirkungen der Verwöhnung. Das sind etwa gesteigerte Macht- und Herrschsucht, große Anspruchshaltung, Bequemlichkeit oder der Wunsch, stets bewundert zu werden und im Mittelpunkt zu stehen, oder die Mühe, Verantwortung zu übernehmen, fehlendes Zutrauen in die eigenen Fähigkeiten, mangelnde Ausdauer, Angst vor neuen Anforderungen oder geringe Belastbarkeit. Dabei beschreibt er besonders die Wirkungen auf die Persönlichkeit, wobei er zu Recht relativiert, dass einige der beschriebenen Folgen nicht nur der Verwöhnung zuzuschreiben sind, sondern auch unter autoritären oder lieblosen Erziehungsbedingungen entstehen können.

Durch verwöhnende Erziehung werden Kinder, so fährt Frick weiter, um entwicklungspsychologisch wichtigste Lernerfahrungen gebracht. Beispielsweise werden Kinder daran gehindert, selber etwas zu erreichen und zu erlernen; damit können sie kein Gefühl der Selbstwirksamkeit entwickeln. Selbstwirksamkeit im Sinne von Bandura (1986) meint die Erwartung, sich gegenüber einer Problemsituation als kompetent erweisen zu können. Derart gilt Selbstwirksamkeit als Schutzfaktor gegenüber frühen familiären und biologischen Risikobedingungen (Scheithauer, Petermann & Niebank, 2002). Selbstwirksamkeit zusammen mit Kontrollüberzeugung sind jene beiden Komponenten, die für die Entwicklung von Selbstwert und Selbstvertrauen von entscheidender Bedeutung sind (vgl. Resch, 1996).

Weiterhin lernen verwöhnte Kinder auch nicht, dass man durch Anstrengung und Ausdauer etwas erreichen und selber Erfolg haben kann. Derartige Erfahrungen stärken nicht nur die Selbstwirksamkeit, sondern vor allem auch das Selbstwertgefühl; letzteres gilt in der Entwicklungspsychologie als eine der kostbarsten Errungenschaften der Kindheit (vgl. Resch, 1996). Ein geringer Selbstwert ist mit Gefühlen der Abhängigkeit, der Hilflosigkeit, Apathie, des Rückzugs und der Passivität verbunden. Zudem besteht bei geringem Selbstwert eine erhöhte Gefährdung für soziale Anpassungsprobleme im Jugendalter (Engel & Hurrelmann, 1994).

Verwöhnte Kinder kommen, so paradox das klingen mag, zu kurz: Es fehlt ihnen der Freiraum, um sich selbstständig mit ihren Problemen zu beschäftigen und eigene Lösungen dafür zu finden. Es fällt ihnen schwer, in Schule und Ausbildung sowie im späteren Beruf zurechtzukommen und vor allem scheitern sie an der Bewältigung ihrer jeweiligen altersgemäßen Entwicklungsaufgaben (Frick, 2001). Sie vermögen nicht, altersgerechte Entwicklungskompetenzen aufzubauen, was die Herausbildung wichtiger Persönlichkeitsressourcen und Bewältigungskompetenzen verhindert. Deshalb leiden verwöhnte Menschen emotional vermutlich auch stärker an der Bewältigung von Entwicklungsübergängen und dürften gerade nicht-normative Lebensereignisse in besonderer Weise als kritisch erleben. Allerdings basieren diese Vermutungen nicht auf soliden empirischen Studien, sondern auf Einzelfallerfahrungen aus der therapeutischen Praxis (Frick, 2001).

Bleibt noch die Frage offen: Warum verwöhnen Eltern ihre Kinder? Frick (2001) beschreibt ausführlich einige wesentliche Ursachen. An erster Stelle nennt er Schuldgefühle. Eltern versuchen, etwa den Mangel an verbrachter Zeit mit ihren Kindern damit zu kompensieren, indem sie das Kind mit Spielsachen oder Geld überhäufen. Das ist deshalb problematisch, weil Kinder rasch durchschauen, wenn die Eltern auf diese Weise versuchen, ihre Schuldgefühle abzutragen, und die Kinder diese Schwäche ihrer Eltern häufig ausnutzen. Einen zweiten Grund erkennt Frick in der eigenen unverarbeiteten Lebensgeschichte der Eltern. Sie sind bemüht, dass es das Kind besser hat, als sie es selbst hatten. Vielleicht haben die Eltern eine entbehrungsreiche, lieblose und überfordernde Erziehung erlebt, die sie ihrem Kind ersparen wollen, indem sie es verwöhnen. Drittens kann die Ursache in einer unbefriedigenden Lebenssituation der Eltern – häufig der Mütter – liegen. Die Mutter könnte z. B. von ihrer Partnerschaft enttäuscht sein, zu wenig Zuneigung und Wertschätzung ihres Ehepartners empfinden, weshalb das Kind diese emotionale Lücke füllen soll. Viertens können Unsicherheit und Ängste der Eltern mitspielen, weil sie Konflikte mit dem Kind fürchten oder Angst davor haben, dass ihnen das Kind die Liebe aufkündigt oder aggressiv wird, wenn sie ihm nicht jeden Wunsch erfüllen. Schließlich sind Großeltern, die im Laufe der Jahre milder und großzügiger geworden sind, versucht, aus Stolz, Freude oder aus einer selbst erlebten Mangelsituation heraus, ihre Enkel zu verwöhnen. Gefährdet sind auch

---

Kasten 11-4

Implikationen für die Erziehungspraxis

Statt Verwöhnung also:

- in das Kind einfühlen
- seine Situation und seine Bedürfnisse verstehen
- Zutrauen in seine Fähigkeiten entwickeln
- ermutigen
- Rückhalt geben
- altersgerecht und individuell fordern und fördern
- kleine Hilfestellungen geben, Hilfe zur Selbsthilfe vermitteln
- an Erfolge erinnern
- Explorations- und Übungsgelegenheiten sowie Selbstständigkeit gewähren
- Verantwortlichkeiten individuell übertragen
- mit dem eigenen guten Beispiel vorangehen, Vorbild sein
- dem Kind flexibel und alters- sowie situationsgerecht Grenzen setzen.

Quelle: Frick (2001)

Einzelkinder, da deren Eltern dazu tendieren könnten, ihre eigenen Lebenswünsche in dieses eine Kind zu projizieren.

Wie man mit verwöhnten Kindern umgeht und wie ein Entwöhnungsprogramm aussehen kann, darüber vermitteln Brandl (1997) oder Frick (2001) aus ihrer langjährigen Beratungs- und Fortbildungserfahrung einige hilfreiche Anregungen. Dabei geht es im Wesentlichen darum, das falsche Selbstbild und das verzerrte Weltbild beim Kind zu korrigieren, was weder schnell geht, noch einfach ist. Das Kind benötigt dazu vielfache korrigierende Erfahrungen, Gespräche und Unterstützung, um jenen pädagogischen Leitsatz umzusetzen, den Maria Montessori so treffend formuliert hat: Hilf mir, es selbst zu tun! Derart entwickeln Kinder Selbstständigkeit, Kompetenz, Mut und Sicherheit. Die größte Ich-Stärke entwickeln Kinder (und Erwachsene) aus erfolgreich durchlebten Herausforderungen.

11.5.2
Bestrafung von Kindern

Das Problem des Strafens ist ein pädagogisch ebenso relevantes wie delikates und kontrovers diskutiertes Thema. In diesem Lehrbuch sollen die lernpsychologisch bedeutsamen Prozesse beleuchtet werden und es wird auf die besonderen pädagogischen und erziehungspsychologischen Probleme bei der Bestrafung von Kindern eingegangen. In diesem Zusammenhang soll auch die Frage nach der gerechten Strafe behandelt werden.

Lernpsychologisch betrachtet, ist Strafen keine einheitliche Praktik. In der Literatur (vgl. Steiner, 2001a) wird Strafen erstens im *Applizieren von aversiven Reizen* gesehen. Das kann über körperliche Züchtigung oder durch Nachsitzen in der Schule oder durch Aufbürden von Haushaltsarbeiten geschehen. Zweitens kann sich Strafe darin manifestieren, dass dem Kind eine *positive Verstärkung entzogen* wird. Das geschieht, wenn das Taschengeld gestrichen wird, das Kind sich nicht mit seinen Freunden treffen kann oder auf den Kinobesuch verzichten muss. Auch der Liebesentzug fällt in diese Kategorie des Strafens. Drittens ist es eine besondere Form des Entzugs, wenn das Kind von bestimmten Aktivitäten in seiner sozialen Umwelt ausgeschlossen wird (das sog. *time out*). Die Strafbank im Eishockey ist ein Beispiel dafür.

Aber welches sind die Bedingungen, unter denen Strafen den erwünschten Effekt im Hinblick auf eine Verhaltensänderung haben? Sollen Bestrafungen tatsächlich Wirkungen entfalten, dann müssen einige Bedingungen erfüllt sein. Einige der wichtigen Punkte haben Azrin und Holz (1966) herausgearbeitet:

- Der Strafimpuls soll derart angewendet werden, dass kein unerlaubtes Ausweichen möglich ist. Soll das Kind zur Strafe zu Hause bleiben (statt mit seinen Freunden ins Kino gehen zu können), muss sichergestellt werden, dass es nicht auf eine andere, attraktivere Tätigkeit (wie z.B. fernsehen, Fußball spielen usw.) ausweichen kann.
- Die Strafe sollte so intensiv wie möglich sein. Werden dem Kind nicht nur 10 Euro von seinem Taschengeld gestrichen, sondern ihm wird gleich der gesamte zugesagte Betrag von 40 Euro nicht ausbezahlt, dann wird das als schmerzhaft empfunden und die Wirkung wird nicht ausbleiben.
- Die Bestrafung sollte unmittelbar (kontingent) auf das unerwünschte Verhalten folgen. Es wäre ungeschickt von der Mutter, wenn sie ihrem Kind androht: «Warte nur, bis der Vater nach Hause kommt!». Eine Strafe wäre unwirksam, wenn sie Stunden oder gar Tage danach, oder durch eine unbeteiligte Person geahndet würde.
- Der Strafimpuls sollte nicht graduell ansteigen, sondern gleich von Anfang an mit maximaler Intensität angewendet werden.
- Ausgedehnte Strafphasen sollten vermieden werden, besonders bei niedrigen Strafintensitäten, da sich das unerwünschte Verhalten sonst «erholen» könnte.
- Sorgfalt ist geboten, wo die Bestrafung mit einer Verstärkung verknüpft werden könnte, da die Strafe sonst verstärkende Wirkung zeigen kann. Wenn das störende Kind immer wieder strafend zurechtgewiesen wird, dann könnte diese Zuwendung des Vaters, die das Kind laufend erfährt, auch sein (unerwünsch-

tes) Verhalten positiv verstärken; das Kind gewinnt Zuwendung und Aufmerksamkeit. Für manches Kind ist das die einzige Möglichkeit, die Aufmerksamkeit seiner Eltern (oder seiner Lehrer im Unterricht) zu erhalten.

Dabei gilt es zu beachten, dass hinsichtlich der Wirkung von Strafen nicht der aversive Reiz bzw. die eigentliche Strafmaßnahme als solche Wirkung hat, sondern immer die Interpretation der Maßnahme durch die bestrafte Person. Ungeachtet dessen, muss man sich einiger möglicher Nachteile und Gefahren beim Strafen bewusst sein.

- *Strafe ist nicht konstruktiv.* Hat das Kind eine nicht unter Strafe stehende Handlungsalternative, die bezüglich der angestrebten Handlungsziele gleichwertig ist, ist Strafandrohung wirkungsvoller, wenn es der Handlung nicht ausweichen kann. Strafe schafft aber *per se* keine gleichwertige Alternative.
- Bestrafung kann zwar ein unerwünschtes Verhalten unterbinden, aber sie kann *kein erwünschtes Alternativverhalten initiieren.*
- *Strafen garantieren keine Einsicht* in die Berechtigung einer Regel oder Norm. Eine einsehbare Begründung eines Verbotes oder Gebotes macht strenge Strafen überflüssig (Parke, 1974). Mit wachsender sozial-kognitiver Entwicklung werden für das Kind Fragen nach der Berechtigung und Gerechtigkeit von Verboten und Geboten immer wichtiger (Piaget, 1947). Strafen ohne Einsicht in die Verbote wecken Widerstand. Dabei hängt die Wirkung einer Strafe auch von ihrer Berechtigung ab: Ob sie als berechtigt akzeptiert oder als ungerecht empfunden und abgelehnt wird, macht einen dramatischen Unterschied (Montada & Setter to Bulte, 1974).
- Als ungerecht erlebte Strafen belasten das *Verhältnis zwischen Erzieher und zu Erziehendem* und reduzieren damit zukünftig die Einflussmöglichkeiten des Erziehers für die Wert- und Normvermittlung, weil die Vorbildwirkung reduziert wird (Bandura, 1986).
- Bestrafung kann gegenüber dem Strafenden *Angst oder Abneigung auslösen*, oft gefolgt von einem Alternativverhalten, das zur Lösung eines Verhaltensproblems auch nicht viel beiträgt, nämlich von einem Vermeidungsverhalten. In der Konsequenz baut die bestrafte Person das unerwünschte Verhalten nicht ab, sondern meidet einfach die entsprechende Situation und zeigt weiterhin das bestrafte Verhalten, wenn es keiner sieht.
- Schließlich ist auch *Strafe durch Liebesentzug* nicht unproblematisch. Demonstratives Gekränktsein, Zurückweisung des Kindes, Reduzierung der Interaktion auf das Nötigste, kein Blickkontakt usw. sind die Formen der Strafe, deren Wirkung davon abhängt, wie groß einerseits das Bedürfnis des Kindes und andererseits seine Möglichkeiten sind, die Zuwendung durch den Erzieher wiederzubekommen. In der Forschung sind die Wirkungen auf die Internalisierung von Normen vielleicht gerade deshalb nicht geklärt (Kasten, 1976). Ungeachtet dessen, ist diese Strafform nicht ohne Probleme. Führt sie zu einer Internalisierung der Norm, dann ist die Konsequenz eher Ängstlichkeit und Rigidität im moralischen Tun. Dadurch kann eine durch Liebesentzug beeinflusste Internalisierung zu ängstlicher Vermeidung von Verantwortung und Kritik führen (Giligan, 1976).
- Harte Strafen können beim Bestraften *Aggression auslösen*, die lange nachwirken kann (vgl. die Übersicht bei McCord, 1996).

Insgesamt kann man sagen, dass schwere Strafen, besonders in ihrer Steigerung und Eskalation durch physische und psychische Gewalt gegen Kinder, Konsequenzen haben, die über das Grenzen setzen hinausgehen und sich auf die Entwicklung eines Kindes negativ auswirken (vgl. Krohne & Hock, 1994 und Kap. 11.5.4 in diesem Lehrbuch). Häufige Bestrafung ist deshalb kein geeignetes Mittel, um dem Kind beizubringen, wie es sein Verhalten regulieren soll (Snyder, Schrepfermann & Patterson, 1997). Manche Verhaltensweisen, die Eltern in der Kleinkindphase Sorgen bereiten, verschwinden oft von selbst, wenn man sie einfach ignoriert. Das ist etwa der Fall, wenn ein- bis dreijährige Kinder Wutanfälle kriegen oder trotzen und sich daher auf den Boden werfen, auf Gegenstände einschlagen usw. Wenn Eltern dieses Verhalten ignorieren, hören die meisten Kinder von selbst damit auf. Werden sie aber streng dafür bestraft, führt das in aller Regel zu einer Eskalation dieses Verhaltens. Mit zunehmendem Alter der Kinder spielen ihre Interpretationen der Strafe und das soziale Umfeld bei der Reaktion auf strafende Eltern eine Rolle. Trotzdem hat Strafe als pädagogische Maßnahme in der Lenkung von Verhalten nach wie vor ihren Platz.

Fragt sich abschließend, was denn eigentlich eine *gerechte* Strafe ist. In Anlehnung an Montada (2002c) lassen sich dazu die folgenden Aussagen machen: Jüngere Kinder fordern Sühnestrafen, wenn sie Übertretungen zu beurteilen haben. Dabei werden nicht selten auch drakonische Strafen ohne Gespür für die Verhältnismäßigkeit von Strafe und Vergehen als gerechte Sühne vorgeschlagen. Demgegenüber plädieren ältere Kinder für Bestrafungen, die eine Wiedergutmachung beinhalten oder eine natürliche Konsequenz des unerwünschten Verhaltens darstellen, womit der Sinn der verletzten Regel oder Norm demonstriert wird. Eine gerechte Strafe ist für ein Kind, das seine Mutter angelogen hat, wenn künftig an der Wahrheit seiner Aussagen gezweifelt wird. Eine gerechte Strafe für Ungefälligkeit ist reziproke Ungefälligkeit bei nächster Gelegenheit. Eine gerechte Strafe ist demnach nicht primär eine Sühne, sondern demonstriert den Sinn der verletzten Norm. Reine Sühnestrafen werden in diesem Alter häufig abgelehnt, weil sie mit der Verfehlung nichts zu tun haben. Moralische Autonomie beruht auf Einsicht in den Sinn von Regeln und Normen für das Zusammenleben in einer Gemeinschaft. Deshalb stellt die Verletzung einer Norm eine Gefährdung des sozialen Bandes, des Vertrauens sowie der gegenseitigen Verantwortlichkeit und Verpflichtung dar. Diese bereits von Piaget beschriebenen Entwicklungsrichtungen sind empirisch recht gut belegt. Da jedoch das Niveau der Urteile von mancherlei Komponenten der Untersuchungsmethode und der Thematik beeinflusst wird, sind Altersangaben mit Vorsicht aufzufassen (vgl. dazu ausführlicher Montada, 2002c).

11.5.3
Vernachlässigung von Kindern

Viele der Erziehungsfehler, die in diesem Buch schon besprochen worden sind, bestehen aus einem Zuviel an erzieherischen Maßnahmen, wie z. B. übermäßiger Beaufsichtigung, autori-

---

Kasten 11-5

Implikationen für die Erziehungspraxis

Wie kann Strafe pädagogisch sinnvoll gestaltet werden?

- Beim Strafen kommt es darauf an, dass nach der Unterlassung des unerwünschten Verhaltens die *Gelegenheit zum Aufbau oder zur Auswahl einer erwünschten Alternative* folgt.

- Die Strafe soll *informativ* sein, was bedeutet, dass sie nebst Erklärungen und Begründungen auch bereits Wege zu einem erwünschten Verhalten aufzeigt.

- Bestrafung soll innerhalb eines *akzeptierenden sozialen Interaktions- und Beziehungsrahmens* erfolgen. Derart können Strafen informativ sein, wenn ein selbst aversiver Strafreiz von der bestraften Person als sinnvoll interpretiert wird.

- Die Strafe soll von der bestraften Person aufgrund ihrer Entwicklungsvoraussetzungen angemessen *interpretiert* werden können.

In diesen pädagogischen Rahmen gehört auch die Möglichkeit der Wiedergutmachung als Konsequenz aus ethisch-moralischen Überlegungen und ein entsprechend zu erlernendes prosoziales oder moralisches Verhalten.

Quellen: Montada (2002c); Steiner (2001b)

tärer Zwang, Gängelei, Overprotection, Bevormundung oder das Verlangen nach blindem Gehorsam. So ist es ein gutes Prinzip erzieherischen Handelns, sich so wenig wie möglich einzumischen und das Kind seine eigenen Erfahrungen machen zu lassen. Wenn wir allerdings dieses Prinzip über seine vernünftigen Grenzen hinaus anwenden, dann mündet dieses Verhalten in Vernachlässigung, und das kann zu ernsthaften Schäden führen.

Dabei ist die Vernachlässigung von Kindern kein modernes Problem. Schon in der Literatur des 19. Jahrhunderts begegnet uns Kindesvernachlässigung (wie etwa im Roman «Oliver Twist»). Auch heute ist Vernachlässigung ein wichtiges Thema. Selbstverständlich sind Eltern, die ihre Kinder nicht gern haben, die Ausnahme. Wenn aber diese Ausnahme eintritt, bedeutet es für Kinder meist nichts Gutes. Sah die Vernachlässigung im vorigen Jahrhundert meist noch so aus, dass dem Kind Nahrung verweigert wurde oder es mit schweren körperlichen Strafen rechnen musste, so zeigt sich Vernachlässigung heute in einer viel subtileren Form.

Im Kern stellt die Vernachlässigung eine emotionale Beziehungsstörung dar. Es handelt sich um eine Verletzung der Fürsorge- und Erziehungspflicht. Sie birgt die große Gefahr, dass das Kind in seiner körperlichen und psychischen Entwicklung schwer geschädigt wird und verwahrlost (Nissen, 1989). Da Vernachlässigung ein innerfamiliäres Problem darstellt, wird sie meist nicht wahrgenommen. In den USA, wo alle Misshandlungsformen meldepflichtig sind, fand man für 1986 folgende Zahlenverhältnisse: 700 000 Fälle von Vernachlässigung, 300 000 Fälle körperlicher Misshandlung und 140 000 Fälle von sexuellem Missbrauch (vgl. Engfer, 2002). Unter den Klienten deutscher Jugendämter machen Vernachlässigungen ca. zwei Drittel aller betreuten Misshandlungsfälle aus (Kinderschutz-Zentrum Berlin, 2000). Nach Schätzungen des Deutschen Kinderschutzbundes werden in Deutschland etwa 10% aller Kinder vernachlässigt (Harnach-Beck, 1995, S. 251). Leider werden Vernachlässigung und frühkindliche Deprivation von Säuglingen und Kleinkindern nach wie vor wenig beachtet, obwohl diese Formen aus entwicklungspsychologischer Sicht möglicherweise das Kernstück aller Misshandlungserfahrungen bilden (Kinderschutz-Zentrum Berlin, 2000). Die Folgen sind Störungen in der Entwicklung des Kindes, die konzeptuell am besten als Beziehungsstörungen beschrieben werden, das heißt, als eine Dysfunktion in der Eltern-Kind-Beziehung und im Familiensystem.

Erkennen lässt sich Vernachlässigung an äußeren Merkmalen und im Verhalten und Erleben der Kinder. Extreme Magerkeit, Hunger, der sich

Kasten 11-6

Vernachlässigung – eine Begriffsdefinition

Als Vernachlässigung wird die mangelhafte Sorge für die körperliche und psychische Gesundheit des Kindes bezeichnet, ebenso wie das Versäumnis, ihm angemessene Erziehungs- und Sozialisationsbedingungen zu schaffen. Dazu gehören:

- stark unzureichende Ernährung oder Pflege des Kindes
- Verwahrlosung der Wohnung
- Unterlassung ärztlicher Behandlung oder Unterbringung in der Klinik
- Vernachlässigung der Kleidung
- Duldung des Herumtreibens
- mangelhafte Beaufsichtigung
- mangelhafte Sorge für einen regelmäßigen Schulbesuch
- Duldung ungünstiger Einflüsse Dritter
- sehr instabile Lebensführung
- schleppende Unterhaltszahlungen.

Quelle: Engfer (2002)

im Durchsuchen von Papierkörben und Mülltonnen nach Essbarem oder in gierigem Verschlingen angebotener Nahrung zeigen kann, verwahrloste oder nicht den Witterungsbedingungen angepasste Kleidung, unangenehmer Geruch, der auf mangelnde Körper- und Kleiderpflege hinweist, schmutzige Haut und Haare, Ungezieferbefall, unbehandelt dahingeschleppte Erkrankungen sind solche äußeren Anzeichen. Des Weiteren können Schule schwänzen, verlorenes oder unachtsam behandeltes Schulmaterial, apathisches oder extrem aggressives Verhalten, Streunen und Stehlen weitere Anhaltspunkte darstellen, die allerdings auch mehrdeutig sein können. Hier kommt vor allem Kindergärtnern/-innen, Horterziehern/-innen, Lehrern/-innen und Ärzten/-innen große Bedeutung zu. Auch von Nachbarn können Hinweise darauf geliefert werden, dass Kinder häufig und lange allein gelassen werden.

Trotzdem bleibt die Früherkennung der Vernachlässigung schwierig, da Säuglinge und Kleinkinder teils nur geringe klinische Symptome ihrer gestörten Entwicklung zeigen. Sie nutzen Überlebensstrategien im Sinne komplizierter Anpassungsleistungen, um mit einem Leben unter widrigen Bedingungen zurechtzukommen. Dem geschulten Beobachter fällt manchmal das «frozen watchfulness» (d. h. starr gewordene Aufmerksamkeit) von Säuglingen auf, die Traurigkeit ihres Gesichtsausdrucks, übermäßige Passivität oder Ängstlichkeit. Manchmal fallen Kleinkinder auch durch Distanzlosigkeit oder übertriebene Lebhaftigkeit auf, wobei sie durch ihr Verhalten vom elterlichen Erziehungsverhalten ablenken wollen. Die Ablehnung der Eltern durch das kleine Kind ist eine höchst seltene Folge von Kindesmisshandlung und Vernachlässigung. Kinder sind in der Regel ihren Eltern gegenüber loyal, weil sie die einzigen Eltern sind, die sie haben.

Vernachlässigung in der Erziehung kommt am häufigsten in Form der Verletzung der Schulpflicht vor. Regelmäßiger Schulbesuch ist für Kinder für eine gesunde psychosoziale Entwicklung von großer Bedeutung. Schulversäumnissen und Schule schwänzen wird häufig nicht aufmerksam nachgegangen. Aufgrund von Verhaltensstörungen, besonders Aggressivität, sind solche Kinder und Jugendliche auch oft schwierige Schüler, deren Motivation zum Lernen meist gering ist. Schulverweise erschweren nur noch die Situation, da die Schule kein alternatives Angebot machen kann.

Was sind die Ursachen kindlicher Vernachlässigung? Häufig findet Vernachlässigung im Kontext extremer Armut und sozialer Randständigkeit (Esser, Laucht & Schmidt, 1995), aber ebenso als Folge psychischer Erkrankungen (Depression), geistiger Behinderung oder Alkohol- und Drogenproblemen der Eltern, statt. Oder anders formuliert: Emotionale und körperliche Vernachlässigung droht, wenn Kinder mit Eltern leben, deren Zusammenleben von Hass, Feindseligkeit und Partnergewalt gekennzeichnet ist (Kinderschutz-Zentrum Berlin, 2000). Diese Kinder werden ängstlich und verwenden viele ihrer Kräfte darauf, sich um sich selbst, die Geschwister und auch um ihre Eltern zu kümmern. Dabei kann es zu einer Umkehr im Generationenverhältnis kommen, nämlich zu einer Parentifizierung der Kinder, die sich nun um ihre bedürftigen Eltern kümmern. In solchen familiären Kontexten kann es dann auch häufig zu körperlichen oder sexuellen Übergriffen durch Erwachsene kommen (vgl. Barnett, Miller-Perrin & Perrin, 1997; Honig, 1992).

11.5.4
Physische und psychische Misshandlung von Kindern

Innerfamiliäre Aggressionen stellen für die soziale Arbeit ein gravierendes Problem dar. Sie kommen häufig vor und haben für alle Beteiligten ernste nachhaltige Folgen. Die am besten untersuchten Formen sind Gewalt der Eltern gegen Kinder, sexueller Missbrauch von Kindern und Gewalt zwischen den Ehepartnern. Zwar hat es zu allen Zeiten Gewalt in Familien gegeben, aber neu ist die öffentliche Aufmerksamkeit, die diesem Problem heute zuteil wird (vgl. Engfer, 2002; Wetzels, 1997), was auch die Bundesinititiative zur gewaltfreien Erziehung unterstreicht (BMFSJ, 2000). Streit kommt in jeder Familie mal vor. Was ist aber, wenn der Stress zum Alltag wird, Konflikte in der Familie eskalieren oder es sogar zu elterlicher Gewalt – teils als «erzieherisches» Disziplinierungsmittel – gegen die eigenen Kinder kommt? Dieses Kapitel beschränkt sich auf die Gewalt, die Eltern gegen ihre Kinder ausüben können: Das sind Formen der physischen bzw. körperlichen (z.B. Prügeln, Würgen) und der psychischen Misshandlung (z.B. aktive Zurückweisung des Kindes, Herabsetzung).

Dabei definiert sich die *elterliche körperliche Züchtigung* als die nicht zufällige Zufügung kurzzeitiger körperlicher Schmerzen mit dem Zweck der erzieherischen Einflussnahme auf kindliches Verhalten; die Intensität der einzelnen Handlung impliziert nicht das Risiko ernsthafter physischer Verletzungen; physische oder psychische Schädigung des Kindes sind nicht das Ziel der Handlung (Wetzels, 1997). Demgegenüber definiert sich *elterliche körperliche Misshandlung* als nicht zufällige, sozial nicht legitimierte Zufügung körperlicher Schmerzen, die mit der Absicht oder unter Inkaufnahme der Verursachung ernsthafter physischer Verletzungen oder psychischer Schäden begangen werden. Die Intensität bzw. das Verletzungsrisiko der Handlungen überschreiten auch dann, wenn die Absicht der erzieherischen Einflussnahme auf ein Kind verfolgt wird, zweifelsfrei die gesetzlichen Grenzen der elterlichen Erziehungspflicht.

Zunächst ist festzuhalten, dass die Verbreitung körperlicher Züchtigung durch die Eltern im historischen Vergleich abgenommen hat (vgl. Wetzels, 1997). Hinsichtlich der Prävalenz von familiärer Gewalt gegenüber Kindern zeigen die Dunkelfeldziffern für Deutschland, dass 74,9% (Ost = 80,7%; West = 72,9%) der Befragten angeben, in ihrer Kindheit körperliche Züchtigung seitens der Eltern erfahren zu haben. 38,4% der Betroffenen haben diese Erfahrung häufiger als selten gemacht. 10% (Ost = 7,1%; West = 12%) waren Opfer elterlicher Misshandlung. Dabei ist das Risiko, als Kind körperlich misshandelt zu werden, um das Achtfache erhöht, wenn das Kind Zeuge elterlicher gewalttätiger Auseinandersetzungen ist. Pfeiffer (2001) berichtet Daten, die zeigen, dass 17% der befragten Schüler erlebt haben, dass ihre Eltern sie mit Gegenständen geschlagen haben. Dabei werden die meisten dieser Straftaten nicht angezeigt. Sie bleiben zu 96,5% im Dunkeln. Nur 10% der betroffenen Jugendlichen haben mit einer anderen Person darüber gesprochen und nur 3,5% sind zur Polizei gegangen. Wenn der Zeitraum der Misshandlung auf die letzten beiden Monate eingegrenzt wird, dann haben von 18000 Befragten 14- bis 16-Jährigen 26% Erfahrungen mit leichten Züchtigungen, 8% mit dem vom Bundesgerichtshof immer noch erlaubten Prügeln mit Gegenständen und 7% mit Misshandlungen. Schließlich deuten Prävalenzdaten aus der Schweiz darauf hin, dass kleine Kinder, besonders Jungen, hinsichtlich körperlicher Misshandlung und Mädchen bezüglich sexueller Gewalt besonders gefährdet sind (vgl. Perrez, 1997).

Mittlerweile besteht in der entwicklungspsychologischen Familiengewaltforschung weitgehend Einigkeit darüber, dass Gewalt gegen Kinder ein *multifaktoriell* bedingtes Verhalten ist (vgl. Belsky, 1993). Unter dem Begriff des systemisch-ökologischen Modells, wie es in Kapitel 3.1.1 eingeführt worden ist, werden die verschiedenen Systemebenen in einem Konzept der Risiko- und Schutzfaktoren der Genese elterlicher Vernachlässigung und körperlicher Gewalt gegen Kinder zusammengeführt (Belsky & Vondra, 1989 und Abb. 5.2 in diesem Lehrbuch). Dabei haben sich das Familienklima sowie die Qualitäten der elterlichen Partnerbeziehung und der Eltern-Kind-Beziehung in der empirischen Analyse elterlicher körperlicher Gewalt gegen Kinder als besonders relevante Risikofaktoren erwiesen (Belsky, 1993; Schneewind, Beckmann & Engfer, 1983); dies wird durch die jüngste kriminologische Prävalenzstudie von Wetzels (1997) für die Bundesrepublik bestätigt.

Persönlichkeitsmerkmale von Müttern – besonders Depressivität, Störungen des Selbstwertgefühls, Irritierbarkeit in der Beziehung zum Kind, starre und machtorientierte Erziehungseinstellungen – werden häufig als bedeutsame Faktoren für die Erklärung von Kindesmisshandlung diskutiert (vgl. Engfer, 2002; Graham-Beerman & Edleson, 2001). Sie beeinflussen die Erwartungen an das Kind, die Wahrnehmung des kindlichen Verhaltens und die Art, in der die Mutter auf das Kind reagieren kann. Ebenso bestimmen sie mit darüber, wie belastende Lebensereignisse angegangen werden können, und wie soziale Unterstützung gesucht und erreicht wird.

Auf der *Mikrosystemebene der Familie* sind Ehekonflikte, ein spannungsreiches Familienklima, elterliche Gefühle der Ohnmacht und Überforderung sowie die subjektive Wahrnehmung des Kindes als «schwierig», ferner eine rigide, autoritäre Persönlichkeit die psychologischen Variablen, worin sich hart strafende Eltern von jenen unterscheiden, die sich nicht in dieser Weise verhalten (Schneewind, Beckmann & Engfer, 1983; Straus & Gelles, 1990). So kann eine Diskrepanz zwischen der gesellschaftlich beeinflussten Lebenslage der Familie und der subjektiv wahrgenommenen Fähigkeit zum familiären Glück entstehen: Es ist das Erlebnis, dass es nicht so ohne weiteres oder gar nicht gelingt, privates Glück zu erreichen. Aus diesem Gefühl des Versagens und der Hilflosigkeit heraus kann die Gewalt am Kind als «Bestrafung» für eigene Entmündigung und Entwertung entstehen: Kinder werden gestraft, weil sie sich diesem Familienideal widersetzen (Honig, 1992). Ähnlich beschreibt auch Straus (1994), dass familiäre Gewalt gegen Kinder in der Regel der Endpunkt eines Eskalationsprozesses der Eltern-Kind-Interaktion ist. Im Extremgruppenvergleich zwischen häufig und selten körperstrafenden Eltern zeigt sich, dass folgende Faktoren bei den häufig körperstrafenden Eltern stärker ausgeprägt sind (vgl. Perrez, 1997):

- Sie fühlen sich durch die erzieherische und die Lebenssituation stärker belastet.
- Sie sind dem unerwünschten Verhalten ihres Kindes gegenüber weniger abweichungstolerant.
- Es wohnen mehr als fünf Personen im Haushalt.
- Familien mit wenig Spielmöglichkeiten für Kinder in unmittelbarer Wohnnähe bestrafen häufiger körperlich.
- Schließlich wirkt auch die Arbeitslosigkeit der Mutter eher gewaltfördernd.

Dabei stellen *Kindheitserfahrungen mit Gewalt einen Risikofaktor* für die kindliche Entwicklung dar. Beispielsweise erfahren Kinder, die misshandelt werden, dass sie von Gleichaltrigen abgelehnt werden (z.B. Bolger, Patterson & Kupersmidt, 1998), was wiederum einen Risikofaktor für eine gelingende Bewältigung ihrer Entwicklungsaufgaben darstellt (z.B. Coie & Cillessen, 1993). Zudem belegen die Ergebnisse von Bolger und Patterson (2001), dass eine chronische, d.h. durchschnittlich über vier Jahre andauernde physische und emotionale Misshandlung von acht- bis zehnjährigen Kindern nicht direkt eine Ablehnung durch Gleichaltrige bewirkt, sondern dass dieser Zusammenhang durch die kindliche Aggression vermittelt wird (vgl. **Abb. 11.1**). Interpretiert wird dieser Befund in dem Sinne, dass Kinder aus den aversiven Interaktionserfahrungen mit ihren Eltern keinerlei positiven Nutzen zur Entwicklung eigener prosozialer Handlungskompetenzen gewinnen können. Sie verhalten sich in der sozialen Interaktion mit anderen Kindern genauso antisozial, wie sie von ihren Eltern behandelt werden. Das bedeutet, dass Kinder, die ihre Eltern als wenig feinfühlig, grob und extrem strafend erleben, sich gegenüber ihren Altersgleichen ebenso aggressiv benehmen, weshalb sie von diesen gemieden und zurückgewiesen werden. Dabei liegen die familiären Ursachen für die mangelnde Erziehungsfähigkeit von Eltern nicht selten in extremer Armut und finanziellen Problemen (vgl. die jüngste Übersicht bei Evans, 2004 und Kap. 4.2.2 in diesem Lehrbuch).

In diesem Zusammenhang häufen sich Belege für die Bedeutung kindlicher Erfahrungen mit Gewalt für das Auftreten von Gewalt in späteren Lebensphasen, d.h. für die These einer intergenerationalen Transmission (Weitergabe) von Gewalt (Straus, 1994). Egeland (1993) berichtet, dass 34% der Mütter, die in ihrer Kindheit bereits Opfer elterlicher Gewalt waren, ihre Kinder selbst wieder physisch misshandelten. Im Vergleich dazu fand sich bei den als Kinder nicht misshandelten Müttern, sofern sie in einer positiven, von emotionaler Zuwendung gekennzeichneten Herkunftsfamilie aufgewachsen waren, eine Rate aktiver Gewalt gegen ihre Kinder von 3%. Fehlte die positive emotionale Beziehung zu den Eltern, dann ordnet sich die Rate bei 9% ein. Auf einen einfachen Nenner ge-

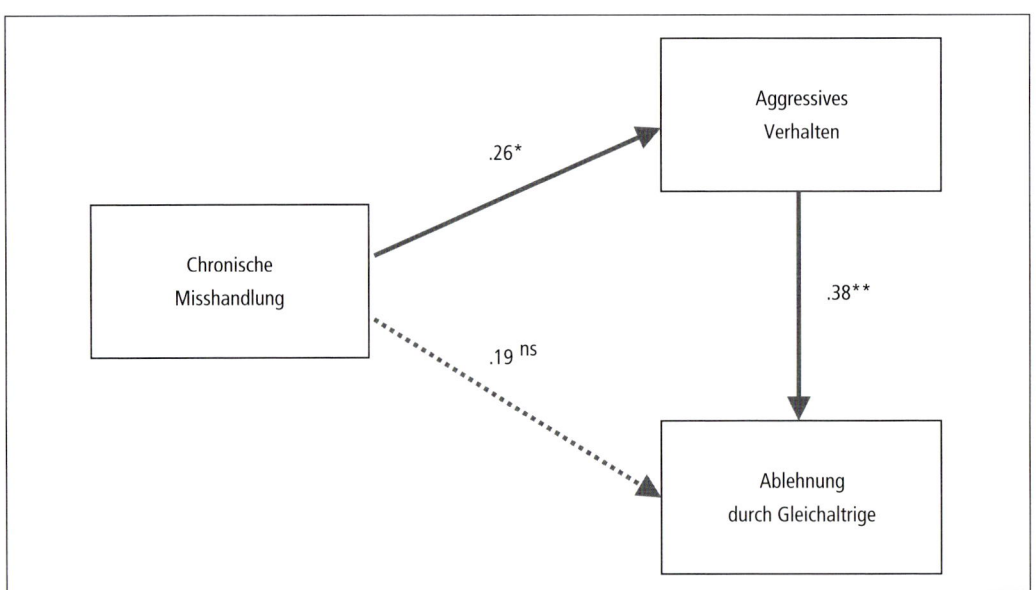

Abbildung 11.1: Aggression als Mediator der Beziehung zwischen chronischer Kindesmisshandlung und Zurückweisung durch Gleichaltrige. ß = .10, $p < .05$. Eingetragen sind die standardisierten Reggressionskoeffizienten; $*p < .05$; $**p < .01$; *ns* = nicht signifikant (nach Bolger & Patterson, 2001, S. 562)

bracht, lässt sich sagen: Gewalt kann durch Gewalt entstehen.

In die gleiche Richtung deuten die Daten sowohl der bundesdeutschen Repräsentativbefragung von Bussmann (1995) als auch der Dunkelfeldstudie von Wetzels (1997). Auch hier zeigt sich neben diesem Zusammenhang zwischen Gewalterlebnissen in der Kindheit und eigenem Gewalthandeln in der Erziehung, dass ein relevanter Teil von Eltern diese Erfahrung nicht wiederholt. Dabei unterscheiden sich «*Wiederholer*» von «*Nichtwiederholern*» dadurch, dass letztere zumindest zu einem Elternteil eine positive Beziehung hatten, ihre Kindheitserlebnisse als deutlich negativ bewerteten, als Erwachsene ein deutlich höheres Maß an sozialer Unterstützung und einen Partner hatten, der als Kind keine elterlichen Gewalterfahrungen gemacht hatte.

Als *Faustregel* kann gelten: Etwa ein Drittel der von ihren eigenen Eltern als Kind misshandelten Kinder werden später, in der Elternrolle, ihre eigenen Kinder misshandeln. Ein Drittel wird sich klar von solchem Tun abwenden. Das sind Personen, die die Chance haben, in einer nachfolgenden persönlichen oder therapeutischen Beziehung ihre traumatischen Erfahrungen aufzuarbeiten. Das letzte Drittel bleibt vulnerabel, d.h. das weitere Verhalten hängt davon ab, ob die Eltern mit hohem Stress, innerfamiliären Konflikten oder «schwierigen» Kindern konfrontiert werden oder nicht. Unter Extrembelastungen kann es bei diesen Menschen ebenfalls zu gewalttätigen Handlungen gegenüber den Kindern kommen.

Als Kind misshandelt worden zu sein, erhöht also das Risiko, selbst ein Misshandler zu werden. Aber der Pfad zwischen diesen beiden Punkten ist alles andere als direkt und unausweichlich (Kaufman & Zigler, 1989). *Therapeutische Bemühungen* um misshandelte Kinder können ein erster Schritt dazu sein, die Gewaltspirale zu durchbrechen. Auch die umfassende Unterstützung von Familien in Krisensituationen kann dazu beitragen, Eltern, die zu Gewalthandlungen neigen, davon abzuhalten, ihren Kindern das anzutun, was sie selbst schmerzhaft erlebt haben. Dabei wird die Verbindung zwischen Kindheitserfahrungen mit Gewalt und erhöhtem Risiko zu späterem Gewalthandeln als Eltern über soziale Lernprozesse erklärt (vgl. Bandura, 1986): Die gewalttätigen Eltern liefern einerseits dem Kind ein elterliches Modell gewaltförmiger Konfliktaustragung und -lösung, andererseits fehlt ein elterliches Modell konstruktiver Konfliktlösung, weshalb es in der Folge an entsprechenden Konfliktlösungskompetenzen mangelt.

Insgesamt ist davon auszugehen, dass primär ontogenetische und Mikrosystemfaktoren für die Erklärung elterlicher Gewalt gegen Kinder relevant sind (Belsky & Vondra, 1989). Demgegenüber sind Variablen des Exo- (ökonomische Situation der Familie wie z. B. Erwerbslosigkeit, Armut) und Makrosystems (z. B. kulturelle Normen und Werte) lediglich moderierende Rahmenbedingungen, die bestehende Risikofaktoren auf diesen beiden Ebenen verstärken oder abschwächen können.

Neben diesem interaktionistischen Erklärungsansatz gibt es auch *strukturelle Theorien* zur Erklärung des familiären Gewaltphänomens. So hat Wahl (1989) in seiner These von der «Modernisierungsfalle» darzulegen versucht, dass auch durch die Strukturen der modernen Familie Gewaltpotenziale entstehen können. Er bezeichnet das Gesellschaftsmodell und Weltbild des Fortschritts als Mythos der Moderne, wonach sie das selbstbewusste, autonome Individuum und die liebesbegründete Familie propagieren. Dem stehen die realen Bedingungen der mobilen Konkurrenzgesellschaft gegenüber, die berufliche Misserfolge, enttäuschte Aufstiegshoffnungen, Erwerbslosigkeit und in der Folge mangelnde soziale Akzeptanz und eine reduzierte Selbstachtung nach sich ziehen können. Dadurch können sich wiederum Aggressionen gegen die eigene Person oder gegen andere richten. Fragwürdige Bestätigungen werden dann auch in Form stellvertretender Machtdemonstrationen gegen Schwächere und gegen Minderheiten gesucht. Auch ein Gefühl des Überfordertseins, häufig verbunden mit überhöhten Erwartungen an Ehe und Familie, sind Gründe, die das Gewaltrisiko im Familienbereich erhöhen können. Liebe und Gewalt schließen sich nämlich nicht aus, vielmehr besteht zwischen beiden ein enger Zusammenhang (Honig, 1992). Derart treffen wir auch hier wiederum auf die zwei widersprüchlichen Seiten bzw. Ambivalenzen des Individualisierungsprozesses moderner Gesellschaften, die in Kapitel 1.1 ausführlicher dargelegt worden sind.

Körperliche Folgen physischer Misshandlung. Die Symptome körperlicher Misshandlung sind vielfältig. Am häufigsten sind blaue Flecken (Hämatome), Striemen und Narben zu erkennen. Misshandelte Kinder zeigen auch Verbrennungen, Verbrühungen, Fesselungsspuren, Schädelbrüche, Blutungen unter der harten Hirnhaut (subdurales Hämatom), Schütteltraumen, verschiedenste innere Verletzungen und Vergiftungserscheinungen (vgl. Kinderschutz-Zentrum Berlin, 2000). Obgleich die Verletzungen meist leicht zu erkennen sind, ist ihre Zurückführung auf eine Misshandlung oft nicht einfach, denn die Eltern versuchen häufig, das Geschehen als Unfall zu tarnen, und ältere misshandelte Kinder decken ihre Eltern dabei, so gut sie können.

Psychische Folgen körperlicher Misshandlung. Des Weiteren hinterlässt jede Form des gewaltsamen Umgangs mit einem Menschen auch Spuren in seiner Psyche. Gewalt von jenen Menschen erdulden zu müssen, die das Kind trotzdem liebt und auf deren Schutz das Kind angewiesen ist, muss zu tiefen psychischen Verletzungen führen. Im Allgemeinen bringt die Misshandlung eine ambivalente Beziehung des Kindes zum gewalttätigen Elternteil mit sich: Es fürchtet und hasst ihn einerseits und hängt doch andererseits besonders stark an ihm. Wird das Kind aus der Familie herausgenommen, nimmt es Zuwendung und liebevolle Behandlung zwar gerne an, ist aber dennoch voller Trauer um seine Eltern. Ein Teil der Kinder ist verängstigt, sehr folgsam und in Hab-Acht-Haltung (z. B. schützt reflexartig Gesicht und Kopf). Auch wird immer wieder der Gesichtsausdruck der «frozen watchfulness» beobachtet. Andere verhalten sich eher aggressiv und hyperaktiv. Misshandelte Kinder scheinen zwar relativ leicht Beziehungen zu anderen Personen anzuknüpfen; diese bleiben aber oberflächlich und können ebenso leicht wieder beendet werden. Dies ist ein Indiz dafür, dass diese Kinder gelernt haben, sich selbst vor neuen Enttäuschungen zu schützen. Ihr Vertrauen in andere

Menschen ist an der Basis zerstört worden. Langfristig sind gravierende Beeinträchtigungen der Persönlichkeitsentwicklung zu beobachten (vgl. Graham-Bermann & Edleson, 2001). Sehr deutlich tritt in Studien zutage, dass Kinder, denen Gewalt angetan wurde, noch als Kinder selbst gewalttätig werden. Im Jugendalter tritt die erhöhte Impulsivität und Aggressivität misshandelter Kinder besonders hervor. Jugendliche, die wegen Gewalttätigkeit gegen Menschen und Sachen, Vergewaltigungen und Mord vor Gericht standen oder sich in Heimerziehung oder therapeutischer Behandlung befanden, hatten – verglichen mit Jugendlichen aus Kontrollgruppen – deutlich gehäuft eine entsprechend geprägte Kindheit hinter sich (vgl. Garbarino, 1995). Diese Gewaltbereitschaft ist vor allem dadurch zu erklären, dass die Kinder am aggressiven Modell ihr Verhalten gelernt haben, aber auch durch Lernen am Erfolg: Die Aggression setzt sich durch. Nicht wenige Kinder übernehmen in der Folge die Vorstellung, ein «böses» Kind zu sein, in ihr Selbstbild und verhalten sich entsprechend den an sie herangetragenen Erwartungen (Engfer, 2002). Des Weiteren leiden misshandelte Kinder an starken emotionalen Problemen wie Angst, Depression und Gefühlen des Abgelehntwerdens; zudem weisen sie ein vermindertes Selbstwertgefühl und psychosomatische Störungen auf. Außerdem zeigen misshandelte Kinder und Jugendliche nicht selten geringe soziale Kompetenzen und sind bindungsunsicher. Zusätzlich sind ihre intellektuellen Fähigkeiten und Fertigkeiten eingeschränkt, insbesondere fallen ihre sprachlichen Möglichkeiten und schulischen Leistungen häufiger hinter denen von Kinder aus günstigeren familiären Konstellationen zurück; schließlich sind sie weniger ausdauernd und belastbar, verweigern sich schnell und leisten Widerstand, wenn sie Misserfolg erleben (vgl. Barnett, Miller-Perrin & Perrin, 1997). Im Erwachsenenalter wird die Neigung zur Gewalttätigkeit teils an der Ehefrau oder am eigenen Kind ausagiert. Allerdings ist das, wie bereits dargelegt worden ist, nicht eine zwingende Folge. Therapeutische Bemühungen oder positiv erlebte Beziehungen im Erwachsenenalter können helfen, die erlittenen Schädigungen so weit auszugleichen, dass der Kreislauf der Gewalt unterbrochen wird.

Neben den gravierenden Folgen körperlicher Misshandlung wurden die Auswirkungen *psychischer Gewalt* zwar nicht völlig übersehen, aber doch lange für weniger gravierend gehalten. Außerdem erwies sich ihre empirische Untersuchung als schwieriger, weil sie nicht leicht von «üblichem» und weitgehend akzeptiertem Erziehungsverhalten wie Bestrafen mit Liebesentzug oder Angstmachen (nach der Art des «Struwwelpeter») abzugrenzen ist. Hier wird besonders deutlich, dass «normale» und «misshandelnde» Erziehung auf einem Kontinuum angeordnet sind. Dennoch ist in jüngerer Zeit die Erkenntnis gewachsen, dass psychische Misshandlungen Kinder tief und meistens für ein ganzes Leben treffen (Garbarino, 1995). Darüber hinaus ist psychische Misshandlung in physischer und sexueller Misshandlung auch immer enthalten, wie es der viel zitierte Satz ausdrückt: «Wer den Körper schlägt, schlägt auch die Seele».

Zur *psychischen Misshandlung* zählen dabei die folgenden sieben Typen von Verhalten (Barnett, Miller-Perrin & Perrin, 1997):

- Aktive Zurückweisung (Hilfe verweigern, Kind zum Sündenbock machen)
- Herabsetzen (kränken, öffentlich demütigen)
- Terrorisieren (das Kind in extreme Angst versetzen)
- Isolieren (in den Keller sperren, abnorm langer Hausarrest)
- Korrumpieren (das Kind zu kriminellen Handlungen, Drogenkonsum etc. verleiten)
- Ausbeutung (das Kind als Arbeitskraft oder Partnerersatz einsetzen, es für Pornographie oder Prostitution ausnutzen)
- Verweigerung emotionaler Zuwendung.

Je nach Alter und Entwicklungsstand wird das Kind unterschiedlich auf solche Misshandlungsformen reagieren, weil es die Interaktion mit seinen Eltern oder Erziehern in Abhängigkeit von seinen kognitiven Fähigkeiten und seinen vorangehenden Erfahrungen unterschiedlich wahrnimmt. Des Weiteren bestimmen sich die Folgen psychischer Misshandlung auch danach, bei welcher Entwicklungsaufgabe ein Kind gestört wird. Trifft inkonsistentes oder gar zurückweisendes mütterliches Verhalten einen Säugling, so wird er in seinem Bindungsverhalten beeinträchtigt werden (ambivalente Bindung bei Inkonsistenz, vermeidende Bindung bei Zurückweisung). Im Kleinkindalter werden durch starke verbale Aggressivität besonders die emotionale Differenzierung und die Herausbildung kognitiver Kontrollmechanismen beeinträchtigt; in der späteren Kindheit wird die sozial-kognitive Entwicklung in Mitleidenschaft gezogen. Insgesamt lässt sich sagen, dass psychische Misshandlung umso nachhaltiger wirkt, je jünger das betroffene Kind ist.

Vor dem Hintergrund der beschriebenen Folgen, ist das durch die Gewalt an Kindern kurz- und langfristig erzeugte psychische Elend nicht zu ermessen. Indikatoren dafür finden sich u.a. in der steigenden Suizidrate bei Jugendlichen und jüngeren Erwachsenen, in Delinquenz und Störungen durch Verwendung psychotroper Substanzen (Perrez, 1993). Aus den Prävalenzraten lassen sich auch die volkswirtschaftlichen Kosten abschätzen, die dem Medizinal-, Sozial- und Justizbereich aus den Folgen der Kindesmisshandlung erwachsen.

Eine Gefährdung des Kindes und ihre Ursachen zu erkennen und Hilfsmöglichkeiten für das Kind und die Familie zu entwickeln, verlangt von der Fachkraft, dass sie mit Sachkenntnis, Achtsamkeit, innerer Ruhe, Sicherheit und mit Geduld die Familie begleitet. Stärker noch als in den Fällen, in denen Eltern von sich aus Beratung und Unterstützung, etwa beim Jugendamt, aufsuchen, muss in Gefährdungsfällen damit gerechnet werden, dass zunächst in der Familie eine unübersichtliche Situation vorliegt, Außenstehende – auch professionelle Helfer – als «Störer» betrachtet werden und demnach die Familie nicht bereit ist, Beratung anzunehmen. Leitlinien zur Erfassung der Krisensituation sowie zur Planung und Durchführung der Intervention finden sich bei Harnach-Beck (1995) und in der Publikation des Kinderschutz-Zentrums Berlin (2000).

Abschließend ist zu fragen, was gegen Gewalt in der Familie getan werden kann. Wo muss man anfangen? Grundsätzlich ist zu sagen, dass mit einer Erziehung, die ohne Gewalt auskommt, nicht früh genug begonnen werden kann. Vermutlich ist aber gerade die Früherfassung von Misshandlungen unterentwickelt (Perrez, 1997). *Gewaltprävention* basiert auf *gewaltfreier Erziehung,* auf der Schaffung von günstigen Entwicklungsbedingungen – in der Familie, im Kindergarten, in der Schule usw. Denn wer in seiner Kindheit und Jugend Gewalt erfährt, ist gefährdet, selbst ein Gewalttäter zu werden.

Leitlinien zur Hilfestellung bei Kindesmisshandlung und -vernachlässigung finden sich in der Broschüre des Kinderschutz-Zentrums Berlin (2000). Allerdings können bei schwerer Vernachlässigung auch therapeutisch-psychologische Interventionen, wie sie von Erziehungsberatungsstellen und Kinderschutzzentren angeboten werden, in der Regel wenig ausrichten. Hier sind einschneidende Eingriffe in das elterliche Sorge- und Aufenthaltsbestimmungsrecht nötig, wenn vernachlässigte Kinder zu ihrem Schutz aus der Familie – zumindest zeitweise oder gar für immer – herausgenommen werden und in einer Pflegefamilie untergebracht werden müssen.

Deshalb sind *präventive Maßnahmen* auf verschiedenen Ebenen anzustreben. Die Familienpolitik hat darauf hinzuwirken, dass die Erziehungsberechtigten bei der Bewältigung der durch Kinder erwachsenden materiellen Kosten angemessener unterstützt werden. Die Elternbildung bedarf einer stärkeren Akzentuierung, um das entwicklungs- und erziehungspsychologische Wissensdefizit zu reduzieren (z.B. Wissen über Grenzen und Möglichkeiten kindlichen Verhaltens). Die Strukturen der Früherkennung und Unterstützung von Risikofamilien, die Schulung der Erziehungsberechtigten sowie die Aufklärung der Kinder über die Gefahren der Misshandlung und des sexuellen Missbrauchs sowie über Verhaltensmöglichkeiten müssen verbessert werden. Leider scheint auch die Gewaltkontrolle durch die außerfamiliäre unmittelbare soziale Umwelt in unserer Kultur, wie Perrez (1997) vermutet, eine viel zu geringe Rolle zu spielen. Schließlich ist die Qualifikation der Therapeuten und Sozialarbeiter durch eine spezielle Aus- und Weiterbildung zu verbessern, und die Behandlung misshandelter Kinder vom unseligen und unwürdigen Helferkrieg zwischen verschiedenen Fachgruppen und Disziplinen zu befreien (vgl. Kinderschutz-Zentrum Berlin, 2000 sowie zur Prävention im erzieherischen Bereich Kap. 15.3 in diesem Lehrbuch).

Weiterführende Literatur

Amann, G. & Wipplinger, R. (Hrsg.) (1998). *Sexueller Missbrauch. Überblick über die Forschung, Beratung und Therapie.* Tübingen: Deutsche Gesellschaft für Verhaltenstherapie.

Balloff, R. (2004). *Kinder vor dem Familiengericht.* München: Reinhardt.

Barnett, O.W., Miller-Perrin, C.L. & Perrin, R.D. (1997). *Family violence across the lifespan.* Englewood Cliffs, NJ: Prentice-Hall.

Egel, U.T., Hoffmann, S.O. & P. Joraschky (Hrsg.) (2000). *Sexueller Missbrauch, Misshandlung und Vernachlässigung.* Stuttgart: Schattauer.

Graham-Bermann, S.A. & Edleson, J.L. (Eds.) (2001). *Domestic violence in the lives of children.* Washington, D.C.: APA.

Körner, W. & Lenz, A. (Hrsg.) (2004). *Sexueller Missbrauch. Band 1.* Göttingen: Hogrefe. ISBN 3-8017-1469-1.

Körner, W. & Bange, D. (Hrsg.) (2004). *Sexueller Missbrauch. Band 2.* Göttingen: Hogrefe.

Oser, F. & Althoff, W. (1992). *Moralische Selbstbestimmung. Modelle der Entwicklung und Erziehung im Wertebereich.* Stuttgart: Klett-Cotta.

Wetzels, P. (1997). *Gewalterfahrungen in der Kindheit.* Baden-Baden: Nomos.

12 Familie, Schule und Entwicklung

Das thematische Problemfeld dieses Kapitels ist in einer jener Grauzonen angesiedelt, die oft zwischen zwei, je für sich selbst gut bekannten Forschungsfeldern liegen. So wissen wir zwar einiges über die erziehungspsychologischen Prozesse innerhalb von Familie und Schule, aber noch relativ wenig über die wechselseitigen Beziehungen und Beeinflussungen zwischen Familie und Schule. Deshalb wird sich dieses Kapitel den Fragen danach widmen, wie die «Schulbeziehung» der Kinder die Familie belastet, ob Elternhaus und Schule eher als Partner oder als Gegner zu sehen sind, welches die Einflüsse der Familie auf die schulische Entwicklung sind, welche Formen der Kooperation zwischen Familie und Schule denkbar sind und welche Veränderungen sich in den familiären Beziehungen durch das Schul- und Ausbildungssystem ergeben.

12.1
Schule als Belastung für Kinder und Familien

Vor 200 Jahren wurde mit der Einführung der allgemeinen Schulpflicht ein Teil der Erziehungs- und Betreuungsfunktion vom Elternhaus in staatliche Institutionen ausgelagert. Zwar führte dies zu einer Entlastung der Familie, aber gleichzeitig brachte es auch Abstimmungserfordernisse mit sich. Für Eltern, deren Kinder regelmäßig einen Kindergarten besucht haben, ändert sich in aller Regel mit dem Schuleintritt zunächst noch nicht sehr viel. Dennoch müssen sich Eltern von Anfang an mit der Schule und den Schulerfahrungen ihrer Kinder auseinandersetzen und müssen sich eigene Kompetenzen aneignen, um die inhaltlichen, sozialen und psychischen Anforderungen ihrer Kinder zu verstehen und mitzutragen.

Deshalb bringt der Schulanfang für die Kinder natürlich viel gravierendere Konsequenzen mit sich als für die Eltern (vgl. Wild & Hofer, 2002). Sie müssen sich in einer für sie neuen Umgebung zurechtfinden, sind zunächst von einem Erwachsenen abhängig, dem sie mit anderen Kindern ihre Aufmerksamkeit schenken sollen, und müssen eine neue Rolle als Schülerin und Schüler übernehmen. Darüber hinaus ist der Schulalltag immer auch ein Beziehungs-, Lern- und Leistungsalltag (vgl. Ulich, 2001). Besonders Leistungsbewertung und -druck haben nachhaltige psychosoziale Folgen für das Selbstkonzept und die Lernmotivation von Schülerinnen und Schülern. Unstrittig ist auch, dass die Schule nachhaltig in das Familienleben eingreift in die Beziehungen zwischen den Kindern und ihren Eltern, gar in die Beziehung zwischen den Eltern; sie löst Veränderungen in der Familiendynamik und oft genug leider auch Schwierigkeiten, Konflikte und Belastungen in Familien aus.

Ich beginne mit dem Umstand, dass seit Mitte der 1970er-Jahre die *Bildungsaspirationen* bei allen Eltern unabhängig von der sozialen Schicht gestiegen sind (Wild & Hofer, 2002). Der problematische Aspekt ist in diesem Zusammenhang der Wunsch von Schülern und noch häufiger von ihren Eltern, aufs Gymnasium zu gehen, um das Abitur zu erreichen. Dabei scheint die Kluft zwischen den verfügbaren Kompetenzen sowie den elterlichen Unterstützungsmöglichkeiten einerseits und den schulischen Anforderungen andererseits für eine nennenswerte Untergruppe erheblich. Über die Hälfte der Schüler ist unsicher, den angestrebten Abschluss zu erreichen und berichtet über Beeinträchtigungen der Familienbeziehungen wegen der Schule. Über ein Drittel war schon mindestens einmal versetzungsgefährdet, ein Fünftel ist ein- oder mehrmals sitzen geblieben. Engel und Hurrelmann (1994) können sogar einen direkten Zusammenhang von enttäuschten Statuserwartungen (im Sinne einer Diskrepanz zwischen Familienhintergrund und von dem durch die Kinder erreichten Ausbildungsniveau) und dem Ausmaß psychosomatischer Symptome belegen.

Ungeachtet dieser Situation legen Mütter und Väter heute auf die schulischen Leistungen verstärkt Wert und akzeptieren auch die Verantwortung der Familie für Hausaufgaben. Oswald, Baker und Stevenson (1988) berichten, dass selbst noch bei 15-Jährigen 53% der befragten Eltern ihren Kindern bei den Hausaufgaben helfen, wobei diese Hilfe vor allem von den Müttern kommt. Dabei sind Mütter aus der unteren Bildungsschicht besonders benachteiligt, weil die Kinder mehr lernen, als sie selbst in der Lage waren zu lernen. Dieses hohe elterliche Engagement bedeutet eine hohe psychische Belastung für Mütter und Kinder und ist für 10- bis 15-Jährige eine primäre Quelle für Ärger und Konflikte in der Beziehung zu den Eltern (vgl. Büchner, Fuhs & Krüger, 1996). Damit hat die Schule Funktionen an die Familie zurückdelegiert, was soziale Ungleichheiten verstärkt (vgl. Busch & Scholz, 2002). Derart wirken sich die unterschiedlichen Fähigkeiten der Eltern in Bezug auf die Hausaufgabenbetreuung auf die schulischen Chancen der Kinder aus, wohingegen es sich die ökonomisch besser gestellten Eltern leisten können, diese Betreuung durch Nachhilfeunterricht an «professionelle Helfer» zu delegieren.

In dieser Situation spiegelt sich wiederum ein Nebeneffekt der Individualisierung von Lebensläufen wider: Jugendliche zahlen den Preis für die weitgehend freie Wählbarkeit, für die Optionalität von Bildungslaufbahnen, die ihnen heute von der Gesellschaft angeboten werden, in Gestalt von Planungs- und Zukunftsunsicherheiten. Es stehen ihnen zwar vielfältige Bildungsmöglichkeiten offen, aber das Erschließen der Möglichkeiten ist ihre ureigene Angelegenheit. Versagen sie hierbei, entstehen Probleme bei der Gestaltung des persönlichen Lebensentwurfs, und die Konsequenzen müssen von ihnen selbst getragen und verantwortet werden.

Für die Gestaltung der Beziehungen zwischen Eltern und ihren jugendlichen Kindern können sich daraus spürbare Belastungen ergeben (vgl. Hurrelmann, 1991; 1994). Da gleichzeitig die emotionale Ablösung vom Elternhaus heute schon früh einsetzt, die schulischen Laufbahnen sich aber zeitlich eher verlängern, sorgt die Beeinflussung und Bewertung der Schulaktivität in vielen Familien für einen strukturellen Dauerkonflikt. Einerseits wissen die Eltern um ihre Verantwortung für den Schulerfolg ihrer Kinder, andererseits spüren sie, wie gering ihre unmittelbaren Einflussmöglichkeiten auf das Lern- und Leistungsverhalten ihrer Kinder sind. Besonders bei lang anhaltendem Schulversagen können daraus erhebliche Konfliktpotenziale in Familien entstehen.

Ebenso können Konflikte zwischen Schule und Elternhaus entstehen. So erleben Kinder aus bildungsprivilegierten Elternhäusern eine größere Übereinstimmung von Familien- und Schulkultur als andere Kinder. Auch können privilegierte Kinder mit reichhaltigeren Unterstützungsleistungen von Seiten ihrer Herkunftsfamilie rechnen. Studien über die Kooperationsbeziehungen von Familie und Schule machen deutlich: je aktiver sich Eltern über Lehrerkontakte, Elternabende, Schulleiterbesuche usw. in schulische Tätigkeiten einbringen, desto deutlicher ist der Fördereffekt für die Leistungsbilanz ihrer Kinder (Engel & Hurrelmann, 1989). Auch vor diesem Hintergrund zeigt sich wiederum die Bedeutung der familiären Sozialisation für den Schulerfolg und damit für die spätere Berufsposition der Kinder.

Schließlich schlagen sich die gestiegenen Leistungsanforderungen der Eltern in erhöhten ökonomischen Aufwendungen nieder, die bis ins frühe Erwachsenenalter anhalten (Nave-Herz, 2002). Durch die Verlängerung der Ausbildungs- und Berufsfindungszeiten, was einen späteren Einstieg in eine dauerhafte Erwerbsposition zur Folge hat, und durch das gesunkene Angebot an bezahlbaren Wohnungen, das Vorhandensein eines eigenen Zimmers im Elternhaus und die liberaleren Einstellungen der Eltern zu den Verhaltensmustern ihrer jugendlichen Kinder (z. B. zu sexuellen Bedürfnissen) hat sich das Auszugsalter der Kinder aus dem Elternhaus seit den 1970er-Jahren erhöht (Papastefanou, 1997). Man spricht deshalb von den heutigen «Nesthockern». Ungeachtet dessen bilden die finanziellen Zuschüsse der Eltern noch bis weit ins frühe Erwachsenenalter hinein eine wichtige Quelle für ihre Kinder. Leider existieren noch keine empirischen Untersuchungen dazu, wie Väter und Mütter die Beziehungen zwischen ihren jugendlichen und jung erwachsenen Kindern erleben, wie sie die «Bilanz» zwischen finanziellem Geben und Nehmen von emotionaler Beziehung einschätzen. Zweifellos darf die Beziehung nicht verklärt werden, weil zwischenmenschliche Konflikte nicht ausgeschlossen sind und positive Gefühle auch mit Gewalt beantwortet werden können.

Verschiedentlich ist in diesem Lehrbuch unter Verwendung empirischer Befunde untermauert worden, dass sich die beiden Lebensbereiche Schule und Familie am stärksten auf das *Wohlbefinden von Kindern* auswirken. Aufgefallen ist an den Ergebnissen aus den zahlreichen Befindlichkeitsstudien immer wieder die relativ hohe Zahl an Kindern, die sich in der Schule schlecht fühlen, die von schulbezogenen Ängsten geplagt sind und Versagensängste (in Verbindung mit schulischem Leistungsdruck) als ihre größte aktuelle Angst nennen. Der Kinder- und Jugendpsychiater Reinhard Lempp hat die *Schule* sogar als den wichtigsten *pathogenen Faktor* in der Entwicklung heutiger Kinder eingeschätzt und beklagt, dass die Schule immer mehr «zur Belastung der Familie, ja zum Teil zu ihrem Zerstörer geworden» ist (Lempp, 1991, S. 27).

In Deutschland wurden die ersten einschlägigen Studien im Rahmen des Sonderforschungsbereichs Prävention und Intervention im Kindes- und Jugendalter an der Universität Bielefeld durchgeführt, in denen hauptsächlich somatische, psychische und soziale Risikofaktoren im Lebensverlauf von Jugendlichen, aber teils auch von Kindern, untersucht wurden (Engel & Hurrelmann, 1989; 1994; Hurrelmann, 1990). Klaffen die *schulischen Leistungserwartungen der Eltern* und die tatsächlichen *Schulleistungen der Kinder* auseinander, resultieren daraus Belastungen, die sich in psychosomatischen Symptomen und Verhaltensauffälligkeiten niederschlagen können. Der bekannte Bielefelder Jugendforscher Klaus Hurrelmann (1991, S. 68) beschreibt diesen Zusammenhang folgendermaßen: «Verhaltensauffälligkeiten und Gesundheitsbeeinträchtigungen sind vor allem bei der Gruppe der Jugendlichen anzutreffen, die sich in schwierigen schulischen Leistungssituationen bei hohem Erwartungsdruck der Eltern befinden. Drohendes Schulversagen geht mit einem erheblichen Anstieg von delinquentem Verhalten, gesundheitlichen Beschwerden und Konsum legaler und illegaler Drogen einher. Der Erwartungsdruck der Eltern an die schulische Leistungsfähigkeit ihrer Kinder ist stark: Nur 10% der Eltern wollen sich mit dem Schulabschluss der Hauptschule zufrieden geben, 90% erwarten einen Real- oder Gymnasialabschluss. Zeichnet sich ab, dass die Erwartung der Eltern nicht realisiert werden kann, so reagieren viele der betroffenen Jugendlichen mit psychosozialen und psychosomatischen Symptomen». Hierin spiegelt sich die zentrale Bedeutung, die dem schulischen Leistungsstand im Selbstbild Jugendlicher zukommt.

Fasst man die Bielefelder Forschungsbefunde zusammen, so kann man feststellen, dass etwa 7 bis 10% aller Kinder und Jugendlichen dauerhaft von stressbedingten Beeinträchtigungen ihres Wohlbefindens betroffen sind (Hurrelmann, 1990). Außerdem sprechen die Befunde allesamt dafür, dass Leistungserfolg und Schulversagen bereits während der Kindheit zu dominierenden Themen des Lebensalltags und damit der Persönlichkeits- und Sozialentwicklung werden (vgl. Hurrelmann, 2002a). Das wiederum sind Aspekte, die für den kindlichen Lebensalltag und für das Wohlbefinden von Kindern und Jugendlichen höchst bedeutsam sind.

Auf einen aus stresstheoretischer Perspektive wichtigen Aspekt legen Phelan, Davidson und Yu (1998) in ihrer ethnografischen Längsschnittstudie ihr Augenmerk. In dieser Studie wurde eine Gruppe von High-School-Schülern über zwei Jahre hinweg in ihrer schulischen Entwicklung begleitet. Die Autoren teilten die Schüler dazu in vier Gruppen ein. Die Zuordnung orientierte sich an dem Ausmaß der von den Schülern wahrgenommenen Diskrepanz zwischen den in der Schule und in ihrem außerschulischen Umfeld, wie z. B. der Familie, wahrgenommenen Werten, Überzeugungen, Erwartungen und Standards. Entscheidend war, dass die Schüler danach befragt wurden, ob sie die Überwindung einer erlebten Kluft zwischen den beiden Lebenswelten als leicht, schwierig oder unmöglich erachteten. Dabei konnte gezeigt werden, dass massive Probleme in der psychosozialen Entwicklung und drohendes Schulversagen bei denjenigen Schülern auftraten, die eine *Passung zwischen beiden Lebenswelten* für unüberwindbar einschätzten. Im Sinne der Stresstheorie könnte man diesen Befund derart interpretieren, dass die Unterschiedlichkeit von Eigenschaften der beiden Mikrosysteme vor allem dann problematisch ist, wenn die Schüler über wenig Ressourcen verfügen, um die Umstellung bzw. diesen «misfit» zu bewältigen.

Ein weiteres bedeutsames Thema ist der Umstand, dass Kinder heutzutage unter *schulischem Leistungsdruck* zu leiden haben; das belegen die Daten von Hurrelmann und Mitarbeitern (vgl. Hurrelmann, 1990). So ist mittlerweile der Umfang des Psychopharmakakonsums durch Schulkinder besorgniserregend hoch. Die meisten Eltern wollen zwar nur das Beste für ihre Kinder und wollen ihnen helfen, die geforderten Schulleistungen zu erbringen. Umgekehrt erwarten die Eltern aufgrund ihrer *Bildungsaspiration* von ihren Kindern das Bemühen, das jeweils hochwertigste Abschlusszertifikat zu erwerben, um eine möglichst günstige Ausgangsposition im sozialstrukturellen Platzierungsprozess zu erreichen. Erfolg in der Schullaufbahn wird heute als entscheidende Vorbedingung zumindest für die Sicherung des sozialen Status der Herkunftsfamilie gewertet. Im Durchschnitt erwarten Eltern heute zu etwa 50 % von ihren Kindern, dass sie die Hochschulreife als Schulabschluss erreichen; bei Eltern mit Abitur sind es sogar 91 % in Westdeutschland und 73 % in Ostdeutschland (vgl. Melzer, 1997).

Dabei entstehen widersprüchliche, paradoxe Effekte: Kommen die Kinder den elterlichen Wünschen nach, führt das zu einer kollektiven Erhöhung des formalen Bildungsniveaus der jüngeren Generation. Dadurch wiederum werden die Erwartungen an jedes einzelne Kind noch höher, einen anspruchsvollen Bildungsgang zu besuchen. Zusätzlich wird die subjektive Bedeutung der Schullaufbahn mit ihrer jeweiligen individuellen Erfolgs- und Versagensbilanz enorm gesteigert. Dabei leiden besonders die Jungen stark unter der Bedrohung, durch schlechte Bildungsabschlüsse, schlechte Berufsaussichten zu haben und erwerbslos zu bleiben.

Derart wollen Eltern nur «das Beste» für ihre Kinder, merken aber oft nicht, dass sie gerade deshalb an deren wirklichen Wünschen und Bedürfnissen vorbeigehen und sie mit ihren *überhöhten Leistungserwartungen* schlicht überfordern (vgl. Hurrelmann, 1994). Dass sich aus dieser Konstellation spürbare Belastungen oder sogar strukturelle Dauerkonflikte zwischen Eltern und ihren Kindern ergeben, liegt auf der Hand. Bei lang anhaltendem Schulversagen kann es zu erheblichen Konfliktpotenzialen in Familien kommen und eine steigende Anzahl von Kindern reagiert auf diesen schulischen (und in der Folge familiären) Stress mit bedeutsamen psychischen Belastungen sowie mit gesundheitlichen und psychosomatischen Problemen (vgl. Hurrelmann, 1990).

Um an dieser Stelle zwei besonders krasse Beispiele für die *Folgen schulischen Versagens* für die Betroffenen zu nennen, ist darauf hinzuweisen, dass Schwierigkeiten in der Schule (bzw. am Arbeitsplatz) für bis zu 20 % aller suizidalen Jugendlichen für deren Handlungen (mit-)bestimmend sind (Hurrelmann, 1994). Zum anderen wird der Weg, Statusüberlegenheit zu gewinnen, durch schulisches Versagen versperrt. Derart verliert ein Jugendlicher in der Folge an sozialer Akzeptanz bei seinen Gleichaltrigen und diese sozialen Deprivationserfahrungen bilden dann eine wichtige Quelle jugendlicher Devianz und Kriminalität (vgl. Hurrelmann, 1994; Loeber & Hay, 1997).

12.2
Schulversagen und -verweigerung

Eine andere Form der kindlichen Reaktion auf Leistungsdruck und Schulversagen ist die schlichte Lernverweigerung, die im Steigen begriffen ist. So hat die Zahl der Lernverweigerer bzw. *Schulschwänzer* in den letzten Jahren dramatisch zugenommen, wie die jüngsten bundesweiten Zahlen des Deutschen Jugendinstituts belegen (vgl. Reißig, 2000). Allein 1998 verließen 83 000 Jugendliche die Schule ohne einen Schulabschluss. Häufig sind es gerade jene Schülerinnen und Schüler, die nach Jahren der Verweigerung die Schule ohne Abschluss verlassen. Zu den Ursachen zählen neben einer allgemeinen Schulangst, Probleme mit einem Lehrer oder ein schwieriges Verhältnis der Schüler untereinander. Auch Über- oder Unterforderung im Unterricht sowie Probleme innerhalb der Familie wie Alkoholmissbrauch oder Ehestreitigkeiten führen vermutlich dazu, dass Kinder der Schule fernbleiben. Erstaunlicherweise weiß nur die Hälfte der Eltern überhaupt vom Schwänzen ihrer Kinder. In etwa einem Fünftel der Fälle reagieren weder die Eltern noch die Schule, was ein betrübliches Licht auf die Schule wirft.

Schule schwänzen beginnt meist unauffällig. Der Schulunlust folgt eine Zeit, in der Kinder zunächst einfach einzelne, ungeliebte Stunden (oder Lehrer) schwänzen. So könnte das typische Beispiel einer *Schulschwänzerkarriere* etwa so aussehen: Ein 14-jähriger Junge hat Probleme mit seinem Lehrer oder mit dem Stoff und schwänzt zunächst einige Stunden. Die Eltern arbeiten und merken nichts. Das entspannte Alleinsein tut zunächst gut. Aber dann folgen in dem gemiedenen Fach schlechte Noten; der Junge schwänzt weiter, um dem Noten- und Leistungsdruck auszuweichen. Eine Rückkehr an die Schule wird mehr und mehr unmöglich, vielleicht bricht er gar die Schule ab; die Freunde wenden sich langsam von dem Jungen ab, er wird einsamer.

Zieht man die Sozialberichterstattung als Grundlage für eine Beurteilung der kindlichen (Lebens-)Qualität von Schule heran, kommt der *Schulabbrecherquote* als Indikator eine zentrale Bedeutung zu (vgl. Joos, 2001), weil dieser auf eine Gruppe sozial benachteiligter Kinder, gleichsam auf die «Verlierer» in einer expansiven Bildungsgesellschaft hinweist. Dabei sind die Unterschiede sowohl zwischen den Bundesländern als auch zwischen den Geschlechtern erheblich (Deutscher Kinderschutzbund & Volkswagen, 1998). In Ostdeutschland verlassen 32,3 % der Mädchen die Schule mit dem Abitur, während lediglich 19,8 % der Jungen die Schule mit der allgemeinen Hochschulreife abschließen, wohingegen im Westen Deutschlands die Geschlechtsunterschiede kleiner sind (Mädchen: 25,5 %; Jungen: 21,5 %). Bezüglich der Schulabbrecher sind die Häufigkeiten in den neuen Bundesländern ausgeprägter als in den alten: Ost-Jungen: 14,1 %, Ost-Mädchen: 6,5 %; West-Jungen: 10,7 %, West-Mädchen: 6,5 %.

Ein dritter Unterschied bezieht sich auf die nationale Zugehörigkeit der Kinder und Jugendlichen. So verließen von den nichtdeutschen Kindern und Jugendlichen eines Altersjahrgangs im Schuljahr 1995/96 in Deutschland 20,3 % die Schule ohne Hauptschulabschluss (Deutscher Kinderschutzbund & Volkswagen AG, 1998). Das bedeutet, dass ein Fünftel der nichtdeutschen Kinder die Schule ohne Hauptschulabschluss verlassen bzw. abgebrochen haben. Das heißt, dass – gegenüber deutschen Schülerinnen und Schülern – mehr als doppelt so viele nichtdeutsche Schülerinnen und Schüler ihre Bildungslaufbahn ohne Abschluss vorzeitig abbrechen.

Angesichts dieser bedenklichen Zahlen stellen sich Fragen nach den Ursachen für die Höhe dieser Abbrecherquoten und nach den Konsequenzen für den Einstieg in den gesellschaftlichen Arbeitsmarkt. Die Vermutung liegt nahe, dass die Lebenschancen jugendlicher Schulabbrecher erheblich eingeschränkt sind, weil Schule die zentrale Selektionsinstitution für soziale Positionen innerhalb der Gesellschaft ist. Dabei ist anzunehmen, dass nichtdeutsche Schüler/-innen und mehrheitlich männliche Jugendliche, die ihre Schullaufbahn vorzeitig ab-

Kasten 12-1

Implikationen für die Erziehungspraxis

Worauf sollen Eltern und Lehrer bei Schulschwänzern achten?

■ *Früherkennung.* Eltern und Lehrer sollen erste Anzeichen von Schulmüdigkeit ernst nehmen: Kopfschmerzen, Bauchschmerzen, Müdigkeit, Tagträume. Je früher Eltern und Lehrer auf das Phänomen Schule schwänzen aufmerksam werden, desto größer ist die Chance einer Reintegration.

■ *Problemsuche.* Suchen Sie das freundschaftliche Gespräch mit dem Kind! Welche Fächer, welche Lehrer, welche Mitschüler bereiten Probleme?

■ *Lehrergespräch.* Sprechen Sie mit den Lehrern. Oft sind unrealistische Leistungserwartungen Grund für das Schule schwänzen. Vielleicht hängt die Latte einfach etwas zu hoch und das Kind ist ständig überfordert.

■ *Förderung.* Dem Schule schwänzen vorzubeugen, ist auch eine Aufgabe der Schule. So können Lese- und/oder Rechtschreibschwäche ein Grund für dauernde Misserfolge sein, ebenso Hochbegabung, weil sich Hochbegabte im Unterricht permanent langweilen. In beiden Fällen gibt es Fördermöglichkeiten, die genutzt werden sollten.

■ *Schulpsychologe.* Erkundigen Sie sich nach einer Schulstation, einem Raum, in dem gestresste Kinder aufgefangen werden und entspannen können! Hier werden sie von Pädagogen betreut. Eine Art Lernwerkstatt hilft, den Anschluss an das geforderte Schulpensum zu finden.

■ *Unterrichtsgestaltung.* Sehr wichtig ist auch die Gestaltung des Unterrichts. Es sollen nicht nur der Kopf, sondern alle Sinne gefordert werden – die Hände, der Körper, die Gefühle, die gesamte kindliche und jugendliche Erlebniswelt. Gerade Musik und Bewegung sind Einflüsse, die alle Kinder brauchen.

■ *Annehmen.* Schuleschwänzer sollten nicht bestraft und isoliert, sondern ernst genommen und angenommen werden. Denn Kinder, die sich während der Schulzeit in Kaufhäusern und auf der Straße herumtreiben oder einfach zu Hause rumhängen, sind nach ein bis zwei Jahren vollkommen vereinsamt. Ihnen ist ein vernünftiger Tagesrhythmus verloren gegangen, den man nur schwer wieder aufbauen kann. Die Karriere ins Abseits ist vorgezeichnet.

---

brechen, die größten Bildungsdefizite aufweisen und diese Gruppe im gesellschaftlichen Wettbewerb zu den Verlierern gehören wird.

Was können Eltern angesichts dieser schulischen Belastungen und ihrer negativen Folgen für die Kinder und das Zusammenleben in Familien tun? Von Leistungserwartungen abzusehen, wäre die auf den ersten Blick nahe liegende, aber falsche Konsequenz. Hohe Standards, die Eltern explizit machen, scheinen vielmehr die Bewältigung schulischer Anforderungen zu fördern, wenn sie nicht systematisch über die individuellen Möglichkeiten von Kindern hinausweisen (Pekrun, 2001). Vor allem aber erlaubt ein aktives elterliches Interesse an der Schule günstige Prognosen, was u. a. den Besuch von Elternabenden und darüber hinausgehende Kontakte mit Lehrern einschließt. Gerade dieser intensivere Austausch zwischen Eltern und Lehrern ist allerdings ein Schwachpunkt (vgl. Ulich, 1993). Während zwar beide Seiten dessen Wichtigkeit betonen, wird er von Eltern, vor allem jener Schüler, die größere Schulprobleme haben, zuwenig gesucht, und Lehrer scheinen sich mehrheitlich für solche Kontakte weder ausreichend ausgebildet zu fühlen, noch schätzen sie die Kompetenzen und die Motive von Eltern in diesem Zusammenhang hoch ein (vgl. Melzer, 1997).

12.3
Familie und Schule: Zusammenhänge und Beziehungen

Leider hat sich die erziehungswissenschaftliche, psychologische und soziologische Forschung im deutschen Sprachraum bis heute erstaunlich wenig um die Beziehungen zwischen Familie und Schule, zwischen Eltern und Lehrern, Eltern und ihren schulpflichtigen Kinder gekümmert (Ulich, 1993). Gerade die schulische und die familiäre Sozialisationsforschung haben noch viel zu wenig berücksichtigt, dass – im Sinne eines kontextualistischen und systemischen Interpretationsrahmens – das Ineinandergreifen und die oft gleichzeitigen Einflüsse aus diesen beiden Systemen zu berücksichtigen sind. Im Bemühen, die kindliche Entwicklung und Sozialisation zu verstehen, dürfen Familie und Schule nicht getrennt, sondern müssen in ihrer Wechselwirkung betrachtet werden, wobei das allenfalls in Ansätzen möglich ist (vgl. Pekrun, 2001).

In Begriffen von Bronfenbrenners (1981) systemisch-ökologischem Entwicklungsmodell (siehe dazu Kasten 3.2) werden mit Beginn der Schulzeit Schule und Familie je nach Person zu einem Mikro-, einem Exo- oder auch zu einem Mesosystem. Zu den zentralen Familienentwicklungsaufgaben zählen hierbei die Bewältigung der Anforderungen, die im Mikro- bzw. Exosystem Schule auftreten können, die Ausgestaltung der Beziehungen zwischen Elternhaus und Schule (Mesosystem) sowie die Bereitstellung von förderlichen Bedingungen für die schulische Entwicklung im Mikrosystem Familie (vgl. Wild & Hofer, 2002). Im Folgenden soll auf einige grundsätzliche Probleme eingegangen werden, die sich im Bereich der sozialen Beziehungen ergeben, also zwischen Lehrern und Eltern sowie zwischen Eltern und Schülern. Dazu dient mir eine Grafik, die Klaus Ulich (1993) für diesen Zweck entworfen hat (vgl. **Abb. 12.1**).

Der rechte Kreis in Abbildung 12.1 symbolisiert die Schule, der linke die Familie. Im Dreieck bilden sich die zentralen sozialen Beziehungen schematisch ab: Eltern – Schüler, Lehrer – Eltern und Schüler – Lehrer (auf die Lehrer-Schüler-Beziehungen wird hier nicht weiter

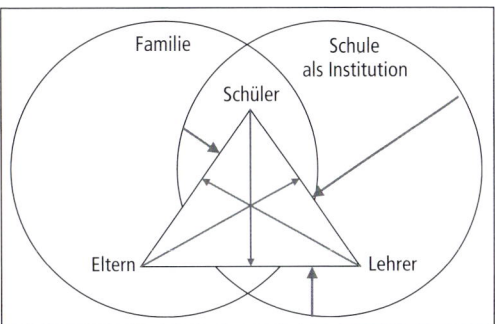

Abbildung 12.1: Soziale Beziehungen und Zusammenhänge zwischen Lehrern, Eltern und Schülern (nach Ulich, 1993, S. 20)

eingegangen; vgl. dazu Rheinberg, Bromme, Minsel, Winteler & Weidenmann, 2001; Ulich, 2001). Die Pfeile zwischen dem Schule-Kreis und dem Beziehungs-Dreieck sollen andeuten, dass die Schule als Institution die Beziehungen zwischen den Beteiligten beeinflusst. Die gestrichelten Pfeile von den jeweiligen Ecken des Dreiecks zu den gegenüberliegenden Seiten zeigen potenzielle Einflüsse der Lehrer auf die Eltern-Schüler-Beziehung. Im Überschneidungsbereich zwischen Familie und Schule ist die Bedeutung der Schule für die Familie und umgekehrt dargestellt. Schließlich macht die Grafik deutlich, dass die Schüler in diesem Überschneidungsbereich zu finden sind und dass sie, wenn sie in die Schule eintreten, sowohl zur Familie als auch zur Schule gehören. Diese scheinbar recht banale Tatsache hat für Schüler und Familien nachhaltige Folgen, auf die teils bereits an früherer Stelle eingegangen worden ist.

Selbstverständlich vereinfacht die Schematik in Abbildung 12.1 die Komplexität des Beziehungsgeflechts zwischen Schule und Familie. Dennoch ist zu fragen, wie sich der institutionelle Einfluss auf die Eltern-Schüler- oder die Lehrer-Eltern-Beziehungen auswirken. Ulich (1993) führt eine ganze Reihe von institutionellen Gegebenheiten und Konsequenzen auf:

- Erstens ist die *Schulpflicht* für Schüler und Eltern bindend. Die zeitliche Organisation von Schule über den Tag, aber ebenso im Wechsel von Schul- und Urlaubszeiten erzeugen Veränderungen, Umstrukturierungen und Belastungen im Familienleben.

- Zweitens besteht zwischen Schule und Familie ein *Kompetenz- und Machtgefälle,* da in unserer Gesellschaft die Schule für die Verteilung von Qualifikations- und Berechtigungsnachweisen ein Monopol hat, das sich in den Beziehungen zwischen Lehrern und Eltern (auch Lehrern und Schülern) bemerkbar macht.
- Drittens sind die Kontakte zwischen Eltern und Lehrern dadurch vorstrukturiert, dass sie in der Regel in der Schule zu Stande kommen, dass Lehrer den Zeitpunkt festlegen und dass Eltern meist etwas von Lehrern wollen. Folglich bringt diese Beziehung (wie dies z.B. in Lehrersprechstunden manifest wird) für die meisten Eltern *Abhängigkeits- und Unterlegenheitserfahrungen* mit sich.
- Viertens bestimmen die *schulischen Leistungsforderungen* nicht nur die innerschulische, sondern in erheblichem Maße auch die außerschulische Tätigkeit der Schüler.
- Fünftens wird vor allem die Mutter-Kind-Beziehung in psychischer und zeitlicher Hinsicht dadurch belastet, dass nicht selten ausdrücklich die *elterliche Mithilfe bei den Hausaufgaben* erwartet wird. Falsch oder schlampig erledigte Hausaufgaben sind dann häufiger Anlass für Konflikte zwischen Lehrern und Eltern, weil auch die Eltern über die Qualität der erledigten Hausaufgaben indirekt zensiert werden. Leider existieren meines Wissens noch keine empirischen Studien dazu, wie Eltern – vor allem Mütter – mit den schulischen Belastungen umgehen und welche Konsequenzen sie für das Familienleben und für die Eltern-Kind-Beziehungen haben.
- Sechstens kann sich die Beziehungsqualität zwischen Eltern und Kindern reduzieren, wenn sich die Eltern in der Zuwendung und Anerkennung ihrer Kinder stark an deren *schulischer Leistungsposition* orientieren, weshalb Kinder in der Folge verstärkt mit (noch) mehr Angst reagieren.
- Siebtens kann es der Fall sein, dass Schüler gegenüber lebensfernen, abstrakten und fachisolierten schulischen Lerninhalten ein *Desinteresse* entwickeln, das zur Konsequenz hat, dass die schulischen Lernthemen keine Basis für gemeinsame interessengeleitete Tätigkeiten von Kindern und ihren Eltern bieten.

Damit sind, um in der Sprache der Abbildung 12.1 zu bleiben, die vom Schule-Kreis auf die beiden Beziehungs-Seiten der Eltern-Schüler und Lehrer-Eltern ausgehenden Pfeile skizzenartig beschrieben. Worin also liegt der grundlegende Konflikt von Eltern gegenüber der Schule? Die zentralen Erkenntnisse über das Verhältnis der Eltern zur Schule fasst Ulich (1993, S. 42) in der folgenden Weise zusammen:

- Kinder von Eltern mit (zu) hohen Schulabschlusserwartungen sind vielfach vom Risiko des Scheiterns bedroht.
- Es bestehen deutliche berufs-, bildungs- und lebenslagespezifische Unterschiede in der Einschätzung von Schule durch die Eltern.
- Für die allermeisten Eltern stellt die Schule ein subjektiv hoch bedeutsames Feld dar, dessen Einschätzung stark ambivalent ausfällt.

Einerseits werden von den meisten Eltern zwar die schulischen Anforderungen mehr oder weniger akzeptiert. Andererseits erfahren sie ganz unmittelbar über die tagtäglichen Sorgen und Nöte ihrer Kinder die Härten und Zwänge der Schule, deren Berechtigung für sie nicht immer einsichtig ist. Derart stehen Eltern mehr oder weniger permanent dem *Konflikt* gegenüber, die Härten der Schule aufzufangen, um wenigstens teilweise die psychischen und physischen Belastungen ihrer Kinder aufzufangen; gleichzeitig üben sie (aufgrund ihrer hohen Schulabschlussaspirationen) ihrerseits Druck auf die Kinder aus – häufig gegen ihren Willen und ihre Bedürfnisse – um deren zukünftigen Lebenschancen zu wahren.

Als Nächstes widmen sich die Darlegungen den gestrichelten Pfeilen im Inneren des Dreiecks in Abbildung 12.1, und damit den Beziehungszusammenhängen zwischen Eltern, Lehrern und Schülern. Grundlegend ist dabei die Annahme, dass (1) Eltern die Lehrer-Schüler-Beziehung, (2) Schüler die Eltern-Lehrer-Beziehung und (3) Lehrer die Schüler-Eltern-Beziehung beeinflussen können. Selbstverständlich handelt es sich hierbei um sehr komplexe und vielschichtige Zusammenhänge, die noch dadurch verkompliziert werden, indem Schüler im Laufe ihrer Schullaufbahn mit zunehmend mehr als nur einem Lehrer Kontakt haben. Dabei entstehen Belastungen für die Eltern-Kind-Beziehungen vor allem dann, wenn die Eltern durch Lehrer eine negative Einschätzung ihrer Kinder erfahren, die sachlich und glaubwürdig klingt. Je vollständiger dabei Eltern den Standpunkt von Lehrern übernehmen und je weniger sie eine eigene Meinung der Kinder akzeptieren, so meint Ulich (1993), desto problematischer und konfliktreicher werden die binnenfamiliären Beziehungen und vermutlich die Lehrer-Schüler-Beziehungen. Decken sich jedoch die Meinungen von Eltern und Lehrern über einen Schüler, dann können sich Eltern-Lehrer-Kontakte auch positiv auf die Entwicklung der Eltern-Kind-Beziehungen auswirken. Psychologisch ist es in diesem Zusammenhang wichtig zu erwähnen, dass zwischen Eltern und Schülern bzw. Lehrern und Eltern nicht nur Informationen und Erfahrungen ausgetauscht, sondern auch Erwartungen (mitunter Stereotype) vermittelt werden, die in die Qualität der jeweiligen Beziehungen eingehen (vgl. zu den familiären Bewältigungsstrategien von schulischen Anforderungen Wild und Hofer, 2002).

Im Rahmen vieler Elternkurse und -abende in Schulen ist wiederholt zu erfahren, wie schwierig es ist, Eltern zu vermitteln, dass sie etwas tun können, um die schulischen Einflüsse und Belastungen in der Familie abzuschwächen. Allerdings bilden Ängste, Verunsicherungen und gelegentlich starre Erziehungs- und Leistungsüberzeugungen auf Seiten der Eltern ein schwer abzubauendes Einstellungshindernis. Trotzdem soll versucht werden, ein paar Vorschläge zu entwickeln, wie die Eltern-Schüler-Beziehungen verbessert, entspannt oder entschult werden können (vgl. ausführlicher dazu Ulich, 1993). Dabei steht natürlich fest, dass es nicht die Absicht dieser Vorschläge sein kann, Schule gänzlich aus dem Familienleben herauszuhalten; vielmehr kommt es darauf an, die «Schulbeziehung» zwischen Eltern und Kindern bewusst aktiv zu gestalten, ohne dass sie zur einzigen Beziehung wird, in der sich Eltern und Kinder begegnen.

Zum Schluss soll nicht unerwähnt bleiben, dass die Einstellung der Eltern zur Schule nicht nur von deren Bildungsgrad, sondern vor allem auch von ihren eigenen Schulerfahrungen und -erfolgen abhängig ist (Ulich, 1993). In dieser Hinsicht gibt es massive Unterschiede etwa zwischen Eltern, die mit mäßigem Erfolg die Hauptschule als «notwendiges Übel» absolviert haben und anderen, die zielbewusst und mit großem Lernengagement einen guten Abschluss am Gymnasium erreicht haben. Derartige Unterschiede machen sich mit Sicherheit nicht nur in ihrem eigenen Verhältnis zur Schule, sondern auch in der familiären Erziehung der Kinder *zur* Schule bemerkbar.

12.4
Einflüsse von Familie und Erziehung auf die schulische Entwicklung

Auch jenseits der Studie des NICHD-Netzwerks, worauf in Kapitel 6.4 ausführlich eingegangen worden war, ist bereits seit Ende der 1960er- und Anfang der 1970er-Jahre eine heftige und öffentliche Debatte über unser Schulsystem geführt worden. Bis heute ist die Kritik an der Schule nicht verstummt, und es wurde immer wieder gefordert, dass sich Schule radikal und rasch ändern müsse, damit sie zeitgemäß und eine wieder funktionierende Institution der Gesellschaft wird, die sinnvoll in Kinder und damit in die Zukunft unserer Gesellschaft investiert (vgl. Struck, 1997). Zusätzlich haben die TIMMSS- und noch mehr die PISA-Ergebnisse in Deutschland dieser schulkritischen Diskussion neue Nahrung zugeführt und einen richtiggehenden Schock ausgelöst (vgl. Krais, 2003). Vor allem die Diskussion um die *schichtspezifische Sozialisationsthese* hat neue Nahrung bekommen, weil feststeht, dass während der letzten Jahrzehnte weder die Aufhebung der unterschiedlichen Sozialisationschancen von Kindern und Jugendlichen in Abhängigkeit vom Elternhaus noch eine kompensatorische Erziehung in deutschen Schulen gelungen ist. Vielmehr sind die Leistungsanforderungen und die Verunsicherung vieler Eltern gestiegen, weil den meisten Eltern bewusst geworden ist, dass Sozialisations- und Bildungsdefizite auch auf

Kasten 12-2

Implikationen für die Erziehungspraxis

Wie können Eltern die «Schulbeziehung» zu ihren Kindern verbessern?

■ Zuerst sollten Eltern ihre *Leistungs- und Schulabschlusserwartungen* auf ein für die Leistungsfähigkeit der Kinder angemessenes Niveau einstellen, was in den meisten Fällen bedeutet, dass die Erwartungen zurückgeschraubt werden müssen. Die in diesem Buch an mehreren Stellen berichteten empirischen Ergebnisse belegen überzeugend die negativen psychischen und gesundheitlichen Folgen hoher Leistungserwartungen und geringer Leistungszufriedenheit der Eltern. Weniger leistungsfixierte und -fordernde Eltern haben in der Regel auch Kinder mit einem positiven Selbstwertgefühl, die sich in der Beziehung zu den Eltern sicher und angenommen fühlen.

■ Eltern sollen sich bemühen, *mit den Kindern über deren schulische Erfahrungen zu reden:* Zeit nehmen, aktiv zuhören, Interesse und Verständnis zeigen, Emotionen zulassen, aber auch eigene Meinungen äußern, zählen zu den grundlegenden Orientierungen für die Eltern, wenn sie mit ihrem Kind über schulische Belange sprechen. Gelingt dies den Eltern, dann fällt den Kindern die psychische Verarbeitung des Schulalltags leichter, und ihre Beziehung zu den Eltern wird entspannter. Auf genau diese Weise können Eltern ihren Kindern am besten helfen, schulischen Erfolg und Misserfolg sowie schulischen Stress zu bewältigen.

■ Eltern sollten sich für die *schulischen Lerninhalte* ihrer Kinder interessieren. Das soll aus mindestens zweierlei Gründen geschehen: Zum einen bietet das den Eltern Gelegenheit, sich über die Lerninhalte zu informieren und mit ihren Kindern über diese zu sprechen, wodurch die Distanz der Eltern und die teilweise Gleichgültigkeit der Kinder gegenüber diesen Inhalten abgebaut werden kann. Zum anderen kann die von den Kindern tagtäglich erfahrene Trennung zwischen Schul- und Alltagswissen etwas verringert werden, wenn Eltern sich bemühen, den Kindern die Relevanz dieser Inhalte für den praktischen Lebensalltag zu erklären.

■ Haben Schüler *Probleme mit Lehrern* sollten die Eltern ihre Kinder so viel wie möglich unterstützen und so viel wie nötig bei den Lehrern intervenieren. Gelingt es Eltern, sich derart zu verhalten, dürfte die Gefahr, dass schulische Konflikte in die binnenfamiliären Beziehungen hineinwirken, etwas relativiert werden. Noch ein wichtiger Rat an die Eltern: Nicht die *eigene* Verärgerung über einen Lehrer, sondern die Schwierigkeiten des Kindes mit ihm sollen Anlass für ein Gespräch sein; Kindern nützt es wenig, wenn zu einem Schüler-Lehrer-Konflikt auch noch ein Eltern-Lehrer-Konflikt hinzukommt.

■ Eltern sollen in ihrer *Reaktion auf Noten* Extreme vermeiden. Weder Wut und Drohungen fördern das Verhältnis zum Kind noch übermäßiges Lob und besondere Belohnungen. Auch extrem positive Reaktionen der Eltern lassen das Kind deutlich spüren, welch großen Wert seine Eltern auf gute Schulleistungen legen. Denn gleichzeitig muss es darum bangen, dass es bei schlechteren Zensuren weniger Zuwendung erhält und muss sich daher noch mehr anstrengen. Damit wächst der Leistungsdruck und das Kind gerät in einen Teufelskreis, je stärker die Eltern-Kind-Beziehung auf dem Tauschprinzip «Anerkennung gegen gute Noten» aufgebaut ist.

Quelle: Ulich (1993)

elterliches Verhalten zurückgeführt werden können.

Allerdings handelt es sich bei der sozialen Schicht um molare, häufig aus disparaten Einzelindikatoren zusammengesetzte Indizes, die zwar mehr oder weniger direkt auf den sozioökonomischen Kontext der Familie schließen lassen, denen aber selber kein kausaler Erklärungswert zukommt. Ebensowenig sind *familiäre Strukturmerkmale* (wie etwa «vollständige» vs. «alternative» Familienformen) direkt wirksam, aber sie können mit entwicklungsrelevanten Variablen korreliert sein (Zill, 1996).

In diesem Zusammenhang ist auch die Frage, wie sich das Leben in der jeweiligen *Familienform* auf die Entwicklung von Kindern auswirkt, in der psychologischen und erziehungswissenschaftlichen Forschung intensiv untersucht worden (vgl. die Übersichtsbeiträge von Fthenakis, 1993; Huss & Lehmkuhl, 1997; Offe, 1992). Dabei überwiegt die Feststellung, dass Kinder, die eine diskontinuierliche Elternschaft erlebt haben, auch einen geringeren Bildungserfolg aufweisen. Besonders die Situation, bei einem *allein erziehenden Elternteil* (fast immer die Mutter) aufzuwachsen, gilt als besonders entwicklungs- und damit auch leistungsgefährdend. Gespräche mit Lehrkräften zeigen, dass auch bei ihnen eine solche Sichtweise weit verbreitet ist (vgl. Biermann & Tillmann, 2001).

Allerdings macht Bohrhardt (2000) deutlich, dass die meisten Studien, auf die sich solche Aussagen stützen, methodisch höchst problematisch sind, weil sie in aller Regel nur bivariate Zusammenhänge aufzeigen und damit andere soziokulturelle Faktoren, wie etwa die soziale Schicht, unberücksichtigt lassen. Er kann auch belegen, dass in der Bundesrepublik kein Zusammenhang zwischen Familientyp und Schulerfolg besteht, während dieser sich z.B. für die USA klar nachweisen lässt. Auch die PISA-Daten von 2000 belegen für Deutschland, dass das Vorurteil von den benachteiligten Trennungskindern dringend der Überprüfung bedarf (Tillmann & Meier, 2001). Werden nämlich Schulform und Sozialschicht kontrolliert, weisen *Kinder von Alleinerziehenden* genauso gute Schulleistungen wie Kinder aus «vollständigen» Familien auf. Damit kann auch für die PISA-Stichprobe die These, dass bei allein erziehenden Müttern oder Vätern aufwachsende Kinder wegen belastenderen Lebensbedingungen schlechtere Schulleistungen aufweisen, nicht bestätigt werden. Das spricht dafür, dass Lehrerinnen und Lehrer heute viel stärker als bisher unabhängig von der Zusammensetzung der Herkunftsfamilie nach den individuellen Stärken und Schwächen der Schülerinnen und Schüler fragen müssen.

Um diesen fehlenden eigenständigen *Einfluss des Familientyps auf die Schulleistungen* nachvollziehbar zu illustrieren, dienen exemplarisch jene empirischen Ergebnisse aus der PISA-Studie, wie sie in **Tabelle 12.1** dargestellt sind. Diese Daten weisen für die drei Familientypen die Mittelwerte der Leseleistungen aus; dies geschieht getrennt nach Bildungsgängen. In allen drei Bildungsgängen liegen die Werte dicht beieinander, die Leistungen der Kinder aus «normalen» Familien (leibliche Eltern) unterscheiden sich in keinem einzigen Fall signifikant von denjenigen, die bei allein erziehenden Müttern

Tabelle 12.1: Leseleistung der 15-Jährigen (Mittelwert) nach Familientyp und Schulform (nach Tillmann & Meier, 2001, S. 481)

Familientyp	Bildungsgang		
	Hauptschule Mittelwert (Anzahl)	Realschule Mittelwert (Anzahl)	Gymnasium Mittelwert (Anzahl)
Familie mit leiblichen Eltern	75,22 (694)	103,90 (1027)	126,22 (1168)
Alleinerziehende	78,10 (188)	102,65 (230)	128,09 (186)
Stieffamilie	77,66 (102)	102,31 (127)	124,86 (80)

Die Leistungsunterschiede zwischen den Schülerinnen und Schülern aus den verschiedenen Familientypen sind nicht signifikant.

oder Vätern leben. Das Gleiche gilt für Kinder aus Stieffamilien. Der im internationalen Bericht für die Mehrheit der OECD-Länder konstatierte Leistungsvorteil (Lesen) von Kindern aus «vollständigen» Familien findet sich in der deutschen PISA-Stichprobe auch dann nicht, wenn die Zusammenhänge mit komplexen multivariaten Verfahren analysiert werden.

Des Weiteren liefern zahlreiche Studien Belege für die lern- und leistungsrelevante Rolle des Elternhauses (vgl. Pekrun, 2001; Wild & Hofer, 2002; Zimmermann & Spangler, 2001). Anders als bei Strukturmerkmalen von Familien ist bei *prozessualen Familienmerkmalen* von einer kausalen Wirkung auszugehen. So weisen Helmke und Weinert (1997) nach, dass sich bis zu $2/3$ der interindividuellen Varianz schulischer Lernleistungen durch familiär bedingte Schülerfaktoren (z.B. Bereitstellung einer stimulierenden Umwelt mit elterlicher Instruktion zum Wissenserwerb, Autonomiegewährung, Modellverhalten und Motivierung) aufklären lassen, während schulische Merkmale für maximal $1/3$ der Leistungsvarianz verantwortlich sind. Direkte Wirkungen auf Intelligenz- und Wissensentwicklung lassen sich vor allem für den kognitiven Anregungsgehalt der Umwelt im Elternhaus nachweisen (vgl. Pekrun, 2001). Dies gilt für materielle Aspekte wie die Verfügbarkeit von Büchern ebenso wie für kognitiv stimulierende familiäre Aktivitäten sozialer Art. Günstige Effekte ergeben sich für die Unterstützung beim Erwerb und Einsatz von Lernstrategien, die das selbst gesteuerte Lernen unterstützen.

Differenzierte Analysen dessen, was den *Anregungsgehalt der familiären Umwelt* für eine positive kognitive Entwicklung ausmacht, hat die Arbeitsgruppe um Bradley und Caldwell (1995) vorgelegt. Dabei zeigen ihre Ergebnisse, dass die mit Hilfe des *Home Observation for Measurement of the Environment Inventory (HOME)* erfassten Dimensionen der häuslichen Umwelt die Vorhersage von Unterschieden in der Intelligenz, Lernmotivation, Gesundheit und der psychosozialen Entwicklung der Kinder erlaubt (Gottfried, Fleming & Gottfried, 1998). Im Besonderen hat sich der heimische Buchbestand als prognostisch bedeutsam erwiesen (Lehmann, Peek, Piper & Strietzky, 1995). In ähnlicher Weise wurden auch in der Studie von Wild und Remy (2001) ca. 300 Drittklässlern und deren Eltern Aussagen aus der neuen Version des *Home Observation for Measurement of the Environment Inventory* (EA-HOME) von Bradley, Corwyn, Caldwell, Whiteside-Mansell, Wassermann und Mink (2000) vorgelegt. Das Befragungsinventar des EA-HOME enthält sieben Dimensionen, wobei neben dem Anregungsgehalt im engeren Sinne (Merkmale der physikalischen Umgebung, Reichhaltigkeit des Lernmaterials und Ausmaß kultureller Aktivitäten der Familie) auch Merkmale des Elternverhaltens und der Eltern-Kind-Beziehung erfasst wurden (Verfügbarkeit von Verhaltensmodellen, elterliche Wertschätzung und Responsivität, autonomieunterstützendes Elternverhalten sowie verhaltensregulierende bzw. -strukturierende Aspekte). Die extrem schiefe Verteilung aller Items weist darauf hin, dass hierzulande von einem hohen Sättigungsgrad im Bereich der Bildungsgüter (Verfügbarkeit eigener Bücher, Zugang zu Personalcomputern) auszugehen ist. Die eingeschränkte Varianz könnte auch erklären, warum sich zwar bedeutsame, aber nur schwache Zusammenhänge (r = jeweils < .20) zwischen den Ausstattungsmerkmalen der familiären Umwelt und den Schulnoten der Kinder, der Vorbild- und Anregungsfunktion der Eltern und der schulischen Lernmotivation der Kinder hatten finden lassen.

Des Weiteren zeigen sich positive Wirkungen einer gelungenen elterlichen Erziehungskooperation, d.h. wenn sich die Eltern in ihrer Erziehungsarbeit wechselseitig unterstützen, auf die Entwicklung von Vorschulkindern (vgl. Belsky, Putnam & Crnic, 1996). Außerdem liefern Stright und Neitzel (2003) empirische Evidenz dafür, dass die Qualität der elterlichen Erziehungskooperation den Zusammenhang zwischen elterlicher Zurückweisung kindlicher Problemlösungsbemühungen und der Schulleistung des Kindes moderiert (vgl. **Abb. 12.2**).

Mütter und Väter, die das kindliche Bemühen um die Lösung vorgegebener Probleme in negativer Weise kommentierten (z.B. «Wenn du nicht aufhörst, dich wie ein Baby zu benehmen, dann wirst du das nie schaffen») oder kritisierten (z.B. «Du hörst nie zu») hatten Kinder mit

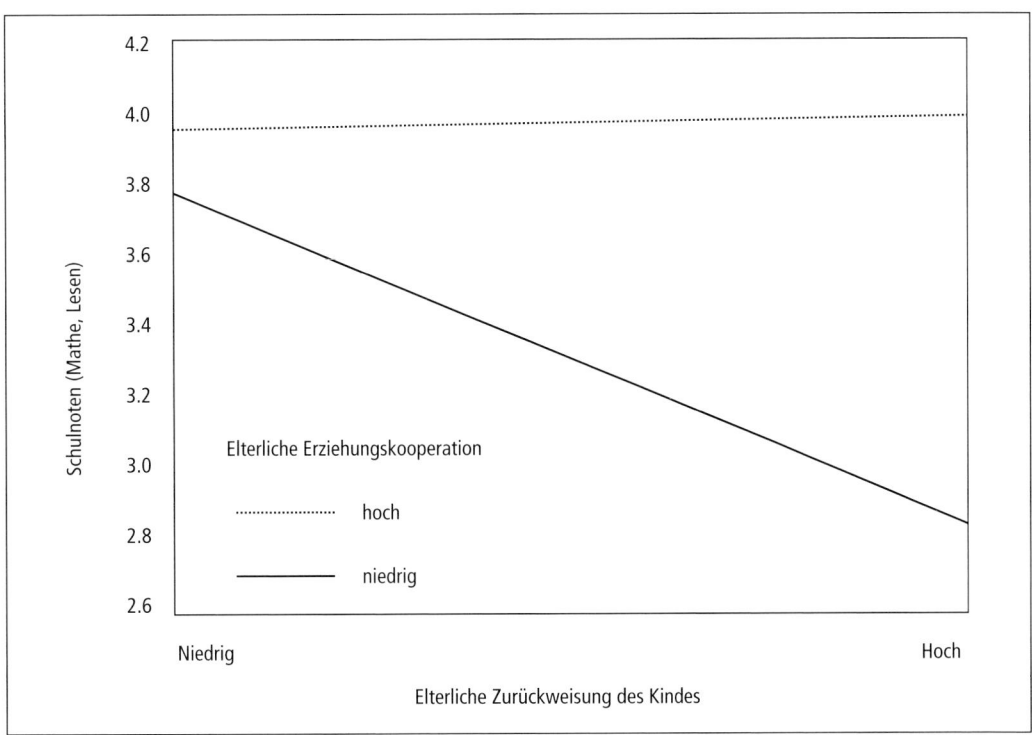

Abbildung 12.2: Moderatoreffekt der Qualität elterlicher Erziehungskooperation auf den Zusammenhang zwischen der Ablehnung kindlicher Problemlösebemühungen und den Schulnoten (nach Stright & Neitzel, 2003, S. 37)

schlechteren Schulnoten in Mathematik und Lesen. Nachdem jedoch die Variable «Zurückweisung kindlicher Problemlösungen durch die Eltern» kontrolliert worden ist, lieferte die Variable «unterstützende elterliche Erziehungskooperation» einen zusätzlichen Beitrag zur Varianzaufklärung in den kindlichen Schulnoten. Eltern, die sich in ihrer Erziehungsarbeit wechselseitig unterstützen, haben Kinder mit besseren Schulnoten. Dabei zeigt sich zusätzlich der moderierende Effekt der sich wechselseitig unterstützenden elterlichen Erziehungskooperation auf den Zusammenhang zwischen elterlicher Zurückweisung und kindlichen Schulnoten, indem die elterliche Zurückweisung die Schulnoten dann signifikant beeinflusst, wenn die Elternkooperation niedrig ist. Wenn umgekehrt die Elternkooperation hoch ist, lässt sich kein bedeutsamer Zusammenhang zwischen elterlicher Zurückweisung und schlechten Schulnoten belegen.

Schließlich lieferte die Arbeitsgruppe um Laurence Steinberg empirische Evidenz für die *leistungsförderliche Funktion des autoritativen Erziehungsstils.* In Rahmen einer Längsschnittstudie wurden Familien nach der Autoritativität ihres Erziehungsverhaltens unterschieden (Lamborn, Mounts, Steinberg & Dornbusch, 1991; Steinberg, Lamborn, Dornbusch & Darling, 1992). Drei Skalen bildeten die Basis dieser Differenzierung: Akzeptanz/Involviertheit, Strenge/Kontrolle und Autonomieunterstützung. Familien mit Werten oberhalb des Medians auf allen drei Skalen wurden als autoritativ eingestuft (17%). Familien mit Werten über dem Median auf zwei Skalen bzw. auf einer Skala machten 32% bzw. 34% aus. 17% der Familien lagen bei allen drei Skalen jeweils unterhalb des Medians. Die Outcome-Variablen wurden faktorenanalytisch zu zwei Skalen zusammengefasst: Der erste Faktor kann als Indikator für die Höhe der Leistungsbereitschaft betrachtet werden. Der zweite Faktor bildet eher eine positive Haltung zur Schule und zum Lernen ab. Im Querschnitt korrelierte die schulische Leistungsbereitschaft mit $r = .27$ und die

Lernhaltung mit r = .23 mit der Autoritativitäts-Skala. Im Längsschnitt reduzierten sich diese Korrelationen auf r = .10 und r = .06, blieben jedoch aufgrund der hohen Probandenzahl noch signifikant. Betrachtet man die praktische Bedeutsamkeit der Ergebnisse, berichten die Autoren über Effektstärken von d = .17 bzw. d = .42, wenn jeweils zwei nebeneinander liegende Ausprägungen verglichen wurden. Beim Vergleich der beiden Extremgruppen, also von autoritativen Familien und nicht autoritativen Familien ergaben sich hingegen Effektstärken zwischen d = .72 und d = .96. Dass sich der *elterliche Erziehungsstil* – auch bei Kontrolle von distalen Familienmerkmalen – als bedeutsamer Prädiktor für die Persönlichkeitsentwicklung von Kindern und Jugendlichen erwiesen hat, darauf war in diesem Lehrbuch bereits in Kapitel 10.2 ausführlich eingegangen worden.

12.5
Kooperation zwischen Schule und Elternhaus

Der bekannte Bielefelder Schulpädagoge Wolfgang Melzer (1997) beschreibt den gegenwärtigen Zustand der herkömmlichen Elternhaus-Schule-Kontakte zusammenfassend wie folgt: «Zwischen einem Teil der Elternschaft, der im Durchschnitt der Schularten nicht mehr als die Hälfte der Eltern ausmacht, und der Schule findet eine regelmäßige Begegnung statt, meist bei den vorgeschriebenen oder üblichen zwei Elternabenden und zwei Elternsprechtagen pro Jahr. Darüber hinaus treten Eltern und Lehrer nur in Ausnahmefällen brieflich, telefonisch oder in Sprechstunden miteinander in Verbindung, und das meist bei negativen Anlässen. Ferner haben die Eltern Mitbestimmungsrechte, etwa in der Schulversammlung oder in Fachkonferenzen» (S. 305). Nicht nur die Forscher beurteilen die herkömmlicherweise praktizierte Form der Eltern-Lehrer-Kooperation als unzureichend und ineffektiv. Eltern-Lehrer-Gespräche, so weist Krumm (1996a) nach, überschreiten selten einen Zeitumfang von 15 Minuten, und Lehrer geben an, nicht mehr als 6 % ihrer Arbeitszeit der Elternarbeit zu widmen. Derart finden die Interaktionen zwischen Elternhaus und Schule meist nicht direkt, sondern indirekt über das jeweilige Schulkind vermittelt statt. Der direkte Kontakt von Lehrern und Eltern ist demnach in aller Regel quantitativ zu vernachlässigen und, legt man pädagogische Maßstäbe an, auch qualitativ wenig förderlich. Auch die beteiligten Lehrer wie auch die Eltern äußern sich in aller Regel kritisch über die geringe Kooperation. Wie lässt sich diese unbefriedigende Situation erklären?

Für die offensichtlichen *Spannungen zwischen Elternhaus und Schule* führt Pekrun (2001) historische, juristische und strukturelle Ursachen an. Dabei liegen die strukturellen Spannungen im Verhältnis zwischen Schule und Elternhaus, und diese interessieren uns hier am stärksten, hauptsächlich im Spannungsverhältnis zwischen den drei wesentlichen Aufgaben begründet, die von der Schule zu leisten sind: Das sind (1) die Qualifizierung von Kindern und Jugendlichen, (2) Erziehung und Sozialisation sowie (3) die Selektion innerhalb der Schullaufbahn und die Allokation von Berechtigungen für das nachschulische Ausbildungs- und Berufswesen. Spannungen entstehen einerseits durch die teilweise Nichtvereinbarkeit dieser drei Ziele, andererseits durch die teils von der Schule bzw. den Lehrern abweichenden Vorstellungen der Eltern über die Erreichung dieser Aufgaben für ihr eigenes Kind (Pekrun, 2001).

In diesem Spannungsfeld sind aufgrund der *Machtasymmetrie von Elternhaus und Schule* die Möglichkeiten der Eltern, sich für die jeweilige Ausgestaltung dieser Ziele in direkter Weise durchzusetzen, begrenzt. Deshalb versuchen heutzutage viele Eltern, Ziele dieser Art (z. B. Selektionsprozeduren innerhalb der Schullaufbahn) durch die Einflussnahme auf ihre Kinder (indirekt) zu erreichen, indem sie diese zu einer selektionsgünstigen Optimierung ihres Schulleistungsstatus zu motivieren versuchen. Daraus resultiert nicht selten jener übersteigerte Leistungsdruck von Eltern-Seite, der Konflikte in der Eltern-Kind-Beziehung sowie die von mir bereits mehrfach erwähnten psychischen und gesundheitlichen Probleme der Kinder hervorruft (z. B. Hurrelmann, 2002a).

Angesichts der gespannten «Schulbeziehung» zwischen Elternhaus und Schule mit ihren häufig negativen Folgen für die Befindlichkeit der Kinder und die Eltern-Kind-Beziehung einerseits und der Bedeutung der Familie für die schulische Lern- und Leistungsentwicklung andererseits, liegt es auf der Hand, sich zu fragen, welche Mittel und Wege es gibt, um die Beziehung zwischen Elternhaus und Schule zu verbessern. Denn eines hat die pädagogisch-psychologische Forschung mehrfach empirisch belegt: Je intensiver Eltern sich um die Hausaufgaben ihrer Kinder kümmern und je häufiger sie den Kontakt zum Lehrer suchen, desto besser ist die Schulleistung (vgl. Wild & Hofer, 2002). Beispielsweise konnten Stevenson und Baker (1987) in ihrer Studie an einer bundesweiten repräsentativen Stichprobe in den Vereinigten Staaten eine Korrelation zwischen dem Ausmaß elterlicher Beteiligung (nach Auskünften der Lehrer) und der Leistung ihrer Kinder in der beträchtlichen Höhe von $r = .34$ feststellen. Dabei blieb der signifikante Zusammenhang auch bestehen, wenn die Merkmale Bildung der Mutter, Alter und Geschlecht des Kindes auspartialisiert wurden. Graue, Weinstein und Walberg (1983) berichten über Untersuchungen, in denen Eltern Unterstützung erhielten, ihren Kindern daheim bessere «Lehrer» zu sein. Sie wurden trainiert, mit den Kindern zu spielen, Lehraufgaben zu machen, zu lesen, die Kinder zu schulbezogenen Aktivitäten anzuregen, zu loben und zuzuhören. Die Wirkungen von solchen Schulungsmaßnahmen in 29 kontrollierten Feldexperimenten erwiesen sich mit Effektstärken von durchschnittlich .70 als beachtlich. Sie liegen höher als jene der meisten schulischen Lehrmethoden (vgl. Krumm, 1988).

Lehrer begründen ihre Zurückhaltung häufig mit dem Hinweis auf ihre mangelnde Qualifizierung für die Kooperation mit den Eltern, was erstaunlich ist, weil es weniger einer besonderen Qualifikation als vielmehr der Zeit und des Engagements bedarf. Lehrer betrachten die Elternarbeit als nicht honorierte Mehrarbeit; des Weiteren verweisen sie auf ihre psychische und zeitliche Belastung und sind nicht frei von Ängsten gegenüber den Eltern (vgl. Wild & Hofer, 2002) Vergleichbare Vorbehalte findet man auf Seiten der Eltern. Dabei variieren das Ausmaß des elterlichen Schulengagements und die Intensität häuslichen Lernens in Abhängigkeit vom Alter der Schüler, vom Fach und von der Schichtzugehörigkeit der Eltern. Beides ist in der Grundschule ausgeprägter als in weiterführenden Schulen, und je höher der soziale Status und der Bildungsgrad der Eltern ist, umso höher ist auch die Mitwirkung der Eltern (vgl. Melzer, 1997; Wild & Hofer, 2002).

Aus dieser Entwicklungsbedeutsamkeit von Familie ist zu folgern, dass sich unsere Schulen in stärkerem Maße als bisher um die Familie kümmern sollten, wenn sie erfolgreicher sein möchten, als sie das gegenwärtig sind, wie die PISA-Ergebnisse (auch im internationalen Vergleich) nachdrücklich belegen (vgl. Baumert & Schümer, 2002). Aber auch das Umgekehrte gilt: Eltern können sich engagierter als sie das bisher in aller Regel getan haben, um die Möglichkeiten der Kooperation mit der Schule bemühen. Allerdings setzt das Veränderungen in der Bildungspolitik und Wissenschaft, aber vor allem auch in der Lehrer- und Elternbildung sowie in den Strukturen der herkömmlichen Kooperation von Schule und Elternhaus voraus.

Leider stellen bislang *Bildungs- und Familienpolitik* (und man könnte die Gesundheitspolitik noch dazunehmen) weitgehend voneinander getrennte Politikbereiche dar. Ganz Ähnliches gilt für die Organisation der Wissenschaft. Auch hier werden Familien- und Schulforschung als jeweils getrennte, in sich hoch spezialisierte Disziplinen betrieben, die bislang (zumindest im deutschen Sprachraum) noch viel zu wenig aufeinander Bezug nehmen. In der Pädagogischen Psychologie dominiert die Lehr-/Lern-, Schul- und Unterrichtsforschung, wogegen die noch junge Disziplin der Familienpsychologie noch einen recht schweren Stand hat. Dennoch gibt es seit einigen Jahren auch im deutschen Sprachraum Psychologen, die sich um die Etablierung einer Familienpsychologie verdient gemacht haben (vgl. Hofer, Wild & Noack, 2002; Schneewind, 1999) und in deren Umfeld Forschungsprogramme zur notwendigen Integration von Familien- und Schulforschung initiiert worden sind (vgl. Pekrun, 2001; Wild & Hofer, 2002).

Angesichts der politischen und wissenschaftlichen Trennlinien verwundert es nicht, dass das Thema Familie/Elternhaus und die Möglichkeiten der Kooperation in der deutschsprachigen Lehrerausbildung noch viel zu kurz kommen, wie Pekrun (2001) zu Recht moniert. Die Familie sollte für angehende Lehrer zu einem wichtigen Ausbildungsthema werden; Lehrer sollten für die komplexen, wechselseitigen Beziehungsstrukturen und ihr interaktives Zusammenwirken, wie sie in Abbildung 12.1 schematisch skizziert sind, sensibilisiert werden. Darüber hinaus sollten Eltern in Eltern- und Familienseminaren schulbezogene pädagogische Kompetenzen vermittelt werden, was den Umgang mit Lehrern und Schule, was die Hausaufgabenbegleitung usw. anbelangt.

Sucht man nach brauchbaren Formen der praktischen Kooperation zwischen Elternhaus und Schule, dann kann die pädagogische Funktion einer solchen elterlichen Kooperation mit der Schule, wie Melzer (1997) vermutet, nicht durch einen Ausbau der herkömmlichen Form der Elternbeteiligung in Form von Elternabenden und Elternsprechtagen hinreichend gelöst werden. Denn diese Formen begünstigen die Eltern aus der höheren Bildungsschicht, sodass sich ein nicht repräsentativer Elternwille gegenüber dem Lehrer oder der Schule durchsetzt. Zudem kann eine Kommunikation auch zwischen Schule und Elternhaus nicht fruchtbar sein, wenn sie überwiegend dann zu Stande kommt, wenn negative pädagogische Anlässe und/oder mangelnde Schulleistung der Anlass sind; eine solche Zusammenarbeit kann nicht präventiv wirken.

Grundsätzlich muss es selbstverständlich werden, dass Eltern sich bei schulbezogenen Fragen ohne Gefühle des Unbehagens und frei von Ängsten an die Lehrerinnen und Lehrer wenden, und das sollten sie tun, noch ehe diese Fragen zu Familienproblemen werden. Dadurch können Eltern auch vermeiden, dass sie mittels «Umweg» über ihre Kinder über die Schule informiert werden. Lehrer, die eine intensive Elternarbeit betreiben, wissen um die Vorzüge einer inhaltlichen Mitarbeit der Eltern in Schule und Unterricht. Diese liegen in der Einbringung zusätzlicher vor allem beruflicher Kompetenzen zur Sicherung eines stärkeren Lebensweltbezugs im schulischen Alltag. Eltern haben Befähigungen, über die Lehrer aufgrund ihrer in aller Regel akademischen Ausbildung nicht verfügen, und mit diesen Fähigkeiten lassen sich Unterricht und schulische Lebenswelt bereichern.

In der Schulpädagogik ebenso wie in der Schulpsychologie ist es deshalb unbestritten, dass der Schulalltag dieser (elterlichen) Ergänzung bedarf (Melzer, 1997). Denn der schulische Alltag hat sich bis heute vorwiegend in einer relativ künstlichen und isolierten Lernumwelt vollzogen und eine sich selbst genügende Anforderungsstruktur produziert, die häufig an den individuellen und alltäglichen Voraussetzungen von Lernprozessen vorbeizielt. Zur Behebung dieser Defizite wurden in den letzten Jahren eine Vielzahl nachahmenswerter Vorschläge realisiert. Modelle hierfür lassen sich vor allem in den angloamerikanischen und skandinavischen Ländern finden (vgl. Booth & Dunn, 1996; Krumm, 1996b; Melzer, 1997; Pekrun, 2001).

Befragungen von Lehrern, die diese und andere Formen einer pädagogisch-inhaltlichen Zusammenarbeit mit den Eltern zum Gegenstand haben, weisen durchwegs positive Erfahrungen aus (vgl. Melzer, 1987). Dabei wird von Lehrern immer wieder betont, dass mit Elternmitarbeit und -partizipation – neben den positiven Auswirkungen auf das Schulklima und die Klassensituation – auch Lerneffekte und ein Erkenntniszugewinn für sie selbst verbunden sei. Zudem gelangen Lehrer dadurch auch zu ganz neuen Einschätzungen der Schülerpersönlichkeit. Des Weiteren eröffnen sich durch die verbesserte Kommunikation zwischen Eltern und Schule neue pädagogische Horizonte, indem etwa die Schule aus Elternperspektive nicht mehr primär als Konkurrenz- und Wissensvermittlungsinstitution, sondern als soziale Institution begriffen wird, in der sich Schüler nicht nur nützliches Wissen aneignen, sondern auch ihre Persönlichkeit weiterentwickeln können.

In einer Zeit, in der sich das Lehrer-Schüler-Verhältnis zu liberalisieren beginnt, bietet sich möglicherweise vermehrt Anlass dazu, mit dem Elternhaus ins Gespräch zu kommen und die vielfach beobachteten Vorbehalte von Lehrern gegenüber Eltern sowie die Ängste von Eltern gegenüber Lehrern abzubauen. Beobachtungen aus dem Schulalltag werden mit anderen Eltern,

Kasten 12-3

Implikationen für die Erziehungspraxis

Elternhaus und Schule: Neue Formen der Kooperation

■ **Verstärkung der schulischen Mitbestimmung von Eltern.** Aus der Reformpädagogik stammt die Idee, Eltern und Lehrer (teils auch Schüler) in einer Art von «*Schulgemeinde*» gemeinsam über die Belange der Schule zu informieren und entscheiden zu lassen (Sandfuchs, 1979). Dabei könnte im Sinne einer stärkeren Integration und Motivierung von Eltern erprobt werden, Eltern über Informations- und Vorschlagsrechte hinausgehende Mitwirkungsrechte (z.B. in der Unterrichts- und Schulprofilentwicklung) einzuräumen. Eine noch radikalere Abwendung von den Grundprinzipien des staatlich regulierten Schulsystems beinhalten die Modelle des *Home Schooling* in den USA und Australien, die auf schulische Instruktion zugunsten eines familienbasierten Unterrichts verzichten und auf entsprechende pädagogische Erfolge hinweisen können (Lines, 1991). Ein noch weitergehendes Modell umfassender Elternrechte schlägt Krumm (1991) vor. Darin schließen die Eltern mit einer von ihnen gewählten Schule einen *Bildungsvertrag* ab und finanzieren diese anhand von Bildungsgutscheinen, was zu einer stärkeren Eltern- und Schülerorientierung führen könnte, sofern die entsprechenden Marktbedingungen gegeben sind. Zwingend ist allerdings die Verbesserung der Kooperation von Elternhaus und Schule unter solchen veränderten Bedingungen nicht, wie Erfahrungen von Eltern mit Waldorfschulen zeigen, die ebenfalls erhebliche Machtasymmetrien im Verhältnis von Schule und Eltern belegen. Eine wirkliche Chance würden vermutlich Systemveränderung erst dann zeigen, wenn gleichzeitig die Ausbildungsvoraussetzungen sowie die distanzorientierten Einstellungen und Ängste sowohl auf Eltern- als auch auf Lehrerseite modifiziert werden könnten (vgl. Hoover-Dempsey & Sandler, 1997).

■ **Eltern-Lehrer-Kooperation im Unterricht.** Unterhalb der Schulentwicklungsebene sind die Elternmitwirkung am Unterricht und die Lehrermitwirkung an der häuslichen Instruktion und Erziehung zu unterscheiden (vgl. Melzer, 1985). Dabei kann die unterrichtsbezogene Elternmitwirkung etwa aus Unterrichtsbesuchen (Hospitationen) und direkter Unterrichtsarbeit von Eltern (z.B. bei Gruppenarbeit, Projekten und Projektwochen mit Themen aus dem Kompetenzbereich der Eltern) bestehen; darüber hinaus ist die Elternmitarbeit auch bei außerschulischen (Sonder-)Veranstaltungen (z.B. Schulfesten, Klassenfahrten) denkbar. Derartige Formen der Elternmitwirkung finden sich in den USA und den skandinavischen Ländern; in Deutschland sind sie selten oder gar nicht zugelassen. Die Vorteile sind eine erhöhte Transparenz von Schule und Eltern, Abbau vorhandener Ängste auf Eltern- wie auf Lehrerseite sowie eine verbesserte Eltern-Lehrer-Kommunikation. Allerdings stehen diesen Vorzügen auch denkbare Nachteile entgegen wie z.B. die mangelnde Bezahlung von Elternarbeit und die Benachteiligung berufstätiger Eltern.

■ **Eltern-Lehrer-Kooperation in der häuslichen Instruktion und Erziehung.** Die Lehrerbeteiligung an der häuslichen Instruktion und Erziehung kann durch unterschiedliche Formen bis hin zu Hausbesuchen realisiert werden. In den USA sind mit Erfolg verschiedene Varianten von *Home-Based Reinforcement* und *Home-Based Instruction* erprobt worden, bei denen Lehrer Eltern dazu anleiten, in systematischer Weise ihre Kinder zu schulischem Lernen zu motivieren bzw. sie zu unterrichten. Derartige Unterrichtsformen könnten etwa bei Kindern mit Lernschwierigkeiten größere Erfolgschancen versprechen als durch einen ausschließlich lehrerbasierten

Unterricht in der Schule (Krumm, 1996a). Außerdem könnten Lehrer Eltern darüber informieren, wie sie mit den schulbezogenen Lernbemühungen ihrer Kinder umgehen sollen. Noch existieren bislang keine angemessenen pädagogischen Maßnahmen über solche Leistungs- und Verhaltensdiagnosen.

mit Lehrern oder mit Erziehungspartnern ausgetauscht und diskutiert. Melzer (1997) nimmt bei Eltern wie bei Lehrern eine wachsende Bereitschaft wahr, sich mit Erziehungsfragen auseinanderzusetzen, vielleicht sogar einen pädagogischen Beitrag zu lesen, einen Vortrag zu hören oder einen Weiterbildungskurs zu besuchen. Es finden auf diese Weise implizite Lernprozesse statt: Elternbildung durch Elternpartizipation.

Noch sind wir weit davon entfernt, behaupten zu können, dass sich das Verhältnis zwischen Schule und Elternhaus entspannt hat. Angesichts der Entwicklungsbedeutsamkeit der Familie für die schulische Qualifizierung und Sozialisation besteht also dringender Handlungsbedarf in Politik, Wissenschaft und Ausbildung und nicht zuletzt in der schulpädagogischen Praxis, um diese Spannungen abzubauen. Wenn Eltern beispielsweise im Rahmen einer intensivierten Elternarbeit (in Kooperation mit der Schule) sinnvolle und zielführende Tipps von Seiten der Lehrer erhalten würden, dann könnten nicht nur kontraproduktive Formen der Hausaufgabenbetreuung von Eltern abgebaut werden, sondern unter Umständen jene, jüngst wiederum durch die PISA-Studie aufgedeckten Unterschiede in der Förderung von Kindern aus unterschiedlichen Sozialschichten kompensiert werden. Leider wurde bislang in der intensiv und kontrovers geführten Diskussion um die PISA-Ergebnisse der mangelhaften Kooperation zwischen Schule und Elternhaus in Deutschland noch viel zu wenig Beachtung geschenkt. Denn Kinder werden in der Schule scheitern, wenn sich ihre Eltern nicht um sie kümmern!

Gerade auch deswegen sollten Eltern mehr in die Schularbeit integriert werden. Um dieses Ziel einer produktiven Kooperation zwischen Schule und Elternhaus zu erreichen, müssen sich zukünftig Reformen nicht entweder auf die Schule *oder* auf die Familie konzentrieren, sondern verstärkt diese beiden wichtigen Entwicklungs- und Sozialisationswelten miteinander in eine integrative und kooperative Beziehung bringen. Eltern, aber ebenso Lehrer, müssen wissen, dass ihre Kinder scheitern werden, wenn sie sich nicht mehr um sie sorgen. Selbstverständlich muss das politisch und wissenschaftlich vorbereitet und dann in der Praxis implementiert werden (vgl. dazu auch ausführlich Kap. 15.4 in diesem Lehrbuch).

Weiterführende Literatur

Booth, A. & Dunn, J. F. (Eds.) (1996). *Family-school links. How do they affect educational outcomes?* Mahwah, NJ: Erlbaum.

Fend, H. (1997). *Der Umgang mit Schule in der Adoleszenz. Aufbau und Verlust von Lernmotivation, Selbstachtung und Empathie.* Bern: Huber.

Freitag, M. (1998). *Was ist eine gesunde Schule? Einflüsse des Schulklimas auf die Schüler- und Lehrergesundheit.* Weinheim: Juventa.

Ryan, B. A., Adams, G. R., Gullotta, T. B., Weissberg, R. P. & Hampton, R. L. (1995). *The family-school connection: Theory, research, and practice.* Thousands Oaks, CA: Sage.

Ulich, K. (2001). *Einführung in die Sozialpsychologie der Schule.* Weinheim: Beltz.

13 Familie, Gleichaltrige und Entwicklung

Gleichsam als Leitbild für die Argumentation in diesem Lehrbuch dient die Prämisse, dass die Familie nicht die alleinige Umwelt ist, in der Kinder aufwachsen, in der sie Erziehungs- und Sozialisationsbemühungen erfahren, sondern dass die Familie eingebettet ist in andere, über- und nebengeordnete Systeme, von denen sie sich teilweise auch abgrenzt. Dieser systemtheoretische Aspekt ist deshalb hilfreich, weil er Sichtweisen und Suchrichtungen beim Denken und Forschen über Familienbeziehungen und bei der Bearbeitung von Fragen zur Entwicklung von Kindern liefert. Selbst wenn man die Schule noch hinzunimmt, wäre es kurzsichtig anzunehmen, dass man damit alle Wirkfaktoren, die das Aufwachsen von Kindern beeinflussen, erfasst hätte; dem ist nicht so. Deshalb soll in den Kapiteln 13 und 14 der Blick über Familie und Schule hinaus auf zwei weitere für Entwicklung und Sozialisation von Kindern und Jugendlichen relevante Kontexte gerichtet werden. In diesem Kapitel sind das die Gleichaltrigen, die Peers. Bekanntlich nehmen Freunde für uns Menschen – im Hinblick auf die über ihre gesamte Lebensspanne zu leistenden Anpassungsleistungen – eine ganz besonders positive Bedeutung ein. In diesem Kapitel wird zu zeigen sein, inwieweit Altersgleiche, gleichaltrige Freunde und Peergruppen ein notwendiges Lernfeld für die Entwicklung von Kindern und Jugendlichen darstellen und in welcher Weise die Eltern-Kind-Beziehungen mit den Beziehungen ihrer Kinder zu Altersgleichen verknüpft sind.

13.1 Gleichaltrige und Freunde in der Kindheit

Welches Kind möchte nicht mit Tom Sawyer und Huckleberry Finn, mit dem kleinen Hobbit oder Harry Potter befreundet sein und in einer Schar von Freunden gemeinsam Abenteuer erleben? Die Frage darf trotzdem gestellt werden: Brauchen Kinder andere Kinder? Die einschlägige Fachliteratur liefert dazu die klare Antwort: *Kinder brauchen Kinder!* Aber warum ist das so? Reichen die Eltern für das Aufwachsen von Kindern nicht aus? Oder eröffnet der Umgang mit anderen Kindern vielleicht auch andere Handlungs- und Entwicklungsmöglichkeiten als jene, die ihnen die Eltern als erwachsene Personen gewähren können? Inwiefern profitieren jugendliche Kinder von Gleichaltrigen für ihre Entwicklung?

Nachdem sich die Entwicklungspsychologie der Nachkriegszeit lange Zeit fast ausschließlich mit der Eltern-, vor allem mit der Mutter-Kind-Beziehung beschäftigt hatte, rückten in den letzten 20 Jahren vermehrt die Beziehungen unter den Gleichaltrigen in den Vordergrund (vgl. Hartup & Stevens, 1997). Fasst man die Entwicklung von Beziehungen zu Gleichaltrigen für das Kindesalter zusammen, so lässt sich der Entwicklungsverlauf wie folgt nachzeichnen: Im Laufe des Schulkindalters bekommt der Umgang mit Gleichaltrigen (Peer-Gruppe) und Freunden im Rahmen der alltäglichen Aktivitäten eines Kindes eine zunehmend zentrale Bedeutung. Während in der wissenschaftlichen Literatur mehr oder weniger Einigkeit darüber herrscht, wer ein «Peer» ist, ist dies unter Kindern keineswegs der Fall. Fragt man sie danach, wer ihre «Peers» sind, so erntet man nur Unverständnis, denn der Begriff «Peer» ist keine alltagssprachlich natürliche Kategorie, sondern eine analytische Kategorie der Wissenschaft, die vor allem für Altersgenossen verwendet wird. Altersgleichheit ist allerdings nur ein Aspekt von Beziehungen zwischen Kindern.

Zur *Entwicklung von Sozialkontakten mit Gleichaltrigen* ist zunächst kurz auf die Chronologie des Entwicklungsverlaufs (vgl. Mussen, Conger, Kagan & Huston, 1993a; 1993b) sowie auf die sozial-kognitive Entwicklung (Selman, 1984) einzugehen: Die ersten Zeichen eines gewissen Interesses an Gleichaltrigen kann bereits bei etwa halbjährigen Kindern beobachtet werden. Wenn man zwei Kinder diesen Alters nebeneinander auf den Boden setzt, werden sie einander anschauen, einander anlächeln und vielleicht sogar versuchen, einander anzufassen, sich an den Haaren oder an den Kleidern zu ziehen. Gegen Ende des ersten Lebensjahres werden sich diese Verhaltenstendenzen noch verstärken. Allerdings ziehen es die Kinder immer noch vor, allein zu spielen, wenn sie die Wahl haben. Gemeinsam spielen sie nur, wenn sich keine Alternative anbietet, d.h. wenn etwa kein anderes Spielzeug vorhanden ist. Erst im dritten und vierten Lebensjahr verbringen die meisten Kinder ihre Zeit eindeutig lieber mit Gleichaltrigen als allein. Dabei werden die gleichgeschlechtlichen Spielkameraden bevorzugt.

Im Schulalter verdeutlichen sich die Vorlieben sowohl für das Spiel mit Gleichaltrigen als auch für die Geschlechtertrennung in den Beziehungen zu den Gleichaltrigen. Oft empfinden es Schulkinder sogar als eine Beleidigung, wenn über einen Jungen gesagt wird, er habe ein Mädchen gern oder über ein Mädchen, es möge einen Jungen und spiele öfters mit Jungen. Erst ab dem 11. Lebensjahr beginnt sich dieses Muster langsam zu verändern, wenngleich Jungen-Mädchen- und Mädchen-Jungen-Beziehungen noch immer selten und weiterhin Anlass für Spötteleien sind.

Fragt man Schulkinder nach ihrer Meinung, was eine Gruppe Gleichaltriger zusammenführt und zusammenhält, so bekommt man die Antwort, dass es die gemeinsame Aktivität sei («etwas gemeinsam machen»), was die Gruppe zur Gruppe macht (O'Brien & Biermann, 1988). Im Gegensatz dazu, sind es im Jugendalter gemeinsame Einstellungen und Werte, die eine Gruppe definieren. Derart zeigt sich, dass bei Kindern im Schulalter – auch bezüglich ihrer zwischenmenschlichen Kontakte – noch eine ähnliche Konkretheit dominiert, wie das auch im kognitiven Bereich der Fall ist.

Freundschaften im Sinne einer relativ zeitstabilen Präferenz für bestimmte Spielgefährten sind bereits unter Vorschulkindern zu beobachten (Hinde, Titmus, Easton & Tamplin, 1985). Jedoch bekommen Freundschaftsbeziehungen (als «bester Freund» und «beste Freundin») erst im Schulalter eine zentrale Bedeutung für Kinder. Denn durch den Eintritt in die Schule und den sozialen Umgang mit den Mitschülern (und Lehrern) üben Kinder ihre soziale Kognition und entsprechende Fertigkeiten des sozialen Miteinanders. Noch ist aber bei den Freundschaften eine klare Geschlechtertrennung zu beobachten. Während im Vorschulalter immerhin ein Drittel der Freundschaftsbeziehungen gemischtgeschlechtliche sind, sind im Schulalter stabile Freundschaftsbeziehungen über Geschlechtergrenzen hinweg praktisch nicht zu beobachten.

Welchen Beitrag leisten nun Gleichaltrige zur sozialen Entwicklung von Kindern? Über diese Frage nach der entwicklungsstimulierenden und -förderlichen Kraft der Auseinandersetzung mit Gleichaltrigen liegen eine Reihe von empirischen Untersuchungen sowohl für den kognitiven als auch für den sozial-kognitiven Bereich vor (vgl. Youniss, 1994). Dabei ist es sicher nicht vermessen zu vermuten, dass Altersgenossen für jedes Kind wichtige Übungspartner für die soziale Entwicklung sind. Das Kind nimmt in zunehmendem Maße selbstständig am Umgang, den Gewohnheiten und Werten teil, die in der Gemeinschaft, zu der es gehört, gebräuchlich sind. Es lernt, sich ohne große Schwierigkeiten zwischen zwei Mitmenschen zu bewegen. Das heißt, Gleichaltrige sind für die Sozialisation von Kindern wichtig, weil sie den Übergang von der Familie in gesellschaftliche Bereiche außerhalb der Familie affektiv unterstützen und damit erleichtern können. Allerdings ist es selbstverständlich ebenso der Fall, dass gerade auch unter Kindern durch affektive Prozesse Konflikte nicht immer unterbunden, sondern sogar noch geschürt werden können. Und derartige Konflikte unter Kindern können teilweise für Kinder sehr viel schwerer wiegen, als es Konflikte mit den Eltern tun.

Ungeachtet dessen geht die Bedeutung Gleichaltriger für das Aufwachsen von Kindern über diese Sozialisationsfunktion hinaus, indem Kinder ihren eigenen Beitrag zur Entwicklung und Sozialisation von Kindern leisten: Kinder stellen nämlich Kindern ihre eigenen Aufgaben, an denen sie ihre grundlegenden Kompetenzen entwickeln können (Piaget, 1972). Um diesen Gedanken noch besser zu verstehen, ist es hilfreich, die sozialen Umwelten von Kindern als Orte des Aushandelns zu begreifen, in denen soziale Realitäten der Familie und der Schule, an denen Kinder beteiligt sind, entworfen werden (vgl. Krappmann, 1993a). Darüber hinaus konstruieren Kinder durch die Beteiligung an sozialen Aushandlungsprozessen mit anderen Kindern auch ihre inneren Realitäten, worunter ihre eigene Person, ihr Selbstkonzept oder ihre Identität fallen.

Zusätzlich bieten Altersgenossen einander im Weiteren die Möglichkeit des Lernens durch Beobachtung (Bandura, 1986) und des Experimentierens. Sie übernehmen Verhaltensweisen voneinander und verwenden sie untereinander. So entsteht ein Gefühl dafür, was geht und was nicht, was andere von einem erwarten und was nicht ankommt oder aus dem Rahmen fällt. Diese fortwährende Abstimmung aufeinander hat eine vereinheitlichende Wirkung. Es ist bekannt, dass Kinder im Schulalter nicht gerne auffallen und so wie die anderen sein wollen. Der Wunsch, sich von anderen zu unterscheiden und mit der eigenen Persönlichkeit zu experimentieren, entwickelt sich erst im Jugendalter (Fend, 1994). Im Schulalter wird erstmal die Grundlage für ein Gefühl der Zugehörigkeit gelegt. Derart interagieren Kleinkinder am meisten mit Gleichaltrigen, die ihnen vertraut sind, danach mit denjenigen, die sie neu kennengelernt haben, dann mit ihren Müttern und erst zuletzt mit fremden Erwachsenen (Youniss, 1994). Derart zeigen bereits Kleinkinder wirkliches Sozialverhalten, weil jede Handlung auf die Handlung eines anderen Kindes aufbaut oder darauf ausgerichtet ist. Darüber hinaus haben Kleinkinder die Fähigkeit, ein gemeinsames Spiel über einen längeren Zeitraum in Gang zu halten, sodass die Interaktionssequenzen selbst zum Ziel der kindlichen Aufmerksamkeit werden. Daraus schließt Youniss (1994), dass bei Kindern auf zwei Ebenen eine *soziale Ko-Konstruktion* stattfindet: (1) im Gespräch und (2) im Thema oder dem Bezugsrahmen, den das Gespräch hat.

Einer der ersten Psychologen, der die Bedeutung der Altersgenossen für die Entwicklung des Kindes erkannt hatte, war Sullivan (1983). Er widersetzte sich der Freudschen Annahme, die besagt, dass die allerersten Lebensjahre den größten Einfluss auf ein Kind haben, und dass ab dem sechsten Lebensjahr eine Latenzphase eintrete, in der sich nur eine stille Konsolidierung dessen vollzieht, was sich in der frühesten Kindheit entwickelt hat. Er ging von einer grundsätzlichen Verschiedenheit zwischen der Beziehung Kind-Altersgenossen und der Beziehung Kind-Erwachsener aus. Letztere ist eine Beziehung zwischen Ungleichen, denn in aller Regel ist der Erwachsene der «Wissendere». Eine solche Beziehung vermittelt dem Kind Sicherheit (siehe dazu die Bedeutung der Bindungsentwicklung in Kap. 9.2.2 in diesem Lehrbuch). In ähnlicher Weise ist das Kind auch seinem Lehrer gegenüber Schüler. Altersgenossen hingegen sind untereinander *gleichwertig* und stehen nicht in festen Rollenbeziehungen, sondern müssen sich diese aneignen, indem sie sich durchsetzen. Obwohl der Begriff der sozialen Kognition jüngeren Datums ist, meinte bereits Sullivan dasselbe, wenn er sagte, dass Kinder in den ersten Schuljahren noch wenig von den Gefühlen anderer begreifen und dass sie im Umgang mit Altersgenossen noch ziemlich taktlos sind. Auch deshalb geht es in der Schule anfänglich ziemlich hart zu. Kinder müssen erst lernen, sich gegenüber anderen zu behaupten. Darauf aufbauend entwickelt das ältere Kind die Fähigkeit zu sozialer Einsicht und Sensibilität; es erwirbt Einfühlungsvermögen, lernt Verantwortlichkeit gegenüber anderen zu zeigen. Um das zehnte Altersjahr herum entstehen auch erste Freundschaften.

In diesem Zusammenhang ist die Theorie von James Youniss (1994) weiterführend, weil er die Konzeptionen von Sullivan und Piaget verbindet. Da zwischen dem Kind und dem Erwachsenen ein ungleiches Verhältnis besteht, ist diese Beziehung eine der *komplementären Reziprozität,* d.h. Kind und Erwachsener ergänzen einander und der Erwachsene sorgt im Normalfall immer für ein Gleichgewicht. Das gleichwertige Verhältnis mit den Altersgenossen bezeichnet er als eine Beziehung der *symmetrischen Reziprozität.* Indem Youniss Reziprozität als sequenziellen Austausch ähnlicher Handlungen begreift, lässt sich in den Interaktionen von Kindern mit Gleichaltrigen ein beachtliches Maß an reziprokem Austausch feststellen. Wenn das Gleichgewicht gestört ist, müssen Kinder dieses durch ihr Verhalten selbst wieder herstellen. Mitleben, Teilen, Zusammenarbeiten, aber auch Rache, Nichtbeachtung und Bestrafung anderer haben hier ihre Ursachen. Daher gehen von einem solchen Verhältnis Anreize für die soziale und kognitive Entwicklung aus; in einer Erwachsenen-Kind-Beziehung gibt es solche Anreize meist erst ab dem 12. Altersjahr.

Entwicklung von Reziprozität und Freundschaft im Kindesalter:

- Die meisten Untersuchungen haben ergeben, dass für Kinder mit ungefähr *sechs bis sieben Jahren* Freundschaft normalerweise die Bedeutung von symmetrischen *reziproken Handlungen mit positiver Absicht* hat (z.B. «Er lässt mich mit seinem Gameboy spielen; dann lass ich ihn auch mit meinem Gameboy spielen»). Gleichzeitig wird *negativer symmetrischer Austausch* von Kindern als Zeichen für die Abwesenheit von Freundschaft gewertet (z.B. «Er schlug mich, also schlug ich ihn auch»). Derart wird Freundschaft in diesem Alter durch Reziprozität in einem wörtlichen Sinne bestimmt. Das bedeutet, dass Freundschaft in diesem Alter eine an- und abstellbare Beziehung ist, die völlig von der praktizierten Reziprozität abhängt. Dies mag erklären, warum kleinere Kinder meinen, ganz viele Freunde zu haben, dass man leicht Freundschaft schließen kann und dass Gleichaltrige, die sich ihnen gegenüber gemein verhalten, nicht mehr ihre Freunde sind. Derart wird es natürlich schwierig, eine Beziehung über einen längeren Zeitraum aufrechtzuerhalten, wenn die Beziehung durch wörtlich genommene Reziprozität bestimmt wird.
- Es mag deshalb nicht überraschen, dass sich für *Kinder im Alter von ungefähr neun oder zehn Jahren* Freundschaft nicht mehr ausschließlich über die wörtlich genommene Reziprozität definiert. Erstens nehmen sie Freundschaft als etwas Freiwilliges wahr. Zweitens ist Freundschaft selektiv. Drittens betrachten Kinder, die beschließen, Freunde zu sein, sich als Gleiche. Und viertens bezieht sich diese Gleichheit auf Rechte, denn die Freunde fangen an, einander als mit unterschiedlichen Persönlichkeitszügen, Stärken und Schwächen ausgestattete Personen wahrzunehmen. Die wörtlich genommene Reziprozität ist für diese Kinder unbrauchbar geworden. Deshalb transformieren Kinder diesen Alters die Reziprozitätsregel in ein übergeordnetes Prinzip, das sich etwa so kennzeichnen lässt: Freunde verdienen gleiche und faire Behandlung. So helfen Kinder Freunden, wenn sie in Schwierigkeiten sind oder zeigen ihnen ihr Mitgefühl, ohne dass sie erwarten, dass sie diese Freundlichkeit gleich erwidern. Allerdings erwarten sie, dass Freunde ihnen dann auch beistehen, wenn sie selbst in Not sind, oder die Freundschaften werden eben beendet.
- Im *Alter von zwölf bis dreizehn Jahren* erweitern Kinder ihr Freundschaftskonzept. Eine der bedeutsamsten Ergänzungen besteht darin, dass Freundschaft als eine länger dauernde Beziehung betrachtet wird, für deren Erhalt der Einsatz besonderer Verfahrensweisen notwendig ist. Derart kann Freundschaft für Kinder diesen Alters auch bei erfahrener negativer oder gar unterlassener Freundschaft weiterbestehen oder, falls sie gerissen ist, wieder repariert werden, wenn der eine sich beim

anderen, z. B. für seine Unterlassung, entschuldigt. Eine andere Erweiterung des Freundschaftskonzepts bezieht sich direkt auf die Konsequenzen der Reziprozität – nämlich auf Gemeinsamkeit, die dadurch entsteht. Freunde verstehen sich und suchen sich gegenseitig auf, um über Gedanken und Gefühle einen Konsens zu konstruieren. Derart ist das offene Gespräch über Gedanken und Gefühle ein Beleg für das Vorhandensein einer besten Freundschaft. Freunde tun dies, wenn keine anderen Personen anwesend sind. Sie teilen sich ihre innersten Gefühle mit und erhoffen voneinander Interpretation, Kritik, Vergleich und Zustimmung. Derart entsteht das, was Sullivan (1983) als konsensuelle Validierung bezeichnet hat. Deshalb haben Kinder dann auch das Gefühl, dass ihre Freunde sie besser verstehen als ihre Mütter oder Väter. In echten Freundschaftsbeziehungen handelt es sich um reziproke Selbstenthüllung.

Empirische Studien zeigen, dass Kinder ab etwa zehn Jahren ihre Freunde zu den wichtigsten Bezugspersonen zählen. Mit diesen verbringen sie immer mehr Zeit, ihnen gegenüber empfinden sie auch zunehmend positivere Gefühle (Larson & Richards, 1991); Freunde werden zu ihren engsten Vertrauten, zu Personen, mit denen sie Geheimnisse teilen oder ihre persönlichen Schwierigkeiten bereden (Gottman & Mettetal, 1986). Die sehr engen Freundschaften, die ab der Präadoleszenz zu beobachten sind, hängen offensichtlich mit der fortschreitenden Persönlichkeitsentwicklung der Kinder zusammen.

Die bisherigen Darlegungen dürfen sich allerdings nicht im Sinne einer Romantisierung von Kinderfreundschaften deuten lassen. In Berichten von Kindern, die Youniss (1994) gesammelt hat, geben Kinder bereitwillig zu, dass es in Freundschaften auch Schwierigkeiten gibt. Freunde kämpfen, tragen Meinungsverschiedenheiten aus, verletzen einander, lassen sich gegenseitig hängen, plaudern Geheimnisse aus und übervorteilen sich auf verschiedenste Weise. Für die meisten Regelverletzungen setzen Kinder jedoch Verfahrensweisen fest, um Verstimmungen zu glätten und die Freunde wieder auf eine gleiche Ebene zu bringen. Zudem ist Freundschaft immer freiwillig und kann, wenn man etwa ständig untervorteilt oder hängen gelassen wird, jederzeit aufgekündigt werden, wodurch der Missetäter ohne eine verlässliche Beziehung zurückgelassen wird. Nur in echten Freundschaften entwickelt sich dann aus einer hoch komplizierten interaktiven Dynamik ein reziproker Altruismus (vgl. Youniss, 1994).

Noch bleibt genauer zu klären, warum Gleichaltrige für die Entwicklung von Kindern so wichtig sind. Die Frage lässt sich unter Rückgriff auf das Konzept der symmetrischen Reziprozität beantworten. Dabei werden den Kindern in *symmetrisch-reziproken Beziehungen* mit Gleichaltrigen Strategien und Konstruktionsleistungen abgefordert und damit andere Lernleistungen ermöglicht, als dies in den meist asymmetrisch-reziproken Interaktionen mit Eltern oder Lehrern der Fall ist. Schon früh hat Piaget (1972) darauf aufmerksam gemacht, dass sich bestimmte kognitive Strukturen nur in Auseinandersetzung mit Gleichaltrigen entwickeln können. Er hat dies besonders an der Überwindung des kindlichen Egozentrismus, an der Entwicklung des Sprechens und Denkens sowie für die Entwicklung des autonomen moralischen Urteilens gezeigt. Durch die Förderung sozial-kognitiver Kompetenzen entwickelt sich auch jene Vorstellung davon, was enge Beziehungen ausmacht, weshalb das Freundschaftskonzept durch die Interaktion mit Gleichaltrigen gefördert wird (Selman, 1984).

Wie sind solche Ergebnisse zu interpretieren? Plausibel erscheint sowohl die Erklärung, dass eine enge Freundschaft die Persönlichkeitsentwicklung der Kinder vorantreibt als auch die Vermutung, dass Kinder, die sozial-kognitiv weiter entwickelt sind, eher fähig sind, eine vertraute und enge Beziehung eingehen und aufrechterhalten zu können. Eine methodisch überzeugende Untersuchung stammt von Bukowski und Newcomb (1987), die belegen, dass eine gegenseitige Freundschaft über ein Schuljahr hinweg den (globalen) Selbstwert eines Kindes stärkt. Zwar kann dieser eigenständige Beitrag der Gleichaltrigen zur Entwicklung und Sozialisation grundsätzlich an jedem Ort geschehen, an dem sich Kinder ohne Einmischung durch Erwachsene treffen, um sich ihren vielfältigen Aushandlungsprozessen zu widmen. Allerdings sind heutzutage viele öffentlichen Räume wie Straßen, Nachbarschaften und Plätze aufgrund normativer Restriktionen, baulicher Gestaltung und hoher Verkehrsdichte so «unwirtlich» geworden, dass ein funktionierendes soziales Kinderleben kaum noch möglich ist (vgl. Fuhrer, 2005); außerdem fehlen häufig die gleichaltrigen Kinder in der näheren Umgebung. Ungeachtet dessen zeigt sich, dass außerschulische und schulische Netzwerke aufeinander bezogen sein können, wobei die empirische Forschung in der Frage, welche Bedeutung das eine und das andere Netzwerk für die jugendliche Entwicklung haben kann, noch weitgehend ungeklärt sind (vgl. Kiesner, Pulin & Nicotra, 2003).

Relativ gut untersucht sind *Schule* und *vorschulische Einrichtungen* als Rekrutierungs-Kontexte für Gleichaltrige. Zwar werden diese Institutionen von Erwachsenen beherrscht, aber in deren Kontext des gemeinsamen Unterrichts und der Pausen sowie des gemeinsamen Spiels kommen die Kinder in einer dauerhaften und damit vorhersehbaren Weise zusammen und es wird ihnen dadurch ermöglicht, aber auch von ihnen verlangt, mit anderen Kindern ihre Handlungen zu koordinieren sowie Formen der sozialen Gesellung zu entwickeln (Krappmann, 1993a). Die Schule bietet zusätzlich nicht nur die Möglichkeit, andere Kinder kennen zu lernen, sondern sie können sich auch für die Zeit nach dem Unterricht verabreden, wodurch sich Möglichkeiten für Aushandlungen unter Kindern eröffnen. Allerdings werden die Freunde bzw. Freundinnen nicht immer in der Schule, sondern auch in außerschulischen Umwelten rekrutiert (vgl. Kiesner, Poulin & Nicotra, 2003).

Aufgrund von Verhaltensbeobachtungen und ausführlichen Befragungen von Kindern aus einer Berliner Grundschule über einen Zeitraum von fast drei Jahren können Oswald und Krappmann (1991) zeigen, dass der Umgang mit Gleichaltrigen im schulischen Rahmen, aber auch außerhalb des schulischen Kontexts für Kinder von großer Bedeutung ist. Das Zusammenleben der Kinder in einer Klasse über mehrere Jahre hinweg unterstützt den Aufbau von dauerhaften dyadischen oder größeren Gruppenbeziehungen. Dabei haben die Kontakte der Kinder untereinander mehrheitlich mit Nähe und nicht so sehr mit echter Gruppenbildung zu tun. Kinder unterstützen, trösten, necken einander, sie grenzen sich voneinander ab, sprechen gemeinsame Vorgehensweisen ab oder einigen sich auf geteilte Sichtweisen. Solche sozialen Prozesse wiederholen sich immer wieder, sodass Kinder, folgt man der Interpretation von Piaget (1972), schrittweise ihre Handlungspotenziale erweitern können, indem sie Perspektiven und Absichten modifizieren, neue Argumente einbringen, Ansprüche prüfen, Kompromisse finden, sich in gemeinsame Entscheidungen einfügen und diese unter Umständen auch verantwortlich mittragen müssen.

Des Weiteren zeigen die Berliner Sozialisationsforscher, dass Kinder in der mittleren Kindheit dauerhafte Beziehungen bevorzugen. Jedoch handelt es sich nicht um starre soziale Gebilde; feste Gruppen, die man gelegentlich findet, sind eher von mittlerer Dauer. Stabiler sind Netzwerke wegen ihrer inneren Flexibilität und gleichzeitig erlauben sie den Kindern, dort ihre Freunde zu finden und ihre maßgeblichen Erfahrungen mit engen Beziehungen zu machen (vgl. Krappmann, 1993a). Mehr als in echten Gruppen oder auch in eher losen und kurzfristigen Interaktionsfeldern, wie Oswald und Krappmann (1991) die oberflächliche Art des Zusammengehens bezeichnen, scheinen sich Stabilität und herausfordernde Variabilität im Rahmen von Netzwerken, in denen einzelne Kinder austauschbar sind, in förderlicher Weise zu verbinden.

Hinsichtlich der weiteren Beantwortung der Frage nach der Entwicklungsförderlichkeit Gleichaltriger meinen Oswald und Krappmann (1991), dass die Interaktionen unter den Kindern zu Fortschritten in ihren sozialen Fähigkeiten und Kognitionen führen. Beispielsweise lernen Kinder mit zunehmendem Alter, mit Hilfegesuchen und anderen Aushandlungserfordernissen in angemessener Weise umzugehen. In dieselbe Richtung deutet das Ergebnis, nachdem ein Zusammenhang zwischen den Erfahrungen, die Kinder in Beziehungen mit gleichaltrigen Freunden machen, und ihren Schulnoten besteht. Darüber hinaus entwickeln sich die Vorstellungen über Freundschaft in bedeutsamer Abhängigkeit von der sozialen Integration der Kinder. Dabei stellen sich Kindern immer wieder Aufgaben, die ihnen von Erwachsenen in der Weise nicht gestellt werden. Es sind Aufgaben, die nicht weniger anstrengend sind und deren Bewältigung nicht weniger folgenreich – im positiven wie im negativen Sinne – für den Aufbau der Handlungsfähigkeit sind als diejenigen, in denen Kinder auf Erwachsene treffen.

Nicht alle Kinder sind jedoch in Gruppenformationen von Altersgenossen eingebunden. Es gibt Beliebte, Stars, aber auch Unbeliebte und ausgeschlossene Kinder, die keiner Formation angehören und in Interaktionen kaum beachtet werden. Dabei zeichnen sich beliebte Kinder üblicherweise durch eine Kombination von guten kognitiven und sozialen Fertigkeiten sowie einer geringen Tendenz zu aggressiven Handlungen aus; unbeliebte Kinder weisen im Durchschnitt schlechtere kognitive und soziale Fertigkeiten auf, vor allem aber tendieren sie in hohem Maße zu aggressivem und/oder verschlossenem Verhalten als durchschnittlich beliebte oder gar sehr beliebte Kinder (vgl. Brendgen, Vitaro, Bukowski, Doyle & Markiewicz, 2001). Auch wird bereits im Vorschulalter und Schulalter Mobbing unter Kindern beobachtet (vgl. die Übersicht bei Alsaker, 2003).

Daran schließt sich die Frage an, ob sich die *elterliche Erziehung zwischen beliebten und unbeliebten Kindern* unterscheidet? Es waren Dekovic und Janssens (1991), die beschrieben, wie sehr sich die Erziehung, die beliebte Kinder erhalten, von der Erziehung unterscheidet, die unbeliebte Kinder von ihren Eltern erfahren. Eltern beliebter Kinder unterstützen ihre Kinder mehr, sie gehen intensiver auf ihre Kinder ein und vermögen sich besser in sie einzufühlen, als Eltern ungeliebter Kinder das tun. Zudem erscheinen Eltern ungeliebter Kinder autoritär, sie gehen kaum auf ihre Kinder ein und haben in der Familie viele Konflikte. Dieser Unterschied im Erziehungsstil zieht Unterschiede in den sozialen Fertigkeiten der Kinder nach sich.

Diesen Zusammenhang hat auch Dishion (1990) empirisch belegt. Allerdings warnt er: Wenn Kinder in der Schule soziale Probleme haben, ist es nicht mit der Erklärung getan, dass es bei ihnen zu Hause Probleme gibt. Es geht hier um mehr, denn zwischen Zuhause und Schule steht das Kind selbst im Spannungsfeld. Durch den elterlichen Erziehungsstil hat es nur unzureichend gelernt, wie es den sozialen Umgang mit anderen angemessen gestalten soll. Es handelt sich also nicht um ein Phänomen, das verschwinden würde, wenn der Umgang mit den Eltern funktionieren würde, denn in der Zwischenzeit ist das Kind selbst schon sozial gehandicapt worden. Andererseits weisen Dekovic und Janssens darauf hin, dass Interventionen, die Kindern nachträglich soziale Fertigkeiten beibringen wollen, berücksichtigen müssen, dass die Ursachen ihrer mangelnden sozialen Kompetenz oft im Elternhaus liegen, weshalb auch etwas getan werden muss, um den Erziehungsstil der Eltern zu verändern, kurz: Es muss in diesem Fall mit Kindern *und* Eltern gearbeitet werden.

Abschließend gilt es zu fragen, wie sich Kinder, die keinen Anschluss an Gleichaltrige finden, weil sie unbeliebt sind, benehmen und entwickeln. Selbstverständlich ist es so, dass auch Kinder, die (zeitweise) keinen Gruppen angehören, von den Erfahrungen mit Gleichaltrigen profitieren. Abgelehnte Kinder und Außenseiter tendieren dazu, durch störendes Verhalten auf sich aufmerksam zu machen oder darüber auf irgendeine Weise in eine Formation einzudringen, wodurch sie jedoch häufig noch heftiger abgewiesen werden. Dauerhaftes Abgelehntwerden durch Gleichaltrige erhöht das Risiko für Verhaltensprobleme und emotionale Störungen im Jugend- und Erwachsenenalter. In der Arbeit von Kupersmidt und Coie (1990) wurden beispielsweise Kinder, die im Alter von elf Jahren von ihren Klassenkameraden abgelehnt wurden, bis zum 18. Lebensjahr weiter beobachtet und ihre weitere Entwicklung wurde mit der ihrer unauffälligen Klassenkameraden verglichen. Dabei zeigte sich, dass bei den abgelehnten Kindern im Laufe des Jugendalters ein erhöhtes Risiko für das Auftreten externalisierender Verhaltensprobleme festzustellen war. Die aufgetretenen Probleme reichten von Schuleschwänzen und Abbruch der Schulausbildung, über Vermerke in den Polizeiakten bis hin zu Verurteilungen wegen Gewaltdelikten. Dabei wird der Zusammenhang zwischen *Unbeliebtheit bei den Gleichaltrigen* und dem späteren Auftreten von *Verhaltensauffälligkeiten* auf mindestens drei Arten erklärt:

- Es ist zu vermuten, dass die Ablehnung durch die Gleichaltrigen selbst als Stressor wirkt und als solcher die weitere Entwicklung der Kinder negativ (z. B. als antisoziales Verhalten; Dodge, Lansford, Salzer Burks, Bates, Pettit, Fontaine & Price, 2003) beeinflusst.
- Es kann angenommen werden, dass für die abgelehnten Kinder der stresshemmende Effekt einer guten sozialen Einbettung wegfällt, sodass sie in stärkerem Maße auch durch Stress aus anderen Quellen belastet werden.
- Schließlich könnte es sein, dass die Ablehnung durch die Gleichaltrigen einen psychologischen «Marker» darstellt, der nicht ursächlich mit den später auftretenden Problemen zusammenhängt, sondern nur die Gefahr einer zu erwartenden atypischen Entwicklung signalisiert.

Derartige Befunde sprechen nochmals auf indirektem Wege dafür, dass Kinder einen Raum zur Aufarbeitung ihrer Erfahrungen und zum Erproben des von ihnen Erwarteten benötigen. Diesen Raum finden sie in der Kinderwelt, die in ihnen ermöglicht, soziales Wissen, Kooperationsformen und -fertigkeiten und letztendlich ihre persönliche Identität sowie die dazu erforderlichen Kompetenzen eigenständig zu erarbeiten. Außerdem kann eine gute Beziehung zu Altersgenossen problematische Verhältnisse im Elternhaus puffern (Hartup, 1983). Allerdings muss ein Kind dazu über soziale Fertigkeiten verfügen; gerade die ungünstigen Voraussetzungen im Elternhaus können der Entwicklung sozialer Fertigkeiten hinderlich sein.

Kasten 13-1

Implikationen für die Erziehungspraxis

Die falschen Freunde – was ist zu tun?

Es klingelt an der Tür. Als die Mutter öffnet, steht der Nachbarsjunge draußen und will seinen Freund zum Spielen abholen. Der Mutter ist der Junge nicht geheuer, weil er alle Freiheiten der Welt genießt, viel Taschengeld bekommt, bereits mit Geld um sich schmeißt und die verrücktesten Ideen hat. Deshalb wird er von ihrem Sohn bewundert. Allerdings ziehen diese grandiosen Einfälle häufig Ärger nach sich: Beschwerden genervter Anwohner in der Straße, Anrufe verärgerter Lehrer. Was kann die Mutter tun? Die Kinder trennen?

- Die Mutter soll beobachten, was sich abspielt. Ergebnis dieser Beobachtung ist meist: Der Nachbarsjunge bestimmt, was gemacht wird. Heikel an der Beziehung ist, dass der ältere oder vielleicht einfach gewieftere Junge auf den jüngeren Macht ausübt und in ihm einen Gefolgsmann hat, der nach seiner Pfeife tanzt.

- Eingreifen, gegensteuern, weil der eigene Sohn in eine gefährliche Abhängigkeit geraten ist und der andere die Macht genießt, die er über ihn hat. Aufgabe der Mutter ist es, das Selbstwertgefühl ihres Sohnes zu stärken. Ihn mit Extraaufgaben zu betrauen, um seine Selbstständigkeit zu fördern.

- Nicht schimpfen, auch nicht den Freund schlecht machen, aber klar die eigene Meinung äußern: «Die Art, wie der Junge mit dir umgeht, mag ich nicht. Und ich mag auch nicht, wie du dich ihm fügst. Er ist nicht der ‹King›, und du nicht sein Untertan»!

- Die Eigenständigkeit des Sohnes fördern, viel mit ihm unternehmen. Die Freunde häufiger trennen, dennoch die Trennung verträglich gestalten und mit viel Fingerspitzengefühl vorgehen.

Haben Kinder die «falschen» Freunde, lässt sich das Problem sicherlich nicht dadurch lösen, indem Eltern ihnen die richtigen suchen. Damit erreichen sie eher das Gegenteil. Mehr Erfolg haben sie damit, wenn sie in der Familie eine gute Atmosphäre schaffen, die durch Verständnis, Offenheit und Toleranz geprägt ist. Eltern, die an den Belangen ihrer Kinder interessiert sind, die gerne mit ihnen reden, ziehen Kinder an – nicht nur die eigenen. Dann kommen Freunde ins Haus, und das sind dann vielleicht die «richtigen» – aus Sicht der Erwachsenen.

13.2
Das Verhältnis der Eltern-Kind- und der Kind-Peer-Beziehung

Zwar liefern die Eltern-Kind-Beziehungen und die Beziehungen des Kindes zu Altersgenossen einen eigenständigen Beitrag zur Entwicklung von Kindern; dennoch werden auch unterschiedliche Entwicklungsanreize in den beiden Beziehungen vermutet, weil das Kind seine Sozialpartner in unterschiedlicher Weise fordert. Trotzdem ist die Beziehung zu Gleichaltrigen in vielerlei Weise mit der Eltern-Kind-Beziehung verknüpft; die Zusammenhänge zwischen diesen beiden Beziehungen wurden schon verschiedentlich empirisch untersucht (vgl. Parke & Ladd, 1992). Hierbei ist eine verbreitete Einteilung der Zusammenhänge zwischen Eltern-Kind- und Gleichaltrigen-Beziehungen die, dass direkte von indirekten Verknüpfungen zu unterscheiden sind.

Direkte Verbindungen. Direkte Verknüpfungen sind solche, bei denen Eltern sich für die Freundschaften und Bekanntschaften ihrer Kinder interessieren, wissentlich und willentlich in die Gleichaltrigenbeziehungen ihrer Kinder eingreifen, um diese Beziehungen entweder zu erleichtern, ihnen bei Schwierigkeiten mit Rat zur Seite zu stehen oder, wenn ihnen die Beziehungen missfallen, diese zu behindern. Noch im Vorschulalter scheint die direkte Anbahnung von Kontakten zu Gleichaltrigen durch die Eltern die Beliebtheit des Kindes bei seinen Altersgenossen zu fördern (Ladd & Hart, 1992). Greifen die Eltern allerdings etwa bei Streitig-keiten ihrer Kinder ein, dann vermuten Ladd und Golter (1988), dass Eltern ihren Kindern die Möglichkeit verbauen, selbst die entsprechenden sozialen Fertigkeiten zur Konfliktlösung oder Wiederherstellung von sozialen Kontakten zu entwickeln. Hingegen können Eltern ihren Kindern mit Ratschlägen (coaching) auf direktem Weg helfen, Konflikte mit Altersgenossen zu bewältigen (Russell & Finnie, 1990).

Indirekte Verknüpfungen. Indirekte Verknüpfungen gehen davon aus, dass Kinder bestimmte Erfahrungen mit oder durch ihre Eltern machen oder bereits gemacht haben, die sich mittelbar auf ihre Gleichaltrigenbeziehungen auswirken; umgekehrt gilt das auch für Erfahrungen, die das Kind mit seinen Altersgenossen sammelt oder gesammelt hat, die sich dann mittelbar auf die Beziehung zu seinen Eltern auswirken. Beispielsweise beeinflussen die *Freundschaften der Eltern* in vielfacher Weise die Freundschaftsentwicklung ihrer Kinder (vgl. Lamb, 1997; Parke, 1996). Interessanterweise zeigt sich, dass die elterlichen Freundschaften bedeutsamer für die Freundschaftsentwicklung der Mädchen sind, weil diese sich häufiger zu Hause aufhalten als Jungen und Erstere eher weniger, dafür eher intimere Freundschaften pflegen als Jungen (Simpkins & Parke, 2001). Allerdings erscheint die Frage, wie die elterlichen Freundschaften die Freundschaftsentwicklung der Kinder in geschlechtsspezifischer Weise zu beeinflussen scheinen, noch nicht abschließend geklärt.

Im Hinblick auf mögliche theoretische Erklärungskonzepte stellt die *Bindungstheorie* eine erste, einflussreiche Theorie zum indirekten Einfluss der Eltern-Kind-Beziehung auf die Beziehungen des Kindes zu Gleichaltrigen dar (vgl. dazu Kap. 9.2 in diesem Lehrbuch). Eine Reihe von Studien stellte einen Zusammenhang zwischen der Qualität der Bindungsbeziehung zu Mutter, Vater oder Tagesbetreuerin im Alter von 12 bis 18 Monaten und dem Verhalten mit Gleichaltrigen in Kindergarten, Vorschule und Schule fest. Dabei wurden diese Zusammenhänge mitunter durch das Geschlecht des Kindes modifiziert (vgl. Elicker, Englund & Sroufe, 1992). Außerdem scheinen unsicher gebundene

Jungen im ersten Schuljahr weniger von ihren Klassenkameraden akzeptiert zu werden, weil sie vermutlich Streit anfangen; des Weiteren werden sie von ihren Lehrern als weniger sozial kompetent eingestuft (Cohn, 1990). Auch Elicker, Englund und Sroufe (1992) bestätigen, dass wenige der 11-jährigen Kinder, die als Kleinkinder unsicher gebunden waren, in einem Sommercamp Freundschaften aufbauten als Kinder mit einer sicheren Bindung. Trotz konsistenter empirischer Befunde stellt sich die Frage, welche Aspekte der Arbeitsmodelle von Bindung von der Vater- und der Mutter-Kind-Beziehung auf die doch recht unterschiedlich strukturierten Beziehungen zu den gleichaltrigen Spielkameraden und Freunden übertragen werden (Sroufe & Fleeson, 1986). Interessant wäre weiterhin die Klärung der Frage, inwiefern kritische Lebensereignisse die Arbeitsmodelle von Bindung modifizieren und inwiefern die kindlichen Freundschaftsbeziehungen dadurch beeinflusst werden.

Eine zweite wichtige Forschungstradition, die für indirekte Beziehungen zwischen der Eltern-Kind-Beziehung und der Integration des Kindes in Gruppen Gleichaltriger einschlägig ist, ist die *Erziehungsstilforschung.* Anknüpfend an die Studien von Baumrind (1989) ist bekannt, dass *autoritatives Elternverhalten,* also die Koppelung von hohen Anforderungen, klaren Regeln und Grenzen mit hoher emotionaler Unterstützung der kindlichen Eigenständigkeit, mit höherer sozialer Kompetenz der Kinder im Vorschulalter zusammenhängt. Demgegenüber geht ein *autoritäres Elternverhalten,* das auf Gehorsam als Tugend und strenge Strafen Wert legt, bei Jungen mit vermehrt feindseligem Verhalten gegenüber Gleichaltrigen einher. Ebenso wurde vielfach der Zusammenhang zwischen harscher Disziplinierung, z. B. durch körperliche Bestrafung durch die Eltern, und einem ausgeprägt aggressiven Verhalten gegenüber anderen Kindern bestätigt; und dieser Zusammenhang fand sich auch nach Kontrolle biologischer (Temperament) und sozial-ökologischer Randbedingungen (z. B. Weiss, Dodge, Bates & Pettit, 1992).

An einer deutschen Stichprobe zeigten Schneewind, Beckmann und Engfer (1983), dass ein normorientierter und rigider Erziehungsstil der Eltern, vermittelt über Verständnislosigkeit und Einschränkung kindlicher Freiheiten einerseits und der Förderung einer nach außen orientierten Konformität andererseits, bei ihren Kindern Unsicherheit, Schüchternheit und soziale Distanz gegenüber Gleichaltrigen bewirken kann. Für Jungen im Grundschulalter konnte schließlich nachgewiesen werden, dass inkonsistente und unfaire elterliche Erziehungspraktiken und das damit zusammenhängende antisoziale Verhalten des Kindes mit der Ablehnung durch Klassenkameraden einhergeht (Dishion, 1990).

Es scheint Konsens darüber zu bestehen, dass mangelhaftes elterliches Erziehungsverhalten (z. B. geringe Unterstützung) die Wahrscheinlichkeit erhöht, dass die Kinder sich devianten Gleichaltrigen anschließen. Dieser vermehrte Kontakte zu devianten Peers steht wiederum in Zusammenhang mit externalisierenden Problemverhaltensweisen wie Delinquenz (z. B. Scaramella, Conger, Spoth & Simons, 2002; Simons, Chao, Conger & Elder, 2001). Interessant ist allerdings, wie Criss, Pettit, Bates, Dodge und Lapp (2002) zeigen konnten, dass sich bei fünf- bis siebenjährigen Kindern das elterliche Bestrafungsverhalten weniger stark auf das externalisierende Verhalten der Kinder auswirkt, wenn die Kinder viele sie akzeptierende Freunde haben. Dabei wirken die Freundschaftskontakte zu Gleichaltrigen als Moderator der Beziehung zwischen elterlicher Bestrafung und externalisierender Verhaltensauffälligkeit. In ähnlicher Weise belegen Bolger, Patterson und Kupersmidt (1998), dass diejenigen misshandelten Kinder, die eine enge Freundschaft pflegen, in ihrem Selbstwert weniger geschädigt sind als jene misshandelten Kinder, die keine derartigen Freundschaften haben. Schließlich bestätigen jüngst Lansford, Criss, Pettit, Dodge und Bates (2003), dass die Freundschaftsqualität von 5- bis 7-jährigen Kindern die Wirkungen einseitiger elterlicher Entscheidungen auf externalisierendes Verhalten reduziert. Zusammengenommen bestätigt sich, dass *unterstützende Kinderfreundschaften* den Zusammenhang zwischen elterlichem Erziehungsverhalten sowie Verhaltens- und Entwicklungsproblemen zu *moderieren* scheinen.

Dabei liegt vermutlich der Vermittlungsmechanismus zwischen elterlichem Erziehungsverhalten und Akzeptanz durch Gleichaltrige einerseits in der *sozialen Informationsverarbeitung*, wonach Hinweisreize Gleichaltriger verzerrt wahrgenommen und verarbeitet werden (z. B. durch Übersehen relevanter Information, Unterstellung feindseliger Motive, positiver Bewertung eigener Aggressionen), weshalb in der Folge die unangemessene Verarbeitung sozialer Informationen der Kinder auf deren Repräsentationen wirkt, die die Kinder von anderen Menschen entwickeln; auf diesem Wege kann die Beziehung zu den Gleichaltrigen beeinträchtigt werden (Weiss, Dodge, Bates & Pettit, 1992). Das bedeutet, dass vermutlich die soziale Ablehnung durch andere Jugendliche die Defizite sozialer Informationsverarbeitung (auf Seiten der Abgelehnten) während der Interaktion mit Gleichaltrigen verstärkt, worauf die Abgelehnten unangemessen aggressiv reagieren (Dodge, Lansford, Salzer Burks, Bates, Pettit, Fontaine & Price, 2003). Schließlich zeigen auch Kinder, die von ihren Eltern chronisch misshandelt werden, im Umgang mit Gleichaltrigen Aggressionen, weshalb sie von diesen gemieden und zurückgewiesen werden (vgl. Bolger & Patterson, 2001 und Kap. 11.5.4 in diesem Lehrbuch).

Andererseits könnte der *emotionale Austausch in der Familie*, besonders hinsichtlich der vom Vorschulkind zu erlernenden Emotionsregulierung, die Vermittlung zwischen elterlichem Erziehungsverhalten und Peerakzeptanz erklären (Parke, Cassidy, Burks, Carson & Boyum, 1992). Beispielsweise hing die emotionale Kommunikation, die von Cassidy, Parke, Butkowsky und Braungart (1992) als Neigung von Vater und Mutter, ihre eigenen positiven wie negativen Gefühle in der Familie auszutauschen, operationalisiert wurde, ebenfalls mit der Peer-Akzeptanz von Vorschulkindern zusammen. Auch das Verständnis, das Kinder über das Erleben und die Qualität ihrer Gefühle haben, trägt positiv zur Integration in die Gleichaltrigengruppe bei (Cassidy, Parke, Butkowsky & Braungart, 1992).

Schließlich könnte die indirekte Verknüpfung mit *Belastungsfaktoren* zusammenhängen, die eine Familie aktuell erlebt oder in der Vergangenheit erfahren hat. Dazu zählen die Häufigkeit von Streit zwischen den Eltern, Scheidung, belastende Krankheiten usw.; das sind Faktoren, die die Geborgenheit als eines der Grundbedürfnisse eines Vorschulkindes massiv untergraben und erschüttern können (Cummings, 1987). Besonders elterliche Streitigkeiten scheinen sich – vermittelt über das wenig kompetente Spielverhalten eines Kindes mit Altersgenossen – negativ auf die Akzeptanz durch die Gleichaltrigen auszuwirken (Gottman & Katz, 1989).

13.3
Eltern mit jugendlichen Kindern: der Umbau der Eltern-Kind-Beziehung

Viele Eltern erleben den Umgang mit ihren pubertierenden Kindern sehr intensiv. Diese Auseinandersetzungen können Quelle von Freude und Genugtuung, aber ebenso Anlass zur Sorge und Ursache schlafloser Nächte sein. Dabei einigt zwar Eltern und Kinder das Anliegen einer optimalen Entwicklung, doch können beide Parteien unterschiedliche Vorstellungen über die Wege zu diesem Ziel haben. Selbst wenn die Eltern das erkennen und unterstützen, kann der konkrete Weg sehr kontrovers diskutiert werden und konfliktreich verlaufen. In dem Sinne verläuft die Reorganisation von sozialen Beziehungen beim Übergang von der Kindheit ins Jugendalter in einem langen Prozess täglicher Interaktionen, Gespräche und Aushandlungen um wiederkehrende Themen. Dabei sind Fragen der erzieherischen Kontrolle und der normativen Erwartungen im Jugendalter im Rahmen der Eltern-Kind-Interaktion ständig präsent.

Im Übergang vom Kind zum Erwachsenen gewinnt die Gruppe der Gleichaltrigen eine herausragende Bedeutung als Entwicklungspartner, Sozialisationsinstanz und Quelle sozialer Unterstützung. Hierbei wirkt die Gruppe der Altersgleichen auf drei Ebenen, nämlich

- im Sinne einer Jugendlichensubkultur als große Gemeinschaft von Personen mit ähnlichen Interessen, Vorlieben, Problemen und Werthaltungen,

- als konkrete Clique, der ein Jugendlicher angehört oder angehören möchte, und
- als Freundschaft zwischen Einzelpersonen, die spezifische Bindungserfahrungen ermöglicht (vgl. Fend, 2000).

Bereits bei Havighurst (1948) gehörte die Entwicklung neuer und reiferer Beziehungen zu Gleichaltrigen beider Geschlechter zur allerwichtigsten Entwicklungsaufgabe Jugendlicher, was sich in späteren Untersuchungen immer wieder bestätigte (vgl. Dreher & Dreher, 1985 und Kap. 3.3 in diesem Lehrbuch).

Die biologische Entwicklung zur Geschlechtsreife, besonders die Entwicklung der Sexualität, ist eng mit sozialen Beziehungen verwoben. Sie provoziert neue Bindungen, schafft neue Konstellationen von Liebe und Erotik. Folgerichtig beginnt sich das emotionale Bindungsmuster des Kindes am Beginn des zweiten Lebensjahrzehnts grundlegend von jenem am Ende des ersten Lebensjahrzehnts zu unterscheiden. Das ist ein dramatischer Prozess, innerhalb dessen sich die sozialen Prioritäten verschieben. Zwar wollen 10- bis 11-jährige Kinder vom anderen Geschlecht offiziell nichts wissen; aber schon wenige Jahre später haben sie kein größeres Interesse, als von bestimmten Personen des anderen Geschlechts wahrgenommen oder (noch später) geliebt zu werden. Ihre Aufmerksamkeit und ihre Libido, um es in der Sprache der Psychoanalyse zu beschreiben, verschiebt sich von den Eltern weg auf Gleichaltrige, auf Freunde und Freundinnen (siehe Fend 1998 für eine ausführliche Darstellung dieses Prozesses).

Auch sozialhistorisch betrachtet hat sich die *Eltern-Kind-Beziehung* im Laufe der Jahrzehnte stark verändert. So haben sich einerseits die Sanktionsmöglichkeiten der Eltern in den letzten Jahrzehnten deutlich gewandelt, was gemeinhin als Autoritätsverlust beschrieben wird; die «Macht» der Kinder ist gewachsen (Fend, 2000), weil für die Eltern die emotionale Befriedigung in der Eltern-Kind-Beziehung zum Kernbereich elterlicher Erfahrung geworden ist. Das wiederum macht Eltern weniger «mächtig». Gleichzeitig lässt sich sozialhistorisch nachweisen, dass das Lernfeld der Altersgleichen in der Moderne stark an Bedeutung gewonnen hat (vgl. Fend, 1998). Trotzdem haben Eltern weiterhin die zentrale Verantwortlichkeit für das Leben ihrer Kinder, was gerade unter den Bedingungen des modernen Lebens sehr belastend sein kann (Hurrelmann, 2002a). In diesem Zusammenhang hat sich auch ein neuer Idealtypus von Familie herausgebildet. Van der Linden (1991) beschreibt diesen Wandel als einen von der Kommandofamilie zur Verhandlungsfamilie. In der *Verhandlungsfamilie* wird die normative Regulierung kindlichen und jugendlichen Verhaltens nicht mehr durch gesellschaftlich allgemeingültige Standards geleistet. Die erzieherische Kontrolle im Umgang mit dem kindlichen und vor allem jugendlichen Streben nach Autonomie und das Einhalten von Grenzen und Übereinkünften muss immer wieder ausgehandelt und gegebenenfalls laufend neu austariert werden. Das ist eine für alle Beteiligten anspruchsvolle und mitunter auch anstrengende Aufgabe. Dabei sollte sich heute im Zuge dieser Veränderung der Beziehungen zu den Eltern auf dem Verhandlungswege idealerweise eine größere Selbstständigkeit der Kinder und eine entsprechende Entlastung der Eltern ergeben. Das bedeutet: *Die Eltern-Kind-Beziehung kann nicht so bleiben, wie sie in der Kindheit war.*

Im Prinzip ist eine neue Abstimmung oder *Kalibrierung* der Erwartungen der Eltern und Kinder unerlässlich. Dabei bedeutet die Veränderung der sozialen Beziehungen zu den Eltern auch, dass neue Nähe-Distanz-Verhältnisse definiert, Verbundenheit und Eigenständigkeit neu erarbeitet werden müssen. Selbst wenn die Eltern das so auch erkennen, kann der konkrete Weg sehr kontrovers diskutiert werden und konfliktreich verlaufen. Ob dabei diese Anforderungen harmonisch und produktiv gelöst werden können, hängt von vielen Faktoren ab, die teils auf Seite der Eltern, teils auf jener der Kinder bzw. im Zusammentreffen von besonderen Eltern-Kind-Konstellationen zu suchen sind (vgl. Fend, 2000).

Diese kontinuierliche *Veränderung der Eltern-Kind-Beziehungen* wird als ko-konstruktiver Prozess der reziproken Sozialisation konzipiert (Fend, 2000), in dem sich beide Parteien – Eltern und Kinder – wechselseitig beeinflussen und verändern (müssen). Eltern bleiben in diesem

Kasten 13-2

Implikationen für die Erziehungspraxis

Die Eltern-Kind-Beziehung kann nicht so bleiben, wie sie in der Kindheit war

Die Zielrichtung der jugendlichen Entwicklungsaufgabe «Reorganisation der sozialen Beziehungen» ist klar: Es muss zu einer *Individuation* der Heranwachsenden kommen, die es den jugendlichen Kindern ermöglicht, zunehmend selbstständig zu leben und mit ihrer Herkunft trotzdem verbunden zu bleiben: *Autonomie in der Verbundenheit* ist das zu erstrebende Ziel. Diese Reorganisation von Selbstständigkeit und Abhängigkeit, von Distanz und Nähe erfolgt unter modernen Gesellschaftsbedingungen des Zusammenlebens von Eltern und Kindern vor allem über Gespräche und Diskurse, wobei beide Partner, Eltern und Kinder, an der Bewältigung dieser Entwicklungsaufgabe mitarbeiten (vgl. Hofer, 2003). Eltern müssen akzeptieren, dass ihre jugendlichen Kinder das Zusammenleben mit ihnen nicht als Ort der Erfüllung eines Lebensprojektes betrachten. Sie blicken nach vorne, die Erfüllung ihres Lebens liegt in *neuen Bindungen*, vor allem in Bindungen an Personen des jeweils anderen Geschlechts. Ihre Zielrichtung ist deshalb die Verselbstständigung, die sie konsequenterweise aus zu engen Bindungen an die Eltern und aus den erzieherischen Strukturen der Kindheit herausführen müssen.

Prozess wichtige Stützen bzw. Personen, denen man sich emotional verbunden fühlt. Kennzeichnend für einen produktiven Entwicklungsprozess ist die Offenheit jugendlicher Kinder gegenüber ihren Eltern sowie die Schaffung vieler neuer Beziehungen zwischen ihrer Welt der Freunde und jener der Eltern. Eltern sorgen zwar noch für das schützende Nest, sie müssen aber gleichzeitig loslassen und die neuen – mit ihrem eigenen Leben nicht identischen – Anforderungen ihrer Kinder, mit Gleichaltrigen neue Beziehungen aufzubauen, akzeptieren und wenn nötig, unterstützen.

13.4 Die Bedeutung Gleichaltriger für die Entwicklung Jugendlicher

Die Wichtigkeit der Gruppe der Gleichaltrigen im Jugendalter wurde mehrfach von Entwicklungspsychologen und Soziologen hervorgehoben (vgl. Corsaro & Eder, 1990; Rubin, Bukowski & Parker, 1998). Welches sind die Besonderheiten des Lernfeldes der Gleichaltrigen, die es so einmalig und nicht durch gute Elternbeziehungen ersetzbar machen? Eine Gegenüberstellung der Beziehungen zu Eltern und Freunden bringt dies zum Vorschein. So zeigt sich, dass das Eltern-Kind-Verhältnis *asymmetrisch*, wohingegen jenes unter Gleichaltrigen *symmetrisch* ist. Gleichaltrige gewährleisten deshalb in aller Regel besser als Erwachsene die Verwirklichung von Gleichheit und Souveränität. Gleichheit erfordert Akzeptanz von Unterschieden zwischen Gruppenmitgliedern und allgemeine Gerechtigkeit. Souveränität wiederum wird in der Peergruppe als Möglichkeit zur Selbstdarstellung und als Realisierung von Zielen, Selbstbildern und Lebensentwürfen, die zugleich von der Gruppe toleriert oder gar verstärkt werden, erfahrbar. Durch diese beiden Merkmale, die in der Bedeutung von Gleichaltrigen stecken, wird der Entwicklungsschritt hin zur Autonomie erleichtert, ohne dass die Sozialbeziehungen aufgegeben werden müssen. Auf diese Weise schafft die Peergruppe das Kunststück, Autonomie und soziale Integration miteinander zu verbinden (Oerter & Dreher, 2002). Dabei werden der *Gruppe der Gleichaltrigen* eine Reihe wichtiger *Entwicklungsfunktionen* zugeschrieben (vgl. Oerter & Dreher, 2002):

- Sie kann zur *Orientierung und Stabilisierung* beitragen, emotionale Geborgenheit vermitteln und helfen, das Gefühl der Einsamkeit zu überwinden, das viele Jugendliche aufgrund der einsetzenden Selbstreflexion und des wachsenden Bewusstseins um das eigene Ich erleben.
- Sie bietet sozialen Freiraum für die *Erprobung neuer Möglichkeiten* im Sozialverhalten und lässt soziale Aktivitätsformen zu, die außerhalb der Gruppe zu riskant wären.
- Sie hat eine wichtige Funktion in der Ablösung von den Eltern und bietet *Unterstützung durch die normierende Wirkung* einer gleichaltrigen Mehrheit.
- Sie kann zur *Identitätsfindung* beitragen, indem sie Identifikationsmöglichkeiten, Lebensstile und Bestätigung eigener Selbstdarstellungen bietet.

Selbstverständlich werden Jugendliche, wenn es um die Gestaltung der Beziehungen zu ihren Gleichaltrigen geht, nicht mit einer völlig neuen Aufgabe konfrontiert. Bereits als Kinder haben sie Erfahrungen mit Altersgleichen gesammelt, und diese beeinflussen die Erwartungen, die sie an die gegenwärtigen Beziehungen haben. Auch haben sie durch die früheren Erfahrungen bereits Sozialkompetenzen entwickelt. Dennoch kennzeichnet sich diese Entwicklungsphase durch eine Erweiterung des sozialen Umfeldes (vgl. Barker & Schoggen, 1973; Cotterell, 1996). Jugendliche haben mehr Zugang zu unterschiedlichen sozialen Umwelten außerhalb der Familie als jüngere Kinder (vgl. Silbereisen, Noack & Eyferth, 1986; Fuhrer & Quaiser-Pohl, 1999). Darüber hinaus werden die Beziehungen in der Adoleszenz in gewisser Hinsicht differenzierter und neu formiert. Zwar unterscheiden auch schon Kinder zwischen besten Freunden und anderen Altersgleichen, aber sie definieren die Beziehungen vor allem aufgrund von gemeinsamen Spielaktivitäten. Demgegenüber bietet die kognitive Entwicklung in der Adoleszenz die Voraussetzung für eine Neudefinition der Peer-Beziehungen; diese Beziehungen bekommen neue Inhalte und Funktionen.

Deshalb unterscheidet die Jugendforschung ebenso wie auch schon die Kindheitsforschung zwischen Gleichaltrigen und Freunden (von Salisch & Seiffge-Krenke, 1996). Sie erfordern unterschiedliche soziale Kompetenzen und befriedigen unterschiedliche psychische Bedürfnisse. Beide Beziehungssysteme stellen unterschiedliche soziale Einheiten dar, die weitaus geringer als erwartet miteinander in Beziehung stehen (vgl. Parker & Asher, 1993). Beispielsweise ist es nicht gleichbedeutend, ein Mitglied mit hohem Status in der Gruppe der Altersgleichen zu sein und einen engen Freund bzw. eine enge Freundin zu haben. Immerhin ein Drittel der Jugendlichen mit sehr hohem Ansehen waren in der Studie von Parker und Asher nicht in eine enge Freundschaft involviert; demgegenüber gab ein beachtlicher Teil der von der Großgruppe abgelehnten Jugendlichen an, eine enge Freundschaftsbeziehung zu pflegen. Ebenso wenig war es der Status in der Großgruppe, der das Wohlbefinden Jugendlicher nährte, sondern die Tatsache, einen besten Freund oder eine beste Freundin zu haben.

Genau diese engen Freundschaften sind es, die im Jugendalter immer wichtiger werden (vgl. Furman & Buhrmester, 1992). Während noch im frühen Jugendalter die Aktivitäten mit Gleichaltrigen durch die Akzeptanz der Peer-Gruppe und durch den emotionalen Rückhalt der Gleichaltrigen bestimmt sind, wird die Unterstützung durch die Großgruppe mit zunehmendem Alter unwichtiger und als weniger unterstützend wahrgenommen; enge Freunde und gegengeschlechtliche Beziehungen gewinnen an Bedeutung. Die gleichaltrigen Freunde erfüllen sowohl für die Entwicklung der männlichen bzw. weiblichen Geschlechtsidentität als auch im Aufbau erster Kontakte zum anderen Geschlecht eine wichtige Funktion. Die Modellierung des Aussehens und das Experimentieren sowie Einüben alters- und geschlechtsspezifischer Verhaltensweisen wird durch Freunde unterstützt, und die Aufnahme von Beziehungen zum anderen Geschlecht geschieht vielfach im Schutz und in Begleitung bester Freunde (vgl. Seiffge-Krenke, 1993). Folgt man Helmut Fend (2000), dann erfolgt die *Freundschaftsentwicklung im Jugendalter* in der folgenden Weise:

Frühe Adoleszenz (12- und 13-Jährige). Steht noch die Befriedigung persönlicher Interessen im Zentrum kindlicher Freundschaften, so gewinnen in der Adoleszenz psychologische Aspekte an Bedeutung: Die Reziprozität des Austauschs wird betont, Freundschaft wird zu einem Vermögen, das gepflegt werden will und Engagement erfordert. Das eher durch räumliche Nähe und Instrumentalität bestimmte kindliche Freundschaftskonzept wandelt sich zu einem Verständnis, das gegenseitige emotionale Nähe und Unterstützung, Offenheit und Vertrauen als wichtige Elemente einer engen Freundschaft betont. Allerdings erreicht Tiefe und Wechselseitigkeit der Beziehung sowie das besondere Gefühl von Freundschaft noch nicht das Niveau der späteren Lebensjahre.

Mittlere Adoleszenz (14- bis 16-Jährige). Das Bedürfnis nach Intimität in der Beziehung zum besten Freund bzw. zur besten Freundin und dessen Realisierung durch problemzentrierte Gespräche sowie gemeinsame Aktivitäten nimmt im Jugendalter stetig zu und übersteigt dann im mittleren Jugendalter das in der Beziehung zu den Eltern wahrgenommene Ausmaß an Intimität. Derart erwarten Jugendliche von ihren Freunden Loyalität und Vertrauen; außerdem wird die Sicherheit der Beziehung akzentuiert, weil sie sich gerne in der anderen Person gespiegelt sehen möchten und sich deren Unterstützung bei der Bewältigung ihrer Entwicklungsprobleme wünschen.

Späte Adoleszenz (17 Jahre und darüber). In der späten Adoleszenz wird Freundschaft wieder zu einer entspannteren gemeinsamen Erfahrung.

In jugendlichen Freundschaftsbeziehungen bestehen recht deutliche Geschlechtsunterschiede (vgl. von Salisch & Seiffge-Krenke, 1996). Hervorgehoben wird in der Forschungsliteratur vor allem die Qualität von Freundschaft unter Mädchen, die früher und stärker als gleichaltrige männliche Jugendliche enge Beziehungen pflegen. Während sich bei weiblichen Jugendlichen außengerichtete und intime Aktivitäten die Waage halten, bevorzugen männliche Jugendliche deutlich stärker außengerichtete Tätigkeiten mit dem besten Freund (z. B. gemeinsam Sport treiben). Zudem verweist Argyle (1986) auf die Tendenz jugendlicher Mädchen, früher enge und exklusive Freundschaften einzugehen, was für sie eine wichtige Funktion für ihre Identitätsbildung hat (vgl. Buhrmester & Furman, 1987). Bei männlichen Jugendlichen ist demgegenüber die gegenläufige Tendenz zu beobachten, indem zunächst eine eigene Identität erarbeitet wird und danach Freundschaften eingegangen werden. Möglicherweise resultieren aber diese Geschlechtsunterschiede auch aus der eher vorhandenen Bereitschaft von Mädchen, über emotionale Inhalte wie Intimität und Zuneigung zu sprechen als Jungen.

Weiterhin wird bei der Frage nach dem Einfluss der Gruppe der Gleichaltrigen oft zwischen einer Oberflächenstruktur und einer Tiefenstruktur unterschieden (z. B. Schmidt-Denter, 1988). Dabei bezieht sich der Begriff der *Oberflächenstruktur* auf die oberflächlichen Merkmale wie bestimmte Kleidungsgewohnheiten, eine bestimmte Haartracht oder bestimmte sprachliche Umgangsformen, die sich von Generation zu Generation schnell ändern können und wenig zu bedeuten haben. Meist bleiben diese Einflüsse altersspezifische Erscheinungen einer bestimmten Generation (oder Kohorte), auch wenn die Jugendlichen darin für sich einen wichtigen «Fortschritt» zu erkennen glauben (wie z. B. die Hippie-Kultur, die Techno-Kultur). Gemeinsam ist ihnen aber die Funktion einer demonstrativen Abgrenzung von der Welt der Erwachsenen. Im Übrigen entzünden sich an diesen Oberflächlichkeiten die meisten Meinungsverschiedenheiten und Konflikte zwischen Eltern und Lehrern auf der einen und den Jugendlichen auf der anderen Seite (vgl. die Übersicht zu den Themen von Eltern-Kind-Diskussionen und Meinungsverschiedenheiten bei Fend, 2000).

Bleibende Bedeutung für das weitere Leben hat hingegen die *Tiefenstruktur* des Einflusses Gleichaltriger. Damit ist die symmetrische Beziehungsebene zwischen Gleichaltrigen gemeint, die ein Experimentierfeld zur Vermittlung von Informationen und Einübung zahlreicher sozialer und nichtsozialer Fertigkeiten bietet, die später für das Leben als Erwachsene von Bedeutung sind. Es ist vermutlich dieser Einfluss der Peers, der für die menschliche Entwicklung geradezu unentbehrlich ist, da er wichtige Funktionen bei der Orientierung, beim Aufbau von Kompetenzen und hinsichtlich der Vermittlung sozialer Unterstützung erfüllt. Dies betrifft im Besonderen die Kontakte mit dem anderen Geschlecht (vgl. Fend, 1998). Im Rahmen von mehr oder weniger ritualisierten Veranstaltungen wie Parties, Disco oder Rumhängen in Kaufhäusern oder an Bahnhöfen bietet sich Jugendlichen in derartigen Settings die Gelegenheit, sich ein weitgehend zutreffendes Bild von der eigenen Attraktivität für andere zu machen (vgl. Silbereisen, Noack & Eyferth, 1986). Das ist eine wichtige Information, da diesbezügliche Unsicherheiten und Fehleinschätzungen in der Folge bei der Auswahl möglicher Partner fast zwangsläufig zu Frustrationen, Enttäuschungen und damit zu einer Verstärkung der Unsicherheit führen würde. Demgegenüber wurde die förderliche Wirkung von Kontakten zu Altersgleichen u.a. für die soziale Kontakt- und Kooperationsfähigkeit, für das Verständnis um soziale Regeln, für die Moralentwicklung, die Kontrolle von Aggression, den Erwerb sexuellen Wissens und die Sprachentwicklung nachgewiesen (vgl. Fend, 2000). Schließlich sind für die Jugendlichen die Bindungs- und Unterstützungsfunktionen der Gleichaltrigen wichtig. Ähnlich wie bei den Beziehungen Erwachsener bietet eine Freundschaft eine sichere Ausgangsbasis für explorative Lernerfahrungen und Unterstützung bei der Bewältigung von Belastungssituationen (vgl. Seiffge-Krenke, 1995).

Lernpotenzial von Freundschaftsbeziehungen im Jugendalter. Piaget (1973), Sullivan (1983) und Youniss (1994) haben bekanntlich darauf verwiesen, dass in solchen Beziehungen Normen der Gegenseitigkeit besonders gut erlernt werden können. Auch die Bindungstheorie hat sichtbar gemacht, dass basale Grundbedürfnisse nach Geborgenheit, Zugehörigkeit und Akzeptanz in Freundschaftsbeziehungen ab einem bestimmten Alter bevorzugt befriedigt werden können. Kinder und Jugendliche vermögen sich in solchen Beziehungen für Themen zu öffnen, die sie den Erwachsenen gegenüber nicht anzusprechen wagen. Da allerdings Peer- und Freundschaftsbeziehungen labil und gefährdet sind, wird der Austausch und die Validierung von Meinungen mit Altersgleichen besonders wichtig, um mit den eigenen Sichtweisen nicht allein zu stehen (Fend, 1998). Derart fragen sich Jugendliche: Was hat der andere gemeint? Wie steht wer zum wem? Wie ist der andere einzuschätzen? Wie steht ein anderer zu der eigenen Person? Wie kann man an Attraktivität gewinnen? Was ist in welcher Gruppe «los»? Wie finde ich dort Kontakt? Meint es der andere ernst? Nimmt er mich für voll?

Diese nahe liegenden Fragen im unsicheren Feld jugendlicher Freundschaften schaffen ein unersättliches Bedürfnis nach Information, eine ständige Suche nach Kontakt, Bestätigung und Korrektur. Dabei ist besonders auch die persönliche Identitätsfindung und die Frage «Wer bin ich?» eng an die unzähligen Interaktionen mit Gleichaltrigen gebunden (Fend, 1994; Fuhrer, Marx, Holländer & Möbes, 2000; Youniss & Smollar, 1990). Die Altersgleichen sind für Jugendliche unentbehrliche Umwelten, um ein Selbstverständnis zu entwickeln, um sich vergleichen zu können, um das Alltagsleben auf seinen Sinn hin zu verstehen, um zu wissen, was man kann, was man von den Eltern einfordern darf, wen man mag, was man werden und wie man sein möchte.

Allerdings sind diese Lernchancen in reziproken Beziehungen noch keine ausreichende Erklärung dafür, warum Peers und Freunde im Jugendalter so wichtig werden. Es scheint vermutlich so zu sein, dass Eltern nicht lebenslang alle sozialen Bedürfnisse befriedigen können; vielmehr braucht es die Gleichaltrigen, es braucht Spielkameraden, Freunde und schließlich Partner des anderen Geschlechts (vgl. Fend, 2000). In der Tradition von Sullivan haben Buhrmester und Furman (1987) die Sequenz der sozialen Bindungsgeschichte treffend beschrieben (vgl. **Abb. 13.1**).

Folgt man der schematisierten Entwicklungsabfolge in Abbildung 13.1 dann stehen in der Adoleszenz die Bedürfnisse nach Akzeptanz und Integration in die Altersgruppe im Vordergrund. Werden sie nicht erfüllt, dann sind schwerwie-

Bedürfnisse und Schlüsselbeziehungen				SEXUALITÄT andersgeschlechtliche Partner/-i n
			INTIMITÄT gleichgeschlechtliche Freundschaft	andersgeschlechtliche Freundschaft/Romanze gleichgeschlechtliche Freundschaft
		AKZEPTANZ Gesellschaft der Gleichaltrigen	Freundschaftsclique	Gemischtgeschlechtliche Menge Freundschaftsclique
	GESELLSCHAFT Eltern	Gleichaltrige Eltern	Gleichgeschlechtliche Freundschaft Eltern	andersgeschlechtliche Freundschaft/Romanze gleichgeschlechtliche Freundschaft
ZÄRTLICHKEIT Eltern	Eltern	Eltern	Gleichgeschlechtliche Freundschaft Eltern	andersgeschlechtliche Freundschaft/Romanze gleichgeschlechtliche Freundschaft
Säuglingsalter (1–2 Jahre)	Kindheit (2–6 Jahre)	Präadoleszenz (6–9 Jahre)	Frühe Adoleszenz (9–12 Jahre)	Jugendalter (12–16 Jahre)

Abbildung 13.1: Schematisierung der Bedürfnisse und Schlüsselbeziehungen nach Buhrmester und Furman (1986; zit. nach Fend, 2000, S. 308)

gende Konsequenzen in der psychischen Gesundheit von Mädchen und Jungen zu erwarten. Selbstverständlich bedeutet das nicht, dass alle Peerbeziehungen entwicklungsförderlich und gut sind; dem ist nicht so, wie gleich ausführlicher darzulegen sein wird. Viele Peerbeziehungen und sogar Freundschaften können sich zu Leidensgeschichten entfalten, wenn Ausbeutung, Ausnutzung und Unterwerfung dominieren (vgl. dazu auch Krappmann & Oswald, 1995). Zudem können Peerbeziehungen eine potenzielle Erfahrung beinhalten, die für die weitere Entwicklung traumatisch sein kann; es ist an soziale Diskriminierung, Ablehnung und sozialen Ausschluss zu denken (vgl. Fend, 2000).

Fragt man nochmals danach, welche Aspekte von Jugendfreundschaften sich *förderlich* auf die psychische Entwicklung auswirken, so scheint ein hohes Maß an Intimität mit einer besseren psychischen Anpassung, einer höheren sozialen Kompetenz und einem höheren Wohlbefinden einherzugehen (Furman & Buhrmester, 1992). Jugendliche mit engen Freunden zeigen sich auch weniger aggressiv, ängstlich und depressiv und haben einen höheren Selbstwert als Jugendliche ohne enge Freundschaften. Krappmann (1993b) fasst die entwicklungsfördernden Aspekte von Freundschaften in der folgenden Weise prägnant zusammen: «Freundschaften bieten die Chance, die ausgetretenen Pfade der Routine zu verlassen. Sie stimulieren soziale und zugleich kognitive, affektive und moralische Prozesse, in denen dafür gesorgt ist, dass besonders viele Aspekte berücksichtigt werden müssen. Freundschaft übt auch einen Druck aus, sich diesen Problemen wirklich zu stellen» (S. 126).

Gleichaltrige stehen per definitionem in einer egalitären Beziehung zueinander, auch wenn es in der Realität oft anders verläuft. Der Unterschied zur Elternbeziehung besteht wesentlich darin, dass Jugendliche mögliche Dominanzhierarchien unter sich aushandeln können, da diese nicht naturgegeben sind. Derart unterscheidet sich die Peer- von der Eltern-Beziehung im Ausmaß an gemeinsamen Aushandlungen und Ko-Konstruktionen der sozialen Realität (vgl. Youniss & Smollar, 1985). Zudem sind die Beziehungen zu Gleichaltrigen im Unterschied zu den Beziehungen zu den eigenen Familienmitgliedern freiwillig. Freiwilligkeit ist aber dadurch eingeschränkt, dass Jugendliche ihre Altersgleichen nicht selbst auswählen können, weil zunächst die Schulklasse den Möglichkeitsraum bestimmt. Erst im mittleren Jugendalter erhöht sich die Beweglichkeit Jugendlicher, indem sie Freunde besuchen können, die nicht in der Nachbarschaft wohnen, ohne auf die Eltern angewiesen zu sein. Derart können sie selbstständiger über ihre außerschulischen Aktivitäten entscheiden und sich verabreden (vgl. Silbereisen, Noack & Eyferth, 1986; Cotterell, 1996).

Im Unterschied zu den Eltern haben Gleichaltrige ungeachtet ihres großen Einflusses auf die Entwicklung anderer Jugendlicher keine formelle Verantwortung für die Erziehung bzw. Sozialisation. Die Gleichaltrigen reagieren und interagieren demnach nicht aus erzieherischen Motiven und nehmen auch keine erzieherischen Rücksichten oder verfolgen pädagogische Intentionen. Sie reagieren einfach, und sie tun es unterschiedlich, sodass die Jugendlichen viele verschiedenartige Reaktionen auf ihr Verhalten erfahren. Dadurch lernen sie etwas über sich selbst und über die Vielfalt an menschlichen Beziehungen und Reaktionen (Fend, 1994). Weil Gleichaltrige nicht dieselbe Verantwortlichkeit füreinander empfinden, neigen sie auch eher dazu, gegenüber einander kleinere oder größere Grenzüberschreitungen zu vollziehen. Deshalb muss der Jugendliche unter seinen Altersgleichen schnell lernen, wie man Grenzen verteidigt. Wo früher bei Grenzüberschreitungen die Eltern aufgrund ihrer Erziehungsverantwortung eingeschritten sind, müssen Jugendliche nun untereinander lernen, diese Grenzen gegenüber unerwünschtem Verhalten zu definieren und durchzusetzen (vgl. Fend, 2000).

Vor dem Hintergrund dieser Überlegungen liegt es nahe anzunehmen, dass der Kontakt zu Gleichaltrigen nicht nur entwicklungsförderlich sein muss, sondern auch seine *Schattenseiten* haben kann. So können Jugendliche erstens durch ihre Altersgenossen gemobbt werden: Mädchen grenzen aus, Jungen werden aggressiv.

Man geht heute davon aus, dass etwa jedes siebte Kind ein- oder mehrmals pro Woche schikaniert wird (vgl. Schäfer & Frey, 1995). Es geht dabei nicht so sehr um Streitereien zwischen zwei Kindern; vielmehr ist die ganze Klasse involviert. Die Täter suchen sich ein Kind, das schwach oder nicht besonders gut integriert ist; dieses Kind wird dann schikaniert. Der Täter erwartet daraufhin, dass er von der Gruppe anerkannt oder gar in seiner Gruppe der Star wird. Die Mobbing-Opfer hingegen haben keinen Zugang zu den positiven Funktionen der Peer-Beziehungen und sind gefährdet noch anderweitige Diskriminierungserfahrungen zu erleben. Die negativen Folgen des Mobbings bzw. Bullyings im Jugendalter sind in vielen Studien aufgezeigt worden (vgl. die Übersichten bei Olweus, 2002 und bei Scheithauer, Hayer & Petermann, 2003).

Dabei ist schulische Gewalt kein «Jungenphänomen». *Mobbing durch Mädchen* ist häufig schwerer zu entdecken, da mobbende Mädchen weniger offensichtlich, sondern eher «hinterlistige» Schikanen wie üble Nachrede, Verbreitung von Gerüchten und Manipulation von Freundschaftsbeziehungen in der Klasse bevorzugen (vgl. Popp, Meier & Tillmann, 2001). Derartige Handlungsweisen sind bei Mädchen eingebunden in eine Clique, die als Aktionsfeld und als Beschützerin eine hohe Bedeutung besitzt. Hierbei ist auch die Anwendung körperlicher Gewalt zum Erwerb von Anerkennung in der Clique unverzichtbar. Ebenso wie gewaltausübende Jungen fühlen sich Gewalttäterinnen zu Hause mit ihren Eltern signifikant weniger wohl, werden häufiger von ihren Eltern geschlagen oder wegen schlechter Noten bestraft und unter Druck gesetzt als Jugendliche aus einer Vergleichsgruppe.

Aufgrund der Befunde von Popp, Meier und Tillmann (2001) ist zu vermuten, dass die Altersgleichen und die innerhalb der Freundesgruppe ablaufenden sozialen Beziehungen für Mädchen eine größere Bedeutung haben als für Jungen. Mädchen scheinen die Clique zu benötigen, um mit aggressiven Handlungen hervortreten zu können. Um Mobbing in der Schule zu verhindern, ist teils die Schule gefordert, indem sie Aggressionen und Schikanen rasch unterbindet. Aber auch jeder Einzelne kann etwas tun, weil Mobbing extrem unfair ist. Deshalb sollten Mitschüler nicht wegsehen, sollten den Mund aufmachen, wenn sie Mobbing beobachten (vgl. Alsaker, 2003; Dambach, 2002 sowie zur Information und Beratung im Internet unter: www.kidsmobbing.de, www.schueler-mobbing.de, www.mobbingzirkel.de).

Zweitens existiert in den Beziehungen unter gleichaltrigen Jugendlichen *Gruppendruck und -selektion*. Die meisten empirischen Befunde sprechen dafür, dass Jugendliche eine Bestätigung ihrer Interessen (und somit eine Verstärkung ihres Selbstkonzepts) in der Gruppe der Gleichaltrigen suchen, weshalb sie vor allem Altersgleiche aufsuchen, die gleiche Interessen, gleiche Ideale und Werte sowie gleiche Verhaltensweisen zeigen. Derart nimmt aber wiederum die Gruppe Einfluss auf ihre Mitglieder, sei es durch normativen Druck, durch Belohnung des «richtigen» Verhaltens oder durch Lernen am Modell. Folglich sind sowohl Gruppendruck wie Gruppenselektion wirksam. Man schließt sich als Jugendlicher einer Gruppe oder Clique an, wenn man eine gewisse Affinität zu deren Interessen, Normen, Werten und Verhaltensweisen erkennt. In der Folge ergeben sich vermutlich Verstärkungsspiralen, die positive oder eben auch negative Folgen haben können. Das bedeutet, dass die bewusste Suche nach gleichgesinnten Gleichaltrigen oft der erste Schritt in eine solche spiralförmige Entwicklung bilden kann (vgl. Cairns & Cairns, 1994; Dishion, Andrews & Crosby, 1995; Vitaro, Brendgen & Tremblay, 2000). Beispielsweise ist bekannt, dass Sachgewaltsstraftaten überwiegend mit gleichaltrigen Tatgenossen (80%) begangen werden; bei Gewalt gegen Personen sind dies noch ca. 50% der Taten (Kerner, Kaiser, Kreuzer & Pfeiffer, 1990). Besonders gefährdet sind Jugendliche, die in einer Gruppe zentrale Positionen einnehmen, wobei diese Zentralität und nicht die Kontaktdichte zu den Gruppenmitgliedern den Entwicklungseinfluss gleichaltriger Freunde auf das jugendliche Verhalten moderiert (Crosnoe & Needham, 2004).

Das folgende Kapitel soll nochmals differenzierter der Beziehung der Eltern gegenüber ihren jugendlichen Kindern und der Bedeutung der Eltern im Verhältnis zu der Gruppe der Gleichaltrigen gewidmet werden. Dabei soll die Aufmerksamkeit auch auf die großen, differenziellen Unterschiede gerichtet werden, die in verschiedenen Familien bestehen können.

13.5
Stören oder fördern sich die Beziehungen zu Eltern und Freunden?

Ebenso wie in der Kindheit spielen auch für Jugendliche im Rahmen ihrer Freundschaftsbeziehungen und Kontakte zu Gleichaltrigen die Eltern eine wichtige Rolle. Ein erheblicher Teil der Studien in diesem Bereich ist als eine direkte Fortsetzung der Forschung zu verstehen, die sich der Untersuchung der Eltern-Kind- bzw. Kind-Freund-Beziehung widmet. Derart wurden direkte und indirekte Pfade der Verknüpfung beforscht, wobei sich die Untersuchungen mehrheitlich den indirekten Verknüpfungen gewidmet haben. Erst in jüngerer Zeit sind auch Ergebnisse zu direkten Verknüpfungen ins Blickfeld geraten, wenn es beispielsweise darum geht, wie sehr Eltern den Freizeitbereich ihrer jugendlichen Kinder beschneiden und Freundschaften unterbinden können (vgl. von Salisch & Seiffge-Krenke, 1996). Verständlicherweise wird aus entwicklungspsychologischer Sicht der Zusammenhang zwischen Eltern-Kind-Beziehungen und Freundschaften im Jugendalter im Rahmen einer systemtheoretischen Sichtweise betont und die Neuartigkeit von Sozialerfahrungen, die zwischen Freunden möglich ist, hervorgehoben (vgl. Laurssen, 1993).

Berndt (1982) hat als einer der ersten darauf hingewiesen, dass Jugendliche im Unterschied zu Kindern mehr Themen mit Freunden besprechen. Freunde werden im Jugendalter zu den wichtigsten Adressaten für eine Vielzahl von Alltagsproblemen (Seiffge-Krenke, 1995; Fend, 2000). Besonders dann, wenn es um Probleme mit dem heterosexuellen Partner, anderen Freunden, um familiäre Probleme oder um selbstbezogene Probleme wie Einsamkeit oder depressive Gefühle geht, suchen Jugendliche bei ihren Freunden Rat und Unterstützung. Familienmitglieder werden demgegenüber bei «Weltfragen» (Fend, 2000, S. 291), d. h. bei Problemen

Kasten 13-3

Implikationen für die Erziehungspraxis
Wie können Eltern Jugendliche vor devianten Peer-Gruppen schützen?

Will man vermeiden, dass Jugendliche unter den negativen Einfluss marginaler Peer-Gruppen, radikaler Cliquen oder Sekten kommen, sollte man als Eltern dafür sorgen, dass die (jugendlichen) Kinder viele Möglichkeiten haben, die Welt zu entdecken, ihre Kompetenz zu erfahren, sozial akzeptiert zu werden, eigene Meinungen zu verteidigen und somit ihr Selbstkonzept, ihre Identität und ihr Wertsystem zu festigen. Dies geschieht allerdings nicht von heute auf morgen, sondern es sind erzieherische Bemühungen notwendig, die bereits in der Kindheit beginnen müssen. Dabei sollen Eltern ihre jugendlichen Kinder bei der Emanzipation von der elterlichen Autorität unterstützen, sie sollen fördern, ihnen Fehlwege aufzeigen und zu produktiven Entwicklungspfaden ermutigen. Mangelnde Austauschprozesse, aber auch elterliche Überkontrolle (overprotection) und Bevormundung (z.B. durch Verwöhnung) behindern eine gelungene Ich-Entwicklung der Kinder ebenso sehr wie das Fehlen von normativen Ansprüchen oder die Missachtung bei der Einhaltung von Regeln und Übereinkünften. Im Übrigen können auch positive und stabile Freundschaften vor negativen Gruppeneinflüssen schützen.

---

mit der Schule und bei berufs- und zukunftsorientierten Fragen als Gesprächspartner herangezogen. Obgleich also Freunde als Ressource sozialer Unterstützung zunehmend wichtiger werden, bleiben die Eltern bedeutsame Ansprechpartner.

Dennoch ist es unbestritten, dass sich die *affektive Qualität der Eltern-Kind-Beziehungen* ändert, sobald die jugendlichen Kinder in die Pubertät kommen. Steinberg (1989) benutzte zwei Hypothesen, um die Familiendynamik dieser affektiven Veränderung zu beschreiben und zu erklären. Einerseits könnte es so sein, dass Jugendliche während der körperlichen Reifung die Bindung zu ihren Eltern lockern, was zu sozialer Angst und Depression führen kann. Andererseits sagt die Bindungstheorie voraus, dass das Bindungsverhalten vor allem bei Stress und Angst aktiviert wird. Derart könnte das Bindungsverhalten Ängste dämpfen und Stress puffern. Beide Hypothesen wurden von Papini, Roggman und Anderson (1991) empirisch geprüft. Nur teilweise konnte die *Hypothese der emotionalen Distanzierung* bestätigt werden. Während Jungen eine geringfügige Zunahme der Bindung an die Mutter in der Pubertät wahrnahmen, zeigten Mädchen eine geringere Bindung an die Mutter. Die Bindung an die Väter verringerte sich bei den pubertären Jugendlichen bedeutsam. Dabei war das Absinken bei Jungen stärker ausgeprägt als bei Mädchen. Deutlicher konnte die *Dämpfungshypothese* bestätigt werden. Jugendliche, die stärker an ihre Eltern gebunden sind, waren weniger depressiv und weniger sozial ängstlich und schätzten ihre Möglichkeiten, sich frei in der Familie darstellen zu können, und den Zusammenhalt in der Familie positiv ein. Allerdings beeinflusste die pubertäre Reife den Zusammenhang zwischen Bindung und emotionaler Stabilität nicht. Demnach lassen sich die beiden Hypothesen nicht direkt miteinander in eine Beziehung bringen. Folglich scheint der Zusammenhang zwischen Pubertät und Depressionsneigung durch emotionale Distanzierung und der Variation durch unterschiedlich starke Bindung (Dämpfungshypothese) nicht zu bestehen.

Ungeachtet dessen scheint zumindest für das frühe Jugendalter zu gelten, dass die Bindung an die Eltern für eine positive Entwicklung wichtig ist. Die empirische Jugendforschung zeigte wiederholt, dass etwa zwei Drittel bis drei Viertel (je nach Definition) aller Jugendlichen von positiven bis sehr positiven Beziehungen zu den

Eltern berichten (Fend, 2000). Damit wird die These widerlegt, dass turbulente und konfliktreiche Auseinandersetzungen mit emotionalen Entfremdungsfolgen zur Regel dieser Lebensphase werden. In ähnlicher Weise wie bei Kindern wirken unterstützende Freundschaftsbeziehungen zu gleichaltrigen Jugendlichen als Moderator der Zusammenhänge zwischen elterlichem Erziehungsverhalten und Familienklima sowie jugendlichen Entwicklungs- und Verhaltensproblemen (Gauze, Bukowski, Aquan-Assee & Sippola, 1996).

Des Weiteren ist es wichtig hervorzuheben, dass die neuere Forschung empirisch eindeutig belegen kann, dass zwischen Kindheit und Jugend zwar eine Reorganisation der sozialen Beziehungen, aber im Allgemeinen *kein Bruch in der Beziehung zu den Eltern* stattfindet. Wer nämlich vorhersagen möchte, wie sich das Eltern-Kind-Verhältnis in der Jugendphase entwickelt, dem kann eine einfache Information helfen: die Qualität der Eltern-Kind-Beziehung in der Kindheit (vgl. Fend, 2000; Storch, 1994). Ist nämlich das Verhältnis zu den Eltern in der Kindheit positiv gewesen, dann besteht die große Wahrscheinlichkeit, dass dies auch in der Jugendzeit der Fall sein wird. Mit anderen Worten: Die in der Kindheit aufgebaute Beziehung, sei sie nun positiv oder belastet, trägt im Allgemeinen durch die Jugendzeit hindurch. Daraus lässt sich die wichtige Botschaft ableiten, wonach es vermutlich einen klaren Prozess der *Transformation der Eltern-Kind-Beziehung* von der Kindheit zur Adoleszenz gibt. Folgerichtig lässt sich auch die Annahme, wonach die Peergruppe die entscheidende Sozialisationsinstanz im Jugendalter sei und diese die früheren Funktionen der Eltern im Sozialisationsprozess ersetzen, nicht halten.

Differenzielle Entwicklungsverläufe. Dennoch wäre unser Bild vom Wandel der Eltern-Kind-Beziehung im Jugendalter unvollständig, wenn nicht die beträchtlichen Unterschiede zwischen verschiedenen Familien thematisiert und damit die Aufmerksamkeit auf *differenzielle Entwicklungsverläufe* gerichtet würde. Aber es sind nicht nur die Unterschiede zwischen den Familien, die markant sind, sondern auch die Unterschiedlichkeit, mit der sich das Eltern-Kind-Verhältnis entwickelt. Fend (2000) hat in seinem Konstanzer Längsschnitt die folgenden vier Entwicklungsmuster aufgefunden:

- In einigen Familien bleibt das Verhältnis emotional *konstant positiv*, auch wenn sich die Balancierungen im Verhältnis zwischen jugendlicher Autonomie und Verbundenheit mit den Eltern verändern.
- In anderen Familien entwickeln sich Wege *gegenseitiger Entfremdung*, die dadurch gekennzeichnet sind, dass die Verselbstständigung gleichzeitig mit einer emotionalen Distanzierung gegenüber den Eltern verbunden ist.
- Es können aber auch *Erholungsprozesse* beobachtet werden, worin sich in der Kindheit belastete Beziehungen in der Jugendphase eher entlasten; dabei gründen solche Entlastungen häufig darin, dass Eltern aktiv an einer Verbesserung der Beziehungen arbeiten, weil sie vermutlich selber am meisten unter den Belastungen leiden.
- Leider finden sich nicht alle Kinder aus belasteten und entfremdeten Beziehungen in der Kindheit heraus; sie erleben folglich ihre Beziehungen über die Jahre als *permanent belastet*.

Welche Faktoren lassen *differenzielle Entwicklungsverläufe in der Eltern-Kind-Beziehung im Jugendalter* vorhersagen? Im Konstanzer Längsschnitt bot sich erstmals für den deutschen Sprachraum die Möglichkeit, den Ursachen für differenzielle Entwicklungsverläufe im Eltern-Kind-Verhältnis nachzugehen. Was waren die wichtigsten Ergebnisse aus Sicht der Kinder?

- Weder die Scheidung der Eltern noch die Berufstätigkeit der Mutter wirken sich im Allgemeinen negativ aus.

Bedeutsame Prädiktoren sind dagegen

- die materielle und soziale Stellung der Familie
- die familiären Bildungsressourcen
- die mit Kindern investierte Zeit und
- die elterlichen Erziehungshaltungen im Sinne einer vertrauensvollen, optimistischen Haltung.

Daraus ergibt sich synoptisch das folgende Ergebnisbild: Wenn die gesamte Lebenssituation einer Familie eher ungünstig und belastend ist, wenn wenig Zeit für Kinder besteht, wenn geringe Möglichkeiten der gegenseitigen Auseinandersetzung mit Welt- und Erziehungsfragen gegeben sind, dann wirkt sich dies in vereinfachten, häufig strafenden elterlichen Reaktionen in Konfliktsituationen aus. Es wird kaum argumentativ und in einer Atmosphäre der gegenseitigen Achtung und Wertschätzung gemeinsam nach Lösungen gesucht. *Problemfamilien* zeigen sich unflexibel und sie glauben, mit Druck, Strenge und Unterordnungsforderungen reagieren zu müssen. Dabei besteht häufig die Komplikation, dass ein hoher Anspruch an familieninterner Bindung und entsprechender rigider Erziehungshaltungen die Verselbstständigung der Kinder erschwert. In der Folge sind damit ungewollte Entfremdungsprozesse auf der Seite der Kinder und Jugendlichen verbunden. Diese Kinder streben früher aus der Familie und vernachlässigen dann die Schule. Das wiederum verstärkt die elterlichen Belastungen und Ängste. Die Kinder wiederum fühlen sich weniger akzeptiert und distanzieren sich weiter von ihren Eltern. Bedingt durch einen derartigen Teufelskreis geraten diese Eltern in eine Art Erziehungsnotstand.

Dass Kinder sich verselbstständigen, sich aus den Bindungen an ihre Eltern lösen, aus der Welt der Eltern «emigrieren» und in die Welt der Gleichaltrigen «immigrieren», ist an sich kein Problem. Dazu kommt es erst unter ungünstigen Bedingungen, die, statt Autonomie in der Verbundenheit neu zu organisieren, zu einer Polarisierung dieser Momente führen. Dabei kann das Gelingen dieser Individuation durch die Eltern erschwert werden. Derart dokumentieren die Längsschnittbefunde von Fend (1998), dass die wechselseitige Beziehung zwischen Kindern und ihren Eltern keine Einbahnstraße ist; Kinder beeinflussen, wie verschiedentlich hervorgehoben worden ist, ihre Eltern.

Gibt es, so wäre noch zu fragen, Verhaltensweisen von Kindern, die vorhersagen lassen, wie sich die Beziehung zu den Eltern im Jugendalter entwickelt? Für Jungen hat sich dazu durch die Daten des Konstanzer Längsschnitts ein klares Ergebnis herauskristallisiert: Ist deren *Leistungssituation* problematisch, was sowohl schlechte Noten als auch mangelnde Anstrengung, Disziplin- und Devianzprobleme betrifft, dann verändert sich das Verhältnis zu den Eltern negativ. Erfolge der Kinder sind umgekehrt positive Impulse für eine gute Eltern-Kind-Beziehung im Jugendalter. Für Mädchen hingegen ist die Entwicklung ihrer *Beziehungen zu Freunden* ausschlaggebend. Verläuft dieser Prozess in der Adoleszenz positiv, dann entwickelt sich auch die Eltern-Kind-Beziehung erfreulich. Deshalb können Eltern und Kinder sich gegenseitig unterschiedlich «leichte Partner» sein.

Bestätigt wird dieser Befund auch durch die Daten von Walper (1998). Über ihre Daten lässt sich empirisch belegen, dass der jeweilige Bindungstyp, den sie bei Jugendlichen in der Familie fand, von den Befragten vorzugsweise auch auf die Kontakte mit Gleichaltrigen (Freunde, Cliquen) übertragen wird. Derart ergibt sich für das Familiensystem zumindest aus der subjektiven Sicht der Jugendlichen ein harmonisierendes Bild, das durch eine Generalisierung des Bindungstyps erreicht wird. Auch im Rahmen der Bindungsforschung ergab sich Evidenz dafür, dass Kinder, die sicher an ihre Eltern gebunden waren, es leichter hatten, mit Zuversicht und damit auch mit Erfolg Beziehungen zu Gleichaltrigen aufzunehmen (Shulman & Knafo, 1997; Sroufe, Bennett, Englund, Urban & Shulman, 1993). Wer also angibt, gute Elternbeziehungen zu haben, fühlt sich in seiner Schulklasse akzeptiert, zeigt soziales Interesse, ist hilfsbereit und schreibt sich soziale Selbstwirksamkeit zu; demgegenüber tendieren Jugendliche mit schlechten Elternbeziehungen zu eher negativen Angaben in diesen Merkmalsbereichen (vgl. Fend, 1998).

Eine zweite Modellvorstellung betrachtet das *Elternhaus als «Trainingslager»* für Lernmöglichkeiten, wie man soziale Beziehungen pflegen kann (Fend, 2000). Dabei konnte Uhlendorff (1996) bestätigen, dass die Anzahl der Freundschaften, die die Eltern unterhalten, sowie Größe und Qualität ihres sozialen Netzwerkes förderlich für das soziale Netzwerk ihrer Kinder ist. Ebenso zeigten die Befunde aus dem Konstanzer Längsschnitt, dass Jugendliche mit guten Beziehungen zu ihren Eltern, auch positivere Beziehungen zu Gleichaltrigen empfinden (Fend,

1998). Außerdem sind Jugendliche, die ihre Beziehungen zu den Eltern positiv einschätzen, auch deutlich sozialer eingestellt, zeigten größere Hilfsbereitschaft und mehr Verantwortlichkeit. Sie sind auch sozial kompetenter. Schließlich sind Jugendliche, die über ein positives Verhältnis zu ihren Eltern berichten, auch immuner gegenüber Gruppendruck durch Peers, sich gegenüber Lehrern deviant zu verhalten; erst bei schlechten Beziehungen zu den Eltern steigt die Anfälligkeit für Konformitätszwänge durch Altersgleiche (Oswald, 1980).

In diesem Zusammenhang bestätigen auch die Studien von Kirchler, Palmonari und Pombeni (1992) oder Steinberg und Darling (1994), dass Eltern nicht nur eine wichtige Modellfunktion für den Erwerb von sozio-emotionalen Fertigkeiten haben, auf die Jugendliche in der Gestaltung ihrer Beziehungen zu Gleichaltrigen zurückgreifen können (Modell der Kontinuität), sondern darüber hinaus auch den Stellenwert von Freundschaftsbeziehungen direkt oder indirekt mitbestimmen. Beispielsweise wenden sich Jugendliche mit konflikthaften Elternbeziehungen früher und verstärkt an Gleichaltrige und leben ihre emotionalen Bedürfnisse in den Gleichaltrigen-Gruppen aus (Modell der Kompensation). Außerdem haben auf jugendliche Kinder selbst die Eltern ihrer Freunde einen positiven Einfluss, sofern sie autoritative Erziehungshaltungen pflegen, d.h. hohe Verhaltenskontrolle mit Autonomieförderung kombinieren (Steinberg & Darling, 1994). Derart bilden die beiden Modelle keine Gegensätze, sondern eine Ergänzung und Erweiterung der bereits bei Kindern postulierten direkten und indirekten Verknüpfungswege innerhalb des Mesosystems, d.h. zwischen dem System der Familie und jenem der Gleichaltrigengruppe.

Kasten 13-4

Implikationen für die Erziehungspraxis

10-Punkte-Programm für eine «gute» Familienkultur in der Adoleszenz

1. Es bedarf *konfliktfreier Zonen*, die ein Übergewicht freudvoller Interaktionen entstehen lassen. Erst auf dieser Grundlage wächst die Chance, dass die unvermeidlichen und entwicklungsförderlichen Alltagskonflikte produktiv (d.h. in reziproken, ko-konstruktiven Aushandlungen) verarbeitet werden können.

2. Von den Eltern ist *Führungsfähigkeit* gefordert, die Vorhersagbarkeit, Konsistenz und Begründbarkeit der Erwartungen sowie das Fehlen von Willkür einschließt. Weiterhin wird, von Eltern wie von Kindern, *Kommunikations- und Verhandlungsfähigkeit* erwartet. Das schließt Fähigkeiten des Aushandelns, Meinungen zu vertreten, Konsens herzustellen oder metakommunikative Fertigkeiten ein, um die emotionale Beziehungsebene intakt zu halten.

3. Im frühen Jugendalter ist das *Verbringen gemeinsamer und bildungsintensiver Freizeitaktivitäten* besonders wichtig, weil derartige Aktivitäten wiederum Basis für vertrauensvolle Interaktionen im Jugendalter sind, wenn sich die Handlungs- und Interaktionsfelder zwischen Eltern und ihren jugendlichen Kindern «naturgemäß» stärker zu trennen beginnen.

4. Eine weitere Voraussetzung für eine gelingende Veränderung des Eltern-Kind-Verhältnisses sind Eltern, die nicht strafend, sondern vielmehr *argumentationsorientiert* erziehen. Gerade ein Rückfall in autoritäre Erziehungsmuster gefährdet produktive Aushandlungen. Eltern, die sensibel sind für die seelischen Vorgänge in ihren jugendlichen Kindern, haben es leichter, sich an die Veränderungen ihrer Kinder anzu-

passen als jene, die ihre Vorstellungen und Meinungen mit Drohungen, Verboten oder persönlichen Kränkungen durchzusetzen versuchen. Eltern, die nur sich selbst sehen, rennen bei ihren Kindern gegen eine Wand! Umgekehrt brauchen Kinder Eltern, die sie zu verstehen versuchen, ihnen zuhören, sie trösten und für sie eintreten.

5. Jugendlichen müssen zunehmend mehr Freiheiten, aber auch weiterhin innerhalb bestimmter Grenzen, gewährt werden. Eltern können auch zu viel Kontrolle ausüben, zu sehr ihre Kinder bedrängen, alles erfahren und wissen zu wollen. Das manifestiert sich in Überbehütung. Ideal ist es, wenn Eltern das Individuationsstreben ihrer Kinder nicht behindern, also nicht ungefragt eindringen, bestimmen und vereinnahmen, sondern helfend, stützend und ermutigend im Hintergrund bleiben. *Eltern müssen loslassen können, ohne das Desinteresse geäußert wird; Eltern müssen beiseite stehen, aber im Bedarfsfall verfügbar sein.*

6. Hilfreich ist es für Eltern, wenn sie ihre Kinder in die Selbstständigkeit entlassen können, dabei aber *Zwischenstufen* von Aufsicht und Unabhängigkeit gewähren. Möglich machen dies größere Verwandtschafts- und Freundschaftsnetze oder Sport- und Jugendgruppen.

7. Weiterhin sehr wichtig ist das *Schaffen gemeinsamer «Welten»* von Interessen, Aktivitäten und Themen, worin man sich in Diskussionen und gemeinsamen Handlungen gegenseitig spiegeln kann, sodass nicht die einen das Gefühl haben, die anderen hätten «keine Ahnung». Diese Herstellung geteilter und übereinstimmender Deutungen gehört zum Kernbereich einer gelungenen familiären Kultur mit jugendlichen Kindern.

8. Jugendlichen muss eine «Stimme» gegeben werden; sie sollen versichert sein, dass das, was sie bewegt, auch *wahrgenommen* wird, dass Eltern bemüht sind, sich in die Welt und in die Psyche ihrer Kinder *einzufühlen,* und dass diese «Themen» auch in die Konfliktbewältigungen und alltäglichen Interaktionen eingebracht werden können. Eltern, die ihren Kindern nur ihre Ansichten «predigen» und jene ihrer Kinder nicht zulassen, bringen sie in eine schwierige Situation. Eltern müssen die Wünsche und Interessen ihrer Kinder genauso ernst nehmen wie ihre eigenen.

9. Auch sollen Eltern, wenn sie dies tun können, die Chance aktiv nutzen, zusammen mit ihren Kindern noch einmal jung zu sein. Jugendliche Kinder bringen viele Impulse in die Familie, die aufgenommen werden können, um die Welt wiederum aus der *Sicht der Jugendlichen* – aber nunmehr mit dem Vorteil des Wissens um Jugend – zu erleben. Kinder erleben dadurch ihre Eltern immer differenzierter und die Eltern-Kind-Beziehung wird zunehmend eine solche zwischen gleichen Partnern mit jeweils persönlichen Zügen.

10. Familien können in der Tat «Trainingslager» sein, um schwierige soziale Kompetenzen der Lebensbewältigung und der Beziehungsarbeit zu *üben*. Familien haben dabei den Vorteil, «fehlerfreundliche Systeme» zu sein, die bei Abweichungen nicht sofort zerbrechen, wie das vermutlich bei Peer-Beziehungen oder gar Freundschaften unter Altersgleichen der Fall sein kann. Zudem kann die Balance zwischen Unabhängigkeit und Verbundenheit eingeübt werden.

Quelle: Fend (2000, S. 302–303)

Zusammenfassend kann festgehalten werden, dass das Vorantreiben der Individuation im Rahmen der Eltern-Kind-Beziehung im Übergang von der Kindheit ins Jugendalter für sich allein schon eine große Entwicklungsaufgabe darstellt. Sie gelingt in aller Regel nur, wenn sie vom gleichzeitigen Aufbau neuer und vertrauensvoller Beziehungen zu Freunden und Freundinnen gestützt wird. Ohne solche Beziehungen aufzuwachsen ist unter den heutigen gesellschaftlichen Lebensbedingungen ein Hinweis auf belastete Entwicklungspfade zum Erwachsensein. Dabei bilden positive Interaktionserfahrungen in der Familie und positive Beziehungen zu den Eltern die Voraussetzung, um auch mit Gleichaltrigen und Freunden besser auszukommen.

Derart sind die Eltern also auch in der Jugendphase für die Kinder weiterhin sehr bedeutsam. Allerdings vermögen Eltern ihren jugendlichen Kindern nicht jene besonderen Lernpotenziale zu bieten, wie sie im Verhältnis zu Gleichaltrigen und in Freundschaftsbeziehungen möglich sind. Deshalb ist es auch das große Verdienst der Entwicklungspsychologie des Jugendalters, dass sie die Aufmerksamkeit nicht nur auf die Familie, sondern auch auf die Beziehung zu Gleichaltrigen gelenkt hat. Auf der Theoriefolie eines entwicklungsbezogenen Kontextualismus richtet sich genauer betrachtet die Aufmerksamkeit auf die Wechselbeziehungen zwischen binnenfamiliären Beziehungen und Freundschaftsbeziehungen, also auf die Verknüpfungspfade und Wechselwirkungsprozesse von Beziehungen zwischen Beziehungen in Mesosystemen.

Weiterführende Literatur

Alsaker, F. D. (2003). *Quälgeister und ihre Opfer. Mobbing unter Kindern – und wie man damit umgeht*. Bern: Huber.

Fend, H. (1998). *Eltern und Freunde. Soziale Entwicklung im Jugendalter*. Bern: Huber.

Grob, A. & Jaschinski, U. (2003). *Erwachsen werden: Entwicklungspsychologie des Jugendalters*. Weinheim: Beltz-PVU.

Hofer, M. (2003). *Selbstständig werden im Gespräch. Wie Jugendliche und Eltern ihre Beziehung verändern*. Bern, Göttingen: Huber.

Krappmann, L. & Oswald, H. (1995). *Alltag der Schulkinder*. Weinheim: Juventa.

Lösel, F. & Bliesener, T. (2003). *Aggression und Delinquenz unter Jugendlichen. Untersuchungen von kognitiven und sozialen Bedingungen*. Neuwied: Luchterhand.

Papastefanou, C. (1997). *Auszug aus dem Elternhaus. Aufbruch und Ablösung im Erleben von Eltern und Kindern*. Weinheim: Juventa.

Salisch, M. v. (1991). *Kinderfreundschaften. Emotionale Kommunikation im Konflikt*. Göttingen: Hogrefe.

Scheithauer, H., Hayer, T. & Petermann, F. (2003). *Bullying unter Schülern. Erscheinungsformen, Risikobedingungen und Interventionskonzepte*. Göttingen: Hogrefe.

14 Kinder und Jugendliche vor dem Fernseher

Kinder wachsen heutzutage mit einer Vielzahl von Medien auf: Es sind im Wesentlichen Buch, Fernseher, Video und Computer. Noch stehen Buch und Bildschirm bei der Verbreitung von Wissen, Information und Unterhaltung an zentraler Stelle. Durch die Ausweitung des Kabelfernsehens Mitte der 1980er-Jahre wurde das Fernsehen jedoch ein immer wichtigerer Bestandteil des Familienlebens. Andere Formen der Gemeinsamkeit wurden seltener; zudem kann das Fernsehen dazu dienen, Anpassungsprobleme der Familienmitglieder aneinander zu verschleiern (Hurrelmann, 1989). Weil einerseits das Fernsehen im Ensemble der alten und neuen Medien gleichsam eine Schlüsselfunktion einnimmt und andererseits durch die Programmerweiterung für Familien noch bedeutsamer geworden ist, widmet sich dieses Kapitel fast ausschließlich diesem Medium. So unspektakulär der Versuch auch sein mag, den Folgen des expandierenden Programmangebotes und seinen Folgen für die kindliche und jugendliche Entwicklung nachzugehen, so wichtig können die Antworten sein (vgl. dazu die Übersicht bei Singer & Singer, 2001). Denn es ist immer noch die Familie, besonders die Eltern in unserer Gesellschaft, die am frühesten, am unauffälligsten, aber auch gleichzeitig am nachhaltigsten darüber befinden, welche sozialen und kulturellen Handlungsangebote und -erfahrungen Kinder machen können. Dabei gilt es einerseits nach den positiven und negativen Fernsehwirkungen zu fragen, andererseits soll sowohl den familiären Voraussetzungen, die Einfluss auf die kulturelle Tätigkeit «Fernsehen» haben, Aufmerksamkeit gewidmet werden, als auch umgekehrt nach den Wirkungen gefragt werden, die das Fernsehen auf das Zusammenleben in der Familie und die Erziehung hat. Daraus sollen einige erzieherische Implikationen für den Umgang mit dem Fernseher zu Hause abgeleitet werden.

14.1 Entwicklungspsychologische Voraussetzungen konzentrierten Fernsehens

Zwar verfügen wir heute zum Thema «Kinder und Fernsehen» über eine Fülle von Forschungsarbeiten; die meisten sind aber unter theoretischen Gesichtspunkten insofern wenig ergiebig, als sie häufig deskriptive Nutzungsdaten versammeln, ohne deren Bedeutung für die Entwicklung von Kindern oder für das Zusammenleben in der Familie zu klären. Dennoch sind die am Nutzen-Ansatz orientierten Studien interessant, weil sich an deren Ergebnissen die Bedürfnisse, Motive und Erwartungen der Rezipienten ablesen lassen, von denen der Mediengebrauch wesentlich abhängt (vgl. Feierabend & Klingler, 1998; 1999; Groebel, 1996).

Aufschlussreicher als die durchschnittliche Sehdauer, in die auch die nicht fernsehenden Kinder mit eingerechnet sind, ist die sog. *Verweildauer*. Das ist jene Zeit, die ein fernsehendes Kind tatsächlich vor dem Gerät verbringt. In

Deutschland findet sich dazu für das Jahr 1998 bei den Drei- bis Fünfjährigen eine mittlere Verweildauer von täglich 136 Minuten, bei den Sechs- bis Neunjährigen 156 Minuten und bei den Zehn- bis Dreizehnjährigen 178 Minuten täglich. Dabei sehen etwa 10 % der Kinder mehr als drei Stunden täglich fern (Feierabend & Klingler, 1999). Allerdings zeigen sich die folgenden Unterschiede: Ostdeutsche Kinder sitzen im Durchschnitt deutlich länger vor dem Fernseher als die in den westlichen Bundesländern. Jungen sehen in beiden Teilen Deutschlands länger fern als Mädchen. Kinder aus der sozial unteren Bildungsschicht nutzen das Fernsehen häufiger und unkritischer als Kinder aus der Mittel- und Oberschicht. Kinder aus viel fernsehenden Familien schließlich haben einen höheren Fernsehkonsum als Kinder aus Familien mit niedrigen Sehzeiten.

Beim Lesen solcher Befunde gilt es zu bedenken, dass die Nutzungszeiten von Kindern nicht ausschließlich für voll konzentrierten und aufmerksamen Fernsehkonsum genutzt werden. Deshalb soll erstmal darauf eingegangen werden, wovon es abhängt, wann überhaupt ein Kind konzentriert fernsehen kann. Dazu muss es *drei kognitive Fähigkeiten* beherrschen: Es muss die Segmentierung des Ereignisablaufes in einzelne Einstellungen *verstehen*, es muss sich weiterhin auf die wesentlichen Aspekte *konzentrieren* und es muss die nicht explizit ausgeführten Handlungsanteile *rekonstruieren* können; Salomon (1984) bezeichnet diese Fertigkeiten eines Kindes als «Fernseh-Schemata».

Aus der Entwicklungspsychologie ist weiterhin bekannt, dass die kindliche Aufmerksamkeit durch die folgenden Reizmerkmale angezogen wird: Intensität, Bewegung, Kontrast, Veränderung, Ungewohnheit, Unerwartetheit und Widersprüchlichkeit (Winterhoff-Spurk, 2001). Augenfällig sind das alles Merkmale, durch die sich das Fernsehen auszeichnet. Diese Merkmale sind aber nicht nur dazu geeignet, die Aufmerksamkeit der Kinder zu binden, sondern ihnen kommt auch eine dramaturgische Funktion etwa zur Markierung von Szenenwechseln zu.

Vorschulkinder. Sie sind dabei in aller Regel noch nicht in der Lage, eine Fernseh-Geschichte vollständig wiederzugeben: Sie leben noch mehrheitlich in der anschaulich präsenten Gegenwart und können nur mit Mühe die einzelnen Handlungssequenzen miteinander in Verbindung bringen. Zudem bleibt ihnen ein tieferes Verständnis der Bedeutung einer Geschichte meist verschlossen. Allerdings lassen sie sich von markanten Personen und Figuren beeindrucken, weshalb vermutlich Zeichentrickfilme auf sie eine besondere Faszination ausüben. Auch fällt in diesem Alter noch die Unterscheidung von *Fiktion und Realität* schwer. Folglich halten sie Programme für Realität, wenn die Akteure, wie das in Nachrichten und Kriminalfilmen der Fall ist, real aussehen. Das heißt: Was für diese Kinder real aussieht, wird für real gehalten. Deshalb auch nehmen kleine Kinder im Fernsehen alles außer Zeichentrickfilme für die bare Wirklichkeit. Diese Vermischung von Fiktion und Realität nimmt mit wachsendem Alter und der weiteren kognitiven Entwicklung ab (vgl. Greenfield, 1987).

Sieben- bis zwölfjährige Kinder. Sie sind im Allgemeinen flexibler in ihrem Denken. Sie vermögen auch bereits Ereignisabläufe und Handlungssituationen in einen Zusammenhang zu bringen sowie eigene Interpretationen und Schlussfolgerungen anzustellen. Aber auch sie können den Inhalt von TV-Geschichten oft nur auf der Grundlage ihres vorhandenen Vorwissens und nicht so sehr nach dem zuvor Gesehenen rekonstruieren (Palmer & MacNeil, 1991). In diesem Zusammenhang belegen etwa die Forschungen von Salomon (1984), dass Kinder, die sich regelmäßig Sendungen wie «Sesame Street» ansehen, eine besondere *Fernseh-Lesefähigkeit*, die sog. TV-literacy, ausbilden. Diese Fähigkeit, ausgebildet teils durch Erfahrung mit Fernsehen, teils durch Entwicklungsprozesse, ermöglicht es, dass das Fernsehen dem Kind Wissen und kognitive Fertigkeiten zu vermitteln vermag (vgl. zum Erwerb der TV-Lesefähigkeit Greenfield, 1987). Die Parallele zu Texten ist offensichtlich: Die Aneignung von grundlegenden Lesefertigkeiten macht es dem Kind möglich, dass ein gedruckter Text Informationen übermittelt. Trotzdem gibt es zum Fernsehen einen Unterschied: Kindern muss man Lesen beibringen, wohingegen sie die TV-Lesefähigkeit ganz allein erwerben, indem sie einfach fernsehen (vgl. Salomon, 1984 zu Möglichkeiten der gezielten Förderung dieser Fernseh-Lesefähigkeit).

Ab zehntem bis zwölftem Lebensjahr. Jetzt beginnt die Phase, in der Kinder allgemeine Gesetze begreifen und zunehmend, abstrakt denken. Kinder stellen Hypothesen auf und versuchen, diese zu überprüfen, wozu sie mehrere Gesichtspunkte von Situationen und Ereignissen gleichzeitig heranziehen und dabei ihr Denken reflektieren können. Durch diese Loslösung von einem Denken am konkreten Objekt differenziert sich auch das mediale Verständnis und Urteilsvermögen. Jugendliche Zuschauer können irrelevante Informationen übergehen und auf wesentliche Elemente fokussieren. Derart vermögen sie in diesem Alter TV-Geschichten angemessen zu verstehen bzw. Fiktion von Realität aufgrund formaler und inhaltlicher Merkmale weitgehend zu unterscheiden. Dabei können diese kognitiven Fertigkeiten auch durch häufiges Fernsehen gefördert werden, wie Salomon (1984) nachgewiesen hat.

Allerdings findet sich bei der Frage der Zuwendung und des Verständnisses ein deutlicher Zusammenhang zwischen der kindlichen Fernsehkompetenz und seinen sozialen Lebenszusammenhängen. In der Medienforschung finden sich durchgängig konsistente Belege dafür, welchen Einfluss bereits der recht grobkörnige Faktor der sozialen Schichtzugehörigkeit hat (vgl. Winterhoff-Spurk, 2001). Kinder der Mittel- und Oberschicht sehen weniger, kritischer und seltener alleine fern als die aus der Unterschicht; zudem sprechen erstere während des Fernsehens mehr als letztere. Diesen Zusammenhängen wird im Kapitel 14.4 noch detaillierter nachzugehen sein.

14.2
Wann Fernsehen bei Kindern positiv wirkt

Die wissenschaftliche Medienwirkungsforschung hat vor allem hinsichtlich der Bearbeitung der Frage nach Zusammenhängen von TV-Konsum und realem aggressivem Verhalten eine lange, bis heute nicht abreißende Tradition. Dabei werden nicht nur in den wissenschaftlichen Untersuchungen, sondern auch in der öffentlichen Diskussion die negativen Fernsehwirkungen intensiv diskutiert, häufig auch übermäßig dramatisiert. Deshalb überwiegen in der Fernsehwirkungsforschung auch Studien zu negativen Fernsehwirkungen und die positiven Einflüsse geraten leider oft in den Hintergrund. Damit sollen auch die Potenziale, die im Fernsehen zur Förderung der kindlichen Entwicklung stecken, thematisiert werden.

Die Sendereihe «Sesame Street» war eine der allerersten Fernsehserien, die kindgerecht gestaltet war. «Sesame Street» steht exemplarisch dafür, wie wissenschaftliche Erkenntnisse über die Denk- und Lernprozesse bei Kindern in bestimmten Altersstufen sinnvoll angewendet werden können, um eine Vorschulsendung für Kinder zu gestalten (vgl. Greenfield, 1987 für die Lernziele der «Sesame Street»). Auch in Deutschland wurden die Wirkungen dieser Sendung (in ihrer deutschen Version als Sesamstraße) in Begleitstudien untersucht (vgl. Berghaus, Kob, Marencic & Vonwinckel, 1978). Auch hier zeigte sich, dass Kinder, die diese Sendung regelmäßig gesehen hatten, besser abstrakt denken, verallgemeinern und Handlungs- und Ereignisabfolgen rekonstruieren konnten als vergleichbare Kinder, die diese Sendung nicht gesehen hatten. Darüber hinaus zeigte sich, dass Kinder, die ein Jahr lang Sesamstraße in der deutschen Version gesehen hatten, sich auch in (pro-)sozialen Kompetenzen von Kindern positiv unterschieden, die die Sendung nicht sehen konnten. Erstere orientierten sich stärker als letztere an den Wünschen, Verhaltensweisen und Zielen ihrer gleichaltrigen wie älteren Interaktionspartner; zudem lernten sie früher als andere Kinder, sich auch in Konflikten in die Position anderer hineinzuversetzen oder aber sich anzupassen. Allerdings sind auch hier die Effekte der Sendungen bei denjenigen Kindern am stärksten, deren Mütter mit ihnen anschließend über die Sendung diskutierten. Zudem waren die Wirkungen zumeist nur kurzfristig und hingen stärker von der sozialen Schicht, dem Lebensalter der Kinder und ihrem normalen Niveau an Hilfsbereitschaft ab. Schließlich können die dargelegten positiven Wirkungen auch durch entsprechende Spiele im Kindergarten oder durch Schulunterricht nachhaltig gefördert werden (Roberts & Bachen, 1981).

So erfreulich sich diese positiven Effekte auch lesen, war es leider doch so, dass Sesamstraße nicht nur kaum etwas zur Verringerung von Bildungsdefiziten beigetragen hatte; vielmehr vergrößerte sie diese sogar noch (vgl. Berghaus, Kob, Marencic & Vonwinckel, 1978). Zudem wird vermutet, dass die Zuwächse an Wissen und Fertigkeiten bei den untersuchten Kindern vor allem auf die intensive Zuwendung durch die (Mittel- und Oberschicht-)Eltern und die Forscher sowie letztendlich vielleicht gar durch die dadurch angeregte Lernmotivation (d.h. durch den Hawthorne-Effekt) zustande gekommen wären und demnach einen Artefakt darstellten. Deshalb wird angenommen, dass Bildungssendungen für Kinder nicht zur Verringerung von Bildungsdefiziten innerhalb einer Gesellschaft beitragen; vielmehr sind sie als eine Erziehungshilfe für Mittel- und Oberschichteltern zu betrachten (vgl. Winterhoff-Spurk, 2001).

Folglich wirkt sich das Fernsehen auch dann besonders förderlich auf die kindliche Sprachentwicklung aus, wenn die Eltern mit den Kindern gemeinsam fernsehen, das Gesehene gemeinsam diskutieren, erläutern und die Kinder während und nach der Sendung zu Fragen und Kommentaren anhalten (vgl. die Übersichten bei van Evra, 1990 und Gunter & McAleer, 1997). Auch wenn es im Übrigen so etwas wie ein «Fenster» zur Leseförderung durch Fernsehen gibt (Winterhoff-Spurk, 2001), so scheint diese Möglichkeit nur bei moderatem Fernsehkonsum, und besonders bei Kindern aus einem bildungsfernen Milieu, zur Förderung der Lesefertigkeit gegeben. Mit zunehmendem Lebensalter und bei höherer Sozialschicht kehrt sich dieser Effekt in einen negativen Einfluss um, weil dann nämlich viel fernsehen relativ stärker zu Lasten des Lesens und damit der Lesefertigkeiten geht. Im Allgemeinen sind aber die empirischen Zusammenhänge zwischen kindlicher Lesefertigkeit und TV-Rezeption nach wie vor uneinheitlich. Entscheidend scheint auch hier wiederum der Einfluss der Eltern und besonders deren eigenes Leseverhalten von Bedeutung für die Entwicklung der kindlichen Lesefertigkeit zu sein (vgl. van Evra, 1990).

Zusammenfassend kann festgehalten werden, dass nicht das Fernsehen im Allgemeinen, wohl aber spezifische, kindgerecht gestaltete Sendungen fördernde Wirkungen auf Wissen, prosoziale Einstellungen und Verhaltensweisen haben können. Diese positiven Effekte treten besonders akzentuiert auf, wenn die fernsehenden Kinder die Sendungsinhalte begleitend und/oder anschließend mit ihren Eltern, Lehrern oder Erziehern besprechen und verarbeiten können. Leider tragen Sendungen dieser Art nur wenig zu dem erhofften Abbau von Bildungs- und Wissensunterschieden in der Gesamtbevölkerung bei, da Mittel- und Oberschicht-Eltern vergleichsweise mehr profitieren. Hinsichtlich der Wirkungen des Fernsehens auf den Spracherwerb und die allgemeinen Lesefertigkeiten (ebenso wie auf die allgemeinen schulischen Leistungen; vgl. dazu Myrtek & Scharff, 2000) finden wir einen relativ einheitlichen Ergebnistrend: Fernsehen hemmt diese Fertigkeiten, wenn es eine intellektuell anregende Umwelt ersetzt; es fördert sie, wenn es eine solche Umwelt herstellt oder ergänzt (vgl. Anderson, Huston, Schmitt, Linebarger & Wright, 2002; Comstock, 1989; Gunter & McAleer, 1997). In einem anregungsarmen sozialen Milieu kann Fernsehen dann auch noch positiv wirksam sein, wenn es Kinder nicht lehrt, sondern lediglich unterhält. Verweilt aber das Kind zu lange vor dem Fernseher, verkehrt sich die Wirkung ins Gegenteil.

14.3
Macht Fernsehkonsum Kinder aggressiv?

In der öffentlichen Diskussion ist man sich ziemlich sicher, dass im Fernsehen zu viel Gewalt gezeigt wird; die meisten Bürger fürchten die negativen Wirkungen auf Kinder und Jugendliche (siehe Focus, 1994, Nr. 26, S. 142 ff.). Wie immer man Gewalt definiert, ist es eine wissenschaftlich belegte Tatsache, dass ein Jugendlicher in den USA bis zum Ende seiner Schulzeit etwa durchschnittlich 200 000 Gewaltakte und 20 000 TV-Morde gesehen hat (Hearold, 1986). So umstritten derartige Befunde im Einzelfall auch sein mögen, erhebt sich die berechtigte Frage nach den Wirkungen. Der amerikanische Medienwissenschaftler John Fowles (1999) hat darauf geantwortet, dass es ohne die Gewalt im Fernsehen in den USA 10 000 Morde weniger gäbe!

Selbstverständlich ist die wissenschaftliche Bearbeitung und Beantwortung der Frage wie immer kompliziert. Dennoch hat sich über die letzten Jahre in den empirischen Befunden, besonders auf der Grundlage von Längsschnittstudien, ein ziemlich konsistentes Ergebnisbild herauskristallisiert. So vertritt die Mehrzahl der auf diesem Problemgebiet aktiven Medienforscher die Meinung, dass spezifische Fernsehsendungen eine aggressionsfördernde Wirkung bei ihren Rezipienten entfalten (vgl. Anderson, Huston, Schmitt, Linebarger & Wright, 2002; Gunter McAleer, 1997). Auch für Kunczik und Zipfel (1996) deutet das Gesamtmuster der Befunde aus zahlreichen, in verschiedenen Ländern durchgeführten Untersuchungen, darauf hin, dass Fernsehen einen Einfluss auf die Aggressivität hat. So zeigte sich in zahllosen Studien ein zwar geringer, aber konsistenter Zusammenhang zwischen konsumierter TV-Gewalt und der später erhobenen Aggressivität. Die Korrelationskoeffizienten liegen zwischen $r = .10$ und $r = .20$. Zwar sind die Koeffizienten schwach, dennoch gilt es zu bedenken, dass es sich um Durchschnittswerte handelt, weshalb in Einzelfällen mit stärkeren Beziehungen zu rechnen ist. Außerdem betonten Klingler und Groebel (1994) in ihrer Literaturübersicht, dass die Beziehungen zwischen Gewaltdarstellungen im Fernsehen und gewalttätigem Verhalten nicht monokausal sind, sondern indirekt über verschiedene Faktoren und psychische Mechanismen vermittelt werden.

Wenn Effekte auftreten, dann erfolgt das eher durch kontinuierlichen, häufigen Fernsehkonsum und in Zusammenhang mit bestimmten aggressionsfördernden Persönlichkeitsmerkmalen des Zuschauers, mit Konflikten im Elternhaus oder häufiger Delinquenz in der Lebensumwelt des Kindes, aber ebenso mit der fehlenden Bestrafung aggressiven Verhaltens im Medium (vgl. Anderson, Huston, Schmitt, Linebarger & Wright, 2002). Das bedeutet, dass die aggressivitätsfördernden Wirkungen auch stark von anderen Einflüssen abhängen. Sind nämlich bei der Betrachtung aggressiver Fernsehsendungen auch die Eltern oder andere Erwachsene dabei, die das aggressive Verhalten negativ kommentieren, so nehmen die beobachteten negativen Effekte ab.

Unbestritten ist heute, dass *TV-Gewalt* Kinder nicht nur aggressiv macht, sondern dass sich diese *Aggressivität bis ins frühe Erwachsenenalter* überträgt. Das bedeutet: Kinder, die zu viel Gewalt im Fernsehen sehen, entwickeln sich eher zu aggressiven Erwachsenen. Zu diesem Schluss kommen US-Wissenschaftler um Rowel Huesmann und Leonard Eron an der University of Michigan (vgl. Huesmann, Moise-Titus, Podolski & Eron, 2003). Die Forscher untersuchten 329 junge Erwachsene, deren Aggressivität und TV-Konsum sie bereits 15 Jahre zuvor erfasst hatten. Dabei sprechen die Ergebnisse eine deutliche Sprache: Junge Erwachsene, die schon im Alter zwischen sechs und zehn Jahren eine Vorliebe für Gewaltfilme gezeigt haben, verhalten sich sowohl als Kinder als auch 15 Jahre später aggressiver als Altersgenossen, die als Kinder weniger Gewalt im Fernsehen angeschaut hatten. Dieser Effekt zeigte sich bei Jungen (bzw. Männern) wie bei Mädchen (bzw. Frauen). Die Aggressivität manifestiert sich unter anderem darin, dass die jungen Männer und Frauen andere Erwachsene unvermittelt anrempeln oder ihren Lebenspartner mit Gegenständen bewerfen. Zudem sind dreimal mehr Männer in dieser Gruppe gerichtlich verurteilt worden als in der Vergleichsgruppe. Dabei berücksichtigten die Forscher auch die intellektuellen Fähigkeiten der Kinder sowie Bildung und Erziehungshaltungen ihrer Eltern. Aber selbst wenn diese Faktoren kontrolliert wurden, blieb der Zusammenhang zwischen dem TV-Konsum im Kindesalter und ihren Aggressionen als junge Erwachsene – statistisch ausgedrückt in Form standardisierter Regressionskoeffizienten – bedeutsam ($r = .165$, $p < .05$). Im Übrigen lässt sich auch die Aggression im Erwachsenenalter bedeutsam durch das aggressive Verhalten im Kindesalter vorhersagen ($r = .171$, $p < .05$) und der kindliche TV-Konsum sagt tendenziell in positiver Weise den TV-Konsum 15 Jahre später als junger Erwachsener vorher ($r = .125$, $p < .10$). Hervorzuheben ist auch der Befund, dass die Wirkung von Gewaltdarstellungen in Fernsehen und Kino dann besonders stark ausfällt, wenn sich Kinder mit an sich «guten» Tätern identifizieren und die Bilder als realistisch interpretieren. Auch deshalb kann belohnte Gewalt gefährlicher sein als ein blutiger Mord, der aufgedeckt wird und zur Folge hat, dass der Täter gerichtlich verurteilt wird.

Im Lichte der bereits aus den 1960er-Jahren bekannten Untersuchungen von Albert Bandura und Mitarbeitern und seiner daraus entwickelten *sozial-kognitiven Lerntheorie* (vgl. die Übersicht bei Bandura, 1979) kann vermutet werden, dass aggressives Verhalten von Modellpersonen im Fernsehen unter bestimmten Bedingungen vom Rezipienten gelernt wird. Die sozial-kognitive Lerntheorie gilt als der bedeutendste Erklärungsansatz dafür, wie soziales Verhalten gelernt wird: So verändert nämlich ein Kind sein Verhalten, nachdem es das Verhalten einer anderen Person bzw. eines Modells beobachtet hat. Dabei führt Bandura dieses *Modell-Lernen* auf vier Prozesse im Kind (dem Beobachter) zurück:

- **Aufmerksamkeit.** Das Kind wendet sich selber aktiv dem Modell zu oder das Modell lenkt die Aufmerksamkeit des Kindes auf sein Verhalten. Dabei erhöht sich die Aufmerksamkeit des Kindes, wenn das Modell über Eigenschaften verfügt, die das beobachtende Kind hoch bewertet. Das können die folgenden Merkmale sein: hoher sozialer Status, Sympathie, Prestige, Ansehen, Macht, Attraktivität, unter Umständen auch Alter und Geschlecht.
- **Behalten.** Das Kind kodiert die wichtigen Elemente des beobachteten Handlungsablaufs, repräsentiert sie symbolisch und speichert sie in seinem Gedächtnis.
- **Reproduktion.** Zunächst wird vermutlich das Kind die gespeicherten Verhaltensweisen mental in seiner Vorstellung reproduzieren, danach vielleicht konkret ausführen und einüben.
- **Motivation.** Ob ein gespeichertes, mental verfügbares Verhalten auch tatsächlich in einer bestimmten Situation ausgeführt wird, hängt wesentlich von den Handlungsfolgen ab, die das Kind für sich erwartet.

An dieser Stelle geht das Verstärkungsprinzip in das Theoriemodell ein. Erwartet das Kind eine Belohnung, wird es das beobachtete Verhalten mit hoher Wahrscheinlichkeit ausführen; hingegen wird es die Ausführung vermutlich unterlassen, wenn ihm eine Bestrafung droht. Könnten jedoch Wissen und Fertigkeiten nur durch direkte Erfahrungen erworben werden, wäre die menschliche Entwicklung nicht auf dem heutigen Stand. Praktisch kann sogar alles Lernen, das aus direkter Erfahrung resultiert, auch stellvertretend durch die Verhaltensbeobachtung und dessen Konsequenzen geschehen (Bandura, 1979).

In der Weise, wie das die sozial-kognitive Lerntheorie als Interpretationsrahmen vorzeichnet, kann auch das Sehen von *Gewaltvideos* im Freundeskreis eines Jugendlichen die Bedeutung einer Mutprobe oder eines Beweises von sozial erwünschter «Coolness» erhalten. Die Identifikation mit medial vermittelten «Helden» kann derart einem Kind oder einem Jugendlichen subjektiv Stärke in einem sozialen Umfeld verleihen, in dem es ansonsten nur Erfahrungen der Schwäche, Diskriminierung, Ausgrenzung und Unterlegenheit machen musste (Paus-Haase, 1999). Dabei können solche «Helden» in Filmen, Videos und im Fernsehen auch in heutigen Familien zu Identifikationsfiguren werden, weil die Eltern zu Hause nicht präsent sind.

In diesem Zusammenhang bietet sich zur Erklärung der Wirkungen von Modellpersonen in Film, Video und Fernsehen auf die Zuschauer das *Konzept der parasozialen Interaktion* an. Horton und Wohl (1956) vermuten, dass der Zuschauer mit den TV-Figuren in eine parasoziale Interaktion eintrete. Dabei erwecke die Realitätstreue des Films die Illusion einer Face-to-Face-Interaktion mit den Darstellern. Derart verstärkt sich dieser Effekt, wenn die Akteure dem Zuschauer das Gefühl vermitteln, mit ihm direkt und über Blickkontakt zu interagieren, wie das in Videoaktionen der Fall sein kann. Auf diese Weise wiegt sich der Zuschauer in der Illusion von realen Kontakten, ohne der Anstrengung ausgesetzt zu sein, auf den anderen eingehen und Illusionen korrigieren zu müssen.

Kasten 14-1

Stellvertretende Bekräftigung – eine Begriffsdefinition

Besonders bedeutsam für die Frage nach den Wirkungen von TV-Gewalt ist das, was Bandura als *stellvertretende Bekräftigung* bezeichnet hat. Damit ist gemeint, dass Menschen ebensoviel Nutzen aus den Erfolgen, Missgeschicken und Bestrafungen anderer ziehen wie aus ihren eigenen Erfahrungen. Stellvertretende Bekräftigung entfaltet demnach ihre Wirkungen, wenn das Kind etwa die Folgen bestimmter Verhaltensweisen und die Art und Weise, wie diese belohnt oder bestraft werden, bei anderen Akteuren (z. B. in einer TV-Sendung) beobachtet. Das Kind lernt daraus genauso viel, als wenn es selbst bekräftigt worden wäre. Und die Befürchtung ist, dass sozial unerwünschte Verhaltensweisen, vor allem dann, wenn sie im TV-Film belohnt werden, in der Zukunft unter bestimmten Bedingungen in die Tat umgesetzt werden könnten. Solche Situationen können für das Kind eintreten, wenn es anderen beweisen will, wie mutig es ist bzw. unter Gruppendruck den Helden spielen will, um sich selbst und anderen zu beweisen.

Auf *stellvertretende Belohnung* lässt sich schließen, wenn Beobachter Verhaltensweisen häufiger zeigen, nachdem sie beobachtet haben, dass andere für dieses Verhalten belohnt wurden. Zahlreiche Studien belegen, dass belohnte Modellierung besser in der Lage ist, ähnliche Verhaltensweisen zu fördern, als Modellierung allein. Wenn also Kinder sehen, wie Modelle dafür gelobt werden, dass sie die betreffenden Verhaltensweisen zeigen, oder dass das Modellverhalten unbestraft bleibt, übernehmen sie diese Verhaltensweisen eher, als wenn das Modell dafür bestraft wird. Folgerichtig sind Kinder am aggressivsten, wenn gewalttätiges Verhalten konsistent belohnt wird. Sehen sie jedoch, dass es konsistent bestraft wurde, legten sie so gut wie kein Nachahmungsverhalten an den Tag. Kinder wiederum, die beobachteten, wie Aggression manchmal belohnt und manchmal bestraft wird, erweisen sich als gemäßigt aggressiv.

Entsprechend hat *stellvertretende Bestrafung* Hemmungseffekte auf Übertretungshandlungen. Wenn Kinder sehen, wie Modelle dafür bestraft werden, dass sie Verbote übertreten, sind sie zu den betreffenden Übertretungen weniger geneigt, als wenn modellierte Verbotsübertretungen entweder belohnt oder einfach nicht zur Kenntnis genommen werden.

Wie erklärt sich stellvertretende Bekräftigung? In der sozial-kognitiven Lerntheorie geht man von den folgenden Mechanismen aus, durch die die beobachtete Belohnung oder Bestrafung das Denken und Handeln anderer verändert:

■ **Informative Funktion:** Sobald Kinder durch ihre Beobachtungen einen gewissen Erfahrungsschatz über die wahrscheinlichen Reaktionskonsequenzen erworben haben, neigen sie dazu, Dinge zu tun, von denen sie gesehen haben, dass sie gut aufgenommen werden, und Dinge zu vermeiden, die ihrer Beobachtung nach bestraft werden. Derart erhöht die stellvertretende Bekräftigung die Reaktionsbereitschaft zu einem späteren Zeitpunkt, wenn die Situation eine günstige Aufnahme des betreffenden Verhaltens signalisiert, oder schwächt die Reaktionsbereitschaft in Situationen, die Bestrafung ankündigen.

■ **Motivierende Funktion:** Beobachtete Bekräftigung motiviert auch. In den beobachtenden Kindern wird die Erwartung geweckt, dass sie für vergleichbare Verhaltensweisen gleiche Belohnungen oder ähnliche Bestrafungen erhalten.

■ **Emotionale Lernfunktion:** Im Allgemeinen bringen die Modelle, während sie Belohnung oder Bestrafung erleben, bestimmte emotionale Reaktionen zum Ausdruck. Die Beobachter lassen sich durch den emotionalen Ausdruck anderer leicht anregen. Derart lassen sich Freude, Begeisterung oder eben

Ängste und Hemmungen durch die Beobachtung von Reaktionskonsequenzen nicht nur vermitteln, sondern auch abbauen.

■ **Wertungsfunktion:** Durch die Art, wie das modellierte Verhalten bekräftigt wird, entwickeln sich im Beobachter bestimmte Wertungen. Wenn Kinder beobachten, dass modellierte Präferenzen belohnt werden, sind sie eher bereit, eine Vorliebe für Verhaltensweisen zu entwickeln, die sie zuvor missbilligt haben, als wenn die modellierten Präferenzen bestraft oder nicht beachtet werden.

■ **Beeinflussbarkeitsfunktion:** Kinder ahmen belohntes Verhalten häufiger nach, wenn sie gesehen haben, dass Modelle auf die Belohnungen positiv reagieren. Umgekehrt zeigen sie sich positiver Bekräftigung nicht so zugänglich, wenn sie sehen, dass Modelle ähnlichen Beeinflussungsversuchen widerstehen.

Quelle: Bandura (1979)

Fernseh- und Videofilme. Folgt man der Kultivierungsthese von Salomon (1984) schaffen Fernsehsendungen, Kino- und Videofilm eine eigene *soziale Realität*, die auf die Entwicklung und Sozialisation von Kindern Einfluss nimmt. Derart ist empirisch belegt, dass Vielseher ein anderes Bild von der Welt haben als Wenigseher. In Anlehnung an die Kultivierungsthese erkennt Weidenmann (2001) in Videos und in Fernsehfilmen die Gefahr, dass besonders Kinder ihre kognitiven Schemata nicht über reale, sondern vermittelt über diese Form medialer Erfahrungswelten aufbauen. Fernsehen und Videos gewinnen die Konkurrenz über die reale Welt, wenn das Kind häufig fernsieht und/oder Videofilme und -spiele konsumiert. Dabei könnte, so nimmt Weidenmann an, die intensiv diskutierte Schädlichkeit von Videospielen weniger in den aggressiven Szenarien als vielmehr in der Rigidität liegen, mit der ein bestimmtes Verhalten über einen längeren Zeitraum wiederholt ausgeübt und vom Zuseher betrachtet wird. Dadurch fehlen dem häufigen Videokonsumenten wichtige Handlungserfahrungen mit der realen Umwelt. Zudem verhindert das häufige Handeln in der künstlichen Wirklichkeit der Filme und Videos Erfahrungen der eigenen Wirksamkeit (Bandura, 1986), weshalb Vielseher, so wird vermutet, auch ängstlicher, pessimistischer und in ihrem sozialen Handeln in der realen Umwelt unsicherer sind als Wenigseher (vgl. die Übersicht zum emotionalen Erleben von Kindern vor dem Fernseher bei Myrtek & Scharff, 2000; Willhelm, Myrtek & Brügner, 1997).

Fassen wir zusammen: Die Schäden, die elektronische Medien bei Kindern anrichten können, hängen nicht eigentlich mit den Medien zusammen, sondern mit der Art und Weise, wie sie und wofür sie genutzt werden. Über die letzten drei Jahrzehnte hat sich ausreichend empirische Evidenz angesammelt, dass spezifische Fernsehsendungen eine aggressivitätsfördernde Wirkung haben können. Das ist besonders dann der Fall, wenn Eltern ihr Kind vor dem Gerät sich selbst überlassen, weder Einfluss auf die Dauer der Sehzeit noch auf die Auswahl der Sendungen nehmen. Die negativen Wirkungen in Form von Aggressivität, Angst oder verzögerter sprachlicher und kognitiver Entwicklung sind bei einem entsprechenden sozialen und familiären Kontext auch dann wahrscheinlicher, wenn Kinder keine Möglichkeit haben, entsprechende Sendungen gemeinsam mit den Eltern zu sehen und hinterher mit ihnen darüber zu sprechen. Wie das Fernsehen auf Kinder und Jugendliche wirkt, so könnte deshalb das Fazit lauten, liegt demnach in ganz erheblichem Maße daran, wie die Kinder, ihre Eltern (und Lehrer) mit ihm umgehen.

14.4 Familiäre Bedingungen und kindlicher Fernsehkonsum

Bereits mehrfach ist angeklungen, dass die entscheidenden Faktoren hinsichtlich der Entfaltung positiver oder aber negativer Effekte des Fernsehens auf Kinder die familiären Sozialisationsbedingungen sind. Nur dann, so halten

Klingler und Groebel (1994) fest, wenn Eltern weder eine verantwortungsvolle Beaufsichtigung noch eine hinreichende Vermittlung angemessener Verhaltens- und Wertorientierungen leisten, sind deutlichere (negative) Medieneffekte zu erwarten. Deshalb erscheint es mir naheliegend und wichtig, sich genauer dem Verhältnis von Familie und Fernsehen und der Rolle der familiären Umwelt hinsichtlich des Fernsehverhaltens von Kindern zu widmen.

Die meisten der einschlägigen empirischen Studien zeichnen sich dadurch aus, dass sie Zusammenhänge nachzuweisen versuchen, die zwischen der Art der Familien-Interaktion und den Formen der Mediennutzung in den Familien bestehen (vgl. van Evra, 1990). Allerdings sind die theoretischen Annahmen über die Familienbedingungen, die sich im Mediengebrauch abbilden, noch recht uneinheitlich und die empirischen Befunde eher bruchstückhaft. Unbestritten ist jedoch, dass Fernsehen ein soziales Setting bildet, in dessen Rahmen Mitglieder der Familie eingebunden sein können. Fernsehen ist eine familiäre Aktivität.

Dabei wird das gemeinsame Fernsehen von Kindern mit ihren Eltern nicht als ausreichend angesehen; vielmehr sind es die Kommentare bedeutsamer Anderer, die Lernen, Kommunikation und soziale Interaktion anregen und damit für Kinder entscheidend für die Verarbeitung der Fernsehinhalte sind. Zu diesem Problembereich hat vor allem Paul Messaris (1986) mit wichtigen Forschungsarbeiten beigetragen. Dabei weist er auf die wichtige Rolle der Eltern hin, wenn es darum geht,

- Kindern zu helfen, Fiktion und Realität auseinanderzuhalten, indem sie ihren Kindern Hintergrundwissen als Interpretationshilfen liefern;
- Kinder bei der Beurteilung der Angemessenheit bestimmter Programminhalte zu beraten; sie vor negativen Informationen und Sendungen zu schützen;
- Kinder zu animieren, sich ausgehend von bestimmten Sendungen neues Wissen zu erschließen; ihre Neugier nach weiteren Erkenntnissen zu fördern.

Allerdings vermuten Anderson, Huston, Schmitt, Linebarger und Wright (2002), dass nur wenige Eltern das Fernsehen in der Weise für Interaktionen zur Anregung und Förderung der kognitiven Entwicklung ihrer Kinder nutzen.

Konsistente Zusammenhänge finden sich weiterhin zwischen den Sehgewohnheiten der Eltern und ihrer Kinder (van Evra, 1990). Vielsehende Kinder, eher Jungen als Mädchen, haben Eltern, die ebenfalls häufige Seher sind und das Sehverhalten ihrer Kinder wenig kontrollieren. Dabei scheint vor allem der *elterliche Bildungsstatus* die Sehgewohnheiten und -präferenzen der Kinder zu bestimmen. Darüber hinaus hängt die elterliche Kontrolle der kindlichen Sehgewohnheiten auch von der Familienkohäsion ab. Weniger Kontrolle üben Familien aus, in denen wenig Zusammenhalt ist. Folgerichtig wird angenommen, dass Sehverhalten und -präferenzen der Kinder in Abhängigkeit von der Eltern-Kind-Beziehung zu sehen ist.

Im deutschsprachigen Raum hat Bettina Hurrelmann (1989) nach den *familiären Bedingungen* gefragt, die den Mediengebrauch von Kindern in der Familie bestimmen. Ihre Untersuchung bestand in der Kombination einer Survey-Studie mit einer Fallstudie, die jeweils nach einem Jahr wiederholt wurde. Dabei verglich sie u.a. Haushalte mit und Haushalte ohne Kabelanschluss. Im Ergebnis zeigte sich, dass erwartungsgemäß die durchschnittliche Fernsehdauer pro Tag in Kabelhaushalten bedeutsam höher ist als in nicht verkabelten Haushalten. Zudem ist auch die Häufigkeit von nichtmedialen familiären Freizeitaktivitäten in den Haushalten mit Kabelanschluss signifikant geringer als in Vergleichshaushalten.

Familiäre Bedingungen extensiven Fernsehkonsums. In der Medienforschung haben sich immer wieder soziodemographische Merkmale der Rezipienten wie Alter, Geschlecht und Schichtzugehörigkeit als wichtige Indikatoren erwiesen (Winterhoff-Spurk, 2001). Die Studie von Hurrelmann (1989) fragte jedoch nach den familiären Voraussetzungen. In ihren Daten fand sie, dass Eltern, die viel fernsehen, auch häufiger vielsehende Kinder hatten. Zudem stieg der Fernsehkonsum der Kinder mit der Zahl der Geschwister an und er war besonders groß, wenn die Kinder unterschiedlichen Alters waren. Im Übrigen erwies sich wiederum die schulische Ausbildung der Eltern als jener Faktor, der die deutlichsten Zusammenhänge mit der Fernsehdauer der Kinder und der Eltern aufwies. Es scheint also primär der Bildungsstatus der Eltern zu sein, der bestimmt, wie viel Zeit den Medien gewidmet wird: Kinder und Eltern sehen umso länger fern, je niedriger der Bildungsstatus der Familie ist. Noch aufschlussreicher sind hingegen Daten, die belegen, dass der Fernsehkonsum mit *sozialen Gruppenprozessen im Familienalltag* eng verbunden ist. So sind es nach Hurrelmann (1989) die folgenden Familienbedingungen, die mit hoher Fernsehdauer im Familienalltag einhergehen:

- Geringe Anpassungsfähigkeit des Familiensystems an sich verändernde Situationen und Aufgaben,
- eine Gesprächspraxis, die solche Themenbereiche weitgehend ausklammert, die über die Alltagsabwicklung in der Familie hinausgehen, und schließlich
- ein stark steuernder Erziehungsstil der Eltern.

Es ist nicht überraschend, dass alle diese Bedingungen stark schichtabhängig sind. Kontrolliert man den Schichtfaktor, so bleibt trotzdem ein eigenständiger Erklärungswert dieser sozialinteraktiven Familienbedingungen. Vermutlich bietet sich Kindern mit stark kontrollierenden Eltern wenig Spielraum für Eigeninitiative, sodass das Fernsehen für einen Mangel an Selbstständigkeit, Selbsterprobung und aktiver Erfahrung der Kinder steht. Vergleichbare Ergebnisse erbrachten vor Jahren bereits die Studien von Chaffee und McLeod, wonach Jugendliche aus «behüteten Familien» viel, Jugendliche aus «pluralistischen Familien» dagegen wenig Zeit vor dem Fernseher verbrachten (vgl. McLeod & Brown, 1976). Im behüteten Familientyp dominierten soziale Harmonie und Gehorsam, während sich der pluralistische Familientyp durch offene Kommunikation und wenig sozialen Druck auszeichnete. Damit konsistent ist auch der Befund von Hurrelmann (1989), wonach Familien mit einer entwickelten Gesprächspraxis weniger Zeit mit Fernsehen und mehr mit Lesen verbringen.

Vor dem Hintergrund dieser Ergebnisse misst Hurrelmann (1989) auch dem familiären Beziehungsklima eine hohe Bedeutung bei: Derart konnte sie nachweisen, dass Familien mit unflexiblen Rollen- und Autoritätsstrukturen mehr fernsehen und weniger lesen als Familien, die in ihren Interaktionsstrukturen offener und anpassungsfähiger waren. Das lässt vermuten, dass das Fernsehen in diesen Familien dazu diente, Anpassungsprobleme der Familienmitglieder zueinander zu verschleiern, indem es einerseits räumliche Nähe und eine gewisse Gemeinsamkeit in der Zuwendung zu gleichen Inhalten erlaubt, andererseits verbalen Kontakt erschwert oder überflüssig erscheinen lässt.

Insgesamt sprechen diese Befunde dafür, dass ein Zusammenhang besteht zwischen der Art der Familienbeziehungen und dem Umfang der Mediennutzung. Von einer isolierten Wirkung des Fernsehens kann mit Blick auf die familiären Binnenbeziehungen keine Rede sein. Kein anderes Medium scheint so deutlich in die sozialen Prozesse innerhalb der Familie eingebunden zu sein wie gerade das Fernsehen. Dabei dürfte dieses seine integrative Funktion gerade deshalb so problemlos erfüllen, weil es geringe Anforderungen an die Personen stellt, sich wirklich aufeinander einzulassen.

Hurrelmann (1989) kommt zum Schluss, dass die *Wertschätzung des Fernsehens bei den Eltern* umso höher ist, je weniger differenziert sein Gebrauch von ihnen beeinflusst ist oder beeinflusst werden kann. Diesem Befund widerspricht nicht, dass Eltern mit einem reglementierenden Erziehungsverhalten dem Fernsehen positiver gegenüberstehen als Eltern mit einer unterstützenden Erziehung. Gerade *reglementierende Eltern* benutzen das Fernsehen als Entlastung, reflektieren wenig über die Wirkungen, wenn sie das Fernsehen als Bestrafungs- und Belohnungsmittel für ihre Kinder anwenden. Vermutlich wird auch mit der Steigerung des Programmumfangs, so vermutet Hurrelmann, die immanente Erziehungsfunktion des Fernsehens für Kinder und seine sozialen Wirkungen auf die Familien in der Zukunft noch stärker akzentuiert werden.

Vor dem Hintergrund dieser Ergebnisse kann man nicht mehr das Fernsehen zum Sündenbock aller sozialen und pädagogischen Probleme der Gegenwart machen. Man kann nicht mehr behaupten, dass das Fernsehen an allem schuld sei, wie etwa an den Aufmerksamkeitsproblemen, Lese- und Schreibschwächen oder Aggressionsbereitschaften von Kindern und Jugendlichen; entscheidend ist, wie das Fernsehen gebraucht wird. Der Gebrauch wiederum kann Symptom und Verstärker für problematische Lebens- und Familienverhältnisse sein. In dem Sinne kann das Fernsehen, wie die amerikanische Entwicklungs- und Medienpsychologin Patricia Greenfield (1987) meint, negative Wirkungen auf Kinder entfalten, wenn die Eltern den Fernsehkonsum ihrer Kinder nicht lenken und ihnen nicht beibringen, wie man kritisch fernsieht und möglicherweise beim Fernsehen auch etwas lernt. Vernünftig genutzt, sind nämlich das Fernsehen und die anderen neuen elektronischen Medien, wie sie weiter ausführt, eine große Lern- und Entwicklungshilfe (vgl. dazu die Übersicht bei Greenfield, 1987).

14.5
Förderung kindlicher Medienkompetenz: Was Eltern tun können

Die für Kinder und Eltern gleichermaßen totale Verfügbarkeit des Mediums Fernsehen – oft gleichzeitig noch in mehreren Räumen der Wohnung und praktisch 24 Stunden am Tag – wirft erzieherische Fragen auf, die von Eltern und Erziehungsberechtigten ernst genommen werden sollten. Zwar hat sich die öffentliche Meinung zum Fernsehkonsum durch Kinder innerhalb der letzten Jahre etwas gewandelt, indem sich unlimitiertes Fernsehen der eigenen Kinder nach sozialer Verwahrlosung anhört, so dass es ein bisschen «in» geworden ist zu sagen, «meine Kinder sehen nur wenig fern» (Millner, 1996, S. 138). Aber vermutlich ist das eher eine Fiktion, denn die Realität der Rezeptionsstudien spricht eine andere Sprache (vgl. Singer & Singer, 2001).

Leider wissen heutzutage auch immer noch die wenigsten Eltern, was sie tun können, um die positiven Wirkungen bestimmter Fernsehinhalte zu steigern, oder die negativen Wirkungen bestimmter Programme einzudämmen. Dabei ist die Antwort eine ganz einfache: Eltern sollen mit ihren Kindern über das Gesehene sprechen! Wenn nämlich Eltern auf diese Weise Sendereihen oder einzelne Folgen beliebter Fernsehsendungen interpretieren und kommentieren, hat dies Wirkung. Beispielsweise wurden Kinder, die sich «Batman» anschauten, den Gewalttätigkeiten dieser Sendung gegenüber viel kritischer, wenn die Eltern dabei waren und das Gesehene kommentierten (vgl. Greenfield, 1987). Kein Medium, weder Text noch Fernsehen oder Film können menschliche Interaktionen ersetzen; vielmehr müssen sie damit verbunden werden und Bestandteil sozialer Gruppenprozesse werden.

Aus diesen Darlegungen wird eines klar: Eltern können mit relativ einfachen Mitteln präventiv etwas tun, um ihre Kinder zu einem kritischeren Umgang mit dem Fernsehen anzuleiten. Bei aller Einfachheit dieser praktischen Hilfestellungen ist deren Umsetzung durch die Eltern nicht immer einfach. Vermutlich auch deshalb gewinnen gegenwärtig im Bereich der Elternberatung Probleme der Mediennutzung und -erziehung zunehmend an Bedeutung; denn durch das ständig steigende Programmangebot mit der wachsenden Zahl an «Kindersendern» sowie dem Zugang zum Internet sind Eltern oft verunsichert und suchen verstärkt sachkundigen Rat.

Im Hinblick auf einen angemessenen Umgang mit dem Medium Fernsehen und der Aneignung einer entsprechenden Medienkompetenz existieren eine nicht geringe Zahl von Untersuchungen (vgl. Brown, 1991; Kübler, 1999; Piette, 1992). Dabei bezeichnet der Begriff *Medienkompetenz* die kognitive Fähigkeit im Umgang mit Wissen über mediale Kommunikation (vgl. die Übersicht bei Vollbrecht, 2001). Mit diesem Kompetenzbegriff wurde in der Medienpädagogik ein Paradigmenwechsel dahingehend eingeläutet, als das Ziel der Medienerziehung sich von einer Bewahrpädagogik zu einer handlungsorientierten Medienpädagogik umdefinierte. Eine sich derart verstehende Medienpädagogik richtet ihren Blick nicht mehr auf Mediennutzer, die sie als passive Opfer die-

Kasten 14-2

Implikationen für die Erziehungspraxis

Eltern sind gegenüber dem «geheimen Erzieher» in ihrem Wohnzimmer nicht machtlos!

Was aus den zahlreichen wissenschaftlichen Untersuchungsergebnissen für Eltern abgeleitet werden kann, ist eigentlich offensichtlich, trotzdem aber umso wichtiger:

1. Eltern sollen ihren Kindern die Sendungen aussuchen und ihnen dabei helfen, kritisch und *wählerisch* zu werden.

2. Fernsehen beeinflusst Kinder dann nachhaltig, wenn sie über das Thema noch keine unmittelbaren Erfahrungen besitzen. Kinder, die *Erfahrungen aus erster Hand* haben, vermögen strikter zwischen Fiktion und Wirklichkeit zu trennen. Eltern sollten deshalb ihren Kindern für alle wichtigen Lebensbereiche direkte Erfahrungen vermitteln.

3. Eltern können beeinflussen, welches Wissen Kinder aus einer Sendung übernehmen, indem sie die wichtigen Informationen hervorheben und das Geschehen *kommentieren,* mit ihren Kindern *diskutieren* oder *deuten.* Die Diskussion mit den Kindern fördert sowohl das Behalten als auch das unmittelbare Lernen.

4. *Kein Allein-TV-Konsum:* Diese Empfehlung gilt für die ersten sechs Lebensjahre strikt; im Schulalter kann man diese Regel sukzessive lockern. Das ist keine Überbehütung oder Einschränkung der persönlichen Freiheiten des Kindes, sondern eine Schutzmaßnahme, auf die das Kind genauso Anspruch hat wie auf Schutz vor körperlicher Züchtigung oder Vernachlässigung.

5. Der Fernseher sollte *nicht als Babysitter* genutzt werden: Wenn Eltern ihr Kind fernsehen lassen und sich diese Ruhe als Nebeneffekt ergibt, ist dagegen nichts einzuwenden. Aber Eltern sollten ein schlechtes Gewissen bekommen, wenn sie ihre Kinder regelmäßig vor den Fernseher setzen, um endlich Ruhe vor ihnen zu haben oder gar in Ruhe abends ausgehen zu können.

6. Das Fernsehen hat zweifellos seinen Wert, aber Kinder brauchen auch *Erfahrungen anderer Art.* Deshalb sollten Eltern die Zeit beschränken, die ihre Kinder vor dem Fernseher zubringen und andere Medien und Erfahrungswelten verfügbar machen, die Fantasie, soziales Miteinander und Denken anregen.

7. *Medienerziehung beginnt in der Familie:* Sie beinhaltet vor allem die Behütung des Kindes vor Fernsehverletzungen. Das beinhaltet anfangs auch die elterliche Kontrolle. Aber bald heißt es auch loslassen, behutsam Verantwortung übertragen. Dabei gilt für die elterliche Medienerziehung, was für Erziehung immer gilt: Fernsehverhalten muss erst einmal vorgelebt werden.

8. Deshalb ist eine *Kombination von Medien* zu empfehlen: Lesen und Radio hören fördern sehr viel stärker als Fernsehen die kindliche Vorstellungsfähigkeit, wogegen sich Fernsehen positiv auf die nonverbale Kommunikationsfähigkeit auswirken kann.

Solche einfachen Verfahren können Eltern zu Hause leicht anwenden, wenn sie bereit sind, mit ihren Kindern zusammen fernzusehen. Leider sieht die Realität etwas anders aus: Entweder sitzen die Kinder ohne Eltern vor dem Fernseher oder die Eltern sitzen zwar dabei, aber äußern nur selten begleitende Kommentare zu den Inhalten, die sich die Kinder am

Fernsehen ansehen (Klingler & Groebel, 1994). Deshalb gilt es, dass Eltern die Fernseherziehung ihrer Kinder selbst aktiver in die Hand nehmen. Neben einer selektiven TV-Nutzung und einer kritischen Sehhaltung sollte das, wie es der deutsche Medienpsychologe Peter Winterhoff-Spurk (2001) prägnant formuliert hat, auch bedeuten: nicht immer, aber immer öfter: Ausschalten!

Informationen im Netz:

- www.ane.de: Der «Arbeitskreis Neue Erziehung» bietet praktische Tipps und Elternerfahrungen zum Medienumgang
- www.flimmo.de: Programmberatung für Eltern und aktuelle Programmtipps, Tops und Flops
- www.schau-hin.de: Initiative von Bundesregierung und Medien zur Beratung von Eltern und Kindern.

ser Medien betrachtet, sondern auf aktive und sich selbst steuernde Mediennutzer (Tulodziecki, 1997). Schwarzer und Buchwald (2001) führen die folgenden Fertigkeiten auf, um eine so verstandene Medienkompetenz im Sinne kognitiver Schemata zu vermitteln bzw. zu fördern:

- **Kognitive Kompetenz:** Darunter fallen das Verständnis um die Grammatik und Syntax des Fernsehens, über Strukturen, Organisationsformen und Funktionen sowie Programme und Inhalte des Fernsehens.
- **Analytische und evaluative Fähigkeiten:** Medien und ihre (Programm-)Inhalte müssen auf vielfältige Kriterien hin eingeschätzt und beurteilt werden können, wie etwa Richtigkeit, Glaubwürdigkeit, professionelle Machart usw. Es sollen demnach individuelle Auswahlstrategien oder Fertigkeiten zur Unterscheidung von Fiktion und Wirklichkeit vermittelt sowie die Fähigkeit zum Medienvergleich gefördert werden.
- **Sozial-reflexive Fähigkeiten:** Individuelle Nutzungsweisen, Gewohnheiten und Verlockungen an sich und anderen beobachten und bewusst machen, um sie nach Maßgabe akzeptierter Zielkriterien korrigieren zu können. Dabei sollten auch moralische und emotionale Aspekte berücksichtigt werden.
- **Handlungsorientierte Fähigkeiten:** Darunter fallen Kenntnisse medienwissenschaftlicher Rezeptions- und Wirkungsstudien, Wissen über den Umgang und die Verwendung neuer Informations- und Kommunikationstechniken sowie die Fähigkeit zur kritischen Bewertung der Bedingungen und Gefahren der entsprechen Technologien.

Medienpsychologische und -pädagogische Begleituntersuchungen zeigen, dass derartige Ziele auch erreicht werden können: Kinder und Jugendliche, die an entsprechenden Unterrichtseinheiten teilgenommen haben, können etwa die formalen Gestaltungsmittel des Fernsehens besser erkennen oder reale und fiktive Programminhalte leichter unterscheiden. Leider existiert in Deutschland kein eigenständiges Fach «Medienerziehung» und Lehrern mangelt es oft selbst an medienpädagogischer Kompetenz (vgl. die Übersicht zur Medienerziehung bei Winterhoff-Spurk, 2001).

In Zukunft wird vermutlich der Beratungsbedarf in Familien- und Erziehungsberatungsstellen im Hinblick auf eine *medienpädagogische Elternberatung* zunehmen, sodass auch die Schule gefordert ist, sich diesem Thema intensiver zu widmen, um Eltern und Kindern mehr Sicherheit im Umgang mit den Medien bzw. den Medienerfahrungen ihrer Kinder zu geben (vgl. Tulodziecki, 1997). Dafür benötigen Eltern (und Lehrer) angemessene und verständliche Beschreibungs- und Beurteilungskategorien, damit sie die Einflüsse der Medien, wie etwa von Fernsehen, Video oder Computer, auf das Familienleben und die kindliche Entwicklung besser einschätzen und Gefahren einer zu extensiven Zuwendung zu diesen Medien leichter erkennen können. Zudem benötigen sie praktikable Ratschläge, um Kindern erzieherisch einen sinnvollen Umgang mit den Medien vermitteln zu können.

Weiterführende Literatur

Glogauer, W. (1995). *Die neuen Medien verändern die Kindheit.* Weinheim: Deutscher Studienverlag.

Hoppe-Graf, S. & Oerter, R. (Hrsg.) (2000). *Spielen und Fernsehen. Über die Zusammenhänge von Spiel und Medien in der Welt des Kindes.* Weinheim: Juventa.

Retschitzki, J. & Gurtner, J.-L. (1997). *Das Kind und der Computer.* Bern: Huber.

Singer, D.G. & Singer, J.L. (Eds.) (2001). *Handbook of children and the media.* Thousand Oaks, CA: Sage.

Vollbrecht, R. (2001). *Einführung in die Medienpädagogik.* Weinheim: Beltz.

Winterhoff-Spurk, P. (2001). *Fernsehen. Fakten zur Medienwirkung.* Bern: Huber.

15 Entwicklung durch Intervention im Erziehungsbereich

Im Zeitalter gesellschaftlicher Individualisierung und Pluralisierung der familiären Lebensverhältnisse wächst der Bedarf an professioneller Unterstützung bei der Bewältigung entsprechender Herausforderungen und Krisen. In diesem Zusammenhang ist es eine wichtige Aufgabe der Entwicklungspsychologie, langfristige Auswirkungen von Interventionen zu untersuchen. Dabei können Interventionen in Paar- und/oder Familiensystemen stattfinden, z. B. in Form von Trainingsprogrammen für Eltern oder Erziehungs- und Elternberatung, oder als kompensatorische Frühförderung oder Verhaltenstrainings mit aggressiven Kindern auf der individuellen Ebene. Derartige Interventionen stellen ebenso Eingriffe in die Entwicklung dar wie kritische Lebensereignisse. Wie wirken sie kurzfristig und langfristig? Wirken sie bei allen Personen gleich? Wenn nicht, inwiefern werden die Wirkungen durch Person- und/oder Kontextmerkmale modifiziert? Bedingt durch die Zusammenführung verschiedener Forschungsgebiete in den letzten Jahren, sind in dem Bereich der interventionsbezogenen Familien- und Erziehungspsychologie bedeutende Fortschritte erzielt worden. In diesem Kapitel wird ein entwicklungspsychopathologischer Theorierahmen, der seinerseits auf dem kontextualistischen Entwicklungsparadigma beruht, als Grundlage genutzt. Folgerichtig stellen Risiko- und Schutzfaktoren sowie Vulnerabilität und Resilienz wichtige Bedingungen in der Entwicklung und Erziehung von Kindern dar, die eine enge Wechselwirkung untereinander und zum familiären Umfeld aufweisen. Daraus leitet sich das relevante Erklärungs- und Änderungswissen ab, das wiederum Basis für professionelles Interventionshandeln und konzeptionelle Angebote bildet, die von Familien mit Kindern zur Veränderung oder Stabilisierung ihrer Beziehungen und Kompetenzen genutzt werden können.

15.1 Der familiäre Kontext aus entwicklungspsychopathologischer Sicht

Mittlerweile ist es unbestritten, dass die Frage, ob und wie Erziehung entwicklungsförderlich oder hinderlich wirkt, nur dann befriedigend beantwortet werden kann, wenn der Beziehungskontext und die Interaktionen aller am Erziehungsprozess Beteiligten angemessen berücksichtigt wird. Deshalb lassen sich gelingende und misslingende Entwicklungsprozesse immer nur vor dem konkreten Hintergrund der unmittelbaren Kontexte, in denen ein Kind aufwächst, verstehen. Vor diesem Hintergrund konnten in den letzten beiden Jahrzehnten zahlreiche Studien Zusammenhänge zwischen Kommunikationsformen der Eltern untereinander und Pathologien der Kinder (z. B. Essstörungen, Depressivität; vgl. Conger & Chao, 1996; Ratti, Humphrey & Lyons, 1996) oder kindlicher und jugendlicher Aggressivität im Umgang mit Gleichaltrigen (Loeber & Hay, 1997) empirisch belegt werden. Darüber hinaus haben sich auch die Regulation von Emotionen und das Familienklima als wichtige Größen sowohl für das Wohlbefinden von Kindern (Belsky, Crnic & Gable, 1995; McHale & Cowan, 1996; LBS-Initiative «Junge Familie», 2003) als auch als Prädiktoren für kindliche Aggression oder Ängstlichkeit erwiesen (Belsky, Hsieh & Crnic, 1998; McHale & Rasmussen, 1998).

Dabei bietet im Rahmen einer klinisch-familienpsychologischen Forschungstradition die Entwicklungspsychopathologie (vgl. Resch, 1996 und Kap. 3.5 in diesem Lehrbuch) durch den Vergleich der normalen mit der fehlangepassten Entwicklung, durch die Betrachtung der Wechselwirkung von Risiko- und Schutzbedingungen über die Zeit sowie durch die Identifikation von Risikomechanismen, die diese Bedingungen sowohl mit der kindlichen Entwicklung als auch mit Merkmalen der Familie verknüpfen, ein angemessenes Rahmenkonzept (vgl. Scheithauer, Petermann & Niebank, 2002). Deshalb ist es angezeigt, zunächst einen Überblick über ausgewählte familiäre Risiko- und Schutzfaktoren für die Entwicklung von Störungen (in) der Familie zu geben (vgl. die Übersicht bei Perrez, 2004a). Außerdem soll gezeigt werden, wie die angepasste und fehlangepasste kindliche Entwicklung auf einer biologischen, psychischen (kognitiven und emotionalen) sowie sozialen Ebene verläuft. Mit einer derartigen Sichtweise findet sich wiederum der Anschluss an die kontextualistische Sichtweise menschlicher Entwicklung, wie sie in Kapitel 3.1 dieses Lehrbuches als Theorierahmen aufgespannt worden ist, und wie sie sich später auch als entwicklungstheoretische Grundlage für die familiäre und erzieherische Intervention anbietet.

15.1.1
Risiko- und Schutzfaktoren bei der Entwicklung von Störungen (in) der Familie

Auch im Bereich der Entwicklungspsychopathologie interessieren Entwicklungsaufgaben, die sich als Anpassungsaufgaben und -erfordernisse in einer bestimmten Lebensphase der Person oder der Familie als Ganzes definieren. So können Familien im Laufe ihrer Entwicklung durch vielerlei Faktoren belastet und vorübergehend labilisiert werden.

Dabei dreht sich die entwicklungspsychopathologische Problematik zuallererst um Fragen nach der Symptomgenese sowie um die Frage nach den Auslösebedingungen psychopathologischer Symptome, aber ebenso um die Frage, ob die Ausbildung psychopathologischer Symptome nur als ein Scheitern der Anpassung gedeutet werden soll oder ob diese Symptome auch als Anpassungsversuch einen Sinn haben. Letzteres könnte etwa bedeuten, dass es unter bestimmten familiären Bedingungen geradezu anpassungsnotwendig und sogar einer gesunden Persönlichkeitsentwicklung zuträglich ist, ein psychopathologisches Symptom zu entwickeln. Es könnte also sein, dass ein diagnostiziertes Symptom in einem bestimmten Familienkontext der Entwicklung eines Kindes für einen Zeitabschnitt dienlich ist, weil auf diese Weise noch größere Risiken wie etwa dauerhafte Streitereien oder Überforderungssituationen besser bewältigt werden können. Eine solche Sichtweise würde implizieren, dass pathologische Symptome auch ein Signal für bestimmte Anpassungsprobleme sein können; sie müssen erst gedeutet und verstanden werden, bevor eine geeignete Intervention eingeleitet werden kann.

Die Zusammenhänge zwischen den Schutzfaktoren und den Risikofaktoren, die unter gewissen Bedingungen die Entwicklung einer Familie in ihrer Versorgungs-, Unterstützungs- und Anregungsfunktion schwächen oder stärken können, sind in Anlehnung an die Schematik von Perrez (2004a) in der **Abbildung 15.1** dargestellt. Risiken haben darüber hinaus die Eigenschaft, dass sie nicht nur indirekt über die betroffene Familie für die Kinder zum Risikofaktor werden, sondern auch direkt bei Kindern störungsfördernd sein können. Dabei wirken im Normalfall familieninterne und -externe Risikofaktoren zusammen und führen zu Störungen der Familienentwicklung oder wirken direkt auf die Kinder. Reagieren einzelne Familienmitglieder, das elterliche Paar oder die Familie als Ganzes mit Störungen auf eine Risikoexposition, so wird die Familie dadurch zur *Risikofamilie* und

> **Kasten 15-1**
>
> ## Adaptives Potenzial, Vulnerabilität, Risiko und Resilienz – Begriffsdefinitionen
>
> ■ Die individuelle Anpassungsfähigkeit kann mit dem Begriff des *adaptiven Potenzials* erfasst werden. Das adaptive Potenzial definiert sich als Resultante von Vulnerabilitätsfaktoren und protektiven Faktoren angesichts von Entwicklungsrisiken (vgl. Resch, 1996).
>
> ■ *Vulnerabilität* kennzeichnet die «Verletzlichkeit» einer Person: Dabei kann die *primäre Vulnerabilität*, die das Kind von Geburt an aufweist (z. B. genetische Disposition, Frühgeburt, Geburtskomplikationen), von der *sekundären Vulnerabilität* unterschieden werden, die das Kind in der Auseinandersetzung mit seiner Umwelt (z. B. Eltern-Kind-Interaktion) erwirbt (z. B. unsicheres Bindungsverhalten). Darüber hinaus existieren Phasen erhöhter Vulnerabilität, wie es kritische Wachstumsperioden, sensible Phasen, Pubertät oder die Konfrontation mit kritischen Lebensereignissen darstellen. Dabei sind Risikofaktoren nicht immer unmittelbar mit psychischen Störungen oder Entwicklungsrisiken gekoppelt; vielmehr muss in vielen Fällen eine Vulnerabilität des Kindes vorausgesetzt sein. Deshalb gilt *Vulnerabilität* als die individuelle Bereitschaft, unter Risikobedingungen einen negativen Entwicklungsverlauf zu nehmen. Derart kann das Vulnerabilitätsprinzip als fundamentales Entwicklungsprinzip für psychische Störungen im Kindes- und Jugendalter angesehen werden.
>
> ■ *Risikofaktoren* bestehen in Merkmalen, die das Auftreten von Störungen bei einzelnen Mitgliedern (z. B. Drogenabhängigkeit der Mutter), bei Subsystemen (z. B. Paarstörung) oder der Familie als Ganzes (z. B. schlechtes Familienklima) wahrscheinlicher werden lassen.
>
> ■ Im Gegensatz spricht man von *Resilienz* (Spannkraft, Prallkraft oder psychische Widerstandsfähigkeit), wenn eine erfolgreiche Lebensbewältigung auch unter Entwicklungsbedingungen, die durch Risikofaktoren überschattet sind, in positiver Weise möglich ist. ■

in der Folge zum sozialen Risikofaktor für Kinder und Jugendliche, sofern diese – wie die anderen Familienmitglieder auch – nicht selber bereits eine Störung entwickelt haben, weil sie einem oder mehreren Risikofaktoren ausgesetzt waren bzw. sind. Entsprechend der zeitlichen Beanspruchung können *chronische* Risikomerkmale sowie *diskrete* kritische Lebens- und Familienereignisse unterschieden werden.

Des Weiteren kann in Anlehnung an die heuristische Formel von Albee (1980) angenommen werden, dass eine Familie umso wahrscheinlicher zur *Risikofamilie* wird, je ungünstiger das Verhältnis von inneren und äußeren Belastungsfaktoren zu den inneren und äußeren Resilienz- und Unterstützungsfaktoren ist (vgl. dazu auch das hypothetische Modell über das Zusammenspiel kumulativer Risiko- und Schutzfaktoren von Lösel & Bender, 1999). Hierbei definieren die inneren protektiven Faktoren auf der Familienebene wie z. B. Kohäsion, Adaptibilität oder «Familienkompetenz» (L'Abate, 1990), der Subsysteme der Familie (z. B. sichere Bindung, positiver Austausch) zusammen mit den Merkmalen auf der Individualebene (z. B. Selbstwirksamkeit, Selbstwert) die Kapazität zur Adaptation trotz ungünstiger oder bedrohlicher Umstände (Masten, Best & Garmezy, 1990). Demgegenüber sind soziale Umgebungsfaktoren der Familie äußere protektive Faktoren, wie z. B. ein unterstützendes und anregendes soziales Netzwerk, die als externe Schutzfaktoren vermutlich die Resilienz, d. h. die Widerstandskraft der Familienmitglieder stärken (vgl. Laucht, Esser & Schmidt, 1997 und Kap. 15.1.2 in diesem Lehrbuch).

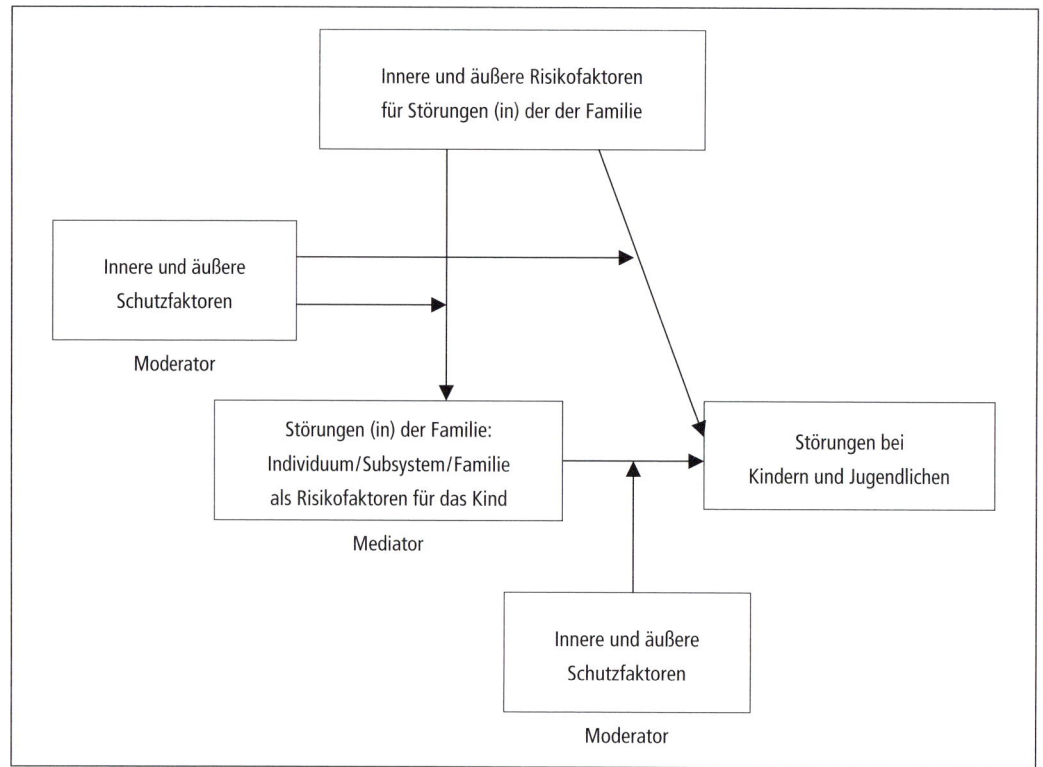

Abbildung 15.1: Direkte und indirekte Antezedenzien von Störungen bei Kindern und Jugendlichen (nach Perrez, 2004a, S. 194)

In diesem Zusammenhang hat es Perrez (2004a) kürzlich unternommen, die empirisch belegten *familiären Risikofaktoren,* d.h. die Faktoren, die Familien labilisieren und zum Risiko für die Entwicklung des Kindes werden lassen, zusammenzustellen (vgl. Tab. 15.1).

Wenn man, was für eine Erziehungspsychologie von zentraler Bedeutung ist, innerhalb der Familie im Speziellen das Subsystem der *Mutter/Vater-Kind-Beziehung* betrachtet, so ist festzustellen, dass sich besonders eine chronisch aversive emotionale Qualität dieser Beziehung negativ auf die Entwicklung des Kindes auswirkt. Aus der Sicht der Bindungsforschung ist bereits im Kapitel 9.2 ausführlich auf diese Problematik eingegangen worden. Betrachtet man eine gestörte Eltern-Kind-Beziehung aus der Perspektive der Erziehungsforschung, dann zeigt sich, dass eine belastete Beziehung zwischen Mutter/Vater und Kind meist im Zusammenhang mit einem stark bestrafenden und/oder inkonsequenten Erziehungsverhalten steht (Krohne & Hock, 1994) und sich in einer so genannten «Verhaltensnötigung» manifestiert (Perrez, 2004a). Dabei stellt die Anwendung physischer und psychischer Gewalt gegen Kinder eine Steigerung und Eskalation dieser Merkmale dar (vgl. dazu das Kap. 11.5.4 in diesem Lehrbuch). In der Weise haben bereits in den 1970er-Jahren Stapf, Herrmann, Stapf und Stäcker (1972) nachweisen können, dass streng erzogene (und häufig bestrafte) Jungen eine stärker verbotsorientierte Verhaltensmotivation zeigen als hoch unterstützend erzogene (häufig bekräftigte) Jungen. Zahlreiche neuere Studien bestätigen diesen Zusammenhang und belegen überdies, dass die Folgen einer hohen Bestrafungstendenz in Wechselwirkung zu Kindmerkmalen (Temperament, Entwicklungsphase) stehen, und durch ein externalisierendes Temperament z.B. Aggressivität gefördert wird (vgl. Petermann & Petermann, 2001).

Tabelle 15.1: Zusammenfassung der Risikofaktoren bzw. Stressoren (in) der Familie (nach Perrez, 2004a, S. 225)

1. Risikofaktoren für die Entwicklung von Störungen (in) der Familie
Äußere Risikofaktoren für die Entwicklung von Störungen (in) der Familie
▪ Materielle Not und Armut
▪ Wohnortswechsel, Migration und Flucht
▪ Arbeitslosigkeit
▪ Chronisch belastete Sozialbeziehungen
Innere Risikofaktoren für die Entwicklung von Störungen (in) der Familie
▪ Chronische Krankheiten oder Behinderungen eines Elternteils oder eines Kindes
▪ Scheidung als kritisches Lebensereignis bzw. Familienereignis
▪ Tod eines Elternteils
▪ zu frühes generatives Verhalten (z. B. als Teenagerschwangerschaft)
▪ eingeschränkte individuelle und soziale Bewältigungskompetenz
2. Störungen (in) der Familie als Risikofaktoren für die Entwicklung von Störungen bei Kindern und Jugendlichen
Psychische Störungen bei einzelnen Mitgliedern der Familie als Risikofaktor
Risikofaktoren von Subsystemen der Familie
▪ Störungen in Bezug auf das Elternpaar: Gestörte Kommunikation/Interaktion
▪ Störungen in Bezug auf das Subsystem «Mutter/Vater-Kind»
Störungen des Systems Familie als Risikofaktor
▪ «Disengaged» Familien
▪ Rigide Familien
▪ Pathogene Grenzen

Eine weitere Subsystemstörung innerhalb des Familiensystems besteht in Problemen der Interaktion zwischen einem Elternteil und einem Kind, was zu einer wechselseitigen Verhaltensdetermination führen kann; Patterson (1982) oder Snyder, Schrepfermann und Peter (1997) bezeichnen diese Art der Subsystemstörung als «coercion pattern». Dieses wird als eine Störung des Sozialverhaltens des Kindes beschrieben, das durch negative Bekräftigung der Eltern verstärkt wird und sich die Störung in der Folge davon weiter manifestiert. Snyder und Patterson (1995) gehen davon aus, dass die interindividuellen Unterschiede kindlicher Aggression einen direkten Effekt der in der Lern- und Erziehungsgeschichte erfahrenen kumulativen Nützlichkeit von aggressivem Verhalten im Vergleich zu nicht-aggressiven Reaktionen darstellt (vgl. dazu auch die Spillover-Hypothese in Kap. 11.2 in diesem Lehrbuch), um Konflikte mit den Eltern, mit Geschwistern und sogar mit Altersgleichen außerhalb der Familie zu lösen (vgl. Bolger & Patterson, 2001; Scheithauer, Hayer & Petermann, 2003 und Kap. 13.2 in diesem Lehrbuch).

In diesem Zusammenhang verdient beispielsweise auch der Beitrag der Familie zum Erwerb der *Vulnerabilität für Angststörungen* Beachtung (vgl. die Übersicht bei Petermann, Essau & Petermann, 2000). Wie Perrez (2004a) vermutet, erscheint es sinnvoll davon auszugehen, dass Kinder – selbst bei Berücksichtigung des schwer einschätzbaren genetischen Anteils an der Genese von Angststörungen – durch familieninterne Erfahrungen, durch ihre Bindungsrepräsentation, den Erziehungsstil und durch das

Modellverhalten der Eltern spezifische prädisponierende Merkmale erwerben, und dass Kinder später unter starkem Stress das Vollbild einer Angststörung entwickeln können. Zu den binnenfamiliären Mechanismen, die die Entwicklung von Angststörungen fördern können, zählt Perrez (2004a) einen *verunsichernden Erziehungsstil der Eltern,* der in inkonsequentem Erziehungsverhalten (Krohne & Hock, 1994) oder in der Neigung zu ständigem Kritisieren (Dumas, 1999), in einem verunsichernden Bindungsangebot (Jones, 1996) oder in einer psychischen Störung sowie in ständigen Konflikten der Eltern bestehen kann. Darüber hinaus fördern Eltern oder ältere Geschwister als ängstliche Modelle die Angststörungen von Kindern. Dadurch werden sowohl angsttypische Vermeidungs- und Fluchtreaktionen als auch entsprechende Kognitionen aktiviert. Auch starke Kontrolle durch die Mütter scheint Angst zu fördern, wie die Befunde von Untersuchungen bei Müttern mit Kleinkindern (Dumas, 1999) und die Ergebnisse der Metaanalyse von Gerlsma, Emmelkamp und Arrindell (1990) belegen. Basierend auf einer Längsschnittstudie von Burge und Kammen (1991) haben außerdem eine kritische, hostile und kalte Kommunikation in der Familie, der Mangel an aktiver und positiver Partizipation bei der Lösung der Probleme von Kindern und der Mangel an wechselseitiger (reziproker) Unterstützung sowie die Ablehnung der Kinder einen bedeutsamen Vorhersagewert für die Entwicklung depressiver Störungen (vgl. auch Essau & Merikangas, 1999; Garber & Flynn, 2001). Des Weiteren gilt es festzuhalten, dass der größte Teil der Kinder mit depressiven Störungen in Familien lebt, in denen eine psychosoziale Belastung vorliegt (Dumas, 1999); schließlich gilt ein depressiver Elternteil als Hauptrisikofaktor für die Entwicklung einer depressiven Störung bei Kindern und Jugendlichen (vgl. Essau & Petermann, 2000).

Neben den Risikofaktoren der Eltern-Kind-Interaktion sowie familiären und sozialen Risiken, wie sie in der Tabelle 15.1 zusammengefasst sind, dürfen die *biologischen Risikofaktoren* nicht vergessen werden. Zu diesen Risiken der kindlichen Entwicklung – besonders innerhalb der ersten drei Lebensjahre – zählen Scheithauer, Niebank und Petermann (2000) mindestens die folgenden drei Faktoren: Erstens nennen sie Frühgeburten, Geburtskomplikationen, Erkrankungen des Säuglings und niedriges Geburtsgewicht; zweitens erwähnen sie ein negatives mütterliches Ernährungsverhalten sowie der Konsum von Alkohol, Drogen und/oder Medikamenten; und drittens führen die Autoren das schwierige Temperament eines Kindes an (z. B. lässt sich ein Kind durch die Mutter nicht oder nur schwer beruhigen).

Einige dieser Risikofaktoren wirken nur über einen bestimmten Zeitraum, wie etwa im Zuge belastender Lebensereignisse, andere über den gesamten Entwicklungsverlauf. Außerdem kann man distale Faktoren, also eher ferner liegende und nicht unmittelbar wirkende Einflussgrößen, von proximalen Faktoren unterscheiden (Baldwin, Baldwin & Cole, 1990). *Distale Faktoren,* wie etwa der sozioökonomische Status können nicht zur Erklärung direkter kausaler Zusammenhänge mit psychischen Störungen herangezogen werden; sie wirken sich nicht direkt, sondern eher indirekt, über Mediatoren (z. B. die Eltern-Kind-Interaktion oder das mütterliche Pflegeverhalten) auf das Kind aus. *Proximale Faktoren* hingegen stellen näher umschriebene Faktoren dar (z. B. ein strafender Erziehungsstil der Eltern) und wirken direkt auf das Kind. Obwohl beispielsweise die Wohnumgebung, in der ein Kind aufwächst, eine Hoch-Risiko-Umgebung darstellen kann (der distale Faktor), ist es möglich, dass das Kind durch ein positives familiäres Umfeld (der proximale Faktor) geschützt ist. Derart lässt sich die Tatsache erklären, dass sich viele Kinder trotz dem Vorhandensein von Risikobedingungen angepasst (normal) entwickeln (vgl. Cowan, Cowan & Schulz, 1996). Möglich ist in diesem Zusammenhang, dass

- Schutzfaktoren die negative Wirkung von Risiken abfedern können (z. B. bei einer postpartalen Depression der Mutter durch ein positives, unterstützendes Erziehungsverhalten des Vaters);
- Hoch-Risiko-Kinder bzw. -Familien eine unterschiedliche Risikobelastung aufweisen; und
- sich bereits Bewältigungsfertigkeiten entwickelt haben oder durch die Auseinanderset-

zung mit belastenden Situationen entwickeln, die zu einer Resilienz führen und derart eine normale Entwicklung nicht gefährden.

Unter den *Schutzfaktoren* können drei Gruppen von Faktoren unterschieden werden (vgl. Scheithauer, Niebank & Petermann, 2000): Das sind

- die *kindbezogenen Faktoren,* also Eigenschaften, die das Kind beispielsweise von Geburt an aufweisen (z.B. hohe Intelligenz, positives Temperament);
- die *Resilienzfaktoren,* worunter Eigenschaften fallen, die sich das Kind in Auseinandersetzung mit seiner Umwelt und durch die erfolgreiche Bewältigung von Entwicklungsaufgaben im Entwicklungsverlauf aneignet (z.B. ein positives Selbstwertgefühl, Selbstwirksamkeitsüberzeugung) und
- *umgebungsbezogene Faktoren,* etwa innerhalb der Familie (wie z.B. ein positives Familienklima, eine stabile Beziehung zur Bezugsperson) und im weiteren sozialen Umfeld (z.B. soziale Unterstützung durch Gleichaltrige, Großeltern).

Unklarheit herrscht in der Literatur über die genaue Abgrenzung von Risiko- und Schutzfaktoren (vgl. Rutter, 1994b; Scheithauer, Petermann & Niebank, 2002). So kann man sich fragen, ob etwa der familiäre Zusammenhalt einen protektiven Faktor darstellt. Oder ob es sinnvoller wäre, im Falle seiner Abwesenheit (z.B. bei familiärer Desorganisation) von einem Risikofaktor zu sprechen? Zur Lösung dieses theoretischen Problems schlägt Rutter (1994b) vor, eine Unterscheidung danach vorzunehmen, in welche Richtung eine Bedingung die weitere Entwicklung beeinflusst: Wird eine positive Entwicklung eingeschlagen, die mit einer erhöhten Wahrscheinlichkeit für eine angepasste Entwicklung sorgt, obwohl zuvor ein erhöhtes Risiko für eine Fehlentwicklung vorlag, so spricht Rutter von einem *protektiven Faktor.* Bewegt sich eine zuvor angepasste Entwicklung in eine negative Richtung, so können die zugrunde liegenden Prozesse als Ausdruck einer *Vulnerabilität* betrachtet werden bzw. *Risikofaktoren* darstellen. Dagegen kann das bloße Fehlen von Risiken nicht einfach als risikomindernder Faktor konzipiert werden. Rutter geht nämlich davon aus, dass ein moderierender protektiver Faktor nur beim Vorliegen risikoerhöhender Faktoren erfolgt; fehlen risikomildernde Faktoren, dann kommt der risikoerhöhende Effekt voll zum Tragen. Wirkt sich ein Faktor unabhängig davon positiv aus, ungeachtet dessen, ob ein erhöhtes Risiko vorliegt oder nicht, so kann man von einer generellen entwicklungsförderlichen Bedingung sprechen. Gleichzeitig müssen risikomildernde Faktoren zeitlich vor den risikoerhöhenden Faktoren auftreten, um deren schädliche Wirkung moderieren zu können. Liegen zu viele risikoerhöhende Bedingungen vor, reichen auch zahlreiche risikomildernde Bedingungen nicht aus, um eine Anpassung des Individuums zu fördern (Sameroff, 1998).

Darüber hinaus treten risikoerhöhende als auch -mildernde Faktoren selten isoliert, sondern zusammen und kumuliert auf und verstärken sich in ihrer Wirkung (vgl. Scheithauer, Petermann & Niebank, 2002). Folgt man diesem *kumulativen Risikomodell,* dann ist die Anzahl risikoerhöhender Bedingungen von Bedeutung, wobei die jeweiligen Bedingungen austauschbar sind, während die Art der Bedingungen oder ihre Gewichtung bedeutsam sind. Derart wurden in Studien zur Auswirkung familiärer Risiken statt einer Auflistung von Risikofaktoren, so genannte multivariate Risikofaktoren verwendet (z.B. Blanz, Schmidt & Esser, 1991). So leben beispielsweise Kinder, die mit einer alleinerziehenden oder geschiedenen Mutter aufwachsen, mit höherer Wahrscheinlichkeit in Armut (Dunn, 1994). In diesem Zusammenhang spricht man in der Fachliteratur dann von einer *additiven Verknüpfung,* wenn jede risikoerhöhende Bedingung für sich von Bedeutung und ihr Einfluss ermittelbar ist; eine *multiplikative Verknüpfung* bezeichnet demgegenüber jene Konstellation, in der kindbezogene Risikofaktoren nur in Anwesenheit von Vulnerabilitätsfaktoren zu einer Erhöhung, die Vulnerabilitätsfaktoren allein jedoch zu keiner Erhöhung des Risikos führen (vgl. Scheithauer, Petermann & Niebank, 2002).

Weiterhin lassen sich *Moderatoren* von *Mediatoren* unterscheiden, worauf bereits durch die Schematisierung der Risikofaktoren in Abbildung 15.1 hinzuweisen war. Dabei umschreiben, wie Baron und Kenny (1986) ausführlich darlegen, *Mediatoren* dynamische Prozesse, die Risikobedingungen mit einer Wirkungsvariable wie etwa einer psychischen Störung verbinden, die ohne diese Verbindung nicht zu Stande käme. *Moderatoren* hingegen beeinflussen (d.h. verstärken oder schwächen) lediglich die Verknüpfung zwischen Risiko- und Wirkungsvariable.

Außerdem haben sich innerhalb der Entwicklungspsychopathologie die Konzepte von Risiko- und Schutzfaktoren zunehmend von einer statischen zu einer dynamischen Betrachtungsweise entwickelt (vgl. Resch, 1996; Scheithauer, Petermann & Niebank, 2002). Deshalb erscheint es auch angebracht, Risiken stets vor dem Hintergrund spezifischer Entwicklungsausgänge zu definieren: Derart kann ein und dieselbe Bedingung (z.B. Schüchternheit des Kindes) risikoerhöhend (z.B. als Depression, Angststörung), neutral oder gar risikomildernd (z.B. Aggression) wirken (vgl. Rutter, 1990). Außerdem erscheint es selbstverständlich, dass bestimmte Bedingungen auch vor dem Hintergrund der Entwicklungsphasenabhängigkeit, etwa im frühen Kindesalter, eine Schutzfunktion ausüben (z.B. umsorgendes Verhalten der Mutter), in späteren Jahren jedoch die normale Entwicklung des Kindes negativ beeinflussen können (z.B. wenn das umsorgende Verhalten der Mutter die Autonomieentwicklung des jugendlichen Kindes einschränkt). Schließlich können geschlechtsspezifische Wirkungen vorliegen: So zeigen Jungen etwa unmittelbar nach der Scheidung der Eltern vermehrt Verhaltensstörungen, wohingegen Mädchen im Sinne eines «Sleeper-Effekts» (Scheithauer, Petermann & Niebank, 2002) erst im Jugendalter Problemverhaltensweisen entwickeln (vgl. dazu Fiese, Wilder & Bickham, 2000).

Schließlich hat Rutter (1994b) auf das weitere theoretische Problem hingewiesen, bestimmte Familien-, Subsystem- oder Individualmerkmale als Risiko- und damit als Ursachenfaktoren für Störungen in der Entwicklung von Kindern und Jugendlichen anzunehmen. Deshalb schlägt er die Unterscheidung zwischen «Risikoindikatoren», die ohne Erklärungswert statistisch assoziiert sein können, und «Risikomechanismen» vor, die Störungsanbahnung oder ihre Aufrechterhaltung zu erklären vermögen. Ist es das chronische Konflikt- und Streitklima in der Familie oder das daraus resultierende dysfunktionale Interaktions- und Erziehungsverhalten der Eltern, das die Störungsentwicklung beim Kind erklärt? Und warum und unter welchen Bedingungen führt das eine oder das andere zu Störungen? Solche und ähnliche Fragen sind auch im Lichte des aktuellen Forschungsstandes immer noch erklärungsbedürftig (vgl. zur Bearbeitung dieser Problematik die Vorschläge von Perrez, 2004a).

15.1.2
Familiäre Resilienz: Erziehung als Schutzfaktor

Das Konzept der *Resilienz* beschreibt die Fähigkeit eines Kindes, relativ unbeschadet mit den Folgen belastender, kritischer Lebensereignisse umgehen und Bewältigungskompetenzen entwickeln zu können (vgl. Laucht, Esser & Schmidt, 1997). Dabei stellt Resilienz eine dynamische Komponente dar, die sich über die Zeit im Kontext der Mensch-Umwelt-Interaktion entwickelt und nicht schon in der Kindheit vorliegt (Egeland, Carlson & Sroufe, 1993). Folglich sind die Mechanismen, die etwa zu einem positiven Selbstwertgefühl oder zu einer hohen Selbstwirksamkeitsüberzeugung führen, für die Resilienzforschung besonders bedeutsam. Auch umfasst Resilienz nicht einfach die Abwesenheit psychischer Störungen, sondern den Erwerb altersangemessener Fähigkeiten im Kontext der normalen kindlichen Entwicklung, trotz Vorliegen aversiver Lebensumstände. Derart können resiliente Kinder durchaus auch emotionale Probleme, Entwicklungsretardierungen oder andere Beeinträchtigungen aufweisen.

In der bekannten Kauai-Längsschnittstudie (Werner & Smith, 1992) haben sich besonders eine gute pränatale Versorgung und Pflege im Zusammenhang mit Geburtskomplikationen sowie ein höherer sozioökonomischer Status gegenüber perinatalen Komplikationen als protektiv erwiesen. Angesichts erhöhter Risiken von Kindern aus sozial hoch belasteten Wohngegenden haben im Weiteren prosoziale Vorbilder wie

Eltern oder Geschwister, aber ebenso die elterliche Beaufsichtigung des Freizeitverhaltens ihres Kindes (im Sinne eines Monitorings) eine risikomildernde Funktion (Rutter, 1990). Zusätzliche *wichtige Schutzfaktoren* außerhalb der Familie sind erstens die Verbindung mit Freunden aus stabilen Familien sowie mit den Eltern dieser Freunde (Werner, 1999); solche Beziehungen helfen Kindern, eine positive Lebensperspektive aufzubauen. Zudem helfen derartige soziale Beziehungen, eine Scheidung/Trennung der Eltern besser zu bewältigen oder mit psychotischen Eltern zusammenzuleben, ohne dass die Kinder sich fehlangepasst entwickeln. Ebenso kann ein Lieblingslehrer ein positives Rollenmodell und damit ein Schutzfaktor für Kinder sein (Ladd & Burgess, 2001).

Auch in der Kauai-Längsschnittstudie haben alle resilienten Kinder auf mehrere solcher Lehrer in der Grundschule oder höheren Schulen hinweisen können (Werner & Smith, 1992). Diese Kinder besuchen die Schule, und sie machen sie zu einer zweiten Heimat. In diesem Zusammenhang fanden auch Rutter (1994a) und Offord, Boyle und Racine (1998), dass positive Schulerfahrungen den Einfluss von Stress im Elternhaus lindern können. Es sind vor allem drei Arten von Schulaktivitäten, die für Risikokinder bedeutsam sind: Erstens sind das Aktivitäten, die Kindern helfen, wichtige Erziehungs- und Berufsziele zu erreichen; zweitens sind es Aktivitäten, die den kindlichen Selbstwert stärken; und drittens sind es Aktivitäten, die anderen Menschen in Not helfen.

Wie aber sind Schutzfaktoren erziehungspsychologisch zu verstehen? Was bedeutet es, ein Kind erzieherisch zu schützen? Heute versteht es sich schon fast von selbst, dass Abschirmung und Bewahrung von Kindern und die Verwahrung in «Schutzräumen» sicher zu wenig ist. Ebenso wäre es verfehlt, wenn Schutz und Bewahrung von Kindern und die Autoritäten, die derartige schutz- und orientierungsgebende Instanzen sind, gleich in Misskredit geraten. Vielmehr muss sich Schutz auf Stärke und Stabilität stützen können. Diese Voraussetzungen basieren hauptsächlich auf einer normativ stabilisierenden und in ein entsprechendes Umfeld eingebetteten Erziehung.

Eine Studie von resilienten Kindern in Berkeley ergab (Block & Gjerde, 1986), dass sich die Erziehungsorientierungen in der Familie, die die kindliche Resilienzfähigkeit stärken, bei Jungen und Mädchen unterscheiden. *Widerstandsfähige Jungen* kommen oft aus Haushalten mit klaren Strukturen und Regeln, in denen ein männliches Familienmitglied (Vater, Großvater, älterer Bruder oder Onkel) als Identifikationsmodell dient, und in denen Gefühle ausgedrückt werden. Demgegenüber kommen *widerstandsfähige Mädchen* oft aus Haushalten, in denen sich die Betonung von Unabhängigkeit mit der zuverlässigen Unterstützung einer weiblichen Fürsorgeperson verbindet (Mutter, Großmutter, ältere Schwester oder Tante). Ein weiteres Merkmal, durch das sich *widerstandfähige Kinder* auszeichnen, ist die Chance, eine enge Bindung mit mindestens einer kompetenten und stabilen Person aufzubauen, die auf ihre Bedürfnisse eingeht (Werner, 1999). Entlang dieser Argumentation sind Längsschnittstudien mit Kindern psychotischer Eltern und mit Kindern, die missbraucht worden sind, in ihren Ergebnissen insofern konsistent, als dass die widerstandsfähigen Kinder trotz ungünstiger Umstände am Anfang ihres Lebens ein grundlegendes Vertrauen entwickelt haben (z.B. Egeland, Carlson & Sroufe, 1993). Das impliziert, dass sich die Verwundbarkeit der Kinder mit der Abnahme der emotionalen Unterstützung durch die Mutter in gleichem Maße vermindert. Umgekehrt reduziert die Verfügbarkeit mütterlicher Unterstützung (als Schutzfaktor) deutlich die Wirksamkeit jener Wirk- und Risikofaktoren, die das Problemverhalten der Kinder in stressreichen Zeiten auslösen und aufrechterhalten.

Nicht alle Jugendlichen, die unter problematischen Bedingungen aufwachsen und auch noch mit Altersgleichen in Cliquen zusammen sind, werden deviant. Die Erforschung dieser so genannten «resilienten» Jugendlichen ist mittlerweile ein eigenständiger Forschungszweig geworden (vgl. Fend, 2000; Rutter, 1990). Was zeichnet diese *resilienten Jugendlichen* aus?

- Jugendliche, die als Kinder temperamentsmäßig angenehm waren, die intelligent und aufgeschlossen sind, die attraktiv aussehen und

- positiv auf die Umwelt wirken, bleiben auch unter ungünstigen Bedingungen geschützt.
- Kinder, die eine positive emotionale Beziehung zu mindestens einer Bezugsperson haben, sei es zur Mutter, zum Vater, zur Großmutter oder zu einer Person außerhalb der Familie, sind jeweils resilienter.
- Kinder und Jugendliche mit einer positiven Lebensperspektive und realistischen Zukunftsperspektiven sowie tatsächlichen Handlungsmöglichkeiten sind weniger gefährdet.
- Kinder und Jugendliche mit positiven Freundschaften sind weniger gefährdet.
- Schließlich kann auch ein einzelner nicht-devianter Elternteil als Schutzfaktor vor kindlicher Devianz wirken.

In diesem Zusammenhang war bereits im Kapitel 10 dargelegt worden, inwiefern ein auf *Reziprozität* Wert legender elterlicher Erziehungsstil einen Schutzfaktor für die Persönlichkeitsentwicklung bildet (Dodge, Pettit & Bates, 1994).

Kasten 15-2

Implikationen für die Erziehungspraxis

Wie lassen sich die Erkenntnisse der Resilienz-Forschung in ihrer protektiven Bedeutung pädagogisch umsetzen?

- **Enge Beziehung zu einer vertrauensvollen Bezugsperson außerhalb der Familie.** Als einer der wichtigsten Schutzfaktoren für resiliente Kinder gilt der enge und vertrauensvolle Kontakt zu einem Lehrer oder Erzieher oder zu anderen vertrauenswürdigen Bezugspersonen außerhalb der Familie. Da sich viele Eltern, Lehrer und Erzieher heutzutage überfordert fühlen, wird das Finden einer solchen Bezugsperson für Kinder zur Glückssache. So wird von vielen Schülerinnen und Schülern heute das Fehlen eines intensiveren Verhältnisses beklagt (Sochatzky, 1998). Dennoch gilt: Suche einen Freund und sei ein Freund!

- **Autonomiebildung.** Übereinstimmend gilt die Fähigkeit zur Selbstregulierung und Autonomie als zentrale Größe für die Selbstbehauptung, -bestimmung und die Abwehr bedrohlicher Einflüsse. Kinder mit dieser Fähigkeit entwickeln positive Strategien der Lebensbewältigung hinsichtlich Kommunikation und Problemlösefähigkeiten, sie nutzen ihre eigenen Fähigkeiten optimal aus, sie vermögen stresserzeugende Lebensereignisse realistisch einzuschätzen, sie zeigen internale Kontrollüberzeugungen, ein positives Selbstkonzept und Vertrauen in die eigenen Fähigkeiten, eine Situation zu meistern.

- **Unterstützung bei der Integration in die Lebenswelt.** Die individualisierte und pluralisierte Lebenswelt ist für Kinder (und Erwachsene) unüberschaubar geworden. Für Kinder ist es schwierig geworden herauszufinden, welche Lösung für sie die richtige oder bessere ist. Von resilienten Kindern heißt es, dass sie es besonders gut verstehen, jene Lebenswelten selber auszuwählen, die ihnen entsprechen und ihre Entwicklung gelingen lassen. Oder anders ausgedrückt: Sie verstehen es besonders gut, ihre Entwicklung selber zu gestalten. Dazu zählt die Suche der Kinder nach positiven Kontakten zu Freunden, Nachbarn und älteren Menschen, worin Eltern ihre Kinder unterstützen sollen; dabei ist erzieherische Unterstützung auch für das Gelingen solcher Beziehungen wichtig. Denn sie misslingen häufig, weil es an Erziehung zur Achtung und Rücksichtnahme sowie zum Verzichtenkönnen und Teilen mangelt. Soziale Einbindungen in kleine, Halt gebende Gemeinschaften, die sich häufig auch über kulturelle Verankerungen oder institutionalisierte Rituale ergeben, können Inselbildungen innerhalb eines größeren sozialen Netzwerkes unterstützen. Erziehung schafft die Voraussetzungen für ein derartiges menschliches Zusammenleben.

Ein hohes Maß an Reziprozität in der Eltern-Kind-Beziehung befähigt Heranwachsende, die eigene Lebenssituation selber aktiv zu gestalten und soziale Anerkennung in der Schule und im Freundeskreis zu erhalten sowie risikoreiche Verhaltensweisen, wie etwa Drogenkonsum, Aggressivität usw. zu unterlassen. Günstige Effekte hat, und das leitet sich unmittelbar aus diesen Erkenntnissen ab, ein *autoritatives Elternverhalten* (Baumrind, 1989), das durch emotionale Zuwendung/Harmonie, Normorientierung/Kontrolle (im Sinne elterlicher Verhaltenskontrolle) und Autonomieunterstützung gekennzeichnet ist.

Vor diesem Hintergrund ist es eine entscheidende elterliche Erziehungsaufgabe, die Ressourcen des Kindes über die Zeit derart zu verändern und seinen Entwicklungsfähigkeiten anzupassen, dass es seine altersspezifischen Entwicklungsaufgaben erfolgreich bewältigen, d.h. entwicklungs- bzw. altersangemessene Kompetenzen erwerben kann (vgl. dazu das Kap. 3.3 in diesem Lehrbuch). In diesem Sinne stimmt die Resilienz-Forschung durch ihre Befunde zur Selbststabilisierungskraft des Einzelnen und zu einem möglichen Schutz durch eine autoritative Erziehung optimistisch: So lohnt es sich, Kinder und Jugendliche in ihrem Suchen nach Halt und Orientierung, aber ebenso nach Autonomie und Lebenssinn erzieherisch zu unterstützen (vgl. Opp, Fingerle & Freytag, 1999). Aufgrund solcher Überlegungen gewinnt das alte klassische pädagogische Postulat der *Transformation von Fremd- in Selbsterziehung* und die Aufgabe, Kinder und Jugendliche erzieherisch darin zu fördern, ihre persönliche Identität zu konstruieren und ihre Kompetenz zur Selbststeuerung zu stärken, weiter an Bedeutung (vgl. Grolnick & Farkas, 2002 und Kap. 10.2.1 in diesem Lehrbuch).

Allerdings wäre es eine fatale Illusion zu glauben, dass Selbsterziehung die Fremderziehung – etwa im Sinne einer antiautoritären Pädagogik – ersetzen könnte. Vielmehr geht es in der Erziehung immer wieder darum, Selbst- und Fremderziehung in ihrer Komplementarität oder Dialektik zu erkennen und zu betreiben. Kinder und Jugendliche – das wurde in diesem Lehrbuch wiederholt betont – benötigen Erwachsene, brauchen Autoritäten, die sie akzeptieren, respektieren und auf die sie sich einlassen können; gleichzeitig brauchen sie Gemeinschaftserfahrungen, vor allem mit Gleichaltrigen, von denen sie sich gleichermaßen akzeptiert, gerecht und fürsorglich behandelt erleben.

Zieht man wieder den entwicklungsbezogenen Kontextualismus als paradigmatischen Rahmen heran, dann muss die Betrachtung familiärer Risiko- und Schutzbedingungen über die ausschließliche Berücksichtigung dyadischer Familienbeziehungen hinausgehen und *familiensystemische* Ansätze zugrunde legen. Leider existieren bis heute noch keine umfassenden empirischen Befunde, die die gesamte Familie als System betreffen. Wenn man sich allerdings den Aufwand näher betrachtet, mit dem eine solche Studie durchgeführt werden müsste, wird die bisherige Vernachlässigung des gesamtfamiliären Systems erklärbar (vgl. Cowan, Cowan & Schulz, 1996).

15.2
Entwicklungspsychopathologie aggressiver Kinder

Am Beispiel der kindlichen Aggression sollen exemplarisch einige Prinzipien entwicklungspsychopathologischer Forschung und ihrer Implikationen für die Erziehungspraxis verdeutlicht werden. Dabei wird die Entwicklung einer umfassenden Theorie dadurch erschwert, dass sich die Gruppe aggressiver Kinder und Jugendlicher aus unterschiedlichen Gruppen zusammensetzen. Beispielsweise unterscheiden Patterson, Capaldi und Bank (1991) zwischen Heranwachsenden, die bereits in der Kindheit durch ein ausgeprägtes Aggressionspotenzial auffallen («early starter»), und solchen, bei denen aggressives Verhalten erst im Jugendalter manifest wird («late starter»). Daneben finden sich noch diejenigen Kinder, bei denen die Probleme nicht nach außen, sondern eher nach innen dringen (z.B. als Schüchternheit, sozialer Rückzug, Depression). Bisher ist noch wenig darüber bekannt, welche Faktoren für die Einmündung in diese gegensätzlichen Entwicklungsverläufe verantwortlich sind (vgl. Loeber & Hay, 1997). Ungeachtet dessen, hat sich unter den Aggressions- und Gewaltforschern die Auffassung durchgesetzt, dass antisoziale Einstellungen und aggressives Verhalten multifaktoriell bedingt sind (vgl. Lösel, 1993; Loeber & Hay, 1997; Noack & Wild,1995; Uslucan, Fuhrer & Rademacher, 2003). Neben individuellen Einflussfaktoren gelten schulische Bedingungen, die Einbindung in deviante Peer-Gruppen, die Massenmedien und, worauf bereits mehrfach hinzuweisen war, besonders die Familie als relevante Bedingungsfaktoren. Für eine umfassende Darstellung zur Problematik aggressiver und gewalttätiger Kinder ist auf die Übersichten von Farrington (1991), Loeber und Hay (1997), Scheithauer und Petermann (2000) und Deegener (2002) sowie für die Intervention auf Petermann, Döpfner und Schmidt (2001) hinzuweisen.

15.2.1
Familiäre Risikokonstellationen aggressiven Verhaltens

Innerhalb der längerfristigen Einflussfaktoren kommt besonders familiären Faktoren ein hoher Vorhersagewert für die Entstehung und Aufrechterhaltung kindlicher und jugendlicher Aggressionen zu. Deshalb werden sie in diesem Kapitel gesondert behandelt. In diesem Zusammenhang wurde bereits an verschiedenen Stellen dieses Lehrbuches auf familiären Stress und Partnerschaftsprobleme als allgemeine Risiken für aggressives Verhalten hingewiesen (vgl. Kap. 11.5.4 in diesem Lehrbuch). In der Familie erweisen sich vor allem anhaltende Konflikte sowie ein autoritärer und inkonsistenter Erziehungsstil als Vulnerabilitätsfaktoren für externalisierende Störungen wie Aggression oder Gewalt (vgl. zusf. McCord, 1996; Loeber & Hay, 1997; Price & Lento, 2001; Uslucan, Fuhrer & Rademacher, 2003). Wer als Kind von seinen Eltern

- *sozial zurückgewiesen* wird,
- *harte Strafen* erfährt und
- *wenig Freiräume für Selbstständigkeit* eingeräumt bekommt, ist gefährdeter.
- Das gilt vor allem, wenn solchen Kindern in der Erziehung *wenig Wärme und Engagement* entgegengebracht wird und

- positives Verhalten häufig *ignoriert* und negatives stark beachtet wird.
- Am ungünstigsten wirkt sich diese Konstellation aus, wenn für Kinder das *elterliche Erziehungsverhalten schwer vorhersagbar* ist, und dasselbe Verhalten mal streng bestraft, ein anderes Mal nicht beachtet oder gar toleriert wird.
- Kritisch ist es, wenn Kinder Zeuge *aggressiver Auseinandersetzungen zwischen ihren Eltern* sind oder sogar selbst Ziel elterlicher Gewalt werden.

In einer experimentellen Studie von Dumas und LaFreniere (1995) interagierten Mütter von aggressiven Kindern inkonsistenter, ignorierten häufiger positives und beachteten stärker negatives Verhalten als Mütter mit Kindern ohne Störung. Allerdings zeigen die Ergebnisse von Pelham, Lang, Atkeson, Murphy, Gnagy, Greiner, Vodde-Hamilton und Greenslade (1997), dass auch Eltern von normalen Kindern, wenn sie mit schwierigen Kindern umgehen müssen, dysfunktionaler und gestresster interagieren. Dieses vermutlich durch das Kind induzierte Interaktionsverhalten konnten auch Niggli, Perrez und Kramis (1982) für das Belohnungsverhalten experimentell nachweisen. Weitere externalisierende Störungen fördernde Faktoren sind eine von Beginn an unsichere Bindung (Greenberg, Speltz & DeKlyen, 1993), aggressive Elternmodelle, eine wechselseitige Feindseligkeit zwischen den Eltern (Katz & Gottman, 1993), ein Zwang ausübendes Elternverhalten (Patterson, 1982) sowie kriminelles Verhalten der Eltern oder eines Elternteils (Farrington, 1995), aber auch Vernachlässigung und andere Formen der Kindesmisshandlung (Wetzels, 1997).

Weniger direkt wirken sich *Schichtmerkmale* aus. Allerdings ist es so, dass eine Reihe von Familienmerkmalen (z. B. elterliche Erwerbslosigkeit, mangelnde intellektuelle Stimulierung des Kindes, elterliche Gewaltbereitschaft) Schichtmerkmale zu vermitteln scheinen. Oder anders ausgedrückt: Jugendliche aus Familien mit wenig Einkommen und geringer Bildung, in denen solche Belastungen nicht gegeben sind, unterscheiden sich in ihrer Gewaltbereitschaft von Gleichaltrigen aus anderen sozialen Schichten weniger, als man gemeinhin vermuten könnte. Zusätzlich können prä-, peri- und postnatale Risiken Ausgangspunkt einer ungünstigen Entwicklung sein, zu neuropsychologischen Defiziten im kindlichen Nervensystem führen und sich in der Folge in einem schwierigen Temperament, kognitiven Defiziten und motorischen Entwicklungsverzögerungen manifestieren (Moffitt, 1993). Nicht selten ecken derartige Kinder, die ein «schwieriges» Temperament haben oder sonst auffällig sind, in ihrer sozialen Umgebung an, wodurch ihr Verhalten noch problematischer wird (vgl. Petermann & Petermann, 2001). Auf diese Weise kann beispielsweise das «auffällige» Kind von seinen Gleichaltrigen abgelehnt werden, tritt möglicherweise aufgrund dieser feindseligen Ablehnung durch sein unmittelbares soziales Umfeld und seine Aggressionsneigung einer delinquenten Gruppe bei, wodurch sich das Kind und/oder sein soziales Umfeld aufgrund vielfacher Transaktionen verändern. Derart begegnen dann auch bislang neutrale oder positiv gestimmte Gleichaltrige aus der Nachbarschaft oder der Schulklasse dem Kind mit Ablehnung entgegen und in der Folge wird das auffällige Kind noch aggressiver (vgl. Scaramella, Conger, Spoth & Simons, 2002 oder Simons, Chao, Conger & Elder, 2001 sowie das Kap. 13.2 in diesem Lehrbuch).

In der **Abbildung 15.2** findet sich eine grobe Systematisierung der psychosozialen Ursachen aggressiven Verhaltens, die dazu dient, aggressives Verhalten – besonders von Jungen – zu erklären (vgl. Popp, Meier & Tillmann, 2001 zur Gewalt von Mädchen). Dabei treten Probleme in der elterlichen Partnerschaft mit problematischen kindlichen Verhaltensmerkmalen in Wechselwirkung; gleichzeitig steht das elterliche Erziehungsverhalten sowohl in Abhängigkeit von der Partnerschaft als auch in Wechselwirkung mit dem kindlichen Temperament und seinem Verhalten, wobei letzteres wiederum multifaktoriell und interaktiv mit all diesen Komponenten zusammenhängt.

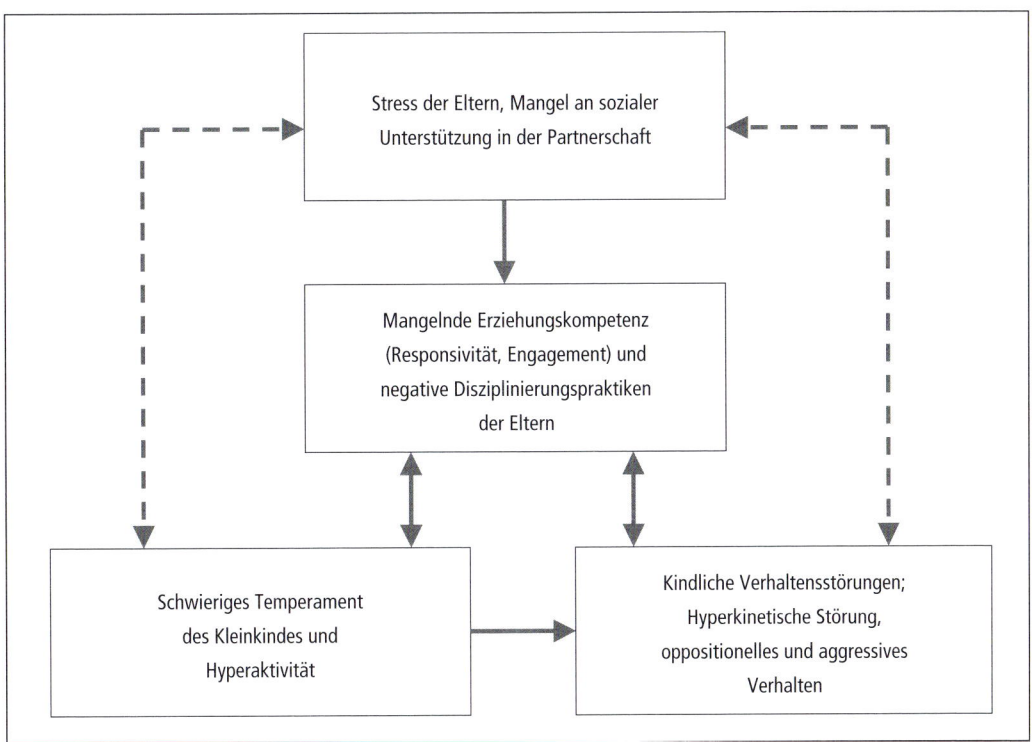

Abbildung 15.2: Risikokonstellationen aggressiven Verhaltens bei Jungen (Shaw & Winslow, 1997; nach Petermann & Petermann, 2002, S. 59)

Gewaltförderliche elterliche Erziehungspraktiken zeichnen sich durch eine restriktive Eltern-Kind-Interaktion, physisch-bestrafende Disziplinierungspraktiken und/oder einen inkonsistenten bzw. paradoxen Erziehungsstil aus. Kennzeichnend für gewaltförderliche Familienstrukturen sind elterliche Vernachlässigung, fehlende Aushandlungsmöglichkeiten, in deren Rahmen ein Jugendlicher seine Interessen artikulieren und durchsetzen kann, und Konflikte zwischen den Eltern. Dieses Muster an harter Disziplinierung, Bestrafung und gleichzeitig hohen Ansprüchen der Eltern an die Kinder verweist auf ein reduziertes bzw. geringes Maß an Reziprozität; das ist eine Annahme, die durch empirische Befunde gestützt wird, welche zeigen, dass in solchen Fällen die Eltern-Kind-Beziehung gestört oder gar gebrochen ist, und Eltern und Kinder sich aus dem Wege gehen (Patterson, 1982). Damit entfallen alle Möglichkeiten für reziproke Interaktionen zwischen Eltern und Kindern.

Weiter ist belegt, dass gewalttätige Jugendliche häufig in Eineltern-Familien aufwachsen. Allerdings stellen die elterliche Vernachlässigung sowie disharmonische Beziehungen zu den Eltern und nicht die Trennung von den Eltern *per se* die gewaltförderlichen Faktoren dar (Loeber & Hay, 1997). Überdies steht der Risikofaktor «Eineltern-Familie» in Abhängigkeit von der Qualität bezüglich Nachbarschaft und Wohnviertel (Kuperschmidt, Griesler, DeRosier, Patterson & Davies, 1995). Schließlich können die Risiken einelterlicher Familienstrukturen durch einen autoritativen Erziehungsstil gemildert werden (Hetherington, Clingempeel, Anderson, Deal & Hagan, 1992).

Allerdings weisen eine Reihe von Studien nach, dass nicht nur das Ausmaß an reziproken Eltern-Kind-Interaktionen, wie sie mit einem autoritativen Elternverhalten einhergehen, sondern auch die soziale Einbindung und die *Beziehungsqualität zu Gleichaltrigen* für das Wohlbefinden Jugendlicher bedeutsam sind. Es ist jedoch nahe liegend anzunehmen, dass sich diese Beziehungen aus den Reziprozitätserfahrungen in der Eltern-Kind-Beziehung ergeben (Kreppner, 1999; Ladd, Kochenderfer & Colem, 1997; Wentzel & Caldwell, 1997). Die Beziehungen zu Gleichaltrigen gelten für Jugendliche bekanntlich als besonders entwicklungsförderlich (Youniss & Smollar, 1985 und Kap. 13.4 in diesem Lehrbuch). Allerdings ist es auch wiederum die Gleichaltrigengruppe, nämlich die deviante Peergruppe, die für delinquentes Verhalten Jugendlicher wesentlich ist (Farrington, 1995). Soziale Desintegration in diesem Bereich ist deshalb als eine Quelle von Delinquenz in Betracht zu ziehen (Jessor & Jessor, 1977).

Außerdem bestehen zwischen Peergruppe und Familie Wechselwirkungen, die bei der Erklärung von Gewalt zu beachten sind (Andrews & Dishion, 1994). So beeinflussen ungünstige Familienverhältnisse indirekt den soziometrischen Status Jugendlicher, indem aggressive Jugendliche aus desintegrierten Familien, worin sie sich durch die Eltern emotional nicht angenommen fühlen, auch von Gleichaltrigen abgelehnt werden können und sich delinquenten Cliquen anschließen, was wiederum die Wahrscheinlichkeit delinquenten Verhaltens erhöht (Keenan, Loeber, Zhang, Stouthammer-Loeber & Van Kammen, 1995). Das ist u. a. auch mit ein Grund, warum Jugendcliquen auch für Mädchen so attraktiv sind (Popp, Meier & Tillmann, 2001). Vermutet wird, dass der Zugang zu einer jugendlichen Clique den Mädchen zum einen in öffentlichen Auftritten Achtung und Respekt verschafft und zum anderen Erfahrungen und Erlebnisse ermöglicht, die sie aufgrund ihrer traditionellen Erziehung nicht kennen gelernt haben. Entsprechend verstärkt sich gewalttätiges Handeln mit der Zahl an Kontakten zu devianten Peers und mit der Mitgliedschaft in delinquenten Gruppen (Thornberry, Krohn, Lizotte & Chard-Wierschem, 1993).

Schließlich soll nicht unerwähnt bleiben, dass aggressives Verhalten häufig mit einer Reihe anderer Symptome einhergeht, wie dominant-oppositionelles Verhalten, Ungehorsam, Lügen und Stehlen oder Vagabundieren (vgl. Resch, 1996). Zusätzlich findet man bei hyperkinetischen Störungen, organischen Psychosyndromen, aber auch bei Psychosen und frühtraumatisierten Kindern und Jugendlichen häufig Auffälligkeiten im Sozialverhalten.

15.2.2
Schutzfaktoren für die Entwicklung aggressiven Verhaltens

Als man in den 1980er-Jahren auch in Deutschland begann, über Resilienz zu forschen, lag das Interesse hauptsächlich auf relativ allgemeinen protektiven Faktoren für eine psychisch gesunde Entwicklung. Lösel und Bliesener (1990) zählen beispielsweise die folgenden zehn Faktoren auf, denen eine *Schutzfunktion* gegenüber verschiedenen Störungen beigemessen wird: eine stabile emotionale Beziehung zu mindestens einem Elternteil oder einer anderen Bezugsperson, ein autoritatives Erziehungsklima, Rollenvorbilder für eine konstruktive Bewältigung von Belastungen, soziale Unterstützung durch Personen außerhalb der Familie, dosierte soziale Verantwortlichkeiten, Temperamentsmerkmale wie Flexibilität und Soziabilität, kognitive Kompetenzen, wie etwa eine zumindest durchschnittliche Intelligenz, Erfahrungen positiver Selbstwirksamkeit, ein aktives Bewältigungsverhalten und Erfahrungen der Sinnhaftigkeit und Struktur eigener Entwicklung. Neben den bereits erwähnten Kennzeichen resilienter Jugendlicher verhindern besonders die folgenden *Schutzfaktoren* die Entstehung aggressiven Verhaltens bei Kindern (vgl. Ferguson & Lynskey, 1996).

- Keine früh auftretenden Aufmerksamkeitsstörungen;
- vielfältige Sozialkontakte und positive Aktivitäten mit Erwachsenen außerhalb der Familie;
- elterliche Zuneigung und Bindung, d.h. eine liebevolle und unterstützende Beziehung zu wenigstens einem Elternteil;
- kein schwieriges Temperament und kein auffälliges Sozialverhalten in den ersten Lebensjahren;
- regelmäßige Ess- und Schlafgewohnheiten;
- flexibles Einstellen auf neue Situationen;
- vorwiegend positiv gestimmte Emotionslage und
- positive Sozialkontakte zu nicht-devianten Gleichaltrigen.

Die über derartige Schutzfaktoren verfügenden Kinder zeigen im Umgang mit ihren Eltern positive Verhaltenskonsequenzen für sich selbst als auch für ihre Eltern. Das schafft auf beiden Seiten Verhaltenssicherheit und damit eine noch bessere Grundlage für die weitere Entwicklung der Kinder. Diese Schutzfaktoren bewirken, dass die Kinder gerne zur Schule gehen, die Mütter weniger behütend und – bezüglich der Autonomieentwicklung der Kinder – weniger einschränkend sind, die Väter stärker in die Erziehung eingebunden werden und die Kinder als Jugendliche deutlich weniger Kontakte zu delinquenten Gleichaltrigen aufweisen.

15.2.3
Wie erzieht man aggressive Kinder?

Setzen Eltern in ihrer Erziehung klare Grenzen und stellen eindeutige Regeln auf, fördert das die Internalisierung von Normen, prosoziales Verhalten und die Selbstregulationsfähigkeit eines Kindes (Campbell, 1997; Grolnick & Farkas, 2002). Leider liegen gerade in Familien mit Kindern, die aufgrund spezifischer Risikofaktoren eine gezielte Förderung benötigen würden, häufig weniger Erziehungskompetenzen vor (Moffit, 1993). Des Weiteren sind besonders Risikofamilien durch professionelle Hilfsangebote schlecht zu erreichen (Heinrichs, Saßmann, Hahlweg & Perrez, 2002). Dabei können geringe elterliche Erziehungskompetenzen aus primär inkompetentem und sekundär inadäquatem Erziehungsverhalten resultieren; letzteres kann auch durch das schwierige Temperament eines Kindes und den damit verbundenen Stressbedingungen für die Eltern hervorgerufen werden (Wahler & Dumas, 1989). Darüber hinaus wissen Eltern aggressiver Kinder auch weniger darüber, was ihr Kind tagsüber unternimmt; sie betreiben kaum jenes elterliche Monitoring, das sich durch eine informierte Kontrolle der Eltern über die außerhäuslichen Aktivitäten ihrer Kinder auszeichnet (vgl. dazu Kap. 10.2.1 in diesem Lehrbuch). Diese Eltern interessieren sich ganz einfach nicht oder nur wenig für ihre Kinder und kontrollieren ihr Verhalten nicht ausreichend (vgl. Loeber & Hay, 1997; Patterson, DeBaryshe & Ramsey, 1989).

Demnach erscheint auch verständlich, dass Techniken des Familien- oder Erziehungsmanagements mit zu den besten Prädiktoren für späteres aggressives und delinquentes Verhalten gelten. Beispielsweise sind Mütter von Problemkindern signifikant negativer und kontrollierender im Umgang mit ihren Kindern, obwohl sich das beobachtbare Verhalten der Kinder nicht von unauffälligen Kindern unterscheidet (Campbell, 1997). Auch fand Campbell bei Vorschulkindern einen bedeutsamen Zusammenhang zwischen der *Belastetheit der Mutter durch Stress* und negativem Erziehungsverhalten sowie externalisierenden Verhaltensproblemen des Kindes. In follow-up-Untersuchungen bei 6- und 9-jährigen Kindern klärt sowohl das aktuelle als auch das zurückliegende negative Erziehungsverhalten bedeutende Varianzanteile des kindlichen Problemverhaltens auf. Weiterhin trägt auch *eine negative mütterliche Kontrolle* sowohl zum Entstehen als auch zur Aufrechterhaltung kindlichen Problemverhaltens bei. Dabei können die negativen Effekte unmittelbar oder auch verzögert einsetzen (Loeber, 1990).

Schließlich erkennen viele Autoren als mögliche Folge *harter Disziplinierung* fehlangepasste soziale Informationsverarbeitungsprozesse und aggressives Verhalten auf Seiten der Kinder. Beides führt zu Konflikten mit Gleichaltrigen und einer geringen Beliebtheit und fehlender sozialer Akzeptanz in der Gruppe der Gleichaltrigen (Dishion, 1990; Patterson & Bank, 1989 und Kap. 13.2 in diesem Lehrbuch).

In gleicher Weise heben Engel und Hurrelmann (1989) *soziale Deprivationserfahrungen* in der Gleichaltrigengruppe als eine wichtige Quelle delinquenten Verhaltens Jugendlicher hervor. Darüber hinaus ist vor allem dann mit Delinquenz zu rechnen, wenn dem Jugendlichen keine konstruktiven und sozial akzeptierten Wege (mehr) offen stehen, soziale Anerkennung und damit auch sozialen Status zu erreichen, sodass er versucht, Anerkennung und Status durch den demonstrativen Gebrauch von physischer Stärke und Gewalt zu erzielen (vgl. Hurrelmann, 1994).

Als Ratgeber für Eltern und Erzieher im Umgang mit aggressiven Kindern haben Petermann, Döpfner und Schmidt (2001) eine Schrift herausgegeben, die über Erscheinungsformen, Ursachen, Verlauf und Behandlungsmöglichkeiten aggressiven Verhaltens informiert. Darin schildern die Autoren, in welchen Teufelskreis Eltern und andere Bezugspersonen geraten können, wenn Kinder aggressiv reagieren. Die Hilfestellungen für Eltern orientieren sich im Wesentlichen an jenen Hinweisen, die in diesem Lehrbuch an mehreren Stellen bereits dargelegt worden sind. Solche Maßnahmen schließen dann etwa ein, dass Eltern die positive Beziehung zu ihrem Kind stärken, klare Regeln aufstellen, das Kind loben und ermutigen, und dass sie sich konsequent verhalten, wenn das Kind Regeln übertritt. In jedem Fall gilt: Aggressives Verhalten darf nicht zum Erfolg führen!

15.3
Entwicklung durch Optimierung und Prävention im Erziehungsbereich

Mehrfach war bereits hervorzuheben, dass sowohl die Qualität der elterlichen Paarbeziehung als auch die Erziehungskompetenzen der Eltern die zentralen Risiko- oder Schutzfaktoren kindlicher Entwicklung bilden. Deshalb widmen sich die Darlegungen in der Folge einerseits der Intervention in Paarbeziehungen, andererseits vor allem der Frage nach der Förderung elterlicher Erziehungskompetenzen. Dabei gilt grundsätzlich für jegliche Interventionen im Kindes- und Jugendalter: Sie sollten möglichst früh einsetzen, da sich eine Behandlung chronifizierter Störungen in der klinischen Praxis als schwierig erweist, auch wenn in kontrollierten, randomisierten Studien durchaus starke Therapieeffekte zu verzeichnen waren (vgl. die Übersicht bei Döpfner & Lehmkuhl, 2002). Leider suchen Eltern, besonders Risikofamilien nur selten professionelle Hilfe auf, selbst dann nicht, wenn ihr Kind klinisch bedeutsame Symptome und Beeinträchtigungen aufweist. Diese Situation verdeutlicht die Notwendigkeit präventiver Ansätze bei psychischen Auffälligkeiten besonders im Kindesalter (Heinrichs, Saßmann, Hahlweg & Perrez, 2002), vor allem wenn man noch bedenkt, dass in Deutschland etwa jedes fünfte Kind von einer psychischen Störung betroffen ist (vgl. Kuschel, Miller, Köppe, Lübke, Hahlweg & Sanders, 2000 und Kap. 4.2.4 in diesem Lehrbuch).

Kasten 15-3

Implikationen für die Erziehungspraxis

Inkonsequenz konsequent vermeiden!

Inkonsequente Erziehung gilt als einer der stärksten Prädiktoren für kindliche Verhaltensauffälligkeiten. Deshalb brauchen Kinder konsequente (= starke) Eltern. Aber konsequent zu sein ist eine Leistung! Was zeichnet konsequente Eltern aus?

- Sie haben ganz konkrete Werthaltungen und einen festen Standpunkt.

- Sie wissen genau, was sie an ihr Kind weitergeben möchten.

- Sie haben immer ihre Erziehungsziele vor Augen.

- Die Eltern bilden zusammen ein Erziehungs-Team und verfolgen gegenüber dem Kind einen gemeinsamen Kurs.

- Sie sind standfest und lassen sich nicht leicht verunsichern.

- Sie vertreten ihre eigene Linie, verteidigen ihre persönlichen Grenzen und sind nicht so schnell bereit, davon abzuweichen.

- Sie regeln so viel wie nötig ganz eindeutig.

- Sie lassen ihrem Kind seinem Alter und seinem Entwicklungsstand gemäß so viele Entscheidungsfreiheiten wie möglich.

- Sie sind weder autoritär noch nachgiebig, sondern unnachgiebig und verbindlich.

- Sie debattieren nicht endlos, sondern handeln schnell.

- Sie haben auch keine Angst davor, deutlich «Nein» zu sagen.

- Sie vermitteln ihrem Kind Sicherheit, Orientierung und Geborgenheit.

- Sie sind liebevoll, aufmerksam und mitfühlend.

- Sie halten sich als Eltern selbst an das, was sie sagen, und beachten ihre eigenen Regeln und Interessen. Sie sind dem Kind ein Vorbild.

- Sie sind berechenbar und nicht willkürlich.

- Sie sind konfliktfähig und scheuen keine Auseinandersetzung mit ihrem Kind.

- Sie legen klare Konsequenzen fest und setzen diese auch durch.

- Sie vermeiden Machtkämpfe mit ihrem Kind.

- Sie loben und ermutigen ihr Kind.

- Sie geben zu, wenn sie einen Fehler gemacht haben, und entschuldigen sich beim Kind.

- Sie sind Menschen, die auch ihre schwachen Seiten und schlechten Tage haben; das wissen sie auch selbst und gestehen das offen ein.

Quelle: Murphy-Witt (2003)

15.3.1
Systematisierung der psychologischen Intervention im Erziehungsbereich

Dem Vorschlag von Perrez (1994) folgend, werden zur Systematisierung der psychologischen Intervention im erzieherischen Bereich die folgenden drei Dimensionen unterschieden: die Interventionsfunktionen, die Orte der Intervention und die Adressatenmerkmale (vgl. **Abb. 15.3**). Mit den Interventionsfunktionen wird der Zweck der Einflussnahme, nämlich die Optimierung von Fähigkeiten, die Prävention von Störungen sowie die Beratung und Therapie zur Behebung von existierenden Problemen oder Störungen bezeichnet. Dabei lassen sich Optimierungs- und Präventionsfunktionen nicht trennscharf voneinander abgrenzen, wogegen zwischen Beratung und Therapie ein deutlicher Funktionsunterschied besteht.

Betrachten wir in Abb. 15.3 die erste Ebene der *Interventionsfunktionen,* dann definiert sich die Optimierungsfunktion («enrichment») unabhängig von Störungen und richtet sich im Allgemeinen an unauffällige Familien, die daran interessiert sind, die Qualität ihrer interpersonalen Beziehungen oder ihrer erzieherischen Kompetenz über das bestehende Maß hinaus zu verbessern. In der Regel geht es bei dieser *primären Prävention* z.B. um die Vermittlung und Einübung von allgemeinen Beziehungs- oder Erziehungsfertigkeiten. Derart kann eine primäre Intervention auch sekundär präventive Wirkung zeigen, wenn es darum geht, erwartbare Störungen bei Risikofamilien durch *sekundäre Prävention* zu verhindern. In einem solchen Fall beziehen sich die Interventionsprogramme auf potenziell krisenhafte Entwicklungsübergänge im Familienzyklus (z.B. Übergang zur Ehe, zur Erstelternschaft, zur Scheidungs- oder Nachscheidungsphase), und zwar mit dem Ziel einer Vermittlung von Bewältigungsstrategien für den Fall, dass die Krise tatsächlich eintritt. Sowohl die primäre als auch die sekundäre Intervention lassen sich auf der Zeitachse *vor* dem Auftreten von Störungen lokalisieren (vgl. dazu auch die Übersicht bei Schneewind, 1999). Demgegenüber bezwecken Beratung und Therapie die Behebung von Problemen bzw. Störungen und finden *nach* deren Eintreten statt, wobei sie der Rehabilitation zeitlich vorgeordnet sind. Im Rahmen dieser *tertiären Prävention* geht es um die Reduzierung und Stabilisierung der Verletzlichkeit einer Familie auf einem niedrigeren Niveau als zu Beginn der Intervention (vgl. Schneewind, 1999).

Auf der zweiten Ebene lassen sich die Präventionsmaßnahmen, wenn man der Systematik von Perrez (1994) weiter folgt, nach dem *Ort der Intervention* unterscheiden. Dabei kann sich die Intervention in der natürlichen Umgebung (home-based), in einem psycho-sozialen Zentrum (center-based) oder auf der Ebene der Gemeinde (community-based) vollziehen.

Auf der dritten Ebene der *Adressaten* können sich familien- und erziehungspsychologische Optimierungs- und Präventionsprogramme an Kinder, an ihre Erzieher (Eltern, Lehrer, Horterzieherinnen etc.), an soziale Systeme wie Dyaden, Familien, Schulen oder Gemeinden als Ganzes bzw. an die Umgebung richten.

Eine noch weiter differenzierende Systematik unterscheidet die Interventionsziele danach, ob eher die kognitiv/motorische, die sozio-emotionale oder die gesundheitliche Förderung zentral ist, und ob die Intervention zur Förderung ganz *spezifischer* Funktionsbereiche oder eher im Sinne einer *unspezifischen* Prävention angelegt ist (Perrez, 1994). Als eher unspezifische Prävention würde ein Elterntraining zur Verbesserung der erzieherischen Kompetenz gelten, wohinge-

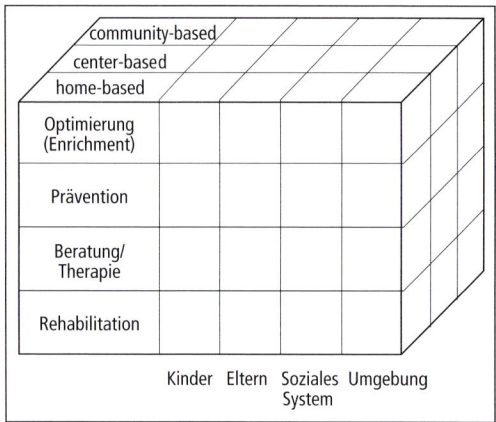

Abbildung 15.3: Systematisierung psychologischer Intervention im Erziehungsbereich (nach Perrez, 1994, S. 586)

gen ein Programm zur Verhinderung von Kindesmisshandlung zur spezifischen Prävention gehört.

Die folgenden drei Kapitel beschränken sich auf Präventionsansätze, die im Wesentlichen den Bereichen der primären und sekundären Prävention zugeordnet werden können. Das Hauptaugenmerk wird dabei auf Programmen zur Verbesserung der Eltern-Kind-Beziehung liegen. Umfassende Übersichten zur Prävention im Familien- und Erziehungsbereich finden sich bei Perrez (1994), Sekretich und Dumas (1996), Schneewind (1999) sowie zur Prävention kindlicher Verhaltensstörungen bei Heinrichs, Saßmann, Hahlweg und Perrez (2002).

15.3.2
Entwicklungsförderliche Stärkung elterlicher Paarbeziehungen

Unbestritten scheint, dass die Ausübung gelingender Erziehung wesentlich durch die Ausbildung von Intimität in der elterlichen Paarbeziehung bedingt wird (vgl. Fthenakis & Textor, 2002; Schneewind, 2002). Dabei wird, wie in diesem Lehrbuch mehrfach betont worden ist, die Beziehung zwischen den Eltern als Faktor gesehen, der Beziehungsstrukturen katalysieren sowie die Kindererziehung fördern kann. Deshalb ist es auch mehr als verständlich, dass häufiger Streit zusammenlebender Eltern sich deutlich negativ – und stärker als etwa die Trennung der Eltern – auf das Wohlbefinden von Kindern auswirkt (vgl. LBS-Initiative «Junge Familie», 2003; Walper & Gerhard, 1999). Dabei sind es hauptsächlich die von den Kindern wahrgenommenen elterlichen Konflikte sowie häufige, intensive und ungelöste wie auch das Kind einbeziehende Streitereien der Eltern, die für die Entwicklung von Kindern besonders schädlich sind (Hetherington et al., 1982). Hierbei wirken elterliche Konflikte auf Befinden und Verhalten von Kindern nicht direkt, sondern (vermittelt) über die Erziehung (Fauber, Forehand, Thomas & Wierson, 1990) und das dadurch gestiegene Risiko für die Kinder, in Loyalitätskonflikte zu geraten oder mit Koalitionsforderungen eines Elternteils (oder beider) konfrontiert zu werden (vgl. Buchanan, Maccoby & Dornbusch, 1991;

Walper & Schwarz, 1999). Noch ist es zukünftigen Forschungen vorbehalten, den Zusammenhang von Paarbeziehung, Generativität und produktiver Elternschaft für Mütter und Väter möglichst auch in unterschiedlichen Familienformen empirisch zu prüfen.

Vor dem Hintergrund der steigenden Scheidungsziffern und der negativen Wirkungen konfliktbelasteter elterlicher Paarbeziehungen auf die Eltern-Kind-Beziehung und das elterliche Interaktions- und Erziehungsverhalten liegt es nahe, junge (Eltern-)Paare als Adressaten von Präventionsansätzen anzusprechen (vgl. Schneewind, 2002). Dazu skizzierte Schneewind vier Präventionsansätze, die allesamt positive Wirksamkeitsergebnisse aufweisen.

Neben dem «*Prevention and Relationship Enhancement Program (PREP)*», das von Markman, Renick, Floyd, Stanley und Clements (1993) entwickelt wurde, vermittelt auch das darauf aufbauende und auf den deutschsprachigen Raum angepasste Präventionsprogramm mit dem Namen «*Ein Partnerschaftliches Lernprogramm (EPL)*» vor allem jungen (Eltern-)Paaren spezifische Sprecher- und Zuhörerfertigkeiten, die als Kommunikationsinstrumente zur konstruktiven Konfliktlösung dienen sollen (vgl. Thurmaier, 1997). In einer fünfjährigen Follow-up-Studie zur Wirksamkeit von EPL zeigte sich, dass EPL-Paare im Gegensatz zu einer Kontrollgruppe, deutlich seltener geschieden wurden, über eine höhere subjektiv wahrgenommene Ehequalität berichteten und in videografierten Paarkonfliktgesprächen ein positiveres verbales und nonverbales Kommunikationsverhalten zeigten.

Mittlerweile sind auch für länger verheiratete und mit ihrer Paarbeziehung eher unzufriedene Paare spezielle Präventionsprogramme auf den Markt gekommen. Zu nennen ist hierbei das Präventionsprogramm von Engl, Thurmaier und Black (1998), das sich «*Konstruktive Ehe und Kommunikation (KEK)*» nennt. Neben der Vermittlung von Konflikt- und Problemlösestrategien erhalten die Paare im Rahmen von KEK auch die Gelegenheit, sich der Stärken ihrer Beziehung wieder bewusst zu werden sowie Angenehmes am Partner wahrzunehmen und mitzuteilen. Dadurch können Veränderungen und

Neuorientierungen in wichtigen Beziehungsbereichen (z. B. Sexualität, Interessen) konstruktiver besprochen werden. Die ersten Evaluationsergebnisse zeigen, dass eine Interventionsgruppe im Vergleich zu einer Kontrollgruppe hinsichtlich einer Reihe von Beziehungsmerkmalen (z. B. konstruktive Gesprächsführung, subjektive Ehezufriedenheit, Belastung mit Problemen in der Partnerschaft) deutlich positiver abschneidet (Engl & Thurmaier, 2001).

Weiterhin ist das *Freiburger Stresspräventionsprogramm für Paare (FSPT)* zu erwähnen, das von Bodenmann (2002) entwickelt wurde. Stress reduziert Gemeinsamkeit und Kommunikationsqualität, ist ein Risiko für die Gesundheit und stellt längerfristig einen Beziehungskiller dar. In vielerlei Studien erwies sich neben dem *funktionalen individuellen Coping* (z. B. positive Selbstgespräche, Umbewertung, Offenheit, Optimismus) das *dyadische Coping* als Hauptprädiktor für eine hohe Partnerschaftsqualität, einen günstigen Verlauf der Beziehung und höhere Beziehungsstabilität. Dabei versteht man unter *dyadischem Coping* eine Form der interpersonellen Belastungsbewältigung, in deren Rahmen (1) Stresssignale des einen Partners und Antwortreaktionen des anderen Partners auf diese Stressreaktion berücksichtigt werden, (2) Aufgaben und Tätigkeiten in Belastungssituationen an den Partner/die Partnerin abgetreten werden oder (3) Belastungen gemeinsam bearbeitet werden können. Damit wird einerseits der Stress reduziert, andererseits das «Wir-Gefühl» in der Paarbeziehung gestärkt. Neben der Verbesserung der Kommunikationsfertigkeiten und der Problemlösung des Paares wird im Rahmen des FSPT vor allem die Förderung des individuellen und des dyadischen Copings angestrebt. Das Training umfasst 18 Stunden, in denen sechs Module angeboten werden. Die Inhalte dieser Module widmen sich den folgenden Themen und Fertigkeiten (vgl. Bodenmann, 2000; 2001):

- Modul 1: Einführung in das Thema Stress und Stressbewältigung
- Modul 2: Verbesserung der individuellen Stressbewältigung
- Modul 3: Verbesserung des dyadischen Copings
- Modul 4: Austauschtheoretische Überlegungen zur Stressbewältigung in der Partnerschaft
- Modul 5: Verbesserung der dyadischen Kommunikation
- Modul 6: Verbesserung der dyadischen Problemlösung.

Die vorliegenden Evaluationsbefunde sind ermutigend. Es gelingt mit dem Ansatz, sowohl die relevanten Kompetenzen auf individueller und dyadischer Ebene zu steigern als auch die Partnerschaftsqualität zu verbessern (vgl. Bodenmann, 2000). Dabei stellt die Evaluationsstudie von Bodenmann und Mitarbeitern eine der wenigen Studien zur Wirksamkeitsprüfung von präventiver Intervention bei unzufriedenen Paaren dar. Die Tatsache, dass eine Kurzzeitintervention von lediglich 18 Stunden nachhaltige positive Effekte auf die Partnerschaftsqualität hat, ist ermutigend. Gerade der Einbezug von dyadischen Copingfertigkeiten in die Therapie erscheint von großem Nutzen und entspricht auch einem fundamentalen Bedürfnis von Paaren nach gegenseitigem Respekt, Empathie und Unterstützung. Allerdings scheinen sich, worauf Bodenmann (2001) selbstkritisch hinweist, die dyadischen Copingfertigkeiten längerfristig noch zu wenig verändert zu haben, weshalb an einer Revision des Freiburger Stresspräventionsprogramms gearbeitet wird, wodurch diese Kompetenz hinsichtlich ihrer Nachhaltigkeit noch weitergehend gefördert werden soll.

15.3.3
Entwicklungsförderliche Intervention im Erziehungsbereich

Präventive und therapeutische Interventionen, bei denen Eltern an der Entwicklungsförderung ihrer Kinder mitwirken, haben eine lange Tradition (vgl. Beermann, 2003). Spätestens seit der Fallstudie vom «Kleinen Hans» (Freud, 1909) finden sich systematische Bemühungen, problematisches Verhalten von Kindern über die Behandlung der Eltern zu verändern. Mittlerweile liegen zahlreiche Modelle der Elternarbeit vor. Dabei richtet sich ein großer Teil der Erziehungsförderungs- und -optimierungsprogramme nicht direkt an die Kinder, sondern an ihre relevanten Bezugspersonen. Damit können die Ziele, wie sie in Kapitel 15.3.1 erörtert wurden, besser erreicht werden. Außerdem haben einzelne kompensatorische Interventionsprogramme gezeigt, dass die präventive Wirkung deutlich verbessert wird, wenn die Eltern in die Förderung einbezogen werden, besonders wenn die Unterstützung der Eltern bereits im ersten Lebensjahr des Kindes beginnt (Bronfenbrenner, 1976). Allerdings sind Bedeutung und optimaler Zeitpunkt des Einbezugs der Eltern nicht ganz unumstritten (vgl. Schmidt-Denter, 2002).

Im Wesentlichen leiten sich die erziehungstechnologischen Optimierungs- und Präventionsprogramme aus psychologischen Grundlagentheorien ab. Dazu zählen hauptsächlich die kognitive Entwicklungstheorie von Jean Piaget, die Bindungstheorie von Bowlby und Ainsworth, die operanten und sozialen Lerntheorien oder Carl Rogers Theorie der Persönlichkeitsentwicklung, wie sie u. a. von Tausch und Tausch (1991) erziehungspraktisch umgesetzt worden ist (vgl. die Übersichten in Mrazek & Haggarty, 1994; Perrez, 1994; Cowan, Powell & Cowan, 1998; Schneewind, 2002; Schneewind, Walper & Graf, 2000).

Dabei liegen vor allem *behaviorale Elterntrainingsprogramme* für recht unterschiedliche Anwendungsbereiche vor (vgl. Briesmeister & Schaefer, 1998). Besonders eindringlich wird ihr Einsatz im Bereich der Prävention und Behandlung delinquenten Verhaltens wie etwa oppositionellem, aggressivem oder kriminellem Verhalten propagiert (vgl. Beermann, 2003; Kazdin, 1997). Die Programme sind meist darauf angelegt, operante Erziehungstechniken (z. B. positive Verstärkung durch Lob bei erwünschtem Verhalten und angemessene Bestrafung bei unerwünschtem Verhalten) zu erlernen und anzuwenden, um letztlich jenen autoritativen Erziehungsstil zu fördern, wie ihn Baumrind (1989) beschrieben hat.

Diese Absichten korrespondieren mit den Ergebnissen vieler Risikostudien, die das elterliche Erziehungsverhalten allgemein und besonders die Anwendung von Disziplinierungstechniken mit der Genese und Chronifizierung delinquenten Verhaltens in Verbindung gebracht haben (vgl. Deater-Deckard & Dodge, 1997; Frick, 1994; Rothbaum & Weisz, 1994). Zudem setzen vor dem Hintergrund kontextualistischer Entwicklungsmodelle behaviorale Elterntrainings auch an wichtigen transaktionalen Vermittlungsstellen familiärer und sozialer Einflussfaktoren in der Kindheit an (vgl. Sameroff & Fiese, 2000).

Zu den Pionierarbeiten im Bereich behavioraler Elterntrainings zählen die Arbeiten des Oregon Social Learning Centers (OSLC) von Patterson, Reid und Dishion (1992). Deren Theorie zur Entstehung so genannter Zwangsinteraktionen repräsentiert ein empirisch gut bewährtes Erklärungsmodell für die Entwicklung dissozialen Verhaltens in der Kindheit. Zentrales Element in diesem Modell ist ein eskalierender Kreislauf von inkonsistenten Aufforderungen und Strafandrohungen der Eltern einerseits und zunehmenden Unlustreaktionen sowie oppositionellem Verhalten der Kinder andererseits, woraus ein emotional negativ gefärbtes dysfunktionales Interaktionsmuster resultiert (vgl. Chamberlain & Patterson, 1995). Ziel des Programms ist es, derartige Zwangsinteraktionen zu unterbrechen, indem ein möglichst konsistenter Erziehungsstil erlernt wird. Mittlerweile gehen die neueren Trainingsmanuale des OSLC (z. B. Dishion & Patterson, 1996; Martinez & Forgatch, 2001) über diesen rein dyadischen Ansatz hinaus und berücksichtigen auch weiterführende Aspekte der elterlichen Erziehung (z. B. den Umgang mit sozialen Stressoren in der Familie). Vergleichbare Interventionsansätze finden sich ebenfalls bei Webster-Stratton und Herbert (1994) oder Sanders (1999); das Programm Triple P von Sanders wird noch eingehender ausgeführt.

Bevor jedoch weiter auf einzelne konkrete Interventionsprogramme eingegangen wird, sollen die *Beurteilungskriterien* dargestellt werden, denen evidenzbasierte bzw. wissenschaftlich fundierte Programme im Idealfall zu genügen bzw. an denen sie sich zwecks ihrer Qualitätssicherung zu orientieren haben. Dabei werden in der Wirksamkeitsforschung unterschiedliche Grade von «evidence-based treatments» unterschieden. So geht beispielsweise die American Psychological Association im Bericht ihrer Task

Force (vgl. dazu die Übersicht bei Biglan, Mrazek, Carnine & Flay, 2003 als Ergebnis der APA Task Force on Prevention oder für eine deutsche Fassung Hahlweg, 1995) davon aus, dass die Wirksamkeit jeweils nur in Bezug auf spezifische Probleme nachgewiesen werden kann. Dabei gelten für eine erste Gruppe die Kriterien, dass mindestens zwei fundierte Gruppenuntersuchungen von verschiedenen Forschergruppen den Wirksamkeitsnachweis erbracht haben, und zwar mit einem experimentellen Versuchsplan und mit manualisierten Treatments. Ein solcher Nachweis impliziert homogene und randomisierte Gruppen sowie den Nachweis der Treatmentintegrität.

Zur Wirksamkeit *behavioraler Elterntrainingsprogramme* existieren eine Reihe systematischer Evaluationen (vgl. Barlow, 1999; Durlak & Wells, 1997; Kazdin, 1997; Miller & Prinz, 1990; Sekretich & Dumas, 1996). Beispielsweise integrierten Sekretich und Dumas (1996) in ihrer Metaanalyse 26 kontrollierte Wirksamkeitsstudien zum Training von Eltern mit bereits dissozial auffälligen Kindern. Sie ermittelten eine Effektstärke von $d = 0{,}86$ für kindbezogene und $d = 0{,}44$ für elternbezogene Erfolgskriterien. Demgegenüber beinhaltet die Metaanalyse von Barlow (1999) 18 randomisierte Kontrollgruppenstudien verschiedener Programme mit Eltern von Kindern im Alter von drei bis zehn Jahren. Er fand Effektstärken von $d = 0{,}3$ bis $1{,}8$ für die Elternratings und $d = 0{,}2$ bis $0{,}9$ für unabhängige Beobachtungen des Problemverhaltens.

Ungeachtet dieser recht günstigen Resultate, stellt sich die Befundlage zu behavioralen Elterntrainings keineswegs nur positiv dar. Beispielsweise fanden Durlak und Wells (1997) nur wenige Untersuchungen mit vergleichsweise geringen Effekten, wenn die Elterntrainings präventiv eingesetzt wurden. Gerade wegen der hohen Prävalenz dissozialen Verhaltens im Kindesalter und dem Risiko einer Problemverschärfung im Entwicklungsverlauf (z. B. Frick & Lonely, 1999) wird besonders der Anwendung der Programme als Präventionsmaßnahme im Vor- und Grundschulalter eine eminente Bedeutung beigemessen (z. B. Tremblay & Craig, 1995). Wieder andere Untersuchungen weisen auf gravierende Anwendungsprobleme von Elterntrainings hin, weil die Abbrecherquoten beträchtlich sind, insbesondere bei Eltern aus sozial schwierigen Verhältnissen (z. B. Prinz & Miller, 1994). Zudem wäre es hilfreich, differenzielle Entwicklungsverläufe von Eltern, Müttern wie Vätern, zu verfolgen, um etwas über die differenzielle Wirksamkeit von Erziehungstrainings zu erfahren.

In diesem Zusammenhang gingen kürzlich Layzer, Goodson, Bernstein und Price (2001) im Rahmen ihrer Metaanalyse auf der Basis von 665 kontrollierten Studien aus 260 Familienunterstützungsprogrammen anhand bestimmter Programmcharakteristika einer Reihe von Moderatoreinflüssen nach. Dabei zeigte sich, dass sich die Effektgrößen im Durchschnitt verdoppelten, wenn

- die kindbezogenen Interventionen früh beginnen,
- die Kinderprogramme eine Komponente zur Selbstentwicklung der Eltern enthalten,
- die Eltern Unterstützung von anderen Eltern bekommen,
- die Durchführung der Programme in Elterngruppen erfolgen und
- die Programme von professionellem Personal geleitet werden.

Derartige Ergebnisse sind äußerst hilfreich, wenn es darum geht, die Implementation von Familienunterstützungs- und Erziehungsprogrammen zu verbessern. Legt man – ähnlich der Empfehlungen der APA Task Force – strenge Beurteilungskriterien an, so bleiben – wenn überhaupt – nur wenige brauchbare Programme übrig (vgl. Heinrichs, Saßmann, Hahlweg & Perrez, 2002), wobei selbst bei diesen nicht gesichert ist, dass die Validität der Ergebnisse auf andere Zielgruppen in deutlich anderen (Kultur-)Kontexten übertragbar sind. So gilt es zu bedenken, dass die Wirksamkeitsbefunde aus den anglo-amerikanischen Forschungen wegen der Kulturspezifität von Erziehung nicht einfach auf den deutschen Sprach- und Kulturraum übertragen werden können (vgl. Cowan, Powell & Cowan, 1998). Ungeachtet dieser Validitätsproblematik, können einige Programme für den erzieherischen Bereich empfohlen werden, da sie theoretisch fundiert sind und die Kriterien der empirisch nachgewiesenen Effektivität erfüllen. Weitere Programme gelten als innovativ und deshalb unterstützungswürdig, obgleich sie noch nicht empirisch evaluiert wurden.

15.3.4
Interventionsprogramme zur Verbesserung der Eltern-Kind-Beziehung und -Interaktion

Dieses Kapitel beschränkt sich auf drei Programme, die sich im Besonderen für den deutschsprachigen Raum bewährt haben.

«Triple P» – Ein Programm zu einer positiven Erziehung

Das «*P*ositive *P*arenting *P*rogram» (oder Triple P) wurde von Matt Sanders und Mitarbeitern an der University of Queensland in Brisbane (Australien) als Erziehungsprogramm entwickelt (vgl. Sanders, 1999). Theoretisch basiert Triple P auf dem aktuellen Stand der klinisch-psychologischen Forschung und beruht auf verschiedenen theoretischen Grundlagen, wie etwa auf der sozialen Lerntheorie zur Eltern-Kind Interaktion, der sozial-kognitiven Lerntheorie oder auf Prinzipien des operanten Lernens und entwicklungspsychopathologischen Forschungsbefunden zu Risiko- und Schutzfaktoren kindlicher Verhaltensprobleme – besonders bezüglich der Risiken dysfunktionalen elterlichen Erziehungsverhaltens. Mit diesem Programm soll bei Eltern ein positives Erziehungsverhalten aufgebaut werden. Im deutschen Sprachraum wurde das Programm von Kurt Hahlweg und Mitarbeitern übernommen, adaptiert und evaluiert (vgl. Hahlweg, Kuschel, Miller, Lübcke, Köppe & Sanders, 2001).

Das *allgemeine Ziel* von Triple P ist es, Eltern Strategien zu vermitteln, wie sie (1) zu ihrem Kind eine positive Beziehung aufbauen, (2) ihr Kind in seiner Entwicklung fördern und (3) effektiv mit kindlichem Problemverhalten umgehen lernen. Derart werden mit Triple P die Eltern-Kind-Beziehung und das elterliche Erziehungsverhalten verbessert, Kompetenzgefühl und Bewältigungsstrategien der Eltern erhöht sowie emotionalen und Verhaltensproblemen von Kindern vorgebeugt.

Aufbauend auf diesen Grundprinzipien positiver Erziehung beinhaltet Triple P fünfzehn grundlegende Erziehungsfertigkeiten, die Eltern sich aneignen und in jeweils spezifischen Situationen im Umgang mit ihren Kindern anwenden können.

Neben einer 14-seitigen Broschüre und den «Kleinen Helfern» (mit Verhaltenstipps zum Umgang in schwierigen Situationen und mit Problemen der jeweiligen Altersstufe) existiert eine Videoserie, die Eltern ebenfalls praktische Hilfen zur Lösung alltäglicher Erziehungs- und Entwicklungsprobleme zeigt und die begleitend mit den schriftlichen Materialien verwendet werden soll. Dabei will Triple P auf alle Bedürfnisse individuell gestuft eingehen. Diesem Anspruch wird das Programm dadurch gerecht, dass es auf fünf Interventionsebenen ansetzt, die eine steigende Intensität an Unterstützung beinhalten. Beginnend mit einer allgemeinen Information über Erziehung für interessierte Eltern, über die Kurzberatung bei spezifischen Erziehungsproblemen, Kurzberatung und aktivem Training kann sich das Programm ausdehnen bis hin zu einem intensiven Elterntraining und einer erweiterten Intervention auf der Ebene des gesamten Familiensystems (vgl. Hahlweg, Kuschel, Miller, Lübcke, Köppe & Sanders, 2001).

Die ersten Ergebnisse zur *Wirksamkeit* dieser einzelnen Interventionen wurden bereits zu Beginn der 1980er-Jahre von der Forschergruppe um Sanders veröffentlicht. Seitdem wurden eine Vielzahl von Evaluationsstudien über die Effektivität von Triple P realisiert (vgl. Sanders & Dadds, 1993; Sanders 1999). Die Ergebnisse deuten darauf hin, dass es sich bei Triple P um einen effektiven Mehrebenenansatz zur Förderung elterlicher Erziehungskompetenzen – auch in unterschiedlichen Familienkonstellationen – handelt. Beispielsweise wurde von Sanders (1999) das Gruppentraining für Eltern in einer breit angelegten Studie in East Perth (Westaustralien) untersucht. Dabei weisen die ersten Befunde eine signifikante Reduzierung kindlichen Problemverhaltens nach. Zeigten vor dem Gruppentraining 42% der Kinder klinisch bedeutsame Verhaltensauffälligkeiten, so traf das bei der Postmessung nur noch auf 20% der Kinder zu. Ferner zeigten sich positive Auswirkungen

Kasten 15-4

Implikationen für die Erziehungspraxis

Fünf allgemeine Prinzipien als Grundlage positiver Erziehung

- **Für eine sichere und interessante Umgebung sorgen.** Kinder jeden Alters benötigen eine sichere, berechenbare Umgebung, damit auch Eltern entspannter sein können, während ihr Kind auf «Entdeckungsreise» geht. Darüber hinaus brauchen Kinder eine angemessene Beaufsichtigung (d.h. Eltern wissen zu jeder Zeit, wo sich das Kind aufhält, mit wem es zusammen ist und was es tut), damit sie experimentieren, ihre Umgebung erforschen und spielen können.

- **Eine positive Lernumgebung schaffen.** Eltern müssen für ihre Kinder Zeit haben. Dies bedeutet nicht, dass Eltern ununterbrochen mit ihren Kindern zusammensein müssen, sondern, dass Eltern da sind, wenn das Kind Unterstützung und Zuwendung braucht. Eltern sollten soweit als möglich für ihre Kinder Zeit aufbringen, wenn diese Interesse an etwas zeigen, Fragen haben, etwas erzählen möchten usw. Derartige Situationen sind auch sehr gut dafür geeignet, Kindern auf positive Weise Dinge beizubringen, sie zu ermutigen, Dinge selbstständig auszuprobieren, ihre sprachlichen Fähigkeiten zu fördern und die Beziehung zum Kind durch Aufmerksamkeit, Lob oder körperliche Zuneigung positiv zu gestalten.

- **Konsequentes Erziehungsverhalten zeigen.** Wenn Eltern in ihrem Erziehungsverhalten konsequent sind, lernen Kinder, die Verantwortung für ihr eigenes Handeln zu übernehmen, die Bedürfnisse anderer zu erkennen und Selbstdisziplin zu entwickeln. Kinder werden mit geringerer Wahrscheinlichkeit Verhaltensauffälligkeiten entwickeln, wenn ihre Eltern konstant und vorhersehbar reagieren. Konsequenz bedeutet, konstant zu handeln, sofort auf unangemessenes Verhalten zu reagieren und Kindern angemessenes Verhalten zu vermitteln. Die Individualität des Kindes kann so gewahrt bleiben. Provoziert das Kind seine Eltern, sollten Eltern versuchen, ruhig und gelassen zu bleiben und Schreien, Schimpfwörter, Drohungen und physische Strafen zu vermeiden.

- **Erwarten Sie von ihrem Kind nicht zu viel.** Realistische Erwartungen über die Fähigkeiten und das Verhalten von Kindern, an das eigene Verhalten und seine eigenen Erziehungsziele verhindern Frustration, Enttäuschungen und Schuldzuweisungen. Kinder entwickeln sich individuell unterschiedlich schnell. Kinder müssen einen gewissen Entwicklungsstand erreicht haben, bevor sie neue Fertigkeiten, wie etwa das Benutzen der Toilette, selbstständiges Anziehen, Essen oder das Aufräumen ihres Zimmers aus eigenem Antrieb erlernen können. Probleme treten häufig dann auf, wenn Eltern zu früh zu viel erwarten oder wenn sie glauben, ihr Kind müsste perfekt sein. Alle Kinder (auch die Eltern) machen Fehler. Die meisten dieser Fehler sind unbeabsichtigt.

- **Eltern sollten ihre eigenen Bedürfnisse beachten.** Gute Eltern sein bedeutet nicht, dass man immer für seine Kinder da sein muss. Wenn die eigenen elterlichen Bedürfnisse nach Intimität, Partnerschaft, Erholung und Zeit erfüllt sind, dann können Eltern selbst ausgeglichener und geduldiger sein. Derart haben sie weniger Probleme, in der Erziehung ruhig, gelassen, konsequent und liebevoll zu sein. Eltern sollen zudem ermutigt werden, sich mehr als «Allianz» oder «Team» gegenseitig zu unterstützen und auch externe Hilfe einzuplanen.

Kasten 15-5

Implikationen für die Erziehungspraxis

Fünfzehn grundlegende elterliche Erziehungsfertigkeiten

1. Positive Beziehung zum Kind entwickeln

- **Wertvolle Zeit.** Eltern sollten dafür sorgen, dass die Zeit, die sie mit ihrem Kind verbringen, wertvolle, wichtige und bedeutsame Zeit ist. Dabei können kürzere, dafür häufigere Zeitspannen, die mit dem Kind verbracht werden, bedeutsamer sein als längere, aber weniger häufigere. Wann immer möglich, sollte man sich dem Kind zuwenden, wenn es eine Frage stellt oder die Eltern in eine Aktivität einbeziehen will.

- **Mit dem Kind reden.** Gespräche mit dem Kind helfen ihm beim Spracherwerb, bei der Entwicklung sozialer Fähigkeiten und beim Erlernen von Gesprächsregeln (pragmatische Sprachkompetenz). Gleichzeitig steigert es die Selbstachtung des Kindes.

- **Zuneigung zeigen.** Eine gute Art und Weise, seinem Kind Interesse und Liebe zu zeigen, ist, ihm körperliche Zuneigung zu geben. Halten, anfassen, schmusen, küssen, kitzeln oder umarmen gibt Kindern das Gefühl, dass sie gemocht werden, dass sie in einer liebevollen Umgebung aufwachsen, und es hilft ihnen, ungezwungen Zuneigung zu geben und zu bekommen. All dies sind wichtige Voraussetzungen, um in den ersten Lebensjahren eine sichere Bindung zu den Eltern aufzubauen.

2. Förderung von wünschenswertem Verhalten

- **Loben.** Bestärkt man wünschenswertes Verhalten, erhöht man die Wahrscheinlichkeit, dass es das Kind erneut zeigt. Lob kann auch sein, wenn Eltern ihr Einverständnis ausdrücken wie «Gut gemacht!» oder «Ich finde es toll, wie Du Dein Zimmer aufgeräumt hast». Detailliertes, begeistertes und ernst gemeintes Lob ist allemal besser als eine bloße allgemeine Zustimmung zu äußern, um das erwünschte Verhalten zu bekräftigen.

- **Beachtung schenken.** Beachtung können Eltern ihren Kindern auf vielerlei Weise schenken. Ein Lächeln, ein Winken, ein Augenzwinkern oder eine Berührung an der Schulter oder einfach nur zusehen sind Formen von Aufmerksamkeit, die Kinder genießen und die verwendet werden können, um wünschenswertes Verhalten zu bestärken.

- **Für spannende Beschäftigungen sorgen.** Das selbstständige Spiel wird gefördert, wenn interessante und spannende Aktivitäten arrangiert werden. Umgebungen, die sicher sind und in denen es viele interessante Dinge zum Entdecken gibt, die die kindliche Neugier anregen, stimulieren die Entwicklung des Kindes und halten es beschäftigt.

3. Neues Verhalten beibringen

- **Lernen am Modell.** Wir alle lernen, indem wir andere beobachten. Für das Kind ist es hilfreich, wenn Eltern beschreiben, was sie gerade tun, um dem Kind dann Gelegenheit zu geben, die Handlung nachzuahmen und es zu loben, wenn es diese erfolgreich beendet hat. Als Eltern sollte man dem Kind die von ihm erwarteten Verhaltensweisen selber vorleben. Eltern sollten nicht erwarten, dass sich das Kind an Regeln hält, wenn sich keines der anderen Familienmitglieder daran hält.

- **Beiläufiges Lernen.** Kinder lernen dann am besten, wenn sie die Eltern um Hilfe, Aufmerksamkeit und Informationen bitten, weil sie dann meist motiviert und bereit sind, etwas zu lernen. Eltern haben dann die Chance, ihrem Kind etwas Neues beizubringen (beiläufiges Lernen). Dabei sollten Eltern die Fragen ihres Kindes nicht einfach beantworten, sondern das Kind dazu anregen, die Antwort selbstständig zu finden.

■ **Fragen, Sagen und Tun.** Fragen, Sagen und Tun ist eine geschickte Art, wie Eltern ihrem Kind helfen können, bestimmte Fertigkeiten wie Kleider anziehen oder Zähne putzen, selbstständig zu lernen. *Fragen:* «Was müssen wir zuerst tun, wenn wir unsere Zähne putzen?» *Sagen:* Wenn das Kind die richtige Antwort nicht weiß, mit ruhiger Stimme sagen, wie der erste Schritt aussieht: «Als Erstes drücken wir Zahnpasta auf unsere Zahnbürste». *Tun:* Wenn das Kind diese Handlung nicht ausführt, muss ihm geholfen werden. Man öffnet etwa die Zahnpastatube, legt die Hände über das Kind, um es begleitet durch die Handlung zu führen. Sobald das Kind in der Lage ist, die Handlung selbstständig auszuführen oder fortzusetzen, lässt man das Kind die Handlung selbstständig ausführen und lobt es jeweils für jeden erfolgreich ausgeführten Schritt und für seine Mitarbeit.

4. Umgang mit Problemverhalten

Alle Kinder müssen lernen, Grenzen zu akzeptieren und ihre Enttäuschungen zu kontrollieren, wenn sie einen Wunsch nicht erfüllt bekommen. Für Eltern kann es schwierig sein, mit solchen Situationen umzugehen. Kinder lernen aber nur dann, sich selber wirksam und positiv zu kontrollieren, wenn ihre Eltern Konsequenzen für ihr Problemverhalten bereit halten und diese sofort, konstant und entschieden anwenden. Dazu gibt es die folgenden Möglichkeiten:

■ **Familienregeln.** Kinder brauchen Grenzen, um zu wissen, was von ihnen erwartet wird und wie sie sich verhalten sollen. Dabei sollen die Regeln eher darauf ausgerichtet sein zu sagen, was Kinder tun sollen, als was sie nicht tun sollen. Zudem wirken Regeln am besten, wenn sie gerecht und leicht zu befolgen sind und bei Regelverstößen Sanktionen erfolgen. Außerdem sollte das Kind, wenn es von seinem Alter her möglich ist, bei der Festlegung von Regeln einbezogen werden.

■ **Direkte Ansprache.** Es ist am besten, ein Kind direkt anzusprechen, wenn es eine Grundregel vergessen hat. Dabei sollte man die Aufmerksamkeit des Kindes gewinnen und ihm erläutern, was das Problem ist, ihm das richtige Verhalten beschreiben und mit ihm einüben.

■ **Absichtliches Ignorieren.** Das bedeutet, dem Kind keine Beachtung zu schenken, wenn ein geringfügiges Problemverhalten (wie z. B. die Verwendung von Schimpfwörtern, Jammern) auftritt. Dabei darf das Kind weder angeschaut noch angesprochen werden. Das Kind wird dann anfänglich vielleicht laut werden, um die Aufmerksamkeit seiner Eltern zu gewinnen. Beendet das Kind sein Problemverhalten, sollte es gelobt werden. Schwerwiegenderes Problemverhalten darf jedoch nicht ignoriert werden. Verletzt das Kind jemanden oder beschädigt Eigentum, muss sofort und entschieden reagiert werden.

■ **Klare und ruhige Anweisungen geben.** Wenn Eltern möchten, dass ihr Kind etwas tut, dann können die folgenden Schritte günstig sein: Zunächst muss die Aufmerksamkeit des Kindes gewonnen werden. Danach soll dem Kind Zeit gegeben werden, dem Wunsch nachzukommen; es soll dann gelobt werden, ansonsten muss die Anweisung wiederholt werden. Gehorcht das Kind nicht, können Eltern eine logische Konsequenz folgen lassen.

■ **Logische Konsequenzen.** Sie werden am besten bei geringfügigem Problemverhalten angewendet, die nicht oft auftreten. Wenn das Kind eine Regel oder eine Anweisung nicht beachtet, wird eine Konsequenz gewählt, die der Situation angemessen ist. Beispielsweise entfernen Eltern das Spielzeug oder unterbrechen die Beschäftigung des Kindes, auf die sich das Problem unmittelbar bezieht. Logische Konsequenzen sind dann am effektivsten, wenn sie kurz (vielleicht 5 bis 30 Minuten) sind; daraufhin kann das Kind seine Beschäftigung, unter Einhaltung bestimmter Regeln, weiterführen. Tritt das Problemverhalten erneut auf, dann sollte die Beschäftigung des Kindes für eine längere Zeitspanne (etwa den Rest des Tages) unterbunden werden.

■ **Auszeit.** Statt das Kind anzuschreien, zu schlagen oder ihm zu drohen, kann das Kind in einen anderen Raum gebracht werden, wo niemand weiter ist. Die Tür sollte einen Spalt weit offen bleiben, bleibt das Kind nicht im Raum, muss die Tür gegebenenfalls geschlossen werden. Dabei sollte die Auszeit an einem uninteressanten, aber sicheren Ort stattfinden, der gut beleuchtet und durchlüftet ist. Kürzere Auszeitspannen sind zudem wirkungsvoller als längere.   Quelle: Hahlweg (2001)

---

auf das Erziehungsverhalten der Eltern, die Ehequalität und die persönliche Befindlichkeit der Eltern. Allerdings hängt die Effektivität des Programms auch immer von der Länge solcher Trainings ab.

Zurzeit arbeitet die Gruppe um Kurt Hahlweg an der TU Braunschweig in Zusammenarbeit mit der Christoph-Dornier-Stiftung für Klinische Psychologie an der Einführung von Triple P in Deutschland. Viele der Materialien wurden bereits ins Deutsche übersetzt. Diese Triple-P-Materialien sowie Informationen zur Triple-P-Ausbildung sind zu beziehen über: www.triplep.de. Mittlerweile liegen die ersten Ergebnisse zur Wirksamkeit des Elterntrainings in Deutschland vor (vgl. Hahlweg, 2003). Dabei wurde die Effektivität zum einen für die Gesamtstichprobe von 280 Familien (universelle Stichprobe) berechnet. Zum anderen wurde eine Substichprobe aus der Gesamtstichprobe gebildet, die nur die verhaltensauffälligsten Kinder enthielt (indizierte Stichprobe). Nach der Intervention sind in der Experimentalgruppe bereits deutlich weniger Kinder verhaltensauffällig als in der Kontrollgruppe, die eine unveränderte Prävalenzrate aufwies. Auch reduzierte sich das ungünstige elterliche Erziehungsverhalten nach dem Training bedeutsam. Bei der Berechnung von Inter-Gruppen-Effektstärken zeigten sich in der universellen Stichprobe die größten Effekte im Bereich Erziehungsverhalten (d = .30), gefolgt vom Problemverhalten des Kindes (d = .15). Die durchschnittliche Effektstärke lag bei d = .14. Im Gegensatz dazu fanden sich in der indizierten Stichprobe durchgängige Effekte in allen Bereichen (kindliches Problemverhalten d = .46, Erziehungsverhalten d = .39, Partnerschaft d = .39, psychische Belastung der Eltern d = .25); die Gesamteffektstärke lag bei d = .38. Somit zeigen die Ergebnisse zum Triple-P-Elterntraining eine mit anderen allgemeinen Programmen vergleichbare universelle Wirksamkeit. Bei Betrachtung der Risikofamilien zeigen sich noch stärkere Effekte, wodurch nochmals hervorzuheben ist, wie wichtig die Identifizierung solcher Familien für Elterntrainings ist.

«Starke Eltern – Starke Kinder»

Dieser Elternkurs des Deutschen Kinderschutzbundes hat zum *Ziel*, die Erziehungsfähigkeit von Eltern zu stärken, indem Werte und Erziehungsvorstellungen in der Familie bewusst werden sowie Kommunikationsformen in der Familie erkannt und gewisse Kommunikationsregeln entsprechend umgesetzt werden; des Weiteren soll psychische und physische Gewalt in der Familie verhindert werden (vgl. Honkanen-Schoberth, 2002).

Inhaltlich vermittelt das Programm Eltern Theorieinhalte und praktische Übungen. Dazu werden Grundprinzipien einer wachstumsförderlichen Interaktion in der Erziehung und in der Familie vermittelt, wie z.B. das Gewähren von Freiräumen, die Orientierung an den Grundbedürfnissen, die Förderung selbstverantwortlichen Handelns oder konstruktives Konfliktlösen und konsequentes Handeln. Theoretisch leitet sich das Programm aus humanistischen, systemischen, kommunikationspsychologischen und verhaltenspsychologischen

Grundprinzipien ab. Dabei gibt es für jedes Erziehungsalter zwischen 1 und 18 Jahren nützliche Informationen und Anregungen. Dazu zählen z.B. der Umgang mit Streit zwischen Geschwistern oder mit Schrei- und Wutanfällen eines Kindes im Kaufhaus (siehe auch unter: www.eltern-stark-machen.de).

Was die *Wirksamkeit* des Programms anbelangt, so kann festgehalten werden, dass «Starke Eltern – Starke Kinder» auf theoretisch-wissenschaftlichen Prinzipien beruht. Tschöpe-Scheffler und Niermann (2002) haben eine umfassende Evaluation mit Versuchs- (N = 201) und Kontrollgruppe (N = 114) sowie mit Eltern und Kindern als Datenquellen durchgeführt. Die Ergebnisse sind positiv; weitere Evaluationen sollen folgen.

«Was Eltern wissen sollten»

Dieses präventive Elterntrainingsprogramm von Perrez, Minsel und Wimmer (1992), das auch in französischer Sprache vorliegt, hat das *Ziel*, Eltern, Erzieherinnen und Erziehern (einschließlich Lehrerinnen und Lehrern) erziehungspsychologisches Grundwissen und elementare erzieherische Grundfertigkeiten zur Stärkung ihrer Erziehungskompetenz zu vermitteln, um Kinder in ihrer Entwicklung hin zu Autonomie und Selbstverantwortung zu unterstützen.

Inhaltlich beginnt das Programm mit einer Reflexion der fundamentalen Erziehungsziele und der eigenen (naiven) Erziehungspsychologie, die Eltern durch ihre eigene Erziehung und Erfahrung bereits mit sich bringen. Darauf aufbauend werden die zentralen sozialen Lernprinzipien des operanten Lernens sowie des Modell-Lernens vertieft. Der dritte Baustein umfasst die Vermittlung der Bedeutung der kognitiven Faktoren der Ursachenzuschreibung und der «Sich-selbst-erfüllenden Prophezeiungen». Im Weiteren befassen sich die Kursteilnehmer/-innen mit grundlegenden Erziehungseinstellungen wie der Wertschätzung des Kindes und der Einstellung, Kinder nicht diktatorisch, sondern sozialintegrativ auf ihrem Weg zu begleiten. Weitere Module sind der Umsetzung der Einstellungs- in die Verhaltensebene sowie dem partnerschaftlichen Konfliktlösen gewidmet. Schließlich können die Kursteilnehmer in einem letzten Modul ihr Wissen um verschiedene Phasen der Familienentwicklung (Familie mit Säugling, Familie mit Schulkind etc.) vertiefen.

Die Evaluation umfasst die *Wirkungen* mehrerer Module, die teils einzeln untersucht worden sind (vgl. Perrez, Büchel, Ischi, Party, Thommen & Kormann, 1985). Darüber hinaus liegen weitreichende Erfahrungen in der Durchführung des Programms im deutschen Sprachraum vor. Neben der Primärprävention eignet sich das Programm auch in der Sekundärprävention im Rahmen der Erziehungsberatung und der schulpsychologischen Intervention.

15.3.5
Interventionsprogramme auf neueren Medien

Mit der zunehmenden Verbreitung der neuen Medien besteht heutzutage die Möglichkeit, gut evaluierte und interessant gestaltete Interventions- bzw. Präventionsprogramme zu gestalten und über das Internet oder als CD-ROM einem möglichst großen Kreis interessierter Eltern zugänglich zu machen. Allerdings haben diese Programme im Vergleich zu den oben dargelegten einen anderen Stellenwert. Sie beruhen auf neuen Medien und erreichen teilweise Zielgruppen, die mit den herkömmlichen face-to-face Programmen nicht erreicht werden können. Außerdem können sie auch als didaktische Mittel zur Unterstützung von face-to-face Programmen verwendet werden.

«Parenting Wisely»

Für Eltern existiert das Programm «Parenting Wisely», das mit Hilfe interaktiver CD-ROMs eine Reihe typischer Erziehungsprobleme in kurzen Videosequenzen vorstellt (vgl. Gordon, 2000). Es beinhaltet ein Elterntraining, das die Eltern für das Kindmanagement trainiert und die Beziehungskompetenzen fördert. Als *allgemeine Ziele* des Programms werden die Reduzierung von Verhaltensproblemen beim Kind, von Delinquenz und Substanzmissbrauch bei Jugendlichen sowie die Verbesserung von Wissen und Kompetenzen bei den Eltern genannt. Schließlich soll es die Beziehung zwischen Jugendlichen und Eltern stärken.

Die erste Version, die in den USA 1994 erstmals verbreitet wurde, richtet sich an Familien mit amerikanischen Teenagern im Alter zwischen 8 und 18 Jahren, wobei im Speziellen Familien mit Risiko-Jugendlichen und pubertierenden Kindern erreicht werden sollen. Mit den Jahren entstanden weitere Varianten des Programms, denen *inhaltlich* gemeinsam ist, dass bestimmte Situationen, die typisch für das entsprechende Alter und den Kontext sind, per Videoclip vorgestellt werden. Daraufhin werden verschiedene Lösungsmöglichkeiten geboten, erläutert und kritisiert, und die Eltern werden an das günstigste bzw. effektivste Verhalten herangeführt. Derart werden die Eltern in verschiedenen Kommunikations- und Verhaltenskompetenzen trainiert. Für alle Versionen existieren CD-ROMs, Videokassetten, Arbeitsbücher und Broschüren für Eltern sowie Informationsblätter und Materialien für das Fachpersonal (siehe im Online-Store unter: www.familyworksinc.com).

Das Programm wurde mehrmals vom Autor und von unabhängigen Forschern aus unterschiedlichen Ländern evaluiert. Außerdem hat das Programm einige Auszeichnungen erhalten. In Europa sind mit «Être parents aujourd'hui» sowohl in Frankreich als auch in der Schweiz und Belgien erste Evaluationen von Teilaspekten des Programms vorgenommen worden.

«Freiheit in Grenzen»
Im deutschen Sprachraum hat Klaus Schneewind eine CD-ROM für den Heimgebrauch entwickelt, welche eine deutsche Version des amerikanischen Programms von Donald A. Gordons «Parenting Wisely» ist. Dabei hat das Programm

---

Kasten 15-6

Implikationen für die Erziehungspraxis

Freiheit in Grenzen

Für die Erziehungskompetenz sind drei Merkmale charakteristisch, auf denen das Erziehungskonzept «Freiheit in Grenzen» beruht, nämlich

- **Elterliche Wertschätzung.** Sie äußerst sich darin, dass Eltern
    - die Einmaligkeit und Besonderheit ihrer Kinder anerkennen;
    - dass sie ihre Kinder in allen Situationen respektvoll behandeln;
    - dass sie ihre Kinder unterstützen und ihnen helfen, wann immer sie das brauchen;
    - dass sie sich freuen, mit ihren Kindern zusammen zu sein und gemeinsame Aktivitäten genießen.

- **Fordern und Grenzen setzen** bedeutet, dass Eltern
    - ihren Kindern etwas zutrauen und Forderungen stellen, die ihre Entwicklung voranbringen;
    - dass sie Konflikte mit ihren Kindern nicht scheuen, aber konstruktiv austragen;
    - dass sie gegenüber ihren Kindern eigene Meinungen haben und diese überzeugend vertreten;
    - dass sie klare, dem Entwicklungsstand ihrer Kinder angemessene Grenzen setzen und auf deren Einhaltung bestehen.

- **Gewährung von Eigenständigkeit** bedeutet für die Eltern
    - dass sie ihre Kinder mit ihren Bedürfnissen und Ansichten ernst nehmen;
    - dass sie prinzipiell gesprächs- und kompromissbereit sind;
    - dass sie ihren Kindern ein Optimum an eigenen Entscheidungen ermöglichen und dadurch ihre Entscheidungsfähigkeit und Selbstverantwortlichkeit stärken;
    - dass sie ihren Kindern Möglichkeiten eröffnen, um eigene Erfahrungen zu sammeln.

Quelle: Schneewind, K. A. Böhmert, B. (2008; 2009)

das *allgemeine Ziel*, Eltern mit Kindern zwischen 6 und 12 Jahren eine positive Erziehungshaltung (Kompetenzen) zu vermitteln.

Inhaltlich basiert das Programm auf der Erziehungshaltung «Freiheit in Grenzen» und will die drei folgenden Kompetenzen fördern: Elterliche Wertschätzung, Fordern und Grenzen setzen sowie Gewährung von Eigenständigkeit.

Die Eltern können anhand einer interaktiv aufgebauten CD-ROM via Videoclips fünf verschiedene typische Erziehungssituationen anschauen. Was passiert etwa, wenn der Vater seinen Sohn Thomas wütend bestraft? Den Eltern werden drei mögliche Handlungsalternativen angeboten, und es werden die sich daraus ergebenden Verhaltensfolgen kommentiert. Schneewind vermeidet bei den Kommentaren zu den alternativen elterlichen Verhaltensweisen bewusst den pädagogischen Zeigefinger, denn was richtige oder gute Erziehung ausmacht, müssen Eltern, so meint er, letztendlich für sich selber entscheiden. Die Eltern werden auf diese Weise an die günstigste Lösung herangeführt. Zusammen mit der CD-ROM wird ein Begleitbuch geliefert, welches die Benutzung der CD-ROM erklärt sowie das grundlegende Erziehungsprinzip «Freiheit in Grenzen» erläutert (vgl. Schneewind & Böhmert, 2008; 2009).

Eine *Evaluation* des Programms ist in Vorbereitung. Da es sich in seinem Aufbau an «Parenting Wisely» orientiert, ist anzunehmen, dass es sich als effektiv erweisen wird.

«Online Elterntraining»

Das online Elterntraining zur Bewältigung von Familienstress, das von Yves Hänggi an der Universität Fribourg entwickelt wurde, ist ein sechswöchiges Programm für Eltern mit Kindern im Alter von 1 bis 18 Jahren. Das Programm ist zur Zeit verfügbar unter: www.elterntraining.ch.

Ziel des Programms ist es, den Eltern über das Internet Wissen über den Umgang mit individuellem Stress und Stress in der Familie zu vermitteln. Durch interaktive Übungen werden die Teilnehmer/-innen gezielt angeleitet, das Wissen während des Trainings und im Alltag anzuwenden.

Inhaltlich werden über verschiedene Module Ursachen von Stress und der kompetente Umgang mit Stress gezeigt. Vermittelt werden u.a. Techniken der Entspannung, eine empathische Kommunikation und Problemlösestrategien innerhalb der Familie, die erlauben, Konflikte friedlich zu lösen. Theoretisch basiert das Programm auf sozialen Lerntheorien und kognitiv-verhaltenstherapeutischen Techniken. Die kurzfristigen *Effekte*, wie z.B. in Bezug auf den Umgang mit Stress oder individuelles wie auch familiäres Wohlbefinden, gehen alle in die erwünschte Richtung und sind für Interventionen dieser Art als sehr gut zu bewerten.

Allerdings bleibt Erziehung ein anstrengendes und zeitintensives Geschäft. Und es kann Lebensumstände geben, die es Eltern und Erziehern schwer machen, mit ihren Kindern zurecht zu kommen. Fehlt dann auch noch die Unterstützung im persönlichen Umfeld, kann der Erziehungsstress gewaltig wachsen. Wenn dies der Fall ist, dann sollte man sich nicht scheuen, kompetenten und professionellen Rat und Unterstützung von außen zu holen. Wer professionelle Unterstützung braucht, nimmt am besten mit einer *Erziehungsberatungsstelle* in seiner Nähe Kontakt auf. Die Deutsche Arbeitsgemeinschaft für Jugend- und Eheberatung e.V. bietet unter www.dajeb.de/suchmask.htm einen «Beratungsführer online» an, über den – orientiert an den Postleitzahlen – deutschlandweit entsprechende Beratungsstellen für spezielle Probleme recherchiert werden können. Gleiches gilt auch für das Verzeichnis der Erziehungs- und Familienberatungsstellen der Bundeskonferenz für Erziehungsberatung unter www.bke.de/ratsuchende.htm. Außerdem sind Informationen zum Thema Erziehung über verschiedene Institutionen und Verbände oder gar online übers Internet erhältlich (siehe Kasten 15-7).

Selbstverständlich wäre es wünschenswert, derartige Medienangebote für die Familien- und Erziehungsberatung auch im deutschen Sprachraum zahlreicher zu entwickeln und systematisch auf ihre Wirksamkeit zu evaluieren. Zweifellos liegt in dieser Aufgabe ein äußerst attraktives und lohnendes Anwendungsfeld für die Erziehungs- und Familienpsychologie.

Kasten 15-7

Wo kann man sich Rat und Unterstützung holen?

Informationen zum Thema Erziehung:
- Arbeitskreis Neue Erziehung e.V.: www.ane.de

- Bundeskonferenz f. Erziehungsberatung e.V.: www.bke.de/ratsuchende.htm (Adressen von Erziehungsberatungsstellen bundesweit)

- Deutsche Liga für das Kind: www.liga-kind.de

- Mütterzentren Bundesverband e.V.: www.muetterzentren-bv.de

Elterntrainingsprogramme:
- «Starke Eltern – starke Kinder». Kurse bietet an: Dt. Kinderschutzbund Bundesverband e.V.: www.eltern-stark-machen.de

- «Triple-P»-Kurse und Materialien vermittelt das PAG Institut für Psychologie AG, Münster: www.triplep.de

- «InSTEP-Elterntraining», ein auf den Lehren von Rudolf Dreikurs basierendes Konzept, gibt es unter: www.instep-online.de

- «Parenting Wisely»: www.familyworksinc.com

- «Freiheit in Grenzen»: www.freiheit-in-grenzen.org

- Elterntraining zur Bewältigung von Familienstress: www.elterntraining.ch

Kinderschutz und Kindesmisshandlungen:
- Lobby der Kids: www.deutscher-kinderschutzbund.de

- Selbsthilfe: www.kindersache.de

- Notruf für Jugendliche: www.youngavenue.de

- Straßenkinder: www.terre-des-hommes.de

- Kinderschutz-Zentrum Berlin: www.kinderschutz-zentrum-berlin.de

- Elterntelefon für Betroffene bundesweit: 0800 011 10 550

- www.elterntelefon.org

- www.kinderundjugendtelefon.de

- Gesundheitsförderung bei Jugendlichen: ein Programm für Jugendliche von 10 bis 18 Jahren: www.feelok.ch

- Suchtprävention für Jugendliche: www.sucht-prävention.ch

- Projekte in Deutschland: www.kinderpolitik.de

Weitere Informationen im Internet:
- www.eltern.de, Homepage der Zeitschrift «Eltern» und «Eltern for family»

- www.familie.de, Homepage der Zeitschrift «Familie & Co.»

- www.familie-deutschland.de, Informationsangebot der Bundesregierung

- www.familienhandbuch.de, Hilfestellung in Erziehungsfragen

- www.family-line.de, Portal für Familienthemen

- www.hallofamilie.de, Linksammlung für Eltern

- www.kidnet.de, Familienportal

- www.vitawo.de, Portal für Eltern und Erzieher/-innen

- www.kinder-frueher-foerdern.de, Checkliste kita-Platz

15.4
Erziehungsoptimierung und -prävention als familien- und gesundheitspolitische Aufgabe

Die Prävention im Bereich der Familie und Erziehung hat in den letzten Jahren vermehrtes Interesse gefunden, insbesondere im Bereich psychischer Auffälligkeiten. Epidemiologische Studien zeigen, worauf im Kapitel 4.2.4 eingegangen worden ist, dass ca. 20% aller Kinder und Jugendlichen klinisch bedeutsame Verhaltensauffälligkeiten wie Ängste, Depressionen und vor allem aggressives Verhalten, oppositionelles Trotzverhalten und hyperkinetische Störungen aufweisen (vgl. Anderson & Werry, 1994; Steinhausen, Winkler Metzke, Meier & Kannenberg, 1998). Meist handelt es sich in diesen Fällen um schwierige, chronische und kostenintensive Verhaltensstörungen und emotionale Störungen, die meist mit bedeutsamen gesundheitlichen Beschwerden einhergehen. Es sind auch genau diese Kinder, die stärker als andere gefährdet sind, von ihren Eltern misshandelt, von ihren Altersgleichen schikaniert zu werden oder Lernschwierigkeiten in der Schule zu erfahren. Allein vor diesem Hintergrund ist es unbestritten, dass heutzutage ein hoher Bedarf an Prävention in den Bereichen Familie und Erziehung besteht.

Die Ursachen dieser verbreiteten Problemlagen heutiger Kinder und Jugendliche erkennen zeitgenössische Familienforscher darin, dass postmoderne Familien im Zeitalter von Individualisierung und Pluralisierung mit einer Vielzahl von Anforderungen und Problemen zu kämpfen haben, auf die sie nicht ausreichend vorbereitet und für deren Lösung sie mitunter nur bedingt befähigt sowie mit Ressourcen ausgestattet sind (z.B. Fthenakis & Eckert, 1997; Schneewind, Vascovics, Gotzler, Hofmann, Rost, Schlehlein, Sierwald & Weiß, 1996; Wicki, 1997; Reichle, 2002; Rollett & Werneck, 2002). Wenn man es genauer betrachtet, so sind es heutzutage vor allem vier Problemfelder, welche Kinder in ihrem Aufwachsen und in ihrer Persönlichkeitsentwicklung gefährden: Das sind Familienarmut, elterliche Erwerbslosigkeit, partnerschaftliche Beziehungsprobleme und -konflikte (in der Folge Scheidung und Trennung) und innerfamiliäre Gewalt.

Entwicklungs-, familien- und erziehungspsychologisch fundierte Interventionen könnten solchen dysfunktionalen Verläufen und Entwicklungsgefährdungen vorbeugen oder wenigstens das Ausmaß problematischer Entwicklungen reduzieren. Damit würden sie sich auch in Übereinstimmung mit den normativen Regelungen befinden, die nach dem derzeit gültigen Kinder- und Jugendhilfegesetz in Deutschland gelten. Dort steht nämlich: «Müttern und Vätern, anderen Erziehungsberechtigten und jungen Menschen sollen Leistungen der allgemeinen Förderung der Erziehung in der Familie angeboten werden. Sie sollen dazu beitragen, dass Mütter, Väter und andere Erziehungsberechtigte ihre Erziehungsverantwortung besser wahrnehmen können» (§ 16 KJHG, zitiert nach dem BMFSFJ, 1996, S. 5).

Die Risiken kindlicher Entwicklungsgefährdungen durch familiär und gesellschaftlich induzierte Problemlagen können auch nicht durch die neueren Erkenntnisse der Resilienzforschung relativiert werden, wonach beeinträchtigende Lebenslagen von Kindern nicht notwendigerweise zu einem dysfunktionalen Entwicklungsverlauf führen müssen. Zweifellos geht es immer wieder darum, Potenziale zu fördern und Gefährdungen zu vermeiden; es gilt, alles zu tun, das den kindlichen Entfaltungsspielraum nicht behindert, sondern die Entwicklungsmöglichkeiten und -chancen von Kindern begünstigt. Allerdings wird es immer wieder geschehen, dass manche Kinder aufgrund ihrer Startbedingungen eine soziale Position nicht erreichen, während andere aufgrund besserer Voraussetzungen in eine höhere soziale Position hineinfinden können. In der Weise sind *Kindheitsrisiken* als blockierte Chancen kindlicher Entwicklungs- und Kultivationsmöglichkeiten zu begreifen (vgl. Fuhrer, 2004). Derart bestünde die Aufgabe der *Prävention im Erziehungsbereich* idealerweise

- in der Ermöglichung der Entfaltung bestehender Entwicklungskompetenzen,
- in der erfolgreichen Bearbeitung jeweils altersgerechter Entwicklungsaufgaben und

- im präventiven Entgegenwirken sozialer und familiärer Benachteiligung.

Kinder, so lautet eine These aus der Kindersoziologie, und es gilt, sich diese These immer wieder ins Bewusstsein zu rufen, spiegeln der Gesellschaft und der Familie ihre Beschädigungen wider; sie sind gleichsam die Symptomträger von Konflikten, Spannungen und Auseinandersetzungen (vgl. Rückriem, 1996). Gerade an den Kindern lassen sich – ähnlich einem *Seismographen* – die Pathologien der Gesellschaft wie der Familie ablesen. Erfahrene Gefährdungen graben sich tief in die Biographien von Kindern ein und bestimmen ihren weiteren Lebensweg (vgl. dazu Hoch, 2000).

Dabei greifen, wie in diesem Lehrbuch ausführlich darzulegen war, mikro- und makrosoziologische Prozesse bei der *Entstehung von Risikolagen* ineinander (vgl. Hurrelmann, 2002a). Beispielsweise wird die Balance der familiären Binnenbeziehungen möglicherweise labilisiert durch konträre Anforderungen in den Außenbeziehungen der Familienmitglieder, etwa aufgrund der gesellschaftlich institutionalisierten Wettbewerbsstrukturen (vgl. Hochschild, 2002). Gerade diese können dadurch entwicklungs- und sozialisationsrelevant werden, indem den Familienmitgliedern «soziale Zeit» (Hoch, 2000, S. 318) füreinander geraubt wird zugunsten einer forcierten Wahrnehmung betrieblicher Arbeitsaufgaben und beruflicher Karriere (vgl. Zeiher, 2003).

Kinder halten sich dabei beileibe nicht in einem familiären oder pädagogischen Schonraum auf, sondern befinden sich vielmehr tagtäglich in einem *Spannungsfeld* vielfältiger Anforderungen und Zumutungen, aber sehen sich ebenso mit mannigfachen nutzbaren Handlungsoptionen konfrontiert. Nicht zuletzt diese eigentümliche Spannung zwischen den gestiegenen Freiheitsgraden für die Gestaltung der eigenen Lebensweise einerseits und der Lockerung von sozialen und familiären Bindungen andererseits bringt *neue* Formen von Belastungen mit sich, die die Bewältigungskapazität von Kindern überfordern und Leidensrisiken in sich bergen.

Vermutlich stehen auch die seit Jahren beobachteten Beeinträchtigungen der Gesundheit bei Kindern und Jugendlichen, wie wir sie bislang nur von Erwachsenen kennen, in einem systematischen Zusammenhang mit den Überforderungen und Widersprüchlichkeiten kindlicher Lebenssituationen (vgl. Hurrelmann, 2002a). Stress in der Schule und das Leiden unter elterlichen Konflikten in der Familie – diese beiden Probleme zeigen sich heute bei vielen Kindern.

Zusätzlich liegt ein weiteres Risiko heutiger Kinder darin begründet, dass ihre Erzieher, also die eigenen Eltern selbst ‹erzogen› wurden und damit ihre internalisierten Erziehungsvorstellungen und -erfahrungen (mit ihren eigenen Eltern) Einfluss gewinnen. Allerdings ist damit zu rechnen, dass diese Erziehungsvorstellungen und -praktiken heutzutage bei vielen Eltern nicht mehr zeitgemäß sind, weshalb einer entwicklungsförderlichen Stärkung elterlicher Erziehungskompetenz – vor allem auch als primäre Prävention – eine zunehmend wichtigere Bedeutung zukommt.

Wie aber kann eine solche Prävention im Erziehungsbereich strukturiert sein, wenn Familie und Erziehung in der Risikogesellschaft heutzutage öfter und früher an ihre Grenzen der Selbstregulationskapazität stoßen und derart ihre Stabilität und ihren Erhalt gefährden? Wie können mit professionellen präventiven Hilfsangeboten die schwächsten und am meisten in Mitleidenschaft gezogenen Familien und deren Kinder erreicht werden? Angesichts der Vielzahl verunsicherter und überforderter Familien wäre zu überlegen, ob man zur Erreichung von Zielen wie etwa der *Stärkung von Eltern- bzw. Familien-Kompetenzen* (im Sinne von L'Abate, 1990) zwecks Förderung sowohl vorhandener Entwicklungskompetenzen ihrer Kinder als auch einer altersgerechten Bewältigung der kindlichen Entwicklungsaufgaben, nicht völlig neue Wege beschreiten will. Mindestens drei Vorschläge scheinen mir in diesem Zusammenhang bedenkens- und verfolgenswert:

Präventionszentren und -netzwerke. Eine erste Möglichkeit sieht eine schweizerische Expertenkommission, die unter der Leitung von Meinrad Perrez stand (siehe Perrez, 2004b), in der Schaffung *lokaler Präventionszentren,* um von punktuellen, episodischen Interventionen wegzukommen und präventive Strukturen zu entwickeln, die ein wirkungsvolles und bedarfsgerechtes Angebot vor Ort und *lokal verwurzelt* anbieten. Diese lokalen Präventionszentren sollen neben ihrer sozialen und gesellschaftlichen Integration u.a. die Arbeit mit Eltern und Kindern getrennt möglich machen, wissenschaftlich bewährte Interventionen anbieten, angemessen mit psychosozialen Institutionen (Schule, Jugendamt etc.) vernetzt sein, kindliche und jugendliche Freizeitaktivitäten begleiten sowie Wert auf eine gute physische und psychische Gesundheit der Betroffenen legen. Unterstützt durch die öffentliche Hand, insbesondere durch Institutionen der Gesundheits- und Familienpolitik auf Bundes- und/oder Länderebene können solche Einrichtungen präventive Angebote entwickeln und realisieren.

Eine zweite Möglichkeit findet sich im Vorschlag von Dreikurs und Soltz (2002), die für die Einrichtung eines *Familienrates* plädieren. Das ist, wie der Name sagt, eine Zusammenkunft aller Mitglieder einer Familie, in deren Rahmen Probleme besprochen und Lösungen gesucht werden. Für diesen Familienrat sollte eine bestimmte Stunde an einem festgelegten Tag jeder Woche bestimmt werden; er sollte fester Bestandteil des Familienlebens werden. Jedes Mitglied hat das Recht, ein Problem vorzubringen und angehört zu werden. Alle suchen gemeinsam nach einer Lösung. Der Vorteil des Familienrats liegt in der Bereitwilligkeit aller Familienmitglieder, ein Problem als *Familien-Problem* anzuerkennen.

Noch weitergehend wäre drittens – in gewisser Anlehnung an Minsels (1993) «Vaterwerkstatt» – an so etwas wie eine *Familienwerkstatt* zu denken, in deren Rahmen Familien leben lernen, entwicklungsförderliche Kommunikations- und konstruktive Konfliktlösekompetenzen erwerben und entwicklungsförderliche Erziehungskompetenzen erlernen können. Hierbei wäre zu überlegen, ob derartige Familienwerkstätten sogar in freier Trägerschaft oder mit Krippen und Kindergärten institutionell verzahnt werden könnten. Später könnte die Anbindung an die Schule versucht werden, beispielsweise in Form einer *Erziehungsschule* (für Eltern) und als Lebenserziehung für Schülerinnen und Schüler.

Selbstverständlich sind diese Präventionsmaßnahmen nicht unabhängig voneinander zu sehen. Vielmehr könnte man sich vorstellen, dass sich diese Angebote in einem *Präventionsnetzwerk* derart *integrativ* miteinander verbinden, dass vom lokalen Präventionszentrum u.a. Impulse ausgehen oder Ressourcen zur Verfügung gestellt werden, um innerhalb der einzelnen Familie einen funktionierenden Familienrat bzw. eine gelungene Familienwerkstatt anzuregen und in ihrem Verlauf zu begleiten. In Kooperation mit anderen professionellen Sozialinstitutionen, wie der Familien- und Erziehungsberatung, aber ebenso mit Institutionen im Gesundheitsbereich (z.B. Arztpraxen, Gesundheitszentren, Sportvereinen), ist an eine *integrative* und *systemische Netzwerkarbeit* zu denken, mit deren Hilfe im Speziellen Risikofamilien in einer ganzheitlichen Weise unterstützt und gestärkt werden können. Integriert in ein solches umfassendes Präventionsnetzwerk könnte man sich zusätzlich sowohl die vorschulischen Erziehungs- und Betreuungsinstitutionen als auch die Schule denken. Auf diese Weise könnte auch jene engere Kooperation zwischen Schule und Elternhaus erreicht werden, die heutzutage weithin fehlt (vgl. dazu Kap. 12.4 in diesem Lehrbuch).

Damit würden Präventionsnetzwerke den Charakter von sozialen Netzwerken bzw. Stützsystemen bekommen und – im Sinne von Bronfenbrenner (1981) – Mesosysteme darstellen. Vor allem in der Gemeinde- und in der Gesundheitspsychologie hat das Thema der sozialen Stützsysteme in den letzten Jahren große Beachtung gefunden (vgl. Revenson & Schiaffino, 2000). Im Besonderen die gemeindeorientierte Gesundheitsförderung könnte hierbei als Vorbild für die Schaffung von integrativen Präventionsnetzwerken im Erziehungsbereich dienen (vgl. Röhrle, 2003). In der Weise würde sich der diesem Lehrbuch zugrunde gelegte metatheoretische Ansatz des entwicklungsbezogenen Kontextualismus in konsistenter Weise bis hin zur Gestaltung von integrativen und systemisch orientierten Präventionsnetzwerken im erzieherischen Bereich niederschlagen und zur theoretisch-wissenschaftlichen Fundierung beitragen.

Um die Idee solcher *gemeindeorientierter Präventionsnetzwerke* für den erzieherischen Bereich umzusetzen, bedarf es der Kooperation zwischen den für Familie, Schule und Gesundheit zuständigen Bereichen von Politik, Wissenschaft und Ausbildung und darüber hinaus mit den zahlreichen Institutionen pädagogischer Praxis. Jenseits von gegenwärtigen Reformbemühungen, die sich regelmäßig in isolierter Weise entweder auf die Familie, auf den Schulbereich oder auf den Gesundheitsbereich konzentrieren, sollten deshalb in verstärktem Maße Formen der *integrativen Kooperation* politisch vorbereitet, wissenschaftlich begleitet und im Erfolgsfall implementiert werden. Angesichts der sich häufenden Verhaltensauffälligkeiten, psychosomatischen Erkrankungen und Gesundheitsbeschwerden bei Kindern erscheint die Notwendigkeit derartiger Kooperationen dringlich. Wenn man bedenkt, dass die meisten psychischen Störungen des Erwachsenenalters ihren Ursprung in Störungen des Kindes- und Jugendalters haben (Ihle & Esser, 2002), und mittlerweile bekanntlich bereits um die 20 % aller Kinder und Jugendlichen klinisch bedeutsame Verhaltensauffälligkeiten zeigen (vgl. Anderson & Werry, 1994; Steinhausen, Winkler Metzke, Meier & Kannenberg, 1998), dann kommt einer integrativen und systemisch angelegten Prävention in diesem Lebensabschnitt, auch um damit Folgekosten zu sparen, die größte Bedeutung zu.

Weiterführende Literatur

Cierpka, M. (Hrsg.) (1996). *Handbuch der Familiendiagnostik.* Berlin: Springer.
Loeber, R. & Farrington, D. P. (1998). *Serious and violent juvenile offenders: Risk factors and successful interventions.* London: Sage.
Opp, G., Fingerle, M. & Freytag, A. (Hrsg.) (1999). *Was Kinder stärkt. Erziehung zwischen Risiko und Resilienz.* München: Reinhardt.
Petermann, F. (Hrsg.) (2008). *Lehrbuch der Klinischen Kinderpsychologie (6., vollständig überarbeitete Auflage).* Göttingen: Hogrefe.
Resch, F. (1996). *Entwicklungspsychopathologie des Kindes- und Jugendalters.* Weinheim: Beltz-PVU.
Rollett, B. & Werneck, H. (Hrsg.) (2002). *Klinische Entwicklungspsychologie der Familie.* Göttingen: Hogrefe.
Scheithauer, H. (2003). *Aggressives Verhalten von Jungen und Mädchen.* Göttingen: Hogrefe.
Schlottke, P. F., Silbereisen, R. K., Schneider, S. & Lauth, G. W. (Hrsg.) (2004). *Störungen im Kindes- und Jugendalter: Grundlagen und Störungen im Entwicklungsverlauf.* Göttingen: Hogrefe.
Schlottke, P. F., Silbereisen, R. K., Schneider, S. & Lauth, G. W. (Hrsg.) (2004). *Störungen im Kindes- und Jugendalter: Verhaltensauffälligkeiten.* Göttingen: Hogrefe.

Literaturverzeichnis

Acock, A.C. & Demo, D.H. (1994). *Family diversity and well-being.* Thousand Oaks, CA: Sage.

Adam, E.K., Gunnar, M.R. & Tanaka, A. (2004). Adult attachment, parent emotion, and observed parenting behavior: Mediator and moderator models. *Child Development, 75,* 110–122.

Aebli, H. (1980). *Denken: Das Ordnen des Tuns (Band 1).* Stuttgart: Klett-Cotta.

Aebli, H. (1981). *Denken: Das Ordnen des Tuns (Band 2).* Stuttgart: Klett-Cotta.

Aebli, H. (1993). *Zwölf Grundformen des Lehrens.* Stuttgart: Klett-Cotta.

Adler, A. (1933). *Der Sinn des Lebens.* Frankfurt a.M.: Fischer.

Ahnert, L. (Hrsg.) (1998). *Tagesbetreuung für Kinder unter drei Jahren. Theorien und Tatsachen.* Bern: Huber.

Ahnert, L. & Lamb, M.E. (2001). East German child care system: Associations with with caretaking and caretaking beliefs, and children's early attachment and adjeustment. *American Behavioral Scientist, 44,* 1843–1863.

Ainsworth, M.D.S. (1973). The development of infant-mother-attachment. In B.E. Caldwell & H.N. Ricciutti (Eds.), *Review of Child Development Research (Vol. 3, pp. 1–94).* Chicago: University of Chicago Press.

Ainsworth, M.D.S., Blehar, M.C., Waters, E. & Wall, S. (1978). *Patterns of attachment: A psychological study of the strange situation.* Hillsdale, NJ: Erlbaum.

Alanen, L. (1997). Soziologie der Kindheit als Projekt: Perspektiven für die Forschung. *Zeitschrift für Sozialisationsforschung und Erziehungssoziologie, 17,* 162–177.

Albee, G.W. (1980). A competency model must replace the defect model. In L.A. Bond & J.C. Rosen (Eds.), *Competences and coping during adulthood (pp.75–104).* Hanover, N.M.: University of New England Press.

Aldous, J. (1996). *Family careers. Rethinking the developmental perspective.* Thousand Oaks, CA: Sage.

Alsaker, F.D. (2003). *Quälgeister und ihre Opfer. Mobbing unter Kindern – und wie man damit umgeht.* Bern: Huber.

Alt, C. (2001). *Kindheit in Ost und West – Wandel der familialen Lebensformen aus Kindersicht.* Opladen: Leske & Budrich.

Alt, C. & Weidacher, A. (1996). Familien- und Betreuungssituation von Kindern 1994. In W. Bien (Hrsg.), *Familie an der Schwelle zum neuen Jahrtausend. Wandel und Entwicklung familialer Lebensformen (DJI-Familiensurvey 6, S. 212–222).* Opladen: Leske & Budrich.

Amann, G. & Wipplinger, R. (Hrsg.) (1998). *Sexueller Missbrauch. Überblick über die Forschung, Beratung und Therapie.* Tübingen: Deutsche Gesellschaft für Verhaltenstherapie.

Amato, P.R. (1987). Family processes in one-parent, stepparent, and intact families: The child's point of view. *Journal of Marriage and the Family, 49,* 327–337.

Amato, P.R. (1993). Children's adjustment to divorce: Theories, hypotheses, and empirical support. *Journal of Marriage and the Family, 49,* 327–337.

Amato, P.R. (2000). The consequences of divorce for adults and children. Journal of Marriage and the Family, 62, 1269–1287.

Ambert, A.M. (1982). Differences in children's behavior toward custodial mothers and custodial fathers. *Journal of Mariiage and the Family, 38,* 73–87.

Ambert, A.M. (1997). *Parents, children, and adolescents.* New York: Haworth Press.

Anderson, D.R., Huston, A.C., Schmitt, K.L., Linebarger, D.L. & Wright, J.C. (2002). Early television viewing and adolescent behavior. *Monographs of the Society for research in Child Development, Serial No. 264, Vol. 66, No. 1.*

Anderson, J. & Werry, J.S. (1994). Emotional and behavioral problems. In I.B. Pless (Ed.), *The epidemiology of childhood disorders (pp. 304-338).* New York: Oxford University Press.

Andrews, D.W. & Dishion, T.J. (1994). The microsocial structure underpinnings of adolescent problem behavior. In M. Lamb & R. Ketterlinus, R. (Eds.), Adolescent problem behavior (pp. 187–207). Hillsdale, NJ: Erlbaum.

Argyle, M. (1986). Social behavior problems in adolescence. In R. K. Silbereisen, G. Rudinger & K. Eyferth (Eds.), *Development as action in context (pp. 55–86)*. Berlin: Springer.

Ariès, P. (1978). *Geschichte der Kindheit*. München: Kösel.

Asbury, K., Dunn, J. F., Pike, A. & Plomin, R. (2003). Nonshared environmental influences on individual differences in early behavioral development: A monozygotic twin differences study. *Child Development, 74*, 933–943.

Asendorpf, J. (1994). Entwicklungsgenetik der Persönlichkeit. In K. A. Schneewind (Hrsg.), *Enzyklopädie der Psychologie, Serie Pädagogische Psychologie, Band 1: Psychologie der Erziehung und Sozialisation (S. 107–134)*. Göttingen: Hogrefe.

Asendorpf, J. (2002). Biologische Grundlagen der Entwicklung. In R. Oerter & L. Montada (Hrsg.), *Entwicklungspsychologie (S. 54–71)*. Weinheim: Beltz-PVU.

Asendorpf, J. B. & Wilpers, S. (1998). Personality effects on social relationships. *Journal of Personality and Social Psychology, 74*, 1531–1544.

Avenevoli, S., Sessa, F. M. & Steinberg, L. (1999). Family structure, parenting practices, and adolescent adjustment: An ecological examination. In E. M. Hetherington (Ed.), *Coping with divorce, single parenting, and remarriage: A risk and resilience perspective (pp. 65–90)*. Mahwah, NJ: Erlbaum.

Azrin, N. H. & Holz, W. C. (1966). Punishment. In W. K. Honig (Ed.), *Operant behavior: Areas of research and application (pp. 380–447)*. New York: Appleton-Century-Crafts.

Baacke, D. (1993). *Die 6- bis 12-Jährigen. Einführung in die Probleme des Kindesalters*. Weinheim: Beltz.

Bacher, J., Beham, M. & Wilk, L. (1996). Familienstruktur, kindliches Wohlbefinden und Persönlichkeitsentwicklung – Eine empirische Analyse am Beispiel zehnjähriger Kinder. *Zeitschrift für Sozialisationsforschung und Erziehungssoziologie, 16*, 246–269.

Bäcker, G. (2000). Armut und Unterversorgung im Kindes- und Jugendalter. Defizite der sozialen Sicherung. In C. Butterwiege unter Mitarbeit von R. L'Hoest & D. Ruiss (Hrsg.), *Kinderarmut und Sozialpolitik. Ein neuer Armutstyp im Wohlfahrtsstaat (2. Auflage, S. 244–269)*. Frankfurt a. M.: Campus.

Barth, R. (1992). *Burnout bei Lehrern*. Göttingen: Hogrefe.

Baldwin, J. M. (1895). *Mental development in the child and the race*. New York: MacMillan.

Baldwin, A. L., Baldwin, C. & Cole, R. E. (1990). Stress-resistant families and stress-resistant children. In J. Rolf, A. S. Masten, D. Cicchetti, K. H. Nuechterlein & S. Weintraub (Eds.), *Risk and protective factors in the development of psychopathology (pp. 257–280)*. Cambridge: Cambridge University Press.

Balloff, R. (2004). *Kinder vor dem Familiengericht*. München: Reinhardt.

Baltes, P. B. (1990). Entwicklungspsychologie der Lebensspanne: Theoretische Leitsätze. *Psychologische Rundschau, 41*, 1–24.

Baltes, P. B. (1997). On the incomplete architecture of human ontogeny: Selection, optimization, and compensation as foundation of developmental theory. *American Psychologist, 52*, 366–380.

Baltes, P. B., Cornelius, S. W. & Nesselroade, J. R. (1979). Cohort effects in developmental psychology. In J. R. Nesselroade & P. B. Baltes (Eds.), *Longitudinal research in the study of behavior and development (S. 61–87)*. New York: Academic Press.

Baltes, P. B. & Baltes, M. M. (1989). Optimierung durch Selektion und Kompensation: Ein psychologisches Modell erfolgreichen Alterns. *Zeitschrift für Pädagogik, 35*, 85–105.

Bandura, A. (1979). *Sozial-kognitive Lerntheorie*. Stuttgart: Klett-Cotta.

Bandura, A. (1986). *Social foundations of thoughts and action: A social cognitive theory*. Englewood Cliffs, NJ: Prentice-Hall.

Barabas, F. K. & Erler, M. (2002). *Die Familie: Lehr- und Arbeitsbuch für Familiensoziologie und Familienrecht (2. völlig neu bearb. Aufl.)*. Weinheim, München: Juventa.

Barber, B. K. (1996). Parental psychological control: Revisiting a neglected construct. *Child Development, 67*, 3296–3319.

Barber, B. K. (1997). Adolescent socialization in context – The role of connection, regulation, and autonomy in the family. *Journal of Adolescent Research, 12*, 5–11.

Barber, B. K., Olsen, J. E. & Shagle, S. C. (1994). Associations between parental psychological and behavioral control and youth internalized and externalized behaviors. *Child Development, 65*, 1120–1136.

Baron, R. M. & Kenny, D. A. (1986). The moderator-mediator variable distinction in social psychological research: Conceptual, strategic, and statistical considerations. *Journal of Personality and Social Psychology, 51*, 1173–1182.

Barker, R. G. (1968). *Ecological psychology*. San Francisco, CA: Jossey-Bass.

Barker, R. G. (1979). Settings of a professional lifetime. *Journal of Personality and Social Psychology, 37*, 2137–2157.

Barker, R. G. & Wright, H. F. (1954). *Midwest and its children*. New York: Harper & Row.

Barker, R. G. & Schoggen, P. (1973). *Qualities of community life*. San Francisco: Jossey-Bass.

Barlow, J. (1999). *Systematic review of the effectiveness of parent-training programs in improving behavior problems in children aged 3–10 years*. Oxford: University of Oxford. Department of Public Health.

Barnes, G. M., Reifman, A. S., Farrell, M. P. & Dintcheff, B. A. (2000). The effects of parenting during the adolescent transition. In P. A. Cowan & M. Hetherington (Eds.), *Family transitions (pp. 111–163)*. Hillsdale, NJ: Erlbaum.

Barnett, O. W., Miller-Perrin, C. L. & Perrin, R. D. (1997). *Family violence across the lifespan*. London: Sage.

Barnett, R. C. & Hyde, J. S. (2001). Women, men, work, and family. *American Psychologist, 56,* 781–796.

Bartz, K. W. & Witcher, V. C. (1978). When father gets custody. *Children Today, 7,* 2–6.

Bates, J. E., Dodge, K. A., Pettit, G. S. & Ridge, B. (1998). Interaction of temperamental resistance to control and restrictive parenting in the development of externalizing behavior. *Developmental Psychology, 34,* 982–995.

Bauer, U. (2002). Selbst- und/oder Fremdsozialisation: Zur Theoriedebatte in der Sozialisationsforschung. *Zeitschrift für Soziologie der Erziehung und Sozialisation, 22,* 118–142.

Baumert, J., Klieme, E., Neubrand, M., Prenzel, M., Schiefele, U., Schneider, W., Stanat, P., Tillmann, K.-J. & Weiß, M. (Hrsg.) (2001). *PISA 2000: Basiskompetenzen von Schülerinnen und Schülern im internationalen Vergleich.* Opladen: Leske & Budrich.

Baumert, J. & Schümer, G. (2002). Familiäre Lebensverhältnisse, Bildungsbeteiligung und Kompetenzerwerb im nationalen Vergleich. In Deutsches PISA-Konsortium (Hrsg.), *PISA 2000. Die Länder der Bundesrepublik Deutschland im Vergleich* (S. 159–202). Opladen: Leske & Budrich.

Baumrind, D. (1966). Effects of authoritative parental control on child behavior. *Child Development, 37,* 887–907.

Baumrind, D. (1971). Note: Harmonious parents and their preschool children. *Developmental Psychology, 4,* 99–102.

Baumrind, D. (1983). Rejoinder to Lewis' reinterpretation of parental firm control effects: Are authoritative families really harmonious? *Psychological Bulletin, 94,* 132–142.

Baumrind, D. (1989). Rearing competent children. In W. Damon (Ed.), *Child development today and tommorrow* (pp. 349–378). San Francisco, CA: Jossey-Bass.

Baumrind, D. (1991a). Effective parenting during early adolescent transition. In P. A. Cowan & M. E. Hetheringhton (Eds.), *Family transitions* (pp. 111–163). Hillsdale, NJ. Erlbaum.

Baumrind, D. (1991b). Parenting styles and adolescent development. In R. Lerner, A. C. Peterson & J. Brooks-Gunn (Eds.), *The encyclopedia of adolescence* (Volume 1, pp. 169–208). New York: Russel Sage Foundation.

Baureiss, R., Bayer, H. & Bien, W. (1997). *Familienatlas II: Lebenslagen und Regionen in Deutschland.* Opladen: Leske & Budrich.

Beck, U. (1986). *Risikogesellschaft. Auf dem Weg in eine andere Moderne.* Frankfurt a. M.: Suhrkamp.

Beck-Gernsheim, E. (1984). *Vom Geburtenrückgang zur Neuen Mütterlichkeit?* Frankfurt a. M.: Suhrkamp.

Beck-Gernsheim, E. (1994). Auf dem Weg in die postfamiliale Familie – Von der Notgemeinschaft zur Wahlverwandschaft. In U. Beck & E. Beck-Gernsheim (Hrsg.), *Riskante Freiheiten* (S. 115–138). Frankfurt a. M.: Suhrkamp.

Becker, R. & Lauterbach, W. (2002). Familie und Armut in Deutschland. In R. Nave-Herz (Hrsg.), *Wandel und Kontinuität der Familie in Deutschland – Eine zeitgeschichtliche Analyse* (S. 152–181). Stuttgart: Kohlhammer.

Becker-Schmidt, R. (1980). Widersprüchliche Realität und Ambivalenz – Arbeitserfahrungen von Frauen in Fabrik und Familie. *Kölner Zeitschrift für Soziologie und Sozialpsychologie, 32,* 705–725.

Bedford, V. H. (1993). Geschwisterbeziehungen im Erwachsenenalter. In A. E. Auhagen & M. von Salisch (Hrsg.), *Zwischenmenschliche Beziehungen* (S. 119–141). Göttingen: Hogrefe.

Beelmann, W. & Schmidt-Denter, U. (1991). Kindliches Erleben sozial-emotionaler Beziehungen und Unterstützungssysteme in Ein-Eltern-Familien. *Psychologie in Erziehung und Unterricht, 38,* 180–189.

Beer, R. (2002). Vom realitätsverarbeitenden zum realitätserzeugenden Subjekt: Eine philosophische Fundierung der Sozialisationstheorie. *Zeitschrift für Soziologie der Erziehung und Sozialisation, 22(4),* 408–421.

Behnken, I. & Zinnecker, J. (1987). Vom Strassenkind zum verhäuslichten Kind. Zur Modernisierung städtischer Kindheit 1900–1980. *Sozialwissenschaftliche Information, 16,* 87–96.

Beller, E. K. (1995). Die Krippe. In R. Oerter & L. Montada (Hrsg.), *Entwicklungspsychologie* (S. 915–928). Weinheim: Beltz.

Belsky, J. (1984). The determinants of parenting: A process model. *Child Development, 55,* 83–96.

Belsky, J. (1993). Etiology of child maltreatment: A developmental-ecological analysis. *Psychological Bulletin, 114,* 413–433.

Belsky, J. (1999). Quantity of nonmaternal care and boy's problem behavior/adjustment at 3 and 5: Exploring the mediating role of parenting. *Psychiatry: Interpersonal and Biological Processes, 62,* 1–20.

Belsky, J. (2001). Developmental risks (still) associated with early child care. Journal of *Child Psychology and Psychiatry, 42,* 845–859.

Belsky, J., Lerner, R. M. & Spanier, G. B. (1984). *The child in the family.* Reading, Mass.: Addison-Wesley.

Belsky, J. & Vondra, J. (1989). Lessons from child abuse: the determinants of parenting. In D. Cichetti & V. Carlson (Eds.), *Child maltreatment* (pp. 153–202). New York: Cambridge University Press.

Belsky, J., Steinberg, L. & Draper, P. (1991). Childhood experience, interpersonal development and reproductive strategy: An evolutionary theory of socialization. *Child Development, 62,* 647–670.

Belsky, J., Youngblade, L., Rovine, M. & Volling, B. (1991). Patterns of marital change and parent-child interaction. *Journal of Marriage and the Family, 46,* 455–462.

Belsky, J., Crnic, K. & Gable, S. (1995). The determinants of coparenting in families with toddler boys: Spousal differences and daily hassles. *Child Development, 66,* 629–642.

Belsky, J., Putnam, S. & Crnic, K. (1996). Coparenting, parenting, and early emotional development. In J. P. Mchale & P. A. Cowan (Eds.), *Understanding how* family-level dynamics affect children's development: Studies of zwo-parent families. *New Directions for Child Development, 74*, 45–55.

Belsky, J., Hsieh, K. H. & Crnic, K. (1998). Mothering, fathering, and infant negativity as antecedents of boys' externalizing problems and inhibition at age 3 years: Differential susceptibility to rearing experience? *Development and Psychopathology, 10*, 301–319.

Bengtson, V. L. & Troll, L. (1978). Youth and their parents: Feedback and intergenerational influence in socialization. In R. M. Lerner & G. B. Spanier (Eds.), *Child influences on marital and family interaction: A life-span perspective* (pp. 215–249). New York: Academic Press.

Bengtson, V. L., Rosenthal, C. & Burtou, L. (1990). Families and aging: Diversity and heterogeneity. In R. Binstock & L. George (Eds.), *Handbook of aging and social sciences (Volume 3, pp. 266–287)*. San Diego, CA: Academic Press.

Berg, H. K. (2002). *Maria Montessori – Mit Kindern das Leben suchen. Antworten auf aktuelle pädagogische Fragen*. Freiburg i. Br.: Herder.

Berg, D., Seifried, K. & Winkelmann, K. (2001). Verhaltensauffälligkeiten bei Berliner Grundschülern – Ergebnisse einer empirischen Untersuchung. In C. Hanckel, B. Jötten & K. Seifried (Hrsg.), *Schule zwischen Realität und Vision* (S. 301–311). Bonn: Deutscher Psychologen Verlag.

Berghaus, M., Kob, J., Marencic, H. & Vonwinckel, G. (1978). *Vorschule im Fernsehen. Ergebnisse der wissenschaftlichen Begleituntersuchung zur Vorschulserie Sesamstraße*. Weinheim: Beltz.

Bergman, L. R. & Wangby, M. (1989). The relationship of number of separation and age at separation to adult adjustment problems. *Reports from the Department of Psychology, No. 712*. Stockholm: University of Stockholm.

Berndt, T. J. (1982). The features and effects of friendship in early adolescence. *Child Development, 53*, 1447–1460.

Berry, J. W. (1995). Psychology of acculturation. In N. R. Goldberger & J. B. Veroff (Eds.), *The culture and psychology reader* (pp. 457–488). New York: New York University Press.

Berry, J. W. (1997). Immigration, acculturation, and adaptation. *Applied Psychology: An International Review, 46*, 5–68.

Berry, J. W. & Kim, U. (1988). Acculturation and mental health. In P. R. Dasen, J. W. Berry & N. Sartorius (Eds.), *Health and cross-cultural psychology* (pp. 207–236). London: Sage.

Berry, J. W., Poortinga, Y. H., Segall, M. H. & Dasen, P. R. (1992). *Cross-cultural psychology: Theory, method, and applications*. Cambridge: Cambridge University Press.

Bertram, H. (Hrsg.) (1991). *Die Familie in Westdeutschland. Stabilität und Wandel familialer Lebensformen. DJI-Survey 1*. Opladen: Leske & Budrich.

Bertram, H. (Hrsg.) (1992). *Die Familie in den neuen Bundesländern – Stabilität und Wandel in der gesellschaftlichen Umbruchsituation. DJI-Familiensurvey 2*. Opladen: Leske & Budrich.

Bertram, H. (1996). Kindheit in einer individualisierten Gesellschaft. In W. Edelstein (Hrsg.), *Familie und Kindheit im Wandel* (S. 261–271). Potsdam: Verlag für Berlin-Brandenburg.

Bertram, H. & Henning, M. (1995). Eltern und Kinder. Zeit, Werte und Beziehungen zu Kindern. In B. Nauck & H. Bertram (Hrsg.), *Kinder in Deutschland – Lebensverhältnisse von Kindern im Regionalvergleich. DJI-Familiensurvey, 5*, 91–120.

Biblarz, T. J. & Gottainer, G. (2000). Family structure and children's success: A comparison of widowed and divorced single-mother families. *Journal of Mariiage and the Family, 62*, 533–548.

Bien, W., Hartl, A. & Teubner, M. (2002). Einführung: Stieffamilien in Deutschland. In M. Kohli & M. Szydlik (Hrsg.), *Generationen in Familie und Gesellschaft* (S. 97–121). Opladen: Leske & Budrich.

Biermann, C. & Tillmann, K. J. (2001). Der Lehrerblick aufs Elternhaus. In I. Behnken u. a. (Hrsg.), *Familie* (S. 114–117). Velber: Friedrich-Verlag.

Biglan, A., Mrazek, P. J., Carnine, D. & Flay, B. R. (2003). The integration of research and practice in the prevention of youth problem behaviors. *American Psychologist, 58*, 433–440.

Bittner, G. (1996). *Problemkinder. Zur Psychoanalyse kindlicher und jugendlicher Verhaltensauffälligkeiten*. Göttingen: Vandenhoeck & Ruprecht.

Blanz, B., Schmidt, M. H. & Esser, G. (1991). Familial adversity and child psychiatric disorders. *Journal of Child Psychology and Psychiatry, 32*, 939–950.

Bliesener, U. (1997). Interkulturelles lernen: eine pädagogische Notwendigkeit und Chance. In Y. Bizeul, U. Bliesener & M. Prawda (Hrsg.), *Vom Umgang mit dem Frenden* (S. 202–232). Weinheim: Beltz.

Block, J. H., Block, J. & Morrison, A. (1981). Parental agreement – disagreement on child-rearing orientations and gender-related personality correlates in children. *Child Development, 52*, 965–974.

Block, J. H. & Gjerde, P. F. (1986). *Early antecedents of ego resiliency in late adolescence*. Paper presented at the Annual Meeting of the American Psychological Association. Washinghton, D. C.

Block, J. H., Block, J. & Gjerde, P. F. (1986). The personality of children prior to divorce: A prospective study. *Child Development, 57*, 827–840.

Bodenmann, G. (2000). *Stress und Coping bei Paaren*. Göttingen: Hogrefe.

Bodenmann, G. (2001). Prävention von Partnerschaftsproblemen: Die Rolle von Stress und seiner Bewältigung. In S. Walper & R. Pekrun (Hrsg.), *Familie und Entwicklung: Aktuelle Perspektiven der Familienpsychologie* (S. 385–404). Göttingen: Hogrefe.

Bodenmann, G. (2002). Die Bedeutung von Stress für die Familienentwicklung. In B. Rollett & H. Werneck (Hrsg.), *Klinische Entwicklungspsychologie der Familie* (S. 243–265). Göttingen: Hogrefe.

Bohrhardt, R. (2000). Familienstruktur und Bildungs-

erfolg. Stimmen die alten Bilder? *Zeitschrift für Erziehungswissenschaft, 2,* 189–207.
Bois-Reymond, N. du (1991). *Veränderungen in Umgangsstilen zwischen Eltern und Kindern.* Vortrag zur Gedenktagung Norbert Elias, Kulturwissenschaftliches Institut, Essen-Heisingen vom 10. bis 19. Oktober 1991.
Bois-Reymond, N. du (1994). Die moderne Familie als Verhandlungshaushalt. Eltern-Kind-Beziehungen in West- und Ostdeutschland und in den Niederlanden. In M. du Bois-Reymond, P. Büchner, H.-H. Krüger, J. Ecarius & B. Fuhs (Hrsg.), *Kinderleben: Modernisierung von Kindheit im interkulturellen Vergleich (S. 137–219).* Opladen: Leske & Budrich.
Bolger, K. E., Patterson, C. J. & Kupersmidt, J. B. (1998). Peer relations and self-esteem among children who have been matreated. *Child Development, 69,* 1171–1197.
Bolger, K. E. & Patterson, C. J. (2001). Developmental pathways from child maltreatment to peer rejection. *Child Development, 72,* 549–568.
Boos-Nünning, U. (1994). Türkische Familien in Deutschland. Auswirkungen der Wanderung auf Familienstruktur und Erziehung. In S. Luchtenberg & W. Nieke (Hrsg.), *Interkulturelle Pädagogik und Europäische Dimension (S. 5–24).* Münster: Waxman.
Booth, A. & Dunn, J. F. (Eds.) (1996). *Family-school links.* Mahwah, NJ: Erlbaum.
Booth, A., Crouter, A. C. & Landale, N. (Eds.) (1997). *Immigration and the family.* Nahwah, N.J.: Erlbaum.
Booth, A. & Amato, P. R. (2001). Parental predivorce relations and offspring postdivorce well-being. *Journal of Marriage and the Family, 63,* 197–212.
Borba, M. (1999). *Parents do make a difference.* San Francisco, CA: Jossey-Bass.
Borhardt, R. (1999). *Ist wirklich die Familie Schuld? Familialer Wandel und soziale Probleme im Lebensverlauf.* Opladen: Leske & Budrich.
Bornstein, M. (Ed.) (2002). *Handbook of parenting (Volume 1–5).* Mahwah, NJ: Erlbaum.
Bornstein, P., Duncan, P., D'Ari, A., Pieniadz, J., Fitzgerald, M., Alraus, C. L., Frankowski, B., Fanco, O., Hunt, C. & Oh Cha, S. Y. (1996). Family and parenting behaviors predicting middle school adjustment. A longitudinal study. *Family Relations, 45,* 415–426.
Bourhis, R. Y., Moise, L. C., Perreault, S. & Senécal, S. (1997). Towards an interactive model: A social psychological approach. *International Journal of Psychology, 32,* 369–386.
Boyum, L. A. & Parke, R. D. (1995). The role of family emotional expressiveness in the development of children's social competence. *Journal of Marriage and the Family, 57,* 593–608.
Bower, G. H. & Hilgard, E. R. (2000). *Theorien des Lernens.* Stuttgart: Klett-Cotta.
Bowlby, J. (1995). *Mutterliebe und kindliche Entwicklung.* München: Reinhardt.
Bowlby, J. (1969). *Attachment and loss (Vol. 1).* New York: Basic.

Bracht, E. (1994). *Multikulturell leben lernen.* Heidelberg: Asanger.
Bradbury, T. N. & Fincham, F. D. (1991). A contextual model for advancing the study of marital interaction. In G. J. O. Fletcher & F. D. Fincham (Eds.), *Cognition in close relationships (pp. 127–147).* Hillsdale, NJ: Erlbaum.
Bradley, R. H., Caldwell, B. M., Rock, S. L., Ramey, C. T., Barnard, K. E., Gray, C., Hammond, M. A., Mitchell, S., Gottfried, A. W., Siegel, L. & Johnson, D. L. (1989). Home environment and cognitive development in the first 3 years of live: A collaborative study involving six sites and three ethnic groups in North America. *Developmental Psychology, 25,* 217–235.
Bradley, R. H. & Caldwell, B. M. (1995). Caregiving and the regulation of child growth and development: Describing proximal aspects of caregiving systems. *Developmental Review, 15,* 38–85.
Bradley, R. H., Corwyn, R. F., Caldwell, B. M., Whiteside-Mansell, L., Wassermann, G. A. & Mink, I. T. (2000). Measuring the home environments of children in early adolescence. *Journal of Research in Adolescence, 10,* 247-288.
Brake, A. & Büchner, P. (1996). Kindsein in Ost- und Westdeutschland. Allgemeine Rahmenbedingungen des Lebens von Kindern und jungen Jugendlichen. In P. Büchner (Hrsg.), *Vom Teddybär zum ersten Kuss. Wege aus der Kindheit in Ost- und Westdeutschland (S. 43–65).* Opladen: Leske & Budrich.
Brandl, G. (1997). *Erziehen ohne Verwöhnen.* Eschborn: Klotz.
Brandstädter, J. (1985). Entwicklungsberatung unter dem Aspekt der Lebensspanne: Zum Aufbau eines entwicklungspsychologischen Anwendungskonzeptes. In J. Brandtsädter & H. Gräser (Hrsg.), *Entwicklungsberatung unter dem Aspekt der Lebensspanne (S. 1–15).* Göttingen: Hogrefe.
Brandstädter, J. (2001). *Entwicklung – Intentionalität – Handeln.* Stuttgart: Kohlhammer.
Brandstädter, J. & Greve, W. (1994). Entwicklung im Lebenslauf als Kulturprodukt und Handlungsergebnis: Aspekte der Konstruktion und Kritik. In K. A. Schneewind (Hrsg.), *Psychologie der Erziehung und Sozialisation (S. 41–71).* Göttingen: Hogrefe.
Brazelton, T. B. (1982). *Babys erste Lebensjahre.* München: dtv.
Brazelton, T. B. & Greenspan, S. I. (2002). *Die sieben Grundbedürfnisse von Kindern.* Weinheim: Beltz.
Bray, J. (1992). Family relationships and children's adjustment in clinical and nonclinical stepfather families. *Journal of Family Psychology, 6,* 60–68.
Brehm, J. W. (1966). *A theory of psychological reactance.* New York: Academic Press.
Brendgen, M., Vitaro, F., Bukowski, W. M., Doyle, A. B. & Markiewicz, D. (2001). Developmental profiles of peer social preference over the course of elementary school: Associations with trajectories of externalizing and internalizing behavior. *Deverlopmental Psychology, 37,* 308–320.

Brezinka, W. (1990). *Grundbegriffe der Erziehungswissenschaft (5. Auflage)*. München: Reinhardt.

Briesmeister, J. M. & Schaefer, C. M. (Eds.) (1998). *Handbook of parent training. Parents as co-therapists for children's behavior problems.* New York: Wiley.

Brim, O. G. jr. (1968). Socialization through the life cycle. In G. Gordon & K. J. Gergen (Eds.), *The self in social interaction* (pp. 227–240). New York: Wiley.

Brisch, K. H., Grossmann, K. E., Grossmann, K. & Köhler, L. (Hrsg.) (2002). *Bindung und seelische Entwicklungswege. Grundlagen, Prävention und klinische Praxis.* Stuttgart: Klett-Cotta.

Bronfenbrenner, U. (1976). *Ökologische Sozialisationsforschung.* Stuttgart: Klett-Cotta.

Bronfenbrenner, U. (1981). *Ökologie der menschlichen Entwicklung.* Stuttgart: Klett-Cotta.

Bronfenbrenner, U. (1986). Ecology of the family as a context of human development: Research perspectives. *Developmental Psychology, 22,* 723–742.

Bronfenbrenner, U. (1989). Ecological systems theory. In R. Vasta (Ed.), *Annals of Child Development* (pp. 187–249). London: JAI Press.

Bronfenbrenner, U. & Ceci, S. J. (1994). Nature-nurture reconceptualized: A bioecological model. *Psychological Review, 101,* 567–586.

Bronfenbrenner, U. & Morris, P. A. (2000). Die Ökologie des Entwicklungsprozesses. In A. Lange & W. Lauterbach (Hrsg.), *Kinder in Familie und Gesellschaft zu Beginn des 21sten Jahrhunderts (S. 29–58).* Stuttgart: Lucius & Lucius.

Brooks-Gunn, J., Han, W. & Waldfogel, J. (2002). Maternal employment and child cognitive outcomes in the first three years of life: The NICHD Study of Early Child Care. *Child Development, 73,* 1052–1072.

Brown, J. A. (1991). *Television «Critical viewing Skills» education: Major media literacy pprojects in the United States and selected countries.* Hillsdale, NJ: Erlbaum.

Brüggelmann, H. (2002). Bildungskultur ohne Lernkultur. Bericht aus dem aktuellen Siegener Kinder- und Jugendsurvey. *Zeitschrift für Soziologie der Erziehung und Sozialisation, 22,* 331–335.

Bründel, H. & Hurrelmann, K. (1996). *Einführung in die Kindheitsforschung.* Weinheim: Beltz.

Bruner, J. S., Olver, R. R. & Greenfield, P. M. (1971). *Studien zur kognitiven Entwicklung.* Stuttgart: Klett-Cotta.

Buchanan, C. M., Maccoby, E. E. & Dornbusch, S. M. (1991). Caught between parents: Adolescent's experience in divorced homes. *Child Development, 62,* 1008–1029.

Bucher, A. A. (2001). *Was Kinder glücklich macht.* Weinheim: Juventa.

Buhrmester, D. & Furman, W. (1987). The development of companionship and intimacy. *Child Development, 58,* 1101–1111.

Büchner, P. (1990). Aufwachsen in den 80er Jahren. Zum Wandel kindlicher Normalbiographien in der Bundesrepublik. In P. Büchner, H.-H. Krüger & L. Chisholm (Hrsg.), *Kindheit und Jugend im interkulturellen Vergleich (S. 79-94).* Opladen: Leske & Budrich.

Büchner, P., Krüger, H.-H. & Chisholm, L. (Hrsg.) (1990). *Kindheit und Jugend im interkulturellen Vergleich.* Opladen: Leske & Budrich.

Büchner, P. & Krüger, H.-H. (1996). Schule als Lebensort von Kindern und Jugendlichen. Zur Wechselwirkung von Schule und außerschulischer Lebenswelt. In P. Büchner, B. Fuhs & H.-H. Krüger (Hrsg.), *Vom Teddybär zum ersten Kuss. Wege aus der Kindheit in Ost- und Westdeutschland (S. 201–224).* Opladen: Leske & Budrich.

Büchner, P., Fuhs, B. & Krüger, H.-H. (Hrsg.) (1996). *Vom Teddybär zum ersten Kuss. Wege aus der Kindheit in Ost- und Westdeutschland.* Opladen: Leske & Budrich.

Buehler, C., Anthony, C., Krishnakumar, A., Stone, G., Gerad, J. & Pemberton, S. (1997). Interparental conflict and youth problem behaviors: A meta-analysis. *Journal of Child and Family Studies, 6,* 233–247.

Bukowski, W. M. & Newcomb, A. F. (1987). *Friedship quality and the «self» in early adolescence.* Paper presented at the Society for Research in Child Development, Baltimore.

Bundesministerium für Familie, Senioren, Frauen und Jugend (Hrsg.) (1994). *Familien und Familienpolitik im geeinten Deutschland – Zukunft des Humanvermögens. 5. Familienbericht.* Bonn: Universitätsdruckereien.

Bundesministerium für Familie, Senioren, Frauen und Jugend (Hrsg.) (1996). *Familienbildung als Angebot der Jugendhilfe. Aufgaben und Perspektiven nach dem Kinder- und Jugendhilfegesetz (Sozialgesetzbuch VIII). Schriftenreihe des BMFSFJ, Bd. 120).* Stuttgart: Kohlhammer.

Bundesministerium für Familie, Senioren, Frauen und Jugend (Hrsg.) (1998). *10. Kinder- und Jugendbericht. Bericht über die Lebenssituation von Kindern und Leistungen der Kinderhilfen in Deutschland.* Bonn: Universitäts-Druckerei.

Bundesministerium für Familie, Senioren, Frauen und Jugend (Hrsg.) (1999). *Die Familie im Spiegel der amtlichen Statistik.* Bonn: Universitäts-Druckerei.

Bundesministerium für Familie, Senioren, Frauen und Jugend (Hrsg.) (2000). *Familien ausländischer Herkunft. Leistungen, Belastungen, Herausforderungen. 6. Familienbericht.* Berlin.

Bundesministerium für Familie, Senioren, Frauen und Jugend (Hrsg.,) (2001). *Integration von Familien ausländischer Herkunft.* Dokumentation der Fachtagung. 11.–12. Dezember 2001, Berlin.

Burchinal, M. R., Follmer, A. & Bryant, D. M. (1996). The relations of maternal social support and family structure with maternal responsiveness and child outcomes among African American families. *Developmental Psychology, 32,* 1073–1083.

Burchinal, M. R., Roberts, J., Riggins, R., Zeisel, S., Neebe, E. & Bryant, D. (2000). Relating quality of center-based child care to early cognitive and language development longitudinally. *Child Development, 71,* 339–357.

Burge, D. & Kammen, C. (1991). Maternal communication: Predictors of outcome at follow-up in a sample of children at high and low risk for depression. *Journal of Abnormal Psychology, 100,* 174–180.

Buriel, R., Calazada, S. & Vasquez, R. (1982). The relationship ofr traditional Mexican American culture to adjustment and delinquency among three generations of Mexican American male adolescents. *Hispanic Journal of Behavioral Sciences, 4,* 41–55.

Busch, F. & Scholz, W.-D. (2002). Wandel in den Beziehungen zwischen Familie und Schule. In R. Nave-Herz (Hrsg.), *Wandel und Kontinuität der Familie in Deutschland – Eine zeitgeschichtliche Analyse (S. 112–134).* Stuttgart: Kohlhammer.

Bussmann, K.-D. (1995). Familiale Gewalt gegen Kinder und das Recht. In U. Gerhardt, S. Hradil, D. Lucke & B. Nauck (Hrsg.), *Familie der Zukunft (S. 261–279).* Opladen: Leske & Budrich.

Butz, P. & Boehnke, K. (1999). Problemverhalten im Kontext familiärer Veränderungen durch Trennung und neue Partnerschaft der Eltern. In S. Walper & B. Schwarz (Hrsg.), *Was wird aus den Kindern? Chancen und Risiken für die Entwicklung von Kindern aus Trennungs- und Stieffamilien (S. 171–189).* Weinheim: Juventa.

Cadoret, R. J., Cain, C. A. & Crowe, R. R. (1983). Evidence for gene-environment interaction in the development of adolescent antisocial behavior. *Behavior Genetics, 13,* 301–310.

Cairns, R. B. & Cairns, B. D. (1994). *Lifelines and risks: Pathways of youth in our time.* Cambridge, UK: Cambridge University Press.

Campbell, S. B. (1997). Behavior problems in preschool children. Developmental and family issues. In T. H. Ollendick & R. J. Prinz (Eds.), *Advances in clinical child psychology (Volume 18, pp. 1–26).* New York: Plenum.

Camus, J. L. (2000). Väter. *Die Bedeutung des Vaters für die psychische Entwicklung des Kindes.* Weinheim: Beltz.

Caldwell, B. & Bradley, R. (1984). *Home observation for measurement of the environment.* Little Rock: University of Arkansas at Little Rock.

Carter, B. & McGoldrick, M. (1988). Overview: The changing family cycle. A framework for family therapy. In D. Carter & M. McGoldrick (Eds.), *The changing family cycle: A framework for family therapy (pp. 3–28).* New York: Gardner.

Case, R. (1991). Stages in the development of the young child's first sense of self. *Developmental Review, 11,* 210–230.

Cassidy, J., Parke, R., Butkovsky, L. & Braungart, J. (1992). Family-peer connections. The roles of emotional expressiveness within the family and children's understanding of emotions. *Child Development, 63,* 603–618.

Castells, M. (1998). *The end of the millenium.* Oxford: Blackwell.

Chamberlain, D. (1994). *Woran Babys sich erinnern: Die Anfänge unseres Bewusstseins im Mutterleib (3. Auflage).* München: Kösel.

Chamberlain, P. & Patterson, G. R. (1995). Discipline and child compliance in parenting. In M. H. Bornstein (Ed.), *Handbook of parenting (Volume 4: Applied and practical parenting, pp. 205–225).* Mahwah, NJ: Erlbaum.

Chen, X., Dong, Q. & Zhou, H. (1997). Authoritative and authoritarian parenting practices and social and school performance in Chinese children. *International Journal of Behavioral Development, 21,* 855–873.

Christiane F. (1997). *Wir Kinder vom Bahnhof Zoo (41. Auflage).* Hamburg: Gruner & Jahr.

Christensen, P., James, A. & Jenks, C. (2000). Home and movement: Children constructing «family time». In S. L. Holloway & G. Valentine (Hrsg.), *Children's geographies. Playing, living, learning (pp. 139–155).* London: Routledge.

Chun, K. M., Balls Organista, P. & Marin, G. (Eds.) (2003). *Acculturation. Advances in theory, measurement, and applied research.* Washington, D.C.: APA.

Cicchetti, D., Rogosch, F. A. & Toth, S. L. (1994). A developmental psychopathology perspective on depression in children and adolescents. In W. M. Reynolds & H. F. Johnston (Hrsg.), *Handbook of depression in children and adolescents (pp. 124–141).* New York: Plenum.

Cicchetti, D. & Cannon, T. D. (1999). Neurodevelopmental processes in the ontogenesis and epigenesis of psychopathology. *Developmental Psychopathology, 11,* 375–393.

Cicirelli, V. G. (1989). Feelings of attachment to siblings and well-being in later life. *Psychology and Aging, 4,* 211–216.

Cicirelli, V. G. (1994). The longest bond: The sibling life cycle. In L. L'Abate (Ed.), *Handbook of family psychology and psychopathology (pp. 44–59).* New York: Wiley.

Cicirelli, V. G. (1998). Intergenerational relationships in modern families. In L. L'Abate (Ed.), *Family psychopathology: The relational roots of dysfunctional behavior (pp. 185–206).* New York: The Guildford Press.

Cierpka, M. (Hrsg.) (1996). *Handbuch der Familiendiagnostik.* Berlin: Springer.

Clarke-Stewart, K. A. (1978). And daddy makes three: The father's impact on mother and young child. *Child Development, 49,* 466–478.

Clason, C. (1989). Die Ein-Eltern-Familie oder die Ein-Elter-Familie. In R. Nave-Herz & M. Markefka (Hrsg.), *Handbuch der Familien- und Jugendforschung (Band 1, S. 413–422).* Frankfurt a. M.: Luchterhand.

Cohn, D. (1990). Child-mother attachment of six-year-olds and social competence at school. *Child Development, 61,* 152–162.

Cohn, D. A., Cowan, P. A., Cowan, C. P. & Pearson, J. (1992). Mothers' and fathers' working models of childhood attachment relationships, parenting styles, and child behavior. *Development and Psychopathology, 4,* 417–431.

Coie, J. D. & Cillessen, A. H. (1993). Peer rejection: Ori-

gins and effects on children's development. *Current Directions in Psychological Science, 2,* 89–92.
Cole, M. (1996). *Cultural psychology.* Cambridge, MA: Harvard University Press.
Coleman, J.S. (1991). *Grundlagen der Sozialtheorie (3 Bände).* München: Oldenbourg.
Coleman, J.C. & Hendry, L. (1990). *The nature of adolescent.* London: Routledge.
Colletta, N.D. (1981). Social support and the risk of maternal rejection by adolescent mothers. *Journal of Psychology, 109,* 191–197.
Comstock, G. (1989). *The evolution of american television.* Newbury Park, CA: Sage.
Conger, R.D. & Chao, W. (1996). Adolescent depressed mood. In R.L. Simons (Ed.), *Understanding differences between divorced and intact families (pp. 157–175).* Thousand Oaks, CA: Sage.
Corsaro, W.A. (1997). *The sociology of childhood.* Thousand Oaks, CA: Pine Forge Press.
Corsaro, W.A. & Eder, D. (1990). Children's peer cultures. *Annual Review of Sociology, 16,* 197–220.
Cotterell, J. (1996). *Social networks and social influences in adolescence.* London: Routledge.
Cowan, P.A. (1991). Individual and family transitions: A proposal for a new definition. In P.A. Cowan & M. Hetheringhton (Eds.), *Family transitions. Advances in family research (Volume 2, pp. 3–30).* Hillsdale, NJ: Erlbaum.
Cowan, P.A., Cowan, C.P. & Schulz, M.S. (1996). Thinking about risk and resilience in families. In E.M. Hetherington & E.A. Blechman (Eds.), *Stress, coping, and resilience in children and families. Family research consortium: Advances in family research (pp. 1–38).* Mahwah, NJ: Erlbaum.
Cowan, P.A., Powell, D. & Cowan, C.P. (1998). Parenting interventions: A faily systems perspective. In W. Damon (Ed.), *Handbook of child psychology (Volume 4: Child psychology in practice, pp. 3–72).* New York: Wiley.
Criss, M.M., Pettit, G.S., Bates, J.E., Dodge, K.A. & Lapp, A.L. (2002). Family adversity, positive peer relationships, and children's externalizing behavior: A longitudinal perspective on risk and resilience. *Child Development, 73,* 1220–1237.
Crockenberg, S. & McCluskey, K. (1986). Change in maternal behavior during the baby's first year of life. *Child Development, 57,* 746–753.
Crosnoe, R. & Needham, B. (2004). Holism, contextual variability, and the study of friendships in adolescent development. *Child Development, 75,* 264–279.
Crouter, A.C., MacDermid, S.M., McHale, S.M. & Perry-Jenkins, M. (1990). Parental monitoring and perceptions of children's school performance and conduct in dual- and single-earner families. *Developmental Psychology, 26,* 649–657.
Crouter, A.C. & McHale, S.M. (1993). The long arm of the job: Influences of parental work on childrearing. In T. Luster & L. Okagaki (Eds.), *Parenting: An ecological perspective (pp. 179–202).* Hillsdale, NJ: Erlbaum.

Crouter, A.C., Bumpus, M.F., Maguire, M.C. & McHale, S.M. (1999). Linking parent's work pressure and adolescents' well-being: Insights into dynamics in dual-earner families. *Developmental Psychology, 35,* 1453–1461.
Crouter, A.C., Helms-Erickson, H., Updegraff, K. & McHale, S.M. (1999). Conditions underlying parents' knowledge about children's daily lives in middle childhood: Between- and within-family comparisons. *Child Development, 70,* 246–259.
Csikszentmihalyi, M. (1985). *Das Flow-Erlebnis.* Stuttgart: Klett-Cotta.
Cummings, E.M. (1987). Coping with background anger in early childhood. *Child Development, 58,* 976–984.
Cummings, E.M. & Davis, P.T. (1994). *Children and marital conflict: The impact of family dispute and resolution.* New York: Guilford Press.
Cummings, E.M. & Wilson, A. (1999). Contexts of marital conflict and children's emotional security: Exploring the distinction between construction and destructive conflicts from the children's perspective. In M.J. Cox & J. Brooks-Gunn (Eds.), *Conflict and cohesion in families: Causes and consequences (pp. 105–129).* Mahwah, NJ.: Erlbaum.
Cummings, E.M. & Cummings, J.S. (2002). Parenting and attachment. In M.H. Bornstein (Ed.), Handbook of parenting *(Volume 5: Practical issues of parenting, pp. 35–58).* Mahwah, NJ: Erlbaum.
Cusinato, M. (1994). Parenting over the family cycle. In L. L'Abate (Ed.), *Handbook of family psychology and psychopathology.* New York: Wiley.
Dambach, K.E. (2002). *Mobbing in der Schulklasse.* München: Reinhardt.
Damon, W. & Hart, D. (1992). Self-understanding and ist role in social and moral development. In H.M. Bornstein & M.E. Lamb (Eds.), *Developmental psychology: An advanced textbook (S. 27–47).* San Francisco: Jossey-Bass.
Darling, N. & Steinberg, L. (1993). Parenting style as context: An integrative model. *Psychological Bulletin, 113,* 487–496.
Davies, P.T. & Cummings, E.M. (1998). Exploring children's emotional security as a mediator of the link between marital relations and child adjustment. *Child Development, 69,* 124–139.
Deater-Deckard, K. & Dodge, K.A. (1997). Externalizing behavior problems and discipline tevisited: Nonlinear effects and variation by culture, context, and gender. *Psychological Inquiry, 8,* 161–175.
Deci, E.L. & Ryan, R.M. (2000). The «what» and «why» of goal pursuits: Human needs and the self-determinantion of behavior. *Psychological Inquiry, 11,* 227–268.
Deegener, G. (2002). *Aggression und Gewalt von Kindern und Jugendlichen.* Göttingen: Hogrefe.
Dekovic, M. & Janssens, J. (1991). Opvoeding, prosociaal en populariteit van kinderen. *Kind en Adolescent, 12,* 2.
Demo, D.H. & Acock, A.C. (1996). Family structure,

family process, and adolescent well-being. *Journal of Research on Adolescence, 6,* 457–488.
Dettenborn, H. (2001). *Kindeswohl und Kindeswille. Psychologische und rechtliche Aspekte.* München: Reinhardt.
Dettenborn, H. & Walter, E. (2002). *Familienrechtspsychologie.* München: Reinhardt.
Deutsches Kinderhilfswerk e. V. (Hrsg.) (2002). *Kinderreport Deutschland. Daten, Fakten, Hintergründe.* München: Kopaed.
Deutscher Kinderschutzbund & Volkswagen AG (Hrsg.) (1998). *Taschenbuch der Kinderpreise 1998.* Remagen-Rolandseck: Romerskirchen.
Deutsches Jugendinstitut (Hrsg.) (1998). *Tageseinrichtungen für Kinder – Pluralisierung von Angeboten. Zahlenspiegel.* München: Deutsches Jugendinstitut.
Deutsches Jugendinstitut (2003). *Kinderpanel: Entwicklungsressourcen und -risiken in der Lebenswelt von Kindern.* München: DJI.
Deutsches PISA-Konsortium (Hrsg.) (2002). *PISA 2000. Die Länder der Bundesrepublik Deutschland im Vergleich.* Opladen: Leske & Budrich.
Dewey, J. (1938). *Experience and education.* New York: Macmillan.
De Wolff, M. S. & van Ijzendoorn, M. H. (1997). Sensitivity and attachment: A meta-analysis on parental antecedents of infant attachment. *Child Development, 68,* 571–591.
Diehm, I. & Radtke, F.-O. (1999). *Erziehung und Migration.* Stuttgart: Kohlhammer.
Dippelhofer-Stiem, B. (1995). *Sozialisation in ökologischer Perspektive. Eine Standortbestimmung am Beispiel der frühen Kindheit.* Opladen: Westdeutscher Verlag.
Dishion, T. J. (1990). The family ecology of boy's peer relations in middle childhood. *Child Development, 61,* 874–892.
Dishion, T. J., Andrews, D. W. & Crosby, L. (1995). Antisocial boys and their friends in early adolescence: Relationship characteristics, quality, and interactional process. *Child Development, 66,* 139–151.
Dishion, T. J. & Patterson, S. G. (1996). *Preventive parenting with love, encouragement, and limits. The preschool years.* Eugene: Castalia.
Dishion, T. J. & McMahon, R. J. (1998). Parental monitoring and the prevention of child and adolescent problem behavior: A conceptual and empirical formulation. Clinical *Child and Family Psychology Review, 1,* 61–75.
Dodge, K. T., Pettit, G. S. & Bates, J. E. (1994). Socialization mediators of the relation between socioeconomic status and child conduct problems. *Child Development, 65,* 649–665.
Dodge, K. A., Lansford, J. E., Salzer Burks, V., Bates, J. E., Pettit, G. S., Fontaine, R. & Price, J. M. (2003). Peer rejection and social information processing factors in the development of aggressive behavior problems in children. *Child Development, 74,* 374–393.
Dollase, R. (2000). Selbstsozialisation und problematische Folgen. In J. Fromme, S. Kommer, J. Mannsel & K.-P. Treumann (Hrsg.), *Selbstsozialisation, Kinderkultur und Mediennutzung (S. 23–42).* Opladen: Leske & Budrich.
Domke, H. (1997). Gar nicht erzogen – und doch ausgezeichnet erzogen. Überlegungen zur Gestaltung familialer Nedingungen des Aufwachsens. In H. Macha & L. Mauermann (Hrsg.), *Brennpunkte der Familienerziehung (S. 47–97).* Weinheim: Deutscher Studienverlag.
Döpfner, M. (2000). Hyperkinetische Störungen. In F. Petermann (Hrsg.), *Lehrbuch der Klinischen Kinderpsychologie und -psychotherapie (4. vollst. überarb. und erweit. Auflage, S. 151–186).* Göttingen: Hogrefe.
Döpfner, M., Fegert, J., Huss, M., Lenz, K., Schmeck, K., Lehmkuhl, U., Pustka, F. & Lehmkuhl, G. (1997). Psychische Auffälligkeiten von Kindern und Jugendlichen in Deutschland – Ergebnisse einer repräsentativen Studie: Alters-, Geschlechts- und Beurteilereffekte. *Zeitschrift für Kinder- und Jugendpsychotherapie, 25,* 218–233.
Döpfner, M. & Lehmkul, G. (2002). Die Wirksamkeit von Kinder- und Jugendpsychotherapie. *Psychologische Rundschau, 53,* 157–158.
Dornbusch, S. M., Carlsmith, J. M., Bushwall, S. J., Ritter, P. L., Leiderman, H., Hastorf, A. H. & Gross, R. T. (1985). Single parents, extended households, and the control of adolescents. *Child Development, 56,* 326–341.
Dreher, E. & Dreher, M. (1985). Entwicklungsaufgaben im Jugendalter: Bedeutsamkeit und Bewältigungskonzepte. In D. Liepmann & A. Stiksrud (Hrsg.), *Entwicklungsaufgaben und Bewältigungsprobleme in der Adoleszenz (S. 56–70).* Göttingen: Hogrefe.
Dreher, E. & Dreher, M. (2002). Familientabus und Ablösung. In B. Rollett & H. Wernecke (Hrsg.), *Klinische Entwicklungspsychologie der Familie (S. 185–205).* Göttingen: Hogrefe.
Dreikurs, R. & Blumenthal, E. (2001). *Eltern und Kinder – Freunde oder Feinde? (3. Auflage).* Stuttgart: Klett-Cotta.
Dreikurs, R. & Soltz, V. (2002). *Kinder fordern uns heraus. Wie erziehen wir zeitgemäß?* Stuttgart: Klett-Cotta.
Dumas, J. E. & LaFreniere, P. J. (1995). Relationships as context: Supportive and coercive interactions in competent, aggressive, and anxious mother-child-dyads. In J. McCord (Ed.), *Coercion and punishment in long term perspectives (pp. 9–33).* New York: Cambridge University Press.
Dumas, J. E. (1999). *Psychopathologie de l'enfant et de l'adolesent.* Paris: De Boeck & Larcier Université.
Dunn, J. (1994). Family influences. In M. Rutter & D. F. Hay (Eds.), *Development through life. A handbook for clinicians (pp. 112–133).* Oxford: Blackwell.
Dunn, J. & Plomin, R. (1996). *Warum Geschwister so verschieden sind.* Stuttgart: Klett-Cotta.
Durkheim, É. (1995). *Erziehung, Moral und Gesellschaft.* Frankfurt a. M.: Suhrkamp.
Durlak, J. A. & Wells, A. M. (1997). Primary prevention

mental health programs for children and adolescents: A meta-analytic review. *American Journal of Community Psychology, 25,* 115–152.

Edelmann, W. (2000). *Lernpsychologie.* Einheim: Beltz-PVU.

Edelstein, W. & Hoppe-Graf, S. (1993). *Die Konstruktion kognitiver Strukturen.* Bern: Huber.

Egeland, B. (1993). A history of abuse is a major risk factor for abusing the next generation. In R. J. Gelles & D. R. Loseke (Eds.), *Current controversies on family violence (pp. 197–208).* London: Sage.

Egeland, B. R., Carlson, E. & Sroufe, L. A. (1993). Resilience as process. *Development and Psychopathology, 5,* 517–528.

Eickhoff, C., Hasenberg, R. & Zinnecker, J. (1999). Geschlechtsdifferenzierender Erziehung in der Familie. In R. K. Silbereisen & J. Zinnecker (Hrsg.), *Entwicklung im sozialen Wandel (S. 299–316).* Weinheim: Beltz-PVU,

Eisner, M., Manzoni, P. & Ribeaud, D. (2000). *Gewalterfahrungen von Jugendlichen.* Aarau/Schweiz: Sauerländer.

Elder, G. H., Jr. (1974). *Children of the Great Depression.* Chicago: University of Chicago Press.

Elder, G. H., Jr., Liker, J. & Cross, E. (1984). Parent-child behavior in the GrDat depression: Life course and intergenerational influences. In P. B. Baltes & O. G. Brim, Jr. (Eds.), *Life-span development and behavior (Volume 6, pp. 109–158).* New York: Academic Press.

Elder, G. H., Jr., Van Nguyen, T. & Caspi, A. (1985). Linking family hardship to children's lives. *Child Development, 56,* 361–375.

Elder, G. H., Jr. & Caspi, A. (1990). Persönliche Entwicklung und sozialer Wandel. Die Entstehung der Lebensverlaufsforschung. In K. Mayer (Hrsg.), *Lebensverläufe und sozialer Wandel (S. 22–58).* Opladen: Westdeutscher Verlag.

Elder, G. H., Jr. & Caspi, A. (1991). Lebensläufe im sozialen Wandel. Soziologische und psychologische Perspektiven. In A. Engfer, B. Minsel & S. Walper (Hrsg.), *Zeit für Kinder! Kinder in Familie und Gesellschaft (S. 32–60).* Weinheim: Beltz.

Elicker, J., Englund, M. & Sroufe, L. A. (1992). Predicting peer competence in childhood from early parent-child relationships. In R. D. Parke & G. W. Ladd (Eds.), *Family-peer relationships. Modes of linkages (pp. 77–106).* Hillsdale, NJ: Erlbaum.

Elkind, D. (1991). *Das gehetzte Kind.* Hamburg: Kabel.

Elschenroich, D. & Pagenstecher, L. (1993). Einleitung. In Deutsches Jugendinstitut (Hrsg.), *Was für Kinder: Aufwachsen in Deutschland (S. 10–14).* München: DJI.

Engel, U. & Hurrelmann, K. (1989). *Psychosoziale Belastung im Jugendalter. Empirische Befunde zum Einfluß von Familie, Schule und Gleichaltrigengruppe.* Berlin: de Gruyter.

Engel, U. & Hurrelmann, K. (1994). *Was Jugendliche wagen.* München: Juventa.

Engfer, A. (2002). Misshandlung, Vernachlässigung und Missbrauch von Kindern. In R. Oerter & L. Montada (Hrsg.), *Entwicklungspsychologie (S. 800–817).* Weinheim: Beltz-PVU.

Engl, I., Thurmaier, F. & Black, C. (1998). *Konstruktive Ehe und Kommunikation (KEK). Ein Kurs zur Weiterentwicklung von Partnerschaft. Vorher-nachher-Ergebnisse: Entwicklung von Kommunikationsqualität, Ehequalität und individuellen Allgemeinbeschwerden.* München: Institut für Forschung und Ausbildung von Kommunikationstherapie e. V.

Engl, I. & Thurmaier, F. (2001). Sich besser verstehen – die präventiven Programme EPL und KEK als neue Weger der Ehevorbereitung und Ehebegleitung. In S. Walper & R. Pekrun (Hrsg.), *Familie und Entwicklung (S. 364–384).* Göttingen: Hogrefe.

Engstler, H. (1998). *Die Familie im Spiegel der amtlichen Statistik.* Brühl: Chudeck.

Engstler, H. & Menning, S. (2003). *Die Familie im Spiegel der amtlichen Statistik.* Berlin: BMFSFJ.

Erel, O. & Burman, B. (1995). Interrelatedness of marital relations and parent-child relations: A meta-analytic review. *Psychological Bulletin, 118,* 108–132.

Erikson, E. H. (1976). *Identität und Lebenszyklus.* Frankfurt a. M.: Suhrkamp.

Ernst, C. & von Luckner, N. (1985). *Stellt die Frühkindheit die Weichen?* Stuttgart: Klett-Cotta.

Ernst, A. & Stampfel, A. (1991). *Kinderreport. Wie Kinder in Deutschland leben.* Köln: Kiepenheuer & Witsch.

Essau, C. A. & Petermann, F. (2000). Depression. In F. Petermann (Hrsg.), *Lehrbuch der Klinischen Kinderpsychologie und -psychotherapie (S. 291–322).* Göttingen: Hogrefe.

Essau, C. A. & Merikangas, K. R. (1999). Family and genetic factors. In C. A. Essau & F. Petermann (Eds.), *Depressive disorders in children and adolescents: Epidemiology, risk factors, and treatments (pp. 261–285).* New Jersey, NJ: Jason Arruson.

Esser, G., Laucht, M. & Schmidt, M. M. (1995). Der Einfluss von Risikofaktoren und der Mutter-Kind-Interaktion im Säuglingsalter auf die seelische Gesundheit des Vorschulkindes. *Kindheit und Entwicklung, 4,* 33–42.

Esser, G. & Gerhold, M. (1998). Entwicklungspsychopathologie. In H. Keller (Hrsg.), *Lehrbuch Entwicklungspsychologie (S. 615–646).* Bern: Huber.

Ettrich, U. (2000). *Entwicklungsdiagnostik im Vorschulalter.* Göttingen: Vandenhoeck & Rupprecht.

Evans, G. W. (2004). The environment of childhood peverty. *American Psychologist, 59,* 77–92.

Everett, C. A. & Volgy-Everett, S. (2000). Single-parent families: Dynamics and treatment isues. In W. C. Nichols, M. A. Pace-Nichols, D. S. Becvar & A. Y. Nepier (Eds.), *Handbook of family development and intervention (pp. 323–340).* New York: John Wiles and Sons.

Ewert, O. M. (1983). *Entwicklungspsychologie des Jugendalters.* Stuttgart: Kohlhammer.

Ewert, O. (1988). Veränderungen in der Inanspruchnahme familienorientierter Beratungsangebote am

Beispiel der Erziehungsberatung. In R. Nave-Herz (Hrsg.), *Wandel und Kontinuität der Familie in der Bundesrepublik Deutschland* (S. 259–278). Stuttgart: Kohlhammer.

Ewert, O. (1991). Säugling und Kleinkind im Blicke der modernen Psychologie. *Familie und Recht,* 10–15.

Farrington, D.P. (1991). Childhood aggression and adult violence: Early precursors and later life outcomes. In D.J. Pepler & K.H. Rubin (Eds.), *The development and treatment of childhood aggression* (pp. 5–30). Hillsdale, NJ: Erlbaum.

Farrington, D.P. (1995). The challenge of teenage antosocial behavior. In M. Rutter (Ed.), *Psychosocial disturbances in young people* (pp. 83–130). New York: Cambridge University Press.

Fauber, R., Forehand, R., Thomas, A.M. & Wierson, M. (1990). A mediational model of the impact of marital conflict on adolescent adjustment in intact and divorced families: The role of disrupted parenting. *Child Development, 61,* 1112–1123.

Faulstich-Wieland, H. (1995). *Geschlecht und Erziehung: Grundlagen des pädagogischen Umgangs mit Mädchen und Jungen.* Darmstadt: Wissenschaftliche Buchgesellschaft.

Feierabend, S. & Windgasse, T. (1997). Was Kinder sehen. Eine Analyse der Fernsehnutzung 1996 von 3- bis 13-Jährigen. *Media Perspektiven, 4,* 186–197.

Feierabend, S. & Klingler, W. (1998). Was Kinder sehen. *Media Perspektiven, 4,* 167–178.

Feierabend, S. & Klingler, W. (1999). Kinder und Medien. *Media Perspektiven, 12,* 610–625.

Feil, C. (2003). *Kinder, Geld und Konsum. Die Kommerzialisierung von Kindheit.* Weinheim: Juventa.

Feil, C. (2004). Mythen und Fakten zur Kommerzialisierung der Kindheit. *Zeitschrift für Soziologie der Erziehung und Sozialisation, 24,* 33–48.

Feiring, C., Fox, N.A., Jaskir, J. & Lewis, M. (1987). The relation between social support, infant risk status, and mother-infant interaction. *Developmental Psychology, 23,* 400–405.

Feldhaus, M. (2003). «Remote control» durch das Mobiltelefon – empirische Ergebnisse zu einer neuen Qualität in der Soziologie der Erziehung. *Zeitschrift für Soziologie der Erziehung und Sozialisation, 23,* 416–432.

Feldman, S.S., Fisher, L. & Seitel, L. (1997). The effects of parents' marital satisfaction on young adults' adaptation: A longitudinal study. *Journal of Research on Adolescence, 7,* 55–80.

Fend, H. (1988). *Sozialgeschichte des Aufwachsens.* Frankfurt a.M.: Suhrkamp.

Fend, H. (1990). *Vom Kind zum Jugendlichen. Der Übergang und seine Risiken.* Bern: Huber.

Fend, H. (1994). *Die Entdeckung des Selbst und die Verarbeitung der Pubertät.* Bern: Huber.

Fend, H. (1998). *Eltern und Freunde. Soziale Entwicklung im Jugendalter.* Bern: Huber.

Fend, H. (2000). *Entwicklungspsychologie des Jugendalters.* Opladen: Leske & Budrich.

Ferguson, D.M. & Lynskey, M.T. (1996). Adolescent resiliency to family adversity. *Journal of Child Psychology and Psychiatry, 37,* 281–291.

Fiese, B.H., Wilder, J. & Bickham, N.L. (2000). Family context in developmental psychopathology. In A.J. Sameroff, M. Lewis & S.M. Miller (Eds.), *Handbook of developmental psychopathology* (pp. 115–134). New York: Kluwer.

Filipp, S.H. (Hrsg.) (1990). *Kritische Lebensereignisse.* München: PVU.

Fine, M.A. (2000). Divorce and single parenting. In C. Hendrick & S.S. Hendrick (Eds.), *Close relationships. A sourcebook* (pp. 139–152). Thousand Oaks, CA: Sage.

Fischer, A. (1917). Über Begriff und Aufgabe der Pädagogischen Psychologie. *Zeitschrift für Pädagogische Psychologie, 8,* 5–13 und 109–118.

Flade, A. (1990). Kind und Umwelt. In L. Kruse, C.F. Graumann & E.-D. Lantermann (Hrsg.), *Ökologische Psychologie* (S. 356–364). München: PVU.

Flammer, A. (2002). *Entwicklungspsychologie der Adoleszenz.* Bern: Huber.

Flammer, A. (2003). *Entwicklungstheorien. Psychologische Theorien der menschlichen Entwicklung* (3. korr. Aufl.). Bern: Huber.

Fletcher, A.C., Steinberg, L. & Williams-Wheeler, M. (2004). Parental influences on adolescent problem behavior: Revisiting Stattin and Kerr. *Child Development, 75,* 781–796.

Flinn, M.V. & England, B.G. (1995). Childhood stress and family environment. *Current Anthropology, 36,* 854–866.

Flitner, A. (1990). Zeit sparen – Zeit nehmen – Zeit schenken. In K. Bonin (Hrsg.), *Keine Zeit für Kinder? Fragen, Einsprüche, Ermunterungen* (S. 624–635). München: Kaiser.

Fölling-Albers, M. (2001). Veränderte Kindheit – revisited. Konzepte und Ergebnisse sozialwissenschaftlicher Kindheitsforschung der vergangenen 20 Jahre. In Arbeitskreis Grundschule e.V. (Hrsg.), *Jahrbuch Grundschule III* (S. 10–51). Frankfurt a.M.: Arbeitskreis Grundschule e.V.

Fölling-Albers, M. & Hopf, A. (1995). *Auf dem Weg vom Kleinkind zum Schulkind. Eine Langzeitstudie zum Aufwachsen in verschiedenen Lebensräumen.* Opladen: Leske & Budrich.

Ford, D.H. & Lerner, R.M. (1992). *Developmental systems theory.* Newbury Park: Sage.

Forman, E.A., Minick, N. & Addison Stone, C. (Eds.) (1993). *Contexts for learning.* New York: Oxford University Press.

Forum Bildung (2001). *Empfehlungen des Forum Bildung.* Bonn.

Fowles, J. (1999). *The case for television violence.* Thousand Oaks, CA: Sage.

Freud, S. (1909). *Analyse der Phobie eines fünfjährigen Knaben («Der kleine Hans»).* In S. Freund (1969), *Zwei Kinderneurosen* (Studienausgabe Band VIII, S. 9–23). Frankfurt a/M.: Fischer.

Freud, S. (1937). *Gesammelte Werke (Band 16)*. Frankfurt a. M.: Fischer.

Frick, P. J. (1994). Family dysfunction and disruptive behavior disorders. A review of recent empirical findings. In T. H. Ollendick & R. J. Prinz (Eds.), *Advances in Clinical Child Psychology (Volume 16, pp. 203–226)*. New York: Plenum.

Frick, P. J. & Loney, B. R. (1999). Outcomes of children and adolescents with oppositional defiant disorder and conduct disorder. In H. C. Quay & A. E. Hogan (Eds.), *Handbook of disruptive behavior disorders (pp. 507–524)*. New York: Kluwer Academic/Plenum.

Frick, J. (2001). Die Droge Verwöhnung. Bern: Huber.

Friedl, I. & Maier-Aichen, R. (1991). *Leben in Stieffamilien. Familiendynamik und Alltagsbewältigung in neuen Familienkonstellationen*. Weinheim: Juventa.

Friedman, J. L. & Wachs, T. D. (Eds.) (1999). *Measuring environments across the life span*. Washington, D.C.: APA.

Friedrich, G. (1998). Zur Bildsymbolik der Skater-Szene. In J. Schwier (Hrsg.), *Jugend – Sport – Kultur. Zeichen und Codes jugendlicher Sportszenen (S. 87–96)*. Hamburg: Czawalina.

Fritzsche, K.-P. (1997). Multiperspektivität: eine Schlüsselkompetenz beim Umgang mit dem Fremden. In Y. Bizeul, U. Bliesener & M. Prawda (Hrsg.), *Vom Umgang mit dem Frenden (S. 190–201)*. Weinheim: Beltz.

Fthenakis, W. E. (1988). *Väter (Band 1 und 2). Zur Psychologie der Vater-Kind-Beziehung*. München: dtv.

Fthenakis, W. E. (1993). Kindliche Reaktionen auf Trennung und Scheidung. In M. Markefka & B. Nauck (Hrsg.), *Handbuch der Kindheitsforschung (S. 601–615)*. Neuwied: Luchterhand.

Fthenakis, W. E. & Eckert, M. (1997). Präventive Hilfen für Familien in der Familienbildung und Beratung. In H. Macha & L. Mauermann (Hrsg.), *Brennpunkte der Familienerziehung (S. 219–239)*. Weinheim: Deutscher Studien Verlag.

Fthenakis, W. E. & Minsel, B. (2001). *Die Rolle des Vaters in der Familie*. München: Kösel.

Fthenakis, W. E. & Minsel, B. (2002). *Die Rolle des Vaters in der Familie*. Stuttgart: Kohlhammer.

Fthenakis, W. & Textor, M. (Hrsg.) (2002). *Mutterschaft, Vaterschaft*. Weinheim: Beltz.

Fuhrer, U. (1990). Bridging the ecological-psychological gap: Behavior settings as interfaces. *Environment and Behavior, 4,* 518–537.

Fuhrer, U. (1998). Behavior settings as vehicles of children's cultivation. In D. Görlitz, H. J. Harloff, G. Mey & J. Valsiner (Eds.), *Children, cities, and psychological theories: Developing relationships (pp. 411–434)*. Berlin, New York: de Gruyter.

Fuhrer, U. (2000). Individuierung durch Kulturbildung – das Beispiel Graffiti. In N. Knolle (Hrsg.), *Kultureller Wandel und Musikpädagogik (S. 9–26)*. Essen: Die Blaue Eule.

Fuhrer, U. (2004). *Cultivating minds: Identity as meaning-making practice*. London, New York: Psychology Press.

Fuhrer, U. (2005). Umwelten für Kinder und Heranwachsende. In V. Linneweber & E. D. Lantermann (Hrsg.), *Enzyklopädie für Psychologie. Umweltpsychologie, Band 2: Spezifische Umwelten und umweltbezogenes Handeln*. Göttingen: Hogrefe, im Druck.

Fuhrer, U. & Josephs, I. E. (1998). The cultivated mind: From mental mediation to cultivation. *Developmental Review, 18(2),* 279–312.

Fuhrer, U. & Marx, A. (1998). Gebaute Umwelt als kultivierbarer und gesundheitsförderlicher Lebensraum für Kinder? In E. Kals (Hrsg.), *Umwelt und Gesundheit (S. 199–213)*. Weinheim: Beltz-PVU.

Fuhrer, U. & Quaiser-Pohl, C. (1999). Wie sich Kinder und Jugendliche ihre Lebensumwelt aneignen: Aktionsräume in einer ländlichen Kleinstadt. *Psychologie in Erziehung und Unterricht, 46,* 96–109.

Fuhrer, U., Marx, A., Holländer, A. & Möbes, J. (2000). Selbstbildentwicklung im Kindes- und Jugendalter. In W. Greve (Hrsg.), *Psychologie des Selbst (S. 39–57)*. Weinheim: Beltz-PVU.

Fuhrer, U. & Uslucan, H.-H. (Hrsg.) (2004). *Familie, Akkulturation und Erziehung*. Stuttgart: Kohlhammer.

Fuhs, B. (1996). Das außerschulische Kinderleben in Ost- und Westdeutschland. Vom kindlichen Spielen zur jugendlichen Freizeitgestaltung. In P. Büchner, Fuhs, B. & H.-H. Krüger (Hrsg.), *Vom Teddybär zum ersten Kuss: Wege aus der Kindheit in Ost- und Westdeutschland (s. 129–158)*. Opladen: Leske & Budrich.

Fuhs, B. (1999). *Kinderwelten aus Elternsicht. Zur Modernisierung von Kindheit*. Opladen: Leske & Budrich.

Funk, H. (1997). Familie und Gewalt – Gewalt in Familien. In L. Böhnisch & K. Lenz (Hrsg.), *Familien. Eine interdisziplinäre Einführung (S. 251–263)*. Weinheim: Juventa.

Fuligni, A. (1998). Authority, autonomy, and parent-adolescent conflict and cohesion: A study of adolescents from Mexican, Chinese, Fillipino, and European backgrounds. *Developmental Psychology, 34,* 782–792.

Furman, W. & Buhrmester, D. (1992). Age and sex differences in perceptions of networks of personal relationships. *Child Development, 63,* 103–105.

Furstenberg, F. F. jr. (1993). How families manage risk and opportunity in dangerous neighborhoods. In W. J. Wilson (Ed.), *Sociology and the public agenda (pp. 231–258)*. Newbury Park, CA: Sage.

Furstenberg, F. F. & Cherlin, A. J. (1993). *Geteilte Familien*. Stuttgart: Klett-Cotta.

Galambos, N. L. & Maggs, J. L. (1991). Children in self-care: Figures, facts, and fiction. In J. V. Lerner & N. L. Galambos (Eds.), *Employed mothers and their children (pp. 131–157)*. New York: Garland.

Galambos, N. L., Barker, E. T. & Almeida, D. M. (2003). Parents do matter: Trajectories of change in externalizing and internalizing problems in early adolescence. *Child Development, 74,* 578–594.

Ganong, L. H. Coleman, M. (1994). *Remarried family relationships*. Thousand Oaks, CA: Sage.

García Coll, C. & Magnuson, K. (1997). The psychological experience of immigration: A developmental perspective. In A. Booth, A.C. Crouter & N. Landale (Eds.), Immigration and the family (pp. 91–132). Mahwah, NJ: Erlbaum.

Garbarino, J. (1995). *Raising children in a socially toxic environment.* San Francisco: Jossey-Bass.

Garber, J., Robinson, N.S. & Valentiner, D. (1997). The relation between parenting and adolescent depression: Self-worth as a mediator. *Journal of Adolescent Research, 12,* 12–33.

Garber, J. & Flynn, C. (2001). Vulnerability to depression in childhood and adoelscence. In R.E. Ingram & J.M. Price (Eds.), *Vulnerability to psychopathology. Risk across the lifespan* (pp. 175–225). New York: The Guilford Press.

Gaschke, S. (2001). *Die Erziehungskatastrophe. Kinder brauchen starke Eltern.* Stuttgart: Deutsche Verlagsgesellschaft.

Gauze, C., Bukowski, W.M., Aquan-Assee & Sippola, L.K. (1996). Interactions between family environments and friedship and associations with self-perceived well-being during early adolescence. *Child Development, 67,* 2201–2216.

Gehlen, A. (1971). *Der Mensch. Seine Natur und Stellung in der Welt (9. Auflage).* Bonn: Bouvier.

Gemende, M. (1997). Familien ausländischer Herkunft – im Spannungsfeld zwischen Assimilation und Ethnizität. In L. Böhnisch & K. Lenz (Hrsg.), *Familien. Eine interdisziplinäre Einführung* (S. 283–297). Weinheim: Juventa.

Gensicke, T. (1996). Sozialer Wandel durch Modernisierung, Individualisierung und Wertewandel. *Politik und Zeitgeschichte, 42,* 3–17,

Gerhards, J. (1989). Intimitätsmuster, risikoarmes Sexualverhalten und die Chancen aufklärender Steuerung. *KZfSS, 41,* 540–554.

Gerlsma, C., Emmelkamp, P.M.G. & Arrindell, W.A. (1990). Anxiety, depression, and perception of early parenting: A meta-analysis. *Clinical Psychology Review, 10,* 251–277.

Gerris, J.R.M., Dekovic, M. & Janssens, J.M.A.M. (1997). The relationship between social class and child-rearing behaviors: Parents' perspective taking and value orientation. *Journal of Marriage and the Family, 59,* 834–847.

Gerris, J.R.M. & Grundmann, M. (2002). Reziprozität, Qualität von Familienbeziehungen und die intergenerationale Transmission von Beziehungskompetenz. *Zeitschrift für Soziologie der Erziehung und Sozialisation, 22,* 3–24.

Gershoff, E.T. (2002). Punishment by parents and associated child behaviors and experiences: A meta-analytic and theoretical review. *Psychological Bulletin, 128,* 539–579.

Geulen, D. (1991). Die historische Entwicklung sozialisationstheoretischer Ansätze. In K. Hurrelmann & D. Ulich (Hrsg.), *Neues Handbuch der Sozialisationsforschung (4. überarb. Auflage,* S. 21–54). Weinheim: Beltz.

Geulen, D. (2002). Subjekt, Sozialisation, «Selbstsozialisation». *Zeitschrift für Soziologie der Erziehung und Sozialisation, 22(2),* 186–196.

Gildemeister, R. (1988). Geschlechtsspezifische Sozialisation: Neuere Beiträge und Perspektiven zur Entstehung des «weiblichen Sozialcharakters». *Soziale Welt, 39,* 486–503.

Giligan, C. (1976). Beyond morality: Psychoanalytic reflections on shame, guilt, and love. In T. Lickona (Ed.), *Moral development and behavior* (pp. 144–158). New York: Holt, Rinehart & Winston.

Gloger-Tippelt, G., Vetter, J. & Rauh, H. (2000). Untersuchungen mit der «Fremden Situation» in deutschsprachigen Ländern: Ein Überblick. *Psychologie in Erziehung und Unterricht, 47,* 87–98.

Goetting, A. (1986). The developmental tasks of siblingship over the life cycle. *Journal of Marriage and the Family, 48,* 703–714.

Goffman, E. (1967). *Stigma.* Frankfurt a.M.: Suhrkamp.

Goldberg, W.A. (1990). Marital quality, parental personality, and spusal agreement about perceptions and expectations for children. *Merrill-Palmer Quarterly, 36,* 531–556.

Gordon, D. (2000). Parent training via CD-ROM: Using technology to disseminate effective prevention practices. *Journal of Primary Prevention, 21,* 227–251.

Gostomski, C.B. von (2003). Einflussfaktoren inter- und intraethnischen Gewalthandelns bei männlichen deutschen, türkischen und Aussiedler-Jugendlichen. *Zeitschrift für Soziologie der Erziehung und Sozialisationsforschung, 23,* 399–415.

Gottfried, A.E. & Gottfried, A.W. (1988). (Eds.), *Maternal employment and children's development.* New York: Plenum.

Gottfried, A.E., Fleming, J.S. & Gottfried, A.W. (1998). Role of cognitively stimulating home environment in children's academic intrinsic motivation: A longitudinal study. *Child Development, 69,* 1448–1460.

Gottlieb, G. (1996). Developmental psychobiological theory. In R.B. Cairns, G.H. Elder, & E.J. Costello (Eds.), *Developmental science* (pp. 63–77). New York: Cambridge University Press.

Gottlieb, G. (2003). On making behavioral genetics truly developmental. *Human Development, 46,* 337–355.

Gottlieb, G., Wahlsten, D. & Lickliter, R. (1998). The significance of biology for human development: A developmental psychobiological system view. In D. Kuhn & R.S. Siegler (Eds.), *Handbook of child psychology (Volume 2,* pp. 233–273). New York: Wiley.

Gottman, J.M. & Katz, L.F. (1989). Effects of marital discord on young children's peer interactions and health. *Developmental Psychology, 25,* 373–381.

Gottman, J.M. & Mettetal, G. (1986). Speculations about affective development: Friendship and acquaintanceship through adolescence. In J. Gottman & J. Parker (Eds.), *Conversations of friends. Speculations on affective development* (pp. 192–237). Cambridge: Cambridge University Press.

Gräbe, S. & K. Lüscher (1984). Soziale Beziehungen

alleinerziehender und verheirateter Mütter. *Zentralblatt für Jugendrechte, 492–499.*

Graham-Bermann, S. A. & Edleson, J. L. (Eds.) (2001). *Domestic violence in the lives of children. The future of research, intervention, and social policy.* Washington, D.C.: APA.

Grant, K. E., Compas, B. E., Stuhlmacher, A., Thurm, A., McMahon, S. & Halpert, J. (2003). Stressors and child and adolescent psychopathology: Moving from markers to mechanisms of risk. *Psychological Bulletin, 129,* 447–466.

Graue, M. E., Weinstein, T. & Walberg, H. J. (1983). School-based home instruction and learning: A quantitative synthesis. *Journal of Educational Research, 76,* 351–360.

Graves, T. D. (1967). Psychological acculturation in an tri-ethnic community. *South-western Journal of Anthropology, 23,* 337–350.

Gray, M. R. & Steinberg, L. (1999). Unpacking authoritative parenting: Reassessing a multidimensional construct. *Journal of Marriage and the Family, 61,* 574–587.

Greenberg, M. T., Speltz, M. L. & DeKlyen, M. (1993). The role of attachment in the early development of disruptive behavior problems. *Development and Psychopathology, 5,* 191–213.

Greenfield, P. M. (1987). *Kinder und neue Medien. Die Wirkung von Fernsehen, Videospielen und Computern.* München: PVU.

Greenspan, S. I. & Salmon, J. (1995). *The challenging child: Understanding, raising, and enjoying the five difficult types of children.* Cambridge, MA: Perseus.

Grefe, C. (1997). *Ende der Spielzeit. Wie wir unsere Kinder verplanen.* Reinbek b/Hamburg: Rowohlt.

Gringlas, M. & Weinraub, M. (1995). The more things change.. Single parenting revisited. *Journal of Family Issues, 16,* 29–52.

Groebel, J. (1996). Kinder und Medien. Nutzung, Vorlieben, Wirkungen. Zum Stand der internationalen Forschung. In K. Stipp-Hagemann (Hrsg.), *Fernseh- und Radiowelt für Kinder und Jugendliche. Schriftenreihe der Landesanstalt für Kommunikation Baden-Würtemberg (Band. 3.1, S. 3–20).* Villingen-Schwenningen: Neckar-Verlag.

Grolnick, W. S. & Farkas, M. (2002). Parenting and the development of children's self-regulation. In M. Bornstein (Ed.), *Handbook of parenting (Volume 5: Practical issues in parenting, pp. 89–110).* Mahwah, NJ: Erlbaum.

Grossmann, K. E. (1981). Reifung und sensible Phasen. In H. Schiefele & A. Krapp (Hrsg.), *Handlexikon zur Pädagogischen Psychologie (S. 300–304).* München: Ehrenwirth.

Grossmann, K. E., Grossmann, K., Huber, F. & Wartner, U. (1981). German children's behavior toward their mothers at 12 months and their fathers at 18 months in Ainsworth's Strange Situation. *International Journal of Behavioral Development, 4,* 157–181.

Grossmann, K. E. & Grossmann, K. (1985). The wider concept of attachment in cross-cultural research. *Human Development, 33,* 31–47.

Grossmann, K. E. & Grossmann, K. E. (2001). Bindungsqualität und Bindungsrepräsentation über den Lebenslauf. In G. Röper, C. von Hagen & G. Noam (Hrsg.), *Entwicklung und Risiko. Perspektiven einer Klinischen Entwicklungspsychologie (S. 143–168).* Stuttgart: Kohlhammer.

Grossmann, K. E., Grossmann, K., Winter, M. & Zimmermann, P. (2002). Bindungsbeziehungen und Bewertung von Partnerschaft. Von früher Erfahrung feinfühliger Unterstützung zu späterer Partnerschaftsrepräsentation. In K. H. Brisch, K. E. Grossmann, K. Grossmann & L. Köhler (Hrsg.), *Bindung und seelische Entwicklungswege. Grundlagen, Prävention und klinische Praxis (S. 125–164).* Stuttgart: Klett-Cotta.

Grusec, J. E. & Goodnow, J. J. (1994). Impact of parental discipline methods on the child's internalization of values: A reconceptualization of current points of view. *Developmental Psychology, 30,* 4–19.

Grusec, J. E. & Kuczynski, L. (Eds.) (1997). *Parenting strategies and children's internalization of values: A handbook of theoretical and research proposals.* New York: Wiley.

Grych, J. H. & Fincham, F. D. (1990). Marital conflict and children's adjustment: A cognitive-contextual framework. *Psychological Bulletin, 108,* 267–290.

Gudjons, H. (2001). *Pädagogisches Grundwissen.* Bad Heilbrunn: Klinkhardt.

Gunter, B. & McAleer, J. (1997). *Children and television.* London: Routledge.

Gunz, I. & Ortmair, M. (1994). Umgang mit Medien unter besonderer Berücksichtigung von Fernsehen und Video. In L. Wilk & J. Bacher (Hrsg.), *Kindliche Lebenswelten. Eine sozialwissenschaftliche Annäherung (S. 253–294).* Opladen: Leske & Budrich.

Gukenbiehl, H. L. (1998). Bildung und Bildungssystem. In B. Schäfers & W. Zapf (Hrsg.), *Handwörterbuch zur Gesellschaft Deutschlands (S. 85–100).* Opladen: Leske & Budrich.

Günther, R. (2002). Suizidalität im Längsschnitt. Die Ausprägung adoleszenter Suizidgefährdung im Kontext spezifischer Wertorientierungen. *Zeitschrift für Soziologie der Erziehung und Sozialisation, 22,* 301–318.

Habermas, J. (1973). Stichworte zur Theorie der Sozialisation. In J. Habermas (Hrsg.), *Kultur und Kritik (S. 118–195).* Frankfurt a. M.: Suhrkamp.

Hagestad, G. O. (1984). Multigenerational families: Socialization, support, and strain. In V. Garms-Homolovà (Ed.), *Intergenerational relationship (pp. 105–114).* Lewiston: Hogrefe.

Hahlweg, K. (1995). Zur Förderung und Verbreitung psychologischer Verfahren. Ein APA-Bericht. *Zeitschrift für Klinische Psychologie, 24,* 275–284.

Hahlweg, K. (2001). Bevor das Kind in den Brunnen fällt. Prävention kindlicher Verhaltensstörungen. In W. Deutsch & M. Wenglorz (Hrsg.), *Zentrale Entwick-*

lungsstörungen bei Kindern und Jugendlichen (S. 189–235). Stuttgart: Klett-Cotta.

Hahlweg, K. (2003). Wirksamkeit universeller Präventionsmaßnahmen zur Reduktion externaler und internaler Störungen im Kindes- und Jugendalter. Unveröffentlichter DFG-Zwischenbericht 01.03.2001 bis 15.08.2003.

Hahlweg, K., Kuschel, A., Köppe, E., Lübke, A. & Miller, Y. (1999). Die Braunschweiger Kindergartenstudie: Prävalenz kindlicher Verhaltensprobleme. Vortrag auf dem Workshop-Kongress der Fachgruppe Klinische Psychologie und Psychotherapie der DGPs, Bad Dürkheim, Juni 1999.

Hahlweg, K., Schröder, B. & Lübke, A. (2000). Prävention von Paar- und Familienproblemen: Eine nationale Aufgabe. In K.A. Schneewind (Hrsg.), Familienpsychologie im Aufwind: Brückenschläge zwischen Forschung und Praxis S. 249–274). Göttingen: Hogrefe.

Hahlweg, K., Kuschel, A., Miller, Y., Lübcke, A., Köppe, E. & Sanders, M.R. (2001). Prävention kindlicher Verhaltensstörungen: Triple P – ein mehrstufiges Programm zu positiver Erziehung. In In S. Walper & R. Pekrun (Hrsg.), Familie und Entwicklung (S. 405–423). Göttingen: Hogrefe.

Hanesch, W., Krause, P. & Bäcker, G. (2000). Armut und Ungleichheit in Deutschland. Reinbek: Rowohlt.

Hannan, K. & Luster, T. (1991). Influence of parent, child, and contextual factors on the quality of home environment. Infant Mental Health Journal, 12, 17–30.

Harnach-Beck, V. (1995). Psychosoziale Diagnostik in der Jugendhilfe. Weinheim: Juventa.

Harold, G.T. & Conger, R.D. (1997). Marital conflict and adolescent distress: The role of adolescent awareness. Child Development, 68, 333–350.

Harlow, H.F. & Harlow, M.K. (1966). Learning to love. American Scientist, 54, 244–272.

Harlow, H.F., Harlow, M.K., Dodsworth, R.O. & Arling, G.L. (1966). Maternal behavior in Rhesus monkeys deprived of mothering and peer associations in infancy. Proceedings of the American Philosophical Society, 40, 58–66.

Harter, S. & Monsour, A. (1992). Developmental analysis of conflict caused by opposing attributes in the adolescent self-portrait. Developmental Psychology, 28, 251–260.

Hartup, W.W. (1983). Peer relations. In P. Mussen (Ed.) & E.M. Hetherington (Series Ed.), Handbook of child development (Volume 4, pp. 103–196). New York: Wiley.

Hartup, W. & Stevens, N. (1997). Friendships and adaptation in the life course. Psychological Bulletin, 121, 355–370.

Hauser, R. & Semrau, P. (1990). Zur Entwicklung von Einkommensarmut von 1963 bis 1986. Sozialer Fortschritt, 39, 27–42.

Havighurst, R.J. (1948). Developmental tasks and education. New York: Plenum.

Haynes, H., White, B.L. & Held, R. (1965). Visual accomodation in human infants. Science, 148, 528–530.

Häfner, H. & Weyerer, S. (1998). Epidemiologie. In U. Baumann & M. Perrez (Hrsg.), Lehrbuch Klinische Psychologie – Psychotherapie (S. 119–132). Bern: Huber.

Hearold, S. (1986). A synthesis of 1043 effects of television on social behavior. In G. Comstock (Ed.), Public communication and behavior (Volume 1, pp. 66–135). Orlando: Academic Press.

Heckhausen, J. & Schulz, R. (1995). A life-span theory of control. Psychological Review, 102, 284–304.

Heckhausen, J. & Mayr, U. (1998). Entwicklungsregulation und Kontrolle im Erwachsenenalter und Alter: Lebenslaufpsychologische Perspektiven. In H. Keller (Hrsg.), Lehrbuch Entwicklungspsychologie (S. 399–422). Bern: Huber.

Hefler, G. u.a. (1996). Armut und Ausländerfeindlichkeit. In A. Klocke & K. Hurrelmann (Hrsg.), Kinder und Jugendliche in Armut (S. 183–204). Opladen: Westdeutscher Verlag.

Heinrichs, N., Saßmann, H., Hahlweg, K. & Perrez, M. (2002). Prävention kindlicher Verhaltensstörungen. Psychologische Rundschau, 53, 170–183.

Heitmeyer, W. (Hrsg.) (1997). Was treibt die Gesellschaft auseinander? Frankfurt a.M.: Suhrkamp.

Heitmeyer, W. u.a. (1995). Gewalt. Schattenseiten der Individualisierung bei Jugendlichen aus unterschiedlichen Milieus. Weinheim: Juventa.

Helmke, A. & Weinert, F.E. (1997). Bedingungsfaktoren schulischer Leistungen. In F.E. Weinert (Hrsg.), Psychologie des Unterrichts und der Schule (Enzyklopädie der Psychologie (Band 3, S. 71–176). Göttingen: Hogrefe.

Hengst, H. (Hrsg.) (1985). Kindheit in Europa. Zwischen Spielplatz nund Computer. Frankfurt a.M.: Suhrkamp.

Hengst, H. (2000). Von der pädagogischen zur kommerziellen Verwertung kindlicher Autonomie. In Jahrbuch für Pädagogik 1999: Das Jahrhundert des Kindes? (S. 83–102). Frankfurt a.M.: Fischer.

Hengst, H. (2002). Kinderkultur. In Deutsches Kinderhilfswerk e.V. (Hrsg.), Kinderreport Deutschland (S. 141–156). München: Kopaed.

Hengst, H. & Kelle, H. (Hrsg.) (2003). Kinder – Körper – Identitäten. Weinheim: Juventa.

Hentig, H. von (1975). Das allmähliche Verschwinden der Wirklichkeit. München: Hanser.

Herden, R.-E. & Münz, R. (1998). Bevölkerung. In B. Schäfers & W. Zapf (Hrsg.), Handwörterbuch zur Gesellschaft Deutschlands (S. 71–85). Opladen: Leske & Budrich.

Herlth, A. u.a. (2000). Spannungsfeld Familienkindheit. Opladen: Leske & Budrich.

Herlth, A., Böcker, S. & Ossyssek, F. (1995). Ehebeziehungen und Kompetenzentwicklung von Kindern. In B. Nauck & C. Onnen-Isemann (Hrsg.), Familie im Brennpunkt von Wissenschaft und Forschung (S. 221–235). Neuwied: Luchterhand.

Herlyn, I., Kistner, A., Langer-Schulz, H., Lehrmann, B. & Wächter, J. (1998). Großmutterschaft im weiblichen

Zusammenhang. Eine Untersuchung zu familialen Generationenbeziehungen aus der Perspektive von Großmüttern. Pfaffenweiler: Centaurus Verlag.

Herman, M. R., Dornbusch, S. M., Herron, M. C. & Herring, J. R. (1997). The influence of family regulation, connection, and psychological autonomy on six measures of adolescent functioning. *Journal of Adolescence Research, 12*, 34–67.

Hermann, T. (Hrsg.) (1966). *Psychologie der Erziehungsstile*. Göttingen: Hogrefe.

Hermens, A. & Tismer, K.-G. (2000). Wie steuern Kinder ihre Eltern? Die Replikation einer Fragebogenuntersuchung von Pauls und Johann (1984) bei 371 acht- bis zwölfjährigen Kindern. *Psychologie in Erziehung und Unterricht, 47*, 29–45.

Herpertz-Dahlmann, B. & Remschmidt, H. (2000). Störungen der Kind-Umwelt-Interaktion und ihre Auswirkungen auf den Entwicklungsverlauf. In F. Petermann, K. Niebank & H. Scheithauer (Hrsg.), *Risiken in der frühkindlichen Entwicklung (S. 223–240)*. Göttingen: Hogrefe.

Hetherington, E. M. (1972). Effects of father absence on personality development in adolescent dauthers. *Developmental Psychology, 7*, 313–326.

Hetherington, E. M. (1989). Coping with family transitions; Winners, losers, and survivors. *Child Development, 60*, 1–14.

Hetherington, E. M. (1991). The role of individual differences and family relationships in children's coping with divorce and remarriage. In P. A. Cowan & E. M. Hetherington (Eds.), *Family transitions (pp. 165–194)*. Hillsdale, NJ: Erlbaum.

Hetherington, E. M. (1993). An overview of the Virginia longitudinal study of divorce and remarriage with a focus on early adolescence. *Journal of Family Psychology, 7*, 39–56.

Hetherington, E. M. (Ed.) (1999). *Coping with divorce, single parenting, and remarriage. A risk and resilience perspective*. Mahwah, NJ: Erlbaum.

Hetherington, E. M., Cox, M. & Cox, R. (1982). Effects of divorce on parents and children. In M. E. Lamb (Ed.), *Nontraditional families (pp. 233–288)*. Hillsdale, NJ: Erlbaum.

Hetherington, E. M., Clingempeel, W. G., Anderson, E. R., Deal, J. E., Hagan, M. S. (1992). Coping with marital transitions: a family systems perspective. *Monograph of the Society for Research in Child Development, 57*, Ser. No. 227.

Hetherington, E. M. & Stanley-Hagan, M. M. (1995). Parenting in divorced and remarried families. In M. H. Bornstein (Ed.), *Handbook of parenting (Volume 3, pp. 233–254)*. Mahwah, NJ: Erlbaum.

Hetherington, E. M., Bridges, M. & Insabella, G. M. (1998). What matters? What does not? Five perspectives on the association between marital transitions and children's adjustment. *American Psychologist, 53*, 167–184.

Hetherighton, E. M. & Kelly, J. (2003). *Scheidung. Die Perspektiven der Kinder*. Weinheim: Beltz.

Hetzer, H. (1937). *Kindheit und Armut. Psychologische Methoden der Armutsforschung und Armutsbekämpfung (2. Auflage)*. Leipzig: Hirzel.

Hinde, R. (1997). *Relationships. A dialectical perspective*. London: Gove.

Hinde, R. A., Titmus, G., Easton, D. & Tamplin, A. (1985). Incidence of friendship and behavior toward strong associations versus nonassociates in preschoolers. *Child Development, 56*, 234–245.

Hitzler, R. (1995). Wo spielen Kinder? Eine empirische Studie zu Aufenthalts- und Spielräumen von Grundschulkindern in einer Kleinstadt. In I. Behnken & O. Baumann (Hrsg.), *Kindheit und Schule (S. 131–144)*. Weinheim: Juventa.

Hoch, H. J. (2000). Kindheitsrisiken und Antworten des Rechts. In A. Lange & W. Lauterbach (Hrsg.), *Kinder in Familie und Gesellschaft zu Beginn des 21sten Jahrhunderts (S. 315–342)*. Stuttgart: Lucius & Lucius.

Hochschild, A. R. (2002). *Work-Life-Balance. Keine Zeit. Wenn die Firma zum Zuhause wird und zu Hause nur Arbeit wartet*. Opladen: Leske & Budrich.

Hofer, M. (2003). *Selbständig werden im Gespräch. Wie Jugendliche und Eltern ihre Beziehung verändern*. Bern, Göttingen: Huber.

Hofer, M., Youniss, J. & Noack, P. (Eds.) (1998). *Verbal interaction and development in families with adolescents*. Stamford, CT: Ablex.

Hofer, M., Wild, E. & Noack, P. (Hrsg.) (2002). *Familienbeziehungen. Eltern und ihre Kinder in der Entwicklung*. Göttingen: Hogrefe.

Hoff, G. (1988). Auf dem Weg zur Mündigkeit in der multikulturellen Gesellschaft. In M. Borelli & G. Hoff (Hrsg.), *Interkulturelle Pädagogik im internationalen Vergleich (S. 101–132)*. Baltmannsweiler: Schneider.

Hoff, E. H. & Grüneisen, V. (1978). Arbeitserfahrungen, Erziehungseinstellungen und Erziehungsverhalten von Eltern. In K. A. Schneewind & H. Lukesch (Hrsg.), *Familiäre Sozialisation (S. 65–89)*. Stuttgart: Klett-Cotta.

Hoffmann, E. (1993). *Ankommen in der Fremde – Lost in Translation*. Frankfurt a. M.: Suhrkamp.

Hoffman, M. L. (1963). Parent discipline and the child's consideration for others. *Child Development, 34*, 573–588.

Hoffman, M. L. (1970). Moral development. In P. H. Mussen (Ed.), *Carmichael's handbook of child psychology (pp. 261–359)*. New York: Wiley.

Hoffmann-Nowotny, H. J. (1993). Weltmigration – Eine soziologische Analyse. In W. Kälin & R. Moser (Hrsg.), *Migrationen aus der Dritten Welt (S. 57–68)*. Bern: Haupt.

Hoffmann-Nowotny, H. J. (1995). Die Zukunft der Familie – Die Familie der Zukunft. In U. Gerhardt, S. Hradil, D. Lucke & B. Nauck (Hrsg.), *Familie der Zukunft. Lebensbedingungen und Lebenformen (S. 325–345)*. Opladen: Leske & Budrich.

Holden, G. W. (1997). *Parents and the dynamics of child rearing*. Boulder, CO: Westview Press.

Holmes, J. (2002). *John Bowlby und die Bindungstheorie.* München: Reinhardt.

Honig, M.-S. (1992). *Verhäuslichte Gewalt.* Frankfurt a. M. Suhrkamp.

Honig, M.-S. (1999). *Entwurf einer Theorie der Kindheit.* Frankfurt a. M.: Suhrkamp.

Honkanen-Schoberth, P. (2002). Elternkurse: «Starke Eltern – Starke Kinder». Wege zur gewaltfreien Erziehung in der Familie. Mitteilungen LJA WL 150/2002. Unter: www.lwl.org/LWL/Jugend/Landesjugendamt/Service/mitteilungen/mitt_150/10137 70597_4/Programme

Hopkins, L. (1886). *Educational psychology.* Boston: Lea & Shepard.

Hoppe-Graf, S. & Oerter, R. (Hrsg.), (2000). *Spielen und Fernsehen. Über die Zusammenhänge von Spiel und Medien in der Welt des Kindes.* Weinheim: Juventa.

Hoover-Dempsey, K. V. & Sandler, H. M. (1997). Why do parents become involved in tehir children's education? *Review of Educational Research, 67,* 3–42.

Horton, O. & Wohl, R. (1956). Mass communication and para-social interaction. *Psychiatry: Journal for the Study of Interpersonal Processes, 19,* 215–229.

Höhn, E. (1958). Entwicklung als aktive Gestaltung. In H. Thomae (Hrsg.), *Entwicklungspsychologie (Band 3, S. 312–325).* Göttingen: Hogrefe.

Huesmann, L. R., Moise-Titus, J., Podolski, C.-L. & Eron, L. D. (2003). Longitudinal relations between children's exposure to TV violence and their aggressive and violent behavior in young adulthood: 1977–1992. *Developmental Psychology, 39,* 201–221.

Hurrelmann, B. (1989). *Fernsehen in der Familie. Auswirkungen der Programmerweiterung auf den Mediengebrauch.* Weinheim: Juventa.

Hurrelmann, K. (1990). *Familienstress, Schulstress, Freizeitstress. Gesundheitsförderung für Kinder und Jugendliche.* Weinheim: Beltz.

Hurrelmann, K. (1991). *Sozialisation und Gesundheit. Somatische, psychische und soziale Risikofaktoren im Lebenslauf.* Weinheim: Beltz.

Hurrelmann, K. (1994). *Lebensphase Jugend. Eine Einführung in die sozialwissenschaftliche Jugendforschung (5. Auflage).* Weinheim: Juventa.

Hurrelmann, K. (2002a). Kindheit in der Leistungsgesellschaft. In Deutsches Kinderhilfswerk e. V. (Hrsg.), *Kinderreport Deutschland. Daten, Fakten, Hintergründe (S. 43–62).* München: Kopaed.

Hurrelmann, K. (2002b). *Einführung in die Sozialisationstheorie (8. völlig überarb. Auflage).* Weinheim: Beltz.

Hurrelmann, K. & Bründel, H. (2003). *Einführung in die Kindheitsforschung.* Weinheim: Beltz.

Hurrelmann, K., Klocke, A., Melzer, W. & Ravens-Sieber, U. (Hrsg.) (2003). *Jugendgesundheitssurvey.* Weinheim: Juventa.

Hurrelmann, K., Grundmann, M. & Walper, S. (Hrsg.) (2008) *Handbuch der Sozialisationsforschung (7. Auflage).* Weinheim: Beltz.

Huss, M. (1995). *Scheidungsbewältigung von Kindern und Jugendlichen im familiären Kontext.* Unveröffentliche Diplomarbeit, FU Berlin.

Huss, M. & Lehmkuhl, U. (1997). Folgen von Trennung und Scheidung – Eine Literaturübersicht. In G. Lehmkuhl & U. Lehmkuhl (Hrsg.), *Scheidung – Trennung – Kindeswohl (S. 13–25).* Weinheim: Deutscher Studienverlag.

Ihle, W. & Esser, G. (2002). Epidemiologie psychischer Störungen im Kindes- und Jugendalter: Prävalenz, Verlauf, Komorbidität und Geschlechtsunterschiede. *Psychologische Rundschau, 53,* 159–169.

IJF Institut für Jugendforschung (2000; 2002). *IJF Taschengeld-Kalender.* München: IJF.

Isaijiw, W. W. & Makabe, T. (1997). Identitätswahrung und eigenethnische Familie, Scule und Nachbarschaft: der kanadische Kontext unterschiedlicher Migrantengruppen. In B. nauck & U. Schönpflug (Hrsg.), *Familien in verschiedenen Kulturen (S. 285–302).* Stuttgart: Enke.

Jessor, R. & Jessor, S. L. (1977). *Problem behavior and psychosocial development.* New York: Academic Press.

Johnson, C. L. (1988). Postdivorce reorganization of relationships between divorcing children and their parents. *Journal of Marriage and the Family, 50,* 221–231.

Jones, E. E. (1996). Introduction to a special section on attachment and psychopathology: Part 1. *Journal of Consulting and Clinical Psychology, 64,* 5–7.

Joos, M. (2001). *Die soziale Lage der Kinder. Sozialberichterstattung über Lebensverhältnisse von Kindern in Deutschland.* Weinheim: Juventa.

Joos, M. (2002). Tageseinrichtungen für Kinder zwischen Dienstleistung und Bildungsanforderung. *Zeitschrift für Soziologie der Erziehung und Sozialisation, 22,* 231–248.

Juang, L. P. & Silbereisen, R. K. (1999). Elterliche Erziehung in verschiedenen ökologischen Nischen und zu unterschiedlichen Zeiten während der Jugend. In R. K. Silbereisen & J. Zinnecker (Hrsg.), *Entwicklung im sozialen Wandel (S. 317–336).* Weinheim: PVU.

Jugendwerk der Deutschen Shell (Hrsg.) (2000). *Jugend 2000. Die 13. Shell Jugendstudie.* Opladen: Leske & Budrich.

Jürgens, K. (2003). Die Schimäre der Vereinbarkeit. *Zeitschrift für Soziologie der Erziehung und Sozialisation, 23,* 251–267.

Kagitcibasi, C. & Sunar, D. (1997). Familie und Sozialisation in der Türkei. In B. Nauck & U. Schönpflug (Hrsg.), *Familien in verschiedenen Kulturen (S. 145–161).* Stuttgart: Enke.

Kamenz, P. & Klapproth, J. (1984). Wirkungen eines Intelligenztrainings mit leistungsschwachen Vorschulkindern. *Psychologie in Erziehung und Unterricht, 31,* 100–108.

Kaminski, G. (1983). The enigma of ecological psychology. *Journal of Environmental Psychology, 3,* 85–94.

Kammhuber, S. (2000). *Interkulturelles Lernen und Lehren.* Wiesbaden: Deutscher Universitäts Verlag.

Karavasilis, L., Doyle, A. B. & Markiewicz, D. (2003). Associations between parenting style and attachment to mother in middle childhood and adolescence. *International Journal of Behavioral Development, 27,* 153–164.

Kasten, H. (1976). *Die Entwicklung von Moralvorstellungen und Moralbegriffen beim Kind.* Donauwörth: Auer.

Kasten, H. (1994). *Geschwister. Vorbilder, Rivalen, Vertraute.* Berlin: Springer.

Kasten, H. (1995). *Einzelkinder. Aufwachsen ohne Geschwister.* Berlin: Springer.

Katz, L. F. & Gottman, J. M. (1993). Patterns of marital conflict predict children's internalizing and externalizing behaviors. *Developmental Psychology, 29,* 940–950.

Katz, L. F. & Gottman, J. M. (1996). Spillover effects of marital conflict: In search of parenting and coparenting mechanisms. *New Directions for Child Development, 74,* 57–76.

Kaufman, J. & Zigler, E. (1989). The intergenerational transmission of child abuse. In D. Cichetti & B. Carlson (Eds.), *Child maltreatment: Theory and research on the causes and consequences of child abuse and neglect* (pp. 129–150). New York: Cambridge University Press.

Kaufmann, F.-X. (1995). *Zukunft der Familie im vereinten Deutschland. Gesellschaftliche und politische Bedingungen.* München: Beck.

Kazdin, A. E. (1995). *Conduct disorders in childhood and adolescence.* Thousands Oaks, CA: Sage.

Kazdin, A. E. (1997). Parent management training: Evidence, outcomes, and issues. *Journal of the American Academy of Child and Adolescent Psychiatry, 36,* 1349–1356.

Kecskes, R. (2003). Ethnische Homogenität in sozialen Netzwerken türkischer Jugendlicher. *Zeitschrift für Soziologie der Erziehung und Sozialisation, 1,* 68–84.

Keller, H. (1979). Frühsozialisation von Geschlechtsunterschieden. In H. Keller (Hrsg.), *Geschlechtsunterschiede (S. 153–174).* Weinheim: Beltz.

Keller, H. (1997). Entwicklungspsychopathologie: Das Entstehen von Verhaltensproblemen in der frühesten Kindheit. In H. Keller (Hrsg.), *Handbuch der Kleinkindforschung (2. überarbeitete Auflage, S. 625–642).* Bern: Huber.

Keller, H. & Eckensberger, L. H. (1998). Kultur und Entwicklung. In H. Keller, (Hrsg.), *Lehrbuch Entwicklungspsychologie (S. 58–96).* Göttingen: Huber.

Keenan, K., Loeber, R., Zhang, Q., Stouthammer-Loeber, M., Van Kammen, W. B. (1995). The influence of deviant peers on the development of boys' disruptive behavior and delinquent behavior: a temporal analysis. *Developmental Psychopathology, 7,* 715–726.

Kemmler, L. & Heckhausen, H. (1959). Mütteransichten über Erziehungsfragen. *Psychologische Rundschau, 10,* 83–93.

Kerner, H.-J., Kaiser, G., Kreuzer, A. & Pfeiffer, Ch. (1990). Ursachen, Prävention und Kontrolle von Gewalt aus kriminologischer Sicht. Gutachten der Untersuchungskommission IV. In H.-D. Schwind (Hrsg.), *Ursachen, Prävention und Kontrolle von Gewalt (Band 2, S. 415–606).* Berlin: Duncker/Humblot.

Kerns, L. L. (1997). *Hilfen für depressive Kinder.* Ein Ratgeber. Bern: Huber.

Kerr, M. & Stattin, H. (2000). What parents know, how they know it, and several forms of adolescent adjustment: Further support for a reinterpretation of monitoring. *Developmental Psychology, 36,* 366–380.

Keupp, H. (1994). *Psychologisches Handeln in der Risikogesellschaft.* München: Quintessenz.

Kiesner, J., Poulin, F. & Nicotra, E. (2003). Peer relations across contexts: Individual-network homophily and network inclusion in and after school. *Child Development, 74,* 1328–1343.

Kinderschutz-Zentrum Berlin (Hrsg.) (2000). *Kindesmisshandlung erkennen und helfen.* Berlin: Kinderschutz-Zentrum.

Kindler, H. (2002). *Väter und Kinder. Langzeitstudien über väterliche Fürsorge und die sozioemotionale Entwicklung von Kindern.* Weinheim: Juventa.

Kippele, F. (1998). *Was heißt Individualisierung? Die Antworten soziologischer Klassiker.* Opladen: Westdeutscher Verlag.

Kirchler, E., Palmonari, A. & Pombeni, M. (1992). Auf der Suche nach einem Weg ins Erwachsenenalter. Jugendliche im Dickicht ihrer Probleme und Unterstützung seitens Gleichaltriger und der Familienangehörigen. *Psychologie in Erziehung und Unterricht, 39,* 277–295.

Klafki, W. (1971). Erziehungswissenschaft – Theorie und Praxis. In W. Klafli u. a. (Hrsg.), *Erziehungswissenschaft 3. Eine Einführung (Band 3: Funk-Kolleg Erziehungswissenschaft, S. 112–135).* Frankfurt a. M.: Fischer.

Klein, D. M. & White, J. M. (1996). *Family theories.* Thousand Oaks, CA: Sage.

Kleine, W. (1999). Kinder unterwegs – wegstrecken als Räume kindlicher Bewegungssozialisation. In W. Kleine & N. Schulz (Hrsg.), *Modernisierte Kindheit – sportliche Kindheit? (S. 105–133).* Sankt Augustin: Academia.

Klewes, J. (1983). *Retroaktive Sozialisation. Einflüsse Jugendlicher auf ihre Eltern.* Weinheim: Beltz.

Klingler, W. & Groebel, J. (1994). Kinder und Medien 1990. In Arbeitsgemeinschaft der ARD-Werbegesellschaften (Hrsg.), *Studienreihe Media Perspektiven (Band 13).* Baden-Baden: Nomos.

Klocke, A. (2001). Armut bei Kindern und Jugendlichen – Belastungssyndrome und Bewältigungsfaktoren. In E. Barlösius und L. Ludwig-Mayerhofer (Hrsg.), *Die Armut der Gesellschaft (S. 293–315).* Opladen: Leske & Budrich.

Klosinski, G. (2004). *Scheidung – Wie helfen wir den Kindern?* Düsseldorf, Zürich: Walter.

Koch, E. (1995). Hintergründe «gescheiterter» Migration. In E. Koch, M. Özek & W. Pfeiffer (Hrsg.), *Psychologie und Pathologie der Migration (S. 101–110).* Freiburg i. Br. Lambertus.

Koch, H. L. (1960). The relation of certain formal attributes of siblings to attitudes held toward each other and toward their parents. *Monographs of the Society*

for Research in Child Development (Volume 5, No. 4). Chicago, Ill.: University of Chicago Press.
Koch, E., Özek, M. & Pfeiffer, W. M. (Hrsg.) (1995). *Psychologie und Pathologie der Migration: Deutsch-türkische Perspektiven.* Freiburg i. Br.: Lambertus.
Kornadt, H.-J. & Trommsdorff, G. (1997). Sozialisationsbedingungen von Aggressivität in japan und Deutschland. In G. Foljanty-Jost & D. Rössner (Hrsg.), *Gewalt unter Jugendlichen in Deutschland und Japan: Ursachen und Bekämpfung (S. 27–51).* Baden-Baden: Nomos.
Kracke, B. & Hofer, M. (2002). Familie und Arbeit. In M. Hofer, E. Wild und P. Noack (Hrsg.), *Lehrbuch Familienbeziehungen. Eltern und ihre Kinder in der Entwicklung (S. 94–123).* Göttingen: Hogrefe.
Krais, B. 2003). Zur Einführung in den Themenschwerpunkt zu PISA. *Zeitschrift für Soziologie der Erziehung und Sozialisation, 23,* 5–23.
Krapp, A. & Weidenmann, B. (Hrsg.) (2001). *Pädagogische Psychologie.* Weinheim: Beltz-PVU.
Krapp, A., Prenzel, M. & Weidenmann, B. (2001). Geschichte, Gegenstandsbereich und Aufgaben der Pädagogischen Psychologie. In A. Krapp & B. Weidenmann (Hrsg.), *Pädagogische Psychologie (S. 1–29).* Weinheim: Beltz-PVU.
Krappmann, L. (1993a). Kinderkultur als institutionalisierte Entwicklungsaufgabe. In M. Markefka & B. Nauck (Hrsg.), *Handbuch der Kindheitsforschung (S. 365–376).* Neuwied/Kriftel: Luchterhand.
Krappmann, L. (1993b). Entwicklungsfördernde Aspekte in den Freundschaften von Kindern und Jugendlichen. *Gruppendynamik, 24,* 119–129.
Krappmann, L. (1997a). Großeltern und Enkel – Eine Beziehung mit neuen Chancen. In A. Lepenies (Hrsg.), *Alt und Jung: Das Abenteuer der Generationen (S. 112–120).* Basel: Stroemfeld.
Krappmann, L. (1997b). Die Identitätsproblematik nach Erikson aus einer interaktionistischen Sicht. In H. Keupp & R. Höfer (Hrsg.), *Identitätsarbeit heute (S. 66–92).* Frankfurt am Main: Suhrkamp.
Krappmann, L. (2002). Warnung vor dem Begriff der Selbstsozialisation. *Zeitschrift für Soziologie der Erziehung und Sozialisation, 22,* 178–185.
Krappmann, L. & Oswald, H. (1990). Sozialisation in Familie und Gleichaltrigenwelt. Zur Sozialökologie der Entwicklung in der mittleren Kindheit. *Zeitschrift für Sozialisationsforschung und Erziehungssoziologie, 2,* 147–162.
Krappmann, L. & Peuckert, U. (1995). Entwicklungsschritte von Kindern und Jugendlichen und die Altersmischung in Kindergarten und Hort. In L. Krappmann & U. Peuckert (Hrsg.), *Altersgemischte Gruppen in Kindertagesstätten: Reflexionen und Praxisberichte zu einer neuen Betreuungsform (S. 90–125).* Freiburg: Lambertus.
Krappmann, L. & Oswald, H. (1995). *Alltag der Schulkinder. Beobachtungen und Analysen von Interaktionen und Sozialbeziehungen.* Weinheim: Juventa.

Krappmann, O. (1993). Die Entwicklung vielfältiger sozialer Beziehungen unter Kindern. In A. Auhagen & M. von Salisch (Hrsg.), *Zwischenmenschliche Beziehungen (S. 37–58).* Göttingen: Hogrefe.
Krappmann, O. (1995). Zeit der Kinder – Kinder der Zeit. In H. Rothbucher u. a. (Hrsg.), *Alles hat seine Zeit – Ich habe keine Zeit. Berichtband der Internationalen Pädagogischen Werktagung 1995 (S. 82–96).* Salzburg: Müller.
Krehan-Riemer, A. & Krehan, P. (1993). *Die Stieffamilie.* Wien: Schulbuchverlag.
Krens, I. & Krens, H. (Hrsg.) (2004). *Grundlagen einer vorgeburtlichen Psychologie.* München: Reinhardt.
Kreppner, K. (1999). Beziehung und Entwicklung in der Familie: Kontinuität und Diskontinuität bei der Konstruktion von Erfahrungswelten. In M. Grundmann (Hrsg.), *Konstruktivistische Sozialisationsforschung (S. 102–134).* Frankfurt a.M.: Suhrkamp.
Krohne, H.W. & Hock, M. (1994). *Elterliche Erziehung und Angstentwicklung bei Kindern.* Bern: Huber.
Krohne, W.W. & Hock, M. (1998). Erziehungsstil. In D. H. Rost (Hrsg.), *Handwörterbuch Pädagogische Psychologie (S. 105–110).* Weinheim: Beltz-PVU.
Krumm, V. (1988). Wie offen ist die öffentliche Schule? Über die Zusammenarbeit der Lehrer mit den Eltern. *Zeitschrift für Pädagogik, 34,* 601–619.
Krumm, V. (1991). Wem gehört die Schule? Anmerkungen zu einem Missstand, mit dem fast alle zufrieden sind. In H. Ganthaler & G. Zecha (Hrsg.) *Wissenschaft und Werte im Wandel (S. 22–44).* Wien: VWGÖ.
Krumm, V. (1996a). Über die Vernachlässigung der Eltern durch Lehrer und Erziehungswissenschaft. Plädoyer für eine veränderte Rolle der Lehrer bei der Erziehung der Kinder. *Zeitschrift für Pädagogik, Beiheft Nr. 34,* 119–137.
Krumm, V. (1996b). Schulleistung – auch eine Leistung der Eltern. Die heimliche und offene Zusammenarbeit von Eltern und Lehrern und wie sie verbessert werden kann. In W. Specht & J. Thornhauser (Hrsg.), *Schulqualität (S. 256–290).* Innsbruck/Wien: Studienverlag.
Kruse, J. (2001). Erziehungsstil und kindliche Entwicklung: Wechselwirkungsprozesse im Längsschnitt. In S. Walper & R. Pekrun (Hrsg.), *Familie und Entwicklung (S. 63–83).* Göttingen: Hogrefe.
Krüger, D. & Micus, C. (1999). *Diskriminiert? Privilegiert? Die heterogene Situation Alleinerziehender im Spiegel neuer Forschungsergebnisse und aktueller Daten.* Materialien Nr. 1/1999, Staatsinstitut für Familienforschung an der Universität Bamberg.
Krsihnakumar, A. & Buehler, C. (2000). Interparental conflict and parenting behavior. A meta-analytic review. *Family Relations, 49,* 25–44.
Kunczik, M. & Zipfel, A. (1996). Gewalt und Medien. Zum aktuellen Stand der Diskussion. In F. Haase & A. Kutteroff (Hrsg.), *Anschlüsse. Begleitbuch zur medienpädagogischen Fernsehreihe «Kinder und Medien» (S. 81–95).* Baden-Baden: Nomos.

Kuperschmidt, J. B. & Coie, J. D. (1990). Preadolescent peer status, aggression, and school adjstment as predictors of externalizing problems in adolescence. *Child Development, 61,* 1350–1362.

Kuperschmidt, J. B., Griesler, P. C., DeRosier, M. E., Patterson, C. J. & Davies, P. W. (1995). Childhood aggression and peer relations in the context of family and neighborhood factors. *Child Development, 66,* 360–375.

Kurdek, L. A. (1993). Predicting marital dissolution: A 5-year prospective longitudinal study of newlywed couples. *Journal of Personality and Social Psycholog, 64,* 221–242.

Kuschel, A., Miller, Y., Köppe, E., Lübke, A., Hahlweg, K. & Sanders, M. (2000). Prävention von oppositionellen und aggressiven Verhaltensstörungen bei Kindern: Triple P – ein Programm zu einer positiven Erziehung. *Kindheit und Entwicklung, 9,* 20–29.

Kübler, H.-D. (1999). Medienkompetenz – Dimensionen eines Schlagwortes. In F. Schell, E. Stolzenburg & H. Theunert (Hrsg.), *Medienkompetenz (S. 25–47).* München: Kopäd Verlag.

L'Abate, L. (1990). *Building family competence.* Newbury Park, CA: Sage.

Ladd, G. W. & Golter, B. (1988). Parent's management of preschoolers' peer relations: Is it related to children's social competence? *Developmental Psychology, 24,* 109–117.

Ladd, G. W. & Hart, C. (1992). Creating informal play opportunities: Are parents' and preschoolers' initiations related to children's competentence with peers? *Developmental Psychology, 28,* 1179–1187.

Ladd, G. W., LeSieur, K. & Profilet, S. M. (1993). Direct parental influences on young children's peer relations. In S. Duck (Ed.), *Learning about relationships (Volume 2, pp. 152–183).* London: Sage.

Ladd, G. W., Kochenderfer, B. J. & Colem, C. C. (1997). Classroom peer acceptance, friendship, and victimization: Distinct relational systems that contribute uniquely to children's school adjustment. *Child Development, 68,* 1181–1197.

Ladd, G. W. & Burgess, K. B. (2001). Do relational risks and protective factors moderate the linkages between childhood aggression and early psychological and school adjustment? *Child Development, 72,* 1579–1601.

Laird, R. D., Pettit, G. S., Bates, J. E. & Dodge, K. A. (2003). Parents' monitoring-relevant knowledge and adolescents' delinquent behavior: Evidence of correlated developmental changes and reciprocal influences. *Child Development, 74,* 752–768.

Lamb, M. E. (Ed.) (1982). *Nontraditional families.* Hillsdale, NJ: Erlbaum.

Lamb, M. E. (1997). *The role of the father in child development (3rd edition).* New York: Wiley.

Lamb, M. E. (1998). Nonparental child care: Context, quality, correlates, and consequences. In W. Damon, I. E. Sigel & K. A. Renninger (Eds.), *Handbook of child psychology, Volume 4: Child psychology in practice (pp. 73–134).* New York: Wiley.

Lamb, M. E., Hwang, C.-P., Bookstein, F. L., Broberg, A., Hult, G. & Frodi, M. (1988). Determinants of social competence in Swedish preescholers. *Developmental Psychology, 24,* 58–70.

Lamb, M. E. & Sternberg, K. J. (1989). Tagesbetreuung. In H. Keller (Hrsg.), *Handbuch der Kleinkindforschung (S. 587–608).* Berlin: Springer.

Lamborn, S. D., Mounts, N S., Steinberg, L. & Dornbusch, S. M. (1991). Patterns of competence and adjustment among adolescents from authoritative, authoritarian, indulgent, and neglectful parents. *Child Development, 62,* 1049–1065.

Lang, S. (1985). *Lebensbedingungen und Lebensqualität von Kindern.* Frankfurt a. M.: Campus.

Lange, A. (1996). Formen der Kindheitsrhetorik. In H. Zeiher u. a. (Hrsg.), *Kinder als Außenseiter (S. 75–96).* Weinheim: Juventa.

Lange, A. (2000). Aufwachsen in Zeiten der Unsicherheit. Kultur und Alltag im postmodernen Kinderleben. In A. Lange & W. Lauterbach (Hrsg.), *Kinder in Familie und Gesellschaft zu Beginn des 21sten Jahrhunderts (S. 209–240).* Stuttgart: Lucius & Lucius.

Lange, A. & Lüscher, K. (1996). Von der Form zum Prozess? Ein konzeptueller Beitrag zur Frage nach der Bedeutung veränderter Familienstrukturen für das Aufwachsen von Kindern. *Zeitschrift für Sozialisationsforschung und Erziehungssoziologie, 16,* 229–245.

Lange, A. & Lauterbach, W. (1998). Aufwachsen mit oder ohne Großeltern? Die gesellschaftliche Relevanz multilokaler Mehrgenerationenfamilien. *Zeitschrift für Sozialisationsforschung und Erziehungssoziologie, 18,* 227–249.

Lange, A. & Lauterbach, W. (Hrsg.) (2000). *Kinder in Familie und Gesellschaft zu Beginn des 21sten Jahrhunderts.* Stuttgart: Lucius & Lucius.

Lansford, J. E., Criss, M. M., Pettit, G. S., Dodge, K. A. & Bates, J. E. (2003). Friendship quality, peer group affiliation, and peer antisocial behavior as moderators of the link between negative parenting and adolescent externalizing behavior. *Journal of Research on Adolecence, 13,* 161–184.

Larson, R. & Richards, M. (1991). Daily companionship in late childhood and early adolescence: Changing developmental context. *Child Development, 62,* 284–300.

Larson, R. & Kleiber, D. (1993). Free time activities as factors in adolescent adjustment. In P. Tolan & B. Cohler (Eds.), *Handbook of clinical research and practice (pp. 125–145).* New York: Wiley.

Laucht, M., Esser, G. & Schmidt, M. H. (1997). Wovor schützen Schutzfaktoren? Anmerkungen zu einem populären Konzept der modernen Gesundheitsforschung. *Zeitschrift für Entwicklungspsychologie und Pädagogische Psychologie, 29,* 260–270.

Laurssen, B. (1993). Conflict management among close peers. In B. Laurssen (Ed.), *Close friendships in adolescence (pp. 39–54).* San Francisco: Jossey-Bass.

Lauterbach, W. & Lange, A. (1998). Aufwachsen in materieller Armut und sorgenvoller Familienumwelt. Konsequenzen für den Schulerfolg von Kindern am Beispiel des Überganges in die Sekundarstufe I. In J. Mansel, G. Neubauer (Hrsg.), *Armut und soziale Ungleichheit bei Kindern* (S. 106–129). Opladen: Leske & Budrich.

Lauterbach, W. & Lange, A. (1999). Armut im Kindesalter. Ausmaß und Folgen ungesicherter Lebensverhältnisse. *Diskurs, 9(1),* 88–96.

Lauterbach, W. & Lange, A. (2002). Soziale Lage der Kinder. In Deutsches Kinderhilfswerk e.V. (Hrsg.), *Kinderreport Deutschland* (S. 63–80). München: Kopaed.

Layzer, J.I., Goodson, B.D., Bernstein, L. & Price, C. (2001). *National evaluation of family support programs.* Final report. Volume A: A meta-analysis. Cambridge, MA: Abt Assoc. Inc.

Lazarus, R.S. & Folkman, S. (1984). *Stress, appraisal, and coping.* Berlin: Springer.

LBS-Initiative «Junge Familie» (Hrsg.) (2003). *LBS-Kinderbarometer 2002. Stimmungen, Meinungen, Trends von Kindern und Jugendlichen in NRW.* Institutsbericht. Münster/Hessen.

Ledig, M. (1992). Vielfalt oder Einfalt – Das Aktivitätsspektrum von Kindern. In Deutsches Jugendinstitut (Hrsg.), *Was tun Kinder am Nachmittag? Ergebnisse einer empirischen Studie zur mittleren Kindheit* (S. 31–74). München: Verlag Deutsches Jugendinstitut.

Lehmann, R.H., Peek, R., Pieper, I. & Strietzky, R. v. (1995). *Leseverständnis und Lesegewohnheiten deutscher Schüler und Schülerinnen.* Weinheim: Beltz.

Lehr, U. (1974). *Die Rolle der Mutter in der Sozialisation des Kindes.* Darmstadt: Wissenschaftliche Buchgesellschaft.

Lehr, U. (2000). *Psychologie des Alterns.* Heidelberg: Quelle & Meyer.

Lempp, R. (1991). Die Belastung der Familie durch die Schule. *Pädagogik, 43,* 25–27.

Lenz, K. & Böhnisch, L. (1997). Zugänge zu Familien – ein Grundlagentext. In L. Böhnisch & K. Lenz (Hrsg.), *Familien: Eine interdisziplinäre Einführung* (S. 9–63). Weinheim: Juventa.

Lenzen, D. (2002). *Orientierung Erziehungswissenschaft: Was sie kann, was sie will.* Reinbek bei Hamburg: Rowohlt.

Leon Siantz, M.L. de (1997). Factors that impact developmental outcomes of immigrant children. In A. Booth, A.C. Crouter & N. Landale (Eds.), *Immigration and the family* (pp. 149–161). Mahwah, NJ: Erlbaum.

Lerner, J.V. (1993). The influence of child temperamental characteristics on parent behaviors. In T. Luster & L. Okagaki (Eds.), *Parenting: An ecological perspective* (pp. 101–120). Hillsdale, NJ: Erlbaum.

Lerner, J.V. & Galambos, N.L. (1986). Child development and family change: The influence of maternal employment on infants and toddlers. In L.P. Lipsitt & C. Rovee-Collier (Eds.), *Advances in infancy research (Volume 4,* pp. 145–162). Norwood, NJ: Ablex.

Lerner, R.M. & Busch-Rossnagel, N.A. (Eds.) (1981). *Individuals as producers of their development: A life-span perspective.* New York: Academic Press.

Lerner, R.A. (1986). *Concepts and theories of human development (2nd edition).* New York: Random House.

Lerner, R.M. (1989). Developmental contextualism and the life-span view of person-context interaction. In M. Bornstein and J.S. Bruner (Eds.), *Interaction in human development* (pp. 217–239). Hillsdale, NJ: Erlbaum.

Leu, R. & Krappmann, L. (Hrsg.) (1999). *Zwischen Autonomie und Verbundenheit. Bedingungen und Formen der Behauptung von Subjektivität.* Frankfurt a.M.: Suhrkamp.

Lewin, K. (1935). *A dynamic theory of personality.* New York: McGraw-Hill.

Lewin, K. (1963). *Feldtheorie in den Sozialwissenschaften.* Bern: Huber.

Lewin, K., Lippitt, R. & White, R.K. (1939). Patterns of aggressive behavior in experimentally created «social climates». *Journal of Social Psychology, 10,* 271–299.

Lewis, C.C. (1981). The effects of parental firm control: A reinterpretation of findings. *Psychological Bulletin, 90,* 547–563.

Lewis, M. (1997). *Altering fate: Why the past does not predict the future.* New York: Guildford Press.

Lind, I. (2001). *Späte Scheidung. Eine bindungstheoretische Analyse.* Münster: Waxman.

Lines, P. (1991). Home instruction: The size and growth of the movement. In J. van Galen & M.A. Pitman (Eds.), *Home schooling: Political, historical, and pedagogical perspectives* (pp. 9–41). Norwodd, NJ: Ablex.

Lindenberger, U. (2002). Erwachsenenalter und Alter. In R. Oerter & L. Montada (Hrsg.), *Entwicklungspsychologie* (S. 350–391). Weinheim: Beltz-PVU.

Litt, Th. (1927). *Führen oder Wachsen lassen (13. Auflage 1961).* Stuttgart: Klett.

Livingstone, S. & Bovill, M. (Hrsg.) (2001). *Children and their changing media environment. A European comparative study.* Mahwah, NJ.: Erlbaum.

Loeber, R. (1990). Development and risk factors of juvenile antisocial behavior and delinquency. *Clinical Psychology Review, 10,* 1–41.

Loeber, R. & D. Hay (1997). Key issues in the development of aggression and violence from childhood to early adulthood. *Annual Review of Psychology, 48,* 371–410.

Logemann, N. & Feldhaus, M. (2002). Die Bedeutung von Internet und Mobiltelefon im familialen Alltag – der Wandel der medialen Umwelt von Familie. In R. Nave-Herz (Hrsg.), *Kontinuität und Wandel der Familie in Deutschland – eine zeitgeschichtliche Analyse* (S. 207–227). Stuttgart: Lucius & Lucius.

Lompscher, J. & Nickel, H. (1997). Entwicklung und Erziehung. In J. Lompscher, G. Schulz, G. Ries & H. Nickel (Hrsg.), *Leben, Lernen und Lehren in der Grundschule* (S. 7–32). Neuwied: Luchterhand.

Lompscher, J., Schulz, G., Ries, G. & Nickel, H. (Hrsg.) (1997). *Leben, Lernen und Lehren in der Grundschule.* Neuwied: Luchterhand.

Lorenz, K. (1935). Die Prägung des Objektes arteigener Triebhandlungen. Der Kumpan in der Welt des Vogels. Der Artgenosse als auslösendes Moment sozialer Verhaltensweisen. *Journal für Ornithologie, 83*, 137–213, 289–413.

Lösel, F. (1993). Jugend und Gewalt. Eine Bedingungsanalyse. *Kind, Jugend und Gesellschaft, 38*, 116–121.

Lösel, F. & Bliesener, T. (1990): Resilience in adolescence: A study on the generalizability of protective factors. In K. Hurrelmann & F. Lösel (Eds.), *Health hazards in adolescence (pp. 299–320)*. Berlin: De Gruyter.

Lösel, F. & Bender, D. (1999). Von generellen Schutzfaktoren zu differentiellen protektiven Prozessen: Ergebnisse und Probleme der Resilienzforschung. In G. Opp, M. Fingerle & A. Freytag (Hrsg.), *Was Kinder stärkt. Erziehung zwischen Risiko und Resilienz (S. 37–58)*. München: Reinhardt.

Lösel, F. & Bliesener, T. (2003). *Aggression und Delinquenz unter Jugendlichen. Untersuchungen von kognitiven und sozialen Bedingungen*. Neuwied: Luchterhand.

Lourenço, O. & Machado, A. (1996). In defense of Piaget's theory: A reply to the common criticisms. *Psychological Review, 103*, 143–164.

Lukesch, H. (Hrsg.) (1975). *Auswirkungen elterlicher Erziehungsstile*. Göttingen: Hogrefe.

Lukesch, H., Perrez, M. & Schneewind, K. A. (Hrsg.) (1980). *Familiäre Sozialisation und Intervention*. Bern: Huber.

Lüscher, K. (1997). Solidarische Beziehungen: das «neue» Problem der Generationen. In K. Gabriel, A. Herthl, A. & K. P. Strohmeier (Hrsg.), *Modernität und Solidarität: Konsequenzen gesellschaftlicher Modernisierung (S. 59–77)*. Freiburg i. Br. Herder.

Lytton, H. & Romney, D. M. (1991). Parents' differential socialization of boys and girls: A meta-analysis. *Psychological Bulletin, 109*, 267–296.

Maccoby, E. E. (1980). *Social development: psychological growth and the parent-child relationship*. New York: Harvard Brace.

Maccoby, E. E. & Martin, J. A. (1983). Socialization in the context of the family: Parent-child interaction. In P. H. Mussen (Ed.), *Handbook of child psychology (Volume 4, pp. 1–101)*. New York: Wiley.

Magnus, K. B., Cowen, E. L., Wyman, P. A., Fagan, D. B. & Work, W. C. (1999). Parent-child relationship qualities and child adjustment in highly stressed urban Black and White families. *Journal of Community Psychology, 27*, 55–71.

Magnusson, D. (1995). Individual development: A holistic, integrated model. In P. Moen, G. H. Elder & K. Lüscher (Eds.), *Examining lives in context (pp. 19–60)*. Washington, D.C.: American Psychological Association.

Main, M. (1995). Desorganisation im Bindungsverhalten. In G. Spangler & P. Zimmermann (Hrsg.), *Die Bindungstheorie. Grundlagen, Forschung und Anwendung (S. 120–139)*. Stuttgart: Klett-Cotta.

Main, M. & Solomon, J. (1990). Procedures for identifying infants as disorganized/disoriented during the Ainsworth Strange Situation. In T. M. Greenberg, D. Cicchetti & E. M. Cummings (Eds.), *Attachment in the preschool years (pp. 121–160)*. Chicago: University of Chicago Press.

Malson, L., Itard, J. & Mannoni, O. (1990). *Die wilden Kinder (9. Auflage)*. Frankfurt a.M.: Suhrkamp.

Mansel, J. (Hrsg.) (1996). *Glückliche Kindheit – schwierige Zeit? Über die veränderten Bedingungen des Aufwachsens*. Opladen: Leske & Budrich.

Mansel, J. & Neubauer, G. (Hrsg.) (1998). *Armut und soziale Ungleichheit bei Kindern*. Opladen: Leske & Budrich.

Markman, H. J., Renick, M. J., Floyd, F. J., Stanley, S. M. & Clements, M. (1993). Preventing marital stress through communication and conflict management training: A four- and five-year foloow up. *Journal of Consulting and Clinical Psychology, 61*, 70–77.

Martinez, C. R. J. & Forgatch, M. S. (2001). Preventing problems with boys' noncompliance: Effects of parent training interventions for divorcing mothers. *Journal of Consulting and Clinical Psychology, 69*, 416–428.

Masten, A. S., Best, K. & Garmezy, N. (1990). Resilience and development: Contributions from the study of children who overcome adversity. *Development and Psychopathology, 2*, 425–444.

Masten, A. S. & Coatsworth, J. D. (1998). The development of competence in favorable and unfavorable environments: Lessons from research on successful children. *American Psychologist, 53*, 205–220.

Matzner, M. (1998). *Vaterschaft heute: Klischees und soziale Wirklichkeit*. Frankfurt a.M.: Campus.

Mayer, A. E. (1998). *Kinderwerbung – Werbekinder. Pädagogische Überlegungen zu Kindern als Zielgruppe und Stilmittel der Werbung*. München: KoPäd.

Mayer, R. E. (1998). Cognitive theory for education: What teachers need to know. In N. Lambert & B. L. Mc Combs (Eds.), *How students learn (pp. 351–377)*. Washinghton, D.C.: APA.

McCord, J. (1996). Family as crucible for violence. *Journal of Family Psychology, 10*, 147–152.

McEwen, B. S. (1998). Hormones as regulators of brain development. In D. M. Hann, L. C. Huffman, I. I. Lederhendler & D. Meinecke (Eds.), *Advancing research on developmental plasticity (pp. 34–50)*. Bethesda: NIMH.

McHale, J. P. & Cowan, P. A. (Eds.) (1996). *Understanding how family-level dynamics affect children's development: Studies of two-parent families. New Directions for Child Development*. San Francisco, CA: Jossey-Bass.

McHale, J. P., Kuerstens, R. & Lauretti, A. (1996). New directions in the study of family-level dynamics during infancy and early childhood. In J. P. McHale & P. A. Cowan (Eds.), *Understanding how family-level dynamics affect children's development: Studies of two-parent families. New Directions for Child Development, 74*, 5–26.

McHale, J. P. & Rasmussen, J. L. (1998). Coparental and family group-level dynamics during infancy: Early family precursors of child and family functioning during preschool. *Development and Psychopathology, 10*, 39–59.

McLanahan, S. & Sandefur, G. (1994). *Growing up with a single parent. What hurts, what helps.* Cambridge: Cambridge University Press.

McLeod, J. M. & Brown, J. D. (1976). The family environment and adolescent television use. In J. R. Brown (Ed.), *Children and television* (pp. 103–131). London: Sage.

McQueen, A., Getz, J. G. & J. II. Bray (2003). Acculturation, substance use, and deviant behavior: Examining separation and family conflict as mediators. *Child Development, 74*, 1737–1750.

Mead, M. (1974). *Der Konflikt der Generationen. Jugend ohne Vorbild.* München: dtv.

Meins, E. (1999). Sensitivity, security, and internal working models: Bridging transmission gap. *Attachment and Human Development, 1*, 325–342.

Melzer, W. (1985). *Eltern – Schüler – Lehrer. Zur Elternpartizipation an Schule.* Weinheim: Juventa.

Melzer, W. (1987). *Familie und Schule als Lebenswelt.* München: DJI Verlag Deutsches Jugendinstitut.

Melzer, W. (1997). Elternhaus und Schule – ein Beispiel misslungener und gelungener gesellschaftlicher Partizipation von Familie. In L. Böhnisch & K. Lenz (Hrsg.), *Familien. Eine interdisziplinäre Einführung* (S. 299–310). Weinheim: Juventa.

Merkens, H. (1997). Familiale Erziehung und Sozialisation türkischer Kinder in Deutschland. In D. Kirchhöfer, H. Merkens & F. Schmidt (Hrsg.), *Sozialisation und Erziehung in ausländischen Familien* (S. 9–100). Hohengehren: Schneider.

Merkens, H. & Nauck, B. (1993). Ausländerkinder. In M. Marfefka & B. Nauck (Hrsg.), *Handbuch der Kinderforschung* (S. 447–457). Neuwied.

Messaris, P. (1986). Parents, children, and television. In G. Gumpert & R. Cathcart (Eds.), *Intermedia. Interpersonal communication in a media world* (pp. 519–536). New York: Oxford University Press.

Meyer, K. U. (1996). Die demographische Entwicklung in den neuen Bundesländern und ihre Auswirkungen auf Kinder. In W. Bien (Hrsg.), *Familie an der Schwelle zum neuen Jahrtausend. Wandel und Entwicklung familialer Lebensformen (DJI-Familien-Survey 6, S. 196–204).* Opladen: Leske & Budrich.

Meyer, T. (1992). *Modernisierung der Privatheit.* Opladen: Leske & Budrich.

Meyer, S. & Schulze, E. (1989). *Balancen des Glücks – neue Lebensformen: Paare ohne Trauschein – Alleinerziehende und Singles.* München: Kösel.

Michel, G. F. & Moore, C. L. (1995). *Developmental psychobiology: An interdisciplinary science.* Cambridge, Mass.: Bradford/MIT Press.

Miller, P. (1993). *Theorien der Entwicklungspsychologie.* Heidelberg: Spektrum Akademischer Verlag.

Miller, G. E. & Prinz, R. (1990). Enhancement of social learning family interventions for childhood conduct disorders. *Psychological Bulletin, 108*, 291–307.

Miller-Kipp, G. (1995). Problemlage und Aufgaben der Pädagogischen Anthropologie heute. In J. Uher (Hrsg.), *Pädagogische Anthropologie und Evolution* (S. 143–170). Erlangen.

Millner, M. (1996). *Das Beta-Kind. Fernsehen und kindliche Entwicklung aus kinderpsychiatrischer Sicht.* Bern: Huber.

Minsel, B. (1993). *Modellversuch Familie leben lernen.* Abschlussbericht. München: Staatsinstitut für Frühpädagogik und Familienforschung, 10.

Moen, P., Elder, G. H. & Lüscher, K. (Eds.) (1995). *Examining lives in context.* Washington, D.C.: APA.

Moffitt, T. E. (1993). The neuropsychology of conduct disorder. *Development and Psychopathology, 5*, 135–151.

Morgenroth, O. & Merkens, H. (1997). Wirksamkeit familialer Umwelten türkischer Migranten in Deutschland. In B. Nauck & U. Schönpflug (Hrsg.), *Familien in verschiedenen Kulturen* (S. 303–323). Stuttgart: Enke. Nauck, B. & Schönpflug, U. (Hrsg.) (1997). *Familien in verschiedenen Kulturen.* Stuttgart: Enke.

Montada, L. (2002a). Fragen, Konzepte, Perspektiven. In R. Oerter & L. Montada (Hrsg.), *Entwicklungspsychologie* (S. 3–53, 5. vollständig überarb. Auflage). Weinheim: Beltz-PVU.

Montada, L. (2002b). Die geistige Entwicklung aus der Sicht Jean Piagets. In R. Oerter & L. Montada (Hrsg.), *Entwicklungspsychologie* (S. 418–442). Weinheim: Beltz-PVU.

Montada, L. (2002c). Moralische Entwicklung und moralische Sozialisation. In R. Oerter & L. Montada (Hrsg.), *Entwicklungspsychologie* (S. 619–647). Weinheim: Beltz-PVU.

Montada, L. & Setter to Bulte, U. (1974). Strafwirkung als Funktion der Strafbewertung. *Zeitschrift für Entwicklungspsychologie und Pädagogische Psychologie, 6*, 75–89.

Montessori, M. (1934). *Grundlagen meiner Pädagogik* (7. Auflage 1987). Heidelberg: Quelle & Meyer.

Montessori, M. (1992). *Dem Leben helfen* (Kleine Schriften Maria Montessoris 1). Herausgegeben und eingeleitet von Paul Oswald und Günther Schulz-Benesch. Freiburg: Herder.

Morgenroth, O. & Merkens, H. (1997). Wirksamkeit familialer Umwelten türkischer Migranten in Deutschland. In B. Nauck & U. Schönpflug (Hrsg.), *Familien in verschiedenen Kulturen* (S. 303–323). Stuttgart: Enke.

Mrazek, P. J. & Haggarty, R. J. (Eds.) (1994). *Reducing the risk for mental disorder: Frontiers for preventive intervention research.* Washington, D.C.: National Academy Press.

Muchow, M. & Muchow, H. (1935). *Der Lebensraum des Großstadtkindes* (2. Auflage 1980). Bensheim: päd. extra.

Müller, P. (1991). Suizid in Sachsen: Soziologische Annäherung an ein brisantes Thema. *Medizin, Mensch, Gesellschaft, 16*, 136–145.

Murphy-Witt, M. (2003). *Konsequente Eltern – glückliche Kinder.* München: Ullstein.

Murray, C. A. & Cox, L. A. jr. (1979). *Beyond probation: Juvenile corrections and chronic delinquents.* Beverly Hills, CA: Sage.

Mussen, P. H., Conger, J. J., Kagan, J. & Huston, A. C. (1993a). *Lehrbuch der Kinderpsychologie (Band 1).* Stuttgart: Klett-Cotta.

Mussen, P. H., Conger, J. J., Kagan, J. & Huston, A. C. (1993b). *Lehrbuch der Kinderpsychologie (Band 2).* Stuttgart: Klett-Cotta.

Münz, R. (1997). Rentnerberg oder leere Schulen? Das Verhältnis der Generationen aus demographischer Sicht. In L. Krappmann & A. Lepenies (Hrsg.), *Alt und Jung: Spannung und Solidarität zwischen den Generationen (S. 49–65).* Frankfurt a. M.: Campus.

Myrdal, A. & Klein, V. (1962). *Die Doppelrolle der Frau in Familie und Beruf.* Neuwied: Luchterhand.

Myrtek, M. & Scharff, C. (2000). *Fernsehen, Schule und Verhalten. Untersuchung zur emotionalen Beanspruchung von Schülern.* Bern: Huber.

National Association for the Education of Young Children (1986). Position statement on developmentally appropriate practice in programs for 4- and 5-year-olds. *Young Children, 51,* 4–12.

National Institute of Child Health and Human Development Early Child Care Research Network (1998). Early child care and self-control, compliance, and problem behavior at 24 and 36 months. *Child Development, 69,* 1145–1170.

National Institute of Child Health and Human Development Early Child Care Research Network (2000). The relation of child care to cognitive and language development. *Child Development, 71,* 958–978.

National Institute of Child Health and Human Development Early Child Care Research Network (2002). Early child care and children's development prior to school entry. *American Educational Research Journal, 39,* 133–164.

National Institute of Child Health and Human Development Early Child Care Research Network (2003). Social functioning in first grade: Associations with earlier home and child care predictors and with current classroom experiences. *Human Development, 74,* 1639–1662.

Nauck, B. (1990). Eltern-Kind-Beziehungen bei Deutschen, Türken und Migranten. Ein interkultureller Vergleich der Werte von Kindern, des generativen Verhaltens, der Erziehungseinstellungen und Sozialisationspraktiken. *Zeitschrift für Bevölkerungswissenschaft, 16,* 87–120.

Nauck, B. (1993). Sozialstrukturelle Differenzierung der Lebensbedingungen von Kindern in West- und Ostdeutschland. In M. Markefka & B. Nauck (Hrsg.), *Handbuch der Kindheitsforschung (S. 143–163).* Neuwied/Kriftel: Luchterhand.

Nauck, B. (1994). Erziehungsklima, intergenerative Transmission und Sozialisation von Jugendlichen in türkischen Migrantenfamilien. *Zeitschrift für Pädagogik, 40,* 43–62.

Nauck, B. (1995). Kinder als Gegenstand der Sozialberichterstattung – Konzepte, Methoden und Befunde im Überblick. In B. Nauck & H. Bertram (Hrsg.), *Kinder in Deutschland (S. S. 11–87).* Opladen: Leske & Budrich.

Nauck, B. (1998). *Eltern-Kind-Beziehungen in Migrantenfamilien. Survey intergenerative Beziehungen in Migrantenfamilien.* Expertise zum 6. Familienbericht.

Nauck, B. (1999). Soziales Kapital und intergenerative Transmission von kulturellem Kapital im regionalen Kontext. In H. Betram, T. Klein & B. Nauck (Hrsg.), *Solidarität, Lebensformen und regionale Entwicklung (S. 17–57).* Opladen: Leske & Budrich.

Nauck, B. & Özel, S. (1986). Erziehungsvorstellungen und Sozialisationspraktiken in türkischen Migrantenfamilien. Eine individualistische Erklärung interkulturell vergleichender Befunde. *Zeitschrift für Sozialisationsforschung und Erziehungssoziologie, 6,* 285–312.

Nauck, B. & Schönpflug, U. (Hrsg.) (1997). *Familien in verschiedenen Kulturen.* Stuttgart: Enke.

Nauck, B. & Joos, M. (1996). Wandel der familiären Lebensverhältnisse von Kindern in Ostdeutschland. In G. Trommsdorff (Hrsg.), *Sozialisation und Entwicklung von Kindern vor und nach der Vereinigung (S. 243–298).* Opladen: Leske & Budrich.

Nauck, B., Joos, M. & Meyer, W. (1998). Kinder. In B. Schäfers & W. Zapf (Hrsg.), *Handwörterbuch zur Gesellschaft Deutschlands (S. 362–371).* Opladen: Leske & Budrich.

Nauck, B. & Kohlmann, A. (1998). Verwandschaft als soziales Kapital – Netzwerkbeziehungen in türkischen Migrantenfamilien. In M. Wagner & Y. Schütze (Hrsg.), *Verwandschaft. Sozialwissenschaftliche Beiträge zu einem vernachlässigten Thema (S. 203–235).* Stuttgart: Enke.

Nauck, B. & Alamdar-Niemann, M. (1999). Migrationsbedingter Wandel in türkischen Familien und seine Auswirkungen auf Eltern-Kind-Beziehungen und Erziehungsverhalten. In Arbeitskreis Neue Erziehung (Hrsg.), *Erziehung – Sprache – Migration (S. 4–35).* Berlin: Arbeitskreis Neue Erziehung.

Nave-Herz, R. (1998). Familie und Verwandtschaft. In B. Schäfers & W. Zapf (Hrsg.), *Handwörterbuch zur Gesellschaft Deutschland (S. 98–119).* Berlin: Akademie Verlag.

Nave-Herz, R. (2002). *Familie heute. Wandel der Familienstrukturen und Folge für die Erziehung (2. überarb. und ergänzte Auflage).* Darmstadt: Wissenschaftliche Buchgesellschaft.

Nave-Herz, R. (Hrsg.) (2003). *Wandel und Kontinuität der Familie in Deutschland – Eine zeitgeschichtliche Analyse.* Stuttgart; Kohlhammer.

Nave-Herz, R. & Krüger, D. (1992). *Ein Eltern-Familien. Eine empirische Studie zur Lebenssituation und Lebensplanung alleinunerziehender Mütter und Väter.* IFG-Materialien. Bielefeld.

Nickel, H. (1976). Die Lehrer-Schüler-Beziehung aus der Sicht neuerer Forschungsergebnisse – Ein transaktionales Modell. *Psychologie in Erziehung und Unterricht, 23,* 153–172.

Nickel, H. (1980). Entwicklungstheorien und ihre Bedeutung für den Grundschullehrer. In D. H. Rost (Hrsg.), *Entwicklungspsychologie für die Grundschule* (S. 26–40). Bad Heilbrunn: Klinkhardt.

Nickel, H. (1992). Erziehungspsychologie. In D. Dupuis & W. Kerkhoff (Hrsg.), *Enzyklopädie der Sonderpädagogik, der Heilpädagogik und ihrer Nachbargebiete* (S. 190–192). Berlin: Marhold.

Nickel, H. & Schmidt-Denter, U. (1995). *Vom Kleinkind zum Schulkind (5. überarb. und ergänzte Auflage)*. München: Reinhardt.

Nickel, H., Quaiser-Pohl, C., Rollett, B, Vetter, J. & Werneck, H. (1995). Veränderung der partnerschaftlichen Zufriedenheit während des Übergangs zur Elternschaft – Kulturvergleichende Untersuchungen in vier Ländern. *Psychologie in Erziehung und Unterricht, 42*, 40–53.

Nieke, W. (2000). *Interkulturelle Erziehung und Bildung. Wertorientierungen im Alltag*. Opladen: Leske & Budrich.

Nietfeld, M. & Becker, R. (1999). Harte Zeiten für Familien. *Zeitschrift für Sozialisationsforschung und Erziehungssoziologie, 19*, 369–387.

Niggli, A., Perrez, M. & Kramis, J. (1982). Selbständigkeit und Unselbständigkeit als Einflussgrößen mütterlichen Erziehungsverhaltens. *Schweiz. Zeitschrift für Psychologie und ihre Anwendungen, 4*, 276–286.

Nissen, G. (1989). Störungen des Sozialverhaltens. In C. Eggers, R. Lempp, G. Nissen & P. Strunk (Hrsg.), *Kinder- und Jugendpsychiatrie* (S. 105–135). Berlin: Springer.

Nissen, U. (1990). Räume für Mädchen?! Geschlechtsspezifische Sozialisation in öffentlichen Räumen. In U. Preuss-Lausitz, T. Rülcker & H. Zeiher (Hrsg.), *Selbständigkeit für Kinder - die große Freiheit?* (S. 148–160). Weinheim: Beltz.

Nissen, U. (1992). Raum und Zeit in der Nachmittagsgestaltung von Kindern. In Deutsches Jugendinstitut (Hrsg.), *Was tun Kinder am Nachmittag: Ergebnisse einer empirischen Studie zur mittleren Kindheit* (S. 127–170). München: DJI.

Noack, P. (1990). *Entwicklung im Kontext*. München: PVU.

Noack, P. & E. Wild (1995). Überlegungen zur Entwicklung von aggressiven und rechtsextremen Einstellungen. In M. Schäfer & D. Frey (Hrsg.), *Aggression und Gewalt unter Kindern und Jugendlichen* (S. 107–134). Göttingen: Hogrefe.

Noack, P. & Puschner, B. (1999). Differential trajectories of parent-child relationships and psychosocial adjustment in adolescents. *Journal of Adolescence, 22*, 795–804.

O'Brien, S. F. & Bierman, K. L. (1988). Conceptions and perceived influence of peer groups: Interviews with preadolescents and adolescents. *Child Development, 59*, 1360–1365.

Oelkers, J. (1991). Theorie der Erziehung. *Zeitschrift für Pädagogik, Heft 1*, 13–18.

Oelkers, J. (1996). Kinder sind anders. In W. Harth-Peter (Hrsg.), *Kinder sind anders. Maria Montessoris Bild vom Kinde auf dem Prüfstand* (S. 243–258). Würzburg: Ergon.

Oelkers, J. (2001). *Einführung in die Theorie der Erziehung*. Weinheim: Beltz.

Oerter, R. (1978). *Entwicklung als lebenslanger Prozess*. Hamburg: Hoffmann & Campe.

Oerter, R. (1992). The zone of proximal development for learning and teaching. In F. Oser, A. Dick & J. H. Partry (Hrsg.), *Effective and responsible teaching* (S. 187–202). San Francisco, CA: Jossey-Bass.

Oerter, R. (2002). Kultur, Ökologie und Entwicklung. In R. Oerter & L. Montada (Hrsg.), *Entwicklungspsychologie* (S. 72–104). München, Weinheim: Beltz-PVU.

Oerter, R. & Dreher, E. (2002). Jugendalter. In R. Oerter & L. Montada (Hrsg.), *Entwicklungspsychologie* (S. 258–318). Weinheim: Beltz-PVU.

Oerter, R. & Montada, L. (Hrsg.) (2002). *Entwicklungspsychologie (5. vollständig überarb. Auflage)*. Weinheim: Beltz-PVU.

Oerter, R. & Montada, L. (Hrsg.) (2008). *Entwicklungspsychologie (6. vollst. überarb. Auflage)*. Weinheim: Beltz-PVU.

Offe, H. (1992). Empirische Scheidungsfolgen-Forschung. Ein Überblick über neuere Ergebnisse. In J. Hahn, B. Lomberg & H. Offe (Hrsg.), *Scheidung und Kindeswohl* (S. 25–53). Heidelberg: Asanger.

Offord, D. R., Boyle, M. H. & Racine, G. A. (1998). Ontario child health study. In S. Chess & M. E. Hetzig (Eds.), *Annual progress in child psychiatry and child development* (pp. 194–204). New York: Brunner/Mazil.

Okagaki, L. & Johnson-Divacha, D. (1993). Development of parental beliefs. In T. Luster & L. Okagaki (Eds.), *Parenting: An ecological perspective* (pp. 35–67). Hillsdale, NJ: Erlbaum.

Olweus, D. (2002). *Gewalt in der Schule: Was Lehrer und Eltern wissen sollten und tun können. (3. korrigierte Auflage)*. Bern: Huber.

Opp, G., Fingerle, M. & Freytag, A. (Hrsg.) (1999). *Was Kinder stärkt: Erziehung zwischen Risiko und Resilienz*. München: Reinhardt.

Ostner, I. (2002). Am Kind vorbei – Ideen und Interessen in der jüngeren Familienpolitik. *Zeitschrift für Soziologie der Erziehung und Sozialisation, 22*, 247–266.

Oswald, H. (1980). *Abdankung der Eltern*. Weinheim: Beltz.

Oswald, H., Baker, D. P. & Stevenson, D. L. (1988). School charter and parental management in West-Germany. *Sociology of Education*, 255–265.

Oswald, H. & Krappmann, L. (1991). Der Beitrag der Gleichaltrigen zur sozialen Entwicklung von Kindern in der Grundschule. In R. Pekrun & H. Fend (Hrsg.), *Schule und Persönlichkeitsentwicklung. Ein Resumee der Längsschnittforschung* (S. 201–216). Stuttgart: Enke.

Ovortrup, J. (1991). Childhood as a social phenomenon. An introduction to a series of national reports. *Eurosocial Reports, Volume 36*. Vienna: European Centre of Social Welfare Policy and Research.

Palmer, E.L. & MacNeil, M. (1991). Children's comprehension processes: From Piaget to public policy. In J. Bryant & D. Zillmann (Eds.), *Responding to the screen (pp. 27–44)*. Hillsdale, NJ: Erlbaum.

Papanow, P.L. (1984). The stepfamily cycle: An experimental model of stepfamily development. *Family relations, 33*, 355–365.

Papastefanou, C. (1997). *Auszug aus dem Elternhaus – Aufbruch und Ablösung im Erleben von Kindern und Eltern*. Weinheim: Beltz-PVU.

Papastefanou, C. (2002). Die Erweiterung der Familienbeziehungen und die Geschwisterbeziehung. In M. Hofer, E. Wild & P. Noack (Hrsg.), *Lehrbuch Familienbeziehungen. Eltern und Kinder in der Entwicklung (S. 192–215)*. Göttingen: Hogrefe.

Papini, D.R., Roggman, L.A. & Anderson, J. (1991). Early-adolescent perceptions of attachment to mother and father: A test of the emotional-distancing and buffering hyptheses. *Journal of Early Adolescence, 11*, 258–275.

Papousek, H. & Papousek, M. (1987). Intuitive parenting: A dialectic counterpart of the infant's integrative competence. In J. D. Osofsky (Ed.), *Handbook of infant development (2nd edition, pp. 669–720)*. New York: Wiley.

Parcel, T.L. & Menaghan, E.G. (1994). *Parent's jobs and children's lives*. New York: deGruyter.

Park, S.-Y., Belsky, J., Putnam, S. & Crnic, K. (1997). Infant emotionality, parenting, and 3–year inhibition: Exploring stability and lawful discontinuity in a male sample. *Developmental Psychology, 33*, 218–227.

Parke, R.D. (1974). Rules, roles, and resistance to deviation: Recent advances in punishment, discipline, and self-control. In A.E. Pick (Ed.), *Minnesota symposium on child psychology (pp. 111–149)*. New York: Wiley.

Parke, R.D. (1995). Fathers and families. In M.H. Bornstein (Ed.), *Handbook of parenting (pp. 27–63)*. Mahwah, NJ: Erlbaum.

Parke, R.D. (1996). *Fatherhood*. Cambridge, MA: Cambridge University Press.

Parke, R.D. & Tinsley, B.R. (1981). The development of aggression. In E.M. Hetherington (Hrsg.), *Handbook of child psychology (Vol. 4: Socialization, personality, and social development, pp. 547–642)*. New York: Wiley.

Parke, R.D. & Ladd, G.W. (1992). (Eds.), *Family-peer relationships. Modes of linkages*. Hillsdale, NJ: Erlbaum.

Parke, R.D. & Buriel, R. (1997). Socialization in the family: Ethnic and ecological perspectives. In W. Damon (Ser. Ed.) (N. Eisenberg (Vol. Ed.), *Handbook of child psychology. Social, emotional, and personality development (5th edition, Volume 3, pp. 463–552)*. New York: Wiley.

Parke, R.D., Cassidy, J., Burks, V.M., Carson, J.L. & Boyum, L. (1992). Familial contributions to peer competence among young children: The role of interactive and affective processes. In R.D. Parke & G.W. Ladd (Eds.), *Family-peer relationships. Modes of linkages (pp. 107–135)*. Hillsdale, NJ: Erlbaum.

Parker, J.G. & Asher, St.R. (1993). Friendship and friendship quality in middle childhood: Links with peer group acceptance and feelings of loneliness and social dissatisfaction. *Developmental Psychology, 29*, 611–621.

Parsons, T. (1952). Das Über-Ich und die Theorie der sozialen Systeme. In T. Parsons (Hrsg.), *Sozialstruktur und Persönlichkeit (S. 25–45)*. Frankfurt a.M.: Fachbuchhandlung für Psychologie.

Patterson, G.R. (1982). *Coercive family processes. A social learning approach*. Eugene, Oregon: Castalia.

Patterson, G.R. & Bank, L. (1989). Some amplifying mechanisms for pathologic processes in families. In M.R. Gunnar & E. Thalen (Eds.), *Minnesota Symposium on Child Psychology (Volume 22: Systems and development, pp. 167–209)*. Hillsdale, NJ: Erlbaum.

Patterson, G.R., DeBaryshe, B.D. & Ramsey, E. (1989). A developmental perspective on antisocial behavior. *American Psychologist, 44*, 329–335.

Patterson, G.R., Capaldi, D. & Bank, L. (1991). An early starter model for predicting delinquency. In D.J. Pepler & K.H. Rubin (Eds.), *The development and treatment of childhood aggression (pp. 139–168)*. Hillsdale, NJ: Erlbaum.

Patterson, G.R., Reid, J.B. & Dishion, T.J. (1992). *Antisocial boys: A social interactional approach (Volume 4)*. Eugene, Oregon: Castalia.

Patterson, G.R. & Fisher, P.A. (2002). Recent developments in our understanding of parenting: Bidirectional effects, causal models, and the search of parsimony. In M.H. Bornstein (Ed.), *Handbook of parenting (Volume 5: Practical issues in parenting, pp. 59–88)*. Mahwah, NJ: Erlbaum.

Pauls, H. & Johann, A. (1984). Wie steuern Kinder ihre Eltern? *Psychologie in Erziehung und Unterricht, 31*, 22–32.

Pauls, H. & Reicherts, M. (1991). *FEKS – Fragebogen zur Erfassung kindlicher Steuerung*. Weinheim: Beltz Test Gmbh.

Paus-Haase, I. (1999). Medienrezeption und Medienaneignung von drei- bis zehnjährigen Kindern und daraus resultierende Ansatzpunkte für die Förderung von Medienkompetenz. In F. Schell, E. Stolzenburg & H. Theunert (Hrsg.), *Medienkompetenz: Grundlagen und pädagogisches Handeln (S. 81–90)*. München: KoPäd Verlag.

Peek, W. & Tietze, W. (1994). Fernsehen, Bücher, Kassetten. Daten zur Nutzung durch drei- bis sechsjährige Kinder. In Deutsches Jugendinstitut (Hrsg.), *Handbuch Medienerziehung im Kindergarten (S. 95–110)*. Opladen: Leske & Budrich.

Pekrun, R. (2001). Familie, Schule und Entwicklung. In S. Walper & R. Pekrun (Hrsg.), *Familie und Entwicklung (S. 84–105)*. Göttingen: Hogrefe.

Pelham, W.E., Lang, A.R., Atkeson, B., Murphy, D.A., Gnagy, E.M., Greiner, A.R., Vodde-Hamilton, M. & Greenslade, K.E. (1997). Effects of deviant child behavior on parental distress and alcohol consumption in laboratory interactions. Journal of *Abnormal Child Psychology, 25*, 413–424.

Perrez, M. (1993). Gesundheitliche Folgen von Gewaltanwendungen. In Heiss, W. (Hrsg.), *Gesundheit in der Schweiz (S. 297–312)*. Zürich: Seismo.

Perrez, M. (1994). Optimierung und Prävention im erzieherischen Bereich. In K.A. Schneewind (Hrsg.), *Psychologie der Erziehung und Sozialisation. Enzyklopädie der Psychologie. Pädagogische Psychologie (Band 1: Psychologie der Erziehung und Sozialisation, S. 585–618)*. Göttingen: Hogrefe.

Perrez, M. (1997). Gewalt gegen Kinder. In B. Zöllner (Hrsg.), *Mit Strafen leben? Über Strafen und Bestrafung im zwischenmenschlichen Bereich (S. 299–308)*. Basel: Promedas.

Perrez, M. (2004a). Stressoren in der Familie und Familie als Stressor im Vorfeld der Entwicklung von Störungen bei Kindern und Jugendlichen. In P.F. Schlottke, G. Lauth, R.K. Silbereisen & S. Schneider (Hrsg.), *Enzyklopädie der Psychologie. Band Störungen im Kindes- und Jugendalter (S. 193–246)*. Göttingen: Hogrefe.

Perrez, M. (2004b). Unveröffentlichter Schlussbericht der kollektiven Expertise zum Modul 3: «Verbesserung der Eltern-Kind-Beziehung».

Perrez, M., Büchel, F., Ischi, N., Patry, J.-L., Thommen, B. & Kormann, A. (1985). *Erziehungspsychologische Beratung und Intervention als Hilfe zur Selbsthilfe in Familie und Schule*. Bern: Huber.

Perrez, M., Minsel, B. & Wimmer, H. (1992). *Was Eltern wissen sollten. Eine psychologische Schule für Eltern und Erzieher*. Salzburg: Otto Müller (eine Überarbeitung ist in Vorbereitung).

Pestalozzi, J.H. (1938). Meine Nachforschungen über den Gang der Natur in der Entwicklung des Menschengeschlechts. In J.H. Pestalozzi (Hrsg.), *Sämtliche Werke (Band 12, S. 1–166)*. Berlin: de Gruyter.

Petermann, F. (Hrsg.) (2002). *Lehrbuch der klinischen Kinderpsychologie und -psychiatrie (5. korr. Auflage)*. Göttingen: Hogrefe.

Petermann, F. (Hrsg.) (2008). *Lehrbuch der Klinischen Kinderpsychologie (6. vollst. überarb. Auflage)*. Göttingen: Hogrefe.

Petermann, H., Essau, C.A. & Petermann, F. (2000). Angststörungen. In F. Petermann (Hrsg.), *Lehrbuch der klinischen Kinderpsychologie und -psychiatrie (S. 227–270)*. Göttingen: Hogrefe.

Petermann, F., Döpfner, M., Lehmkuhl, G. & Scheithauer, H. (2000). Klassifikation und Epidemiologie psychischer Störungen. In F. Petermann (Hrsg.), *Lehrbuch der Klinischen Kinderpsychologie und -psychotherapie (S. 29–56)*. Göttingen: Hogrefe.

Petermann, F., Niebank, K. & Scheithauer, H. (Hrsg.) (2000). *Risiken in der frühkindlichen Entwicklung*. Göttingen: Hogrefe.

Petermann, F., Döpfner, M. & Schmidt, M.H. (2001). *Ratgeber aggressives Verhalten*. Göttingen: Hogrefe.

Petermann, F. & Petermann, U. (2001). *Training mit aggressiven Kindern*. Weinheim: PVU.

Petermann, U. & Petermann, F. (2002). Biopsychosoziale Perspektiven der Entwicklungspsychopathologie. B. Rollett & H. Werneck (Hrsg.), *Klinische Entwicklungspsychologie der Familie (S. 46–68)*. Göttingen: Hogrefe.

Pettit, G.S., Laird, R.D., Dodge, K.A., Bates, J.E. & Criss, M.M. (2001). Antecedents and behavior-problem outcomes of parental monitoring and psychological control in early adolescence. *Child Development, 72*, 583–598.

Petzold, M. (1997). *Elternschaft. Qualitative Studien zur Familie*. St. Augustin: Gardez.

Petzold, M. (1999). *Entwicklung und Erziehung in der Familie*. Hohengehren: Schneider.

Petzold, M. (2002). Definition der Familie aus psychologischer Sicht. In B. Rollett & H. Werneck (Hrsg.), *Klinische Entwicklungspsychologie der Familie (S. 22–31)*. Göttingen: Hogrefe.

Petzold, M. & Nickel, H. (1989). Grundlagen und Konzept für eine entwicklungspsychologische Familienforschung. *Psychologie in Erziehung und Unterricht, 36*, 241–257.

Peukert, R. (2000). *Familienformen im sozialen Wandel (4. überarb. und erw. Auflage)*. Opladen: Leske & Budrich.

Pfeiffer, C. & Wetzels, P. (2000). *Junge Türken als Täter und Opfer von Gewalt*. Kriminologisches Forschungsinstitut Niedersachsen. Forschungsbericht Nr. 81.

Pfeiffer, C. (2001). Gewalt entsteht durch Gewalt. Wie kann der Teufelskreis durchbrochen werden? In W. Deutsch & M. Wenglorz (Hrsg.), *Zentrale Entwicklungsstörungen bei Kindern und Jugendlichen (S. 164–187)*. Stuttgart: Klett-Cotta.

Phelan, P., Davidson, A.L. & Yu, H.C. (1998). *Adolescents' worlds: negotiating family, peers, and school*. New York, NY: Teachers College Press.

Piaget, J. (1947). *Psychologie der Intelligenz*. Zürich: Rascher.

Piaget, J. (1972). *Sprechen und Denken des Kindes*. Düsseldorf: Schwann.

Piaget, J. (1973). *Das moralische Urteilen beim Kinde*. Frankfurt a.M.: Suhrkamp.

Piette, J. (1992). Teaching television critical viewing skills: From theory to practice to theory. In Bertelsmann Stiftung (Hrsg.), *Medienkompetenz als Herausforderung an Schule und Bildung (S. 218–236)*. Gütersloh: Verlag Bertelsmann Stiftung.

Plomin, R., McClearn, G.E., DeFries, J.C. & Rutter, M. (1999). *Gene, Umwelt und Verhalten*. Bern: Huber.

Popp, U., Meier, U. & Tillmann, K.-J. (2001). Es gibt auch Täterinnen: Zu einem bisher vernachlässigten Aspekt der schulischen Gewaltdiskussion. *Zeitschrift für Soziologie der Erziehung und Sozialisation, 21*, 170–191.

Portmann, A. (1951). *Biologische Fragmente zu einer Lehre des Menschen*. Basel: Karger.

Postman, N. (1982). *Das Verschwinden der Kindheit*. Frankfurt a.M.: Suhrkamp.

Postman, N. (1995). *Das Ende der Erziehung*. Berlin: de Gruyter.

Preuss-Lausitz, U. u.a. (1983). *Kriegskinder – Konsumkinder – Krisenkinder. Zur Sozialisationsgeschichte seit dem Zweiten Weltkrieg*. Weinheim: Beltz.

Preuss-Lausitz, U. (1993). *Die Kinder des Jahrhunderts. Zur Pädagogik der Vielfalt im Jahr 2000*. Weinheim: Beltz.

Preuss-Lausitz, U. (1995). Kindheit 2000. Entwicklungstendenzen zwischen Chancen und Risiken. In H. Daubert & H. Ewers (Hrsg.), *Veränderte Kindheit in der aktuellen Kinderliteratur (S. 7–22)*. Braunschweig: Westermann.

Price, J.M. & Lento, J. (2001). The nature of child and adolescent vulnerability. In R.E. Ingram & J.M. Price (Eds.), *Vulnerability to psychopathology. Risk across the lifespan (pp. 20–38)*. New York: The Guilford Press.

Prinz, R.J. & Miller, G.E. (1994). Family-based treatment for childhood antisocial behavior: Experimental influences on dropout and engagement. *Journal of Consulting and Clinical Psychology, 62,* 645–650.

Ratti, L.A., Humphrey, L. & Lyons, J.S. (1996). Structural analysis of families with a polydrug-dependent, bulimic, or normal adolescent daughter. *Journal of Consulting and Clinical Psychology, 64,* 1255–1262.

Rauh, H. (2002). Vorgeburtliche Entwicklung und frühe Kindheit. In R. Oerter und L. Montada (Hrsg.), *Entwicklungspsychologie (S. 131–208)*. Weinheim: Beltz-PVU.

Rauh, H., Ziegenhain, U., Müller, B. & Wijnroks, L. (2000). Stability and change in infant-mother attachment in the second year of life: Relations to parenting quality and varying degrees of daycare experience. In P.K. Crittenden & A.H. Claussen (Eds.), *The organisation of attachment relationships: Maturation, culture, and context (pp. 251–276)*. New York: Cambridge University Press.

Redfield, R., Linton, R. & Herskovits, M. (1936). Memorandum on the study of acculturation. *American Anthropologist, 38,* 149–152).

Reichle, B. (2002). Entwicklungsberatung für Familien in Übergangsphasen.In B. Rollett & H. Werneck (Hrsg.), *Klinische Entwicklungspsychologie der Familie (S. 351–364)*. Göttingen: Hogrefe.

Reid, W.J. & Crisafulli, A. (1990). Marital discord and child behavior problems: A metaanalysis. *Journal of Abnormal Child Psychology, 18,* 105–117.

Reis, O. & Meyer-Probst, B. (1999). Scheidung der Eltern und Entwicklung der Kinder: Befunde der Rostocker Längsschnittstudie. In S. Waper & B. Schwarz (Hrsg.), *Was wird aus den Kindern? Chancen und Risiken für die Entwicklung von Kindern aus Trennungs- und Scheidungsfamilien (S. 49–71)*. Weinheim: Juventa.

Reißig, B. (2000). Schulverweigerer in Deutschland. In Deutsches Jugendinstitut (Hrsg.), *Das Forschungsjahr 2000 (S. 89–98)*. München: DJI.

Remschmidt, H. & Walter, R. (1990). *Psychische Auffälligkeiten bei Schulkindern*. Göttingen: Hogrefe.

Resch, F. (1996). *Entwicklungspsychopathologie im Kindes- und Jugendalter*. Weinheim: Beltz-PVU.

Reuband, K.-H. (1988). Von äußerer Verhaltenskonformität zu selbständigem Handeln. In H.O. Luthe & H. Meulemann (Hrsg.), *Wertwandel – Faktum oder Fiktion? (S. 73–97)*. Frankfurt a.M.: Fischer.

Revenson, T.A. & Schiaffino, K.M. (2000). Community-based health interventions. In J. Rappaport & E. Seidman (Eds.), *Handbook of community psychology (pp. 471–494)*. New York: Kluwer.

Rheinberg, F., Bromme, R., Minsel, B., Winteler, A. & Weidenmann, B. (2001). Die Erziehenden und Lehrenden. In A. Krapp & B. Weidenmann (Hrsg.), *Pädagogische Psychologie. Ein Lehrbuch (S.S. 271–356)*. Weinheim: beltz-PVU.

Rheingold, H.L. (1969). The social and socializing infant. In D.A. Goslin (Ed.), *Handbook of socialization (pp. 770–790)*. Chicago, Ill.: Rand McNally.

Roberts, D.F. & Bachen, C.M. (1981): Mass communication effects. *Annual Review of Psychology, 32,* 307–356.

Robertson, J. (1953). Some responses of young children to loss of maternal care. *Nursing Care, 49,* 382–386.

Rogge, J.-U. (1995). *Eltern setzen Grenzen*. Reinbek: Rowohlt.

Rogoff, B., Mistry, J., Göncü, A. & Mosier, C. (1993). Guided participation in cultural activity by toddlers and caregivers. *Monographs of the Society for Research in Child Development, 58(8),* serial number 236.

Rolff, H.G. & Zimmermann, P. (1997). *Kindheit im Wandel: Eine Einführung in die Sozialisation im Kindesalter*. Weinheim: Beltz.

Rollett, B. & Werneck, H. (Hrsg.) (2002). *Klinische Entwicklungspsychologie der Familie*. Göttingen: Hogrefe.

Rollin, M. (1993). «Typisch Einzelkind». Deutsches Jugendzentrum (Hrsg.), *Was für Kinder. Aufwachsen in Deutschland (S. 142–148)*. München: Kösel.

Roth, H. (1971). *Pädagogische Anthropologie (Band 2)*. Hannover: Schroedel.

Rothbaum, F. & Weisz, J.R. (1994). Parental caregiving and child externalizing behavior in nonclinical samples: A meta-analysis. *Psychological Bulletin, 116,* 55–74.

Röhrle, B. (2003). Prävention in Gemeinden. In M. Jerusalem & H. Weber (Hrsg.), *Psychologische Gesundheitsförderung (S. 515–533)*. Göttingen: Hogrefe.

Rowe, D.C. (1997). *Genetik und Sozialisation. Die Grenzen der Erziehung*. Weinheim: PVU.

Rubin, K.H., Bukowski, W. & Parker, J.G. (1998). Peer interactions, relationships, and groups. In W. Damon (Series Ed.) & N. Eisenberg (Vol. Ed.), *Handbook of child psychology (Volume 3. Social, emotional, and personality development, 5th edition, pp. 619–700)*. New York: Wiley.

Rückriem, G. (1996). Kinder als Symptomträger? Was wir von der Pädologie heute lernen können. In J. Werner u.a. (Hrsg.), *Kindheit heute. Differenzen und Gemeinsamkeiten (S. 9–41)*. Bad Heilbrunn: Klinkhardt.

Rumbaut, R. G. (1997). Ties that bind: Immigration and immigrant families in the United States. In A. Booth, A. C. Crouter & N. Landale (Eds.), *Immigration and the family (pp. 3–46)*. Mahwah, NJ: Erlbaum.

Rummel, C. (2001). Freiheit und die Erziehungspflicht der Eltern. In Deutsches Jugend Institut (Hrsg.), *Das Forschungsjahr 2001 (S. 109–132)*. München: DJI.

Russel, A. (1997). Individual and family factors contributing to mothers' and fathers' positive parenting. *International Journal of Behavioral Development, 21,* 111–132.

Russell, A. & Finnie, V. (1990). Preschool children's social status and maternal instructions to assist group entry. *Developmental Psychology, 26,* 603–611.

Rutter, M. (1980). *Changing youth in changing society. Patterns of adolescent development and disorder.* Cambridge, Mass.: Harvard University Press.

Rutter, M. (1990). Psychosocial reslience and protective mechanisms. In J. Rolf, A. S. Masten, D. Cicchetti, K. H. Nuechterlein & S. Weintraub (Eds.), *Risk and protective factors in the development of psychopathology (pp. 181–214)*. New York: Cambridge University Press.

Rutter, M. (1994a). Stress research: Accomplishments and tasks ahead. In R. J. Haggerty, L. R. Sherrod, N. Garmenzy & M. Rutter (Eds.), *Stress, risk, and resilience in children and adolescents (pp. 354–386)*. Cambridge: Cambridge University Press.

Rutter, M. (1994b). Family discord and conduct disorder: cause, consequence, or correlate? *Journal of Family Psychology, 8,* 170–186.

Rutter, M. (1996). Developmental psychopathology: Concepts and prospects. In M. F. Lenzenweger & J. J. Haugaard (Eds.), *Frontiers of developmental psychopathology (pp. 209–237)*. New York: Oxford University Press.

Rutter, M. & Maughan, B. (2002). School effectiveness findings: 1979–2002. *Journal of School Psychology, 40,* 1–35.

Salisch, M. von & Seiffge-Krenke, I. (1996). Freundschaften im Kindes- und Jugendalter: Konzepte, Netzwerke, Elterneinflüsse. *Psychologie in Erziehung und Unterricht, 43,* 85–99.

Salomon, G. (1984). Der Einfluß von Vorverständnis und Rezeptionsschemata auf die Fernsehwahrnehmung von Kindern. In M. Meyer (Hrsg.), *Wie verstehen Kinder Fernsehprogramme? (S. 199–220)*. München: Sauer.

Sam, D. & Oppedal, B. (2002). Acculturation as a developmental pathway. In W. J. Lonner, D. L. Dinnel, S. A. hayes & D. N. Sattler (Eds.), *Online readings in psychology and culture. Unit 8, Chapter 6)* www.wwu.edu/~culture. Bellingham, Washington: Center for Cross-Cultural Research, Western Washington University.

Samaniego, R. Y. & Gonzales, N. A. (1999). Multiple mediators of the effects of acculturation status on delinquency for Mexican American adolescents. *American Journal of Community Psychology, 27,* 189–210.

Sameroff, A. J. (1983). Developmental systems: Contexts and evolution. In P. H. Mussen (Series Ed.) & W. Kessen (Vol. Ed.), *Handbook of child psychology (Volume 1: History, theory, and methods, pp. 237–294)*. New York: Wiley.

Sameroff, A. J. (1998). Environmental risk factors in infancy. *Pediatrics, 102,* 1287–1292.

Sameroff, A. J. & Fiese, B. H. (2000). Transactional regulation: The developmental ecology of early intervention. In P. J. Shonkoff & S. J. Meisels (Eds.), *Handbook of early childhood intervention (pp. 135–159)*. Cambridge: Cambridge University Press.

Sander, E. (1993). Mütterliche Erziehungseinstellungen: Eine Untersuchung an alleinerziehenden Müttern und ihren Kindern. *Psychologie in Erziehung und Unterricht, 44,* 135–142.

Sanders, M. R. (1999). The Triple P-Positive Parenting program: Towards an empirically validated multilevel parenting and family support strategy for the prevention and treatment of child behavior and emotional problems. *Child and Family Psychology Review, 2,* 71–90.

Sanders, M. R. & Dadds, M. R. (1993). *Behavioral family intervention.* Boston: Allyn and Bacon.

Sandfuchs, U. (1979). Eltern in der «Schulgemeinde» – untersucht am Beispiel der Jena-Plan-Schule, Waldorfschule und Free-School. In R. W. Keck (Hrsg.), *Kooperation Eltern – Schule (S. 61–80)*. Bad Heilbrunn: Klinkhardt.

Santrock, J. W., Warshak, R., Lindbergh, C. & Meadows, L. (1982). Children's and parents' observed social behavior in stepfather families. *Child Development, 53,* 472–480.

Sarimski, K. (2000). *Frühgeburt als Herausforderung.* Göttingen: Hogrefe.

Scaramella, L. V., Conger, R. D., Spoth, R. & Simons, R. L. (2002). Evaluation of a social contextual model of delinquency: A cross-study replication. *Child Development, 73,* 175–195.

Schaffer, H. R. (1992). *... und was geschieht mit den Kindern? Psychologische Entscheidungshilfen in schwierigen familiären Situationen.* Bern: Huber.

Schäfer, M. & Frey, S. (Hrsg.) (1995). *Agression und Gewalt unter Kindern.* Göttingen: Hogrefe.

Schäfers, B. (1990). *Gesellschaftlicher Wandel in Deutschland.* Stuttgart: Enke.

Scheithauer, H. & Petermann, F. (2000). Agression. In F. Petermann (Hrsg.), *Lehrbuch der Klinischen Kinderpsychologie und -psychotherapie (S. 187–226)*. Göttingen: Hogrefe.

Scheithauer, H., Niebank, K. & Petermann, F. (2000). Biopsychosoziale Risiken in der frühkindlichen Entwicklung: Das Risiko- und Schutzfaktorenkonzept aus entwicklungspsychopathologischer Sicht. In F. Petermann, K. Niebank & H. Scheithauer (Hrsg.), *Risiken in der frühkindlichen Entwicklung. Entwicklungspsychopathologie der ersten Lebensjahre (S. 65–97)*. Göttingen: Hogrefe.

Scheithauer, H., Petermann, F. & Niebank, K. (2002). Frühkindliche Risiko- und Schutzbedingungen: Der familiäre Kontext aus entwicklungspsychopathologischer Sicht. In B. Rollett & H. Werneck (Hrsg.), *Klinische Entwicklungspsychologie der Familie (S. 69–97)*. Göttingen: Hogrefe.

Scheithauer, H., Hayer, T. & Petermann, F. (2003). *Bullying unter Schülern. Erscheinungsformen, Risikobedingungen und Interventionskonzepte*. Göttingen: Hogrefe.

Schiffauer, W. (1997). Auf der Suche nach Anerkennung im Spagat zwischen zwei Kulturen. *Der Bürger im Staatr, 51(4)*, 226–232.

Schiffauer, W. (Hrsg.) (2002). *Fremde in der Stadt. Zehn Essays zu Kultur und Differenz*. Frankfurt a. M.: Suhrkamp.

Schiffer, E. (1993). *Warum Huckleberry Finn nicht süchtig wurde (6. Auflage 1997)*. Weinheim: Beltz.

Schmidt-Denter, U. (1988). *Soziale Entwicklung. Ein Lehrbuch über soziale Beziehungen im Laufe des menschlichen Lebens*. München: PVU.

Schmidt-Denter, U. (2002). Vorschulische Förderung. In R. Oerter & L. Montada (Hrsg.), *Entwicklungspsychologie (S. 740–755)*. Weinheim: Beltz-PVU.

Schmidt-Denter, U. & Beelmann, W. (1997). Kindliche Symptombelastung in der Zeit nach der elterlichen Trennung – Eine differentielle und längsschnittliche Betrachtung. *Zeitschrift für Entwicklungspsychologie und Pädagogische Psychologie, 29*, 26–42.

Schmidt-Denter, U., Beelmann, W. & Hauschild, S. (1997). Formen der Ehepartnerbeziehung und familiäre Anpassungsleistungen nach der Trennung. *Psychologie in Erziehung und Unterricht, 44*, 289–306.

Schmidt-Denter, U. & Schmitz, H. (1999). Familiäre Beziehungen und Strukturen sechs Jahre nach der elterlichen Trennung. In S. Walper & B. Schwarz (Hrsg.), *Was wird aus den Kindern? Chancen und Risiken für die Entwicklung von Kindern aus Trennungs- und Stieffamilien (S. 73–90)*. Weinheim: Juventa.

Schmittchen, G. (1997). *Wie weit ist der Weg nach Deutschland? Sozialpsychologie der Jugend in der postsozialistischen Welt*. Opladen: Leske & Budrich.

Schmitt-Rodermund, E. & Silbereisen, R. K. (2002). Akkulturation und Entwicklung: Jugendliche Immigranten. In R. Oerter & L. Montada (Hrsg.), *Entwicklungspsychologie (5. vollständig überarb. Auflage, S. 893–906)*. Weinheim: Beltz-PVU.

Schneewind, K. A. (Hrsg.) (1994). *Enzyklopädie der Psychologie (Band 1: Pädagogische Psychologie – Psychologie der Erziehung und Sozialisation)*. Göttingen: Hogrefe.

Schneewind, K. A. (1995). Impact of family processess on control beliefs. In A. Bandura (Ed.), *Self-efficacy in changing societies (pp. 114–148)*. Cambridge: Cambridge University Press.

Schneewind, K. A. (1997). Das Profil der Familienpsychologie in Deutschland: Bestandsaufnahme der letzten 10 Jahre. *Psychologie in Erziehung und Unterricht, 44*, 243–255.

Schneewind, K. A. (1999). *Familienpsychologie*. Stuttgart: Kohlhammer.

Schneewind, K. A. (2000). Kinder und elterliche Erziehung. In A. Lange & W. Lauterbach (Hrsg.), *Kinder in Familie und Gesellschaft zu Beginn des 21sten Jahrhunderts (S. 187–208)*. Stuttgart: Lucius & Lucius.

Schneewind, K. A. (2001a). Persönlichkeits- und Familienentwicklung im Generationenvergleich. *Zeitschrift für Soziologie der Erziehung und Sozialisation, 21*, 23–44.

Schneewind, K. A. (2001b). *Familienpsychologie: «Coming of age» einer integrativen psychologischen Disziplin*. Vortrag am 43. Kongress der Deutschen Gesellschaft für Psychologie in Berlin, 22.–26.09.2002.

Schneewind, K. A. (2002). Familienentwicklung. In R. Oerter & L. Montada (Hrsg.) *Entwicklungspsychologie (S. 105–127)*. Weinheim: Beltz-PVU.

Schneewind, K. A. & Hermann, T. (Hrsg.) (1980). *Erziehungsstilforschung. Theorien, Methoden und Anwendungen der Psychologie elterlichen Erziehungsverhaltens*. Bern: Huber.

Schneewind, K., Beckmann, M. & Engfer, A. (1983). *Eltern und Kinder*. Stuttgart: Kohlhammer.

Schneewind, K. A., Vaskovics, L. A., Backmund, V., Buba, H., Rost, H., Siervald, W. & Vierzigmann, G. (1992). *Optionen der Lebensgestaltung junger Ehen und Kinderwunsch*. Stuttgart: Kohlhammer.

Schneewind, K. A. & Pekrun, R. (1994). Theorien der Erziehungs- und Sozialisationspsychologie. In K. A. Schneewind (Hrsg.), *Psychologie der Erziehung und Sozialisation. Enzyklopädie der Psychologie, Pädagogische Psychologie (Band 1, S. 3–39)*. Göttingen: Hogrefe.

Schneewind, K. A., Vaskovics, L. A., Gotzler, P., Hofmann, B., Rost, H., Schlehlein, B., Sierwald, W. & Weiß, J. (1996). *Optionen der Lebensgestaltung junger Ehen und Kinderwunsch*. Verbundstudie-Endbericht (Schriftenreihe des Bundesministeriums für Familie, Senioren, Frauen und Jugend, Band 128, 1). Stuttgart: Kohlhammer.

Schneewind, K. A., Walper, S. & Graf, J. (2000). Sozialisation in der Familie als Quelle individueller Unterschiede. In M. Amelang (Hrsg.), *Enzyklopädie der Psychologie, Themenbereich C: Theorie und Forschung, Serie VIII: Differentielle Psychologie und Persönlichkeitsforschung (Band 4, S. 249–343)*. Göttingen: Hogrefe.

Schneewind, K. A. & Ruppert, S. (1995). *Familien gestern und heute: Ein Generationenvergleich über 16 Jahre*. München: Quintessenz.

Schneewind, K. A. & Böhmert, B. (2008). *Kinder im Grundschulalter kompetent erziehen. Der interaktive Elterncoach «Freiheit in Grenzen»*. Bern: Huber.

Schneewind, K. A. & Böhmert, B. (2009). *Kinder im Vorschulalter kompetent erziehen. Der interaktive Elterncoach «Freiheit in Grenzen»*. Bern: Huber.

Schneider, N. F., Krüger, D., Lasch, W., Limmer, R. & Matthias-Bleck, H. (2001). *Alleinerziehen – Vielfalt und Dynamik einer Lebensform*. Weinheim: Juventa.

Schoggen, P. (1989). *Behavior settings*. Stanford, CA: Stanford University Press.

Schönpflug, U. (2003). Migration aus kulturvergleichender psychologischer Perspektive. In A. Thomas (Hrsg.), *Kulturvergleichende Psychologie (S. 515–541)*. Göttingen: Hogrefe.

Schütze, Y. (1988). Mütterliche Erwerbstätigkeit und wissenschaftliche Forschung. In U. Gerhard & Y. Schütze (Hrsg.), *Frauensituationen – Veränderungen in den letzten 20 Jahren (S. 114–140)*. Frankfurt a. M.: Fischer.

Schütze, Y. (2000). Wandel der Mutterrolle – Wandel der Familienkindheit? In A. Herlth u.a. (Hrsg.), *Spannungsfeld Familienkindheit (S. 92–105)*. Opladen: Leske & Budrich.

Schütze, Y. (2002). Zur Veränderung im Eltern-Kind-Verhältnis seit der Nachkriegszeit. In R. Nave-Herz (Hrsg.), *Wandel und Kontinuität der Familie in Deutschland – Eine zeitgeschichtliche Analyse (S. 201–234)*. Stuttgart: Kohlhammer.

Schwarz, B. (1996). *Die Entwicklung Jugendlicher in Scheidungsfamilien*. Weinheim: PVU.

Schwarz, K. (1996). Ist heiraten noch zeitgemäß? *Zeitschrift für Bevölkerungswissenschaft, 21,* 131–143.

Schwarz, B. & Noack, P. (2002). Scheidung und Ein-Elternteil-Familien. In M. Hofer, E. Wild & P. Noack (Hrsg.), *Lehrbuch Familienbeziehungen. Eltern und Kinder in der Entwicklung (S. 312–335)*. Göttingen: Hogrefe.

Schwarzer, C. & Buchwald, P. (2001). Beratung. In A. Krapp & B. Weidenmann (Hrsg.), *Pädagogische Psychologie. Ein Lehrbuch (S. 565–600)*. Weinheim: PVU.

Seiffge-Krenke, I. (1993). Close friendship and imaginary companions in adolescence. In B. Laurssen (Ed.), *Close friendships in adolescence (pp. 73–88)*. San Francisco: Jossey-Bass.

Seiffge-Krenke, I. (1995). *Stress, coping, and relationships*. Hillsdale, NJ: Erlbaum.

Seiffge-Krenke, I. & v. Salisch, M. (1996). Freundschaftsbeziehungen im Kindes- und Jugendalter. Zur Einführung in das Themenheft. *Psychologie in Erziehung und Unterricht, 43,* 81–84.

Seiler, T. B. (1991). Entwicklung und Sozialisation: Eine strukturgenetische Sichtweise. In K. Hurrelmann & D. Ulich (Hrsg.), *Neues Handbuch der Sozialisationsforschung (4. völlig neu überarb. Auflage, S. 99–136)*. Weinheim: Beltz.

Sekretich, W. J. & Dumas, J. E. (1996). The effectiveness of behavioral parent training to modify antisocial behavior in children: A meta-analysis. *Behavior Therapy, 27,* 171–186.

Selman, R. (1984). *Die Entwicklung des sozialen Verstehens*. Frankfurt a.M.: Suhrkamp.

Sennett, R. (1991). *Civitas. Die Großstadt und die Kultur des Unterschieds*. Frankfurt/M: Fischer.

Shell-Studie (2000). *Jugend 2000. 13. Shell Jugendstudie*. Opladen: Leske & Budrich.

Shulman, S. & Knafo, D. (1997). Balancing closeness and individuality in adolescent close relationships. *International Society for the Study of Behavioral Development, 21,* 687.

Sigel, I.E., McGillicuddy-DeLisi, A.V. & Goodnow, J.J. (1992). *Parental belief systems*. Hillsdale, NJ: Erlbaum.

Silbereisen, R.K. (1991). Elders Untersuchungen zu den Auswirkungen sozialen Wandels. In A. Engfer, B. Minsel & S. Walper (Hrsg.), *Zeit für Kinder! Kinder in Familie und Gesellschaft (S. 61–70)*. Weinheim: Beltz.

Silbereisen, R.K. (1996). Jugendliche als Gestalter ihrer Entwicklung: Konzepte und Forschungsbeispiele. In R. Schumann-Hengsteler & H. M. Trautner (Hrsg.), *Entwicklung im Jugendalter (S. 1–18)*. Göttingen: Hogrefe.

Silbereisen, R.K., Noack, P. & Eyferth, K. (1986). Place for development: Adolescents, leisure settings, and developmental tasks. In R.K. Silbereisen, K. Eyferth & Rudinger, G. (Eds.), *Development as action in context (pp. 87–108)*. Berlin: Springer.

Silbereisen, R.K. & von Eye, A. (1999) (Eds.), *Growing up in times of social change*. Berlin: de Gruyter.

Silbereisen, R.K. & Todt, E. (Eds.) (1994). *Adolescence in context*. Berlin: Springer.

Silbereisen, R.K. & Zinnecker, J. (1996). *Kindheit in Deutschland. Aktuelles Survey über Kinder und ihre Eltern*. Weinheim: Beltz.

Silbereisen, R.K., Lantermann, E.-D. & Schmitt-Rodermund, E. (Hrsg.) (1999). *Aussiedler in Deutschland. Akkulturation von Persönlichkeit und Verhalten*. Opladen: Leske & Budrich.

Simmel, G. (1903). Die Großstädte und das Geistesleben. *Jahrbuch der Gebe-Stiftung zu Dresden, 9,* 185–206.

Simmel, G. (1987). *Das individuelle Gesetz*. Frankfurt/Main: Suhrkamp.

Simmel, G. (1992). Persönliche und sachliche Kultur. In H.-J. Dahme & D. P. Frisby (Hrsg.), *Georg Simmel: Aufsätze und Abhandlungen 1894–1900 (S. 560–582)*. Frankfurt/M: Suhrkamp.

Simons, R.S., Lin, K.-H., Gordon, L.C., Conger, R.D. & Lorenz, F.O. (1999). Explaining the higher incidence of adjustment problems among children of divorce compared with those in two-parent families. *Journal of Marriage and the Family, 61,* 1020–1033.

Simons, R.L., Chao, W., Conger, R.D. & Elder, G.H. (2001). Quality of parenting as mediator of the effect of childhood defiance on adolescent friendship choices and delinquency: A growth curve analysis. *Journal of Marriage and the Family, 63,* 63–79.

Simpkins, S.D. & Parke, R.D. (2001). The relations between parental friendships and children's friendships: Self-report and observational analysis. *Child Development, 72,* 569–582.

Singer, D.G. & Singer, J.L. (Eds.) (2001). *Handbook of children and the media*. Thousand Oaks, CA: Sage.

Sluzki, C. E. (1979): Migration and family conflict. *Family Process, 18,* 379–390.

Smith, P.K. (1995). Grandparenthood. In M.H. Bornstein (Ed.), *Handbook of parenting: Volume 3. Status and social conditions of parenting (pp. 1–18)*. London: Routledge.

Snyder, J. & Patterson, G.R. (1995). Individual differences in social aggression: A test of a reinforcement model of socialization in the natural environment. *Behavior Therapy, 26*, 371–391.

Snyder, J., Schrepfermann, L. & Peter C. St. (1997). Origins of antisocial behavior. Negative reinforcement and affect. Dysregulation of behavior as socialization. Mechanisms in family interaction. *Behavior Modification, 21*, 187–215.

Sochatzky, K. (1998). «Wenn ich zu bestimmen hätte …». *Die Erwachsenenwelt im Meinungsspiegel von Kindern und Jugendlichen*. Weinheim: Beltz.

Spangler, G. & Zimmermann, P. (1995). *Die Bindungstheorie. Grundlagen, Forschung und Anwendung*. Stuttgart: Klett-Cotta.

Spangler, G. & Zimmermann, P. (1999). Bindung und Anpassung im Lebenslauf: Erklärungsansätze und empirische Grundlagen für Entwicklungsprognosen. In R. Oerter, G. Röper, C. von Hagen & G. Noam (Hrsg.), *Lehrbuch der klinischen Entwicklungspsychologie (S. 171–194)*. Weinheim: PVU.

Spence, S. (1998). Preventive interventions. In T. Ollendick (Ed.), *Comprehensive clinical psychology (Volume 5: Children and adolescents: Clinical formulation and treatment, pp. 295–316)*. Amsterdam: Elsevier.

Spitz, R. (1945). Hospitalism. An inquiry into genesis of psychiatric conditions in early childhood. *Psychoanalytic Study of the Child, 1*, 153–172.

Spranger, E. (1914). *Lebensformen. Geisteswissenschaftliche Psychologie und Ethik der Persönlichkeit*. Tübingen: Niemeyer.

Sroufe, L. A. (1996). *Emotional development*. Cambridge, UK.: Cambridge University Press.

Sroufe, L. A. & Fleeson, J. (1986). Attachment and the construction of relationships. In W. Hartup & Z. Rubin (Eds.), *Relationships and development (pp. 51–71)*. Hillsdale, NJ: Erlbaum.

Sroufe, L. A., Egeland, B. & Kreutzner, T. (1990). The fate of early experience following developmental change: Longitudinal approaches to individual adaptation in childhood. *Child Development, 61*, 1363–1373.

Sroufe, A. L., Bennett, C., Englund, M., Urban, J. & Shulman, S. (1993). The significance of gender boundaries in preadolescence: Contemporary correlates and antecedents of boundary violation and maintenance. *Child Development, 64*, 466.

Stapf, K., Herrmann, T., Stapf, A. & Stäcker, K. (1972). *Psychologie des elterlichen Erziehungsstils*. Bern: Huber.

Stattin, H. & Kerr, M. (2000). Parental monitoring: A reinterpretation. *Child Development, 71*, 1072–1095.

Statisches Bundesamt (2000). *Datenreport 1999. Fakten und Daten über die Bundesrepublik Deutschland*. Bonn: Bundeszentrale für politische Bildung.

Statisches Bundesamt (2001). *Im Blickpunkt: Ausländische Bevölkerung in Deutschland*. Wiesbaden.

Stecher, L. (1996). Schulhabitus und soziales Kapital in der Familie. In J. Zinnecker & R. K. Silbereisen (Hrsg.), *Kindheit in Deutschland. Aktueller Survey über Kinder und ihre Eltern (S. 267–290)*. Weinheim: Juventa.

Steinberg, L. (1989). Pubertal maturation and parent-adolescent distance: An evolutionary perspective. In G. B. Adams, R. Montemayor & T. Gullotta (Eds.), *Biology of adolescent behavior and development (pp. 71–97)*. Newbury Park, CA: Sage.

Steinberg, L. (1990). Interdepence in the family. Autonomy, conflict, and harmony in the parent-adolescent relationship. In S. S. Feldman & G. R. Elliott (Eds.), *At the threshold: The developing adolescent (pp. 255–276)*. Cambridge, MA: Cambridge University Press.

Steinberg, L., Elmen, J. D. & Mounts, N. S. (1989). Authoritative parenting, psychosocial maturity, and academic success among adolescents. *Child Development, 60*, 1424–1436.

Steinberg, L., Mounts, N. S., Lamborn, S. D. & Dornbush, S. M. (1991). Authoritative parenting and adolescent adjustement across varied ecological niches. *Journal of Research on Adolescence, 1*, 19–36.

Steinberg, L., Lamborn, S., Dornbusch, S. & Darling, N. (1992). Impact of parenting practices on adolescent achievement: Authoritative parenting, school involvment, and encouragement to succed. *Child Development, 63*, 1266–1281.

Steinberg, L. & Darling, N. (1994). The broader context of social influence in adolescence. In R. K. Silbereisen & E. Todt (Eds.), *Adolescence in context. The interplay of family, school, peers, and work in adjustment (pp. 25–45)*. Berlin: Springer.

Steinberg, L., Lamborn, S. D., Darling, N., Mounts, N. S. & Dornbush, S. M. (1994). Overtime changes in adjustment and competence among adolescents from authoritative, authoritarian, indulgent, and neglectful families. *Child Development, 65*, 754–770.

Steinberg, L., Darling, N. E. & Fletcher, A. C. (1995). Autoritative parenting and adolescent development: An ecological journey. In P. Moen, G. H. Elder & K. Lüscher (Eds.), *Examining lives in context (pp. 423–466)*. Washington, D. C.: American Psychological Association.

Steiner, G. (2001a). *Lernen. 20 Szenarien aus dem Alltag (3. korr. Auflage)*. Bern: Huber.

Steiner, G. (2001b). Lernen und Wissenserwerb. In A. Krapp & B. Weidenmann (Hrsg.), *Pädagogische Psychologie. Ein Lehrbuch (S. 139–205)*. Weinheim: Beltz-PVU.

Steinhausen, H.-C. (2000). Pränatale Entwicklungsgefährdungen – Ergebnisse der Verhaltensteratologie. In F. Petermann, K. Niebank & H. Scheithauer (Hrsg.), *Risiken in der frükindlichen Entwicklung. Entwicklungspsychopathologie der ersten Lebensjahre (S. 101–111)*. Göttingen: Hogrefe.

Steinhausen, H.-C., Winkler Metzke, C., Meier, M. & Kannenberg, R. (1998). Prevalence of child and adolescent psychiatric disorders: The Zürich epidemiological study. *Acta Psychiatrica Scandinavica, 98*, 262–271.

Stern, D. (1992). *Die Lebenserfahrung des Säuglings*. Stuttgart: Klett-Cotta.

Stern, W. (1908). Tatsachen und Ursachen der seelischen

Entwicklung. Zeitschrift für *Angewandte Psychologie, 1*, 1–43.

Stern, W. (1918). *Die menschliche Persönlichkeit.* Leipzig: J. A. Barth.

Stern, W. (1935). *Allgemeine Psychologie auf personalistischer Grundlage.* Den Haag: Martinus Nijhoff.

Stevenson, D. & Baker, D. (1987). The family-school relation and the child's school performance. *Child Development, 58*, 1348–1357.

Stich, J. (1993). Kinder in Stieffamilien. Beziehungen, die ganz normal anders sind. In Deutsches Jugendzentrum (Hrsg.), *Was für Kinder. Aufwachsen in Deutschland* (S. 148–157). München: Kösel.

Stiehler, S. (2000). *Alleinerziehende Väter.* Weinheim: Juventa.

Stifter, C. A., Spinrad, T. L. & Braungart-Rieker, J. M. (1999). Toward a developmental model of child compliance: The role of emotion regulation in infancy. *Child Development, 70*, 21–32.

Stoneman, Z. & Brody, G. H. (1993). Sibling temperaments, conflict, warmth, and role asymmetry. *Child Development, 64*, 1786–1800.

Storch, M. (1994). *Das Eltern-Kind-Verhältnis im Jugendalter. Eine empirische Längsschnittstudie.* Weinheim: Juventa.

Straßburger, G. (1998). *Das Heiratsverhalten von Frauen und Männern ausländischer Herkunft im Einwanderungskontext der BRD.* Expertise zum 6. Familienbericht des BMFSFJ 2000.

Straus, M. A. (1994). *Beating the devil out of them: corporal punishment in American families.* Boston: Lexington.

Straus, M. A. & Gelles, R. J. (1990). How violent are American families? In M. A. Straus & R. J. Gelles (Eds.), *Physical violence in American families (pp. 95–131).* New Brunswick: Transaction.

Stright, A. D. & Neitzel, C. (2003). Beyond parenting: Co-parenting and children's classroom adjustment. *International Journal of Behavioral Development, 27*, 31–40.

Struck, P. (1997). *Erziehung von gestern. Schüler von heute. Schule von morgen.* München: Deutscher Taschenbuchverlag.

Strohmeier, K.-P. (1995). Familienpolitik und familiale Lebensformen – ein handlungstheoretischer Bezugsrahmen. In B. Nauck & C. Onnen-Isemann (Hrsg.), *Familie im Brennpunkt von Wissenschaft und Forschung* (S. 17–36). Neuwied: Luchterhand.

Strzoda, C. & Zinnecker, J. (1996). Interessen, Hobbies und deren institutioneller Kontext. In J. Zinnecker & R. K. Silbereisen (Hrsg.), *Kindheit in Deutschland: Aktueller Survey über Kinder und ihre Eltern* (S. 23–40). Weinheim: Juventa.

Sturzbecher, D. & Kalb, K. (1993). Vergleichende Analyse elterlicher Erziehungsziele in der ehemaligen DDR und der alten Bundesrepublik. *Psychologie in Erziehung und Unterricht, 40*, 143–147.

Sturzbecher, D. & Waltz, C. (1998). Erziehungsziele und Erwartungen an die Kinderbetreuung. In D. Sturzbecher (Hrsg.), *Kindertagesbetreuung in Deutschland* (S. 86–104). Freiburg i. Br.: Lambertus.

Sullivan, H. S. (1983). *Die interpersonale Theorie der Psychiatrie.* Frankfurt a. M.: Fischer.

Sünker, H. (1993). Kindheit zwischen Individualisierung und Institutionalisierung. In Zentrum für Kindheits- und Jugendforschung (Hrsg.), *Wandlungen der Kindheit. Theoretische Überlegungen zum Strukturwandel der Kindheit heute* (S. 15–31). Opladen: Leske & Budrich.

Super, C. & Harkness, S. (1997). The cultural structuring of child development. In J. Berry, P. R. Dasen & T. S. Saraswathi (Eds.), *Handbook of cross-cultural psychology (Volume 2, pp. 1–39).* Needham Height, MA: Allyn & Bacon.

Swaan, A. de (1982). Vom Ausgehverbot zur Angst vor der Strasse. *Pädagogik extra, 2,* 48–55.

Süssmuth, R. (2001). Empfehlungen der unabhängigen Kommission «Zuwanderung» im Hinblick auf die Integration. In BMFSFJ (Hrsg.) (2001), *Integration von Familien ausländischer Herkunft. Dokumentation der Fachtagung (S. 14–19).* Berlin: BMFSFJ.

Szinovacz, M. E. (1998). Grandparent research: Past, present and future. In M. E. Szinovacz (Ed.), *Handbook of grandparenthood (pp. 1–22).* Westport: Greenwood.

Tarnai, C. (1998). Erziehungsziele. In D. H. Rost (Hrsg.), *Handwörterbuch Pädagogische Psychologie* (S. 111–115). Weinheim: Beltz-PVU.

Taylor, R. D., Casten, R. & Flickinger, S. M. (1993). Influence of kinship, social support on the parenting experiences, and psychological adjustment of African-American adolescents. *Developmental Psychology, 29*, 382–388.

Tausch, R. & Tausch, A. (1998). *Erziehungspsychologie (11. Auflage).* Göttingen: Hogrefe.

Tegethoff, H. G. (2001). Primärgruppen und Individualisierung. *Zeitschrift für Soziologie der Erziehung und Sozialisation, 2*, 279–298.

Teubner, M. (2002). Wie viele Stieffamilien gibt es in Deutschland? In W. Bien, A. Hartl & M. Teubner (Hrsg.), *Patchwork-Eltern und ihre Kinder. Zur Lebenssituation von Stieffamilien.* Opladen: Leske & Budrich.

Thomas, A. (2000). Intercultural training is a culture-specific interaction process. *Journal for East European Management Studies, 5(4),* 392–401.

Thomas, A. (2003). Psychologie interkulturellen Lernens und Handelns. In A. Thomas (Hrsg.), *Kulturvergleichende Psychologie* (S. 433–485). Göttingen: Hogrefe.

Thompson, R. A. (1995). *Preventing child maltreatment through social support: A critical analysis.* Thousands Oaks, CA: Sage.

Thompson, R. A. (2000). The legacy of early attachments. *Child Development, 71,* 145–152.

Thornberry, T. P., Krohn, M. D., Lizotte, A. J. & Chard-Wierschem, D. (1993). The role of juvenile gangs in facilitating delinquent behavior: a longitudinal test of interactional theory. *Criminology, 32,* 47–83.

Teichert, V. (1990). Familie und Gesellschaftsstruktur. In

V. Teichert (Hrsg.), *Junge Familien in der Bundesrepublik* (S. 11–25). Opladen: Leske & Budrich.

Thurmaier, F. (1997). *Ehevorbereitung – Ein Partnerschaftliches Lernprogramm (EPL). Methodik, Inhalte und Effektivität eines präventiven Paarkommunikationstrainings.* München: Verlag Institut für Forschung und Ausbildung in Kommunikationstherapie e.V.

Tillmann, K.-J. & Meier, U. (2001). Schule, Familie und Freunde – Erfahrungen von Schülerinnen und Schülern in Deutschland. In Deutsches PISA-Konsortium (Hrsg.), *PISA 2000. Basiskompetenzen von Schülerinnen und Schülern im internationalen Vergleich* (S. 468–509). Opladen: Leske & Budrich.

Tinbergen, R.A. (1952). *Instinktlehre: Vergleichende Erforschung angeborenen Verhaltens.* Berlin: Parey.

Toman, W. (1974). *Familienkonstellationen.* München: Beck.

Tomlin, A.M. (1998). Grandparents' influences on grand-children. In M.E. Szinovacz (Ed.), *Handbook of grandparenthood* (pp. 159–170). Westport: Greenwood.

Trautner, H.-M. (1994). Geschlechtsspezifische Erziehung und Sozialisation. In K.A. Schneewind (Hrsg.), *Enzyklopädie der Psychologie (Themenbereich D: Praxisgebiete, Serie 1: Pädagogische Psychologie (Band 1: Psychologie der Erziehung und Sozialisation,* S. 167–195). Göttingen: Hogrefe.

Träbert, D. (2003). *Starke Eltern – Erfolgreiche Schüler.* Reinbek b/Hamburg: Rowohlt.

Tremblay, R.E. & Craig, W.M. (1995). Developmental crime prevention. In M. Tonry & D.P. Farrington (Eds.), *Building a safer society: Strategic approaches* (volume 19, pp. 151–236). Chicago: The University of Chicago Press.

Treml, A.K. (1991). Über die beiden Grundverständnisse von Erziehung. *Pädagogisches Wissen, 27. Beiheft der Zeitschrift für Pädagogik,* 347–360.

Treml, A.K. (2000). *Allgemeine Pädagogik.* Stuttgart: Kohlhammer.

Trommsdorff, G. (1995). Parent-adolescent relations in changing societies: A cross-cultural study. In P. Noack, M. Hofer & J. Youniss (Eds.), *Psychological responses to social change: Human development in changing environments* (pp. 189–218). Berlin: de Gruyter.

Trommsdorff, G. (1999). Autonomie und Verbundenheit im kulturellen Vergleich von Sozialisationsbedingungen. In H.R. Leu & L. Krappmann (Hrsg.), *Zwischen Autonomie und Verbundenheit* (S. 392–419). Frankfurt a.M.: Suhrkamp.

Trommsdorff, G. (2001). Eltern-Kind-Beziehungen aus kulturvergleichender Sicht. In S. Walper & R. Pekrun (Hrsg.), *Familie und Entwicklung: Aktuelle Perspektiven der Familienpsychologie* (S. 36–62). Göttingen: Hogrefe.

Trotha, T. von (1990). Zum Wandel der Familie. *KZfSS, 42,* 452–473.

Trudewind, C. (1985). *Häusliche Umwelt und Motiventwicklung.* Göttingen: Hogrefe.

Tschöpe-Scheffler, S. & Niermann, J. (2002). *Evaluation des Elternkurskonzepts «Starke Eltern – Starke Kinder» des Deutschen Kinderschutzbundes.* Forschungsbericht. Köln: Fachhochschule Köln, Fakultät für Angewandte Sozialwissenschaft. Verfügbar unter: www.sw.fh-koeln.de/htdocs/person/tschoepe/Forschungsbericht.pdf

Tseng, W. & Hsu, J. (1991). *Culture and family. Problems and therapy.* Binghampton, NY: Haworth.

Tulodziecki, G. (1997). *Medien in Erziehung und Bildung.* Heilbrunn: Klinkhardt.

Turkheimer, E. & Waldron, M. (2000). Nonshared environment: A theoretical, methodological and quantitative review. *Psychological Bulletin, 126,* 78–108.

Uhlendorff, H. (1995). Familien in Ost- und West-Berlin: Einflüsse der Großeltern auf die Enkel und die Erziehungseinstellungen der Eltern. In E. Witruk & G. Friedrich (Hrsg.), *Pädagogische Psychologie im Streit um ein neues Selbstverständnis* (S. 532–538). Landau: Verlag Empirische Pädagogik.

Uhlendorff, H. (1996). Elterliche soziale Netzwerke in ihrer Wirkung auf die Freundschaftsbeziehungen der Kinder. *Psychologie in Erziehung und Unterricht, 43,* 127–140.

Uhlendorff, H. (2001). *Erziehung im sozialen Umfeld. Eine empirische Untersuchung über elterliche Erziehungshaltungen in Ost- und Westdeutschland.* Opladen: Leske & Budrich.

Uhlendorff, H. (2003). Großeltern und Enkelkinder: Sozialwissenschaftliche Perspektiven und Forschungsergebnisse hinsichtlich einer selten untersuchten Beziehung. *Psychologie in Erziehung und Unterricht, 50,* 111–128.

Uhlendorff, H., Ardelt, C. & Krappmann, L. (2002). Erziehungseinstellungen von Müttern in Ein- und Zwei-Eltern-Familien und Selbstverantwortung ihrer Kinder. *Psychologie in Erziehung und Unterricht, 49,* 287–301.

Ulbricht, G., Schmidt, G. & Friebe, D. (1995). Veränderte Reihenfolge der Bedürfnisse bei geringem Einkommen in den neuen Bundesländern. In E. Barlösius, E. Feichtinger & B.M. Köhler (Hrsg.), *Ernährung in der Armut* (S. 128–140). Berlin: de Gruyter.

Ulich, K. (1993). *Schule als Familienproblem. Konfliktfelder zwischen Schülern, Eltern und Lehrern.* Frankfurt a.M.: Fischer.

Ulich, K. (2001). *Einführung in die Sozialpsychologie der Schule.* Weinheim: Beltz.

Ulich, M., Oberhuemer, P. & Soltendieck, M. (1992). Familienkonzepte von Kindern. *Psychologie in Erziehung und Unterricht, 39,* 17–27.

Uslucan, H.-H. (2000). Gewalt in Kontexten kultureller und sozialer Verunsicherung. *Frühe Kindheit, 4,* 20–24.

Uslucan, H.-H., Fuhrer, U. & Rademacher, J. (2003). Jugendgewalt und familiale Desintegration. *Psychologie in Erziehung und Unterricht, 50,* 281–293.

Valsiner, J. (1997). *Culture and the development of children's action.* New York: Wiley.

Van Bakel, H. J. A. & Riksen-Walraven, J. M. (2002). Parenting and development of one-year-olds: Links with parental, contextual, and child characteristics. *Child Development, 73,* 256–273.

Van Dick, R., Petzel, T. & Wagner, U. (1997). Einstellungen zur Akkulturation: Erste Evaluation eines Fragebogens an sechs deutschen Stichproben. *Gruppendynamik, 28,* 83–92.

Van Dick, R., Govaris, H., Wagner, U. & Kodakos, A. (2003). Der Umgang von Lehrerinnen und Lehrern mit interkulturellen Problemsituationen: Eine Untersuchung an griechischen und deutschen Lehrkräften. *Psychologie in Erziehung und Unterricht, 50,* 342–352.

Van Evra, J. (1990). *Television and child development.* Hillsdale, NJ: Erlbaum.

Van der Linden, F. J. (1991). *Adolescent lifeworlds.* Amsterdam: Swets & Zeitlinger.

Van Ijzendoorn, M. H. (1992). Intergenerational transmission of parenting: A review of studies in nonclinical populations. *Developmental Review, 12,* 76–99.

Van Ijzendoorn, M. H. (1995). Adult attachment representations, parental responsiveness, and infant attachment: A meta-analysis on the predictive validity of the adult attachment interview. *Psychological Bulletin, 117,* 387–403.

Van Ijzendoorn, M. H. & Kroonenberg, P. M. (1988). Cross-cultural patterns of attchment: A meta-analysis of the Strange Situation. *Child Development, 59,* 147–156.

Van Ijzendoorn, M. H., Schuengel, C. & Bakermans-Kranenburg, M. J. (1999). Disorganized attachment in early childhood: Meta-analysis of precursors, concomitants, and sequelae. *Development and Psychopathology, 11,* 225–249.

Veith, H. (2002). Sozialisation als reflexive Vergesellschaftung. *Zeitschrift für Soziologie der Erziehung und Sozialisation, 22,* 167–177.

Visher, E. B. & Visher, J. S. (1995). *Stiefeltern, Stiefkinder und ihre Familien. Probleme und Chancen.* München: PVU.

Vitaro, F., Brendgen, M. & Tremblay, R. E. (2000). Influence of deviant friends on delinquency: Searching for moderator variables. *Journal of Abnormal Child Psychology, 28,* 313–325.

Vollbrecht, R. (2001). *Einführung in die Medienpädagogik.* Weinheim: Beltz.

Von Eye, A. & Kreppner, K. (1989). Family systems and family development: The selection of analytic units. In K. Kreppner & R. M. Lerner (Eds.), *Family systems and life-span development* (pp. 247–269). Hillsdale, NJ: Erlbaum.

Voss, H. G. (1989). Entwicklungspsychologische Familienforschung und Generationenfolge. In H. Keller (Hrsg.), *Handbuch der Kleinkindforschung* (S. 207–228). Neuwied: Luchterhand.

Vygotsky, L. S. (1987). *Ausgewählte Schriften. Arbeiten zur psychischen Entwicklung der Persönlichkeit (Band 2).* Berlin: Volk und Wissen.

Wagner, M. (1997). *Scheidung in Ost- und Westdeutschland.* Frankfurt a. M.: Campus.

Wahl, K. (1989). *Die Modernisierungsfalle – Gesellschaft, Selbstbewusstsein und Gewalt.* Frankfurt a. M.: Suhrkamp.

Wahler, P. & Tully, C. J. (2004). *Jugendliche in neuen Lernwelten.* Opladen: Leske & Budrich.

Wahler, R. G. & Dumas, J. E. (1989). Attentional problems in dysfunctional mother-child interactions: An interbehavioral model. *Psychological Bulletin, 105,* 116–130.

Walker-Barnes, C. J. & Mason, C. A. (2001). Etnic differences in the effect of parenting on gang involvment and gang delinquency: A longitudinal, hierachical linear modeling perspective. *Child Development, 72,* 1814–1831.

Wall, J. A., Power, T. G. & Arbona, C. (1993). Suceptibility to antisocial peer pressure and its relation to acculturation in Mexican-American adolescents. *Journal of Adolescent Research, 8,* 403–418.

Wallerstein, J. (1985). Children of divorce: A study of those «who make it». *Conciliation Courts Review, 24,* 79–89.

Wallerstein, J. & Kelly, J. B. (1980). *Surviving the breakup: How children and parents cope with divorce.* New York: Basic Books.

Wallerstein, J. & Blackeslee, S. (1989). *Gewinner und Verlierer: Frauen, Männer, Kinder nach der Scheidung.* München: Droemer Knaur.

Wallerstein, J. & Blackeslee, S. (1996). *Gute Ehen. Wie und warum die Liebe dauert.* Weinheim; Beltz.

Walper, S. (1988). *Familiäre Konsequenzen ökonomischer Deprivation.* München: PVU.

Walper, S. (1995). Familienbeziehungen und Sozialentwicklung von Jugendlicher in Kern-, Ein-Eltern- und Stieffamilien. *Zeitschrift für Entwicklungspsychologie und Pädagogische Psychologie, 27,* 93–121.

Walper, S. (1997). Wenn Kinder arm sind – Familienarmut und ihre Betroffenen. In L. Böhnisch & K. Lenz (Hrsg.), *Familien. Eine interdisziplinäre Einführung* (S. 265–281). Weinheim: Juventa.

Walper, S. (1998). Die Individuation in Beziehung zu beiden Eltern bei Kindern und Jugendlichen aus konfliktbelasteten Kernfamilien und Trennungsfamilien. *Zeitschrift für Soziologie der Erziehung und Sozialisation, 2,* 134–151.

Walper, S. (1999). Auswirkungen von Armut auf die Entwicklung von Kindern. In A. Lepenies, G. Nummer-Winkler, G. E. Schäfer & S. Walper (Hrsg.), *Kindliche Entwicklungspotentiale: Normalität, Abweichung und ihre Ursachen (Band 1: Materialien zum 10. Kinder und Jugendbericht, S. 291–359).* München: Verlag Deutsches Jugendinstitut.

Walper, S. (2000). Ökonomische Knappheit im Erleben ost- und westdeutscher Kinder und Jugendlicher: Einflüsse der Familienstruktur und Auswirkungen auf die Befindlichkeit. In A. Klocke & K. Hurrelmann (Hrsg.), *Armut bei Kindern und Jugendlichen* (S. 101–136). Opladen: Westdeutscher Verlag.

Walper, S. (2002a). Verlust der Eltern durch Trennung, Scheidung und Tod. In R. Oerter & L. Montada (Hrsg.), *Entwicklungspsychologie (S. 818–832)*. Weinheim: Beltz-PVU.

Walper, S. (2002b). Einflüsse von Trennung und neuer Partnerschaft der Eltern. *Zeitschrift für Soziologie der Erziehung und Sozialisation, 22,* 25–46.

Walper, S. & Schwarz, B. (1999) (Hrsg.). *Was wird aus den Kindern? Chancen und Risiken für die Entwicklung von Kindern aus Trennungs- und Stieffamilien.* Weinheim: Juventa.

Walper, S. & Gerhard, A.-K. (1999). Konflikte der Eltern, Trennung und neue Partnerschaft. In S. Walper & B. Schwarz (Hrsg.), *Was wird aus den Kindern? Chancen und Risiken für die Entwicklung von Kindern aus Trennungs- und Scheidungsfamilien (S. 143–170)*. Weinheim: Juventa.

Walper, S., Gerhard, A.-K., Schwarz, B. & Gödde, M. (2001). Wenn an den Kindern gespart werden muss: Einflüsse der Familienstruktur und finanzieller Knappheit auf die Befindlichkeit von Kindern und Jugendlichen. In S. Walper & R. Pekrun (Hrsg.), *Familie und Entwicklung. Aktuelle Perspektiven der Familienpsychologie (S. 266–291)*. Göttingen: Hogrefe.

Walper, S. & Wild, E. (2002). Wiederheirat und Stiefelternschaft. In M. Hofer, E. Wild & P. Noack (Hrsg.), *Lehrbuch Familienbeziehungen. Eltern und Kinder in der Entwicklung (S. 336–361)*. Göttingen: Hogrefe.

Walter, H. (Hrsg.) (1975). *Sozialisationsforschung (Band 3: Sozialökologie: Neue Wege der Sozialisationsforschung.* Stuttgart: Frommann-Holzboog.

Walter, H. (Hrsg.) (2003). *Männer als Väter. Sozialwissenschaftliche Theorie und Empirie.* Gießen: Psychosozial Verlag.

Walter, H. & Oerter, R. (Hrsg.) (1979). *Ökologie und Entwicklung.* Donauwörth: Auer.

Ward, C. (1996). Acculturation. In D. Landis & R. S. Bhagat (Eds.), *Handbook of intercultural training (pp. 124–147)*. Thousand Oaks, CA: Sage.

Watson, J. & Kowalski, H. (1999). Caregiver-toddler interaction in childcare centres: The effect of toddler temperament. In E. Besevegis, G. Georgouleas, V. Pavlopoulos & P. Giavrimis (Eds.), *Human development at the turn of the century (pp. 409–410)*. Spetses: Editors.

Webster-Stratton, C. & Herbert, M. (1994). *Trobled families – problem children. Working with parents: A collaborative process.* Chichester: Wiley.

Weidenmann, B. (2001). Lernen mit Medien. In A. Krapp & B. Weidenmann (Hrsg.), *Pädagogische Psychologie. Ein Lehrbuch (S. 415–465)*. Weinheim: Beltz-PVU.

Weikart, D. P. & Schweinhart, L. J. (1997). High/Scope Perry Preschool Program. In G. W. Albee & T. B. Gullotta (Eds.), *Primary prevention works (pp. 146–166)*. London: Sage.

Weinert, F. E. (Hrsg.) (1996a). *Enzyklopädie der Psychologie (Band 2: Pädagogische Psychologie – Psychologie des Lernens und der Instruktion)*. Göttingen: Hogrefe.

Weinert, F. E. (1996b). Lerntheorien und Instruktionsmodelle. In F. E. Weinert (Hrsg.), *Psychologie des Lernens und der Instruktion (S. 1–48)*. Göttingen: Hogrefe.

Weinert, F. E. (Hrsg.) (1997). *Enzyklopädie der Psychologie (Band 3: Pädagogische Psychologie – Psychologie des Unterrichts und der Schule)*. Göttingen: Hogrefe.

Weinert, F. E. (Hrsg.) (1998). Entwicklung, Lernen, Erziehung. In D. H. Rost (Hrsg.), *Handwörterbuch der Pädagogischen Psychologie (S. 91–99)*. München: PVU.

Weinert, F. E. und Mandl, H. (Hrsg.) (1997). *Enzyklopädie der Psychologie (Band 4: Pädagogische Psychologie – Psychologie der Erwachsenenbildung)*. Göttingen: Hogrefe.

Weinfild, N. S., Sroufe, S. A. & Egeland, B. (2000). Attachment from infancy to early adulthood in a high-risk sample: Continuity, discontinuity, and their correlates. *Child Development, 71,* 695–702.

Weinraub, M. & Wolf, B. M. (1983). Effects of stress and sociaal supports on mother-child interactions in single- and two-parent families. *Child Development, 54,* 1297–1311.

Weiss, B., Dodge, K., Bates, J. & Pettit, G. (1992). Some consequences of early harsh discipline: Child aggression and a maladative information processing style. *Child Development, 63,* 1321–1335.

Weiss, H. (2000). Kindliche Entwicklungsgefährdung im Kontext von Armut und Benachteiligung. In H. Weiss (Hrsg.), *Frühförderung mit Kindern und Familien in Armutslagen (S. 50–70)*. München: Reinhardt.

Weiss, R. S. (1979). Growing up a little faster: The experience of growing up in a single parent household. *Journal of Social Issues, 35,* 81–111.

Weiss, L. H. & Schwarz, J. C. (1996). The relationship between parenting types and older adolescents' personality, academic achievement, adjustment, and substance use. *Child Development, 67,* 2101–2114.

Weisser, G. (1978). *Beiträge zur Gesellschaftspolitik.* Göttingen: Vandenhoeck & Rupprecht.

Wentzel, K. R. & Caldwell, K. (1997). Friendships, peer acceptance, and group memberships: Relations to academic achievement in middle school. *Child Development, 68,* 1198–1209.

Werneck, H. & Rollett, B. (2002). Die Rolle der kindlichen Temperamententwicklung für die Familienentwicklung nach dem Übergang zur Elternschaft. In B. Rollett & H. Werneck (Hrsg.), *Klinische Entwicklungspsychologie der Familie (S. 98–117)*. Göttingen: Hogrefe.

Werner, E. E. (1999). Entwicklung zwischen Risiko und Resilienz. In G. Opp, M. Fingerle & A. Freytag (Hrsg.), *Was Kinder stärkt. Erziehung zwischen Risiko und Reslienz (S. 25–36)*. München: Reinhardt.

Werner, E. E. & Smith, R. S. (1992). *Vulnerable but invicible: A longitudinal study of resilienct children and youth.* New York: McGraw Hill.

Wetzels, P. (1997). *Gewalterfahrungen in der Kindheit.* Baden-Baden: Nomos.

Whitbeck, L. B. & Hoyt, D. R. (1999). *Nowhere to grow.*

Homeless and runaway adolescents and their families. New York: Aldine de Gruyter.

Wicker, A. W. (1987): Behavior settings reconsidered: Temporal stages, resources, internal dynamics, context, in: D. Stokols/I. Altman (Eds.): *Handbook of environmental psychology (pp. 613–653).* New York: Wiley.

Wicki, W. (1997). *Übergänge im Leben der Familie: Veränderungen bewältigen.* Bern: Huber.

Wild, E. & Hofer, M. (2002). Familien mit Schulkindern. In M. Hofer, E. Wild & P. Noack (Hrsg.), *Lehrbuch Familienbeziehungen. Eltern und Kinder in der Entwicklung (S. 216–240).* Göttingen: Hogrefe.

Wild, E. & Remy, K. (2001). *Die Förderung selbstbestimmter Formen der Lernmotivation in Elternhaus und Schule.* Abschlussbericht an die Deutsche Forschungsgemeinschaft.

Willhelm, P., Myrtek, M. & Brügner, G. (1997). *Vorschulkinder vor dem Fernseher. Ein psychophysiologisches Feldexperiment.* Bern: Huber.

Wilk, L. (1999). Die Gestaltung multipler Vaterschaft in Stieffamilien. In S. Walper & B. Schwarz (Hrsg.), *Was wird aus den Kindern? Chancen und Risiken für die Entwicklung von Kindern aus Trennungs- und Scheidungsfamilien (S. 121–141).* Weinheim: Juventa.

Wilk, L. & Bacher, J. (Hrsg.) (1994). *Kindliche Lebenswelten. Eine sozialwissenschaftliche Annäherung.* Opladen: Leske & Budrich.

Winkler, M. (2004). *Kritik der Erziehung. Über Pädagogik in modernen Gesellschaften.* Stuttgart: Kohlhammer.

Winterhoff-Spurk, P. (2001). *Fernsehen. Fakten zur Medienentwicklung.* Bern: Huber.

Wittchen, H.-U. (2000). *«Bedarfsgerechte Versorgung psychischer Störungen».* Abschätzungen aufgrund epidemiologischer, bevölkerungsbezogener Daten. Stellungnahme im Zusammenhang mit der Befragung von Fachgesellschaften durch den Sachverständigenrat für die Konzertierte Aktion im Gesundheitswesen. München: Max-Planck-Institut für Psychiatrie.

Wolke, D. & Kurstjens, S. (2002). Mütterliche Depression und ihre Auswirkungen auf die Entwicklung des Kindes. In B. Rollett & H. Werneck (Hrsg.), *Klinische Entwicklungspsychologie der Familie (S. 220–242).* Göttingen: Hogrefe.

Wulf, C. (2001). *Einführung in die Anthropologie der Erziehung.* Weinheim: Beltz.

Wunsch, A. (2001). *Die Verwöhnungsfalle. Eine Erziehung zu mehr Eigenverantwortlichkeit.* München: Kösel.

Wünsche, K. (1985). Die Endlichkeit der pädagogischen Bewegung. *Neue Sammlung, 25,* 432–449.

Wyman, P. A., Cowan, E. I., Work, W. C., Hoyt-Meyers, L., Magnus, K. B. & Fagan, D. B. (1999). Caregiving and developmental factors differentiating young at-risk urban children showing reslient versus stress-affected outcomes: A replication and extension. *Child Development, 70,* 645–659.

Youniss, J. (1994). *Soziale Konstruktion und psychische Entwicklung.* Frankfurt a. M.: Suhrkamp.

Youniss, J. & Smollar, J. (1985). *Adolescent relations with mothers, fathers, and friends.* Chicago, Ill.: University of Chicago Press.

Youniss, J. & Smollar, J. (Eds.) (1990). *Self through relationship development.* Berlin: Springer.

Zang, F. (1996). *Damit Erziehung gelingt. Vom Umgang mit den Möglichkeiten unserer Kinder.* Bern: Huber.

Zeanah, C. H., Boris, N. W. & Larrieu, J. A. (1997). Infant development and developmental risk: A review of the past 10 years. *Journal of the American Academy of Child and Adolescent Psychiatry, 36,* 165–178.

Zeiher, H. (1983). Die vielen Räume der Kinder. Zum Wandel räumlicher Lebensbedingungen seit 1945. In U. Preuss-Lausitz u. a. (Hrsg.), *Kriegskinder, Konsumkinder, Krisenkinder: Zur Sozialisationsgeschichte seit dem Zweiten Wltkrieg (S. 176–195).* Weinheim: Beltz.

Zeiher, H. (1996). Kinder in der Gesellschaft und Kindheit in der Soziologie. *Zeitschrift für Sozialisationsforschung und Erziehungssoziologie, 16,* 26–46.

Zeiher, H. (2003). Einführung in den Themenschwerpunkt Arbeitszeit, Elternzeit – Kinderzeit? *Zeitschrift für Soziologie der Erziehung und Sozialisation, 23,* 227–235.

Zeiher, H. & Zeiher, H. J. (1994). *Orte und Zeiten der Kinder: Soziales Leben im Alltag von Großstadtkindern.* Weinheim: Juventa.

Zeltner, E. (1995). *Mut zur Erziehung.* Bern: Zytglogge Verlag.

Zentner, M. (2000). Das Temperament als Risikofaktor in der frühkindlichen Entwicklung. In F. Petermann, K. Niebank & H. Scheithauer (Hrsg.), *Risiken in der frühkindlichen Entwicklung. Entwicklungspsychopathologie der ersten Lebensjahre (S. 257–281).* Göttingen: Hogrefe.

Zill, N. (1996). Family change and student achievement: What we have learned, what it means for schools. In A. Booth & J. F. Dunn (Eds.), *Family-school links: How do they affect educational outcomes (pp. 139–174).* Mahwah, NJ: Erlbaum.

Zimmer, J. (1986). Interkulturelle Erziehung als Erziehung zur internationalen Verständigung. In M. Borelli (Hrsg.), *Interkulturelle Pädagogik (S. 46–63).* Baltmannsweiler: Schneider.

Zimmermann, P., Becker-Stoll, F., Grossmann, K., Grossmann, K. E., Scheurer-Englisch, H. & Wartner, U. (2000). Längsschnittliche Bindungsentwicklung von der frühen Kindheit bis zum Jugendalter. *Psychologie in Erziehung und Unterricht, 47,* 99–117.

Zimmermann, P. & Spangler, G. (2001). Der Einfluss der Familie auf Motivation, Emotion und Leistung im Kontext Schule. *Zeitschrift für Pädagogik, 47,* 461–480.

Zinnecker, J. (1990). Vom Straßenkind zum verhäuslichten Kind. Kindheitsgeschichte im Prozess der Zivilisation. In I. Behnken Hrsg.), *Stadtgesellschaft und Kindheit im Prozess der Zivilisation (S. 142–162).* Opladen: Leske & Budrich.

Zinnecker, J. (1996). Soziologie der Kindheit oder Sozialisation des Kindes? – Überlegungen zu einem aktuellen Paradigmenstreit. In M.-S. Honig, H. Leu & U. Nissen (Hrsg.), *Kinder und Kindheit. Soziokulturelle Muster – sozialisationstheoretische Perspektiven (S. 31–54)*. Weinheim: Juventa.

Zinnecker, J. (1997). Stresskinder und Glückkinder. Eltern als soziale Umwelt von Kindern. *Zeitschrift für Pädagogik, 43(1)*, 7–34.

Zinnecker, J. (2000). Selbstsozialisation – Ein Essay über ein aktuelles Konzept. *Zeitschrift für Soziologie der Erziehung und Sozialisation, 20*, 272–290.

Zinnecker, J. & Silbereisen, R. K. (Hrsg.) (1996). *Kindheit in Deutschland. Aktueller Survey über Kinder und ihre Eltern.* Weinheim: Juventa.

Zinnecker, J., Behnken, I., Maschke, S. & Stecher, L. (2002). *Null Zoff & voll busy. Die erste Jugendgeneration des neuen Jahrhunderts.* Opladen: Leske & Budrich.

Zumkley-Münkel, C. (1996). Kinder brauchen Grenzen! Aber was bedeutet das? *Psychologie in Erziehung und Unterricht, 43*, 302–306.

Autorenregister

Acock, A. C. 166 f., 173, 242 f.
Adam, E. K. 219
Adams, G. R. 282
Addison Stone, C. 81, 83
Adler, A. 250
Aebli, H. 37 f., 51, 79 ff.
Ahnert, L. 151, 154, 210, 216
Ahrbeck, B. 240
Ainsworth, M. D. S. 192, 209, 211 f.
Alamdar-Niemann, M. 183 ff.
Alanen, L. 105
Albee, G. W. 325
Aldous, J. 92
Almeida, D. M. 231
Alsaker, F. D. 289, 300, 307
Alt, C. 109, 143, 163
Althoff, W. 264
Amann, G. 264
Amato, P. R. 165 ff., 174
Ambert, A. M. 171, 229
Anderson, C. 199
Anderson, D. R. 312 f., 317
Anderson, E. R. 336
Anderson, J. 119, 302, 354, 357
Andrews, D. W. 301, 336
Anthony, C. 136
Aquan-Assee, J. 302
Arbona, C. 180
Arcus, D. 199
Argyle, M. 297
Ariès, P. 103, 148, 198
Arling, G. L. 193
Arrindell, W. A. 328
Artelt, C. 242
Asbury, K. 74
Asendorpf, J. 66 ff.
Asher, St. R. 296
Atkeson, B. 334
Avenevoli, S. 186, 233
Azrin, N. H. 253

Baacke, D. 106
Bachen, C. M. 312
Bacher, J. 165
Bäcker, G. 103, 109 f.
Baker, D. 238, 279
Baker, D. P. 266
Bakermans-Kranenburg, M. J. 210
Baldwin, A. L. 328
Baldwin, C. 328
Baldwin, J. M. 66
Balloff, R. 169, 174, 264
Balls Organista, P. 180
Baltes, M. M. 41, 66
Baltes, P. B. 41, 66, 94
Bandura, A. 129, 203, 230, 251, 254, 260, 285, 314, 316
Bange, D. 264
Bank, L. 131, 333, 338
Barabas, F. K. 139, 141 f., 145, 155, 158, 162
Barber, B. K. 230 f., 240, 242
Barker, E. T. 231
Barker, R. G. 58 ff., 296
Barlow, J. 344
Barnes, G. M. 231
Barnett, O. W. 257, 262, 264
Barnett, R. C. 147
Baron, R. M. 330
Barth, R. 18
Bartz, K. W. 167
Bates, J. E. 200, 230 ff., 239, 290, 292 f., 332
Bauer, U. 44
Baumann, Z. 27
Baumert, J. 101, 279
Baumrind, D. 72, 186, 226 ff., 234 f., 238, 292, 333, 343
Baureiss, R. 98
Bayer, H. 98
Beck, U. 16, 27, 157
Beck-Gernsheim, E. 146, 157, 162
Becker, R. 111, 165
Becker-Schmidt, R. 147
Becker-Stoll, F. 213
Beckmann, M. 127, 258 f., 292
Bedford, V. H. 133

Beelmann, W. 133, 166 ff., 241
Beer, R. 43
Beham, M. 165
Behnken, I. 99, 116
Beller, E. K. 151
Belsky, J. 125, 128 ff., 132, 135, 153, 199, 215, 234, 240 f., 244, 246, 258, 261, 276, 324
Bender, D. 325
Bengtson, V. L. 42, 137
Bennett, C. 304
Berg, D. 120 f.
Berg, H. K. 81
Berghaus, M. 311 f.
Bergman, L. R. 166
Berndt, T. J. 302
Bernstein, L. 344
Berry, J. W. 45, 179 f., 187
Bertram, H. 19, 97, 141, 147
Best, K. 325
Biblarz, T. J. 166
Bickham, N. L. 330
Bien, W. 98, 171
Biermann, C. 275, 284
Biglan, A. 343
Black, C. 341
Blackeslee, S. 135, 139, 157
Blanz, B. 131, 329
Blehar, M. C. 192, 209, 211 f.
Bliesener, T. 307, 337
Bliesener, U. 188
Block, J. 115, 135, 167, 244
Block, J. H. 115, 135, 167, 244, 331
Blumenthal, E. 249
Böcker, S. 245
Bodenmann, G. 342
Boehnke, K. 243
Böhnisch, L. 125
Böhmert, B. 351, 352
Bohrhardt, R. 108, 275
Bois-Reymond, N. du 123, 160 f.
Bolger, K. E. 259 f., 292 f., 327
Bookstein, F. L. 138
Boos-Nünning, U. 183 f.
Booth, A. 46, 53, 168, 175, 180 f., 189, 280, 282
Borba, M. 234, 236
Bornstein, M. H. 215, 240
Bornstein, P. 238
Bourhis, R. Y. 180
Bovill, M. 105
Bower, G. H. 37
Bowlby, J. 191, 207 ff., 213, 216
Boyle, M. H. 331
Boyum, L. 293
Boyum, L. A. 128
Bradbury, T. N. 134
Bradley, R. H. 215, 276
Bradley, R. 132
Brake, A. 116
Brandl, G. 253

Brandstädter, J. 40 f., 46, 53, 64, 66, 95 f.
Braungart, J. 293
Braungart-Rieker, J. M. 90
Bray, J. H. 172, 180
Brazelton, T. B. 191, 194 ff., 198 f., 201 f., 204
Brehm, J. W. 229
Brendgen, M. 289, 301
Brezinka, W. 24, 31 f.
Bridges, M. 165, 167
Briesmeister, J. M. 343
Brim, O. G. jr. 43
Brisch, K. H. 213, 216
Broberg, A. 138
Brody, G. H. 134
Bromme, R. 271
Bronfenbrenner, U. 42, 53, 59 ff., 64, 68, 127, 154, 181, 236, 271, 343, 356
Brooks-Gunn, J. 113, 153
Brown, J. A. 319
Brown, J. D. 318
Brüggelmann, H. 105
Brügner, G. 100, 316
Bründel, H. 44, 97, 99 f., 123
Bruner, J. S. 38
Bryant, D. 153
Bryant, D. M. 246
Buchanan, C. M. 341
Büchel, F. 350
Bucher, A. A. 97, 101, 105, 116 f., 142
Büchner, P. 99, 101, 103, 116, 123, 147, 159, 266
Buchwald, P. 321
Buehler, C. 136, 244
Buhrmester, D. 296 ff.
Bukowski, W. 295
Bukowski, W. M. 287, 289, 302
Bumpus, M. F. 151
Bundesministerium für Familie, Senioren, Frauen und Jugend 98, 142, 145 f., 154, 176 f., 182, 257, 354
Burchinal, M. R. 153, 246
Burge, D. 328
Burgess, K. B. 331
Buriel, R. 180, 217 f.
Burks, V. M. 293
Burman, B. 224, 244
Burtou, L. 137
Busch, F. 266
Busch-Rossnagel, N. A. 64, 69, 89
Bussmann, K.-D. 260
Butkovsky, L. 293
Butz, P. 243

Cadoret, R. J. 68
Cain, C. A. 68
Cairns, B. D. 301
Cairns, R. B. 301
Calazada, S. 180
Caldwell, B. 132
Caldwell, B. M. 276
Caldwell, K. 336

Campbell, S.B. 130f., 337f.
Camus, J.L. 129, 155
Cannon, T.D. 197
Capaldi, D. 131, 333
Carlson, E. 210, 330f.
Carnine, D. 344
Carson, J.L. 293
Carter, B. 92ff.
Case, R. 202f.
Caspi, A. 40, 110ff.
Cassidy, J. 293
Castells, M. 104
Casten, R. 246
Ceci, S.J. 62
Chamberlain, D. 76, 343
Chao, W. 128, 231, 246, 292, 323, 335
Chard-Wierschem, D. 336
Chen, X. 186, 233
Cherlin, A.J. 174
Chisholm, L. 103
Christensen, P. 196
Christiane F. 51
Chun, K.M. 180
Cicchetti, D. 95, 197
Cicirelli, V.G. 133f.
Cierpka, M. 357
Cillessen, A.H. 259
Clarke-Stewart, K.A. 125
Clason, C. 164, 171
Clements, M. 341
Clingempeel, W.G. 336
Coatsworth, J.D. 90
Cohn, D.A. 216, 292
Coie, J.D. 259, 289
Cole, M. 44f.
Cole, R.E. 328
Colem, C.C. 336
Coleman, J.C. 87
Coleman, J.S. 143
Coleman, M. 172ff.
Colletta, N.D. 246
Compas, B.E. 112
Comstock, G. 312
Conger, J.J. 192, 208, 284
Conger, R.D. 128, 167, 231, 244, 246, 292, 323, 335
Cornelius, S.W. 41
Corsaro, W.A. 105, 295
Corwyn, R.F. 276
Cotterell, J. 296, 299
Cowan, C.P. 216, 328, 333, 343f.
Cowan, P.A. 94, 128, 216, 324, 328, 333, 343f.
Cowen, E.L. 90, 234
Cox, L.A. jr. 230
Cox, M. 167
Cox, R. 167
Craig, W.M. 344
Crisafulli, A. 168
Criss, M.M. 230f., 292
Crnic, K. 128f., 199, 276, 324

Crockenberg, S. 131
Crosby, L. 301
Crosnoe, R. 301
Cross, E. 110f.
Crouter, A.C. 46, 131, 151, 175, 180f., 189, 232
Crowe, R.R. 68
Csikszentmihalyi, M. 50
Cummings, E.M. 130, 219, 224, 244, 246, 293
Cummings, J.S. 219
Cusinato, M. 220f.

Dadds, M.R. 345
Dambach, K.E. 300
Damon, W. 203
Darling, N. 186f., 233f., 236ff., 238, 241, 277, 304f.
Darling, N.E. 186, 223
Dasen, P.R. 45, 179
Davidson, A.L. 268
Davies, P.T. 130, 224, 244
Davies, P.W. 336
Deal, J.E. 336
Deater-Deckard, K. 343
DeBaryshe, B.D. 167, 239, 337
Deci, E.L. 232, 235
Deegener, G. 334
DeFries, J.C. 23, 66, 68, 96
DeKlyen, M. 334
Dekovic, M. 240, 289
Demo, D.H. 166f., 173, 242f.
DeRosier, M.E. 336
Dettenborn, H. 154, 174
Deutscher Kinderschutzbund & Volkswagen AG 77, 269
Deutsches Kinderhilfswerk e.V. 103, 123
Deutsches Jugendinstitut 102, 154
Deutsches PISA-Konsortium 101
Dewey, J. 38
De Wolff, M.S. 212
Diehm, I. 189
Dintcheff, B.A. 231
Dippelhofer-Stiem, B. 42
Dishion, T.J. 232, 289, 292, 301, 336, 338, 343
Dodge, K.A. 200, 230ff., 239, 290, 292f., 332, 343
Dodsworth, R.O. 193
Dollase, R. 44
Domke, H. 224
Dong, Q. 186, 233
Döpfner, M. 119, 334, 338
Dornbusch, S.M. 230, 232, 238, 277, 341
Doyle, A.B. 219, 289
Draper, P. 135, 240
Dreher, E. 85ff., 150, 294f.
Dreher, M. 86, 88f., 294
Dreikurs, R. 249, 356
Dumas, J.E. 328, 334, 337, 341, 344
Duncan, P. 113
Dunn, J. 66, 70ff., 216, 329
Dunn, J.F. 53, 74, 280, 282
Durkheim, É. 41
Durlak, J.A. 344

Autorenregister

Easton, D. 284
Ecarius, J. 123
Eckensberger, L.H. 44, 58
Eckert, M. 354
Edelmann, W. 37
Edelstein, W. 79f.
Eder, D. 295
Edleson, J.L. 258, 262, 264
Egel, U.T. 264
Egeland, B. 214, 259
Egeland, B.R. 330f.
Eickhoff, C. 248f.
Eisner, M. 186
Elder, G.H. 64, 231, 246, 292, 335
Elder, G.H., Jr. 40, 110ff.
Elicker, J. 291f.
Elkind, D. 103f., 243
Elmen, J.D. 152, 231
Elschenbroich, D. 157
Emmelkamp, P.M.G. 328
Engel, U. 251, 266f., 338
Engfer, A. 127, 159, 245, 256ff., 262, 292
Engl, I. 341f.
England, B.G. 197
Englund, M. 291f., 304
Engstler, H. 142f., 163, 175
Erel, O. 224, 244
Erikson, E.H. 85
Erler, M. 139, 141f., 145, 155, 158, 162
Ernst, A. 98
Ernst, C. 191
Eron, L.D. 313
Essau, C.A. 327f.
Esser, G. 95f., 118f., 123, 131, 196, 257, 325, 329f., 357
Ettrich, U. 201
Evans, G.W. 133, 259
Everett, C.A. 166
Ewert, O.M. 66
Ewert, O. 148, 164
Eyferth, K. 47, 64f., 89, 296f., 299

Fagan, D.B. 90, 234
Farkas, M. 230, 232, 235, 333, 337
Farrell, M.P. 231
Farrington, D.P. 120, 122, 334, 336, 357
Fauber, R. 168, 341
Faulstich-Wieland, H. 247f.
Feierabend, S. 100, 309f.
Feil, C. 102
Feiring, C. 246
Feldhaus, M. 152, 162
Feldman, S.S. 244
Fend, H. 89, 106, 116, 159f., 203, 282, 285, 294ff., 302ff., 306f., 331
Ferguson, D.M. 337
Fiese, B.H. 330, 343
Filipp, S.H. 40, 91
Fincham, F.D. 122, 134
Fine, M.A. 166
Fingerle, M. 333, 357
Finnie, V. 291
Fischer, A. 20
Fisher, L. 244
Fisher, P.A. 229, 241, 246
Flammer, A. 91
Flay, B.R. 344
Fleeson, J. 292
Fleming, J.S. 276
Fletcher, A.C. 186, 223
Flickinger, S.M. 246
Flinn, M.V. 197
Flitner, A. 98
Floyd, F.J. 341
Flynn, C. 328
Folkman, S. 92
Fölling-Albers, M. 97
Follmer, A. 246
Fontaine, R. 290, 293
Ford, D.H. 44, 52f., 58, 62, 66, 69, 96
Forehand, R. 168, 341
Forgatch, M.S. 343
Forman, E.A. 81, 83
Forum Bildung 100
Fowles, J. 313
Fox, N.A. 246
Freitag, M. 282
Freud, S. 11, 342
Frey, S. 300
Freytag, A. 333, 357
Frick, J. 250ff.
Frick, P.J. 343f.
Friebe, D. 111
Friedl, I. 172
Friedman, J.L. 64
Friedrich, G. 48
Fritzsche, K.-P. 188
Frodi, A.M. 211
Frodi, M. 138, 211
Fthenakis, W. 129, 155f., 222, 244, 275, 341, 354
Fuhrer, U. 44ff., 50f., 53, 55, 59, 64, 66, 99, 104, 185, 188f., 203, 288, 296, 298, 334, 354
Fuhs, B. 99, 123, 147, 159, 247, 266
Fuligni, A. 182
Furman, W. 296ff.
Furstenberg, F.F. 174

Gable, S. 128, 324
Galambos, N.L. 148, 151, 231
Ganong, L.H. 172ff.
Garbarino, J. 68, 262
Garber, J. 231, 328
García Coll, C. 181f., 187
Gardner, S. 199
Garmezy, N. 325
Gaschke, S. 22
Gauze, C. 302
Gehlen, A. 29, 46
Gelles, R.J. 259

Gemende, M. 176, 178
Gensicke, T. 160
Gerard, J. 136
Gerhard, A.-K. 112, 132, 168f., 341
Gerhards, J. 161
Gerhold, M. 96
Gerlsma, C. 328
Gerris, J.R.M. 144, 189, 218, 238, 239f.
Gershoff, E.T. 136
Getz, J.G. 180
Geulen, D. 41f., 52
Gildemeister, R. 247ff.
Giligan, C. 254
Gjerde, P.F. 167, 244, 331
Glogauer, W. 322
Gloger-Tippelt, G. 210
Gnagy, E.M. 334
Gödde, M. 112, 132
Goetting, A. 133
Goffman, E. 188
Goldberg, W.A. 244
Golter, B. 291
Göncü, A. 83f.
Gonzales, N.A. 180
Goodnow, J.J. 189, 220, 222, 249
Goodson, B.D. 344
Gordon, D. 350
Gordon, L.C. 167
Gostomski, C.B. von 185
Gottainer, G. 166
Gottfried, A.E. 148f., 276
Gottfried, A.W. 148f., 276
Gottlieb, G. 62, 64, 67
Gottman, J.M. 244, 287, 293, 334
Gotzler, P. 354
Gräbe, S. 164
Graf, J. 125, 229, 246, 343
Graham-Bermann, S.A. 258, 262, 264
Grant, K.E. 112
Graue, M.E. 279
Graves, T.D. 178
Gray, M.R. 186, 231, 233
Greenberg, M.T. 334
Greenfield, P.M. 38, 310f., 319
Greenslade, K.E. 334
Greenspan, S.I. 191, 194ff., 198f., 201f., 204
Grefe, C. 98
Greiner, A.R. 334
Greve, W. 40f., 46, 53, 66
Griesler, P.C. 336
Gringlas, M. 242
Grob, A. 307
Groebel, J. 309, 313, 316, 321
Grolnick, W.S. 230, 232, 235, 240, 333, 337
Grossmann, K. 90, 211, 213f., 216, 219
Grossmann, K.E. 74, 90, 211, 213f., 216, 219
Grundmann, M. 144, 189, 218, 238f.
Grüneisen, V. 159
Grusec, J.E. 189, 220, 222

Grych, J.H. 122
Gudjons, H. 31, 35f.
Gukenbiehl, H.L. 100f.
Gullotta, T.B. 282
Gunnar, M.R. 219
Gunter, B. 312f.
Günther, R. 120
Gunz, I. 100
Gurtner, J.-L. 322

Habermas, J. 42
Häfner, H. 119
Hagan, M.S. 336
Hagestad, G.O. 42
Haggarty, R.J. 343
Hahlweg, K. 93, 120, 122f., 337f., 341, 344f., 349
Halpert, J. 112
Hampton, R.L. 282
Han, W. 153
Hanesch, W. 109f.
Hannan, K. 132f.
Harkness, S. 181
Harlow, H.F. 192f., 209
Harlow, M.K. 192f., 209
Harnach-Beck, V. 256, 263
Harold, G.T. 244
Hart, C. 291
Hart, D. 203
Harter, S. 203
Hartl, A. 171
Hartup, W. 283
Hartup, W.W. 290
Hasenberg, R. 248f.
Hauschild, S. 168f.
Hauser, R. 109
Havighurst, R.J. 65, 85, 92, 95, 294
Hay, D. 269, 323, 333f., 336f.
Hayer, T. 300, 307, 327
Haynes, H. 76
Hearold, S. 312
Heckhausen, H. 158
Heckhausen, J. 41, 91
Heinrichs, N. 123, 337f., 341, 344
Heitmeyer, W. 17f., 27
Held, R. 76
Helmke, A. 276
Helms-Erickson, H. 232
Hendry, L. 87
Hengst, H. 48, 103ff.
Henning, M. 19
Hentig, H. von 99
Herbert, M. 343
Herden, R.-E. 97
Herlth, A. 159, 245
Herlyn, I. 137
Herman, M.R. 230, 232
Hermens, A. 43
Herpertz-Dahlmann, B. 130
Herring, J.R. 230, 232

Herrmann, T. 226, 326
Herron, M.C. 230, 232
Hetherington, E.M. 164ff., 173f., 241f., 336, 341
Hetzer, H. 224
Hilgard, E.R. 37
Hinde, R. 126, 284
Hitzler, R. 99
Hoch, H.J. 355
Hochschild, A.R. 147f., 355
Hock, M. 225f., 233, 254, 326, 328
Hofer, M. 88, 129, 139, 151f., 158, 174, 265, 271, 273, 276, 279, 294, 307
Hoff, E.H. 159
Hoff, G. 188
Hoffmann, E. 181
Hoffman, M.L. 54, 229
Hoffmann, S.O. 264
Hoffmann-Nowotny, H.J. 146, 175f., 178
Hofmann, B. 354
Höhn, E. 64
Holden, G.W. 229
Holländer, A. 203, 298
Holmes, J. 216
Holz, W.C. 253
Honig, M.-S. 106, 257, 259, 261
Honkanen-Schoberth, P. 349
Hoover-Dempsey, K.V. 281
Hopkins, L. 20
Hoppe-Graf, S. 79f., 322
Horton, O. 314
Hoyt, D.R. 191
Hoyt-Meyers, L. 90
Hsieh, K.H. 129, 324
Hsu, J. 220
Huber, F. 211
Huesmann, L.R. 313
Hult, G. 138
Humphrey, L. 128, 323
Hurrelmann, B. 309, 317f.
Hurrelmann, K. 31, 42, 44, 55, 96f., 99ff., 103f., 106, 120ff., 196, 251, 266ff., 278, 294, 309, 338, 355
Huss, M. 167, 275
Huston, A.C. 192, 208, 284, 312f., 317
Hwang, C.-P. 138, 211
Hyde, J.S. 147

Ihle, W. 118f., 123, 196, 357
IJF Institut für Jugendforschung 102
Insabella, G.M. 165, 167
Isajiw, W.W. 180
Ischi, N. 350
Itard, J. 75

James, A. 196
Janssens, J. 289
Janssens, J.M.A.M. 239f.
Jaschinski, U. 307
Jaskir, J. 246
Jenks, C. 196

Jessor, R. 336
Jessor, S.L. 336
Johann, A. 43
Johnson, C.L. 138
Johnson-Divacha, D. 131
Jones, E.E. 328
Joos, M. 100f., 158, 269
Joraschky, P. 264
Juang, L.P. 186, 233
Jugendwerk der Deutschen Shell 158
Jürgens, K. 100

Kagan, J. 192, 208, 284
Kagitcibasi, C. 183f.
Kaiser, G. 301
Kalb, K. 160
Kamenz, P. 201
Kaminski, G. 59
Kammen, C. 328
Kannenberg, R. 354, 357
Karavasilis, L. 219
Kasten, H. 133f., 254
Katz, L.F. 244, 293, 334
Kaufman, J. 260
Kaufmann, F.-X. 98, 157, 160, 162
Kazdin, A.E. 120, 343f.
Kecskes, R. 182
Keenan, K. 336
Kelle, H. 48
Keller, H. 44, 58, 90, 247f.
Kelly, J. 164
Kelly, J.B. 174
Kemmler, L. 158
Kenny, D.A. 330
Kerner, H.-J. 301
Kerns, L.L. 120
Kerr, M. 152, 232
Keupp, H. 17
Kiesner, J. 288
Kim, U. 180
Kinderschutz-Zentrum Berlin 256f., 261, 263f.
Kindler, H. 129, 155
Kippele, F. 16
Kirchler, E. 304
Kistner, A. 137
Klafki, W. 31
Klapproth, J. 201
Kleiber, D. 66
Klein, D.M. 94
Klein, V. 149
Kleine, W. 99
Klewes, J. 42
Klingler, W. 309f., 313, 316, 321
Klocke, A. 120
Klosinski, G. 169, 174
Knafo, D. 304
Koch, E. 180, 183
Koch, H.L. 70f.
Kochenderfer, B.J. 336

Autorenregister

Kob, J. 311f.
Köhler, L. 213, 216
Kohlmann, A. 177, 182
Köppe, E. 120, 338, 345
Korczak, D. 109
Kormann, A. 350
Kornadt, H.-J. 234
Körner, W. 264
Kowalski, H. 200
Kracke, B. 151
Krais, B. 273
Kramis, J. 334
Krapp, A. 24, 34f., 55
Krappmann, L. 41, 44, 53, 106, 138, 188, 219f., 242, 285, 288, 298, 307
Krappmann, O. 99
Krause, P. 109f.
Krehan, P. 173
Krehan-Riemer, A. 173
Krens, H. 197
Krens, I. 197
Kreppner, K. 127, 336
Kreutzer, T. 214
Kreuzer, A. 301
Krishnakumar, A. 136, 244
Krohn, M.D. 336
Krohne, W.W. 225f., 233, 254, 326, 328
Kroonenberg, P.M. 210
Krüger, D. 159, 163, 170, 172, 241
Krüger, H.-H. 101, 103, 123, 147, 159, 266
Krumm, V. 278ff.
Kruse, J. 233f.
Kübler, H.-D. 319
Kuczynski, L. 222
Kuerstens, R. 131
Kunczik, M. 313
Kupersmidt, J.B. 259, 289, 292, 336
Kurdek, L.A. 135
Kurstjens, S. 197
Kuschel, A. 120, 338, 345

L'Abate, L. 325, 355
Ladd, G.W. 223, 291, 331, 336
LaFreniere, P.J. 334
Laird, R.D. 230ff.
Lamb, M.E. 138, 151, 153, 163, 210f., 291
Lamborn, S. 238
Lamborn, S.D. 238, 277
Landale, N. 46, 175, 180f., 189
Lang, A.R. 334
Lang, S. 116
Lange, A. 27, 97, 103, 106ff., 113, 115, 137
Langer-Schulz, H. 137
Lansford, J.E. 290, 292f.
Lantermann, E.-D. 189
Lapp, A.L. 292
Larson, R. 66, 287
Lasch, W. 163, 170
Laucht, M. 95, 257, 325, 330

Lauretti, A. 131
Laurssen, B. 302
Lauterbach, W. 27, 103, 107f., 113, 115, 137, 165
Lauth, G.W. 357
Layzer, J.I. 344
Lazarus, R.S. 92
LBS-Initiative «Junge Familie» 118, 120, 142, 165, 324, 341
Ledig, M. 99
Lehmann, R.H. 276
Lehmkuhl, G. 119, 338
Lehmkuhl, U. 275
Lehr, U. 138, 150
Lehrmann, B. 137
Lempp, R. 267
Lento, J. 334
Lenz, A. 264
Lenz, K. 125
Lenzen, D. 31, 55
Leon Siantz, M.L. de 187
Lerner, J.V. 131, 148
Lerner, R.A. 58, 62
Lerner, R.M. 44, 52f., 58, 62ff., 66, 69, 89, 96, 215
LeSieur, K. 223
Leu, R. 219f.
Lewin, K. 23, 58, 225
Lewis, C.C. 230, 235
Lewis, M. 216, 246
Lickliter, R. 64
Liker, J. 110f.
Limmer, R. 163, 170
Lin, K.-H. 167
Lind, I. 146
Lindbergh, C. 242
Lindenberger, U. 69
Linebarger, D.L. 312f., 317
Lines, P. 281
Lippitt, R. 23, 225
Litt, Th. 31
Livingstone, S. 105
Lizotte, A.J. 336
Loeber, R. 120, 122, 131, 229, 269, 323, 333f., 336ff., 357
Logemann, N. 152
Lompscher, J. 51, 54, 58f.
Loney, B.R. 344
Lorenz, F.O. 167
Lorenz, K. 77
Lösel, F. 307, 325, 334, 337
Lourenço, O. 81
Lübke, A. 93, 120, 338, 345
Lukesch, H. 226
Lüscher, K. 64, 98, 106, 164
Luster, T. 132f.
Lynskey, M.T. 337
Lyons, J.S. 128, 323
Lytton, H. 248

Maccoby, E.E. 228, 249, 341
MacDermid, S.M. 232
Machado, A. 81
MacNeil, M. 310
Maggs, J.L. 151
Magnus, K.B. 90, 234
Magnuson, K. 181 f., 187
Magnusson, D. 63
Maguire, M.C. 151
Maier-Aichen, R. 172
Main, M. 210
Makabe, T. 180
Malson, L. 75
Mandl, H. 24
Mannoni, O. 75
Mansel, J. 97, 103
Manzoni, P. 186
Marencic, H. 311 f.
Marin, G. 180
Markiewicz, D. 219, 289
Markman, H.J. 341
Martin, J.A. 228
Martinez, C.R.J. 343
Marx, A. 51, 203, 298
Maschke, S. 116
Mason, C.A. 234
Masten, A.S. 90, 325
Matthias-Bleck, H. 163, 170
Matzner, M. 154
Maughan, B. 153
Mayer, A.E. 103
Mayer, R.E. 38
Mayr, U. 41
McAleer, J. 312 f.
McClearn, G.E. 23, 66, 68, 96
McCluskey, K. 131
McCord, J. 254, 334
McEwen, B.S. 67
McGillicuddy-DeLisi, A.V. 222, 249
McGoldrick, M. 92 ff.
McHale, J.P. 128 f., 131, 324
McHale, S.M. 131, 151, 232
McLanahan, S. 108
McLeod, J.M. 318
McMahon, R.J. 232
McMahon, S. 112
McQueen, A. 180
Mead, M. 182
Meadows, L. 242
Meier, M. 354, 357
Meier, U. 146, 275, 300, 335 f.
Meins, E. 211
Melzer, W. 120, 268, 270, 278 ff.
Menaghan, E.G. 149
Menning, S. 142 f., 163, 175
Merikangas, K.R. 328
Merkens, H. 180, 183 f.
Messaris, P. 317
Mettetal, G. 287

Meyer, K.U. 143
Meyer, S. 165
Meyer, T. 160
Meyer, W. 101
Meyer-Probst, B. 241
Michel, G.F. 75
Micus, C. 241
Miller, P. 80
Miller, G.E. 344
Miller, Y. 120, 338, 345
Miller-Kipp, G. 30
Miller-Perrin, C.L. 257, 262, 264
Millner, M. 319
Minick, N. 81, 83
Mink, I.T. 276
Minsel, B. 155 f., 222, 271, 350, 356
Mistry, J. 83 f.
Möbes, J. 203, 298
Moen, P. 64
Moffitt, T.E. 335, 337
Moise, L.C. 180
Moise-Titus, J. 313
Monsour, A. 203
Montada, L. 39, 55, 77, 79, 96, 254 f.
Montessori, M. 30, 81, 223
Moore, C.L. 75
Morgenroth, O. 180, 183
Morris, P.A. 42, 61, 64, 68, 154, 236
Morrison, A. 115, 135
Mosier, C. 83 f.
Mounts, N.S. 152, 231, 238, 277
Mrazek, P.J. 343 f.
Muchow, H. 48
Muchow, M. 48
Müller, B. 210
Müller, P. 120
Münz, R. 97, 137
Murphy, D.A. 334
Murphy-Witt, M. 205, 339
Murray, C.A. 230
Mussen, P.H. 192, 208, 284
Myrdal, A. 149
Myrtek, M. 100, 312, 316

National Association for the Education of Young Children 151
National Institute of Child Health and Human Development Early Child Care Research Network 152 f.
Nauck, B. 101, 143 f., 150, 158, 177 f., 181 ff., 189, 249
Nave-Herz, R. 98, 129, 141 f., 145 ff., 150, 154 ff., 162 f., 165, 170 ff., 174, 267
Neebe, E. 153
Needham, B. 301
Neitzel, C. 276 f.
Nesselroade, J.R. 41
Neubauer, G. 103
Newcomb, A.F. 287

Autorenregister

Nickel, H. 31, 33, 42f., 51, 54, 58f., 76ff., 127f.
Nicotra, E. 288
Niebank, K. 96, 196, 251, 324, 328ff.
Nieke, W. 180, 186, 188
Nietfeld, M. 111
Niggli, A. 334
Nissen, G. 256
Nissen, U. 99
Noack, P. 47, 64ff., 88f., 129, 139, 145, 158, 174, 180, 279, 296f., 299, 334

Oberhuemer, P. 138
O'Brien, S.F. 284
Oelkers, J. 21, 30f., 35, 97
Oerter, R. 39, 42, 44f., 47, 55, 58f., 81ff., 89, 96, 150, 295, 322
Offe, H. 275
Offord, D.R. 331
Okagaki, L. 131
Olver, R.R. 38
Olweus, D. 300
Opp, G. 333, 357
Oppedal, B. 46
Ortmair, M. 100
Oser, F. 264
Ossyssek, F. 245
Ostner, I. 100
Oswald, H. 53, 106, 266, 288, 298, 304, 307
Ovortrup, J. 101, 103
Özek, M. 180, 183
Özel, S. 184

Pagenstecher, L. 157
Palmer, E.L. 310
Palmonari, A. 304
Papastefanou, C. 88, 133, 267, 307
Papernow, P.L. 172
Papini, D.R. 302
Papousek, H. 194
Papousek, M. 194
Parcel, T.L. 149
Park, S.-Y. 199
Parke, R.D. 54, 128, 187, 212, 217f., 222, 233, 254, 291, 293
Parker, J.G. 295f.
Parsons, T. 41
Patry, J.-L. 350
Patterson, C.J. 259f., 292f., 327, 336
Patterson, G.R. 131, 167, 229, 239, 241, 246, 254, 327, 333f., 336ff., 343
Patterson, S.G. 343
Pauls, H. 43
Paus-Haase, I. 314
Pearson, J. 216
Peek, R. 276
Peek, W. 100
Pekrun, R. 53f., 270f., 276, 278ff.
Pelham, W.E. 334
Pemberton, S. 136

Perreault, S. 180
Perrez, M. 123, 226, 258f., 263, 324, 326ff., 330, 334, 337f., 340f., 343f., 350, 355
Perrin, R.D. 257, 262, 264
Perry-Jenkins, M. 232
Pestalozzi, J.H. 23
Peter, C.St. 327
Petermann, F. 96, 119f., 196, 251, 300, 307, 324, 326ff., 334f., 338, 357
Petermann, H. 327
Petermann, U. 326, 335
Pettit, G.S. 200, 230ff., 239, 290, 292f., 332
Petzel, T. 180
Petzold, M. 125, 127ff., 135, 139
Peukert, R. 141, 162
Pfeiffer, C. 183, 185f., 258
Pfeiffer, Ch. 301
Pfeiffer, W.M. 180, 183
Phelan, P. 268
Piaget, J. 38, 64, 78, 80, 194, 202, 254, 285, 287f., 298
Pieper, I. 276
Piette, J. 319
Pike, A. 74
Plomin, R. 23, 66, 68, 70ff., 89, 96, 216
Podolski, C.-L. 313
Pombeni, M. 304
Poortinga, Y.H. 45, 179
Popp, U. 300, 335f.
Portmann, A. 29
Poulin, F. 288
Powell, D. 343f.
Power, T.G. 180
Prenzel, M. 34f.
Preuss-Lausitz, U. 99, 103, 157, 159
Price, C. 344
Price, J.M. 290, 293, 334
Prinz, R.J. 344
Profilet, S.M. 223
Puschner, B. 180
Putnam, S. 199, 276

Quaiser-Pohl, C. 43, 99, 296

Racine, G.A. 331
Rademacher, J. 185, 334
Radtke, F.-O. 189
Ramsey, E. 167, 239, 337
Rasmussen, J.L. 129, 324
Ratti, L.A. 128, 323
Rauh, H. 210
Ravens-Sieberer, U. 120
Reicherts, M. 43
Reichle, B. 94, 354
Reid, W.J. 168
Reifman, A.S. 231
Reis, O. 241
Reißig, B. 269
Remschmidt, H. 121, 130
Remy, K. 276

Renick, M.J. 341
Resch, F. 95, 251, 324f., 330, 336, 357
Retschitzki, J. 322
Reuband, K.-H. 160
Revenson, T.A. 356
Rheinberg, F. 271
Rheingold, H.L. 43
Ribeaud, D. 186
Richards, M. 287
Ridge, B. 200
Ries, G. 51
Riggins, R. 153
Riksen-Walraven, J.M. 132
Roberts, D.F. 312
Roberts, J. 153
Robertson, J. 208
Robinson, N.S. 231
Roggman, L.A. 302
Rogoff, B. 83f., 222
Rogosch, F.A. 95
Röhrle, B. 356
Rolff, H.G. 97
Rolff, M. 123
Rollett, B. 43, 133, 196, 199, 224, 354, 357
Rollin, M. 134
Romney, D.M. 248
Rosenthal, C. 137
Rost, H. 354
Roth, H. 29
Rothbaum, F. 219, 343
Rovine, M. 244
Rowe, D.C. 22
Rubin, K.H. 295
Rückriem, G. 99, 355
Rumbaut, R.G. 187
Rummel, C. 19, 169f.
Ruppert, S. 138, 183
Russel, A. 291, 244
Rutter, M. 23, 66, 68, 90, 96, 114, 153, 198, 329ff.
Ryan, B.A. 282
Ryan, R.M. 232, 235

Salisch, M. von 296f., 301, 307
Salmon, J. 199
Salomon, G. 310f., 316
Salzer Burks, V. 290, 293
Sam, D. 46
Samaniego, R.Y. 180
Sameroff, A.J. 63, 329, 343
Sandefur, G. 108
Sander, E. 241
Sanders, M. 338
Sanders, M.R. 343, 345
Sandfuchs, U. 281
Sandler, H.M. 281
Santrock, J.W. 242
Sarimski, K. 196f.
Saßmann, H. 123, 337, 338, 341, 344
Scaramella, L.V. 292, 335

Schaefer, C.M. 343
Schäfer, M. 300
Schäfers, B. 217
Schaffer, H.R. 148ff., 212, 216
Scharff, C. 312, 316
Scheithauer, H. 96, 119, 196, 251, 300, 307, 324, 327ff., 334, 357
Scheurer-Englisch, H. 213
Schiaffino, K.M. 356
Schiffauer, W. 181, 183, 186
Schiffer, E. 51
Schlehlein, B. 354
Schlottke, P.F. 357
Schmidt, G. 111
Schmidt, M.H. 95, 131, 329f., 334, 338
Schmidt, M.M. 225, 257
Schmidtchen, G. 160
Schmidt-Denter, U. 42, 76ff., 129, 133, 164, 166, 167f., 169, 200f., 241, 297, 343
Schmitt, K.L. 312f., 317
Schmitt-Rodermund, E. 180, 182ff., 189
Schmitz, H. 164, 169
Schneewind, K.A. 21, 24, 53f., 59, 63, 94, 125ff., 129ff., 133, 135f., 138f., 183, 186f., 217ff., 222, 225f., 229, 239ff., 245f., 258f., 279, 292, 340f., 343, 351, 352, 354
Schneider, N.F. 163f., 170
Schneider, S. 357
Schoggen, P. 59, 296
Scholz, W.-D. 266
Schönpflug, U. 177f., 180f., 189
Schrepfermann, L. 254, 327
Schröder, B. 93
Schuengel, C. 210
Schulz, G. 51
Schulz, M.S. 328, 333
Schulz, R. 91
Schulze, E. 165
Schümer, G. 101, 279
Schütze, Y. 148, 155, 159f., 162
Schwarz, B. 112, 132, 145, 164ff., 168, 174, 240, 341
Schwarz J.C. 230
Schwarz, K. 145
Schwarzer, C. 321
Schweinhart, L.J. 78
Segall, M.H. 45, 179
Seiffge-Krenke, I. 91, 296ff., 301f.
Seifried, K. 120f.
Seiler, T.B. 52
Seitel, L. 244
Sekretich, W.J. 341, 344
Selman, R. 203, 284, 287
Semrau, P. 109
Senécal, S. 180
Sennett, R. 50
Sessa, F.M. 186, 233
Setter to Bulte, U. 254
Shaw, D.S. 335
Shell-Studie 161
Shulman, S. 304

Sierwald, W. 354
Sigel, I. E. 222, 249
Silbereisen, R. K. 44, 47, 51, 53, 64f., 89, 91, 105, 113ff., 122f., 144, 180, 182ff., 186, 189, 233, 296f., 299, 357
Simmel, G. 47f.
Simons, R. L. 231, 246, 292, 335
Simons, R. S. 167
Simpkins, S. D. 291
Singer, D. G. 309, 319, 322
Singer, J. L. 309, 319, 322
Sippola, L. K. 302
Sluzki, C. E. 178
Smith, P. K. 137f.
Smith, R. S. 330f.
Smollar, J. 298f., 336
Snyder, J. 254, 327
Sochatzky, K. 332
Solomon, J. 210
Soltendieck, M. 138
Soltz, V. 356
Spangler, G. 208, 216, 276
Spanier, G. B. 215
Spinrad, T. L. 90
Speltz, M. L. 334
Spence, S. 122
Spitz, R. 191, 194, 208
Spoth, R. 292, 335
Spranger, E. 41
Sroufe, A. L. 304
Sroufe, L. A. 214, 291f., 330f.
Sroufe, S. A. 214
Stäcker, K. 326
Stampfel, A. 98
Stanley, S. M. 341
Stanley-Hagan, M. M. 241
Stapf, A. 326
Stapf, K. 326
Statistisches Bundesamt 142, 145
Stattin, H. 152, 232
Stecher, L. 116, 144
Steinberg, L. 135, 152, 167, 186f., 223, 230f., 233f., 236ff., 240f., 277, 302, 304f.
Steiner, G. 37, 253, 255
Steinhausen, H.-C. 198, 354, 357
Stern, D. 202
Stern, W. 41, 47, 49, 64, 67, 69
Sternberg, K. J. 151
Stevens, N. 283
Stevenson, D. 238, 279
Stevenson, D. L. 266
Stich, J. 174
Sticker, E. J. 137
Stiehler, S. 170
Stifter, C. A. 90
Stone, G. 136
Stoneman, Z. 134
Storch, M. 302
Stouthammer-Loeber, M. 336

Strampfel, A. 98
Straßburger, G. 175
Straus, M. A. 245, 259
Strietzky, R. von 276
Stright, A. D. 276f.
Strohmeier, K.-P. 146
Struck, P. 18, 273
Stuhlmacher, A. 112
Sturzbecher, D. 159f.
Sullivan, H. S. 285, 287, 298
Sunar, D. 183f.
Sünker, H. 158
Super, C. 181
Süssmuth, R. 176f., 189
Swaan, A. de 157
Szinovacz, M. E. 137

Tamplin, A. 284
Tanaka, A. 219
Tarnai, C. 158
Tausch, A. 11, 33, 226, 343
Tausch, R. 11, 33, 226, 343
Taylor, R. D. 246
Tegethoff, H. G. 146
Teichert, V. 161
Teubner, M. 163, 171
Textor, M. 129, 155, 341
Thomas, A. 187f.
Thomas, A. M. 168, 341
Thommen, B. 350
Thompson, R. A. 214
Thornberry, T. P. 336
Thurm, A. 112
Thurmaier, F. 341f.
Tietze, W. 100
Tillmann, K.-J. 146, 275, 300, 335f.
Tinbergen, R. A. 208
Tinsley, B. R. 212
Tismer, K.-G. 43
Titmus, G. 284
Todt, E. 53
Toman, W. 133
Tomlin, A. M. 138
Toth, S. L. 95
Träbert, D. 204
Trautner, H.-M. 247ff.
Tremblay, R. E. 301, 344
Treml, A. K. 30f.
Troll, L. 42
Trommsdorff, G. 161, 219f., 234, 249
Trotha, T. von 159
Trudewind, C. 215
Tseng, W. 220
Tully, C. J. 102
Tulodziecki, G. 321
Turkheimer, E. 74

Uhlendorff, H. 137f., 233, 242f., 245, 247, 304
Ulbricht, G. 111

Autorenregister

Ulich, K. 265, 270 ff., 282
Ulich, M. 138
Updegraff, K. 232
Urban, J. 304
Uslucan, H.-H. 180, 185, 189, 334

Valentiner, D. 231
Valsiner, J. 44, 82
Van Bakel, H.J.A. 132
Van der Linden, F.J. 294
Van Dick, R. 180
Van Evra, J. 312, 317
Van Ijzendoorn, M.H. 210, 212, 220
Van Kammen, W.B. 336
Van Nguyen, T. 110 f., 113
Vaskovics, L.A. 354
Vasquez, R. 180
Veith, H. 44
Vetter, J. 43, 210
Visher, E.B. 173
Visher, J.S. 173
Vitaro, F. 289, 301
Vodde-Hamilton, M. 334
Volgy-Everett, S. 166
Vollbrecht, R. 319, 322
Volling, B. 244
Vondra, J. 258, 261
Von Eye, A. 114 f., 127
Von Luckner, N. 191
Vonwinckel, G. 311 f.
Voss, H.G. 126
Vygotsky, L.S. 47, 81

Wachs, T.D. 64
Wächter, J. 137
Wagner, M. 145
Wagner, U. 180
Wahl, K. 261
Wahler, P. 102
Wahler, R.G. 337
Wahlsten, D. 64
Walberg, H.J. 279
Waldfogel, J. 153
Waldron, M. 74
Walker-Barnes, C.J. 234
Wall, J.A. 180
Wall, S. 192, 209, 212
Wallerstein, J. 135, 139, 157, 166, 174
Walper, S. 111 f., 125, 132, 145 f., 164 ff., 174, 224, 229, 240, 243, 246, 304, 341, 343
Walter, E. 154, 174
Walter, H. 42, 155
Walter, R. 121
Waltz, C. 159
Wangby, M. 166
Ward, C. 180
Warshak, R. 242
Wartner, U. 211, 213
Wassermann, G.A. 276

Waters, E. 192, 209, 212
Watson, J. 200
Webster-Stratton, C. 343
Weidacher, A. 143
Weidenmann, B. 24, 34 f., 55, 271, 316
Weikart, D.P. 78
Weinert, F.E. 24, 52, 54, 276
Weinfield, N.S. 214
Weinraub, M. 242
Weinstein, T. 279
Weiß, J. 354
Weiss, B. 292 f.
Weiss, H. 111
Weiss, L.H. 230
Weiss, R.S. 167, 242 f.
Weissberg, R.P. 282
Weisser, G. 108
Weisz, J.R. 219, 343
Wells, A.M. 344
Wentzel, K.R. 336
Werneck, H. 43, 133, 196, 199, 224, 354, 357
Werner, E.E. 330 f.
Werry, J.S. 119, 354, 357
Wetzels, P. 183, 185 f., 257 f., 260, 264, 334
Weyerer, S. 119
Whitbeck, L.B. 191
White, B.L. 76
White, J.M. 94
White, R.K. 23, 225
Whiteside-Mansell, L. 276
Wicker, A.W. 59
Wicki, W. 354
Wierson, M. 168, 341
Wijnroks, L. 210
Wild, E. 129, 139, 145 f., 158, 174, 265, 271, 273, 276, 279, 334
Wilder, J. 330
Wilk, L. 129, 165, 172 ff.
Willhelm, P. 100, 316
Wilson, A. 246
Wimmer, H. 350
Windgasse, T. 100
Winkelmann, K. 121
Winkler, M. 55, 107
Winkler Metzke, C. 354, 357
Winslow, E.B. 335
Winteler, A. 271
Winter, M. 90, 211, 214
Winterhoff-Spurk, P. 310 ff., 317, 321 f.
Wipplinger, R. 264
Witcher, V.C. 167
Wittchen, H.-U. 123
Wohl, R. 314
Wolf, B.M. 242
Wolke, D. 197
Work, W.C. 90, 234
Wright, H.F. 59
Wright, J.C. 312 f., 317
Wulf, C. 29, 55

Wunsch, A. 134
Wünsche, K. 22
Wyman, P.A. 90, 234

Youngblade, L. 244
Youniss, J. 43, 48, 53, 88, 143, 284 ff., 298 f., 336
Yu, H.C. 268

Zang, F. 22
Zeiher, H. 66, 98 f., 105 f., 196, 355
Zeiher, H.J. 66, 99
Zeisel, S. 153
Zeltner, E. 22

Zentner, M. 131
Zhang, Q. 336
Zhou, H. 186, 233
Ziegenhain, U. 210
Zigler, E. 260
Zill, N. 275
Zimmer, J. 180
Zimmermann, P. 90, 97, 123, 208, 211, 213 f., 216, 276
Zinnecker, J. 44, 99, 105, 116, 122 f., 142, 144, 233, 248 f.
Zipfel, A. 313
Zirfas, J. 55
Zumkley-Münkel, C. 22, 206 f.

Sachregister

Ablösung 87 f.
Abwesenheit, elterliche 149 f.
Adaptation 79
Adoleszenz 64, 296 ff.
– Familienkultur 305
Adressen 353
Aggressionen 22, 260
Akkulturation 29, 44 ff.
– Definition 45
– der Familie 178 ff.
– Hauttypen 179
Alltag 12
Ambivalenz 15 ff.
Aneignung 47
Anpassungsleistungen 43
Antezedenzien 326
Anthropologie, pädagogische 29
Armut 109
Auffälligkeiten 121
Austauschprozess 79
Autonomie 15, 18, 42
Autorität 21

Bedürfnisse 192 ff.
–, individuelle 15
Bedingungen
– Auflösung 122
–, familiäre 316 ff.
–, historische 40
–, lebenszyklische 40
–, ontogenetische 40
–, soziale 122
–, zeitgebundene 40
Beeinflussungsmethoden 43
Behavior Setting 59, 343
Bekräftigung, stellvertretende 315 f.
Belastungen 18
–, chronische 196
Bestrafung 253 ff.
Betreuung
–, außerfamiliäre 151 ff.
– durch Dritte 151
– Personen 152
Beziehung 12, 54
– Entwicklungsprozesse 54 f.
– Erziehungsprozesse 54 f.
– Gestaltung 144 f.
–, systemisch-reziproke 287
Beziehungssysteme, familiäre 125
– Definition 126
– Entwicklung 127
– Merkmale 125
Bildung 100 f.
Bindung
–, ambivalent-unsichere 210
– Beziehungen 207 ff.
– Bezugspersonen 208 f.
– Definition 208
–, desorganisierte 210
–, desorientierte 210
–, sichere 210 f.
–, unsicher-vermeidende 210
– Verhalten 207 ff.
Bindungssicherheit
– Elternverhalten 210
– Jugendliche 212
– Kinder 212
Biographie
–, persönliche 16
Burnout 18

Chronosystem 60
conscience collective 41

Denken, emotionales 202
Depressionen 197
Deprivation 110 ff.
Desintegrations-Desorganisations-Theorem 17
Didaktik, elterliche 194
Diskrepanzen, dosierte 76
Diskriminierung 90
Dispositionen 32
–, persönliche 67
Drogenabhängigkeit 22

Ebene
- –, affektive 36
- – Handlungs- 36
- –, kognitive 36

Eltern 11 ff.
- –, alleinerziehende 145, 163 ff., 242 ff.
- – Allianz 131 ff.
- –, autoritäre 228
- –, autoritative 228 f., 292
- –, binationale 176 f.
- – Interaktionspartner 218 ff.
- – Konflikte 167 f.
- – Lehrer-Kooperation 281 f.
- – Paarbeziehung 134 ff.
- –, permissive 228
- – Persönlichkeitsmerkmale 130 f.
- – Recht 19
- – Schule 273 ff.
- – Schwierigkeiten, finanzielle 167
- – Trainingsprogramme 343 ff.
- – Verhalten 212
- –, vernachlässigende 229
- – Werte 227

Eltern-Kind-Beziehung 129 ff., 217 ff.
- – Entwicklungsverläufe 303
- – Interventionsprogramme 345
- – Phasen 221
- – Qualität 219, 302
- – Veränderung 294

Empirismus 32

Enkulturation 29, 44 ff.
- – Definition 45

Entscheidungen 64 f.

Entwicklung 39 ff.
- – Angebote 223 f.
- – Definition 39
- – Probleme 94 f.
- – Psychopathologie 323 ff.
- –, schulische 273 ff.
- – Übergänge 60
- – Umwelt 14
- – Variabilität 23
- – Veränderungen 39 ff., 89
- – Ziele 236

Entwicklungsaufgaben 85 ff.
- – Definition 85
- – Familien 92 ff.
- – Jugendliche 86 f.

Entwicklungstheorie, kognitive 13 f.

Epidemiologie 118 ff.
- – Aufgabenbereich 119

Epigenese, probabilistische 62 f.

Erfahrungen
- –, entwicklungsgerechte 200 ff.
- –, individuelle 198 ff.

Erwerbstätigkeit, mütterliche 147 ff.

Erziehung
- – aggressiver Kinder 337
- – Alltag 21 ff.
- – Anforderungen 159 ff.
- –, autoritäre 11, 15, 186
- – Bedürftigkeit 30
- – Definition 30 ff.
- – Defizite 18
- –, direkte 81
- – Folgen 21 ff.
- – Forschung 25, 234 ff.
- – Funktionen 217 ff.
- –, geschlechterdifferenzierte 247 ff.
- – Grundlagen, entwicklungspsychologische 57 ff.
- – Grundstruktur 36
- –, indirekte 80
- –, interkulturelle 188 f.
- – Interventionen 323 ff.
- – Krippen- 151 f.
- –, laisser-faire 11, 23
- – Phasenmodell 66
- –, positive 346
- – Praktiken 241 ff., 249 f.
- – Prävention 338
- – Prozess 12, 24, 31, 51
- – Rahmenbedingungen 141 ff.
- – Stil 12, 225 ff., 292, 328
- – Strukturmodell 35 f.
- – Theorien 31
- – Ziel 19, 33 f., 37 ff., 158 f.

Erziehungsbegriff
- –, deskriptiver 32
- –, intentionaler 34
- –, normativer 32
- –, präskriptiver 32
- –, prozessualer 32

Erziehungspflicht, elterliche 19

Erziehungspraxis
- – Implikationen 50, 73, 76, 78, 84, 90, 107, 117, 135, 161, 170, 195, 204 ff., 212, 214, 235, 240, 252, 255, 270, 274, 281 f., 290, 301, 320, 332, 339, 346 ff.

Erziehungspsychologie 11
- – Aufgaben 24, 32 ff.
- – Gegenstandsbereich 25, 29 ff.

Erziehungsstildimension 11

Erziehungswissenschaft
- –, empirische 31
- –, normative 31

Exosysteme 60

Familie 15 f.
- –, ausländische 175 ff.
- – Austausch, emotionaler 293
- – Ein-Eltern 241 ff.
- – Formen 163 ff.
- – Forschung 42
- – Interaktionsbeziehungen 156 ff.
- –, kindzentrierte 161
- – Lebenszyklus 92 ff.
- – Modell, ökologisch-systemisches 127 f.
- –, nicht-traditionelle 163 ff.
- – Patchwork- 145

– , postmoderne 146
– Problem- 303
– Risikofaktoren 133, 325 ff.
– Rollenteilung 156
– Schule 271 ff.
– Stief- 171 ff.
– Wechselbeziehungen 125 ff.
– Zwei-Eltern 241 ff.
Fernsehen 99 f., 309 ff.
– Aggressivität 313
– Gewalt 312 f.
– Lesefähigkeit 310
– Schemata 310
– Wirkung, positive 311
Fragebogen 43
Freiheit 18, 351
Freizeit 122
Fremdsozialisation 44
Freunde 246 f.
– , falsche 290
Frühförderung, kompensatorische 77

Geborgenheit 192
Geburtenrate 142
Gehorsam 17 ff., 158
Generationsbeziehung 98
Genotyp-Umwelt-Wechselwirkung 23, 67 ff.
– , aktive Kovarianz 69
– , reaktive 69
– , passive Kovarianz 68
Gesellschaft
– , demokratische 18
– , ich-bezogene 20
– , postmoderne 15 ff.
– , wertpluralistische 18
Geschlechtsunterschiede 114 f.
Geschwister 70 ff., 98, 133
Gespräch, klinisches 80
Gewalt 22, 51
– Prävention 263
Grenzen 204
Großeltern 136 ff.
Grundbedürfnisse 21 f.
– der Kinder 191
Grundgesetz 18
Grundlagen, juristische 19

Handeln, erzieherisches 224 f.
Handlungsverunsicherung 17
Haushaltsformen 141 ff.
Humanontogenese 42, 46

Identität, persönliche 17, 295
Individualisierung
– , gesellschaftliche 16
– bei Jugendlichen 294
– Schattenseiten 17
Industriegesellschaft 16
Intentionalität 34 f.

Integration 36
Interaktionsprozess 36
Interventionen 323 ff.
– , entwicklungsförderliche 342
– Medien, neue 350 f.
– Systematisierung 340
Intimität 296
Irritationen, kognitive 17

Jugendliche 293 ff.
– Entwicklung 295 ff.
– , resiliente 331 f.

Kausalität 42
– , zirkuläre 61
Kinder
– , aggressive 333
– Autonomiespielräume 104
– Behandlung 73
– Belastungen 105 ff.
– Betreuung 150 f.
– Elternbeziehung 291 ff.
– Enkel- 126 ff.
– Entwicklung, psychische 191 ff.
– Fernsehen 309 ff.
– Freundschaften 292
– , gleichaltrige 283 ff.
– Grundbedürfnisse 191
– Lebenswelt der 97 f.
– Medienkompetenz 319 ff.
– Mediennutzung 99
– Peer-Beziehung 291 ff.
– Probleme 107 ff.
– , pubertierende 293 ff.
– Raumerleben der 99
– Schule 80, 100, 265 ff.
– Voraussetzungen, ökonomische 101 f.
– widerstandsfähige 331
– Wohlbefinden 107 ff., 267
– Zeiterleben der 98 f.
Kindheit 97
Kognition 37 f., 42
Konflikte, bi-kulturelle 181 ff.
Konstruktivismus 79
Konsum 105
Kompetenz
– , altersangemessene 90
– , interkulturelle 187 f.
– Selbststeuerung 19
– , soziale 11, 152 ff.
Konstruktion, sukzessive 78 ff.
Kontextualismus, entwicklungsbezogener 57 ff.
– Definition 58
Kontinuität 214
Kontrolle
– , elterliche 88
– Verlust 91
Konzept
– , lernpsychologisches 31
– Selbstsozialisation 44

Sachregister

Krisen 18
Kultivation 14, 29, 45 ff., 53, 57
– Definition 47
– Modus 47 ff.
Kultur 30, 46

Leben
– Entwurf, eigener 17
– Ereignisse, kritische 85 ff.
– Ereignisse, nicht-normative 40
– Qualität 22
– Umwelten 61
Lebenslage, soziale 108 ff.
– Definition 108
Lernen 29, 51
– Definition 37
–, kulturelles 181 ff.
– Prozess 83
–, sozial-kognitive Theorie 314
Lernfähigkeit 30
Liebesentzug 12
Literatur 27, 96, 123, 139, 162, 174, 189, 216, 240, 264, 282, 307, 322, 357

Machtasymetrie 278
Makrosysteme 60
Makrozeit 61
Menschenrechte 18
Mensch-Umwelt-Modell 58 f.
Mesosysteme 60
Mesozeit 61
Mikrosysteme 59 f.
Mikrozeit 61
Misshandlungen
– Folgen 261
–, physische 257 ff.
–, psychische 257 ff.
Mobbing 300
Modelle
– Erziehungsverhalten, elterliches 237 f.
– Interaktions- 70
– Kovarianz- 70
– LISREL 132
Moderatoreffekt 277
Modifizierbarkeit 58
Moral 35, 42
Motivationstheorie 13
Mütter
– DDR 147
– Ersatz- 193
– Erwerbstätigkeit 147 ff.
Mutter-Kind
– Interaktion 95

Naturalismus 31
Normen 33 f.

Objektivation 47
Orientierung, systemische 59

Orientierungshilfe 11
Orientierungsmuster, normative 21
overprotection s. Überbehütung

Pädagogik, utilitaristische 31
Partnerrolle 20
Partnerschaftsqualität 243 ff.
Partizipationschancen 15
Peer-Gruppe 283 ff.
– Bedürfnisse 299
–, deviante 301
– Kontaktentwicklung 284
– Oberflächenstruktur 297
– Schlüsselerlebnisse 299
– Tiefenstruktur 297
Persönlichkeit
–, autonomiefähige 18
–, eigenverantwortliche 19
– Entwicklung beim Kind 11
–, individuelle 23
Phasen, sensible 76
Plastizität 58
Pluralisierung, gesellschaftliche 17
Postmoderne 97 ff.
Potenzial, adaptives 325
Prägung 76 f.
– Definition 77
Prinzipien 13
Probabilismus, epogenetischer 23
Prozesse
–, proximale 61
–, transaktionale 62
Psychologie
–, pädagogische 12, 33, 53

Rahmenbedingungen 25
Ratgeber 12
Realitätssinn 202
Reifestand 74 ff.
Reifung 74 ff.
– Prozess 85
Religion 18
Resilienz 325, 330
Reziprozität 189
– Definition 218
– Förderung 240
–, komplementäre 286
– Mechanismus 239
–, symmetrische 286
Risiko 325
–, biologisches 328

Scheidung 165 ff.
Schule 11, 18, 100, 265 ff.
– Abbrecherquote 269
– Gewalt 300
– Hausaufgaben 266
– Kooperation 278
– Leistungsbewertung 265

- Leseleistung 275
  Pflicht 271
- Schwänzen 269 f.
- Versagen 269 f.
- Verweigerung 269 f.
Schuldgefühle 21
Schutzfaktoren 328 ff.
Selbstbestimmung 88
Selbsthilfe 84
Selbstkonstruktion 43
Selbstregulationsfähigkeit 235
Selbstständigkeit 19, 158
Selektionsvorteil 30
Sozialisation 41 ff., 52 f., 57
–, bilaterale 42
– Definition 42
–, interaktionisch-konstruktivistische 42
–, intergenerationale 42
–, radikal-konstruktivistische 43
–, retroaktive 42
–, struktur-funktionalistische 41
–, umgekehrte 43
Soziologie 29
Spielräume 66
Spill-Over-Hypothese 244 ff.
– Definition 245
Sprache 42
Störungen
–, psychische 12
–, psychosomatische 12
Subjektivität 42
Suizid 120 ff.

Taschengeld 102 f.
Technizismus 31
Teilnahme, gelenkte 83
Theorien, ökologisch-systemtheoretische 14
Training 12
Transaktion 63 f.
– Definition 62
Transmission
–, diagonale 45
–, horizontale 45
–, vertikale 45
Triple P 345

Überbehütung 250 ff.
Umfeld, familiäres 90
Umwelt 150
– Anregungsgehalt 276
– Bedeutung 70

–, gemeinsame 70 ff.
– Gestaltung 65
– Gifte 198
– nicht-gemeinsame 70
– Modifikation 65
–, proximale 59
– Wechselbeziehung 55
Unterstützungsmaßnahmen, elterliche 236

Vandalismus 51
Väter 154 ff.
–, alleinerziehende 170 f.
– Stief- 172 ff.
– Verhalten 155
Veränderung
– durch Erziehung 66
–, intraindividuelle 40
–, nachhaltige 35
Verantwortung, elterliche 18
Verhalten, aggressives 335
– Risikokonstellationen 335
– Schutzfaktoren 337
Verhaltenskontrolle 230 ff.
Verhaltensstörungen, kindliche 18
Verhaltensvariabilität
–, interindividuelle 59
–, intraindividuelle 59
Vernachlässigung 255 ff.
Verunsicherungen
–, elterliche 21
–, emotionale 17
Verwandte 246 f.
Verwöhnung 250 ff.
– Definition 251
Vorschulerziehung 152
Vorwort 11 ff.
Vulnerabilität 325

Wahlen, selektive 64 f.
Wankelpädagogik 22
Weltverständnis 16
Werbung 105
Wertewandel 15 f.
Wolfskinder 75
Work-Life-Balance 100, 147

Zone
– der aktuellen Leistung 84
– der freien Bewegung 82 f.
– der geförderten Handlung 82 f.
– der nächsten Entwicklung 81 ff.